華東師範大學圖書館
古籍普查登記目録（下）
附索引

全國古籍普查登記目録

國家圖書館出版社
National Library of China Publishing House

310000－0242－0012380　S 愚經 1

周易十卷附考證 （三國魏）王弼 （晉）韓康伯注 清乾隆四十八年(1783)武英殿刻本 二冊

310000－0242－0012381　S 愚經 2

周易兼義九卷周易署例一卷經典釋文一卷 （三國魏）王弼 （晉）韓康伯注 （唐）孔穎達正義 （唐）陸德明釋文 明刻本 五冊

310000－0242－0012382　S 愚經 3

易釋文一卷 （唐）陸德明撰 清乾隆二十一年(1756)盧氏雅雨堂刻雅雨堂叢書本 一冊

310000－0242－0012383　S 愚經 4

周易集解十七卷附釋文音義一卷 （唐）李鼎祚集解 （唐）陸德明釋文 清乾隆二十一年(1756)盧氏雅雨堂刻雅雨堂叢書本 六冊

310000－0242－0012384　S 愚經 5

東坡先生易傳九卷 （宋）蘇軾撰 （明）顧直指編 明萬曆二十五年(1597)金陵畢氏刻兩蘇經解本 四冊

310000－0242－0012385　愚經 6

周易程傳八卷 （宋）程頤撰 清同治五年(1866)金陵書局刻本 三冊

310000－0242－0012386　S 愚經 7

周易本義四卷筮儀一卷卦歌一卷圖說一卷 （宋）朱熹撰 （□）□□批校 清乾隆七年(1742)怡府明善堂刻五經四子書本 二冊

310000－0242－0012387　愚經 8

周易本義十二卷易學啓蒙四卷附啓蒙五贊 （宋）朱熹撰 清光緒元年(1875)三原劉氏傳經堂刻劉氏傳經堂叢書本 三冊

310000－0242－0012388　愚經 9

易經本義十二卷首一卷末一卷 （宋）朱熹撰 清同治四年(1865)金陵書局刻本 二冊

310000－0242－0012389　愚經 10

誠齋易傳二十卷 （宋）楊萬里撰 清道光十一年(1831)慈溪葉氏鶴麓山房刻本 六冊

310000－0242－0012390　愚經 11

周易傳義音訓八卷首一卷末一卷 （宋）程頤傳 （宋）朱熹本義 （宋）呂祖謙音訓 清光緒五年至六年(1879－1880)刻本 八冊

310000－0242－0012391　愚經 12

三易備遺十卷 （宋）朱元昇撰 清康熙十九年(1680)通志堂刻通志堂經解本 二冊

310000－0242－0012392　愚經 13

學易記九卷 （元）李簡注 **讀易私言一卷** （元）許衡撰 清康熙十九年(1680)通志堂刻通志堂經解本 四冊

310000－0242－0012393　S 愚經 15

新鐫方孟旋羲經鴻寶十二卷 （明）方應祥纂要 清康熙刻本 六冊

310000－0242－0012394　愚經 16

玩易意見二卷 （明）王恕撰 （清）李熙齡校刊 清道光刻惜陰軒叢書本 一冊

310000－0242－0012395　S 愚經 17

易經蒙引二十四卷 （明）蔡清著 明崇禎福建按察使建陽敦古齋刻本 七冊

310000－0242－0012396　愚經 18

易憲四卷 （明）沈泓疏 （清）沈權之等增訂 （清）許王猷等校正 清乾隆九年(1744)沈氏補堂刻本 三冊

310000－0242－0012397　愚經 19

重刻解元會魁紫溪蘇先生心傳周易兒說四卷 （明）蘇濬著 （明）蘇凌岩等校 清咸豐元年(1851)蘇昌年補刻同治六年(1867)印本 八冊

310000－0242－0012398　S 愚經 20

易像鈔六卷 （明）錢一本輯 明萬曆四十一年(1613)刻本 二冊 存四卷(一至四)

310000－0242－0012399　愚經 21

新刻來瞿唐先生易注十五卷圖一卷首一卷末一卷 （明）來知德撰 （清）高雪君鑒定 （清）凌厚子原點 清同治十年(1871)劉建德長沙刻本 十冊

310000－0242－0012400　S 愚經 22

梁山來知德先生易經集注十六卷附雜說一卷上下經篇義一卷易經字義一卷周易集注改正分卷圖一卷易學六十四卦啟蒙一卷　（明）來知德注　（清）崔華重訂　（清）崔巒等校　清康熙二十七年(1688)平山崔氏刻本　五冊

310000－0242－0012401　S 愚經 23

周易會通十二卷附開列取象諸體一卷作易考原一卷　（明）汪邦柱等輯　明萬曆四十五年(1617)休寧梅田江氏生生舘刻本　六冊

310000－0242－0012402　愚經 24

周易爻物當名二卷　（明）黎遂球著　（清）劉華東等重校　清嘉慶二十三年(1818)紅縣詩屋刻本　四冊

310000－0242－0012403　S 愚經 25

周易傳義二十四卷附篇義一卷圖說一卷周易五贊一卷卦象一卷筮儀一卷　（宋）程頤傳（宋）朱熹本義　（明）汪應魁句讀校訂　明崇禎四年(1631)汪應魁貽經堂刻本　六冊

310000－0242－0012404　S 愚經 26

周易四卷易圖一卷筮儀一卷周易卦歌一卷（宋）朱熹本義　清嘉慶十三年(1808)文玉堂刻本　六冊

310000－0242－0012405　S 愚經 27

日講易經解義十八卷附筮儀一卷卦圖一卷卦變一卷　（清）牛鈕等編　清康熙江南安徽等處承宣布政使司、提刑按察使司刻本　十二冊

310000－0242－0012406　S 愚經 28

御纂周易折中二十二卷首一卷　（清）李光地等纂　清康熙刻本　十冊

310000－0242－0012407　愚經 29

御纂周易述義十卷　（清）傅恒等纂　清乾隆二十年(1755)刻本　四冊

310000－0242－0012408　S 愚經 30

讀易大旨五卷　（清）孫奇逢纂　（清）耿極較訂　清康熙二十七年(1688)刻孫夏峰先生全集本　四冊

310000－0242－0012409　S 愚經 31

周易觀象十二卷　（清）李光地注　清乾隆元年(1736)李清植刻李文貞公全集本　三冊

310000－0242－0012410　愚經 32

田間易學三卷附圖說一卷　（清）錢澄之撰　清康熙二十三年(1684)錢氏斟雉堂刻本　七冊

310000－0242－0012411　S 愚經 33

讀易蒐十二卷　（清）鄭慶唐著　（清）鄭惟飈等校　清康熙刻本　六冊

310000－0242－0012412　愚經 34

易義選參二卷　（清）魏禧等撰　（清）邱維屏評選　清光緒二年(1876)寧都魏吉謙翠微峰易堂刻本　二冊

310000－0242－0012413　愚經 35

讀易日鈔三卷　（清）張烈撰　清抄本　三冊

310000－0242－0012414　愚經 36

周易二卷　（清）子牛氏直解　稿本　二冊

310000－0242－0012415　S 愚經 37

增訂周易本義補四卷圖說一卷揲蓍取卦法一卷　（清）劉祈穀增訂　清康熙三十七年(1698)崔集堂刻本　四冊

310000－0242－0012416　愚經 38

周易本義拾遺六卷附周易序例拾遺一卷（清）李文炤著　清四為堂刻李氏成書本　二冊　存四卷(一至三、周易序例拾遺一卷)

310000－0242－0012417　愚經 39

周易述二十三卷　（清）惠棟集注並疏　清清來堂刻本　六冊

310000－0242－0012418　愚經 40

易漢學八卷　（清）惠棟撰　（清）畢沅校刊　清乾隆鎮洋畢氏刻經訓堂叢書本　二冊

310000－0242－0012419　S 愚經 41

河洛精蘊九卷　（清）江永著　清乾隆三十九年(1774)旌德黃聖謙蘊真書屋刻五十年(1785)印本　四冊

310000－0242－0012420　S 愚經 42

周易典要十卷 （清）勵程著　清抄本　十冊

310000－0242－0012421　愚經43

周易署解八卷附羣經互解一卷算略一卷
（清）馮經著　清嘉慶十八年(1813)枬堂刻本
四冊

310000－0242－0012422　愚經44

周易洗心十卷 （清）任啟運傳　清光緒八年
(1882)任氏一本堂刻本　六冊

310000－0242－0012423　S 愚經45

易庸會通三卷附圖 （清）范曰俊譔　（清）范
玉校字　（清）何天衢詮釋　清乾隆三十九年
(1774)古虞范金貫一堂刻本　三冊

310000－0242－0012424　愚經46

易經詮義十四卷附廣傳遺書錄一卷 （清）汪
烜集　清同治曲水書局木活字印重訂汪子遺
書本　十四冊

310000－0242－0012425　愚經47

易經如話十二卷首一卷 （清）汪烜撰　（清）
李承超重訂　清同治曲水書局木活字印重訂
汪子遺書本　六冊

310000－0242－0012426　愚經48

易說醒四卷首一卷末一卷 （明）洪守美撰
清同治十一年(1872)新豐洪氏刻本　三冊

310000－0242－0012427　S 愚經49

易經揆一十四卷易學啓蒙補二卷 （清）梁錫
璵集傳　清乾隆十六年(1751)刻本　十冊

310000－0242－0012428　愚經50

周易孔義集說二十卷附圖 （清）沈起元撰
清光緒八年(1882)江蘇書局刻本　八冊

310000－0242－0012429　S 愚經51

易義闡四卷朱子易學啟蒙一卷附錄一卷
（清）韓松纂輯　清乾隆五十四年(1789)光復
堂刻本　三冊

310000－0242－0012430　S 愚經52

周易採芳集十二卷附綱領一卷 （清）郭恭騶
輯　（清）郭乾校　稿本　十二冊

310000－0242－0012431　愚經53

味經齋遺書三種六卷附一卷 （清）莊存與譔
清道光十八年(1838)莊綏甲寶研堂刻本
三冊

310000－0242－0012432　愚經54

經言拾遺十四卷 （清）徐文靖撰　清乾隆二
十一年(1756)志寧堂刻徐位山六種本　二冊

310000－0242－0012433　愚經55

讀易傳心十二卷圖說三卷 （清）韓怡撰　清
嘉慶十三年(1808)木存堂刻本　五冊

310000－0242－0012434　愚經56

周易虞氏義九卷 （清）張惠言撰　清嘉慶八
年(1803)揚州阮氏琅嬛僊館刻本　四冊

310000－0242－0012435　愚經57

周易審義四卷 （清）張惠言著　清咸豐七年
(1857)揚州阮氏文選樓刻本　四冊

310000－0242－0012436　愚經58

易說十二卷附便錄一卷 （清）郝懿行撰　清
光緒八年(1882)郝聯薇東路廳署刻郝氏遺書
本　四冊

310000－0242－0012437　愚經59

周易爻徵廣義六卷首一卷末一卷 （清）閻汝
弼編輯　清光緒元年(1875)刻本　八冊

310000－0242－0012438　愚經60

周易廓二十四卷 （清）陳世鎔撰　清咸豐元
年(1851)陳氏獨秀山莊刻本　六冊

310000－0242－0012439　愚經61

槎溪學易三卷 （清）陳蕭撰　清同治十三年
(1874)陳氏保定蓮華池刻本　二冊

310000－0242－0012440　愚經62

周易或問六卷 （清）文天駿著　清光緒十一
年(1885)文氏黔南家塾刻本　六冊

310000－0242－0012441　愚經63

周易鏡十卷圖說一卷 （清）何毓福注釋　清
光緒十年(1884)何氏刻本　十一冊

310000－0242－0012442　愚經64

學易管窺二卷 （清）何毓福著　清光緒十年
(1884)何氏刻本　二冊

310000－0242－0012443　愚經65

知非齋易注三卷首一卷末一卷易釋三卷
（清）陳懋侯撰　清光緒十四年（1888）刻本
四冊

310000－0242－0012444　S愚經66

周易函書約存十五卷首三卷周易函書約注十
八卷周易函書別集十六卷　（清）胡煦撰　清
嘉慶胡氏葆璞堂刻本　二十六冊

310000－0242－0012445　愚經67

周易函書約注依講合鈔四十六卷附周易原圖
約鈔一卷周易函書卦爻占附卷一卷周易函書
別集辨四書解節錄一卷　（清）張拱北輯　清
同治十二年（1873）新化張氏刻本　二十一冊

310000－0242－0012446　愚經68

周易詳說十八卷　（清）劉紹攽著　清同治十
二年（1873）刻本　八冊

310000－0242－0012447　愚經69

易悟六卷　（清）劉方璿撰　清嘉慶二十五年
（1820）劉氏聰訓堂刻同治六年（1867）印本
六冊

310000－0242－0012448　愚經70

易說旁通十卷　（清）吳岳輯　清同治、宣統
間刻本　十冊

310000－0242－0012449　愚經71

讀易舉例四卷首三卷　（清）俞大謨撰　清嘉
慶五年（1800）俞氏可儀堂刻本　二冊

310000－0242－0012450　愚經72

易象闡微五卷大易圖解一卷　（清）蕭寅顯著
　（清）丁取忠校刊　清咸豐二年（1852）長沙
丁氏刻本　二冊　存四卷(易象闡微一至四)

310000－0242－0012451　愚經73

周易舊注十二卷　（清）徐鼒撰　清光緒十二
年（1886）徐承祖東京使署刻本　六冊

310000－0242－0012452　愚經74

周易象義集成三卷附八卦取象歌　（清）陳洪
冠纂輯　清咸豐八年（1858）羣玉書屋刻本
三冊

310000－0242－0012453　愚經75

周易變通解六卷首一卷末一卷　（清）萬裕澐
注　清光緒九年（1883）以義堂刻本　六冊

310000－0242－0012454　愚經76

易解經傳證五卷首一卷　（清）張步騫注　清
同治十年（1871）養靜齋刻本　五冊

310000－0242－0012455　愚經77

讀易通解十二卷　（清）丁敘忠撰　清同治十
年（1871）長沙丁氏白芙堂刻本　十冊

310000－0242－0012456　愚經78

易鑑三十八卷附歐陽侍御鄉賢錄一卷　（清）
歐陽厚均纂定　清同治三年（1864）安仁歐陽
氏刻本　十冊

310000－0242－0012457　愚經79

周易指事四卷　（清）彭焯南纂輯　清光緒二
年（1876）古槑草廬刻本　一冊

310000－0242－0012458　愚經80

易古興鈔十二卷首一卷　（清）唐學謙撰　清
同治七年（1868）邵州唐氏棣商樓刻本　十冊

310000－0242－0012459　愚經84

易經讀本四卷　（清）□□輯　清光緒十四年
（1888）陝西求友齋刻本　二冊

310000－0242－0012460　愚經85

易緯八種十二卷　（漢）鄭玄注　清乾隆、嘉
慶間刻本　三冊

310000－0242－0012461　愚經87

程尚書禹貢山川地理圖二卷　（宋）程大昌撰
　清康熙十九年（1680）刻通志堂經解本　一
冊

310000－0242－0012462　愚經88

書經集傳六卷　（宋）蔡沈集傳　清光緒十三
年（1887）刻劉氏傳經堂叢書本　四冊

310000－0242－0012463　愚經89

融堂書解二十卷　（宋）錢時撰　清乾隆、嘉
慶間刻本　六冊

310000－0242－0012464　S愚經91

尚書通考十卷　（元）黃鎮成編輯　（清）徐時

作補訂　(清)黃家恒等校　清乾隆三十一年(1766)建寧徐氏崇本山堂刻本　六冊

310000－0242－0012465　S愚經92
書經大全十卷附書圖一卷書說綱領一卷(明)胡廣等輯　**書經考異一卷**　(宋)王應麟著　清初刻本　十冊

310000－0242－0012466　愚經93
尚書考異六卷　(明)梅鷟撰　清道光五年(1825)朱氏立本齋刻本　六冊

310000－0242－0012467　愚經95
洪範明義二卷初卷一卷終卷一卷　(明)黃道周輯　(清)鄭開極重訂　清康熙三十二年(1693)鄭開極刻石齋先生經傳九種本　四冊

310000－0242－0012468　S愚經96
日講書經解義十三卷　(清)庫勒納等纂　清康熙十九年(1680)內府刻本　七冊

310000－0242－0012469　愚經97
欽定書經傳說彙纂二十一卷首二卷　(清)王頊齡等修　清同治十年(1871)湖北崇文書局刻本　十二冊

310000－0242－0012470　愚經98
欽定書經圖說五十卷　(清)孫家鼐等纂輯　清光緒三十一年(1905)京師大學堂學務處編書局石印本　十二冊

310000－0242－0012471　愚經99
楊子書繹六卷附指畧一卷先儒論一卷　(明)楊文彩著　(清)魏禧參訂　清光緒二年(1876)仁和韓懿章刻本　十冊

310000－0242－0012472　愚經100
尚書古文疏證八卷　(清)閻若璩撰　**朱子古文書疑一卷**　(清)閻詠撰　清同治六年(1867)錢塘汪氏振綺堂補刻本　八冊

310000－0242－0012473　S愚經101
禹貢錐指二十卷附禹貢圖一卷　(清)胡渭撰　清康熙四十四年(1705)漱六軒刻本　五冊

310000－0242－0012474　愚經102
禹貢譜二卷　(清)王澍等考定　(清)汪掄柱

等評　(清)金碩鈞等校訂　清康熙四十六年(1707)刻本　一冊

310000－0242－0012475　愚經103
尚書小疏一卷　(清)沈彤著　(清)沈廷芳訂　清乾隆吳江沈氏刻果堂全集本　一冊

310000－0242－0012476　愚經104
尚書約注四卷　(清)任啟運約注　清光緒十二年(1886)任氏家塾刻本　二冊

310000－0242－0012477　S愚經105
尚書約旨六卷　(清)楊方達撰　清乾隆刻本　十卷

310000－0242－0012478　S愚經106
尚書後案三十卷尚書後辨一卷　(清)王鳴盛撰　清乾隆四十五年(1780)禮堂刻本　八冊

310000－0242－0012479　S愚經107
尚書今古文注疏三十卷　(清)孫星衍撰　清嘉慶二十年(1815)孫氏冶城山館金陵刻本　十二冊

310000－0242－0012480　愚經108
書說二卷　(清)郝懿行撰　清光緒八年(1882)郝聯薇東路廳署刻郝氏遺書本　二冊

310000－0242－0012481　愚經109
尚書隸古定釋文八卷　(清)李遇孫撰　清嘉慶九年(1804)寧儉堂刻本　四冊

310000－0242－0012482　愚經110
書經述六卷　(清)許祖京撰　清嘉慶十七年(1812)德清許氏陜華堂刻本　二冊

310000－0242－0012483　愚經111
書考辨二卷　(清)劉紹攽撰　清同治十二年(1873)三原劉氏傳經堂刻西京清麓叢書續編本　一冊

310000－0242－0012484　愚經112
書經體注六卷　(宋)蔡沈集傳　(清)范翔鑒定　(清)張聖度訂　(清)錢希祥參　清乾隆、嘉慶間學源堂刻本　六冊

310000－0242－0012485　愚經113
禹貢易知編十二卷　(清)李慎儒輯　(清)李

壽慈等校　清光緒刻本　四冊

310000－0242－0012486　愚經 115

尚書大傳疏證七卷　(清)皮錫瑞撰　清光緒二十二年(1896)善化皮氏師伏堂刻本　三冊

310000－0242－0012487　S 愚經 117

毛詩注疏二十卷　(漢)鄭玄箋　(唐)孔穎達疏　明崇禎三年(1630)毛氏汲古閣刻本　十六冊

310000－0242－0012488　愚經 118

詩經集傳八卷　(宋)朱熹集傳　清同治七年(1868)湖北崇文書局刻本　四冊

310000－0242－0012489　S 愚經 119

呂氏家塾讀詩記三十二卷　(宋)呂祖謙撰　明嘉靖十年(1531)刻本　六冊

310000－0242－0012490　S 愚經 120

絜齋毛詩經筵講義四卷　(宋)袁燮撰　清乾隆四十年(1775)武英殿木活字印武英殿聚珍版書本　一冊

310000－0242－0012491　S 愚經 121

詩說十二卷　(宋)劉克撰　清道光八年(1828)長洲汪士鐘藝芸書舍刻本　四冊　存十卷(一至八、十一至十二)

310000－0242－0012492　S 愚經 122

毛詩要義二十卷附毛詩序要義譜一卷　(宋)魏了翁撰　清光緒八年(1882)獨山莫祥芝上海刻本　十二冊

310000－0242－0012493　S 愚經 123

詩集傳音釋二十卷附詩圖一卷詩傳綱領一卷詩序一卷校刻詩集傳音釋札記一卷　(宋)朱熹傳　(元)許謙鈔音釋　(元)羅復纂輯　清咸豐七年(1857)海昌蔣氏衍芬草堂刻本　六冊

310000－0242－0012494　愚經 125

嚴氏詩緝三十六卷　(宋)嚴粲撰　清嘉慶十五年(1810)谿上聽彝堂刻本　十六冊

310000－0242－0012495　S 愚經 127

韋氏詩經考定二十四卷　(明)韋調鼎考定

(明)潘瓚校刊　明崇禎十三年(1640)新安潘瓚刻本　五冊

310000－0242－0012496　S 愚經 128

詩經補解五卷　(□)□□撰　清崔氏博古堂朱墨抄本　五冊

310000－0242－0012497　愚經 129

欽定詩經傳說彙纂二十一卷附詩序二卷首二卷　(清)王鴻緒等纂　清同治十年(1871)湖北崇文書局刻本　十八冊

310000－0242－0012498　愚經 130

御纂詩義折中二十卷　(清)傅恆等纂　清光緒如山天津刻本　六冊

310000－0242－0012499　愚經 131

田間詩學不分卷　(清)錢澄之撰　清康熙刻本　六冊

310000－0242－0012500　S 愚經 132

詩經廣大全二十卷　(清)王夢白編　(清)陳張曾輯　清康熙二十一年(1682)刻本　七冊

310000－0242－0012501　愚經 133

毛詩稽古編三十卷　(清)陳啟源撰　(清)酈佑清校　清嘉慶十八年(1813)酈佑清刻本　八冊

310000－0242－0012502　愚經 134

詩序廣義二十四卷　(清)姜炳璋輯　清嘉慶二十年(1815)尊行堂刻本　十冊

310000－0242－0012503　S 愚經 135

詩所八卷　(清)李光地注　清雍正六年(1728)李清植、魏君璧刻本　六冊

310000－0242－0012504　愚經 136

朱子詩義補正八卷　(清)方苞著　(清)單作哲編次　清光緒三年(1877)南海馮氏刻本　二冊

310000－0242－0012505　愚經 137

詩說三卷附錄一卷　(清)惠周惕著　附校一卷　(清)吳志忠撰　清嘉慶十七年(1812)璜川吳氏真意堂刻本　二冊

310000－0242－0012506　愚經 138

詩義旁通十二卷 （清）李允升輯 （清）夏與豐等校字 （清）李厚愷編次 清咸豐二年(1852)易簡堂刻本 六冊

310000－0242－0012507 S 愚經 139

毛詩名物圖說九卷 （清）徐鼎輯 清乾隆三十六年(1771)徐氏自刻本 二冊

310000－0242－0012508 愚經 140

范氏詩瀋二十卷 （清）范家相撰 清光緒十三年(1887)墨潤堂刻本 四冊

310000－0242－0012509 愚經 142

詩經小學三十卷 （清）段玉裁撰 清道光五年(1825)抱經堂蘇州刻本 四冊

310000－0242－0012510 S 愚經 143

毛詩故訓傳三十卷 （漢）鄭玄箋 清同治十一年(1872)五雲堂刻本 四冊

310000－0242－0012511 愚經 144

三家詩補遺三卷 （清）阮元譔 清同治、光緒間儀徵李氏崇惠堂刻崇惠堂叢書本 一冊

310000－0242－0012512 愚經 145

毛詩天文考一卷 （清）洪亮吉撰 禮記天算釋一卷 （清）孔廣牧撰 清光緒十五年至十七年(1889－1891)廣雅書局刻本 一冊

310000－0242－0012513 愚經 146

毛詩後箋三十卷 （清）胡承珙撰 清道光十七年(1837)胡氏求是堂刻本 二十四冊

310000－0242－0012514 愚經 147

嚴氏詩緝補義八卷 （清）劉燦編 清嘉慶十六年(1811)鎮海劉氏墨莊刻本 八冊

310000－0242－0012515 愚經 148

詩說二卷 （清）王照圓撰 清光緒八年(1882)郝聯薇東路廳署刻郝氏遺書本 二冊

310000－0242－0012516 愚經 149

詩經拾遺一卷 （清）郝懿行輯 清光緒八年(1882)郝聯薇東路廳署刻郝氏遺書本 一冊

310000－0242－0012517 愚經 150

詩經申義十卷 （清）吳士模著 （清）吳儀澄等校 清道光十五年(1835)吳氏澤古齋刻本 四冊

310000－0242－0012518 愚經 152

釋毛詩音四卷毛詩說一卷 （清）陳奐撰 清道光二十七年至咸豐元年(1847－1851)武林愛日軒、蘇州漱芳齋刻本 一冊

310000－0242－0012519 愚經 153

毛詩傳義類十九篇鄭氏箋攷徵一卷 （清）陳奐編撰 清咸豐八年至九年(1858－1859)許文一、王載雲刻本 一冊

310000－0242－0012520 S 愚經 154

詩經體注大全合參八卷 （清）高朝瓔定 （清）沈世楷輯 （清）沈存仁參 （清）沈景陳校 清康熙五十年(1711)刻本 四冊

310000－0242－0012521 愚經 155

詩故攷異三十二卷 （清）徐華嶽輯 清道光十二年(1832)咫聞齋刻本 十二冊

310000－0242－0012522 愚經 156

毛詩補禮六卷 （清）朱澐撰 清道光十九年(1839)刻光緒三年(1877)吳玉輝補刻本 二冊

310000－0242－0012523 愚經 157

毛詩異文箋十卷 （清）陳玉樹箋 清光緒十四年(1888)江陰南菁書院刻南菁書院叢書本 四冊

310000－0242－0012524 愚經 158

詩經音訓不分卷 （清）楊國楨撰 清光緒元年(1875)陝西求友齋刻本 四冊

310000－0242－0012525 愚經 159

附釋音毛詩注疏二十卷附校勘記 （唐）孔穎達撰 清光緒十九年(1893)陝甘味經刊書處刻本 三十二冊

310000－0242－0012526 愚經 160

毛詩注疏挍勘札記二十卷 （清）劉光蕡輯 清光緒十九年(1893)陝甘味經刊書處刻本 六冊

310000－0242－0012527 愚經 161

詩古音繹一卷 （清）胡錫燕編 清光緒長沙

胡氏刻胡氏三種本　一冊

310000－0242－0012528　愚經 162

詩義擇從四卷　（清）易佩紳撰　清光緒十四年（1888）刻本　二冊

310000－0242－0012529　愚經 163

詩經補箋二十卷　王闓運補箋　清光緒十九年（1893）東洲刻本　十冊

310000－0242－0012530　愚經 164

參挍詩傳說存二卷　（清）孫鏘鳴鑒定　（清）葛士清等輯　清光緒十五年（1889）守經堂刻本　一冊

310000－0242－0012531　愚經 165

詩韻字聲通證七卷　（清）李次山纂　清光緒十九年（1893）李氏百果山房刻百果山房十種本　四冊

310000－0242－0012532　愚經 167

詩經六帖不分卷　（明）徐光啓輯　清抄本　二冊

310000－0242－0012533　愚經 168

御案詩經備旨八卷　（清）鄒聖脈纂輯　（清）鄒廷猷篇次　（清）鄒景鴻等訂　清光緒六年（1880）掃葉山房刻本　八冊

310000－0242－0012534　S 愚經 171

新刻韓詩外傳十卷　（漢）韓嬰著　（明）胡文煥校　明萬曆胡氏文會堂刻格致叢書本　五冊

310000－0242－0012535　S 愚經 172

周禮注疏四十二卷　（漢）鄭玄注　（唐）賈公彥疏　明崇禎元年（1628）毛氏汲古閣刻本　二十冊

310000－0242－0012536　愚經 173

附釋音周禮注疏四十二卷附挍勘記四十二卷　（唐）賈公彥等疏　（唐）陸德明釋文　清光緒二十六年（1900）陝西味經刊書處刻本　二十四冊

310000－0242－0012537　愚經 174

周禮注疏校勘札記四十二卷　（清）劉光蕡輯

清光緒二十六年（1900）陝甘味經刊書處刻本　四冊

310000－0242－0012538　S 愚經 175

考工記二卷　（明）郭正域批點　明萬曆、崇禎間閔齊伋刻朱墨套印三經評注本　一冊

310000－0242－0012539　愚經 176

周禮正義六卷　（漢）鄭玄注　（唐）陸德明音義　清嘉慶十一年（1806）順德張青選清芬閣刻本　六冊

310000－0242－0012540　S 愚經 177

太平經國之書十一卷首一卷　（宋）鄭伯謙著　清乾隆、嘉慶間刻本　二冊

310000－0242－0012541　愚經 178

宋葉文康公禮經會元四卷　（宋）葉時撰　（清）陸隴其點定　（清）許元淮輯　（清）黃暹重鐫　（清）陸瑞校讎　清道光二十年（1840）大盛堂刻本　四冊

310000－0242－0012542　S 愚經 179

周禮完解十二卷附讀周禮一卷　（明）郝敬解　明萬曆、崇禎間刻本　四冊　存八卷（一至三、八至十二）

310000－0242－0012543　S 愚經 180

周禮注疏刪翼三十卷　（明）王志長輯　明崇禎十二年（1639）王氏自刻本　十二冊

310000－0242－0012544　S 愚經 181

莊渠先生遺書周禮沿革傳四卷　（明）魏校撰　（明）歸有光校　明嘉靖、崇禎間刻本　四冊

310000－0242－0012545　愚經 182

欽定周官義疏四十八卷首一卷　（清）鄂爾泰等纂　清光緒十六年（1890）雲南書局刻欽定三禮義疏本　四十冊

310000－0242－0012546　S 愚經 183

周禮集解節要六卷　（清）鄧愷纂訂　（□）□□批校　清雍正十二年（1734）大西齋刻本　二冊

310000－0242－0012547　愚經 184

周禮集傳二卷附周禮綱領一卷　（清）李文炤著　清四為堂刻李氏成書本　二冊

310000－0242－0012548　愚經185
周官集注十二卷　（清）方苞集注　清康熙、嘉慶間桐城方氏抗希堂刻抗希堂十六種本　八冊

310000－0242－0012549　愚經186
周官辨一卷　（清）方苞著　清康熙、嘉慶間桐城方氏抗希堂刻抗希堂十六種本　一冊

310000－0242－0012550　愚經187
周官析疑三十六卷附考工記析疑四卷　（清）方苞著　清康熙、嘉慶間桐城方氏抗希堂刻抗希堂十六種本　十二冊

310000－0242－0012551　S愚經188
周官節訓六卷　（清）黃叔琳編輯　清雍正十年(1732)古音堂刻本　三冊

310000－0242－0012552　愚經189
周禮撮要三卷　（清）潘相撰　清乾隆十八年(1753)安鄉潘氏汲古閣刻本　一冊

310000－0242－0012553　愚經190
禮說十四卷附大學說一卷　（清）惠士奇撰　清嘉慶二年(1797)蘭陔書屋刻本　六冊

310000－0242－0012554　愚經191
周官精義十二卷　（清）連斗山輯　清同治十年(1871)孫觀粵東臬署刻本　六冊

310000－0242－0012555　S愚經192
周禮疑義舉要八卷　（清）江永著　清乾隆刻本　一冊

310000－0242－0012556　愚經193
周禮漢讀攷六卷　（清）段玉裁撰　清嘉慶金壇段氏經韻樓刻經韻樓叢書本　二冊

310000－0242－0012557　愚經194
問禮一隅六卷　（清）管幹珍著　清乾隆、嘉慶間刻松厓文抄本　二冊

310000－0242－0012558　愚經195
周官指掌五卷　（清）莊有可著　清光緒湖北崇文書局刻正覺樓叢書本　二冊

310000－0242－0012559　愚經196
周禮醫官詳說一卷　（清）顧成章著　清光緒十九年(1893)王韜鉛印本　一冊

310000－0242－0012560　愚經197
周禮故書疏證六卷　（清）宋世犖撰　清咸豐、同治間津門徐士鑾刻碻山所著書本　一冊

310000－0242－0012561　愚經198
周官王氏箋六卷　王闓運箋　清光緒二十二年(1896)東洲講舍刻湘綺樓全書本　六冊

310000－0242－0012562　愚經199
儀禮鄭注十七卷　（漢）鄭玄注　清道光十四年(1834)立本齋刻本　四冊

310000－0242－0012563　S愚經200
儀禮疏五十卷　（唐）賈公彥等撰　清道光十年(1830)長洲汪士鐘藝芸書舍刻本　六冊

310000－0242－0012564　愚經201
儀禮釋宮增注一卷　（清）江永增注　清咸豐、宣統間刻本　一冊

310000－0242－0012565　愚經202
欽定儀禮義疏四十八卷首二卷　（清）鄂爾泰等纂　清同治十年(1871)湖北崇文書局刻欽定三禮義疏本　三十二冊

310000－0242－0012566　愚經203
儀禮鄭注句讀十七卷附監本正誤一卷石經誤字一卷　（清）張爾岐句讀　清同治七年(1868)金陵書局刻本　四冊

310000－0242－0012567　S愚經204
儀禮節畧二十卷　（清）朱軾著　清康熙五十八年(1719)高安朱氏自刻本　八冊

310000－0242－0012568　愚經205
儀禮集編十七卷附儀禮監本正誤一卷儀禮石本誤字一卷首一卷　（清）盛世佐撰　（清）鮑漱芳等參校　清嘉慶馮集梧刻本　二十冊

310000－0242－0012569　愚經206
天子肆獻祼饋食禮纂三卷朝廟宮室考并圖一卷田賦考一卷　（清）任啟運撰　清光緒十四

年(1888)任氏家塾刻本　二冊

310000－0242－0012570　愚經207

儀禮小疏八卷附儀禮鄭注監本刊誤三卷
(清)沈彤撰　(清)沈廷芳訂　清乾隆吳江沈
氏刻果堂全集本　三冊

310000－0242－0012571　愚經208

儀禮釋官九卷首一卷　(清)胡匡衷著　清同
治八年(1869)研六閣刻本　四冊

310000－0242－0012572　愚經209

儀禮圖六卷　(清)張惠言撰　清同治九年
(1870)湖北崇文書局刻本　三冊

310000－0242－0012573　愚經210

儀禮古今文疏證二卷　(清)宋世犖撰　清咸
豐、宣統間津門徐士鑾刻碻山所著書本　一
冊

310000－0242－0012574　愚經211

儀禮正義四十卷　(清)胡培翬撰　(清)楊大
堉補　清咸豐二年(1852)刻同治七年(1868)
補刻本　二十冊

310000－0242－0012575　愚經212

儀禮私箋八卷　(清)鄭珍撰　清同治五年
(1866)唐鄂生成都刻本　二冊

310000－0242－0012576　愚經213

制服成誦編一卷附制服表一卷喪服通釋一卷
(清)周保珪撰　清光緒十三年(1887)武林
王氏紅蝠山房刻本　一冊

310000－0242－0012577　愚經214

**喪禮輯略一卷附祠堂圖一卷儀禮喪服輯略一
卷附喪服雜說一卷喪服今制表一卷附衰冠杖
履之制一卷**　(清)丁宏會等輯　清同治四年
至十三年(1865－1874)長沙丁氏白芙堂、荷
花沱刻本　二冊

310000－0242－0012578　愚經215

喪服經傳補疏二卷　(清)葉大莊撰　清光緒
葉氏玉屏山莊刻寫經齋全集本　一冊

310000－0242－0012579　愚經216

檀氏儀禮韻言塾課藏本二卷　(清)檀萃纂

清乾隆、嘉慶間刻本　一冊

310000－0242－0012580　愚經217

釋服二卷　(清)宋綿初撰　清嘉慶二十三年
(1818)書種堂刻本　一冊

310000－0242－0012581　愚經218

讀禮通考一百二十卷　(清)徐乾學撰　清光
緒七年(1881)江蘇書局刻本　三十二冊

310000－0242－0012582　愚經219

禮記鄭注二十卷　(漢)鄭玄注　清光緒十七
年(1891)陝西味經書院刻本　十二冊

310000－0242－0012583　愚經220

禮記集說十卷　(元)陳澔集說　清乾隆七年
(1742)怡府明善堂刻五經四子書本　十冊

310000－0242－0012584　愚經222

**月令明義四卷附月令明義圖一卷表記集傳二
卷附春秋表記問業一卷坊記集傳二卷附坊記
春秋問業一卷緇衣集傳四卷儒行集傳二卷**
(明)黃道周輯　(清)鄭開極重訂　清康熙三
十二年(1693)晉安鄭開極刻石齋先生經傳九
種本　九冊

310000－0242－0012585　S愚經223

禮記敬業八卷　(明)楊鼎熙撰　明崇禎刻本
八冊

310000－0242－0012586　S愚經224

禮記纂注三十卷　(明)湯道衡纂注　明萬
曆、崇禎間刻本　四冊

310000－0242－0012587　愚經225

欽定禮記義疏八十二卷首一卷　(清)鄂爾泰
等纂　清同治十年(1871)湖北崇文書局刻欽
定三禮義疏本　三十三冊　缺二十四卷(五
十九至八十二)

310000－0242－0012588　S愚經226

禮記省度四卷　(清)彭頤纂　(清)彭遂較
清乾隆元年(1736)武林文治堂刻朱墨綠三色
套印本　四冊

310000－0242－0012589　S愚經227

禮記舉業集要三卷　(清)陳瑞著　稿本　三

冊

310000－0242－0012590　愚經 228
禮記訓義擇言八卷　（清）江永著　清刻本
一冊

310000－0242－0012591　愚經 229
深衣釋例三卷釋繪一卷　（清）任大椿撰　清
乾隆、嘉慶間刻本　四冊

310000－0242－0012592　愚經 230
禮記訓纂四十九卷　（清）朱彬輯　清咸豐元
年(1851)宜祿堂刻六年(1856)印本　八冊

310000－0242－0012593　愚經 231
全本禮記體注大全合參十卷　（元）陳澔集說
（清）范翔原定　（清）徐旦參訂　（清）徐
瑄補輯　清經綸堂刻本　十冊

310000－0242－0012594　愚經 232
禮記箋四十九卷　（清）郝懿行撰　清光緒八
年(1882)郝聯薇東路廳署刻郝氏遺書本　十
冊

310000－0242－0012595　愚經 233
禮記王氏箋三十六卷　（漢）鄭玄注　王闓運
箋　清光緒二十二年(1896)東洲講舍刻湘綺
樓全書本　十冊

310000－0242－0012596　愚經 235
禮記審議二卷　（清）葉大莊撰　清光緒葉氏
玉屏山莊刻寫經齋全集本　一冊

310000－0242－0012597　S 愚經 236
禮記旁訓六卷　（□）□□撰　（□）□□批校
清乾隆、嘉慶間刻五經旁訓本　六冊

310000－0242－0012598　愚經 237
大戴禮記十三卷　（漢）戴德輯　（北周）盧辯
注　清乾隆二十五年(1760)刻本　二冊

310000－0242－0012599　愚經 238
大戴禮補注十三卷　（北周）盧辯注　（清）孔
廣森補　清光緒五年(1879)定州王氏刻畿輔
叢書本　四冊

310000－0242－0012600　愚經 239
大戴禮記審議二卷　（清）葉大莊撰　清光緒

葉氏玉屏山莊刻寫經齋全集本　一冊

310000－0242－0012601　愚經 241
夏小正輯注四卷　（清）范家相輯　清光緒十
三年(1887)會稽范氏墨潤堂刻本　一冊

310000－0242－0012602　愚經 242
夏小正攷注一卷　（清）畢沅撰　清乾隆四十
八年(1783)鎮洋畢氏靈巖山館刻經訓堂叢書
本　一冊

310000－0242－0012603　愚經 243
**明堂陰陽夏小正經傳攷釋十卷附夏時等列說
一卷**　（清）莊述祖撰　（清）劉翊宸校梫　清
光緒九年(1883)刻本　四冊

310000－0242－0012604　S 愚經 244
三禮圖集注二十卷　（宋）聶崇義集注　（□）
□□批校　清康熙十九年(1680)通志堂刻通
志堂經解本　二冊

310000－0242－0012605　S 愚經 245
三禮編繹二十六卷　（明）鄧元錫編　明萬曆
三十三年(1605)浙江布政按察兩司刻本　十
二冊

310000－0242－0012606　愚經 246
禮經本義十七卷首一卷　（清）蔡德晉輯　清
綠滿窗抄本　四冊　存十六卷(一至十、十三
至十七,首一卷)

310000－0242－0012607　愚經 247
弁服釋例八卷附五禮弁服釋例表　（清）任大
椿撰　清嘉慶元年(1796)蕭山王宗炎望賢家
塾刻本　四冊

310000－0242－0012608　愚經 248
禮箋三卷　（清）金榜撰　清嘉慶三年(1798)
游文齋刻本　二冊

310000－0242－0012609　愚經 249
禮經釋例十三卷首一卷　（清）凌廷堪撰　清
嘉慶十四年(1809)揚州阮氏文選樓刻文選樓
叢書本　八冊

310000－0242－0012610　愚經 250
求古錄禮說十六卷補遺一卷　（清）金鶚撰

校勘記三卷　（清）王士駿輯　清光緒二年(1876)孫憙刻本　十冊

310000－0242－0012611　愚經251

禮經宮室答問二卷　（清）洪頤煊撰　清光緒十年(1884)臨海馬氏師竹山房刻本　一冊

310000－0242－0012612　愚經252

禮堂經說二卷　（清）陳喬樅撰　清道光、同治間刻左海續集本　一冊

310000－0242－0012613　愚經253

禮經校釋二十二卷　曹元弼撰　清光緒十八年(1892)刻本　十二冊

310000－0242－0012614　愚經254

讀禮條考二十卷　（清）王曜南撰　清光緒二十三年(1897)武林尚友齋石印本　六冊

310000－0242－0012615　愚經255

三禮圖說二卷　（□）□□撰　清抄本　二冊

310000－0242－0012616　S愚經256

禮書一百五十卷　（宋）陳祥道撰　明天啓、崇禎間婁東張溥刻本　十冊

310000－0242－0012617　愚經257

儀禮經傳通解三十七卷續通解二十九卷首一卷　（宋）朱熹撰　（宋）黃榦續　清光緒十七年(1891)三原劉氏傳經堂刻本　二十四冊

310000－0242－0012618　S愚經258

禮樂合編三十卷　（明）黃廣編　明崇禎六年(1633)黃氏玉磬齋刻本　十六冊

310000－0242－0012619　愚經259

禮書綱目八十五卷首四卷　（清）江永編　清嘉慶十五年(1810)婺源俞氏鏤恩堂刻本　二十四冊

310000－0242－0012620　愚經260

五禮通考二百六十二卷首四卷目錄二卷　（清）秦蕙田編輯　清光緒六年(1880)江蘇書局刻本　一百冊

310000－0242－0012621　S愚經261

禮樂通考三十卷　（清）胡掄撰　清乾隆十四年(1749)刻本　十二冊

310000－0242－0012622　S愚經262

三禮陳數求義三十卷　（清）林喬蔭編　清乾隆四十七年(1782)侯官林氏刻本　十冊

310000－0242－0012623　愚經263

三禮通釋二百八十卷目錄四卷首一卷　（清）林昌彝撰　清同治三年(1864)廣州刻本　四十八冊

310000－0242－0012624　愚經264

禮書通故五十卷　（清）黃以周撰　清光緒十九年(1893)黃氏試館刻本　三十二冊　缺一卷(十三)

310000－0242－0012625　愚經265

文公家禮儀節八卷　（宋）朱熹編　明刻本　四冊

310000－0242－0012626　愚經266

四禮翼四卷　（明）呂坤撰　清同治二年(1863)王禹疇品蓮書屋刻本　一冊

310000－0242－0012627　愚經267

泰泉鄉禮七卷首一卷　（明）黃佐撰　清道光二十三年(1843)芸香堂刻本　二冊

310000－0242－0012628　S愚經268

喪禮備纂二卷　（明）王廷相撰　明嘉靖四十年(1561)刻本　一冊

310000－0242－0012629　愚經271

朱子家禮五卷　（清）郭嵩燾校訂　清光緒十七年(1891)長沙思賢講舍刻本　一冊

310000－0242－0012630　愚經272

春秋經傳集解三十卷　（春秋）左丘明傳（晉）杜預注　春秋年表一卷　（宋）岳珂補刊　春秋名號歸一圖二卷　（後蜀）馮繼先撰　清同治八年(1869)湖北崇文書局刻本　十二冊

310000－0242－0012631　愚經273

春秋左傳杜注三十卷首一卷　（清）姚培謙撰　清同治十一年(1872)湖南省尊經閣刻本　十冊

310000－0242－0012632　愚經275

春秋公羊經傳解詁十二卷 （戰國）公羊高傳
（漢）何休解詁 清嘉慶、道光間揚州汪氏
問禮堂刻本 六冊

310000－0242－0012633 愚經 276
春秋穀梁傳十二卷 （戰國）穀梁赤傳 （晉）
范寧集解 清同治七年(1868)金陵書局刻本
二冊

310000－0242－0012634 S 愚經 277
陸氏三傳釋文音義十六卷 （唐）陸德明音義
清乾隆、嘉慶間刻本 二冊

310000－0242－0012635 愚經 278
春秋傳三十卷 （宋）胡安國傳 （宋）林堯叟
音注 明金陵坊刻本 一冊 存二卷(一至
二)

310000－0242－0012636 愚經 279
東萊先生左氏博議二十五卷 （宋）呂祖謙撰
清道光十九年(1839)錢唐瞿氏清吟閣刻本
四冊

310000－0242－0012637 愚經 280
春秋或問十卷 （元）程端學撰 清康熙十九
年(1680)通志堂刻通志堂經解本 三冊

310000－0242－0012638 愚經 281
春秋屬辭十五卷 （元）趙汸撰 清康熙十九
年(1680)通志堂刻通志堂經解本 四冊

310000－0242－0012639 S 愚經 282
增補湯會元遴輯百家評林左傳狐白四卷
（明）湯賓尹輯 （明）林世選增補 明萬曆三
十八年(1610)余泰垣刻本 四冊

310000－0242－0012640 S 愚經 283
鍾伯敬批點左傳三十卷首一卷 （明）鍾惺批
評 明崇禎四年(1631)汲古閣刻本 十六冊

310000－0242－0012641 S 愚經 284
春秋四傳三十八卷提要一卷春秋二十國年表
一卷諸國興廢說一卷 （□）□□輯 明刻本
十冊

310000－0242－0012642 S 愚經 285
春秋衡庫三十卷附錄前二卷備錄一卷 （明）

馮夢龍輯 明天啓五年(1625)刻本 八冊

310000－0242－0012643 S 愚經 286
麟經新旨三十卷附春秋提要一卷 （明）劉侗
撰 明崇禎刻本 四冊

310000－0242－0012644 S 愚經 287
春秋四傳斷六卷附書法解一卷 （明）張溥撰
明天啓、崇禎間刻本 二冊

310000－0242－0012645 S 愚經 288
春秋大成三十一卷 （明）馮如京彙纂 講意
三十一卷 （清）馮雲驤著 清順治刻本 十
二冊

310000－0242－0012646 愚經 290
春秋世族譜一卷 （清）陳厚耀撰 清刻本
一冊

310000－0242－0012647 愚經 291
欽定春秋傳說彙纂三十八卷首二卷 （清）王
掞等纂 清同治十年(1871)湖北崇文書局刻
欽定七經彙纂本 二十冊

310000－0242－0012648 愚經 292
欽定春秋左傳讀本三十卷 （清）英和等纂
春秋三傳異文考一卷 （清）錢振倫撰 清同
治八年至九年(1869－1870)張之萬金陵刻本
十六冊

310000－0242－0012649 S 愚經 293
春秋左傳杜林統箋三十五卷 （清）姜希轍集
注 清乾隆五十八年(1793)同文堂刻本 十
二冊

310000－0242－0012650 愚經 294
左傳杜解補正三卷 （清）顧炎武撰 清嘉慶
璜川吳氏刻璜川吳氏經學叢書本 一冊

310000－0242－0012651 S 愚經 295
春秋宗朱辨義十二卷首一卷末一卷 （清）張
自超箸 清光緒七年(1881)郭宮桂刻本 八
冊

310000－0242－0012652 S 愚經 296
春秋正業經傳刪本十二卷附春秋正業標題講
意十二卷 （清）徐金歐纂定 清康熙三十九

年(1700)徐氏受中堂刻本　四冊

310000－0242－0012653　愚經297

左傳事緯十二卷　（清）馬驌編論　（清）黃暹
重鐫　（清）胡兆熊校讎　清乾隆、嘉慶間黃
氏懷澄堂刻本　十二冊

310000－0242－0012654　愚經298

左傳分國纂略十六卷　（清）盧元昌評閱　清
康熙二十八年(1689)盧氏思美廬刻本　六冊

310000－0242－0012655　S愚經299

春秋紀傳五十一卷　（清）李鳳雛纂輯　清康
熙六十一年(1722)懷德堂刻本　十冊

310000－0242－0012656　愚經300

學春秋隨筆十卷　（清）萬斯大撰　清康熙五
十六年(1717)萬經刻本　一冊

310000－0242－0012657　愚經301

春秋集傳十卷首一卷　（清）李文炤編輯　清
四為堂刻李氏成書本　五冊　存十卷(一至
三,五至十,首一卷)

310000－0242－0012658　愚經302

春秋比事目錄四卷　（清）方苞論次　（清）王
兆符等編錄　清康熙、嘉慶間桐城方氏抗希
堂刻抗希堂十六種本　二冊

310000－0242－0012659　S愚經303

文章練要左傳評十卷　（清）王源評訂　清乾
隆王氏居業堂刻本　五冊

310000－0242－0012660　愚經304

春雨堂集三種　（清）朱元英撰　清乾隆朱燮
聲刻本　二冊

310000－0242－0012661　愚經305

左繡三十卷首一卷　（清）馮李驊等評輯　清
末善成堂刻本　十六冊

310000－0242－0012662　S愚經306

左傳經世鈔二十三卷　（清）魏禧評點　清乾
隆十三年(1748)刻本　十二冊

310000－0242－0012663　S愚經307

春秋取義測十二卷　（清）法坤宏撰　清乾隆
五十九年(1794)法坤宏粵省刻本　四冊

310000－0242－0012664　愚經308

春秋大事表五十卷輿圖一卷　（清）顧棟高輯
（清）吳光裕參　清光緒十四年(1888)陝西
求友齋刻本　二十四冊

310000－0242－0012665　愚經309

春秋通論六卷　（清）劉紹攽著　清同治十二
年(1873)刻西京清麓叢書外編本　二冊

310000－0242－0012666　愚經310

春秋筆削微旨二十六卷　（清）劉紹攽撰　清
同治十二年(1873)刻西京清麓叢書外編本
六冊

310000－0242－0012667　愚經311

春秋左傳小疏一卷　（清）沈彤著　（清）沈廷
芳訂　清乾隆吳江沈氏刻果堂全集本　一冊

310000－0242－0012668　S愚經312

春秋經傳類求十二卷　（清）孫從添撰　（清）
過臨汾纂輯　清乾隆二十四年(1759)歙縣吳
禧祖舊名堂刻本　十二冊

310000－0242－0012669　愚經313

左傳翼三十八卷　（清）周大璋輯評　（清）張
菊齋鑒定　清乾隆、嘉慶間元聚堂刻本　十
六冊

310000－0242－0012670　愚經314

左鑒十卷附錄一卷　（清）楊潮觀撰　清乾隆
楊氏恰好處刻本　一冊

310000－0242－0012671　愚經315

**春秋左傳釋人十二卷附錄一卷世系圖說一卷
年表一卷**　（清）范照藜纂　清嘉慶八年
(1803)范氏如不及齋刻本　六冊

310000－0242－0012672　愚經316

公羊穀梁異同合評四卷　（清）沈赤然撰　清
嘉慶沈氏刻五研齋全集本　二冊

310000－0242－0012673　愚經317

規左一隅三卷　（清）管幹珍著　清乾隆、嘉
慶間陽湖管氏錫福樓刻松厓文抄本　一冊

310000－0242－0012674　愚經318

春秋說略十二卷　（清）郝懿行撰　（清）趙銘

彝校刊　清道光七年(1827)趙銘彝刻光緒七年(1881)郝聯薇東路廳署印郝氏遺書本　三冊

310000－0242－0012675　愚經319

春秋比二卷 （清)郝懿行輯 （清)趙銘彝校刊　清道光七年(1827)趙銘彝刻光緒七年(1881)郝聯薇東路廳署印郝氏遺書本　一冊

310000－0242－0012676　愚經320

左通補釋三十二卷 （清)梁履繩撰　清道光九年(1829)錢唐汪氏振綺堂刻光緒元年(1875)汪曾唯補刻本　十冊

310000－0242－0012677　愚經321

春秋左氏傳補注十二卷 （清)沈欽韓撰　清光緒吳縣潘氏刻功順堂叢書本　二冊

310000－0242－0012678　愚經322

春秋左氏傳地名補注十二卷 （清)沈欽韓撰　清光緒吳縣潘氏刻功順堂叢書本　一冊

310000－0242－0012679　愚經323

左氏春秋聚六卷首四卷末二卷 （清)張用星輯 （清)張應復等校錄　清嘉慶二十四年(1819)嶧陽張氏金沙官署刻本　八冊

310000－0242－0012680　愚經324

春秋左氏傳賈服注輯述二十卷 （清)李貽德撰　清光緒八年(1882)江蘇書局刻本　六冊

310000－0242－0012681　愚經325

左傳舊疏考正八卷 （清)劉文淇撰　清光緒三年(1877)湖北崇文書局刻本　四冊

310000－0242－0012682　愚經326

穀梁大義述七卷 （清)柳興恩撰　清光緒八年(1882)李氏木犀軒刻木犀軒叢書本　一冊

310000－0242－0012683　愚經327

讀左小記二卷 （清)薛承宣輯　清道光十九年(1839)刻本　一冊

310000－0242－0012684　愚經328

春秋穀梁經傳補注二十四卷首一卷末一卷 （清)鍾文烝注　清光緒二年(1876)鍾氏信美室刻本　八冊

310000－0242－0012685　愚經329

春秋朔閏至日攷三卷 （清)王韜著　清光緒十五年(1889)王氏淞隱廬鉛印弢園經學輯存本　三冊

310000－0242－0012686　愚經330

春秋日食辨正一卷附朔閏表 （清)王韜撰　清光緒十五年(1889)王氏淞隱廬鉛印弢園經學輯存本　一冊

310000－0242－0012687　愚經331

春秋釋地韻編五卷首一卷 （清)徐壽基編輯　清光緒傳經堂刻本　四冊

310000－0242－0012688　愚經332

春秋經傳合編三十卷春秋經傳合編雜說一卷春秋書法彙表三卷春秋經傳辨疑二卷 （清)楊丕復著 （清)楊琪光等刊校　清光緒武陵楊氏刻楊愚齋先生全集本　三十六冊

310000－0242－0012689　S 愚經334

左氏弗不分卷附錄一卷 （□)□□撰　清抄本　六冊

310000－0242－0012690　愚經336

聽園讀左隨筆二十卷 （清)李藝元撰　清同治十二年(1873)長沙李一經堂刻本　十冊

310000－0242－0012691　愚經337

公羊穀梁異同合評四卷 （清)沈赤然撰　清嘉慶沈氏刻五研齋全集本　一冊

310000－0242－0012692　愚經338

春秋日食質疑一卷 （清)吳守一考　清抄本　一冊

310000－0242－0012693　愚經339

曲江書屋新訂批注左傳快讀十八卷首一卷 (晉)杜預原注 （唐)陸德明音義 （清)李紹崧選訂 （清)李履道等校字　清乾隆五十二年(1787)小酉山房刻五十四年(1789)印本　十六冊

310000－0242－0012694　愚經340

左傳便讀六卷 （清)魏承樾刪訂 （清)李紓等校　清同治十年(1871)樹德堂刻本　六冊

310000－0242－0012695　愚經342

春秋繁露十七卷　（漢）董仲舒撰　（清）淩曙注　**淩注校正十七卷**　（清）張駒賢撰　清光緒五年(1879)定州王氏謙德堂刻畿輔叢書本　四冊

310000－0242－0012696　愚經345

孝經朱子刊誤一卷　（宋）朱熹撰　清同治十二年(1873)劉氏傳經堂刻西京清麓叢書本　一冊

310000－0242－0012697　S愚經346

孝經貫注二十卷存餘三卷考異一卷對問三卷　（明）瞿罕集注　明崇禎七年(1634)刻本　二十四冊

310000－0242－0012698　愚經347

御注孝經一卷　（清）世祖福臨注　清順治十三年(1656)刻本　一冊

310000－0242－0012699　愚經348

御纂孝經集注一卷　（清）世宗胤禛纂　清雍正五年(1727)刻本　一冊

310000－0242－0012700　愚經349

孝經本義一卷　（清）姜兆錫撰　清雍正十年(1732)丹陽姜氏寅清樓刻本　一冊

310000－0242－0012701　愚經350

今古文孝經彙刻十六種　（清）王德瑛輯　清道光十四年至十六年(1834－1836)福山王德瑛日省吾齋刻本　九冊

310000－0242－0012702　愚經351

孝經通釋十卷附總論一卷　（清）曹庭棟撰　清乾隆二十一年(1756)刻本　二冊

310000－0242－0012703　愚經352

篆文孝經一卷　（清）吳大澂書　清光緒十一年(1885)上海同文書局石印本　一冊

310000－0242－0012704　愚經353

繙譯孝經一卷　（清）世宗胤禛譯　清咸豐刻本　一冊

310000－0242－0012705　愚經355

孝經鄭氏解一卷　（清）臧庸撰　清光緒二十

年(1894)吳縣曹元弼蘇州刻本　一冊

310000－0242－0012706　愚經356

孝經鄭注疏二卷　（清）皮錫瑞撰　清光緒二十一年(1895)善化皮氏師伏堂刻本　二冊

310000－0242－0012707　愚經357

孝經六藝大道錄一卷　曹元弼撰　清光緒二十四年(1898)兩湖書院經學分教堂刻本　一冊

310000－0242－0012708　愚經360

論語集解義疏十卷　（三國魏）何晏集解（南朝梁）皇侃義疏　清同治十二年(1873)粵東書局刻古經解彙函本　四冊

310000－0242－0012709　愚經361

論語注疏解經十卷　（三國魏）何晏集解（宋）邢昺疏　**札記一卷**　劉世珩撰　清光緒三十年至三十三年(1904－1907)貴池劉氏玉海堂刻玉海堂景宋叢書本　二冊

310000－0242－0012710　S愚經362

論語訂釋十卷　（明）管志道重訂　明萬曆刻本　五冊

310000－0242－0012711　愚經363

論語補疏三卷　（清）焦循撰　清道光六年(1826)焦氏半九書塾刻焦氏叢書本　一冊

310000－0242－0012712　愚經364

論語後案二十卷　（清）黃式三撰　清光緒九年(1883)浙江書局刻儆居叢書本　十冊

310000－0242－0012713　愚經365

論語經正錄二十卷附一卷　（清）王肇晉撰（清）王用誥述　清光緒二十年(1894)刻本　十一冊

310000－0242－0012714　愚經366

論語話解十卷　（清）陳澧撰　清光緒五年(1879)廣仁堂刻津河廣仁堂所刻書本　二冊

310000－0242－0012715　愚經367

論語發疑四卷　（清）顧成章撰　清光緒十八年(1892)木活字印本　一冊

310000－0242－0012716　愚經370

論語二卷附錄許氏說文引論語三十六條
(清)吳大澂篆書　清光緒十一年(1885)上海同文書局石印本　一冊

310000－0242－0012717　愚經371

論語訓二卷　王闓運撰　清光緒十七年(1891)東洲講舍刻湘綺樓全書本　二冊

310000－0242－0012718　愚經379

增補蘇批孟子二卷附年譜一卷　(宋)蘇洵撰　(清)趙大浣增補　清咸豐六年(1856)刻朱墨套印本　二冊

310000－0242－0012719　愚經380

孟子要略五卷　(宋)朱熹輯　清光緒十年(1884)三原劉氏傳經堂刻西京清麓叢書外編本　一冊

310000－0242－0012720　愚經381

孟子師說七卷　(清)黃宗羲著　(清)王梅生等校刊　清光緒八年(1882)慈谿馮氏醉經閣刻本　二冊

310000－0242－0012721　S愚經383

四書章句集注十九卷附四書圖　(宋)朱熹章句集注　清乾隆十九年(1754)海昌貫羅堂刻本　六冊

310000－0242－0012722　愚經384

四書章句集注二十六卷　(宋)朱熹集注　考四卷　(清)吳志忠輯　清嘉慶十六年(1811)璜川吳氏真意堂刻本　八冊

310000－0242－0012723　愚經385

四書集注十九卷　(宋)朱熹集注　清道光二十二年(1842)寶恕堂刻本　六冊

310000－0242－0012724　S愚經386

四書章句或問二十八卷　(宋)朱熹撰　明刻本　十冊

310000－0242－0012725　愚經387

四書集編二十九卷　(宋)真德秀撰　(清)翁錫書等增訂批點較刊　清同治七年(1868)福浦西山祠刻本　六冊

310000－0242－0012726　S愚經389

四書私存三十七卷　(明)季本箋釋　明嘉靖二十二年(1543)刻本　五冊

310000－0242－0012727　S愚經391

四書考二十八卷四書考異一卷　(明)陳仁錫撰　明崇禎七年(1634)刻本　十六冊

310000－0242－0012728　S愚經392

重訂古本大學章句合釋文一卷古本大學辨義一卷石經大學測義三卷　(明)管志道撰　明萬曆三十四年(1606)婁江管氏刻本　四冊

310000－0242－0012729　S愚經393

重訂中庸章句注釋二卷中庸測義一卷　(明)管志道著　明萬曆三十四年(1606)刻本　二冊

310000－0242－0012730　愚經394

大學直解二卷　(清)王建常著　(清)趙蒲較閱　(清)王學誠訂梓　(清)王學亨正字　(清)上官德轍編次　清同治十二年(1873)刻本　二冊

310000－0242－0012731　愚經396

四書朱子異同條辨四十卷　(清)李沛霖等訂　(清)李學會等參較　清藜光樓刻本　五十冊

310000－0242－0012732　S愚經397

新刊四書兩家粹意大學一卷　(明)曹樓輯　(明)李廷謨等續訂　明萬曆十二年(1584)曹氏刻本　一冊

310000－0242－0012733　愚經398

經筵進講原本四書六卷　(明)張居正著　(清)鄭重等訂　清乾隆三十一年(1766)金閶玉樹堂刻本　十六冊

310000－0242－0012734　S愚經399

重刻內府原板張閣老經筵四書直解指南二十七卷　(明)張居正輯著　(明)焦竑增校　明萬曆三十九年(1611)建陽書林詹亮刻本　十冊

310000－0242－0012735　S愚經401

四書注疏大全合纂三十七卷　(明)張溥輯

明崇禎九年(1636)刻本　三十二冊

310000－0242－0012736　愚經402

四書小參一卷問答一卷　(明)朱斯行撰　清光緒三年(1877)姑蘇刻經處刻本　一冊

310000－0242－0012737　愚經403

四書定本辨正五卷附讀書枕中方一卷　(明)胡正心攷輯　清咸豐元年(1851)朱沅刻本　二冊

310000－0242－0012738　S愚經404

四書代言十九卷　(宋)朱熹注　(明)方應祥纂　(明)周逢泰校　(明)江起岷閱　明萬曆、崇禎間筆花山房刻本　二冊

310000－0242－0012739　愚經405

日講四書解義二十六卷　(清)庫勒納等纂　清康熙十六年(1677)內府刻本　十二冊

310000－0242－0012740　愚經406

駁呂留良四書講義五卷　(清)朱軾等纂　清雍正九年(1731)刻本　八冊

310000－0242－0012741　愚經407

四書訓義三十六卷四書稗疏二卷攷異一卷　(宋)朱熹集注　(清)王夫之訓義　清光緒十三年(1887)潞河啖柘山房刻本　二十八冊

310000－0242－0012742　愚經408

四書箋解十一卷　(清)王夫之譔　(清)王之春校刊　清光緒二十年(1894)鄂藩官廨刻本　四冊

310000－0242－0012743　愚經409

四書改錯二十二卷　(清)毛奇齡撰　(清)陳元龍等較　清嘉慶十六年(1811)學圃刻本　六冊

310000－0242－0012744　愚經410

四書正事括略七卷附錄一卷　(清)毛奇齡撰　清道光二十年(1840)蕭山沈豫刻本　四冊

310000－0242－0012745　愚經411

四書釋地一卷續一卷又續一卷三續一卷附孟子之生卒年月考一卷　(清)閻若璩撰　清乾隆五十二年(1787)南城吳照聽雨齋刻本　四

冊

310000－0242－0012746　愚經412

四書釋地補一卷續補一卷又續補一卷三續補一卷　(清)閻若璩撰　(清)樊廷枚校補　清嘉慶二十一年(1816)梅陽海涵堂刻本　六冊

310000－0242－0012747　S愚經413

四書釋地又續一卷　(清)閻若璩撰　(清)秦恩復批校　清乾隆、嘉慶間東浯王氏刻本　四冊

310000－0242－0012748　S愚經414

學庸順文九卷　(清)李實輯　清康熙四十二年(1703)刻本　二冊

310000－0242－0012749　S愚經415

四書困勉錄三十七卷　(清)陸隴其撰　清康熙三十八年(1699)刻本　六冊

310000－0242－0012750　愚經416

松陽講義十二卷　(清)陸隴其著　(清)席永恂等編次　(清)柏森重刊　清光緒十四年(1888)涇陽柏經正堂刻西京清麓叢書本　六冊

310000－0242－0012751　S愚經417

四書大全三十九卷附讀大學法一卷讀中庸法一卷　(清)陸隴其輯　考異二卷　(宋)王應麟撰　清康熙四十一年(1702)刻本　二十冊

310000－0242－0012752　S愚經418

四書朱子本義匯參四十三卷首四卷　(清)王步青輯　(清)王士鼇編　清乾隆十年(1745)敦復堂刻本　十四冊　存三十二卷(大學一至三、首一卷,中庸一至六、首一卷,論語一至二十、首一卷)

310000－0242－0012753　愚經419

增訂四書大全四十二卷附錄一卷　(清)汪份輯　清康熙四十二年(1703)刻本　二十二冊

310000－0242－0012754　愚經420

呂晚邨先生四書講義四十三卷　(清)呂留良撰　(清)陳鏦編次　清康熙刻本　六冊

310000－0242－0012755　愚經421

大學古本說一卷 （清）李光地注 清道光九年(1829)安溪李氏刻本 一冊

310000－0242－0012756 愚經422
四書說六卷 （明）辛全著 （清）柏森校刊 清光緒二十四年(1898)涇陽柏經正堂刻本 六冊

310000－0242－0012757 愚經423
朱柏廬先生大中講義三卷 （清）朱用純撰 清光緒二年(1876)江蘇書局刻本 三冊

310000－0242－0012758 愚經424
大學說一卷 （清）惠士奇撰 清嘉慶三年(1798)蘭陔書屋刻本 一冊

310000－0242－0012759 S愚經425
四書義異總考三十六卷條考三十六卷 （清）翟灝注 清乾隆三十四年(1769)翟氏無不宜齋刻本 十二冊

310000－0242－0012760 S愚經426
集虛齋四書口義十卷 （清）方棨如撰 （清）于光華編次 清乾隆五十三年(1788)大文堂刻本 六冊

310000－0242－0012761 愚經427
國學講義二卷 （清）王蘭生著 （清）劉紹攽校訂 清同治十二年(1873)三原劉氏刻西京清麓叢書外編本 二冊

310000－0242－0012762 愚經428
四書考輯要二十卷 （清）陳宏謀輯 （清）陳蘭森編校 清乾隆三十四年(1769)同人堂刻本 十二冊

310000－0242－0012763 愚經429
四書約旨十九卷 （清）任啟運撰 清光緒二十年(1894)浙江官書局刻本 十二冊

310000－0242－0012764 愚經430
四書經注集證十九卷 （宋）朱熹集注 （清）吳昌宗輯 清嘉慶三年(1798)江都汪氏刻本 十四冊

310000－0242－0012765 愚經431
四書述十九卷 （清）陳詵撰 清康熙信學齋刻本 十冊

310000－0242－0012766 S愚經432
四書典故辨正二十卷附錄一卷 （清）周柄中著 （清）周林等編次 清乾隆四十九年(1784)刻本 六冊

310000－0242－0012767 愚經433
四書圖考十三卷 （清）杜炳輯 清道光七年(1827)刻本 六冊 存七卷(七至十三)

310000－0242－0012768 愚經434
四書本注擇粹十九卷 （清）勞潼輯 （清）勞作楫校字 清嘉慶二年(1797)荷經堂刻本 十冊

310000－0242－0012769 愚經435
四書摭餘說七卷 （清）曹之升輯 清嘉慶奎照樓莊刻本 六冊

310000－0242－0012770 愚經436
四書溫故錄十卷附重輯孟子章指一卷 （清）趙佑撰 清乾隆六十年(1795)安溪謝大聲刻本 六冊

310000－0242－0012771 愚經437
三訂四書辨疑二十二卷辨疑補一卷四書緒餘錄二十卷緒餘錄補三卷四書識小錄十卷四書武備編四卷四書樂器編五卷四書拾遺五卷 （清）張江輯 清光緒十三年(1887)上海大文書局鉛印本 八冊

310000－0242－0012772 愚經438
四書經史摘證七卷 （清）宋繼種輯著 （清）宋廷英校注 清道光二十四年(1844)梅花書屋刻本 四冊

310000－0242－0012773 愚經439
四書集疏附正二十二卷論語緒言一卷 （清）張秉直著 （清）張南雅等編輯 清同治十二年(1873)刻本 十冊

310000－0242－0012774 S愚經440
四書體注十九卷 （清）范翔參訂 （□）□□批校 清乾隆十五年(1750)麗正堂刻本 六冊

310000－0242－0012775　S愚經441

四書集說七卷　（清）李道南纂　清乾隆三十年（1765）刻本　四冊

310000－0242－0012776　S愚經442

四書一貫講十九卷　（清）顧天健撰　清乾隆二十八年（1763）啓後堂刻本　十二冊

310000－0242－0012777　愚經443

四書參證三十卷首一卷　（清）王佶輯　清道光二十九年（1849）寶田齋刻本　二十四冊

310000－0242－0012778　S愚經444

四書疏注撮言大全三十七卷　（清）胡斐才輯　清乾隆二十八年（1763）三讓堂刻本　二十冊

310000－0242－0012779　愚經445

酌雅齋四書遵注合講十九卷　（清）翁復編次　（清）詹文煥參定　清嘉慶十一年（1806）翁氏酌雅齋刻本　六冊

310000－0242－0012780　愚經446

四書恒解十一卷　（清）劉沅輯注　清咸豐十年（1860）虛受齋刻本　九冊

310000－0242－0012781　愚經447

四書補注兼攷十九卷　（宋）朱熹集注　（清）何磻補注　（清）屈大均參補　清康熙廣州三閭書院刻本　六冊

310000－0242－0012782　愚經448

四書備檢二十卷　（清）李揚華輯　清同治二年（1863）李揚華浣紅山館刻本　十冊

310000－0242－0012783　愚經452

四書異同商六卷　（清）黃鶴撰　清光緒十八年（1892）兩湖書院刻本　十二冊

310000－0242－0012784　愚經455

四書訓解參證十二卷補遺四卷續補編四卷　（清）張定鋆撰　清咸豐二年至同治九年（1852－1870）常熟張氏刻本　四冊

310000－0242－0012785　愚經456

四書貫珠講義十九卷　（清）林文竹輯　清同治十一年（1872）兩廣運署刻本　十冊

310000－0242－0012786　愚經457

四書虛字講義一卷　（清）丁守存譔錄　清同治十年（1871）胡氏退補齋湖北糧署刻本　一冊

310000－0242－0012787　愚經460

四書正本十七卷　（清）童槭撰　清同治十三年（1874）溆浦劉鶴齡培根書屋刻本　十冊

310000－0242－0012788　愚經463

論孟書法二卷附讀四書一卷　（清）張瑛撰　清光緒十年（1884）江蘇臬署刻本　一冊

310000－0242－0012789　愚經464

經典釋文三十卷　（唐）陸德明撰　清康熙十九年（1680）通志堂刻通志堂經解本　八冊

310000－0242－0012790　愚經465

公是先生七經小傳三卷　（宋）劉敞撰　清康熙十九年（1680）通志堂刻通志堂經解本　一冊

310000－0242－0012791　愚經466

六經圖定本六卷　（清）王皝校錄　清乾隆五年（1740）王氏向山堂刻本　六冊

310000－0242－0012792　愚經467

仿宋相臺五經五種九十六卷附考證　（宋）岳珂編　清光緒二年（1876）江南書局刻本　三十二冊

310000－0242－0012793　愚經468

相臺書塾刊正九經三傳沿革例一卷　（宋）岳珂撰　清嘉慶十九年（1814）揚州汪紹成藤花榭刻本　一冊

310000－0242－0012794　愚經469

石渠意見四卷拾遺二卷補缺一卷　（明）王恕著　（清）李錫齡校刊　清道光二十六年（1846）三原李氏刻惜陰軒叢書本　一冊

310000－0242－0012795　S愚經470

五經正文七卷　（明）翁溥校　明嘉靖三十一年（1552）刻本　八冊

310000－0242－0012796　S愚經471

徐氏海隅集六卷　（明）徐學謨著　明萬曆五

年(1577)刻本　三冊

310000－0242－0012797　S愚經472
五經約注五十二卷　(明)李廷機等纂注　明崇禎三年(1630)武林花嶼刻本　十三冊

310000－0242－0012798　S愚經473
大方五經大全一百十二卷首四卷　(明)胡廣等纂　明萬曆三十三年(1605)建陽書林余氏刻本　四十三冊

310000－0242－0012799　S愚經474
六經三注粹抄不分卷　(明)許順義輯　明萬曆、崇禎間刻本　十二冊

310000－0242－0012800　S愚經475
御纂七經二百八十卷首十卷　(清)李光地等纂　清康熙、乾隆間刻本　一百三十六冊

310000－0242－0012801　愚經476
重刊宋本十三經注疏附校勘記四百十六卷　(清)阮元審定　(清)盧宣旬校　清嘉慶二十年至二十一年(1815－1816)南昌府學刻本　一百八十四冊

310000－0242－0012802　愚經477
武英殿本十三經注疏三百六十卷附考證　(清)鄂爾泰等纂　清同治十年(1871)廣東書局刻本　一百十八冊　缺二冊(一百四至一百五)

310000－0242－0012803　愚經478
十三經注一百八十三卷　(□)□□輯　清咸豐二年(1852)稽古樓刻本　八十八冊

310000－0242－0012804　愚經479
秦氏九經五十卷　(明)秦鏷訂正　明崇禎十三年(1640)無錫秦氏求古齋刻本　十二冊存四十三卷(詩經一至四,周易一至三,書經一至四,禮記一至六,論語一至二,論語複本一至二,孝經一,周禮一至六,春秋一至十、十三至十七)

310000－0242－0012805　愚經480
欽定篆文六經四書　(清)李光地等編　清光緒九年(1883)上海同文書局石印本　十冊

310000－0242－0012806　愚經481
七經孟子考文并補遺二百卷　(日本)山井鼎輯　(日本)物觀補遺　清嘉慶二年(1797)儀徵阮氏小琅嬛僊館刻文選樓叢書本　二十四冊

310000－0242－0012807　S愚經482
五經同異三卷　(清)顧炎武著　清乾隆、嘉慶間常熟蔣氏省吾堂刻省吾堂四種本　二冊

310000－0242－0012808　愚經484
經義雜記三十卷　(清)臧琳撰　**敘錄一卷**(清)臧鏞堂編　清嘉慶三年(1798)武進臧氏刻拜經堂叢書本　八冊

310000－0242－0012809　S愚經485
稽古日鈔八卷　(清)彭啟豐鑒定　清乾隆二十九年(1764)秋曉山房刻本　四冊

310000－0242－0012810　愚經486
九經古義十六卷　(清)惠棟撰　(清)蔣光弼校刊　(清)錢朝錦參校　清乾隆常熟蔣氏省吾堂刻省吾堂四種本　二冊

310000－0242－0012811　S愚經487
讀書小記二十六卷附雪菴文集一卷　(清)范爾梅撰　清雍正七年(1729)敬恕堂刻本　十二冊

310000－0242－0012812　S愚經488
古經解鉤沉三十卷　(清)余蕭客撰　清乾隆六十年(1795)刻本　十二冊

310000－0242－0012813　S愚經489
經傳輯要五卷　(清)高雲鳳纂　清乾隆七年(1742)刻本　五冊

310000－0242－0012814　S愚經490
五經類編二十八卷　(清)周世樟編輯　清乾隆三十八年(1773)友益齋刻本　十二冊

310000－0242－0012815　S愚經491
羣經古義五卷　(清)江永著　清乾隆三十八年(1773)新安江氏潛德堂刻本　二冊

310000－0242－0012816　S愚經492
凝園四讀管見四十七卷　(清)羅典撰　清乾

隆三十一年(1766)刻本　三十八冊

310000－0242－0012817　S 愚經493

九經補注八十七卷　（清）姜兆錫撰　清雍正元年至乾隆五年(1723－1740)丹陽姜氏寅清樓刻本　三十冊

310000－0242－0012818　愚經494

四書經學考十一卷首一卷　（清）謝濟世撰（清）王步青增輯　清刻本　四冊

310000－0242－0012819　愚經495

傳經表一卷附通經表一卷　（清）畢沅撰　清光緒五年(1879)華陽宏達堂刻本　二冊

310000－0242－0012820　愚經496

七經精義二十九卷　（清）黃淦纂　清嘉慶十二年(1807)埽葉山房刻本　十四冊

310000－0242－0012821　愚經497

經傳繹義五十卷附圖　（清）陳煒輯　清嘉慶九年(1804)校字齋刻本　三十二冊

310000－0242－0012822　愚經498

十三經注疏校勘記二百四十五卷　（清）阮元撰　（清）羅士琳續　清嘉慶二十一年(1816)揚州阮氏文選樓刻本　四十冊

310000－0242－0012823　愚經499

十三經注疏校勘記識語四卷　（清）汪文臺撰　清光緒三年(1877)江西書局刻本　二冊

310000－0242－0012824　愚經500

經讀考異八卷句讀敘述二卷　（清）武億撰（清）武穆淳編　清乾隆五十四年(1789)小石山房刻本　二冊

310000－0242－0012825　愚經501

羣經義證七卷　（清）武億撰　（清）武穆淳編　清嘉慶二年(1797)授堂刻授堂遺書本　二冊

310000－0242－0012826　愚經502

羣經宮室圖二卷　（清）焦循撰　清嘉慶五年(1800)焦氏半九書塾刻焦氏叢書本　二冊

310000－0242－0012827　愚經503

五經旁訓十九卷　（□）□□撰　清三多齋刻本　十四冊

310000－0242－0012828　愚經504

五經三傳讀本四十四卷　（清）萬青銓輯　清咸豐二年(1852)江右潯陽萬氏蓮峰書屋刻朱墨套印本　四十冊

310000－0242－0012829　愚經505

五經體注大全四十卷　（□）□□輯　清光緒五年(1879)慈水嚴氏古草堂刻本　二十四冊

310000－0242－0012830　愚經506

五經小學述二卷　（清）莊述祖著　清光緒八年(1882)刻本　一冊

310000－0242－0012831　愚經507

經義述聞三十二卷　（清）王引之撰　清道光七年(1827)高郵王氏壽藤書屋京師刻本　十六冊

310000－0242－0012832　愚經508

經學提要十五卷　（清）蔡孔炘編　清道光七年(1827)江州蔡氏刻本　六冊

310000－0242－0012833　愚經509

十三經札記二十二卷　（清）朱亦棟撰　清光緒四年(1878)武林竹簡齋刻本　四冊

310000－0242－0012834　愚經510

經圖彙攷三卷　（清）毛應觀撰　（清）毛載磐等編次　清道光十九年(1839)毛氏小園刻本　四冊

310000－0242－0012835　愚經511

十三經客難四十八卷附黃淮安瀾編二卷畏齋文集四卷經學策一卷史學策一卷　（清）龔元玠著　（清）黎立基校刊　清嘉慶二十三年至道光二十六年(1818－1846)西城龔氏刻本　二十四冊

310000－0242－0012836　愚經512

經苑二十五種二百四十四卷　（清）錢儀吉采輯　清同治七年(1868)刻本　八十冊

310000－0242－0012837　愚經513

通介堂經說十二卷　（清）徐灝撰　清咸豐四年(1854)番禺徐氏廣州刻本　五冊

310000－0242－0012838　愚經514
求志居經說八種二十四卷　（清）陳世鎔撰　清同治四年(1865)脈望齋刻本　六冊

310000－0242－0012839　愚經515
茶香室經說十六卷　（清）俞樾撰　清光緒十三年(1887)刻本　八冊

310000－0242－0012840　愚經516
十一經音訓十一卷　（清）袁俊等纂輯　清道光十年(1830)楊國楨大梁書院刻本　二十六冊

310000－0242－0012841　愚經517
斠經筆記一卷　（清）陳倬撰　清光緒刻本　一冊

310000－0242－0012842　愚經518
經義聯珠二十卷　（清）郭標著　清嘉慶十九年(1814)庚捧樓刻本　十六冊　存十九卷（一至十、十二至二十）

310000－0242－0012843　愚經519
西崖經說四卷　（清）顧成章撰　清光緒十八年(1892)木活字印本　一冊

310000－0242－0012844　愚經520
羣經字詁七十二卷四書字詁七十八卷　（清）段諤廷原稿　（清）黃本驥編訂　清道光二十九年(1849)黔陽楊氏長沙刻咸豐七年(1857)印本　四十冊

310000－0242－0012845　愚經521
經窺十六卷　（清）蔡啟盛撰　清光緒十七年(1891)刻本　四冊

310000－0242－0012846　愚經522
皇清經解檢目八卷附通用表　（清）蔡啟盛編　（清）周紹虞等校　清光緒十二年(1886)武林刻本　二冊

310000－0242－0012847　愚經523
十三經正文九十八卷　（□）□□編　清蕭逢辰抄本　四十五冊

310000－0242－0012848　S愚經526
方百川先生經義四卷　（清）方觀承錄次　華仲素批校　清刻本　二冊

310000－0242－0012849　愚經527
古微書三十六卷　（明）孫毂著錄　清嘉慶二十一年(1816)陳世望對山問月樓刻本　六冊

310000－0242－0012850　愚經528
古經解彙函一百二十四卷附小學彙函一百二十一卷　（清）鍾謙鈞輯　清同治十二年(1873)粵東書局刻本　六十六冊

310000－0242－0012851　愚經529
通志堂經解一千七百九十二卷　（清）納蘭成德輯　清同治十二年(1873)粵東書局刻本　四百八十四冊

310000－0242－0012852　愚經530
皇清經解一千四百卷首一卷　（清）阮元纂　（清）嚴傑編輯　清道光九年(1829)廣東學海堂刻本　三百十二冊

310000－0242－0012853　愚經531
皇清經解續編一千四百三十卷　王先謙纂　清光緒十四年(1888)江陰南菁書院刻本　三百四十冊　缺一冊(四十三)

310000－0242－0012854　S愚經533
樂律全書二十六卷　（明）朱載堉輯　明萬曆三十一年(1603)鄭藩刻本　二十冊

310000－0242－0012855　S愚經534
御製律呂正義五卷　（清）聖祖玄燁纂輯　清康熙、雍正間內府刻本　五冊

310000－0242－0012856　S愚經535
御製律呂正義後編一百二十卷　（清）允祿等纂　清乾隆十一年(1746)內府刻本　四十八冊

310000－0242－0012857　S愚經536
律呂原音四卷　（清）永恩撰　清乾隆四十七年(1782)刻本　二冊

310000－0242－0012858　S愚經537
樂書內編二十卷　（清）張宣猷等纂集　清康

熙十九年(1680)毘陵張氏刻本　四冊

310000－0242－0012859　愚經538
古樂經傳五卷附樂論三篇　(清)李光地注
清雍正、乾隆間李清植刻李文貞公全集本
四冊

310000－0242－0012860　S愚經539
樂律表微八卷　(清)胡彥昇纂輯　清乾隆二
十七年(1762)耆學齋刻本　四冊

310000－0242－0012861　愚經540
燕樂考原六卷　(清)凌廷堪撰　清刻本　二
冊

310000－0242－0012862　愚經541
音分古義二卷附一卷　(清)戴煦著　清光緒
十二年(1886)新陽趙氏刻本　二冊

310000－0242－0012863　愚經542
庚癸原音二種二卷續編二種二卷　(清)繆闐
撰　清同治五年(1866)蕪湖繆氏刻本　二冊

310000－0242－0012864　S愚經543
律學攷辯略一卷　(清)曹裕嗣撰　清乾隆六
年(1741)凝瑞堂刻本　一冊

310000－0242－0012865　愚經544
爾雅注三卷　(晉)郭璞注　清嘉慶十一年
(1806)吳門顧氏思適齋刻本　一冊

310000－0242－0012866　愚經545
爾雅三卷附音釋三卷　(晉)郭璞注　清道光
四年至五年(1824－1825)金陵陳氏獨抱廬刻
本　一冊

310000－0242－0012867　愚經546
爾雅疏十卷　(宋)邢昺等疏　清光緒四年
(1878)吳興陸氏十萬卷樓刻本　二冊

310000－0242－0012868　愚經547
爾雅注疏十卷附校勘記十卷　(晉)郭璞注
(宋)邢昺疏　清光緒二十年(1894)陝甘味經
刊書處刻本　八冊

310000－0242－0012869　愚經548
爾雅注疏校勘記十卷　(清)阮元撰　清光緒
二十年(1894)陝甘味經刊書處刻本　一冊

310000－0242－0012870　S愚經549
爾雅圖三卷　(晉)郭璞注　(清)姚之麟摹圖
清嘉慶六年(1801)萩學軒刻本　三冊

310000－0242－0012871　愚經550
輶軒使者絕代語釋別國方言十三卷　(漢)揚
雄記　(晉)郭璞注　續方言二卷　(清)杭世
駿纂輯　續方言補一卷　(清)程際盛補纂
清光緒十七年(1891)長沙思賢講舍刻本　三
冊

310000－0242－0012872　S愚經552
匡謬正俗八卷　(唐)顏師古撰　清乾隆二十
一年(1756)德州盧氏雅雨堂刻雅雨堂叢書本
一冊

310000－0242－0012873　愚經553
羣經音辨七卷　(宋)賈昌朝撰　清康熙五十
三年(1714)張氏澤存堂刻本　二冊

310000－0242－0012874　S愚經554
埤雅二十卷　(宋)陸佃撰　清康熙刻本　四
冊

310000－0242－0012875　S愚經555
別雅五卷　(清)吳玉搢撰　清乾隆七年
(1742)程氏督經堂刻本　五冊

310000－0242－0012876　愚經556
爾雅正義二十卷　(清)邵晉涵撰集　釋文三
卷　(唐)陸德明撰　清乾隆、嘉慶間京師刻
本　八冊

310000－0242－0012877　愚經557
爾雅音義二卷　(唐)陸德明撰　清光緒二十
年(1894)陝甘味經刊書處刻本　一冊

310000－0242－0012878　S愚經558
釋名疏證八卷補遺一卷　(漢)劉熙撰　(清)
畢沅疏補　清乾隆五十五年(1790)畢氏經訓
堂刻本　四冊

310000－0242－0012879　愚經559
廣雅疏證十卷　(清)王念孫等撰　博雅音十
卷　(隋)曹憲撰　清嘉慶元年(1796)刻本
八冊

310000－0242－0012880　愚經 560

爾雅便讀便摹二卷　（清）周家熹書　清嘉慶九年(1804)芝陽裕德軒刻本　四冊

310000－0242－0012881　愚經 561

拾雅二十卷　（清）夏味堂撰　清道光二年(1822)夏氏遂園刻本　四冊

310000－0242－0012882　愚經 562

經籍纂詁一百六卷首一卷　（清）阮元譔集　清嘉慶四年(1799)儀徵阮氏琅嬛僊館刻本　三十二冊

310000－0242－0012883　愚經 563

駢雅七卷訓纂十六卷首一卷　（明）朱謀㙔撰　（清）魏茂林訓纂　清道光二十五年(1845)有不為齋刻本　八冊

310000－0242－0012884　愚經 564

爾雅匡名二十卷　（清）嚴元照譔　清光緒十六年(1890)廣雅書局刻本　四冊

310000－0242－0012885　愚經 565

經傳釋詞十卷　（清）王引之撰　清抄本　四冊

310000－0242－0012886　愚經 566

爾雅郭注義疏三卷　（清）郝懿行撰　清咸豐六年(1856)胡珽蘇州刻本　八冊

310000－0242－0012887　愚經 567

輶軒使者絕代語釋別國方言箋疏十三卷　(清)錢繹撰集　（清）王文韶校刊　清光緒十六年(1890)仁和王氏紅蝠山房刻本　六冊

310000－0242－0012888　愚經 568

爾雅啓蒙十二卷　（清）姚承興撰　清咸豐二年(1852)刻本　四冊

310000－0242－0012889　愚經 569

爾雅古義十二卷　（清）黃奭撰　清道光二十八年(1848)甘泉黃氏刻漢學堂叢書本　十六冊

310000－0242－0012890　愚經 569－2

爾雅古義十二卷　（清）黃奭撰　清道光二十八年(1848)甘泉黃氏刻漢學堂叢書本　六冊

310000－0242－0012891　愚經 570

疊雅十三卷附雙名錄一卷　（清）史夢蘭撰　清同治四年(1865)樂亭史氏刻本　四冊

310000－0242－0012892　愚經 571

續廣雅二卷　（清）劉燦輯　（清）王堃訂　清嘉慶二十四年(1819)鎮海劉氏刻本　一冊

310000－0242－0012893　S 愚經 572

說文解字十二卷　（漢）許慎撰　（宋）徐鉉挍定　明萬曆二十六年(1598)陳大科刻本　十二冊

310000－0242－0012894　愚經 573

說文解字十五卷　（漢）許慎撰　（宋）徐鉉挍定　清初毛氏汲古閣刻本　四冊

310000－0242－0012895　愚經 574

說文解字十五卷　（漢）許慎記　（宋）徐鉉校定　清同治十三年(1874)東吳浦氏刻本　三冊

310000－0242－0012896　愚經 575

說文解字十五卷附說文校字記一卷首一卷末一卷　（漢）許慎記　（宋）徐鉉校定　（清）陳昌治校刊　**通檢十四卷**　（清）黎永椿編集　清同治十二年(1873)番禺陳昌治刻光緒五年(1879)補刻本　十冊

310000－0242－0012897　愚經 576

說文解字通釋四十卷　（南唐）徐鍇傳釋　(南唐)朱翱反切　清道光十九年(1839)祁寯藻刻本　八冊

310000－0242－0012898　愚經 577

說文解字韻譜十卷　（南唐）徐鍇撰　（清）馮桂芬輯　清同治三年(1864)吳縣馮桂芬刻六年(1867)印本　二冊

310000－0242－0012899　愚經 579

玉篇三十卷　（南朝梁）顧野王撰　清光緒十六年(1890)黎庶昌東京使署刻本　一冊　存二卷(九、二十二)

310000－0242－0012900　S 愚經 582

五經文字三卷附九經字樣一卷　（唐）張參撰

清康熙五十四年(1715)歙縣項氏刻本　一冊

310000－0242－0012901　S 愚經 583
五經文字三卷　(唐)張參撰　清康熙、乾隆間刻本　二冊

310000－0242－0012902　愚經 584
五經文字三卷新加九經字樣一卷附五經文字疑一卷九經字樣疑一卷　(唐)張參等撰　(清)孔繼涵校　清乾隆三十三年(1768)孔氏紅欄書屋刻本　一冊　存三卷(新加九經字樣一卷、五經文字疑一卷、九經字樣疑一卷)

310000－0242－0012903　S 愚經 585
一切經音義二十五卷　(唐)釋元應撰　華嚴經音義二卷　(唐)釋慧苑撰　(清)莊炘等校正　清同治八年(1869)武林張氏寶晉齋刻本　四冊

310000－0242－0012904　S 愚經 588
汗簡七卷　(宋)郭忠恕撰　清康熙四十二年(1703)汪氏一隅草堂刻本　一冊

310000－0242－0012905　愚經 589
佩觿三卷附辨　(宋)郭忠恕記　清康熙四十九年(1710)吳郡張氏澤存堂刻本　一冊

310000－0242－0012906　愚經 590
類篇十五卷　(宋)司馬光等修纂　清康熙四十五年(1706)揚州使院刻本　十四冊

310000－0242－0012907　愚經 591
歷代鐘鼎彝器款識法帖二十卷　(宋)薛尚功撰　清光緒二十九年(1903)貴池劉氏玉海堂武昌刻本　四冊

310000－0242－0012908　S 愚經 592
復古編二卷附錄一卷　(宋)張有輯　曾樂軒稿一卷　(宋)張維輯　清乾隆四十六年(1781)安邑葛氏刻本　五冊

310000－0242－0012909　愚經 593
漢隸字源五卷碑目一卷　(宋)婁機輯　清光緒三年(1877)歸安姚覲元川東官舍刻本　六冊

310000－0242－0012910　愚經 594
漢隸字源五卷碑目一卷　(宋)婁機撰　清抄本　六冊

310000－0242－0012911　愚經 595
班馬字類二卷　(宋)婁機撰　清康熙、乾隆間揚州馬氏篆書樓刻本　二冊

310000－0242－0012912　S 愚經 596
隸韻十卷碑目一卷　(宋)劉球纂　碑目考證一卷　(清)秦恩復撰　清嘉慶十五年(1810)江都秦氏刻本　六冊

310000－0242－0012913　愚經 597
龍龕手鑑四卷　(遼)釋行均撰　清乾隆、嘉慶間虛竹齋刻本　三冊

310000－0242－0012914　愚經 598
字鑑五卷　(元)李文仲編　清康熙四十八年(1709)吳郡張氏澤存堂刻本　二冊

310000－0242－0012915　愚經 599
續復古編四卷　(元)曹本撰　清光緒十二年(1886)歸安姚氏咫進齋刻朱印本　四冊

310000－0242－0012916　愚經 600
六書正譌五卷　(元)周伯琦編注　(明)胡正言訂篆　清乾隆平湖陸氏古香閣刻本　五冊

310000－0242－0012917　S 愚經 601
漢隸分韻七卷附漢隸分韻增一卷　(清)鍾浩輯　清乾隆四十六年(1781)吳興鍾氏衍慶堂刻本　二冊

310000－0242－0012918　愚經 602
正字通十二卷　(清)廖文英輯　清康熙十年(1671)弘文書院刻本　三十二冊

310000－0242－0012919　S 愚經 603
康熙字典三十六卷補遺十二卷備考十二卷附檢字一卷辨似一卷字母切韻法一卷　(清)張玉書等纂修　(清)王引之等校訂　清道光七年(1827)北京武英殿刻本　四十冊

310000－0242－0012920　S 愚經 604
字典攷證三十六卷　(清)奕繪等纂輯　清道光十一年(1831)愛日堂刻本　六冊

310000－0242－0012921　S 愚經 605

御製增訂清文鑑三十二卷附補編四卷總綱八卷補總綱一卷　(清)高宗弘曆編　清乾隆三十六年(1771)刻本　二十四冊

310000－0242－0012922　S 愚經 606

御製增訂清文鑑三十二卷附補編四卷總綱八卷補總綱一卷　(清)高宗弘曆編　清乾隆、嘉慶間刻本　四十五冊

310000－0242－0012923　S 愚經 607

音漢清文鑑二十卷　(清)董佳明鐸注　清雍正十三年(1735)騎河樓文瑞堂刻本　四冊

310000－0242－0012924　S 愚經 608

欽定清漢對音字式一卷　(清)高宗弘曆編　清乾隆三十七年(1772)刻本　一冊

310000－0242－0012925　S 愚經 609

六書準不分卷　(清)馮鼎調輯　清康熙傳忠堂刻本　四冊

310000－0242－0012926　S 愚經 610

四書五經字考十一卷　(清)毛錫纘輯　清康熙二十五年(1686)刻本　四冊

310000－0242－0012927　S 愚經 611

隸辨八卷　(清)顧藹吉撰集　清康熙五十七年(1718)項氏玉淵堂刻本　八冊

310000－0242－0012928　愚經 612

篆字彙十二集　(清)佟世男編　(清)胡正宗等參　清康熙三十年(1691)多山堂刻本　十二冊

310000－0242－0012929　S 愚經 613

廣金石韻府五卷　(明)林尚葵輯　(清)周亮工重訂　清康熙九年(1670)大業堂刻朱墨套印本　六冊

310000－0242－0012930　S 愚經 614

隸法彙纂十卷　(清)項懷述編錄　清乾隆五十一年(1786)項氏刻本　四冊

310000－0242－0012931　愚經 615

經書字音辨要九卷　(清)楊名颺編輯　(清)崇綸重刊　清道光二十七年(1847)令德堂刻本　二冊

310000－0242－0012932　愚經 616

說文引經考二卷補遺一卷　(清)吳玉搢撰　清道光元年(1821)儀徵程贊詠刻本　二冊

310000－0242－0012933　S 愚經 617

說文廣義十二卷　(漢)許慎說文　(清)程德洽篆輯　清康熙五十一年(1712)蘇州成裕堂刻本　十二冊

310000－0242－0012934　愚經 618

助字辨略五卷　(清)劉淇撰　清咸豐五年至六年(1855－1856)海源閣刻本　五冊

310000－0242－0012935　S 愚經 619

六書通十卷　(明)閔齊伋撰　(清)畢弘述篆訂　清康熙五十九年(1720)基聞堂刻本　十冊

310000－0242－0012936　S 愚經 620

六書分類十二卷首一卷　(清)傅世垚輯篆　清乾隆五十四年(1789)傅氏聽松閣刻嘉慶元年(1796)維隅堂印本　十三冊

310000－0242－0012937　愚經 621

鐘鼎字源五卷附錄一卷　(清)汪立名集刊　清光緒二年(1876)洞庭秦氏麟慶堂刻本　二冊

310000－0242－0012938　愚經 622

惠氏讀說文記十五卷　(清)惠棟著　清咸豐二年(1852)江都李氏半畝園刻小學類編本　二冊

310000－0242－0012939　愚經 623

六書例解一卷　(清)楊錫觀撰　清雍正十三年(1735)蘭祕齋刻篆學三書本　一冊

310000－0242－0012940　愚經 624

字林考逸八卷補一卷附錄一卷　(清)任大椿撰　(清)陶方琦輯　清光緒十六年(1890)江蘇書局刻本　四冊

310000－0242－0012941　愚經 625

小學鉤沈十九卷　(清)任大椿撰　(清)王念孫校正　清同治、宣統間湖北崇文書局刻本

四冊

310000－0242－0012942　愚經 626
**說文解字十五卷說文部目分韵一卷六書音均
表五卷汲古閣說文訂一卷** （清）段玉裁注
清同治十一年(1872)湖北崇文書局刻本　十
八冊

310000－0242－0012943　愚經 627
說文解字斠詮十四卷 （清）錢坫撰　清光緒
九年(1883)揚州淮南書局刻朱印本　六冊

310000－0242－0012944　S 愚經 628
說文字原集注十六卷附表一卷表說一卷
(清)蔣和輯　清乾隆五十二年(1787)刻本
四冊

310000－0242－0012945　愚經 629
倉頡篇三卷附輯本一卷續本一卷補本二卷
(清)孫星衍輯　（清）任大椿續　（清）陶方
琦補　清光緒十六年(1890)江蘇書局刻本
二冊

310000－0242－0012946　愚經 630
積古齋鐘鼎款識十卷 （清）阮元編錄　清光
緒虞山鮑廷爵刻後知不足齋叢書本　四冊

310000－0242－0012947　愚經 631
字詁一卷 （清）黃生撰　**字說一卷** （清）黃
承吉撰　清道光、咸豐間刻本　二冊

310000－0242－0012948　愚經 632
古今文字通釋十四卷附愛吾廬題跋一卷
(清)呂世宜撰　（清）莊中正校　（清）林維
源校刊　清光緒五年(1879)龍溪林維源刻本
八冊

310000－0242－0012949　愚經 633
汲古閣說文訂一卷 （清）段玉裁撰　清同治
十一年(1872)湖北崇文書局刻本　一冊

310000－0242－0012950　愚經 634
段氏說文注訂八卷 （清）鈕樹玉著　清道光
二年(1822)蘇州刻本　二冊

310000－0242－0012951　愚經 635
說文解字義證五十卷 （清）桂馥撰　清同治

九年(1870)湖北崇文書局刻本　三十二冊

310000－0242－0012952　愚經 636
說文古籀疏證六卷 （清）莊述祖撰　清光緒
二十年(1894)莊氏刻本　四冊

310000－0242－0012953　愚經 637
說文管見三卷古韻論三卷 （清）胡秉虔撰
黃帝內經素問校義一卷 （清）胡澍撰　清同
治十二年至光緒七年(1873－1881)續溪胡氏
世澤樓刻本　一冊

310000－0242－0012954　S 愚經 638
說文偏旁考二卷 （清）吳照輯　清乾隆五十
一年(1786)刻本　一冊

310000－0242－0012955　S 愚經 639
說文字原考略六卷 （清）吳照輯　清乾隆五
十七年(1792)南城吳氏刻本　二冊

310000－0242－0012956　S 愚經 640
說文辨疑一卷 （清）顧廣圻撰　清光緒三年
(1877)湖北崇文書局刻本　一冊

310000－0242－0012957　愚經 641
許學叢刻第一集三種 （清）許湘祥校　清光
緒十三年(1887)海寧許氏古均閣刻本　一冊

310000－0242－0012958　愚經 642
說文聲系十四卷末一卷 （清）姚文田撰　清
嘉慶九年(1804)姚文田粵東督學使者署刻本
二冊

310000－0242－0012959　愚經 643
說文校議十五卷 （清）姚文田等譔　清同治
十三年(1874)歸安姚氏刻本　五冊

310000－0242－0012960　愚經 644
說文校議十五卷 （清）嚴可均撰　清咸豐三
年(1853)江都李氏半畝園刻小學類編本　五
冊

310000－0242－0012961　愚經 645
說文辨字正俗八卷 （清）李富孫撰　清嘉慶
二十三年(1818)嘉興李氏校經廎刻本　四冊

310000－0242－0012962　愚經 646
說文蠹箋一卷 （清）潘奕雋篹　清光緒十三

年(1887)海寧許氏古均閣刻許學叢刻本　一冊

310000－0242－0012963　愚經647

說文答問疏證六卷　(清)薛傳均撰　清道光十八年(1838)儀徵劉楚楨等刻本　一冊

310000－0242－0012964　愚經648

說文字原韻表二卷　(清)胡重編　(清)金孝柏訂　清嘉慶十六年(1811)秀水金氏月香書屋刻蘜圃十種本　一冊

310000－0242－0012965　愚經649

許氏說文解字雙聲疊韻譜一卷詩雙聲疊韻譜一卷　(清)鄧廷楨撰　清道光十九年(1839)刻本　一冊

310000－0242－0012966　愚經650

說文說一卷　(清)孫濟世撰　**轉注古義考一卷**　(清)曹仁虎撰　清光緒十三年(1887)海寧許氏古均閣刻許學叢刻本　一冊

310000－0242－0012967　愚經651

說文校定本十四卷　(清)朱士端撰　清同治四年(1865)寶應朱氏刻本　一冊

310000－0242－0012968　愚經652

金石文字辨異十二卷　(清)邢澍撰　清嘉慶十五年(1810)刻本　五冊

310000－0242－0012969　愚經653

十三經集字摹本不分卷附韻有經無各字摘錄　(清)彭玉雯摹刊　(清)萬青銓校正　清道光二十九年(1849)江右彭玉雯刻本　八冊

310000－0242－0012970　愚經654

說文引經考證七卷說文引經互異說一卷　(清)陳瑑撰　(清)徐郙參校　清同治十三年(1874)湖北崇文書局刻本　二冊

310000－0242－0012971　愚經655

說文釋例二十卷　(清)王筠撰　清道光十七年(1837)王氏家刻本　十冊

310000－0242－0012972　愚經656

說文釋例補正二十卷　(清)王筠續纂　清末刻本　一冊

310000－0242－0012973　愚經657

說文解字句讀三十卷附補正　(清)王筠撰集　清同治四年(1865)刻本　十六冊

310000－0242－0012974　愚經658

說文句讀補正三十卷　(清)王筠撰　清咸豐九年(1859)刻本　一冊

310000－0242－0012975　愚經659

說文韻譜校五卷　(清)王筠撰　(清)劉嘉禾斠埰　清光緒十六年(1890)濰縣劉氏素心琴室刻本　二冊

310000－0242－0012976　愚經660

說文繫傳校錄三十卷　(清)王筠撰　(清)劉燿椿參訂　清咸豐七年(1857)安邱王彥侗刻本　四冊

310000－0242－0012977　愚經661

文字蒙求四卷　(清)王筠撰　清道光十八年(1838)刻本　一冊

310000－0242－0012978　愚經662

說文通訓定聲十八卷附分部檢韻一卷說雅一卷古今韻準一卷　(清)朱駿聲紀錄　(清)朱鏡蓉參訂　清道光二十八年(1848)朱氏自刻本　三十冊

310000－0242－0012979　愚經663

汗簡箋正七卷附郭忠恕脩汗簡所得凡七十一家事蹟一卷汗簡目錄一卷　(宋)郭忠恕撰　(清)鄭珍箋正　清光緒十五年(1889)廣雅書局刻朱印本　四冊

310000－0242－0012980　愚經664

蒙文彙書不分卷　(清)□□纂　清抄本　四冊

310000－0242－0012981　愚經665

隸篇十五卷附金石目一卷字目一卷隸篇續十五卷附金石目一卷字目一卷隸篇再續十五卷附金石目一卷字目一卷　(清)翟云升纂　清道光十七年至二十四年(1837－1844)東萊翟氏五經歲徧齋刻本　十冊

310000－0242－0012982　愚經666

字林古今正俗異同通攷四卷六書辨異二卷附補遺一卷 （清）湯容焗輯 （清）吳應庚等編次 清嘉慶二年(1797)四明滋德堂刻本 四冊

310000－0242－0012983 愚經667

說文古本考十四卷 （清）沈濤纂 清光緒十年(1884)吳縣潘氏滂喜齋刻本 八冊

310000－0242－0012984 愚經668

說文外編十六卷附劉氏碎金一卷 （清）雷浚撰 清光緒二年(1876)雷氏家刻本 四冊

310000－0242－0012985 愚經669

說文引經例辨三卷 （清）雷浚撰 清光緒八年(1882)刻本 一冊

310000－0242－0012986 S愚經670

讀說文雜識一卷 （清）許棫撰 清光緒七年(1881)刻本 一冊

310000－0242－0012987 S愚經671

仿唐寫本說文解字木部箋異二卷 （清）莫友芝撰 清同治二年(1863)湘鄉曾氏刻本 一冊

310000－0242－0012988 愚經673

說文逸字辨證二卷 （清）鄭珍輯 （清）李楨辨證 清光緒十一年(1885)李氏畹蘭室刻本 二冊

310000－0242－0012989 愚經674

說文經字正誼四卷 （清）郭慶藩撰 清光緒二十年(1894)湘陰郭氏揚州刻本 二冊

310000－0242－0012990 愚經675

字說一卷 （清）吳大澂撰 清光緒十九年(1893)長沙思賢講舍刻本 一冊

310000－0242－0012991 愚經676

說文經斠十三卷補遺一卷說文正俗一卷 （清）楊廷瑞撰 清光緒十七年(1891)善化楊氏刻澂園叢書本 二冊

310000－0242－0012992 愚經677

說文染指二編 （明）吳楚撰 清光緒十四年(1888)寄硯山房刻本 二冊

310000－0242－0012993 愚經678

說文古語攷補正二卷 （清）程炎攷 （清）傅雲龍補正 清光緒十一年(1885)烏程李氏紅餘籤室刻篹喜廬所箸書本 二冊

310000－0242－0012994 愚經679

書契原恉十四卷 （清）陳致燆著 （清）謝宗校校刊 清咸豐五年(1855)北涇艸堂刻本 四冊

310000－0242－0012995 S愚經680

古籀拾遺三卷附宋政和禮器文字攷一卷 （清）孫詒讓撰 清光緒十六年(1890)孫氏自刻本 一冊

310000－0242－0012996 愚經681

說文段注撰要九卷 （清）馬壽齡撰 清光緒九年(1883)金陵胡氏裕園刻本 四冊

310000－0242－0012997 愚經682

隸有六卷附拾遺一卷隸通一卷 （清）趙瞳編輯 （清）趙嗣昌重校 清光緒十五年(1889)石印本 二冊

310000－0242－0012998 愚經683

說文發疑六卷 （清）張行孚撰 清光緒九年(1883)張行孚揚州刻本 三冊

310000－0242－0012999 愚經684

說文經字考辨證四卷 （清）陳壽祺著 （清）郭慶藩辨證 清光緒二十一年(1895)郭氏岵瞻堂揚州刻本 二冊

310000－0242－0013000 愚經685

說文提要一卷 （清）陳建侯撰 清同治十二年(1873)湖北崇文書局刻本 一冊

310000－0242－0013001 愚經686

說文通檢十四卷首一卷末一卷 （清）黎永椿編 清光緒二年(1876)湖北崇文書局刻本 二冊

310000－0242－0013002 愚經687

應試要覽二種九卷 （清）徐文祥編 清光緒二年(1876)日省吾齋刻本 二冊

310000－0242－0013003　愚經688

字學七種二卷　(清)李祕園等校刊　清光緒十二年(1886)京師松竹齋刻本　二冊

310000－0242－0013004　愚經689

急就探奇二卷　(清)陳本禮撰　清嘉慶陳氏裏露軒刻本　一冊

310000－0242－0013005　愚經690

重編五經文字三卷附五經文字考論一卷重編九經字樣一卷　(清)孫佩編勘　(清)高忠慶等審校　清嘉慶八年(1803)天心閣刻本　四冊

310000－0242－0013006　愚經691

古文原始一卷　(清)曹金籀編　清同治十二年(1873)靈蘭室刻籀書本　一冊

310000－0242－0013007　愚經693

蒙古文晰義二卷　(清)賽尚阿輯　清道光二十八年(1848)刻本　四冊

310000－0242－0013008　S愚經694

初學指南二卷　(清)富俊編　清乾隆五十九年(1794)紹衣堂刻本　四冊

310000－0242－0013009　愚經695

重刻四庫全書辨正通俗文字一卷　(清)陸費墀等輯　清道光二十年(1840)抄本　一冊

310000－0242－0013010　愚經696

四聲易知錄四卷　(清)姚文田輯　清嘉慶十七年(1812)姚氏自刻本　二冊

310000－0242－0013011　愚經698

王氏讀說文記一卷讀說文證疑一卷說文新附考校正一卷　(清)王念孫記　(清)陳詩庭證疑　(清)許槤校正　清光緒十三年(1887)海寧許氏古均閣刻許學叢刻本　一冊

310000－0242－0013012　愚經699

英語集全六卷　(清)唐廷樞著　清同治元年(1862)緯經堂刻本　六冊

310000－0242－0013013　愚經701

韻補五卷　(宋)吳棫撰　**韻補正一卷**　(清)顧炎武撰　清光緒九年(1883)邵武徐氏刻本　二冊

310000－0242－0013014　愚經702

六藝綱目二卷附六藝發原一卷字原一卷重刊六藝綱目札記一卷　(元)舒天民撰　(元)舒恭注　(元)趙宜中附注　**札記一卷**　(清)管禮耕撰　清光緒七年(1881)汪氏籤書誃刻本　二冊

310000－0242－0013015　S愚經703

洪武正韻十六卷　(明)樂韶鳳等撰　明萬曆十年(1582)心一堂刻本　五冊

310000－0242－0013016　S愚經704

洪武正韻彙編四卷　(明)周家棟輯　明萬曆三十年(1602)刻本　四冊

310000－0242－0013017　S愚經705

韻略易通二卷　(明)蘭廷秀撰　明嘉靖三十二年(1553)刻本　二冊

310000－0242－0013018　S愚經706

詩韻輯略五卷　(明)潘恩撰　明天啓二年(1622)刻本　五冊

310000－0242－0013019　S愚經707

古今韻會舉要小補三十卷　(明)方日升編輯　(明)李維楨校正　明萬曆三十四年(1606)書林余泗泉刻本　十六冊

310000－0242－0013020　S愚經708

廣社不分卷　(明)張雲龍纂輯　明崇禎十六年(1643)藝覺堂刻本　五冊

310000－0242－0013021　S愚經709

沈氏韻經五卷　(南朝梁)沈約撰　(宋)吳棫補　(明)郭正域校　清初古燕張純修刻本　四冊

310000－0242－0013022　S愚經710

音學五書三十八卷　(清)顧炎武纂著　清康熙山陽張氏符山堂刻本　十冊

310000－0242－0013023　S愚經711

古今韻略五卷　(清)邵長蘅纂　清康熙三十五年(1696)振藻堂刻本　五冊

310000－0242－0013024　愚經712

善樂堂音韻清濁鑑三卷附玉鑰匙門法一卷辨清濁一卷　（清）王祚禎輯　（清）姚椿校　清善樂堂抄本　四冊

310000－0242－0013025　S 愚經 713
類音八卷　（清）潘耒撰　清康熙五十一年(1712)刻本　四冊

310000－0242－0013026　S 愚經 714
諧聲品字箋十卷　（清）虞德升纘著　（清）虞嗣集補注　清康熙刻本　十冊

310000－0242－0013027　愚經 715
唐韻攷五卷　（清）紀容舒撰　清光緒六年(1880)定州王氏括齋刻畿輔叢書本　二冊

310000－0242－0013028　S 愚經 716
重訂馬氏等音內集一卷外集一卷　（清）梅建較正　清康熙四十七年(1708)思補堂刻本　一冊

310000－0242－0013029　愚經 717
李氏音鑑六卷　（清）李汝珍撰　清嘉慶十五年(1810)李氏寶善堂刻本　四冊

310000－0242－0013030　S 愚經 718
柴氏古韻通八卷雜說一卷正音切韻復古編一卷　（清）柴紹炳撰　（清）柴世堂等校　清康熙刻本　八冊

310000－0242－0013031　S 愚經 719
韻歧五卷　（清）江昱輯　清乾隆二十六年(1761)刻本　二冊

310000－0242－0013032　愚經 720
經韻集字析解二卷附全韻字數　（清）彭良敞集注　（清）彭邦培校錄　清刻本　八冊

310000－0242－0013033　愚經 721
聲類四卷　（清）錢大昕撰　清道光二十九年(1849)江寧陳士安刻本　二冊

310000－0242－0013034　S 愚經 722
詩韻瑤林八卷　（清）程伊園編纂　清乾隆五十二年(1787)尋樂齋刻本　四冊

310000－0242－0013035　愚經 723
詩韻珠璣五卷附汪立名論古韻通轉　（清）余

照輯　清嘉慶五年(1800)五瑞堂刻本　五冊

310000－0242－0013036　愚經 724
韻徵十六卷　（清）安吉纂輯　（清）安念祖篆錄　（清）華湛恩校刊　清道光十八年(1838)華湛恩親仁堂刻本　四冊

310000－0242－0013037　愚經 725
古韻論三卷　（清）胡秉虔撰　清光緒二年(1876)世澤樓刻本　一冊

310000－0242－0013038　愚經 726
說文建首字讀一卷　（清）苗夔點定　（清）苗廣蒼等校字　清咸豐元年(1851)苗夔理董居刻苗氏說文四種本　一冊

310000－0242－0013039　愚經 727
說文聲讀表七卷　（清）苗夔纂　清道光二十二年(1842)苗夔理董居刻咸豐元年(1851)印苗氏說文四種本　二冊

310000－0242－0013040　愚經 728
說文聲訂二卷　（清）苗夔撰　清道光二十一年(1841)漢專亭刻咸豐元年(1851)印苗氏說文四種本　二冊

310000－0242－0013041　愚經 729
毛詩吟訂二卷　（清）苗夔撰　清咸豐元年(1851)漢專亭刻苗氏說文四種本　三冊

310000－0242－0013042　愚經 730
音韻逢源四集　（清）裕恩撰定　清道光二十年(1840)北京聚珍堂書坊刻本　四冊

310000－0242－0013043　愚經 731
養默山房詩韻六卷　（清）謝元淮輯　清道光二十九年(1849)謝氏刻本　一冊

310000－0242－0013044　愚經 732
漢魏音四卷　（清）洪亮吉撰　清光緒四年(1878)宏達堂刻本　一冊

310000－0242－0013045　愚經 733
古音諧八卷首一卷　（清）姚文田輯　清道光二十六年(1846)姚氏刻本　四冊

310000－0242－0013046　愚經 734
韻府華音十二集　（清）龍柏纂　清嘉慶十五

年(1810)渤海松筠閣刻朱墨套印本　十二冊

310000－0242－0013047　愚經735
古韻發明九類切字肆考一卷附一卷　（清）張
畊撰　清道光六年(1826)張氏芸心堂刻本
四冊

310000－0242－0013048　愚經736
音韻須知二卷　（清）李書雲輯　（清）朱素臣
較　清康熙孝經堂刻本　二冊

310000－0242－0013049　愚經737
先秦韵讀不分卷　（清）江有誥撰　清嘉慶二
十五年(1820)刻江氏音學十書本　二冊

310000－0242－0013050　愚經738
六書系均二十四卷首一卷檢字二卷　（清）李
貞編輯　清光緒十六年(1890)李氏長沙自刻
本　二十六冊

310000－0242－0013051　愚經739
述均十卷　（清）夏燮撰　清咸豐五年(1855)
番易官廨刻本　二冊

310000－0242－0013052　愚經740
**正音咀華三卷附正音囊賸一卷正音咀華續編
一卷附儀畧條款一卷**　（清）莎彝尊著　清咸
豐三年(1853)聚文堂刻朱墨套印本　四冊

310000－0242－0013053　愚經741
毓堂韻同二卷補遺一卷　（清）趙校輯　清道
光元年(1821)趙氏遵一堂刻本　二冊

310000－0242－0013054　愚經742
翻切簡可篇二卷　（清）張燮承撰　清同治十
一年(1872)張氏姑蘇自刻本　一冊

310000－0242－0013055　愚經743
四聲正誤一卷　（清）謝思澤輯　清光緒二十
一年(1895)謝氏自刻本　一冊

310000－0242－0013056　愚經744
古音類表九卷首一卷　（清）傅壽彤撰　清光
緒二年(1876)大梁臬署刻本　四冊

310000－0242－0013057　愚經751
滿蒙漢合璧三字經注解二卷　（清）富俊輯
（清）英俊繕　清道光十二年(1832)京都三槐

堂書坊刻本　四冊

310000－0242－0013058　愚經752
三續千字文注一卷　（宋）葛剛正撰　清末楊
氏海源閣刻本　一冊

310000－0242－0013059　S愚史1
史記一百三十卷　（漢）司馬遷著　（南朝宋）
裴駰集解　明崇禎十四年(1641)汲古閣刻本
十六冊

310000－0242－0013060　S愚史2
漢書一百二十卷　（漢）班固著　（唐）顏師古
注　明崇禎十五年(1642)汲古閣刻本　二十
四冊

310000－0242－0013061　S愚史3
後漢書一百三十卷　（南朝宋）范曄著　（唐）
李賢　（晉）司馬彪　（南朝梁）劉昭注　明崇
禎十六年(1643)汲古閣刻本　十四冊

310000－0242－0013062　S愚史4
三國志六十五卷　（晉）陳壽著　（南朝宋）裴
松之注　明崇禎十七年(1644)汲古閣刻本
十冊

310000－0242－0013063　S愚史5
晉書一百三十卷　（唐）房玄齡等著　明末汲
古閣刻本　二十四冊

310000－0242－0013064　S愚史6
宋書一百卷　（南朝梁）沈約撰　明崇禎七年
(1634)汲古閣刻本　十六冊

310000－0242－0013065　S愚史7
南齊書五十九卷　（南朝梁）蕭子顯著　明末
汲古閣刻本　六冊

310000－0242－0013066　S愚史8
梁書五十六卷　（唐）姚思廉著　明崇禎六年
(1633)汲古閣刻本　八冊

310000－0242－0013067　S愚史9
陳書三十六卷　（唐）姚思廉著　明崇禎四年
(1631)汲古閣刻本　三冊

310000－0242－0013068　S愚史10
魏書一百十四卷　（北齊）魏收著　明崇禎九

年(1636)汲古閣刻本　二十四冊

310000－0242－0013069　S 愚史 11

北齊書五十卷　（唐）李百藥著　明末汲古閣刻本　四冊

310000－0242－0013070　S 愚史 12

周書五十卷　（唐）令狐德棻著　明崇禎五年(1632)汲古閣刻本　五冊

310000－0242－0013071　S 愚史 13

隋書八十五卷　（唐）魏徵等著　明崇禎八年(1635)汲古閣刻本　十六冊

310000－0242－0013072　S 愚史 14

南史八十卷　（唐）李延壽著　明崇禎十三年(1640)汲古閣刻本　十六冊

310000－0242－0013073　S 愚史 15

北史一百卷　（唐）李延壽著　明崇禎十二年(1639)汲古閣刻本　二十四冊

310000－0242－0013074　S 愚史 16

新唐書二百二十五卷　（宋）宋祁　（宋）歐陽修著　明崇禎二年(1629)汲古閣刻本　四十冊

310000－0242－0013075　S 愚史 17

新五代史七十四卷　（宋）歐陽修著　（宋）徐無黨注　明末汲古閣刻本　八冊

310000－0242－0013076　愚史 18

史記三注合本一百三十卷　（南朝宋）裴駰修　（唐）司馬貞索隱　（唐）張守節正義　清光緒十八年(1892)武林竹簡齋石印本　八冊

310000－0242－0013077　愚史 19

漢書一百二十卷　（漢）班固撰　（唐）顏師古注　清光緒十八年(1892)武林竹簡齋石印本　八冊

310000－0242－0013078　愚史 20

後漢書一百三十卷　（南朝宋）范曄修　（唐）李賢　（晉）司馬彪　（南朝梁）劉昭注　清光緒十八年(1892)武林竹簡齋石印本　八冊

310000－0242－0013079　愚史 21

三國志六十五卷　（晉）陳壽撰　（南朝宋）裴松之注　清光緒十八年(1892)武林竹簡齋石印本　四冊

310000－0242－0013080　愚史 22

晉書一百三十卷　（唐）房玄齡　（唐）褚遂良著　清光緒十八年(1892)武林竹簡齋石印本　八冊

310000－0242－0013081　愚史 23

宋書一百卷　（南朝梁）沈約著　清光緒十八年(1892)武林竹簡齋石印本　六冊

310000－0242－0013082　愚史 24

南齊書五十九卷　（南朝梁）蕭子顯著　清光緒十八年(1892)武林竹簡齋石印本　二冊

310000－0242－0013083　愚史 25

梁書五十六卷　（唐）姚思廉著　清光緒十八年(1892)武林竹簡齋石印本　二冊

310000－0242－0013084　愚史 26

陳書三十六卷　（唐）姚思廉著　清光緒十八年(1892)武林竹簡齋石印本　一冊

310000－0242－0013085　愚史 27

魏書一百十四卷　（北齊）魏收著　清光緒十八年(1892)武林竹簡齋石印本　八冊

310000－0242－0013086　愚史 28

北齊書五十卷　（唐）李百藥著　清光緒十八年(1892)武林竹簡齋石印本　二冊

310000－0242－0013087　愚史 29

周書五十卷　（唐）令狐德棻著　清光緒十八年(1892)武林竹簡齋石印本　二冊

310000－0242－0013088　愚史 30

隋書八十五卷　（唐）長孫無忌等著　清光緒十八年(1892)武林竹簡齋石印本　六冊

310000－0242－0013089　愚史 31

南史八十卷　（唐）李延壽著　清光緒十八年(1892)武林竹簡齋石印本　六冊

310000－0242－0013090　愚史 32

北史一百卷　（唐）李延壽著　清光緒十八年(1892)武林竹簡齋石印本　八冊

310000－0242－0013091　愚史 33

舊唐書二百卷　（後晉）劉昫等著　清光緒十八年(1892)武林竹簡齋石印本　十六冊

310000－0242－0013092　愚史 34

新唐書二百二十五卷　（宋）歐陽修著　唐書釋音二十五卷　（宋）董衝釋音　清光緒十八年(1892)武林竹簡齋石印本　十六冊

310000－0242－0013093　愚史 35

舊五代史一百五十卷　（宋）薛居正著　清光緒十八年(1892)武林竹簡齋石印本　六冊

310000－0242－0013094　愚史 36

新五代史七十四卷　（宋）歐陽修著　（宋）徐無黨注　清光緒十八年(1892)武林竹簡齋石印本　二冊

310000－0242－0013095　愚史 37

宋史四百九十六卷　（元）脱脱等著　清光緒十八年(1892)武林竹簡齋石印本　三十二冊

310000－0242－0013096　愚史 38

遼史一百十六卷　（元）脱脱等著　清光緒十八年(1892)武林竹簡齋石印本　三冊

310000－0242－0013097　愚史 39

金史一百三十五卷　（元）脱脱等著　清光緒十八年(1892)武林竹簡齋石印本　八冊

310000－0242－0013098　愚史 40

元史二百十卷　（明）宋濂等著　清光緒十八年(1892)武林竹簡齋石印本　十四冊

310000－0242－0013099　愚史 41

明史三百三十二卷目錄四卷　（清）張廷玉撰　清光緒十八年(1892)武林竹簡齋石印本　二十四冊

310000－0242－0013100　S 愚史 42

史記一百三十卷　（漢）司馬遷著　（南朝宋）裴駰集解　（唐）司馬貞索隱　（唐）張守節正義　（明）鍾人傑輯評　明萬曆五年(1577)刻本(卷七至十二係配本)　十二冊

310000－0242－0013101　S 愚史 43

史記索隱三十卷　（唐）司馬貞索隱　明末汲

古閣刻本　四冊

310000－0242－0013102　愚史 44

史記三注合本一百三十卷　（南朝宋）裴駰修　（唐）司馬貞索隱　（唐）張守節正義　清同治金陵書局刻本　二十冊

310000－0242－0013103　愚史 45

史記三注合本一百三十卷　（南朝宋）裴駰修　（唐）司馬貞索隱　（唐）張守節正義　清光緒二十年(1894)陝甘味經書院刻本　三十二冊

310000－0242－0013104　S 愚史 46

史記評林一百三十卷　（明）凌稚隆著　明刻本　三十冊

310000－0242－0013105　S 愚史 47

史記纂不分卷　（明）凌稚隆著　明刻本　十六冊

310000－0242－0013106　S 愚史 48

史記彙評一百三十卷　（漢）司馬遷撰　（明）葛鼎　（明）金蟠彙評　明崇禎十年(1637)刻本　十六冊

310000－0242－0013107　S 愚史 49

史記一百三十卷　（漢）司馬遷撰　（唐）司馬貞索隱　（唐）張守節正義　（明）陳子龍(明)徐孚遠測義　明萬曆五年(1577)刻本二十四冊

310000－0242－0013108　S 愚史 50

史記論文一百三十卷　（清）吳見思評點(清)□□批校　清康熙三十六年(1697)刻本　十六冊

310000－0242－0013109　愚史 51

史記注補正一卷　（清）方苞著　清光緒二十年(1894)廣雅書局刻本　一冊

310000－0242－0013110　愚史 52

史記志疑三十六卷　（清）梁玉繩著　清光緒十三年(1887)廣雅書局刻本　十四冊

310000－0242－0013111　愚史 53

史記正譌一卷　（清）王元啟撰　清光緒廣雅

書局刻本　一冊

310000－0242－0013112　　愚史54

史表功比說一卷　（清）張錫瑜撰　清光緒十
四年(1888)廣雅書局刻本　一冊

310000－0242－0013113　　愚史54

史記駢枝一卷　（清）成蓉撰　清光緒十四年
(1888)廣雅書局刻本　一冊

310000－0242－0013114　　愚史54

史記天官書補目一卷　（清）孫星衍撰　清光
緒十四年(1888)廣雅書局刻本　一冊

310000－0242－0013115　　愚史55

史記校勘劄記一百三十卷　　（清）□□撰　清
光緒二十年(1894)陝甘味經書院刻本　十二
冊

310000－0242－0013116　　愚史56

歸方評點史記一百三十卷　（清）張裕釗輯
清光緒二年(1876)刻本　二十冊

310000－0242－0013117　　S 愚史57

漢書一百卷　（漢）班固撰　（唐）顏師古注
（明）葛錫璠彙評　明刻本　十六冊

310000－0242－0013118　　愚史58

漢書一百二十卷　（漢）班固撰　（唐）顏師古
注　清同治十二年(1873)廣州官書局刻本
十六冊

310000－0242－0013119　　愚史59

漢書一百二十卷附校勘記一百二十卷　（漢）
班固撰　（唐）顏師古注　　清光緒二十三年
(1897)味經書院刻本　六十冊

310000－0242－0013120　　S 愚史60

孫月峯先生批評漢書一百卷　（明）孫鑛評
明崇禎刻本　二十四冊

310000－0242－0013121　　S 愚史61

班馬異同三十五卷　（宋）倪思編　（宋）劉辰
翁評　明永樂二十年(1422)刻本　三冊

310000－0242－0013122　　S 愚史62

漢書評林一百卷　（明）凌稚隆輯校　明萬曆
刻本　二十冊

310000－0242－0013123　　S 愚史63

漢書彙評一百卷　（明）葛鼎　（明）金蟠訂閱
明崇禎十六年(1643)刻本　二十四冊

310000－0242－0013124　　愚史64

漢書地理志稽疑六卷　（清）全祖望撰　清嘉
慶九年(1804)刻本　四冊

310000－0242－0013125　　愚史65

漢書辨疑二十二卷　（清）錢大昭撰　清道光
沈氏銅熨斗齋刻本　四冊

310000－0242－0013126　　愚史66

漢書地理志校本二卷　（清）汪遠孫校　清同
治十年(1871)退補齋刻本　一冊

310000－0242－0013127　　愚史67

漢書注校補五十六卷　（清）周壽昌撰　清光
緒十年(1884)思益堂刻本　十四冊

310000－0242－0013128　　愚史68

楚漢諸侯疆域志三卷　（清）劉文淇撰　清光
緒二年(1876)金陵刻本　一冊

310000－0242－0013129　　愚史69

漢書引經異文錄證六卷　（清）繆祐孫撰　清
光緒十一年(1885)刻本　二冊

310000－0242－0013130　　愚史70

後漢書一百三十卷　（南朝宋）范曄修　（唐）
李賢　（晉）司馬彪　（南朝梁）劉昭注　清同
治十二年(1873)廣東官書局刻本　十六冊

310000－0242－0013131　　愚史71

兩漢刊誤補遺十卷　（宋）吳仁傑撰　清同治
七年(1868)金陵書局木活字印本　二冊

310000－0242－0013132　　S 愚史72

後漢書律曆志三十卷　（南朝梁）劉昭注　明
崇禎十六年(1643)汲古閣刻本　二冊

310000－0242－0013133　　S 愚史73

後漢書一百二十卷　（南朝宋）范曄修　（唐）
李賢　（晉）司馬彪　（南朝梁）劉昭注　明崇
禎十六年(1643)汲古閣刻本　二十四冊

310000－0242－0013134　　S 愚史74

後漢書彙評一百二十卷　（明）葛鼎　（明）金

蟠訂閱　明崇禎十六年(1643)汲古閣刻本
二十四冊

310000－0242－0013135　愚史 75
後漢書辨疑十一卷　(清)錢大昭撰　清光緒
十四年(1888)廣雅書局刻本　二冊

310000－0242－0013136　愚史 76
補續後漢書藝文志一卷　(清)錢大昭撰　清
光緒十四年(1888)廣雅書局刻本　一冊

310000－0242－0013137　愚史 77
補後漢書藝文志一卷藝文志攷十卷　(清)曾
樸撰　清光緒二十一年(1895)常熟曾氏刻本
　六冊

310000－0242－0013138　愚史 78
七家後漢書二十一卷　(清)汪文臺輯　清光
緒八年(1882)太平崔氏刻本　六冊

310000－0242－0013139　愚史 79
後漢書注又補一卷　(清)沈銘彝撰　清光緒
十四年(1888)廣雅書局刻本　一冊

310000－0242－0013140　愚史 80
後漢三公年表一卷　(清)華湛恩編　清光緒
十七年(1891)廣雅書局刻本　一冊

310000－0242－0013141　愚史 80
三國紀年表一卷　(清)周嘉猷編　清光緒十
七年(1891)廣雅書局刻本　一冊

310000－0242－0013142　愚史 81
後漢書注補正八卷　(清)周壽昌編　清光緒
八年(1882)思益堂刻本　四冊

310000－0242－0013143　S 愚史 82
三國志六十五卷　(晉)陳壽著　(南朝宋)裴
松之注　明萬曆二十八年(1600)北京國子監
刻本　十六冊

310000－0242－0013144　愚史 83
補三國疆域志三卷　(清)洪亮吉撰　清光緒
十七年(1891)廣雅書局刻本　一冊

310000－0242－0013145　愚史 84
三國志辨疑三卷　(清)錢大昭撰　清光緒十
五年(1889)廣雅書局刻本　一冊

310000－0242－0013146　愚史 85
三國志攷證八卷　(清)潘眉撰　清光緒十五
年(1889)廣雅書局刻本　二冊

310000－0242－0013147　愚史 86
三國職官表三卷　(清)洪飴孫撰　清光緒十
七年(1891)廣雅書局刻本　三冊

310000－0242－0013148　愚史 87
四史發伏十卷　(清)洪亮吉撰　清光緒八年
(1882)小石山房刻本　四冊

310000－0242－0013149　S 愚史 88
晉書一百三十卷　(唐)房玄齡等撰　明南京
國子監刻本　四十冊

310000－0242－0013150　S 愚史 89
晉書一百三十卷　(唐)房玄齡等撰　明末汲
古閣刻本　二十四冊

310000－0242－0013151　愚史 90
東晉疆域志四卷　(清)洪亮吉撰　清光緒十
七年(1891)廣雅書局刻本　二冊

310000－0242－0013152　愚史 91
晉書校文五卷　丁國鈞撰　清光緒二十年
(1894)常熟丁氏刻本　四冊

310000－0242－0013153　S 愚史 92
宋書一百卷　(南朝梁)沈約撰　明南京國子
監刻本　三十冊

310000－0242－0013154　愚史 93
宋書一百卷　(南朝梁)沈約撰　清同治十一
年(1872)金陵書局刻本　十六冊

310000－0242－0013155　S 愚史 94
宋瑣語不分卷　(清)郝懿行撰　清嘉慶二十
一年(1816)刻本　三冊

310000－0242－0013156　愚史 95
補宋書刑法志食貨志二卷　(清)郝懿行撰
清嘉慶二十二年(1817)刻本　一冊

310000－0242－0013157　S 愚史 96
南齊書五十九卷　(南朝梁)蕭子顯撰　明南
京國子監刻本　十六冊

310000－0242－0013158　愚史 97

南齊書五十九卷　（南朝梁）蕭子顯撰　清同治十三年(1874)金陵書局刻本　六冊

310000－0242－0013159　S 愚史 98

梁書五十六卷　（唐）姚思廉撰　明嘉靖十年(1531)南京國子監刻本　二十冊

310000－0242－0013160　愚史 99

梁書五十六卷　（唐）姚思廉撰　清同治十三年(1874)金陵書局刻本　六冊

310000－0242－0013161　愚史 100

補梁疆域志四卷　（清）洪齮孫撰　清光緒十七年(1891)廣雅書局刻本　二冊

310000－0242－0013162　S 愚史 101

陳書三十六卷　（唐）姚思廉撰　明南京國子監刻本　十二冊

310000－0242－0013163　愚史 102

陳書三十六卷　（唐）姚思廉撰　清同治十一年(1872)金陵書局刻本　四冊

310000－0242－0013164　愚史 103

魏書一百十四卷　（北齊）魏收撰　明南京國子監刻本　二十冊

310000－0242－0013165　S 愚史 104

北齊書五十卷　（唐）李百藥撰　明萬曆南京國子監刻本　十冊

310000－0242－0013166　愚史 105

北齊書五十卷　（唐）李百藥撰　清同治十三年(1874)金陵書局刻本　四冊

310000－0242－0013167　S 愚史 106

周書五十卷　（唐）令狐德棻撰　明南京國子監刻本　十二冊

310000－0242－0013168　愚史 107

周書五十卷　（唐）令狐德棻撰　清同治十三年(1874)金陵書局刻本　四冊

310000－0242－0013169　愚史 109

隋書八十五卷　（唐）魏徵等撰　清同治十年(1871)淮南書局刻本　八冊

310000－0242－0013170　愚史 111

南史八十卷　（唐）李延壽撰　清同治十一年(1872)金陵書局刻本　十二冊

310000－0242－0013171　愚史 112

北史一百卷　（唐）李延壽撰　清同治十一年(1872)金陵書局刻本　二十冊

310000－0242－0013172　S 愚史 113

南北史表七卷　（清）周嘉猷撰　清乾隆四十八年(1783)刻本　六冊

310000－0242－0013173　愚史 114

南北史補志十四卷　（清）汪士鐸撰　清光緒四年(1878)淮南書局刻本　六冊

310000－0242－0013174　愚史 115

舊唐書校勘記六十六卷　（清）劉文淇撰　清道光二十六年(1846)岑氏刻本　三十冊

310000－0242－0013175　S 愚史 116

新唐書二百二十五卷　（宋）宋祁　（宋）歐陽修撰　明崇禎汲古閣刻本　二十六冊

310000－0242－0013176　愚史 117

新舊唐書合鈔二百六十卷　（清）沈炳震編　清同治十年(1871)武林吳氏刻本　六十九冊

310000－0242－0013177　愚史 118

新舊唐書互證二十卷　（清）趙紹祖撰　清嘉慶十八年(1813)古墨齋刻本　六冊

310000－0242－0013178　愚史 119

舊五代史一百五十卷　（宋）薛居正等撰　清同治十一年(1872)湖北書局刻本　十六冊

310000－0242－0013179　愚史 120

新五代史七十四卷　（宋）歐陽修著　（宋）徐無黨注　清同治十一年(1872)湖北書局刻本　八冊

310000－0242－0013180　愚史 121

新五代史七十四卷　（宋）歐陽修著　（宋）徐無黨注　清光緒十七年(1891)味經書院刻本　十六冊

310000－0242－0013181　愚史 122

五代史記纂誤續補六卷　（清）吳光耀撰　清

光緒十四年(1888)江夏吳氏刻本　六冊

310000－0242－0013182　愚史123

五代史記注七十四卷　(清)彭元瑞輯　清道光八年(1828)刻本　二十四冊

310000－0242－0013183　S愚史124

宋史四百九十六卷　(元)脫脫等撰　明刻抄配本　一百二十冊

310000－0242－0013184　愚史125

宋史四百九十六卷　(元)脫脫等撰　清光緒元年(1875)浙江書局刻本　一百冊

310000－0242－0013185　S愚史126

遼史一百十六卷　(元)脫脫等撰　明萬曆三十四年(1606)刻本　十六冊

310000－0242－0013186　愚史127

遼史拾遺二十四卷　(清)厲鶚撰　清道光元年(1821)振綺堂刻本　六冊

310000－0242－0013187　愚史128

遼史拾遺補五卷　(清)楊復吉撰　清咸豐五年(1855)振綺堂刻本　二冊

310000－0242－0013188　S愚史129

金史一百三十五卷目錄二卷　(元)脫脫等撰　明嘉靖刻本　二十冊

310000－0242－0013189　愚史130

金源劄記二卷附又劄一卷史論五答一卷吉貝居暇唱一卷　(清)施國祁撰　清嘉慶十七年(1812)潯溪吉貝居刻本　二冊

310000－0242－0013190　愚史131

金史詳校十卷附史論五答一卷　(清)施國祁撰　清光緒六年(1880)會稽章氏刻本　十二冊

310000－0242－0013191　愚史132

元史藝文志四卷　(清)錢大昕輯　清嘉慶五年(1800)嘉定錢氏刻本　一冊

310000－0242－0013192　愚史133

補元史氏族表三卷　(清)錢大昕撰　清末江蘇書局刻本　二冊

310000－0242－0013193　愚史134

宋遼金元四史朔閏考二卷　(清)錢大昕撰　清嘉慶二十五年(1820)廣東節署刻本　一冊

310000－0242－0013194　愚史135

元史新編九十五卷　(清)魏源撰　清光緒三十一年(1905)邵陽慎微堂刻本　三十二冊

310000－0242－0013195　愚史136

元史譯文證補三十卷　(清)洪鈞撰　清光緒二十三年(1897)元和陸氏刻本　四冊

310000－0242－0013196　愚史137

遼金元三史國語解四十六卷　(清)□□撰　清道光四年(1824)武英殿刻本　八冊

310000－0242－0013197　愚史138

新元史六卷　(清)柯劭忞撰　清末刻本　二冊

310000－0242－0013198　愚史139

明史三百三十二卷目錄四卷　(清)張廷玉撰　清乾隆四年(1739)武英殿刻本　一百冊

310000－0242－0013199　愚史140

明史三百三十六卷　(清)張廷玉撰　清光緒三年(1877)崇文書局刻本　八十冊

310000－0242－0013200　愚史141

三史拾遺五卷　(清)錢大昕撰　清嘉慶十二年(1807)稻香吟館刻本　四冊

310000－0242－0013201　愚史142

十七史商榷一百卷　(清)王鳴盛撰　清光緒十九年(1893)廣雅書局刻本　二十冊

310000－0242－0013202　S愚史143

史姓韻編六十四卷　(清)汪輝祖編　清乾隆五十五年(1790)刻本　二十冊

310000－0242－0013203　愚史144

廿二史攷異一百卷修唐書史臣表一卷　(清)錢大昕撰　清嘉慶嘉定錢氏刻本　二十四冊

310000－0242－0013204　愚史145

歷代史表五十九卷　(清)萬斯同輯　清光緒十五年(1889)廣雅書局刻本　六冊

310000－0242－0013205　愚史146

廿一史四譜五十四卷 （清）沈炳震輯　清歸安沈氏刻本　十六冊

310000－0242－0013206　愚史147

史目表不分卷 （清）洪飴孫輯　清光緒四年(1878)刻本　一冊

310000－0242－0013207　愚史148

竹書紀年統箋十二卷 （清）徐文靖撰　清光緒三十四年(1908)刻本　四冊

310000－0242－0013208　愚史149

校補竹書紀年二卷 （清）趙紹祖撰　清古墨齋刻本　二冊

310000－0242－0013209　愚史150

竹書紀年校正十四卷 （清）郝懿行撰　清光緒五年(1879)刻本　二冊

310000－0242－0013210　愚史151

竹書紀年六卷紀年攷證一卷辨誤一卷年表一卷曆法天象圖一卷地形都邑圖一卷世系名號圖一卷 （清）雷學淇撰　清亦囂囂齋刻本　二冊

310000－0242－0013211　愚史152

汲塚紀年存真二卷附周年表一卷 （清）朱右曾輯　清歸硯齋刻本　二冊

310000－0242－0013212　S愚史153

兩漢紀六十卷 （漢）荀悅　（晉）袁宏撰　明刻本　十冊

310000－0242－0013213　愚史154

前漢紀三十卷 （漢）荀悅撰　清光緒三年(1877)刻本　六冊

310000－0242－0013214　S愚史155

後漢紀三十卷 （晉）袁宏撰　明黃省曾刻本　十冊

310000－0242－0013215　愚史156

資治通鑑二百九十四卷 （宋）司馬光著　（元）胡三省音注　清同治十年(1871)崇文書局刻本　一百冊

310000－0242－0013216　S愚史157

通鑑釋文辨誤十二卷 （元）胡三省撰　明刻本　六冊

310000－0242－0013217　愚史158

通鑑考異三十卷 （宋）司馬光撰　清光緒十九年(1893)廣雅書局刻本　十冊

310000－0242－0013218　愚史159

資治通鑑目錄三十卷 （宋）司馬光撰　清同治八年(1869)江蘇書局刻本　十冊

310000－0242－0013219　S愚史160

陳仁錫評通鑑二百九十四卷 （宋）司馬光撰　（元）胡三省音注　（明）陳仁錫評閱　明刻本　一百三十二冊

310000－0242－0013220　愚史161

資治通鑑刻本識誤三卷 （清）張敦仁撰　清光緒十二年(1886)新陽趙氏刻本　三冊

310000－0242－0013221　愚史162

通鑑注商十八卷 （清）趙紹祖撰　清嘉慶二十四年(1819)古墨齋刻本　四冊

310000－0242－0013222　愚史163

通鑑校勘記七卷 （清）張瑛撰　清光緒八年(1882)江蘇書局刻本　一冊

310000－0242－0013223　愚史164

稽古錄二十卷 （宋）司馬光撰　清嘉慶十年(1805)刻本　二冊

310000－0242－0013224　愚史165

通鑑外紀十卷目錄五卷 （宋）劉恕撰　清同治九年(1870)蘇州書局刻本　十冊

310000－0242－0013225　S愚史166

陸狀元增節音注精議資治通鑑一百二十卷目錄三卷首一卷 （宋）陸唐老集注　（明）毛晉訂正　明毛氏汲古閣刻本　四十八冊

310000－0242－0013226　愚史167

續資治通鑑長編五百二十卷 （宋）李燾撰　清光緒七年(1881)浙江書局刻本　一百二十冊

310000－0242－0013227　愚史168

續資治通鑑長編拾補六十卷 （清）秦緗業輯

清光緒九年(1883)浙江書局刻本　十六冊

310000－0242－0013228　愚史169

資治通鑑綱目五十九卷　(宋)朱熹撰　清光緒二年(1876)述荊堂刻本　三十冊

310000－0242－0013229　S愚史170

通鑑綱目前編二十五卷　(宋)金履祥撰　清乾隆十年(1745)率祖堂刻本　十冊

310000－0242－0013230　S愚史171

通鑑綱目前編二十五卷　(宋)金履祥撰　明刻本　六冊

310000－0242－0013231　S愚史172

通鑑綱目正編五十九卷　(宋)朱熹撰　清康熙六十一年(1722)刻本　八十二冊

310000－0242－0013232　S愚史173

通鑑綱目續編二十七卷　(清)張時泰撰　清康熙六十一年(1722)刻本　三十冊

310000－0242－0013233　愚史174

綱目發明五十九卷　(宋)尹起莘撰　清同治十三年(1874)刻本　六冊

310000－0242－0013234　S愚史175

續資治通鑑綱目二十七卷　(明)商輅等撰　明成化十二年(1476)刻本　十八冊

310000－0242－0013235　愚史176

西漢年紀三十卷　(宋)王益之撰　清嘉慶四年(1799)掃葉山房刻本　四冊

310000－0242－0013236　愚史177

靖康要錄十六卷　(宋)□□撰　清嘉慶十年(1805)刻本　六冊

310000－0242－0013237　愚史178

建炎以來繫年要錄二百卷　(宋)李心傳撰　清光緒八年(1882)仁壽蕭氏刻本　四十八冊

310000－0242－0013238　S愚史179

皇明資治通紀三十卷　(明)陳建輯　明刻本　十二冊

310000－0242－0013239　S愚史180

昭代典則二十八卷　(明)黃光昇編　明刻本　二十冊

310000－0242－0013240　S愚史181

諸史會編大全一百二十卷　(明)金嫌編　明刻本　六十冊

310000－0242－0013241　愚史182

資治通鑑補二百九十四卷　(明)嚴衍撰　清光緒二年(1876)武進盛氏木活字印本　八十冊

310000－0242－0013242　愚史183

綱鑑正史約三十六卷　(明)顧錫疇撰　清同治八年(1869)浙江書局刻本　二十冊

310000－0242－0013243　S愚史185

世史正綱三十二卷　(明)邱濬撰　明嘉靖三十二年(1553)刻本　十冊

310000－0242－0013244　S愚史187

甲子會紀五卷　(明)薛應旂輯　(明)陳仁錫評　明嘉靖三十八年(1559)刻本　二冊

310000－0242－0013245　S愚史189

鼎鍥葉太史彙纂玉堂鑑綱七十二卷　(明)葉向高彙纂　明刻本　二十四冊

310000－0242－0013246　S愚史191

新鍥張太史注釋標題綱鑑白眉二十一卷首一卷　(明)張鼐編　明末刻本　十冊

310000－0242－0013247　S愚史192

歷朝綱鑑輯要二十卷　(明)孫鑛輯　明末刻本　二十冊

310000－0242－0013248　S愚史193

新刊憲臺攷正少微通鑑全編二十卷外紀二卷宋元通鑑二十一卷　(宋)江贄輯　明嘉靖三十八年(1559)吉澄刻本　十六冊

310000－0242－0013249　S愚史194

通鑑直解二十八卷　(明)張居正撰　明崇禎四年(1631)陳長卿刻本　十五冊

310000－0242－0013250　S愚史195

稽古編大政記綱目八卷　(明)姜寶編纂　明萬曆十五年(1587)刻本　八冊

二十冊

310000－0242－0013251　S愚史197

御定歷代紀事年表一百卷　（清）王之樞
（清）周清原纂修　清康熙五十四年(1715)刻
本　五十冊

310000－0242－0013252　愚史198

御批通鑑輯覽一百十六卷附明唐桂二王本末
四卷　（清）傅恒等編纂　清同治十年(1871)
浙江書局刻本　四十八冊

310000－0242－0013253　愚史199

續資治通鑑二百二十卷　（清）畢沅撰　清嘉
慶六年(1801)刻本　三十二冊

310000－0242－0013254　愚史201

東華錄三十二卷　（清）蔣良驥撰　清光緒刻
本　十二冊

310000－0242－0013255　愚史202

東華錄十六卷　（清）蔣良驥撰　清抄本　十
六冊

310000－0242－0013256　愚史203

明紀六十卷　（清）陳鶴撰　清同治十年
(1871)江蘇書局刻本　二十冊

310000－0242－0013257　S愚史204

欽定明鑑二十四卷首一卷　（清）胡敬　（清）
陳用光纂　清嘉慶二十三年(1818)北京武英
殿刻本　十二冊

310000－0242－0013258　愚史205

明通鑑並附記一百卷目錄二十卷　（清）夏燮
撰　清同治十二年(1873)江西書局刻本　四
十八冊

310000－0242－0013259　愚史210

紀元通攷十二卷　（清）葉維庚撰　清同治十
年(1871)刻本　四冊

310000－0242－0013260　愚史211

古史攷年異同表二卷　（清）林春溥撰　清道
光十八年(1838)竹柏山房刻本　二冊

310000－0242－0013261　愚史212

甲子紀元集成九卷　（清）吳晉德撰　清道光
十四年(1834)刻本　八冊

310000－0242－0013262　愚史213

通鑑綱目引義三十六卷續十卷　（清）王恂撰
　清光緒十八年(1892)刻本　二十四冊

310000－0242－0013263　S愚史214

通鑑綱目釋地糾繆六卷補注六卷　（清）張庚
撰　清乾隆十五年(1750)刻本　二冊

310000－0242－0013264　愚史215

讀通鑑綱目劄記二十卷附年譜一卷　（清）章
邦元撰　清光緒十六年(1890)章氏刻本　九
冊

310000－0242－0013265　愚史216

讀通鑑綱目條記二十卷　（清）李述來撰　清
光緒八年(1882)羣玉山房刻本　六冊

310000－0242－0013266　愚史217

綱鑑易知錄一百七卷　（清）吳楚材撰　清刻
本　四十八冊

310000－0242－0013267　愚史218

史存三十卷　（清）劉沅輯　清道光二十七年
(1847)劉氏刻本　十六冊

310000－0242－0013268　愚史219

甲子紀年表一卷　（清）徐壽基編　清光緒十
二年(1886)刻本　一冊

310000－0242－0013269　愚史220

十朝東華錄四百二十五卷　王先謙編　清光
緒十四年(1888)長沙王氏刻本　二百冊

310000－0242－0013270　愚史221

東華續錄一百卷　王先謙編　清光緒十四年
(1888)長沙王氏刻本　六十四冊

310000－0242－0013271　愚史224

三唐傳國編年五卷　（清）吳非撰　清光緒元
年(1875)貴池劉氏刻本　二冊

310000－0242－0013272　愚史225

通鑑紀事本末評論二百三十九卷　（明）張溥
撰　清同治十二年(1873)江西書局刻本　一
百二十四冊

310000－0242－0013273　S愚史226

通鑑本末紀要八十一卷　（清）蔡毓榮撰　清

康熙二十四年(1685)刻本　四十四冊

310000－0242－0013274　愚史227
三朝北盟會編二百五十卷　(宋)徐夢莘撰
清光緒四年(1878)如皋袁氏刻本　四十冊

310000－0242－0013275　愚史228
通鑑長編紀事本末一百五十卷　(宋)楊仲良撰　清光緒十九年(1893)廣雅書局刻本　二十四冊

310000－0242－0013276　S愚史229
通鑑紀事本末前編十二卷　(明)沈朝陽纂編　明萬曆三十六年(1608)刻本　八冊

310000－0242－0013277　S愚史230
宋史紀事本末一百九卷　(明)馮琦原編(明)陳邦瞻纂輯　(明)張溥論正　明刻本　十三冊

310000－0242－0013278　S愚史231
元史紀事本末二十七卷　(明)陳邦瞻　(明)臧懋循補　(明)張溥論正　明刻本　二冊

310000－0242－0013279　S愚史232
大清太祖高皇帝實錄八卷大清世祖章皇帝實錄一百四十四卷　(清)□□撰　清內府抄本　四十二冊

310000－0242－0013280　S愚史233
皇清開國方略三十二卷首一卷　(清)阿桂等纂　清乾隆北京武英殿刻本　三十二冊

310000－0242－0013281　S愚史234
親征平定朔漠方略四十八卷　(清)溫達等纂　清康熙北京武英殿刻本　二十四冊

310000－0242－0013282　S愚史235
平定準噶爾方略前編五十四卷正編八十五卷續編三十二卷首一卷　(清)傅恒等纂　清乾隆北京武英殿刻本　一百冊

310000－0242－0013283　S愚史236
欽定剿捕臨清逆匪紀略十六卷　(清)舒赫德等纂　清乾隆刻本　五冊

310000－0242－0013284　S愚史237
欽定蘭州紀略二十卷首一卷　(清)阿桂等纂

清乾隆刻本　四冊

310000－0242－0013285　S愚史238
欽定平定臺灣紀略七十卷首五卷　(清)□□撰　清乾隆五十三年(1788)刻本　十八冊

310000－0242－0013286　S愚史239
平定廓爾喀紀略五十一卷首四卷　(清)□□撰　清乾隆六十年(1795)刻本　三十二冊

310000－0242－0013287　S愚史240
欽定平苗紀略五十二卷首四卷　(清)鄂輝等纂　清嘉慶武英殿刻本　十六冊

310000－0242－0013288　S愚史241
欽定剿平三省邪匪方略正編三百五十二卷續編三十六卷附編十二卷首一卷　(清)慶桂等撰　清嘉慶十五年(1810)刻本　一百九十二冊

310000－0242－0013289　S愚史242
欽定平定教匪紀略四十三卷首一卷　(清)托津等纂　清嘉慶刻本　二十二冊

310000－0242－0013290　S愚史243
欽定平定回疆剿擒逆裔方略八十卷　(清)曹振鏞等纂　清道光刻本　二十冊

310000－0242－0013291　愚史244
平定粵匪方略四百二十卷　(清)奕訢撰　清末北京同文館鉛印本　一百六十一冊

310000－0242－0013292　愚史245
平定粵匪方略四百二十卷　(清)奕訢撰　清末北京同文館鉛印本　四百二十二冊

310000－0242－0013293　愚史246
剿定捻匪方略三百二十卷　(清)奕訢撰　清末北京同文館鉛印本　一百六十一冊

310000－0242－0013294　愚史247
剿定捻匪方略三百二十卷　(清)奕訢撰　清末北京同文館鉛印本　三百二十一冊

310000－0242－0013295　愚史248
平定陝甘新疆回匪方略三百二十卷　(清)奕訢撰　清末北京同文館鉛印本　三百二十二冊

310000－0242－0013296　愚史249

平定貴州苗匪紀略五十卷　（清）奕訢撰　清末北京同文館鉛印本　四十冊

310000－0242－0013297　愚史250

平定雲南回匪方略五十卷　（清）奕訢撰　清末北京同文館鉛印本　五十一冊

310000－0242－0013298　S愚史251

綏寇紀略十二卷補遺三卷　（清）吳偉業撰　清康熙十三年(1674)刻本　八冊

310000－0242－0013299　S愚史252

繹史一百六十卷世表圖一卷年表一卷　（清）馬驌撰　清康熙九年(1670)刻本　四十五冊

310000－0242－0013300　愚史253

左傳事緯十二卷　（清）馬驌撰　清光緒四年(1878)刻本　四十五冊

310000－0242－0013301　S愚史254

左傳紀事本末五十三卷　（清）高士奇輯　清康熙二十九年(1690)刻本　十二冊

310000－0242－0013302　S愚史255

明史紀事本末八十卷　（清）谷應泰輯　清同治十三年(1874)江西書局刻本　二十冊

310000－0242－0013303　S愚史256

明末紀事補遺十卷　（清）三餘氏輯　清刻本　六冊

310000－0242－0013304　愚史257

左傳分國紀事本末二十二卷　（明）孫范輯　清康熙四十一年(1702)刻本　七冊

310000－0242－0013305　S愚史258

三藩紀事本末四卷　（清）楊陸榮編　清康熙五十六年(1717)青浦楊氏刻本　二冊

310000－0242－0013306　愚史259

平苗紀略一卷附鄉賢錄一卷　（清）方顯撰　清同治十二年(1873)湖北官書局刻本　一冊

310000－0242－0013307　愚史260

西夏紀事本末三十六卷　（清）張鑑撰　清光緒十年(1884)江蘇書局刻本　四冊

310000－0242－0013308　愚史261

聖武記十四卷　（清）魏源撰　清道光二十二年(1842)刻本　十二冊

310000－0242－0013309　愚史262

平定粵匪方略十八卷附記四卷　（清）杜文瀾撰　清光緒元年(1875)詁轂堂刻本　八冊

310000－0242－0013310　愚史263

淮軍平捻記十二卷　（清）周世澄撰　清末刻本　六冊

310000－0242－0013311　愚史264

豫軍紀略二卷　（清）李鶴年撰　清同治十一年(1872)刻本　六冊

310000－0242－0013312　愚史265

山東軍興紀略二十二卷輿圖一卷　（清）管晏編　清光緒十一年(1885)山東書局刻本　十一冊

310000－0242－0013313　愚史266

吳中平寇記八卷　（清）錢晌編　清同治四年(1865)錢晌刻本　二冊

310000－0242－0013314　愚史267

粵氛紀事十三卷　（清）謝山居士編　清同治七年(1868)謝山居士刻本　六冊

310000－0242－0013315　愚史268

後守寶錄二十卷　（清）魁聯編　清後期刻本　七冊

310000－0242－0013316　愚史269

中西紀事二十四卷　（清）夏燮撰　清光緒七年(1881)木活字印本　六冊

310000－0242－0013317　愚史270

湘軍志十六卷　王闓運撰　清後期刻本　四冊

310000－0242－0013318　愚史271

湘軍記二十卷　（清）王定安撰　清光緒十五年(1889)江南書局刻本　十二冊

310000－0242－0013319　愚史272

金史紀事本末五十二卷　（清）李有棠撰　清光緒十九年(1893)石印本　四冊

310000－0242－0013320　　愚史 272

遼史紀事本末四十卷　（清）李有棠撰　清光緒十九年(1893)石印本　六冊

310000－0242－0013321　　愚史 273

股匪總錄三卷　（清）蘇鳳文撰　清光緒十五年(1889)刻本　一冊

310000－0242－0013322　　愚史 273

平桂紀略四卷　（清）蘇鳳文撰　清光緒十五年(1889)刻本　一冊

310000－0242－0013323　　愚史 273

堂匪總錄十二卷　（清）蘇鳳文撰　清光緒十五年(1889)刻本　二冊

310000－0242－0013324　　愚史 274

關隴紀略十卷　（清）□□撰　清光緒三年(1877)刻本　十二冊

310000－0242－0013325　　愚史 275

歐洲列國戰事本末二十二卷　王樹枏撰　清光緒二十八年(1902)刻本　八冊

310000－0242－0013326　　S 愚史 276

汲塚周書十卷　（晉）孔晁注　清康熙刻本　一冊

310000－0242－0013327　　愚史 277

逸周書輯要一卷　（清）郝懿行撰　清光緒八年(1882)刻本　一冊

310000－0242－0013328　　愚史 278

逸周書集訓校釋十卷逸文一卷　（清）朱右曾撰　清光緒三年(1877)湖北崇文書局刻本　二冊

310000－0242－0013329　　愚史 279

世本二卷　（戰國）□□撰　清刻本　一冊

310000－0242－0013330　　愚史 280

世本輯補十卷　（清）秦嘉謨撰　清嘉慶二十三年(1818)琳瑯仙館刻本　六冊

310000－0242－0013331　　S 愚史 281

東觀漢記二十四卷　（漢）劉珍等撰　清乾隆四十二年(1777)桐華館刻本　二冊

310000－0242－0013332　　愚史 282

王會篇箋釋三卷　（清）何秋濤注　清光緒十七年(1891)江蘇書局刻本　三冊

310000－0242－0013333　　S 愚史 283

隆平集二十卷　（宋）曾鞏撰　清康熙四十年(1701)刻本　六冊

310000－0242－0013334　　愚史 284

通志二百卷　（宋）鄭樵撰　清咸豐九年(1859)崇仁謝氏刻本　一百六十冊

310000－0242－0013335　　S 愚史 285

通志略五十二卷　（宋）鄭樵撰　明刻本　二十冊

310000－0242－0013336　　愚史 286

東都事略一百三十卷　（宋）王偁撰　清光緒九年(1883)淮南書局刻本　八冊

310000－0242－0013337　　愚史 287

路史四十七卷　（宋）羅泌撰　清嘉慶六年(1801)酉山堂刻本　二十四冊

310000－0242－0013338　　S 愚史 288

路史前記九卷餘論十卷　（宋）羅泌撰　明武林化玉齋刻本　四冊

310000－0242－0013339　　愚史 289

契丹國志二十七卷　（宋）葉隆禮撰　清嘉慶二年(1797)掃葉山房刻本　四冊

310000－0242－0013340　　愚史 290

大金國志四十卷　（宋）宇文懋昭撰　清嘉慶二年(1797)掃葉山房刻本　四冊

310000－0242－0013341　　愚史 291

續後漢書四十二卷音義四卷劄記一卷　（宋）蕭常撰　清道光二十一年(1841)刻本　四冊

310000－0242－0013342　　愚史 292

續後漢書九十卷附劄記四卷　（元）郝經撰　清道光二十一年(1841)宜稼堂刻本　十六冊

310000－0242－0013343　　愚史 293

南宋書六十八卷　（明）錢士升撰　清嘉慶二年(1797)掃葉山房刻本　十冊

310000－0242－0013344　S 愚史 295

名山藏一百卷　（明）何喬遠撰　明末何氏刻本　四十冊

310000－0242－0013345　S 愚史 296

宏簡錄二百五十四卷　（明）邵經邦撰　清康熙二十七年(1688)邵氏刻本　八十冊

310000－0242－0013346　S 愚史 297

通鑑全史彙編歷朝傳統錄八卷　（明）劉綦纂輯　明崇禎刻本　四冊

310000－0242－0013347　愚史 298

明大政纂要六十三卷　（明）譚希思編　清光緒二十一年(1895)湖南思賢書局刻本　二十八冊

310000－0242－0013348　S 愚史 299

函史一百二卷　（明）鄧元錫編　清順治十五年(1658)盱眙鄧氏刻本　六十冊

310000－0242－0013349　S 愚史 300

七史纂二十卷　（明）錢岱編　明刻本　十二冊

310000－0242－0013350　S 愚史 301

欽定續通志六百四十卷　（清）嵇璜纂　清乾隆五十年(1785)北京武英殿刻本　一百四十四冊

310000－0242－0013351　愚史 302

尚史七十卷　（清）李鍇撰　清嘉慶十年(1805)悅道樓刻本　二十冊

310000－0242－0013352　S 愚史 303

元史類編四十二卷　（清）邵遠平撰　清乾隆六十年(1795)掃葉山房刻本　十六冊

310000－0242－0013353　S 愚史 304

明史稿二百八卷　（清）王鴻緒撰　清康熙五十三年(1714)敬慎堂刻本　六十四冊

310000－0242－0013354　S 愚史 305

明史稿三百十卷目錄二卷　（清）王鴻緒撰　清雍正元年(1723)刻本　七十四冊

310000－0242－0013355　愚史 306

晉略十卷　（清）周濟撰　清道光十九年(1839)刻本　十冊

310000－0242－0013356　愚史 307

晉略十卷　（清）周濟撰　清光緒二年(1876)刻本　十冊

310000－0242－0013357　愚史 308

西魏書二十四卷　（清）謝啟昆撰　清乾隆十七年(1752)廣雅書局刻本　六冊

310000－0242－0013358　愚史 309

南疆繹史紀略六卷列傳二十四卷補遺十八卷卹諡攷八卷　（清）溫睿臨撰　清抄本　十八冊

310000－0242－0013359　愚史 310

廿四史史略八十七卷　（清）朱塈輯　清同治六年(1867)江寧李光明莊刻本　二十冊

310000－0242－0013360　愚史 311

歷代帝王紀要十二卷　（清）劉瑞樞輯　清光緒七年(1881)刻本　二冊

310000－0242－0013361　S 愚史 318

國語解二十一卷　（三國吳）韋昭注　明嘉靖刻本　四冊

310000－0242－0013362　S 愚史 320

國語發正二十一卷考異四卷　（清）汪遠孫撰　清道光二十六年(1846)振綺堂刻本　四冊

310000－0242－0013363　愚史 321

國語三君注輯存四卷　（清）汪遠孫撰　清道光二十六年(1846)振綺堂刻本　一冊

310000－0242－0013364　愚史 322

國語正義二十一卷　（清）董增齡撰　清光緒六年(1880)式訓堂刻本　八冊

310000－0242－0013365　愚史 323

戰國策三十三卷　（漢）高誘注　劄記三卷　（清）黃丕烈撰　清同治八年(1869)湖北崇文書局刻本　五冊

310000－0242－0013366　愚史 324

戰國策校注十卷　（元）吳師道校注　清光緒二十二年(1896)刻惜陰軒叢書本　八冊

310000－0242－0013367　愚史 325

戰國策釋地二卷　(清)張琦撰　清光緒十一年(1885)新陽趙氏刻本　一冊

310000－0242－0013368　S愚史327

天祿閣外史八卷　(後漢)黃憲撰　明嘉靖二年(1523)姑蘇王氏刻本　二冊

310000－0242－0013369　S愚史328

大唐創業起居注三卷　(唐)溫大雅撰　明崇禎汲古閣刻本　一冊

310000－0242－0013370　愚史330

五代史闕文一卷　(宋)王禹偁撰　清嘉慶掃葉山房刻本　十冊

310000－0242－0013371　愚史331

松漠紀聞二卷　(宋)洪皓撰　清同治十二年(1873)涇縣洪氏三瑞堂刻本　一冊

310000－0242－0013372　愚史332

鐵函心史二卷　(宋)鄭思肖撰　清光緒二十年(1894)種竹書屋刻本　二冊

310000－0242－0013373　愚史333

南遷錄一卷　(金)張師顏撰　清後期刻本　一冊

310000－0242－0013374　S愚史334

錢塘遺事十卷　(元)劉一清撰　清嘉慶四年(1799)掃葉山房刻本　二冊

310000－0242－0013375　愚史335

洪武聖政記二卷　(明)宋濂撰　清同治八年(1869)刻金華叢書本　一冊

310000－0242－0013376　愚史336

明朝國初事蹟一卷　(明)劉辰撰　清同治八年(1869)刻金華叢書本　一冊

310000－0242－0013377　S愚史337

頌天臚筆二十四卷　(明)金日升輯　明崇禎刻本　十冊

310000－0242－0013378　S愚史338

安楚錄十卷　(明)秦金撰　明萬曆四年(1576)刻本　二冊

310000－0242－0013379　愚史339

三朝野紀　(明)李遜之輯　清道光四年(1824)申耆刻本　六冊

310000－0242－0013380　S愚史340

朝野彙編二十卷　(明)屠叔方纂　明萬曆二十六年(1598)刻本　八冊

310000－0242－0013381　S愚史341

明從信錄四十卷　(明)沈國元撰　明萬曆四十八年(1620)刻本　十二冊

310000－0242－0013382　S愚史342

兩朝從信錄二十八卷　(明)沈國元撰　明萬曆四十八年(1620)秀水沈氏刻本　十二冊

310000－0242－0013383　愚史343

先撥志始二卷　(明)文秉撰　清同治二年(1863)刻本　二冊

310000－0242－0013384　S愚史344

三朝要典二十四卷　(明)顧秉謙編　明天啓六年(1626)明內府刻本　八冊

310000－0242－0013385　愚史345

樵史野編六卷　(清)珠江寓舫編　清初抄本　六冊

310000－0242－0013386　S愚史346

平叛記二卷　(清)毛霦撰　清康熙五十五年(1716)刻本　二冊

310000－0242－0013387　愚史348

蒙古源流八卷　(清)小徹辰薩囊臺吉撰　清乾隆四十二年(1777)刻本　四冊

310000－0242－0013388　愚史349

明季稗史彙編十六種二十七卷　(清)留雲居士編　清末北京琉璃廠木活字印本　二十冊

310000－0242－0013389　愚史350

五藩實錄八卷　(清)南沙三餘氏撰　清末北京琉璃廠木活字印本　十二冊

310000－0242－0013390　S愚史351

平閩紀十三卷　(清)楊捷等撰　清康熙二十二年(1683)刻本　八冊

310000－0242－0013391　愚史352

明季北略二十四卷南略十八卷　(清)計六奇撰　清末北京琉璃廠木活字印本　十八冊

310000－0242－0013392　愚史 353

東南紀事十二卷　(清)邵廷采撰　清光緒邵武徐氏刻本　二冊

310000－0242－0013393　愚史 354

西南紀事十二卷　(清)邵廷采撰　清光緒十年(1884)邵武徐氏刻本　二冊

310000－0242－0013394　愚史 355

史闕十四卷　(明)張岱撰　清道光四年(1824)刻本　六冊

310000－0242－0013395　S 愚史 356

靖海紀事二卷　(清)施世綸撰　清康熙二十四年(1685)刻本　二冊

310000－0242－0013396　愚史 357

漢史餘二十卷　(清)陳堯松撰　清同治三年(1864)刻本　六冊

310000－0242－0013397　愚史 358

金鄉紀事四卷　(清)吳堦錄　清嘉慶刻本　四冊

310000－0242－0013398　愚史 359

逆黨禍蜀記一卷　(清)汪堃撰　清同治五年(1866)刻本　一冊

310000－0242－0013399　愚史 360

古史參箴四卷　(清)沈則寬撰　清同治十年(1871)鉛印本　四冊

310000－0242－0013400　愚史 361

戡定新疆記八卷　(清)魏光燾撰　清光緒二十五年(1899)鉛印本　四冊

310000－0242－0013401　愚史 364

灩滪囊五卷　(清)李馥榮編　清道光二十七年(1847)刻本　二冊

310000－0242－0013402　S 愚史 365

二申野錄八卷　(清)孫之騄輯　清初刻本　四冊

310000－0242－0013403　愚史 366

兩漢博聞十二卷　(宋)楊侃輯　清光緒海申報館鉛印本　六冊

310000－0242－0013404　S 愚史 368

東萊先生晉書詳節三十卷　(宋)呂祖謙輯　明慎獨齋刻本　六冊

310000－0242－0013405　愚史 369

兩漢策要十二卷　(宋)陶叔獻編　清光緒十三年(1887)上海同文書局石印本　八冊

310000－0242－0013406　S 愚史 370

歷代史纂左編一百四十二卷　(明)唐順之編　明嘉靖刻本　六十冊

310000－0242－0013407　S 愚史 371

史臠二十五卷　(明)余文龍輯　明萬曆四十六年(1618)刻本　十四冊

310000－0242－0013408　S 愚史 372

史懷十七卷　(明)鍾惺撰　明刻本　四冊

310000－0242－0013409　S 愚史 373

新刻世史類編四十五卷首一卷　(明)李純卿草創　(明)謝遷補遺　明萬曆三十一年(1603)刻本　十六冊

310000－0242－0013410　S 愚史 374

諸史品節四十卷　(明)陳深編　明萬曆二十一年(1593)刻本　十二冊

310000－0242－0013411　愚史 375

讀史稗語十一卷　(明)徐枋撰　清咸豐九年(1859)刻本　四冊

310000－0242－0013412　愚史 376

寰宇分合志八卷增一卷　(明)徐樞編　清光緒二十八年(1902)刻本　八冊

310000－0242－0013413　S 愚史 377

歐陽文忠公新唐書鈔二卷　(明)茅坤評　明末刻本　二冊

310000－0242－0013414　S 愚史 378

歐陽文忠公五代史鈔二十卷　(明)茅坤評　明末刻本　四冊

310000－0242－0013415　愚史 379

廿一史約編十卷　（清）鄭元慶編　清康熙三
十六年(1697)漁古山房刻本　八冊

310000－0242－0013416　愚史380

南史識小錄十四卷北史識小錄十四卷　（清）
沈名蓀　（清）朱昆田輯　清同治十年(1871)
武林吳氏刻本　十冊

310000－0242－0013417　愚史381

漢書蒙拾三卷　（清）杭世駿撰　清刻本　三
冊

310000－0242－0013418　愚史382

廿一史四譜五十四卷　（清）沈炳震輯　清同
治十年(1871)武林清來堂刻本　十六冊

310000－0242－0013419　愚史383

史記菁華錄四卷　（清）姚祖恩編　清道光二
十三年(1843)刻本　四冊

310000－0242－0013420　愚史384

易知摘要類編十二卷　（清）富俊編　清同治
十三年(1874)刻本　十二冊

310000－0242－0013421　愚史385

道齊正軌二十卷　（清）鄒鳴鶴撰　清光緒七
年(1881)刻本　八冊

310000－0242－0013422　愚史386

圖史提綱二卷　（清）胡宣慶編　清光緒十七
年(1891)刻本　一冊

310000－0242－0013423　愚史388

史略歌論十二卷　（清）裘日和撰　清道光二
十一年(1841)刻本　六冊

310000－0242－0013424　愚史389

讀史鏡古編三十二卷　（清）潘世恩輯　清道
光四年(1824)刻本　八冊

310000－0242－0013425　愚史390

越絕書十五卷　（漢）袁康撰　清乾隆五十六
年(1791)刻漢魏叢書本　一冊

310000－0242－0013426　愚史391

華陽國志十二卷　（晉）常璩撰　清嘉慶十九
年(1814)廖氏刻本　四冊

310000－0242－0013427　S愚史392

十六國春秋一百卷　（北魏）崔鴻撰　清乾隆
四十六年(1781)仁和汪氏刻本　二十四冊

310000－0242－0013428　S愚史393

南唐書合刻四十九卷　（宋）陸遊　（宋）馬令
（元）戚光撰　明崇禎汲古閣刻本　四冊

310000－0242－0013429　愚史394

南唐書十八卷音釋一卷　（宋）陸遊撰　明崇
禎汲古閣刻本　八冊

310000－0242－0013430　愚史395

吳越備史六卷附雜考疑辨三種　（宋）錢儼撰
清乾隆六十年(1795)刻本　二冊

310000－0242－0013431　愚史396

安南志略十九卷　（元）黎崱撰　清光緒十年
(1884)鉛印本　四冊

310000－0242－0013432　愚史398

十國春秋一百十六卷　（清）吳任臣撰　清康
熙十六年(1677)昭文周氏刻本　十六冊

310000－0242－0013433　愚史399

十六國疆域志十六卷　（清）洪亮吉撰　清光
緒十七年(1891)廣雅書局刻本　四冊

310000－0242－0013434　愚史400

西夏書事四十二卷　（清）吳廣成撰　清道光
六年(1826)刻本　八冊

310000－0242－0013435　愚史401

東藩紀要十二卷　（清）薛培榕編　清光緒八
年(1882)平湖薛氏鉛印本　四冊

310000－0242－0013436　S愚史402

琉球國志略十六卷首一卷　（清）周煌輯　清
乾隆刻本　四冊

310000－0242－0013437　愚史403

越南輯略不分卷　（清）徐延旭編　清光緒三
年(1877)刻本　二冊

310000－0242－0013438　愚史404

前漢匈奴表三卷附錄一卷　（清）沈惟賢撰
清末鉛印本　二冊

310000－0242－0013439　　愚史405

朝鮮事大儀制摘要一卷　　（□）□□撰　清末
鉛印本　一冊

310000－0242－0013440　S愚史406

月令廣義二十四卷首一卷　　（明）馮應京輯
明萬曆刻本　四冊

310000－0242－0013441　　愚史407

四季月表不分卷　　（□）□□撰　清抄本　四
冊

310000－0242－0013442　　愚史408

月令粹編二十四卷　　（清）秦嘉謨編　清嘉慶
十七年(1812)琳琅仙館刻本　六冊

310000－0242－0013443　S愚史409

月日紀古十二卷　　（清）蕭智漢撰　清乾隆五
十九年(1794)刻本　十二冊

310000－0242－0013444　　愚史410

太祖高皇帝聖訓四卷　　（清）聖祖玄燁編　清
末鉛印本　四冊

310000－0242－0013445　　愚史411

太宗文皇帝聖訓六卷　　（清）太宗皇太極撰
清末鉛印本　六冊

310000－0242－0013446　　愚史412

世祖章皇帝聖訓六卷　　（清）世祖福臨撰　清
末鉛印本　六冊

310000－0242－0013447　　愚史413

聖祖仁皇帝聖訓六十卷　　（清）聖祖玄燁撰
清末鉛印本　二十四冊

310000－0242－0013448　　愚史414

世宗憲皇帝聖訓三十六卷　　（清）世宗胤禛撰
　清末鉛印本　二十冊

310000－0242－0013449　　愚史415

高宗純皇帝聖訓三百卷　　（清）高宗弘曆撰
清末鉛印本　一百六十冊

310000－0242－0013450　　愚史416

仁宗睿皇帝聖訓一百十卷　　（清）仁宗顒琰撰
　清末鉛印本　八十冊

310000－0242－0013451　　愚史417

宣宗成皇帝聖訓一百三十卷　　（清）宣宗旻寧
撰　清末鉛印本　一百冊

310000－0242－0013452　　愚史418

文宗顯皇帝聖訓一百十卷　　（清）文宗奕詝撰
　清末鉛印本　四十八冊

310000－0242－0013453　　愚史419

穆宗毅皇帝聖訓一百六十卷　　（清）穆宗載淳
撰　清末鉛印本　六十四冊

310000－0242－0013454　　愚史420

諸勅稿式不分卷　　（清）□□撰　清抄本　五
冊

310000－0242－0013455　　愚史421

訓勅州縣規條不分卷　　（清）□□撰　清光緒
元年(1875)湖南刻本　一冊

310000－0242－0013456　S愚史422

上諭八旗不分卷　　（清）允祿等校刻　清前期
北京武英殿刻本　八冊

310000－0242－0013457　S愚史423

上諭八旗不分卷　　（清）允祿等輯　清前期北
京武英殿刻本　十冊

310000－0242－0013458　S愚史424

諭行旗務奏議不分卷　　（清）允祿等編次　清
雍正北京武英殿刻本　四冊

310000－0242－0013459　S愚史425

上諭旗務議覆不分卷　　（清）允祿等編次　清
雍正十一年(1733)北京武英殿刻本　六冊

310000－0242－0013460　　愚史426

宣宗成皇帝上諭不分卷　　（清）宣宗旻寧撰
清抄本　六冊

310000－0242－0013461　　愚史427

穆宗毅皇帝德宗景皇帝上諭　　（清）□□編
清抄本　八冊

310000－0242－0013462　S愚史428

皇明詔令二十一卷　　（明）□□編　明嘉靖刻
本　十一冊

310000－0242－0013463　　S 愚史 429
歷代名臣奏議三百五十卷　（明）黃淮　（明）
楊士奇等編　明北京經廠刻本　七十五冊

310000－0242－0013464　　愚史 431
歷代名臣奏議選三十卷　（清）趙承恩編　清
同治十三年(1874)刻本　二十四冊

310000－0242－0013465　　愚史 432
同治中興京外奏議約編不分卷　（清）陳弢編
清光緒元年(1875)刻本　八冊

310000－0242－0013466　　愚史 433
奏疏分類便覽不分卷　（清）潘駿德輯　清光
緒四年(1878)北京鉛印本　十四冊

310000－0242－0013467　　愚史 434
皇清奏議六十八卷　（清）琴川居士編　清北
京國史館鉛印本　三十二冊

310000－0242－0013468　　愚史 435
國朝奏疏四卷　（清）嚴如熤輯　清抄本　四
冊

310000－0242－0013469　　愚史 436
道咸奏議一百八十六卷　（清）□□編　清末
抄本　四十八冊

310000－0242－0013470　　愚史 437
道光三十年應詔陳言不分卷　（清）□□編
清後期刻本　四冊

310000－0242－0013471　　愚史 438
陸宣公奏議二十二卷　（唐）陸贄撰　清道光
四年(1824)刻本　八冊

310000－0242－0013472　　愚史 440
包孝肅奏議十卷　（宋）包拯撰　清道光二十
年(1840)刻本　四冊

310000－0242－0013473　　愚史 441
石林奏議十五卷　（宋）葉夢得撰　清光緒十
一年(1885)刻本　二冊

310000－0242－0013474　　S 愚史 442
皇明留臺奏議十四卷　（明）朱吾弼等輯　明
萬曆三十三年(1605)刻本　六冊

310000－0242－0013475　　S 愚史 443
王端毅公奏稿六卷　（明）王恕撰　明嘉靖二
十六年(1547)刻本　六冊

310000－0242－0013476　　S 愚史 444
胡端敏公奏議十卷校勘記十卷　（明）胡世寧
撰　清乾隆浙江刻本　四冊

310000－0242－0013477　　S 愚史 445
東甌張文忠公奏對稿十二卷　（明）張璁撰
（明）楊鶴選　明萬曆四十二年(1614)刻本
六冊

310000－0242－0013478　　S 愚史 446
馬端肅公奏議十四卷　（明）馬文昇撰　明嘉
靖二十六年(1547)刻本　六冊

310000－0242－0013479　　S 愚史 447
朱少師奏疏鈔八卷　（明）朱燮元撰　明刻本
六冊

310000－0242－0013480　　S 愚史 448
荊川先生右編四十卷　（明）唐順之編纂　明
萬曆三十三年(1605)南京國子監刻本　十六
冊

310000－0242－0013481　　S 愚史 449
右編補十卷　（明）姚文蔚編　明萬曆三十九
年(1611)刻本　五冊

310000－0242－0013482　　愚史 450
盧大司馬奏議七卷　（明）盧象昇撰　清道光
九年(1829)盧氏祠堂刻本　四冊

310000－0242－0013483　　S 愚史 451
古今表略四卷　（明）顧夢麟點次　明天啓刻
本　四冊

310000－0242－0013484　　愚史 452
凌忠介奏疏六卷　（明）凌義渠撰　清同治七
年(1868)山陰邵氏刻本　二冊

310000－0242－0013485　　S 愚史 453
張忠勤公奏疏啓稿二十卷　（清）張存仁撰
清康熙五十四年(1715)刻本　六冊

310000－0242－0013486　　愚史 454
孟忠毅公奏疏二卷附碑銘墓誌行述　（清）孟

喬芳撰　清道光二十一年(1841)刻本　三冊

310000－0242－0013487　愚史455

龔端毅公奏議八卷附疏一卷政譜一卷　(清)龔鼎孳撰　清光緒九年(1883)龔氏家族刻本　五冊

310000－0242－0013488　S愚史456

西臺奏議二卷　(清)蕭震撰　清康熙八年(1669)刻本　二冊

310000－0242－0013489　S愚史457

李文襄公奏議十卷附年譜一卷　(清)李之芳撰　(清)李鍾麟編次　清康熙二十六年(1687)刻本　六冊

310000－0242－0013490　S愚史459

靳文襄公奏議八卷　(清)靳輔撰　清康熙刻本　四冊

310000－0242－0013491　愚史460

李侍御奏稿不分卷　(清)李時謙撰　清道光六年(1826)刻本　四冊

310000－0242－0013492　S愚史461

兩江疏草二十卷附檄草四卷　(清)董訥撰　清康熙二十八年(1689)平原董氏刻本　十六冊

310000－0242－0013493　愚史462

撫黔奏疏八卷　(清)楊雍建撰　清道光二十五年(1845)楊氏家族刻本　八冊

310000－0242－0013494　S愚史463

中山奏議四卷　(清)郝浴撰　清康熙刻本　二冊

310000－0242－0013495　愚史464

孫文定奏疏十二卷　(清)孫嘉淦撰　清嘉慶七年(1802)刻本　十三冊

310000－0242－0013496　愚史465

慕中丞疏稿十六卷　(清)慕天顏撰　清道光四年(1824)補刻本　十一冊

310000－0242－0013497　愚史466

張公奏議二十四卷　(清)張鵬翮撰　清嘉慶五年(1800)刻本　二十四冊

310000－0242－0013498　S愚史467

入告初編不分卷　(清)張惟赤撰　清順治十八年(1661)海鹽張氏刻本　四冊

310000－0242－0013499　愚史468

黎襄勤公奏議六卷　(清)黎世序撰　清道光七年(1827)刻本　六冊

310000－0242－0013500　愚史469

那文毅公奏議八十卷　(清)那彥成撰　清道光十四年(1834)刻本　四十八冊

310000－0242－0013501　愚史470

耐庵奏議存稿十二卷　(清)賀長齡撰　清光緒六年(1880)刻本　七冊

310000－0242－0013502　愚史471

吳宮保奏議六卷　(清)吳其濬撰　清光緒七年(1881)鉛印本　四冊

310000－0242－0013503　愚史472

西藏奏疏十卷附碑文　(清)孟保撰　清道光刻本　六冊

310000－0242－0013504　愚史473

陶文毅公奏疏七十六卷題本八卷　(清)陶澍撰　清道光八年(1828)刻本　四十六冊

310000－0242－0013505　愚史474

陶文毅公奏疏補遺十六卷　(清)陶澍撰　清同治二年(1863)廣東刻本　八冊

310000－0242－0013506　愚史475

林文忠公政書三十七卷　(清)林則徐撰　清末林氏家族刻本　十冊

310000－0242－0013507　愚史476

李文恭公奏議二十二卷附行述　(清)李星沅撰　清同治五年(1866)李氏刻本　十二冊

310000－0242－0013508　愚史477

駱文忠公奏議十六卷　(清)駱秉章撰　清光緒四年(1878)湖南刻本　十六冊

310000－0242－0013509　愚史478

駱文忠公奏稿十卷　(清)駱秉章撰　清光緒十八年(1892)左氏刻本　十冊

310000 – 0242 – 0013510　　愚史 479

呂文節公奏議二卷 （清）呂賢基撰　清末呂氏家族刻本　二冊

310000 – 0242 – 0013511　　愚史 480

胡文忠公政書十四卷 （清）胡林翼撰　清光緒二十五年(1899)湖南刻本　十六冊

310000 – 0242 – 0013512　　愚史 481

左恪靖伯奏稿三十八卷 （清）左宗棠撰　清同治七年(1868)刻本　三十八冊

310000 – 0242 – 0013513　　愚史 482

左恪靖伯奏稿初編三十八卷續編七十六卷三編六卷 （清）左宗棠撰　清同治七年(1868)羅氏刻本　四十八冊

310000 – 0242 – 0013514　　愚史 483

張大司馬奏稿四卷 （清）張亮基撰　清光緒十七年(1891)湖南刻本　四冊

310000 – 0242 – 0013515　　愚史 484

彭剛直公奏稿八卷 （清）彭玉麟撰　清光緒十七年(1891)鉛印本　四冊

310000 – 0242 – 0013516　　愚史 485

李肅毅伯奏議七卷 （清）李鴻章撰　清末石印本　十三冊

310000 – 0242 – 0013517　　愚史 486

李文忠公奏稿不分卷 （清）李鴻章撰　清末抄本　四十三冊

310000 – 0242 – 0013518　　愚史 487

武陟馬營壩奏稿七卷 （清）吳璥撰　清嘉慶二十五年(1820)抄本　七冊

310000 – 0242 – 0013519　　愚史 488

馬端敏公奏議八卷 （清）馬新貽撰　清光緒二十年(1894)刻本　八冊

310000 – 0242 – 0013520　　愚史 489

沈文肅公政書七卷 （清）沈葆楨撰　清光緒六年(1880)木活字印本　八冊

310000 – 0242 – 0013521　　愚史 490

劉中丞奏議二十卷 （清）劉蓉撰　清光緒十一年(1885)刻本　十冊

310000 – 0242 – 0013522　　愚史 491

王侍郎奏議十一卷 （清）王茂蔭撰　清光緒十三年(1887)易氏刻本　四冊

310000 – 0242 – 0013523　　愚史 492

丁中丞撫吳公牘五十卷 （清）丁日昌撰　清光緒三年(1877)林氏鉛印本　六冊

310000 – 0242 – 0013524　　愚史 493

錢敏肅公奏疏七卷 （清）錢鼎銘撰　清光緒六年(1880)刻本　四冊

310000 – 0242 – 0013525　　愚史 494

劉果敏公奏稿八卷 （清）劉典撰　清刻本　八冊

310000 – 0242 – 0013526　　愚史 495

卞制軍奏議十二卷 （清）卞寶第撰　清光緒二十年(1894)卞氏刻本　十二冊

310000 – 0242 – 0013527　　愚史 496

曾惠敏公奏疏六卷 （清）曾紀澤撰　清光緒十九年(1893)江南製造局鉛印本　三冊

310000 – 0242 – 0013528　　愚史 497

張靖達公奏疏八卷 （清）張樹聲撰　清光緒二十五年(1899)刻本　四冊

310000 – 0242 – 0013529　　S 愚史 498

郵傳部奏議類編不分卷 （清）郵傳部編　清光緒三十四年(1908)刻本　六冊

310000 – 0242 – 0013530　　愚史 499

楊黃門奏疏不分卷 （清）楊雍建撰　清康熙二年(1663)刻本　六冊

310000 – 0242 – 0013531　　愚史 500

洪文襄公奏對二卷 （清）洪承疇撰　清光緒十六年(1890)刻本　一冊

310000 – 0242 – 0013532　　愚史 501

饒崧生先生摺譜不分卷 （清）饒旬宣撰　清光緒十六年(1890)刻本　一冊

310000 – 0242 – 0013533　　愚史 502

皇清奏議不分卷 （清）琴川居士編　清抄本　六十三冊

310000－0242－0013534　　愚史503

皇清奏議不分卷　（清）琴川居士編　清抄本
　六十八冊

310000－0242－0013535　　愚史504

孔子編年五卷　（宋）胡仔撰　清嘉慶二十三
年(1818)刻本　二冊

310000－0242－0013536　　愚史505

聖賢像贊不分卷　（明）呂維祺撰　清光緒四
年(1878)曲阜刻本　四冊

310000－0242－0013537　S 愚史506

聖門志六卷　（明）樊維城撰　明天啓四年
(1624)刻本　五冊

310000－0242－0013538　S 愚史507

闕里志二十四卷　（明）陳鎬撰　明刻本　十
冊

310000－0242－0013539　S 愚史509

三遷志十二卷　（明）史鶚撰　清康熙六十一
年(1722)孟氏刻本　四冊

310000－0242－0013540　　愚史510

闕里文獻考一百卷末一卷　（清）孔繼汾述
清光緒十七年(1891)湘陰李氏刻本　十二冊

310000－0242－0013541　S 愚史511

杏壇聖蹟三卷圖一卷　（清）孔衍栻編　清康
熙二十五年(1686)曲阜刻本　四冊

310000－0242－0013542　　愚史512

闕里述聞十四卷　（清）鄭曉如撰　清同治七
年(1868)廣東刻本　八冊

310000－0242－0013543　S 愚史513

聖師年譜不分卷　（清）楊方晃編　清乾隆二
年(1737)刻本　五冊

310000－0242－0013544　　愚史514

孔子年譜輯注一卷攷辨隨筆二卷　（清）黃定
宜撰　清道光二十七年(1847)刻本　三冊

310000－0242－0013545　S 愚史515

至聖編年世紀二十四卷　（清）李灼輯　清乾
隆十六年(1751)刻本　十冊

310000－0242－0013546　　愚史516

弟子列傳考一卷　（清）鄭環撰　清嘉慶八年
(1803)刻本　三冊

310000－0242－0013547　　愚史517

宗聖志二十卷　（清）王定安輯　清光緒十六
年(1890)刻本　八冊

310000－0242－0013548　　愚史518

至聖譜攷不分卷　（清）徐慎安撰　清光緒三
年(1877)木活字印本　一冊

310000－0242－0013549　　愚史519

聖蹟圖不分卷　（清）孔憲蘭編　清同治十三
年(1874)刻本　一冊

310000－0242－0013550　　愚史520

文廟賢儒景行錄六卷　（清）邊鳴珂編　清光
緒十一年(1885)順天府學刻本　六冊

310000－0242－0013551　　愚史521

孔孟聖蹟一卷崇聖祠攷一卷大成殿四配十二
哲攷一卷兩廡先賢先儒攷二卷　（□）□□撰
　清抄本　四冊

310000－0242－0013552　S 愚史522

晏子春秋七卷附晏子春秋音義二卷　（春秋）
晏嬰　（清）孫星衍撰　清乾隆五十三年
(1788)刻本　四冊

310000－0242－0013553　S 愚史523

宋忠獻韓魏王君臣相遇傳十卷別錄一卷遺事
一卷　（明）鄭鄤評點　明刻本　二冊

310000－0242－0013554　S 愚史524

金佗粹編二十卷續編八卷　（宋）岳珂編　清
乾隆四年(1739)刻本　八冊

310000－0242－0013555　S 愚史525

魏鄭公諫續錄二卷　（元）翟思忠撰　清乾隆
刻本　一冊

310000－0242－0013556　　愚史526

懷古錄三卷　（元）謝應芳編　清光緒六年
(1880)刻本　一冊

310000－0242－0013557　　愚史527

思賢錄四卷續錄二卷　（元）謝應芳編　清道

光二十九年(1849)刻本　二册

310000－0242－0013558　S 愚史 528

殷太師忠烈錄十卷　(明)曹安輯　明萬曆二十八年(1600)刻本　四册

310000－0242－0013559　愚史 529

蘇米志林三卷　(明)毛晉輯　清抄本　四册

310000－0242－0013560　S 愚史 530

關聖陵廟紀略四卷續一卷　(清)魏勷輯　清康熙四十九年(1710)刻本　四册

310000－0242－0013561　愚史 531

漢關侯事蹟彙編八卷附錄四卷　(清)萬之蘅　(清)吳寶謨輯　清嘉慶十一年(1806)刻本　四册

310000－0242－0013562　S 愚史 532

文昌通紀八卷　(清)周廣業撰　清乾隆四十三年(1778)參和堂刻本　二册

310000－0242－0013563　愚史 533

文帝全書三十二卷附錄四卷　(清)劉體恕編　清光緒二年(1876)常郡文昌閣刻本　十八册

310000－0242－0013564　愚史 534

武帝彙編四卷　(清)劉體恕編　清光緒刻本　二册

310000－0242－0013565　S 愚史 535

忠武志八卷　(清)張鵬翮輯　清康熙四十五年(1706)刻本　八册

310000－0242－0013566　愚史 536

忠義集八卷　(清)周之冕輯　清光緒三年(1877)刻本　四册

310000－0242－0013567　愚史 537

天后志二卷　(清)林清標編　清道光二十三年(1843)林氏刻本　二册

310000－0242－0013568　愚史 538

先儒趙子言行錄二卷　(清)陳廷鈞纂　清同治九年(1870)湖北崇文書局刻本　一册

310000－0242－0013569　愚史 539

李文恭公行述一卷　(清)李星沅撰　清湖南李氏家族刻本　一册

310000－0242－0013570　愚史 541

歷代升祔理學錄六卷　(清)劉振邦輯　清同治五年(1866)刻本　五册

310000－0242－0013571　愚史 542

明賢蒙正錄二卷　(清)彭定求纂　清同治九年(1870)彭氏刻本　一册

310000－0242－0013572　愚史 543

先德錄一卷　(清)楊翰撰　清光緒二年(1876)刻本　一册

310000－0242－0013573　愚史 544

鄭康成[玄]年譜一卷　(清)侯登岸編　清道光十八年(1838)刻本　一册

310000－0242－0013574　愚史 546

韓[愈]柳[宗元]年譜二卷韓文類譜七卷　(宋)魏仲舉　(宋)文安禮編　清光緒元年(1875)金陵隸釋齋刻本　一册

310000－0242－0013575　愚史 547

朱子[熹]年譜一卷　(清)鄭士範編　清光緒六年(1880)刻本　一册

310000－0242－0013576　愚史 548

朱子[熹]年譜四卷考異四卷附錄二卷　(清)王懋竑編　清同治九年(1870)刻本　四册

310000－0242－0013577　愚史 550

鄺忠肅公遺錄二卷　(清)姚明燦編　清光緒五年(1879)刻本　一册

310000－0242－0013578　愚史 551

歸震川先生[有光]年譜一卷　(清)孫岱編　清光緒六年(1880)刻本　一册

310000－0242－0013579　愚史 552

王肅公年譜　(明)王衡編　清光緒十九年(1893)太倉王氏刻本　二册

310000－0242－0013580　愚史 553

戚少保[繼光]年譜十二卷　(明)戚祚國編　清光緒四年(1878)刻本　十二册

310000－0242－0013581　　愚史554

黃忠端公[道周]年譜二卷世德傳贊一卷
(清)黃炳垕輯　清光緒元年(1875)刻本　二冊

310000－0242－0013582　　愚史555

鹿忠節公[善繼]年譜二卷　(清)陳鉉編　清尋樂堂刻本　二冊

310000－0242－0013583　　愚史556

衍慶錄二卷　(清)愛必達纂　清乾隆十一年(1746)刻本　二冊

310000－0242－0013584　　愚史557

王船山[夫之]年譜一卷　(清)王之春編　清光緒十八年(1892)清泉王氏刻本　二冊

310000－0242－0013585　　愚史558

顧亭林[炎武]年譜一卷　(清)吳映奎輯　清光緒四年(1878)刻本　一冊

310000－0242－0013586　　愚史559

顧亭林[炎武]年譜一卷　(清)苗夔編　清道光二十四年(1844)祁氏刻本　一冊

310000－0242－0013587　　愚史560

閻百詩[若璩]年譜一卷　(清)張穆編　清道光二十七年(1847)祁氏刻本　一冊

310000－0242－0013588　　愚史561

黃梨洲先生[宗羲]年譜二卷　(清)黃炳垕編　清光緒元年(1875)刻本　一冊

310000－0242－0013589　　愚史562

朱柏廬先生編年毋欺錄三卷　(清)朱用純編　清光緒六年(1880)刻本　三冊

310000－0242－0013590　　愚史563

裘蔗村[璉]年譜一卷　(清)裘姚崇編　清道光木活字印本　一冊

310000－0242－0013591　　愚史564

鄭寒村[梁]年譜一卷　(清)鄭梁編　清嘉慶二十三年(1818)刻本　一冊

310000－0242－0013592　　愚史565

陸稼書[隴其]年譜定本二卷附錄一卷　(清)吳光西編　清光緒八年(1882)刻本　三冊

310000－0242－0013593　　愚史566

澄懷主人自訂年譜六卷　(清)張廷玉撰　清光緒六年(1880)刻本　二冊

310000－0242－0013594　　愚史567

濂溪志七卷　(清)周惇撰　清道光十七年(1837)周氏家族刻本　四冊

310000－0242－0013595　　愚史568

于襄勤公[成龍]年譜二卷　(清)宋犖編　清道光十八年(1838)于氏刻本　二冊

310000－0242－0013596　　愚史569

錢文端公[陳羣]年譜三卷　(清)錢儀吉編　清光緒十年(1884)刻本　三冊

310000－0242－0013597　　愚史570

阿文成公[桂]年譜三十二卷　(清)那彥成編　清嘉慶十八年(1813)章佳氏刻本　三十二冊

310000－0242－0013598　　愚史571

德壯果公[楞泰]年譜三十二卷　(清)花沙納編　清咸豐七年(1857)刻本　三十二冊

310000－0242－0013599　　愚史572

露桐先生[李殿圖]年譜四卷續編二卷　(清)錢景星編　清刻本　六冊

310000－0242－0013600　　愚史573

雷塘盦主弟子記八卷　(清)張鑑撰　清道光張氏刻本　二冊

310000－0242－0013601　　愚史574

繩枻齋[蔣攸銛]年譜二卷　(清)蔣霨遠注　清道光十五年(1835)蔣氏刻本　二冊

310000－0242－0013602　　愚史575

盧文肅公[蔭溥]年譜一卷　(清)盧蔭溥編　清道光十九年(1839)盧氏刻本　一冊

310000－0242－0013603　　愚史576

病榻夢痕錄二卷餘錄一卷　(清)汪輝祖撰　清同治十一年(1872)刻本　三冊

310000－0242－0013604　　愚史577

楊蓉裳先生[芳燦]年譜一卷　(清)楊芳燦編　清光緒十三年(1887)木活字印本　一冊

310000－0242－0013605　愚史 578

黃蕘圃先生[丕烈]年譜二卷　（清）江標編
清光緒二十三年(1897)江氏刻本　二冊

310000－0242－0013606　愚史 579

頤壽老人[錢寶琛]年譜二卷　（清）錢寶琛編
　清同治八年(1869)錢氏刻本　一冊

310000－0242－0013607　愚史 580

徐恭勤公[澤醇]年譜四卷　（清）徐澤醇編
清咸豐九年(1859)徐氏刻本　四冊

310000－0242－0013608　愚史 581

還讀我書室老人手訂年譜二卷　（清）董恂編
　清光緒十八年(1892)董氏刻本　二冊

310000－0242－0013609　愚史 582

羅壯勇公[思舉]年譜二卷　（清）羅思舉編
清末振綺堂刻本　二冊

310000－0242－0013610　愚史 583

羅壯節公表忠錄四卷附名宦錄一卷　（清）羅
遵殿撰　清光緒元年(1875)羅氏刻本　二冊

310000－0242－0013611　愚史 584

裕東巖尚書[泰]年譜不分卷　（清）裕泰編
清同治九年(1870)刻本　二冊

310000－0242－0013612　愚史 585

駱文忠公[秉章]年譜不分卷　（清）駱秉章編
　清末成都刻本　二冊

310000－0242－0013613　愚史 586

求闕齋弟子記三十二卷　（清）王定安撰　清
光緒二年(1876)刻本　十六冊

310000－0242－0013614　愚史 587

李閣學政續錄一卷　（清）李金鏞撰　清光緒
二十六年(1900)刻本　一冊

310000－0242－0013615　愚史 588

潘文勤公[祖年]年譜一卷　（清）潘祖年撰
清光緒潘氏刻本　一冊

310000－0242－0013616　愚史 589

王蘭史自訂年譜一卷　（清）王錫九編　清同
治六年(1867)山陰王氏刻本　一冊

310000－0242－0013617　愚史 590

歷代名人年譜十卷　（清）吳光榮輯　清光緒
元年(1875)刻本　五冊

310000－0242－0013618　S愚史 591

四朝七賢年譜七卷　（清）楊希閔編　清後期
楊希閔稿本　七冊

310000－0242－0013619　S愚史 593

古列女傳七卷續傳一卷附考證　（漢）劉向撰
　清嘉慶元年(1796)刻本　二冊

310000－0242－0013620　S愚史 594

列女傳十六卷　（漢）劉向撰　（明）汪道昆輯
（明）仇英繪圖　明萬曆汪氏刻本　八冊

310000－0242－0013621　愚史 595

列女傳補注八卷附敘錄一卷校正一卷　（清）
王照圓撰　清嘉慶十七年(1812)刻本　四冊

310000－0242－0013622　愚史 596

列女傳校注八卷　（清）梁端撰　清光緒十七
年(1891)劉氏刻本　四冊

310000－0242－0013623　愚史 597

高士傳一卷　（晉）皇甫謐　（三國魏）王粲撰
　清咸豐八年(1858)蕭山王氏刻本　一冊

310000－0242－0013624　愚史 598

聖賢群輔錄一卷　（晉）陶潛撰　清同治元年
(1862)葉氏書塾刻本　一冊

310000－0242－0013625　愚史 600

名臣言行錄前集十卷後集十四卷續集八卷別
集二十六卷外集十七卷　（宋）朱熹　（宋）李
幼武撰　清光緒十四年(1888)傳經堂刻本
十二冊

310000－0242－0013626　愚史 601

浦陽人物記二卷　（明）宋濂撰　清同治八年
(1869)退補齋刻本　一冊

310000－0242－0013627　S愚史 602

弇州史料前集三十卷　（明）王世貞撰　明刻
本　八冊

310000－0242－0013628　愚史 603

閨範圖說四卷　（明）呂坤撰　清寧陵呂氏刻

本　十冊

310000－0242－0013629　S 愚史 604

焦太史編輯國朝獻徵錄一百二十卷　（明）焦竑撰　明萬曆四十四年(1616)刻本　一百二十冊

310000－0242－0013630　S 愚史 605

新刊官板批評正百將傳十卷　（宋）張預集　（明）趙光裕評　續百將傳四卷　（明）何喬新撰　（明）趙光裕評　明刻本　七冊

310000－0242－0013631　S 愚史 606

安危注四卷　（明）吳甡輯　清初刻本　四冊

310000－0242－0013632　S 愚史 607

歷代守令傳二十四卷　（明）袁一驥撰　明萬曆三十四年(1606)刻本　六冊

310000－0242－0013633　S 愚史 608

國朝名世類苑四十六卷　（明）凌迪知輯　明萬曆凌氏刻本　二十冊

310000－0242－0013634　愚史 609

楚寶四十卷外篇五卷　（明）周聖楷輯　清道光九年(1829)刻本　二十六冊

310000－0242－0013635　愚史 611

草莽私乘一卷　（明）陶宗儀撰　清光緒十五年(1889)新陽趙氏刻本　一冊

310000－0242－0013636　愚史 612

宗室王公世職章京爵秩襲次全表十卷　（清）牟其汶編　清光緒三十二年(1906)石印本　十冊

310000－0242－0013637　S 愚史 613

欽定外藩蒙古回部王公表傳一百二十卷　(清)□□纂　清刻本　八冊

310000－0242－0013638　S 愚史 614

欽定續纂外藩蒙古回部王公表傳二十四卷　(清)□□纂　清道光十六年(1836)刻本　六冊

310000－0242－0013639　S 愚史 615

續纂外藩蒙古回部王公表傳四十八卷　（清）□□纂　清刻本　二冊

310000－0242－0013640　S 愚史 616

欽定續纂外藩蒙古回部王公表十二卷傳十二卷　（清）□□纂　清刻本　四冊

310000－0242－0013641　S 愚史 617

欽定續纂外藩蒙古回部王公表傳十二卷　(清)□□纂　清刻本　八冊

310000－0242－0013642　S 愚史 618

欽定宗室王公功績表傳十二卷　（清）□□撰　清乾隆四十一年(1776)武英殿刻本　七冊

310000－0242－0013643　S 愚史 619

恩封宗室王公表不分卷　（清）永瑢等撰　清乾隆刻本　二冊

310000－0242－0013644　S 愚史 620

欽定勝朝殉節諸臣錄十二卷　（清）□□撰　清嘉慶二年(1797)刻本　四冊　缺二卷(十一至十二)

310000－0242－0013645　S 愚史 621

孝順事實十卷　（明）成祖朱棣撰　清乾隆、嘉慶北京武英殿刻本　四冊

310000－0242－0013646　愚史 622

貳臣傳十二卷　（清）□□編　清抄本　十二冊

310000－0242－0013647　愚史 623

貳臣傳八卷　（清）□□編　清刻本　八冊

310000－0242－0013648　愚史 624

逆臣傳四卷　（清）□□編　清抄本　四冊

310000－0242－0013649　S 愚史 625

滿漢名臣傳八十卷　（清）□□撰　清古香書屋抄本　一百二十冊

310000－0242－0013650　愚史 626

國朝滿漢名臣傳八十卷　（清）□□撰　清刻本　八十冊

310000－0242－0013651　S 愚史 627

滿名臣傳十二卷　（清）□□撰　清抄本　二十三冊

310000－0242－0013652　愚史 628

宋元學案一百卷 （清）黃宗羲撰 清光緒五年(1879)湖南刻本 四十冊

310000－0242－0013653 S愚史629

續表忠記八卷 （清）趙吉士 （清）盧宜輯 清康熙刻本 八冊

310000－0242－0013654 愚史630

雲間明末殉節諸臣紀略一卷附李公長倩傳一卷 （清）張應時等撰 清三昧樓刻本 一冊

310000－0242－0013655 愚史631

國史四傳七卷 （清）國史館編 清長沙王氏刻本 四冊

310000－0242－0013656 愚史632

元功垂範二卷 （清）尹源進撰 清刻本 二冊

310000－0242－0013657 S愚史633

五藩檮乘二卷 （清）巫峽逸人撰 清抄本 二冊

310000－0242－0013658 愚史634

己未詞科錄十二卷 （清）秦瀛輯 清光緒十四年(1888)無錫秦氏鉛印本 六冊

310000－0242－0013659 愚史635

鶴徵錄八卷 （清）李集輯 清嘉慶十六年(1811)漾葭老屋刻本 二冊

310000－0242－0013660 愚史636

鶴徵後錄十二卷 （清）李富孫輯 清嘉慶十六年(1811)漾葭老屋刻本 四冊

310000－0242－0013661 S愚史637

東林列傳二十四卷末二卷 （清）陳鼎編 清康熙五十年(1711)鐵肩書屋刻本 五冊

310000－0242－0013662 愚史638

自靖錄攷略八卷外編一卷 （清）高承埏撰 清咸豐八年(1858)刻本 六冊

310000－0242－0013663 S愚史639

扶風世澤錄四卷 （清）馬世濟等輯 清康熙刻本 四冊

310000－0242－0013664 愚史640

敬修堂同學諸子出處偶記一卷 （清）□□撰 清抄本 一冊

310000－0242－0013665 愚史641

學統五十六卷 （清）熊賜履撰 清光緒崇文書局刻本 十六冊

310000－0242－0013666 S愚史642

金華徵獻略二十卷 （清）王崇炳撰 清雍正十年(1732)刻本 八冊

310000－0242－0013667 S愚史643

博爾濟吉特氏支派源流攷略二卷 （清）羅密撰 （清）博清額續纂 清抄本 一冊

310000－0242－0013668 愚史644

史外三十二卷 （清）汪有典撰 清光緒三年(1877)刻本 八冊

310000－0242－0013669 愚史645

詞科掌錄十七卷餘話七卷 （清）杭世駿輯 清乾隆道古堂刻本 十二冊

310000－0242－0013670 愚史646

甬上族望表二卷 （清）全祖望撰 清嘉慶十九年(1814)刻本 一冊

310000－0242－0013671 愚史647

歷代名媛圖說二卷 （清）□□編 清光緒五年(1879)上海點石齋石印本 二冊

310000－0242－0013672 愚史648

桑梓潛德錄四卷 （清）張其榮主編 清嘉慶刻本 二冊

310000－0242－0013673 愚史649

桑梓潛德續錄六卷 （清）蔣熊昌纂 清光緒六年(1880)木活字印本 六冊

310000－0242－0013674 愚史650

疇人傳四十六卷續傳六卷 （清）阮元 （清）羅士琳撰 清光緒八年(1882)刻本 十四冊

310000－0242－0013675 S愚史651

歷代名臣言行錄二十四卷 （清）朱桓輯 清乾隆二十三年(1758)廣東刻本 二十四冊

310000－0242－0013676 S愚史652

雙節堂贈言集録二十八卷　（清）汪輝祖編
清乾隆四十年（1775）刻本　十二冊

310000－0242－0013677　愚史653

國朝漢學師承記八卷宋學淵源記二卷　（清）
江藩撰　清咸豐四年（1854）伍氏刻本　四冊

310000－0242－0013678　愚史654

廣列女傳二十卷　（清）劉開撰　清光緒十年
（1884）刻本　六冊

310000－0242－0013679　愚史655

豐南人事考不分卷　（清）吳威立撰　清康熙
刻本　二冊

310000－0242－0013680　愚史656

昭代名人尺牘小傳二十四卷　（清）吳修輯
清道光六年（1826）刻本　二冊

310000－0242－0013681　愚史657

校正錢氏補疑年録四卷　（清）錢椒撰　清光
緒六年（1880）吳興陸氏刻本　一冊

310000－0242－0013682　愚史658

從政觀法録三十卷　（清）朱方增撰　清道光
十年（1830）朱氏家族刻本　八冊

310000－0242－0013683　愚史659

文獻徵存録十卷　（清）錢林輯　清咸豐八年
（1858）有嘉樹軒刻本　十冊

310000－0242－0013684　愚史660

碑傳集一百六十四卷　（清）錢儀吉輯　清光
緒十九年（1893）江蘇書局刻本　六十冊

310000－0242－0013685　愚史661

毗陵科第考八卷　（清）趙充之撰　清同治七
年（1868）刻本　二冊

310000－0242－0013686　愚史662

登科記考二十六卷附考一卷別録三卷　（清）
徐松撰　清道光八年（1828）刻本　十五冊

310000－0242－0013687　愚史663

壬癸志稿二十八卷　（清）錢寶琛纂　清光緒
六年（1880）錢氏家族刻本　四冊

310000－0242－0013688　愚史664

歷代循良能吏列傳彙鈔二十卷　（清）喬用遷
輯　清道光二十四年（1844）刻本　四冊

310000－0242－0013689　愚史665

元祐黨人傳十卷　（清）陸心源編　清光緒十
五年（1889）吳興陸氏刻本　四冊

310000－0242－0013690　愚史666

三續疑年録十卷　（清）陸心源編　清光緒五
年（1879）吳興陸氏刻本　三冊

310000－0242－0013691　愚史667

國朝先正事略六十卷　（清）李元度撰　清光
緒湖南刻本　二十四冊

310000－0242－0013692　愚史668

國朝耆獻類徵初編七百二十卷　（清）李桓輯
清光緒湖南刻本　二百九十四冊

310000－0242－0013693　愚史669

讀史鏡古編三十二卷　（清）潘世恩輯　清同
治十三年（1874）刻本　六冊

310000－0242－0013694　愚史670

公侯鑒三卷　（清）柳營外史輯　清同治五年
（1866）蘇州得見齋刻本　一冊

310000－0242－0013695　愚史671

浙江忠義録十卷表九卷續表八卷續編三卷
（清）王景澄等輯　清同治、光緒間刻本　三
十二冊

310000－0242－0013696　愚史672

皇朝儒行所知録六卷　（清）范臺撰　清道光
二十八年（1848）三賢祠堂刻本　二冊

310000－0242－0013697　愚史673

昭忠録九十卷前編六卷　（清）丁日昌編　清
同治蘇州忠義局刻本　五十冊

310000－0242－0013698　愚史674

湘潭節孝志三卷賢淑志一卷附旌表總冊
（清）唐昭儉輯　清同治十三年（1874）刻本
四冊

310000－0242－0013699　愚史675

忠義紀聞續録十卷　（清）陳繼聰編　清光緒
十六年（1890）刻本　二冊

310000－0242－0013700　愚史 676

國朝名臣言行錄十六卷 （清）王炳爕撰　清光緒十一年(1885)津河廣仁堂刻本　六冊

310000－0242－0013701　愚史 677

湖南襃忠錄初藁五十七卷 （清）郭嵩燾撰　清同治十二年(1873)木活字印本　二十二冊

310000－0242－0013702　愚史 678

廣西昭忠錄八卷 （清）蘇鳳文輯　清光緒十五年(1889)刻本　三冊

310000－0242－0013703　愚史 679

永康胡氏七烈合傳一卷 （清）胡鳳丹編　清同治四年(1865)胡氏家族刻本　一冊

310000－0242－0013704　愚史 680

湘煙小錄不分卷 （清）陳裴之撰　清道光四年(1824)刻本　一冊

310000－0242－0013705　S 愚史 681

花甲閒談十六卷 （清）張維屏著　（清）葉夢草繪圖　清道光十九年(1839)番禺張氏刻本　四冊

310000－0242－0013706　愚史 682

經史通譜不分卷 （明）楊豫孫著　明末刻本　二冊

310000－0242－0013707　愚史 683

國朝兩浙科名錄不分卷 （清）黃安綏輯　清咸豐七年(1857)刻本　二冊

310000－0242－0013708　愚史 684

宦遊紀略六卷續一卷 （清）桂超萬撰　清光緒七年(1881)刻本　四冊

310000－0242－0013709　愚史 685

忠孝錄不分卷 （清）王庭楨輯　清同治七年(1868)刻本　二冊

310000－0242－0013710　愚史 686

慎詒堂先世錄不分卷附宗譜摘抄 （清）李正榮纂　清光緒五年(1879)刻本　二冊

310000－0242－0013711　愚史 687

尹洞麓堂家譜義例三卷 （清）尹繼隆纂修　清同治六年(1867)暫留軒刻本　二冊

310000－0242－0013712　S 愚史 692

示我周行三卷 （清）鶴和堂輯　清康熙、乾隆間刻本　四冊

310000－0242－0013713　愚史 693

外家紀聞一卷天山客話一卷伊犁日記一卷 （清）洪亮吉撰　清光緒三年(1877)刻本　一冊

310000－0242－0013714　愚史 694

曾惠敏公使西日記二卷 （清）曾紀澤撰　清光緒十九年(1893)江南製造局刻本　一冊

310000－0242－0013715　愚史 695

請纓日記十卷 （清）唐景松撰　清光緒十九年(1893)刻本　四冊

310000－0242－0013716　愚史 696

日本中興先覺志二卷 （日本）岡本監輔撰　清光緒二十七年(1901)刻本　二冊

310000－0242－0013717　S 愚史 698

三輔黃圖六卷補遺一卷 （清）畢沅編　清乾隆四十九年(1784)靈巖山館刻本　一冊

310000－0242－0013718　愚史 699

圓明園圖詠二卷 （清）高宗弘曆製　清光緒三年(1877)天津石印本　二冊

310000－0242－0013719　愚史 700

元和郡縣圖志四十卷 （唐）李吉甫撰　清嘉慶二年(1797)蘭陵孫氏刻本　四冊

310000－0242－0013720　愚史 701

元和郡縣圖志闕卷逸文三卷 繆荃孫輯　清光緒刻本　一冊

310000－0242－0013721　愚史 702

太平寰宇記一百九十二卷補闕八卷附紀元表一卷 （宋）樂史撰　清桂林陳氏刻本　四十冊

310000－0242－0013722　S 愚史 703

今古輿地圖三卷 （明）吳國輔撰　明崇禎刻本　三冊

310000－0242－0013723　愚史 704

元豐九域志十卷 （宋）王存等撰　清乾隆五

十三年(1788)德聚堂刻本　五冊

310000－0242－0013724　愚史705

輿地紀勝二百卷　(宋)王象之撰　清道光二
十九年(1849)江都岑氏刻本　五十冊

310000－0242－0013725　S愚史707

大明一統名勝志二百八卷　(明)曹學佺編
明崇禎三年(1630)刻本　四十冊

310000－0242－0013726　愚史708

增訂廣輿記二十四卷　(明)陸應陽原纂
(清)蔡方炳增輯　清嘉慶七年(1802)刻本
十六冊

310000－0242－0013727　S愚史709

目營小輯四卷　(明)陸化熙撰　明刻本　四
冊

310000－0242－0013728　愚史712

皇朝中外一統輿圖三十一卷　(清)胡林翼撰
清同治二年(1863)湖北撫署刻本　三十二
冊

310000－0242－0013729　愚史713

天下郡國利病書一百二十卷　(清)顧炎武輯
(清)龍萬育訂　清光緒五年(1879)桐華書
屋刻本　五十冊

310000－0242－0013730　愚史714

讀史方輿紀要一百三十卷附輿圖要覽四卷
(清)顧祖禹撰　清嘉慶十六年(1811)四川敷
文閣刻本　五十冊

310000－0242－0013731　愚史715

讀史方輿紀要一百三十卷　(清)顧祖禹撰
清職思堂抄本　一百二十冊

310000－0242－0013732　愚史716

柳庭輿地隅說三卷大地山河圖說一卷　(清)
孫蘭撰　清光緒十一年(1885)揚州刻本　二
冊

310000－0242－0013733　愚史717

一統志案說十六卷　(清)徐乾學輯　清道光
七年(1827)清芬閣鉛印本　四冊

310000－0242－0013734　愚史718

歷代地理沿革表四十七卷　(清)陳芳績撰
清道光十三年(1833)刻本　十二冊

310000－0242－0013735　愚史719

歷代疆域表三卷沿革表三卷　(清)段長基撰
清嘉慶二十二年(1817)小酉山房刻本　十
二冊

310000－0242－0013736　愚史720

歷代地理志韻編今釋二十卷皇朝輿地韻編二
卷歷代地理沿革圖一卷一統輿圖一卷紀元編
三卷　(清)李兆洛撰　清同治九年(1870)李
氏刻本　五冊

310000－0242－0013737　愚史721

歷代地理志韻編今釋二十卷皇朝輿地韻編二
卷歷代地理沿革圖一卷一統輿圖一卷紀元編
三卷　(清)李兆洛撰　清同治九年(1870)李
氏刻本　十二冊

310000－0242－0013738　愚史722

皇朝輿地略不分卷　(清)六承如編　清同治
二年(1863)南海馮氏刻本　二冊

310000－0242－0013739　愚史723

歷代輿地沿革圖校勘記不分卷　(清)□□撰
清光緒十四年(1888)毗陵惲氏刻本　二冊

310000－0242－0013740　愚史724

各省輿地全圖三十幅　(清)□□繪　清末刻
本　一冊

310000－0242－0013741　愚史725

輿地沿革表彙考四十卷　(清)楊丕復撰　清
光緒十四年(1888)刻本　二十四冊

310000－0242－0013742　愚史726

皇朝直省府廳州縣歌括一卷　(清)蔣升撰
清光緒二十四年(1898)木活字印本　一冊

310000－0242－0013743　愚史727

同治州縣釋名類編十卷　(清)李次山撰　清
同治四年(1865)湖南刻本　四冊

310000－0242－0013744　愚史728

新斠注地理志集釋十六卷　(清)錢坫著　清
乾隆四十三年(1778)會稽章氏刻本　八冊

310000－0242－0013745　　愚史729

職方圖不分卷　（清）□□繪　清刻本　六冊

310000－0242－0013746　　愚史730

直省輿圖二十六幅　（清）□□繪　清刻本
一冊

310000－0242－0013747　　愚史731

奉天輿圖三十一幅　（清）□□繪　清刻本
一冊

310000－0242－0013748　　愚史732

皇朝輿地圖不分卷　（清）□□繪　清湖北楊
氏刻本　一冊

310000－0242－0013749　　愚史733

大清一統輿圖不分卷　（清）□□繪　清同治
二年(1863)刻本　十六冊

310000－0242－0013750　　愚史734

分省輿地圖　（清）□□繪　清同治二年
(1863)湖北官書局刻本　二十五幅

310000－0242－0013751　　愚史735

直隸山東河南三省黃河會圖　（清）倪文蔚編
修　清光緒十六年(1890)上海鴻文書局石印
本　五冊

310000－0242－0013752　　愚史736

皇輿全圖一卷　（清）鄒伯奇繪　清同治十三
年(1874)廣東鄒伯奇刻本　一冊

310000－0242－0013753　　愚史737

歷代輿地沿革險要圖　楊守敬等撰　清光緒
五年(1879)東湖饒氏刻本　一冊

310000－0242－0013754　　愚史746

齊乘六卷考證六卷　（元）于欽纂　清乾隆四
十六年(1781)刻本　四冊

310000－0242－0013755　　S愚史747

欽定滿洲源流考二十卷　（清）阿桂等撰　清
乾隆刻本　八冊

310000－0242－0013756　　愚史750

畿輔輿圖不分卷附畿輔五大河減河引河考一
卷畿輔河圖併說一卷　（清）□□繪　清同治
十一年(1872)刻本　八冊

310000－0242－0013757　　愚史751

畿輔輿圖不分卷　（清）□□繪　清同治十一
年(1872)刻本　六冊

310000－0242－0013758　　愚史752

畿輔全圖疆域海防圖說二種　（清）□□繪
清同治十一年(1872)刻本　十二冊

310000－0242－0013759　　愚史773

浙江輿圖不分卷　（清）宗源瀚纂修　清光緒
二十年(1894)石印本　十八冊

310000－0242－0013760　　愚史775

江西全省輿圖十四卷首一卷　（清）曾國藩纂
修　清同治七年(1868)刻本　十五冊

310000－0242－0013761　　愚史777

湖北圖說二十四卷　（清）□□撰　清光緒二
十年(1894)刻本　二十四冊

310000－0242－0013762　　愚史778

湖北省輿圖不分卷　（清）□□製　清末石印
本　四冊

310000－0242－0013763　　愚史784

廣東輿圖二十三卷圖說九十二卷　（清）毛鴻
賓撰　清同治五年(1866)刻本　二十一冊

310000－0242－0013764　　愚史785

廣東輿地全圖　張人駿撰　清光緒二十三年
(1897)石印本　二冊

310000－0242－0013765　　愚史792

歷代帝王宅京記二十卷　（清）顧炎武撰　清
嘉慶十三年(1808)刻本　四冊

310000－0242－0013766　　愚史1045

臺灣輿圖不分卷　（清）□□繪　清光緒五年
(1879)刻本　二冊

310000－0242－0013767　　愚史1060

烏程長興二邑溇港圖說　（清）梁恭辰校　清
道光刻本　一冊

310000－0242－0013768　　愚史1073

定海圖說一卷　（清）□□撰　清抄本　一冊

310000－0242－0013769　　S愚史1278

水經注四十卷　（漢）桑欽撰　（北魏）酈道元
注　明刻本　十冊

310000－0242－0013770　愚史1279
戴氏水經注四十卷　（清）戴震撰　清乾隆微
波榭刻本　六冊

310000－0242－0013771　S愚史1280
水經注釋四十卷附錄二卷刊誤十二卷　（清）
趙一清撰　清乾隆五十九年(1794)小山堂刻
本　十二冊

310000－0242－0013772　愚史1281
全氏七校水經注四十卷補遺一卷附錄二卷
（清）全祖望撰　清光緒十四年(1888)寧波刻
本　十二冊

310000－0242－0013773　愚史1282
水經釋地八卷　（清）孔繼涵撰　清乾隆微波
榭刻本　二冊

310000－0242－0013774　愚史1283
水經注圖一卷附錄一卷　（清）汪士鐸撰　清
咸豐十一年(1861)湖北刻本　一冊

310000－0242－0013775　愚史1284
水經注匯校四十卷　（清）楊希閔撰　清光緒
七年(1881)福州刻本　十二冊

310000－0242－0013776　S愚史1285
河防志十二卷　（清）張鵬翮撰　清雍正三年
(1725)刻本　十二冊

310000－0242－0013777　S愚史1286
河防一覽十四卷　（明）潘季馴撰　清乾隆十
三年(1748)刻本　十冊

310000－0242－0013778　S愚史1287
通惠河源流圖議一卷　（明）張兆元撰　明萬
曆三十年(1602)刻本　一冊

310000－0242－0013779　S愚史1288
泉河史十五卷　（明）胡瓚撰　明萬曆二十六
年(1598)刻本　四冊

310000－0242－0013780　S愚史1289
吳中水利全書二十八卷　（明）張國維纂　明
崇禎十一年(1638)刻本　十六冊

310000－0242－0013781　S愚史1290
欽定河源紀略三十五卷首一卷　（清）紀昀等
撰　清乾隆北京武英殿刻本　八冊

310000－0242－0013782　愚史1291
治河方略十卷　（清）靳輔撰　清嘉慶十七年
(1812)刻本　八冊

310000－0242－0013783　S愚史1292
行水金鑑一百七十五卷　（清）傅澤洪撰　清
雍正三年(1725)淮揚官舍刻本　三十六冊

310000－0242－0013784　S愚史1293
水道提綱二十八卷　（清）齊召南撰　清乾隆
二十六年(1761)刻本　八冊

310000－0242－0013785　S愚史1294
居濟一得八卷　（清）張伯行撰　清康熙刻本
四冊

310000－0242－0013786　S愚史1295
豫東宣防錄八卷　（清）白鍾山撰　清乾隆五
年(1740)刻本　八冊

310000－0242－0013787　愚史1296
南河成案五十四卷續一百六卷　（清）□□編
清道光十四年(1834)刻本　九十六冊

310000－0242－0013788　愚史1297
太湖備考十六卷續編四卷　（清）金友理纂
（清）鄭言紹輯　清光緒二十九年(1903)刻本
十二冊

310000－0242－0013789　S愚史1299
三江水利紀略四卷　（清）蘇爾德撰　清乾隆
刻本　四冊

310000－0242－0013790　愚史1300
山東運河備覽十二卷　（清）姚立德撰　清乾
隆四十一年(1776)刻本　六冊

310000－0242－0013791　愚史1301
永定河志三十二卷附治河摘要一卷　（清）李
逢亨撰　清嘉慶刻本　十六冊

310000－0242－0013792　愚史1302
永定河續志十六卷　（清）朱其詔修　清光緒
八年(1882)刻本　十二冊

310000－0242－0013793　愚史1303

續行水金鑑一百五十六卷　（清）黎世序撰
清道光十二年(1832)刻本　八十冊

310000－0242－0013794　愚史1304

迴瀾紀要二卷安瀾紀要二卷　（清）徐端撰
清嘉慶十二年(1807)刻本　四冊

310000－0242－0013795　S愚史1305

浙江海塘新志六卷　（清）琅玕撰　清乾隆四
十九年(1784)刻本　六冊

310000－0242－0013796　愚史1307

東南水利略六卷　（清）凌介禧撰　清道光十
三年(1833)刻本　六冊

310000－0242－0013797　愚史1308

畿輔安瀾志五十六卷　（清）王履泰撰　清光
緒二十年(1894)刻本　三十冊

310000－0242－0013798　愚史1309

蜀水攷四卷　（清）陳登龍撰　清光緒五年
(1879)綿竹楊氏清泉精舍刻本　二冊

310000－0242－0013799　愚史1310

新辦海鹽塘工成案三卷　（清）汪仲洋撰　清
道光四年(1824)刻本　三冊

310000－0242－0013800　愚史1311

**畿輔水利議一卷附國史本傳一卷滇軺紀程一
卷荷戈紀程一卷政書一卷**　（清）林則徐撰
清光緒二年(1876)刻本　二冊

310000－0242－0013801　愚史1312

畿輔水利備覽十四卷　（清）唐鑑撰　清道光
十九年(1839)刻本　十二冊

310000－0242－0013802　愚史1313

畿輔水利四案六卷　（清）潘錫恩撰　清刻本
　六冊

310000－0242－0013803　愚史1314

浙西水利備攷不分卷　（清）帥承瀛撰　清道
光四年(1824)江聲帆影樓刻本　五冊

310000－0242－0013804　愚史1315

淮揚水利圖說一卷　（清）馮道立撰　清光緒
十九年(1893)西園刻本　一冊

310000－0242－0013805　愚史1316

揚州水道記四卷　（清）劉文淇撰　清同治十
一年(1872)揚州淮南官書局刻本　四冊

310000－0242－0013806　愚史1317

河防紀略四卷　（清）孫鼎臣撰　清咸豐八年
(1858)刻本　二冊

310000－0242－0013807　愚史1319

荊州萬城隄志十卷　（清）倪文蔚纂　清光緒
十一年(1885)刻本　六冊

310000－0242－0013808　愚史1320

萬城隄續志十卷　（清）舒惠撰　清光緒二十
年(1894)刻本　四冊

310000－0242－0013809　愚史1321

歷代黃河變遷圖考十卷　（清）劉鶚撰　清光
緒十九年(1893)袖海山房石印本　四冊

310000－0242－0013810　愚史1322

治河七說一卷　（清）劉鶚撰　清刻本　一冊

310000－0242－0013811　愚史1323

惠濟河輯說四卷　（清）王儒行撰　清同治九
年(1870)刻本　二冊

310000－0242－0013812　愚史1324

查辦南洲善後事宜四卷　（清）文燁撰　清光
緒十一年(1885)刻本　四冊

310000－0242－0013813　愚史1325

新清河策要一卷　（英國）仲均安撰　清光緒
十六年(1890)刻本　一冊

310000－0242－0013814　愚史1326

海甯石塘圖說一卷　（清）李輔耀撰　清光緒
七年(1881)刻本　一冊

310000－0242－0013815　愚史1327

續纂江蘇水利全案四十卷附編十二卷　（清）
李慶雲修　清光緒十六年(1890)刻本　二十
二冊

310000－0242－0013816　愚史1329

水道源流五卷　（清）胡宣慶撰　清光緒長沙
胡氏刻本　一冊

310000－0242－0013817　　愚史 1330
湖州府屬水道圖八卷附太湖圖一卷　（清）
□□撰　清光緒刻本　一冊

310000－0242－0013818　S 愚史 1331
籌海圖編十三卷　（明）胡宗憲撰　明天啓四
年(1624)刻本　八冊

310000－0242－0013819　　愚史 1332
海防圖論一卷附陣紀一卷　（明）胡宗憲撰
清長恩書室刻本　一冊

310000－0242－0013820　S 愚史 1333
江南經略八卷　（明）鄭若曾撰　清康熙三十
一年(1692)刻本　十冊

310000－0242－0013821　S 愚史 1334
海防纂要十三卷　（明）王在晉撰　明萬曆四
十一年(1613)刻本　七冊

310000－0242－0013822　　愚史 1335
瓊管山海圖說二卷　（明）顧可久撰　清光緒
十六年(1890)刻本　二冊

310000－0242－0013823　S 愚史 1336
皇明馭倭錄九卷附錄二卷　（明）王士騏撰
明萬曆刻本　六冊

310000－0242－0013824　　愚史 1337
西藏志三卷　（清）允禮纂修　清乾隆五十七
年(1792)刻本　二冊

310000－0242－0013825　　愚史 1338
衛藏通志十六卷　（清）松筠纂　清光緒二十
二年(1896)漸西村舍刻本　八冊

310000－0242－0013826　S 愚史 1339
晏海管見三卷　（清）趙鳴珂撰　清抄本　四
冊

310000－0242－0013827　S 愚史 1340
連陽八排風土記八卷　（清）李來章撰　清康
熙四十七年(1708)刻本　四冊

310000－0242－0013828　　愚史 1341
使琉球雜錄五卷　（清）汪楫撰　清康熙二十
三年(1684)刻本　二冊

310000－0242－0013829　　愚史 1342
皇朝藩部要略十八卷表四卷　（清）祁韻士撰
清道光二十六年(1846)刻本　八冊

310000－0242－0013830　　愚史 1343
西陲要略四卷　（清）祁韻士輯　清光緒四年
(1878)同文館鉛印本　二冊

310000－0242－0013831　　愚史 1344
回疆事略四卷　（清）和寧編　清抄本　六冊

310000－0242－0013832　　愚史 1345
寧古塔紀略一卷　（清）吳桭臣撰　清漸西村
舍刻本　一冊

310000－0242－0013833　S 愚史 1346
**綏服紀略一卷西藏圖說一卷西招圖略一卷路
程一卷西招紀行詩一卷秋閱吟一卷**　（清）松
筠撰　清乾隆六十年(1795)刻本　二冊

310000－0242－0013834　　愚史 1347
澳門記略二卷　（清）印光任撰　清光緒六年
(1880)刻本　二冊

310000－0242－0013835　　愚史 1348
四塞紀略賦不分卷　（清）文守元撰　清嘉慶
十一年(1806)刻本　四冊

310000－0242－0013836　　愚史 1349
三省邊防備覽十四卷　（清）嚴如熤撰　清道
光二年(1822)湖南刻本　六冊

310000－0242－0013837　　愚史 1350
苗防備覽二十二卷　（清）嚴如熤撰　清嘉慶
二十五年(1820)刻本　八冊

310000－0242－0013838　　愚史 1351
洋防輯要二十四卷　（清）嚴如熤撰　清嘉慶
二十五年(1820)刻本　十二冊

310000－0242－0013839　S 愚史 1352
使琉球記六卷　（清）李鼎元撰　清嘉慶七年
(1802)師竹齋刻本　二冊

310000－0242－0013840　　愚史 1353
黑龍江外記八卷　（清）西清撰　清光緒二十
年(1894)漸西村舍刻本　二冊

310000 – 0242 – 0013841　愚史 1354

[光緒]吉林外記十卷　（清）薩英額撰　清光緒二十一年(1895)漸西村舍刻本　四冊

310000 – 0242 – 0013842　愚史 1355

廣東海防彙覽四十二卷　（清）盧坤撰　清道光八年(1828)刻本　二十四冊

310000 – 0242 – 0013843　愚史 1356

籌海初集四卷　（清）關天培撰　清道光十六年(1836)刻本　四冊

310000 – 0242 – 0013844　愚史 1357

蒙古遊牧記十六卷　（清）張穆撰　清同治六年(1867)壽陽祁氏刻本　四冊

310000 – 0242 – 0013845　愚史 1358

瀛環志略十卷　（清）徐繼畬撰　清同治五年(1866)刻本　六冊

310000 – 0242 – 0013846　S 愚史 1359

海國圖志六十卷　（清）魏源撰　清道光二十九年(1849)刻本　二十四冊

310000 – 0242 – 0013847　愚史 1360

海國圖志一百卷　（清）魏源撰　清道光二十九年(1849)刻本　二十四冊

310000 – 0242 – 0013848　愚史 1361

朔方備乘八十一卷　（清）何秋濤撰　清保定官局刻本　二十四冊

310000 – 0242 – 0013849　愚史 1362

漢西域圖考七卷　（清）李光廷撰　清同治九年(1870)刻本　四冊

310000 – 0242 – 0013850　愚史 1363

湖南苗防屯政攷十五卷　（清）但湘良撰　清光緒九年(1883)但氏刻本　十六冊

310000 – 0242 – 0013851　愚史 1364

海防節要一卷　（清）施在鈺撰　清光緒十年(1884)廣州刻本　一冊

310000 – 0242 – 0013852　愚史 1365

秦隴回務紀略八卷　（清）余澍疇撰　清光緒六年(1880)刻本　二冊

310000 – 0242 – 0013853　愚史 1366

浙東籌防錄四卷　（清）薛福成撰　清光緒十三年(1887)刻本　四冊

310000 – 0242 – 0013854　愚史 1367

探路記十五卷　（法國）晃西士加尼撰　清光緒十年(1884)鉛印本　十五冊

310000 – 0242 – 0013855　愚史 1368

啟東錄六卷　（清）林壽圖撰　清光緒五年(1879)刻本　二冊

310000 – 0242 – 0013856　愚史 1369

西藏圖考八卷　（清）黃沛翹編　清光緒十二年(1886)刻本　四冊

310000 – 0242 – 0013857　愚史 1370

國朝柔遠記二十卷　（清）彭玉麟定　（清）王之春編　清光緒十七年(1891)廣雅書局刻本　六冊

310000 – 0242 – 0013858　愚史 1371

俄游彙編十二卷　（清）繆祐孫輯　清光緒十五年(1889)上海秀文書局石印本　四冊

310000 – 0242 – 0013859　愚史 1372

邊事彙鈔十二卷續鈔八卷　（清）朱克敬撰　清光緒十六年(1890)湖南刻本　十冊

310000 – 0242 – 0013860　愚史 1373

出使美日秘國日記十六卷　（清）崔國因撰　清光緒二十年(1894)刻本　十一冊

310000 – 0242 – 0013861　愚史 1374

防海新論十八卷　（英國）傅蘭雅譯　清同治十二年(1873)江南製造局刻本　六冊

310000 – 0242 – 0013862　愚史 1375

航海簡法四卷　（英國）那麗撰　清光緒江南製造局刻本　一冊

310000 – 0242 – 0013863　愚史 1376

廣東海圖說一卷　（清）張之洞撰　清光緒十五年(1889)廣雅書局刻本　一冊

310000 – 0242 – 0013864　愚史 1377

長江礮臺芻議一卷　姚錫光撰　清刻本　一冊

310000 – 0242 – 0013865　　愚史 1378

防海紀略二卷　（清）王之春撰　清光緒六年(1880)上洋文藝齋刻本　二冊

310000 – 0242 – 0013866　　愚史 1379

越事備攷十二卷　劉名譽輯　清光緒二十一年(1895)刻本　六冊

310000 – 0242 – 0013867　　愚史 1380

東省與韓俄交界道路表一卷　（清）聶士成撰　清末石印本　一冊

310000 – 0242 – 0013868　　愚史 1381

黑龍江述略六卷　（清）徐宗亮撰　清光緒十七年(1891)徐氏觀自得齋刻本　二冊

310000 – 0242 – 0013869　　S 愚史 1382

塔爾巴哈爾臺圖說一卷附邊境情形　（□）□□撰　清光緒四年(1878)抄本　一冊

310000 – 0242 – 0013870　　愚史 1384

南嶽總勝集三卷　（宋）陳田夫撰　清嘉慶七年(1802)刻本　二冊

310000 – 0242 – 0013871　　S 愚史 1385

岱史十七卷　（明）查志隆撰　明萬曆十五年(1587)刻本　六冊

310000 – 0242 – 0013872　　S 愚史 1386

惠山古今攷十卷附錄三卷　（明）談脩撰　明刻本　六冊

310000 – 0242 – 0013873　　S 愚史 1387

阿育王山志十卷阿育王山志續六卷　（明）郭子章撰　明刻本　六冊

310000 – 0242 – 0013874　　愚史 1388

慧山記四卷續記三卷　（明）邵寶撰　清同治七年(1868)刻本　六冊

310000 – 0242 – 0013875　　愚史 1389

錫山景物略十卷　（清）王永積輯　清光緒二十四年(1898)刻本　五冊

310000 – 0242 – 0013876　　S 愚史 1390

新鐫海內奇觀十卷　（明）楊爾曾撰　明萬曆三十七年(1609)刻本　十二冊

310000 – 0242 – 0013877　　S 愚史 1391

欽定清涼山志二十二卷　（清）□□纂　清乾隆二十年(1755)刻本　六冊

310000 – 0242 – 0013878　　S 愚史 1392

寶華山志十卷首一卷　（清）釋德基撰　清康熙二十九年(1690)刻本　五冊

310000 – 0242 – 0013879　　愚史 1393

重訂天台方外志要十二卷　（清）齊召南等纂　清嘉慶七年(1802)刻本　四冊

310000 – 0242 – 0013880　　S 愚史 1394

鼎湖山志八卷　（清）釋成鷲撰　清康熙五十六年(1717)刻本　四冊

310000 – 0242 – 0013881　　S 愚史 1395

具區志十六卷　（清）翁澍撰　清康熙二十八年(1689)刻本　四冊

310000 – 0242 – 0013882　　S 愚史 1396

天台山全志十八卷　（清）張聯元編　清康熙五十六年(1717)楚郢張氏刻本　四冊

310000 – 0242 – 0013883　　S 愚史 1397

峨眉山志十八卷　（清）蔣超撰　清康熙四十一年(1702)刻本　六冊

310000 – 0242 – 0013884　　S 愚史 1398

天台山方外志要十卷　（清）釋化霖編　（清）齊召南訂正　清乾隆三十二年(1767)天台方廣寺刻本　四冊

310000 – 0242 – 0013885　　S 愚史 1399

西湖志纂十五卷　（清）梁詩正撰　清乾隆二十年(1755)刻本　八冊

310000 – 0242 – 0013886　　S 愚史 1400

南嶽志八卷　（清）高自位編　（清）曠敏本纂　清乾隆十八年(1753)刻本　六冊

310000 – 0242 – 0013887　　愚史 1401

重修南嶽志二十六卷　（清）李元度撰　清光緒六年(1880)刻本　八冊

310000 – 0242 – 0013888　　S 愚史 1402

說嵩三十二卷　（清）景日昣撰　清康熙五十五年(1716)刻本　十冊

310000－0242－0013889　S 愚史 1403

嵩山志二十卷　（清）葉封等輯　清康熙十五年(1676)刻本　六冊

310000－0242－0013890　S 愚史 1404

九華山志十二卷　（清）喻成龍等編　清康熙二十九年(1690)李氏刻本　四冊

310000－0242－0013891　S 愚史 1405

黃山志定本七卷　（清）閔麟嗣撰　清康熙十八年(1679)刻本　七冊

310000－0242－0013892　愚史 1406

西湖志四十八卷　（清）李衛等修　清雍正九年(1731)刻本　二十冊

310000－0242－0013893　S 愚史 1407

武夷山志二十四卷　（清）董天工纂　清乾隆十六年(1751)刻本　十冊

310000－0242－0013894　愚史 1408

上方山志四卷　（清）釋自如撰　清光緒十八年(1892)鉛印本　二冊

310000－0242－0013895　S 愚史 1409

廣雁蕩山志二十八卷　（清）曾唯纂　清乾隆五十五年(1790)刻本　八冊

310000－0242－0013896　愚史 1410

洞庭湖志十四卷　（清）綦世基撰　清道光刻本　十冊

310000－0242－0013897　愚史 1411

西天目祖山志八卷　（明）釋廣賓纂輯　（清）釋際界增訂　清光緒二年(1876)刻本　四冊

310000－0242－0013898　S 愚史 1412

恒山志四卷圖一卷　（清）桂敬順撰　清嘉慶刻本　五冊

310000－0242－0013899　愚史 1413

京口山水志十八卷　（清）楊棨撰　清道光二十七年(1847)刻本　四冊

310000－0242－0013900　S 愚史 1414

廬山志十五卷　（清）毛德琦撰　清乾隆五十八年(1793)刻本　十六冊

310000－0242－0013901　愚史 1415

廬山小志二十四卷　（清）蔡瀛撰　清道光四年(1824)刻本　六冊

310000－0242－0013902　S 愚史 1416

九華紀勝二十一卷補遺二卷　（清）陳蔚撰　清道光元年(1821)刻本　四冊

310000－0242－0013903　愚史 1417

泰山志二十卷　（清）金棨纂　清嘉慶六年(1801)刻本　十冊

310000－0242－0013904　愚史 1418

岱覽三十二卷　（清）唐仲冕撰　清嘉慶十二年(1807)刻本　十六冊

310000－0242－0013905　愚史 1419

雲臺新志十八卷首一卷末一卷　（清）許喬林撰　清道光十六年(1836)刻本　六冊

310000－0242－0013906　愚史 1420

黃檗山寺志八卷　（清）釋性幽編　清道光十年(1830)刻本　三冊

310000－0242－0013907　愚史 1421

九疑山志四卷　（清）吳繩祖編　清嘉慶元年(1796)退思齋刻本　二冊

310000－0242－0013908　愚史 1422

普陀山志二十卷　（清）王鼎勳輯　清道光十二年(1832)刻本　四冊

310000－0242－0013909　愚史 1423

嶽麓志八卷　（清）趙甯撰　清咸豐十一年(1861)刻本　四冊

310000－0242－0013910　愚史 1424

嶽麓書院志四卷　（清）劉岳輯　清同治五年(1866)刻本　二冊

310000－0242－0013911　愚史 1425

桂林名山圖附芙蓉池館詩鈔　（清）羅辰撰　清道光十一年(1831)刻本　二冊

310000－0242－0013912　愚史 1426

華嶽志八卷　（清）李榕纂　清道光元年(1821)刻本　四冊

310000－0242－0013913　　愚史 1427

當陽玉泉志六卷　（清）釋亮山編　清光緒十一年(1885)刻本　四冊

310000－0242－0013914　　愚史 1428

麻姑山志十二卷　（清）黃家駒編　清同治五年(1866)刻本　六冊

310000－0242－0013915　　愚史 1429

桃花源志九卷靈巖洞志七卷黃石橋志六卷壺頭山志八卷　（清）曾昭寅編　清光緒二十一年(1895)刻本　四冊

310000－0242－0013916　　愚史 1430

石鐘山圖志十六卷　（清）李成謀輯　清光緒九年(1883)刻本　八冊

310000－0242－0013917　　愚史 1431

鸚鵡洲小志四卷　（清）胡鳳丹纂　清同治十三年(1874)退補齋刻本　二冊

310000－0242－0013918　　愚史 1432

大別山志十卷　（清）胡鳳丹纂　清同治十三年(1874)退補齋刻本　四冊

310000－0242－0013919　　愚史 1433

黃鵠山志十二卷　（清）胡鳳丹纂　清同治十三年(1874)退補齋刻本　六冊

310000－0242－0013920　　愚史 1434

馬嵬志十六卷　（清）胡鳳丹纂　清光緒三年(1877)刻本　六冊

310000－0242－0013921　　愚史 1435

莫愁湖志二卷　（清）醉吟館主人纂　清光緒十五年(1889)刻本　二冊

310000－0242－0013922　　愚史 1436

焦山志二十卷　（清）王豫撰　清道光三年(1823)刻本　六冊

310000－0242－0013923　　愚史 1437

洛陽伽藍記五卷　（北魏）楊衒之撰　**集證一卷**　（清）吳若準撰　清道光十四年(1834)刻本　一冊

310000－0242－0013924　　S 愚史 1438

吳地記一卷　（唐）陸廣微撰　明刻本　一冊

310000－0242－0013925　　愚史 1439

麻姑丹霞洞天志十七卷　（明）左宗郢撰　清嘉慶九年(1804)刻本　六冊

310000－0242－0013926　　S 愚史 1440

麻姑集六卷　（明）陳克昌輯　明嘉靖二十二年(1543)刻本　一冊

310000－0242－0013927　　S 愚史 1441

淨慈寺志十卷　（明）虞淳熙撰　明萬曆四十三年(1615)刻本　四冊

310000－0242－0013928　　S 愚史 1442

重修曹溪通志三卷　（明）釋德清撰　明萬曆廣東刻本　三冊

310000－0242－0013929　　S 愚史 1443

武林靈隱寺志八卷　（清）孫治初輯　（清）徐增重修　清康熙十一年(1672)刻本　二冊

310000－0242－0013930　　愚史 1444

吳疆域圖說三卷　（清）范本禮撰　清光緒十四年(1888)南菁書院刻本　一冊

310000－0242－0013931　　S 愚史 1445

南宋雜事詩七卷　（清）沈嘉轍撰　清乾隆刻本　四冊

310000－0242－0013932　　S 愚史 1446

二樓小志四卷　（清）程元愈編　清乾隆四十年(1775)寧陽胡氏刻本　四冊

310000－0242－0013933　　S 愚史 1447

二樓紀略四卷　（清）佟賦偉撰　清乾隆五十三年(1788)刻本　二冊

310000－0242－0013934　　S 愚史 1448

雲林寺志八卷　（清）厲鶚撰　清乾隆九年(1744)刻本　二冊

310000－0242－0013935　　S 愚史 1449

孔宅志八卷　（清）孫鉉撰　清康熙四十四年(1705)刻本　四冊

310000－0242－0013936　　S 愚史 1450

天童寺志十卷　（清）釋德介編　清康熙寧波天童寺刻本　六冊

310000 – 0242 – 0013937　愚史 1451

平山堂圖志十卷　（清）趙之璧撰　清光緒十四年(1888)上海同文書局石印本　四冊

310000 – 0242 – 0013938　S 愚史 1452

臥龍崗志二卷　（清）羅景撰　清康熙五十一年(1712)刻本　二冊

310000 – 0242 – 0013939　愚史 1453

靈谷禪林志十四卷　（清）甘熙纂　清道光二十年(1840)刻本　二冊

310000 – 0242 – 0013940　愚史 1454

岳廟志十卷附集八卷　（清）馮培輯　清嘉慶八年(1803)刻本　六冊

310000 – 0242 – 0013941　愚史 1455

忠武祠墓誌七卷　（清）李復心輯　清嘉慶八年(1803)刻本　四冊

310000 – 0242 – 0013942　愚史 1456

湄洲嶼志略四卷　（清）楊浚撰　清光緒十四年(1888)刻本　二冊

310000 – 0242 – 0013943　愚史 1457

忍草庵志四卷　（清）劉繼增撰　清光緒十七年(1891)錫山尤氏遂初堂木活字印本　一冊

310000 – 0242 – 0013944　愚史 1459

吳興記三卷　（南朝宋）山謙之撰　清光緒江陰繆氏刻本　一冊

310000 – 0242 – 0013945　愚史 1460

荊州記三卷　（南朝宋）盛弘之撰　曹元忠輯　清光緒十九年(1893)刻本　一冊

310000 – 0242 – 0013946　愚史 1462

清嘉錄十二卷　（明）顧祿撰　清道光十年(1830)刻本　四冊

310000 – 0242 – 0013947　S 愚史 1463

吳興掌故集十七卷　（明）徐獻忠撰　明萬曆四十三年(1615)刻本　四冊

310000 – 0242 – 0013948　S 愚史 1464

吳中故語一卷　（明）楊循吉撰　明刻本　一冊

310000 – 0242 – 0013949　S 愚史 1465

帝京景物略八卷　（明）劉侗撰　明刻本　四冊

310000 – 0242 – 0013950　S 愚史 1466

欽定日下舊聞攷一百六十卷　（清）于敏中等撰　清刻本　四十冊

310000 – 0242 – 0013951　愚史 1467

日下舊聞四十二卷　（清）朱彝尊撰　清六峯閣刻本　二十冊

310000 – 0242 – 0013952　愚史 1468

蜀故二十七卷　（清）彭遵泗撰　清光緒二年(1876)刻本　八冊

310000 – 0242 – 0013953　愚史 1469

滇雲歷年傳十二卷　（清）倪蛻撰　清道光二十六年(1846)刻本　十冊

310000 – 0242 – 0013954　愚史 1470

吳下方言考十二卷　（清）胡文英撰　清乾隆二十五年(1760)刻本　二冊

310000 – 0242 – 0013955　S 愚史 1471

滇南聞見錄二卷　（清）吳大勳撰　清乾隆四十七年(1782)刻本　一冊

310000 – 0242 – 0013956　愚史 1472

滇海虞衡志十三卷　（清）檀萃撰　清嘉慶九年(1804)刻本　二冊

310000 – 0242 – 0013957　愚史 1473

白鹿書院志十九卷　（清）毛德琦撰　清同治十年(1871)補刻本　八冊

310000 – 0242 – 0013958　S 愚史 1474

吳門補乘十卷　（清）錢思元撰　清乾隆三十八年(1773)刻本　五冊

310000 – 0242 – 0013959　愚史 1475

錦里新編十六卷　（清）張邦伸撰　清嘉慶五年(1800)刻本　五冊

310000 – 0242 – 0013960　愚史 1476

錫金識小錄十二卷　（清）黃印輯　清光緒二十二年(1896)刻本　六冊

310000 - 0242 - 0013961　S 愚史 1477

姑孰備考十卷　（清）夏之符撰　清康熙十二年(1673)刻本　四冊

310000 - 0242 - 0013962　愚史 1478

宸垣識略十六卷　（清）吳長元輯　清咸豐二年(1852)藻思堂刻本　八冊

310000 - 0242 - 0013963　愚史 1481

西藏賦一卷　（清）和寧撰　清嘉慶二年(1797)刻本　二冊

310000 - 0242 - 0013964　愚史 1482

新疆賦一卷附西域傳補注二卷　（清）徐松撰　清道光刻本　一冊

310000 - 0242 - 0013965　愚史 1483

廣陵通典十卷　（清）汪中撰　清同治八年(1869)揚州書局刻本　二冊

310000 - 0242 - 0013966　愚史 1484

廣陵事略七卷　（清）姚文田撰　清嘉慶十七年(1812)刻本　四冊

310000 - 0242 - 0013967　S 愚史 1485

龍井見聞錄十卷　（清）汪孟鋗撰　清乾隆二十七年(1762)刻本　三冊

310000 - 0242 - 0013968　愚史 1486

北隅掌錄二卷　（清）黃士珣撰　清道光二十五年(1845)錢塘汪氏振綺堂刻本　二冊

310000 - 0242 - 0013969　愚史 1487

山東考古錄一卷續山東考古錄三十二卷首一卷　（清）顧炎武　（清）葉圭綬撰　清光緒八年(1882)山東書局刻本　七冊

310000 - 0242 - 0013970　愚史 1488

江城舊事十六卷　（清）朱樂撰　清道光九年(1829)江西刻本　八冊

310000 - 0242 - 0013971　愚史 1489

黔史四卷　（清）猶法賢撰　清光緒十四年(1888)刻本　一冊

310000 - 0242 - 0013972　愚史 1490

黔記四卷　（清）李宗昉撰　清光緒十二年(1886)刻本　一冊

310000 - 0242 - 0013973　愚史 1491

黔南識略二十四卷　（清）愛必達撰　清道光二十七年(1847)刻本　四冊

310000 - 0242 - 0013974　愚史 1492

蜀典十二卷　（清）張澍撰　清嘉慶二十三年(1818)刻本　四冊

310000 - 0242 - 0013975　愚史 1494

東槎紀略五卷　（清）姚瑩撰　清道光十二年(1832)刻本　二冊

310000 - 0242 - 0013976　愚史 1495

甘棠小志四卷　（清）董醇撰　清咸豐五年(1855)刻本　四冊

310000 - 0242 - 0013977　愚史 1496

嶺南叢述六十卷　（清）鄧淳撰　清道光十五年(1835)刻本　十六冊

310000 - 0242 - 0013978　愚史 1497

羊城古鈔八卷　（清）仇池石輯　清嘉慶十一年(1806)刻本　五冊

310000 - 0242 - 0013979　愚史 1498

唐棲志二十卷　（清）王同纂修　清光緒十五年(1889)刻本　八冊

310000 - 0242 - 0013980　愚史 1499

三省山內風土雜識一卷　（清）嚴如熤撰　清長沙刻本　一冊

310000 - 0242 - 0013981　愚史 1501

鄉音正譌一卷　（清）張汝南撰　清光緒十二年(1886)刻本　一冊

310000 - 0242 - 0013982　愚史 1502

湖雅九卷　（清）汪曰楨撰　清光緒六年(1880)刻本　二冊

310000 - 0242 - 0013983　愚史 1503

湘城訪古錄十七卷　陳運溶撰　清光緒二十年(1894)刻本　六冊

310000 - 0242 - 0013984　愚史 1504

新化學田志十卷　（清）王政慈撰　清光緒二十二年(1896)刻本　六冊

310000－0242－0013985　　愚史1505

信江書院志十卷　（清）鍾世楨撰　清同治十
二年(1873)刻本　四冊

310000－0242－0013986　　愚史1506

嶽麓書院志五卷續志六卷　（清）丁善慶撰
清同治六年(1867)刻本(原缺嶽麓書院志卷
一)　六冊

310000－0242－0013987　　愚史1507

臺灣小志一卷　（清）虛白主人撰　清光緒十
年(1884)刻本　一冊

310000－0242－0013988　　愚史1508

東甌記略一卷嚴陵記略一卷桐溪記略一卷
（清）戴槃撰　清同治七年(1868)刻本　三冊

310000－0242－0013989　　愚史1510

游志續編一卷　（明）陶宗儀輯　清光緒十二
年(1886)新陽趙氏刻本　一冊

310000－0242－0013990　　S愚史1511

名山勝概記四十八卷圖一卷附錄一卷　（明）
何鏜撰　明刻本　七十三冊

310000－0242－0013991　　S愚史1512

徐霞客遊記不分卷　（明）徐弘祖撰　清楊名
寧抄本　十冊

310000－0242－0013992　　愚史1513

廣志繹五卷　（明）王士性撰　清嘉慶二十二
年(1817)臨海宋氏刻本　二冊

310000－0242－0013993　　S愚史1514

丙寅北行日記一卷　（明）朱文學撰　清康熙
刻本　一冊

310000－0242－0013994　　愚史1515

南游記一卷　（清）孫廷銓撰　清抄本　二冊

310000－0242－0013995　　愚史1516

蜀道驛程記　（清）王士禛撰　清刻本　一冊

310000－0242－0013996　　愚史1517

湖山便覽十二卷　（清）翟灝　翟瀚輯　清光
緒元年(1875)刻本　六冊

310000－0242－0013997　　愚史1518

蜀道紀游二卷　（清）李德淦撰　清嘉慶十三
年(1808)刻本　二冊

310000－0242－0013998　　愚史1519

蜀輶日記四卷　（清）陶澍撰　清道光四年
(1824)刻本　二冊

310000－0242－0013999　　愚史1520

**甲午北行日記一卷丙申南還日記二卷癸卯北
行一卷乙巳南還一卷**　（清）楊廷桂撰　清同
治六年(1867)刻本　三冊

310000－0242－0014000　　愚史1521

度隴記四卷　（清）董醇撰　清咸豐元年
(1851)刻本　四冊

310000－0242－0014001　　愚史1522

東西陵祗謁筆記二卷　（清）董恂撰　清同治
二年(1863)刻本　二冊

310000－0242－0014002　　愚史1523

滬游雜記四卷　（清）葛元煦撰　清光緒二年
(1876)葛氏刻本　四冊

310000－0242－0014003　　愚史1524

瀋陽紀程一卷　（清）都興阿撰　清同治六年
(1867)刻本　一冊

310000－0242－0014004　　愚史1525

乘槎筆記一卷　（清）斌椿纂　清刻本　一冊

310000－0242－0014005　　愚史1526

隨軺遊記四卷　吳宗濂撰　清時務報館石印
本　一冊

310000－0242－0014006　　愚史1527

魯歸紀程一卷　（清）沈嘉澍撰　清光緒十七
年(1891)刻本　一冊

310000－0242－0014007　　愚史1528

浙志便覽十卷　（清）李應珏撰　清光緒二十
二年(1896)刻本　四冊

310000－0242－0014008　　愚史1529

雲程萬里一卷　（清）麻崇煊撰　清同治九年
(1870)淵雅堂刻本　一冊

310000－0242－0014009　　愚史1536

海國見聞錄二卷　（清）馬俊良撰　清乾隆五十八年(1793)刻本　四冊

310000－0242－0014010　愚史1537
西湖紀述一卷臥游圖題跋一卷八社詩帖一卷　（明）袁宏道撰　清光緒七年(1881)錢唐丁氏刻本　一冊

310000－0242－0014011　愚史1538
佛國記一卷　（宋）釋法顯撰　明刻本　一冊

310000－0242－0014012　愚史1539
海語三卷　（明）黃衷撰　清道光元年(1821)吳蘭修刻本　一冊

310000－0242－0014013　愚史1540
東西洋考十二卷　（明）張燮撰　清光緒二十二年(1896)刻本　四冊

310000－0242－0014014　愚史1541
職方外紀五卷　（意大利）艾儒略撰　清抄本　一冊

310000－0242－0014015　S愚史1542
四譯館考十卷　（清）江蘩撰　清康熙三十四年(1695)刻本　四冊

310000－0242－0014016　S愚史1543
中山傳信錄六卷　（清）徐葆光撰　清康熙六十年(1721)刻本　三冊

310000－0242－0014017　愚史1544
列國歲計政要十二卷　（英國）麥丁富得力編纂　清光緒元年(1875)江南製造局刻本　六冊

310000－0242－0014018　愚史1545
萬國總說二卷　（日本）岡本監輔撰　清光緒十年(1884)敦懷書屋刻本　二冊

310000－0242－0014019　愚史1546
萬國史記二十卷　（日本）岡本監輔撰　清光緒申報館鉛印本　十冊

310000－0242－0014020　愚史1547
萬國通鑑四卷圖一卷　（美國）謝衛樓撰　清光緒八年(1882)刻本　六冊

310000－0242－0014021　愚史1549
四述奇十六卷　張德彝撰　清光緒九年(1883)同文館鉛印本　十六冊

310000－0242－0014022　愚史1550
外國師船圖表十二卷　（清）許景澄撰　清光緒十四年(1888)上海蜚英館石印本　四冊

310000－0242－0014023　愚史1551
日本沿海圖　姚文棟撰　清光緒十一年(1885)影印本　二冊

310000－0242－0014024　愚史1552
談瀛錄三卷附圖　（清）王之春撰　清光緒六年(1880)刻本　二冊

310000－0242－0014025　愚史1553
公法會通十卷　（美國）丁韙良譯　清光緒六年(1880)鉛印本　五冊

310000－0242－0014026　愚史1554
海道圖說十五卷附一卷　（英國）金約翰撰　清刻本　十冊

310000－0242－0014027　愚史1555
西國近事彙編三十六卷　（美國）金楷理譯　清刻本　三十六冊

310000－0242－0014028　愚史1558
東方交涉記十二卷　（英國）麥高爾撰　清刻本　二冊

310000－0242－0014029　愚史1559
日本圖經三十卷　（清）傅雲龍撰　清光緒十五年(1889)刻本　十六冊

310000－0242－0014030　愚史1560
日本國食貨志六卷　（清）黃遵憲撰　清寫本　一冊

310000－0242－0014031　愚史1562
歐游雜錄二卷　（清）徐建寅撰　清光緒刻本　二冊

310000－0242－0014032　愚史1563
環遊地球新錄四卷　（清）李圭撰　清光緒四年(1878)刻本　四冊

310000－0242－0014033　愚史 1564

大英國志八卷　（英國）慕維廉撰　清光緒七年(1881)刻本　二冊

310000－0242－0014034　愚史 1565

策鰲雜摭八卷　（清）葉慶頤撰　清光緒十五年(1889)刻本　四冊

310000－0242－0014035　愚史 1566

亞洲北段地圖　（清）鄒代鈞撰　清末石印本　十一冊

310000－0242－0014036　愚史 1567

國地異名錄不分卷　（清）林謙撰　清同治十年(1871)刻本　一冊

310000－0242－0014037　愚史 1568

五洲屬國紀略四卷　（清）沈林一輯　清光緒二十四年(1898)錫山沈氏練青軒鉛印本　一冊

310000－0242－0014038　愚史 1569

德國合盟紀事本末一卷附議院章程　（清）徐建寅撰　清光緒刻本　二冊

310000－0242－0014039　愚史 1570

中俄界約斠注七卷　錢恂撰　清光緒二十年(1894)刻本　二冊

310000－0242－0014040　愚史 1571

四裔編年表四卷　（美國）林樂知譯　清江南機器製造局刻本　四冊

310000－0242－0014041　愚史 1572

道西齋日記二卷　王詠霓撰　清光緒十八年(1892)上海鴻寶齋石印本　一冊

310000－0242－0014042　愚史 1573

籌鄂龜鑑七卷附俄事新書二卷　（清）陳俠君撰　清光緒二十二年(1896)賜書堂石印本　八冊

310000－0242－0014043　愚史 1574

俄史輯譯四卷　（清）徐景羅譯　清光緒十四年(1888)益智書會刻本　四冊

310000－0242－0014044　愚史 1575

重訂法國志略二十四卷　（清）王韜撰　清光緒十六年(1890)鉛印本　十冊

310000－0242－0014045　愚史 1576

普法戰紀二十卷　（清）張宗良口譯　（清）王韜撰輯　清光緒十二年(1886)弢園王氏木活字印本　十冊

310000－0242－0014046　愚史 1604

歷代職官表六卷　（清）黃本驥撰　清光緒二十四年(1898)柏經正堂刻本　四冊

310000－0242－0014047　愚史 1605

詞林典故六十四卷　（清）朱珪撰　清光緒十三年(1887)刻本　三十四冊

310000－0242－0014048　S 愚史 1606

南臺舊聞十六卷　（清）黃叔璥撰　清康熙六十一年(1722)刻本　六冊

310000－0242－0014049　愚史 1608

槐廳載筆二十卷　（清）法式善撰　清嘉慶四年(1799)刻本　四冊

310000－0242－0014050　愚史 1609

清祕述聞十六卷　（清）法式善撰　清嘉慶四年(1799)刻本　四冊

310000－0242－0014051　愚史 1610

清祕述聞續八卷　（清）王家相撰　清道光元年(1821)刻本　四冊

310000－0242－0014052　愚史 1611

清祕述聞續十六卷附補一卷　（清）法式善撰　清光緒十三年(1887)刻本　四冊

310000－0242－0014053　愚史 1612

春曹題名不分卷　（清）延茂撰　清光緒三年(1877)刻本　二冊

310000－0242－0014054　愚史 1613

翰詹源流編年二卷　（清）吳鼎雯撰　清乾隆五十八年(1793)刻本　二冊

310000－0242－0014055　愚史 1614

館選爵里諡法考四卷　（清）吳鼎雯撰　清刻本　二冊

310000－0242－0014056　愚史 1615

國子監志八十二卷　(清)李宗昉等纂　清刻本　三十二冊

310000－0242－0014057　愚史1616

樞垣紀略二十八卷　(清)梁章鉅纂　(清)朱智等續纂　清光緒元年(1875)木活字印本　六冊

310000－0242－0014058　愚史1617

國朝全蜀貢舉備考九卷　(清)趙增榮撰　清光緒九年(1883)刻本　四冊

310000－0242－0014059　愚史1619

俸米指掌不分卷　(清)□□撰　清刻本　一冊

310000－0242－0014060　愚史1621

三事忠告四卷　(元)張養浩撰　清貸園刻本　一冊

310000－0242－0014061　S愚史1622

仕學全書三十五卷　(明)魯論撰　清乾隆十一年(1746)刻本　六冊

310000－0242－0014062　S愚史1624

御製人臣儆心錄一卷　(清)世祖福臨撰　清順治十二年(1655)刻本　一冊

310000－0242－0014063　愚史1625

三合吏治輯要不分卷　(清)高鶚撰　清刻本　二冊

310000－0242－0014064　愚史1626

司牧寶鑑一卷墾室錄感一卷蟄庭三義傳一卷潛確錄一卷歷年紀略一卷　(清)李顒撰　清康熙三十六年(1697)錫山倪氏刻本　五冊

310000－0242－0014065　愚史1627

福惠全書三十二卷　(清)黃六鴻撰　清抄本　十冊

310000－0242－0014066　愚史1628

學治一得編一卷　(清)何耿繩撰　清光緒六年(1880)刻本　一冊

310000－0242－0014067　愚史1629

從政遺規二卷　(清)陳宏謀輯　清刻本　二冊

310000－0242－0014068　愚史1630

在官法戒錄四卷　(清)陳宏謀撰　清同治七年(1868)湖北崇文書局刻本　二冊

310000－0242－0014069　愚史1631

學治臆說二卷續說一卷說贅一卷　(清)汪輝祖撰　清同治七年(1868)湖北書局刻本　二冊

310000－0242－0014070　愚史1632

雙節堂庸訓六卷　(清)汪輝祖撰　清同治七年(1868)湖北崇文書局刻本　二冊

310000－0242－0014071　愚史1633

佐治藥言一卷續一卷　(清)汪輝祖撰　清同治七年(1868)湖北崇文書局刻本　一冊

310000－0242－0014072　愚史1634

牧令書輯要十卷　(清)徐棟撰　清同治八年(1869)湖北崇文書局刻本　十冊

310000－0242－0014073　愚史1635

牧令書輯要十卷　(清)徐棟撰　清同治七年(1868)江蘇書局刻本　十冊

310000－0242－0014074　愚史1636

保甲書輯要四卷　(清)徐棟撰　清同治七年(1868)江蘇書局刻本　一冊

310000－0242－0014075　愚史1637

牧民忠告二卷　(元)張養浩撰　清同治七年(1868)姑蘇書局刻本　一冊

310000－0242－0014076　愚史1638

全史吏鑑十卷　(清)張祥雲輯　清嘉慶八年(1803)刻本　四冊

310000－0242－0014077　愚史1639

劉簾舫遺書五種不分卷　(清)劉衡撰　清咸豐元年(1851)兩淮都轉運署刻本　二冊

310000－0242－0014078　愚史1640

庸吏庸言三卷　(清)劉衡撰　清同治七年(1868)湖北崇文書局刻本　二冊

310000－0242－0014079　愚史1641

劉簾舫先生吏治三書六卷　(清)劉衡撰　清同治七年(1868)江蘇書局刻本　一冊

310000－0242－0014080　　愚史 1642

讀律心得二卷蜀僚問答二卷附手鏡一卷勸諭
牧令文一卷　　（清）劉衡撰　　清同治七年
（1868）湖北崇文書局刻本　　一冊

310000－0242－0014081　　愚史 1643

平平言四卷　　（清）方大湜撰　　清光緒十六年
（1890）鄂藩署鉛印本　　四冊

310000－0242－0014082　　愚史 1644

圖民錄四卷　　（清）袁守定撰　　清同治十一年
（1872）江西官書局刻本　　二冊

310000－0242－0014083　　愚史 1645

實政錄七卷　　（明）呂坤撰　　清同治七年
（1868）湖北崇文書局刻本　　六冊

310000－0242－0014084　　S 愚史 1646

晉政輯要八卷　　（清）鄭源璹輯　　清乾隆十八
年（1753）刻本　　八冊

310000－0242－0014085　　愚史 1647

西江政略四卷　　（清）楊朝麟撰　　清抄本　　四
冊

310000－0242－0014086　　愚史 1648

治浙成規三卷　　（清）□□輯　　清嘉慶八年
（1803）刻本　　三冊

310000－0242－0014087　　愚史 1649

欽頒州縣事宜一卷　　（清）田文鏡編　　清同治
七年（1868）江蘇書局刻本　　一冊

310000－0242－0014088　　愚史 1650

外吏規型正稿八卷續稿十六卷　　（清）裕謙撰
　　清光緒二年（1876）勉益齋刻本　　二十四冊

310000－0242－0014089　　愚史 1651

晉政輯要四十卷　　（清）剛毅撰　　清光緒十三
年（1887）刻本　　三十二冊

310000－0242－0014090　　S 愚史 1652

閩政領要三卷　　（清）□□撰　　清乾隆刻本
二冊

310000－0242－0014091　　愚史 1653

居官日省錄六卷　　（清）覺羅烏爾通阿撰　　清
光緒七年（1881）刻本　　六冊

310000－0242－0014092　　愚史 1654

冒氏公牘不分卷　　（清）冒沅　　冒澄撰　　清光
緒五年（1879）粵東刻本　　十冊

310000－0242－0014093　　愚史 1655

公餘手存十六卷　　（清）李揚華撰　　清同治十
三年（1874）瀞紅山館刻本　　四冊

310000－0242－0014094　　愚史 1656

入幕須知五種不分卷　　（清）張廷驤撰　　清光
緒十年（1884）吉林元和張氏刻本　　六冊

310000－0242－0014095　　愚史 1657

官幕同舟錄三卷　　（清）費山壽撰　　清光緒十
二年（1886）三省書屋刻本　　四冊

310000－0242－0014096　　愚史 1658

學仕錄十六卷　　（清）戴肇辰輯　　清同治六年
（1867）粵東刻本　　八冊

310000－0242－0014097　　愚史 1659

宦游紀略二卷　　（清）嚴錫康撰　　清光緒九年
（1883）刻本　　二冊

310000－0242－0014098　　愚史 1660

漢官舊儀二卷補遺一卷　　（漢）衛宏撰　　清乾
隆三十八年（1773）武英殿木活字印本　　一冊

310000－0242－0014099　　愚史 1661

大唐開元禮一百五十卷　　（唐）蕭嵩等撰　　清
光緒十二年（1886）公善堂刻本　　十六冊

310000－0242－0014100　　S 愚史 1662

孔廟禮樂攷六卷初稿一卷　　（明）瞿九思撰
明萬曆三十五年（1607）刻本　　四冊

310000－0242－0014101　　S 愚史 1663

南巡盛典一百二十卷　　（清）高晉等編　　清乾
隆刻本　　四十八冊

310000－0242－0014102　　S 愚史 1664

西巡盛典二十四卷　　（清）董誥等纂修　　清嘉
慶十七年（1812）武英殿木活字印本　　十二冊

310000－0242－0014103　　S 愚史 1665

續修大清通禮五十四卷　　（清）穆克登額等修
　　清武英殿刻本　　十六冊

310000－0242－0014104　　愚史 1666

大清通禮品官士庶人喪禮傳二卷　（清）劉人
熙撰　清光緒十一年(1885)刻本　二冊

310000－0242－0014105　　愚史 1667

國朝謚法考一卷　（清）王士禛撰　清康熙刻
本　一冊

310000－0242－0014106　　愚史 1668

欽定臺規四十二卷　（清）延煦等纂　清光緒
十六年(1890)刻本　二十四冊

310000－0242－0014107　　S 愚史 1669

**內務府慶典成案一卷禮部慶典成案二卷工部
慶典成案一卷**　（清）內務府輯　清乾隆刻本
五冊

310000－0242－0014108　　S 愚史 1670

欽定祭祀條例六卷　（清）允祿等撰　清刻本
四冊

310000－0242－0014109　　愚史 1671

學政全書八十六卷　（清）童璜纂修　清嘉慶
十五年(1810)刻本　二十三冊

310000－0242－0014110　　愚史 1672

欽定科場條例六十卷　（清）禮部纂修　清光
緒十三年(1887)浙江官書局刻本　四十冊

310000－0242－0014111　　愚史 1673

續增科場條例不分卷　（清）禮部纂修　清光
緒二十三年(1897)刻本　六冊

310000－0242－0014112　　愚史 1674

欽定武場條例十六卷　（清）額勒和布纂　清
光緒十八年(1892)兵部木活字印本　八冊

310000－0242－0014113　　愚史 1675

明貢舉攷略二卷國朝貢舉攷略三卷　（清）黃
崇蘭撰　清道光二十四年(1844)刻本　四冊

310000－0242－0014114　　愚史 1676

歷代帝王年表　（清）齊召南撰　清道光四年
(1824)小琅嬛僊館刻本　四冊

310000－0242－0014115　　愚史 1677

歷代紀元建號不分卷　（□）□□輯　清抄本
一冊

310000－0242－0014116　　S 愚史 1678

歷代紀元部表二卷　（清）江永撰　清乾隆二
十年(1755)刻本　一冊

310000－0242－0014117　　S 愚史 1679

歷代帝系年號考二十卷　（清）劉宗魏撰　清
乾隆二十八年(1763)春山堂刻本　四冊

310000－0242－0014118　　愚史 1680

紀元編三卷　（清）李兆洛撰　清同治十年
(1871)李氏刻本　二冊

310000－0242－0014119　　愚史 1681

皇朝謚法攷五卷補編一卷續補一卷　（清）鮑
康撰　清同治三年(1864)刻本　二冊

310000－0242－0014120　　S 愚史 1682

壇廟祀典三卷　（清）方觀承撰　清乾隆二十
三年(1758)刻本　三冊

310000－0242－0014121　　愚史 1683

滿洲祭祀典禮四卷四禮集一卷　（清）索甯安
撰　清嘉慶元年(1796)刻本　二冊

310000－0242－0014122　　愚史 1684

聖廟祀典圖攷五卷附錄一卷　（清）顧沅輯
清道光六年(1826)刻本　十二冊

310000－0242－0014123　　愚史 1685

皇朝祭器樂舞錄二卷附宗祀合編一卷　（清）
徐暢達撰　清同治十年(1871)崇文書局刻本
三冊

310000－0242－0014124　　愚史 1686

聖門禮樂志二卷　（清）孔慶輔撰　清光緒元
年(1875)曲阜刻本　二冊

310000－0242－0014125　　愚史 1687

文廟祀典考五十卷　（清）龐鍾璐撰　清光緒
五年(1879)刻本　十冊

310000－0242－0014126　　愚史 1688

直省釋奠禮樂記六卷　（清）王之春撰　清光
緒十七年(1891)廣東藩署刻本　四冊

310000－0242－0014127　　愚史 1689

文廟丁祭譜十卷　（清）藍鍾瑞撰　清同治七
年(1868)醴陵尊經閣刻本　八冊

310000 – 0242 – 0014128　　愚史 1690

文廟思源錄考不分卷　（清)麻兆慶撰　清光
緒二十年(1894)燕平書院刻本　二冊

310000 – 0242 – 0014129　S 愚史 1691

琉球入學聞見錄四卷　（清)潘相撰　清乾隆
二十九年(1764)刻本　四冊

310000 – 0242 – 0014130　　愚史 1692

光緒大婚禮節一卷　（清)□□編　清光緒十
五年(1889)鉛印本　一冊

310000 – 0242 – 0014131　　愚史 1693

恩赦條款四卷　（清)刑部纂修　清光緒十五
年(1889)刻本　二冊

310000 – 0242 – 0014132　　愚史 1694

合肥相國賜壽圖不分卷　（清)□□編　清光
緒石印本　五冊　缺首冊

310000 – 0242 – 0014133　　愚史 1695

國朝貢舉攷略三卷　（清)陳國霖　（清)顧錫
中編　清光緒十四年(1888)石印本　二冊

310000 – 0242 – 0014134　　愚史 1696

滿漢文考試題不分卷　（清)□□編　清刻本
二冊

310000 – 0242 – 0014135　S 愚史 1698

通典二百卷　（唐)杜佑撰　清武英殿刻本
四十冊

310000 – 0242 – 0014136　　愚史 1699

通典二百卷　（唐）杜佑撰　清同治十年
(1871)學海堂刻本　四十冊

310000 – 0242 – 0014137　　愚史 1700

唐會要一百卷　（宋)王溥撰　清乾隆三十九
年(1774)武英殿木活字印本　二十四冊

310000 – 0242 – 0014138　　愚史 1701

五代會要三十卷　（宋)王溥撰　清道光十一
年(1831)木活字印本　六冊

310000 – 0242 – 0014139　S 愚史 1702

西漢會要七十卷　（宋)徐天麟撰　清乾隆三
十九年(1774)武英殿木活字印本　四冊

310000 – 0242 – 0014140　　愚史 1703

西漢會要七十卷　（宋)徐天麟撰　清武英殿
刻本　十冊

310000 – 0242 – 0014141　　愚史 1704

東漢會要四十卷　（宋)徐天麟撰　清光緒十
年(1884)江蘇書局刻本　八冊

310000 – 0242 – 0014142　　愚史 1705

元典章六十卷附新集　（元)□□編　清光緒
三十四年(1908)法律館刻本　二十四冊

310000 – 0242 – 0014143　S 愚史 1706

文獻通考　（元)馬端臨撰　清乾隆十二年
(1747)刻本　一百二十冊

310000 – 0242 – 0014144　S 愚史 1707

文獻通考　（元)馬端臨撰　清刻本　一百十
三冊

310000 – 0242 – 0014145　S 愚史 1708

典故紀聞十八卷　（明)余繼登輯　（明)馮琦
訂　明萬曆二十九年(1601)周氏萬卷樓刻本
八冊

310000 – 0242 – 0014146　S 愚史 1709

皇朝世法錄九十二卷　（明)陳仁錫撰　明刻
本　五十七冊

310000 – 0242 – 0014147　S 愚史 1710

明朝典彙二百卷　（明)徐學聚撰　明天啓刻
本　六十四冊

310000 – 0242 – 0014148　　愚史 1711

欽定續通典一百五十卷　（清)嵇璜纂　清刻
本　四十八冊

310000 – 0242 – 0014149　　愚史 1712

欽定皇朝通典一百卷　（清)嵇璜纂　清刻本
四十八冊

310000 – 0242 – 0014150　　愚史 1713

欽定皇朝通志一百二十六卷　（清)嵇璜纂
清光緒八年(1882)浙江書局刻本　三十二冊

310000 – 0242 – 0014151　　愚史 1714

欽定續文獻通考二百五十卷　（清)嵇璜纂
清刻本　九十六冊

310000－0242－0014152　　愚史1715

欽定皇朝文獻通考三百卷　（清）嵇璜纂　清乾隆二十六年(1761)刻本　一百七十六冊

310000－0242－0014153　　愚史1716

欽定皇朝文獻通考三百卷　（清）嵇璜纂　清光緒八年(1882)浙江書局刻本　一百四十冊

310000－0242－0014154　　愚史1717

欽定大清會典一百卷　（清）昆岡等修　清刻本　十六冊

310000－0242－0014155　　S愚史1718

欽定大清會典則例一百八十卷　（清）張廷玉等纂修　清乾隆二十九年(1764)武英殿刻本　九十八冊

310000－0242－0014156　　愚史1719

欽定續修大清會典八十卷圖一百三十二卷事例九百二十卷　（清）綿忻　（清）穆彰阿纂修　清嘉慶二十三年(1818)武英殿刻本　四百三十九冊

310000－0242－0014157　　愚史1720

續修大清會典八十卷圖一百三十二卷事例九百二十卷　（清）托津纂　清嘉慶二十三年(1818)武英殿刻本　四百三十九冊

310000－0242－0014158　　愚史1721

皇朝續文獻通考三百二十卷　（清）劉錦藻纂　清光緒三十一年(1905)堅匏盦鉛印本　八十八冊

310000－0242－0014159　　愚史1722

文獻通考紀要二卷　（□）□□輯　清光緒八年(1882)雲林草堂刻本　四冊

310000－0242－0014160　　愚史1723

文獻通考詳節二十四卷　（清）嚴虞惇輯　清光緒八年(1882)雲林草堂刻本　十二冊

310000－0242－0014161　　S愚史1724

文獻通考鈔二十四卷　（元）馬端臨撰　（清）史以遇輯　**文獻通考續鈔三十卷**　（明）王圻撰　清康熙二年(1663)刻本　二十冊

310000－0242－0014162　　愚史1725

文獻通考纂二十二卷　（清）郎星　（清）葉大緯纂　清刻本　十六冊

310000－0242－0014163　　愚史1726

三通序五卷　（唐）杜佑等撰　（清）康綸鈞輯　清道光十三年(1833)刻本　四冊

310000－0242－0014164　　愚史1727

吾學錄初編二十四卷　（清）吳榮光撰　清道光十二年(1832)南海吳氏筠清館刻本　八冊

310000－0242－0014165　　愚史1728

皇朝文典一百一卷　（清）李兆洛輯　清嘉慶二十年(1815)揚州刻本　三十二冊

310000－0242－0014166　　愚史1729

明會要八十卷　（清）龍文彬輯　清光緒十三年(1887)永懷堂刻本　十六冊

310000－0242－0014167　　愚史1730

盛京典制備考八卷　（清）崇厚撰　清光緒四年(1878)軍督署刻本　六冊

310000－0242－0014168　　愚史1733

康熙政要二十四卷　章梫撰　清宣統二年(1910)鉛印本　十二冊

310000－0242－0014169　　愚史1734

宗人府則例三十一卷　（清）宗人府修　清光緒四年(1878)刻本　十冊

310000－0242－0014170　　愚史1735

王公處分則例四卷　（清）宗人府修　清刻本　六冊

310000－0242－0014171　　愚史1736

六部處分則例五十二卷　（清）文孚等編　清咸豐九年(1859)刻本　二十四冊

310000－0242－0014172　　愚史1737

吏部則例五十二卷　（清）吏部纂　清道光刻本　五十一冊

310000－0242－0014173　　愚史1738

吏部稽勳司則例八卷　（清）吏部纂　清光緒元年(1875)鄂藩署清查局刻本　二冊

310000－0242－0014174　　愚史1739

吏部驗封司則例六卷　（清）吏部纂　清刻本
　二冊

310000－0242－0014175　愚史 1740
吏部銓選則例七卷銓選漢官八卷　（清）吏部
纂　清光緒十二年(1886)刻本　十九冊

310000－0242－0014176　愚史 1741
吏部例章揭要六卷　（清）吏部纂　清光緒元
年(1875)鄂藩署清查局刻本　六冊

310000－0242－0014177　愚史 1742
吏部處分則例五十二卷　（清）吏部纂　清同
治刻本　二十冊

310000－0242－0014178　愚史 1743
戶部則例一百三十四卷　（清）戶部纂　清嘉
慶十五年(1810)刻本　六十冊

310000－0242－0014179　愚史 1744
戶部軍需則例三十一卷　（清）戶部纂　清同
治松竹齋寫本　三十二冊

310000－0242－0014180　愚史 1745
戶部軍需則例九卷兵部軍需則例五卷工部軍
需則例一卷　（清）戶部纂　清乾隆五十年
(1785)刻本　四冊

310000－0242－0014181　愚史 1746
戶部則例一百卷　（清）戶部纂　清同治十二
年(1873)刻本　六十冊

310000－0242－0014182　愚史 1747
戶部則例一百三十四卷　（清）戶部纂　清嘉
慶十五年(1810)刻本　六十冊

310000－0242－0014183　愚史 1748
禮部則例二百二卷　（清）禮部纂　清嘉慶十
一年(1806)刻本　二十四冊

310000－0242－0014184　愚史 1749
禮部則例二卷　（清）禮部纂　清刻本　二冊

310000－0242－0014185　愚史 1750
兵部處分則例八旗三十七卷綠營三十九卷
（清）兵部纂　清道光三年(1823)刻本　三十
二冊

310000－0242－0014186　愚史 1751
兵部續編處分則例四卷　（清）兵部纂　清道
光九年(1829)刻本　四冊

310000－0242－0014187　愚史 1752
兵部軍器則例二十四卷　（清）兵部纂　清光
緒十七年(1891)鉛印本　十二冊

310000－0242－0014188　愚史 1753
工部則例一百四十二卷　（清）工部纂　清嘉
慶二十年(1815)刻本　二十冊

310000－0242－0014189　愚史 1754
續增工部則例一百三十六卷　（清）工部纂
清嘉慶二十四年(1819)刻本　二十八冊

310000－0242－0014190　愚史 1755
工部軍器則例十七卷　（清）工部纂　清刻本
　十八冊

310000－0242－0014191　愚史 1756
內務府現行則例四卷　（清）內務府纂　清同
治九年(1870)刻本　四冊

310000－0242－0014192　愚史 1757
內務府武備院則例四卷　（清）內務府纂　清
抄本　四冊

310000－0242－0014193　愚史 1758
光祿寺則例九十卷喪儀十四卷　（清）光祿寺
編　清咸豐五年(1855)刻本　十六冊

310000－0242－0014194　愚史 1759
太常寺則例一百二十七卷另輯六卷　（清）太
常寺編　清道光刻本　六十六冊

310000－0242－0014195　愚史 1760
理藩院則例六十三卷　（清）理藩院纂　清刻
本　二十四冊

310000－0242－0014196　愚史 1761
國子監則例四十五卷　（清）國子監纂　清道
光二年(1822)刻本　五冊

310000－0242－0014197　愚史 1762
粵東省則例新纂八卷　（清）黃恩彤修　清刻
本　四冊

310000 – 0242 – 0014198　　愚史 1763

回疆則例八卷　（清）肇麟等纂　清道光二十二年（1842）刻本　九冊

310000 – 0242 – 0014199　　愚史 1764

六部單雙籤不分卷　（□）□□輯　清寫本　六冊

310000 – 0242 – 0014200　　愚史 1765

滿漢六部成語六卷　（清）□□輯　清道光二十二年（1842）刻本　六冊

310000 – 0242 – 0014201　　S 愚史 1766

治平略增定全書三十三卷　（明）朱健　（明）朱徽撰　清康熙三年（1664）刻本　十六冊

310000 – 0242 – 0014202　　S 愚史 1767

廣治平略四十四卷　（清）蔡方炳撰　清康熙三年（1664）刻本　十冊

310000 – 0242 – 0014203　　愚史 1768

條例約編七十八卷　（清）玉德輯　清乾隆五十八年（1793）刻本　八十冊

310000 – 0242 – 0014204　　愚史 1769

歷代統紀表十三卷　（清）段長基撰　清嘉慶二十二年（1817）小酉山房刻本　十八冊

310000 – 0242 – 0014205　　愚史 1770

救荒活民書十二卷　（宋）董煟撰　清道光十六年（1836）苕溪江氏刻本　六冊

310000 – 0242 – 0014206　　愚史 1771

救荒補遺二卷　（宋）董煟撰　清同治八年（1869）湖北崇文書局刻本　二冊

310000 – 0242 – 0014207　　愚史 1773

實政錄五卷　（明）呂坤撰　清同治十一年（1872）江蘇書局刻本　五冊

310000 – 0242 – 0014208　　S 愚史 1774

通漕類編九卷　（明）王在晉編　明萬曆四十二年（1614）刻本　四冊

310000 – 0242 – 0014209　　愚史 1775

康濟譜二十五卷　（明）潘游龍輯　清道光七年（1827）京都琉璃廠刻本　十二冊

310000 – 0242 – 0014210　　S 愚史 1776

康濟錄四卷　（清）陸曾禹撰　（清）倪國璉釐正　清刻本　四冊

310000 – 0242 – 0014211　　愚史 1777

荒政輯要九卷　（清）汪志伊纂　清道光十一年（1831）刻本　二冊

310000 – 0242 – 0014212　　愚史 1778

荒政輯要九卷　（清）汪志伊撰　清同治八年（1869）楚北崇文書局刻本　二冊

310000 – 0242 – 0014213　　愚史 1779

荒政備覽二卷　（清）王鳳生撰　清道光三年（1823）刻本　一冊

310000 – 0242 – 0014214　　愚史 1780

捕蝗彙編四卷　（清）陳僅編　清道光二十五年（1845）刻本　一冊

310000 – 0242 – 0014215　　愚史 1781

捕蝗要訣一卷　（清）錢炘和撰　清同治八年（1869）崇文書局刻本　一冊

310000 – 0242 – 0014216　　愚史 1782

治蝗全法四卷　（清）顧彥撰　清光緒十四年（1888）猶白雪齋刻本　一冊

310000 – 0242 – 0014217　　愚史 1783

金吾事例十卷　（清）瑞禧等纂　清咸豐元年（1851）刻本　十二冊

310000 – 0242 – 0014218　　愚史 1784

豫漕紀略二卷　（清）李象鵑撰　清道光六年（1826）抄本　二冊

310000 – 0242 – 0014219　　愚史 1785

轉漕日記四卷　（清）李鈞撰　清道光十七年（1837）河南糧鹽道署刻本　二冊

310000 – 0242 – 0014220　　愚史 1786

江蘇海運全案十二卷　（清）賀長齡纂　清道光六年（1826）刻本　十二冊

310000 – 0242 – 0014221　　愚史 1787

西安賑耀事宜冊二卷　（清）周壬福撰　清道光十六年（1836）刻本　二冊

310000－0242－0014222　愚史 1788

粵海關志三十卷　（清）豫堃纂修　清刻本
十二冊

310000－0242－0014223　愚史 1789

江北運程四十卷　（清）董恂撰　清咸豐十年
(1860)董氏刻本　四十一冊

310000－0242－0014224　愚史 1790

楚漕江程十六卷　（清）董恂撰　清光緒三年
(1877)董氏刻本　十六冊

310000－0242－0014225　愚史 1791

浙江海運全案十卷續編四卷　（清）椿壽等纂
　清咸豐四年(1854)刻本　十四冊

310000－0242－0014226　愚史 1792

浙江海運全案重編八卷續編四卷新編八卷
（清）蔣益灃等纂　清同治六年(1867)刻本
十二冊

310000－0242－0014227　愚史 1793

浙江減賦全案十卷　（清）覺羅興奎等纂　清
同治十二年(1873)刻本　十冊

310000－0242－0014228　愚史 1794

**浙西減漕記略一卷嚴陵記略一卷裁嚴郡九姓
漁課錄一卷東甌記略一卷東甌留別和章三卷
桐溪記略一卷又題詞一卷浙西減漕奏稿一卷**
　（清）戴槃撰　清同治七年(1868)刻本　八
冊

310000－0242－0014229　愚史 1795

增修籌餉事例不分卷　（清）戶部編　清同治
五年(1866)刻本　七冊

310000－0242－0014230　愚史 1796

江蘇減賦全案八卷　（清）曾國藩等纂修　清
同治五年(1866)刻本　八冊

310000－0242－0014231　S 愚史 1797

滸墅關志十八卷　（清）凌壽祺纂　清道光七
年(1827)刻本　六冊

310000－0242－0014232　S 愚史 1798

淮關統志十四卷　（清）伊齡阿修　（清）吳霋
纂　清乾隆四十三年(1778)刻本　六冊

310000－0242－0014233　S 愚史 1799

續纂淮關統志十四卷　（清）杜琳修　（清）李
如枚續纂　清嘉慶十一年(1806)淮關刻本
六冊

310000－0242－0014234　S 愚史 1800

兩淮鹽法志十六卷　（清）噶爾泰纂　清雍正
六年(1728)刻本　十六冊

310000－0242－0014235　S 愚史 1801

兩淮鹽法志四十卷　（清）雅爾哈善修　清乾
隆十三年(1748)刻本　二十四冊

310000－0242－0014236　S 愚史 1802

淮南調劑志略四卷　（清）□□撰　清乾隆五
十三年(1788)刻本　四冊

310000－0242－0014237　愚史 1803

淮鹺備要十卷　（清）李澄輯　清道光三年
(1823)刻本　四冊

310000－0242－0014238　愚史 1804

兩淮鹽法志五十六卷首四卷　（清）佶山修
清同治九年(1870)揚州刻本　二十冊

310000－0242－0014239　愚史 1805

淮北票鹽志略十卷　（清）童濂編　清道光十
二年(1832)刻本　四冊

310000－0242－0014240　愚史 1806

淮北票鹽續略十二卷　（清）許寶書編　清同
治九年(1870)刻本　四冊

310000－0242－0014241　愚史 1807

淮南鹽法紀略十卷　（清）龐際雲編　清同治
十二年(1873)刻本　六冊

310000－0242－0014242　愚史 1808

重修兩浙鹽法志三十卷　（清）延豐修　清嘉
慶六年(1801)刻本　二十四冊

310000－0242－0014243　愚史 1809

兩浙鹽法續纂備考十二卷　（清）靈杰編　清
同治十三年(1874)刻本　十二冊

310000－0242－0014244　愚史 1810

山東鹽法志二十二卷附編十卷　（清）崇福修
　清嘉慶十四年(1809)刻本　二十四冊

310000－0242－0014245　　愚史1811

山東鹽法續增備考六卷　（清）恩錫編　清同治三年(1864)刻本　十冊

310000－0242－0014246　S愚史1812

河東鹽法志十二卷　（清）覺羅石麟修　清雍正五年(1727)刻本　八冊

310000－0242－0014247　S愚史1813

河東鹽法志備覽十二卷　（清）蔣兆奎修　清乾隆五十四年(1789)刻本　八冊

310000－0242－0014248　　愚史1814

增修河東鹽法備覽八卷　（清）江人鏡修　清光緒八年(1882)刻本　十冊

310000－0242－0014249　　愚史1815

福建鹽法志三十二卷　（清）趙慎畛修　清道光十年(1830)刻本　十六冊

310000－0242－0014250　　愚史1816

福建票鹽志略不分卷　（清）福建鹽局編　清同治五年(1866)福建鹽局刻本　二冊

310000－0242－0014251　　愚史1817

四川鹽法志四十卷　（清）丁寶楨修　清光緒八年(1882)刻本　二十冊

310000－0242－0014252　　愚史1818

兩廣鹽法志三十五卷　（清）阮元修　清道光十五年(1835)刻本　三十五冊

310000－0242－0014253　　愚史1819

鹺政備覽不分卷　（清）方濬師撰　清光緒二年(1876)粵署刻本　二冊

310000－0242－0014254　　愚史1820

粵鹽六櫃成本腳價不分卷　（清）戶部編　清嘉慶二十二年(1817)刻本　六冊

310000－0242－0014255　　愚史1821

續修白鹽井志十一卷　（清）李訓鋐修　清光緒二十年(1894)刻本　十二冊

310000－0242－0014256　　愚史1822

鹽法議略二卷　（清）王守基撰　清光緒十二年(1886)粵東刻本　二冊

310000－0242－0014257　　愚史1823

樂善錄十卷　（清）丁丙撰　清光緒二十六年(1900)錢塘丁氏刻本　八冊

310000－0242－0014258　　愚史1824

戶部井田科奏諮輯要二卷　（清）戶部井田科輯　清光緒十六年(1890)戶部井田科鉛印本　二冊

310000－0242－0014259　　愚史1825

湖南釐務彙纂十八卷　（清）但湘良纂　清光緒十五年(1889)湖南刻本　二十冊

310000－0242－0014260　　愚史1826

蘇省賦役全書不分卷　（清）□□輯　清光緒元年(1875)鉛印本　四十一冊

310000－0242－0014261　　愚史1827

戶部漕運全書九十二卷　（清）戶部編　清道光二十四年(1844)刻本　四十六冊

310000－0242－0014262　　愚史1828

戶部漕運全書九十六卷　（清）戶部編　清光緒六年(1880)刻本　四十八冊

310000－0242－0014263　　愚史1829

畚塘芻論二卷　（清）孫鼎臣撰　清咸豐九年(1859)刻本　二冊

310000－0242－0014264　　愚史1830

列國歲計政要十二卷　（美國）林樂知譯　清光緒元年(1875)江南製造局刻本　六冊

310000－0242－0014265　　愚史1831

各國通商條約稅則章程不分卷　（清）吳毓麟等纂　清山東書局刻本　十四冊

310000－0242－0014266　　愚史1832

岳州救生局志并圖八卷附徵信錄　（清）張德容等纂　清光緒元年(1875)刻本　六冊

310000－0242－0014267　　愚史1833

清查保甲章程不分卷　（清）劉驥撰　清光緒十一年(1885)刻本　二冊

310000－0242－0014268　　愚史1834

洪江育嬰小識四卷　（清）潘清等纂　清光緒十三年(1887)刻本　四冊

310000－0242－0014269　愚史 1835

中外交涉類要表一卷光緒通商綜覈表一卷
(清)錢學嘉撰　清光緒十四年(1888)刻本
二冊

310000－0242－0014270　愚史 1836

通商各關華洋貿易總冊不分卷　(清)通商海
關造冊處編　清光緒元年至二十四年(1875－
1898)鉛印本　二十四冊

310000－0242－0014271　愚史 1837

籌濟編三十二卷　(清)楊景仁輯　清道光十
二年(1832)刻本　八冊

310000－0242－0014272　愚史 1838

江陰現行鄉約不分卷　(清)鄭經編　清同治
六年(1867)刻本　一冊

310000－0242－0014273　S 愚史 1839

八旗通志初集二百五十卷　(清)鄂爾泰等纂
清雍正五年(1727)刻本　八十冊

310000－0242－0014274　S 愚史 1840

八旗通志三百四十二卷首十二卷目錄二卷
(清)鄂爾泰等纂　清武英殿刻本　一百三十
二冊

310000－0242－0014275　S 愚史 1841

八旗則例十二卷　(清)鄂爾泰等纂　清乾隆
七年(1742)刻本　四冊

310000－0242－0014276　愚史 1842

皇朝兵制攷略六卷　(清)翁同爵編纂　清光
緒元年(1875)武昌節署刻本　一冊

310000－0242－0014277　愚史 1843

皇朝兵制攷略六卷　(清)翁同爵編纂　清光
緒元年(1875)武昌節署刻本　一冊

310000－0242－0014278　愚史 1844

中樞政考四十卷　(清)兵部編　清嘉慶十二
年(1807)刻本　四十冊

310000－0242－0014279　愚史 1845

兵部武選司現行章程不分卷　(清)兵部編
清光緒鉛印本　六冊

310000－0242－0014280　愚史 1846

白塔信礮章程不分卷　(清)兵部編　清刻本
一冊

310000－0242－0014281　愚史 1847

兵部公牘二卷　(清)黃雲鵠撰　清光緒十二
年(1886)刻本　二冊

310000－0242－0014282　愚史 1848

湖北驛站四至程途里數限行時刻清冊四卷
(清)湖北布政按察使司編　清嘉慶七年
(1802)鄂局刻本　二冊

310000－0242－0014283　愚史 1849

湖南疆域驛傳總纂十卷　(清)慳碪山館編
清光緒十四年(1888)刻本　八冊

310000－0242－0014284　愚史 1850

湖南驛站程途里數公文限行時刻冊不分卷
(清)湖南按察使司編　清刻本　八冊

310000－0242－0014285　愚史 1851

駐粵八旗志二十四卷　(清)長善等纂　清光
緒五年(1879)刻本　十六冊

310000－0242－0014286　愚史 1852

金陵大營各案彙錄不分卷　(□)□□輯　清
寫本　十冊

310000－0242－0014287　愚史 1853

城鄉守合鈔十六卷　(清)許乃釗撰　清咸豐
三年(1853)修吉堂木活字印本　三冊

310000－0242－0014288　愚史 1854

鄉兵管見三卷　(清)李棠撰　清寫本　一冊

310000－0242－0014289　愚史 1855

守圍撮要二卷　(清)易崇堦撰　清同治刻本
二冊

310000－0242－0014290　愚史 1856

團練事宜不分卷　(清)朱孫詒撰　清同治二
年(1863)刻本　二冊

310000－0242－0014291　愚史 1857

北洋海軍章程不分卷　(清)總理海軍衙門編
清光緒十四年(1888)天津石印書局石印本
二冊

310000－0242－0014292　愚史1858

盾墨留芬八卷　（清）胡傳釗輯　清光緒二十三年(1897)廣西梧州西稅總局刻本　四冊

310000－0242－0014293　愚史1859

故唐律疏議三十卷　（唐）長孫無忌撰　清光緒十六年(1890)刻本　十二冊

310000－0242－0014294　S愚史1860

大明律附例證解三十卷　（明）劉惟謙撰（明）姚思仁注解　明刻本　八冊

310000－0242－0014295　S愚史1861

大義覺迷錄四卷　（清）世宗胤禛撰　清雍正武英殿刻本　八冊

310000－0242－0014296　S愚史1862

大清律例四十七卷　（清）唐紹祖等纂修　清同治九年(1870)刻本　二十六冊

310000－0242－0014297　愚史1863

大清律例通考四十卷　（清）吳壇撰　清光緒十二年(1886)海豐吳氏刻本　三十冊

310000－0242－0014298　愚史1864

定例彙編一百二十八卷目錄八冊　（清）江西律例館纂　清光緒江西按察司衙門刻本　一百六十冊

310000－0242－0014299　愚史1865

大清律例根原一百二十四卷　（清）裕祿編　清同治十年(1871)安徽敷文書局木活字印本　一百冊

310000－0242－0014300　愚史1866

大清律例按語一百四卷　（清）潘仕成編　清道光二十七年(1847)海山仙館刻本　六十四冊

310000－0242－0014301　愚史1867

大清律例增修統纂集成四十卷附督捕則例二卷　（清）陶駿編　清光緒十七年(1891)鉛印本　二十四冊

310000－0242－0014302　愚史1868

大清律例彙輯便覽四十卷附督捕則例二卷　（清）湖北讞局輯　清同治十一年(1872)湖北

讞局刻本　三十二冊

310000－0242－0014303　愚史1869

刑案滙覽六十卷拾遺備考二卷續編十六卷　（清）祝慶祺編　清咸豐二年(1852)慎思堂刻本　八十冊

310000－0242－0014304　愚史1870

新增刑案彙覽十六卷　（清）潘文舫編　清光緒十五年(1889)刻本　八冊

310000－0242－0014305　愚史1871

律例便覽八卷處分則例圖要六卷　（清）蔡逢年撰　清咸豐九年(1859)德又德齋刻本　六冊

310000－0242－0014306　S愚史1872

秋讞比二十八卷　（□）□□輯　清抄本　二十八冊

310000－0242－0014307　S愚史1873

蒙古律例十二卷　（清）□□輯　清刻本　二冊

310000－0242－0014308　愚史1874

刑部通行章程五卷　（宋）王汝礪撰　清光緒十八年(1892)京都琉璃廠刻本　五冊

310000－0242－0014309　愚史1875

大清律例總類六卷　（清）刑部纂修　清刻本　六冊

310000－0242－0014310　愚史1876

刑部比照加減成案三十二卷　（清）許槤撰　清道光十四年(1834)刻本　十六冊

310000－0242－0014311　愚史1877

刑部通行章程三卷續編一卷新續一卷　（宋）王汝礪撰　清光緒十三年(1887)京都刻本　四冊

310000－0242－0014312　愚史1878

成案所見初集三十七卷二集十九卷三集二十一卷四集十八卷　（清）馬世璘（清）謝奎撰　清嘉慶十年(1805)再思堂刻本　四十六冊

310000－0242－0014313　愚史1879

律例精言歌括一卷　（清）沈國樑撰　清光緒

十四年(1888)刻本　一冊

310000－0242－0014314　愚史1880

律例簡明目錄一卷　（清）閆錫齡輯　清光緒
十四年(1888)刻本　一冊

310000－0242－0014315　愚史1881

提牢備考四卷　（清）趙舒翹撰　清光緒十九
年(1893)律例館刻本　二冊

310000－0242－0014316　愚史1883

刑案說帖不分卷　（□）□□撰　清抄本　十
七冊

310000－0242－0014317　愚史1885

武英殿聚珍版程式一卷　（清）金簡撰　清光
緒十九年(1893)刻本　一冊

310000－0242－0014318　愚史1886

魯班木經二卷　（明）午榮編　清古吳三多齋
刻本　二冊

310000－0242－0014319　愚史1887

工程做法七十四卷　（清）允禮等撰　清雍正
十二年(1734)刻本　二十冊

310000－0242－0014320　愚史1888

海塘擥要十二卷　（清）楊鏐撰　清嘉慶十六
年(1811)刻本　十二冊

310000－0242－0014321　愚史1889

豫東稭麻幫價章程一卷　（清）吳璥撰　清刻
本　一冊

310000－0242－0014322　愚史1890

河工器具圖說四卷　（清）麟慶撰　清光緒二
十二年(1896)刻本　二冊

310000－0242－0014323　S愚史1891

直隸五道成規五卷　（清）高斌輯　清乾隆八
年(1743)刻本　五冊

310000－0242－0014324　愚史1892

豫東河工擬定成規二卷　（清）白鍾山撰　清
雍正十三年(1735)刻本　二冊

310000－0242－0014325　愚史1893

黃運兩河成規二卷　（清）完顏偉撰　清乾隆

十一年(1746)刻本　二冊

310000－0242－0014326　愚史1894

河工則例章程不分卷　（清）工部編　清嘉慶
十九年(1814)刻本　五冊

310000－0242－0014327　愚史1895

井礦工程三卷　（英國）白爾捺輯　清江南製
造局刻本　二冊

310000－0242－0014328　愚史1896

鑄錢工藝三卷　（英國）傅蘭雅譯　清江南製
造局鉛印本　二冊

310000－0242－0014329　愚史1897

海塘輯要十卷　（英國）韋更斯撰　清江南製
造局刻本　二冊

310000－0242－0014330　S愚史1899

史通二十卷　（唐）劉知幾撰　（明）李維楨評
　（明）郭延年評釋　明蛾術書屋刻本　八冊

310000－0242－0014331　愚史1900

唐鑑二十四卷　（宋）范祖禹撰　清光緒十六
年(1890)柏經正堂刻本　八冊

310000－0242－0014332　愚史1902

漢唐事箋十二卷　（元）朱禮撰　清道光二年
(1822)刻本　二冊

310000－0242－0014333　愚史1903

大事記十二卷通釋三卷解題十二卷　（宋）呂
祖謙撰　清乾隆武英殿木活字印本　十六冊

310000－0242－0014334　S愚史1904

二十一史論贊輯要三十六卷　（明）彭以明撰
　明刻本　十一冊　缺八卷(一至五、十九至
二十一,十一冊殘)

310000－0242－0014335　S愚史1905

歷代史論一編四卷二編十卷　（明）張溥撰
明刻本　五冊　存十卷(二編十卷)

310000－0242－0014336　S愚史1906

通紀直解十六卷續二卷　（明）張嘉和撰　明
刻本　九冊

310000－0242－0014337　S愚史1907

古今治統二十卷　（明）徐奮鵬撰　清雍正元年(1723)江西刻本　六冊

310000－0242－0014338　愚史 1908
讀史四集四卷　（明）楊以任撰　清道光三十年(1850)刻本　四冊

310000－0242－0014339　S 愚史 1909
新鐫湯睡庵先生批評歷朝捷錄六卷　（明）顧充撰　明刻本　六冊

310000－0242－0014340　S 愚史 1910
御批通鑑綱目正編五十九卷前編十八卷續編二十七卷外紀一卷舉要三卷　（清）聖祖玄燁撰　清康熙四十六年(1707)武英殿刻本　五十冊

310000－0242－0014341　愚史 1911
古今儲貳金鑑六卷　（清）高宗弘曆撰　清乾隆四十八年(1783)京師刻本　四冊

310000－0242－0014342　愚史 1912
欽定明鑑二十四卷首一卷　（清）托津　（清）胡敬編纂　清同治九年(1870)湖北崇文書局刻本　十冊

310000－0242－0014343　S 愚史 1913
中山史論二卷　（清）郝浴撰　清刻本　二冊

310000－0242－0014344　愚史 1914
讀史大畧六十卷　（清）沙張白撰　小沙子史畧一卷　（清）沙晉撰　清咸豐七年(1857)恭壽堂刻本　十二冊

310000－0242－0014345　愚史 1915
讀史論略二卷　（清）杜詔撰　清刻本　二冊

310000－0242－0014346　愚史 1916
諸史然疑一卷　（清）杭世駿撰　清刻本　一冊

310000－0242－0014347　愚史 1917
史記評注十二卷　（清）牛運震撰　清同治四年(1865)空山堂刻本　八冊

310000－0242－0014348　S 愚史 1918
四史剿說十六卷　（清）史珥撰　清乾隆二十五年(1760)清風堂刻本　六冊

310000－0242－0014349　愚史 1919
文史通義八卷校讐通義三卷　（清）章學誠撰　清道光十二年(1832)會稽章氏刻本　五冊

310000－0242－0014350　S 愚史 1920
唐鑑偶評四卷　（清）周池撰　清嘉慶二十三年(1818)光霽堂刻本　一冊

310000－0242－0014351　S 愚史 1921
章實齋文史通義續通志校讐略擬稿　（清）章學誠撰　清廬江何氏抄本　六冊

310000－0242－0014352　愚史 1922
史通削繁四卷　（清）紀昀撰　清光緒元年(1875)崇文書局刻本　四冊

310000－0242－0014353　愚史 1923
史論五種十四卷　（清）李祖陶撰　清同治十年(1871)尚友樓刻本　四冊

310000－0242－0014354　S 愚史 1924
讀史辨道四卷　（清）張大復撰　清乾隆四十九年(1784)近古堂刻本　四冊

310000－0242－0014355　S 愚史 1925
讀史提要十二卷　（清）夏之蓉撰　清乾隆三十七年(1772)刻本　六冊

310000－0242－0014356　愚史 1926
史略歌論十二卷　（清）裘日和撰　清道光二十一年(1841)聰訓堂刻本　六冊

310000－0242－0014357　愚史 1927
四史發伏十卷　（清）洪亮吉撰　清光緒八年(1882)刻本　四冊

310000－0242－0014358　愚史 1928
廿二史綜編八卷　（清）陶有容撰　清咸豐三年(1853)刻本　八冊

310000－0242－0014359　愚史 1929
廿二史言行略四十二卷　（清）過元旼撰　清嘉慶十五年(1810)刻本　十六冊

310000－0242－0014360　S 愚史 1930
四言史徵十二卷　（清）葛震撰　清康熙三十九年(1700)刻本　六冊

310000－0242－0014361　　愚史 1931
讀史正氣錄十八卷　（清）姚德鈞撰　清光緒
十五年(1889)刻本　　四冊

310000－0242－0014362　　愚史 1933
歷代史案二十卷　（清）洪亮吉　（清）吳裕垂
編　清京都聚奎閣刻本　　五冊

310000－0242－0014363　　愚史 1934
讀史碎金六卷注八十卷　（清）胡文炳撰　清
光緒元年(1875)刻本　　八十七冊

310000－0242－0014364　　愚史 1935
前編紀略四卷　（清）李光國撰　清道光二年
(1822)刻本　　一冊

310000－0242－0014365　　愚史 1936
廿一史提綱歌二卷　（清）李兆洛撰　清同治
十年(1871)刻本　　二冊

310000－0242－0014366　　愚史 1941
崇文總目五卷補遺一卷附錄一卷　（宋）王堯
臣撰　清嘉慶刻本　　五冊

310000－0242－0014367　　愚史 1942
郡齋讀書志二十卷附志二卷校補攷異二卷
（宋）晁公武撰　清長沙王氏刻本　　十冊

310000－0242－0014368　　愚史 1943
直齋書錄解題二十二卷　（宋）陳振孫撰　清
乾隆武英殿木活字印本　　十冊

310000－0242－0014369　　愚史 1944
文淵閣書目二十卷　（明）楊士奇等撰　清石
門顧氏刻本　　七冊

310000－0242－0014370　　S 愚史 1945
國史經籍志六卷　（明）焦竑輯　明曼山館刻
本　　五冊

310000－0242－0014371　　愚史 1946
世善堂書目二卷　（明）陳第撰　清知不足齋
刻本　　二冊

310000－0242－0014372　　S 愚史 1947
欽定四庫全書總目二百卷首四卷　（清）紀昀
等撰　清乾隆三十七年(1772)武英殿刻本
一百四十四冊

310000－0242－0014373　　愚史 1948
四庫全書簡明目錄二十卷　（清）紀昀等纂修
清寫本　　二冊

310000－0242－0014374　　愚史 1949
天祿琳琅前編十卷天祿琳琅後編二十卷
（清）于敏中等編　清刻本　　十冊

310000－0242－0014375　　愚史 1951
漁洋書跋二卷　（清）王士禎撰　清光緒四年
(1878)仁和葛氏嘯園刻本　　二冊

310000－0242－0014376　　S 愚史 1952
咨查書目六卷　（清）□□撰　清刻本　　三冊

310000－0242－0014377　　愚史 1953
永樂大典目錄六十卷　（明）姚廣孝等編　清
靈石楊氏刻本　　二十冊

310000－0242－0014378　　S 愚史 1954
經義考三百卷　（清）朱彝尊撰　清武英殿刻
本　　四十二冊

310000－0242－0014379　　S 愚史 1955
千頃堂書目集部　（清）黃虞稷撰　清抄本
五冊

310000－0242－0014380　　S 愚史 1956
汲古閣秘本書目一卷季滄葦藏書目一卷
（清）毛扆　（清）季振宜撰　清嘉慶十年
(1805)士禮居刻本　　一冊

310000－0242－0014381　　S 愚史 1957
讀書敏求記四卷　（清）錢曾撰　清乾隆十年
(1745)沈氏刻本　　二冊

310000－0242－0014382　　愚史 1958
浙江採集遺書總錄十卷　（清）沈初編　清武
英殿木活字印本　　十冊

310000－0242－0014383　　愚史 1959
平津館鑒藏書籍記三卷續編一卷補遺一卷
（清）孫星衍撰　清式訓堂刻本　　二冊

310000－0242－0014384　　愚史 1960
小學考五十卷　（清）謝啟昆撰　清嘉慶二十
一年(1816)樹經堂刻本　　三十冊

310000－0242－0014385　愚史1961

天一閣書目十卷碑目一卷　（清）范懋柱輯
清嘉慶十三年（1808）文選樓刻本　十冊

310000－0242－0014386　愚史1962

彙刻書目十卷補編一卷　（清）顧修編　清光
緒元年（1875）刻本　十一冊

310000－0242－0014387　愚史1963

彙刻書目續編二卷　（清）顧修編　清光緒元
年（1875）長洲無夢園陳氏刻本　二冊

310000－0242－0014388　愚史1964

江上雲林閣書目四卷　（清）倪模撰　清道光
二十三年（1843）刻本　四冊

310000－0242－0014389　愚史1965

士禮居藏書題跋記六卷　（清）黃丕烈撰　清
光緒十年（1884）滂喜齋刻本　四冊

310000－0242－0014390　愚史1966

竹汀日記鈔二卷　（清）錢大昕撰　（清）何元
錫編　清嘉慶十年（1805）滂喜齋刻本　一冊

310000－0242－0014391　愚史1967

知聖道齋讀書跋二卷　（清）彭元瑞撰　清光
緒式訓堂刻本　一冊

310000－0242－0014392　S愚史1968

怡園藏書續目錄四卷　（清）姜燮撰　清抄本
一冊

310000－0242－0014393　愚史1969

藝芸書舍宋元本書目二卷稽瑞樓書目四卷
（清）汪士鐘撰　（清）陳揆編　清同治十二年
至光緒三年（1873－1877）八囍齋刻本　一冊

310000－0242－0014394　愚史1970

愛日精廬藏書志三十六卷續志四卷　（清）張
金吾撰　清道光七年（1827）刻本　十冊

310000－0242－0014395　愚史1971

宋元舊本書經眼錄三卷附錄二卷　（清）莫友
芝撰　清光緒十年（1884）還讀樓刻本　四冊

310000－0242－0014396　愚史1972

持靜齋書目四卷續增書目一卷　（清）丁日昌
撰　清刻本　五冊

310000－0242－0014397　愚史1973

持靜齋宋元校鈔各本書目四卷　（清）丁日昌
撰　清光緒二十一年（1895）元和江氏刻本
一冊

310000－0242－0014398　愚史1974

鐵琴銅劍樓書目二十四卷　（清）瞿鏞撰　清
光緒二十三年（1897）誦芬室刻本　十冊

310000－0242－0014399　愚史1975

彙刻書目二十卷　（清）朱澂編　清光緒十二
年（1886）福瀛書局刻本　二十冊

310000－0242－0014400　愚史1977

開有益齋讀書志六卷續志一卷金石記一卷
（清）朱緒曾撰　清光緒六年（1880）金陵翁氏
刻本　六冊

310000－0242－0014401　愚史1978

皕宋樓藏書志一百二十卷　（清）陸心源撰
清光緒八年（1882）十萬卷樓刻本　二十八冊

310000－0242－0014402　愚史1979

儀顧堂題跋十六卷續跋十六卷　（清）陸心源
撰　清光緒十六年（1890）刻本　八冊

310000－0242－0014403　愚史1980

書目答問四卷附錄一卷　（清）張之洞撰　清
刻本　一冊

310000－0242－0014404　愚史1981

國朝著述未刊書目一卷　鄭文焯撰　清光緒
十四年（1888）蘇州書局刻本　一冊

310000－0242－0014405　愚史1982

目錄學九卷　（清）耿文光撰　清光緒二十年
（1894）刻本　二冊

310000－0242－0014406　愚史1983

八史經籍志二十八卷　（清）張壽榮輯　清光
緒八年（1882）鎮海張氏刻本　十二冊

310000－0242－0014407　愚史1985

楹書隅錄初編五卷續編四卷　（清）楊紹和撰
清光緒二十年（1894）海源閣刻本　八冊

310000－0242－0014408　愚史1986

楊氏海源閣書目一卷　（清）楊紹和撰　清光

緒十四年(1888)元和江氏刻本　一冊

310000－0242－0014409　愚史 1988

續彙刻書目十二卷補遺一卷 （清）傅雲龍編
（清）胡俊章補　清光緒二年(1876)刻本
十一冊

310000－0242－0014410　愚史 1989

經籍訪古志六卷補遺一卷 （日本）澀江全善
（日本）森立之撰　清光緒十一年(1885)六
合徐氏鉛印本　八冊

310000－0242－0014411　愚史 1990

天一閣見存書目五卷 （清）薛福成編　清光
緒十五年(1889)無錫薛氏刻本　四冊

310000－0242－0014412　愚史 1992

湘水校經堂官書目錄不分卷 （清）□□撰
清光緒十七年(1891)刻本　一冊

310000－0242－0014413　愚史 1993

莫氏知見傳本書目十六卷 （清）莫友芝撰
清光緒三十四年(1908)徐氏靈芬閣抄本　十
二冊

310000－0242－0014414　愚史 1994

行素堂目覩書錄十卷 （清）朱記榮輯　清光
緒十年(1884)朱氏槐廬刻本　十冊

310000－0242－0014415　愚史 1995

皇清經解檢目八卷 （清）蔡啟盛編　清光緒
十二年(1886)武林刻本　二冊

310000－0242－0014416　愚史 1996

汪郎亭鈔叢書目一卷 （清）□□撰　清錢塘
汪氏寫本　一冊

310000－0242－0014417　愚史 1997

宋元本行格表二卷 （清）江標撰　清光緒二
十三年(1897)刻本　四冊

310000－0242－0014418　愚史 1998

式古堂目錄十七卷 （清）尤瑩撰　清光緒十
九年(1893)石印本　二冊

310000－0242－0014419　愚史 2001

集古錄目十卷原目一卷 （宋）歐陽棐撰　清
光緒十年(1884)繆氏雲自在龕刻本　二冊

310000－0242－0014420　愚史 2002

嘯堂集古錄二卷考異二卷 （宋）王球撰　清
嘉慶十七年(1812)鴛湖張氏刻本　二冊

310000－0242－0014421　S 愚史 2003

金石錄三十卷 （宋）趙明誠撰　清順治十年
(1653)雅雨堂刻本　三冊

310000－0242－0014422　愚史 2004

隸釋二十七卷 （宋）洪适撰　清士禮居刻本
五冊

310000－0242－0014423　愚史 2005

隸續二十一卷 （宋）洪适撰　**汪本隸釋刊誤
一卷** （清）黃丕烈撰　清嘉慶二十一年
(1816)士禮居刻本　三冊

310000－0242－0014424　愚史 2006

石刻鋪敘二卷 （宋）曾宏父撰　**鳳墅殘帖釋
文二卷** （清）錢大昕撰　清刻本　一冊

310000－0242－0014425　愚史 2007

隸韻十卷碑目一卷 （宋）劉球纂　**隸韻考證
二卷** （清）翁方綱撰　清嘉慶十四年(1809)
秦氏刻本　十二冊

310000－0242－0014426　愚史 2008

蘭亭攷十二卷跋二卷石刻鋪敘二卷 （宋）桑
世昌集　（宋）曾宏父撰　清知不足齋刻本
四冊

310000－0242－0014427　愚史 2009

輿地碑記目四卷 （宋）王象之撰　清潷喜齋
刻本　二冊

310000－0242－0014428　愚史 2010

寶刻類編八卷 （宋）□□撰　清道光十八年
(1838)劉氏嘉蔭簃刻本　四冊

310000－0242－0014429　愚史 2011

欽定重刻淳化閣帖十卷 （清）于敏中輯　清乾
隆三十四年(1769)武英殿木活字印本　二冊

310000－0242－0014430　S 愚史 2012

御刻三希堂法帖釋文十六卷 （清）梁詩正等
編　清乾隆六十年(1795)刻本　四冊

310000－0242－0014431　S 愚史 2013

淳化閣帖釋文十卷 (清)朱家標撰 清康熙二十二年(1683)刻本 一冊

310000－0242－0014432 愚史 2014
金石遺文錄不分卷 (清)陳奕禧撰 清抄本 十六冊

310000－0242－0014433 愚史 2015
來齋金石考略三卷 (清)林侗輯 清道光二十一年(1841)春暉堂刻本 二冊

310000－0242－0014434 愚史 2016
鐵函齋書跋四卷 (清)楊賓撰 清道光二十七年(1847)十芝堂刻本 二冊

310000－0242－0014435 愚史 2017
二王帖目錄評釋三卷 (□)□□撰 清刻本 四冊

310000－0242－0014436 S 愚史 2018
金石經眼錄不分卷附金石圖 (清)褚峻撰 清雍正十三年(1735)刻本 三冊

310000－0242－0014437 愚史 2019
石經考異二卷 (清)杭世駿撰 清刻本 二冊

310000－0242－0014438 愚史 2020
潛研堂金石文跋尾六卷續七卷又續六卷三續六卷 (清)錢大昕撰 清刻本 七冊 缺三卷(又續一至三)

310000－0242－0014439 愚史 2021
潛研堂金石目八卷 (清)錢大昕撰 清嘉慶十年(1805)刻本 二冊

310000－0242－0014440 S 愚史 2022
兩漢金石記二十二卷 (清)翁方綱撰 清乾隆五十四年(1789)南昌使院刻本 八冊

310000－0242－0014441 愚史 2023
金石萃編一百六十卷 (清)王昶撰 清同治十一年(1872)經訓堂刻本 四十八冊

310000－0242－0014442 愚史 2024
至聖林廟碑目六卷 (清)孔昭薰撰 清光緒二十二年(1896)刻本 一冊

310000－0242－0014443 愚史 2025
山左金石志二十四卷 (清)阮元等撰 清嘉慶二年(1797)儀徵阮氏刻本 十冊

310000－0242－0014444 愚史 2026
寰宇訪碑錄十二卷 (清)孫星衍 (清)邢澍撰 清光緒九年(1883)江蘇書局刻本 四冊

310000－0242－0014445 愚史 2027
國山碑考一卷附釋文一卷 (清)吳騫撰 清乾隆五十二年(1787)吳氏拜經樓刻本 一冊

310000－0242－0014446 愚史 2028
金石文字一跋四卷二跋四卷三跋二卷續十四卷 (清)武億撰 清道光刻本 七冊

310000－0242－0014447 愚史 2029
安陽縣金石錄十二卷 (清)武億撰 清刻本 四冊

310000－0242－0014448 愚史 2030
積古齋鐘鼎彝器款識十卷 (清)阮元撰 清嘉慶九年(1804)文選樓刻本 四冊

310000－0242－0014449 愚史 2031
越中金石記十卷目二卷 (清)杜春生撰 清道光九年(1829)詹波館刻本 六冊

310000－0242－0014450 愚史 2032
墨妙亭碑目攷四卷附攷一卷 (清)張鑑撰 清光緒十年(1884)江蘇書局刻本 二冊

310000－0242－0014451 愚史 2033
寶鐵齋金石跋尾三卷 (清)韓崇撰 清光緒四年(1878)潀喜齋刻本 一冊

310000－0242－0014452 愚史 2034
漢魏石經考三卷 (清)劉傳瑩撰 清光緒十二年(1886)黃氏刻本 一冊

310000－0242－0014453 愚史 2035
南邨帖攷不分卷 (清)程文榮撰 清刻本 二冊

310000－0242－0014454 愚史 2036
攀古樓漢石紀存一卷古泉叢話四卷 (清)潘祖蔭 (清)戴熙撰 清同治十二年(1873)潀喜齋刻本 一冊

310000－0242－0014455　愚史2037

栝蒼金石志十二卷　（清）李遇孫輯　清同治
十三年(1874)刻本　六冊

310000－0242－0014456　愚史2038

金石稱例四卷續一卷　（清）梁廷枏纂　清光
緒十三年(1887)朱氏行素艸堂刻本　一冊

310000－0242－0014457　愚史2039

金石索十二卷　（清）馮雲鵬撰　清道光元年
(1821)雙桐書屋刻本　十二冊

310000－0242－0014458　愚史2040

松崖藏印二卷　（清）金椷輯　清鈐印本　二
冊

310000－0242－0014459　愚史2041

金石文字不分卷　（清）張廷濟考釋　清光緒
十年(1884)四會嚴氏鶴緣齋石印本　二冊

310000－0242－0014460　愚史2042

金石文字辨異十二卷　（清）邢澍撰　清嘉慶
十五年(1810)徐氏刻本　八冊

310000－0242－0014461　愚史2043

天一閣碑目不分卷　（清）張燕昌輯　清抄本
　一冊

310000－0242－0014462　S愚史2044

金石契不分卷　（清）張燕昌撰　清乾隆四十
三年(1778)刻本　四冊

310000－0242－0014463　愚史2045

重定金石契不分卷附石鼓文釋存　（清）張燕
昌輯　清光緒貴池劉氏聚學軒刻本　十冊

310000－0242－0014464　愚史2046

歷代石經略二卷　（清）桂馥撰　清光緒九年
(1883)海豐吳氏刻本　二冊

310000－0242－0014465　愚史2047

金石學錄四卷　（清）李遇孫撰　清道光二年
(1822)刻本　二冊

310000－0242－0014466　愚史2049

評點金石三例十五卷　（清）王芑孫評點　清
光緒四年(1878)讀有用書齋刻本　四冊

310000－0242－0014467　愚史2050

漢碑錄文四卷　（清）馬邦玉輯　清道光二十
七年(1847)靈石楊氏刻本　四冊

310000－0242－0014468　愚史2051

鐵橋金石跋四卷　（清）嚴可均撰　清古歡閣
刻本　二冊

310000－0242－0014469　愚史2052

中州金石目四卷　（清）姚晏撰　清咄進齋刻
本　二冊

310000－0242－0014470　愚史2053

金石文鈔八卷續鈔二卷　（清）趙紹祖輯　清
嘉慶七年(1802)刻本　十冊

310000－0242－0014471　S愚史2054

筠清館金石文字五卷　（清）吳榮光撰　清道
光二十二年(1842)刻本　五冊

310000－0242－0014472　愚史2055

韓蘄王碑釋文一卷　（清）顧沅撰　清刻本
一冊

310000－0242－0014473　愚史2056

求古精舍金石圖四卷　（清）陳經編　清嘉慶
二十二年(1817)陳氏說劍樓刻本　六冊

310000－0242－0014474　愚史2057

熹平石經殘字攷　（清）陳宗彝輯釋　清道光
五年(1825)刻本　一冊

310000－0242－0014475　愚史2058

封泥攷略十卷　（清）吳式芬　（清）陳介祺撰
　清光緒三十年(1904)石印本　十冊

310000－0242－0014476　愚史2059

隨軒金石文字九種　（清）徐渭仁撰　清同治
七年(1868)刻本　八冊

310000－0242－0014477　愚史2060

昭陵碑攷十二卷　（清）孫三錫撰　清咸豐八
年(1858)刻本　六冊

310000－0242－0014478　愚史2061

十二硯齋金石過眼錄十八卷　（清）汪鋆撰
清光緒元年(1875)儀徵汪氏刻本　四冊

310000－0242－0014479　愚史 2062

金石屑四卷　（清）鮑昌熙摹　清光緒三年（1877）嘉興鮑氏刻本　四冊

310000－0242－0014480　愚史 2063

歷代碑帖詳攷一卷附梅屋爐餘稿一卷　鱸鄉漁撰　清抄本　二冊

310000－0242－0014481　愚史 2064

兩罍軒彝器圖釋十二卷　（清）吳雲編　清抄本　一冊

310000－0242－0014482　愚史 2065

漢建安弩機考一卷　（清）吳雲輯　清光緒六年（1880）刻本　一冊

310000－0242－0014483　愚史 2066

石鼓文纂釋一卷　（清）趙烈文撰　清光緒十一年（1885）刻本　一冊

310000－0242－0014484　愚史 2067

攀古樓彝器款識二卷　（清）潘祖蔭撰　清同治十一年（1872）刻本　二冊

310000－0242－0014485　愚史 2068

郎官石柱題名攷二十六卷附錄一卷　（清）勞格撰　清光緒十年（1884）月河精舍刻本　十六冊

310000－0242－0014486　愚史 2069

唐御史臺精舍題名攷三卷　（清）趙鉞　（清）勞格撰　清光緒四年（1878）月河精舍刻本　二冊

310000－0242－0014487　愚史 2070

東甌金石志十二卷　（清）戴咸弼輯　清光緒二年（1876）溫州郡庠木活字印本　六冊

310000－0242－0014488　愚史 2071

望堂金石二十四種　楊守敬輯　清光緒二年（1876）楊氏刻本　六冊

310000－0242－0014489　愚史 2072

望堂金石二十六種　楊守敬輯　清光緒二年（1876）楊氏刻本　十五冊

310000－0242－0014490　愚史 2073

印林八卷　楊守敬摹刻　清光緒三年（1877）楊氏鈐印本　八冊

310000－0242－0014491　愚史 2074

飛青閣雙鈎石墨十種　楊守敬輯　清光緒二年（1876）楊氏刻本　三冊

310000－0242－0014492　愚史 2075

金石學錄補三卷　（清）陸心源撰　清光緒五年（1879）潛園刻本　一冊

310000－0242－0014493　愚史 2076

吳興金石記十六卷　（清）陸心源撰　清光緒十六年（1890）刻本　四冊

310000－0242－0014494　愚史 2077

千甓亭塼錄六卷續四卷　（清）陸心源撰　清光緒七年（1881）刻本　三冊

310000－0242－0014495　愚史 2078

千甓亭古磚圖釋二十卷　（清）陸心源輯　清光緒十七年（1891）吳興陸氏石印本　四冊

310000－0242－0014496　愚史 2079

虎阜石刻僅存錄一卷　（清）潘鍾瑞撰　清光緒十四年（1888）刻本　一冊

310000－0242－0014497　S 愚史 2080

非見齋碑錄續語堂碑錄不分卷　（清）魏錫曾撰　清刻本　八冊

310000－0242－0014498　愚史 2081

金石摘不分卷　（清）陳善墀撰　清同治十二年（1873）刻本　十六冊

310000－0242－0014499　愚史 2082

鐵雲藏陶不分卷　（清）劉鶚輯　清光緒三十年（1904）丹徒劉鶚抱殘守缺齋石印本　四冊

310000－0242－0014500　愚史 2083

鐵雲藏龜不分卷　（清）劉鶚輯　清光緒二十九年（1903）丹徒劉氏抱殘守缺齋石印本　六冊

310000－0242－0014501　愚史 2084

日本金石志五卷　（清）傅雲龍撰　清光緒十五年（1889）籑喜廬刻本　三冊

310000－0242－0014502　S 愚子 1

孔子家語十卷 (三國魏)王肅注 明崇禎毛氏汲古閣刻本 四冊

310000－0242－0014503 S愚子2

孔子家語十卷 (三國魏)王肅注 明萬曆吳勉學刻本 六冊

310000－0242－0014504 愚子3

新刻注釋孔子家語憲四卷 (明)陳際泰注 清乾隆金閶書業堂刻本 一冊

310000－0242－0014505 愚子4

孔子家語疏證六卷 (清)孫志祖輯 清會稽章氏式訓堂刻本 二冊

310000－0242－0014506 S愚子6

荀子二十卷 (戰國)荀況撰 (唐)楊倞注 明刻本 八冊

310000－0242－0014507 愚子8

荀子集解二十卷 王先謙撰 清光緒十七年(1891)湖南思賢講舍刻本 六冊

310000－0242－0014508 S愚子10

新語二卷 (漢)陸賈撰 明弘治十五年(1502)刻本 一冊

310000－0242－0014509 S愚子11

新書十卷附錄一卷 (漢)賈誼撰 (明)皇甫龍 (明)唐琳訂 明萬曆十年(1582)刻本 二冊

310000－0242－0014510 愚子13

新序十卷 (漢)劉向撰 明刻本 二冊

310000－0242－0014511 愚子16

說苑二十卷 (漢)劉向撰 (明)鍾人傑閱 明末刻本 五冊

310000－0242－0014512 愚子19

揚子法言十三卷附音義一卷 (漢)揚雄撰 (晉)李軌注 清嘉慶二十三年(1818)江都秦氏石研齋刻本 一冊

310000－0242－0014513 愚子21

潛夫論十卷 (漢)王符撰 清刻本 二冊

310000－0242－0014514 愚子23

潛夫論注十卷 (清)汪繼培箋 清嘉慶二十三年(1818)蕭山陳氏湖海樓刻本 五冊

310000－0242－0014515 愚子24

申鑒五卷 (漢)荀悅撰 中論二卷 (漢)徐幹撰 明刻本 一冊

310000－0242－0014516 愚子25

新論十卷 (南朝梁)劉勰撰 明刻本 一冊

310000－0242－0014517 S愚子26

中說二卷 (隋)王通撰 明刻本 一冊

310000－0242－0014518 愚子29

家範十卷 (宋)司馬光撰 清李氏刻本 一冊

310000－0242－0014519 愚子31

周子全書四卷 (宋)周敦頤撰 清傳經堂刻本 一冊

310000－0242－0014520 愚子32

周子全書二十二卷 (宋)周敦頤撰 清乾隆刻本 八冊

310000－0242－0014521 愚子33

張子全書十四卷附錄一卷 (宋)張載撰 清高安朱氏刻本 四冊

310000－0242－0014522 愚子35

二程遺書二十五卷附錄一卷 (宋)程頤著 (宋)朱熹編 清星沙小嫏嬛山館刻本 五冊

310000－0242－0014523 愚子36

二程外書十二卷 (宋)朱熹編 清星沙小嫏嬛山館刻本 一冊

310000－0242－0014524 愚子37

程氏經說八卷 (宋)朱熹著 二程粹言二卷 (宋)張栻撰 清刻本 二冊 缺四卷(程氏經說一至四)

310000－0242－0014525 愚子38

童蒙訓三卷 (宋)呂本中編 清當歸草堂刻本 一冊

310000－0242－0014526 愚子40

近思錄十四卷 (宋)朱熹 (宋)呂祖謙撰

清傳經堂刻本　二冊

310000－0242－0014527　S愚子41
近思錄集解十四卷　（宋）葉采撰　清乾隆元年(1736)桂林陳氏培遠堂刻本　二冊

310000－0242－0014528　愚子42
近思錄集解十四卷　（宋）葉采撰　清刻本四冊

310000－0242－0014529　愚子43
小學集注六卷　（宋）朱熹撰　清雍正五年(1727)內府刻本　二冊

310000－0242－0014530　愚子44
朱子語類一百四十卷　（宋）黎靖德編　清傳經堂刻本　四十八冊

310000－0242－0014531　愚子46
木鍾集十一卷　（宋）陳埴撰　清同治六年(1867)江右陳氏刻本　四冊

310000－0242－0014532　愚子47
經濟文衡前集二十五卷後集二十五卷續集二十二卷　（宋）滕珙輯　清乾隆四年(1739)刻本　十二冊

310000－0242－0014533　愚子48
大學衍義四十三卷　（宋）真德秀撰　清光緒十三年(1887)柏經正堂刻本　十二冊

310000－0242－0014534　愚子49
大學衍義輯要六卷　（清）陳宏謀輯　清道光二十二年(1842)寶恕堂刻本　四冊

310000－0242－0014535　愚子50
大學衍義補輯要十二卷首一卷　（明）邱濬撰　（清）陳宏謀輯　清道光二十二年(1842)寶恕堂刻本　十二冊

310000－0242－0014536　愚子51
西山先生真文忠公讀書記四十卷　（宋）真德秀撰　清同治三年(1864)建州真氏刻本　三十冊

310000－0242－0014537　愚子52
心經一卷　（唐）釋玄奘譯　清同治十二年(1873)三原劉氏述荊堂刻本　一冊

310000－0242－0014538　愚子54
北溪字義二卷附補遺一卷　（宋）陳淳撰　清光緒十三年(1887)傳經堂刻本　二冊

310000－0242－0014539　愚子56
讀書分年日程三卷　（元）程端禮撰　清光緒二十三年(1897)柏經正堂刻本　二冊

310000－0242－0014540　愚子58
辨惑編四卷附錄一卷　（元）謝應芳撰　清光緒六年(1880)刻本　二冊

310000－0242－0014541　S愚子59
性理大全書七十卷　（明）胡廣等撰　明萬曆三十六年(1608)建邑書林安正堂劉蓮臺刻本　三十冊

310000－0242－0014542　愚子60
性理大全書七十卷　（明）胡廣等輯　明刻本　三十二冊

310000－0242－0014543　愚子61
讀書錄十卷續錄十二卷　（明）薛瑄撰　清光緒二十年(1894)柏經正堂刻本　十二冊

310000－0242－0014544　S愚子62
大學衍義補一百六十卷　（明）邱濬撰　明弘治刻本　四十冊

310000－0242－0014545　愚子63
朱子學的二卷　（明）邱濬撰　清光緒十五年(1889)刻本　二冊

310000－0242－0014546　愚子64
居業錄四卷　（明）胡居仁撰　清同治九年(1870)三原劉氏儒經堂刻本　四冊

310000－0242－0014547　愚子65
性理群書集覽七十卷　（明）玉峰道人編　明刻本　十四冊

310000－0242－0014548　愚子66
荊川批點語錄十四卷　（明）唐順之輯　明隆慶五年(1571)寶山堂刻本　四冊

310000－0242－0014549　S愚子67
卓吾先生批評龍溪先生語錄抄八卷　（明）王畿撰　（明）李卓吾批評　（明）吳可期

(明)吳可善校正　明萬曆二十六年(1598)餘姚何氏刻本　五册

310000－0242－0014550　S愚子68
聖學格物通一百卷　(明)湛若水撰　明嘉靖福建布政司右布政使吳昂刻本　二十册

310000－0242－0014551　愚子69
中庸衍義十七卷　(明)夏良勝撰　清同治十年(1871)刻本　八册

310000－0242－0014552　S愚子70
王陽明先生傳習錄四卷　(明)王守仁撰　明正德十三年(1518)刻本　二册

310000－0242－0014553　愚子71
呻吟語六卷補遺一卷　(明)吕坤著　清味經書院刻本　八册

310000－0242－0014554　愚子72
吕子節錄四卷補遺二卷　(清)陳宏謀輯　清嘉慶二十三年(1818)錢臻刻本　四册

310000－0242－0014555　愚子73
吕語集粹四卷　(清)陳宏謀評　清光緒五年(1879)刻本　四册

310000－0242－0014556　愚子74
學蔀通辨十二卷　(明)陳建撰　清傳經堂刻本　四册

310000－0242－0014557　愚子75
于氏中説二卷論草一卷　(明)于鎰撰　清光緒四年(1878)金壇于氏刻本　二册

310000－0242－0014558　S愚子76
皇明寶訓四十卷　(明)吕本等輯　明萬曆廣文堂刻本　二十册

310000－0242－0014559　愚子77
關學編五卷　(明)馮從吾撰　(清)李元春續編　清光緒二十五年(1899)陝西刻本　四册

310000－0242－0014560　S愚子78
三儒類要五卷　(明)徐用檢編　明萬曆七年(1579)蘇州李充實刻本　二册

310000－0242－0014561　愚子79
人譜一卷人譜類記二卷本傳一卷　(明)劉宗周撰　清同治七年(1868)蕺山書院刻本　二册

310000－0242－0014562　S愚子80
蕺山先生人譜一卷人譜類記二卷　(明)劉宗周撰　清雍正四年(1726)教忠堂刻本　二册

310000－0242－0014563　愚子81
小學句讀記四卷　(明)陳選點　(清)王建常記　清同治十二年(1873)三原劉氏傳經堂刻本　五册

310000－0242－0014564　愚子83
正蒙會稿四卷　(明)劉璣撰　清道光二十年(1840)惜陰軒刻本　四册

310000－0242－0014565　S愚子84
新刻伯孝曹先生蒐輯性理秉筆集要五卷首一卷　(明)曹學賜輯　明萬曆四十年(1612)刻本　四册

310000－0242－0014566　S愚子85
理要酬諮錄二卷　(明)管志道撰　明萬曆三十年(1602)刻本　二册

310000－0242－0014567　S愚子86
性理會通七十卷續編四十二卷　(明)鍾人傑纂　明刻本　三十七册

310000－0242－0014568　S愚子87
性理綜要二十二卷　(明)詹淮輯　明刻本　十二册

310000－0242－0014569　S愚子88
俟後編六卷補一卷仁孝先生事略一卷　(明)王敬臣撰　(清)彭定求輯　清康熙六年(1667)彭定求刻本　四册

310000－0242－0014570　愚子89
最樂編六卷　(明)高道淳輯　清同治二年(1863)刻本　二册

310000－0242－0014571　S愚子90
楊氏塾訓六卷　(明)楊兆坊撰　明萬曆三十一年(1603)饒景暐刻本　六册

310000－0242－0014572　S愚子91

汪子中詮六卷 （明）汪應蛟撰 明萬曆四十六年(1618)敬思堂刻本 二冊

310000－0242－0014573 愚子92

顏子疏解二卷 （明）徐達左編 清刻本 二冊

310000－0242－0014574 愚子93

小心齋劄記十八卷 （明）顧憲成撰 清無錫顧氏祠堂刻本 四冊

310000－0242－0014575 愚子94

求仁錄十卷 （清）潘平格撰 清康熙刻本 四冊

310000－0242－0014576 S 愚子95

萬世玉衡錄四卷 （清）蔣伊撰 清蔣陳錫刻本 四冊

310000－0242－0014577 S 愚子96

畜德祿二十卷 （清）席啟圖纂輯 清康熙二十三年(1684)繩武堂刻本 十冊

310000－0242－0014578 愚子97

勸善要言一卷 （清）世祖福臨撰 清內府刻朱印本 一冊

310000－0242－0014579 愚子99

資政要覽三卷後序一卷 （清）世祖福臨撰 清順治十二年(1655)刻本 四冊

310000－0242－0014580 愚子100

聖諭廣訓一卷 （清）聖祖玄燁撰 （清）世宗胤禛廣訓 清武英殿刻本 一冊

310000－0242－0014581 愚子101

聖諭廣訓一卷 （清）聖祖玄燁撰 （清）世宗胤禛廣訓 清刻本 一冊

310000－0242－0014582 愚子102

聖諭像解二十卷 （清）梁延年編 清咸豐六年(1856)廣州味經堂書坊刻本 十冊

310000－0242－0014583 愚子103

聖諭廣訓衍二卷 （清）聖祖玄燁撰 （清）世宗胤禛廣訓 清雍正二年(1724)刻本 二冊

310000－0242－0014584 愚子104

聖諭十六條附律易解一卷 （清）聖祖玄燁撰 （清）夏炘注解 清同治七年(1868)江蘇書局刻本 一冊

310000－0242－0014585 愚子106

庭訓格言一卷 （清）世宗胤禛輯 清柏經正堂刻本 二冊

310000－0242－0014586 愚子107

庭訓格言一卷 （清）世宗胤禛輯 清刻本 一冊

310000－0242－0014587 愚子108

庭訓格言二卷 （清）聖祖玄燁撰 （清）世宗胤禛編 清雍正八年(1730)內府刻本 二冊

310000－0242－0014588 S 愚子109

日知薈說四卷 （清）高宗弘曆撰 清乾隆四年(1739)武英殿刻本 四冊

310000－0242－0014589 愚子110

孝經衍義一百卷 （清）葉方藹 （清）張英等編 清康熙二十一年(1682)刻本 三十冊

310000－0242－0014590 愚子111

性理精義十二卷 （清）李光地撰 清康熙五十二年(1713)傳經堂刻本 六冊

310000－0242－0014591 愚子112

康熙幾暇格物編二卷 （清）聖祖玄燁撰 （清）盛昱錄 清光緒石印本 二冊

310000－0242－0014592 愚子113

御覽經史講義三十一卷 （清）蔣溥等撰 清乾隆十四年(1749)武英殿刻本 二十冊

310000－0242－0014593 S 愚子114

陸桴亭思辨錄輯要二十二卷後集十三卷 （清）陸世儀 （清）張伯行編 清康熙四十八年(1709)榕城正誼堂刻本 五冊

310000－0242－0014594 愚子115

衡門芹一卷 （明）辛全撰 清光緒二十五年(1899)柏經正堂刻本 一冊

310000－0242－0014595 愚子116

理學宗傳二十六卷 （清）孫奇逢編 清光緒六年(1880)浙江書局刻本 十二冊

310000 – 0242 – 0014596　愚子 117

楊園先生備忘録六卷　（清）張璃撰　清刻本
二冊

310000 – 0242 – 0014597　愚子 118

理學宗傳辨正十六卷　（清）劉廷詔纂　清同
治十一年(1872)吳氏求我齋刻本　六冊

310000 – 0242 – 0014598　愚子 119

理學正宗十五卷　（清）竇克勤編　清光緒四
年(1878)竇氏刻本　六冊

310000 – 0242 – 0014599　愚子 120

匏瓜録十卷　（清）芮長恤撰　清光緒十三年
(1887)刻本　六冊

310000 – 0242 – 0014600　愚子 122

小學集解六卷　（清）高愈注　清道光十四年
(1834)錦江書院刻本　二冊

310000 – 0242 – 0014601　愚子 123

小學正義集注六卷　（清）陳鏦注　清康熙三
十六年(1697)刻本　二冊

310000 – 0242 – 0014602　愚子 124

明儒學案六十二卷　（清）黃宗羲撰　清道光
元年(1821)莫氏刻本　十六冊

310000 – 0242 – 0014603　愚子 125

逸語十卷　（清）曹庭棟輯並注　清乾隆十二
年(1747)曹氏刻本　四冊

310000 – 0242 – 0014604　S 愚子 126

學統五十六卷　（清）熊賜履撰　清康熙二十
四年(1685)退補齋刻本　十六冊

310000 – 0242 – 0014605　愚子 127

宋元學案一百卷　（清）黃宗羲輯　清光緒五
年(1879)龍氏刻本　四十冊

310000 – 0242 – 0014606　愚子 128

四書反身録八卷　（清）李顒撰　（清）王心敬
輯　清浙江書局刻本　四冊

310000 – 0242 – 0014607　愚子 129

讀書說四卷附年譜一卷　（清）胡承諾撰　清
道光二十五年(1845)刻本　六冊

310000 – 0242 – 0014608　愚子 130

繹志十九卷　（清）胡承諾撰　清道光十七年
(1837)刻本　六冊

310000 – 0242 – 0014609　愚子 131

國朝學案小識十五卷　（清）唐鑑撰　清光緒
十年(1884)刻本　十一冊

310000 – 0242 – 0014610　S 愚子 132

**呂子評語正編四十二卷附刻一卷首一卷餘編
八卷附刻一卷首一卷**　（清）呂留良撰　清康
熙五十五年(1716)車鼎豐晚聞軒刻本　十二
冊

310000 – 0242 – 0014611　愚子 133

正蒙補訓四卷　（清）冉覲祖撰　清康熙四十
一年(1702)刻本　四冊

310000 – 0242 – 0014612　愚子 134

蔡氏九儒書十卷　（明）蔡有鷴輯　清雍正十
一年(1733)刻本　七冊

310000 – 0242 – 0014613　愚子 136

朱子節要十四卷　（宋）朱熹撰　（明）高攀龍
輯　清康熙十四年(1675)北平朱之弼刻本
五冊

310000 – 0242 – 0014614　愚子 137

朱子約編八卷　（清）鄭士範輯　清光緒十九
年(1893)周氏刻本　二冊

310000 – 0242 – 0014615　愚子 138

濂洛關閩書十九卷　（清）張伯行輯並注　清
正誼堂刻本　四冊

310000 – 0242 – 0014616　愚子 139

小學六卷　（宋）朱熹撰　清光緒十年(1884)
三原劉氏傳經堂刻本　二冊

310000 – 0242 – 0014617　愚子 140

小學集解六卷　（清）張伯行注　清同治六年
(1867)崇文書局刻本　二冊

310000 – 0242 – 0014618　愚子 142

養正類編二十二卷　（清）張伯行編輯　清康
熙四十六年(1707)正誼堂刻本　四冊

310000 – 0242 – 0014619　愚子 143

近思錄集解二卷 (清)李文炤撰 清康熙五十九年(1720)刻本 一冊

310000－0242－0014620 愚子 144
勵志錄二卷年譜二卷 (清)沈近思撰 (清)沈日富編 清同治十二年(1873)浙江書局刻本 二冊

310000－0242－0014621 愚子 145
經史初學辨體不分卷 (清)徐與喬撰 清康熙十八年(1679)刻本 十二冊

310000－0242－0014622 愚子 146
一輻集十八卷 (清)項淳撰 清乾隆五十五年(1790)歙縣項氏殖蔭軒刻本 六冊

310000－0242－0014623 愚子 147
五子近思錄十四卷 (清)汪佑編 清康熙三十二年(1693)汪氏退思堂刻本 五冊

310000－0242－0014624 愚子 148
澄懷園語四卷 (清)張廷玉撰 清光緒六年(1880)刻本 一冊

310000－0242－0014625 愚子 149
巾經纂二十卷 (清)宋宗元編 清同治十年(1871)陸川李氏刻本 五冊

310000－0242－0014626 愚子 150
宋儒大文約二十卷 (清)李毓秀輯 清康熙六十年(1721)刻本 二冊

310000－0242－0014627 愚子 151
蔡氏九儒書十卷 (明)蔡有鶤輯 清同治七年(1868)刻本 六冊

310000－0242－0014628 愚子 152
閭家編八卷 (清)王士俊輯 清道光二十三年(1843)刻本 四冊

310000－0242－0014629 愚子 153
儒門法語一卷 (清)彭定求編 清同治四年(1865)刻本 一冊

310000－0242－0014630 愚子 154
劉直齋先生讀書日記六卷 (清)劉源淥著 清雍正十一年(1733)安邱劉氏刻本 四冊

310000－0242－0014631 愚子 155
養正遺規不分卷 (清)陳弘謀編 清光緒十六年(1890)陝西刻本 二冊

310000－0242－0014632 愚子 156
教女遺規一卷 (清)陳弘謀編 清光緒十六年(1890)求友齋刻本 一冊

310000－0242－0014633 愚子 157
大學衍義體要十六卷 (宋)真德秀撰 (清)徐桐輯 清光緒刻本 八冊

310000－0242－0014634 愚子 158
治平大略四卷 (清)張秉直撰 清光緒元年(1875)傳經堂刻本 四冊

310000－0242－0014635 愚子 159
修省編三卷 (清)范鍾銓撰 清乾隆三十三年(1768)刻本 三冊

310000－0242－0014636 愚子 160
權衡一書四十一卷 (清)王植輯 清乾隆元年(1736)刻本 二十四冊

310000－0242－0014637 愚子 161
雙節堂庸訓六卷 (清)汪輝祖撰 清同治七年(1868)楚北崇文書局刻本 二冊

310000－0242－0014638 愚子 162
正學編八卷 (清)潘世恩輯 清同治九年(1870)刻本 四冊

310000－0242－0014639 愚子 164
約書十二卷 (清)謝階樹撰 清刻本 四冊

310000－0242－0014640 愚子 165
三近齋語錄一卷踵息廬粹語一卷易學贅言二卷謝氏源流攷一卷 (清)謝珍撰 清光緒九年(1883)武進謝氏刻本 一冊

310000－0242－0014641 愚子 166
澤古齋語錄一卷媿人錄一卷警心錄一卷 (清)吳士模撰 清刻本 一冊

310000－0242－0014642 愚子 167
弟子箴言十六卷 (清)胡達源撰 清同治九年(1870)刻本 四冊

310000－0242－0014643　愚子168

古格言六卷　（清）梁章鉅輯　清道光三年
(1823)刻本　二冊

310000－0242－0014644　愚子169

國朝儒林正論四卷　（清）汪正編校　清道光
十八年(1838)刻本　一冊

310000－0242－0014645　愚子170

先正遺規四卷　（清）汪正撰　清光緒十九年
(1893)浙局刻本　二冊

310000－0242－0014646　愚子171

先正格言十卷　（清）陳鑾輯　清道光十五年
(1835)刻本　四冊

310000－0242－0014647　愚子172

養蒙書九種　（清）賀瑞麟輯　清同治十二年
(1873)刻本　二冊

310000－0242－0014648　愚子173

平平錄十卷　（清）楊芳撰　清道光十三年
(1833)刻本　四冊

310000－0242－0014649　愚子174

徇鐸莊言一卷　（清）彭蘊章撰　清道光二十
八年(1848)刻本　一冊

310000－0242－0014650　愚子175

性理彙編四種　（明）費餘懷編　清刻本　二
冊

310000－0242－0014651　愚子176

心書四卷　（清）張自勳輯　清嘉慶十六年
(1811)宜春張氏刻本　四冊

310000－0242－0014652　愚子177

太極圖集解一卷　（清）王建常注　清同治十
二年(1873)趙氏刻本　一冊

310000－0242－0014653　愚子178

復齋錄六卷　（清）王建常撰　清光緒元年
(1875)述荊堂刻本　四冊

310000－0242－0014654　愚子179

訟過齋日記六卷(清同治)　（清）毛輝鳳撰
清光緒九年(1883)豐城毛氏刻本　二冊

310000－0242－0014655　愚子180

六事箴言一卷　（清）葉玉屏輯　清咸豐二年
(1852)上海郁氏宜稼堂刻本　一冊

310000－0242－0014656　愚子181

拾餘四種二卷子問二卷又問一卷　（清）劉沅
撰　清咸豐十一年(1861)刻本　五冊

310000－0242－0014657　愚子183

理學辨似一卷　（清）潘子昭撰　清常熟潘氏
刻本　一冊

310000－0242－0014658　愚子184

先儒粹言二卷　（清）馬鼇輯　清乾隆十四年
(1749)刻本　二冊

310000－0242－0014659　愚子185

省身日課十四卷　（清）唐鑑撰　清光緒十二
年(1886)刻本　十三冊

310000－0242－0014660　愚子186

得頤堂範言二卷　（清）鄒湘倜撰　清同治五
年(1866)刻本　一冊

310000－0242－0014661　愚子187

止齋遺書十六卷　（清）黃俊苑撰　清光緒元
年(1875)刻本　八冊

310000－0242－0014662　愚子188

朱子遺書六十九卷　（宋）朱熹撰　清禦兒呂
氏刻本　四冊

310000－0242－0014663　愚子189

信好錄四卷　（清）賀瑞麟編　清光緒十六年
(1890)柏經正堂刻本　四冊

310000－0242－0014664　愚子190

衛道編二卷　（清）劉紹攽撰　清光緒元年
(1875)帶經堂刻本　二冊

310000－0242－0014665　愚子191

**古桐書屋劄記一卷遊藝約言一卷制藝書存一
卷**　（清）劉熙載撰　清光緒十三年(1887)刻
本　一冊

310000－0242－0014666　愚子192

持志塾言二卷　（清）劉紹攽撰　清光緒六年
(1880)龍門書院刻本　一冊

310000－0242－0014667　　愚子 193

求闕齋讀書錄十卷　（清）曾國藩撰　清光緒
二年(1876)刻本　　四冊

310000－0242－0014668　　愚子 194

校邠廬抗議二卷　（清）馮桂芬撰　清光緒十
年(1884)刻本　　二冊

310000－0242－0014669　　愚子 195

曾子家語六卷　（清）曾國荃審訂　（清）王定
安編輯　清光緒十五年(1889)刻本　　二冊

310000－0242－0014670　　愚子 196

嘐嘐言六卷　（清）郭柏蔭撰　清道光三十年
(1850)刻本　　一冊

310000－0242－0014671　　愚子 197

人範六卷　（清）蔣元輯　清光緒二十七年
(1901)廣雅書局刻本　　一冊

310000－0242－0014672　　S 愚子 198

阮氏筆訓不分卷　（清）阮應韶輯　清乾隆四
十七年(1782)山陽阮氏職思堂刻本　　二冊

310000－0242－0014673　　愚子 199

菜根談一卷　（明）洪應明撰　清光緒十七年
(1891)刻本　　一冊

310000－0242－0014674　　愚子 200

經史管窺六卷　（清）蕭曇撰　清嘉慶二十三
年(1818)刻本　　二冊

310000－0242－0014675　　愚子 201

日省錄三卷補遺一卷　（清）梁文科輯　清光
緒九年(1883)刻本　　二冊

310000－0242－0014676　　愚子 202

二希正鵠三卷　（清）潘汝翼輯　清道光十年
(1830)紹興潘氏刻本　　三冊

310000－0242－0014677　　愚子 203

薔庵隨筆六卷末一卷　（明）陸文衡撰　清光
緒二十三年(1897)石印本　　二冊

310000－0242－0014678　　愚子 204

性修篇一卷　（□）□□撰　清抄本　　一冊

310000－0242－0014679　　愚子 205

金筅颺言一卷首三卷　（清）楊後撰輯　清同
治二年(1863)吳玉田刻本　　二冊

310000－0242－0014680　　愚子 206

敦艮齋遺書十七卷　（清）徐潤第撰　清抄本
四冊

310000－0242－0014681　　愚子 208

聖門十六子書八十八卷　（清）馮雲鵷輯　清
道光十二年(1832)刻本　　六冊

310000－0242－0014682　　愚子 209

大學衍義續七十卷　（清）強汝詢輯　清光緒
十二年(1886)溧陽強氏刻本　　二十四冊

310000－0242－0014683　　愚子 210

儒門正宗類編二十二卷　（清）鄒世照輯　清
光緒十二年(1886)新化鄒氏刻本　　二冊

310000－0242－0014684　　愚子 211

仁書二卷　（清）易佩紳撰　清光緒十年
(1884)刻本　　一冊

310000－0242－0014685　　愚子 212

朱子講學輯要篇十卷　（清）龍炳垣輯　清同
治六年(1867)刻本　　六冊

310000－0242－0014686　　愚子 213

慎思錄二卷　（清）李南暉撰　清光緒七年
(1881)刻本　　二冊

310000－0242－0014687　　愚子 215

**呂子遺書呻吟語六卷實政錄七卷去偽齋集十
卷呂書四種小兒語好人歌宗約歌閨戒合刻**
（明）呂坤著　清道光七年(1827)河南刻本
二十四冊

310000－0242－0014688　　S 愚子 234

握機經三卷握機緯十五卷　（明）曹胤儒輯
明末刻本　　四冊

310000－0242－0014689　　S 愚子 235

六韜六卷逸文一卷　（周）呂望撰　（明）何守
法校音點注　明刻武經七書本　　六冊

310000－0242－0014690　　S 愚子 236

黃石公三略三卷　（明）何守法校音點注　明
萬曆三十二年(1604)弘錫堂刻本　　一冊

310000－0242－0014691　S愚子237

投筆膚談二卷　（明）何守法校音點注　明萬曆三十二年(1604)弘錫堂刻本　二冊

310000－0242－0014692　S愚子238

孫子六卷　（明）何守法校音點注　明萬曆三十二年(1604)弘錫堂刻本　六冊

310000－0242－0014693　愚子239

孫子十家注十三卷遺說一卷序錄一卷　（宋）吉天保輯　清光緒十年(1884)刻本　六冊

310000－0242－0014694　S愚子241

吳子二卷　（明）何守法校音點注　明萬曆三十二年(1604)弘錫堂刻本　二冊

310000－0242－0014695　S愚子242

司馬法三卷　（明）何守法校音點注　明萬曆三十二年(1604)弘錫堂刻本　三冊

310000－0242－0014696　S愚子243

李衛公三卷　（明）何守法校音點注　明萬曆三十二年(1604)弘錫堂刻本　三冊

310000－0242－0014697　S愚子244

尉繚子五卷　（明）何守法校音點注　明萬曆三十二年(1604)弘錫堂刻本　三冊

310000－0242－0014698　愚子245

素書一卷　（漢）黃石公著　（宋）張商英注　清抄本　一冊

310000－0242－0014699　S愚子246

心書一卷　（三國蜀）諸葛亮撰　（清）雷體剛校　清抄本　一冊

310000－0242－0014700　愚子247

李衛公問對三卷　（唐）李靖撰　清抄本　二冊

310000－0242－0014701　愚子248

太白陰經十卷　（唐）李筌輯　清道光二十年(1840)金山錢氏刻本　二冊

310000－0242－0014702　愚子249

太白陰經二卷　（唐）李筌輯　清抄本　二冊

310000－0242－0014703　愚子250

虎鈐經二十卷　（宋）許洞撰　清刻本　四冊

310000－0242－0014704　愚子252

守城錄四卷　（宋）陳規撰　清守山閣刻本　一冊

310000－0242－0014705　S愚子253

古今平定略八卷　（清）洪承疇輯　明崇禎余璟刻本　六冊

310000－0242－0014706　愚子254

草廬經略二卷　（明）黃之瑞撰　清抄本　二冊

310000－0242－0014707　愚子255

陣紀四卷　（明）何良臣撰　清守山閣刻本　一冊

310000－0242－0014708　S愚子256

唐荊川先生纂武編前六卷後六卷　（明）唐順之撰　明萬曆四十六年(1618)徐象橒曼山館刻本　十二冊

310000－0242－0014709　愚子257

列國諸將傳四卷百將傳四卷續百將傳三卷明朝將傳三卷　（明）趙光裕撰　清康熙二十七年(1688)刻本　六冊

310000－0242－0014710　S愚子258

武經標題正義八卷附馬步射法棍法一卷　（明）趙光裕撰並注釋　明萬曆十六年(1588)書林萃慶堂余泗泉刻本　五冊

310000－0242－0014711　愚子259

紀效新書十八卷　（明）戚繼光撰　清光緒元年(1875)刻本　六冊

310000－0242－0014712　S愚子260

紀效新書十四卷　（明）戚繼光撰　明崇禎十七年(1644)刻本　八冊

310000－0242－0014713　愚子261

練兵實紀九卷雜集六卷　（明）戚繼光撰　清嘉慶二十四年(1819)吳之勤刻本　四冊

310000－0242－0014714　愚子262

登壇必究四十卷　（明）王鳴鶴輯　清道光木活字印本　四十冊

310000－0242－0014715　　愚子263

行軍要訣二卷　(明)王鳴鶴輯　清刻本　一冊

310000－0242－0014716　S愚子264

武經開宗十卷　(明)黃獻臣輯　明崇禎芙蓉館刻本　四冊

310000－0242－0014717　S愚子265

增訂武經直解十二卷　(明)劉寅撰　(明)張居正增訂　(□)□□批校　明萬曆五年(1577)錢塘翁氏刻本　八冊

310000－0242－0014718　S愚子266

古今紆籌十卷　(明)朱錦輯　(明)朱豫淳等評　明崇禎十二年(1639)朱泌之刻本　五冊

310000－0242－0014719　愚子267

武備志二百四十卷　(明)茅元儀輯　明天啟元年(1621)蓮溪草堂刻本　一百二冊

310000－0242－0014720　愚子268

軍營百八扣答說四卷　(明)孫承宗撰　清鉛印本　四冊

310000－0242－0014721　愚子269

新鐫旁批詳注廣名將傳二十卷　(明)黃道周注斷　明崇禎十六年(1643)刻本　六冊

310000－0242－0014722　愚子270

金湯十二籌十二卷　(明)李盤撰　清咸豐刻本　八冊

310000－0242－0014723　愚子271

火龍經四卷　(三國蜀)諸葛亮撰　清咸豐七年(1857)抱樸山房刻本　四冊

310000－0242－0014724　愚子272

火攻神機祕典一卷　(明)陳珪撰　清抄本　一冊

310000－0242－0014725　愚子273

洴澼百金方十四卷　(清)惠麓酒民撰　清道光刻本　八冊

310000－0242－0014726　愚子275

兵垣四編　(明)閔聲編　(明)唐順之等評釋　清抄本　五冊

310000－0242－0014727　愚子276

戎約十八卷　(明)蔡時春撰　清抄本　八冊

310000－0242－0014728　愚子277

葉爾羌守城紀略一卷守邊輯要一卷　(清)壁昌撰　清道光二十八年(1848)刻本　一冊

310000－0242－0014729　愚子278

繙譯孫子兵法四卷　(□)□□撰　清京都隆福寺街路南聚珍堂書坊刻本　四冊

310000－0242－0014730　愚子279

兵鏡備考十三卷附兵鏡或問二卷孫子集注一卷　(清)鄧廷羅撰　清刻本　八冊

310000－0242－0014731　愚子280

八陣發明一卷附淮雲問答一卷　(清)陸世儀撰　清光緒二十五年(1899)太倉唐氏刻本　二冊

310000－0242－0014732　愚子281

戊笈談兵十卷　(清)汪紱撰　清光緒二十一年(1895)刻本　八冊

310000－0242－0014733　愚子282

兵武聞見錄一卷附牧令要訣一卷　(清)壁昌撰　清咸豐九年(1859)刻本　二冊

310000－0242－0014734　愚子283

武備輯要續編十二卷　(清)許乃釗編　清道光二十九年(1849)錢塘許氏刻本　二冊

310000－0242－0014735　愚子284

讀史兵略四十六卷　(清)胡林翼撰　清咸豐十一年(1861)湖北刻本　十六冊

310000－0242－0014736　愚子285

兵法集鑑六卷　(清)史策先撰　清咸豐六年(1856)刻本　六冊

310000－0242－0014737　愚子286

戰略考三十一卷　(明)茅元儀撰　清咸豐十年(1860)潘鐸刻本　八冊

310000－0242－0014738　愚子288

團練事宜一卷勸誡條約一卷　(清)朱孫詒輯　清同治二年(1863)刻本　一冊

310000－0242－0014739　愚子289

練軍紀略一卷　（清）陸汝成撰　清光緒十六年(1890)福建船政局鉛印本　一冊

310000－0242－0014740　愚子290

武備須知四卷　（□）□□撰　清抄本　四冊

310000－0242－0014741　愚子291

武備輯要六卷　（清）曾國藩撰　清同治八年(1869)刻本　二冊

310000－0242－0014742　愚子292

武備新書十種　（清）廖壽豐輯　清光緒二十三年(1897)浙江書局刻本　五冊

310000－0242－0014743　愚子293

行軍要覽助理一得二種不分卷　（清）水月散人輯　清咸豐二年(1852)官彤紳刻本　二冊

310000－0242－0014744　愚子294

外國師船表十二卷　（清）許景澄編　清光緒二十二年(1896)石印本　四冊

310000－0242－0014745　愚子295

兵鏡類編四十卷　（清）李蕊編　清光緒九年(1883)刻本　十二冊

310000－0242－0014746　愚子296

平海心籌二卷　（清）林福祥撰　清咸豐四年(1854)刻本　二冊

310000－0242－0014747　愚子297

長江水師全案三卷　（清）曾國藩等撰　清同治七年(1868)刻本　二冊

310000－0242－0014748　愚子298

中西兵略指掌二十四卷　（清）陳龍昌輯　清光緒二十三年(1897)石印本　六冊

310000－0242－0014749　S愚子299

間書四卷　（清）朱逢甲撰　清抄本　四冊

310000－0242－0014750　愚子300

公侯鑒三卷　（清）柳營外史輯　清光緒二十一年(1895)姑蘇圓妙觀得見齋刻本　二冊

310000－0242－0014751　愚子301

武庫製造錄前後集　（□）□□撰　清抄本

二冊

310000－0242－0014752　愚子302

克虜伯礮類編十二種　（□）□□撰　清製造局刻本　七冊

310000－0242－0014753　愚子303

自強軍西法類編十八卷附創制公言二卷　沈敦和輯　清光緒二十四年(1898)石印本　二十冊

310000－0242－0014754　愚子304

法礮譯新一卷　（法國）嘉尼撰　清石印本　一冊

310000－0242－0014755　愚子305

城堡新義一卷　（德國）波甯撰　清光緒石印本　一冊

310000－0242－0014756　愚子306

陸操新義八卷　（德國）康貝撰　清石印本　一冊

310000－0242－0014757　愚子307

列國陸軍制不分卷　（美國）歐潑登撰　清製造局刻本　三冊

310000－0242－0014758　愚子308

營壘圖說不分卷　（比利時）伯里牙芒撰　清末江南製造局刻本　一冊

310000－0242－0014759　愚子309

爆藥記要六卷　（美國）水雷局原著　清製造局刻本　一冊

310000－0242－0014760　愚子310

製火藥說三卷　（英國）利稼孫等輯　清製造局刻本　一冊

310000－0242－0014761　愚子311

兵船礮法六卷　（美國）水師書院原書　清光緒江南製造局刻本　三冊

310000－0242－0014762　愚子312

水師操練十八卷　（英國）英國戰船部撰（英國）傅蘭雅口譯　（清）徐建寅筆述　清光緒江南製造局刻本　三冊

310000－0242－0014763　　愚子313

英國水師律例四卷　（英國）德麟纂　舒高第等譯　清光緒江南製造局鉛印本　二冊

310000－0242－0014764　　愚子314

臨陣管見九卷　（德國）斯拉弗司撰　（美國）金楷理口譯　（清）趙元益筆述　清光緒江南機器製造總局鉛印本　四冊

310000－0242－0014765　　愚子315

行軍測繪十卷　（英國）連提撰　（英國）傅蘭雅口譯　（清）趙元益筆述　清光緒江南機器製造總局刻本　二冊

310000－0242－0014766　　愚子316

水師章程十四卷續編六卷　（英國）水師兵部原著　（美國）林樂知口譯　（清）鄭昌棪筆述　清光緒江南機器製造總局刻本　十六冊

310000－0242－0014767　　愚子317

整頓水師說一卷　（英國）柯俞姆撰　清光緒十一年(1885)天津機器局鉛印本　七冊

310000－0242－0014768　　愚子319

整頓水師說一卷　（英國）柯俞姆撰　清石印本　一冊

310000－0242－0014769　　愚子320

火器略說一卷　（清）王韜著　（清）黃達權譯　清光緒七年(1881)天南遯窟鉛印本　一冊

310000－0242－0014770　　愚子321

毛瑟槍圖說八卷　（□）□□撰　清石印本　四冊

310000－0242－0014771　　愚子322

水雷電氣問答不分卷　（清）王平撰　清石印本　四冊

310000－0242－0014772　　愚子323

管子二十四卷　（春秋）管仲撰　清嘉慶九年(1804)刻本　十冊

310000－0242－0014773　　S愚子324

管子權二十四卷　（唐）房玄齡注　（明）朱長春權　明萬曆四十年(1612)五湖朱氏刻本　八冊

310000－0242－0014774　　愚子325

管子義證八卷　（清）洪頤煊撰　清嘉慶二十四年(1819)刻本　二冊

310000－0242－0014775　　愚子326

管子校正二十四卷　（清）戴望撰　清同治十二年(1873)刻本　四冊

310000－0242－0014776　　愚子327

商子五卷附文子二卷　（秦）商鞅撰　明萬曆吳勉學校刻本　一冊

310000－0242－0014777　　S愚子329

韓非子纂二卷　（明）張榜撰　明末刻本　二冊

310000－0242－0014778　　S愚子331

合刻管韓二子四十四卷　（明）葛鼎　（明）丁此聘評點　明崇禎十一年(1638)葛鼎刻本　八冊

310000－0242－0014779　　愚子332

韓非子集解二十卷　（清）王先慎撰　清光緒二十二年(1896)刻本　六冊

310000－0242－0014780　　愚子333

疑獄集四卷疑獄集續編六卷　（五代）和凝撰　（明）張景續編　清咸豐元年(1851)桐鄉金氏刻本　二冊

310000－0242－0014781　　愚子334

棠陰比事一卷　（宋）桂萬榮撰　清道光二十九年(1849)刻本　一冊

310000－0242－0014782　　愚子336

洗冤錄詳義四卷摭遺二卷摭遺補一卷附經驗方一卷　（清）許槤編　清光緒十六年(1890)湖北書局刻本　六冊

310000－0242－0014783　　愚子337

祥刑要覽四卷　（明）吳訥輯　清道光十四年(1834)刻本　二冊

310000－0242－0014784　　S愚子338

天台治略十卷　（清）戴兆佳撰　清康熙六十年(1721)師恕堂刻本　二冊

310000－0242－0014785　　S愚子339

文武金鏡律例指南十六卷　（清）淩銘麟編
清康熙二十七年(1688)杭州淩銘麟刻本　八冊

310000－0242－0014786　愚子340
在官法戒録四卷　（清）陳宏謀編　清同治七年(1868)崇文書局刻本　二冊

310000－0242－0014787　愚子342
汝東判語六卷　（清）董沛撰　清光緒九年(1883)刻本　二冊

310000－0242－0014788　愚子343
明刑管見録一卷　（清）穆翰撰　清光緒六年(1880)刻本　一冊

310000－0242－0014789　愚子344
刑案彙要八種十一卷　（清）胡鳳丹撰　清同治六年(1867)退補齋刻本　四冊

310000－0242－0014790　愚子345
審看儗式四卷　（清）剛毅撰　清光緒十三年(1887)晉刻本　二冊

310000－0242－0014791　愚子346
名法指掌四卷　（清）徐灝撰　清同治九年(1870)湖南藩署刻本　四冊

310000－0242－0014792　愚子347
式敬編五卷　（清）楊景仁輯　清光緒五年(1879)刻本　二冊

310000－0242－0014793　愚子350
齊民要術十卷　（北魏）賈思勰著　清光緒二十二年(1896)刻本　四冊

310000－0242－0014794　S 愚子351
農政全書六十卷　（明）徐光啟纂輯　明崇禎十六年(1643)刻本　二十冊

310000－0242－0014795　愚子352
御製耕織圖不分卷　（清）焦秉貞繪　（清）聖祖玄燁題詩　清光緒五年(1879)石印本　二冊

310000－0242－0014796　愚子353
欽定授時通考七十八卷　（清）蔣溥編　清翻刻武英殿本　二十冊

310000－0242－0014797　愚子354
豳風廣義三卷　（清）楊屾撰　清光緒十六年(1890)陝西刻本　四冊

310000－0242－0014798　愚子355
致富奇書三農紀合纂十卷　（清）張宗法纂　清刻本　十冊

310000－0242－0014799　愚子356
寶訓八卷　（清）郝懿行編　清光緒五年(1879)刻本　三冊

310000－0242－0014800　愚子357
雙谿物產疏十五卷　（清）陳經疏　清嘉慶二十一年(1816)刻本　四冊

310000－0242－0014801　愚子358
農候雜占四卷　（清）梁章鉅撰　清同治十二年(1873)刻本　二冊

310000－0242－0014802　愚子359
蠶桑萃編十五卷　（清）衛傑撰　清光緒二十四年(1898)天津書局刻本　八冊

310000－0242－0014803　愚子360
蠶桑圖說合編一卷附說略一卷　（清）沙石安編　清同治八年(1869)刻本　一冊

310000－0242－0014804　愚子361
廣蠶桑說一卷　（明）沈練編　清刻本　一冊

310000－0242－0014805　愚子362
蠶桑寶要四卷　（清）周春溶編　清同治十一年(1872)川東刻本　一冊

310000－0242－0014806　愚子363
蠶桑輯要一卷　（清）胡學階編　清光緒二年(1876)荷池書局刻本　一冊

310000－0242－0014807　愚子364
蠶桑備要一卷　盛宣懷輯　清光緒二年(1876)思補樓刻本　一冊

310000－0242－0014808　愚子365
蠶桑備要四卷指誤一卷附并利圖說　（清）劉青藜編　清光緒二十二年(1896)味經書院刻本　二冊

310000－0242－0014809　愚子640

敬修堂同學出處偶記不分卷　（清）查繼佐著
清刻本　一冊

310000－0242－0014810　愚子670

開方指南不分卷　（明）蔡爾光編　清刻本
二冊

310000－0242－0014811　愚子674

周髀算經二卷　（漢）趙君卿注　**音義一卷**
（唐）李籍撰　**數術記遺一卷**　（漢）徐嶽撰
清福建刻本　二冊

310000－0242－0014812　愚子675

算經三書　（漢）趙君卿注　（北周）甄鸞重述
（唐）李淳風等注釋　清光緒十三年（1887）
行素草堂刻本　二冊

310000－0242－0014813　愚子676

步天歌不分卷　東原老人校勘　清抄本　六
冊

310000－0242－0014814　愚子677

步天歌不分卷　東原老人校勘　清末江南製
造局刻本　一冊

310000－0242－0014815　愚子678

九章算術細草圖說十卷　（清）李潢撰　清刻
本　八冊　存三卷（八至十）

310000－0242－0014816　愚子679

緝古算經一卷緝古算經圖解三卷　（唐）王孝
通輯　（清）陳傑圖解　清道光二十年（1840）
斐文堂刻本　二冊

310000－0242－0014817　S 愚子680

緝古算經三卷　（唐）王孝通撰注　（清）張敦
仁細草　清嘉慶八年（1803）藝學軒刻本　三
冊

310000－0242－0014818　愚子681

緝古算經考注二卷　（清）李潢撰　清南齋劉
氏刻本　二冊

310000－0242－0014819　愚子682

算學啓蒙三卷　（元）朱世傑撰　清同治十年
（1871）江南製造局刻本　二冊

310000－0242－0014820　愚子683

算學啓蒙三卷中西通術一卷　（元）朱世傑撰
清光緒十二年（1886）徐氏刻本　四冊

310000－0242－0014821　愚子684

四元玉鑑三卷　（元）朱世傑撰　清刻本　十
二冊

310000－0242－0014822　愚子685

四元玉鑑細草三卷補例三卷釋例三卷　（元）
朱世傑著　清道光十六年（1836）刻本　六冊

310000－0242－0014823　愚子686

弧矢算術一卷　（明）顧應祥撰　清道光二十
四年（1844）甘泉易氏刻本　一冊

310000－0242－0014824　愚子687

幾何原本六卷　（意大利）利瑪竇口譯　（明）
徐光啟筆受　明萬曆三十五年（1607）刻三十
九年（1611）重修本　四冊

310000－0242－0014825　愚子688

幾何原本十四卷首一卷　（意大利）利瑪竇口
譯　（明）徐光啟筆受　清同治四年（1865）金
陵刻本　八冊

310000－0242－0014826　愚子689

**八綫對數簡表一卷弦切對數表一卷八綫簡表
一卷**　（清）賈步緯編　清江南製造局鉛印本
三冊

310000－0242－0014827　愚子691

御製數理精蘊五十三卷　（清）聖祖玄燁撰
清康熙武英殿刻本　三十三冊

310000－0242－0014828　愚子692

數度衍二十六卷　（清）方中通撰　清光緒十
六年（1890）刻本　八冊

310000－0242－0014829　愚子693

割圓密率捷法四卷　（清）明安圖撰　清道光
十九年（1839）石梁岑氏刻本　一冊

310000－0242－0014830　愚子694

九數通考十二卷　（清）屈曾發輯　清光緒十
七年（1891）陝甘味經刊書處刻本　十二冊

310000－0242－0014831　愚子695

疇人傳四十六卷續傳六卷　（清）阮元　（清）羅士琳撰　清刻本　十二冊

310000－0242－0014832　愚子 696

衡齋算學六卷　（清）汪萊撰　清嘉慶七年(1802)嘉樹堂六九書榭刻本　二冊

310000－0242－0014833　愚子 697

算牖四卷　（清）許桂林撰　清道光十年(1830)刻本　二冊

310000－0242－0014834　愚子 698

句股容三事拾遺三卷附一卷演元九式一卷臺錐積演一卷割圓密率捷法四卷算學啓蒙三卷識誤一卷　（清）羅士琳撰　清道光十九年(1839)觀我生室稿本　三冊

310000－0242－0014835　愚子 699

演元九式一卷　（清）羅士琳撰　清道光十九年(1839)觀我生室抄本　一冊

310000－0242－0014836　愚子 700

象數一原七卷　（清）項名達撰　清光緒十四年(1888)刻本　四冊

310000－0242－0014837　愚子 701

算賸初編一卷續編一卷餘稿二卷　（清）顧觀光撰　清同治十三年(1874)刻本　四冊

310000－0242－0014838　愚子 702

務民義齋算學十一卷　（清）徐有壬撰　清同治十一年(1872)徐氏刻本　二冊

310000－0242－0014839　愚子 704

則古昔齋算學二十四卷　（清）李善蘭撰　清同治六年(1867)刻本　二十冊

310000－0242－0014840　愚子 705

則古昔齋算學二十四卷　（清）李善蘭著　清同治六年(1867)刻本　六冊

310000－0242－0014841　愚子 706

學彊恕齋筆算十卷　（清）梅啓照撰　清光緒八年(1882)刻本　五冊

310000－0242－0014842　愚子 707

求一術通解二卷　（清）黃忠憲撰　清同治十

三年(1874)刻本　一冊

310000－0242－0014843　愚子 708

算學叢書二十一種　（清）吳嘉善撰　清同治十一年(1872)刻本　四冊

310000－0242－0014844　愚子 709

求是齋算學四種四卷　（清）張楚鍾撰　清同治十二年(1873)張氏刻本　二冊

310000－0242－0014845　愚子 710

代數句股術四卷　（清）張茂滉撰　清光緒十三年(1887)刻本　二冊

310000－0242－0014846　愚子 711

古疇算考釋六卷　勞乃宣撰　清光緒十三年(1887)刻本　六冊

310000－0242－0014847　愚子 712

中西算學集要十卷　（清）朱熙撰　清光緒七年(1881)刻本　六冊

310000－0242－0014848　愚子 713

代數通藝錄十六卷　（清）方愷撰　清光緒十六年(1890)方氏刻本　六冊

310000－0242－0014849　愚子 714

星算補遺六卷　（清）董毓琦撰　清同治五年(1866)刻本　二冊

310000－0242－0014850　愚子 715

籌算一卷　（清）董毓琦撰　清光緒十二年(1886)刻本　一冊

310000－0242－0014851　愚子 716

天元句股細草二卷　（清）劉鶚撰　清丹徒劉氏刻本　一冊

310000－0242－0014852　愚子 717

李氏天元句股細草一卷　（清）李銳撰　清同治十一年(1872)刻本　二冊

310000－0242－0014853　愚子 718

弧角三術二卷　（清）劉鶚撰　清同治十一年(1872)丹徒劉氏刻本　一冊

310000－0242－0014854　愚子 719

測量釋例八卷　(清)□□撰　清光緒十六年(1890)天津石印本　六冊

310000－0242－0014855　愚子720
同文館算學課藝四卷　(清)李壬叔閱定　席淦　貴榮編次　清鉛印本　四冊

310000－0242－0014856　愚子721
開方表式一卷　(清)賈步緯撰　清江南製造局鉛印本　一冊

310000－0242－0014857　愚子722
行素軒算稿十二卷　(清)華蘅芳撰　清光緒八年(1882)刻本　六冊

310000－0242－0014858　愚子723
代數術二十五卷　(英國)華里司輯　(英國)傅蘭雅口譯　(清)華蘅芳筆述　清江南製造局鉛印本　六冊

310000－0242－0014859　愚子724
代微積拾級十八卷　(美國)羅密士編　清咸豐九年(1859)刻本　三冊

310000－0242－0014860　愚子725
重學二十卷　(英國)艾約瑟譯　清同治四年(1865)刻本　五冊

310000－0242－0014861　愚子726
圓錐曲綫說三卷　(英國)艾約瑟譯　清同治四年(1865)刻本　一冊

310000－0242－0014862　愚子727
數學理九卷附一卷　(英國)棣麼甘撰　清刻本　四冊

310000－0242－0014863　愚子728
算式集要四卷　(英國)哈司韋編　清刻本　二冊

310000－0242－0014864　愚子729
槍炮算法從新三卷　(清)焦震福撰　清刻本　二冊

310000－0242－0014865　愚子730
空際格致二卷　(意大利)高一志撰　清抄本　二冊

310000－0242－0014866　愚子731
白芙山房算學二十一種　(清)吳嘉善撰　清同治刻本　三十冊

310000－0242－0014867　愚子732
翠薇山房數學十五種　(清)張作楠撰　清光緒十三年(1887)刻本　二十冊

310000－0242－0014868　愚子733
強自立齋西學叢書十四種　(清)馮澂撰　清石印本　六冊

310000－0242－0014869　愚子734
御定曆象考成後編十卷　(清)顧琮等撰　清光緒二十二年(1896)張氏勵志書屋刻本　十冊

310000－0242－0014870　愚子735
御定儀象考成三十二卷　(清)聖祖玄燁撰　清乾隆九年(1744)北京武英殿刻本　十冊

310000－0242－0014871　愚子736
御定儀象考成續編三十二卷　(清)聖祖玄燁撰　清武英殿刻本　七冊

310000－0242－0014872　愚子737
靈臺儀象志十四卷　(比利時)南懷仁撰　清康熙十三年(1674)刻本　七冊

310000－0242－0014873　愚子738
天元曆理大全十二卷　(清)徐發編　清康熙二十一年(1682)嘉興徐氏刻本　十一冊

310000－0242－0014874　愚子739
高厚蒙求五種六卷　(清)徐朝俊撰　清嘉慶十二年(1807)徐氏刻本　五冊

310000－0242－0014875　愚子740
三統術衍三卷鈐一卷　(清)錢大昕撰　清嘉慶六年(1801)嘉定錢氏刻本　三冊

310000－0242－0014876　愚子741
翼梅八卷　(清)江永撰　清光緒七年(1881)群玉山房刻本　四冊

310000－0242－0014877　愚子742
璿璣遺述六卷　(清)揭暄撰　清乾隆三十年(1765)刻本　四冊

310000－0242－0014878　愚子 743

恆星說一卷　（清）江聲撰　清刻本　一冊

310000－0242－0014879　愚子 744

㲄緯瑣言一卷　（清）厲之鍔撰　清刻本　一冊

310000－0242－0014880　愚子 745

時憲輯要二卷　（清）陳希齡撰　清同治五年(1866)刻本　二冊

310000－0242－0014881　愚子 746

宣西通三卷　（清）許桂林撰　清刻本　二冊

310000－0242－0014882　愚子 747

天文算學纂要二十卷萬年書二卷推測易知四卷　（清）陳松編　清光緒十三年(1887)樹德堂刻本　二十四冊

310000－0242－0014883　愚子 748

談天十八卷　（英國）偉烈亞力口譯　（清）李善蘭刪述　清鉛印本　三冊

310000－0242－0014884　愚子 749

星土釋三卷　（清）李林松編輯　清光緒十年(1884)刻本　二冊

310000－0242－0014885　愚子 750

二十四氣中星圖考不分卷　（清）江蕙撰　清光緒六年(1880)蜀東宋氏刻本　一冊

310000－0242－0014886　愚子 751

天文示斯十四卷　（清）洞微子輯　清光緒九年(1883)石門松仙閣刻本　六冊

310000－0242－0014887　愚子 752

天圖略一卷　（清）五管逸人撰　清抄本　一冊

310000－0242－0014888　愚子 753

祈禱全書雷霆合氣三卷　（□）□□撰　清抄本　二冊

310000－0242－0014889　S 愚子 755

曆象本要二卷　（清）楊文言撰　清抄本　二冊

310000－0242－0014890　愚子 756

報風要則一卷　（□）□□撰　清光緒二十三年(1897)刻本　一冊

310000－0242－0014891　愚子 757

微波榭算經十書　（漢）趙君卿等撰注　清刻本　十二冊

310000－0242－0014892　愚子 758

六九軒算學五種　（清）劉衡撰　清道光三十年(1850)刻本　四冊

310000－0242－0014893　愚子 759

太玄集注四卷　（漢）揚雄撰　（宋）司馬光注　清道光十一年(1831)鷟溪孫氏刻本　四冊

310000－0242－0014894　S 愚子 760

太玄別訓四卷首一卷　（漢）揚雄撰　（清）劉斯組注　清乾隆三十四年(1769)西昌劉氏刻本　五冊

310000－0242－0014895　愚子 761

皇極經世書傳八卷　（宋）邵雍撰　清康熙二十一年(1682)刻本　八冊

310000－0242－0014896　愚子 762

皇極經世緒言十卷　（宋）邵雍撰　（明）黃粵洲注釋　（清）劉斯組述　清嘉慶四年(1799)刻本　十二冊

310000－0242－0014897　S 愚子 764

範衍十卷　（明）錢一本撰　明萬曆三十四年(1606)刻本　六冊　存四卷(一至四)

310000－0242－0014898　愚子 765

河洛精蘊九卷　（清）江永撰　清乾隆三十九年(1774)刻本　四冊

310000－0242－0014899　愚子 766

斷易大全四卷　（清）余興國輯　清刻本　四冊

310000－0242－0014900　愚子 767

琴堂五星四卷附望斗經一卷　（明）胡文煥撰　明刻本　二冊

310000－0242－0014901　愚子 768

神峯通考六卷　（明）張楠著　清刻本　六冊

310000－0242－0014902　　愚子769

張果星宗大全十卷　（唐）張果撰　（明）陸位刪補　清刻本　六冊

310000－0242－0014903　　愚子770

星平大成七卷　（清）沈義方纂輯　清嘉慶九年(1804)刻本　六冊

310000－0242－0014904　　愚子771

滴天髓二卷　（宋）京圖撰　清抄本　一冊

310000－0242－0014905　　愚子772

洞玄寶鑑六卷　（元）夏文彥纂　清抄本　一冊

310000－0242－0014906　　愚子773

五星集腋十卷續編一卷　（清）廖冀亨輯　清同治十二年(1873)刻本　十二冊

310000－0242－0014907　　愚子774

蠡子神數不分卷　（宋）邵雍撰　清抄本　二十二冊

310000－0242－0014908　　愚子775

神相全編十二卷　（宋）陳摶撰　（明）袁忠徹訂正　明刻本　六冊

310000－0242－0014909　　愚子776

柳莊相法三卷　（明）袁忠徹撰　清光緒二十九年(1903)刻本　二冊

310000－0242－0014910　　愚子777

麻衣相法五卷　（清）邱宗孔編　清刻本　二冊

310000－0242－0014911　　愚子778

相理衡真十卷　（清）陳釗撰　清道光十三年(1833)刻本　六冊

310000－0242－0014912　　愚子779

神相彙編四卷續集一卷　（清）高鼎玉輯　清道光十七年(1837)高氏刻本　四冊

310000－0242－0014913　　愚子780

開元占經一百二十卷　（唐）瞿曇悉達撰　清湖南刻本　十六冊

310000－0242－0014914　　愚子781

觀象玩占四十七卷　（唐）李淳風撰　清抄本　十四冊

310000－0242－0014915　　愚子782

天文大成管窺輯要八十卷　（清）黃鼎撰　清坊刻本　四十冊

310000－0242－0014916　　愚子783

紀慎齋先生求雨文一卷　（清）紀大奎撰　清刻本　一冊

310000－0242－0014917　　愚子784

測候叢談四卷　（美國）金楷理撰　（清）華蘅芳述　清光緒江南製造局刻本　二冊

310000－0242－0014918　　愚子785

汪注撼龍經一卷疑龍經三卷　（唐）楊筠松撰　清光緒八年(1882)刻本　一冊

310000－0242－0014919　　愚子786

地理天機會元不分卷　（唐）卜則巍撰　清道光十二年(1832)刻本　八冊

310000－0242－0014920　　愚子787

地理萃錦編不分卷　（宋）廖禹編　清抄本　六冊

310000－0242－0014921　　愚子788

扒沙經五卷　（宋）廖禹編　清嘉慶二十五年(1820)刻本　六冊

310000－0242－0014922　　S愚子789

地理玉髓真經二十八卷　（宋）張洞玄撰　（宋）劉允中注　明書林陳孫賢刻本　六冊

310000－0242－0014923　　愚子790

地理全書解四卷　（明）張宗道撰　（清）章攀桂解　清乾隆五十五年(1790)刻本　四冊

310000－0242－0014924　　S愚子791

刻仰止子參定正傳地理統一全書十二卷首一卷　（明）余象斗撰　明崇禎元年(1628)刻本　十冊

310000－0242－0014925　　愚子792

刻仰止子參定正傳地理統一全書十二卷首一卷　（明）余象斗撰　明崇禎刻本　六冊

310000－0242－0014926　愚子793

關經集二卷　（明）李秩著　清道光十四年（1834）刻本　一冊

310000－0242－0014927　愚子794

地理錄要四卷　（清）蔣平階撰　清道光二十一年(1841)刻本　四冊

310000－0242－0014928　愚子795

山法全書二卷　（清）蕭客撰　清刻本　四冊

310000－0242－0014929　愚子796

地理精微不分卷　（清）陸于郊撰　清抄本　四冊

310000－0242－0014930　愚子797

妥先類纂十九卷　（清）毛濟美撰　清乾隆五十九年(1794)刻本　六冊

310000－0242－0014931　愚子798

地學綱目八卷　（清）羅金鑑撰　清道光十九年(1839)刻本　八冊

310000－0242－0014932　愚子799

地理原本說四卷　（清）曹安峰撰　清同治六年(1867)刻本　一冊

310000－0242－0014933　愚子800

陽宅大成五種十六卷　（清）魏青江撰　清乾隆六年(1741)刻本　十冊

310000－0242－0014934　愚子801

地理洞真七卷　（清）張忬撰　清乾隆三十一年(1766)刻本　二冊

310000－0242－0014935　S 愚子802

陰宅二宅全書陰宅集要四卷陽宅集成看法八卷　（清）姚廷鑾輯　清乾隆十七年(1752)江左書林刻本　十二冊

310000－0242－0014936　愚子803

地學仁孝必讀六卷　（清）周梅梁撰　清光緒三年(1877)王氏刻本　四冊

310000－0242－0014937　愚子804

地理纂要三卷　（清）王采香纂　清抄本　三冊

310000－0242－0014938　愚子805

陽宅密奧二卷　（清）熊戀獎撰　清乾隆四十九年(1784)刻本　四冊

310000－0242－0014939　愚子806

地理正宗六卷地理指述四卷　（明）蕭克智（明）周錦一撰　清道光七年(1827)刻本　十冊

310000－0242－0014940　愚子807

琢玉斧不分卷　（清）張九儀輯　清道光八年(1828)刻本　四冊

310000－0242－0014941　愚子808

考古源流不分卷　（清）王文清撰　清抄本　四冊

310000－0242－0014942　愚子809

陽宅金鏡一卷　（□）□□撰　清道光抄本　一冊

310000－0242－0014943　愚子810

五行大義五卷　（隋）蕭吉撰　清嘉慶九年(1804)許氏刻本　二冊

310000－0242－0014944　愚子811

董公選要覽一卷　（明）董潛纂　清刻本　一冊

310000－0242－0014945　愚子812

長歷鈎元一卷　（明）董銀峯撰　清同治十一年(1872)刻本　一冊

310000－0242－0014946　愚子813

諏擇秘典二卷　（明）黃汝和撰　明天啓三年(1623)刻本　八冊

310000－0242－0014947　愚子814

奇門旨歸三十八卷　（清）朱浩文撰　清光緒十九年(1893)刻朱墨套印本　十二冊

310000－0242－0014948　愚子815

秘笈通書四卷　（金）張恆撰　清康熙五十九年(1720)刻本　六冊

310000－0242－0014949　愚子816

儀度六壬選日要訣六卷　（清）張鳳藻撰　清刻本　六冊

310000－0242－0014950　愚子817

象吉備要通書二十九卷　(明)魏鑑輯述　清康熙六十年(1721)刻本　十二冊

310000－0242－0014951　愚子818

永寧通書四集十二卷　(清)王維德撰　清康熙五十年(1711)刻本　四冊

310000－0242－0014952　愚子819

劉氏家藏闡微通書八卷　(清)劉春沂著　清康熙二十三年(1684)刻本　十冊

310000－0242－0014953　愚子820

三才發秘不分卷　(清)陳雯撰　清康熙三十六年(1697)刻本　六冊

310000－0242－0014954　愚子821

筮吉肘後經二卷　(明)朱權撰　清康熙二十一年(1682)刻本　二冊

310000－0242－0014955　愚子822

通德類情十三卷　(清)沈重華輯　清乾隆三十六年(1771)刻本　十冊

310000－0242－0014956　愚子823

陰陽五要奇書三十卷　(清)江之棟輯　清乾隆五十五年(1790)刻本　八冊

310000－0242－0014957　S愚子824

選擇天鏡三卷　(清)任端書輯　(□)□□批校　清乾隆十三年(1748)刻套印本　八冊

310000－0242－0014958　愚子825

擇吉會要四卷　(清)姚承興撰　清道光五年(1825)刻本　四冊

310000－0242－0014959　愚子826

陰陽遁符一卷　(□)□□撰　清抄本　一冊

310000－0242－0014960　愚子827

通玄鬼靈經二卷　(清)嚴鳳翔撰　清刻本　二冊

310000－0242－0014961　愚子828

諏吉便覽不分卷　(清)俞榮寬撰　清刻本　二冊

310000－0242－0014962　愚子829

靈棋經二卷　(漢)東方朔著　清抄本　四冊

310000－0242－0014963　愚子830

靈棋經二卷　(漢)東方朔著　清三然精舍抄本　二冊

310000－0242－0014964　S愚子831

焦氏易林十六卷　(漢)焦延壽撰　明天啓六年(1626)唐瑜、唐琳刻本　六冊

310000－0242－0014965　S愚子832

易冒十卷　(清)程良玉撰　清康熙三年(1664)蟾溪草堂刻本　四冊

310000－0242－0014966　愚子833

六壬大全十二卷　(清)郭載騋撰　清康熙四十三年(1704)刻本　十三冊

310000－0242－0014967　愚子834

大六壬鬼撮腳三卷　(清)苗公著　清道光二十五年(1845)刻本　二冊

310000－0242－0014968　愚子835

奇門遁甲祕笈大全三十卷　(明)劉基撰　清刻本　三十六冊

310000－0242－0014969　愚子836

奇門遁甲不分卷　(□)□□撰　清抄本　七冊

310000－0242－0014970　愚子837

奇門遁甲不分卷　(□)□□撰　清抄本　六冊

310000－0242－0014971　愚子838

六壬粹言六卷　(清)劉赤江撰　清咸豐十年(1860)刻本　六冊

310000－0242－0014972　愚子839

六壬心印二卷首一卷　(清)巫國匡輯　清抄本　四冊

310000－0242－0014973　愚子840

六壬類聚四卷　(清)紀大奎輯　清坊刻本　四冊

310000－0242－0014974　愚子841

易隱八卷　(清)曹九錫輯　清坊刻本　六冊

310000 – 0242 – 0014975　愚子 842

卜法詳考四卷　(清)胡煦撰　清葆璞堂刻本
四册

310000 – 0242 – 0014976　愚子 843

卜筮正宗十四卷　(清)王維德輯　清光緒十
二年(1886)刻本　六册

310000 – 0242 – 0014977　愚子 844

火珠林　(宋)麻衣道者著　清抄本　一册

310000 – 0242 – 0014978　愚子 845

增刪卜易六卷　(清)野鶴老人撰　清同治九
年(1870)刻本　六册

310000 – 0242 – 0014979　愚子 846

易占四要問答四卷　(清)陸位輯　清五車樓
抄本　六册

310000 – 0242 – 0014980　愚子 847

干支日時課本　(□)□□撰　清抄本　十二
册

310000 – 0242 – 0014981　S 愚子 848

新刻許真君玉匣記一卷金符經一卷附曆合覽
二卷拜命曆一卷大明曆一卷郭璞先生神會曆
一卷　(明)胡文煥輯　明萬曆胡文煥文會堂
刻格致叢書本　二册

310000 – 0242 – 0014982　愚子 849

玉匣記二卷　(晉)許真君(許遜)示　清康熙
二十九年(1690)刻本　二册

310000 – 0242 – 0014983　愚子 850

廣川畫跋六卷　(宋)董逌撰　清抄本　一册

310000 – 0242 – 0014984　愚子 851

書苑精華二十卷　(宋)陳思撰　清振綺堂刻
本　四册

310000 – 0242 – 0014985　愚子 852

圖繪寶鑑八卷　(元)夏文彥纂　清康熙借綠
草堂刻本　四册

310000 – 0242 – 0014986　愚子 853

王氏書苑八卷　(明)王元貞輯　(明)詹景鳳
補輯　明萬曆十九年(1591)刻本　四册

310000 – 0242 – 0014987　S 愚子 855

繪事微言四卷　(明)唐志契著　明天啓七年
(1627)刻本　四册

310000 – 0242 – 0014988　S 愚子 856

新編歷代草書韻海十卷　(明)湯煥辯體
(明)陳鼎新編輯　明崇禎三年(1630)刻本
四册

310000 – 0242 – 0014989　愚子 857

郁氏書畫題跋記十二卷續記十二卷　(明)郁
逢慶輯　清抄本　十二册

310000 – 0242 – 0014990　S 愚子 859

容臺文集九卷詩集四卷別集四卷　(明)董其
昌撰　明崇禎刻本　二册

310000 – 0242 – 0014991　愚子 860

畫禪室隨筆四卷　(明)董其昌撰　明刻本
二册

310000 – 0242 – 0014992　愚子 863

墨池堂法帖五卷　(明)章藻摹勒　清石印本
五册

310000 – 0242 – 0014993　愚子 864

雙清堂石刻二編　(清)劉樹堂書　清光緒二
十年(1894)石印本　二册

310000 – 0242 – 0014994　S 愚子 865

歷代帝王法帖釋文攷異十卷附書譜釋文一卷
(明)顧從義編　清嘉慶馮學瀛抄本　六册

310000 – 0242 – 0014995　愚子 866

草書習慎一卷　(清)汪毅詒書　清乾隆養竹
齋刻本　二册

310000 – 0242 – 0014996　愚子 867

蝴蝶秋齋畫譜二卷　(□)□□撰　清光緒五
年(1879)刻本　二册

310000 – 0242 – 0014997　S 愚子 868

御定佩文齋書畫譜一百卷　(清)孫岳頒等撰
清康熙四十七年(1708)揚州書局刻本　六
十四册

310000 – 0242 – 0014998　愚子 869

庚子消夏記八卷　(清)孫承澤撰　清知不足

齋刻本　三冊

310000 – 0242 – 0014999　愚子 870
芥子園畫傳初集六卷二集九卷三集六卷
(清)王槩等編　清石印本　十二冊

310000 – 0242 – 0015000　愚子 871
芥子園畫傳四集四卷附圖章會纂一卷　(清)
丁皐纂　清嘉慶二十三年(1818)刻本　四冊

310000 – 0242 – 0015001　愚子 873
畫徵錄三卷續錄二卷　(清)張庚著　清同治
八年(1869)粵東刻本　二冊

310000 – 0242 – 0015002　愚子 874
草韻彙編二十六卷　(清)陶南望編　清乾隆
十九年(1754)刻本　十冊

310000 – 0242 – 0015003　愚子 875
草字彙十二卷　(清)石梁輯　清乾隆五十一
年(1786)刻本　十二冊

310000 – 0242 – 0015004　愚子 876
墨香居畫識十卷　(清)馮金伯撰　清刻本
四冊

310000 – 0242 – 0015005　愚子 878
書畫同珍五卷　(清)鄒聖脈編　清乾隆七年
(1742)刻本　五冊

310000 – 0242 – 0015006　愚子 879
晚笑堂竹莊畫傳不分卷　(清)上官周撰并繪
圖　清乾隆八年(1743)刻本　二冊

310000 – 0242 – 0015007　愚子 881
諸家藏畫簿十卷　(清)李調元撰　清刻本
四冊

310000 – 0242 – 0015008　愚子 882
書畫緣書譜姓類十二卷　(清)沈辰編　清嘉
慶二年(1797)刻本　十二冊

310000 – 0242 – 0015009　愚子 883
草字綸摘要三卷附執筆圖學書捷訣　(清)梁
民憲輯　清咸豐九年(1859)刻本　五冊

310000 – 0242 – 0015010　愚子 884
紅豆樹館書畫記八卷　(清)陶樑編輯　清光

緒八年(1882)潘氏刻本　六冊

310000 – 0242 – 0015011　愚子 885
書畫鑑影二十四卷　(清)李佐賢著錄　清同
治十年(1871)刻本　十二冊

310000 – 0242 – 0015012　愚子 886
夢園書畫錄二十五卷　(清)方濬頤撰　清光
緒三年(1877)刻本　十二冊

310000 – 0242 – 0015013　愚子 887
悟薌亭畫薰三卷　(清)劉恂撰　清道光二十
年(1840)刻本　二冊

310000 – 0242 – 0015014　愚子 889
書畫所見錄三卷　(清)謝堃撰　清光緒六年
(1880)刻本　四冊

310000 – 0242 – 0015015　愚子 890
退盦題跋二十卷　(清)梁章鉅撰　清道光二
十五年(1845)刻本　十冊

310000 – 0242 – 0015016　愚子 891
自怡悅齋書畫錄三十卷　(清)張大鏞撰　清
道光十二年(1832)刻本　十五冊　缺二卷
(二至三)

310000 – 0242 – 0015017　愚子 892
玉臺畫史五卷別錄一卷　(清)湯漱玉輯　清
道光二十三年(1843)振綺堂刻本　一冊

310000 – 0242 – 0015018　愚子 893
墨林今話十八卷續編一卷　(清)蔣寶齡撰
(清)蔣茝生續編　清咸豐二年(1852)刻本
六冊

310000 – 0242 – 0015019　愚子 894
過雲樓書畫記十卷　(清)顧文彬撰　清光緒
八年(1882)刻本　四冊

310000 – 0242 – 0015020　愚子 895
穰梨館過眼錄四十卷　(清)陸心源編　清光
緒十七年(1891)刻本　十冊

310000 – 0242 – 0015021　愚子 896
桐園臥遊錄芥子園畫傳　(清)金鳳清撰　清
同治十一年(1872)刻本　一冊

310000－0242－0015022　愚子897

甌鉢羅室書畫過目考四卷　（清）李玉棻編
清光緒二十三年(1897)李氏刻本　四冊

310000－0242－0015023　愚子898

畫學心印八卷　（清）秦祖永輯　清光緒四年
(1878)秦氏刻本　八冊

310000－0242－0015024　愚子899

**桐陰論畫三卷二編二卷三編二卷畫訣一卷續
論畫一卷**　（清）秦祖永輯　清同治三年
(1864)刻本　八冊

310000－0242－0015025　愚子900

歸石軒畫談三卷　（清）楊翰撰　清同治刻本
二冊

310000－0242－0015026　愚子901

習苦齋畫絮四卷　（清）戴熙撰　清戴熙刻本
二冊

310000－0242－0015027　愚子903

輯志四圖一卷海外墨錄一卷　（清）嚴辰纂修
清光緒十六年(1890)刻本　一冊

310000－0242－0015028　愚子904

泛槎圖一卷續一卷　（清）張寶輯　清嘉慶二
十四年(1819)刻本　四冊

310000－0242－0015029　愚子905

三漢碑趹一卷　（清）高心夔輯　清光緒七年
(1881)平湖朱氏刻本　一冊

310000－0242－0015030　愚子906

集聖教序蘭亭序洛神賦字聯語六卷　（清）馬
慧裕編　清嘉慶四年(1799)刻本　六冊

310000－0242－0015031　愚子907

楷法溯源十四卷　楊守敬編　清光緒四年
(1878)刻本　十五冊

310000－0242－0015032　愚子908

二妙竹譜一卷附東坡遺意一卷　（□）□□撰
清賞奇軒刻本　二冊

310000－0242－0015033　愚子910

歷代名畫家姓氏分韻考八卷　（□）□□撰
清抄本　二冊

310000－0242－0015034　愚子917

寶繪錄二十卷　（明）張泰階輯　明崇禎六年
(1633)知不足齋刻本　八冊

310000－0242－0015035　愚子918

伴閒日鈔不分卷　（南朝齊）謝赫撰　清一愚
道人抄本　一冊

310000－0242－0015036　愚子920

歷代畫鑑不分卷　松雪居士集錄　清抄本
八冊

310000－0242－0015037　S愚子930

松絃館琴譜二卷　（明）嚴澂編　明萬曆四十
二年(1614)刻清咸豐七年(1857)黃道治批校
刻本　四冊

310000－0242－0015038　愚子931

梅花庵二香琴譜十卷　（清）蔣文勳撰　清道
光十三年(1833)刻本　四冊

310000－0242－0015039　愚子932

琴譜析微六卷　（清）魯鼐撰輯　清康熙三十
一年(1692)刻本　二冊

310000－0242－0015040　愚子933

大還閣琴譜六卷　（清）徐祺撰　清康熙十三
年(1674)大還閣刻本　四冊

310000－0242－0015041　愚子934

德音堂琴譜十卷　（清）汪天榮輯　清康熙六
十年(1721)刻本　六冊

310000－0242－0015042　愚子935

徽言秘旨訂五卷　（清）尹爾韜訂　清康熙三
十一年(1692)刻本　五冊

310000－0242－0015043　愚子936

琴譜諧聲六卷　（清）周顯祖撰　清嘉慶二十
五年(1820)刻本　六冊

310000－0242－0015044　愚子937

自遠堂琴譜十二卷　（清）吳灯輯　清嘉慶七
年(1802)刻本　十冊

310000－0242－0015045　愚子938

五知齋琴譜八卷　（清）周魯封編　清乾隆十
一年(1746)懷德堂刻本　六冊

310000－0242－0015046　　愚子939

與古齋琴譜四卷　（清）祝鳳喈編訂　清咸豐
五年(1855)刻本　四冊

310000－0242－0015047　　愚子940

春草堂琴譜六卷　（清）曹尚絅等撰　清同治
五年(1866)刻本　二冊

310000－0242－0015048　　愚子941

天聞閣琴譜十六卷　（清）唐彝銘輯　清光緒
二年(1876)葉氏梅花菴刻本　二十冊

310000－0242－0015049　　愚子942

琴學入門二卷　（清）張鶴撰　清同治三年
(1864)刻本　三冊

310000－0242－0015050　　S愚子945

田井先印譜一卷　（清）李榮增編　清乾隆五
十三年(1788)大拜堂鈐印本　一冊

310000－0242－0015051　　愚子946

三十五舉一卷　（元）吾邱衍撰　清光緒三年
(1877)仁和葛氏刻本　一冊

310000－0242－0015052　　愚子947

慎餘齋印譜不分卷　（清）吳敏篆刻　清鈐印
本　一冊

310000－0242－0015053　　S愚子948

東璧全集四卷　（清）崔述撰　清刻三色套印
本　六冊

310000－0242－0015054　　愚子949

分陰館集百壽印譜不分卷　（清）金兆增編
清道光七年(1827)刻本　四冊

310000－0242－0015055　　愚子950

聽松別館印賞二卷　（清）徐少農刻印　清光
緒三年(1877)拓本　二冊

310000－0242－0015056　　愚子952

論印絕句不分卷　（清）葛元煦輯　清光緒五
年(1879)刻本　一冊

310000－0242－0015057　　S愚子954

百體千字文二卷　（清）孫鳳居撰　清康熙五
十四年(1715)刻本　二冊

310000－0242－0015058　　S愚子955

仙機武庫八卷　（明）陸玄宇輯　明崇禎二年
(1629)刻本　四冊

310000－0242－0015059　　愚子956

兼山堂弈譜一卷　（清）徐星友撰　清光緒刻
本　一冊

310000－0242－0015060　　愚子957

蜀山草堂弈存一卷　（清）方濬頤撰　清光緒
六年(1880)方氏刻本　一冊

310000－0242－0015061　　愚子958

弈潛齋碁譜四卷　（清）鄧元鏸編　清光緒八
年(1882)石印本　二冊

310000－0242－0015062　　愚子959

官子譜一卷　（清）陶式玉輯評　清賞奇軒刻
本　一冊

310000－0242－0015063　　愚子960

官子弈萃不分卷　（清）卞文恒輯　清味書室
刻本　二冊

310000－0242－0015064　　愚子961

射書四卷首一卷　（明）顧煜撰　清光緒十四
年(1888)楊氏刻本　四冊

310000－0242－0015065　　S愚子962

橘中祕四卷　（明）朱晉禎輯　明崇禎五年
(1632)江左書林刻本　四冊

310000－0242－0015066　　S愚子963

宣和博古圖三十卷　（宋）王黼撰　清乾隆十
七年(1752)亦政堂刻本　十四冊

310000－0242－0015067　　愚子964

考古圖十卷附考古玉圖二卷　（宋）呂大臨撰
清乾隆十七年(1752)亦政堂刻本　四冊

310000－0242－0015068　　愚子965

續考古圖五卷　（宋）趙九成釋　（清）陸心源
輯　清光緒十三年(1887)十萬卷樓刻本　二
冊

310000－0242－0015069　　愚子966

紹興內府古器評二卷　（宋）張掄撰　明刻本
一冊

310000－0242－0015070　愚子967

欽定西清古鑑四十卷附錢錄十六卷　（清）梁詩正等編纂　清光緒十四年(1888)上海鴻文書局石印本　二十四冊

310000－0242－0015071　S愚子971

古玉圖譜一百卷　（宋）龍大淵等撰　清乾隆四十四年(1779)江春康山草堂刻本　十六冊

310000－0242－0015072　愚子972

金玉瑣碎二卷　（清）謝堃撰　清光緒六年(1880)刻本　一冊

310000－0242－0015073　愚子974

玉譜類編四卷　（清）徐壽基編　清光緒十五年(1889)刻　四冊

310000－0242－0015074　愚子975

古玉圖考不分卷　（清）吳大澂輯　清石印本　二冊

310000－0242－0015075　S愚子976

新刻文房圖贊一卷續文房圖贊一卷　（宋）林洪撰　（元）羅先登續　（明）胡文煥編　明萬曆胡氏文會堂刻格致叢書本　一冊

310000－0242－0015076　S愚子977

新刻山房十友圖贊一卷新刻茶具圖贊一卷　（明）顧元慶　（明）胡文煥編　明萬曆胡氏文會堂刻格致叢書本　一冊

310000－0242－0015077　愚子978

端溪硯史三卷　（清）吳蘭修撰　清咸豐九年(1859)葉氏刻本　一冊

310000－0242－0015078　愚子979

石鑑錄二卷　（□）□□撰　清抄本　二冊

310000－0242－0015079　愚子983

汪氏墨藪四卷　（清）汪近聖撰　清乾隆十二年(1747)刻本　四冊

310000－0242－0015080　S愚子984

方氏墨譜六卷　（明）方於魯撰　明萬曆方氏美蔭堂刻本　六冊

310000－0242－0015081　愚子986

墨法集要一卷　（明）沈繼孫撰　清福建刻本

一冊

310000－0242－0015082　愚子987

側理紙題詞一卷　（清）楊迦懌編　清道光十五年(1835)刻本　一冊

310000－0242－0015083　愚子988

泉志十五卷　（宋）洪遵撰　清光緒元年(1875)隸釋齋刻本　一冊

310000－0242－0015084　愚子989

錢神志七卷　（清）李世熊撰　清木活字印本　七冊

310000－0242－0015085　愚子990

古今錢略三十二卷　（清）倪模撰　清光緒五年(1879)刻本　十六冊

310000－0242－0015086　愚子993

觀古閣泉說一卷　（清）鮑康撰　清觀古閣刻本　一冊

310000－0242－0015087　愚子996

景德鎮陶錄十卷　（清）藍浦撰　清光緒十七年(1891)刻本　四冊

310000－0242－0015088　愚子998

千甓亭古磚圖釋二十卷　（清）陸心源輯　清光緒十七年(1891)吳興陸氏石印本　四冊

310000－0242－0015089　愚子999

鏡鏡詅癡五卷　（清）鄭復光撰　清道光二十八年(1848)連筠簃刻本　二冊

310000－0242－0015090　愚子1000

星軺考轍四卷　（清）劉啟彤撰　清光緒十五年(1889)同文書局石印本　四冊

310000－0242－0015091　愚子1004

酒令叢鈔四卷　（清）俞敦培撰　清光緒四年(1878)刻本　二冊

310000－0242－0015092　愚子1005

藝蘭四說一卷　（清）杜文瀾撰　清刻本　一冊

310000－0242－0015093　S愚子1006

二如亭羣芳譜三十卷首一卷　（明）王象晉編

明末毛氏汲古閣刻清修本　二十四冊

310000－0242－0015094　愚子1007

植物名實圖考三十八卷長編二十二卷　（清）
吳其濬撰　清道光二十八年(1848)刻光緒六
年(1880)補刻本　六十冊

310000－0242－0015095　愚子1009

花鏡六卷　（清）陳扶搖輯　清康熙二十七年
(1688)刻本　六冊

310000－0242－0015096　愚子1013

燕子春秋一卷　（清）郝懿行撰　清光緒五年
(1879)東路廳署刻本　一冊

310000－0242－0015097　愚子1014

記海錯一卷　（清）郝懿行撰　清光緒五年
(1879)東路廳署刻本　一冊

310000－0242－0015098　愚子1015

蜂衙小記一卷　（清）郝懿行撰　清光緒五年
(1879)東路廳署刻本　一冊

310000－0242－0015099　S愚子1018

廣成子鶡子合刻三卷鶡子補一卷　（周）鶡熊
　（明）楊之森校訂　明錢塘楊氏刻本　一冊

310000－0242－0015100　愚子1019

墨子十五卷目一卷　（戰國）墨翟撰　清乾隆
四十八年(1783)刻本　四冊

310000－0242－0015101　愚子1020

子華子二卷　（晉）程本撰　（漢）劉向校　清
抄本　二冊

310000－0242－0015102　S愚子1021

尸子輯本二卷　（戰國）尸佼撰　（清）章宗源
輯　（清）孫星衍校　清嘉慶二年(1797)山東
廉訪署刻本　一冊

310000－0242－0015103　S愚子1022

尹文子二卷　（戰國）尹文撰　明泰和堂刻本
　一冊

310000－0242－0015104　愚子1023

鬼谷子三卷　（南朝梁）陶弘景注　清乾隆二
十四年(1759)石研齋刻本　三冊

310000－0242－0015105　S愚子1025

淮南鴻烈解二十一卷　（漢）劉安撰　（漢）高
誘注　明張象賢刻本　七冊

310000－0242－0015106　S愚子1026

淮南鴻烈解二十一卷　（漢）劉安撰　（漢）高
誘注　明閔氏刻朱墨套印本　八冊

310000－0242－0015107　愚子1027

顏氏家訓二卷　（北齊）顏之推撰　清刻本
二冊

310000－0242－0015108　愚子1029

鴻苞節錄二十卷　（明）屠隆撰　清咸豐七年
(1857)刻本　十冊

310000－0242－0015109　S愚子1030

古注正篇四卷　（明）李全中輯　明築居傳少
山刻本　四冊

310000－0242－0015110　愚子1031

潛書四卷　（清）唐甄撰　清光緒九年(1883)
中江李氏刻本　四冊

310000－0242－0015111　愚子1032

畚塍芻論二卷　（清）孫鼎臣撰　清咸豐十年
(1860)湖北刻本　二冊

310000－0242－0015112　愚子1033

白虎通義四卷　（漢）班固撰　清乾隆四十九
年(1784)抱經堂刻本　六冊

310000－0242－0015113　愚子1035

人物志三卷　（三國魏）劉邵撰　（北魏）劉昞
注　清金山錢氏守山閣刻本　二冊

310000－0242－0015114　愚子1037

放翁題跋六卷　（宋）陸游撰　明末海虞毛氏
汲古閣刻津逮秘書本　二冊

310000－0242－0015115　愚子1038

能改齋漫錄十八卷　（宋）吳曾撰　清道光二
十四年(1844)金山錢氏守山閣叢書本　六冊

310000－0242－0015116　愚子1039

學林十卷　（宋）王觀國撰　清嘉慶十四年
(1809)蕭山陳春湖海樓刻本　五冊

310000－0242－0015117　愚子1040

容齋隨筆十六卷續筆十六卷三筆十六卷四筆十六卷五筆十卷　(宋)洪邁撰　清乾隆五十九年(1794)蘇州掃葉山房刻本　十四冊

310000－0242－0015118　愚子1041

甕牖閒評八卷　(宋)袁文撰　清乾隆四十二年(1777)福建刻武英殿聚珍版叢書本　二冊

310000－0242－0015119　愚子1042

野客叢書十二卷附野老紀聞一卷　(宋)王楙撰　明刻本　四冊

310000－0242－0015120　愚子1043

考古質疑六卷　(宋)葉大慶撰　清乾隆武英殿木活字印本　二冊

310000－0242－0015121　愚子1044

黃氏日鈔九十七卷附古今紀要十九卷　(宋)黃震輯　清乾隆三十二年(1767)新安汪氏刻本　二十四冊

310000－0242－0015122　愚子1045

困學紀聞二十卷　(宋)王應麟撰　清同治九年(1870)刻本　六冊

310000－0242－0015123　愚子1046

困學紀聞五箋集證二十卷　(宋)王應麟撰　清嘉慶十八年(1813)山壽齋胡氏刻本　十冊

310000－0242－0015124　愚子1047

丹鉛總錄二十七卷　(明)楊慎撰　清乾隆三十年(1765)虎林楊昶刻本　八冊

310000－0242－0015125　S愚子1048

藝林伐山二十卷　(明)楊慎撰　明嘉靖刻本　四冊

310000－0242－0015126　S愚子1049

鐵網珊瑚二十卷　(明)都穆　(□)□□朱筆校　清乾隆二十四年(1759)都繼貴刻本　四冊

310000－0242－0015127　S愚子1050

讀書後八卷　(明)王世貞撰　清乾隆二十一年(1756)味菜廬木活字印本　四冊

310000－0242－0015128　S愚子1051

增訂二三場羣書備考四卷　(明)袁黃撰　(明)袁儼注　明崇禎十五年(1642)刻本　四冊

310000－0242－0015129　S愚子1052

事物考八卷　(明)王三聘輯　明隆慶三年(1569)兗州王氏刻本　二冊

310000－0242－0015130　S愚子1053

通雅五十二卷首三卷　(明)方以智撰　清康熙五年(1666)浮山此藏軒刻本　十六冊

310000－0242－0015131　愚子1054

厄林十卷補遺一卷　(明)周嬰撰　清嘉慶二十年(1815)蕭山陳氏湖海樓刻本　五冊

310000－0242－0015132　S愚子1055

翼學編十三卷　(明)朱應奎撰　明萬曆刻本　十冊

310000－0242－0015133　愚子1056

欽定四庫全書考證一百卷　(清)王太岳等纂輯　清乾隆武英殿木活字印本　四十四冊

310000－0242－0015134　S愚子1057

日知錄三十二卷　(清)顧炎武撰　清康熙三十四年(1695)遂初堂刻本　十二冊

310000－0242－0015135　愚子1058

日知錄集釋三十二卷附刊誤二卷續刊誤二卷　(清)顧炎武撰　(清)黃汝成集釋　清同治八年(1869)述古堂刻本　十六冊

310000－0242－0015136　S愚子1059

鈍吟老人雜錄十卷　(清)馮班撰　清康熙刻本　一冊

310000－0242－0015137　愚子1060

群書疑辨十二卷　(清)萬斯同撰　清嘉慶二十一年(1816)刻本　四冊

310000－0242－0015138　愚子1061

湛園劄記四卷　(清)姜宸英著　清刻本　四冊

310000－0242－0015139　愚子1062

潛邱劄記五卷　(清)閻若璩撰　清大成齋刻本　五冊

310000－0242－0015140　　愚子1063

義門讀書記五十八卷　（清）何焯撰　清乾隆
三十四年(1769)刻本　十二冊

310000－0242－0015141　　愚子1064

古今釋疑十八卷　（清）方中履撰　清康熙二
十一年(1682)刻本　八冊

310000－0242－0015142　　愚子1065

訂譌雜錄十卷　（清）胡鳴玉撰　清乾隆二十
三年(1758)刻本　二冊

310000－0242－0015143　　愚子1066

義府二卷　（清）黃生撰　清道光二十二年
(1842)揚州書局刻本　二冊

310000－0242－0015144　　愚子1068

十駕齋養新錄二十卷餘錄三卷　（清）錢大昕
撰　清嘉慶十一年(1806)嘉定錢氏刻潛研堂
全書本　八冊

310000－0242－0015145　　愚子1069

陔餘叢考四十三卷　（清）趙翼撰　清乾隆五
十五年(1790)湛貽堂刻甌北全集本　二十四
冊

310000－0242－0015146　　愚子1070

蛾術編八十二卷　（清）王鳴盛撰　清道光二
十一年(1841)刻本　二十四冊

310000－0242－0015147　　愚子1071

寒夜叢談三卷　（清）沈赤然撰　清嘉慶十四
年(1809)刻本　一冊

310000－0242－0015148　　愚子1072

寄傲軒讀書隨筆十卷續筆六卷三筆六卷
（清）沈赤然撰　清嘉慶十二年(1807)刻本
四冊

310000－0242－0015149　　愚子1074

經史問答十卷　（清）全祖望撰　清光緒八年
(1882)刻本　六冊

310000－0242－0015150　　愚子1075

灤源問答十二卷　（清）沈可培撰　清嘉慶二
十年(1815)雪浪齋刻本　四冊

310000－0242－0015151　　愚子1076

潛研堂答問十二卷　（清）錢大昕撰　清光緒
七年(1881)刻本　四冊

310000－0242－0015152　　愚子1077

羣書拾補三十七種　（清）盧文弨撰　清乾隆
二年(1737)刻本　十冊

310000－0242－0015153　　愚子1078

事物原會四十卷補遺一卷　（清）汪汲撰　清
嘉慶三年(1798)古愚山房刻本　六冊

310000－0242－0015154　　愚子1079

讀書脞錄七卷　（清）孫志祖撰　清光緒十三
年(1887)刻本　四冊

310000－0242－0015155　　愚子1080

述學三卷　（清）汪中撰　清嘉慶汪氏刻本
二冊

310000－0242－0015156　　愚子1081

讀書雜志八十二卷餘編二卷　（清）王念孫撰
　清同治九年(1870)金陵書局刻本　二十四
冊

310000－0242－0015157　　愚子1082

札樸十卷　（清）桂馥撰　清光緒九年(1883)
心矩齋刻本　五冊

310000－0242－0015158　　愚子1083

目耕帖三十一卷　（清）馬國翰撰　清光緒九
年(1883)娜嬛仙館刻本　二十冊

310000－0242－0015159　　愚子1084

漢學商兌六卷　（清）方東樹撰　清光緒二十
年(1894)傳經堂刻本　四冊

310000－0242－0015160　　愚子1085

亦若是齋隨筆十二卷　（清）鄭敦曜撰　清同
治十一年(1872)長沙刻本　六冊

310000－0242－0015161　　愚子1086

稱謂錄三十二卷　（清）梁章鉅撰　清光緒十
年(1884)刻本　八冊

310000－0242－0015162　　愚子1087

讀書偶記八卷　（清）趙紹祖撰　清道光四年
(1824)古墨齋刻本　二冊

310000 - 0242 - 0015163　　愚子1088

癸巳類稿十五卷　(清)俞正燮撰　清道光十三年(1833)刻本　　八冊

310000 - 0242 - 0015164　　愚子1089

癸巳存稿十五卷　(清)俞正燮撰　清光緒十年(1884)刻本　　八冊

310000 - 0242 - 0015165　　愚子1090

讀書叢錄二十四卷　(清)洪頤煊撰　清光緒十三年(1887)醉六堂刻本　　八冊

310000 - 0242 - 0015166　　愚子1091

羣書札記十六卷　(清)朱亦棟撰　清光緒四年(1878)竹簡齋刻本　　四冊

310000 - 0242 - 0015167　　愚子1092

攷辨隨筆二卷　(清)黃定宜撰　清道光二十七年(1847)刻本　　一冊

310000 - 0242 - 0015168　　愚子1093

讀書雜釋十四卷　(清)徐鼒撰　清光緒十二年(1886)木活字印本　　四冊

310000 - 0242 - 0015169　　愚子1094

點勘記二卷附省堂筆記一卷　(清)歐陽泉撰　清道光十八年(1838)刻本　　二冊

310000 - 0242 - 0015170　　愚子1095

多識錄四卷　(清)練恕撰　清道光十八年(1838)刻本　　二冊

310000 - 0242 - 0015171　　愚子1096

開卷偶得十卷　(清)林春溥撰　清道光二十九年(1849)閩縣林氏竹柏山房刻本　　四冊

310000 - 0242 - 0015172　　愚子1097

石渠餘紀六卷　(清)王慶雲撰　清光緒十六年(1890)刻本　　六冊

310000 - 0242 - 0015173　　S 愚子1098

東湖叢記六卷　(清)蔣光煦撰　清光緒九年(1883)繆荃孫刻雲自在龕叢書朱印本　　三冊

310000 - 0242 - 0015174　　愚子1099

舒藝室隨筆六卷　(清)張文虎撰　清同治十三年(1874)刻本　　二冊

310000 - 0242 - 0015175　　愚子1100

讀書雜識十二卷　(清)勞格撰　清光緒四年(1878)刻本　　四冊

310000 - 0242 - 0015176　　愚子1101

東塾讀書記十二卷又三卷　(清)陳澧撰　清廣州鎔經鑄史齋刻本　　五冊

310000 - 0242 - 0015177　　愚子1102

硯桂緒錄十六卷　(清)林昌彝撰　清同治五年(1866)刻本　　八冊

310000 - 0242 - 0015178　　愚子1103

海天琴思錄八卷　(清)林昌彝撰　清同治三年(1864)刻本　　四冊

310000 - 0242 - 0015179　　愚子1104

藝槩六卷　(清)劉熙載撰　清同治十二年(1873)刻本　　二冊

310000 - 0242 - 0015180　　愚子1105

古桐書屋剳記一卷遊藝約言一卷制藝書存一卷　(清)劉熙載撰　清光緒十三年(1887)刻本　　一冊

310000 - 0242 - 0015181　　愚子1106

讀書偶得一卷　(清)吳養原撰　清光緒十年(1884)刻本　　一冊

310000 - 0242 - 0015182　　愚子1107

睡餘偶筆二卷　(清)雷浚撰　清光緒二十年(1894)刻本　　一冊

310000 - 0242 - 0015183　　愚子1108

札迻十二卷　(清)孫詒讓撰　清光緒十九年(1893)刻本　　六冊

310000 - 0242 - 0015184　　愚子1109

無邪堂答問五卷　(清)朱一新撰　清光緒二十二年(1896)刻本　　五冊

310000 - 0242 - 0015185　　愚子1110

吳門消夏記三卷　江瀚撰　清光緒二十一年(1895)刻本　　一冊

310000 - 0242 - 0015186　　愚子1111

湘城遺事記九卷　陳運溶撰　清光緒二十一年(1895)萃文堂刻朱印本　　四冊

310000－0242－0015187　愚子 1115

論衡三十卷　（漢）王充撰　明顧汝璉校刻本
　　十一冊

310000－0242－0015188　S 愚子 1116

熊鍾陵無何集十四卷首一卷　（清）熊伯龍撰
　　清乾隆五十九年(1794)京邸種竹軒刻本
六冊

310000－0242－0015189　S 愚子 1117

風俗通義十卷附錄一卷　（漢）應劭撰　（明）
鍾惺評　明末刻本　二冊

310000－0242－0015190　愚子 1118

文昌雜錄六卷補遺一卷　（宋）龐元英撰　清
乾隆二十一年(1756)雅雨堂刻本　一冊

310000－0242－0015191　愚子 1119

塵史三卷　（宋）王得臣撰　清光緒八年
(1882)刻本　二冊

310000－0242－0015192　愚子 1120

夢溪筆談十二卷　（宋）沈括撰　清抄本　四
冊

310000－0242－0015193　S 愚子 1121

冷齋夜話十卷　（宋）釋惠洪撰　明刻本　二
冊

310000－0242－0015194　愚子 1122

避暑錄話二卷　（宋）葉夢得撰　清刻本　二
冊

310000－0242－0015195　愚子 1124

老學庵筆記十卷　（宋）陸遊撰　清光緒三年
(1877)湖北書局刻本　一冊

310000－0242－0015196　愚子 1125

敬齋古今黈八卷　（元）李冶撰　清福建刻本
　　四冊

310000－0242－0015197　S 愚子 1126

祝子罪知錄十卷　（明）祝允明撰　明萬曆刻
本　二冊

310000－0242－0015198　愚子 1127

餘冬序錄六十卷閏五卷　（明）何孟春撰　清
乾隆二十三年(1758)刻本　十三冊

310000－0242－0015199　愚子 1128

玉壺冰一卷　（明）都穆撰　清乾隆二十四年
(1759)刻本　一冊

310000－0242－0015200　愚子 1129

七修類稿五十一卷續稿七卷　（明）郎瑛撰
清乾隆四十年(1775)錢塘周棨耕煙草堂刻本
　　十六冊

310000－0242－0015201　愚子 1130

七修類稿五十一卷續稿七卷　（明）郎瑛撰
清一愚道人摘抄本　二冊

310000－0242－0015202　S 愚子 1131

四友齋叢說三十八卷　（明）何良俊撰　明隆
慶三年(1569)刻本　十二冊

310000－0242－0015203　愚子 1132

覺思編四卷　（明）何銳撰　清咸豐三年
(1853)刻本　二冊

310000－0242－0015204　S 愚子 1133

學道紀言二卷　（明）周思兼　（明）徐汝晉撰
　　明萬曆二十三年(1595)刻本　一冊

310000－0242－0015205　愚子 1135

草木子四卷　（明）葉子奇撰　清光緒元年
(1875)刻本　二冊

310000－0242－0015206　愚子 1136

讀書鏡八卷　（明）陳繼儒撰　清光緒四年
(1878)味經書院刻本　四冊

310000－0242－0015207　愚子 1137

寓圃雜記二卷　（明）王錡撰　明嘉靖中吳郡
袁氏嘉趣堂刻金聲玉振集本　一冊

310000－0242－0015208　S 愚子 1138

山林經濟籍八卷　（明）屠本畯撰　明自娛齋
刻本　十冊

310000－0242－0015209　愚子 1140

昨非錄十二卷　（明）鄭誼明撰　清光緒十一
年(1885)石印本　二冊

310000－0242－0015210　S 愚子 1141

小窗豔紀八卷清紀四卷別紀四卷自紀四卷
（明）吳從先撰　明萬曆四十三年(1615)刻本

二十冊

310000－0242－0015211　S愚子1143

珊瑚林二卷金屑編一卷　（明）袁弘道撰　明清響齋刻本　一冊

310000－0242－0015212　愚子1144

古今好議論十卷　（明）呂一經撰　明崇禎九年(1636)登龍館刻本　十冊

310000－0242－0015213　愚子1145

千百年眼十二卷　（明）張燧撰　清光緒十四年(1888)四明王氏東江戶使署銅版印本　二冊

310000－0242－0015214　S愚子1146

漫錄評正前集六卷別集九卷畸集五卷多集六卷　（明）伍袁萃撰　（明）賀燦然評正　明萬曆四十年(1612)刻本　三冊

310000－0242－0015215　S愚子1147

性史快論二卷　（明）陳元素輯評　明天啓元年(1621)刻本　二冊

310000－0242－0015216　愚子1148

澄水帛十三卷　（明）茅元儀撰　明刻本　二冊

310000－0242－0015217　S愚子1149

宙合編八卷　（明）林兆珂撰　明刻本　八冊

310000－0242－0015218　愚子1150

三岡識略十卷　（清）董含撰　清光緒四年(1878)上海申報館鉛印申報館叢書本　六冊

310000－0242－0015219　愚子1151

書影十卷　（清）周亮工撰　清康熙六年(1667)刻本　六冊

310000－0242－0015220　愚子1152

字觸六卷　（清）周亮工撰　清懷德堂刻本　二冊

310000－0242－0015221　愚子1153

居易錄三十四卷　（清）王士禎撰　清刻本　八冊

310000－0242－0015222　愚子1154

池北偶談二十六卷　（清）王士禎撰　清三槐堂刻本　八冊

310000－0242－0015223　愚子1155

香祖筆記十二卷　（清）王士禎撰　清康熙四十四年(1705)刻本　六冊

310000－0242－0015224　愚子1156

古懽錄八卷　（清）王士禎撰　清康熙快宜堂刻本　四冊

310000－0242－0015225　愚子1157

巢林續筆談二卷　（清）龔煒撰　清乾隆三十年(1765)昆山龔氏刻本　一冊

310000－0242－0015226　愚子1158

竊彭錄三十三卷　（清）顧錫麒撰　清抄本　六冊

310000－0242－0015227　愚子1159

管見錄六卷　（清）方正瑈撰　清康熙三十四年(1695)刻本　二冊

310000－0242－0015228　愚子1160

芸齋圖駿清言八卷　（清）湯有慶撰　清刻本　四冊

310000－0242－0015229　愚子1161

查浦輯聞二卷　（清）查嗣瑮撰　清刻本　一冊

310000－0242－0015230　愚子1162

說鈴前集三十七種後集十六種　（清）吳震方撰　清同治七年(1868)刻本　二十四冊

310000－0242－0015231　愚子1163

說鈴鈔八卷　（清）華繼撰　清乾隆十八年(1753)錫山華氏刻本　四冊

310000－0242－0015232　愚子1164

屑玉叢談二集六卷　（清）錢徵撰　清光緒四年(1878)申報館鉛印申報館叢書本　三冊

310000－0242－0015233　愚子1165

物理小識十二卷　（明）方以智撰　清光緒十年(1884)刻本　六冊

310000－0242－0015234　愚子1166

125

讀書論世十六卷　（清）吳肅公撰　清康熙三十七年(1698)詒清堂刻本　四冊

310000－0242－0015235　S 愚子 1167

水曹清暇録十六卷　（清）汪啓淑撰　清乾隆五十七年(1792)汪氏飛鴻堂刻本　四冊

310000－0242－0015236　愚子 1168

西青散記八卷　（清）史震林撰　清嘉慶十年(1805)刻本　四冊

310000－0242－0015237　愚子 1169

華陽散稿二卷　（清）史震林撰　清光緒九年(1883)鉛印本　二冊

310000－0242－0015238　愚子 1170

三冬識餘二卷　（清）劉希向撰　清咸豐八年(1858)刻本　二冊

310000－0242－0015239　愚子 1171

藤陰雜記六卷　（清）戴璐撰　清光緒三年(1877)刻本　四冊

310000－0242－0015240　愚子 1172

事友録五卷　（清）潘相撰　清乾隆四十年(1775)刻本　五冊

310000－0242－0015241　愚子 1173

讀書樂趣八卷　（清）伍涵芬撰　清乾隆四十九年(1784)刻本　六冊

310000－0242－0015242　愚子 1174

瀛舟筆談十二卷　（清）阮亨撰　清嘉慶二十五年(1820)刻本　六冊

310000－0242－0015243　愚子 1175

重論文齋筆録十二卷　（清）王端履撰　清道光二十六年(1846)刻本　四冊

310000－0242－0015244　愚子 1176

橋西雜記一卷　（清）葉名澧撰　清同治十年(1871)吳縣潘氏京師刻滂喜齋叢書本　一冊

310000－0242－0015245　愚子 1177

退庵隨筆二十二卷　（清）梁章鉅撰　清道光十六年(1836)刻本　八冊

310000－0242－0015246　愚子 1178

浪跡叢談十一卷續談八卷　（清）梁章鉅撰　清刻本　八冊

310000－0242－0015247　愚子 1179

浪跡續談八卷　（清）梁章鉅撰　清道光二十八年(1848)亦東園刻本　四冊

310000－0242－0015248　愚子 1180

蕙榜雜記一卷　（清）嚴元照撰　清光緒趙氏刻本　一冊

310000－0242－0015249　愚子 1181

雞澤胜録一卷　（清）程鴻詔撰　清道光二十八年(1848)刻本　一冊

310000－0242－0015250　愚子 1182

睫巢鏡影二卷　（清）童叶庚撰　清光緒十六年(1890)刻本　二冊

310000－0242－0015251　愚子 1183

新竹廬談助拾鈔一卷　（清）夏隆撰　清新竹遯士抄本　一冊

310000－0242－0015252　愚子 1184

霽堂雜録一卷　（□）□□撰　清抄本　一冊

310000－0242－0015253　愚子 1185

增補願體廣類集四卷　（清）史典撰　清康熙十六年(1677)刻本　四冊

310000－0242－0015254　愚子 1186

好人說不分卷　（清）夏錫爵撰　清抄本　四冊

310000－0242－0015255　愚子 1187

知新録三十二卷　（清）王棠匯訂　清康熙五十六年(1717)燕在閣刻本　十六冊

310000－0242－0015256　愚子 1188

開知録十四卷治平大略四卷　（清）張秉直撰　清光緒元年(1875)刻本　六冊

310000－0242－0015257　愚子 1189

嘯亭雜録十卷續三卷　（清）昭槤撰　清光緒二年(1876)申報館鉛印本　十冊

310000－0242－0015258　愚子 1190

嘯亭雜録八卷續二卷　（清）昭槤撰　清光緒

六年(1880)刻本　六冊

310000－0242－0015259　愚子1191

恩福堂筆記二卷　（清）英和撰　清道光十七年(1837)刻本　一冊

310000－0242－0015260　愚子1192

思補齋筆記八卷　（清）潘世恩撰　清道光二十八年(1848)刻本　二冊

310000－0242－0015261　愚子1193

鈍根雜著三卷駢語類鑑四卷　（清）周池撰　清嘉慶二十三年(1818)光霽堂刻本　一冊

310000－0242－0015262　愚子1194

竹葉亭雜記八卷　（清）姚元之撰　清光緒十九年(1893)刻本　二冊

310000－0242－0015263　愚子1195

花箋錄不分卷　（清）孫兆溎輯　清同治四年(1865)刻本　十二冊

310000－0242－0015264　愚子1196

鷗波餘話六卷　（清）葉廷琯撰　清同治八年(1869)刻本　三冊

310000－0242－0015265　愚子1197

吹網錄六卷　（清）葉廷琯撰　清同治八年(1869)刻本　三冊

310000－0242－0015266　愚子1198

聽雨軒雜記一卷續記一卷餘記一卷贅記一卷　（清）清涼道人撰　清嘉慶十一年(1806)刻本　四冊

310000－0242－0015267　愚子1199

庸閒齋筆記十二卷　（清）陳其元撰　清同治十三年(1874)刻本　六冊

310000－0242－0015268　愚子1200

宜齋芻言二卷　（清）湯希瑗撰　清光緒十四年(1888)木活字印本　二冊

310000－0242－0015269　愚子1201

閒處光陰二卷　（清）彭邦鼎撰　清光緒二十四年(1898)石印本　二冊

310000－0242－0015270　愚子1202

鄉園憶舊六卷　（清）王培荀撰　清道光二十五年(1845)刻本　六冊

310000－0242－0015271　愚子1203

續同書八卷　（清）福申撰　清道光七年(1827)刻本　四冊

310000－0242－0015272　愚子1204

蕉軒隨錄十二卷　（清）方濬師撰　清同治十一年(1872)刻本　十二冊

310000－0242－0015273　愚子1205

郎潛紀聞十四卷二筆燕下鄉脞錄十六卷　（清）陳康祺撰　清光緒陳康祺刻本　十冊

310000－0242－0015274　愚子1206

曝書雜記三卷　（清）錢泰吉撰　清同治七年(1868)刻本　一冊

310000－0242－0015275　愚子1207

寄廬雜記四卷　（清）錢國楨撰　清光緒三年(1877)刻本　一冊

310000－0242－0015276　愚子1208

俟命錄十卷　（清）方宗誠撰　清光緒三年(1877)桐城方宗誠刻本　二冊

310000－0242－0015277　愚子1209

瀛壖雜志六卷　（清）王韜撰　清光緒元年(1875)刻本　二冊

310000－0242－0015278　愚子1212

茶香室叢鈔二十三卷三鈔二十九卷四鈔二十九卷　（清）俞樾撰　清俞氏春在堂刻本　二十冊

310000－0242－0015279　愚子1213

粟香隨筆八卷二筆八卷三筆八卷四筆八卷五筆八卷　金武祥撰　清光緒刻本　二十冊

310000－0242－0015280　愚子1214

座右銘贅語八卷　（清）彭世昌撰　清光緒十二年(1886)刻本　二冊

310000－0242－0015281　愚子1215

囊賸四卷　（清）趙古農撰　清道光十一年(1831)刻本　四冊

310000－0242－0015282　　愚子1216

餘師錄前集十四卷後集十卷續集八卷　（清）
楊希閔撰　清光緒四年(1878)刻本　十六冊

310000－0242－0015283　　愚子1217

談塵一卷　（清）許善長撰　清光緒四年
(1878)刻本　一冊

310000－0242－0015284　　愚子1219

臥遊亭雜鈔五十二種　（□）□□撰　清抄本
四冊

310000－0242－0015285　　愚子1221

說儲類編八卷　（□）□□撰　清康熙五十五
年(1716)刻本　二冊

310000－0242－0015286　　愚子1222

曠論一卷　（清）徐壽基撰　清澄心堂刻本
一冊

310000－0242－0015287　　愚子1223

盛世危言六卷續編四卷　鄭觀應撰　清光緒
二十四年(1898)上海書局石印本　五冊

310000－0242－0015288　　愚子1224

盛世危言六卷續編四卷　鄭觀應撰　清光緒
二十一年(1895)鉛印本　八冊

310000－0242－0015289　　愚子1225

危言四卷　（清）湯震(湯壽潛)撰　清光緒二
十二年(1896)石印本　二冊

310000－0242－0015290　　愚子1226

時務摭言四卷　（清）蔡鈞撰　清鉛印本　二
冊

310000－0242－0015291　　愚子1227

原富二卷　（英國）斯密亞丹撰　清末南洋公
學石印本　二冊

310000－0242－0015292　　愚子1228

洋務用軍必讀三卷　（清）朱克敬撰　清光緒
十年(1884)刻本　二冊

310000－0242－0015293　　愚子1229

聽黃鸝館外篇一卷　（清）魏邦翰撰　清光緒
十年(1884)刻本　一冊

310000－0242－0015294　　愚子1230

勸學篇內篇一卷外篇一卷　（清）張之洞撰
清刻本　二冊

310000－0242－0015295　　愚子1231

格物探原六卷　（英國）韋廉臣撰　清光緒六
年(1880)鉛印本　四冊

310000－0242－0015296　　愚子1232

安樂銘箴便讀不分卷　（清）徐鐵珊撰　清光
緒十三年(1887)莘原官廨刻本　一冊

310000－0242－0015297　　愚子1233

庸書四卷　（清）陳熾撰　清光緒二十二年
(1896)刻本　四冊

310000－0242－0015298　　愚子1234

易言二卷　（清）杞憂生(鄭觀應)撰　清刻本
一冊

310000－0242－0015299　　愚子1235

續富國策四卷　（清）瑤林館主(陳熾)撰　清
光緒二十二年(1896)刻本　四冊

310000－0242－0015300　　愚子1236

御定金科輯要例賞十卷例誅十卷特宥十一卷
（清）武昌侯輯　清同治五年(1866)刻本
二十冊

310000－0242－0015301　　愚子1237

續旁觀論一卷　（清）樂彬撰　清光緒十年
(1884)同文館鉛印本　一冊

310000－0242－0015302　　S愚子1238

李氏焚書六卷　（明）李贄撰　明萬曆蘇州閶
門刻本　四冊

310000－0242－0015303　　S愚子1240

新增格古要論十三卷　（明）曹昭撰　（明）王
佐增補　明黃正位刻清淑躬堂重修本　四冊

310000－0242－0015304　　S愚子1242

雅尚齋遵生八箋十九卷目錄一卷　（明）高濂
編　明萬曆十九年(1591)宏遠堂刻本　十二
冊

310000－0242－0015305　　S愚子1243

妮古錄四卷　（明）陳繼儒著　明萬曆刻陳眉

公寶顏堂秘笈十七種本　　四冊

310000－0242－0015306　　愚子1244

閒情偶寄十六卷　（清）李漁撰　清康熙十年(1671)刻本　十冊

310000－0242－0015307　　S愚子1248

初潭集十二卷　（明）李贄撰　明刻本　十二冊

310000－0242－0015308　　S愚子1249

露書十四卷　（明）姚旅撰　明天啓刻本　十六冊

310000－0242－0015309　　S愚子1250

琅琊代醉編四十卷　（明）張鼎思撰　明萬曆二十五年(1597)陳性學刻本　十二冊

310000－0242－0015310　　S愚子1252

五雜俎十六卷　（明）謝肇淛撰　明刻本　八冊

310000－0242－0015311　　S愚子1253

歷代人鑒便覽五卷　（明）承涇雒撰　明萬曆二十六年(1598)刻本　五冊

310000－0242－0015312　　S愚子1254

新刊王太史彙選諸子類語四卷　（明）王衡輯　（明）陳繼儒校　明萬曆刻本　四冊

310000－0242－0015313　　S愚子1255

玉堂叢語八卷　（明）焦竑撰　明萬曆四十六年(1618)劉必達校刻本　四冊

310000－0242－0015314　　愚子1256

玉芝堂談薈三十六卷　（明）徐應秋撰　清康熙四十二年(1703)刻本　二十四冊

310000－0242－0015315　　愚子1257

迪吉錄八卷　（明）顏茂猷撰　清光緒八年(1882)長沙刻本　八冊

310000－0242－0015316　　愚子1258

昨非菴日纂三集二十卷　（明）鄭瑄撰　清道光五年(1825)刻本　六冊

310000－0242－0015317　　S愚子1259

稗史彙編一百七十五卷　（明）王圻編　明萬曆三十五年(1607)刻本　一百冊

310000－0242－0015318　　S愚子1260

諸子彙函二十六卷　（明）歸有光輯　明天啓刻本　二十四冊

310000－0242－0015319　　S愚子1261

諸子纂要四卷　（明）黎堯卿輯　明刻本　八冊

310000－0242－0015320　　愚子1262

百子金丹十卷　（明）郭偉撰　清刻本　八冊

310000－0242－0015321　　S愚子1263

福壽全書六卷　（明）陳繼儒輯　明刻本　十冊

310000－0242－0015322　　S愚子1264

諸子奇賞五十一卷後集六十卷　（明）陳仁錫纂　明天啓六年(1626)刻本　二十八冊

310000－0242－0015323　　S愚子1265

漢魏別解十六卷　（明）黃澍　（明）葉紹泰纂　明崇禎十一年(1638)香古山房刻本　十六冊

310000－0242－0015324　　S愚子1266

梨雲館廣清紀四卷　（明）吳從先　（明）王緣智纂　明刻本　四冊

310000－0242－0015325　　愚子1267

經世環應編八卷　（明）錢繼登纂　明刻本　四冊

310000－0242－0015326　　S愚子1268

經國雄略四十八卷　（明）鄭大郁撰　明弘光元年(1645)觀社刻本　十八冊　存四十卷(一至四十)

310000－0242－0015327　　S愚子1269

皇明經世要略四卷　（明）黃仁溥纂　明刻本　五冊

310000－0242－0015328　　S愚子1270

勸戒全書十二卷　（明）陳智錫纂　明崇禎十四年(1641)修省亭刻本　六冊

310000－0242－0015329　　S愚子1271

古今名喻八卷　(明)吳仕期纂　明萬曆元年(1573)葉貴刻本　四冊

310000－0242－0015330　愚子1272

百麓洞選粹不分卷　(□)□□撰　清抄本六冊

310000－0242－0015331　S愚子1273

朱翼管窺十二卷　(明)江旭奇編　明萬曆四十六年(1618)刻本　十四冊

310000－0242－0015332　愚集1273

自樂堂遺文　(清)何桂芬撰　清同治八年(1869)刻本　一冊

310000－0242－0015333　愚子1274

臣鑒錄二十卷　(清)蔣伊纂　清刻本　二十冊

310000－0242－0015334　愚子1275

養吉齋叢錄二十六卷餘錄十卷　(清)吳振棫纂　清光緒二十二年(1896)刻本　八冊

310000－0242－0015335　愚子1276

靜用堂偶編十卷續編十卷　(清)涂天相纂　清康熙五十七年(1718)刻本　六冊

310000－0242－0015336　愚子1277

寄園寄所寄十二卷　(清)趙吉士撰　清刻本　十二冊

310000－0242－0015337　愚子1278

經餘必讀八卷續編八卷三編四卷　(清)雷琳纂　清光緒二年(1876)刻本　十冊

310000－0242－0015338　愚子1279

博學彙書初編六卷二編六卷　(清)來集之纂　清康熙二十一年(1682)刻本　十二冊

310000－0242－0015339　S愚子1280

義學訓規三卷　(清)陳詵編　清康熙四十六年(1707)刻本　四冊

310000－0242－0015340　愚子1281

羣言瀝液八卷　(清)梁顯祖纂　清康熙三十三年(1694)刻本　四冊

310000－0242－0015341　S愚子1282

書隱叢說二十卷　(清)袁棟纂　清乾隆十六年(1751)鋤經樓刻本　八冊

310000－0242－0015342　愚子1283

訓俗遺規四卷補編一卷　(清)陳宏謀纂　清光緒十六年(1890)陝西刻本　四冊

310000－0242－0015343　愚子1284

訓俗遺規五卷　(清)陳弘謀纂　清刻本　三冊

310000－0242－0015344　愚子1285

教女遺規三卷　(清)陳弘謀纂　清刻本　一冊

310000－0242－0015345　愚子1286

養正遺規不分卷　(清)陳弘謀纂　清光緒十六年(1890)陝西刻本　二冊

310000－0242－0015346　愚子1287

感應篇箋注二卷　(清)惠棟撰　清紅蝠山房刻本　一冊

310000－0242－0015347　愚子1288

四鑑錄十六卷續編十六卷　(清)尹會一撰　清乾隆十三年(1748)刻本　七冊

310000－0242－0015348　愚子1289

課子隨筆鈔六卷　(清)張師載編　清光緒二十一年(1895)湖南書局刻本　三冊

310000－0242－0015349　愚子1290

諸子詹詹錄二卷　(清)袁樹編　清光緒二十一年(1895)善化章藻勛經濟堂刻本　二冊

310000－0242－0015350　愚子1291

柔遠新書四卷　(清)劉崐纂　清光緒十年(1884)刻本　二冊

310000－0242－0015351　愚子1292

經史鈔不分卷　(清)徐與喬輯　(清)譚尚忠補　清同治十一年(1872)刻本　三十二冊

310000－0242－0015352　愚子1293

土風錄十八卷　(清)顧張思編　清嘉慶刻本　六冊

310000－0242－0015353　愚子1294

得一錄十六卷 （清）余治纂 清同治八年（1869）刻本 八冊

310000－0242－0015354 愚子1295

得一錄八卷 （清）余治纂 清光緒十一年（1885）寶善堂刻本 八冊

310000－0242－0015355 愚子1296

陰隲文圖說不分卷 （清）黃正元纂 清乾隆五十一年（1786）刻本 六冊

310000－0242－0015356 愚子1298

增訂集錄十二卷 （清）于光華編 清乾隆四十四年（1779）刻本 十二冊

310000－0242－0015357 愚子1300

好生編五卷 （清）張鳳翬編 清光緒二年（1876）刻本 一冊

310000－0242－0015358 愚子1301

詒穀堂家訓二卷 （清）王子堅撰 清光緒十年（1884）刻本 一冊

310000－0242－0015359 愚子1302

玉錞于四卷 （清）吳元樞撰 清嘉慶八年（1803）刻本 四冊

310000－0242－0015360 愚子1304

家言隨記四卷 （清）王賢儀撰 清同治九年（1870）素風堂刻本 四冊

310000－0242－0015361 愚子1305

覺世經圖說四卷 （清）李淦繪圖 清咸豐元年（1851）春暉書屋刻本 四冊

310000－0242－0015362 愚子1306

坤鑑寶鏡四卷 （清）傅金銓撰 清光緒九年（1883）刻本 二冊

310000－0242－0015363 愚子1307

經史喻言八卷 （清）李光庭撰 清道光二十八年（1848）刻本 八冊

310000－0242－0015364 愚子1308

西學輯存六種 （清）王韜撰 清光緒長洲王氏鉛印本 二冊

310000－0242－0015365 愚子1309

西學通攷三十六卷 （清）胡兆鸞輯 清光緒二十三年（1897）刻本 十四冊

310000－0242－0015366 愚子1314

時務通攷三十一卷 （清）杞廬主人等編 清光緒二十三年（1897）上海點石齋石印本 二十冊

310000－0242－0015367 愚子1315

俞樓雜纂五十卷 （清）俞樾撰 清光緒五年（1879）刻本 八冊

310000－0242－0015368 愚子1316

同善錄全書十二卷 （清）李承福撰 清同治五年（1866）上海道前寶賢堂刻本 十冊

310000－0242－0015369 愚子1317

桂宮語錄二十四卷 （清）周匯淙撰 清道光八年（1828）刻本 十二冊

310000－0242－0015370 愚子1318

編珠四卷續二卷 （隋）杜公瞻輯 （清）高士奇續 清康熙三十二年（1693）刻本 四冊

310000－0242－0015371 S愚子1319

藝文類聚一百卷 （唐）歐陽詢輯 明嘉靖二十八年（1549）平陽府刻本 十二冊

310000－0242－0015372 愚子1320

北堂書鈔一百六十卷 （唐）虞世南撰 清光緒十四年（1888）粵東孔氏刻本 二十冊

310000－0242－0015373 愚子1321

龍筋鳳髓判四卷 （唐）張鷟撰 清嘉慶十六年（1811）蕭山陳氏刻湖海樓叢書本 二冊

310000－0242－0015374 愚子1322

龍筋鳳髓判四卷 （唐）張鷟撰 清嘉慶十六年（1811）蕭山陳氏刻湖海樓叢書 四冊

310000－0242－0015375 S愚子1323

初學記三十二卷 （唐）徐堅輯 明萬曆三十四年（1606）河西沈宗培刻本 四十八冊

310000－0242－0015376 愚子1324

元和姓纂十卷 （唐）林寶撰 （清）孫星衍（清）洪瑩同校 清洪瑩刻本 四冊

310000－0242－0015377　S 愚子 1325

唐宋白孔六帖一百卷目錄二卷　（唐）白居易撰　（宋）孔傳續　明嘉靖刻本　一百冊　存九十六卷（一至九十六）

310000－0242－0015378　愚子 1327

李氏蒙求集注八卷　（後唐）李瀚撰　（清）楊迦懌集注　清道光十四年(1834)刻本　八冊

310000－0242－0015379　愚子 1328

李氏蒙求補注六卷攷證一卷　（後唐）李瀚撰　（清）金三俊補注　清道光九年(1829)刻本　二冊

310000－0242－0015380　愚子 1329

清異錄二卷　（宋）陶穀撰　清康熙陳世修漱六閣刻本　一冊

310000－0242－0015381　愚子 1330

姓解辨誤一卷　段朝端撰　清光緒邵武徐氏刻本　一冊

310000－0242－0015382　S 愚子 1331

事類賦三十卷　（宋）吳淑撰　明嘉靖無錫華麟祥刻本　四冊

310000－0242－0015383　愚子 1332

太平御覽一千卷目錄十五卷　（宋）李昉等纂　清嘉慶十七年(1812)揚州鮑崇城刻本　一百二十冊

310000－0242－0015384　愚子 1333

十七史蒙求十六卷　（宋）王令輯　清道光九年(1829)刻本　二冊

310000－0242－0015385　S 愚子 1334

冊府序論三十六卷　（宋）王欽若等撰　（明）余公炤輯　明崇禎貴州刻本　二十一冊

310000－0242－0015386　S 愚子 1336

海錄碎事二十二卷　（宋）葉廷珪撰　明萬曆刻本　四十八冊

310000－0242－0015387　愚子 1337

帝王經世圖譜十六卷附錄一卷　（宋）唐仲友撰　清清吟閣刻本　四冊

310000－0242－0015388　S 愚子 1339

新編古今事文類聚前集六十卷後集五十卷續集二十八卷別集三十二卷　（宋）祝穆輯　明萬曆三十二年(1604)書林唐富春德壽堂刻本　六十冊

310000－0242－0015389　S 愚子 1340

古今源流至論前集十卷後集十卷續集十卷別集十卷　（宋）林駧編　明刻本　二十四冊

310000－0242－0015390　愚子 1341

玉海二百卷　（宋）王應麟撰　清康熙二十六年(1687)刻本　一百十九冊　缺一卷

310000－0242－0015391　愚子 1342

小學紺珠十卷　（宋）王應麟撰　清乾隆八年(1743)介休范清洪慈儉堂刻本　九冊

310000－0242－0015392　S 愚子 1343

新增說文韻府羣玉二十卷　（元）陰時夫輯　（元）陰中夫注　明萬曆十八年(1590)王元貞刻本　二十冊

310000－0242－0015393　S 愚子 1344

聯新事備詩學大成三十卷　（元）林楨輯　明內府刻本　十二冊

310000－0242－0015394　S 愚子 1346

原始秘書十卷　（明）朱權編　明永樂九年(1411)刻本　六冊

310000－0242－0015395　愚子 1348

丹鉛總錄二十七卷　（明）楊慎著　清乾隆、嘉慶間教忠堂刻本　六冊

310000－0242－0015396　愚子 1349

韻藻述五卷　（明）楊慎撰　清道光七年(1827)刻本　四冊

310000－0242－0015397　愚子 1350

姓觿十卷　（明）陳士元撰　明嘉靖四十五年(1566)刻本　七冊

310000－0242－0015398　愚子 1352

古事苑十二卷　（明）鄧志謨撰　清康熙二十五年(1686)蘭雪堂刻本　八冊

310000－0242－0015399　S 愚子 1353

鐫旁注事類捷錄十五卷　（明）鄧志謨撰　明

萬曆三十一年(1603)余彰德萃慶堂刻本　五冊

310000－0242－0015400　S愚子1354

新刊唐荊川先生稗編一百二十卷　（明）唐順之撰　明萬曆九年(1581)刻本　四十冊

310000－0242－0015401　S愚子1355

古今萬姓統譜一百四十卷歷代帝王姓系統譜六卷氏族博考十四卷　（明）凌迪知編　明萬曆七年(1579)刻本　三十冊

310000－0242－0015402　S愚子1356

左國腴詞八卷　（明）凌迪知輯　（明）閔一崔校　明萬曆四年(1576)刻本　三冊

310000－0242－0015403　S愚子1357

新刻皇明經世要略五卷　（明）黃仁溥輯　明萬曆三十八年(1610)刻本　十冊

310000－0242－0015404　S愚子1358

楮記室十二卷　（明）潘塤纂　明嘉靖三十九年(1560)刻本　四冊

310000－0242－0015405　S愚子1359

經濟類編一百卷　（明）馮琦撰　明萬曆三十二年(1604)刻本　一百冊

310000－0242－0015406　S愚子1360

唐類函二百卷　（明）俞安期彙纂　明萬曆三十一年(1603)刻本　六十冊

310000－0242－0015407　S愚子1361

劉氏類山十卷　（明）劉胤昌撰　明萬曆三十三年(1605)刻本　八冊

310000－0242－0015408　S愚子1362

劉氏鴻書一百八卷　（明）劉仲達撰　明萬曆三十九年(1611)刻本　二十冊

310000－0242－0015409　S愚子1363

天中記六十卷　（明）陳耀文撰　明刻本　二十冊

310000－0242－0015410　S愚子1364

五車韻瑞一百六十卷　（明）凌稚隆撰　明萬曆刻本　三十冊

310000－0242－0015411　S愚子1365

山堂肆考二百四十卷補遺十二卷　（明）彭大翼撰　明萬曆二十三年(1595)刻四十七年(1619)張幼學重修本　五十冊

310000－0242－0015412　S愚子1366

麗句集六卷　（明）許之吉輯　明天啓五年(1625)刻本　三冊

310000－0242－0015413　S愚子1367

對類二十卷　（明）吳勉學考注　明聚錦堂刻本　十冊

310000－0242－0015414　S愚子1368

焦氏類林八卷　（明）焦竑撰　明萬曆十五年(1587)刻本　四冊

310000－0242－0015415　S愚子1369

沈氏學弢十六卷　（明）沈堯中編　明萬曆二十九年(1601)刻本　四冊

310000－0242－0015416　S愚子1370

分類釋注書言故事六卷　（宋）胡繼宗輯（明）許獬注　明刻本　一冊

310000－0242－0015417　S愚子1371

事言要玄集三十二卷　（明）唐希顏　（明）陳懋學編　明萬曆四十六年(1618)刻本　二十四冊

310000－0242－0015418　愚子1372

黃眉故事十卷　（明）鄧志謨輯　明萬曆四十四年(1616)三槐堂刻本　四冊

310000－0242－0015419　S愚子1373

說類六十三卷　（明）葉向高撰　（明）林茂槐增刪　明萬曆刻本　十六冊

310000－0242－0015420　S愚子1374

新刻大千生鑑聖賢年譜萬壽全書六卷　（明）劉維詔蒐輯　明刻本　八冊

310000－0242－0015421　S愚子1375

羣譚採餘十卷　（明）倪綰撰　明萬曆二十年(1592)刻本　二十冊

310000－0242－0015422　S愚子1376

彙苑詳注三十六卷　（明）鄒道元編　明萬曆

二十三年(1595)刻本　二十册

310000 - 0242 - 0015423　S 愚子 1377

鐫玉堂厘正龍頭字林備考韻海全書十六卷首
一卷　(明)李廷機輯　明萬曆二十三年
(1595)書林劉雙松安正堂刻本　五册

310000 - 0242 - 0015424　S 愚子 1378

三才考略十二卷　(明)莊元臣輯　明刻本
二册

310000 - 0242 - 0015425　S 愚子 1379

新選古今類腴十八卷　(明)王麟洲撰　明萬
曆十九年(1591)太末舒氏石泉集賢書舍刻本
八册

310000 - 0242 - 0015426　S 愚子 1380

典籍便覽八卷　(明)范泓輯　明萬曆三十一
年(1603)新安蘇衢刻本　四册

310000 - 0242 - 0015427　愚子 1381

廣博物志五十卷　(明)董斯張纂　清光緒五
年(1879)學海堂刻本　十八册

310000 - 0242 - 0015428　S 愚子 1382

茹古略集三十卷　(明)程良儒撰　明崇禎六
年(1633)韻樓刻本　六册

310000 - 0242 - 0015429　S 愚子 1383

玉堂故事大全十卷　(明)鍾惺輯　(明)張嘉
和訂正　明刻本　二册

310000 - 0242 - 0015430　愚子 1384

八編類纂二百八十五卷　(明)陳仁錫纂　清
光緒七年(1881)刻本　八十册

310000 - 0242 - 0015431　S 愚子 1385

潛確居類書一百二十卷　(明)陳仁錫輯　明
崇禎三年(1630)徐氏大觀堂刻本　六十四册

310000 - 0242 - 0015432　S 愚子 1386

是路錄十八卷　(明)余昌宗輯　明末刻本
六册

310000 - 0242 - 0015433　S 愚子 1387

精刻張翰林重訂京本排韻增廣事類氏族大全
二十八卷　(明)張溥訂正　明崇禎五年
(1632)書林陳國旺積善堂刻本　七册

310000 - 0242 - 0015434　S 愚子 1388

駢字憑霄二十四卷　(明)徐應秋撰　明末刻
本　八册

310000 - 0242 - 0015435　S 愚子 1389

祝氏事偶十五卷　(明)祝彥纂輯　明崇禎九
年(1636)刻本　四册

310000 - 0242 - 0015436　愚子 1390

鐫經史彙纂八卷　(明)顏茂猷輯　明崇禎刻
本　四册

310000 - 0242 - 0015437　愚子 1394

古今圖書集成一萬卷附考異二十卷　(清)陳
夢雷　(清)蔣廷錫等編　清光緒十年(1884)
鉛印本　一千六百二十八册

310000 - 0242 - 0015438　愚子 1395

淵鑒類函四百五十卷　(清)張英　(清)王士
禛等纂輯　清康熙四十九年(1710)清吟堂刻
本　一百四十册

310000 - 0242 - 0015439　愚子 1396

御定駢字類編二百四十卷　(清)聖祖玄燁纂
　清光緒十三年(1887)同文局石印本　四十
八册

310000 - 0242 - 0015440　愚子 1397

子史精華一百六十卷　(清)吳襄　(清)吳士
玉輯　清乾隆五十五年(1790)河南刻本　三
十二册

310000 - 0242 - 0015441　愚子 1398

佩文韻府一百六卷　(清)張玉書等編　(清)
張廷玉等拾遺　清武英殿刻本　九十五册

310000 - 0242 - 0015442　愚子 1399

韻府拾遺一百卷　(清)張廷玉等編　清康熙
五十五年(1716)武英殿刻本　二十册

310000 - 0242 - 0015443　愚子 1400

考古類編十二卷　(清)柴紹炳撰　清雍正二
年(1724)刻本　四册

310000 - 0242 - 0015444　S 愚子 1401

三才藻異三十三卷　(清)屠粹忠撰　清康熙
二十八年(1689)栩園刻本　二十四册　缺第

二函

310000－0242－0015445　愚子 1402

四六纂組十卷　（清）胡吉豫輯　清康熙十八年(1679)刻本　八冊

310000－0242－0015446　愚子 1403

格致鏡原一百卷　（清）陳元龍纂　清光緒二十二年(1896)積山書局刻本　二十四冊

310000－0242－0015447　愚子 1404

鏡源補遺二十卷　（清）張均撰　清光緒十五年(1889)刻本　四冊

310000－0242－0015448　愚子 1405

氏族箋釋八卷　（清）熊峻運著　清刻本　八冊

310000－0242－0015449　愚子 1406

歷代名賢列女氏姓譜一百五十七卷　（清）蕭智漢纂　清嘉慶二十年(1815)刻本　一百六十冊

310000－0242－0015450　愚子 1407

如面談新集十卷　（清）李光祚輯　清刻本　五冊

310000－0242－0015451　愚子 1408

讀書紀數略五十四卷　（清）宮夢仁輯　清康熙四十六年(1707)刻本　十二冊

310000－0242－0015452　愚子 1410

廣事類賦四十卷　（清）華希閔撰　清康熙十四年(1675)刻本　六冊

310000－0242－0015453　愚子 1411

事類統編九十三卷　（清）林意誠編　清道光十九年(1839)味經堂林氏刻本　三十六冊

310000－0242－0015454　愚子 1412

日涉編十二卷　（明）陳堦輯　清康熙二十七年(1688)刻本　十二冊

310000－0242－0015455　愚子 1413

古今類傳天部四卷　（清）董穀士　（清）董炳文輯　清康熙三十一年(1692)刻本　四冊

310000－0242－0015456　愚子 1414

事物紀原補十卷　（清）納蘭永壽撰　清嘉慶十一年(1806)謙牧堂刻本　十二冊

310000－0242－0015457　S 愚子 1415

唐詩金粉十卷　（清）沈炳震輯　清雍正二年(1724)冬讀書齋刻本　四冊

310000－0242－0015458　愚子 1416

留青新集三十卷　（清）陳枚輯　清刻本　二十四冊

310000－0242－0015459　愚子 1417

留青廣集十二卷　（清）陳枚輯　清康熙三十年(1691)刻本　十二冊

310000－0242－0015460　愚子 1418

男齒譜九卷女齒譜三卷　（清）易宗涒輯　清雍正三年(1725)刻本　二十冊

310000－0242－0015461　愚子 1419

百將策題匯纂廣集八卷　（清）朱堪輯　清康熙二十一年(1682)刻本　十冊

310000－0242－0015462　愚子 1420

經濟類攷約編二卷　（清）顧九錫輯　清雍正八年(1730)刻本　四冊

310000－0242－0015463　愚子 1421

故事白眉十卷　（明）許以忠輯　清光緒二年(1876)刻本　六冊

310000－0242－0015464　愚子 1422

滿漢類書八卷　（清）桑額輯　清康熙四十年(1701)刻本　八冊

310000－0242－0015465　愚子 1423

繙譯類編四卷　（清）尼瑪察冠景輯　清乾隆十四年(1749)刻本　四冊

310000－0242－0015466　愚子 1424

大備對宗十九卷　（清）張士俊輯　清刻本　八冊

310000－0242－0015467　愚子 1425

漢書蒙拾三卷後漢書蒙拾二卷　（清）杭世駿輯　清刻本　二冊

310000－0242－0015468　愚子 1426

增訂金壺字考十九卷二集二十一卷補注一卷補錄一卷　（宋）釋適之撰　（清）田朝恒續編增訂　清乾隆二十四年(1759)貽安堂刻本　八冊

310000－0242－0015469　S 愚子 1427
編年考十卷　（清）沈球輯　清康熙十一年(1672)懷德堂刻本　六冊

310000－0242－0015470　愚子 1428
通俗編三十八卷　（清）翟灝撰　清乾隆十六年(1751)無不宜齋刻本　十二冊

310000－0242－0015471　愚子 1429
恒言錄六卷　（清）錢大昕纂　清嘉慶十年(1805)刻本　六冊

310000－0242－0015472　S 愚子 1430
萬言肄雅一卷　（清）屈曾發編　清乾隆三十七年(1772)豫簪堂刻本　二冊

310000－0242－0015473　愚子 1431
增補類腋六十七卷　（清）姚培謙撰　（清）趙克宜增輯　清刻本　二十四冊

310000－0242－0015474　愚子 1432
奇偶典彙三十六卷　（清）梅自馨撰　清嘉慶四年(1799)刻本　二十冊

310000－0242－0015475　愚子 1433
事物異名錄四十卷　（清）厲荃輯　清乾隆五十三年(1788)刻本　十冊

310000－0242－0015476　愚子 1434
齋名紀數十二卷　（清）王承烈撰　清嘉慶十八年(1813)刻本　四冊

310000－0242－0015477　愚子 1435
聯經四卷　（明）李學禮撰　清乾隆四十三年(1778)刻本　四冊

310000－0242－0015478　愚子 1436
九史同姓名略七十二卷補遺四卷　（清）汪輝祖撰　清乾隆五十六年(1791)刻本　十冊

310000－0242－0015479　愚子 1437
史姓韻編六十四卷　（清）汪輝祖撰　清光緒十年(1884)耕餘樓刻本　十五冊

310000－0242－0015480　愚子 1438
增廣姓氏志略不分卷　（清）姜炳然編注　清道光四年(1824)刻本　二冊

310000－0242－0015481　愚子 1439
酉山林三卷　（清）王顯曾輯　清嘉慶三年(1798)刻本　二冊

310000－0242－0015482　愚子 1440
喻林一葉二十四卷　（清）王蘇編　清咸豐二年(1852)刻本　八冊

310000－0242－0015483　愚子 1441
人壽金鑑二十二卷　（清）程得齡輯　清光緒元年(1875)崇文書局刻本　六冊

310000－0242－0015484　愚子 1442
增補記事珠十卷　（清）張以謙撰　清光緒八年(1882)刻本　十六冊

310000－0242－0015485　愚子 1443
識小類編八卷　（清）夏大觀編輯　清嘉慶四年(1799)刻本　五冊

310000－0242－0015486　愚子 1444
壹是紀始二十二卷補遺一卷　（清）魏崧編　清光緒十四年(1888)刻本　八冊

310000－0242－0015487　愚子 1445
異號類編二十卷　（清）史夢蘭輯　清咸豐九年(1859)史氏刻本　四冊

310000－0242－0015488　愚子 1446
韻史二卷補一卷　（清）許遴翁撰　清咸豐十一年(1861)刻本　一冊

310000－0242－0015489　愚子 1447
人鏡類纂四十六卷　（清）程之楨纂　清同治十二年(1873)程氏刻本　十六冊

310000－0242－0015490　愚子 1448
家塾蒙求五卷　（清）康基淵纂輯　清道光六年(1826)一枝山房刻本　四冊

310000－0242－0015491　愚子 1449
簡明集要不分卷　（□）□□撰　清抄本　四冊

310000－0242－0015492　愚子1450

小知錄十二卷　（清）陸鳳藻輯　清淮南書局刻本　四冊

310000－0242－0015493　愚子1451

藝餘睟語三卷　（□）□□撰　清抄本　三冊

310000－0242－0015494　愚子1453

靈檀碎金六十八卷　（清）郎玉銘撰　清光緒申報館鉛印本　十冊

310000－0242－0015495　愚子1454

蟲薈五卷　方旭撰　清光緒十六年(1890)刻本　四冊

310000－0242－0015496　愚子1457

排韻男女氏族合璧十卷　（清）湯榮誥編　清乾隆五十九年(1794)刻本　十冊

310000－0242－0015497　愚子1458

千姓連珠四卷　（清）潘紉佩撰　清道光十二年(1832)拙園刻本　四冊

310000－0242－0015498　愚子1460

世說新語六卷附佚文一卷引用書目一卷攷證一卷校勘小識一卷補一卷　（南朝宋）劉義慶撰　清光緒十七年(1891)湖南思賢講舍刻本　四冊

310000－0242－0015499　S 愚子1461

世說新語八卷　（南朝宋）劉義慶撰　明萬曆凌瀛初刻本　八冊

310000－0242－0015500　S 愚子1462

世說新語補二十卷附釋名一卷　（南朝宋）劉義慶撰　（南朝梁）劉孝標注　（明）何良俊增補　（明）王世貞刪定　（明）王世懋批釋（明）張文柱校注　明萬曆十三年(1585)張文柱刻本　十冊

310000－0242－0015501　S 愚子1463

李卓吾批點世說新語補二十卷附釋名一卷(南朝宋)劉義慶撰　（南朝梁）劉孝標注（宋）劉辰翁評　（明）何良俊增補　（明）李贄批點　明萬曆書林余氏孺刻本　十冊

310000－0242－0015502　愚子1464

三水小牘二卷附牘逸一卷　（唐）皇甫枚撰　清光緒十七年(1891)江陰繆氏雲自在龕刻本　一冊

310000－0242－0015503　愚子1465

唐摭言十五卷　（五代）王定保撰　清乾隆二十一年(1756)雅雨堂刻本　二冊

310000－0242－0015504　愚子1466

鑑戒錄十卷　（宋）何光遠撰　清光緒三年(1877)崇文書局刻本　二冊

310000－0242－0015505　愚子1467

涑水紀聞十六卷　（宋）司馬光撰　清武英殿刻本　八冊

310000－0242－0015506　愚子1468

涑水紀聞十六卷　（宋）司馬光撰　清光緒三年(1877)湖北崇文書局刻本　二冊

310000－0242－0015507　愚子1469

東軒筆錄十卷　（宋）魏泰撰　明萬曆會稽商氏半埜堂刻稗海本　二冊

310000－0242－0015508　愚子1470

癸辛雜識前集一卷後集一卷續集二卷　（宋）周密撰　清刻本　四冊

310000－0242－0015509　愚子1471

歸潛志十四卷　（元）劉祁撰　清武英殿木活字印本　四冊

310000－0242－0015510　愚子1472

輟耕錄三十卷　（明）陶宗儀撰　清廣文堂刻本　八冊

310000－0242－0015511　S 愚子1473

水東日記三十八卷　（明）葉盛撰　明正德、嘉靖間刻本　四冊

310000－0242－0015512　S 愚子1474

廣滑稽三十六卷　（明）陳禹謨輯　明萬曆四十三年(1615)刻本　八冊

310000－0242－0015513　愚子1476

玉劍尊聞十卷　（清）梁維樞撰　清順治十一年(1654)刻本　五冊

310000－0242－0015514　愚子1477

今世說八卷　（清）王晫撰　清刻本　二冊

310000－0242－0015515　愚子1478

宋稗類鈔四卷　（清）潘永因輯　清康熙八年（1669）刻本　四冊

310000－0242－0015516　愚子1480

堅瓠集四十卷續集四卷秘集六卷補集六卷廣集六卷餘集四卷　（清）褚人穫撰　清康熙三十年（1691）刻本　三十三冊

310000－0242－0015517　愚子1481

簷曝雜記六卷　（清）趙翼撰　清刻本　二冊

310000－0242－0015518　愚子1482

揚州畫舫錄十八卷　（清）李斗撰　清乾隆六十年（1795）自然盦刻本　四冊

310000－0242－0015519　愚子1483

里乘十卷　（清）許奉恩撰　清光緒五年（1879）刻本　十冊

310000－0242－0015520　愚子1484

履園叢話二十四卷　（清）錢泳撰　清道光十八年（1838）刻本　八冊

310000－0242－0015521　愚子1485

明齋小識十二卷　（清）諸聯撰　清同治四年（1865）刻本　六冊

310000－0242－0015522　愚子1486

吳門畫舫錄二卷續錄三卷投贈三卷　（清）西溪山人編　清嘉慶刻本　四冊

310000－0242－0015523　愚子1487

柳崖外編八卷　（清）徐崑撰　清乾隆十六年（1751）刻本　四冊

310000－0242－0015524　愚子1488

見聞近錄四卷　（清）俞超撰　清咸豐六年（1856）刻本　二冊

310000－0242－0015525　愚子1489

椒生隨筆八卷　（清）王之春撰　清光緒七年（1881）刻本　四冊

310000－0242－0015526　愚子1490

半螺龕雜誌一卷　（清）吳文錫撰　清咸豐九年（1859）刻本　一冊

310000－0242－0015527　愚子1491

見聞隨筆二十六卷續筆二十四卷　（清）齊學裘撰　清同治十年（1871）天空海闊之居刻本　十八冊

310000－0242－0015528　愚子1492

唐人說薈二十卷　（清）陳蓮塘輯　清同治三年（1864）刻本　二十冊

310000－0242－0015529　愚子1494

淞隱漫錄十二卷　（清）王韜撰　清光緒十三年（1887）石印本　四冊

310000－0242－0015530　愚子1495

甕牖餘談八卷　（清）王韜撰　清上海申報館鉛印本　四冊

310000－0242－0015531　愚子1496

遯窟讕言十二卷　（清）王韜撰　清光緒六年（1880）鉛印本　四冊

310000－0242－0015532　愚子1503

山海經十八卷　（晉）郭璞撰　（清）嚴可均輯　清乾隆歙縣黃晟槐蔭草堂刻本　二冊

310000－0242－0015533　愚子1504

山海經圖贊二卷附爾雅圖贊一卷　（清）嚴可均輯　清光緒二十一年（1895）長沙葉氏刻本　一冊

310000－0242－0015534　愚子1505

搜神記二十卷　（晉）干寶撰　（明）沈士龍（明）胡震亨同校　明毛氏汲古閣刻本　四冊　存十卷（一至十）

310000－0242－0015535　愚子1506

搜神後記十卷　（晉）陶潛撰　（明）沈士龍（明）胡震亨同校　明刻本　二冊

310000－0242－0015536　愚子1507

述異記二卷　（南朝梁）任昉撰　**書品一卷**（南朝梁）庾肩吾撰　明刻本　一冊

310000－0242－0015537　愚子1508

宣室志十卷補遺一卷　（唐）張讀撰　明萬曆

會稽商氏半埜堂刻稗海本　四冊

310000－0242－0015538　S 愚子 1509

太平廣記五百卷目錄十卷　(宋)李昉等輯
明許自昌校刻本　四十二冊

310000－0242－0015539　愚子 1510

分門古今類事二十卷　(宋)宋□著　清光緒
刻本　六冊

310000－0242－0015540　愚子 1511

夷堅甲志二十卷乙志二十卷丙志二十卷丁志
二十卷　(宋)洪邁撰　清光緒五年(1879)吳
興陸氏十萬卷樓刻本　十二冊

310000－0242－0015541　愚子 1513

見聞錄四卷　(清)徐岳撰　清乾隆十七年
(1752)大德堂刻本　四冊

310000－0242－0015542　愚子 1514

桂山錄異八卷　(清)顧淰撰　清乾隆五十八
年(1793)刻本　四冊

310000－0242－0015543　愚子 1515

聊齋志異十六卷　(清)蒲松齡撰　清刻本
十六冊

310000－0242－0015544　愚子 1516

異談可信錄二十三卷　(清)鄧鉅輯　清嘉慶
元年(1796)刻本　十二冊

310000－0242－0015545　愚子 1517

博物志十卷　(晉)張華撰　明萬曆、崇禎間
刻本　一冊

310000－0242－0015546　愚子 1518

酉陽雜俎二十卷續集十卷　(唐)段成式著
清汲古閣刻本　七冊

310000－0242－0015547　愚子 1519

續博物志十卷　(晉)李石撰　(明)吳琯校
明刻本　四冊

310000－0242－0015548　愚子 1520

續廣博物志十六卷　(清)徐壽基輯　清光緒
十二年(1886)刻本　四冊

310000－0242－0015549　愚子 1521

公門果報錄一卷　(清)宋楚望輯　清光緒十
八年(1892)刻本　一冊

310000－0242－0015550　愚子 1523

情史類略二十四卷　(明)詹詹外史(馮夢龍)
撰　清康熙金陵芥子園刻本　十冊

310000－0242－0015551　S 愚子 1524

亙史外紀八卷　(明)潘之恒輯　明天啓六年
(1626)鷲嘯軒刻本　四冊

310000－0242－0015552　愚子 1525

燕山外史八卷　(清)陳球撰　清光緒五年
(1879)刻本　四冊

310000－0242－0015553　愚子 1526

廣新聞八卷　(清)無悶居士(陸鼎翰)撰　清
乾隆五十七年(1792)刻本　四冊

310000－0242－0015554　愚子 1527

志異新編四卷　(清)福慶撰　清嘉慶十年
(1805)刻本　二冊

310000－0242－0015555　愚子 1528

奇男女演義七卷　(清)李繼聖撰　清光緒六
年(1880)刻本　二冊

310000－0242－0015556　S 愚子 1529

新刻黃掌綸先生評定神仙鑑二十二卷　(清)
徐道撰　清康熙五十一年(1712)步月樓刻本
二十四冊

310000－0242－0015557　S 愚子 1530

三教同原錄二十二卷　(清)徐道撰　清康熙
二十七年(1688)刻本　六十四冊

310000－0242－0015558　愚子 1532

右台仙館筆記十二卷　(清)俞樾撰　清光緒
刻本　四冊

310000－0242－0015559　愚子 1533

梁高僧傳十五卷　(南朝梁)釋慧皎撰　清光
緒十年(1884)金陵刻經處刻本　四冊

310000－0242－0015560　愚子 1534

高僧傳二集四十卷　(唐)釋道宣撰　清光緒
江北刻經處刻本　十冊

310000－0242－0015561　S 愚子 1535

廣弘明集三十四卷　（唐）釋道宣輯　明萬曆
十四年(1586)吳惟明刻本　八冊

310000－0242－0015562　愚子 1536

大唐內典錄十卷　（唐）釋道宣撰　清順治十
八年(1661)浙江嘉興府楞嚴寺刻嘉興藏本
四冊

310000－0242－0015563　愚子 1538

法苑珠林一百二十卷　（唐）釋道世輯　清道
光七年(1827)蔣氏刻本　二十四冊

310000－0242－0015564　愚子 1539

高僧傳三集三十卷　（宋）釋贊寧撰　清光緒
十三年(1887)江北刻經處刻本　八冊

310000－0242－0015565　愚子 1540

禪林僧寶傳三十卷附錄一卷補傳一卷　（宋）
釋惠洪撰　清光緒六年(1880)常熟刻經處刻
本　三冊

310000－0242－0015566　愚子 1541

五燈會元二十卷　（宋）釋普濟纂　清光緒三
十二年(1906)貴池劉世珩刻玉海堂景宋叢書
本　十六冊

310000－0242－0015567　S 愚子 1542

釋氏稽古略四卷　（元）釋覺岸編　明嘉靖二
十四年(1545)刻本　四冊

310000－0242－0015568　S 愚子 1543

神僧傳九卷　（明）成祖朱棣撰　明永樂十五
年(1417)內府刻本　六冊　存六卷(一至六)

310000－0242－0015569　愚子 1544

釋氏稽古略四卷續集三卷　（元）釋覺岸編
（明）釋幻輪彙編　明刻本　五冊

310000－0242－0015570　愚子 1545

緇門崇行錄一卷　（明）釋袾宏輯　明刻本
一冊

310000－0242－0015571　S 愚子 1546

寂光境一卷附無生訣一卷　（明）洪應明輯
清雍正八年(1730)江南蘇州府石士琦刻本
一冊

310000－0242－0015572　愚子 1547

五燈全書一百二十卷　（清）釋超永編輯　清
康熙三十六年(1697)刻本　四十八冊

310000－0242－0015573　愚子 1548

重訂教乘法數十二卷　（清）釋超永編輯　清
光緒四年(1878)杭州經房刻本　六冊

310000－0242－0015574　愚子 1549

重刻龍藏彙記一卷　（清）□□編　清同治九
年(1870)金陵刻經處刻本　一冊

310000－0242－0015575　愚子 1550

大明三藏聖教目錄四卷　（□）□□纂　明清
間刻嘉興藏本　一冊

310000－0242－0015576　愚子 1551

藏版經直畫一目錄二卷　（清）嘉興楞嚴寺纂
清康熙刻嘉興藏本　一冊

310000－0242－0015577　愚子 1552

閱藏知津四十四卷　（明）釋智旭彙集　清光
緒十八年(1892)金陵刻經處刻本　十冊

310000－0242－0015578　愚子 1553

居士傳五十六卷附二林居士唱和詩一卷體仁
要術一卷　（清）彭紹升撰　清光緒四年
(1878)錢塘許氏刻本　四冊

310000－0242－0015579　愚子 1558

妙法蓮華經文句紀三十卷　（唐）釋湛然輯
清光緒六年(1880)錢塘許氏刻本　十五冊

310000－0242－0015580　愚子 1559

妙法蓮華經大成九卷音義九卷科文一卷
（清）釋大義輯　清康熙三十四年(1695)刻本
十二冊

310000－0242－0015581　愚子 1562

金剛經五十三家注解四卷　（明）釋洪蓮纂輯
清同治九年(1870)刻本　四冊

310000－0242－0015582　愚子 1563

金剛經石注一卷　（清）石成金撰　清乾隆四
十九年(1784)刻本　一冊

310000－0242－0015583　愚子 1564

金剛經句解二卷　（清）王澤洤編　清光緒二

年(1876)吳下刻本　一冊

310000－0242－0015584　愚子1565

佛遺教經一卷四十二章經一卷　（明）釋古靈
了童補注　清莊氏刻本　二冊

310000－0242－0015585　愚子1566

大悲心陀羅尼經一卷　（唐）釋伽梵達摩譯
清咸豐元年(1851)會文齋刻本　一冊

310000－0242－0015586　愚子1567

華嚴經疏鈔十六卷　（唐）釋澄觀撰　清光緒
九年(1883)海虞刻經處刻本　六冊

310000－0242－0015587　愚子1569

楞嚴經指掌疏十卷　（清）釋通理述　清乾
隆、嘉慶間刻本　十冊

310000－0242－0015588　愚子1570

首楞嚴直指十卷　（清）釋函昰撰　清光緒八
年(1882)錢塘許氏刻本　五冊

310000－0242－0015589　愚子1571

大佛頂首楞嚴經疏解蒙鈔六十卷　（清）錢謙
益撰　清順治十七年(1660)刻本　二十冊

310000－0242－0015590　愚子1573

菩薩善戒經十卷　（南朝宋）釋求那跋摩譯
清刻本　二冊

310000－0242－0015591　S愚子1576

心經石點頭一卷　（明）李贄校　明芝蘭館刻
本　三冊

310000－0242－0015592　S愚子1578

楞伽經會譯四卷　（明）釋員珂輯　明萬曆八
年(1580)　四冊

310000－0242－0015593　愚子1581

十不二門指要鈔詳解四卷　（宋）釋可度撰
清光緒八年(1882)武陵刻本　四冊

310000－0242－0015594　愚子1582

觀楞伽阿跋多羅寶經記四卷　（南朝宋）釋求
那跋陀羅譯　（明）釋德清筆記　清浙江刻本
　四冊

310000－0242－0015595　愚子1583

觀經疏鈔二卷附錄一卷　（宋）知禮鈔　（明）
釋智顗疏　清道光六年(1826)文星閣刻本
二冊

310000－0242－0015596　愚子1584

三千諸佛名經三卷　（南朝宋）釋畺良耶舍譯
　清光緒元年(1875)金陵刻經處刻本　二冊

310000－0242－0015597　愚子1586

淨土津梁二十六卷　（清）釋了慰輯　清乾隆
五十年(1785)刻本　九冊

310000－0242－0015598　愚子1587

大智度論一百卷　（後秦）釋鳩摩羅什譯　清
光緒九年(1883)姑蘇刻經處刻本　二十冊

310000－0242－0015599　愚子1588

中論六卷　（後秦）釋鳩摩羅什譯　清光緒三
十三年(1907)揚州刻本　二冊

310000－0242－0015600　愚子1600

御選永明心賦四卷　（宋）釋永明壽撰　清武
英殿刻本　二冊

310000－0242－0015601　愚子1601

永明心賦一卷注四卷唯心訣一卷　（宋）釋永
明壽撰　清道光十八年(1838)武林刻本　二
冊

310000－0242－0015602　愚子1605

佛經壽世四十三卷　（□）□□撰　清蔣恩銘
刻本　十冊

310000－0242－0015603　愚子1606

阿彌陀經略解一卷　（明）釋大佑述　清光緒
三年(1877)刻本　一冊

310000－0242－0015604　愚子1609

阿彌陀經疏鈔事義四卷　（明）釋袾宏述　清
抄本　一冊

310000－0242－0015605　S愚子1610

歸元直指集二卷　（明）釋宗本撰　明嘉靖三
十二年(1553)刻本　二冊

310000－0242－0015606　愚子1611

慈悲梁皇寶懺十卷　（□）□□撰　清光緒十
五年(1889)金陵刻經處刻本　三冊

310000－0242－0015607　愚子1635

般若波羅蜜多心經一卷佛說阿彌陀經一卷附引證 （清）鄧皕輯注　清嘉慶十二年(1807)南城鄧皕遇安居刻本　一冊

310000－0242－0015608　愚子1645

佛說無量清淨平等覺經三卷 （漢）釋支婁迦讖譯　清同治十年(1871)金陵刻經處刻本　四冊

310000－0242－0015609　愚子1646

新刊釋氏十三經三十四卷 （清）吳坤修輯　清同治七年(1868)吳氏皖城撫署刻半畝園叢書本　八冊

310000－0242－0015610　愚子1647

大般若波羅蜜多經六百卷 （唐）釋玄奘譯　清經局刻本　一百五十冊

310000－0242－0015611　愚子1650

菩薩戒本經一卷箋要一卷 （北涼）釋曇無讖譯　（明）釋智旭彙集　清同治九年至光緒六年(1870－1880)金陵刻經處刻釋氏四書本　一冊

310000－0242－0015612　愚子1651

大乘起信論纂注二卷 （南朝陳）釋真諦譯　（明）釋真界纂注　清光緒十一年(1885)金陵刻經處刻本　一冊

310000－0242－0015613　愚子1653

宗鏡錄一百卷 （宋）釋延壽輯　清雍正十三年(1735)武英殿刻本　二十冊

310000－0242－0015614　S愚子1654

天目中峯和尚廣錄三十卷 （元）釋明本撰　明雲林寺刻本　六冊

310000－0242－0015615　S愚子1655

指月錄三十二卷 （明）瞿汝稷撰　明萬曆三十年(1602)釋通一刻本　十六冊

310000－0242－0015616　愚子1657

阿彌陀經要解一卷 （後秦）釋鳩摩羅什譯　（明）釋智旭解　清刻本　一冊

310000－0242－0015617　愚子1658

六祖法寶壇經一卷 （唐）釋慧能撰　（唐）釋法海輯　清同治十一年(1872)如皋刻經處刻本　一冊

310000－0242－0015618　愚子1662

覺迷蠡測三卷附錄一卷 （明）管志道撰　明萬曆二十八年(1600)刻本　三冊

310000－0242－0015619　S愚子1663

成實論二十卷 （印度）訶梨跋摩撰　（後秦）釋鳩摩羅什譯　明萬曆四十三年(1615)刻徑山化城寺刻本　四冊

310000－0242－0015620　愚子1664

夢遊集五十五卷 （明）釋德清撰　清光緒五年(1879)江北刻經處刻本　二十冊

310000－0242－0015621　愚子1668

紫柏老人集二十九卷 （明）釋達觀撰　清光緒四年(1878)錢塘許氏刻本　十冊

310000－0242－0015622　愚子1669

御選語錄十九卷 （清）世宗胤禛選　清雍正十一年(1733)武英殿刻本　十四冊

310000－0242－0015623　愚子1680

影響論一卷靈峯宗論選鈔一卷 （明）釋德清（明）釋蕅益撰　清抄本　一冊

310000－0242－0015624　愚子1681

永覺和尚古轍二卷瘺言一卷續一卷 （清）釋道霈撰　清錢塘許氏刻本　二冊

310000－0242－0015625　愚子1685

三壇傳戒正範四卷 （清）釋讀禮撰　清江北刻經處刻本　三冊

310000－0242－0015626　愚子1688

傳演毗尼儀範四卷 （清）釋照福撰　清乾隆十八年(1753)刻本　四冊

310000－0242－0015627　愚子1689

永嘉真覺大師證道歌一卷 （清）釋玄覺著　清光緒二十二年(1896)刻本　一冊

310000－0242－0015628　愚子1690

永嘉禪宗集注二卷 （明）釋傳燈撰　清光緒二十二年(1896)刻本　一冊

310000－0242－0015629　愚子 1695

雜毒海八卷　（清）釋性音重編　清康熙六十年(1721)北京大覺山佛泉寺釋性音刻本　二冊

310000－0242－0015630　愚子 1696

盤山語錄一卷　（元）王志謹撰　清光緒二十九年(1903)刻本　一冊

310000－0242－0015631　愚子 1697

玉林禪師語錄十二卷能仁國師年譜二卷（清）釋通琇著　清順治五年(1648)刻本　六冊

310000－0242－0015632　愚子 1698

折疑論二卷　（元）釋子成撰　清道光十年(1830)刻本　四冊

310000－0242－0015633　愚子 1699

大乘起信論疏二卷　（唐）釋法藏疏　清光緒三年(1877)長沙刻經處刻本　二冊

310000－0242－0015634　愚子 1701

海南一勺合編三十二卷首一卷　（清）釋鶴洞子纂輯　清道光十五年(1835)四香草堂刻本　十冊

310000－0242－0015635　愚子 1711

傍兼流記不分卷　（□）□□撰　清刻本　一冊

310000－0242－0015636　愚子 1718

唯心集一卷　（清）釋定慧撰　清同治十一年(1872)如皋刻經處刻本　一冊

310000－0242－0015637　愚子 1719

往生門一卷　（清）張珩撰　清乾隆抄本　二冊

310000－0242－0015638　愚子 1720

歸元鏡二卷　（清）釋智達拈頌　清刻本　二冊

310000－0242－0015639　愚子 1722

御製大雲輪請雨經一卷龍王真經三卷　（隋）釋那連提耶舍譯　清同治九年(1870)崇文書局刻本　一冊

310000－0242－0015640　愚子 1723

景德傳燈錄三十卷　（宋）釋道原編　清刻本　十五冊

310000－0242－0015641　愚子 1727

老子元翼二卷老子考異一卷附錄一卷　（明）焦竑編撰　清乾隆五年(1740)刻本　三冊

310000－0242－0015642　愚子 1728

老子道德經解三卷附影響論一卷　（明）釋德清　（明）釋滿益撰　清光緒六年(1880)金陵刻經處刻本　二冊

310000－0242－0015643　愚子 1729

老子參注四卷　（清）倪元坦撰　清嘉慶二十一年(1816)畬香書屋刻本　二冊

310000－0242－0015644　愚子 1730

道德經輯注三卷　（清）鄧暄輯注　清嘉慶十二年(1807)刻本　一冊

310000－0242－0015645　愚子 1731

老子解二卷仁書二卷　（清）易佩紳撰　清湖南刻本　一冊

310000－0242－0015646　愚子 1733

列子八卷　（戰國）列禦寇著　（晉）張湛注　清世德堂刻本　二冊

310000－0242－0015647　S 愚子 1735

郭注莊子十卷　（晉）郭象撰　明刻本　六冊

310000－0242－0015648　S 愚子 1736

莊子口義十卷釋音一卷　（宋）林希逸輯（明）張四維補　明萬曆二年(1574)敬義堂刻三子口義刻本　十冊

310000－0242－0015649　S 愚子 1737

老子翼三卷　（明）焦竑輯　明萬曆十六年(1588)王世貞校刻本　三冊

310000－0242－0015650　S 愚子 1738

莊子翼八卷莊子闕誤一卷附錄一卷　（明）焦竑輯　明萬曆十六年(1588)王世貞校刻本　六冊

310000－0242－0015651　愚子 1739

莊子翼八卷莊子闕誤一卷附錄一卷　（明）焦

竑撰　明萬曆十六年（1588）王世貞校刻本
五冊

310000－0242－0015652　S 愚子 1741

鍥南華經三注大全二十一卷　（明）陳懿典輯
明萬曆二十一年（1593）書林余紹崖自新齋
刻本　十二冊

310000－0242－0015653　愚子 1742

南華發覆八卷　（明）釋性通撰　明刻本　三
冊

310000－0242－0015654　愚子 1743

莊子內篇四卷　（明）釋德清　（明）釋蕅益撰
清光緒十四年（1888）金陵刻經處刻本　二
冊

310000－0242－0015655　愚子 1744

莊子釋意十卷　（清）高秋月撰　清康熙二十
九年（1690）刻本　三冊

310000－0242－0015656　愚子 1745

莊子因六卷　（清）林雲銘撰　清刻本　四冊

310000－0242－0015657　S 愚子 1746

莊子獨見三十三卷　（戰國）莊周撰　（清）胡
文英評釋　清乾隆十六年（1751）同德堂刻本
四冊

310000－0242－0015658　愚子 1747

南華簡鈔四卷　（清）徐廷槐撰　清乾隆六年
（1741）刻本　三冊

310000－0242－0015659　愚子 1748

莊子本義二卷　（清）梅沖撰　清道光元年
（1821）刻本　一冊

310000－0242－0015660　愚子 1749

莊子集釋十卷　（清）郭慶藩撰　清光緒二十
年（1894）思賢講舍刻本　八冊

310000－0242－0015661　愚子 1750

王注莊子十卷　王闓運撰　清同治九年
（1870）刻本　二冊

310000－0242－0015662　愚子 1751

列仙傳四卷　（漢）劉向撰　清道光十三年
（1833）在茲堂刻本　二冊

310000－0242－0015663　愚子 1752

參同契一卷東林蓮社十八高賢傳一卷　（漢）
魏伯陽著　明刻本　一冊

310000－0242－0015664　愚子 1753

周易參同契發揮三卷釋疑一卷　（元）俞琰撰
清同治十年（1871）錢江王詒燕堂刻本　三
冊

310000－0242－0015665　愚子 1754

周易恆解五卷　（清）劉沅撰　清咸豐十一年
（1861）刻本　六冊

310000－0242－0015666　愚子 1755

抱朴子內篇二十卷外篇五十卷　（晉）葛洪撰
清嘉慶平津館刻本　六冊

310000－0242－0015667　S 愚子 1756

葛稚川內篇四卷外篇四卷　（晉）葛洪撰
（清）顧曾壽校　清刻本　八冊

310000－0242－0015668　愚子 1757

神仙傳十卷　（晉）葛洪撰　明刻本　一冊

310000－0242－0015669　S 愚子 1758

周氏冥通記四卷　（南朝梁）陶弘景撰　明末
刻本　一冊

310000－0242－0015670　S 愚子 1759

真誥二十卷　（南朝梁）陶弘景撰　明萬曆二
十八年（1600）刻本　十冊

310000－0242－0015671　愚子 1760

道藏輯要三十二卷　（宋）張君房輯　清刻本
三十二冊

310000－0242－0015672　愚子 1761

靈寶真靈位業圖一卷　（南朝梁）陶弘景撰
明刻本　一冊

310000－0242－0015673　S 愚子 1762

道言內書三卷外書三卷　（明）彭好古輯　明
萬曆吳勉學刻黃之寀重修本　十二冊

310000－0242－0015674　S 愚子 1763

金丹正理大全四十二卷　（明）涵虛子輯　明
嘉靖十七年（1538）周藩刻本　二十冊

310000－0242－0015675　愚子1764

性命雙修萬神圭旨四卷 （明）吳之鶴撰　清刻本　四冊

310000－0242－0015676　愚子1765

道統大成十一卷 （清）汪啟濩輯　清光緒二十六年(1900)刻本　十冊

310000－0242－0015677　愚子1766

呂祖彙集三十四卷附錄十四卷新附六卷救劫經一卷 （唐）呂嵒撰　清道光三十年(1850)刻本　十四冊

310000－0242－0015678　愚子1767

呂祖全書三十三卷 （清）劉體恕輯　清同治七年(1868)湘潭崇善堂刻本　二十冊

310000－0242－0015679　愚子1768

仙佛合宗語錄一卷 （明）伍守陽撰　清書業堂刻本　一冊

310000－0242－0015680　愚子1769

張三丰祖師玄要篇一卷 （唐）張玄素輯　清傲雪山房刻本　一冊

310000－0242－0015681　S愚子1770

張三丰祖師無根樹詞注解一卷 （清）劉悟元注　（清）李涵虛解　清刻本　二冊

310000－0242－0015682　S愚子1771

清搖墟長生詮三卷 （明）洪應明撰　清雍正八年(1730)江南蘇州府石士琦刻本　二冊

310000－0242－0015683　愚子1772

玉樞經篇二十四卷校譌一卷 （清）姚燮撰　清道光二十五年(1845)洞梵閣刻本　十二冊

310000－0242－0015684　S愚子1773

道藏心珠集二十四卷 （清）朱之俊輯　清康熙李長祥天問閣刻本　十二冊

310000－0242－0015685　愚子1774

祠山事要十卷 （宋）周秉秀撰　（元）梅應發續輯　清道光二十四年(1844)刻本　四冊

310000－0242－0015686　愚子1775

成仙捷徑四卷 鄭官應撰　清光緒十七年(1891)刻本　一冊

310000－0242－0015687　愚子1776

古書隱樓藏書十四卷 （清）閔一得輯　清金蓋山門壇刻本　十四冊

310000－0242－0015688　S愚子1778

寰有銓六卷 （葡萄牙）傅汎際譯　（明）李之藻達辭　明崇禎元年(1628)刻本　六冊

310000－0242－0015689　愚子1779

古教彙參三卷 （英國）韋廉臣著　董樹棠譯　清光緒七年(1881)益智書會刻本　三冊

310000－0242－0015690　愚子1780

理窟九卷 （清）李杕撰　清光緒十二年(1886)慈母堂鉛印本　四冊

310000－0242－0015691　愚子1781

成禮須知一卷西禮須知一卷 （英國）傅蘭雅撰　清光緒十二年(1886)刻本　二冊

310000－0242－0015692　愚子1782

聖年廣益不分卷 （法國）馮秉正譯　清教會刻本　二十四冊

310000－0242－0015693　愚子1783

神道要論六卷耶穌教何不令人祭先祖祀先聖一卷 （美國）謝衛樓撰　清光緒二十年(1894)公理教會刻本　四冊

310000－0242－0015694　愚子1784

自西徂東五卷 （德國）花之安撰　清光緒十年(1884)教會刻本　五冊

310000－0242－0015695　愚子1785

道原精萃八卷 （意大利）艾儒略述　清光緒十三年(1887)慈母堂刻本　八冊

310000－0242－0015696　愚子1786

說教一卷 （清）彭光譽撰　清光緒二十二年(1896)天津刻本　一冊

310000－0242－0015697　愚子1787

清真指南十卷 （清）馬注撰　清同治九年(1870)清真寺刻本　十冊

310000－0242－0015698　愚子1788

天方性理五卷 （清）劉智譯纂　清同治五年(1866)刻本　六冊

310000－0242－0015699　愚子1789

清真釋疑補輯二卷　（清）金天柱著　清光緒七年(1881)清真寺刻本　二冊

310000－0242－0015700　愚集1

楚辭十七卷　（漢）劉向編　（漢）王逸章句　清同治十一年(1872)刻本　四冊

310000－0242－0015701　愚集2

楚辭十七卷　（漢）劉向編　（漢）王逸章句　清抄本　三冊

310000－0242－0015702　愚集3

楚辭集注八卷辯證二卷後語六卷　（宋）朱熹集注　清光緒十八年(1892)傳經堂刻本　四冊

310000－0242－0015703　S愚集4

楚辭十九卷　（明）陸時雍撰　明刻本　三冊

310000－0242－0015704　S愚集5

楚辭六卷餘論二卷說韻一卷　（清）蔣驥輯注　清山帶閣刻本　四冊

310000－0242－0015705　S愚集6

楚辭燈四卷　（清）林雲銘撰　清康熙三十六年(1697)刻本　二冊

310000－0242－0015706　愚集7

楚辭釋十一卷　王闓運撰　清光緒二十一年(1895)儀徵李氏崇惠堂刻本　一冊

310000－0242－0015707　愚集8

離騷草木史十卷離騷拾細一卷　（戰國）屈原著　（清）周拱辰注　清嘉慶八年(1803)刻本　四冊

310000－0242－0015708　S愚集9

莊屈合詁不分卷　（清）錢澄之撰　清皉雉堂刻本　五冊

310000－0242－0015709　S愚集10

蔡中郎集十卷　（漢）蔡邕撰　清康熙三年(1664)丁泰刻本　四冊

310000－0242－0015710　S愚集11

孔北海集一卷　（漢）孔融撰　清刻本　一冊

310000－0242－0015711　S愚集12

曹子建集十卷　（三國魏）曹植撰　明刻本　六冊

310000－0242－0015712　愚集13

曹集銓評十卷附年譜　（清）丁晏撰　清同治十一年(1872)金陵書局刻本　二冊

310000－0242－0015713　愚集14

諸葛武侯文集六卷　（三國蜀）諸葛亮撰　清同治十二年(1873)刻本　四冊

310000－0242－0015714　愚集15

諸葛武侯文集六卷故事五卷　（三國蜀）諸葛亮撰　清嘉慶十七年(1812)刻本　二冊

310000－0242－0015715　愚集16

陶淵明集十卷　（晉）陶潛撰　清同治二年(1863)刻本　二冊

310000－0242－0015716　愚集17

陶淵明集十卷　（晉）陶潛撰　清京江魯氏刻本　二冊

310000－0242－0015717　愚集18

陶靖節詩注四卷　（晉）陶潛撰　（宋）湯漢注　清光緒十一年(1885)陳州郡齋刻本　一冊

310000－0242－0015718　愚集19

靖節先生集十卷評陶彙集一卷年譜考異二卷　（晉）陶潛撰　（清）陶澍集注　清道光二十年(1840)刻本　四冊

310000－0242－0015719　愚集20

陶詩彙評四卷東坡和陶合箋四卷　（晉）陶潛撰　（清）溫汝能彙評　清嘉慶十一年(1806)刻本　四冊

310000－0242－0015720　S愚集21

沈休文文鈔不分卷　（南朝梁）沈約撰　明刻本　一冊

310000－0242－0015721　S愚集22

劉孝標文鈔七卷　（南朝梁）劉峻撰　**任彥升文鈔一卷**　（南朝梁）任昉撰　明刻本　一冊

310000－0242－0015722　S愚集23

梁簡文帝集十六卷　（南朝梁）簡文帝蕭綱撰

明刻本　三冊

310000－0242－0015723　S愚集24
梁元帝集十卷　（南朝梁）元帝蕭繹撰　明刻本　二冊

310000－0242－0015724　S愚集25
江醴陵集十四卷　（南朝梁）江淹撰　明刻本　二冊

310000－0242－0015725　愚集26
徐孝穆集箋注六卷　（南朝陳）徐陵撰　（清）吳兆宜箋注　清刻本　二冊

310000－0242－0015726　S愚集27
庾子山文鈔一卷　（北周）庾信撰　明末刻本　一冊

310000－0242－0015727　愚集28
庾開府集箋注十六卷　（北周）庾信撰　（清）倪璠注釋　清光緒二十年(1894)刻本　十二冊

310000－0242－0015728　愚集29
王子安集注二十卷　（唐）王勃撰　（清）蔣清翊注　清光緒九年(1883)吳縣蔣氏雙唐碑館刻本　六冊

310000－0242－0015729　愚集30
陳伯玉文集三卷詩集二卷附錄一卷　（唐）陳子昂撰　清刻本　四冊

310000－0242－0015730　S愚集32
駱臨海集十卷　（唐）駱賓王撰　清康熙四十六年(1707)刻本　四冊

310000－0242－0015731　S愚集33
張曲江集十二卷　（唐）張九齡撰　清雍正十二年(1734)刻本　六冊

310000－0242－0015732　愚集35
王摩詰集七卷　（唐）王維撰　清光緒五年(1879)碧琳琅館刻本　三冊

310000－0242－0015733　愚集37
孟浩然集　（唐）孟浩然撰　清光緒十年(1884)上海同文書局石印本　二冊

310000－0242－0015734　愚集38
岑嘉州集八卷　（唐）岑參撰　清光緒十年(1884)上海同文書局石印本　二冊

310000－0242－0015735　S愚集39
岑嘉州集八卷　（唐）岑參撰　明刻本　二冊

310000－0242－0015736　愚集40
高常侍集十卷　（唐）高適撰　清光緒十年(1884)上海同文書局石印本　二冊

310000－0242－0015737　S愚集42
李太白文集三十六卷　（唐）李白撰　（清）王琦輯注　清乾隆二十五年(1760)刻本　十二冊

310000－0242－0015738　S愚集43
集千家注杜詩二十卷文集二卷　（唐）杜甫撰　（元）高楚芳輯注　明嘉靖十五年(1536)玉几山人刻本　十二冊

310000－0242－0015739　愚集44
草堂詩箋二十二卷年譜二卷詩話二卷　（宋）蔡夢弼撰　清光緒元年(1875)巴陵方氏碧琳琅館刻本　四冊

310000－0242－0015740　S愚集46
錢注杜詩二十卷　（唐）杜甫撰　（清）錢謙益箋注　清康熙六年(1667)刻本　十二冊

310000－0242－0015741　S愚集47
讀書堂杜工部詩集注解二十卷文集注解二卷杜工部編年詩史譜目一卷　（唐）杜甫撰　（清）張溍注　清康熙三十七年(1698)張氏讀書堂刻本　十二冊

310000－0242－0015742　愚集48
杜詩注釋二十四卷　（唐）杜甫撰　（清）許寶善輯　清光緒三年(1877)吳縣朱氏刻本　十二冊

310000－0242－0015743　S愚集49
杜少陵集箋注二十五卷　（唐）杜甫撰　（清）仇兆鰲輯注　清康熙三十二年(1693)刻本　十二冊

310000－0242－0015744　愚集50

歲寒堂讀杜二十卷　（清）范輦雲撰　清道光二十四年(1844)刻本　八冊

310000－0242－0015745　S愚集51
杜詩鏡銓二十卷　（清）楊倫撰　清乾隆五十七年(1792)刻本　八冊

310000－0242－0015746　S愚集52
讀杜心解二十四卷　（唐）杜甫撰　（清）浦起龍解　清雍正二年(1724)刻本　十二冊

310000－0242－0015747　愚集53
杜詩百篇二卷　（唐）杜甫撰　（清）張燮承集解　清咸豐九年(1859)刻本　二冊

310000－0242－0015748　愚集54
杜七言律詩二卷　（唐）杜甫撰　（元）虞集注　清刻本　二冊

310000－0242－0015749　S愚集55
杜律通解四卷　（清）李文煒撰　清順治十八年(1661)刻本　四冊

310000－0242－0015750　S愚集56
杜詩論文五十六卷　（清）吳興祚撰　清康熙十一年(1672)刻本　十冊

310000－0242－0015751　S愚集57
杜詩偶評四卷　（清）沈德潛撰　清乾隆十二年(1747)刻本　四冊

310000－0242－0015752　愚集59
杜詩節鈔二卷　（□）□□撰　清寫本　六冊

310000－0242－0015753　愚集61
顏魯公集十五卷補遺一卷年譜一卷附錄一卷　（唐）顏真卿撰　清嘉慶刻本　二冊

310000－0242－0015754　S愚集62
韓昌黎集四十卷外集十卷遺文一卷附錄一卷　（唐）韓愈撰　（明）蔣之翹注　明崇禎六年(1633)蔣氏三徑草堂刻本　十冊

310000－0242－0015755　愚集63
韓文考異四十卷外集十卷遺文一卷　（宋）朱熹撰　（宋）王伯大音釋　清光緒十八年(1892)傳經堂刻本　十六冊

310000－0242－0015756　愚集64
韓集考異十卷　（宋）朱熹等撰　清光緒十一年(1885)新陽趙氏刻本　二冊

310000－0242－0015757　S愚集65
韓文起十二卷　（唐）韓愈撰　（清）林雲銘評注　清康熙三十二年(1693)刻本　六冊

310000－0242－0015758　S愚集66
韓昌黎詩集注十一卷　（唐）韓愈撰　（清）顧嗣立輯　清刻本　四冊

310000－0242－0015759　S愚集67
韓文五百家注音辯四十卷　（宋）魏仲舉撰　清乾隆四十九年(1784)刻本　十二冊

310000－0242－0015760　S愚集68
柳河東集四十五卷外集五卷遺文一卷附錄一卷　（唐）柳宗元撰　（明）蔣之翹注　明刻本　十冊

310000－0242－0015761　愚集69
柳文惠公全集四十三卷別集二卷外集二卷附錄一卷　（清）楊季鸞撰　清同治七年(1868)刻本　八冊

310000－0242－0015762　S愚集70
王荊石批評柳文十二卷　（唐）柳宗元撰　（明）王荊石評　明刻本　八冊

310000－0242－0015763　愚集71
翰苑集二十四卷　（唐）陸贄撰　清光緒十八年(1892)經正堂刻本　十二冊

310000－0242－0015764　愚集72
陸宣公集二十四卷　（唐）陸贄撰　清道光四年(1824)刻本　四冊

310000－0242－0015765　愚集73
陸宣公集二十二卷　（唐）陸贄撰　清同治五年(1866)刻本　六冊

310000－0242－0015766　愚集74
制詔集二十卷　（唐）常袞撰　清光緒九年(1883)刻本　四冊

310000－0242－0015767　S愚集75
韓君平集三卷　（唐）韓翃撰　明萬曆四十一

年(1613)江元禔刻本 一冊

310000－0242－0015768 S 愚集 76
劉夢得文鈔一卷 （唐）劉禹錫撰 明刻本
一冊

310000－0242－0015769 S 愚集 77
白氏長慶集七十一卷目錄二卷附錄一卷
（唐）白居易撰 明萬曆三十四年(1606)馬調
元魚樂軒刻本 十冊

310000－0242－0015770 愚集 78
白香山長慶集二十卷後集十七卷別集一卷補
遺一卷 （唐）白居易撰 清抄本 二冊

310000－0242－0015771 愚集 79
孫可之集十卷 （唐）孫樵撰 清光緒二年
(1876)南海馮氏讀有用書齋刻本 一冊

310000－0242－0015772 S 愚集 80
孫可之文鈔一卷 （唐）孫樵撰 明刻本 一
冊

310000－0242－0015773 愚集 82
顧華陽集三卷補遺一卷 （唐）顧況撰 清道
光十九年(1839)黃鶴山莊刻本 二冊

310000－0242－0015774 愚集 83
皇甫持正集六卷補遺一卷 （唐）皇甫湜撰
清光緒二年(1876)南海馮氏讀有用書齋刻本
一冊

310000－0242－0015775 S 愚集 84
劉蛻集六卷 （唐）劉蛻撰 （明）吳綯編輯
明天啓四年(1624)吳綯刻本 二冊

310000－0242－0015776 愚集 85
李文公集十八卷補遺一卷附錄一卷 （唐）李
翱撰 清光緒二年(1876)南海馮氏讀有用書
齋刻本 四冊

310000－0242－0015777 愚集 86
李長吉集四卷外集一卷 （唐）李賀撰 清光
緒十八年(1892)刻本 二冊

310000－0242－0015778 S 愚集 87
昌谷集四卷 （唐）李賀撰 （明）曾益釋 明
刻本 二冊

310000－0242－0015779 愚集 88
昌谷集句解定本四卷 （唐）李賀撰 （清）姚
佺箋閱 （清）丘象隨辯注 清初梅村書屋刻
本 二冊

310000－0242－0015780 愚集 89
樊紹述集二卷 （唐）樊宗師撰 （清）孫之騄
輯 清刻本 一冊

310000－0242－0015781 S 愚集 90
李義山詩集十六卷 （唐）李商隱撰 （清）姚
培謙箋注 清乾隆四年(1739)刻本 四冊

310000－0242－0015782 S 愚集 91
李義山詩話一卷年譜一卷詩集箋注三卷
（唐）李商隱撰 清乾隆九年(1744)刻本 六
冊

310000－0242－0015783 S 愚集 92
李義山文集十卷 （唐）李商隱撰 （清）徐樹
穀箋 （清）徐炯注 清康熙四十七年(1708)
徐氏花溪草堂刻本 六冊

310000－0242－0015784 愚集 93
李義山詩三卷 （清）朱鶴齡箋注 清同治九
年(1870)刻本 四冊

310000－0242－0015785 S 愚集 94
玉谿生詩評注三卷年譜一卷詩話一卷 （唐）
李商隱撰 （清）馮浩注 清乾隆三十二年
(1767)刻本 四冊

310000－0242－0015786 愚集 95
樊南文集補編十二卷 （清）錢振倫 （清）錢
振常編 清同治五年(1866)刻本 四冊

310000－0242－0015787 愚集 96
玉谿生詩意八卷 （清）屈復撰 清同治十二
年(1873)刻本 六冊

310000－0242－0015788 S 愚集 97
溫飛卿詩九卷 （唐）溫庭筠撰 （清）顧予咸
補注 清康熙三十六年(1697)顧氏秀野草堂
刻本 二冊

310000－0242－0015789 愚集 98
溫飛卿詩九卷 （唐）溫庭筠撰 （清）顧予咸

補注　清廣東刻本　二冊

310000－0242－0015790　愚集 99
李文山詩集三卷　(唐)李群玉撰　清光緒十八年(1892)刻本　一冊

310000－0242－0015791　S愚集 100
甫里先生集二十卷　(唐)陸龜蒙撰　明萬曆許自昌刻本　六冊

310000－0242－0015792　S愚集 101
陸魯望文鈔一卷　(唐)陸龜蒙撰　明末刻本　一冊

310000－0242－0015793　S愚集 102
皮日休文藪十卷　(唐)皮日休撰　明許自昌刻本　四冊

310000－0242－0015794　S愚集 103
皮日休酬唱詩八卷　(唐)皮日休撰　明刻本　四冊

310000－0242－0015795　愚集 104
沈下賢集十二卷　(唐)沈亞之撰　清光緒二十一年(1895)刻本　二冊

310000－0242－0015796　S愚集 105
羅昭諫集八卷　(唐)羅隱撰　清康熙九年(1670)張瓚瑞榴堂刻本　二冊

310000－0242－0015797　S愚集 106
羅昭諫文鈔一卷　(唐)羅隱撰　明刻本　一冊

310000－0242－0015798　S愚集 107
白蓮集十卷　(唐)釋齊己撰　明末毛氏汲古閣刻本　四冊

310000－0242－0015799　S愚集 108
杼山集十卷補遺一卷　(唐)釋皎然撰　明末毛氏汲古閣刻本　四冊

310000－0242－0015800　S愚集 109
禪月集二十六卷　(唐)釋貫休撰　明末毛氏汲古閣刻本　四冊

310000－0242－0015801　愚集 110
唐女郎魚玄機詩一卷　(唐)魚玄機撰　清刻

本　一冊

310000－0242－0015802　愚集 111
徐騎省集三十卷附校記　(宋)徐鉉撰　清光緒十七年(1891)黟縣李氏刻本　六冊

310000－0242－0015803　愚集 112
和靖詩集四卷拾遺一卷　(宋)林逋撰　清同治十二年(1873)長洲朱氏刻本　二冊

310000－0242－0015804　S愚集 113
文恭集四十卷　(宋)胡宿撰　清刻本　十冊

310000－0242－0015805　S愚集 114
安陽集家傳十卷別錄三卷遺事一卷詩文集五十卷　(宋)韓琦撰　清乾隆刻本　十冊

310000－0242－0015806　S愚集 115
范文正公集十二卷　(宋)范仲淹撰　明天啓二年(1622)松江刻本　十一冊

310000－0242－0015807　愚集 116
范文正公集四十八卷　(宋)范仲淹撰　清道光十年(1830)刻本　十二冊

310000－0242－0015808　S愚集 117
蔡忠惠集三十六卷補遺二卷　(宋)蔡襄撰　清乾隆五年(1740)刻本　十六冊

310000－0242－0015809　S愚集 118
司馬文正公傳家集八十卷目錄二卷年譜一卷附錄一卷　(宋)司馬光撰　(清)陳弘謀輯　清乾隆七年(1742)培遠堂陳氏刻本　十二冊

310000－0242－0015810　愚集 119
司馬溫公文集八十二卷　(宋)司馬光撰　明天啓七年(1627)刻本　二十四冊

310000－0242－0015811　愚集 122
淨德集三十八卷　(宋)呂陶撰　清刻本　八冊

310000－0242－0015812　S愚集 123
南豐先生元豐類稿五十一卷　(宋)曾鞏撰　明萬曆二十五年(1597)曾敏才等刻本　八冊

310000－0242－0015813　愚集 124
元豐類藁五十卷　(宋)曾鞏撰　清光緒十六

年(1890)刻本　十冊

310000－0242－0015814　S愚集125
曾文定公集二十卷　(宋)曾鞏撰　清康熙三十二年(1693)刻本　十六冊

310000－0242－0015815　愚集126
擊壤集二十卷　(宋)邵雍撰　清光緒三年(1877)述荊堂刻本　六冊

310000－0242－0015816　愚集127
周濂溪集十三卷　(宋)周敦頤撰　清同治五年(1866)福州正誼書局刻本　四冊

310000－0242－0015817　愚集128
張橫渠集十二卷　(宋)張載撰　清同治五年(1866)福州正誼書局刻本　三冊

310000－0242－0015818　愚集129
張橫渠集十五卷　(宋)張載撰　清光緒十七年(1891)傳經堂刻本　六冊

310000－0242－0015819　S愚集131
歐陽文忠公全集一百五十卷　(宋)歐陽修撰　清康熙十一年(1672)刻本　二十四冊

310000－0242－0015820　S愚集132
宋大家歐陽文忠公文抄三十二卷　(宋)歐陽修撰　(明)茅坤編　明末刻本　十二冊

310000－0242－0015821　S愚集133
歐陽先生文粹二十卷　(宋)歐陽修撰　(宋)陳亮輯　明嘉靖二十六年(1547)郭雲鵬寶善堂刻本　六冊　存十六卷(一至十六)

310000－0242－0015822　S愚集134
歐陽先生遺粹十卷　(宋)歐陽修撰　(明)郭雲鵬輯　明嘉靖二十六年(1547)郭雲鵬寶善堂刻本　二冊　存五卷(一至五)

310000－0242－0015823　愚集135
范忠宣文集二十卷　(宋)范純仁撰　清道光十年(1830)刻本　八冊

310000－0242－0015824　愚集136
范忠宣公集十卷　(宋)范純仁撰　明天啓二年(1622)松江刻本　五冊

310000－0242－0015825　愚集137
嘉祐集二十卷　(宋)蘇洵撰　清道光十二年(1832)眉州三蘇祠刻本　四冊

310000－0242－0015826　愚集138
王臨川集一百卷　(宋)王安石撰　清光緒九年(1883)刻本　二十冊

310000－0242－0015827　S愚集139
王荊公詩注五十卷　(宋)李璧箋注　(□)□□批校　清乾隆四十一年(1776)張氏清漪堂刻本　四冊

310000－0242－0015828　愚集140
王文公文鈔十六卷　(宋)王安石撰　(明)茅坤批點　明刻本　五冊

310000－0242－0015829　S愚集141
東坡全集一百五十卷　(宋)蘇軾撰　明蔡士英刻本　二十冊

310000－0242－0015830　S愚集143
東坡先生全集七十五卷　(宋)蘇軾撰　明末項煜刻本　二十四冊

310000－0242－0015831　S愚集144
東坡先生全集七十五卷東坡詩選十二卷　(宋)蘇軾撰　(明)譚元春輯　明末文勝堂刻本　二十四冊

310000－0242－0015832　S愚集145
坡仙集十六卷　(宋)蘇軾撰　(明)李贄輯評　明萬曆二十八年(1600)刻本　十二冊

310000－0242－0015833　S愚集146
訂補坡仙集鈔三十八卷　(宋)蘇軾撰　(明)陳繼儒評定　明刻本　十二冊

310000－0242－0015834　S愚集147
東坡詩集注三十二卷　(宋)蘇軾撰　(宋)王十朋注　明刻本　十二冊

310000－0242－0015835　S愚集148
施注蘇詩四十二卷東坡年譜一卷　(宋)蘇軾撰　(宋)施元之注　清刻本　十二冊

310000－0242－0015836　S愚集149
蘇文忠公寓惠集四卷　(宋)蘇軾撰　(清)鄭

欽陛輯　清順治十五年(1658)刻本　六冊

310000－0242－0015837　S 愚集 150

東坡編年詩五十卷　(宋)蘇軾撰　(清)查慎行注　清乾隆二十六年(1761)香雨齋刻本　十二冊

310000－0242－0015838　愚集 151

蘇文忠公詩合注五十卷　(宋)蘇軾撰　(清)馮應榴輯　清同治九年(1870)刻本　二十冊

310000－0242－0015839　愚集 152

評注蘇文忠公詩五十卷　(宋)蘇軾撰　(清)紀昀評點　清道光十四年(1834)刻本　八冊

310000－0242－0015840　愚集 153

蘇詩補注八卷附志道集一卷　(宋)蘇軾撰　(清)翁方綱注　清乾隆四十七年(1782)刻本　二冊

310000－0242－0015841　愚集 154

蘇文忠公詩編注集成一百三卷　(宋)蘇軾撰　(清)王文誥輯訂　清嘉慶二十四年(1819)刻本　三十二冊

310000－0242－0015842　愚集 155

蘇文忠公詩編注集成一百三卷　(宋)蘇軾撰　(清)王文誥輯訂　清光緒十四年(1888)浙江書局刻本　二十四冊

310000－0242－0015843　愚集 156

趙刻蘇詩二十卷附錄三卷　(宋)蘇軾撰　(清)趙克宜輯　清咸豐刻本　八冊

310000－0242－0015844　愚集 157

東坡養生集十二卷　(清)王如錫撰　清康熙三年(1664)刻本　十二冊

310000－0242－0015845　S 愚集 158

東坡分體詩鈔十八卷　(宋)蘇軾撰　(清)姚廷謙選　清康熙六十年(1721)遂安堂刻本　六冊

310000－0242－0015846　S 愚集 159

蘇長公小品二卷　(宋)蘇軾撰　(明)王納諫評選　明萬曆三十九年(1611)章萬椿心遠軒

刻本　二冊

310000－0242－0015847　愚集 160

欒城集四十八卷後集二十四卷三集十卷　(宋)蘇轍撰　清道光十二年(1832)眉州三蘇祠刻本　二十七冊

310000－0242－0015848　S 愚集 161

欒城詩選一卷　(清)陳訏輯　清康熙刻本　二冊

310000－0242－0015849　S 愚集 162

重刻黃文節山谷文集三十卷　(宋)黃庭堅撰　明王鳳翔光啟堂刻本　十冊

310000－0242－0015850　愚集 163

山谷內外別集注五十九卷　(宋)黃庭堅撰　清樹經堂刻本　二十冊

310000－0242－0015851　愚集 164

山谷內外別集注三十九卷　(宋)黃庭堅撰　清刻本　十九冊

310000－0242－0015852　愚集 166

山谷文集摘抄三卷　(宋)黃庭堅撰　清寫本　二冊

310000－0242－0015853　愚集 167

曾文昭公集四卷　(宋)曾肇撰　清刻本　四冊

310000－0242－0015854　S 愚集 168

淮海集四十卷　(宋)秦觀撰　明刻本　四冊

310000－0242－0015855　愚集 169

濟南詩文集八卷　(宋)李廌撰　清抄本　八冊

310000－0242－0015856　愚集 171

斜川集六卷　(宋)蘇過撰　清道光七年(1827)眉州三蘇祠刻本　三冊

310000－0242－0015857　S 愚集 173

筠溪牧潛集七卷　(宋)釋圓志撰　明崇禎十二年(1639)毛氏汲古閣刻本　一冊

310000－0242－0015858　愚集 174

宗忠簡公集八卷　(宋)宗澤撰　清述荊堂刻

本　四冊

310000 – 0242 – 0015859　愚集 176

龜山集四十二卷　(宋)楊時撰　清光緒五年(1879)刻本　十冊

310000 – 0242 – 0015860　愚集 177

梁溪集一百八十卷附錄四卷　(宋)李綱撰　清福建刻本　四十冊

310000 – 0242 – 0015861　S 愚集 178

宋李忠定公奏議選十五卷文集選二十九卷首一卷　(宋)李綱撰　(明)左光先等輯　明崇禎刻本　八冊

310000 – 0242 – 0015862　愚集 179

忠正德文集十卷　(宋)趙鼎撰　清道光吳傑刻本　四冊

310000 – 0242 – 0015863　愚集 180

建康集八卷補遺一卷　(宋)葉夢得撰　清道光二十四年(1844)刻本　二冊

310000 – 0242 – 0015864　愚集 181

鄱陽集四卷　(宋)洪皓撰　清同治九年(1870)洪氏刻本　一冊

310000 – 0242 – 0015865　愚集 182

韋齋集十二卷附玉瀾集一卷　(宋)朱松撰　清刻本　二冊

310000 – 0242 – 0015866　愚集 183

屏山集二十卷　(宋)劉子翬撰　清道光十七年(1837)李氏秋柯草堂刻本　六冊

310000 – 0242 – 0015867　愚集 184

尹和靖集十卷　(宋)尹焞撰　清光緒九年(1883)傳經堂刻本　二冊

310000 – 0242 – 0015868　愚集 185

岳忠武王文集八卷附錄一卷　(宋)岳飛撰　清同治十二年(1873)三原劉氏述荊堂刻本　四冊

310000 – 0242 – 0015869　S 愚集 186

新刻瓊琯白先生集十二卷　(宋)葛長庚撰　明萬曆二十二年(1594)刻本　六冊

310000 – 0242 – 0015870　愚集 187

胡少師集六卷附錄一卷　(宋)胡舜陟撰　清道光十九年(1839)刻本　二冊

310000 – 0242 – 0015871　S 愚集 189

竹洲文集十卷附錄一卷　(宋)吳儆撰　明刻本　四冊

310000 – 0242 – 0015872　愚集 190

朱子大全文集一百卷別集七卷續集五卷　(宋)朱熹撰　清刻本　三十二冊

310000 – 0242 – 0015873　愚集 191

朱子大全集一百卷　(宋)朱熹撰　清同治十二年(1873)刻本　四十冊

310000 – 0242 – 0015874　愚集 192

朱子全集一百卷續集五卷別集七卷　(宋)朱熹撰　清光緒二年(1876)刻本　四十八冊

310000 – 0242 – 0015875　愚集 194

朱子古文讀本六卷　(宋)朱熹撰　(清)周大璋輯　清康熙五十六年(1717)寶旭齋刻本　六冊

310000 – 0242 – 0015876　愚集 195

南軒集四十四卷　(宋)張栻撰　清咸豐四年(1854)刻本　十二冊

310000 – 0242 – 0015877　愚集 196

周文忠集一百四十卷　(宋)周必大撰　清道光二十八年(1848)祠堂刻本　四十冊

310000 – 0242 – 0015878　愚集 197

止齋文集五十二卷附錄一卷　(宋)陳傅良撰　清光緒四年(1878)瑞安孫氏詒善祠塾刻本　八冊

310000 – 0242 – 0015879　S 愚集 198

王忠文公全集五十二卷　(宋)王十朋撰　清雍正六年(1728)刻本　十冊

310000 – 0242 – 0015880　愚集 199

游定夫先生集六卷附錄一卷　(宋)游酢撰　清同治六年(1867)和州刻本　二冊

310000 – 0242 – 0015881　愚集 200

燭湖集二十卷附編二卷　(宋)孫應時撰　清

嘉慶八年(1803)刻本　六冊

310000－0242－0015882　愚集201

南海百詠一卷 (宋)方信孺撰　清道光吳蘭修刻本　一冊

310000－0242－0015883　愚集202

雙溪集十二卷 (宋)王炎撰　清康熙祠堂刻本　六冊

310000－0242－0015884　愚集203

象山集三十六卷 (宋)陸九淵撰　清光緒七年(1881)刻本　十二冊

310000－0242－0015885　愚集204

傅忠肅公文集五卷 (宋)傅察撰　清光緒九年(1883)刻本　三冊

310000－0242－0015886　愚集205

舒文靖集二卷附錄三卷校勘記三卷事實冊一卷 (宋)舒璘撰　清光緒二十二年(1896)刻本　四冊

310000－0242－0015887　S愚集206

石湖居士詩集三十四卷 (宋)范成大撰　清康熙二十七年(1688)顧氏依園刻本　四冊

310000－0242－0015888　愚集210

劍南詩藁八十五卷 (宋)陸游撰　明末汲古閣刻本　二十冊

310000－0242－0015889　S愚集211

渭南文集五十卷 (宋)陸游撰　明末汲古閣刻本　八冊

310000－0242－0015890　S愚集212

渭南文集五十卷 (宋)陸游撰　明末汲古閣刻本　六冊

310000－0242－0015891　S愚集214

劍南詩鈔不分卷 (清)楊大鶴選　清康熙二十四年(1685)刻本　六冊

310000－0242－0015892　愚集215

稼軒集鈔存四卷稼軒詞四卷 (宋)辛棄疾撰　清嘉慶十六年(1811)刻本　六冊

310000－0242－0015893　S愚集216

水心集二十九卷 (宋)葉適撰　清乾隆二十年(1755)桐鄉葉氏刻本　十二冊

310000－0242－0015894　S愚集217

水心文鈔十卷 (宋)葉適撰　(清)方粲如選　清乾隆五十五年(1790)刻本　五冊

310000－0242－0015895　愚集218

北溪先生文集十四卷補遺一卷 (宋)陳淳撰　清光緒九年(1883)劉氏傳經堂刻本　四冊

310000－0242－0015896　愚集219

後樂集二十卷 (宋)衛涇撰　清光緒八年(1882)木活字印本　十冊

310000－0242－0015897　愚集220

真西山全集一百八十二卷 (宋)真德秀撰　清同治三年(1864)刻本　九十八冊

310000－0242－0015898　S愚集221

重刻西山先生真文忠公文集五十五卷目錄二卷 (宋)真德秀撰　明萬曆二十六年(1598)刻本　十二冊

310000－0242－0015899　S愚集223

龍川文集三十卷 (宋)陳亮撰　明刻本　十六冊

310000－0242－0015900　愚集225

鶴山文鈔四十卷周禮折衷四卷師友雅言一卷 (宋)魏了翁撰　清同治十三年(1874)望三益齋刻本　十六冊

310000－0242－0015901　S愚集226

白石道人集十卷詩集二卷集外詩一卷詩集附錄一卷詩說一卷白石道人歌曲四卷歌曲別集一卷 (宋)姜夔撰　清乾隆刻本　八冊

310000－0242－0015902　愚集227

姜堯章集十卷 (宋)姜夔撰　清道光二十三年(1843)刻本　二冊

310000－0242－0015903　愚集228

平齋文集三十二卷拾遺一卷附錄一卷空同詞一卷 (宋)洪咨夔撰　清同治十一年至十二年(1872－1873)杉直懷清之館刻本　四冊

310000－0242－0015904　愚集229

蒙齋集二十卷 （宋）袁甫撰 清福建刻本
六冊

310000－0242－0015905 S愚集230
文丞相全集十六卷 （宋）文天祥撰 清雍正
三年(1725)刻本 十冊

310000－0242－0015906 愚集231
文信國公集二十卷 （宋）文天祥撰 清同治
七年(1868)刻本 十一冊

310000－0242－0015907 S愚集233
謝疊山先生文集五卷附刻一卷 （宋）謝枋得
撰 明萬曆三十二年(1604)刻本 二冊

310000－0242－0015908 愚集235
雙峯猥藁十卷 （宋）舒邦佐撰 清道光二十
九年(1849)刻本 四冊

310000－0242－0015909 S愚集239
金仁山集五卷 （宋）金履祥撰 清雍正九年
(1731)刻本 二冊

310000－0242－0015910 S愚集240
白玉蟾詩集九卷 （宋）葛長庚撰 （明）潘是
仁輯校 明刻本 三冊

310000－0242－0015911 S愚集241
海瓊玉蟾先生文集六卷 （宋）葛長庚撰
（明）朱權編 明刻本 十二冊

310000－0242－0015912 S愚集242
拙軒集六卷 （金）王寂撰 清乾隆三十九年
(1774)刻本 四冊

310000－0242－0015913 愚集243
滹南遺老集四十五卷續一卷 （金）王若虛撰
清光緒十二年(1886)刻本 四冊

310000－0242－0015914 愚集244
遺山集五十四卷 （金）元好問撰 清光緒八
年(1882)刻本 十六冊

310000－0242－0015915 愚集245
遺山詩集八卷 （金）元好問撰 清乾隆四十
三年(1778)萬廷蘭刻本 二冊

310000－0242－0015916 愚集246

遺山詩注十四卷附錄一卷補載一卷 （清）施
國祁注 清道光二年(1822)南潯蔣氏瑞松堂
刻本 四冊

310000－0242－0015917 S愚集247
歐陽元功文鈔一卷 （元）歐陽玄撰 明刻本
一冊

310000－0242－0015918 S愚集248
草廬文正公集四十九卷外集三卷 （元）吳澄
撰 清乾隆二十一年(1756)刻本 十二冊

310000－0242－0015919 愚集249
許文正公遺書十二卷首一卷末一卷 （元）許
衡撰 清光緒十三年(1887)傳經堂刻本 四
冊

310000－0242－0015920 愚集250
雲峯集十卷 （元）胡炳文撰 清道光十一年
(1831)刻本 二冊

310000－0242－0015921 愚集251
清容居士集五十卷附札記一卷 （元）袁桷撰
清道光二十年(1840)上海郁氏宜稼堂刻本
八冊

310000－0242－0015922 愚集252
道園學古錄五十卷 （元）虞集撰 清嘉慶二
十年(1815)勤約堂刻本 十六冊

310000－0242－0015923 S愚集253
虞伯生文鈔一卷 （元）虞集撰 明刻本 一
冊

310000－0242－0015924 S愚集254
吳淵穎先生集十二卷 （元）吳萊撰 （清）王
邦采 （清）王繩曾箋 清康熙六十年(1721)
刻本 四冊

310000－0242－0015925 愚集255
雁門集十四卷附錄一卷 （元）薩都剌撰
（清）薩龍光注 清光緒三年(1877)刻本 八
冊

310000－0242－0015926 S愚集256
黃文獻公集十二卷 （元）黃溍撰 清刻本
十二冊

310000－0242－0015927　S 愚集 257

青溪魯道原先生詩集一卷　（元）魯淵撰　清
康熙二十九年至三十年(1690－1691)刻本
一冊

310000－0242－0015928　S 愚集 258

青溪玄同子雪舟脞詩一卷　（元）邵桂子撰
清康熙三十年(1691)刻本　一冊

310000－0242－0015929　S 愚集 259

青溪何介夫詩集一卷　（清）何景福撰　清刻
本　一冊

310000－0242－0015930　愚集 260

苔石效顰集一卷　（宋）繆鑑撰　清光緒十五
年(1889)刻朱印本　一冊

310000－0242－0015931　愚集 261

師山遺文五卷附濟美錄四卷　（元）鄭玉撰
明嘉靖十四年(1535)鄭氏家塾刻本　四冊

310000－0242－0015932　愚集 262

梧溪集七卷　（元）王逢撰　清同治十三年
(1874)思補樓木活字印本　八冊

310000－0242－0015933　S 愚集 263

清閟閣全集十二卷　（元）倪瓚撰　清康熙五
十二年(1713)曹培廉城書室刻本　四冊

310000－0242－0015934　S 愚集 264

東山存藁七卷附錄一卷　（元）趙汸撰　清康
熙二十年(1681)趙氏刻本　四冊

310000－0242－0015935　S 愚集 265

楊鐵崖樂府注十卷　（元）楊維楨　（明）樓卜
瀍撰　清乾隆三十九年(1774)刻本　六冊

310000－0242－0015936　愚集 267

龜巢集二十卷　（元）謝應芳撰　清宣統元年
(1909)刻本　六冊

310000－0242－0015937　愚集 268

雲峯文集十卷　（元）胡炳文撰　清道光十一
年(1831)刻本　二冊

310000－0242－0015938　愚集 269

玉山璞藁一卷　（元）顧瑛撰　清抄本　一冊

310000－0242－0015939　S 愚集 270

高皇帝御製文集二十卷　（明）太祖朱元璋撰
明萬曆刻本　十冊

310000－0242－0015940　愚集 271

宋學士全集三十三卷　（明）宋濂撰　清順治
九年(1652)刻本　十二冊

310000－0242－0015941　S 愚集 272

誠意伯文集二十卷首一卷　（明）劉基撰　清
乾隆十一年(1746)刻本　十冊

310000－0242－0015942　愚集 275

劉槎翁詩集選十二卷　（明）劉崧撰　明刻本
四冊

310000－0242－0015943　愚集 276

天遊集十卷　（明）王達撰　清道光二十一年
(1841)無錫王氏木活字印本　四冊

310000－0242－0015944　S 愚集 277

和中峰和尚梅花百詠一卷　（明）王達撰　清
乾隆二十二年(1757)刻本　一冊

310000－0242－0015945　S 愚集 278

藍山詩集六卷　（明）藍仁撰　清刻本　三冊

310000－0242－0015946　S 愚集 279

藍澗詩集六卷　（明）藍智撰　清光緒十六年
(1890)上海宣敬熙刻本　三冊

310000－0242－0015947　S 愚集 280

高季迪先生大全集十八卷　（明）高啟撰　清
康熙許氏竹素園刻本　六冊

310000－0242－0015948　愚集 281

遜志齋集二十四卷　（明）方孝孺撰　清同治
十二年(1873)刻本　十六冊

310000－0242－0015949　愚集 282

遜志齋集七卷　（清）張伯行編　清同治三年
(1864)刻本　七冊

310000－0242－0015950　愚集 283

方正學先生集六卷　（明）方孝孺撰　清抄本
六冊

310000－0242－0015951　愚集 285

野古集三卷　（明）龔詡撰　清光緒二十八年(1902)新陽趙氏刻本　一冊

310000－0242－0015952　S 愚集 286

文清公薛先生文集二十四卷　（明）薛瑄撰　清刻本　十二冊

310000－0242－0015953　愚集 287

雪坡文集十二卷　（明）萬節撰　清光緒三年(1877)刻本　十二冊

310000－0242－0015954　S 愚集 288

商文毅公集十卷　（明）商輅撰　（明）劉體元編輯　明萬曆三十一年(1603)刻本　四冊

310000－0242－0015955　S 愚集 289

卞蘭堂詩集六卷　（明）卞榮撰　清乾隆二十五年(1760)刻本　四冊

310000－0242－0015956　S 愚集 291

何文定公文集十一卷　（明）何瑭撰　明萬曆四年(1576)刻本　四冊

310000－0242－0015957　愚集 292

練溪集四卷　（明）凌震撰　清嘉慶二十年(1815)刻本　二冊

310000－0242－0015958　S 愚集 293

宋魯齋王文憲公遺集十二卷　（明）王柏撰　（明）王宷等輯　明崇禎五年(1632)阮元聲刻本　四冊

310000－0242－0015959　S 愚集 294

石門集十卷　（明）梁寅撰　清乾隆十五年(1750)刻本　六冊

310000－0242－0015960　S 愚集 295

類博稿十卷附錄一卷　（明）岳正撰　明嘉靖刻本　四冊

310000－0242－0015961　S 愚集 296

懷麓堂集　（明）李東陽撰　清康熙二十年(1681)刻本　二十冊

310000－0242－0015962　S 愚集 297

篁墩程先生文粹二十五卷　（明）程敏政撰　明弘治十八年(1505)刻本　四冊

310000－0242－0015963　愚集 298

楓山集九卷　（明）章懋撰　清退補齋刻本　十二冊

310000－0242－0015964　愚集 299

定山集十卷　（明）莊昶撰　清乾隆五年(1740)刻本　四冊

310000－0242－0015965　S 愚集 300

王文恪公文集三十六卷　（明）王鏊撰　明嘉靖十五年(1536)三槐堂刻本　十二冊

310000－0242－0015966　S 愚集 301

吳文肅公摘薰四卷　（明）吳儼撰　明萬曆十二年(1584)刻本　四冊

310000－0242－0015967　S 愚集 302

涇野先生文集三十八卷　（明）呂柟撰　明刻本　八冊

310000－0242－0015968　愚集 303

瓊臺會稿二十四卷　（明）邱濬撰　清光緒五年(1879)刻本　十三冊

310000－0242－0015969　愚集 304

胡文敬公集三卷　（明）胡居仁撰　清同治八年(1869)刻本　二冊

310000－0242－0015970　S 愚集 305

王文成公全書三十八卷　（明）王守仁撰　明隆慶六年(1572)刻本　三十二冊

310000－0242－0015971　S 愚集 306

王陽明先生全集二十二卷首一卷　（明）王守仁撰　（清）俞嶙輯　清康熙十二年(1673)刻本　二十二冊

310000－0242－0015972　愚集 307

陽明先生集要三編十六卷　（明）王守仁撰　清光緒五年(1879)刻本　十六冊

310000－0242－0015973　S 愚集 308

陽明先生文錄五卷外集九卷別錄十卷　（明）王守仁撰　明嘉靖十五年(1536)刻本　八冊

310000－0242－0015974　S 愚集 309

陽明先生集鈔十六卷　（明）王守仁撰　（明）李騰芳輯　明崇禎元年(1628)刻本　六冊

310000－0242－0015975　S愚集310

王文成公文選八卷　（明）王守仁撰　（明）王畿輯　（明）鍾惺評點　明崇禎六年(1633)刻本　八冊

310000－0242－0015976　S愚集311

大復集三十八卷附錄一卷　（明）何景明撰　清乾隆十五年(1750)刻本　八冊

310000－0242－0015977　S愚集312

王氏存笥稿二十卷　（明）王維楨撰　明嘉靖三十六年(1557)刻本　八冊

310000－0242－0015978　S愚集313

鄭少谷先生全集二十二卷　（明）鄭善夫撰　明崇禎九年(1636)刻本　十冊

310000－0242－0015979　S愚集314

太史升庵文集八十一卷目錄四卷　（明）楊慎撰　明刻本　十二冊

310000－0242－0015980　S愚集315

升庵集八十一卷外集一百卷遺集二十六卷　（明）楊慎撰　清乾隆六十年(1795)刻本　六十冊

310000－0242－0015981　S愚集316

廿一史彈詞十五卷　（明）楊慎撰　清乾隆五十一年(1786)刻本　八冊

310000－0242－0015982　S愚集317

雲邨先生文集十四卷遺事一卷賁隱存編四卷　（明）許相卿撰　明刻本　八冊

310000－0242－0015983　愚集318

甫田集三十六卷　（明）文徵明撰　明刻本　四冊

310000－0242－0015984　愚集319

何燕泉集十卷　（明）何孟春撰　清光緒陳氏刻本　四冊

310000－0242－0015985　愚集320

擬古樂府注二卷　（明）何孟春撰　清光緒陳氏刻本　二冊

310000－0242－0015986　S愚集321

周恭肅公集十六卷恭肅公神道銘一卷附錄一卷　（明）周用撰　明嘉靖二十八年(1549)刻本　六冊

310000－0242－0015987　S愚集322

周叔夜先生集十一卷　（明）周思兼撰　明萬曆七年(1579)刻本　四冊

310000－0242－0015988　S愚集322

紫霞軒藏稿四卷　（明）周思兼撰　明隆慶五年(1571)刻本　二冊

310000－0242－0015989　愚集323

爨餘駢語五卷　（明）蔡復一撰　清抄本　五冊

310000－0242－0015990　S愚集324

虎林藁二卷附詩一卷蘭陰藁三卷詩一卷儸都藁三卷　（明）喻均撰　明刻本　八冊

310000－0242－0015991　S愚集325

馬學士文集八卷　（明）馬愉撰　明嘉靖四十一年(1562)刻本　四冊

310000－0242－0015992　S愚集326

南川漫遊藁十卷　（明）陶諧撰　明嘉靖十二年(1533)刻本　二冊

310000－0242－0015993　愚集327

周訥谿公文錄三十卷　（明）周怡撰　清道光十五年(1835)刻本　十冊

310000－0242－0015994　S愚集328

顧文康公文草十卷續稿六卷詩草六卷三集四卷　（明）顧鼎臣撰　明崇禎刻本　十冊

310000－0242－0015995　愚集329

劉忠宣公集十一卷　（明）劉大夏撰　清光緒元年(1875)劉氏刻本　六冊

310000－0242－0015996　S愚集330

陸文裕公行遠集二十四卷　（明）陸深撰　（明）陸起龍編　清康熙六十一年(1722)刻本　五冊

310000－0242－0015997　愚集331

鈐山堂集四十卷　（明）嚴嵩撰　明刻本　十冊

310000－0242－0015998　　愚集 332

鈐山堂集四十卷　（明）嚴嵩撰　清嘉慶十一年(1806)刻本　十冊

310000－0242－0015999　S 愚集 333

袁永之集二十卷　（明）袁袠撰　明嘉靖二十六年(1547)刻本　八冊

310000－0242－0016000　S 愚集 334

渭厓文集十卷　（明）霍韜撰　清康熙四十八年(1709)刻本　十冊

310000－0242－0016001　S 愚集 335

蒼谷全集十二卷附錄一卷　（明）王尚絅撰　清乾隆二十三年(1758)刻本　六冊

310000－0242－0016002　　愚集 336

青湖文集十四卷首一卷末一卷　（明）汪應軫撰　清同治十一年(1872)刻本　六冊

310000－0242－0016003　S 愚集 337

疣贅錄九卷附錄二卷　（明）顧夢圭撰　明嘉靖三十三年(1554)刻本　四冊

310000－0242－0016004　S 愚集 339

嚴石谿詩稿六卷　（明）嚴怡撰　明萬曆四年(1576)刻本　二冊

310000－0242－0016005　S 愚集 340

念庵羅先生文集四卷　（明）羅洪先撰　明嘉靖三十四年(1555)錫山安如磐校刻本　四冊

310000－0242－0016006　　愚集 341

楊忠介公集十三卷附錄五卷　（明）楊爵撰　清光緒十九年(1893)刻本　六冊

310000－0242－0016007　　愚集 342

荊川集十八卷補遺一卷　（明）唐順之撰　清光緒二十一年(1895)武進盛氏思惠齋刻朱印本　八冊

310000－0242－0016008　S 愚集 345

袁中郎先生批評唐伯虎彙集四卷外集一卷傳贊一卷紀事一卷畫譜三卷　（明）唐寅撰　（明）袁宏道評　明秋實堂刻本　四冊

310000－0242－0016009　　愚集 347

韓苑洛先生全集二十二卷　（明）韓邦奇撰　清道光八年(1828)刻本　十冊

310000－0242－0016010　S 愚集 348

許文穆公集六卷　（明）許國撰　明萬曆三十九年(1611)刻本　六冊

310000－0242－0016011　S 愚集 349

茅鹿門先生集三十六卷　（明）茅坤撰　明萬曆十六年(1588)刻本　十冊

310000－0242－0016012　S 愚集 350

玉芝山房稿二十二卷　（明）茅坤撰　明萬曆十六年(1588)刻本　十冊

310000－0242－0016013　　愚集 351

山帶閣集三十三卷　（明）朱曰藩撰　清道光十五年(1835)刻本　四冊

310000－0242－0016014　　愚集 352

滄溟集三十卷　（明）李攀龍撰　清道光二十七年(1847)刻本　八冊

310000－0242－0016015　　愚集 353

滄溟詩集十四卷　（明）李攀龍撰　清光緒二十一年(1895)刻本　四冊

310000－0242－0016016　S 愚集 355

大泌山房集一百三十四卷　（明）李維楨撰　明萬曆三十九年(1611)刻本　五十三冊

310000－0242－0016017　S 愚集 356

新刻張太岳先生詩文集四十六卷附錄一卷　（明）張居正撰　明刻本　二十冊

310000－0242－0016018　　愚集 357

楊忠愍公集五卷　（明）楊繼盛撰　清同治十一年(1872)刻本　三冊

310000－0242－0016019　S 愚集 358

楊椒山先生集四卷　（明）楊繼盛撰　清順治十三年(1656)刻本　四冊

310000－0242－0016020　S 愚集 359

弇州山人四部稿選十六卷　（明）王世貞撰　（明）沈一貫輯　明刻本　十七冊

310000－0242－0016021　S 愚集 360

太函集一百二十卷　（明）汪道昆撰　明萬曆

159

十九年(1591)刻本　四十二冊

310000－0242－0016022　S 愚集 361

玄象山館詩草十五卷附錄一卷　(明)南師仲
撰　明萬曆二十年(1592)刻本　六冊

310000－0242－0016023　S 愚集 362

海忠介公文集十卷　(明)海瑞撰　明刻本
四冊

310000－0242－0016024　S 愚集 363

宗伯集八十一卷　(明)馮琦撰　明萬曆三十
五年(1607)刻本　二十八冊

310000－0242－0016025　S 愚集 364

董司寇疏草十五卷首一卷　(明)董裕撰　明
萬曆三十七年(1609)刻本　八冊

310000－0242－0016026　S 愚集 365

賜閒堂集四十卷　(明)申時行撰　明萬曆四
十四年(1616)刻本　二十冊

310000－0242－0016027　S 愚集 366

王百穀集　(明)王穉登撰　明萬曆刻本　四
冊

310000－0242－0016028　S 愚集 367

新鐫赤水屠先生評釋謀野集四卷　(明)王穉
登撰　(明)屠隆評釋　明萬曆刻本　四冊

310000－0242－0016029　S 愚集 368

震川文集三十卷　(明)歸有光撰　清康熙十
四年(1675)刻本　十二冊

310000－0242－0016030　S 愚集 369

王文肅公牘草十八卷　(明)王錫爵撰　明萬
曆七年(1579)刻本　六冊

310000－0242－0016031　S 愚集 370

徐文長文集三十卷附四聲猿一卷　(明)徐渭
撰　明萬曆四十二年(1614)刻本　八冊

310000－0242－0016032　S 愚集 371

徐文長三集二十九卷　(明)徐渭撰　明萬曆
二十八年(1600)刻本　八冊

310000－0242－0016033　S 愚集 372

蒼霞草十二卷　(明)葉向高撰　明崇禎刻本

八冊

310000－0242－0016034　愚集 373

止止堂集五卷　(明)戚繼光撰　清光緒十四
年(1888)山東書局刻本　四冊

310000－0242－0016035　愚集 374

孫宗伯集十卷　(明)孫繼皋撰　清光緒十八
年(1892)刻本　十二冊

310000－0242－0016036　愚集 375

**去偽齋集十卷呻吟語六卷實政錄七卷附呂氏
四種**　(明)呂坤撰　清道光七年(1827)刻本
二十四冊

310000－0242－0016037　S 愚集 376

瑞陽阿集十卷　(明)江東之撰　清乾隆八年
(1743)刻本　四冊

310000－0242－0016038　愚集 377

高子遺書十二卷　(明)高攀龍撰　清光緒二
年(1876)刻本　八冊

310000－0242－0016039　愚集 378

高忠憲詩集八卷　(明)高攀龍撰　清同治十
二年(1873)木活字印本　三冊

310000－0242－0016040　S 愚集 379

居東集六卷　(明)謝肇淛撰　明萬曆刻本
二冊

310000－0242－0016041　S 愚集 380

陳眉公先生全集五十八卷　(明)陳繼儒撰
明刻本　三十冊

310000－0242－0016042　S 愚集 381

白蘇齋類集二十二卷　(明)袁宗道撰　明刻
本　四冊

310000－0242－0016043　S 愚集 382

珂雪齋集選二十四卷　(明)袁中道撰　明萬
曆四十六年(1618)刻本　七冊

310000－0242－0016044　S 愚集 383

袁中郎全集四十卷　(明)袁宏道撰　明崇禎
二年(1629)刻本　十二冊

310000－0242－0016045　S 愚集 384

梨雲館類定袁中郎集二十四卷　(明)袁宏道撰　明刻本　十二冊

310000－0242－0016046　S 愚集 385

瀟碧堂集二十卷續集十卷　(明)袁宏道撰　明萬曆三十六年(1608)刻本　六冊

310000－0242－0016047　S 愚集 386

水明樓集十四卷　(明)陳薦夫撰　明萬曆四十三年(1615)刻本　六冊

310000－0242－0016048　S 愚集 387

緱山先生集二十七卷　(明)王衡撰　明萬曆四十四年(1616)刻本　十冊

310000－0242－0016049　S 愚集 390

來恩堂草四卷　(明)姚舜牧撰　明刻本　四冊

310000－0242－0016050　愚集 391

熊襄愍公集十卷末一卷　(明)熊廷弼撰　清嘉慶十八年(1813)退補齋刻本　十冊

310000－0242－0016051　愚集 392

熊襄愍公尺牘四卷　(明)熊廷弼撰　清道光二十九年(1849)刻本　四冊

310000－0242－0016052　愚集 393

鹿忠節公文集二十一卷　(明)鹿善繼撰　清刻本　六冊

310000－0242－0016053　愚集 394

無欲齋詩鈔一卷　(明)鹿善繼撰　清刻本　一冊

310000－0242－0016054　S 愚集 395

左忠毅公集三卷年譜二卷　(明)左光斗撰　清康熙刻本　六冊

310000－0242－0016055　S 愚集 396

調象庵稿四十卷　(明)鄒迪光撰　明萬曆三十六年(1608)刻本　十六冊

310000－0242－0016056　S 愚集 397

少室山房類稿一百二十卷　(明)胡應麟撰　明萬曆四十六年(1618)刻本　十六冊

310000－0242－0016057　S 愚集 398

歇庵集二十卷附錄一卷　(明)陶望齡撰　明萬曆三十九年(1611)刻本　十冊

310000－0242－0016058　S 愚集 399

天全堂集四卷附錄一卷　(明)安希范撰　清乾隆四十六年(1781)刻本　一冊

310000－0242－0016059　愚集 400

碩薖園集十卷　(明)蒲秉權撰　清光緒元年(1875)刻本　四冊

310000－0242－0016060　S 愚集 401

西園公文集八卷　(明)許承周撰　清康熙三十二年(1693)許士肯穋堂刻本　四冊

310000－0242－0016061　愚集 402

巖居稿八卷　(明)華察撰　清光緒元年(1875)刻本　二冊

310000－0242－0016062　S 愚集 403

檀園集六卷　(明)李流芳撰　明刻本　二冊

310000－0242－0016063　S 愚集 404

吳文端公渙亭存藁二十八卷　(明)吳宗達撰　明末刻本　五冊　存二十四卷(一至三、八至二十八)

310000－0242－0016064　S 愚集 405

松園浪淘集十八卷　(明)程嘉燧撰　明崇禎刻本　二冊

310000－0242－0016065　S 愚集 406

寶日堂初集三十二卷　(明)張鼐撰　明崇禎二年(1629)刻本　二十一冊

310000－0242－0016066　S 愚集 407

管涔集五卷　(明)丁惟暄撰　明萬曆刻本　五冊

310000－0242－0016067　愚集 408

陳忠裕公集三十卷首一卷年譜三卷末一卷　(明)陳子龍撰　清嘉慶八年(1803)刻本　十六冊

310000－0242－0016068　愚集 409

安雅堂稿十五卷　(明)陳子龍撰　清宣統元年(1909)上海時中書局鉛印本　六冊

310000－0242－0016069　S 愚集 410

陶庵文集八卷語錄四卷詩集八卷補遺一卷
（明）黃淳耀撰　清道光二十四年(1844)刻本
　四冊

310000－0242－0016070　愚集 411

陶庵集二十二卷　（明）黃淳耀撰　清光緒五
年(1879)刻本　八冊

310000－0242－0016071　愚集 412

寶綸堂集十卷拾遺一卷　（明）陳洪綬撰　清
光緒十四年(1888)會稽董氏取斯堂木活字印
本　八冊

310000－0242－0016072　愚集 413

忠肅集十二卷　（明）盧象昇撰　清光緒元年
(1875)刻本　十冊

310000－0242－0016073　S 愚集 414

天傭子全集十卷　（明）艾南英撰　清康熙三
十八年(1699)刻本　五冊

310000－0242－0016074　愚集 415

漳浦集五十卷年譜二卷目錄二卷　（明）黃道
周撰　清道光刻本　二十四冊

310000－0242－0016075　S 愚集 417

榕壇問業十八卷　（明）黃道周撰　清乾隆十
五年(1750)刻本　六冊

310000－0242－0016076　S 愚集 418

七錄齋集近集十六卷古文近稿六卷古文存稿
五卷論略一卷館課一卷詩稿三卷　（明）張溥
撰　明崇禎九年(1636)刻本　十六冊

310000－0242－0016077　S 愚集 419

石民渝水集六卷　（明）茅元儀撰　明崇禎刻
本　二冊

310000－0242－0016078　愚集 420

埍文忠公集十卷年譜一卷附錄一卷　（明）埍
允錫撰　清光緒十三年(1887)刻本　六冊

310000－0242－0016079　愚集 421

淮南方孩未先生全集十六卷　（明）方震孺撰
　清同治七年(1868)刻本　六冊

310000－0242－0016080　S 愚集 422

潛學稿十九卷　（明）鄧元錫撰　清乾隆八年
(1743)刻本　八冊

310000－0242－0016081　愚集 423

金忠節公集八卷　（明）金聲撰　清道光七年
(1827)刻本　八冊

310000－0242－0016082　S 愚集 424

太乙山房文集十五卷　（明）陳際泰撰　明崇
禎六年(1633)刻本　六冊

310000－0242－0016083　愚集 425

華山崔先生文集十卷　（明）崔涯撰　清乾隆
十四年(1749)刻本　四冊

310000－0242－0016084　愚集 426

史忠正公集四卷附錄一卷　（明）史可法撰
清咸豐六年(1856)刻本　二冊

310000－0242－0016085　愚集 427

史忠正公集四卷附錄一卷　（明）史可法撰
清同治十二年(1873)述荊堂刻本　二冊

310000－0242－0016086　S 愚集 428

空同子集六十六卷　（明）李夢陽撰　明萬曆
三十年(1602)刻本　十冊

310000－0242－0016087　S 愚集 429

金閭齋先生集十二卷　（明）金敞撰　清康熙
三十九年(1700)刻本　四冊

310000－0242－0016088　愚集 430

路文貞公集一卷　（明）路振飛撰　清道光二
十一年(1841)刻本　一冊

310000－0242－0016089　愚集 432

樓山堂集二十七卷　（明）吳應箕撰　清嘉慶
逢原齋木活字印本　六冊

310000－0242－0016090　S 愚集 433

勉齋遺稿三卷　（明）鄭滿撰　清康熙七年
(1668)刻本　二冊

310000－0242－0016091　愚集 434

九煙先生遺集六卷　（明）周星撰　清道光五
年(1825)刻本　二冊

310000－0242－0016092　S 愚集 435

覺思翁十卷　（明）何文㷆撰　清咸豐十一年
(1861)刻本　七冊

310000－0242－0016093　S 愚集 436
蔡山人詩集四卷　（明）蔡維寧撰　清康熙刻
本　一冊

310000－0242－0016094　愚集 437
吳祭酒詩不分卷　（清）吳偉業撰　清抄本
二冊

310000－0242－0016095　愚集 438
四六雕蟲十卷　（明）馬樸撰　清同治十一年
(1872)刻本　六冊

310000－0242－0016096　S 愚集 440
張龍湖文集十五卷　（明）張紹撰　清康熙刻
本　四冊

310000－0242－0016097　S 愚集 441
毅齋闈道集十一卷　（明）查鐸撰　清乾隆刻
本　四冊

310000－0242－0016098　愚集 442
聖祖仁皇帝御製文集一百七十六卷　（清）聖
祖玄燁撰　清光緒五年(1879)鉛印本　四十
四冊

310000－0242－0016099　愚集 443
御製圓明園圖詠二卷　（清）世宗胤禛撰　清
光緒十三年(1887)天津石印書屋石印本　二
冊

310000－0242－0016100　愚集 444
世宗憲皇帝御製文集三十卷　（清）世宗胤禛
撰　清光緒五年(1879)北京內府鉛印本　十
六冊

310000－0242－0016101　愚集 445
高宗純皇帝御製詩集四百五十四卷　（清）高
宗弘曆撰　清光緒五年(1879)北京內府鉛印
本　二百三十冊

310000－0242－0016102　愚集 446
高宗純皇帝御製文集九十二卷　（清）高宗弘
曆撰　清光緒五年(1879)北京內府鉛印本
二十六冊

310000－0242－0016103　愚集 447
樂善堂集定本三十卷　（清）高宗弘曆撰
（清）蔣溥等編　清光緒五年(1879)北京內府
鉛印本　十二冊

310000－0242－0016104　愚集 448
仁宗睿皇帝御製詩集一百八十二卷　（清）仁
宗顒琰撰　清光緒五年(1879)北京內府鉛印
本　一百六冊

310000－0242－0016105　愚集 449
仁宗睿皇帝御製文集二十六卷　（清）仁宗顒
琰撰　清光緒五年(1879)北京內府鉛印本
十八冊

310000－0242－0016106　愚集 450
味餘書屋全集四十卷　（清）仁宗顒琰撰
（清）慶桂等編　清光緒五年(1879)北京內府
鉛印本　三十二冊

310000－0242－0016107　愚集 451
宣宗成皇帝御製文集十卷餘集六卷　（清）宣
宗旻寧撰　清光緒五年(1879)北京內府鉛印
本　八冊

310000－0242－0016108　愚集 452
宣宗成皇帝御製詩集二十四卷餘集十二卷
（清）宣宗旻寧撰　清光緒五年(1879)北京內
府鉛印本　二十

310000－0242－0016109　愚集 453
養正書屋全集定本四十卷　（清）宣宗旻寧撰
（清）英和等編　清光緒五年(1879)北京內
府鉛印本　二十四冊

310000－0242－0016110　愚集 454
文宗顯皇帝御製詩集八卷　（清）文宗奕詝撰
清光緒五年(1879)北京內府鉛印本　四冊

310000－0242－0016111　愚集 455
文宗顯皇帝御製文集二卷　（清）文宗奕詝撰
清光緒五年(1879)北京內府鉛印本　二冊

310000－0242－0016112　S 愚集 456
明善堂詩集四十二卷文集四卷詩餘一卷
（清）弘曉撰　清乾隆四十二年(1777)明善堂

刻本　六冊

310000－0242－0016113　愚集 457

詒晉齋集八卷　(清)永瑆撰　清同治、光緒間藏修書屋刻本　三冊

310000－0242－0016114　愚集 458

行有恒齋初集二卷　(清)載銓撰　清道光八年(1828)刻本　二冊

310000－0242－0016115　愚集 459

誠正堂薰十一卷　(清)永恩撰　清乾隆十八年(1753)刻本　六冊

310000－0242－0016116　愚集 460

石琴室薰六卷易水往還薰一卷　(清)石琴道人撰　清道光十八年(1838)刻本　二冊

310000－0242－0016117　愚集 461

樂循理齋詩薰八卷古歡堂詩集二卷詩餘一卷　(清)西園主人著　清同治八年(1869)刻本　五冊

310000－0242－0016118　愚集 462

恭親王萃錦吟十五卷　(清)奕訢撰　清同治十一年(1872)刻本　十六冊

310000－0242－0016119　愚集 463

正誼書屋試帖詩存二卷廣四時讀書樂詩試帖一卷樂道堂古近體詩二卷樂道堂古近體詩續鈔一卷豳風詠一卷春帖子詞一卷廌獻集一卷岵屺懷音一卷　(清)奕訢撰　清同治六年(1867)刻本　十冊

310000－0242－0016120　愚集 464

九思堂詩薰四卷　(清)奕譞撰　清同治刻本　四冊

310000－0242－0016121　S 愚集 465

瑤華道人詩鈔十卷　(清)弘旿撰　清刻朱墨套印本　四冊

310000－0242－0016122　愚集 466

愯月軒詩集十六卷　(清)奕詢撰　清同治十一年(1872)刻本　四冊

310000－0242－0016123　S 愚集 467

月山詩集四卷末一卷　(清)恒仁撰　清乾隆

六十年(1795)刻本　二冊

310000－0242－0016124　愚集 468

孫夏峯文集十六卷　(清)孫奇逢撰　清道光二十五年(1845)刻本　五十二冊

310000－0242－0016125　S 愚集 469

南雷文定前集十一卷後集四卷三集三卷四集四卷附錄一卷　(清)黃宗羲撰　清黃氏家塾刻本　十六冊

310000－0242－0016126　S 愚集 470

南雷文約四卷　(清)黃宗羲撰　清乾隆鄭性刻本　四冊

310000－0242－0016127　S 愚集 471

南雷文案五卷行狀三卷詩歷三卷偶錄二卷吾悔集四卷撰杖集一卷　(清)黃宗羲撰　清康熙十九年(1680)刻本　三冊

310000－0242－0016128　愚集 472

亭林先生遺書匯輯　(清)顧炎武撰　清光緒掃葉山房刻本　二十四冊

310000－0242－0016129　愚集 473

張楊園先生全集五十四卷　(清)張履祥撰　清同治十年(1871)江蘇書局刻本　十六冊

310000－0242－0016130　愚集 474

變雅堂文集四卷詩集十卷附錄一卷　(清)杜濬撰　清同治九年(1870)刻本　八冊

310000－0242－0016131　愚集 475

牧齋初學集詩注二十卷　(清)錢謙益撰　(清)錢曾注　清玉詔堂刻本　八冊

310000－0242－0016132　愚集 476

錢牧齋文鈔不分卷　(清)錢謙益撰　(清)錢曾注　清宣統元年(1909)鉛印本　四冊

310000－0242－0016133　S 愚集 477

梅村集四十卷　(清)吳偉業撰　清順治十七年(1660)刻本　十二冊

310000－0242－0016134　愚集 478

梅村詩集注十八卷　(清)吳翌鳳注　清嘉慶十九年(1814)刻本　八冊

310000－0242－0016135　S 愚集 479

吳詩集覽二十卷補注二十卷吳詩談藪二十卷
　（清）吳偉業撰　（清）靳榮藩輯　清乾隆三
十六年(1771)刻本　十二冊

310000－0242－0016136　S 愚集 480

息齋集十卷　（清）金之俊撰　清順治六年
(1649)刻本　六冊

310000－0242－0016137　S 愚集 481

陳素庵浮雲集十一卷（清）陳之遴撰　清康
熙五年(1666)刻本　二冊

310000－0242－0016138　S 愚集 482

青箱堂文集十二卷續刻一卷年譜一卷　（清）
王崇簡撰　清初刻本　六冊

310000－0242－0016139　S 愚集 483

青箱堂詩集三十三卷　（清）王崇簡撰　清初
刻本　六冊

310000－0242－0016140　愚集 484

蕉林詩集　（清）梁清標撰　清康熙十七年
(1678)秋碧堂刻本　八冊

310000－0242－0016141　愚集 485

獨善堂文集八卷　（清）王大經撰　清嘉慶二
十二年(1817)刻本　四冊

310000－0242－0016142　愚集 486

定山堂詩集四十三卷詩餘四卷　（清）龔鼎孳
撰　清光緒九年(1883)刻本　十六冊

310000－0242－0016143　愚集 487

壯悔堂文集十卷四憶堂詩集六卷　（清）侯方
域撰　清光緒四年(1878)刻本　十冊

310000－0242－0016144　愚集 488

壯悔堂文集十卷　（清）侯方域撰　清嘉慶十
七年(1812)刻本　四冊

310000－0242－0016145　愚集 489

白茅堂全集四十六卷附耳提錄一卷　（清）顧
景星撰　清刻本　二十一冊

310000－0242－0016146　S 愚集 490

中山文鈔四卷詩鈔四卷　（清）郝浴撰　清康
熙刻本　四冊

310000－0242－0016147　愚集 491

霜紅龕詩鈔九卷　（清）傅山撰　清抄本　一
冊

310000－0242－0016148　S 愚集 492

霜紅龕詩鈔三卷　（清）傅山撰　清乾隆三十
二年(1767)劉贄刻本　二冊

310000－0242－0016149　S 愚集 493

四照堂文集二十六卷　（清）盧綋撰　清康熙
二年(1663)汲古閣刻本　十冊

310000－0242－0016150　S 愚集 494

天蓋樓吟稿不分卷　（清）呂留良撰　清抄本
　二冊

310000－0242－0016151　S 愚集 495

晚邨慙書不分卷　（清）呂留良撰　清抄本
二冊

310000－0242－0016152　S 愚集 496

樗軒草二卷　（清）林鳳儀撰　清順治寶月堂
刻本　一冊

310000－0242－0016153　S 愚集 496

賦草二卷　（清）林鳳儀撰　清千穭閣刻本
一冊

310000－0242－0016154　S 愚集 497

**溉堂前集九卷後集六卷續集六卷文集五卷詩
餘二卷**　（清）孫枝蔚撰　清康熙六十年
(1721)刻本　八冊

310000－0242－0016155　S 愚集 498

**安雅堂詩集一卷文集二卷重刻文集二卷二鄉
亭詞三卷未刻稿八卷入蜀集二卷書啟一卷**
（清）宋琬撰　清乾隆三十一年(1766)刻本
十二冊

310000－0242－0016156　S 愚集 499

排青樓詩一卷　（清）朱之俊撰　清康熙二年
(1663)刻本　四冊

310000－0242－0016157　S 愚集 500

謝程山文集十八卷　（清）謝文洊撰　清乾隆
十二年(1747)刻本　六冊

310000－0242－0016158　S 愚集 501

二水樓文集二十卷　(清)李茹旻撰　清乾隆
二十二年(1757)刻本　六冊

310000－0242－0016159　S愚集502

寒松堂全集十二卷　(清)魏象樞撰　清康熙
四十七年(1708)刻本　十二冊

310000－0242－0016160　S愚集503

志壑堂詩集十二卷文集十二卷後集二十四卷
　(清)唐夢賚撰　清康熙十八年(1679)刻本
　二十冊

310000－0242－0016161　S愚集504

黃湄詩集十卷　(清)王又旦撰　清康熙二十
年(1681)刻本　四冊

310000－0242－0016162　S愚集505

舟車集二十卷後集十卷集唐一卷　(清)陶季
撰　清康熙刻本　三冊

310000－0242－0016163　S愚集506

帶經堂全集七編九十二卷　(清)王士禛撰
清康熙四十九年至五十年(1710－1711)程氏
七略書堂刻本　十六冊

310000－0242－0016164　S愚集507

王氏漁洋詩鈔十二卷　(清)王士禛撰　(清)
邵長蘅選　清康熙三十四年(1695)刻本　二
冊

310000－0242－0016165　S愚集508

漁洋山人精華錄十卷　(清)王士禛撰　清康
熙三十九年(1700)刻本　五冊

310000－0242－0016166　愚集509

漁洋山人精華錄訓纂十卷自撰年譜二卷金注
辨訛一卷補注十卷　(清)王士禛撰　(清)惠
棟注　清光緒十七年(1891)刻本　十二冊

310000－0242－0016167　S愚集510

漁洋山人精華錄箋注十二卷補一卷年譜一卷
附錄一卷　(清)王士禛撰　(清)金榮箋注
清康熙五十一年(1712)金氏鳳翽堂刻本　八
冊

310000－0242－0016168　S愚集512

宋氏綿津詩鈔八卷　(清)宋犖撰　(清)邵長

蘅選　清康熙三十四年(1695)刻本　二冊

310000－0242－0016169　S愚集513

讀史亭詩述十六卷　(清)彭而述撰　清康熙
五年(1666)刻本　六冊

310000－0242－0016170　愚集514

聰山集八卷　(清)申涵光撰　清康熙二年
(1663)刻本　四冊

310000－0242－0016171　愚集515

甌香館集十二卷補遺詩一卷畫跋一卷附錄一
卷　(清)惲格撰　清光緒七年(1881)刻本
四冊

310000－0242－0016172　S愚集516

寒支集十卷　(清)李世熊撰　清康熙刻本
十冊

310000－0242－0016173　S愚集517

午亭文編五十卷　(清)陳廷敬撰　清康熙四
十七年(1708)林佶寫本　十二冊

310000－0242－0016174　S愚集518

歸宮詹集十卷　(清)歸允肅撰　清嘉慶十年
(1805)刻本　三冊

310000－0242－0016175　S愚集519

松桂堂全集三十七卷　(清)彭孫遹撰　清乾
隆八年(1743)彭景曾刻本　八冊

310000－0242－0016176　S愚集520

堯峯文鈔四十卷　(清)汪琬撰　清康熙三十
二年(1693)刻本　八冊

310000－0242－0016177　S愚集521

曝書亭集八十卷附錄一卷　(清)朱彝尊撰
清康熙四十七年(1708)刻本　八冊

310000－0242－0016178　愚集522

曝書亭集箋注二十三卷　(清)孫銀槎注　清
嘉慶五年(1800)刻本　十冊

310000－0242－0016179　S愚集523

曝書亭集詩注二十二卷　(清)朱彝尊撰
(清)楊謙注　清康熙刻本　十冊

310000－0242－0016180　S愚集524

曝書亭詩錄十二卷　（清）朱彝尊撰　（清）江浩然箋注　清乾隆六十年(1795)刻本　六冊

310000－0242－0016181　S 愚集 525

鴛鴦湖櫂歌四卷　（清）朱彝尊等撰　清乾隆四十年(1775)刻本　二冊

310000－0242－0016182　愚集 526

蕃錦集二卷　（清）朱彝尊集句　（清）柯維楨選定　清刻本　一冊

310000－0242－0016183　愚集 527

湯子遺書十卷　（清）湯斌撰　清同治九年(1870)祠堂刻本　二十六冊

310000－0242－0016184　S 愚集 528

秋錦山房集六卷　（清）李良年撰　清康熙三十五年(1696)刻本　二冊

310000－0242－0016185　S 愚集 529

湖海樓集五十四卷　（清）陳維崧撰　清康熙二十八年(1689)刻本　十四冊

310000－0242－0016186　S 愚集 530

湖海樓全集五十一卷　（清）陳維崧撰　清乾隆六十年(1795)刻本　十六冊

310000－0242－0016187　S 愚集 531

陳檢討集十二卷　（清）陳維崧撰　（清）蔣景祁　（清）曹亮武選　清康熙刻本　六冊

310000－0242－0016188　S 愚集 532

陳檢討四六文集二十卷　（清）陳維崧撰　（清）程師恭注　清乾隆三十五年(1770)漁古山房刻本　八冊

310000－0242－0016189　S 愚集 533

南州草堂集三十卷　（清）徐釚輯　清康熙三十四年(1695)刻本　四冊　存二十三卷(一至十六、二十四至三十)

310000－0242－0016190　S 愚集 534

抱經齋文集六卷詩集十四卷　（清）徐嘉炎撰　清康熙十四年(1675)刻本　七冊　缺三卷(詩集十二至十四)

310000－0242－0016191　愚集 535

尤西堂全集一百十四卷　（清）尤侗撰　清康

熙刻本　三十二冊

310000－0242－0016192　愚集 536

尤西堂餘集五種三十一卷　（清）尤侗撰　清刻本　六冊

310000－0242－0016193　S 愚集 537

蒼峴山人集五卷附微雲集一卷　（清）秦松齡撰　清康熙五十七年(1718)刻本　二冊

310000－0242－0016194　S 愚集 538

直廬集一卷附使粵集一卷使粵日記一卷歸田集一卷使粵贈言一卷　（清）喬萊撰　清康熙二十一年(1682)刻本　三冊

310000－0242－0016195　愚集 539

林蕙堂文集十二卷續集六卷詩鈔四卷詞鈔四卷　（清）吳綺撰　清乾隆三十九年(1774)衷白堂刻本　十冊

310000－0242－0016196　愚集 540

敬修堂詩後甲集一卷　（清）查繼佐撰　清抄本　一冊

310000－0242－0016197　S 愚集 541

桑雪篸先生文集四卷編年詩鈔八卷　（清）桑豸撰　清乾隆三十七年(1772)刻本　八冊

310000－0242－0016198　S 愚集 542

蓮洋集二十卷　（清）吳雯撰　清乾隆三十九年(1774)刻本　八冊

310000－0242－0016199　S 愚集 543

吳徵君蓮洋詩鈔不分卷　（清）吳雯撰　清乾隆三十二年(1767)刻本　四冊

310000－0242－0016200　S 愚集 544

屺思堂文集八卷詩一卷續刻制藝一卷　（清）劉子壯撰　清康熙二十五年(1686)刻本　五冊

310000－0242－0016201　愚集 545

寒村詩文集三十七卷　（清）鄭梁撰　清康熙紫蟾山房刻本　十五冊

310000－0242－0016202　S 愚集 546

杲堂文鈔六卷詩鈔七卷　（清）李鄴嗣撰　清康熙十七年(1678)刻本　四冊

310000－0242－0016203　S 愚集 547

栖雲閣文集十五卷　（清）高珩撰　清乾隆三十年(1765)刻本　八冊

310000－0242－0016204　S 愚集 548

古愚心言八卷　（清）彭鵬撰　清康熙四十四年(1705)刻本　八冊

310000－0242－0016205　愚集 549

葉忠節遺藁十二卷墓誌一卷　（清）葉映榴撰　清嘉慶九年(1804)刻本　四冊

310000－0242－0016206　S 愚集 550

賴古堂全集二十四卷　（清）周亮工撰　清康熙十四年(1675)刻本　八冊

310000－0242－0016207　S 愚集 551

賴古堂詩集四卷　（清）周亮工撰　清康熙刻本　二冊

310000－0242－0016208　愚集 552

道援堂詩十二卷詞一卷　（清）屈大均撰　清道光廣東刻本　六冊

310000－0242－0016209　S 愚集 553

翁山詩外十七卷　（清）屈大均撰　清康熙刻本　十二冊

310000－0242－0016210　S 愚集 554

退思堂集九卷　（清）朱鳳臺撰　清順治七年(1650)刻本　四冊

310000－0242－0016211　S 愚集 555

經義齋集十八卷　（清）熊賜履撰　清康熙二十九年(1690)刻本　六冊

310000－0242－0016212　S 愚集 556

于清端公集四卷　（清）于成龍撰　清康熙三十二年(1693)刻本　二冊

310000－0242－0016213　愚集 557

學文堂文集十六卷詩集五卷　（清）陳玉璂撰　清光緒二十三年(1897)武進盛氏刻本　六冊

310000－0242－0016214　愚集 558

三魚堂文集十二卷附錄一卷年譜一卷　（清）陸隴其撰　清同治七年(1868)刻本　十六冊

310000－0242－0016215　愚集 559

容齋千首詩八卷　（清）李天馥撰　清光緒十二年(1886)合肥蒯氏鉛印本　六冊

310000－0242－0016216　愚集 560

野香亭集十三卷　（清）李孚青撰　清光緒十四年(1888)鉛印本　六冊

310000－0242－0016217　S 愚集 561

廉立堂文集十二卷附一卷　（清）衛既齊撰　清乾隆三十七年(1772)刻本　六冊

310000－0242－0016218　S 愚集 562

含經堂集三十卷別集二卷附錄二卷　（清）徐元文撰　清康熙刻本　四冊

310000－0242－0016219　愚集 564

經鋤堂詩稿十卷詩餘一卷花信詩一卷北上錄一卷集唐人句一卷文稿一卷樂府一卷雜著一卷　（清）葉奕苞撰　清康熙刻本　六冊

310000－0242－0016220　S 愚集 565

榕村全集四十卷別集五卷　（清）李光地撰　清乾隆元年(1736)刻本　十冊

310000－0242－0016221　S 愚集 566

榕村詩選八卷首一卷　（清）李光地撰　清雍正八年(1730)石川方氏杭州臬署刻本　四冊

310000－0242－0016222　S 愚集 567

顧與治詩八卷　（清）顧夢游撰　清乾隆刻本　四冊

310000－0242－0016223　愚集 568

魏叔子文集外編二十二卷　（清）魏禧撰　清康熙初魏氏易堂刻本　十二冊

310000－0242－0016224　愚集 570

邵子湘全集三十卷　（清）邵長蘅撰　清康熙邵氏青門草堂刻本　十二冊

310000－0242－0016225　愚集 571

古歡堂詩集十三卷文集七卷黔書二卷長河志籍考十卷年譜一卷　（清）田雯撰　清康熙、乾隆間刻本　十冊

310000－0242－0016226　S 愚集 572

緯蕭草堂詩三卷　（清）宋至撰　清康熙二十

七年(1688)刻本　二冊

310000－0242－0016227　S 愚集 573

庸書二十卷　(清)張貞生撰　清康熙二十七年(1688)刻本　十冊

310000－0242－0016228　愚集 574

葦間詩集五卷　(清)姜宸英撰　清康熙五十二年(1713)刻本　二冊

310000－0242－0016229　愚集 575

湛園未定稿六集　(清)姜宸英撰　清康熙刻本　六冊

310000－0242－0016230　S 愚集 576

沚亭自刪詩一卷文二卷琴譜一卷　(清)孫廷銓撰　清康熙十七年(1678)刻本　二冊

310000－0242－0016231　S 愚集 577

佳山堂詩集十卷二集九卷　(清)馮溥撰　清康熙十九年(1680)刻本　八冊

310000－0242－0016232　S 愚集 578

高江邨全集七十三卷　(清)高士奇撰　清康熙三十九年(1700)刻本　十六冊

310000－0242－0016233　S 愚集 579

尺五堂詩刪十卷　(清)嚴我斯撰　清康熙二十七年(1688)刻本　二冊

310000－0242－0016234　S 愚集 580

恥躬堂文集二十卷　(清)王命岳撰　清康熙二十三年(1684)刻本　六冊

310000－0242－0016235　愚集 581

遯庵文集十二卷　(清)儲方慶撰　清光緒二年(1876)刻本　四冊

310000－0242－0016236　S 愚集 582

小菴羅集六卷　(清)顧斗英撰　清刻本　二冊

310000－0242－0016237　S 愚集 583

紺寒亭詩集九卷文集四卷　(清)趙俞撰　清康熙刻本　六冊

310000－0242－0016238　S 愚集 584

託素齋文集六卷詩四卷　(清)黎士弘撰　清

康熙三十四年(1695)刻本　十冊

310000－0242－0016239　S 愚集 585

自娛集十卷詩餘一卷　(清)俞琬綸撰　清康熙三十八年(1699)刻本　六冊

310000－0242－0016240　S 愚集 586

笠翁一家言文集四卷詩集三卷餘集一卷別集二卷偶集六卷　(清)李漁撰　清雍正八年(1730)芥子園刻本　十六冊

310000－0242－0016241　S 愚集 587

張文貞公集十二卷　(清)張玉書撰　清乾隆五十五年(1790)刻本　六冊

310000－0242－0016242　S 愚集 588

觀瀾集文八卷詩九卷　(清)曹章撰　清康熙四十五年(1706)刻本　二冊

310000－0242－0016243　S 愚集 589

咀蔗居詩集八卷　(清)魏嘉琬撰　清康熙二十六年(1687)刻本　二冊

310000－0242－0016244　愚集 590

天愚山人詩集十二卷文集十六卷附錄一卷　(清)謝泰宗撰　清光緒六年(1880)刻本　八冊

310000－0242－0016245　S 愚集 591

篤素堂文集十六卷詩集六卷附易經衷論二卷　(清)張英撰　清康熙三十七年(1698)刻本　八冊

310000－0242－0016246　S 愚集 592

存誠堂詩集二十五卷　(清)張英撰　清康熙刻本　六冊

310000－0242－0016247　愚集 593

潛虛先生文集十四卷年譜一卷補遺一卷　(清)戴名世撰　清抄本　十冊

310000－0242－0016248　愚集 594

南山集十六卷　(清)戴名世撰　清光緒十六年(1890)刻本　八冊

310000－0242－0016249　S 愚集 595

續學堂文鈔六卷詩鈔四卷　(清)梅文鼎撰　清乾隆十七年(1752)刻本　六冊

310000－0242－0016250　S 愚集 596

滄州詩鈔十卷補遺一卷　（清）陳鵬年撰　清雍正四年(1726)潘尚仁刻本　六冊

310000－0242－0016251　S 愚集 597

道榮堂文集六卷詩集八卷　（清）陳鵬年撰清乾隆二十七年(1762)刻本　十四冊

310000－0242－0016252　S 愚集 598

愛日堂詩二十七卷　（清）陳元龍撰　清乾隆元年(1736)刻本　六冊

310000－0242－0016253　S 愚集 599

二希堂集十二卷　（清）蔡世遠撰　清雍正十年(1732)刻本　四冊

310000－0242－0016254　S 愚集 600

霧隱山房詩二卷　（清）汪淳修撰　清乾隆三十四年(1769)刻本　二冊

310000－0242－0016255　　愚集 601

鹿洲全集四十四卷　（清）藍鼎元撰　清光緒五年(1879)刻本　三十

310000－0242－0016256　　愚集 602

在陸草堂文集六卷　（清）儲欣撰　清光緒十七年(1891)刻本　六冊

310000－0242－0016257　S 愚集 603

虛直堂文集二十四卷　（清）劉榛撰　清康熙二十五年(1686)刻本　四冊

310000－0242－0016258　　愚集 604

鳴鶴堂文集十卷詩集十一卷　（清）任源祥撰清光緒十五年(1889)刻本　六冊

310000－0242－0016259　S 愚集 606

橫雲山人集二十七卷　（清）王鴻緒撰　清康熙刻本　十冊

310000－0242－0016260　S 愚集 607

善卷堂四六十卷　（清）陸繁弨撰　清乾隆三十五年(1770)刻本　四冊

310000－0242－0016261　S 愚集 608

巢青閣集十卷詞二卷　（清）陸進撰　巢青閣學言六卷　（清）陸曾禹撰　清康熙三十九年(1700)刻本　二冊

310000－0242－0016262　S 愚集 609

與梅堂遺集十二卷附耳書一卷鮓話一卷（清）佟世思撰　清康熙四十年(1701)刻本四冊

310000－0242－0016263　　愚集 610

南畇文稿十二卷詩稿二十七卷年譜一卷小題文稿一卷密證錄一卷姚江釋毀錄一卷不諼錄一卷　（清）彭定求撰　清光緒七年(1881)刻本　十四冊

310000－0242－0016264　S 愚集 611

礪巖續文部二十卷　（清）周金然撰　清康熙二十五年(1686)刻本　四冊

310000－0242－0016265　S 愚集 612

剹嘯文集二卷詩集十卷集唐八卷　（清）張叔珽撰　清康熙凝和堂刻本　十二冊

310000－0242－0016266　　愚集 613

存研樓文集十六卷　（清）儲大文撰　清光緒元年(1875)刻本　八冊

310000－0242－0016267　S 愚集 615

顧文端公詩節鈔不分卷　（清）顧琦撰　清康熙至道光間刻本　一冊

310000－0242－0016268　　愚集 616

培遠堂偶存稿四十八卷　（清）陳宏謀撰　清乾隆至宣統間刻本　二十四冊

310000－0242－0016269　　愚集 617

培遠堂手札節存三卷　（清）陳宏謀撰　清光緒十七年(1891)閩藩署刻本　一冊

310000－0242－0016270　　愚集 618

聖雨齋詩文集十卷南華真經影史九卷問魚篇二卷附錄一卷　（清）周拱辰撰　清嘉慶、道光間聖雨齋刻本　八冊

310000－0242－0016271　　愚集 619

四知堂集三十六卷　（清）楊錫紱撰　清嘉慶十一年(1806)刻本　十六冊

310000－0242－0016272　S 愚集 620

朱文端公集四卷　（清）朱軾撰　清乾隆二年(1737)刻本　四冊

310000－0242－0016273　愚集 621

朱文端公集四卷補編四卷　（清）朱軾撰　清同治十年(1871)刻本　八冊

310000－0242－0016274　S 愚集 622

敬業堂詩集五十卷續集六卷　（清）查慎行撰　清康熙五十八年(1719)刻雍正增刻本　八冊

310000－0242－0016275　S 愚集 623

緝齋詩藁八卷緝齋文集八卷附錄二卷　（清）蔡新撰　清乾隆四十七年(1782)刻本　七冊

310000－0242－0016276　愚集 624

望溪先生文集十八卷集外文十卷補遺二卷年譜一卷附錄一卷　（清）方苞撰　清咸豐元年至二年(1851－1852)刻本　十四冊

310000－0242－0016277　S 愚集 625

空明子全集五十四卷　（清）張榮撰　清刻本　十六冊

310000－0242－0016278　S 愚集 626

柯庭餘習十二卷　（清）汪文柏撰　清乾隆六年(1741)刻本　二冊　存五卷(一至五)

310000－0242－0016279　S 愚集 627

鳳池園文集八卷詩集八卷　（清）顧汧撰　清康熙五十一年(1712)刻本　八冊

310000－0242－0016280　S 愚集 628

霱軒詩鈔五卷　（清）袁佑撰　清康熙五十六年(1717)刻本　四冊

310000－0242－0016281　S 愚集 629

緩齋詩文集不分卷　（清）曹玉珂撰　清康熙六年(1667)刻本　四冊

310000－0242－0016282　愚集 630

用六集十二卷　（清）刁包撰　清道光二十三年(1843)刻本　六冊

310000－0242－0016283　愚集 631

涵村詩集十卷　（清）秦文超撰　清光緒六年(1880)刻本　五冊

310000－0242－0016284　S 愚集 632

飴山文集十二卷詩集二十卷附禮俗權衡二卷

聲調譜前後二卷續譜一卷談龍錄一卷　（清）趙執信撰　清乾隆三十九年(1774)刻本　八冊

310000－0242－0016285　S 愚集 633

離六堂詩詞集十二卷近稿一卷　（清）釋大汕撰　清康熙三十二年(1693)刻本　五冊

310000－0242－0016286　S 愚集 634

思古堂集五十三卷　（清）毛先舒撰　清康熙二十四年(1685)刻本　三冊　存三卷(一至三)

310000－0242－0016287　S 愚集 635

安序堂文鈔三十卷　（清）毛際可撰　清康熙二十八年(1689)刻本　六冊

310000－0242－0016288　愚集 636

東莊遺集四卷　（清）陳黃中撰　清乾隆三十二年(1767)刻本　二冊

310000－0242－0016289　S 愚集 637

思綺堂文集十卷　（清）章藻功撰　清康熙六十一年(1722)刻本　八冊

310000－0242－0016290　愚集 638

解春集文鈔十二卷附補遺　（清）馮景撰　清乾隆五十七年(1792)抱經堂刻本　二冊

310000－0242－0016291　S 愚集 639

四焉齋詩集六卷文集八卷　（清）曹一士撰　清乾隆十五年(1750)刻本　五冊

310000－0242－0016292　S 愚集 640

廷一問十二卷詩問一卷　（清）唐聲傳撰　清康熙刻本　三冊

310000－0242－0016293　S 愚集 641

古學存藁二卷　（清）祝文彪撰　清乾隆十六年(1751)刻本　四冊

310000－0242－0016294　S 愚集 642

日知堂文集六卷　（清）鄭端撰　清康熙刻本　四冊

310000－0242－0016295　S 愚集 643

偶存草詩集六卷　（清）林蒨撰　清康熙刻本　六冊

310000－0242－0016296　S 愚集 644

匠門書屋文集三十卷　（清）張大受撰　清雍
正七年(1729)顧詒祿刻本　六冊

310000－0242－0016297　S 愚集 645

后村雜著三卷　（清）王文治撰　清康熙四十
七年(1708)刻本　四冊

310000－0242－0016298　S 愚集 646

孟次微集不分卷　（清）孟遠撰　清康熙二十
九年(1690)刻本　五冊

310000－0242－0016299　S 愚集 647

九畹古文十卷續集二卷　（清）劉紹攽撰　清
同治十二年(1873)刻本　十二冊

310000－0242－0016300　愚集 648

張文端公文集七卷　（清）張鵬翮撰　清光緒
八年(1882)刻本　八冊

310000－0242－0016301　S 愚集 649

受祜堂集十二卷　（清）張泰交撰　清康熙四
十七年(1708)刻本　八冊

310000－0242－0016302　愚集 650

居業堂文集二十卷　（清）王源撰　清道光十
一年(1831)刻本　八冊

310000－0242－0016303　S 愚集 651

嘯竹堂集不分卷　（清）王錫撰　清康熙三十
五年(1696)刻本　四冊

310000－0242－0016304　S 愚集 652

擷芙蓉集六卷　（清）周韓瑞撰　清康熙十七
年(1678)刻本　六冊

310000－0242－0016305　S 愚集 653

陋軒詩六卷　（清）吳嘉紀撰　清康熙十八年
(1679)刻本　六冊

310000－0242－0016306　S 愚集 654

樓邨詩集二十五卷　（清）王式丹撰　清雍正
四年(1726)刻本　四冊

310000－0242－0016307　S 愚集 655

孝思堂集不分卷　（清）侯七乘撰　清康熙九
年(1670)刻本　二冊

310000－0242－0016308　S 愚集 656

滄湄詩稿三十卷補遺三卷別稿二卷文稿六卷
劄記四卷續詩稿三卷續記二卷年譜一卷附录
一卷壽言一卷　（清）尤珍撰　清康熙二十四
年(1685)刻本　十冊

310000－0242－0016309　S 愚集 657

益戒堂自訂詩集八卷　（清）揆敘撰　清康熙
四十三年(1704)揆氏謙牧堂刻本　四冊

310000－0242－0016310　愚集 658

耕煙草堂詩鈔四卷　（清）戴梓撰　清道光二
十四年(1844)刻本　二冊

310000－0242－0016311　S 愚集 660

據梧詩集十五卷附小游僊集一卷　（清）管檜
撰　清乾隆六年(1741)刻本　四冊

310000－0242－0016312　S 愚集 661

有懷堂詩文集　（清）韓菼撰　清康熙四十二
年(1703)刻本　十二冊

310000－0242－0016313　S 愚集 662

白石山房集二十六卷　（清）李振裕撰　清康
熙二十五年(1686)刻本　六冊

310000－0242－0016314　S 愚集 663

石園全集三十卷　（清）李元鼎撰　清康熙四
十一年(1702)刻本　六冊

310000－0242－0016315　S 愚集 664

白田草堂存稿二十四卷行狀一卷　（清）王懋
竑撰　清乾隆十七年(1752)刻本　八冊

310000－0242－0016316　S 愚集 665

香樹齋詩集十八卷續集三十六卷文集二十八
卷文續五卷　（清）錢陳羣撰　清乾隆三年
(1738)刻本　二十四冊

310000－0242－0016317　愚集 666

文端公年譜三卷香樹齋詩集十八卷續集三十
六卷文集二十八卷文續五卷　（清）錢陳羣撰
清光緒二十年(1894)刻本　二十六冊

310000－0242－0016318　S 愚集 667

問亭詩集三種　（清）博爾都撰　清康熙刻本
二冊

310000－0242－0016319　愚集 668

石亭詩十卷文六卷　（清）李化楠撰　清刻本
二冊

310000－0242－0016320　S 愚集 669

㴩陸詩鈔六卷　（清）顧于觀撰　清乾隆六年
(1741)刻本　一冊

310000－0242－0016321　愚集 670

固哉草亭文集六卷　（清）高斌撰　清嘉慶十
二年(1807)刻本　四冊

310000－0242－0016322　S 愚集 671

高雲堂文集十六卷　（清）釋曉青撰　清康熙
三十五年(1696)刻本　三冊

310000－0242－0016323　愚集 672

樗巢詩選五卷　（清）李必恒撰　清嘉慶十四
年(1809)刻本　二冊

310000－0242－0016324　愚集 673

讀書堂全集四十六卷　（清）趙玉麟撰　清光
緒十九年(1893)刻本　十二冊

310000－0242－0016325　S 愚集 674

穆堂初稿五十卷　（清）李紱撰　清乾隆五年
(1740)刻本　二十二冊

310000－0242－0016326　S 愚集 675

澂潭山房古文存稿四卷　（清）程襄龍撰　清
嘉慶二年(1797)刻本　二冊

310000－0242－0016327　愚集 676

松泉詩集二十六卷　（清）汪由敦撰　清乾隆
刻本　四冊

310000－0242－0016328　S 愚集 677

王已山文集十卷　（清）王步青撰　清乾隆十
七年(1752)刻本　四冊

310000－0242－0016329　S 愚集 678

師善堂詩集十卷　（清）嵇曾筠撰　清雍正十
三年(1735)刻本　四冊

310000－0242－0016330　愚集 679

抱犢山房集六卷附續離騷一卷　（清）嵇永仁
撰　清同治元年(1862)刻本　二冊

310000－0242－0016331　愚集 680

玉華堂集十二卷　（清）趙弘恩撰　清雍正十
二年(1734)刻本　四冊

310000－0242－0016332　愚集 681

孟鄰堂文鈔十六卷　（清）楊椿撰　清嘉慶二
十五年(1820)刻本　六冊

310000－0242－0016333　S 愚集 682

趙恭毅公賸稿八卷　（清）趙申喬撰　清乾隆
二年(1737)刻本　三冊　存六卷(三至八)

310000－0242－0016334　S 愚集 683

趙裘萼公賸稿三卷　（清）趙熊詔撰　清乾隆
二年(1737)刻本　一冊

310000－0242－0016335　S 愚集 684

鐵廬集六卷　（清）潘天成撰　清乾隆十二年
(1747)刻本　二冊

310000－0242－0016336　愚集 685

陳中書遺文一卷　（清）陳一揆撰　清道光至
清末刻本　一冊

310000－0242－0016337　愚集 686

**培蔭軒詩集四卷附文集二卷扈從木蘭行程日
記一卷雜記一卷**　（清）胡季堂撰　清道光二
年(1822)刻本　四冊

310000－0242－0016338　愚集 687

李中丞集三卷　（清）李發甲撰　清同治九年
(1870)刻本　二冊

310000－0242－0016339　S 愚集 688

浣桐詩集十卷詩餘一卷　（清）沈澍撰　清抄
本　四冊

310000－0242－0016340　S 愚集 689

南溪不文一卷瘖歌二卷夢㡣一卷　（清）鄭性
撰　清乾隆七年(1742)刻本　四冊

310000－0242－0016341　S 愚集 691

南莊類稿選鈔不分卷　（清）黃永年撰　清抄
本　四冊

310000－0242－0016342　愚集 692

白雲樓詩鈔一卷　（清）蔣金式撰　清抄本
一冊

310000 – 0242 – 0016343　　愚集 693

慶芝堂詩集十八卷　（清）戴亨撰　清道光刻本　四冊

310000 – 0242 – 0016344　　愚集 694

沈端恪公遺書　（清）沈近思撰　清光緒二十二年(1896)刻本　四冊

310000 – 0242 – 0016345　S 愚集 695

延綠閣集十二卷　（清）華希閔撰　清雍正十一年(1733)刻本　六冊

310000 – 0242 – 0016346　S 愚集 696

吳少卿文集一卷　（清）吳煒撰　清乾隆刻本　一冊

310000 – 0242 – 0016347　　愚集 697

楊文定公全書三十六卷　（清）楊名時撰　清乾隆五十九年(1794)刻本　八冊

310000 – 0242 – 0016348　S 愚集 698

交河集六卷國學講義二卷　（清）王蘭生撰　清道光十六年(1836)刻本　六冊

310000 – 0242 – 0016349　　愚集 699

尹元孚遺書五十三卷　（清）尹會一撰　清光緒五年(1879)定州王氏謙德堂刻本　十六冊

310000 – 0242 – 0016350　S 愚集 700

南華山房詩鈔六卷　（清）張鵬翀撰　清乾隆十年(1745)刻本　二冊

310000 – 0242 – 0016351　S 愚集 701

南華山人詩鈔十六卷　（清）張鵬翀撰　清乾隆刻本　四冊

310000 – 0242 – 0016352　S 愚集 702

經笥堂文鈔二卷　（清）雷鈜撰　清同治十二年(1873)刻本　四冊

310000 – 0242 – 0016353　S 愚集 703

甘莊恪公全集十六卷　（清）甘汝來撰　清乾隆刻本　四冊

310000 – 0242 – 0016354　　愚集 704

楊廷璋餘集二卷　（清）楊廷璋撰　清道光二十五年(1845)刻本　二冊

310000 – 0242 – 0016355　　愚集 705

芝庭先生集十八卷附錄一卷　（清）彭啟豐撰　清同治刻本　六冊

310000 – 0242 – 0016356　　愚集 706

梅莊雜著不分卷　（清）謝濟世撰　清同治十一年(1872)刻本　四冊

310000 – 0242 – 0016357　S 愚集 707

迂齋學古編四卷　（清）法坤宏撰　清乾隆三十九年(1774)刻本　二冊

310000 – 0242 – 0016358　　愚集 708

朱止泉先生外集五卷　（清）朱澤澐撰　清道光二年(1822)刻本　二冊

310000 – 0242 – 0016359　S 愚集 709

金檜門詩存四卷　（清）金德瑛撰　清乾隆三十三年(1768)刻本　一冊

310000 – 0242 – 0016360　　愚集 710

鮚埼亭集三十八卷經史問答十卷外集五十卷　（清）全祖望撰　清刻本　三十二冊

310000 – 0242 – 0016361　　愚集 711

鮚埼亭外集五十卷　（清）全祖望撰　清嘉慶十六年(1811)刻本　十冊

310000 – 0242 – 0016362　　愚集 712

句餘土音三卷　（清）全祖望撰　清嘉慶十九年(1814)刻本　三冊

310000 – 0242 – 0016363　S 愚集 713

繩庵內集十六卷外集八卷　（清）劉綸撰　清乾隆三十七年(1772)刻本　六冊

310000 – 0242 – 0016364　S 愚集 714

賜書堂集八卷　（清）周長發撰　清乾隆五年(1740)刻本　四冊

310000 – 0242 – 0016365　　愚集 715

道古堂集四十八卷詩集二十八卷外文一卷外詩一卷軼事一卷　（清）杭世駿撰　清光緒十四年(1888)刻本　十六冊

310000 – 0242 – 0016366　　愚集 716

嶺南集八卷　（清）杭世駿撰　清光緒七年(1881)刻本　二冊

310000－0242－0016367　　愚集 717

寶綸堂文鈔八卷詩鈔六卷　　(清)齊召南撰
清嘉慶十三年(1808)刻本　　六冊

310000－0242－0016368　　愚集 718

紫竹山房詩集十二卷文集二十卷年譜一卷
(清)陳兆崙撰　　清乾隆刻本　　十二冊

310000－0242－0016369　　愚集 719

石笥山房文集六卷補遺一卷詩集十二卷補遺
四卷　　(清)胡天游撰　　清咸豐二年(1852)刻
本　　十冊

310000－0242－0016370　　愚集 720

石笥山房文集六卷詩集十一卷詩餘一卷
(清)胡天游撰　　清道光二十六年(1846)刻本
八冊

310000－0242－0016371　　S 愚集 721

弢甫五嶽集二十卷　　(清)桑調元撰　　清乾隆
二十一年(1756)刻本　　五冊

310000－0242－0016372　　S 愚集 722

弢甫續集二十卷　　(清)桑調元撰　　清乾隆三
十二年(1767)刻本　　四冊

310000－0242－0016373　　愚集 723

樊榭山房集　　(清)厲鶚撰　　清光緒十年
(1884)刻本　　十冊

310000－0242－0016374　　S 愚集 724

綠蘿山莊文集十八卷　　(清)胡浚撰　　清乾隆
二十一年(1756)刻本　　十八冊

310000－0242－0016375　　S 愚集 725

果堂集十二卷　　(清)沈彤撰　　清乾隆十四年
(1749)刻本　　三冊

310000－0242－0016376　　S 愚集 726

詩賦全集一卷　　(清)徐文靖撰　　清雍正十三
年(1735)刻本　　一冊

310000－0242－0016377　　S 愚集 727

豐川續集三十四卷　　(清)王心敬撰　　清乾隆
十六年(1751)刻本　　十六冊

310000－0242－0016378　　S 愚集 728

歸愚詩文鈔七十二卷　　(清)沈德潛撰　　清乾

隆十六年(1751)刻本　　二十二冊

310000－0242－0016379　　愚集 729

香屑集十八卷　　(清)黃之雋撰　　清刻本　　二
冊

310000－0242－0016380　　愚集 730

薛帷文鈔八卷　　(清)吳龍見撰　　清乾隆十三
年(1748)刻本　　二冊

310000－0242－0016381　　愚集 731

半舫齋古文八卷　　(清)夏之蓉撰　　清乾隆三
十六年(1771)刻本　　四冊

310000－0242－0016382　　愚集 732

弱水詩八卷　　(清)屈復撰　　清道光十年
(1830)信芳閣刻本　　二冊

310000－0242－0016383　　愚集 733

小倉山房詩集三十七卷文集三十五卷續補詩
集二卷　(清)袁枚撰　　清嘉慶刻本　　二十三
冊

310000－0242－0016384　　S 愚集 734

袁文外集八卷　　(清)袁枚撰　　清乾隆三十四
年(1769)刻本　　二冊

310000－0242－0016385　　愚集 735

袁文箋正十六卷　　(清)石韞玉箋　　清嘉慶刻
本　　八冊

310000－0242－0016386　　愚集 736

袁文合箋十六卷　　(清)王廣業集箋　　清光緒
八年(1882)刻本　　六冊

310000－0242－0016387　　愚集 737

隨園駢體文注十六卷　　(清)袁枚撰　　(清)黎
光地注　　清光緒十二年(1886)刻本　　八冊

310000－0242－0016388　　愚集 738

小倉山房詩注三十六卷　　(清)袁枚撰　　(清)
謝有仁注　　清道光二十八年(1848)刻本　　十
六冊

310000－0242－0016389　　愚集 739

小倉山房尺牘十卷　　(清)袁枚撰　　清刻本
三冊

310000－0242－0016390　　愚集 740

明史雜詠四卷　（清）嚴遂成撰　清道光七年
(1827)刻本　二冊

310000－0242－0016391　　S 愚集 741

石蓮堂集(力本文集)十三卷　（清）馬榮祖撰
清乾隆十七年(1752)刻本　四冊

310000－0242－0016392　　S 愚集 742

陳見復文集四卷詩集四卷掌錄二卷　（清）陳
祖范撰　清乾隆二十九年(1764)刻本　五冊

310000－0242－0016393　　S 愚集 743

嘉樹樓詩鈔四卷　（清）余文儀撰　清乾隆三
十九年(1774)刻本　二冊

310000－0242－0016394　　愚集 744

祇平居士集三十卷　（清）王元啓撰　清嘉慶
刻本　六冊

310000－0242－0016395　　愚集 745

鳥瀾軒文集二卷　（清）吳中衡撰　清雍正十
二年(1734)刻本　一冊

310000－0242－0016396　　S 愚集 746

丁辛老屋集二十卷　（清）王又曾撰　清乾隆
四十一年(1776)刻本　四冊

310000－0242－0016397　　愚集 747

響泉集詩十七卷文一卷詞二卷　（清）顧光旭
撰　清宣統二年(1910)刻本　四冊

310000－0242－0016398　　愚集 748

劉文清公遺集十七卷應制集三卷　（清）劉墉
撰　清道光六年(1826)刻本　四冊

310000－0242－0016399　　S 愚集 749

御覽集六卷　（清）沈初撰　清乾隆刻本　四
冊

310000－0242－0016400　　愚集 750

一松齋集八卷　（清）孫擴圖撰　清同治刻本
六冊

310000－0242－0016401　　S 愚集 751

太古山房詩十四卷別集四卷詩鈔補遺二卷
(清)汪沈琇撰　清咸豐二年(1852)刻本　四
冊

310000－0242－0016402　　S 愚集 752

汪子遺集　（清）汪繼撰　清光緒八年(1882)
刻本　四冊

310000－0242－0016403　　愚集 753

柳南詩鈔十卷文集六卷　（清）王應奎撰　清
乾隆刻本　六冊

310000－0242－0016404　　愚集 754

浣玉軒集四卷　（清）夏敬渠撰　清光緒十六
年(1890)刻本　二冊

310000－0242－0016405　　愚集 755

離垢集五卷　（清）華嵒撰　清光緒十五年
(1889)刻本　二冊

310000－0242－0016406　　愚集 756

玉芝堂文集六卷　（清）邵齊燾撰　清光緒八
年(1882)刻本　二冊

310000－0242－0016407　　愚集 757

素餘堂集三十四卷　（清）于敏中撰　清嘉慶
九年(1804)刻本　八冊

310000－0242－0016408　　S 愚集 758

海山存藁二十卷　（清）周煌撰　清乾隆刻本
四冊

310000－0242－0016409　　愚集 759

月船居士詩稿四卷　（清）盧鎬撰　清乾隆刻
本　二冊

310000－0242－0016410　　愚集 760

清芬樓遺藁四卷　（清）任啟運撰　清光緒十
四年(1888)刻本　二冊

310000－0242－0016411　　愚集 761

靜廉齋詩集二十四卷　（清）金甡撰　清嘉慶
二十五年(1820)刻本　六冊

310000－0242－0016412　　S 愚集 762

鄭板橋集　（清）鄭燮撰　清乾隆刻本　二冊

310000－0242－0016413　　S 愚集 763

壽藤齋詩集三十五卷　（清）鮑倚雲撰　清乾
隆三十五年(1770)刻本　八冊

310000－0242－0016414　　S 愚集 764

錢文敏公集　（清）錢維城撰　清乾隆四十一年(1776)刻本　十冊

310000－0242－0016415　愚集765
竹初詩文鈔二十二卷　（清）錢維喬撰　清嘉慶刻本　八冊

310000－0242－0016416　愚集766
知足齋集三十二卷　（清）朱珪撰　清嘉慶十年(1805)刻本　十六冊

310000－0242－0016417　愚集767
孟亭居士文稿五卷詩稿四卷首一卷　（清）馮浩撰　清嘉慶七年(1802)刻本　八冊

310000－0242－0016418　愚集768
陳學士文集十八卷　（清）陳儀撰　清乾隆十八年(1753)蘭雪齋刻本　八冊

310000－0242－0016419　S愚集769
學福齋文集二十卷詩集三十七卷　（清）沈大成撰　清乾隆三十九年(1774)刻本　十冊

310000－0242－0016420　S愚集770
廣輿吟稿六卷　（清）宋思仁撰　清乾隆五十年(1785)刻本　二冊

310000－0242－0016421　愚集771
宋坪柏類稿十九卷　（清）宋在詩撰　清乾隆三十年(1765)刻本　四冊

310000－0242－0016422　愚集772
有竹居集十六卷　（清）任兆麟撰　清道光元年(1821)刻本　八冊

310000－0242－0016423　S愚集773
尺木樓詩集四卷　（清）程世繩撰　清乾隆程志隆刻本　二冊

310000－0242－0016424　愚集774
棕亭詩鈔十八卷詞鈔七卷古文鈔十卷駢體文鈔八卷　（清）金兆燕撰　清嘉慶十二年(1807)刻本　六冊

310000－0242－0016425　愚集775
棕亭詩鈔十八卷詞鈔七卷古文鈔十卷駢體文鈔八卷　（清）金兆燕撰　清道光十六年(1836)刻本　十六冊

310000－0242－0016426　愚集776
二林居集二十四卷　（清）彭紹升撰　秋士先生遺集六卷　（清）彭績撰　清光緒七年(1881)刻本　八冊

310000－0242－0016427　愚集777
彭秋士先生遺集六卷　（清）彭績撰　清光緒七年(1881)刻本　二冊

310000－0242－0016428　愚集778
測海集六卷　（清）彭績撰　清同治四年(1865)刻本　二冊

310000－0242－0016429　S愚集779
貞一齋集十卷　（清）李重華撰　清乾隆十一年(1746)刻本　二冊

310000－0242－0016430　愚集780
閩楠集三十卷鼹花岡詩集八卷外集八卷　（清）張望撰　清同治三年(1864)刻本　十六冊

310000－0242－0016431　S愚集781
西莊始存稿十八卷　（清）王鳴盛撰　清乾隆刻本　四冊

310000－0242－0016432　愚集782
研經堂文集三卷詩集十三卷　（清）吉夢熊撰　清嘉慶刻本　四冊

310000－0242－0016433　愚集783
復初齋文集三十五卷　（清）翁方綱撰　清光緒三年(1877)福州刻本　八冊

310000－0242－0016434　愚集784
復初齋詩集七十卷　（清）翁方綱撰　清嘉慶、道光間葉氏刻本　十二冊

310000－0242－0016435　愚集785
朱笥河詩集二十卷文鈔三卷　（清）朱筠撰　清嘉慶九年(1804)刻本　十二冊

310000－0242－0016436　愚集786
紀文達公遺集十六卷　（清）紀昀撰　清嘉慶十七年(1812)刻本　十二冊

310000－0242－0016437　愚集787
篁村詩集十二卷寶奎堂文集十二卷　（清）陸

錫熊撰　清道光二十九年(1849)刻本　八冊

310000－0242－0016438　愚集788

潛研堂文集五十卷詩集十卷續集十卷 （清）
錢大昕撰　清嘉慶十一年(1806)刻本　十七
冊

310000－0242－0016439　愚集789

頻羅庵遺集十六卷 （清）梁同書撰　清修綆
山房刻本　六冊

310000－0242－0016440　愚集790

香草齋詩注六卷 （清）黃任撰　清嘉慶十九
年(1814)刻本　六冊

310000－0242－0016441　愚集791

**恩餘堂經進初稿十二卷續稿二十二卷三稿十
一卷策問存課二卷** （清）彭元瑞撰　清道光
刻本　十七冊

310000－0242－0016442　愚集792

館課培英集四卷 （清）彭元瑞撰　清刻本
二冊

310000－0242－0016443　S愚集793

紅豆村人詩稿十四卷 （清）袁樹撰　清乾隆
二十七年(1762)刻本　三冊

310000－0242－0016444　S愚集794

松花菴律古二卷集唐二卷 （清）吳鎮撰　清
乾隆刻本　二冊

310000－0242－0016445　愚集795

**曹文敏公詩鈔三十二卷試帖二卷直廬集八卷
文鈔二十卷行狀一卷** （清）曹文埴撰　清嘉
慶五年(1800)刻本　十四冊

310000－0242－0016446　愚集796

寶日軒詩集四卷附存詩四卷 （清）王德溥撰
清嘉慶四年(1799)刻本　二冊

310000－0242－0016447　愚集797

德蔭堂集十六卷 （清）阿克敦撰　清嘉慶二
十一年(1816)刻本　四冊

310000－0242－0016448　愚集798

**海峰文集八卷詩集十一卷附制藝精選八家文
鈔** （清）劉大櫆撰　清光緒二年(1876)刻本

十四冊

310000－0242－0016449　愚集799

忠雅堂文集十二卷詩集四卷 （清）蔣士銓撰
清嘉慶刻本　六冊

310000－0242－0016450　愚集800

忠雅堂詩集二十七卷附補遺二卷詞二卷
（清）蔣士銓撰　清京師刻本　八冊

310000－0242－0016451　愚集801

靈巖山人詩集四十卷附年譜一卷 （清）畢沅
撰　清嘉慶刻本　十二冊

310000－0242－0016452　S愚集802

樹經堂詩十五卷續編八卷 （清）謝啟昆撰
清乾隆五十八年(1793)刻本　八冊

310000－0242－0016453　愚集803

樹經堂詠史詩八卷 （清）謝啟昆撰　清道光
五年(1825)刻本　八冊

310000－0242－0016454　愚集804

省吾齋古文集十二卷詩賦十二卷 （清）竇光
鼐撰　清嘉慶六年(1801)刻本　四冊

310000－0242－0016455　S愚集805

夢樓詩集二十四卷 （清）王文治撰　清乾隆
六十年(1795)刻本　四冊

310000－0242－0016456　愚集806

喬羽書巢詩內集六卷外集四卷 （清）金士松
撰　清嘉慶七年(1802)刻本　二冊

310000－0242－0016457　愚集807

葆淳閣集二十六卷 （清）王杰撰　清嘉慶刻
本　十六冊

310000－0242－0016458　愚集809

惜抱軒尺牘八卷 （清）姚鼐撰　清同治二年
(1863)刻本　二冊

310000－0242－0016459　愚集810

甌北詩鈔二十卷 （清）趙翼撰　清乾隆五十
六年(1791)刻本　八冊

310000－0242－0016460　愚集811

甌北全集 （清）趙翼撰　清光緒三年(1877)

刻本　六十四冊

童山文集二十卷童山詩集四十二卷附蠢翁詞
二卷補遺一卷　（清）李調元撰　清嘉慶刻本
十四冊

310000－0242－0016462　愚集813

紅豆詩人集十九卷附錄一卷　（清）董潮撰
清道光二十年（1840）刻本　四冊

310000－0242－0016463　愚集814

尊聞居士集八卷　（清）羅有高撰　清光緒八
年（1882）刻本　二冊

310000－0242－0016464　S愚集815

香雪文鈔十二卷　（清）曹學詩撰　清乾隆刻
本　十二冊

310000－0242－0016465　愚集816

春融堂集六十八卷附雜記八種　（清）王昶撰
清嘉慶十二年（1807）刻本　十五冊

310000－0242－0016466　S愚集817

漁村文集八卷　（清）汪灼撰　清不疏園刻本
二冊

310000－0242－0016467　愚集818

松溪文集一卷　（清）汪梧鳳撰　清刻本　二
冊

310000－0242－0016468　愚集819

五硯齋詩鈔二十卷　（清）沈赤然撰　清嘉慶
三年（1798）刻本　六冊

310000－0242－0016469　S愚集820

九畹堂文集一卷詩集一卷　（清）潘蘭皋撰
清乾隆刻本　三冊

310000－0242－0016470　愚集821

師華山房文集五卷末一卷　（清）戴祖啓撰
清嘉慶十年（1805）刻本　二冊

310000－0242－0016471　S愚集822

四鳴集十卷詩餘一卷補遺一卷　（清）張宗禎
撰　清乾隆金閶湖田書屋刻本　二冊

310000－0242－0016472　愚集823

吉堂文稿十二卷詩八卷　（清）欽善撰　清嘉
慶二十五年（1820）刻本　三冊

310000－0242－0016473　S愚集824

銅鼓書堂遺稿三十二卷　（清）查禮撰　清乾
隆五十七年（1792）刻本　四冊

310000－0242－0016474　S愚集825

白華前稿六十卷　（清）吳省欽撰　清乾隆四
十八年（1783）刻本　二十冊

310000－0242－0016475　愚集826

白華入蜀文鈔五卷　（清）吳省欽撰　清乾隆
刻本　一冊

310000－0242－0016476　愚集827

切問齋集十六卷　（清）陸燿撰　清嘉慶元年
（1796）刻本　四冊

310000－0242－0016477　S愚集828

紅蕉山館詩鈔十卷續鈔二卷　（清）喻文鏊撰
清道光三年（1823）刻本　四冊

310000－0242－0016478　愚集829

井福堂文稿十卷靜厓詩初稿十二卷後稿十二
卷續稿六卷　（清）汪學金撰　清嘉慶七年
（1802）刻本　十冊

310000－0242－0016479　愚集830

師竹齋集十四卷　（清）李鼎元撰　清嘉慶七
年（1802）刻本　四冊

310000－0242－0016480　愚集831

松厓文鈔六卷　（清）管榦珍撰　清大觀樓刻
本　四冊

310000－0242－0016481　愚集832

松厓詩鈔三十二卷　（清）管榦珍撰　清大觀
樓刻本　八冊

310000－0242－0016482　愚集833

芙蓉山館詩稿十六卷詞稿四卷文鈔二卷
（清）楊芳燦撰　清嘉慶六年（1801）刻本　六
冊

310000－0242－0016483　S愚集834

桐華吟館詩稿十卷詞稿三卷　（清）楊揆撰
清嘉慶六年（1801）刻本　二冊

310000－0242－0016484　愚集835

錢南園先生遺集五卷　（清）錢灃撰　清同治十一年（1872）刻本　二冊

310000－0242－0016485　愚集836

延釐堂全集九卷　（清）孫玉庭撰　清同治十一年（1872）刻本　八冊

310000－0242－0016486　愚集837

有正味齋詩集十六卷文集二十四卷詩續集八卷文續集八卷詞集八卷詞續集二卷外集七卷　（清）吳錫麒撰　清嘉慶十三年（1808）刻本　十冊

310000－0242－0016487　愚集838

戴氏文集八卷　（清）戴震撰　清乾隆曲阜孔氏微波榭刻本　四冊

310000－0242－0016488　S愚集839

綠溪初稿一卷詩四卷詞一卷詠史偶稿一卷　（清）靳榮藩撰　清乾隆刻本　三冊

310000－0242－0016489　愚集840

介亭全集二十八卷　（清）江瀠源撰　清同治十三年（1874）刻　六冊

310000－0242－0016490　S愚集841

韭溪漁唱集九卷　（清）秦時昌撰　清乾隆十年（1745）刻本　二冊

310000－0242－0016491　S愚集842

正頤堂詩集十六卷文集六卷　（清）江權撰　清乾隆刻本　六冊

310000－0242－0016492　愚集843

十國宮詞一百首　（清）吳省蘭輯　清同治十二年（1873）淮南書局刻本　一冊

310000－0242－0016493　S愚集844

補梧詩鈔八卷　（清）張邦弼撰　清刻本　二冊

310000－0242－0016494　愚集845

葆沖書屋集四卷外集二卷詩餘一卷　（清）汪如洋撰　清刻本　一冊

310000－0242－0016495　愚集846

桐石草堂集九卷　（清）汪仲鈖撰　清乾隆刻本　一冊

310000－0242－0016496　愚集847

百一山房集十二卷　（清）孫士毅撰　清嘉蓮書屋抄本　四冊

310000－0242－0016497　S愚集848

受宜堂駐淮集十二卷　（清）納蘭常安撰　清乾隆刻本　四冊

310000－0242－0016498　愚集849

韋廬詩内集五卷外集五卷　（清）李秉禮撰　清嘉慶二十四年（1819）刻本　四冊

310000－0242－0016499　愚集850

衍慶堂詩稿十一卷　（清）顏檢撰　清顏氏閩浙督署刻本　八冊

310000－0242－0016500　S愚集851

愜心集十卷　（清）程烈撰　清乾隆五十八年（1793）刻本　二冊

310000－0242－0016501　S愚集852

虛白齋存稿十二卷　（清）吳壽昌撰　清乾隆五十五年（1790）刻本　四冊

310000－0242－0016502　S愚集853

北溪文集二卷　（清）王元文撰　清乾隆五十三年（1788）刻本　二冊

310000－0242－0016503　愚集854

韞山堂文集八卷　（清）管世銘撰　清光緒十七年（1891）刻本　四冊

310000－0242－0016504　愚集855

大雲山房全集十卷初集四卷二集四卷言事二卷　（清）惲敬撰　清嘉慶二十年（1815）刻本　十冊

310000－0242－0016505　愚集856

白雲草堂文鈔七卷　（清）呂星垣撰　清嘉慶八年（1803）刻本　四冊

310000－0242－0016506　愚集857

攜雪齋詩鈔六卷進呈詩三卷文鈔三卷　（清）溫汝适撰　清咸豐四年（1854）刻本　六冊

310000－0242－0016507　S愚集858

繩枇齋詩鈔十二卷　（清）蔣攸銛撰　清道光
十一年(1831)刻本　二冊

310000－0242－0016508　愚集859
孫淵如先生全集二十二卷問字堂集六卷岱南
閣集二卷平津館集二卷嘉穀堂集一卷五松園
文稿一卷芳茂山人詩集十卷　（清）孫星衍撰
　清光緒十一年(1885)刻本　八冊

310000－0242－0016509　愚集859
五松園文稿一卷　（清）孫星衍撰　清光緒十
一年(1885)刻本　一冊

310000－0242－0016510　愚集859
芳茂山人詩集十卷　（清）孫星衍撰　清光緒
十一年(1885)刻本　十冊

310000－0242－0016511　愚集860
揅經室集一集十四卷二集八卷三集五卷四集
二卷詩十一卷續集十一卷外集五卷　（清）阮
元輯　清道光三年(1823)刻本　二十二冊

310000－0242－0016512　愚集861
存悔齋集二十八卷外集四卷　（清）劉鳳誥撰
　清道光十年(1830)刻本　十冊

310000－0242－0016513　愚集862
清白士集二十八卷附庭立紀聞四卷　（清）梁
玉繩撰　清嘉慶五年(1800)刻本　八冊

310000－0242－0016514　愚集863
兩當軒全集二十卷　（清）黃景仁撰　清咸豐
八年(1858)刻本　六冊

310000－0242－0016515　愚集864
兩當軒集詞鈔二卷　（清）黃景仁撰　清道光
二十六年(1846)刻本　二冊

310000－0242－0016516　愚集865
次立齋文集二卷　（清）袁知撰　清嘉慶刻本
　一冊

310000－0242－0016517　愚集866
趙司萬全集十卷竹岡雜綴一卷竹岡雜綴續三
卷鴻爪錄一卷同學錄一卷字書二辨三卷困學
紀聞參注一卷　（清）趙敬襄撰　清嘉慶二十
二年(1817)刻本　六冊

310000－0242－0016518　愚集867
碙東詩鈔二卷　（清）歐陽輅撰　清光緒十五
年(1889)刻本　一冊

310000－0242－0016519　愚集868
淵雅堂詩稿十六卷外集七卷未定稿十六卷寫
韻軒小稿二卷附波餘遺稿四卷　（清）王芑孫
輯　清嘉慶九年(1804)刻本　十二冊

310000－0242－0016520　愚集869
惕甫未定稿二十六卷　（清）王芑孫輯　清嘉
慶九年(1804)刻本　十冊

310000－0242－0016521　愚集870
侯鯖集十卷　（清）季友堂撰　清繡谷趙氏刻
本　四冊

310000－0242－0016522　愚集871
獨學廬初稿八卷文三卷二稿八卷三稿十一卷
四稿九卷五稿九卷餘稿一卷文稿一卷　（清）
石韞玉撰　清嘉慶刻本　二十冊

310000－0242－0016523　愚集872
十六國疆域志十六卷　（清）洪亮吉撰　清光
緒四年(1878)授經堂刻本　八十冊

310000－0242－0016524　愚集872
洪北江全集二百二十二卷　（清）洪亮吉撰
清光緒四年(1878)授經堂刻本　八十冊

310000－0242－0016525　愚集872
六書轉注十卷　（清）洪亮吉撰　清光緒四年
(1878)授經堂刻本　八十冊

310000－0242－0016526　愚集872
比雅十卷　（清）洪亮吉撰　清光緒四年
(1878)授經堂刻本　八十冊

310000－0242－0016527　愚集873
船山詩草二十卷補遺六卷　（清）張問陶撰
清光緒十八年(1892)刻本　八冊

310000－0242－0016528　愚集874
壹齋集五十卷　（清）黃鉞撰　清咸豐九年
(1859)刻本　十四冊

310000－0242－0016529　愚集874
禮部遺集七卷過庭小稿一卷誓墓餘稿一卷避

弋小草二卷萍軒小草二卷詞草一卷 （清）黄
富民撰 清同治九年(1870)刻本 十四冊

310000－0242－0016530 S愚集875
景文堂詩集十三卷集句叢鈔四卷溪西集一卷
 （清）戚學標撰 清乾隆刻本 四冊

310000－0242－0016531 愚集876
授堂文鈔四十四卷 （清）武億撰 清道光二
十三年(1843)刻本 十冊

310000－0242－0016532 愚集877
三松堂集二十卷續集六卷年譜一卷 （清）潘
奕雋撰 清同治九年(1870)刻本 十冊

310000－0242－0016533 愚集878
向日堂詩集十六卷 （清）陳寅撰 清道光二
年(1822)刻本 八冊

310000－0242－0016534 愚集879
味經書屋詩稿十二卷 （明）張燮撰 清道光
十一年(1831)刻本 四冊

310000－0242－0016535 愚集880
敬堂詩文稿四卷 （清）辛紹業撰 清刻本
三冊

310000－0242－0016536 愚集881
候濤山房吟草十二卷 （清）謝佑琦撰 清道
光二十二年(1842)刻本 四冊

310000－0242－0016537 S愚集882
洛閑山人文鈔二卷 （清）薛寧廷撰 清乾隆
木活字印本 二冊

310000－0242－0016538 愚集883
賜綺堂詩集二十卷賦一卷文二卷詞五卷外編
六卷 （清）詹應甲撰 清道光八年(1828)刻
本 十二冊

310000－0242－0016539 S愚集884
澹靜齋全集二十四卷 （清）龔景瀚撰 清乾
隆五十三年(1788)刻本 八冊

310000－0242－0016540 愚集885
滑疑集八卷 （清）韓錫胙撰 清咸豐五年
(1855)刻本 四冊

310000－0242－0016541 愚集886
澄悅堂詩集十四卷 （清）國梁撰 清嘉慶十
四年(1809)刻本 十冊

310000－0242－0016542 愚集887
古香樓遺稿十卷 （清）沈長春撰 清嘉慶二
十五年(1820)刻本 四冊

310000－0242－0016543 愚集888
白湖詩稿八卷文稿八卷 （清）葉燕撰 清嘉
慶二十三年(1818)刻本 八冊

310000－0242－0016544 愚集889
蘭雪集八卷 （清）柯振嶽撰 清嘉慶二十三
年(1818)刻本 六冊

310000－0242－0016545 愚集890
逸雲居士詩編不分卷 （清）孫蔚撰 清嘉慶
十三年(1808)刻本 二冊

310000－0242－0016546 愚集891
采馨堂詩集十二卷白水堂詩集二十六卷
（清）張瓊英撰 清嘉慶刻本 六冊

310000－0242－0016547 愚集892
敬恕堂詩存六卷 （清）方積撰 清嘉慶十九
年(1814)刻本 二冊

310000－0242－0016548 S愚集893
補瓢存稿六卷 （清）韓騏撰 清乾隆二十三
年(1758)南蔭書屋刻本 二冊

310000－0242－0016549 愚集894
壺山自吟稿三卷俟盦居偶錄二卷 （清）朱休
度撰 清嘉慶三年(1798)刻本 五冊

310000－0242－0016550 愚集895
雙藤書屋詩集十二卷附試帖二卷 （清）何道
生撰 清道光刻本 四冊

310000－0242－0016551 愚集896
紫石泉山房文集十二卷詩鈔三卷 （清）吳定
撰 清光緒十三年(1887)刻本 五冊

310000－0242－0016552 愚集897
樂園文鈔八卷漢南集一卷感舊集一卷 （清）
嚴如熤撰 清道光二十四年(1844)刻本 八
冊

310000－0242－0016553　愚集898

陶園文集八卷詩二十四卷詩餘二卷　（清）張
九鉞撰　清道光二十三年(1843)刻本　十冊

310000－0242－0016554　愚集899

來雨軒存稿四卷　（清）莫晉撰　清道光十六
年(1836)刻本　四冊

310000－0242－0016555　愚集900

瘦松柏齋初集二卷　（清）陳文瑞撰　清道光
四年(1824)刻本　二冊

310000－0242－0016556　愚集901

清容堂詩集十卷　（清）吳樹本撰　清嘉慶九
年(1804)刻本　一冊

310000－0242－0016557　愚集902

二亭詩鈔五卷　（清）朱箴撰　清嘉慶十三年
(1808)刻本　二冊

310000－0242－0016558　愚集903

實事求是齋遺稿四卷續集一卷　（清）汪廷珍
撰　清光緒八年(1882)刻本　五冊

310000－0242－0016559　愚集904

不遠復齋雜鈔一卷　（清）潘世璜撰　清道光
十七年(1837)刻本　一冊

310000－0242－0016560　S 愚集905

古音齋詩稿二卷　（清）沈祖蔭撰　清刻本
二冊

310000－0242－0016561　愚集906

遊道堂集四卷　（清）朱彬撰　清同治七年
(1868)刻本　二冊

310000－0242－0016562　S 愚集907

六硯草堂詩外集二卷補遺二卷　（清）延君壽
撰　清末抄本　八冊

310000－0242－0016563　S 愚集908

埒落葉齋詩稿不分卷　（清）時銘撰　清抄本
一冊

310000－0242－0016564　S 愚集909

香山詩鈔不分卷　（唐）白居易撰　清抄本
二冊

310000－0242－0016565　S 愚集910

賜書堂詩稿四卷文稿六卷　（清）翁照撰　清
乾隆刻本　四冊

310000－0242－0016566　愚集911

石柏山房詩存七卷詩遺一卷　（清）趙文楷撰
清咸豐七年(1857)刻本　四冊

310000－0242－0016567　愚集912

易園文集四卷詩集二卷詞一卷　（清）李林松
撰　清道光十七年(1837)刻本　六冊

310000－0242－0016568　愚集913

邃雅堂集十卷文集續編一卷　（清）姚文田撰
清道光元年(1821)刻本　五冊

310000－0242－0016569　愚集914

茗柯文初編一卷二編二卷三編一卷四編一卷
（清）張惠言撰　清刻本　三冊

310000－0242－0016570　S 愚集915

張皋文遺集一卷　（清）張惠言撰　清抄本
一冊

310000－0242－0016571　愚集916

鑑止水齋集二十卷　（清）許宗彥撰　清咸豐
二年(1852)刻本　八冊

310000－0242－0016572　愚集917

吳學士文集四卷詩集五卷　（清）吳蔚撰　清
光緒八年(1882)刻本　六冊

310000－0242－0016573　愚集918

左海文集乙編二卷　（清）陳壽祺撰　清道光
刻本　二冊

310000－0242－0016574　愚集919

崇百藥齋文集二十卷　（清）陸繼輅撰　清嘉
慶二十五年(1820)刻本　四冊

310000－0242－0016575　愚集920

五真閣吟稿一卷　（清）陸繼輅撰　清光緒六
年(1880)刻本　十六冊

310000－0242－0016576　愚集921

鐵橋漫稿八卷　（清）嚴可均撰　清光緒十一
年(1885)刻本　四冊

310000－0242－0016577　　愚集 922

蘊真居詩集六卷詩餘一卷　（清）陸學欽撰
清光緒十三年（1887）刻本　一冊

310000－0242－0016578　　愚集 923

聞過齋詩集六卷　（清）朱方增撰　清光緒十
九年（1893）刻本　二冊

310000－0242－0016579　　S 愚集 924

松心居士集十二卷二集二卷文集十二卷賜書
堂律賦二卷　（清）聶鎬敏撰　清刻本　十二
冊

310000－0242－0016580　　愚集 925

遂初草廬詩集十卷　（清）杜堮撰　清同治九
年（1870）刻本　四冊

310000－0242－0016581　　愚集 926

太乙舟文錄八卷　（清）陳用光撰　清道光十
七年（1837）刻本　八冊

310000－0242－0016582　　愚集 927

二竹齋詩鈔六卷　（清）張井撰　清道光十五
年（1835）刻本　四冊

310000－0242－0016583　　愚集 928

思無邪室遺集六卷　（清）顧蒪撰　清道光十
九年（1839）刻本　四冊

310000－0242－0016584　　愚集 929

補讀書齋遺稿十卷　（清）沈維鐈撰　清光緒
元年（1875）刻本　四冊

310000－0242－0016585　　愚集 930

聞妙香室詩十二卷　（清）李宗昉撰　清道光
十五年（1835）刻本　四冊

310000－0242－0016586　　愚集 931

小萬卷齋文稿二十四卷經進稿四卷詩稿三十
二卷續稿十二卷　（清）朱珔撰　清光緒十一
年（1885）嘉樹山房刻本　二十四冊

310000－0242－0016587　　愚集 932

瓶水齋詩集十六卷別集二卷　（清）舒位撰
清光緒十二年（1886）杭州刻本　六冊

310000－0242－0016588　　愚集 933

綠雪堂遺集二十卷　（清）王衍梅撰　清道光

二十九年（1849）刻本　十冊

310000－0242－0016589　　S 愚集 934

白鶴山房詩鈔二十六卷詞鈔二卷　（清）葉紹
本撰　清道光二十一年（1841）刻本　六冊

310000－0242－0016590　　愚集 935

陶文毅公集六十四卷　（清）陶澍撰　清道光
八年（1828）淮北刻本　二十四冊

310000－0242－0016591　　愚集 936

蕉影齋詩集四卷補遺一卷　（清）謝照撰　清
同治十一年（1872）刻本　四冊

310000－0242－0016592　　愚集 937

南村草堂詩鈔二十四卷文鈔二十卷　（清）鄧
顯鶴著　清道光八年（1828）刻本　十二冊

310000－0242－0016593　　愚集 938

養一齋文集二十卷　（清）李兆洛撰　清光緒
四年（1878）刻本　十二冊

310000－0242－0016594　　愚集 939

養一齋詩集四卷　（清）李兆洛撰　清光緒八
年（1882）刻本　二冊

310000－0242－0016595　　愚集 940

研六室文鈔十卷補遺一卷　（清）胡培翬撰
清光緒四年（1878）刻本　四冊

310000－0242－0016596　　愚集 941

今白華堂詩集十五卷　（清）童槐撰　清道光
刻本　四冊

310000－0242－0016597　　愚集 942

泰雲堂文集二卷駢文二卷詩集十八卷詞三卷
（清）孫爾準撰　清同治九年（1870）刻本
四冊

310000－0242－0016598　　愚集 943

蕉聲館詩集二十卷補遺四卷　（清）朱為弼撰
清咸豐六年（1856）刻本　六冊

310000－0242－0016599　　愚集 944

天真閣集五十四卷外集六卷　（清）孫原湘撰
清嘉慶五年（1800）刻本　十二冊

310000－0242－0016600　　愚集 945

衍石齋記事稿十卷續稿十卷刻楮集四卷旅逸小稿二卷　（清）錢儀吉撰　清道光十四年(1834)刻本　十二冊

310000－0242－0016601　愚集946

尚絅堂詩集五十二卷文集二卷　（清）劉嗣綰撰　清同治八年(1869)刻本　十冊

310000－0242－0016602　愚集947

耐庵詩存三卷文存六卷公牘存四卷　（清）賀長齡撰　清咸豐十一年(1861)刻本　五冊

310000－0242－0016603　愚集948

磨甋齋文存一卷　（清）張柯撰　清光緒十年(1884)刻本　一冊

310000－0242－0016604　愚集949

是程堂詩集十四卷二集四卷　（清）屠倬撰　清嘉慶九年(1804)刻本　五冊

310000－0242－0016605　愚集950

二錄詩四卷　（清）吳慈鶴撰　清嘉慶十五年(1810)刻本　一冊

310000－0242－0016606　愚集951

太湖詩草一卷　（清）劉鴻翱撰　清道光二十四年(1844)刻本　二冊

310000－0242－0016607　愚集952

春檽山房詩鈔十一卷附刻一卷　（清）馬士龍撰　清光緒元年(1875)刻本　四冊

310000－0242－0016608　愚集953

唐確慎公集十二卷　（清）唐鑑撰　清光緒元年(1875)刻本　六冊

310000－0242－0016609　愚集954

林懷堂隨筆十一卷附雲湖合編四卷　（清）李象鵾撰　清道光元年(1821)刻本　八冊

310000－0242－0016610　愚集955

梅麓詩文鈔十八卷　（清）齊彥槐撰　清光緒元年(1875)刻本　六冊

310000－0242－0016611　愚集956

樂志堂文鈔八卷　（清）喻元鴻撰　清光緒六年(1880)刻本　四冊

310000－0242－0016612　愚集957

內自訟齋文集十卷　（清）周凱撰　清道光二十年(1840)刻本　八冊

310000－0242－0016613　愚集958

話山草堂詩鈔四卷文鈔一卷詞鈔一卷雜著五卷　（清）沈道寬撰　清光緒三年(1877)刻本　八冊

310000－0242－0016614　愚集959

程侍郎遺集初編十卷　（清）程恩澤著　清道光二十六年(1846)刻本　二冊

310000－0242－0016615　愚集960

慎其餘齋文集二十卷　（清）王贈芳撰　清咸豐四年(1854)刻本　四冊

310000－0242－0016616　愚集961

劉禮部集十二卷　（清）劉逢祿撰　清道光十年(1830)刻本　六冊

310000－0242－0016617　愚集962

䜌龡亭集三十二卷後集十二卷　（清）祁寯藻撰　清咸豐六年(1856)刻本　六冊

310000－0242－0016618　愚集963

花宜館詩鈔十六卷詞二卷　（清）吳振棫撰　清同治四年(1865)刻本　六冊

310000－0242－0016619　愚集964

吳文節公遺集八十卷　（清）吳文鎔撰　清咸豐七年(1857)刻本　十冊

310000－0242－0016620　愚集965

杙華館駢體文四卷　（清）董基誠撰　清光緒十四年(1888)木活字印本　二冊

310000－0242－0016621　愚集966

豸華堂文鈔十二卷　（清）金應麟撰　清光緒元年(1875)刻本　四冊

310000－0242－0016622　愚集967

存素堂詩稿十四卷文稿四卷補遺一卷奏疏四卷年譜二卷　（清）錢寶琛撰　清同治七年(1868)刻本　九冊

310000－0242－0016623　愚集968

斯未信齋文編二十卷　（清）徐宗幹撰　清咸

豐刻本　十冊

310000－0242－0016624　愚集969

拜竹堪詩存二卷釣船笛譜一卷　（清）馮登府撰　清道光九年(1829)刻本　一冊

310000－0242－0016625　愚集970

頤道堂詩選十四卷文鈔九卷　（清）陳文述撰　清嘉慶二十一年(1816)刻本　十冊

310000－0242－0016626　愚集971

秣陵集六卷　（清）陳文述撰　清道光二年(1822)刻本　三冊

310000－0242－0016627　愚集972

畫林新詠三卷補遺一卷　（清）陳文述撰　清道光七年(1827)刻本　一冊

310000－0242－0016628　愚集973

仙屏書屋初集十六卷　（清）黃爵滋撰　清道光二十八年(1848)刻本　四冊

310000－0242－0016629　愚集974

仙屏書屋初集年記三十一卷　（清）黃爵滋撰　清道光二十九年(1849)刻本　四冊

310000－0242－0016630　愚集975

保甓齋文錄二卷　（清）趙坦撰　清道光刻本　二冊

310000－0242－0016631　S愚集976

秋曳詩懷四卷　（清）徐晼撰　清道光元年(1821)刻本　二冊

310000－0242－0016632　愚集977

清愛堂集二十三卷　（清）魏成憲撰　清道光八年(1828)刻本　二冊

310000－0242－0016633　愚集978

養默山房詩稿三十二卷　（清）謝元淮撰　清嘉慶二十五年(1820)刻本　八冊

310000－0242－0016634　S愚集979

醉雲樓詩草五卷　（清）余江撰　清嘉慶十九年(1814)刻本　一冊

310000－0242－0016635　愚集980

鼇滄來集二十六卷　（清）鼇圖撰　清嘉慶十

二年(1807)刻本　六冊

310000－0242－0016636　愚集981

塞上吟四卷　（清）方聯甲撰　清同治十二年(1873)刻本　一冊

310000－0242－0016637　愚集982

松溪詩稿一卷　（清）李毅撰　清刻本　一冊

310000－0242－0016638　愚集985

聽松廬詩鈔十六卷　（清）張維屏撰　清嘉慶十八年(1813)刻本　四冊

310000－0242－0016639　愚集986

功甫小集十一卷　（清）潘曾沂撰　清嘉慶二十三年(1818)刻本　二冊

310000－0242－0016640　愚集987

嗣雅堂詩存五卷　（清）王嘉祿撰　清道光二十六年(1846)刻本　一冊

310000－0242－0016641　愚集988

利於不息齋初集詩賦五卷文一卷　（清）孔昭焜撰　清道光刻本　三冊

310000－0242－0016642　愚集989

石林草堂詩存一卷　（清）葉舟撰　清道光十三年(1833)刻本　二冊

310000－0242－0016643　愚集990

繞竹山房詩稿十四卷　（清）朱文治撰　清嘉慶二十三年(1818)刻本　八冊

310000－0242－0016644　愚集991

扶海樓詩集十二卷詞二卷　（清）李懿曾撰　清道光十二年(1832)刻本　四冊

310000－0242－0016645　愚集992

窺閑錄四卷末一卷　（清）鄭文耀撰　清光緒二十年(1894)刻本　四冊

310000－0242－0016646　愚集993

集唐分韻十卷　（清）徐賡雲撰　清道光二十六年(1846)刻本　四冊

310000－0242－0016647　愚集994

洗桐軒文集八卷詩集六卷　（清）李周南撰　清嘉慶刻本　二冊

310000－0242－0016648　　愚集 995

胡杏軒八卷　　（清）胡貞幹撰　　清道光元年(1821)刻本　　四冊

310000－0242－0016649　　愚集 996

達亭遺稿四卷　　（清）王棨華撰　　清同治十三年(1874)刻本　　四冊

310000－0242－0016650　　愚集 997

潘少白先生文集八卷詩集五卷常語二卷　　（清）潘諮撰　　清道光二十四年(1844)刻本　　六冊

310000－0242－0016651　　愚集 998

香蘇山館詩鈔十九卷　　（清）吳嵩梁撰　　清木犀軒刻本　　八冊

310000－0242－0016652　　愚集 999

湘卿詩鈔四卷　　（清）吳士眞撰　　清嘉慶刻本　　一冊

310000－0242－0016653　　愚集 1000

校經廎文稿十八卷　　（清）李富孫撰　　清道光元年(1821)刻本　　六冊

310000－0242－0016654　　愚集 1001

五百四峯堂詩鈔二十五卷　　（清）黎簡撰　　清同治十三年(1874)刻本　　十二冊

310000－0242－0016655　　愚集 1002

世忠堂文集六卷　　（清）鄭鳴鶴撰　　清同治七年(1868)刻本　　八冊

310000－0242－0016656　　愚集 1003

啖蔗軒遺著八卷　　（清）方士淦撰　　清同治十一年(1872)刻本　　四冊

310000－0242－0016657　　愚集 1004

桂馨堂集十三卷　　（清）張廷濟撰　　清道光二十八年(1848)刻本　　四冊

310000－0242－0016658　　愚集 1005

夢陔堂詩集三十五卷　　（清）黃承吉撰　　清道光十二年(1832)刻本　　八冊

310000－0242－0016659　　愚集 1006

味眞閣集二卷晚翠軒集二卷　　（清）張安保撰　　清光緒七年(1881)刻本　　四冊

310000－0242－0016660　　愚集 1007

東井文鈔二卷詩鈔四卷　　（清）黃定文撰　　清道光元年(1821)刻本　　二冊

310000－0242－0016661　　愚集 1008

金源紀事詩八卷　　（清）湯運泰撰　　清同治十二年(1873)刻本　　四冊

310000－0242－0016662　　愚集 1009

篔谷文集九卷　　（清）查揆撰　　清道光十五年(1835)刻本　　二冊

310000－0242－0016663　　愚集 1010

豫章遊稿三卷　　（清）程履坦撰　　清木活字印本　　二冊

310000－0242－0016664　　S 愚集 1011

古泉山館詩集八卷　　（清）瞿中溶撰　　清同治十年(1871)刻本　　四冊

310000－0242－0016665　　愚集 1012

萬善花室文集六卷　　（清）方履籛撰　　清雲自在龕刻本　　四冊

310000－0242－0016666　　愚集 1013

小謨觴館詩集八卷文集四卷詩續集二卷文續集二卷詞一卷　　（清）彭兆蓀撰　　清嘉慶十一年(1806)刻本　　八冊

310000－0242－0016667　　愚集 1014

琴隱園詩集三十六卷詞集四卷　　（清）湯貽汾撰　　清同治十三年(1874)刻本　　八冊

310000－0242－0016668　　愚集 1015

澤古齋文鈔六卷賸稿一卷續編一卷補遺一卷　　（清）吳士模撰　　清道光十八年(1838)刻本　　四冊

310000－0242－0016669　　愚集 1016

東山詩鈔七卷　　（清）毛肇烈撰　　清同治五年(1866)刻本　　四冊

310000－0242－0016670　　S 愚集 1017

一勺亭文鈔二卷詩鈔六卷素業堂雜著一卷　　（清）喻同模撰　　清同治十二年(1873)刻本　　四冊

310000－0242－0016671　　愚集 1018

侍雪堂詩鈔八卷 （清）黎兆勳撰 清同治四年(1865)敦復堂刻本 二冊

310000－0242－0016672 愚集 1019

都是春齋文八卷 （清）張佑撰 清吾學園刻本 四冊

310000－0242－0016673 愚集 1020

持雅堂文鈔三集三卷詩鈔續集三卷 （清）尚鎔輯 清攻媿山房刻本 二冊

310000－0242－0016674 S 愚集 1021

招鶴堂詩選三卷後集三卷 （清）蕭景雲撰 清道光刻本 二冊

310000－0242－0016675 愚集 1022

仲瞿詩錄一卷 （清）王曇撰 清春暉堂刻本 一冊

310000－0242－0016676 愚集 1023

初月樓文鈔十卷文續鈔八卷詩鈔四卷 （清）吳德旋 （清）程德貴撰 （清）呂璜輯 清光緒八年(1882)花雨樓刻本 八冊

310000－0242－0016677 愚集 1024

享帚集四卷 （清）楊豫成撰 清同治三年(1864)刻本 四冊

310000－0242－0016678 愚集 1025

養一齋集二十六卷試帖一卷劄記九卷詞三卷文四卷詩話十三卷 （清）潘德輿撰 清道光二十九年(1849)刻本 二十四冊

310000－0242－0016679 愚集 1026

雙白燕堂詩集八卷文集二卷外集八卷 （清）陸耀遹撰 清光緒四年(1878)刻本 八冊

310000－0242－0016680 愚集 1027

綠蘿書屋遺集四卷 （清）羅文俊 （清）羅廷琛撰 清光緒二十三年(1897)刻本 四冊

310000－0242－0016681 愚集 1028

李文清公遺書八卷志節編二卷 （清）李棠階撰 清光緒八年(1882)刻本 四冊

310000－0242－0016682 愚集 1029

空青水碧齋詩集十三卷補遺一卷文集八卷 （清）蔣琦齡撰 清咸豐六年(1856)刻本 八

冊

310000－0242－0016683 愚集 1031

誦清閣集四卷 （清）石景芬撰 清同治十年(1871)刻本 四冊

310000－0242－0016684 愚集 1030

邃初堂文集四十四卷 （清）袁翼撰 清光緒十三年(1887)刻本 二十二冊

310000－0242－0016685 愚集 1032

因寄軒文集初集十卷二集六卷補遺一卷 （清）管同撰 清光緒五年(1879)刻本 四冊

310000－0242－0016686 愚集 1033

蜨庵賦鈔二卷詩鈔八卷 （清）楊榮撰 清同治二年(1863)刻本 四冊

310000－0242－0016687 愚集 1034

鶴天鯨海焚餘集六卷 （清）朱昌頤撰 清同治五年(1866)刻本 四冊

310000－0242－0016688 愚集 1035

知守齋初集六卷二集四卷別集一卷 （清）鄭開禧撰 清道光十二年(1832)刻本 二冊

310000－0242－0016689 愚集 1036

繆武烈公遺集六卷 （清）繆梓撰 清光緒七年(1881)刻本 三冊

310000－0242－0016690 S 愚集 1037

青溪文集十一卷 （清）劉文淇撰 清光緒九年(1883)刻本 二冊

310000－0242－0016691 愚集 1038

定庵文集三卷續集四卷詩集二卷補編四卷雜詩一卷詞一卷 （清）龔自珍撰 清光緒二十三年(1897)刻本 六冊

310000－0242－0016692 愚集 1039

重桂堂集十一卷 （清）許正綬撰 清光緒十年(1884)刻本 二冊

310000－0242－0016693 愚集 1040

擊缽吟偶存二卷二集二卷三集二卷四集二卷五集二卷六集二卷七集二卷八集二卷鄂集二卷 （清）曾元海撰 清道光二十五年(1845)刻本 十六冊

310000－0242－0016694　愚集 1041

讀騷樓詩二集四卷　（清）陳逢衡撰　清道光
十二年(1832)刻本　一冊

310000－0242－0016695　愚集 1042

寸陰叢錄四卷　（清）姚瑩撰　清道光元年
(1821)刻本　三十四冊

310000－0242－0016696　愚集 1042

中復堂全集九十卷　（清）姚瑩撰　清道光元
年(1821)刻本　三十四冊

310000－0242－0016697　愚集 1042

東槎紀略五卷　（清）姚瑩撰　清道光元年
(1821)刻本　三十四冊

310000－0242－0016698　愚集 1042

東溟文集六卷　（清）姚瑩撰　清道光元年
(1821)刻本　三十四冊

310000－0242－0016699　愚集 1042

康輶紀行十六卷　（清）姚瑩撰　清道光元年
(1821)刻本　三十四冊

310000－0242－0016700　愚集 1043

儀衛軒文集十二卷外集一卷年譜一卷　（清）
方東樹撰　清同治七年(1868)刻本　四冊

310000－0242－0016701　愚集 1044

紅蝠山房詩集十四卷　（清）王乃斌撰　清光
緒八年(1882)刻本　六冊

310000－0242－0016702　愚集 1045

抱冲齋詩集三十六卷　（清）斌良撰　清光緒
五年(1879)湖南刻本　十二冊

310000－0242－0016703　愚集 1046

劉孟塗前集十卷後集二十二卷文集十卷駢體
文二卷　（清）劉開撰　清道光六年(1826)刻
本　八冊

310000－0242－0016704　愚集 1047

嵇庵詩集六卷　（清）梅植之撰　清道光十六
年(1836)刻本　四冊

310000－0242－0016705　S 愚集 1048

就竹山房詩集四卷　（清）李籌撰　清抄本
四冊

310000－0242－0016706　愚集 1049

思適齋集十八卷　（清）顧廣圻撰　清道光二
十九年(1849)刻本　四冊

310000－0242－0016707　愚集 1050

意苕山館詩稿十六卷　（清）陸嵩撰　清光緒
十八年(1892)刻本　四冊

310000－0242－0016708　愚集 1051

嶺上白雲集十二卷窳翁文鈔四卷　（清）陸懋
修撰　清光緒二十三年(1897)刻本　四冊

310000－0242－0016709　愚集 1052

思詒堂詩稿十二卷文稿一卷　（清）金衍宗撰
清同治五年(1866)刻本　五冊

310000－0242－0016710　愚集 1053

積石文稿十八卷詩存四卷附南池唱和詩存一
卷繪餘編一卷　（清）張履撰　清光緒二十年
(1894)刻本　八冊

310000－0242－0016711　愚集 1054

冬青館甲集六卷乙集八卷　（清）張鑑撰　清
道光十九年(1839)刻本　六冊

310000－0242－0016712　愚集 1055

空石齋文集二卷詩賸二卷　（清）汪國撰　清
道光二年(1822)刻本　四冊

310000－0242－0016713　愚集 1056

烏目山房詩存六卷　（清）蔣因培撰　清光緒
十年(1884)刻本　二冊

310000－0242－0016714　愚集 1057

梅花溪續草一卷　（清）錢泳撰　清抄本　一
冊

310000－0242－0016715　愚集 1058

勉益齋存稿八卷續存稿十四卷　（清）裕謙撰
清道光十二年(1832)刻本　二十二冊

310000－0242－0016716　S 愚集 1059

補拙軒文草二卷詩草一卷詠史詩一卷　（清）
胡恕堂撰　清刻本　四冊

310000－0242－0016717　愚集 1060

卓廬文稿二卷　（清）陳墉撰　清道光十二年
(1832)刻本　二冊

310000－0242－0016718　　愚集1061

好深湛思室詩存二十二卷　（清）孫義鈞撰
清同治五年(1866)刻本　　四冊

310000－0242－0016719　　愚集1062

損齋文鈔十五卷外集一卷語錄三卷附錄一卷
（清）楊樹椿撰　清光緒十九年(1893)柏經
正堂刻本　　十二冊

310000－0242－0016720　　愚集1063

大小雅堂詩鈔十卷　（清）邵堂撰　清道光十
年(1830)刻本　　二冊

310000－0242－0016721　S 愚集1064

晚晴書屋詩鈔二卷　（清）陳春曉撰　清道光
十九年(1839)刻本　　二冊

310000－0242－0016722　　愚集1065

心知堂詩稿十八卷　（清）汪仲洋撰　清道光
六年(1826)刻本　　四冊

310000－0242－0016723　　愚集1066

春星閣詩鈔十六卷　（清）楊季鸞撰　清道光
九年(1829)刻本　　二冊

310000－0242－0016724　　愚集1067

月齋詩文集文集八卷詩集四卷　（清）張穆撰
清咸豐八年(1858)刻本　　四冊

310000－0242－0016725　　愚集1068

郘亭詩鈔六卷遺詩八卷　（清）莫友芝撰　清
咸豐二年(1852)影山草堂刻本　　二冊

310000－0242－0016726　　愚集1069

**丹魁堂外集四卷詩集七卷感遇錄一卷年譜一
卷**　（清）季芝昌撰　清咸豐十一年(1861)刻
本　　四冊

310000－0242－0016727　　愚集1070

習苦齋詩集八卷古文四卷　（清）戴熙撰　清
同治五年(1866)刻本　　四冊

310000－0242－0016728　　愚集1071

**李文恭公遺集奏議二十二卷詩集八卷文集十
六卷**　（清）李星沅撰　清同治三年(1864)刻
本　　三十五冊

310000－0242－0016729　　愚集1072

曇雲閣詩集八卷附錄一卷外集一卷詞鈔一卷
（清）曹楙堅撰　清光緒三年(1877)刻本
四冊

310000－0242－0016730　　愚集1073

左文襄公全集一百七十卷　（清）左宗棠撰
清光緒十六年(1890)刻本　　一百四十冊

310000－0242－0016731　　愚集1074

盾鼻餘瀋一卷　（清）左宗棠撰　清光緒八年
(1882)湖南刻本　　一冊

310000－0242－0016732　　愚集1075

慎庵詩鈔二卷文鈔二卷　（清）左宗植撰　清
光緒元年(1875)刻本　　四冊

310000－0242－0016733　　愚集1076

柈湖文集十二卷　（清）吳敏樹撰　清光緒十
九年(1893)刻本　　四冊

310000－0242－0016734　　愚集1077

古均閣遺著三卷　（清）許蓮撰　清光緒十四
年(1888)刻本　　一冊

310000－0242－0016735　S 愚集1078

天韻堂詩略四卷　（清）錢維城撰　清咸豐四
年(1854)刻本　　二冊

310000－0242－0016736　　愚集1079

蘿藦亭遺書四卷　（清）喬松年撰　清光緒七
年(1881)刻本　　四冊

310000－0242－0016737　　愚集1080

蘿藦亭劄記八卷　（清）喬松年撰　清光緒七
年(1881)刻本　　四冊

310000－0242－0016738　　愚集1081

集義軒詠史詩鈔六十卷　（清）羅惇衍撰　清
光緒三年(1877)刻本　　四冊

310000－0242－0016739　　愚集1082

怡志堂詩初編八卷　（清）朱琦撰　清咸豐七
年(1857)刻本　　二冊

310000－0242－0016740　　愚集1083

通甫類稿四卷續編二卷詩存四卷詩餘二卷
(清)魯一同撰　清咸豐九年(1859)刻本　　五
冊

310000－0242－0016741　愚集 1083

槐卿遺稿六卷　（清）沈衍慶撰　清同治元年
(1862)刻本　四冊

310000－0242－0016742　愚集 1084

彭文敬公全集四十五卷　（清）彭蘊章撰　清
同治三年(1864)刻本　十一冊

310000－0242－0016743　愚集 1085

昨非集四卷　（清）劉熙載撰　清光緒三年
(1877)刻本　二冊

310000－0242－0016744　愚集 1086

張亨甫全集二十八卷　（清）張際亮撰　清同
治六年(1867)刻本　二十冊

310000－0242－0016745　愚集 1087

亨甫詩選八卷　（清）張際亮撰　清光緒八年
(1882)刻本　八冊

310000－0242－0016746　愚集 1088

倚晴樓全集三十二卷　（清）黃燮清撰　清咸
豐七年(1857)刻本　十冊

310000－0242－0016747　愚集 1089

沈文忠公集十卷　（清）沈兆霖撰　清同治八
年(1869)刻本　四冊

310000－0242－0016748　愚集 1090

東洲草堂詩鈔二十七卷詩餘一卷　（清）何紹
基撰　清同治六年(1867)刻本　八冊

310000－0242－0016749　愚集 1091

胡文忠公遺集八十六卷　（清）胡林翼撰　清
同治六年(1867)刻本　三十二冊

310000－0242－0016750　愚集 1092

**天開圖畫樓文稿四卷附試帖四卷石泉集四卷
擊鉢吟存稿四卷變雅斷章衍義一卷**　（清）郭
柏蔭撰　清郭氏刻本　八冊

310000－0242－0016751　愚集 1093

綠蕉館詩鈔四卷　（清）陳景高撰　清同治十
三年(1874)刻本　二冊

310000－0242－0016752　愚集 1094

江忠烈公遺集二卷附錄一卷　（清）江忠源撰
清同治十二年(1873)刻本　二冊

310000－0242－0016753　愚集 1095

曾文公全集一百五十九卷　（清）曾國藩撰
清光緒二年(1876)刻本　一百八冊

310000－0242－0016754　愚集 1095

十八家詩鈔二十八卷　（清）曾國藩輯　清光
緒二年(1876)刻本　一冊

310000－0242－0016755　愚集 1096

曾文公詩集四卷文集四卷　（清）曾國藩撰
清同治十三年(1874)刻本　五冊

310000－0242－0016756　愚集 1097

曾文公家書十卷家訓二卷　（清）曾國藩撰
清光緒五年(1879)刻本　十二冊

310000－0242－0016757　愚集 1098

曾文公文鈔四卷　（清）曾國藩撰　清同治十
二年(1873)刻本　四冊

310000－0242－0016758　愚集 1099

川雲集一卷　（清）童華撰　清光緒十三年
(1887)刻本　四冊

310000－0242－0016759　愚集 1100

顯志堂集十二卷　（清）馮桂芬撰　清光緒二
年(1876)刻本　四冊

310000－0242－0016760　愚集 1101

楓南山館遺集七卷　（清）莊受祺撰　清同治
十三年(1874)刻本　二冊

310000－0242－0016761　愚集 1102

夢綠草堂詩鈔十二卷　（清）蔡壽祺撰　清咸
豐七年(1857)刻本　六冊

310000－0242－0016762　愚集 1103

儷白妃黃冊八卷　（清）董恂輯　清同治十二
年(1873)刻本　二冊

310000－0242－0016763　愚集 1104

經德堂文集六卷別集二卷詩集五卷詞一卷
（清）龍啟瑞　（清）何慧生　（清）龍繼棟撰
清光緒四年(1878)刻本　八冊

310000－0242－0016764　愚集 1105

**聽雲仙館儷體文集四卷補編一卷文續集二卷
詩二卷詞一卷西遊吟草一卷**　（清）湯成彥撰

清同治八年(1869)刻本　五冊

310000－0242－0016765　愚集1106

唐中丞遺集十卷　(清)唐訓方撰　清光緒十
七年(1891)刻本　十冊

310000－0242－0016766　愚集1107

清麓文集二十三卷日記五卷　(清)賀瑞麟撰
清光緒元年(1875)刻本　二十冊

310000－0242－0016767　愚集1108

書經集句文稿選本二卷續選一卷續編選本二
卷賦稿選本一卷續選一卷試帖選本一卷
(清)戴槃撰　清咸豐十一年(1861)刻本　八
冊

310000－0242－0016768　愚集1109

廣縵堂集七卷　(清)何彤雲撰　清咸豐九年
(1859)刻本　二冊

310000－0242－0016769　愚集1110

水流雲在館詩鈔六卷附奏議二卷　(清)宋晉
撰　清光緒十二年(1886)刻本　四冊

310000－0242－0016770　愚集1111

漆室吟八卷百柱堂詩稿八卷　(清)王柏心撰
清同治十二年(1873)王氏刻本　四冊

310000－0242－0016771　愚集1112

小芋香館遺集十二卷　(清)李杭撰　清光緒
二年(1876)刻本　四冊

310000－0242－0016772　愚集1113

健脩堂詩集二十二卷詞三卷　(清)邊浴禮撰
清咸豐七年(1857)刻本　八冊

310000－0242－0016773　S愚集1114

二知軒詩鈔十四卷　(清)方濬頤撰　清同治
五年(1866)刻本　十五冊

310000－0242－0016774　愚集1115

雲臥山莊詩集八卷家詩二卷　(清)郭嵩燾撰
清光緒十一年(1885)刻本　五冊

310000－0242－0016775　愚集1117

句溪雜著四卷　(清)陳立撰　清光緒十六年
(1890)思賢講舍刻本　一冊

310000－0242－0016776　愚集1118

裒遺草堂詩鈔十卷附息柯雜著五卷息柯白牋
六卷　(清)楊翰撰　清同治十年(1871)刻本
十冊

310000－0242－0016777　愚集1119

未灰齋文八卷外集一卷　(清)徐鼒撰　清鉛
印本　四冊

310000－0242－0016778　愚集1120

蒼筤初集二十一卷　(清)孫鼎臣撰　清咸豐
五年(1855)刻本　六冊

310000－0242－0016779　愚集1121

船庵集十二卷詞一卷閉門集六卷　(清)潘曾
祁撰　清光緒五年(1879)刻本　四冊

310000－0242－0016780　愚集1122

西圃集十四卷續四卷詞續一卷題畫詩一卷
(清)潘曾祁撰　清光緒八年(1882)刻本　六
冊

310000－0242－0016781　愚集1123

好雲樓詩初集二十八卷二集十六卷附臨川問
答一卷　(清)李聯琇撰　清咸豐十一年
(1861)刻本　十二冊

310000－0242－0016782　愚集1124

通齋集五卷外集一卷文集二卷南行紀程一卷
曉瀛遺稿二卷　(清)蔣超伯撰　清同治三年
(1864)刻本　四冊

310000－0242－0016783　愚集1125

古微堂內集三卷外集七卷　(清)魏源撰　清
光緒四年(1878)刻本　四冊

310000－0242－0016784　愚集1126

煙嶼樓詩集十八卷附遊杭合集一卷　(清)徐
時棟撰　清同治六年(1867)刻本　四冊

310000－0242－0016785　愚集1127

拙脩集十卷　(清)吳廷棟撰　清同治十年
(1871)刻本　四冊

310000－0242－0016786　愚集1128

李文忠公全集一百二十五卷　(清)李鴻章撰
清光緒三十一年(1905)刻本　一百冊

310000－0242－0016787　　愚集 1129

養知書屋文集二十八卷詩集十五卷　（清）郭
嵩燾撰　清光緒十八年(1892)刻本　十六冊

310000－0242－0016788　　愚集 1130

李尚書政書八卷　（清）李宗羲撰　清光緒十
一年(1885)刻本　五冊

310000－0242－0016789　　愚集 1131

小琅環園詩錄八卷詞錄一卷　（清）張修府撰
　清光緒七年(1881)刻本　二冊

310000－0242－0016790　　愚集 1132

雪門詩草十四卷　（清）許瑤光撰　清同治十
三年(1874)刻本　六冊

310000－0242－0016791　　S 愚集 1133

橘蔭軒全集四十二卷　（清）陳錦撰　清光緒
三年(1877)刻本　二十五冊

310000－0242－0016792　　愚集 1134

遜學齋文鈔十二卷續鈔五卷詩鈔十卷續鈔五
卷　（清）孫衣言撰　清同治十二年(1873)刻
本　八冊

310000－0242－0016793　　愚集 1135

心白日齋集六卷　（清）尹耕雲撰　清光緒十
年(1884)刻本　三冊

310000－0242－0016794　　愚集 1136

曾忠襄公全集六十七卷　（清）曾國荃撰　清
光緒二十九年(1903)刻本　六十四冊

310000－0242－0016795　　愚集 1137

春在堂雜文八卷　（清）俞樾撰　清刻本　四
冊

310000－0242－0016796　　愚集 1138

東瀛詩記二卷　（清）俞樾撰　清光緒九年
(1883)春在堂刻本　一冊

310000－0242－0016797　　愚集 1139

移芝室全集二十七卷　（清）楊彞珍撰　清光
緒十七年(1891)刻本　八冊

310000－0242－0016798　　愚集 1140

雲石詩存四卷　（清）陳岱霖撰　清道光二十
八年(1848)刻本　二冊

310000－0242－0016799　　愚集 1141

卞制軍政書四卷　（清）卞寶第撰　清光緒刻
本　四冊

310000－0242－0016800　　愚集 1142

潛心堂集一卷　（清）桂文燦撰　清光緒刻本
　一冊

310000－0242－0016801　　愚集 1143

萬卷書屋詩存一卷　（清）朱檜撰　清光緒九
年(1883)刻本　二冊

310000－0242－0016802　　愚集 1144

躬恥齋文集十九卷詩集十四卷　（清）宗稷辰
撰　清咸豐元年(1851)刻本　二十三冊

310000－0242－0016803　　愚集 1145

甘泉鄉人稿二十四卷餘稿二卷年譜一卷　
（清）錢泰吉撰　清同治十一年(1872)刻本　
七冊

310000－0242－0016804　　愚集 1146

西垣詩鈔二卷黔苗竹枝詞一卷　（清）毛貴銘
撰　清光緒十年(1884)刻本　一冊

310000－0242－0016805　　愚集 1147

無近名齋文鈔四卷文鈔二編二卷雜著二卷雜
著二編一卷文鈔外編一卷　（清）彭翊撰　清
光緒十年(1884)刻本　四冊

310000－0242－0016806　　S 愚集 1148

晚香軒詩錄不分卷　（清）許達生撰　（清）嚴
長順等題跋　清抄本　四冊

310000－0242－0016807　　愚集 1149

白華山人詩集十六卷詩說二卷　（清）厲志著
　清道光十六年(1836)刻本　四冊

310000－0242－0016808　　愚集 1150

安愚堂文鈔十二卷　（清）阮烜輝撰　清咸豐
七年(1857)刻本　四冊

310000－0242－0016809　　愚集 1151

妙吉祥室詩鈔十三卷詩餘一卷雜存一卷　
（清）朱葵之撰　清光緒十年(1884)刻本　六
冊

310000－0242－0016810　　愚集 1152

壽閑齋吟草八卷　（清）朱葵之撰　清光緒十年(1884)刻本　三冊

310000－0242－0016811　愚集1153

琴硯草堂詩集十卷文集二卷　（清）沈毓蓀撰　清咸豐六年(1856)刻本　四冊

310000－0242－0016812　愚集1154

聽竹廬集二卷　（清）鄒南英撰　清光緒十九年(1893)刻本　一冊

310000－0242－0016813　S愚集1155

剖瓠存稿二十卷附樂府三種　（清）蕭重撰　清道光十四年(1834)刻本　六冊

310000－0242－0016814　愚集1156

選樓集句二卷　（清）許祥光撰　清道光二十年(1840)刻本　一冊

310000－0242－0016815　S愚集1157

玉臺山館詩集八卷　（清）徐儒榮撰　清道光二十八年(1848)刻本　二冊

310000－0242－0016816　愚集1158

繼雅堂詩集三十四卷　（清）陳僅撰　清道光二十七年(1847)刻本　六冊

310000－0242－0016817　S愚集1159

陳餘山詩誦五卷羣經質二卷　（清）陳僅撰　清咸豐二年(1852)刻本　四冊

310000－0242－0016818　愚集1160

枕善堂雜著不分卷　（清）陳大溶撰　清道光十六年(1836)台州府署刻本　十二冊

310000－0242－0016819　S愚集1161

率真子偶存七卷　（清）伍紹曾撰　清道光二十七年(1847)刻本　二冊

310000－0242－0016820　愚集1162

咄咄吟二卷　（清）貝青喬撰　清光緒元年(1875)刻本　二冊

310000－0242－0016821　愚集1163

赤霞吟草二卷　（清）王鉅撰　清道光二十六年(1846)刻本　二冊

310000－0242－0016822　愚集1164

紅棠閣詩鈔六卷文鈔六卷　（清）王芝林撰　清道光二十一年(1841)刻本　六冊

310000－0242－0016823　S愚集1165

聶許齋詩鈔六卷古懽齋詩鈔一卷　（清）陳鴻儔　（清）陳鴻漸撰　清道光二十五年(1845)刻本　二冊

310000－0242－0016824　S愚集1166

天奇閣詩文八卷　（清）吳月霄撰　清道光二十五年(1845)刻本　四冊

310000－0242－0016825　S愚集1167

六吉齋詩鈔五卷　（清）鮑作雨撰　清同治十二年(1873)刻本　一冊

310000－0242－0016826　愚集1168

青園詩鈔四卷　（清）玉書撰　清光緒十八年(1892)刻本　四冊

310000－0242－0016827　愚集1169

懷白軒詩鈔八卷詞鈔二卷南北曲一卷文鈔二卷駢體一卷賦鈔一卷　（清）陸初望撰　清同治五年(1866)刻本　四冊

310000－0242－0016828　愚集1170

常惺惺齋古文初集十五卷詩初集十一卷雜著一卷　（清）李炳奎撰　清道光二十九年(1849)刻本　十二冊

310000－0242－0016829　愚集1171

醉山草堂文集二卷詩集二卷　（清）董仲騏撰　清光緒六年(1880)刻本　四冊

310000－0242－0016830　愚集1172

儆居集内編十四卷　（清）黃式三撰　清道光二十八年(1848)刻本　四冊

310000－0242－0016831　S愚集1173

竹樓詩集八卷　（清）湯長吉撰　清道光十一年(1831)刻本　二冊

310000－0242－0016832　愚集1174

續東軒遺集一卷　（清）高均儒撰　清光緒七年(1881)刻本　一冊

310000－0242－0016833　S愚集1175

映雪軒詩鈔六卷　（清）黃立林撰　清道光四

年(1824)刻本　四冊

310000－0242－0016834　愚集 1176
可久處齋文八卷　（清）馬樹華撰　清刻本
二冊

310000－0242－0016835　S 愚集 1177
茗華吟館集詞一卷　（清）許樹庭撰　清抄本
二冊

310000－0242－0016836　S 愚集 1178
慧田詩草一卷　（清）崔光笏撰　清道光、咸
豐間自刻本　一冊

310000－0242－0016837　S 愚集 1179
臶齋集詩存一卷文存一卷詩餘一卷試律一卷
（清）查元偁撰　清道光二十一年(1841)刻
本　四冊

310000－0242－0016838　S 愚集 1180
生齋全集十九卷　（清）方坰撰　清道光刻本
四冊

310000－0242－0016839　愚集 1181
自鏡齋集五卷　（清）潘曾瑋撰　清光緒十三
年(1887)刻本　四冊

310000－0242－0016840　愚集 1182
朗陵詩集十二卷公車詩集一卷遊楚詩集四卷
需次詩集四卷後需次詩集二卷　（清）王士桓
撰　清道光二十四年(1844)刻本　八冊

310000－0242－0016841　愚集 1183
敦艮吉齋詩存二卷文存二卷附刲餘小錄一卷
（清）徐子苓撰　清同治七年(1868)刻本
六冊

310000－0242－0016842　愚集 1184
敬承堂憶存二卷詩稿刪存一卷守撫紀略一卷
（清）鍾峻撰　清光緒十二年(1886)刻本
四冊

310000－0242－0016843　愚集 1185
仰蕭樓文集一卷國朝經學名儒記一卷　（清）
張星鑑撰　清同治六年(1867)刻本　一冊

310000－0242－0016844　愚集 1186
存誠齋文集十四卷　（清）何日愈撰　清同治

五年(1866)刻本　四冊

310000－0242－0016845　愚集 1187
適園叢稿十二卷　（清）袁學瀾撰　清同治四
年(1865)刻本　六冊

310000－0242－0016846　愚集 1188
傳硯堂詩錄八卷　（清）張洪基撰　清同治七
年(1868)刻本　二冊

310000－0242－0016847　愚集 1189
飣餖吟十二卷　（清）石贊清撰　清咸豐八年
(1858)刻本　四冊

310000－0242－0016848　S 愚集 1190
荻訓堂詩鈔十一卷　（清）鄧琛撰　清光緒十
七年(1891)刻本　二冊

310000－0242－0016849　S 愚集 1191
海鶴亭詠物存稿二卷　（清）方壯猷撰　清同
治三年(1864)刻本　一冊

310000－0242－0016850　愚集 1192
江天秋雨吟二卷　（清）方壯猷撰　清同治三
年(1864)刻本　一冊

310000－0242－0016851　愚集 1193
運甓齋文稿六卷詩稿續編六卷贈言錄四卷
（清）陳勱撰　清光緒二十年(1894)刻本　四
冊

310000－0242－0016852　S 愚集 1194
繞竹山房續詩稿十四卷　（清）朱文治撰　清
咸豐五年(1855)刻本　四冊

310000－0242－0016853　S 愚集 1196
綠漪草堂詩集二十卷文集三十卷別集二卷研
華館詞三卷　（清）羅汝懷撰　清光緒九年
(1883)刻本　十四冊

310000－0242－0016854　愚集 1195
通藝堂集二卷　（清）劉毓崧撰　清光緒十六
年(1890)刻本　一冊

310000－0242－0016855　愚集 1197
麋園詩鈔一卷　（清）毛國翰撰　清光緒十六
年(1890)刻本　一冊

310000－0242－0016856　　愚集1198

補石山房文集四卷　（清）曹光詔撰　清光緒刻本　四冊

310000－0242－0016857　　愚集1199

得一山房詩集二卷　（清）唐懋功撰　清光緒十九年(1893)刻本　一冊

310000－0242－0016858　　愚集1200

哀生閣初稿四卷續稿二卷　（清）王大經撰　清光緒十一年(1885)刻本　六冊

310000－0242－0016859　　愚集1201

有真意齋詩集六卷　（清）賀祥麟撰　清光緒八年(1882)刻本　二冊

310000－0242－0016860　　愚集1202

荔雨軒文集六卷　（清）華翼綸撰　清光緒九年(1883)刻本　二冊

310000－0242－0016861　　愚集1203

小琅玕山館詩鈔十卷詩餘一卷　（清）嚴廷珏撰　清同治十二年(1873)刻本　四冊

310000－0242－0016862　　愚集1205

衲蘇集二卷　（清）何栻撰　清同治元年(1862)刻本　二冊

310000－0242－0016863　　愚集1206

餘辛集三卷　（清）何栻撰　清同治刻本　一冊

310000－0242－0016864　　愚集1207

嚶鳴館春風疊唱不分卷　（清）孫君異撰　清光緒十五年(1889)石印本　一冊

310000－0242－0016865　　愚集1208

純甫古文鈔六卷　（清）戴楫撰　清同治九年(1870)刻本　一冊

310000－0242－0016866　　愚集1209

望雲館文稿一卷　（清）章鋆撰　清光緒十四年(1888)刻本　一冊

310000－0242－0016867　　愚集1210

帥文毅公遺集四卷　（清）帥遠燡撰　清光緒八年(1882)刻本　二冊

310000－0242－0016868　　愚集1211

郁鄮山房駢文二卷詩存八卷　（清）趙樹吉撰　清光緒十年(1884)刻本　三冊

310000－0242－0016869　　愚集1212

蓮西詩集四卷　（清）王維珍撰　清光緒二十一年(1895)刻本　四冊

310000－0242－0016870　　愚集1213

龍壁山房文集八卷　（清）王錫振撰　清光緒七年(1881)刻本　四冊

310000－0242－0016871　　愚集1214

思過齋詩鈔十二卷試律詩鈔四卷賦鈔二卷制藝六卷　（清）蕭培元撰　清同治九年(1870)刻本　十冊

310000－0242－0016872　　愚集1215

湘綺樓文集八卷詩集十四卷　王闓運撰　清光緒十九年(1893)刻本　八冊

310000－0242－0016873　　愚集1216

髯仙詩舫遺稿二卷　（清）李鴻裔撰　清光緒十四年(1888)刻本　一冊

310000－0242－0016874　　愚集1217

蘇隣遺詩二卷　（清）李鴻裔撰　清光緒十四年(1888)刻本　一冊

310000－0242－0016875　　愚集1218

藤香館詩鈔四卷續鈔三卷　（清）薛時雨撰　清同治七年(1868)刻本　六冊

310000－0242－0016876　　愚集1219

小酉腴山館文鈔九卷　（清）吳大廷撰　清同治三年(1864)刻本　六冊

310000－0242－0016877　　愚集1220

函樓詞鈔二卷　（清）易佩紳撰　清光緒八年(1882)刻本　六冊

310000－0242－0016878　　愚集1221

函樓詩鈔二卷　（清）易佩紳撰　清光緒八年(1882)刻本　三冊

310000－0242－0016879　　愚集1222

期不負齋政書九卷文集五卷　（清）周家楣撰　清光緒二十一年(1895)刻本　八冊

310000－0242－0016880　愚集 1223

儀顧堂集十二卷　（清）陸心源撰　清末陸氏刻本　四冊

310000－0242－0016881　愚集 1224

儀顧堂集十六卷　（清）陸心源撰　清同治十三年(1874)陸氏刻本　四冊

310000－0242－0016882　愚集 1225

高陶堂遺集志微錄五卷遺文一卷附恤誦一卷形景菴三漢碑趺一卷　（清）高心夔撰　清光緒八年(1882)平湖朱氏刻本　四冊

310000－0242－0016883　愚集 1226

養自然齋詩鈔三卷詩存一卷　（清）鍾駿聲撰　清同治九年(1870)刻本　二冊

310000－0242－0016884　愚集 1227

養自然齋八韻詩存一卷　（清）鍾駿聲撰　清同治九年(1870)刻本　一冊

310000－0242－0016885　愚集 1228

鐵花山館詩稿八卷試帖一卷　（清）吳兆麟撰　清光緒六年(1880)刻本　四冊

310000－0242－0016886　愚集 1229

退思存稿詩存四卷文存一卷　（清）范志熙撰　清光緒十四年(1888)刻本　四冊

310000－0242－0016887　愚集 1229

都門唱和詩一卷　（清）范志熙撰　清光緒十四年(1888)刻本　四冊

310000－0242－0016888　愚集 1229

木犀香館詩鈔一卷　（清）范志熙撰　清光緒十四年(1888)刻本　四冊

310000－0242－0016889　愚集 1230

半螺庵詩存前編一卷後編一卷試帖一卷　（清）吳文錫撰　清咸豐九年(1859)儀徵吳氏塾園刻本　一冊

310000－0242－0016890　愚集 1231

餐芍華館詩集八卷蕉心詞一卷　（清）周騰虎撰　清光緒十九年(1893)木活字印本　二冊

310000－0242－0016891　愚集 1232

蕙西先生遺稿一卷　（清）邵懿辰撰　清同治八年(1869)刻本　一冊

310000－0242－0016892　愚集 1233

養晦堂文集十卷詩集二卷思辨錄疑義一卷　（清）劉蓉撰　清光緒三年(1877)刻本　七冊

310000－0242－0016893　愚集 1234

尊小學齋文集六卷詩集一卷詩餘一卷年譜一卷家訓一卷　（清）余治撰　清光緒九年(1883)刻本　四冊

310000－0242－0016894　愚集 1235

等閒詩鈔一卷詩話六卷　（清）張敬謂撰　清光緒十九年(1893)刻本　四冊

310000－0242－0016895　愚集 1236

求志居集三十六卷外集一卷　（清）陳世鎔撰　清道光二十五年(1845)刻本　六冊

310000－0242－0016896　愚集 1237

學為福齋詩鈔一卷　（清）張源達　（清）王叔釗撰　清光緒九年(1883)刻本　一冊

310000－0242－0016897　愚集 1238

兩罍軒尺牘十二卷　（清）吳雲撰　清光緒十年(1884)刻本　六冊

310000－0242－0016898　愚集 1239

潛莊文鈔六卷　（清）卜起元撰　清光緒五年(1879)刻本　二冊

310000－0242－0016899　愚集 1240

彭剛直公詩集八卷奏稿八卷　（清）彭玉麟撰　清光緒十七年(1891)刻本　八冊

310000－0242－0016900　愚集 1241

王壯武公遺集二十四卷年譜二卷　（清）王鑫撰　清光緒十八年(1892)刻本　十二冊

310000－0242－0016901　愚集 1242

李忠武公遺書四卷　（清）李續賓撰　清光緒十七年(1891)刻本　四冊

310000－0242－0016902　愚集 1243

劉武慎公遺書二十九卷　（清）劉長佑撰　清光緒刻本　二十四冊

310000－0242－0016903　愚集 1244

寶韋齋類稿八種一百卷　（清）李桓撰　清光
緒六年(1880)刻本　三十八冊

310000－0242－0016904　愚集 1245

也是園詩鈔五卷　（清）吳毓芬撰　清光緒二
十四年(1898)刻本　二冊

310000－0242－0016905　愚集 1246

小松圓閣雜著三卷　（清）程庭鷺撰　清同治
二年(1863)刻本　一冊

310000－0242－0016906　愚集 1247

覆瓿集二十四卷　（清）張文虎撰　清同治十
三年(1874)刻本　八冊

310000－0242－0016907　愚集 1248

芬陀利室詞六卷　（清）蔣敦復撰　清光緒十
一年(1885)刻本　二冊

310000－0242－0016908　愚集 1249

知非齋詩鈔一卷續鈔八卷　（清）陳鍾英撰
清同治十一年(1872)刻本　五冊

310000－0242－0016909　愚集 1250

玉笙樓詩錄十二卷續錄一卷　（清）沈壽榕撰
　清光緒九年(1883)刻本　六冊

310000－0242－0016910　愚集 1251

留雲山館文鈔一卷偶存二卷　（清）費伯雄撰
　清光緒十三年(1887)刻本　三冊

310000－0242－0016911　愚集 1252

羼提精舍詩稿十二卷　（清）于昌遂撰　清同
治五年(1866)高帚齋木活字印本　二冊

310000－0242－0016912　愚集 1253

蓮溪吟稿八卷續刻三卷　（清）沈濂撰　清咸
豐四年(1854)刻本　三冊

310000－0242－0016913　愚集 1254

雅雪園詩鈔六卷　（清）鄒湘倜撰　清同治八
年(1869)刻本　二冊

310000－0242－0016914　S 愚集 1255

樗伴山房詩鈔三卷　（清）羅熙典撰　清光緒
十二年(1886)刻本　三冊

310000－0242－0016915　愚集 1256

宜雅堂詩二集七卷　（清）仲湘撰　清咸豐七
年(1857)刻本　二冊

310000－0242－0016916　愚集 1257

瓊華詩集四卷詞集二卷　（清）俞廷瑛撰　清
光緒九年(1883)刻本　二冊

310000－0242－0016917　愚集 1258

雲海樓詩稿四卷　（清）王治模撰　清光緒元
年(1875)刻本　二冊

310000－0242－0016918　愚集 1259

願學堂詩鈔二十八卷　（清）王宗耀撰　清咸
豐十年(1860)刻本　六冊

310000－0242－0016919　愚集 1260

石汸詩略十四卷　（清）楊潛撰　清同治二年
(1863)刻本　四冊

310000－0242－0016920　S 愚集 1261

長春花館詩集附編一卷　（清）張恕撰　清咸
豐三年(1853)刻本　二冊

310000－0242－0016921　愚集 1262

紫薇花館全集十八卷　（清）王廷鼎撰　清刻
本　十冊

310000－0242－0016922　愚集 1263

茶磨山人詩鈔八卷　（清）汪芑撰　清光緒十
年(1884)吳縣潘祖蔭刻本　二冊

310000－0242－0016923　愚集 1264

鐵瓶詩鈔九卷雜存二卷　（清）張嶽齡撰　清
同治六年(1867)刻本　四冊

310000－0242－0016924　愚集 1265

菊潭詩鈔四卷　（清）沙增齡撰　清咸豐十年
(1860)刻本　二冊

310000－0242－0016925　S 愚集 1266

金粟山房詩鈔六卷　（清）張培仁撰　清同治
七年(1868)刻本　六冊

310000－0242－0016926　愚集 1267

壯懷堂詩初稿十卷　（清）林直撰　清咸豐六
年(1856)刻本　二冊

310000－0242－0016927　愚集 1268

同心梔子圖讀法一卷　（清）應瑩撰　清光緒
元年(1875)雲鶴仙館刻本　二冊

310000－0242－0016928　愚集 1269

梵隱堂詩存十卷　（清）釋祖觀撰　清同治五
年(1866)刻本　二冊

310000－0242－0016929　愚集 1270

春蠶集二卷　（元）釋覺岸撰　清光緒刻本
一冊

310000－0242－0016930　愚集 1271

籥雲書屋詩鈔六卷紅燕詞鈔二卷　（清）鍾景
撰　清咸豐四年(1854)刻本　三冊

310000－0242－0016931　愚集 1272

蕉窗詩鈔十四卷酬贈集三卷　（清）齊學裘撰
清道光十一年(1831)刻本　十二冊

310000－0242－0016932　愚集 1272

梅麓文鈔八卷　（清）齊彥槐撰　清道光十一
年(1831)刻本　十二冊

310000－0242－0016933　S 愚集 1274

菉竹書屋詩草一卷附安愚詩草一卷　（清）王
雲驥撰　清光緒二年(1876)刻本　一冊

310000－0242－0016934　愚集 1275

九水山房文存二卷　（清）畢亨撰　清咸豐二
年(1852)海源閣刻本　二冊

310000－0242－0016935　S 愚集 1276

墨花吟館病几續鈔三卷　（清）嚴辰撰　清光
緒十九年(1893)刻本　一冊

310000－0242－0016936　S 愚集 1277

沾沾集一卷　（清）嚴辰撰　清光緒八年
(1882)刻本　一冊

310000－0242－0016937　愚集 1278

感舊懷人集一卷　（清）嚴辰撰　清光緒十五
年(1889)刻本　一冊

310000－0242－0016938　愚集 1279

清溪草堂詩集九卷續集四卷　（清）陳昌年撰
清同治十三年(1874)刻本　六冊

310000－0242－0016939　愚集 1280

磨綺室詩存一卷　（清）丁蓉綏撰　清光緒十
年(1884)刻本　一冊

310000－0242－0016940　愚集 1280

壽梅山房詩存一卷　（清）李謨撰　清光緒十
年(1884)刻本　一冊

310000－0242－0016941　愚集 1281

彊恕齋一卷　（清）惲祖翼撰　清光緒刻本
一冊

310000－0242－0016942　愚集 1282

桐城吳先生尺牘五卷續諭兒書一卷　（清）吳
汝綸撰　清光緒二十九年(1903)桐城吳氏刻
本　三冊

310000－0242－0016943　愚集 1283

寄盦文存四卷　（清）孫德祖撰　清光緒十年
(1884)刻本　四冊

310000－0242－0016944　愚集 1284

庸盦文編四卷　（清）薛福成撰　清光緒十四
年(1888)刻本　五冊

310000－0242－0016945　愚集 1285

庸盦海外文編四卷　（清）薛福成撰　清光緒
二十一年(1895)刻本　四冊

310000－0242－0016946　愚集 1286

出使公牘十卷　（清）薛福成撰　清光緒二十
三年(1897)刻本　八冊

310000－0242－0016947　愚集 1287

璞齋詩六卷詩錄二卷詞一卷　（清）諸可寶撰
清光緒二十二年(1896)刻本　四冊

310000－0242－0016948　愚集 1288

三家詩錄二卷　（清）譚獻撰　清光緒六年
(1880)刻本　一冊

310000－0242－0016949　愚集 1288

復堂全集五十一卷　（清）譚獻撰　清光緒六
年(1880)刻本　十冊

310000－0242－0016950　愚集 1289

晚香堂賦集初編一卷　（清）劉鳳苞撰　清光
緒十七年(1891)刻本　二冊

310000 – 0242 – 0016951　　愚集 1290

龍岡山人文鈔十四卷詩鈔二十卷　（清）洪良品撰　清光緒十七年(1891)刻本　十冊

310000 – 0242 – 0016952　　愚集 1291

龍岡山人詩鈔十五卷　（清）洪良品撰　清光緒五年(1879)刻本　四冊

310000 – 0242 – 0016953　　愚集 1292

抱葂山房駢體文二卷　（清）尹恭保撰　清光緒十八年(1892)刻本　二冊

310000 – 0242 – 0016954　　愚集 1293

養性軒雜著拾遺一卷燹餘小草二卷　（清）王靜涵撰　清光緒十四年(1888)刻本　二冊

310000 – 0242 – 0016955　　愚集 1294

桐花齋集十二卷　（清）彭啟商撰　清光緒元年(1875)刻本　六冊

310000 – 0242 – 0016956　　愚集 1295

蒿庵遺集十二卷文集八卷　（清）莊棫撰　清光緒十二年(1886)刻本　四冊

310000 – 0242 – 0016957　　愚集 1296

瀟亭文集八卷　（清）張裕釗撰　清光緒八年(1882)刻本　二冊

310000 – 0242 – 0016958　　愚集 1297

潘方伯遺稿六卷　（清）潘良駿撰　清光緒二十二年(1896)刻本　六冊

310000 – 0242 – 0016959　　愚集 1298

檠薖文甲乙集五卷　（清）湯紀尚撰　清光緒湯紀尚刻本　二冊

310000 – 0242 – 0016960　　愚集 1299

籀書內篇二卷外篇續篇四卷詩詞集五卷　(清)曹金籀撰　清同治八年(1869)刻本　六冊

310000 – 0242 – 0016961　　S 愚集 1300

小桃溪館詩鈔六卷文鈔十五卷　（清）陳崑撰　清同治十一年(1872)刻本　六冊

310000 – 0242 – 0016962　　愚集 1301

味梅華館詩鈔二卷　（清）陳鴻誥撰　清同治十一年(1872)刻本　二冊

310000 – 0242 – 0016963　　S 愚集 1302

清嘯樓詩鈔一卷　（清）嚴謹撰　清同治六年(1867)刻本　一冊

310000 – 0242 – 0016964　　愚集 1303

小初詩稿三十四卷　（清）王之藩撰　清光緒十四年(1888)刻本　五冊

310000 – 0242 – 0016965　　愚集 1304

甌北竹枝詞一卷　（清）戴文儁撰　清光緒六年(1880)刻本　一冊

310000 – 0242 – 0016966　　愚集 1305

古杼秋館遺集一卷　（清）侯楨撰　清同治十二年(1873)刻本　一冊

310000 – 0242 – 0016967　　愚集 1306

舫廬文存內集四卷外集餘集　（清）張壽榮撰　清同治刻本　四冊

310000 – 0242 – 0016968　　S 愚集 1307

恪齋詩鈔二卷　（清）徐復熙撰　清光緒十一年(1885)刻本　一冊

310000 – 0242 – 0016969　　愚集 1308

津門徵獻詩八卷　（清）華鼎元撰　清光緒十二年(1886)刻本　四冊

310000 – 0242 – 0016970　　愚集 1309

穀貽堂集十卷　（清）李壽萱撰　清光緒九年(1883)刻本　四冊

310000 – 0242 – 0016971　　愚集 1310

守默齋詩稿一卷雜著三卷　（清）何應祺撰　清同治五年(1866)刻本　四冊

310000 – 0242 – 0016972　　愚集 1311

十二梅花書屋詩集六卷　（清）郭慶藩撰　清光緒十五年(1889)刻本　二冊

310000 – 0242 – 0016973　　S 愚集 1312

穆清堂詩鈔三卷　（清）朱庭珍撰　清末刻本　三冊

310000 – 0242 – 0016974　　愚集 1313

尚志居集八卷　（清）楊德亨撰　清光緒八年(1882)刻本　四冊

310000－0242－0016975　S 愚集 1314

槐蔭書屋詩鈔二卷試帖二卷制藝一卷 （清）
聶光鑾撰　清光緒十一年(1885)刻本　四冊

310000－0242－0016976　愚集 1315

久芬室詩集六卷 （清）鄭襄撰　清光緒二十
一年(1895)刻本　二冊

310000－0242－0016977　愚集 1316

松夢寮詩稿六卷 （清）丁丙撰　清光緒二十
六年(1900)刻本　二冊

310000－0242－0016978　愚集 1317

蘅華館詩錄六卷 （清）王韜撰　清光緒六年
(1880)鉛活字印本　二冊

310000－0242－0016979　愚集 1318

弢園文錄外編十二卷 （清）王韜撰　清光緒
九年(1883)鉛印本　六冊

310000－0242－0016980　愚集 1319

弢園尺牘十二卷續鈔六卷 （清）王韜撰　清
光緒十三年(1887)石印本　六冊

310000－0242－0016981　愚集 1320

雙清閣袖中詩本二卷詞稿一卷 （清）朱福清
撰　清光緒十九年(1893)刻本　一冊

310000－0242－0016982　愚集 1321

向湖村舍詩十二卷 趙藩撰　清光緒十四年
(1888)刻本　三冊

310000－0242－0016983　愚集 1322

知止齋遺編三卷外編一卷 （清）任重光撰
清光緒十八年(1892)刻本　四冊

310000－0242－0016984　愚集 1323

典學樓文鈔四卷 （清）傅上瀛撰　清光緒十
三年(1887)刻本　二冊

310000－0242－0016985　愚集 1324

聊園詩存八卷詞存一卷 （清）蜀西樵也撰
清光緒十六年(1890)刻本　二冊

310000－0242－0016986　愚集 1325

餐花室詩稿十一卷詩餘二卷 （清）嚴錫康撰
清咸豐十一年(1861)刻本　三冊

310000－0242－0016987　S 愚集 1326

受庵詩草一卷 （清）嚴咸撰　清光緒十三年
(1887)刻本　一冊

310000－0242－0016988　S 愚集 1327

澗南吟草四卷 （清）李雋撰　清同治九年
(1870)刻本　四冊

310000－0242－0016989　愚集 1328

薦菫感夢圖題辭二卷 （清）嚴瀠撰　清光緒
二十一年(1895)刻本　二冊

310000－0242－0016990　愚集 1329

道福堂詩集四卷 （清）雷浚撰　清光緒二十
年(1894)刻本　一冊

310000－0242－0016991　愚集 1330

韞真詩草一卷拾餘一卷 （清）李雲麟撰　清
光緒十年(1884)刻本　一冊

310000－0242－0016992　愚集 1331

毋自欺室文集十卷 （清）王炳燮撰　清光緒
十一年(1885)刻本　四冊

310000－0242－0016993　愚集 1332

**六一山房詩集十卷續集十卷贅言八卷判語六
卷筆語六卷贅語八卷** （清）董沛撰　清同治
十一年(1872)刻本　十二冊

310000－0242－0016994　愚集 1333

賭棋文集七卷 （清）謝章鋌撰　清同治七年
(1868)刻本　四冊

310000－0242－0016995　愚集 1334

白華絳柎閣詩初集十卷 （清）李慈銘撰　清
光緒十六年(1890)刻本　二冊

310000－0242－0016996　愚集 1335

函雅堂集二十四卷 王詠霓撰　清光緒十九
年(1893)刻本　六冊

310000－0242－0016997　愚集 1336

師伏堂駢文一卷 （清）皮錫瑞撰　清光緒二
十一年(1895)刻本　一冊

310000－0242－0016998　愚集 1337

抱碧齋詩集 （清）陳銳撰　清光緒十二年
(1886)北京刻本　二冊

310000－0242－0016999　　愚集 1338

食舊德齋雜著二卷　劉嶽雲撰　清光緒八年(1882)刻本　二冊

310000－0242－0017000　　愚集 1339

酌雅堂騈體文集不分卷　(清)徐壽基撰　清光緒六年(1880)刻本　三冊

310000－0242－0017001　　S 愚集 1340

康解元遺集五卷外集三卷　(清)康永祥撰　清光緒二十一年(1895)刻本　二冊

310000－0242－0017002　　愚集 1341

萬物炊累室騈文一卷　沈同芳撰　清光緒木活字印本　一冊

310000－0242－0017003　　愚集 1342

續語堂題跋一卷詩存一卷文存一卷　(清)魏錫曾撰　清光緒九年(1883)刻本　二冊

310000－0242－0017004　　S 愚集 1343

紀事新樂府一卷　(清)楊濟撰　清末刻本　一冊

310000－0242－0017005　　愚集 1344

杏廬文鈔八卷　(清)諸福坤撰　清光緒二十七年(1901)刻本　三冊

310000－0242－0017006　　愚集 1345

缶廬詩四卷別存三卷　(清)吳俊撰　清光緒十九年(1893)刻本　一冊

310000－0242－0017007　　愚集 1346

雲石軒求是草十八卷　(清)趙時桐撰　清光緒十八年(1892)刻本　四冊

310000－0242－0017008　　S 愚集 1347

畹蘭齋文集四卷　(清)李楨撰　清光緒十八年(1892)刻本　二冊

310000－0242－0017009　　愚集 1348

師竹軒詩集四卷　(清)劉樹堂撰　清光緒十五年(1889)石印本　一冊

310000－0242－0017010　　愚集 1349

匏隱廬文稿二卷詩稿一卷　(清)沈毓桂撰　清光緒二十二年(1896)刻本　三冊

310000－0242－0017011　　愚集 1350

曉帆詩草一卷　(清)張乃勳撰　清光緒元年(1875)刻本　一冊

310000－0242－0017012　　愚集 1351

南湖詩集十一卷　(清)張雲驤撰　清光緒十四年(1888)刻本　二冊

310000－0242－0017013　　愚集 1352

高石齋文鈔三卷縣誌議一卷　(清)劉光謨撰　清光緒十年(1884)刻本　三冊

310000－0242－0017014　　S 愚集 1353

望古遙集鐘鼎詩存一卷　(清)王璞撰　清光緒三年(1877)刻本　一冊

310000－0242－0017015　　愚集 1354

石雲館詩稿一卷　(清)李景福撰　清光緒二十二年(1896)刻本　三冊

310000－0242－0017016　　愚集 1354

紫佩軒詩稿二卷　(清)嚴昭華撰　清光緒二十二年(1896)刻本　一冊

310000－0242－0017017　　S 愚集 1355

雲水集二卷　(清)高仁峒撰　清光緒十一年(1885)刻本　二冊

310000－0242－0017018　　愚集 1356

寓真軒詩鈔十二卷　(清)蔡希邠撰　清光緒十九年(1893)刻本　六冊

310000－0242－0017019　　S 愚集 1357

放遊錄一卷　(清)蔡希邠撰　清光緒十九年(1893)刻本　一冊

310000－0242－0017020　　S 愚集 1358

艾廬遺稿文集一卷詩集三卷詞二卷　(清)邵曾鑑撰　清光緒二十三年(1897)刻本　二冊

310000－0242－0017021　　愚集 1359

淮南雜著二卷　曹允源撰　清光緒十六年(1890)刻本　二冊

310000－0242－0017022　　愚集 1360

篹喜廬詩稿初集一卷　(清)傅雲龍撰　清光緒十一年(1885)刻本　一冊

310000－0242－0017023　愚集1361

詩董一卷　（清）傅雲龍撰　清木活字印本
一冊

310000－0242－0017024　愚集1362

孟和詩鈔二卷　（清）范鈞撰　清光緒刻本
一冊

310000－0242－0017025　愚集1363

曾惠敏公文集五卷詩集四卷　（清）曾紀澤撰
清光緒十九年(1893)刻本　四冊

310000－0242－0017026　S愚集1364

葉氏文牘不分卷　（清）葉伯英撰　清末抄本
二冊

310000－0242－0017027　愚集1365

百子辨正二卷　（清）楊琪光撰　清光緒十一
年(1885)刻本　十冊

310000－0242－0017028　愚集1365

枉川全集三十三卷　（清）楊琪光撰　清光緒
十一年(1885)刻本　二十二冊

310000－0242－0017029　愚集1365

經義尋中十二卷　（清）楊琪光撰　清光緒十
一年(1885)刻本　四冊

310000－0242－0017030　愚集1365

博約堂文鈔十一卷　（清）楊琪光撰　清光緒
十一年(1885)刻本　三冊

310000－0242－0017031　愚集1365

瑞芝室家傳志銘二卷　（清）楊琪光撰　清光
緒十一年(1885)刻本　一冊

310000－0242－0017032　愚集1365

讀史臆說五卷　（清）楊琪光撰　清光緒十一
年(1885)刻本　二冊

310000－0242－0017033　愚集1365

帶星草堂詩集一卷　（清）楊琪光撰　清光緒
十一年(1885)刻本　一冊

310000－0242－0017034　愚集1366

袁忠節公遺詩不分卷　（清）袁昶撰　清宣統
元年(1909)石印本　一冊

310000－0242－0017035　愚集1367

蘇盦文錄五卷詩錄八卷詞錄一卷　（清）楊葆
光撰　清光緒九年(1883)刻本　五冊

310000－0242－0017036　愚集1368

楚望閣集六卷　程頌萬撰　清光緒二十一年
(1895)刻本　二冊

310000－0242－0017037　愚集1369

師矩齋詩錄三卷　（清）彭翰孫撰　清光緒十
七年(1891)刻本　二冊

310000－0242－0017038　愚集1369

寫韻樓詩詞二卷　（清）吳清蕙撰　清光緒十
七年(1891)刻本　一冊

310000－0242－0017039　愚集1369

意蘭吟膌一卷　（清）吳敏蓀撰　清光緒十七
年(1891)刻本　一冊

310000－0242－0017040　S愚集1370

晚晴樓吟稿一卷　（清）艾德塤撰　清光緒二
十一年(1895)刻本　一冊

310000－0242－0017041　S愚集1371

迂齋詩鈔八卷詩一卷　（清）梁煦南撰　清光
緒十四年(1888)刻本　一冊

310000－0242－0017042　愚集1372

拙尊園叢稿　（清）黎庶昌撰　清光緒十四年
(1888)刻本　二冊

310000－0242－0017043　愚集1373

椒生詩草六卷續草三卷　（清）王之春撰　清
光緒十年(1884)刻本　三冊

310000－0242－0017044　愚集1374

使俄草文集八卷　（清）王之春撰　清光緒二
十一年(1895)石印本　四冊

310000－0242－0017045　S愚集1375

希賢齋文集五卷　（清）楊世猷撰　清光緒二
十年(1894)刻本　五冊

310000－0242－0017046　愚集1376

竢實齋文稿二卷　（清）秦寶瓛撰　清光緒十
年(1884)刻本　一冊

310000－0242－0017047　S 愚集 1377

函清館詩草四卷退白居士詩草一卷　（清）范永澄撰　清光緒十年（1884）甬上范氏雙雲堂刻本　一冊

310000－0242－0017048　愚集 1378

侯官張侍郎遺詩一卷　（清）張亨嘉撰　清宣統三年（1911）刻本　一冊

310000－0242－0017049　愚集 1379

茂實軒初稿二卷　（清）黃雋撰　清光緒三十四年（1908）石印本　二冊

310000－0242－0017050　愚集 1380

二思齋文存六卷　（清）何文明撰　清光緒七年（1881）刻本　二冊

310000－0242－0017051　愚集 1381

璧沼集四卷　胡元玉撰　清光緒十五年（1889）長沙梁氏益智書局刻本　二冊

310000－0242－0017052　愚集 1382

羅浮待鶴山人詩草二卷外集一卷　鄭官應撰　清宣統元年（1909）鉛活字印本　二冊

310000－0242－0017053　愚集 1383

十國雜事詩十七卷敍目二卷　（清）饒智元撰　清光緒十七年（1891）刻本　四冊

310000－0242－0017054　S 愚集 1384

拙脩堂詩不分卷　（清）施澐撰　清施氏刻本　一冊

310000－0242－0017055　愚集 1385

嚼梅吟二卷補遺一卷　（清）釋寄禪撰　清光緒七年（1881）刻本　一冊

310000－0242－0017056　S 愚集 1454

經畬堂全稿四卷　（清）儲在文撰　清光緒刻本　八冊

310000－0242－0017057　愚集 1455

冷唫仙館詩稿八卷詩餘一卷文存一卷附錄一卷　（清）左錫嘉撰　清光緒九年（1883）刻本　七冊

310000－0242－0017058　愚集 1455

冷雲仙館詩稿一卷　（清）曾詠撰　清光緒九年（1883）刻本　一冊

310000－0242－0017059　愚集 1456

瑤華閣詩鈔二卷詞鈔一卷補遺一卷　（清）袁綏撰　清同治六年（1867）刻本　四冊

310000－0242－0017060　愚集 1457

讀選樓詩稿十卷　（清）王采蘋撰　清光緒二十年（1894）刻本　二冊

310000－0242－0017061　愚集 1458

韻香閣詩鈔一卷　（清）孔祥淑撰　清光緒十二年（1886）刻本　一冊

310000－0242－0017062　愚集 1459

秋水軒詩選一卷詞一卷　（清）莊盤珠撰　清光緒二年（1876）刻本　一冊

310000－0242－0017063　愚集 1460

清娛閣吟稿六卷　（清）鮑之蕙撰　清嘉慶十六年（1811）刻本　二冊

310000－0242－0017064　S 愚集 1461

翦水山房詩鈔一卷詩餘一卷　（清）徐莊燾撰　清乾隆五十年（1785）刻本　一冊

310000－0242－0017065　愚集 1463

繡墨軒詩詞一卷　（清）俞慶曾撰　清光緒二十三年（1897）刻本　一冊

310000－0242－0017066　愚集 1464

洗蕉吟館詩詞鈔一卷　（清）戴青撰　清宣統二年（1910）石印本　一冊

310000－0242－0017067　愚集 1465

紅薔吟館詩稿一卷　（清）鎖瑞芝撰　清光緒六年（1880）刻本　一冊

310000－0242－0017068　愚集 1466

文選六十卷　（南朝梁）蕭統編　（唐）李善注　清同治八年（1869）金陵書局刻本　十冊

310000－0242－0017069　S 愚集 1468

文選六臣匯注疏解十九卷　（清）顧施禎纂輯　清康熙二十六年（1687）刻本　二十冊

310000－0242－0017070　愚集 1469

文選補遺四十卷　（宋）陳仁子撰　清道光二

十五年(1845)小琅嬛山館刻本　十六冊

310000－0242－0017071　愚集1470

文選理學權輿八卷補一卷　（清）汪師韓撰
清漢州張祥齡刻本　四冊

310000－0242－0017072　愚集1471

文選攷異四卷李注補正四卷　（清）孫志祖撰
　清漢州張祥齡刻本　四冊

310000－0242－0017073　愚集1472

選學膠言二十卷補遺一卷　（清）張雲璈撰
清道光十一年(1831)刻本　八冊

310000－0242－0017074　愚集1473

文選旁證四十六卷　（清）梁章鉅撰　清光緒
八年(1882)刻本　十二冊

310000－0242－0017075　愚集1474

文選古字通疏證六卷　（清）薛傳均撰　清道
光二十一年(1841)薛氏刻本　一冊

310000－0242－0017076　愚集1475

玉臺新詠箋注十卷　（南朝陳）徐陵編　（清）
吳兆宜注　清長洲程氏刻本　六冊

310000－0242－0017077　S愚集1476

玉臺新詠十卷續四卷　（南朝陳）徐陵　（明）
鄭玄撫編　（明）袁宏道批閱　明天啓刻本
三冊

310000－0242－0017078　S愚集1477

才調集補注十卷　（三國蜀）韋縠輯　（清）殷
元勳箋注　（清）宋邦綏補注　（清）馬壽齡跋
　清乾隆五十八年(1793)思補堂刻本　六冊

310000－0242－0017079　S愚集1478

文苑英華一千卷　（宋）李昉編　明隆慶元年
(1567)福建刻本　一百一冊

310000－0242－0017080　S愚集1479

文苑英華選六十卷　（清）宮夢仁選　清康熙
四十一年(1702)刻本　二十冊

310000－0242－0017081　愚集1480

唐文粹一百卷附補遺二十六卷　（宋）姚鉉編
　（清）郭麐補編　清光緒十六年(1890)仁和
許氏刻本　二十冊

310000－0242－0017082　愚集1481

唐文粹補遺二十六卷　（清）郭麐編　清嘉慶
二十四年(1819)刻本　四冊

310000－0242－0017083　愚集1482

古文苑九卷　（宋）章樵注　清岱南閣刻本
三冊

310000－0242－0017084　愚集1483

回文類聚十卷　（宋）桑世昌編　清朱氏刻本
四冊

310000－0242－0017085　S愚集1484

集錄真西山文章正宗三十卷　（宋）真德秀撰
　明刻本　二十三冊

310000－0242－0017086　愚集1486

初唐四傑文集二十一卷　（清）項家達輯　清
淮南書局刻本　三冊

310000－0242－0017087　愚集1487

唐人萬首絕句選七卷　（宋）洪邁編　清同治
九年(1870)刻本　二冊

310000－0242－0017088　愚集1488

宋文鑑一百五十卷　（宋）呂祖謙編　清光緒
三十二年(1906)江蘇書局刻本　二十四冊

310000－0242－0017089　愚集1490

古文關鍵二卷　（宋）呂祖謙編　清同治九年
(1870)刻本　二冊

310000－0242－0017090　愚集1491

赤城集十八卷　（宋）林表民撰　清嘉慶二十
三年(1818)臨海宋氏刻本　三冊

310000－0242－0017091　愚集1492

樂府詩集一百卷　（宋）郭茂倩輯　清初汲古
閣刻本　十六冊

310000－0242－0017092　愚集1494

唐僧弘秀集十卷　（宋）李龏編　清抄本　四
冊

310000－0242－0017093　愚集1495

元文類七十卷　（元）蘇天爵編　清光緒十五
年(1889)江蘇書局刻本　十冊

310000－0242－0017094　S愚集1496

元文類刪四卷　(明)張溥輯　明刻本　二冊

310000－0242－0017095　愚集1497

機緣集二卷續集二卷　(元)釋坦編　(清)釋達邃續　清刻本　一冊

310000－0242－0017096　S愚集1498

唐詩品彙九十卷　(明)高棅編　(明)張恂重訂　明刻本　二十四冊

310000－0242－0017097　S愚集1500

唐詩解五十卷　(明)唐汝詢纂　清順治十六年(1659)刻本　十二冊

310000－0242－0017098　S愚集1501

前唐十二家詩二十四卷　(明)許自昌輯　明萬曆三十一年(1603)霏玉軒刻本　十二冊

310000－0242－0017099　S愚集1502

宋元詩集一百七十卷　(明)潘是仁輯　明天啓二年(1622)刻本　三十二冊

310000－0242－0017100　S愚集1503

名世文宗三十卷談藪一卷　(明)胡時化輯　(明)陳仁錫訂　明崇禎元年(1628)刻本　六十二冊

310000－0242－0017101　S愚集1504

皇明文徵七十四卷　(明)何喬遠選　明崇禎四年(1631)刻本　三十六冊

310000－0242－0017102　S愚集1505

文章辨體五十卷　(明)吳訥編　明天順八年(1464)刻本　十五冊

310000－0242－0017103　S愚集1506

文體明辯六十一卷綱要一卷目錄六卷附錄十四卷　(明)徐師曾纂　明萬曆十九年(1591)吳江董氏壽檜堂刻本　四十冊

310000－0242－0017104　S愚集1507

初盛唐詩紀一百七十卷　(明)方一元彙編　明萬曆十三年(1585)李氏盛芸閣刻本　二十冊

310000－0242－0017105　愚集1508

文章指南五集　(明)歸有光撰　清光緒刻本　五冊

310000－0242－0017106　S愚集1509

古今濡削選章四十卷　(明)李國祥輯　明萬曆刻本　二十冊

310000－0242－0017107　S愚集1510

漢魏名文乘不分卷　(明)張運泰　(明)余元熹輯　明末刻本　三十二冊

310000－0242－0017108　S愚集1511

狀元策九卷　(明)焦竑編　清坊刻本　六冊

310000－0242－0017109　S愚集1512

古樂苑五十二卷　(明)梅鼎祚補證　明刻本　二十四冊

310000－0242－0017110　S愚集1513

唐二家詩抄評林十二卷　(明)梅鼎祚編　(明)屠隆集評　明萬曆刻本　四冊

310000－0242－0017111　S愚集1514

廿一史文鈔三百十二卷　(明)戴義纂　清雍正八年(1730)刻本　六十五冊

310000－0242－0017112　S愚集1515

石倉十二代詩選五百六卷　(明)曹學佺纂　明崇禎四年(1631)刻本　一百冊

310000－0242－0017113　S愚集1516

西漢文二十卷東漢文二十卷　(明)張采輯　明崇禎六年(1633)刻本　二十二冊

310000－0242－0017114　S愚集1517

三國文二十卷　(明)張采輯　明崇禎十年(1637)刻本　十冊

310000－0242－0017115　S愚集1518

浣竹山堂選注四六排沙集十七卷　(明)王焞輯並注　明浣竹山堂刻本　六冊

310000－0242－0017116　S愚集1519

新鐫十翰林評選註釋名家程墨策纂二卷論纂二卷　(明)李廷機等輯評　明萬曆書林萬瑞堂魏卿刻本　十四冊

310000－0242－0017117　S愚集1520

文章正論二十卷　(明)劉祜輯　明萬曆十九

年(1591)徐圖刻本　二十冊

310000－0242－0017118　S愚集1521
金華正學編十二卷　（明）趙鶴輯　（明）張朝瑞重輯　明萬曆刻本　二冊

310000－0242－0017119　S愚集1522
三國兩晉南北朝文選十卷附輯一卷　（清）錢士馨　（清）陸上瀾輯　明吳門來復堂刻本　二十四冊

310000－0242－0017120　S愚集1523
三蘇文選十卷　（明）江浩編　明末刻本　八冊

310000－0242－0017121　S愚集1524
顧太史評選先秦鴻文五卷兩漢鴻文二十卷　（明）顧錫疇纂　明崇禎六年(1633)刻本　十冊

310000－0242－0017122　S愚集1525
鐫昭代明公四六類編　（明）汪時躍編類　明萬曆四十二年(1614)刻本　十六冊

310000－0242－0017123　S愚集1526
八代四六全書十六卷　（明）李天麟輯　明萬曆刻本　十一冊

310000－0242－0017124　S愚集1527
唐宋八大家文鈔一百六十六卷　（明）茅坤輯　明崇禎刻本　二十六冊

310000－0242－0017125　S愚集1528
翠娛閣評選行笈必攜二十一卷　（明）陸雲龍編輯　明崇禎崢霄館刻本　十冊

310000－0242－0017126　S愚集1529
諸儒文要八卷　（明）□□輯　明刻本　四冊

310000－0242－0017127　S愚集1530
不多集二十二卷　（明）吳士奇選　明萬曆四十年(1612)刻本　二十二冊

310000－0242－0017128　S愚集1531
周文歸二十卷　（明）鍾惺輯　明崇禎十三年(1640)刻本　十六冊

310000－0242－0017129　S愚集1532

詩歸五十一卷　（明）鍾惺　（明）譚元春輯　明刻本　十冊

310000－0242－0017130　S愚集1533
名媛詩歸三十六卷　（明）鍾惺輯　明刻本　八冊

310000－0242－0017131　S愚集1534
四六法海十二卷　（明）王志堅輯　明天啓七年(1627)刻本　十六冊

310000－0242－0017132　愚集1535
評選四六法海八卷　（清）蔣士銓輯　清同治十年(1871)刻本　八冊

310000－0242－0017133　S愚集1536
漢魏六朝一百三家集一百十八卷　（明）張溥輯　明婁東張氏刻本　四十冊

310000－0242－0017134　S愚集1537
文腴十四卷　（明）唐昕輯　明崇禎十四年(1641)刻本　八冊

310000－0242－0017135　S愚集1538
國朝名公翰藻五十二卷氏名爵里一卷　（明）凌迪知輯　明萬曆十年(1582)刻本　六冊

310000－0242－0017136　S愚集1540
秦漢文定十二卷　（明）倪元璐輯　明刻本　十二冊

310000－0242－0017137　S愚集1541
皇明館課經世宏辭續集十五卷　（明）王錫爵　（明）陸翀之輯　明萬曆二十一年(1593)周曰校刻本　十六冊

310000－0242－0017138　愚集1542
程墨前選不分卷　（清）李光地撰　明刻本　二冊

310000－0242－0017139　S愚集1543
新鍥溫陵二太史選釋卯辰科二三場司南蜚英六卷　（明）鄭維嶽輯　明婁東末餘良史刻本　四冊

310000－0242－0017140　S愚集1544
樂府正義十五卷首原樂一卷　（明）朱幹撰　清乾隆五十四年(1789)刻本　八冊

310000－0242－0017141　S 愚集 1545
古詩類苑一百三十卷　（明）張之象纂輯　明刻本　三十九冊

310000－0242－0017142　S 愚集 1546
必讀古文正宗十卷　（明）張鼐輯並評　明刻本　二十冊

310000－0242－0017143　S 愚集 1547
詩所五十六卷　（明）臧懋循編選　明刻本　二十六冊

310000－0242－0017144　愚集 1548
詩法火傳左編十六卷　（明）馬上蠙編　清順治十八年(1661)刻本　六冊

310000－0242－0017145　S 愚集 1549
明文奇賞四十卷　（明）陳仁錫輯　明天啓三年(1623)刻本　二十冊

310000－0242－0017146　S 愚集 1550
書品同函二卷　（明）陳仁錫輯　明末刻本　四冊

310000－0242－0017147　S 愚集 1551
新鍥續補注釋古今名文經國大業七卷　（明）黃洪憲參閱　（明）李廷機校正　（明）葉向高補遺　明末余秀峰刻本　四冊

310000－0242－0017148　S 愚集 1552
名文珠璣十三卷　（明）李廷機編　明刻本　十四冊

310000－0242－0017149　S 愚集 1552
新鍥焦太史匯選百家評林名文珠璣十三卷　（明）焦竑輯　明刻本　十四冊

310000－0242－0017150　S 愚集 1553
古今振雅雲箋十卷　（明）徐渭輯　明刻本　十冊

310000－0242－0017151　愚集 1556
翰海十二卷　（明）陳繼儒編　清末鉛活字印本　八冊

310000－0242－0017152　S 愚集 1558
古文品外錄八卷　（明）陳繼儒編　清初刻本　四冊

310000－0242－0017153　S 愚集 1559
繡梓尺牘雙魚十一卷又四卷補選捷用尺牘雙魚四卷　（明）陳繼儒輯　明金閶書林葉啟元刻本　四冊

310000－0242－0017154　S 愚集 1560
雲箋一統八卷　（明）許以忠纂　明萬曆三十八年(1610)刻本　二冊

310000－0242－0017155　S 愚集 1561
盛明百家詩選三十四卷　（明）朱之蕃輯　明周時泰校刻本　十八冊

310000－0242－0017156　S 愚集 1562
唐詩選脈會通六十卷　（明）周珽輯　明崇禎八年(1635)刻本　三十二冊

310000－0242－0017157　愚集 1564
全唐詩九百卷　（清）彭定求等纂　清光緒雙峰書屋刻本　一百二十冊

310000－0242－0017158　S 愚集 1565
御定歷代題畫詩類一百二十卷　（清）陳邦彥編　清康熙四十六年(1707)內府刻本　二十四冊

310000－0242－0017159　S 愚集 1566
佩文齋詠物詩選四百八十六卷　（清）張玉書等纂　清康熙四十六年(1707)內府刻本　六十四冊

310000－0242－0017160　愚集 1567
御定歷代賦彙正集一百四十卷外集二十卷逸句二卷補遺二十二卷目錄二卷　（清）陳元龍輯　清康熙四十五年(1706)刻本　七十六冊

310000－0242－0017161　愚集 1568
御定全唐詩錄一百卷　（清）徐正元等編　清康熙四十五年(1706)刻本　三十二冊

310000－0242－0017162　愚集 1570
皇清文穎續編一百八卷首五十六卷　（清）董誥等編　清中後期北京武英殿刻本　一百二十八冊

310000－0242－0017163　愚集 1571
吾炙集不分卷　（清）錢謙益撰　清抄本　二

冊

310000－0242－0017164　　愚集 1572

古詩選五言七卷七言十五卷　　（清）王士禎編
　　清同治金陵書局刻本　　八冊

310000－0242－0017165　　S 愚集 1573

畿輔明詩十二卷　　（清）王崇蘭編　　清順治十
七年(1660)刻本　　四冊

310000－0242－0017166　　S 愚集 1574

扶輪續集十五卷　　（清）黃傳祖　　（清）陸朝瑛
輯　　清順治八年(1651)刻本　　十冊

310000－0242－0017167　　S 愚集 1575

宋十五家詩選十六卷　　（清）陳訏編　　清康熙
三十二年(1693)刻本　　八冊

310000－0242－0017168　　S 愚集 1576

太倉十子詩選十卷　　（清）吳偉業輯　　清順治
十七年(1660)刻本　　二冊

310000－0242－0017169　　S 愚集 1577

貫華堂選批唐才子詩甲集八卷　　（清）金人瑞
選　　（清）金雍注　　清初刻本　　六冊

310000－0242－0017170　　S 愚集 1578

評注才子古文十七卷歷朝名文九卷　　（清）金
人瑞選　　清康熙二十三年(1684)刻本　　八冊

310000－0242－0017171　　S 愚集 1579

明詩綜一百卷　　（清）朱彝尊編　　清康熙四十
四年(1705)刻本　　三十六冊

310000－0242－0017172　　S 愚集 1580

宋詩鈔一百種　　（清）吳之振等編　　清康熙十
年(1671)刻本　　二十冊

310000－0242－0017173　　愚集 1581

近光集八卷　　（清）汪士鋐纂　　清抄本　　八冊

310000－0242－0017174　　愚集 1582

清暉堂同人尺牘彙存四卷　　（清）惲格纂　　清
咸豐七年(1857)刻本　　一冊

310000－0242－0017175　　S 愚集 1583

繡虎軒尺牘初集八卷二集八卷三集八卷
　　（清）曹煜編　　清康熙十七年(1678)刻本　　十

二冊

310000－0242－0017176　　愚集 1584

唐宋十大家全集錄五十一卷　　（清）儲欣纂
清光緒八年(1882)江蘇書局刻本　　二十二冊

310000－0242－0017177　　愚集 1585

**元詩選初集六十八卷二集二十六卷三集十六
卷首一卷**　　（清）顧嗣立輯　　清康熙長洲顧氏
秀野草堂刻本　　三十二冊

310000－0242－0017178　　S 愚集 1586

古學鴻裁十五卷　　（清）范檉　　（清）周采編
清順治十六年(1659)刻本　　十冊

310000－0242－0017179　　S 愚集 1587

古文賞音十二卷　　（清）謝有煇輯　　清康熙五
十四年(1715)刻本　　十二冊

310000－0242－0017180　　S 愚集 1588

宋百家詩存二十卷　　（清）曹庭棟輯　　清乾隆
六年(1741)刻本　　二十冊

310000－0242－0017181　　愚集 1589

留與集十二卷　　（清）史周沅輯　　清道光二十
四年(1844)刻本　　二冊

310000－0242－0017182　　愚集 1590

查氏文鈔四卷　　（清）查世佑輯　　清乾隆查氏
刻本　　二冊

310000－0242－0017183　　S 愚集 1591

明文在一百卷　　（清）薛熙輯　　清康熙三十二
年(1693)刻本　　十冊

310000－0242－0017184　　愚集 1592

國朝三家文鈔三十二卷　　（清）宋犖　　（清）許
汝霖輯　　清康熙三十三年(1694)刻本　　十冊

310000－0242－0017185　　愚集 1593

古文載道編十八卷　　（清）張伯行輯　　清康熙
四十九年(1710)張伯行正誼堂刻本　　八冊

310000－0242－0017186　　S 愚集 1594

唐宋八家古文精選八卷　　（清）呂葆中輯　　清
康熙四十三年(1704)呂氏家塾刻本　　八冊

310000－0242－0017187　　S 愚集 1595

賴古堂尺牘新鈔三選結隣集十六卷 （清）周
在浚輯　清道光六年(1826)雷學淦刻本　八
冊

310000－0242－0017188　愚集1596
欽定全唐文一千卷總目三卷韻編一卷　（清）
董誥等編　清嘉慶十九年(1814)揚州刻本
二百四十一冊

310000－0242－0017189　愚集1597
留青新集三十卷　（清）陳枚輯　清康熙刻本
二十二冊

310000－0242－0017190　愚集1598
憑山閣尺牘寫心集四卷　（清）陳枚輯　清康
熙十八年(1679)刻本　四冊

310000－0242－0017191　S愚集1599
雙溪倡和詩六卷　（清）徐倬輯　清康熙五十
年(1711)刻本　二冊

310000－0242－0017192　S愚集1600
鳳池集十卷　（清）沈玉亮　（清）吳陳琰集錄
清康熙四十四年(1705)刻本　八冊

310000－0242－0017193　S愚集1601
蘇黃尺牘四卷　（清）黃始箋輯　清乾隆五十
五年(1790)刻本　五冊

310000－0242－0017194　S愚集1602
新選四六全書十二卷　（清）黃始箋輯　清康
熙二十三年(1684)刻本　十冊

310000－0242－0017195　愚集1603
同人集十二卷　（清）冒襄編　清木活字印本
十二冊

310000－0242－0017196　S愚集1604
唐四家詩八卷　（清）汪立名輯　清康熙三十
四年(1695)刻本　六冊

310000－0242－0017197　S愚集1605
唐三體詩六卷續八卷　（清）高士奇輯　清康
熙三十四年(1695)刻本　三冊

310000－0242－0017198　S愚集1606
宋金元詩永二十卷補遺二卷　（清）吳綺輯
清康熙十七年(1678)刻本　八冊

310000－0242－0017199　S愚集1607
本朝館閣詩二十卷附錄一卷續附一卷賦十二
卷後集七卷補遺一卷　（清）阮學浩　（清）阮
學濬輯　清乾隆二十三年(1758)刻本　二十
七冊

310000－0242－0017200　S愚集1608
詳訂古文評注全集十卷　（清）過珙　（清）黃
越輯　清康熙四十二年(1703)刻本　十冊

310000－0242－0017201　S愚集1609
金華文略二十卷　（清）王崇炳輯　清乾隆七
年(1742)刻本　十六冊

310000－0242－0017202　S愚集1610
晚村天蓋樓偶評不分卷　（清）呂留良輯評
清康熙十二年(1673)刻本　二十冊

310000－0242－0017203　S愚集1611
古文彙鈔十卷　（清）蔣銘輯　清康熙五年
(1666)刻本　二十冊

310000－0242－0017204　愚集1613
皇清百名家詩選八十九卷　（清）魏憲輯　清
康熙十年(1671)魏氏枕江堂刻本　二十四冊

310000－0242－0017205　愚集1614
關中文獻略一卷　（清）任溫輯　清道光五年
(1825)刻本　一冊

310000－0242－0017206　S愚集1615
寧都三魏全集八十三卷　（清）林時益輯　清
康熙易堂刻本　二十五冊

310000－0242－0017207　愚集1616
唐詩鈔不分卷　（清）柴門書塾選　清抄本
四冊

310000－0242－0017208　S愚集1617
皇清詩選三十卷　（清）孫鋐輯　清康熙二十
七年(1688)刻本　十六冊

310000－0242－0017209　S愚集1618
閩頌彙編不分卷　（清）姚啟聖輯　清康熙二
十二年(1683)刻本　二十冊

310000－0242－0017210　S愚集1620
江左三大家詩鈔九卷　（清）顧有孝　（清）趙

澐輯　清康熙六年(1667)刻本　三冊

310000－0242－0017211　S愚集1621
大村古詩選不分卷　(清)李國宋輯　清雍正三年(1725)刻本　四冊

310000－0242－0017212　S愚集1622
儲同人七種文選五十二卷　(清)儲欣輯　清乾隆五十年(1785)刻本　二十六冊

310000－0242－0017213　愚集1623
敦交集一卷　(元)魏仲遠輯　清宣統三年(1911)西泠印社刻本　一冊

310000－0242－0017214　愚集1624
古唐詩合解十六卷　(清)王堯衢輯　清同治九年(1870)刻本　六冊

310000－0242－0017215　S愚集1625
重訂唐詩別裁集二十卷　(清)沈德潛輯　清乾隆二十八年(1763)教忠堂刻本　四冊

310000－0242－0017216　愚集1626
注解唐詩別裁集二十卷　(清)俞汝昌輯　清道光十八年(1838)刻本　十二冊

310000－0242－0017217　愚集1627
明詩別裁集十二卷　(清)沈德潛輯　清乾隆四年(1739)刻本　六冊

310000－0242－0017218　S愚集1628
欽定國朝詩別裁三十二卷　(清)沈德潛纂評　清乾隆二十六年(1761)刻本　十二冊

310000－0242－0017219　愚集1629
唐宋八家文讀本三十卷　(清)沈德潛評點　清嘉慶十八年(1813)刻本　十六冊

310000－0242－0017220　愚集1631
和聲集九卷　(清)沈德潛　(清)王居正評定　清乾隆九年(1744)刻本　八冊

310000－0242－0017221　S愚集1632
七子詩選十四卷　(清)沈德潛輯　清乾隆十八年(1753)刻本　六冊

310000－0242－0017222　愚集1633
本朝賦範不分卷　(清)杭世駿輯　清乾隆二

十三年(1758)刻本　四冊

310000－0242－0017223　S愚集1634
禁林集八卷　(清)杭世駿輯　清乾隆二十三年(1758)刻本　二冊

310000－0242－0017224　愚集1635
南宋雜事詩七卷　(清)沈嘉轍等撰　清淮南書局刻本　四冊

310000－0242－0017225　S愚集1636
丘海二公集十六卷　(清)焦映漢輯　清乾隆十八年(1753)刻本　八冊

310000－0242－0017226　S愚集1637
今雨堂詩墨續編四卷　(清)金姓編　清乾隆五十年(1785)刻本　八冊

310000－0242－0017227　S愚集1638
課士直解七卷　(清)陳宏謀輯　清乾隆三十五年(1770)刻本　四冊

310000－0242－0017228　愚集1639
常郡八邑藝文志十二卷　(清)盧文弨輯　清光緒十六年(1890)刻本　十六冊

310000－0242－0017229　愚集1640
宋詩百一鈔八卷補遺一卷　(清)張景星輯　清乾隆二十六年(1761)雪祿軒刻本　四冊

310000－0242－0017230　愚集1641
元詩百一鈔八卷補遺一卷　(清)張景星輯　清乾隆二十九年(1764)文萃堂刻本　四冊

310000－0242－0017231　S愚集1642
古詩箋五言詩十七卷七言詩十五卷　(清)聞人倓輯　清乾隆三十一年(1766)刻本　十二冊

310000－0242－0017232　愚集1644
白沙風雅八卷　(清)張達輯　清雍正十年(1732)刻本　二冊

310000－0242－0017233　S愚集1645
半春唱和詩一卷雪泥記遊稿一卷紅椒山館詩稿二卷　(清)符曾撰　清乾隆三年(1738)刻本　一冊　存一卷(紅椒山館詩稿下)

310000 - 0242 - 0017234 愚集 1646

古詩賞析二十二卷 （清）張玉穀輯 清光緒
十三年(1887)刻本 六冊

310000 - 0242 - 0017235 S愚集 1647

海虞詩苑十八卷 （清）王應奎輯 清乾隆二
十四年(1759)刻本 四冊

310000 - 0242 - 0017236 愚集 1648

精選八家文鈔 （清）劉大櫆輯 清光緒二年
(1876)刻本 二冊

310000 - 0242 - 0017237 愚集 1649

湖海文傳七十五卷 （清）王昶輯 清同治五
年(1866)刻本 十六冊

310000 - 0242 - 0017238 愚集 1650

湖海詩傳四十六卷 （清）王昶輯 清嘉慶八
年(1803)刻本 十六冊

310000 - 0242 - 0017239 愚集 1651

欽定熙朝雅頌集一百三十二卷餘集二卷
（清）鐵保輯 清嘉慶九年(1804)武英殿刻本
二十四冊

310000 - 0242 - 0017240 愚集 1652

詁經精舍文集十四卷 （清）阮元輯 清嘉慶
刻本 六冊

310000 - 0242 - 0017241 愚集 1653

兩浙輶軒錄補遺十卷 （清）楊秉初等輯補
清嘉慶八年(1803)刻本 六冊

310000 - 0242 - 0017242 S愚集 1654

鍊金録初刻十二卷二刻十二卷 （清）朱一飛
輯 清乾隆五十七年(1792)刻本 八冊

310000 - 0242 - 0017243 愚集 1655

應制元音十六卷 （清）朱一飛輯 清乾隆四
十三年(1778)海鹽朱氏刻本 四冊

310000 - 0242 - 0017244 S愚集 1656

玉堂名翰賦不分卷附南巡御試卷 （清）張賓
（清）程邦勳輯 清乾隆十六年(1751)刻本
四冊

310000 - 0242 - 0017245 S愚集 1657

七言律詩鈔十八卷 （清）翁方綱輯 清乾隆

四十六年(1781)刻本 八冊

310000 - 0242 - 0017246 愚集 1658

講筵四世詩鈔十卷 （清）張開誠輯 清光緒
十八年(1892)刻本 四冊

310000 - 0242 - 0017247 S愚集 1659

切問齋文鈔三十卷 （清）陸燿輯 清乾隆四
十一年(1776)刻本 十冊

310000 - 0242 - 0017248 S愚集 1660

華國編文選八卷 （清）孫濩孫輯 清乾隆五
十年(1785)刻本 四冊

310000 - 0242 - 0017249 S愚集 1661

高梅亭讀書叢鈔 （清）高壎集評 清乾隆五
十三年(1788)刻本 九十三冊

310000 - 0242 - 0017250 S愚集 1662

唐宋詩本七十六卷目錄八卷 （清）戴第元輯
清乾隆三十八年(1773)刻本 四十二冊

310000 - 0242 - 0017251 S愚集 1663

宛雅初編八卷二編八卷三編二十四卷 （清）
施念曾 （清）張汝霖編 清乾隆十四年
(1749)刻本 十冊

310000 - 0242 - 0017252 S愚集 1664

宋四六選二十四卷 （清）彭元瑞輯 清乾隆
四十年(1775)刻本 十二冊

310000 - 0242 - 0017253 S愚集 1665

今文粹編八卷二編二卷 （清）趙熟典輯 清
乾隆五十一年(1786)刻本 十冊

310000 - 0242 - 0017254 S愚集 1666

全五代詩一百卷補遺一卷 （清）李調元輯
清乾隆四十五年(1780)刻本 二十四冊

310000 - 0242 - 0017255 S愚集 1668

館閣賦十二卷 （清）陳洵等編 清乾隆二十
九年(1764)刻本 六冊

310000 - 0242 - 0017256 愚集 1669

二南遺音四卷續集一卷 （清）劉紹攽輯 清
同治十二年(1873)傳經堂刻本 五冊

310000 - 0242 - 0017257 S愚集 1670

樂府廣序三十卷詩集廣序十卷 （清）朱嘉徵
輯 清康熙十五年(1676)旌德劉銇刻本 二
冊

310000－0242－0017258 S愚集1671
詩林韶濩選二十卷 （清）顧嗣立 （清）周煌
輯 清乾隆五十六年(1791)刻本 五冊

310000－0242－0017259 愚集1672
古文辭類纂七十五卷 （清）姚鼐輯 清同治
八年(1869)刻本 十六冊

310000－0242－0017260 愚集1673
讀雪山房唐詩鈔三十四卷 （清）管世銘輯
清光緒十二年(1886)湖北官書局刻本 十二
冊

310000－0242－0017261 愚集1674
詩法度針三十三卷 （清）徐文弼纂 清乾隆
二十四年(1759)徐氏家刻本 八冊

310000－0242－0017262 愚集1675
古文分編集評初集五卷二集五卷三集八卷四
集四卷 （清）于在衡編 清乾隆四十年
(1775)刻本 十六冊

310000－0242－0017263 愚集1676
玉堂鳴盛集四卷 （清）潘世恩編 清道光二
年(1822)刻本 四冊

310000－0242－0017264 S愚集1677
劉文安公十科策略十卷 （明）劉定之編 清
乾隆二十三年(1758)刻本 四冊

310000－0242－0017265 愚集1678
歷朝試帖應制詩類箋八卷 （清）俞璠編 清
刻本 二冊

310000－0242－0017266 S愚集1679
排律精選六卷 （清）周大樞編 清乾隆二十
三年(1758)刻本 二冊

310000－0242－0017267 愚集1680
國朝全閩詩錄初集二十一卷續十一卷 （清）
鄭杰纂 清同治六年(1867)刻本 十二冊

310000－0242－0017268 愚集1681
嶺南羣雅初集三卷二集三卷初補二卷 （清）

劉彬華纂 清嘉慶十八年(1813)刻本 八冊

310000－0242－0017269 愚集1682
國朝山左詩續鈔三十二卷 （清）張鵬展纂
清嘉慶十八年(1813)刻本 十六冊

310000－0242－0017270 愚集1683
國朝駢體正宗十二卷 （清）曾燠輯 清嘉慶
十一年(1806)刻本 六冊

310000－0242－0017271 愚集1684
江西詩徵九十四卷補遺一卷 （清）曾燠纂
清光緒五年(1879)刻本 六十四冊

310000－0242－0017272 S愚集1685
試帖詩集二十六卷末一卷 （清）彭元瑞輯
清乾隆二十四年(1759)刻本 十四冊

310000－0242－0017273 S愚集1686
吳中女士詩鈔四卷 （清）張滋蘭選 清乾隆
五十五年(1790)刻本 四冊

310000－0242－0017274 S愚集1687
金詩選四卷 （清）顧奎光纂 清乾隆十六年
(1751)刻本 一冊

310000－0242－0017275 S愚集1688
元詩選六卷 （清）顧奎光纂 清乾隆十六年
(1751)刻本 二冊

310000－0242－0017276 S愚集1689
述本堂詩集十九卷續集二卷 （清）方觀承輯
清乾隆二十年(1755)桐城方氏刻本 八冊

310000－0242－0017277 S愚集1690
宋百家詩存二十卷 （清）曹庭棟輯 清乾隆
六年(1741)刻本 四十冊

310000－0242－0017278 愚集1691
唐人五十家小集七十二卷 （清）江標輯校
清光緒二十一年(1895)元和江氏刻本 十五
冊

310000－0242－0017279 愚集1692
國朝古文彙鈔初集一百七十六卷二集一百卷
（清）朱琦纂 清道光二十七年(1847)刻本
一百二十冊

310000－0242－0017280　愚集 1693

上古三代秦漢三國六朝文七百四十六卷
(清)嚴可均輯　清光緒二十年(1894)黃岡王氏刻本　八十冊

310000－0242－0017281　愚集 1694

七十家賦鈔六卷　(清)張惠言輯　清光緒四年(1878)刻本　四冊

310000－0242－0017282　愚集 1695

駢體文鈔三十一卷　(清)李兆洛輯　清嘉慶、道光間合河康氏刻本　八冊

310000－0242－0017283　愚集 1696

皇朝文典七十四卷　(清)李兆洛輯　清嘉慶二十年(1815)揚州刻本　二十四冊

310000－0242－0017284　愚集 1697

山左古文鈔八卷　(清)李景嶧等輯　清道光八年(1828)刻本　八冊

310000－0242－0017285　愚集 1698

股堰頌德錄八卷首四卷　(清)高鳳臺輯　清道光十二年(1832)刻本　四冊

310000－0242－0017286　愚集 1699

國朝廿四家文鈔二十四卷　(清)徐斐然輯　清嘉慶元年(1796)刻本　六冊

310000－0242－0017287　愚集 1700

唐駢體文鈔十七卷　(清)陳均輯　清嘉慶二十五年(1820)刻本　五冊

310000－0242－0017288　愚集 1701

唐人賦鈔六卷　(清)邱先德輯　清嘉慶十八年(1813)刻本　六冊

310000－0242－0017289　S 愚集 1702

八代詩撲五卷　(清)陸奎勳輯　清乾隆十八年(1753)刻本　二冊

310000－0242－0017290　S 愚集 1703

唐人應試賦選八卷　(清)劉文蔚輯　清乾隆二十五年(1760)刻本　四冊

310000－0242－0017291　S 愚集 1704

國朝松陵詩徵二十卷　(清)袁景輅輯　清乾隆三十二年(1767)刻本　六冊

310000－0242－0017292　S 愚集 1705

唐詩觀瀾集二十四卷　(清)李因培輯　清乾隆二十四年(1759)刻本　十冊

310000－0242－0017293　愚集 1706

本朝館閣賦前集十二卷後集七卷補遺一卷附錄一卷稻香樓試帖二卷　(清)葉抱崧　(清)程琰編　清乾隆二十九年(1764)刻本　十六冊

310000－0242－0017294　愚集 1707

國朝八家四六文鈔九卷　(清)吳鼒輯　清嘉慶三年(1798)刻本　四冊

310000－0242－0017295　愚集 1708

八家四六文注八卷　(清)許貞幹輯　清光緒十七年(1891)許氏刻本　八冊

310000－0242－0017296　愚集 1709

國朝詩十卷外編一卷補六卷　(清)吳翌鳳輯　清嘉慶元年(1796)新陽趙氏刻本　六冊

310000－0242－0017297　愚集 1710

印須集八卷續集六卷又續集六卷　(清)吳翌鳳輯　清嘉慶長洲吳氏刻本　十二冊

310000－0242－0017298　愚集 1711

國朝文徵四十卷　(清)吳翌鳳輯　清咸豐元年(1851)刻本　四十冊

310000－0242－0017299　愚集 1712

皇朝經世文編一百二十卷　(清)賀長齡編　清道光七年(1827)刻本　八十冊

310000－0242－0017300　愚集 1713

江蘇詩徵一百八十三卷　(清)王豫輯　清嘉慶二十五年(1820)刻本　三十冊

310000－0242－0017301　愚集 1714

國朝畿輔詩傳六十卷　(清)陶樑輯　清道光十九年(1839)刻本　十六冊

310000－0242－0017302　愚集 1715

漢詩統箋三卷　(清)陳本禮編　清嘉慶十五年(1810)刻本　一冊

310000－0242－0017303　愚集 1716

隨園女弟子詩選六卷　(清)袁枚選　清嘉慶

元年(1796)刻本　一冊

310000－0242－0017304　愚集 1717

掖詩採錄六卷　(清)張彤輯　清光緒十七年
(1891)刻本　二冊

310000－0242－0017305　愚集 1718

敬修堂詞賦課鈔十六卷附金臺課藝一卷
(清)胡敬選　清同治十一年(1872)刻本　六
冊

310000－0242－0017306　愚集 1719

全唐文紀事一百二十二卷　(清)陳鴻墀輯
清同治十二年(1873)刻本　二十二冊

310000－0242－0017307　愚集 1720

嶺海詩鈔二十四卷　(清)凌揚藻輯　清嘉慶
二十五年(1820)刻本　八冊

310000－0242－0017308　愚集 1721

文選十三種四十五卷　(清)張道緒評　清嘉
慶十六年(1811)人鏡軒刻本　二十冊

310000－0242－0017309　愚集 1722

今文偶見四十八卷　(清)徐斐然輯　清嘉慶
四年(1799)刻本　八冊

310000－0242－0017310　愚集 1723

南北朝文鈔二卷　(清)彭兆蓀編　清光緒八
年(1882)刻本　二冊

310000－0242－0017311　愚集 1724

唐宋元四婦人集四卷　(清)沈恕編　清嘉慶
二十四年(1819)雲間沈氏刻本　二冊

310000－0242－0017312　愚集 1725

宛鄰書屋古詩錄十二卷　(清)張琦輯　清同
治八年(1869)刻本　四冊

310000－0242－0017313　愚集 1726

蛟川耆舊詩六卷續二卷　(清)張本均輯
(清)張錫申續輯　清咸豐七年(1857)刻本
二冊

310000－0242－0017314　愚集 1727

彭姥詩蒐十二卷　(清)倪勱輯　清道光七年
(1827)刻本　四冊

310000－0242－0017315　愚集 1728

後邨周氏淵源錄十三卷　(清)周源纂　清道
光十一年(1831)引碧齋刻本　四冊

310000－0242－0017316　愚集 1729

彡石齋集一卷　(清)汪又辰撰　清汪氏刻本
一冊

310000－0242－0017317　愚集 1730

趙氏淵源集十卷　(清)趙紹祖編　清嘉慶刻
本　四冊

310000－0242－0017318　愚集 1731

金文最六十卷　(清)張金吾輯　清光緒二十
一年(1895)江蘇書局刻本　十六冊

310000－0242－0017319　愚集 1732

松風草堂謝琴詩鈔六卷附聯吟一卷　(清)吳
景潮編　清嘉慶二十二年(1817)刻本　二冊

310000－0242－0017320　愚集 1733

叩鉢齋纂行廚集十八種　(清)李之沍　(清)
汪建封輯　清嘉慶十八年(1813)刻本　二十
冊

310000－0242－0017321　S 愚集 1734

國朝虞颺集十六卷　(清)陸心齋輯　清乾隆
四十三年(1778)刻本　八冊

310000－0242－0017322　愚集 1735

錫山文集二十卷　(清)王史直輯　清道光二
十年(1840)刻本　十冊

310000－0242－0017323　愚集 1736

禾郡錢氏詩鈔四卷　(清)錢儀吉輯　清道光
二十三年(1843)刻本　二冊

310000－0242－0017324　愚集 1737

文苑珠林四卷　(清)蔣超伯編　清咸豐、同
治間雲樂山房刻本　四冊

310000－0242－0017325　愚集 1738

國朝近體詩選二卷　(清)張大法　(清)易祖
愉選編　清抄本　二冊

310000－0242－0017326　S 愚集 1739

國朝六家詩鈔八卷　(清)劉執玉選編　清乾
隆三十二年(1767)刻本　六冊

310000－0242－0017327　愚集 1740
國朝杭郡詩續輯四十六卷　(清)吳振棫輯
清光緒二年(1876)刻本　二十四冊

310000－0242－0017328　愚集 1741
國初十大家詩鈔七十五卷　(清)王相編　清
道光十年(1830)木活字印本　二十冊

310000－0242－0017329　愚集 1742
明三十家詩選初集八卷二集八卷　(清)汪端
輯　清道光二年(1822)自然好學齋刻本　八
冊

310000－0242－0017330　愚集 1743
三十家詩鈔六卷　(清)曾國藩編　清同治十
三年(1874)刻本　六冊

310000－0242－0017331　愚集 1744
八賢手札二卷　(清)曾國藩等撰　清光緒十
一年(1885)上海同文書局石印本　二冊

310000－0242－0017332　愚集 1745
甌栝先正文錄十五卷補遺一卷　(清)陳遇春
編　清道光十四年(1834)刻本　十六冊

310000－0242－0017333　愚集 1746
唐宋四家詩鈔十八卷　(清)張懷溥輯　清道
光十一年(1831)刻本　四冊

310000－0242－0017334　愚集 1747
縉雲文徵二十卷補編一卷　(清)湯成烈編
清道光二十九年(1849)刻本　八冊

310000－0242－0017335　愚集 1748
貞孝節烈文編六卷　(清)汪正編　清香溪節
烈祠刻本　六冊

310000－0242－0017336　愚集 1749
金陵朱氏家集四十卷　(清)朱緒曾輯　清道
光二十年(1840)刻本　四冊

310000－0242－0017337　愚集 1750
秦淮詩鈔二卷　(清)李鶩編　清道光元年
(1821)刻本　二冊

310000－0242－0017338　愚集 1751
金陵名勝詩鈔四卷　(清)李鶩輯　清道光十
二年(1832)刻本　六冊

310000－0242－0017339　愚集 1751
秦淮詩鈔二卷　(清)李鶩輯　清道光十二年
(1832)刻本　二冊

310000－0242－0017340　愚集 1752
三十五科同館詩賦解題八卷　(清)魏茂林輯
清道光五年(1825)刻本　六冊

310000－0242－0017341　愚集 1752
國朝十二科同館詩賦解題六卷　(清)魏茂林
輯　清道光五年(1825)刻本　十二冊

310000－0242－0017342　愚集 1753
茸城九老會詩存一卷　(清)黃仁等撰　清道
光二十四年(1844)刻本　一冊

310000－0242－0017343　愚集 1754
古文詞略二十四卷　(清)梅曾亮輯　清同治
六年(1867)合肥李氏刻本　五冊

310000－0242－0017344　愚集 1755
黔詩紀略三十三卷　(清)黎兆勳編　(清)莫
友芝傳證　清同治十二年(1873)遵義唐氏夢
研齋刻本　六冊　存二十五卷(一至十二、二
十一至三十三)

310000－0242－0017345　愚集 1756
廣陵思古編二十九卷　(清)汪廷儒輯　清道
光二十三年(1843)汪氏刻本　十冊

310000－0242－0017346　愚集 1757
繡水王氏家藏集四十四卷　(清)王相輯　清
咸豐五年(1855)刻本　八冊

310000－0242－0017347　愚集 1758
御書印心石屋詩文薈十卷首一卷　(清)魏源
編　清道光陶氏刻本　七冊

310000－0242－0017348　愚集 1759
張氏一門閨秀詩文集二十卷　(清)□□撰
清道光二十年(1840)刻本　五冊

310000－0242－0017349　愚集 1760
宮閨文選二十六卷　(清)周壽昌編　清道光
二十六年(1846)刻本　八冊

310000－0242－0017350　愚集 1761
有正味齋駢文十六卷　(清)吳錫麒著　(清)
葉聯芬注　清道光二十年(1840)刻本　八冊

310000－0242－0017351　　愚集 1762

宛上同人集十二集　（清）阮文藻輯　清道光十三年(1833)刻本　四冊

310000－0242－0017352　　愚集 1763

嘉定詩鈔初集五十二卷二集十八卷　（清）莊爾保輯　清道光二十三年(1843)刻本　十六冊

310000－0242－0017353　　愚集 1764

御覽集不分卷　（清）葉志詵編　清道光元年(1821)刻本　五冊

310000－0242－0017354　　愚集 1765

文木題詠彙存一卷　（清）葉志詵編　清道光二十九年(1849)刻本　一冊

310000－0242－0017355　　愚集 1766

國朝中州文徵五十四卷　（清）蘇源生編　清道光二十三年(1843)刻本　二十八冊

310000－0242－0017356　　愚集 1767

金元明八大家文選五十三卷　（清）李祖陶編　清道光二十五年(1845)刻本　二十五冊

310000－0242－0017357　　愚集 1768

國朝文錄八十二卷續編六十三卷　（清）李祖陶編　清同治刻本　五十四冊

310000－0242－0017358　　愚集 1768

金元明八大家文選五十三卷　（清）李祖陶編　清同治刻本　三十五冊

310000－0242－0017359　　愚集 1768

邁堂文略四卷　（清）李祖陶編　清同治刻本　四冊

310000－0242－0017360　　愚集 1768

史論五種十一卷　（清）李祖陶編　清同治刻本　十一冊

310000－0242－0017361　　愚集 1769

沅湘耆舊集前編四十卷　（清）鄧顯鶴編　清道光二十四年(1844)鄧氏刻本　十八冊

310000－0242－0017362　　愚集 1769

沅湘耆舊集二百卷　（清）鄧顯鶴編　清道光二十四年(1844)鄧氏刻本　五十冊

310000－0242－0017363　　愚集 1770

國朝文警初編四卷　（清）趙夢齡選編　清咸豐元年(1851)冬曦堂木活字印本　二冊

310000－0242－0017364　　愚集 1771

葉氏百三十家詩選四卷　（清）葉廷琯選編　清光緒六年(1880)潘氏滂喜齋刻本　四冊

310000－0242－0017365　　愚集 1772

感逝集四卷　（清）葉廷琯編　清光緒六年(1880)潘氏滂喜齋刻本　四冊

310000－0242－0017366　　愚集 1773

瑞芝山房詩鈔八卷文鈔八卷　（清）戴燮元編　清光緒元年至三年(1875－1877)丹徒戴氏刻本　十冊

310000－0242－0017367　　愚集 1774

金陵詩徵四十四卷　（清）朱緒曾編　清光緒十八年(1892)刻本　十六冊

310000－0242－0017368　　愚集 1775

國朝杭郡詩三輯一百卷　（清）丁申　（清）丁丙編　清光緒十四年(1888)刻本　四十冊

310000－0242－0017369　　愚集 1776

學海堂初集十六卷二集二十二卷三集二十四卷　（清）吳蘭修編　清道光刻本　二十四冊

310000－0242－0017370　　愚集 1777

六朝文絜箋注十二卷　（清）黎經誥編　清光緒刻本　四冊

310000－0242－0017371　　愚集 1778

蓬窗隨錄十四卷附錄二卷續錄二卷　（清）姚兆澧編　清光緒二十年(1894)刻本　十四冊

310000－0242－0017372　　愚集 1779

乾坤正氣集五百七十四卷　（清）潘錫恩編　清光緒七年(1881)刻本　二百冊

310000－0242－0017373　　愚集 1780

乾坤正氣集選鈔九十七卷　（清）吳煥采輯　清光緒十三年(1887)刻本　三十二冊

310000－0242－0017374　　愚集 1781

乾坤正氣集二十卷　（清）顧沅編　清道光二十三年(1843)顧氏刻本　十二冊

310000－0242－0017375　　愚集 1782

南宋文範七十卷外編四卷　（清）莊仲方編
清光緒十四年(1888)江蘇書局刻本　十六冊

310000－0242－0017376　　愚集 1783

金文雅十六卷　（清）莊仲方編　清光緒十七年(1891)刻本　四冊

310000－0242－0017377　　愚集 1784

詁經精舍四集十六卷　（清）俞樾編　清光緒十一年(1885)刻本　八冊

310000－0242－0017378　　愚集 1785

求志書院課藝不分卷　（清）俞樾等評　清光緒二年(1876)刻本　十冊

310000－0242－0017379　　愚集 1786

南宋文錄錄二十四卷　（清）董兆熊編　清光緒十七年(1891)刻本　六冊

310000－0242－0017380　　愚集 1787

雲自在龕彙名家詞不分卷　繆荃孫輯　清光緒江陰繆氏刻雲自在龕叢書本　四冊

310000－0242－0017381　　S 愚集 1788

賦彙錄要箋略二十八卷補遺一卷外集一卷
（清）吳光昭箋略　清乾隆汲古齋刻本　六冊

310000－0242－0017382　　愚集 1789

西泠酬倡集五卷二集五卷　（清）秦緗業輯
清光緒五年(1879)刻本　四冊

310000－0242－0017383　　愚集 1790

續選古文雅正十四卷　（清）林有席評　清道光二十二年(1842)刻本　十五冊

310000－0242－0017384　　愚集 1791

皇朝駢文類苑十四卷首一卷　（清）姚燮選編
　清光緒十二年(1886)刻本　二十冊

310000－0242－0017385　　愚集 1792

皇朝古學類苑十四卷　（清）姚燮編　清石印本　八冊

310000－0242－0017386　　愚集 1793

紅犀館詩課八卷　（清）姚燮評定　清同治四年(1865)刻本　四冊

310000－0242－0017387　　愚集 1793

丹山倡和詩一卷　（清）姚燮評定　清同治四年(1865)刻本　一冊

310000－0242－0017388　　愚集 1793

海山小集一卷　（清）姚燮評定　清同治四年(1865)刻本　一冊

310000－0242－0017389　　愚集 1794

五色瓜廬尺牘叢殘四卷　（清）邵慶辰編　清光緒八年(1882)刻本　四冊

310000－0242－0017390　　愚集 1795

安順書牘摘鈔三卷　（清）易佩紳編　清光緒四年(1878)刻本　一冊

310000－0242－0017391　　愚集 1795

貴東書牘節鈔四卷　（清）易佩紳編　清光緒四年(1878)刻本　一冊

310000－0242－0017392　　愚集 1796

谿上詩輯十四卷　（清）尹元煒輯　清道光二十九年(1849)刻本　六冊

310000－0242－0017393　　愚集 1797

林下雅音集四種十三卷　（清）冒俊編　清光緒十年(1884)刻本　四冊

310000－0242－0017394　　愚集 1797

長離閣集一卷　（清）王采薇撰　清光緒十年(1884)刻本　一冊

310000－0242－0017395　　愚集 1797

自然好學齋詩鈔十卷　（清）汪端撰　清光緒十年(1884)刻本　二冊

310000－0242－0017396　　愚集 1797

花簾詞一卷　（清）吳藻撰　清光緒十年(1884)刻本　一冊

310000－0242－0017397　　愚集 1797

香南雪北詞一卷　（清）吳藻撰　清光緒十年(1884)刻本　一冊

310000－0242－0017398　　愚集 1798

國朝閨閣詩鈔不分卷　（清）蔡壽祺編　清道光二十四年(1844)嬭嬡別館刻本　四冊

310000－0242－0017399　愚集 1799

歷朝名媛詩詞十二卷　（清）陸昶輯　清乾隆三十八年(1773)刻本　五冊

310000－0242－0017400　愚集 1800

閨秀柳絮集五十卷補遺一卷續編一卷又續編一卷　（清）黃秩模編　清咸豐三年(1853)刻本　二十冊

310000－0242－0017401　愚集 1801

貞豐詩萃五卷　（清）陶煦輯　清同治三年(1864)刻本　二冊

310000－0242－0017402　愚集 1802

駢體南鍼十六卷　（清）汪傳懿編　清同治五年(1866)刻本　八冊

310000－0242－0017403　愚集 1803

蜀秀集九卷　（清）譚宗浚編　清光緒五年(1879)刻本　八冊

310000－0242－0017404　愚集 1804

格致書院課藝(清光緒丙戌至己丑年)　（清）王韜編　清光緒鉛印本　五冊

310000－0242－0017405　愚集 1805

格致書院課藝(清光緒壬辰至癸巳年)　（清）王韜編　清光緒鉛印本　四冊

310000－0242－0017406　愚集 1806

國朝詩鐸二十六卷　（清）張應昌編　清同治八年(1869)刻本　十四冊

310000－0242－0017407　愚集 1807

國朝正雅集九十九卷　（清）符葆森編　清咸豐六年(1856)刻本　三十二冊

310000－0242－0017408　愚集 1808

松陵文錄二十四卷　（清）凌淦編　清同治十三年(1874)刻本　十二冊

310000－0242－0017409　愚集 1809

故友詩錄六卷　（清）蔡壽祺編　清同治八年(1869)刻本　四冊

310000－0242－0017410　愚集 1810

唐四家詩集二十卷詩話一卷辨譌考異四卷（清）胡鳳丹編　清同治九年(1870)退補齋刻本　六冊

310000－0242－0017411　愚集 1811

選注六朝唐賦不分卷　（清）馬傳庚注　清同治十三年(1874)刻本　二冊

310000－0242－0017412　愚集 1812

新安先集二十卷　（清）朱善張編　清同治十三年(1874)刻本　七冊

310000－0242－0017413　愚集 1813

皇朝經世文續編一百二十卷　（清）葛士濬編　清鉛印本　三十二冊

310000－0242－0017414　S 愚集 1814

姚公遺集詩鈔三卷　（清）謝蘭生編　清道光二十年(1840)刻本　一冊

310000－0242－0017415　愚集 1815

廣經世文新編十二卷　（清）□□編　清刻本　八冊

310000－0242－0017416　愚集 1816

皇朝經世文新編二十一卷　麥仲華編　清光緒二十七年(1901)上海書局石印本　二十四冊

310000－0242－0017417　愚集 1817

皇朝經世文續編一百二十卷　（清）盛康輯　清光緒二十二年(1896)刻本　八十冊

310000－0242－0017418　愚集 1818

梁溪楊氏藝文彙編不分卷　（清）顧光旭編　清光緒十三年(1887)鉛印本　二冊

310000－0242－0017419　S 愚集 1819

國朝古文正的七卷　（清）楊彝珍編　清光緒六年(1880)鉛印本　六冊

310000－0242－0017420　愚集 1820

續古文辭類纂二十八卷　（清）黎庶昌編　清光緒十六年(1890)金陵書局刻本　八冊

310000－0242－0017421　愚集 1821

易堂九子文鈔二十卷　（清）彭玉雯編　清道光四年(1824)刻本　十二冊

310000－0242－0017422　愚集 1822

湖南文徵元明文五十四卷國朝文一百三十五卷補編一卷姓氏傳四卷　（清）羅汝懷編　清同治十年(1871)刻本　一百冊

310000－0242－0017423　愚集1823

輿頌錄一卷　（清）魏喻義編　清同治五年(1866)刻本　一冊

310000－0242－0017424　愚集1824

吳興長橋沈氏家集二十九卷　沈家本編　清宣統元年(1909)刻本　十二冊

310000－0242－0017425　愚集1825

楹聯集林不分卷　（清）錢泳選　清光緒十年(1884)李氏刻本　一冊

310000－0242－0017426　愚集1826

詩緣前編四卷正編十卷　（清）王樵也編　清光緒十六年(1890)刻本　四冊

310000－0242－0017427　愚集1827

蛟川先正文存二十卷附補遺　（清）陳繼聰編　清光緒八年(1882)刻本　十冊

310000－0242－0017428　愚集1828

辨志文會課藝六種　（清）宗源瀚編　清光緒六年(1880)刻本　六冊

310000－0242－0017429　愚集1829

授經簃課集不分卷　胡元玉編　清光緒十七年(1891)刻本　四冊

310000－0242－0017430　愚集1829

東山書院課集不分卷　胡元玉編　清光緒十七年(1891)刻本　二冊

310000－0242－0017431　愚集1830

南菁講舍文集六卷　（清）黃以周編　繆荃孫選　清光緒十五年(1889)刻本　六冊

310000－0242－0017432　愚集1831

經訓書院文集十二卷　（清）王棻編　清光緒九年(1883)江西刻本　六冊

310000－0242－0017433　愚集1832

經訓書院三集四卷　（清）王棻編　清光緒二十二年(1896)江西刻本　四冊

310000－0242－0017434　愚集1833

八代詩選二十卷　王闓運編　清光緒十五年(1889)刻本　八冊

310000－0242－0017435　愚集1834

尊經書院初集十二卷　王闓運編　清光緒十四年(1888)刻本　十二冊

310000－0242－0017436　愚集1835

錫麓歸耕圖唱和詩一卷　（清）趙起鵬等撰　清光緒十六年(1890)刻本　一冊

310000－0242－0017437　愚集1836

續古文辭類纂三十四卷　王先謙編　清光緒八年(1882)刻本　八冊

310000－0242－0017438　愚集1837

國朝十家四六文鈔十卷　王先謙編　清光緒十五年(1889)長沙王氏刻本　四冊

310000－0242－0017439　愚集1838

慕萊堂詩文徵存五卷　（清）李維翰編　清光緒十七年(1891)刻本　二冊

310000－0242－0017440　愚集1839

兩浙輶軒續錄五十四卷　（清）潘衍桐編　清光緒十二年(1886)刻本　四十冊

310000－0242－0017441　愚集1840

門存詩錄十卷　（清）陳銳編　清光緒刻本　二冊

310000－0242－0017442　愚集1841

孔洪駢文十六卷　（清）孔廣森編　清光緒二十一年(1895)刻本　八冊

310000－0242－0017443　愚集1842

歷朝尺牘鈔存不分卷　（清）□□撰　清光緒思補樓抄本　十一冊

310000－0242－0017444　愚集1843

歷朝二十五家詩錄三十七卷首一卷　（清）鄒湘倜編　清光緒元年(1875)新化鄒氏刻本　三十冊

310000－0242－0017445　愚集1844

苔岑集初刻十八卷　（清）蔣榮渭輯　清道光三十年(1850)味清堂刻本　六冊

310000－0242－0017446　S 愚集 1845

苔岑集詩稿三卷　（清）江都盥露子編　清抄
本　二冊

310000－0242－0017447　愚集 1846

繡鐙問字圖題詠一卷　（清）□□撰　清海甯
陳氏刻本　一冊

310000－0242－0017448　愚集 1847

西泠五布衣遺著二十七卷　（清）丁丙編　清
同治十二年(1873)刻本　八冊

310000－0242－0017449　愚集 1848

江西四家詩四卷　（清）陶福祖編　清光緒七
年(1881)刻本　一冊

310000－0242－0017450　愚集 1849

言志詩輯二編二卷　（清）汪昶編　清光緒三
年(1877)刻本　二冊

310000－0242－0017451　愚集 1850

石笥山房圖題詠集六卷　（清）吳德襄編　清
光緒二十年(1894)刻本　一冊

310000－0242－0017452　愚集 1851

勤斯堂詩彙編九種　（清）顧森書編　清光緒
二十二年(1896)刻本　二冊

310000－0242－0017453　愚集 1852

海豐吳氏詩存四卷　吳重憙編　清光緒十年
(1884)刻本　四冊

310000－0242－0017454　愚集 1853

六朝四家全集十七卷附採輯歷朝詩話辨譌考
異　（清）胡鳳丹編　清同治九年(1870)退補
齋刻本　六冊

310000－0242－0017455　愚集 1854

名賢手札不分卷　（清）郭慶藩編　清光緒十
年(1884)湘陰郭氏刻本　四冊

310000－0242－0017456　愚集 1855

合肥相國七十賜壽不分卷　（清）羅豐祿等輯
　清光緒海軍石印書局石印本　六冊

310000－0242－0017457　愚集 1856

國朝常州駢體文錄三十一卷附結一宧駢體文
一卷　屠寄編　清光緒十六年(1890)刻本
六冊

310000－0242－0017458　愚集 1857

癸申試賦不分卷　（清）胡元直編　清光緒十
八年(1892)刻本　一冊

310000－0242－0017459　愚集 1858

古文筆法二十卷　（清）黃仁黼編　清光緒八
年(1882)刻本　六冊

310000－0242－0017460　愚集 1859

弘正四傑詩集七十六卷　（清）張雨珊輯　清
光緒二十一年(1895)長沙湘雨樓刻本　十六
冊

310000－0242－0017461　愚集 1860

新繁詩略六卷續二卷　（清）楊昌翰編　清光
緒十八年(1892)刻本　四冊

310000－0242－0017462　愚集 1861

遵化詩存十卷補遺一卷　（清）孫贊元編　清
光緒十三年(1887)刻本　四冊

310000－0242－0017463　愚集 1862

宋四名家詩選六卷　（清）周之鱗　（清）柴升
編　清光緒元年(1875)刻本　四冊　存四卷
(一、四至六)

310000－0242－0017464　愚集 1863

徐州詩徵八卷　（清）桂中行編　清光緒十七
年(1891)刻本　四冊

310000－0242－0017465　愚集 1864

徐州二遺民集十卷　馮煦編　清光緒十九年
(1893)刻本　五冊

310000－0242－0017466　愚集 1865

傳魯堂駢體文一卷詩二卷　（清）周錫恩編
清光緒十八年(1892)刻本　二冊

310000－0242－0017467　愚集 1866

國朝駢體正宗續編八卷　（清）張鳴珂編　清
光緒十四年(1888)刻本　四冊

310000－0242－0017468　愚集 1867

漢魏六朝文繡續鈔　（清）凌德編　清光緒八
年(1882)刻本　二冊

310000－0242－0017469　愚集 1868

唐文拾遺七十二卷　（清）陸心源編　清光緒

十四年(1888)刻本　二十冊

310000－0242－0017470　愚集 1869
元詩紀事二十四卷　陳衍編　清光緒鉛印本
　六冊

310000－0242－0017471　愚集 1870
琴簧應和集一卷　(清)方濬師等撰　清光緒
二年(1876)廣州刻本　一冊

310000－0242－0017472　愚集 1871
貴池唐人集十六卷附劇談錄二卷　劉世珩編
　清光緒三十年(1904)劉氏刻本　四冊

310000－0242－0017473　愚集 1872
貴池二妙集五十一卷補遺一卷　劉世珩編
清光緒二十六年(1900)刻本　十二冊

310000－0242－0017474　愚集 1873
四朝詩史十二卷　孫雄編　清宣統刻本　二
冊

310000－0242－0017475　愚集 1874
道咸同光四朝詩史一斑錄不分卷　孫雄編
清光緒三十四年(1908)油印本　二十八冊

310000－0242－0017476　愚集 1875
三君酬倡集三卷附錄一卷雙紅豆圖彙錄一卷
　孫雄編　清光緒三十四年(1908)油印本
一冊

310000－0242－0017477　愚集 1876
古今文致十卷　(清)劉士鑨編　清光緒十九
年(1893)刻本　六冊

310000－0242－0017478　愚集 1877
宋詩紀事補遺一百卷　(清)陸心源編　清光
緒十九年(1893)刻本　二十四冊

310000－0242－0017479　愚集 1878
國朝文匯甲集二十卷　(清)王文濡等編　清
宣統元年(1909)上海國學扶輪社石印本　十
冊

310000－0242－0017480　愚集 1879
光緒丁酉浙試硃卷不分卷　(清)鄭永禧撰
清光緒刻本　十六冊

310000－0242－0017481　愚集 1880
湘江送別圖詠不分卷　王先謙輯　清光緒十
五年(1889)善化吳炳榮刻本　一冊

310000－0242－0017482　愚集 1881
古文精藻二卷　(清)□□撰　清光緒抄本
一冊

310000－0242－0017483　愚集 1884
蘇海韻芬集一卷　(清)李鎬翼等編　清木活
字印本　一冊

310000－0242－0017484　愚集 1885
清嘉集初編五卷二編四卷三編三卷　王先謙
編　清光緒南菁書院刻本　十二冊

310000－0242－0017485　愚集 1930
文心雕龍輯注十卷　(清)黃叔琳輯　清道光
十三年(1833)刻朱墨套印本　二冊

310000－0242－0017486　愚集 1932
聲調三譜六卷　(清)何世璂編　清光緒八年
(1882)福山王氏天壤閣刻本　一冊

310000－0242－0017487　S 愚集 1933
唐詩紀事八十一卷　(宋)計有功纂　明崇禎
五年(1632)毛氏汲古閣刻本　十六冊

310000－0242－0017488　愚集 1935
歸田詩話三卷　(明)瞿佑編　清乾隆知不足
齋刻本　三冊

310000－0242－0017489　S 愚集 1936
名賢詩評二十卷　(明)俞允文輯　明刻本
四冊

310000－0242－0017490　S 愚集 1938
雅論二十四卷　(明)費經虞編　清雍正四年
(1726)刻本　六冊

310000－0242－0017491　愚集 1939
圍爐詩話六卷　(清)吳喬纂　清道光四年
(1824)刻本　四冊

310000－0242－0017492　愚集 1940
靜志居詩話二十四卷　(清)朱彝尊纂　清嘉
慶二十四年(1819)扶荔山房刻本　十四冊

310000－0242－0017493　愚集 1941

杜韓集韻八卷　（清）汪文柏纂　清康熙四十五年(1706)刻本　三冊

310000－0242－0017494　S 愚集 1942

柳亭詩話三十卷　（清）宋長白纂　清康熙四十六年(1707)刻本　八冊

310000－0242－0017495　S 愚集 1944

千金譜二十九卷　（清）朱燮撰　（清）楊廷茲編　清乾隆五十五年(1790)刻本　十冊

310000－0242－0017496　S 愚集 1945

宋詩紀事一百卷　（清）厲鶚輯　清乾隆十一年(1746)刻本　二十四冊

310000－0242－0017497　愚集 1946

詠物七言律詩偶記一卷　（清）翁方綱輯　清嘉慶十一年(1806)刻本　一冊

310000－0242－0017498　愚集 1947

王惕夫批金石三例十五卷　（清）王芑孫撰　清光緒四年(1878)刻本　四冊

310000－0242－0017499　愚集 1948

北江詩話六卷　（清）洪亮吉撰　清道光三十年(1850)刻本　二冊

310000－0242－0017500　愚集 1949

四六叢話三十三卷選詩叢話一卷　（清）孫梅輯　清光緒七年(1881)刻本　六冊

310000－0242－0017501　愚集 1950

國朝詩人徵略六十卷　（清）張維屏輯　清嘉慶二十四年(1819)刻本　十冊

310000－0242－0017502　愚集 1951

定香亭筆談四卷　（清）阮元輯　清嘉慶五年(1800)琅嬛仙館刻本　四冊

310000－0242－0017503　愚集 1952

廣陵詩事十卷　（清）阮元輯　清嘉慶六年(1801)刻本　二冊

310000－0242－0017504　愚集 1953

五代詩話八卷　（清）王士禛輯　清嘉慶五年(1800)王如金刻本　二冊

310000－0242－0017505　愚集 1954

歷朝自知詩集九卷　（清）柴友誠選　清道光八年(1828)刻本　六冊

310000－0242－0017506　S 愚集 1956

全浙詩話五十四卷　（清）陶元藻輯　清乾隆五十八年(1793)刻本　十六冊

310000－0242－0017507　愚集 1958

春草堂詩話八卷　（清）謝堃輯　清道光刻本　二冊

310000－0242－0017508　愚集 1959

筠石山房詩話鈔　（清）楊霈輯　清道光二十七年(1847)刻本　六冊

310000－0242－0017509　愚集 1960

制義叢話二十四卷題名一卷後序一卷　（清）梁章鉅輯　清咸豐九年(1859)刻本　八冊

310000－0242－0017510　愚集 1961

試律叢話八卷　（清）梁章鉅輯　清同治八年(1869)知不足齋刻本　四冊

310000－0242－0017511　愚集 1962

楹聯叢話十二卷續話四卷　（清）梁章鉅輯　清道光二十二年(1842)刻本　六冊

310000－0242－0017512　愚集 1963

詩比興箋四卷　（清）陳沆輯　清咸豐五年(1855)刻本　二冊

310000－0242－0017513　愚集 1965

伯山詩話後集四卷　（清）康發祥輯　清道光二十七年(1847)刻本　二冊

310000－0242－0017514　愚集 1966

達觀堂詩話八卷　（清）張晉本輯　清同治十二年(1873)刻本　四冊

310000－0242－0017515　愚集 1967

匏廬詩話三卷　（清）沈濤輯　清道光二十一年(1841)刻本　一冊

310000－0242－0017516　愚集 1968

桃花扇一卷　（清）孔尚任撰　清咸豐八年(1858)刻本　一冊

310000 - 0242 - 0017517　愚集 1969

小滄浪詩話四卷　（清）張變承編　清咸豐八年(1858)刻本　二冊

310000 - 0242 - 0017518　愚集 1970

湘上詩緣錄四卷附新安詩萃一卷　（清）張修府輯　清光緒十四年(1888)長沙刻本　四冊

310000 - 0242 - 0017519　愚集 1972

樵說十卷　（清）蜀西樵也撰　清光緒十八年

（1892）刻本　四冊

310000 - 0242 - 0017520　愚集 1973

文選珠船五卷　（清）傅上瀛輯　清光緒十八年(1892)刻本　一冊

310000 - 0242 - 0017521　愚集 1976

眉韻樓詩話四卷續話四卷　孫雄輯　清光緒三十四年(1908)鉛印本　一冊

書名筆畫字頭索引

五畫

七畫

229

十畫

234

十一畫

十二畫

238

十三畫

十五畫

十六畫

245

十七畫

十八畫

十九畫

248

書名筆畫索引

一畫

二畫

251

252

三畫

255

260

四畫

271

274

277

五畫

280

282

289

293

六畫

298

302

305

七畫

313

八畫

327

331

332

九畫

347

352

369

十一畫

395

397

十二畫

414

十三畫

427

十四畫

451

452

454

456

十六畫

464

十七畫

473

十八畫

十九畫

二十畫

二十二畫

二十三畫

二十四畫

二十六畫

二十七畫

二十八畫

三十畫

三十一畫

中華古籍保護計劃

ZHONG HUA GU JI BAO HU JI HUA CHENG GUO

·成 果·

華東師範大學圖書館古籍普查登記目録（上）

全國古籍普查登記目録

國家圖書館出版社

National Library of China Publishing House

圖書在版編目(CIP)數據

華東師範大學圖書館古籍普查登記目録:全二册/《華東師範大學圖書館古籍普查登記目録》編委會編. —北京:國家圖書館出版社,2022.10

(全國古籍普查登記目録)

ISBN 978 – 7 – 5013 – 7553 – 0

Ⅰ.①華…　Ⅱ.①華…　Ⅲ.①院校圖書館—古籍—圖書館目録—上海　Ⅳ.①Z838

中國版本圖書館 CIP 數據核字(2022)第 125183 號

書　　　名	華東師範大學圖書館古籍普查登記目録(全二册)
著　　　者	《華東師範大學圖書館古籍普查登記目録》編委會　編
責任編輯	趙　嫄

出版發行	國家圖書館出版社(北京市西城區文津街 7 號　　100034)
	(原書目文獻出版社 北京圖書館出版社)
	010 – 66114536　63802249　nlcpress@ nlc. cn(郵購)
網　　　址	http://www.nlcpress.com
排　　　版	京荷(北京)科技有限公司
印　　　裝	河北三河弘翰印務有限公司
版次印次	2022 年 10 月第 1 版　2022 年 10 月第 1 次印刷

開　　　本	787×1092　1/16
印　　　張	66.75
字　　　數	1270 千字
書　　　號	ISBN 978 – 7 – 5013 – 7553 – 0
定　　　價	680.00 圓

《全國古籍普查登記目錄》

工作委員會

主　任：周和平

副主任：張永新　詹福瑞　劉小琴　李致忠　張志清

委　員（按姓氏筆畫排序）：

《全國古籍普查登記目録》

序　言

　　全國古籍普查登記工作是"中華古籍保護計劃"的首要任務,是全面開展古籍搶救、保護和利用工作的基礎,也是有史以來第一次由政府組織、參加收藏單位最多的全國性古籍普查登記工作。

　　2007 年國務院辦公廳發布《關於進一步加強古籍保護工作的意見》(國辦發[2007]6 號),明確了古籍保護工作的首要任務是對全國公共圖書館、博物館和教育、宗教、民族、文物等系統的古籍收藏和保護狀況進行全面普查,建立中華古籍聯合目録和古籍數字資源庫。2011 年 12 月,文化部下發《文化部辦公廳關於加快推進全國古籍普查登記工作的通知》(文辦發[2011]518 號),進一步落實了全國古籍普查登記工作。根據文化部 2011 年 518 號文件精神,國家古籍保護中心擬訂了《全國古籍普查登記工作方案》,進一步規範了古籍普查登記工作的範圍、内容、原則、步驟、辦法、成果和經費。目前進行的全國古籍普查登記工作的中心任務是通過每部古籍的身份證——"古籍普查登記編號"和相關信息,建立古籍總臺賬,全面瞭解全國古籍存藏情况,開展全國古籍保護的基礎性工作,加强各級政府對古籍的管理、保護和利用。

　　《全國古籍普查登記工作方案》規定了全國古籍普查登記工作的三個主要步驟:一、開展古籍普查登記工作;二、在古籍普查登記基礎上,編纂出版館藏古籍普查登記目録,形成《全國古籍普查登記目録》;三、在古籍普查登記工作基本完成的前提下,由省級古籍保護中心負責編纂出版本省古籍分類聯合目録《中華古籍總目》分省卷,由國家古籍保護中心負責編纂出版《中華古籍總目》統編卷。

　　在黨和政府領導下,在各地區、各有關部門和全社會共同努力下,古籍普查登記工作得以扎實推進。古籍普查已在除臺、港、澳之外的全國各省級行政區域開展,普查内容除漢文古籍外,還包括各少數民族文字古籍,特别是於 2010 年分别啓動了新疆古籍保護和西藏古籍保護專項,因地制宜,開展古籍普查登記工作;國家古籍保護中心研製的"全國古籍普查登記平臺"已覆蓋到全國各省級古籍保護中心,并進一步研發了"中華古籍索引庫",爲及時展現古籍普查成果提供有力支持;截至目前,已有11375 部古籍進入《國家珍貴古籍名録》,浙江、江蘇、山東、河北等省公布了省級《珍貴古籍名録》，古籍分級保護機制初步形成。

《全國古籍普查登記目録》是古籍普查工作的階段性成果，旨在摸清家底，揭示館藏，反映古籍的基本信息。原則上每申報單位獨立成册，館藏量少不能獨立成册者，則在本省範圍内幾個館目合并成册。無論獨立成册還是合并成册，均編製獨立的書名筆畫索引附於書後。著録的必填基本項目有：古籍普查登記編號、索書號、題名卷數、著者（含著作方式）、版本、册數及存缺卷數。其他擴展項目有：分類、批校題跋、版式、裝幀形式、叢書子目、書影、破損狀況等。有條件的收藏單位多著録的一些擴展項目，也反映在《全國古籍普查登記目録》上。目録編排按古籍普查登記編號排序，内在順序給予各古籍收藏單位較大自由度，可按分類排列古籍普查登記編號，也可按排架號、按同書名等排列古籍普查登記編號，以反映各館特色。

此次全國古籍普查登記工作，克服了古籍數量多、普查人員少、普查難度大等各種困難，也得到了全國古籍保護工作者的極大支持。在古籍普查登記過程中，國家古籍保護中心、各省古籍保護中心爲此舉辦了多期古籍普查、古籍鑒定、古籍普查目録審校等培訓班，全國共 1600 餘家單位參加了培訓，爲古籍普查登記工作培養了大量人才。同時在古籍普查登記工作中，也鍛煉了普查員的實踐能力，爲將來古籍保護事業發展奠定了良好的基礎。

《全國古籍普查登記目録》的出版，將摸清我國古籍家底，爲古籍保護和利用工作提供依據，也將是古籍保護長期工作的一個里程碑。

國家古籍保護中心
2013 年 10 月

《全國古籍普查登記目録》

編纂凡例

一、收録範圍爲我國境内各收藏機構或個人所藏，産生於 1912 年以前，具有文物價值、學術價值和藝術價值的文獻典籍，包括漢文古籍和少數民族文字古籍以及甲骨、簡帛、敦煌遺書、碑帖拓本、古地圖等文獻。其中，部分文獻的收録年限適當延伸。

二、以各收藏機構爲分册依據，篇幅較小者，適當合并出版。

三、一部古籍一條款目，複本亦單獨著録。

四、著録基本要求爲客觀登記、規範描述。

五、著録款目包括古籍普查登記編號、索書號、題名卷數、著者、版本、册數、存缺卷等。古籍普查登記編號的組成方式是：省級行政區劃代碼—單位代碼—古籍普查登記順序號。

六、以古籍普查登記編號順序排序。

《華東師範大學圖書館古籍普查登記目録》

前　言

　　華東師範大學成立於 1951 年 10 月,是以大夏大學及光華大學爲基礎,同時調進聖約翰大學、復旦大學、同濟大學及浙江大學等高校的部分系科,在大夏大學原址上創辦,華東師範大學圖書館亦建於是年。當時無獨立館舍,臨時占用原大夏大學"群賢堂"(後改名"文史樓")約 400 平方米的 7 間教室,藏書總數僅 5 萬餘册。

　　我館的綫裝文獻在建校初期主要來自聖約翰大學、光華大學、大夏大學及國立暨南大學等高等學校的舊藏。其中頗值得一提的是,盛宣懷愚齋圖書館中的 6600 餘種藏書在其去世後由其家人捐給聖約翰大學,20 世紀 50 年代初,這批書調撥給我館,成爲我館初期古籍館藏的重要組成部分。此後,在初期館藏的基礎上,經過幾代圖書館人堅持不懈地努力建設、采訪購買,目前館藏綫裝文獻總數已達 3 萬餘種,33 萬餘册,其中善本 3400 餘種。萬卷琳琅,在高校古籍收藏單位中具有影響力。

一

　　我館所藏 33 萬餘册綫裝文獻中,從數量上説,以地方志和清代詩文集居多。就版本類型而言,以刻本爲主,其中宋元刻本 20 餘種,明刻本 1000 餘種。刻本之外,還有一批稿本、抄本及批校本。通過多方調查,已發現我館所藏古籍有一些海内外孤本。館藏古籍特色,主要有以下幾個方面:

　　地方志、明清詩文集及教育類文獻的收藏。我館收藏有地方志近 2000 種,明清詩文集 4000 餘種。地方志在時代上以清代修省志、府志、州志、郡志、縣志、鄉鎮志爲多,地域上則以江浙地區方志爲多,其中不乏善本。明清詩文集以清代詩文集居多,稀見清代詩文集刻本有 120 餘種。此外,作爲師範類名校,我館教育類古籍也比較可觀,收藏有不少晚清民國時期書院志、學校志、課藝章程、蒙學讀物、教科書等,是師範類高校中教育類文獻收藏的重要單位。

　　稿抄本及批校本的收藏。館藏珍貴稿本有清林則徐《林文忠公手稿》、清俞樾《俞曲園手稿》、清吳翌鳳《字學九辨》、清錢大昭《説文分類權失》等,館藏珍貴抄本有清乾隆内府寫南三閣《四庫全書》本《詩瀋》、清廬江何氏抄本《章實齋文史通義》等。批校本中,以嚴復批校本系列最廣爲人知。該系列包括《周易》《世説新語》《述學》《原富》《才調集補注》《杜工部集》《陸放翁全集》《全唐詩》等 11 種古籍，是研究嚴復學術思想的第一手材料。

以和刻本爲主體的東亞漢籍收藏。我館是國內域外漢籍收藏的重要單位，有近 1300 種以和刻本爲主體的域外漢籍。光緒年間盛宣懷東瀛購書，其中不少即爲日本漢籍。這些日本漢籍後來經由盛氏愚齋圖書館調撥到我館，成爲我館重要的特藏資源。近十多年來，我館積極拓展東亞漢籍特色文獻資源，基於已收藏的和刻本、朝鮮刻本等東亞古籍特藏的基礎，在學校的支持下，陸續采訪了千餘冊和刻本古籍，現已形成了從五山版、古活字印本，直至江户刻本的較完整的日本漢籍版本體系。

碑拓收藏。我館現藏有各類碑帖拓片近萬通，這些拓片主要來源於捐贈、購買及院系調整時的整合。如館藏徐乃昌舊藏金石拓片 4500 餘通，係建校之初由徐乃昌之女徐姮捐贈；宋拓《多寶佛塔碑》則是我館在 20 世紀 50 年代從上海古籍書店購入。近年來我館又在拓片舊藏基礎上購置了幾批新拓片，進一步豐富了我館碑拓收藏，使得館藏拓片無論是在數量、種類還是版本方面都極爲可觀，處於國內高校收藏機構的前列。

二

我館古籍目録共有三種分類法。第一種爲華東師範大學圖書館古籍圖書分類法。該種分類法是在劉國鈞所編《中國圖書分類法》的基礎上，參照傳統的四部分類法，加上叢書類，結合館藏實際情況編訂而成，分 10 部 22 類。按照此分類法開展的編目工作始於 20 世紀 50 年代末，共完成近 20 萬冊古籍的編目。第二種是四部分類法。對於 20 世紀 50 年代初從聖約翰大學接收的 6 萬多冊盛宣懷愚齋藏書，我館仍保留其原有的四部分類法和排架序號，并單獨排列。第三種是中國圖書館分類法。1998 年我館從上海教育學院與上海第二教育學院接收了兩萬多冊綫裝文獻，仍保留原有的圖書分類方法。

我館古籍編目最初是以卡片著録的形式完成。卡片目録之外，另編有多種書本目録。如 1957 年編印的《華東師範大學古籍書目（第一種）》，收録了愚齋特藏 6600 餘種，沿用原有四部分類法；1958 年、1959 年、1960 年分別編成《華東師範大學古籍目録（普通叢書）》《華東師範大學方志目録》《華東師範大學目録之目録》三書，書後均附有書名索引；1964 年編印的《華東師範大學善本目録（古籍部分）》，收録善本古籍 1000 餘種，分爲經、史、子、集、叢五類；1981 年，在《華東師範大學方志目録》的基礎上，參照《中國地方志聯合目録》的體例，我館編成《華東師範大學圖書館館藏地方志目録》，該書共收録地方志 1628 種，2260 部，後附書名索引，極便於讀者使用。

三

古籍整理能使珍本秘籍化身千百,嘉惠學林。十幾年來,我們先後對多種珍貴館藏進行整理,出版了一系列成果,主要包括以下幾類:

專題文獻的彙刊、叢刊。包括 2005 年國家圖書館出版社出版《華東師範大學圖書館藏稀見方志叢刊》(全二十册)、2006 年國家圖書館出版社出版《華東師範大學圖書館藏稀見叢書匯刊》(全四十册)、2009 年廣陵書社出版《歷代戲曲目錄叢刊》(全十册)等。這些書彙集了大量館藏珍稀文獻,可爲相關領域的研究者搜集資料提供便利。

名家稿抄及批校本的影印。包括 2019 年華東師範大學出版社出版《〈文史通義〉廬江何氏鈔本》(全二册)、2020 年華東師範大學出版社出版《吳翌鳳〈字學九辨〉稿鈔本》(全二册),以及 2019 年上海書店出版社出版《華東師範大學圖書館館藏嚴復批校本》(全五十七册)。這些書版本稀有、字迹精美,兼具學術資料價值與歷史文物價值。

繪本及拓本"再造"。前者如 2009 年廣陵書社出版《唐詩畫譜》(全三册)、2011 年華東師範大學出版社出版《御製耕織圖》等。這些書圖文并茂、色彩豐富,能使觀者在欣賞畫面的同時,生動真切地瞭解方方面面的知識。後者如 2019 年華東師範大學出版社出版宋拓《多寶佛塔碑》,此碑爲極爲珍稀的宋拓本,前後有清代何焯等名家序跋。其高清影印出版既爲學習顏書者提供了新的摹本,也爲顏真卿書法傳播史和顏體書藝研究提供了重要範本。

珍稀古籍點校及圖錄彙編。包括 2008 年廣陵書社出版《揚州學派年譜合刊》(全二册)、2018 年廣陵書社出版《儀徵劉氏集》,以及 2017 年上海書店出版社出版《華東師範大學圖書館館藏珍本圖錄》等書。點校本有助於解決古籍閱讀中的句讀障礙,珍本圖錄提供了集中瞭解各種古籍的版本源流及内容大要的捷徑。

古籍整理之外,我館積極貫徹執行國務院關於古籍保護的文件精神,在古籍修復及古籍數字化等方面也取得了良好的成績。2007 年,我館響應國家古籍保護中心和上海市古籍保護中心的號召,參加《國家珍貴古籍名錄》和《上海市珍貴古籍名錄》申報工作,共有 95 種古籍入選《國家珍貴古籍名錄》,133 種入選《上海市珍貴古籍名錄》。2009 年,我館入選全國和上海市古籍重點保護單位。2014 年,榮獲文化部(今文化和旅游部)授予的"全國古籍保護工作先進單位"稱號。

四

古籍普查工作啓動之後,我們對館内所有古籍進行了摸底清查,嚴格按照國家古籍保護中心發布的《全國古籍普查登記目錄審校要求》中的細則進行審校,儘可能完整著録每一條古籍信息。按照國家古籍保護中心的要求,我們將 1912 年以前的古籍(不含域外漢籍)提出而編成《華東師範大學圖書館古籍普查登記目錄》,共計 17521部,156279 冊。每一部古籍列一條目,依次著録普查編號、索書號、題名卷數、著者、版本、冊數、存缺卷等信息。至於排列順序,是按照華東師範大學圖書館古籍圖書分類法編目的古籍在前,按照四部分類法編目的原盛宣懷愚齋藏書在後。善本古籍索書號前面加"S"。

　　本書目的編訂是在建校 70 年來幾代編目人辛勤勞動的基礎上,由古籍部全體同人最終合力而成。成書之前,又得到國家圖書館出版社編輯老師的細心審校,訂誤補正,勞績尤著,在此誠致謝意。校書如掃落葉,整理書目亦然。由於時間和學識所限,儘管付出不少努力,但疏漏錯訛之處仍在所難免,還望就正於方家。

華東師範大學圖書館館長　　胡曉明
2022 年 1 月

目　　録

310000－0242－0000001　C11.1－10/7.15

書林揚觶二卷　（清）方東樹撰　清光緒十七年(1891)刻本　二冊

310000－0242－0000002　C11.1－10/7.15C1

書林揚觶二卷　（清）方東樹撰　清光緒十七年(1891)刻本　二冊

310000－0242－0000003　C11.1－10/7.15B

書林揚觶二卷　（清）方東樹撰　清道光十一年(1831)儀衛軒刻本　一冊

310000－0242－0000004　C11.5－19/7.705

曝書雜記三卷　（清）錢泰吉撰　清道光十九年(1839)別下齋刻本　二冊

310000－0242－0000005　C11.5－19/7.705C1

曝書雜記三卷　（清）錢泰吉撰　清道光十九年(1839)別下齋刻本　二冊

310000－0242－0000006　C11.5－19/7.705C2

曝書雜記三卷　（清）錢泰吉撰　清道光十九年(1839)別下齋刻本　二冊

310000－0242－0000007　C11.52－7/7.451

宋元舊本書經眼錄三卷附錄二卷　（清）莫友芝撰　清光緒十年(1884)上海還讀樓刻本　二冊

310000－0242－0000008　C11.57－10/7.556

留真譜初編十二卷　楊守敬輯　清光緒二十七年(1901)宣都楊氏影刻本　十二冊

310000－0242－0000009　C11.6－10/6.375

書畫跋跋三卷續三卷　（明）孫鑛撰　清乾隆五年(1740)居業堂刻本　四冊

310000－0242－0000010　C11.6－10/7.402

退菴金石書畫跋二十卷　（清）梁章鉅撰　清道光二十五年(1845)刻本　八冊

310000－0242－0000011　C11.6－12/7.523

華延年室題跋三卷　（清）傅以禮撰　清宣統元年(1909)鉛印本　三冊

310000－0242－0000012　C11.6－12/7.523C2

華延年室題跋三卷　（清）傅以禮撰　清宣統元年(1909)鉛印本　三冊

310000－0242－0000013　C11.6－11/5.98

晦菴題跋三卷　（宋）朱熹撰　明崇禎虞山毛氏汲古閣刻本　一冊

310000－0242－0000014　C11.6－15/7.434

儀顧堂題跋十六卷　（清）陸心源撰　清光緒十六年(1890)刻本　四冊

310000－0242－0000015　C11.6－18/5.784

魏公題跋一卷　（宋）蘇頌撰　明崇禎虞山毛氏汲古閣刻本　一冊

310000－0242－0000016　C11.6－3/7.491C2

士禮居藏書題跋記六卷　（清）黃丕烈撰　清光緒十年(1884)吳縣潘氏滂喜齋刻本　五冊

310000－0242－0000017　C11.6－3/7.491C3

士禮居藏書題跋記六卷　（清）黃丕烈撰　清光緒八年(1882)石印本　二冊

310000－0242－0000018　C11.6－4/5.441

止齋題跋二卷　（宋）陳傅良撰　明崇禎虞山毛氏汲古閣刻本　一冊

310000－0242－0000019　C11.6－4/5.527

元豐題跋一卷　（宋）曾鞏撰　明崇禎虞山毛氏汲古閣刻本　一冊

310000－0242－0000020　C11.6－4/5.562

水心題跋一卷　（宋）葉適撰　明崇禎虞山毛氏汲古閣刻本　一冊

310000－0242－0000021　C11.6－4/5.634

六一題跋十一卷　（宋）歐陽修撰　明崇禎虞山毛氏汲古閣刻本　二冊

310000－0242－0000022　C11.6－6/7.21

竹雲題跋四卷　（清）王澍撰　清抄本　七冊

310000－0242－0000023　C11.6－6/7.21

虛舟題跋三卷　（清）王澍撰　清抄本　一冊

310000－0242－0000024　C11.67－11/7.428

清儀閣題跋　（清）張廷濟撰　（清）魏錫曾輯　清光緒十九年(1893)丁立誠刻本　四冊

310000－0242－0000025　C11.67－12/7.2

善本書室藏書志四十卷附錄　（清）丁丙輯

清光緒二十七年(1901)錢塘丁氏刻本　十六
冊

310000－0242－0000026　C11.67－12/7.2B
善本書室藏書志四十卷附錄　(清)丁丙輯
清光緒二十七年(1901)錢塘丁氏刻本　十六
冊

310000－0242－0000027　C11.67－12/7.98
開有益齋讀書志六卷　(清)朱緒曾撰　清光
緒六年(1880)金陵茹古閣刻本　五冊

310000－0242－0000028　C11.67－12/7.98C2
開有益齋讀書志六卷　(清)朱緒曾撰　清光
緒六年(1880)金陵茹古閣刻本　四冊

310000－0242－0000029　C11.67－12/7.98C3
開有益齋讀書志六卷　(清)朱緒曾撰　清光
緒六年(1880)金陵茹古閣刻本　六冊

310000－0242－0000030　C11.67－13/7.428
愛日精廬藏書志三十六卷續志四卷　(清)張
金吾撰　清光緒十三年(1887)吳縣靈芬閣徐
氏木活字印本　十二冊

310000－0242－0000031　C11.67－5/7.211
四庫全書表文箋釋四卷　(清)林鶴年纂　清
宣統元年(1909)吳興劉氏求恕齋刻本　四冊

310000－0242－0000032　C11.67－5/7.375
平津館鑒藏記三卷補遺一卷續編一卷　(清)
孫星衍撰　清光緒十二年(1886)刻本　二冊

310000－0242－0000033　C11.67－8/5.441
直齋書錄解題二十二卷　(宋)陳振孫撰
(元)程棨批注　清乾隆武英殿木活字印本
二十冊

310000－0242－0000034　C11.67－8/5.441C1
直齋書錄解題二十二卷　(宋)陳振孫撰
(元)程棨批注　清乾隆武英殿木活字印本
二十冊

310000－0242－0000035　C11.67－8/5.441C2
直齋書錄解題二十二卷　(宋)陳振孫撰
(元)程棨批注　清乾隆蘇州刻本　六冊

310000－0242－0000036　C11.67－8/5.441C3

直齋書錄解題二十二卷　(宋)陳振孫撰　清
光緒九年(1883)江蘇書局刻本　六冊

310000－0242－0000037　C11.67－8/5.441C4
直齋書錄解題二十二卷　(宋)陳振孫撰　清
光緒九年(1883)江蘇書局刻本　六冊

310000－0242－0000038　C11.67－8/7.128
東西學書錄總敘二卷　沈桐生撰　清光緒二
十三年(1897)讀有用書齋刻本　二冊

310000－0242－0000039　C11.67－8/7.164C2
易堂問目四卷　(清)吳鼎輯　清光緒十六年
(1890)習靜齋刻本　二冊

310000－0242－0000040　C11.67－8/7.393
增版東西學書錄四卷附二卷　(清)徐維則輯
顧燮光補　清光緒二十八年(1902)石印本
六冊

310000－0242－0000041　C11.7－11/8.415C2
偽經攷十四卷　康有為撰　清光緒十七年
(1891)康氏萬木草堂刻本　六冊

310000－0242－0000042　C11.7－13/7.98
經義攷二百九十八卷　(清)朱彝尊撰　清乾
隆二十年(1755)曝書亭刻本　十二冊

310000－0242－0000043　C11.7－13/7.98C2
經義攷二百九十八卷　(清)朱彝尊撰　清光
緒二十三年(1897)浙江書局刻本　四十九冊

310000－0242－0000044　C11.7－16/752
錫山歷朝名人著述書目攷略六卷　(清)□□
撰　清抄本　二冊

310000－0242－0000045　C11.8－13/7.434
羣書校補九十二卷　(清)陸心源輯　清光緒
十年(1884)歸安陸氏刻本　二十四冊

310000－0242－0000046　C11.8－13/7.434C2
羣書校補九十二卷　(清)陸心源輯　清光緒
十年(1884)歸安陸氏刻本　二十四冊

310000－0242－0000047　C11.8－13/7.700
羣書拾補三十七種　(清)盧文弨撰　清乾隆
二年(1737)抱經堂刻本　二冊

310000－0242－0000048　C11.8－15/7.634
歐陽外翰點勘記二卷　（清）歐陽泉撰　清光緒四年（1878）江蘇書局刻本　一冊

310000－0242－0000049　C11.8－15/7.634C1
歐陽外翰點勘記二卷　（清）歐陽泉撰　清光緒四年（1878）江蘇書局刻本　一冊

310000－0242－0000050　C11.8－15/7.634C2
歐陽外翰點勘記二卷　（清）歐陽泉撰　清光緒四年（1878）江蘇書局刻本　一冊

310000－0242－0000051　C11.8－22/7.705
讀書敏求記四卷　（清）錢曾撰　清光緒三十一年（1905）刻本　四冊

310000－0242－0000052　C11.8－22/7.705C1
讀書敏求記四卷　（清）錢曾撰　清光緒三十一年（1905）刻本　四冊

310000－0242－0000053　C11.8－22/7.705C2
讀書敏求記四卷　（清）錢曾撰　清光緒三十一年（1905）刻本　四冊

310000－0242－0000054　C11.8－5/7.312
古書疑義舉例七卷　（清）俞樾撰　清光緒十四年（1888）南菁書院刻本　二冊

310000－0242－0000055　C11.8－5/7.312C1
古書疑義舉例七卷　（清）俞樾撰　清光緒十四年（1888）南菁書院刻本　二冊

310000－0242－0000056　C12.6－4/774
日本國見在書目錄不分卷　（日本）藤原佐世編　清光緒遵義黎氏寫刻本　一冊

310000－0242－0000057　C12.6－6/7.98
行素堂目睹書錄十卷附汲古閣珍藏祕本書目一卷　（清）朱記榮輯　清光緒十年（1884）古吳白堤孫谿槐廬刻本　十冊

310000－0242－0000058　C12.6－7/7.451
宋元舊本書經眼錄三卷附錄二卷　（清）莫友芝撰　清同治十二年（1873）黔南影山草堂刻本　四冊

310000－0242－0000059　C12.6－7/7.451C1
宋元舊本書經眼錄三卷附錄二卷　（清）莫友芝撰　清同治十二年（1873）黔南影山草堂刻本　四冊

310000－0242－0000060　C12.6－7/7.451B
宋元舊本書經眼錄三卷附錄二卷　（清）莫友芝撰　清同治十二年（1873）黔南影山草堂刻本　四冊

310000－0242－0000061　C12.8－5/7.225
四庫簡明目錄標注二十卷　（清）邵懿辰撰　清宣統三年（1911）仁和邵氏半巖廬刻本　十冊

310000－0242－0000062　C12.8－5/7.225C1
四庫簡明目錄標注二十卷　（清）邵懿辰撰　清宣統三年（1911）仁和邵氏半巖廬刻本　十冊

310000－0242－0000063　C12.94117－9/752
春秋人名地名官名韻編不分卷　（清）□□撰　清抄本　三冊

310000－0242－0000064　C13.2－11/7.491
皇朝經籍志五卷　（清）黃本驥輯　清道光二十四年（1844）刻本　一冊

310000－0242－0000065　C13.2－12/7.406
隋經籍志考證十三卷　（清）章宗源著　清光緒三年（1877）湖北崇文書局刻本　四冊

310000－0242－0000066　C13.2－12/8.428
隋書經籍志補不分卷　張鵬一編　清光緒三十年（1904）在山草堂鉛印本　一冊

310000－0242－0000067　C13.2－18/5.674
舊唐書經籍志二卷　（後晉）劉昫撰　清光緒八年（1882）刻本　一冊

310000－0242－0000068　C13.2－2/7.428
八史經籍志十種　（清）張壽榮輯　清光緒九年（1883）蘇州振新書社刻本　三冊

310000－0242－0000069　C13.2－2/7.428C1
八史經籍志十種　（清）張壽榮輯　清光緒九年（1883）蘇州振新書社刻本　三冊

310000－0242－0000070　C13.2－2/7.428C2
八史經籍志十種　（清）張壽榮輯　清光緒九

年(1883)蘇州振新書社刻本　三冊

310000－0242－0000071　C13.22－14/5.21

漢藝文志考證十卷　（宋）王應麟撰　清光緒
九年(1883)浙江書局刻本　一冊

310000－0242－0000072　C13.22－14/5.21C1

漢藝文志考證十卷　（宋）王應麟撰　清光緒
九年(1883)浙江書局刻本　一冊

310000－0242－0000073　C13.23－12/7.164

補晉書經籍志四卷　吳士鑑纂　清光緒二十
一年(1895)刻本　一冊

310000－0242－0000074　C13.23－12/7.164C1

補晉書經籍志四卷　吳士鑑纂　清光緒二十
一年(1895)刻本　一冊

310000－0242－0000075　C13.23－12/7.164C2

補晉書經籍志四卷　吳士鑑纂　清光緒二十
一年(1895)刻本　一冊

310000－0242－0000076　C13.23－12/7.2

補晉書藝文志四卷附錄一卷　丁國鈞撰　清
光緒二十年(1894)錫山文苑閣木活字印本
二冊

310000－0242－0000077　C13.23－12/7.311

補三國藝文志四卷　（清）侯康撰　清光緒十
三年(1887)廣州廣雅書局刻本　一冊

310000－0242－0000078　C13.231－12/7.18

補晉書藝文志六卷　（清）文廷式纂　清宣統
元年(1909)長沙鉛印本　六冊

310000－0242－0000079　C13.231－12/7.18C1

補晉書藝文志六卷　（清）文廷式纂　清宣統
元年(1909)長沙鉛印本　六冊

310000－0242－0000080　C13.231－12/7.18C2

補晉書藝文志六卷　（清）文廷式纂　清宣統
元年(1909)長沙鉛印本　六冊

310000－0242－0000081　C13.231－12/7.18C3

補晉書藝文志六卷　（清）文廷式纂　清宣統
元年(1909)長沙鉛印本　六冊

310000－0242－0000082　C13.231－12/7.18C4

補晉書藝文志六卷　（清）文廷式纂　清宣統
元年(1909)長沙鉛印本　六冊

310000－0242－0000083　C13.231－12/7.18C5

補晉書藝文志六卷　（清）文廷式纂　清宣統
元年(1909)長沙鉛印本　六冊

310000－0242－0000084　C13.254－12/7.242

補三史藝文誌一卷　（清）金門詔撰　清光緒
十七年(1891)廣州廣雅書局刻本　一冊

310000－0242－0000085　C13.257－4/7.705

元史藝文志四卷　（清）錢大昕補纂　清同治
十三年(1874)江蘇書局刻本　一冊

310000－0242－0000086　C13.257－4/7.705C1

元史藝文志四卷　（清）錢大昕補纂　清同治
十三年(1874)江蘇書局刻本　一冊

310000－0242－0000087　C13.257－4/7.705C2

元史藝文志四卷　（清）錢大昕補纂　清同治
十三年(1874)江蘇書局刻本　一冊

310000－0242－0000088　C13.257－4/7.705C3

元史藝文志四卷　（清）錢大昕補纂　清同治
十三年(1874)江蘇書局刻本　一冊

310000－0242－0000089　C13.26－8/7.428

明史藝文志二卷　（清）張廷玉等修　清刻本
一冊

310000－0242－0000090　C13.29－6/7.242

江陰藝文志二卷校補一卷　金武祥輯　清光
緒十七年(1891)江陰金氏粟香室刻本　一冊

310000－0242－0000091　C13.29－7/7.390

宋史藝文志補一卷　（清）倪燦撰　清光緒十
七年(1891)廣州廣雅書局刻本　二冊

310000－0242－0000092　C13.29－7/7.390C1

宋史藝文志補一卷　（清）倪燦撰　清光緒十
七年(1891)廣州廣雅書局刻本　二冊

310000－0242－0000093　C13.2923－8/7.164

杭州藝文志十卷　吳慶坻撰　清光緒三十四
年(1908)長沙刻本　六冊

310000－0242－0000094　C13.31－13/7.681

經籍訪古志六卷補遺一卷　（日本）澀江全善
（日本）森立之撰　清光緒十一年（1885）六
合徐氏鉛印本　八冊

310000－0242－0000095　C14.1－6/8.21
江南圖書館善本書目一卷　（清）江南圖書館
編　清光緒鉛印本　一冊

310000－0242－0000096　C14.4－15/8.645
銷燬抽燬書目禁書總目違礙書目奏繳咨禁書
目合刻四卷　鄧實　李曉暾輯　清光緒三十
三年（1907）上海國學保存會鉛印本　一冊

310000－0242－0000097　C14.5－16/752
錫金藝文志著述編不分卷　（清）□□撰　清
抄本　一冊

310000－0242－0000098　C14.6－13/7.791
彙刻書目二十卷　（清）顧修編　清光緒十五
年（1889）上海福瀛書局刻本　十冊

310000－0242－0000099　C14.6－13/7.791C2
彙刻書目二十卷　（清）顧修編　清光緒十五
年（1889）上海福瀛書局刻本　十冊

310000－0242－0000100　C14.6－13/7.791C3
彙刻書目二十卷　（清）顧修編　清光緒十五
年（1889）上海福瀛書局刻本　十冊

310000－0242－0000101　C14.6－13/7.791C4
彙刻書目二十卷　（清）顧修編　清光緒十二
年至十五年（1886－1889）上海福瀛書局刻本
　二十冊

310000－0242－0000102　C14.6－13/8.248C2
彙刻書目二編十卷　（清）周毓邠編　清光緒
十二年至十五年（1886－1889）上海福瀛書局
刻本　一冊

310000－0242－0000103　C14.6－13/8.248C3
彙刻書目二編十卷　（清）周毓邠編　清光緒
十二年至十五年（1886－1889）上海福瀛書局
刻本　一冊

310000－0242－0000104　C14.6－15/752
畿輔叢書目錄二卷　（清）王灝編　清刻本
一冊

310000－0242－0000105　C14.6－16/7.705
金山錢氏家刻書目十卷　（清）錢培蓀彙錄
清光緒四年（1878）錢氏刻本　四冊

310000－0242－0000106　C14.66－8/7.271
金華叢書書目提要八卷　（清）胡鳳丹編　清
同治八年（1869）退補齋刻本　三冊

310000－0242－0000107　C14.8－10/7.359
袁氏藝文金石錄二卷　（清）袁昶撰　清光緒
二十三年（1897）漸西村舍刻本　一冊

310000－0242－0000108　C14.8－10/7.359C1
袁氏藝文金石錄二卷　（清）袁昶編　清光緒
二十三年（1897）漸西村舍刻本　一冊

310000－0242－0000109　C14.8－10/7.359C2
袁氏藝文金石錄二卷　（清）袁昶編　清光緒
二十三年（1897）漸西村舍刻本　一冊

310000－0242－0000110　C14.8－14/7.705
嘉定錢氏藝文志略不分卷　（清）錢師璟撰
清抄本　一冊

310000－0242－0000111　C15.6－4/8.575
中外輿地全圖目錄序例一卷　（清）鄒代鈞著
　清光緒二十九年（1903）都門編書局鉛印本
　一冊

310000－0242－0000112　C15.8－14/628
廣學會圖書目錄一卷　（清）廣學會編　清上
海廣學會鉛印本　一冊

310000－0242－0000113　C15.8－5/7.479C1
申報館書目一卷　（清）尊聞閣主輯　清光緒
三年（1877）申報館鉛印本　一冊

310000－0242－0000114　C15.8－5/7.479C2
申報館書目一卷　（清）尊聞閣主輯　清光緒
三年（1877）申報館鉛印本　一冊

310000－0242－0000115　C15.8－6/84
江蘇官書坊書目一卷　（清）江蘇官書坊編
清光緒二十五年（1899）江蘇官書坊刻本　一
冊

310000－0242－0000116　C15.8－6/84A
江蘇書局各書價目一卷　（清）江蘇書局編

清光緒十九年(1893)刻本　一冊

310000－0242－0000117　C15.8－6/84B
江西書局價目一卷　(清)江西書局編　清宣統元年(1909)刻本　一冊

310000－0242－0000118　C15.8－9/8.12
科學書目提要一卷　(清)上海科學編譯書局編　清光緒上海科學編譯書局石印本　一冊

310000－0242－0000119　C15.9－10/7.789
浙江採集遺書總錄十卷　(清)沈初等編　清乾隆三十九年(1774)刻本　十二冊

310000－0242－0000120　C16.09－11/7.449
皇清經解縮版編目十六卷　(清)陶治元編　清光緒十七年(1891)上海鴻寶齋石印本　二冊

310000－0242－0000121　C16.09－13/7.682
經籍舉要一卷附尊經閣祀典錄藏書目并藏書章程　(清)龍啟瑞撰　清光緒十九年(1893)中江講院刻本　一冊

310000－0242－0000122　C16.31－14/8.2
算學書目提要三卷　丁福保著　清光緒二十五年(1899)無錫竢實學堂刻本　一冊

310000－0242－0000123　C16.333－7/8.164
宋金元詞集見存卷目一卷　吳昌綬輯　清光緒三十二年(1906)仁和雙照樓鉛印本　一冊

310000－0242－0000124　C16.333－7/8.164C1
宋金元詞集見存卷目一卷　吳昌綬輯　清光緒三十二年(1906)仁和雙照樓鉛印本　一冊

310000－0242－0000125　C16.67－9/7.98
前明州郡志目一卷　(清)朱彝尊摘錄　清抄本　一冊

310000－0242－0000126　C16.79－6/7.598
竹崦盦金石目錄五卷　(清)趙魏撰　清宣統元年(1909)錢塘吳士鑑刻本　二冊

310000－0242－0000127　C16.79－12/5.634
集古錄目十卷　(宋)歐陽棐撰　清光緒十年(1884)雲自在龕刻本　二冊

310000－0242－0000128　C16.79－12/5.634C1
集古錄目十卷　(宋)歐陽棐撰　清光緒十年(1884)雲自在龕刻本　二冊

310000－0242－0000129　C16.79－19/752
繪園藏古錄不分卷　(清)□□編　清鉛印本　一冊

310000－0242－0000130　C16.79－19/8.740
藝風堂金石文字目十八卷　繆荃孫著　清光緒三十二年(1906)刻本　八冊

310000－0242－0000131　C16.79－21/7.787
鐵橋金石跋三卷　(清)嚴可均撰　清光緒三十一年(1905)秀水王氏刻本　一冊

310000－0242－0000132　C16.79－21/7.787C1
鐵橋金石跋三卷　(清)嚴可均撰　清光緒三十一年(1905)秀水王氏刻本　二冊

310000－0242－0000133　C16.80－3/7.717
小學考五十卷　(清)謝啟昆撰　清光緒十四年(1888)浙江書局刻本　十冊

310000－0242－0000134　C16.80－3/7.717C1
小學考五十卷　(清)謝啟昆撰　清光緒十四年(1888)浙江書局刻本　四冊

310000－0242－0000135　C16.80－3/7.717C2
小學考五十卷　(清)謝啟昆撰　清光緒十四年(1888)浙江書局刻本　六冊

310000－0242－0000136　C16.81－6/7.650
全上古三代秦漢三國晉南北朝文編目一百三卷　(清)蔣壑編　清光緒五年(1879)刻本　十六冊

310000－0242－0000137　C16.85－6/8.21
曲錄六卷　王國維著　清宣統元年(1909)晨風閣刻本　三冊

310000－0242－0000138　C16.94－14/7.128
鳴野山房彙刻帖目四卷　(清)沈復粲輯　清抄本　四冊

310000－0242－0000139　C16.94－7/7.434
吳越所見書畫錄六卷　(清)陸時化編輯　清光緒五年(1879)懷煙閣木活字印本　六冊

310000 - 0242 - 0000140　C17.27 - 17/7.271

續溪金紫胡氏所著書目二卷 （清）胡培系編輯　清光緒十年(1884)胡氏世澤樓刻本　一冊

310000 - 0242 - 0000141　C18.1 - 5/7.320

欽定四庫全書總目二百卷首一卷 （清）紀昀纂　清乾隆刻本　二十三冊

310000 - 0242 - 0000142　C18.1 - 5/7.320C2

欽定四庫全書總目二百卷首一卷 （清）紀昀纂　清同治七年(1868)廣東書局刻本　一百冊

310000 - 0242 - 0000143　C18.1 - 5/7.320C3

欽定四庫全書總目二百卷首一卷 （清）紀昀纂　清刻本　一百二十冊

310000 - 0242 - 0000144　C18.1 - 5/7.320B

四庫全書總目二百卷附四庫未收書五卷四庫全書簡明目錄二十卷 （清）紀昀纂　清光緒十四年(1888)上海漱六山莊石印本　二十冊

310000 - 0242 - 0000145　C18.1 - 5/7.84

欽定四庫全書總目提要四部類敍一卷 （清）江標輯　清光緒二十一年(1895)江氏湖南使院刻本　一冊

310000 - 0242 - 0000146　C18.15 - 11/5.21

崇文總目五卷補遺一卷附錄一卷 （宋）王堯臣等編　（清）錢東垣輯釋　清嘉慶四年(1799)刻本　六冊

310000 - 0242 - 0000147　C18.152 - 11/8.562

祕書省續編到四庫闕書目二卷 葉德輝考證　清光緒二十九年(1903)葉氏觀古堂刻本　一冊

310000 - 0242 - 0000148　C18.17 - 14/7.428

龍游鳳梧書院藏書目一卷 （清）張焰編　清光緒二十五年(1899)刻本　一冊

310000 - 0242 - 0000149　C18.17 - 14/7.98

廣雅書院藏書目錄七卷 （清）朱鼎甫　（清）廖廷相編　清光緒二十七年(1901)廣雅書局

刻本　三冊

310000 - 0242 - 0000150　C18.17 - 4/7.9

欽定天祿琳琅書目十卷後編二十卷 （清）于敏中等編　清光緒十年(1884)長沙王氏刻本　十冊

310000 - 0242 - 0000151　C18.17 - 5/7.271

欽定四庫全書附存目錄十卷 （清）胡虔編（清）凌廷堪校　清乾隆五十八年(1793)刻本　四冊

310000 - 0242 - 0000152　C18.17 - 5/7.320

欽定四庫全書簡明目錄二十卷 （清）紀昀纂　清抄本　八冊

310000 - 0242 - 0000153　C18.17 - 5/7.320C1

欽定四庫全書簡明目錄二十卷 （清）紀昀纂　清乾隆刻本　二十冊

310000 - 0242 - 0000154　C18.17 - 5/7.320C2

欽定四庫全書簡明目錄二十卷 （清）紀昀纂　清乾隆四十七年(1782)刻本　四冊

310000 - 0242 - 0000155　C18.17 - 5/7.320C3

欽定四庫全書簡明目錄二十卷 （清）紀昀纂　清光緒二十年(1894)上海點石齋影印本　一冊

310000 - 0242 - 0000156　C18.17 - 5/7.320B

四庫全書簡明目錄五卷 （清）紀昀纂　清刻本　四冊

310000 - 0242 - 0000157　C18.17 - 5/7.502

四庫書目略二十卷附錄一卷 （清）費莫文良編　清同治九年(1870)刻本　六冊

310000 - 0242 - 0000158　C18.17 - 5/7.502C1

四庫書目略二十卷附錄一卷 （清）費莫文良編　清同治九年(1870)刻本　十二冊

310000 - 0242 - 0000159　C18.2 - 6/84

江南圖書館書目不分卷 （清）江南圖書館編　清末鉛印本　八冊

310000 - 0242 - 0000160　C18.21 - 13/7.491

萬卷樓藏書總目不分卷 （清）黃彭年纂　清光緒八年(1882)刻本　一冊

310000－0242－0000161　C18.413－8/8.211
河南圖書館書目六卷首一卷　（清）林之桓編
清宣統元年（1909）學務公所鉛印本　一冊

310000－0242－0000162　C18.621－16/711
學古堂藏書目五卷　（清）黃彭年等編　清江
蘇書局刻本　一冊

310000－0242－0000163　C18.621－8/209
東吳大學堂藏書樓書目不分卷　（清）東吳大
學堂編　清光緒刻本　一冊

310000－0242－0000164　C18.627－2/7.775
九峰書院藏書記不分卷　（清）帥鎮華編　清
光緒十九年（1893）四川嘉州九峰書院刻本
一冊

310000－0242－0000165　C18.8－11/406
涵芬樓藏書目錄不分卷　（清）商務印書館編
清宣統三年（1911）上海商務印書館鉛印本
一冊

310000－0242－0000166　C18.8－14/7.128
榕湖經舍藏書目錄不分卷　（清）沈秉成撰
清光緒十五年（1889）刻本　二冊

310000－0242－0000167　C18.8－16/7.491
學古堂捐藏書目五卷　（清）黃彭年等編　清
光緒江蘇書局刻本　一冊

310000－0242－0000168　C18.8－16/7.491C1
學古堂捐藏書目五卷　（清）黃彭年等編　清
光緒江蘇書局刻本　一冊

310000－0242－0000169　C18.8－20/7.164
繡谷亭薰習錄三卷經部一卷集部二卷　（清）
吳焯撰　清同治仁和吳氏雙照樓刻本　二冊

310000－0242－0000170　C18.8－3/752
于盦藏書總目不分卷　（清）□□撰　清抄本
三冊

310000－0242－0000171　C18.8－4/7.300
天一閣書目十卷碑目一卷　（清）范懋柱輯
清嘉慶十三年（1808）文選樓刻本　十一冊

310000－0242－0000172　C18.8－4/7.731
天一閣見存書目四卷首一卷末一卷　（清）薛

福成編　清光緒十五年（1889）無錫薛氏刻本
五冊

310000－0242－0000173　C18.8－8/752
松江韓氏藏書目　（清）□□撰　清抄本　一
冊

310000－0242－0000174　C18.85－9/5.389
昭德先生郡齋讀書志四卷附志一卷後志二卷
（宋）晁公武撰　清康熙六十一年（1722）長
安邸舍海寧陳師曾刻本　二冊

310000－0242－0000175　C18.85－9/5.389C2
昭德先生郡齋讀書志二十卷　（宋）晁公武撰
清光緒十年（1884）長沙王氏刻本　十冊

310000－0242－0000176　C18.85－9/5.389C4
昭德先生郡齋讀書志四卷附志一卷後志二卷
（宋）晁公武撰　清康熙六十一年（1722）長
安邸舍海寧陳師曾刻本　二冊

310000－0242－0000177　C18.86－5/6.441
世善堂藏書目二卷　（明）陳第編　清乾隆六
十年（1795）鮑氏知不足齋刻本　二冊

310000－0242－0000178　C18.87－10/7.556
海源閣藏書目不分卷　（清）楊紹和撰　（清）
江標輯　清光緒十四年（1888）元和江氏師鄦
室刻本　一冊

310000－0242－0000179　C18.87－10/7.556C1
海源閣藏書目不分卷　（清）楊紹和撰　（清）
江標輯　清光緒十四年（1888）元和江氏師鄦
室刻本　一冊

310000－0242－0000180　C18.87－10/7.556C2
海源閣藏書目不分卷　（清）楊紹和撰　（清）
江標輯　清光緒十四年（1888）元和江氏師鄦
室刻本　一冊

310000－0242－0000181　C18.87－12/7.164
揚州吳氏測海樓藏書目錄十二卷　（清）吳引
孫編　清宣統二年（1910）吳氏刻本　六冊

310000－0242－0000182　C18.87－12/7.375
瓶醞樓藏書目錄不分卷　（清）吳崶編　清光
緒十八年（1892）木活字印本　一冊

310000 – 0242 – 0000183　C18.87 – 12/7.375C1
瓶醴樓藏書目錄不分卷　（清）吳嶠編　清光
緒十八年(1892)木活字印本　一冊

310000 – 0242 – 0000184　C18.87 – 12/7.434
皕宋樓藏書志一百二十卷　（清）陸心源編
清光緒八年(1882)十萬卷樓刻本　三十二冊

310000 – 0242 – 0000185　C18.87 – 12/7.434C1
皕宋樓藏書志一百二十卷　（清）陸心源編
清光緒八年(1882)十萬卷樓刻本　三十二冊

310000 – 0242 – 0000186　C18.87 – 12/7.434C2
皕宋樓藏書志一百二十卷　（清）陸心源編
清光緒八年(1882)十萬卷樓刻本　三十二冊

310000 – 0242 – 0000187　C18.87 – 18/7.2
豐順丁氏持靜齋書目五卷　（清）丁日昌撰
（清）江標輯　清光緒二十一年(1895)元和江
標刻本　一冊

310000 – 0242 – 0000188　C18.87 – 19/7.135
藝芸書舍宋元本書目二卷　（清）汪士鐘撰
清同治十二年(1873)蘇州文學山房木活字印
本　一冊

310000 – 0242 – 0000189　C18.87 – 20/7.2
寶書閣著錄一卷附清吟閣書目四卷　（清）丁
白撰　清仁和吳氏雙照樓刻本　一冊

310000 – 0242 – 0000190　C18.87 – 21/7.756
鐵琴銅劍樓藏書目錄二十四卷　（清）瞿鏞編
清光緒二十三年(1897)誦芬室刻本　十冊

310000 – 0242 – 0000191　C18.87 – 21/7.756C1
鐵琴銅劍樓藏書目錄二十四卷　（清）瞿鏞編
清光緒二十三年(1897)誦芬室刻本　十冊

310000 – 0242 – 0000192　C18.87 – 21/7.756A
鐵琴銅劍樓藏宋元本書目四卷　（清）瞿鏞撰
（清）江標輯　清光緒二十三年(1897)元和
江氏刻本　一冊

310000 – 0242 – 0000193　C18.87 – 4/7.491
五桂樓書目四卷　（清）黃肇震編　清光緒二
十一年(1895)姚江黃氏刻本　二冊

310000 – 0242 – 0000194　C18.87 – 5/7.393

古越藏書樓書目二十卷　（清）徐樹蘭編　清
光緒三十年(1904)崇實書局石印本　八冊

310000 – 0242 – 0000195　C18.87 – 5/7.556
正誼堂全書總目一卷末一卷　（清）楊浚編
清同治八年(1869)福州正誼書院刻本　一冊

310000 – 0242 – 0000196　C18.87 – 6/7.84
江刻書目三種附宋元本行格表二卷　（清）江
標輯　清光緒十四年至二十三年(1888 –
1897)靈鶼閣刻本　四冊

310000 – 0242 – 0000197　C18.87 – 6/7.84C1
江刻書目三種附宋元本行格表二卷　（清）江
標輯　清光緒十四年至二十三年(1888 –
1897)靈鶼閣刻本　四冊

310000 – 0242 – 0000198　C18.87 – 7/752
汲古閣珍藏秘本書目一卷　（清）毛扆撰　清
嘉慶十六年(1811)吳門黃氏士禮居石印本
一冊

310000 – 0242 – 0000199　C18.87 – 8/7.705
金山錢氏家刻書目十卷　（清）錢培蓀彙錄
清光緒四年(1878)金山錢氏刻本　四冊

310000 – 0242 – 0000200　C18.87 – 9/7.2
持靜齋書目四卷續增書目一卷藏書紀要二卷
（清）丁日昌撰　清刻本　六冊

310000 – 0242 – 0000201　C18.87 – 9/7/2C1
持靜齋書目四卷續增書目一卷藏書紀要二卷
（清）丁日昌撰　清刻本　六冊

310000 – 0242 – 0000202　C18.88 – 19/8.740
藝風藏書記八卷　繆荃孫著　清光緒二十七
年(1901)刻本　二冊

310000 – 0242 – 0000203　C18.88 – 19/8.740C1
藝風藏書記八卷　繆荃孫著　清光緒二十七
年(1901)刻本　二冊

310000 – 0242 – 0000204　C18.88 – 19/8.740C3
藝風藏書記八卷　繆荃孫著　清光緒二十七
年(1901)刻本　一冊

310000 – 0242 – 0000205　C18.88 – 3/8.545
小萬柳堂明清書畫扇存目錄六集　（清）廉泉

輯　清宣統三年(1911)南湖小萬柳堂鉛印本
一冊

310000－0242－0000206　C19－17/7.634
點勘記二卷附省堂筆記　(清)歐陽泉撰　清
道光二十八年(1848)刻本　二冊

310000－0242－0000207　C19.1－10/7.428
書目答問五卷　(清)張之洞撰　清光緒元年
(1875)石印本　一冊

310000－0242－0000208　C19.1－10/7.428C1
書目答問五卷　(清)張之洞撰　清光緒元年
(1875)石印本　一冊

310000－0242－0000209　C19.1－10/7.428C10
書目答問五卷　(清)張之洞撰　清光緒元年
(1875)石印本　一冊

310000－0242－0000210　C19.1－10/7.428C2
書目答問五卷　(清)張之洞撰　清光緒元年
(1875)石印本　一冊

310000－0242－0000211　C19.1－10/7.428C3
書目答問五卷　(清)張之洞撰　清光緒三年
(1877)湖南長沙正德堂刻本　一冊

310000－0242－0000212　C19.1－10/7.428C4
書目答問五卷　(清)張之洞撰　清光緒元年
(1875)石印本　一冊

310000－0242－0000213　C19.1－10/7.428C5
書目答問五卷　(清)張之洞撰　清光緒三年
(1877)刻本　二冊

310000－0242－0000214　C19.1－10/7.428C6
書目答問五卷　(清)張之洞撰　清光緒十四
年(1888)上海蜚英館石印本　二冊

310000－0242－0000215　C19.1－10/7.428C7
書目答問五卷　(清)張之洞撰　清光緒三年
(1877)刻本　二冊

310000－0242－0000216　C19.1－10/7.428C8
書目答問五卷　(清)張之洞撰　清光緒元年
(1875)石印本　一冊

310000－0242－0000217　C19.1－10/7.428C9

書目答問五卷　(清)張之洞撰　清光緒元年
(1875)石印本　一冊

310000－0242－0000218　C19.1－10/7.428B
書目答問五卷　(清)張之洞撰　清宣統三年
(1911)上海掃葉山房石印本　二冊

310000－0242－0000219　C19.1－10/7.84
書目答問箋補四卷　(清)江人度撰　清光緒
三十年(1904)漢川江氏刻本　四冊

310000－0242－0000220　C19.1－20/7.363
蘇溪漁隱讀書譜四卷　(清)耿文光撰　清光
緒十五年(1889)刻本　四冊

310000－0242－0000221　C19.1－20/7.363B
蘇溪漁隱讀書譜四卷　(清)耿文光撰　清光
緒十五年(1889)刻本　三冊

310000－0242－0000222　C19.1－22/7.337
讀書作文譜十二卷附父師善誘法二卷補遺
(清)唐彪輯著　清嘉慶十九年(1814)刻本
一冊

310000－0242－0000223　C19.2－10/5.389
郡齋讀書志四卷附志一卷後志二卷　(宋)晁
公武撰　清刻本　四冊

310000－0242－0000224　C20.92－4/5.441
中興館閣錄八卷續錄八卷附陶嘉書屋泥封目
次一卷　(宋)陳騤撰　清抄本　三冊

310000－0242－0000225　C29.1－18/7.562
藏書紀事詩六卷　葉昌熾撰　清光緒二十三
年(1897)長沙學使署刻本　十二冊

310000－0242－0000226　C29.1－18/7.562C2
藏書紀事詩七卷　葉昌熾撰　清宣統二年
(1910)刻本　六冊

310000－0242－0000227　C29.1－18/7.562C3
藏書紀事詩七卷　葉昌熾撰　清宣統二年
(1910)刻本　六冊

310000－0242－0000228　C29.1－18/7.562C4
藏書紀事詩七卷　葉昌熾撰　清宣統二年
(1910)刻本　一冊

310000－0242－0000229　C29.1－6/7.791

百宋一廛賦一卷　（清）顧廣圻撰　（清）黃丕烈注　清嘉慶十年(1805)士禮居刻本　一冊

310000－0242－0000230　C29.1－6/7.791C1

百宋一廛賦一卷　（清）顧廣圻撰　（清）黃丕烈注　清嘉慶十年(1805)士禮居刻本　一冊

310000－0242－0000231　C29.1－6/7.791C2

百宋一廛賦一卷　（清）顧廣圻撰　（清）黃丕烈注　清嘉慶十年(1805)士禮居刻本　一冊

310000－0242－0000232　C29.2－15/8.674

徵訪明季遺書目不分卷　（清）劉世瑗著　清宣統二年(1910)鉛印本　一冊

310000－0242－0000233　C29.77－12/8.568

皕宋樓源流考並購獲本末不分卷　（日本）島田翰撰　董康譯　清光緒三十三年(1907)武進董康刻本　一冊

310000－0242－0000234　C30－16/7.151

瘳忘編二卷附緒論附後　（清）李塨撰　黃節鄧實校錄　清光緒三十四年(1908)上海國學保存會鉛印本　一冊

310000－0242－0000235　C30－7/7.178

何氏學四卷　（清）何治運撰　清嘉慶二十四年(1819)刻本　四冊

310000－0242－0000236　C30.25－9/7.393

春秋中國夷狄辨三卷　（清）徐勤撰　清光緒二十三年(1897)上海大同譯書局石印本　一冊

310000－0242－0000237　C30.7－22/7.674

讀書日記六卷補編二卷　（清）劉源淥撰　清雍正十一年(1733)刻本　四冊

310000－0242－0000238　SC11.6－10/5.260

容齋題跋二卷　（宋）洪邁撰　明崇禎虞山毛氏汲古閣刻本　一冊

310000－0242－0000239　SC11.6－3/7.491

士禮居藏書題跋記四卷　（清）黃丕烈撰　清抄本　十四冊

310000－0242－0000240　SC11.7－13/5.352

經籍攷七十六卷　（元）馬端臨撰　明弘治九年(1496)南昌何喬新刻本　四十冊

310000－0242－0000241　SC12.9417－11/752

皇朝經世文續編姓名總錄　（清）□□撰　清抄本　三冊

310000－0242－0000242　SC18.87－10/7.379C1

孫氏祠堂書目內編四卷　（清）孫星衍撰　清光緒德化李氏刻本　一冊

310000－0242－0000243　SC19.1－10/8.300

書目答問補正五卷附錄二卷　范希曾著　清末鉛印本　二冊

310000－0242－0000244　SD11－3/4.570

大唐類要一百六十卷　（唐）虞世南纂　清恬養齋抄本　十六冊

310000－0242－0000245　D11－3/5.21

小學紺珠十卷　（宋）王應麟撰　清光緒九年(1883)浙江書局刻本　四冊

310000－0242－0000246　SD11－3/6.535

千一疏二十二卷　（明）程涓撰　明萬曆三十七年(1609)刻本　十冊

310000－0242－0000247　D11－3/7.2

子史精華一百六十卷　（清）吳襄　（清）吳士玉輯　清光緒十二年(1886)上海同文書局石印本　八冊

310000－0242－0000248　D11－3/7.2C3

子史精華一百六十卷　（清）吳襄　（清）吳士玉輯　清雍正五年(1727)刻本　八冊

310000－0242－0000249　D11－3/7.2C5

子史精華一百六十卷　（清）吳襄　（清）吳士玉輯　清刻本　四十八冊

310000－0242－0000250　D11－3/7.434

小知錄十二卷　（清）陸鳳藻撰　清同治十二年(1873)淮南書局刻本　一冊

310000－0242－0000251　D11－3/7.434C2

小知錄十二卷　（清）陸鳳藻撰　清同治十二年(1873)淮南書局刻本　四冊

310000－0242－0000252　D11－3/7.434C3

小知錄十二卷　（清）陸鳳藻撰　清同治十二年(1873)淮南書局刻本　四冊

310000－0242－0000253　D11－3/7.434C4

小知錄十二卷　（清）陸鳳藻撰　清同治十二年(1873)淮南書局刻本　四冊

310000－0242－0000254　D11－4/5.151

太平御覽一千卷　（宋）李昉等撰　清光緒十八年(1892)南海李氏刻本　二十冊

310000－0242－0000255　D11－4/5.151C6

太平御覽一千卷　（宋）李昉等撰　清嘉慶十一年(1806)木活字印本　一百二十冊

310000－0242－0000256　D11－4/5.151C7

太平御覽一千卷　（宋）李昉等撰　清嘉慶十四年(1809)從善堂刻本　一百二冊

310000－0242－0000257　SD11－4/6.556

丹鉛總錄二十七卷　（明）楊慎撰　明嘉靖三十三年(1554)刻本　五冊

310000－0242－0000258　D11－4/6.556B

丹鉛總錄二十七卷　（明）楊慎撰　清乾隆三十年(1765)楊旭刻本　六冊

310000－0242－0000259　D11－4/7.178

文選類雋十四卷　（清）何松編　清光緒十六年(1890)上海珍藝書局鉛印本　一冊

310000－0242－0000260　D11－4/7.178C2

文選類雋十四卷　（清）何松編　清光緒十六年(1890)上海珍藝書局鉛印本　一冊

310000－0242－0000261　D11－4/7.210

文選課虛四卷　（清）杭世駿輯　清光緒十八年(1892)上海珍藝書局鉛印本　一冊

310000－0242－0000262　D11－4/7.288

五經典林附五經囊括纂要　（清）奎璧齋主人纂　清光緒十四年(1888)鴻寶齋石印本　四冊

310000－0242－0000263　D11－4/7.289

文選集腋二卷　（清）胥斌輯　清末石印本　一冊

310000－0242－0000264　SD11－5/4.570

北堂書鈔一百六十卷　（唐）虞世南纂　（明）陳禹謨校　明萬曆二十八年(1600)海虞陳禹謨刻本　三十六冊

310000－0242－0000265　D11－5/4.570C2

北堂書鈔一百六十卷　（唐）虞世南纂　清光緒十四年(1888)南海三十三萬卷堂刻本　十六冊

310000－0242－0000266　D11－5/4.570C3

北堂書鈔一百六十卷　（唐）虞世南纂　清光緒十四年(1888)南海三十三萬卷堂刻本　四冊

310000－0242－0000267　D11－5/5.21

玉海二百四卷附刻十三種　（宋）王應麟纂　清光緒九年(1883)浙江書局刻本　一百二十冊

310000－0242－0000268　D11－5/5.21C2

玉海二百四卷　（宋）王應麟纂　清康熙二十六年(1687)刻本　十冊

310000－0242－0000269　D11－5/5.21C3

玉海二百四卷附刻十三種　（宋）王應麟纂　清光緒九年(1883)浙江書局刻本　一百二十二冊

310000－0242－0000270　D11－5/5.21C5

玉海二百四卷　（宋）王應麟纂　清康熙二十六年(1687)刻本　一百冊

310000－0242－0000271　D11－5/5.21C6

玉海二百四卷　（宋）王應麟纂　清光緒九年(1883)浙江書局刻本　十九冊

310000－0242－0000272　SD11－5/5.21A

冊府元龜一千卷　（宋）王欽若等撰　明崇禎十七年(1644)豫章黃國琦刻本　七十五冊

310000－0242－0000273　SD11－5/5.21AC2

冊府元龜一千卷　（宋）王欽若等撰　清乾隆十九年(1754)寧都承德堂刻本　三百二十冊

310000－0242－0000274　SD11－5/5.717

古今合璧事類備要三百六十六卷　（宋）謝維

新编　明嘉靖三十五年(1556)刻本　九十六册

310000－0242－0000275　SD11－5/6.343

左國腴詞八卷　（明）凌迪知纂　明萬曆四年(1576)刻本　二册

310000－0242－0000276　D11－5/7.15

古事比五十二卷　（清）方中德纂　清光緒十三年(1887)上海點石齋石印本　六册

310000－0242－0000277　D11－5/7.15C2

古事比五十二卷　（清）方中德纂　清光緒十三年(1887)上海點石齋石印本　六册

310000－0242－0000278　D11－5/7.15C3

古事比五十二卷　（清）方中德纂　清光緒十三年(1887)上海點石齋石印本　六册

310000－0242－0000279　D11－5/7.15C5

古事比五十二卷　（清）方中德纂　清光緒十三年(1887)上海點石齋石印本　六册

310000－0242－0000280　D11－5/7.164

古學記問錄十五卷　（清）吳蔚文編　清同治四年(1865)貳義堂刻本　八册

310000－0242－0000281　D11－5/7.203.1

古諷籀齋目耕腴錄三十二卷　（清）泖上開鷗纂輯　清同治十二年(1873)古諷籀齋刻本　十册

310000－0242－0000282　D11－5/7.794

四書典類淵海五十二卷　（清）點鐵齋主人訂　清光緒十四年(1888)上海鴻文書局石印本　十册

310000－0242－0000283　D11－8/5.164

增補事類統編九十三卷　（宋）吳淑撰　（清）黃葆真增輯　清光緒三年(1877)羣玉書屋刻本　十二册

310000－0242－0000284　D11－8/5.164C2

增補事類統編九十三卷　（宋）吳淑撰　（清）黃葆真增輯　清光緒十四年(1888)上海積山書局石印本　十二册

310000－0242－0000285　D11－8/6.21

表異錄二十卷　（明）王志堅撰　清光緒二年(1876)刻本　一册

310000－0242－0000286　SD11－8/6.235

卓氏藻林八卷　（明）卓明卿編　明萬曆八年(1580)鈔香室刻本　八册

310000－0242－0000287　D11－8/7.428

事類賦補遺十四卷　（清）張均編　清刻本　四册

310000－0242－0000288　D11－8/7.84

詠物類腋六卷　（清）江澍輯　清道光八年(1828)江氏家塾刻本　六册

310000－0242－0000289　D11－9/5.84

皇朝類苑七十八卷　（宋）江少虞撰　清宣統三年(1911)武進董氏刻本　十二册

310000－0242－0000290　D11－9/7.386

省軒考古類編十二卷　（清）柴紹炳纂　清雍正四年(1726)澹成堂刻本　二册

310000－0242－0000291　D11－9/7.720

洋務經濟通考十六卷　應祖錫輯　清光緒二十八年(1902)上海鴻寶齋石印本　十二册

310000－0242－0000292　SD11－10/4.79

唐宋白孔六帖一百卷　（唐）白居易撰　（宋）孔傳續　明刻本　五十册

310000－0242－0000293　SD11－10/6.312

唐類函二百卷　（明）俞安期纂　明萬曆三十一年(1603)刻本　四十册

310000－0242－0000294　D11－10/6.375

益智編四十一卷　（明）孫能傳輯　清光緒十七年(1891)石印本　十二册

310000－0242－0000295　D11－10/6.375C2

益智編四十一卷　（明）孫能傳輯　清光緒十七年(1891)石印本　十二册

310000－0242－0000296　D11－10/7.428

增補記事珠十卷　（清）張以謙纂　清嘉慶二十年(1815)刻本　十册

310000－0242－0000297　D11－10/7.441

格致鏡原一百卷 （清）陳元龍纂 清光緒二十二年(1896)上海積山書局石印本 十六冊

310000 – 0242 – 0000298 SD11 – 11/477

情史類略二十四卷 （明）馮夢龍撰 清立本堂刻本 二十四冊

310000 – 0242 – 0000299 D11 – 11/5.128

通鑑總類二十卷 （宋）沈樞輯 清光緒十七年(1891)讀我書齋刻本 二十冊

310000 – 0242 – 0000300 SD11 – 11/5.128C2

通鑑總類二十卷 （宋）沈樞輯 明萬曆刻本 一冊

310000 – 0242 – 0000301 D11 – 11/5.449

清異錄二卷 （宋）陶穀纂 清光緒二十二年(1896)惜陰軒刻本 一冊

310000 – 0242 – 0000302 D11 – 11/5.449C2

清異錄二卷 （宋）陶穀纂 清光緒元年(1875)庸閒齋刻本 四冊

310000 – 0242 – 0000303 SD11 – 11/5.449C3

清異錄二卷附表異錄二十卷 （宋）陶穀纂 清雍正漱六閣刻本 二冊

310000 – 0242 – 0000304 D11 – 11/6.15C2

通雅五十二卷 （明）方以智撰 清康熙五年(1666)浮山此藏軒刻本 二十冊

310000 – 0242 – 0000305 D11 – 11/7.73

異號類編二十卷 （清）史夢蘭編 清光緒三年(1877)止園刻本 四冊

310000 – 0242 – 0000306 SD11 – 12/6.393

喻林八十卷 （明）徐元太纂 明萬曆十七年(1589)刻本 二十四冊

310000 – 0242 – 0000307 SD11 – 12/6.393A

喻林一百二十卷 （明）徐元太輯 明萬曆四十三年(1615)刻本 二十六冊

310000 – 0242 – 0000308 D11 – 12/6.428

增定雅俗稽言四十卷 （明）張存紳撰 清康熙三十八年(1699)刻本 十冊

310000 – 0242 – 0000309 D11 – 12/6.491

博物典彙二十卷 （明）黃道周纂 明崇禎八年(1635)刻本 十八冊

310000 – 0242 – 0000310 D11 – 12/7.164

策學備纂三十二卷首一卷 （清）吳潁炎編 清光緒十四年(1888)上海點石齋石印本 十二冊

310000 – 0242 – 0000311 D11 – 12/7.2

淵鑒類函四百五十卷 （清）張英等纂 清光緒六年(1880)刻本 一百五十九冊

310000 – 0242 – 0000312 D11 – 12/7.2C2

淵鑒類函四百五十卷 （清）張英等纂 清光緒二年(1876)古香齋刻本 二百冊

310000 – 0242 – 0000313 D11 – 12/7.2C3

淵鑒類函四百五十卷 （清）張英等纂 清光緒二十一年(1895)上海點石齋石印本 五冊

310000 – 0242 – 0000314 D11 – 12/7.2C4

淵鑒類函四百五十卷 （清）張英等纂 清康熙四十九年(1710)刻本 三十一冊

310000 – 0242 – 0000315 D11 – 12/7.2C5

淵鑒類函四百五十卷 （清）張英等纂 清古香齋刻本 一百六十冊

310000 – 0242 – 0000316 D11 – 12/7.2C6

淵鑒類函四百五十卷 （清）張英等纂 清光緒十三年(1887)上海同文書局石印本 十二冊

310000 – 0242 – 0000317 D11 – 12/7.2C8

淵鑒類函四百五十卷 （清）張英等纂 清光緒二十三年(1897)上海點石齋石印本 十冊

310000 – 0242 – 0000318 D11 – 12/752

琱玉集二卷 （唐）□□撰 清光緒遵義黎氏刻本 一冊

310000 – 0242 – 0000319 D11 – 12/790

湘報類纂六集 （清）覺睡齋主人編 清光緒二十八年(1902)中華編譯印書館鉛印本 八冊

310000 – 0242 – 0000320 SD11 – 13/5.170

東萊先生詩律武庫十五卷附後集十五卷

（宋）呂本中編　清康熙五十四年(1715)洞庭鄭氏刻本　四冊

310000－0242－0000321　SD11－13/5.562

選編省監新奇萬寶詩山三十八卷　（宋）葉景達編　宋刻本　三十七冊

310000－0242－0000322　SD11－13/57.211

聯新事備詩學大成三十卷　（元）林楨編　元刻本　十二冊

310000－0242－0000323　D11－13/6.21

新刻重校增補圓機活法詩學全書　（明）王世貞輯　清宏道堂刻本　二十四冊

310000－0242－0000324　SD11－13/6.359

重訂二三塲注釋羣書備考八卷　（明）袁黃纂　（明）葉世儵增注　明刻本　四冊

310000－0242－0000325　SD11－13/6.535

羣書類雋二卷　（明）程自明纂　明崇禎十年(1637)朱氏書坊刻本　四冊

310000－0242－0000326　D11－13/7.441

經傳繹義五十卷　（清）陳煒輯　清嘉慶九年(1804)校字齋刻本　二十冊

310000－0242－0000327　SD11－13/7.791

經濟類考約編二卷　（清）顧九錫輯　清康熙七年(1668)刻本　八冊

310000－0242－0000328　D11－13/752A

經緯類編不分卷　（清）□□編　清抄本　五冊

310000－0242－0000329　SD11－14/6.568

廣博物志五十卷　（明）董斯張撰　明萬曆三十五年(1607)刻本　十六冊

310000－0242－0000330　D11－14/7.21

增訂廣日記故事詳注二卷　（清）王相增注　清光緒南京李光明莊刻本　二冊

310000－0242－0000331　D11－14/7.654

廣治平畧三十六卷　（清）蔡方炳撰　清後期刻本　十冊

310000－0242－0000332　D11－15/37.148

編珠四卷　（隋）杜公瞻撰　（清）高士奇續編　清康熙三十七年(1698)清吟堂刻本　一冊

310000－0242－0000333　D11－15/4.674

稽瑞一卷　（唐）劉賡輯　清光緒十年(1884)知不足齋刻本　一冊

310000－0242－0000334　D11－15/6.441

潛確居類書一百二十卷　（明）陳仁錫纂　明崇禎長洲陳氏刻本　四十二冊

310000－0242－0000335　SD11－15/7.135

穀玉類編五十卷　（清）汪兆舒輯　清乾隆二十三年(1758)資履堂刻本　十冊

310000－0242－0000336　SD11－16/5.752

錦繡萬花谷一百二十卷　（宋）□□撰　明刻本　二十冊

310000－0242－0000337　D11－16/5.752

錦繡萬花谷續集四十卷　（宋）□□纂　明嘉靖十五年(1536)繡石堂刻本　十冊

310000－0242－0000338　SD11－19/4.634

藝文類聚一百卷　（唐）歐陽詢纂　（明）王元貞校　明刻本　二十六冊

310000－0242－0000339　D11－19/6.661

類雋三十卷　（明）鄭若庸輯　明刻本　十五冊　存十五卷(八至二十二)

310000－0242－0000340　D11－19/7.128

藝林彙考四十卷　（清）沈自南編　清乾隆十六年(1751)刻本　十六冊

310000－0242－0000341　D11－19/7.151

藝苑零珠六卷附經史總論　（清）李象梓纂　清光緒十五年(1889)芸香書屋刻本　四冊

310000－0242－0000342　D11－19/7.316

類林新詠三十六卷　（清）姚之駰纂　清康熙四十七年(1708)刻本　十四冊

310000－0242－0000343　D11－19/7.316C2

類林新詠三十六卷　（清）姚之駰纂　清文暎書屋刻本　六冊

310000－0242－0000344　D11－22/7.21

學史四十八卷 （清）王希廉輯 清光緒二年(1876)上海申報館鉛印本 八冊

310000－0242－0000345 D11－22/7.21C3

學史四十八卷 （清）王希廉輯 清光緒二年(1876)上海申報館鉛印本 八冊

310000－0242－0000346 D11－22/7.326

讀書紀數略五十四卷 （清）宮夢仁撰 清康熙五十年(1711)刻本 十六冊

310000－0242－0000347 SD12－4/6.343

文選錦字錄二十一卷 （明）凌迪知輯 明萬曆五年(1577)吳興桂芝館刻本 二十二冊

310000－0242－0000348 D12－4/7.178

分類字錦六十四卷 （清）何焯纂 清康熙六十一年(1722)刻本 六十四冊

310000－0242－0000349 D12－4/7.178C2

分類字錦六十四卷 （清）何焯纂 清康熙六十一年(1722)刻本 六十四冊

310000－0242－0000350 SD12－7/4.393

初學記三十卷 （唐）徐堅撰 明嘉靖十年(1531)桂坡館刻本 十二冊

310000－0242－0000351 D12－7/4.393C2

初學記三十卷 （唐）徐堅撰 清光緒九年(1883)古香齋刻本 三冊

310000－0242－0000352 D12－7/4.393C4

初學記三十卷 （唐）徐堅撰 清光緒十四年(1888)蘊石齋刻本 十六冊

310000－0242－0000353 D12－7/4.393C5

初學記三十卷 （唐）徐堅撰 明刻本 六冊

310000－0242－0000354 D13－8/7.2

佩文韻府一百六卷 （清）張玉書等纂 清光緒十三年(1887)上海點石齋石印本 六十冊

310000－0242－0000355 D13－8/7.2C2

佩文韻府一百六卷 （清）張玉書等纂 清光緒十二年(1886)上海同文書局石印本 六十冊

310000－0242－0000356 D13－8/7.2C3

佩文韻府一百六卷 （清）張玉書等纂 清光緒十八年(1892)上海同文書局石印本 六十冊

310000－0242－0000357 D13－8/7.2C4

佩文韻府一百六卷 （清）張玉書等纂 清光緒十二年(1886)上海點石齋石印本 五十冊

310000－0242－0000358 D13－8/7.2C5

佩文韻府一百六卷 （清）張玉書等纂 清中後期刻本 二百冊

310000－0242－0000359 D13－8/7.2C7

佩文韻府一百六卷 （清）張玉書等纂 清道光嶺南海山仙館刻本 四十一冊

310000－0242－0000360 D13－8/7.2C8

佩文韻府一百六卷 （清）張玉書等纂 清光緒八年(1882)上海點石齋石印本 十冊

310000－0242－0000361 D13－13/7.441

新增詩句題解彙編二十二卷 （清）陳劍芝等原本 （清）朱春舫增輯 清光緒五年(1879)刻本 六冊

310000－0242－0000362 D13－19/7.42

韻海大全不分卷 （清）仁壽室主人輯 清光緒十二年(1886)上海文瑞樓石印本 六冊

310000－0242－0000363 D13－19/7.622

韻選類通十五卷 （清）潘之藻纂 清康熙三十一年(1692)聚星樓刻本 十冊

310000－0242－0000364 D14－3/7.450

小酉山房外集一卷 （清）常增撰 清道光十四年(1834)刻本 一冊

310000－0242－0000365 D14－4/7.55.3

月令輯要二十四卷 （清）李光地 （清）吳廷楨等輯 清康熙五十四年(1715)武英殿刻本 三十二冊

310000－0242－0000366 D14－8/7.98B

治經堂日次詩二卷 （清）朱錦琮撰 清刻本 二冊

310000－0242－0000367 D15－16/7.3

御定駢字類編二百四十卷 （清）張廷玉等編

清光緒十三年(1887)上海同文書局石印本
四十八冊

310000－0242－0000368　D15－16/7.3C2
御定駢字類編二百四十卷　（清）張廷玉等編
清光緒十三年(1887)上海同文書局石印本
一百二十一冊

310000－0242－0000369　D15－16/7.3C4
御定駢字類編二百四十卷　（清）張廷玉等編
清光緒十三年(1887)上海同文書局石印本
十二冊

310000－0242－0000370　D16－6/752
光緒官報　（清）□□編　清光緒石印本　一
冊

310000－0242－0000371　D16－8/7.15
物理小識十二卷　（明）方以智撰　清光緒十
二年(1886)寧靜堂刻本　六冊

310000－0242－0000372　D16－10/752
格物彙編圖解四種　（清）□□譯　清光緒二
十三年(1897)石印本　四冊

310000－0242－0000373　D18－3/12.8
小嫏嬛山館彙刊類書十二種　（清）小嫏嬛山
館編　清咸豐九年(1859)小嫏嬛山館刻本
二冊

310000－0242－0000374　D18－4/6.343
文林綺繡五種　（明）凌迪知輯　清光緒十九
年(1893)上海鴻寶齋石印本　五冊

310000－0242－0000375　D18－4/6.343C2
文林綺繡五種　（明）凌迪知輯　清光緒十九
年(1893)上海鴻寶齋石印本　五冊

310000－0242－0000376　D18－16/7.441
憑山閣增輯留青新集三十卷　（清）陳枚選
清刻本　二十四冊

310000－0242－0000377　E10－6/7.21
存古學堂叢刻不分卷　王仁俊撰　清光緒三
十三年(1907)蘇州存古學堂鉛印本　六冊

310000－0242－0000378　E10－11/7.661C2
盛世危言十四卷　鄭觀應撰　清光緒二十一

年(1895)鉛印本　四冊

310000－0242－0000379　E10－11/7.661A
盛世危言續編三卷　（清）杞憂生輯　清光緒
二十一年(1895)上海賜堂石印本　三冊

310000－0242－0000380　E10－11/7.661B
盛世危言外篇二卷　（清）馮桂芬輯　清光緒
二十一年(1895)上海賜堂石印本　二冊

310000－0242－0000381　E10－11/7.661C
盛世危言六卷續編四卷　鄭觀應撰　清光緒
二十二年(1896)上海書局石印本　十冊

310000－0242－0000382　E10－11/7.661D
盛世危言補編六卷　鄭觀應撰　清光緒二十
三年(1897)石印本　二冊

310000－0242－0000383　E10－21/7.441
續富國策四卷　（清）陳熾撰　清光緒二十四
年(1898)中江鵁鶄室主人刻本　二冊

310000－0242－0000384　E11－2/7.460
九水山房文存二卷　（清）畢亨撰　清咸豐二
年(1852)聊城海源閣刻本　一冊

310000－0242－0000385　E11－2/7.705
十駕齋養新錄二十卷餘錄三卷附錢辛楣先生
年譜一卷續編一卷　（清）錢大昕撰　清光緒
二年(1876)浙江書局刻本　八冊

310000－0242－0000386　E11－2/7.705C2
十駕齋養新錄二十卷餘錄三卷附錢辛楣先生
年譜一卷續編一卷　（清）錢大昕撰　清光緒
二年(1876)浙江書局刻本　四冊

310000－0242－0000387　E11－2/7.705C3
十駕齋養新錄二十卷餘錄三卷附錢辛楣先生
年譜一卷續編一卷　（清）錢大昕撰　清光緒
二年(1876)浙江書局刻本　八冊

310000－0242－0000388　E11－4/7.767
文昌雜錄六卷補遺一卷　（宋）龐元英撰　清
乾隆二十一年(1756)雅雨堂刻本　一冊

310000－0242－0000389　E11－4/7.791
日知錄集釋三十二卷附刊誤二卷續刊誤二卷
（清）顧炎武撰　（清）黃汝成集釋　清光緒

三年(1877)刻本　八冊

310000－0242－0000390　E11－4/7.791C4
日知錄集釋三十二卷附刊誤二卷續刊誤二卷
　　(清)顧炎武撰　(清)黃汝成集釋　清同治
十一年(1872)湖北崇文書局刻本　十六冊

310000－0242－0000391　E11－4/7.791C5
日知錄集釋三十二卷附刊誤二卷續刊誤二卷
　　(清)顧炎武撰　(清)黃汝成集釋　清同治
八年(1869)廣州述古堂刻本　十六冊

310000－0242－0000392　E11－4/7.791C7
日知錄集釋三十二卷附刊誤二卷續刊誤二卷
　　(清)顧炎武撰　(清)黃汝成集釋　清同治
八年(1869)廣州述古堂刻本　十六冊

310000－0242－0000393　E11－4/7.791C9
日知錄集釋三十二卷附刊誤二卷續刊誤二卷
　　(清)顧炎武撰　(清)黃汝成集釋　清光緒
三年(1877)上海掃葉山房刻本　二十冊

310000－0242－0000394　E11－4/7.791C10
日知錄三十二卷　(清)顧炎武撰　清康熙三
十四年(1695)刻本　四冊

310000－0242－0000395　E11－4/7.791C11
日知錄集釋三十二卷附刊誤二卷續刊誤二卷
　　(清)顧炎武撰　(清)黃汝成集釋　清同治
八年(1869)廣州述古堂刻本　十六冊

310000－0242－0000396　E11－4/7.791A
日知錄之餘四卷　(清)顧炎武撰　清宣統二
年(1910)刻本　二冊

310000－0242－0000397　E11－4/7.791B
日知錄三十二卷　(清)顧炎武撰　清康熙三
十四年(1695)刻本　十冊

310000－0242－0000398　SE11－5/7.21
欽定四庫全書考證一百卷　(清)王太岳等撰
　　清乾隆三十九年(1774)北京武英殿木活字
印本　八十冊

310000－0242－0000399　E11－5/7.21A
石渠餘紀六卷　(清)王慶雲撰　清光緒十六
年(1890)刻本　六冊

310000－0242－0000400　E11－5/7.3645
札樸十卷　(清)桂馥撰　清嘉慶十八年
(1813)山陰小李山房刻本　二冊

310000－0242－0000401　E11－5/7.3645C2
札樸十卷　(清)桂馥撰　清嘉慶十八年
(1813)山陰小李山房刻本　六冊

310000－0242－0000402　E11－5/7.375
札迻十二卷　(清)孫詒讓撰　清光緒二十年
(1894)瑞安孫氏刻本　二冊

310000－0242－0000403　E11－5/7.375C2
札迻十二卷　(清)孫詒讓撰　清光緒二十年
(1894)瑞安孫氏刻本　一冊

310000－0242－0000404　E11－5/7.375C3
札迻十二卷　(清)孫詒讓撰　清光緒二十年
(1894)瑞安孫氏刻本　四冊

310000－0242－0000405　E11－5/7.375C4
札迻十二卷　(清)孫詒讓撰　清光緒二十年
(1894)瑞安孫氏刻本　四冊

310000－0242－0000406　E11－5/7.375C5
札迻十二卷　(清)孫詒讓撰　清光緒二十年
(1894)瑞安孫氏刻本　四冊

310000－0242－0000407　E11－7/5.21
困學紀聞二十卷首一卷　(宋)王應麟撰　清
同治九年(1870)揚州書局刻本　四冊

310000－0242－0000408　E11－7/5.21C4
困學紀聞二十卷首一卷　(宋)王應麟撰　清
桐華書塾刻本　六冊

310000－0242－0000409　E11－7/5.21C6
困學紀聞二十卷首一卷　(宋)王應麟撰　清
同治九年(1870)揚州書局刻本　二冊

310000－0242－0000410　E11－7/5.21C7
困學紀聞二十卷首一卷　(宋)王應麟撰　清
同治九年(1870)揚州書局刻本　六冊

310000－0242－0000411　E11－7/5.21A
困學紀聞五箋集證二十卷　(宋)王應麟撰
(清)閻若璩箋　清嘉慶十二年(1807)刻本
十冊

310000－0242－0000412　E11－7/7.396
困學紀聞注二十卷　（清）翁元圻撰　清道光
五年(1825)守福堂刻本　十二冊

310000－0242－0000413　E11－7/7.396C2
困學紀聞注二十卷　（清）翁元圻撰　清道光
五年(1825)守福堂刻本　十二冊

310000－0242－0000414　SE11－8/6.441
金罍子四十四卷　（明）陳絳撰　明萬曆三十
四年(1606)刻本　二十四冊

310000－0242－0000415　SE11－8/6.441C2
金罍子四十四卷　（明）陳絳撰　明萬曆刻本
十冊

310000－0242－0000416　SE11－8/6.441C3
金罍子四十四卷　（明）陳絳撰　明萬曆三十
四年(1606)上虞陳氏刻本　十四冊

310000－0242－0000417　E11－8/7.441
東塾讀書記二十一卷　（清）陳澧撰　清後期
廣州刻本　四冊

310000－0242－0000418　E11－8/7.441C3
東塾讀書記二十一卷　（清）陳澧撰　清光緒
二十四年(1898)紉蘭書館刻本　五冊

310000－0242－0000419　E11－8/7.441C4
東塾讀書記二十一卷　（清）陳澧撰　清光緒
二十四年(1898)紉蘭書館刻本　五冊

310000－0242－0000420　E11－8/7.441C5
東塾讀書記二十一卷　（清）陳澧撰　清光緒
二十四年(1898)紉蘭書館刻本　四冊

310000－0242－0000421　E11－8/7.441C7
東塾讀書記二十一卷　（清）陳澧撰　清光緒
二十四年(1898)紉蘭書館刻本　一冊

310000－0242－0000422　E11－8/7.441C8
東塾讀書記二十一卷　（清）陳澧撰　清光緒
二十四年(1898)紉蘭書館刻本　四冊

310000－0242－0000423　E11－8/7.441C9
東塾讀書記二十一卷　（清）陳澧撰　清後期
廣州鎔經鑄史齋刻本　五冊

310000－0242－0000424　E11－9/7.135C3
**述學內篇三卷補遺一卷外篇一卷別錄一卷附
錄校勘記**　（清）汪中撰　清同治八年(1869)
揚州書局刻本　一冊

310000－0242－0000425　E11－9/7.135C4
**述學內篇三卷補遺一卷外篇一卷別錄一卷附
錄校勘記**　（清）汪中撰　清同治八年(1869)
揚州書局刻本　一冊

310000－0242－0000426　E11－9/7.135C5
**述學內篇三卷補遺一卷外篇一卷別錄一卷附
錄校勘記**　（清）汪中撰　清同治八年(1869)
揚州書局刻本　一冊

310000－0242－0000427　E11－9/7.135C9
**述學內篇三卷補遺一卷外篇一卷別錄一卷附
錄校勘記**　（清）汪中撰　清同治八年(1869)
揚州書局刻本　二冊

310000－0242－0000428　SE11－9/7.135C3
**述學內篇三卷補遺一卷外篇一卷別錄一卷附
錄校勘記**　（清）汪中撰　清同治八年(1869)
揚州書局刻本　二冊

310000－0242－0000429　E11－9/7.271
訂譌雜錄十卷　（清）胡鳴玉撰　清康熙五十
八年(1719)刻本　四冊

310000－0242－0000430　E11－9/7.312
癸巳存稿十五卷　（清）俞正燮撰　清光緒十
年(1884)李宗煝刻本　四冊

310000－0242－0000431　E11－9/7.312C2
癸巳存稿十五卷　（清）俞正燮撰　清光緒十
年(1884)李宗煝刻本　四冊

310000－0242－0000432　E11－9/7.312C3
癸巳存稿十五卷　（清）俞正燮撰　清光緒十
年(1884)李宗煝刻本　二冊

310000－0242－0000433　E11－9/7.428
眉山詩案廣證六卷　（清）張鑑撰　清光緒十
年(1884)江蘇書局刻本　一冊

310000－0242－0000434　E11－9/7.428C2
眉山詩案廣證六卷　（清）張鑑撰　清光緒十

年(1884)江蘇書局刻本　一冊

310000－0242－0000435　E11－9/7.428C3

眉山詩案廣證六卷　（清）張鑑撰　清光緒十年(1884)江蘇書局刻本　一冊

310000－0242－0000436　E11－9/7.428C4

眉山詩案廣證六卷　（清）張鑑撰　清光緒十年(1884)江蘇書局刻本　二冊

310000－0242－0000437　E11－9/7.428C5

眉山詩案廣證六卷　（清）張鑑撰　清光緒十年(1884)江蘇書局刻本　四冊

310000－0242－0000438　E11－9/7.598

陔餘叢考四十三卷　（清）趙翼撰　清末上海文瑞樓石印本　十六冊

310000－0242－0000439　E11－9/7.598C2

陔餘叢考四十三卷　（清）趙翼撰　清乾隆五十五年(1790)湛貽堂刻本　八冊

310000－0242－0000440　SE11－9/7.598C3

陔餘叢考四十三卷　（清）趙翼撰　清乾隆五十五年(1790)湛貽堂刻本　三冊

310000－0242－0000441　E11－10/7.211

海天琴思錄八卷　（清）林昌彝輯　清同治三年(1864)嶺南海天琴舫刻本　八冊

310000－0242－0000442　E11－10/7.211C2

海天琴思錄八卷續錄八卷　（清）林昌彝輯　清同治三年(1864)嶺南海天琴舫刻本　八冊

310000－0242－0000443　E11－10/7.211A

海天琴思續錄八卷　（清）林昌彝輯　清同治八年(1869)廣州富文齋刻本　四冊

310000－0242－0000444　E11－10/7.787

娛親雅言六卷　（清）嚴元照撰　清光緒十一年(1885)蛻園王氏木活字印本　二冊

310000－0242－0000445　E11－10/7.787C2

娛親雅言六卷　（清）嚴元照撰　清光緒十一年(1885)蛻園王氏木活字印本　二冊

310000－0242－0000446　E11－11/5.491

黃氏日鈔九十七卷附古今紀要二十卷　（宋）

黃震輯　清耕餘樓刻本　二十四冊

310000－0242－0000447　E11－12/7.21

蓩友蛾術編二卷　（清）王筠撰　清咸豐十年(1860)宋官瞳刻本　一冊

310000－0242－0000448　E11－12/7.211

硯耕緒錄十六卷　（清）林昌彝撰　清同治五年(1866)廣州刻本　八冊

310000－0242－0000449　E11－12/7.98

無邪堂答問五卷　（清）朱一新撰　清光緒二十一年(1895)廣雅書局刻本　五冊

310000－0242－0000450　E11－12/7.98C2

無邪堂答問五卷　（清）朱一新撰　清光緒二十一年(1895)葆真堂刻本　二冊

310000－0242－0000451　E11－13/7.117

經史問答十卷　（清）全祖望撰　清光緒八年(1882)上海王氏刻本　二冊

310000－0242－0000452　E11－13/7.122

過庭錄十六卷　（清）宋翔鳳撰　清光緒七年(1881)會稽章氏刻本　四冊

310000－0242－0000453　E11－13/7.178

義門讀書記五十八卷　（清）何焯撰　清乾隆三十四年(1769)刻本　八冊

310000－0242－0000454　E11－13/7.21

蛾術編八十二卷　（清）王鳴盛撰　清道光二十一年(1841)吳江世楷堂刻本　二十四冊

310000－0242－0000455　E11－13/7.393

煙嶼樓讀書志十六卷筆記八卷　（清）徐時棟撰　清後期抄本　四冊

310000－0242－0000456　E11－13/7.491

義府二卷　（清）黃生撰　清後期江州黎氏刻本　二冊

310000－0242－0000457　E11－13/7.98

羣書札記十六卷　（清）朱亦棟撰　清光緒四年(1878)武林竹簡齋刻本　六冊

310000－0242－0000458　SE11－14/5.128

夢溪筆談二十六卷補筆談三卷續筆談一卷

(宋)沈括撰　明崇禎四年(1631)刻本　二冊

310000－0242－0000459　E11－14/5.211

斠補隅錄十四種　(宋)林之奇撰　清光緒九年(1883)別下齋刻本　二冊

310000－0242－0000460　E11－15/7.78

談徵不分卷　(清)外方山人撰　清嘉慶二十年(1815)刻本　十冊

310000－0242－0000461　E11－16/5.21

學林十卷　(宋)王觀國撰　清乾隆四十七年(1782)刻本　五冊

310000－0242－0000462　SE11－17/5.359

甕牖閒評八卷　(宋)袁文撰　清乾隆四十年(1775)北京武英殿木活字印本　一冊

310000－0242－0000463　E11－18/7.316

邃雅堂學古錄　(清)姚文田述　清道光七年(1827)蘇州振新書社刻本　六冊

310000－0242－0000464　E11－19/7.128

懷小編二十卷　(清)沈濂撰　清咸豐四年(1854)始言堂刻本　六冊

310000－0242－0000465　E11－20/7.271

寶存四卷　(清)胡式鈺撰　清道光二十一年(1841)刻本　一冊

310000－0242－0000466　E11－22/7.21

讀書雜志八十二卷餘編二卷　(清)王念孫撰　清同治九年(1870)金陵書局刻本　二十四冊

310000－0242－0000467　E11－22/7.21C3

讀書雜志八十二卷餘編二卷　(清)王念孫撰　清光緒二十年(1894)上海醉六堂石印本　八冊

310000－0242－0000468　E11－22/7.21C4

讀書雜志八十二卷餘編二卷　(清)王念孫撰　清同治九年(1870)金陵書局刻本　六冊

310000－0242－0000469　E11－22/7.21C5

讀書雜志八十二卷餘編二卷　(清)王念孫撰　清刻本　二十三冊

310000－0242－0000470　E11－22/7.21A

讀書後八卷　(明)王世貞撰　清乾隆味菜廬木活字印本　四冊

310000－0242－0000471　SE11－22/7.21AC2

讀書後八卷　(明)王世貞撰　清乾隆二十七年(1762)天隨堂刻本　二冊

310000－0242－0000472　E11－22/7.260

讀書叢錄七卷　(清)洪頤煊撰　清光緒廣雅書局刻本　一冊

310000－0242－0000473　E11－22/7.260C2

讀書叢錄二十四卷　(清)洪頤煊撰　清道光元年(1821)刻本　二冊

310000－0242－0000474　E11－22/7.375

讀書脞錄七卷　(清)孫志祖撰　清嘉慶四年(1799)仁和孫氏刻本　一冊

310000－0242－0000475　E11－22/7.481

讀書雜識十二卷　(清)勞格撰　清光緒四年(1878)吳興丁氏刻本　四冊

310000－0242－0000476　E11－23/7.538

蘿藦亭札記八卷　(清)喬松年撰　清同治十二年(1873)刻本　四冊

310000－0242－0000477　SE12－3/6.505

山林經濟籍二十四卷　(明)屠本畯輯　明自娛齋刻本　十六冊

310000－0242－0000478　E12－3/7.162

小滄浪筆談四卷　(清)阮元撰　清光緒二十六年(1900)江蘇書局刻本　二冊

310000－0242－0000479　E12－3/7.568

三岡識畧十卷三岡續識畧一卷　(清)董含撰　清光緒上海申報館鉛印本　六冊

310000－0242－0000480　E12－4/7.4

日知薈說四卷　(清)高宗弘曆撰　清末鉛印本　四冊

310000－0242－0000481　SE12－4/7.4C2

日知薈說四卷　(清)高宗弘曆撰　清乾隆元年(1736)刻本　二冊

310000－0242－0000482　E12－4/7.73

止園筆談八卷　（清）史夢蘭撰　清光緒四年(1878)止園刻本　四冊

310000－0242－0000483　E12－4/752

五色線二卷　（宋）□□撰　明末清初汲古閣刻本　二冊

310000－0242－0000484　SE12－5/6.441

甘露園短書十一卷　（明）陳汝錡撰　明萬曆三十八年(1610)刻本　四冊

310000－0242－0000485　E12－6/5.434C2

老學庵筆記十卷　（宋）陸游撰　清光緒三年(1877)湖北崇文書局刻本　二冊

310000－0242－0000486　E12－6/7.128

交翠軒筆記四卷　（清）沈濤纂　清道光十八年(1838)嘉興沈氏刻本　四冊

310000－0242－0000487　E12－6/7.248

因樹屋書影五卷　（清）周亮工撰　清雍正三年(1725)懷德堂刻本　一冊

310000－0242－0000488　E12－6/7.316

竹葉亭雜記八卷　（清）姚元之撰　清光緒十九年(1893)刻本　二冊

310000－0242－0000489　E12－6/7.316C2

竹葉亭雜記八卷　（清）姚元之撰　清光緒十九年(1893)刻本　二冊

310000－0242－0000490　E12－6/7.316C3

竹葉亭雜記八卷　（清）姚元之撰　清光緒十九年(1893)刻本　二冊

310000－0242－0000491　E12－6/7.316C4

竹葉亭雜記八卷　（清）姚元之撰　清光緒十九年(1893)刻本　二冊

310000－0242－0000492　E12－6/7.434

合肥學舍札記十二卷　（清）陸繼輅撰　清光緒四年(1878)江西興國州署刻本　四冊

310000－0242－0000493　E12－6/7.486

老學葊讀書記四卷　（清）彭蘊章撰　清同治五年(1866)長洲彭氏刻本　一冊

310000－0242－0000494　E12－6/7.525

此木軒雜著八卷　（清）焦袁熹撰　清嘉慶九年(1804)刻本　二冊

310000－0242－0000495　E12－6/7.674

在園雜誌四卷　（清）劉廷璣撰　清光緒上海申報館鉛印本　四冊

310000－0242－0000496　SE12－6/7.72

西圃蠡辨三十二卷　（清）田同之撰　清乾隆七年(1742)刻本　十冊

310000－0242－0000497　E12－6/7.73

重訂西青散記八卷附西青文畧一卷附錄一卷華陽散稿二卷　（清）史震林撰　清光緒六年(1880)長洲王韜鉛印本　六冊

310000－0242－0000498　E12－6/7.790

行素齋雜記二卷　（清）繼昌撰　清光緒二十七年(1901)湖南刻本　二冊

310000－0242－0000499　E12－6/7.790C2

行素齋雜記二卷　（清）繼昌撰　清光緒二十七年(1901)湖南刻本　二冊

310000－0242－0000500　SE12－7/5.489

冷齋夜話十卷　（宋）釋惠洪撰　清抄本　二冊

310000－0242－0000501　E12－7/7.151

忍齋叢說一卷　（清）李佳撰　清光緒二十八年(1902)刻本　一冊

310000－0242－0000502　E12－7/7.562

吹網錄六卷附鷗陂漁話六卷　（清）葉廷琯撰　清同治九年(1870)刻本　十二冊

310000－0242－0000503　E12－7/7.562C2

吹網錄六卷附鷗陂漁話六卷　（清）葉廷琯撰　清同治九年(1870)刻本　二冊

310000－0242－0000504　SE12－7/7.698

困勉齋私記四卷　（清）閻循觀撰　清乾隆三十八年(1773)樹滋堂刻本　一冊

310000－0242－0000505　E12－7/8.201

阮盦筆記五種　況周頤著　清光緒三十三年(1907)白門刻本　二冊

310000－0242－0000506　E12－8/5.784B

東坡志林十二卷　（宋）蘇軾撰　清刻本　一冊

310000－0242－0000507　E12－8/7.128

泖東草堂筆記二十卷　（清）沈宗祉撰　清宣統三年(1911)上海時中書局鉛印本　二冊

310000－0242－0000508　E12－8/7.135

松煙小錄四卷　（清）汪璨撰　清光緒十三年(1887)隨山館刻本　四冊

310000－0242－0000509　E12－8/7.489

松崖筆記三卷　（清）惠棟撰　清道光二年(1822)吳門玉照堂刻本　二冊

310000－0242－0000510　E12－8/7.650

岳麓先生十室遺語十二卷　（清）蔣勵常撰　清同治五年(1866)全州蔣氏刻本　四冊

310000－0242－0000511　E12－8/7.80

邱園隨筆一卷　（清）邱誥桐撰　清光緒二十年(1894)刻本　一冊

310000－0242－0000512　SE12－9/2.720

風俗通義十卷　（漢）應劭撰　明天啓六年(1626)刻本　四冊

310000－0242－0000513　SE12－9/6.389

南村輟耕錄三十卷　（明）陶宗儀撰　明萬曆玉蘭草堂刻本　八冊

310000－0242－0000514　E12－9/6.661

昨非錄十二卷　（明）鄭誼明撰　清光緒十一年(1885)石印本　二冊

310000－0242－0000515　E12－9/7.15

俟命錄十卷　（清）方宗誠撰　清光緒三年(1877)刻本　二冊

310000－0242－0000516　E12－9/7.15C2

俟命錄十卷　（清）方宗誠撰　清光緒三年(1877)刻本　二冊

310000－0242－0000517　E12－9/7.21

重論文齋筆錄十二卷　（清）王端履撰　清道光二十六年(1846)受宜堂刻本　十二冊

310000－0242－0000518　E12－9/7.21AC2

香祖筆記十二卷　（清）王士禎撰　清康熙四十四年(1705)刻本　四冊

310000－0242－0000519　E12－9/7.248

思益堂日札五卷　（清）周壽昌撰　清同治三年(1864)鉛印本　二冊

310000－0242－0000520　E12－9/7.248A

思益堂日札十卷　（清）周壽昌撰　清光緒九年(1883)刻本　三冊

310000－0242－0000521　E12－9/7.441

耐安類稿五種九卷　（清）陳偉撰　清光緒二十二年(1896)刻本　六冊

310000－0242－0000522　E12－9/7.756

指測瑣言五卷附團防芻議一卷擬陳政本疏一卷　（清）瞿方梅撰　清光緒二十四年(1898)京師刻本　二冊

310000－0242－0000523　E12－9/8.491

南沙雜識不分卷　（清）黃報廷著　清宣統三年(1911)鉛印本　一冊

310000－0242－0000524　E12－9/8.491C2

南沙雜識不分卷　（清）黃報廷著　清宣統三年(1911)鉛印本　一冊

310000－0242－0000525　SE12－10/5.260C3

容齋隨筆十六卷續筆十六卷三筆十六卷四筆十六卷五筆十卷　（宋）洪邁撰　清洪氏刻本　十四冊

310000－0242－0000526　E12－10/5.260C2

容齋隨筆十六卷續筆十六卷三筆十六卷四筆十六卷五筆十卷　（宋）洪邁撰　清同治十一年(1872)新豐洪氏刻本　二冊

310000－0242－0000527　E12－10/5.260C4

容齋隨筆十六卷續筆十六卷三筆十六卷四筆十六卷五筆十卷　（宋）洪邁撰　清同治十一年(1872)新豐洪氏刻本　十二冊

310000－0242－0000528　SE12－10/6.164

息齋筆記二卷附年譜　（明）吳桂森撰　明崇禎六年(1633)刻本　二冊

310000－0242－0000529　SE12－10/6.352

馬氏日抄一卷　（明）馬愈撰　明刻本　二冊

310000－0242－0000530　E12－10/7.402

浪跡叢談十一卷續談八卷　（清）梁章鉅撰
清後期刻本　六冊

310000－0242－0000531　E12－10/7.402C3

浪跡叢談八卷　（清）梁章鉅撰　清後期刻本
　十二冊

310000－0242－0000532　E12－10/7.402A

浪迹三談六卷　（清）梁章鉅撰　清光緒十年
(1884)刻本　六冊

310000－0242－0000533　SE12－10/7.674

修潔齋閑筆八卷　（清）劉堅撰　清乾隆六年
(1741)刻本　四冊

310000－0242－0000534　E12－11/582

張文襄幕府紀聞二卷　（清）辜鴻銘撰　清宣
統二年(1910)鉛印本　二冊

310000－0242－0000535　SE12－11/5.21

野客叢書三十卷附野老紀聞一卷　（宋）王楙
撰　明嘉靖刻本　十六冊

310000－0242　0000536　SE12－11/6.428

梅花草堂筆談十四卷　（明）張大復撰　清順
治十二年(1655)刻本　五冊

310000－0242－0000537　SE12－11/6.441

新鐫陳太史子史經濟言十二卷　（明）陳子壯
纂　明天啓五年(1625)刻本　三冊

310000－0242－0000538　E12－11/7.151

唾餘新拾十卷續十六卷補十二卷　（清）李調
元撰　清光緒八年(1882)樂道齋刻本　四冊

310000－0242－0000539　E12－11/7.194

庸言四卷　（清）余元遴撰　　清咸豐九年
(1859)露蕭艸堂刻本　四冊

310000－0242－0000540　E12－11/7.400

淥水亭雜識四卷　（清）納蘭性德撰　清宣統
三年(1911)張氏適園鉛印本　一冊

310000－0242－0000541　E12－11/7.449

陶龕語錄二卷　（清）羅信南撰　清光緒三十
二年(1906)吳門刻本　一冊

310000－0242－0000542　E12－12/7.151

答問錄存一卷　（清）李枎撰　清光緒三十年
(1904)上海滙報印書館鉛印本　一冊

310000－0242－0000543　E12－12/7.21

暑窓臆說二卷　（清）王鍼撰　清康熙刻本
四冊

310000－0242－0000544　E12－12/7.242

無所用心齋瑣語四卷　（清）金學詩撰　清刻
本　一冊

310000－0242－0000545　E12－12/7.242B

粟香隨筆八卷二筆八卷　金武祥撰　清光緒
廣州刻本　八冊

310000－0242－0000546　E12－12/7.268

湛園札記四卷　（清）姜宸英撰　清慈溪葉煒
刻本　四冊

310000－0242－0000547　E12－12/7.375

晴川蟹錄四卷　（清）孫之騄輯　清康熙五十
五年(1716)刻本　二冊

310000－0242－0000548　E12－12/7.393

斯未信齋雜錄　（清）徐宗幹撰　清咸豐九年
(1859)刻本　一冊

310000－0242－0000549　SE12－12/7.434

甦叟養疴閒記四卷　（清）陸錦撰　清乾隆刻
本　四冊

310000－0242－0000550　E12－13/353.674

新論十卷　（南朝梁）劉勰撰　明刻本　二冊

310000－0242－0000551　E12－13/5.390

經鉏堂雜誌八卷　（宋）倪思撰　清乾隆十一
年(1746)傳經堂刻本　二冊

310000－0242－0000552　E12－13/7.473

睒巢鏡影十二種　（清）童叶庚撰　清光緒十
六年(1890)武林任有容齋刻本　二冊

310000－0242－0000553　E12－13/7.674

愈愚錄六卷　（清）劉寶楠撰　清光緒十五年

(1889)廣州廣雅書局刻本　二冊

310000－0242－0000554　SE12－14/6.441
說儲二集八卷　（明）陳禹謨撰　明刻本　四冊

310000－0242－0000555　SE12－14/6.505
槐根說聽十種　（明）屠隆輯　明崇禎刻本　四冊

310000－0242－0000556　E12－14/7.15
夢園叢說十六卷附夢園聯語一卷　（清）方濬頤撰　清同治十三年(1874)揚州刻本　十六冊

310000－0242－0000557　E12－14/7.412
嘐嘐言六卷　（清）郭柏蔭撰　清宣統元年(1909)朱涇黃氏刻本　一冊

310000－0242－0000558　E12－14/7.412C2
嘐嘐言六卷　（清）郭柏蔭撰　清宣統元年(1909)朱涇黃氏刻本　一冊

310000－0242－0000559　E12－14/7.428C2
遣愁集十四卷　（清）張貴勝纂輯　清刻本　五冊

310000－0242－0000560　E12－14/7.429
蒿菴閒話二卷　（清）張爾岐撰　清乾隆四十年(1775)刻本　二冊

310000－0242－0000561　E12－14/7.674
劉繼莊廣陽雜記　（清）劉獻廷撰　清中期抄本　五冊

310000－0242－0000562　E12－14/8.370
寱言質疑一卷附袞說考誤　夏震武撰　清光緒二十三年(1897)富陽夏氏刻本　一冊

310000－0242－0000563　SE12－15/6.178
餘冬序錄六十五卷　（明）何孟春撰　明嘉靖七年(1528)刻本　三十二冊

310000－0242－0000564　E12－15/6.178
餘冬序錄六十五卷　（明）何孟春撰　清光緒六年(1880)守約齋刻本　十五冊　存五十三卷(一至五十三)

310000－0242－0000565　SE12－15/6.21
震澤長語二卷　（明）王鏊撰　明嘉靖十六年(1537)刻本　二冊

310000－0242－0000566　E12－15/6.21B
震澤長語二卷震澤紀聞二卷　（明）王鏊撰　清嘉慶十三年(1808)刻本　二冊

310000－0242－0000567　SE12－15/6.434
醉古堂劍掃十二卷　（明）陸紹珩輯　明刻本　八冊

310000－0242－0000568　SE12－15/6.9C2
穀山筆塵十八卷　（明）于慎行撰　清康熙十六年(1677)刻本　六冊

310000－0242－0000569　SE12－15/6.9
穀山筆塵十八卷　（明）于慎行撰　明萬曆四十一年(1613)刻本　八冊

310000－0242－0000570　E12－15/7.337
潛書二卷　（清）唐甄撰　清光緒九年(1883)中江李氏刻本　四冊

310000－0242－0000571　E12－15/7.622
潘瀾筆記二卷　（清）彭兆蓀撰　清光緒二十四年(1898)東倉書庫刻本　二冊

310000－0242－0000572　E12－15/7.622C2
潘瀾筆記二卷　（清）彭兆蓀撰　清光緒二十四年(1898)杭州刻鵠齋刻本　二冊

310000－0242－0000573　E12－16/5.441
隨隱漫錄五卷　（宋）陳世崇撰　明刻本　二冊

310000－0242－0000574　E12－16/6.556
燕寓偶談六卷　（明）楊繼益撰　清嘉慶九年(1804)雲間體仁堂刻本　四冊

310000－0242－0000575　E12－16/7.15
蕉軒隨錄十二卷續錄二卷　（清）方濬師撰　清同治十一年(1872)退一步齋刻本　二十八冊

310000－0242－0000576　E12－16/7.787
蕙櫋雜記一卷　（清）嚴元照撰　清光緒十一年(1885)新陽趙氏刻本　一冊

310000 – 0242 – 0000577　E12 – 17/7.140C2

嘯亭雜錄十卷續錄三卷　（清）昭槤著　清宣統元年(1909)上海中國圖書公司鉛印本　四冊

310000 – 0242 – 0000578　E12 – 17/7.140C3

嘯亭雜錄十卷續錄三卷　（清）昭槤著　清宣統元年(1909)上海中國圖書公司鉛印本　四冊

310000 – 0242 – 0000579　E12 – 18/7.402

歸田瑣記八卷　（清）梁章鉅撰　清道光二十五年(1845)北東園刻本　二冊

310000 – 0242 – 0000580　E12 – 18/7.402C2

歸田瑣記八卷　（清）梁章鉅撰　清道光二十五年(1845)北東園刻本　四冊

310000 – 0242 – 0000581　E12 – 18/7.654

雞窗叢話一卷　（清）蔡澄撰　清光緒十二年(1886)新陽趙氏刻本　一冊

310000 – 0242 – 0000582　E12 – 18/752

顏瘤子二卷　（清）□□撰　清刻本　一冊

310000 – 0242 – 0000583　E12 – 19/7.162

瀛舟筆談十二卷　（清）阮亨撰　清嘉慶二十五年(1820)刻本　六冊

310000 – 0242 – 0000584　E12 – 19/7.749

藤陰雜記十二卷　（清）戴璐撰　清光緒三年(1877)吳興會館刻本　二冊

310000 – 0242 – 0000585　E12 – 19/7.749C2

藤陰雜記十二卷　（清）戴璐撰　清光緒三年(1877)吳興會館刻本　二冊

310000 – 0242 – 0000586　E12 – 20/7.791

覺非盦筆記八卷　（清）顧堃撰　清嘉慶二十三年(1818)刻本　一冊

310000 – 0242 – 0000587　SE12 – 22/7.401

聽雨軒雜記一卷　（清）清涼道人撰　清乾隆五十六年(1791)刻本　二冊

310000 – 0242 – 0000588　E12 – 22/7.401C2

聽雨軒雜記一卷附續記一卷餘記一卷贅記一卷　（清）清涼道人撰　清嘉慶十一年(1806)

研雲樓刻本　八冊

310000 – 0242 – 0000589　E12 – 22/7.722

讀有用書齋雜著二卷　（清）韓應陛撰　清同治九年(1870)古婁韓氏刻本　一冊

310000 – 0242 – 0000590　E12.8 – 10/8.471

時事昌言四卷　（清）湯震(湯壽潛)著　清光緒二十四年(1898)上海書局石印本　四冊

310000 – 0242 – 0000591　E12.8 – 10/8.471C2

時事昌言四卷　（清）湯震(湯壽潛)著　清光緒二十四年(1898)上海書局石印本　四冊

310000 – 0242 – 0000592　E13 – 17/8.428

講學錄一卷　（清）張傳誥著　清末石印本　一冊

310000 – 0242 – 0000593　E13 – 17/8.428C2

講學錄一卷　（清）張傳誥著　清末石印本　一冊

310000 – 0242 – 0000594　E14 – 16/6.332

弦雪居重訂遵生八牋十九卷目錄一卷　（明）高濂撰　清光緒十年(1884)刻本　二十冊

310000 – 0242 – 0000595　SE14 – 18/6.509

癖顛小史二卷　（明）華淑撰　明刻本　一冊

310000 – 0242 – 0000596　E15 – 3/7.122

巾經纂二十卷　（清）宋宗元纂　清光緒十六年(1890)刻本　五冊

310000 – 0242 – 0000597　SE15 – 2/7.674

十科策略十卷附年譜一卷　（清）劉文安撰　清乾隆二十七年(1762)泰山堂刻本　三冊

310000 – 0242 – 0000598　E15 – 3/752

三才紀要五種　（清）□□撰　清末江南機器製造總局刻本　一冊

310000 – 0242 – 0000599　SE15 – 5/6.170

古今好議論十卷　（明）呂一經編纂　明崇禎九年(1636)刻本　十冊

310000 – 0242 – 0000600　SE15 – 5/6.525

玉堂叢語八卷　（明）焦竑輯　明萬曆四十六年(1618)曼山館刻本　八冊

310000－0242－0000601　E15－5/7.15

古今釋疑十八卷　（清）方中履撰　清刻本
十二冊

310000－0242－0000602　SE15－6/6.412

新鐫分類評注文武合編百子金丹十卷　（明）
郭偉選注　明版築居刻本　十二冊

310000－0242－0000603　E15－6/6.412

百子金丹十卷　（明）郭偉選注　清經國堂刻
本　十二冊

310000－0242－0000604　E15－6/6.412C2

百子金丹十卷　（明）郭偉選注　清光緒二十
年(1894)上海茹古齋石印本　三冊

310000－0242－0000605　E15－6/7.650C3

臣鑒錄二十卷　（清）蔣伊纂　清康熙十四年
(1675)刻本　十冊

310000－0242－0000606　E15－7/88

見聞雜錄四卷　羊城日報編　清光緒三十一
年(1905)鉛印本　二冊

310000－0242－0000607　SE15－7/5.248

志雅堂雜鈔二卷　（宋）周密撰　清同治八年
(1869)刻本　一冊

310000－0242－0000608　SE15－7/6.151

初潭集十二卷　（明）李贄纂　明崇禎刻本
十二冊

310000－0242－0000609　E15－7/7.434

冷廬雜識八卷　（清）陸以湉撰　清咸豐六年
(1856)陸氏刻本　八冊

310000－0242－0000610　E15－8/7.194

板橋雜記二卷　（清）余懷撰　清光緒二十七
年(1901)刻本　一冊

310000－0242－0000611　E15－8/7.21

松陵見聞錄十卷首一卷　（清）王鯤撰　清道
光七年(1827)刻本　四冊

310000－0242－0000612　E15－8/7.402

兩般秋雨盦隨筆八卷　（清）梁紹壬纂　清光
緒十年(1884)鉛印本　一冊

310000－0242－0000613　E15－8/7.402C2

兩般秋雨盦隨筆八卷　（清）梁紹壬纂　清光
緒十年(1884)上海文明書局石印本　五冊

310000－0242－0000614　E15－8/7.402C3

兩般秋雨盦隨筆八卷　（清）梁紹壬纂　清道
光十七年(1837)文德堂刻本　八冊

310000－0242－0000615　E15－8/7.402C4

兩般秋雨盦隨筆八卷　（清）梁紹壬纂　清道
光十七年(1837)振綺堂刻本　二冊

310000－0242－0000616　E15－9/6.248

香乘十二卷　（明）周嘉冑輯　清刻本　六冊

310000－0242－0000617　SE15－9/6.661

昨非菴日纂二十卷　（明）鄭瑄纂　明刻本
四冊

310000－0242－0000618　SE15－9/6.741

迪吉錄八卷首一卷　（明）顏茂猷輯　明崇禎
四年(1631)刻本　二十冊

310000－0242－0000619　E15－9/7.717

約書十二卷　（清）謝階樹撰　清光緒二十八
年(1902)知聖教齋刻本　四冊

310000－0242－0000620　E15－10/7.149

時務通考三十一卷續編三十一卷　（清）杞廬
主人纂　清光緒二十三年(1897)上海點石齋
石印本　三十六冊

310000－0242－0000621　E15－10/7.149C2

時務通考三十一卷續編三十一卷　（清）杞廬
主人纂　清光緒二十三年(1897)上海點石齋
石印本　三十六冊

310000－0242－0000622　E15－10/7.149C3

時務通考續編三十一卷　（清）杞廬主人纂
清光緒二十三年(1897)上海點石齋石印本
十六冊

310000－0242－0000623　E15－11/7.556

動忍集二卷　（清）楊從相選輯　清光緒六年
(1880)木活字印本　一冊

310000－0242－0000624　E15－11/7.598

寄園寄所寄十二卷　（清）趙吉士輯　清刻本

十六冊

310000－0242－0000625　SE15－12/6.477

智囊二十八卷　（明）馮夢龍輯　明末刻本
十二冊

310000－0242－0000626　E15－12/7.705

溉亭述古錄二卷　（清）錢塘著　清道光學海
堂刻本　一冊

310000－0242－0000627　E15－13/4.352

意林五卷　（唐）馬總輯　清光緒三年（1877）
湖北崇文書局刻本　二冊

310000－0242－0000628　E15－13/5.92

楓窗小牘二卷　（宋）袁褧撰　明刻本　二冊

310000－0242－0000629　E15－13/544

新聞報時務通論不分卷　新聞報館編　清末
上海新聞報館鉛印本　八冊

310000－0242－0000630　E15－13/7.151

經史喻言八卷　（清）李光庭輯　清道光二十
八年（1848）樸園刻本　十六冊

310000－0242－0000631　E15－13/7.550.2

經餘必讀初編二卷續編二卷三編二卷　（清）
雷琳纂　清光緒十三年（1887）上海鴻文書局
石印本　一冊

310000－0242－0000632　E15－13/7.550.2C2

經餘必讀八卷續編八卷三編四卷　（清）雷琳
纂　清光緒二年（1876）退補齋刻本　十冊

310000－0242－0000633　SE15－15/6.441

諸子奇賞五十一卷後集六十卷　（明）陳仁錫
評選　明刻本　二十四冊

310000－0242－0000634　SE15－15/6.7605

諸子彙函二十六卷　（明）歸有光輯　明刻本
十六冊

310000－0242－0000635　E15－15/7.428

課子隨筆節鈔六卷附續編　（清）張師載輯
（清）徐桐節鈔　清同治十年（1871）刻本　四
冊

310000－0242－0000636　E15－15/7.428A

課子隨筆鈔六卷　（清）張師載輯　清光緒二
十六年（1900）儀徵有福讀書堂刻本　三冊

310000－0242－0000637　E15－15/7.705

履園叢話二十四卷　（清）錢泳輯　清道光十
八年（1838）古虞石室刻本　八冊

310000－0242－0000638　E15－15/7.705C2

履園叢話二十四卷　（清）錢泳輯　清同治九
年（1870）述德堂刻本　二十四冊

310000－0242－0000639　E15－16/6.682

龍輔女紅餘志二卷　（明）龍輔撰　明末汲古
閣刻本　一冊

310000－0242－0000640　E15－16/7.428

輶軒語七卷　（清）張之洞撰　清光緒三年
（1877）刻本　一冊

310000－0242－0000641　E15－17/7.527

縹緗新記十六卷　（清）曾興仁輯　清道光二
十二年（1842）羅卷山莊刻本　八冊

310000－0242－0000642　E18－2/8.248

力書一卷　（清）周善培撰　清光緒二十四年
（1898）湖南刻本　一冊

310000－0242－0000643　E18－6/7.630

西政叢鈔一卷　（清）養春堂主人編　清光緒
二十八年（1902）鉛印本　二冊

310000－0242－0000644　E18－6/7.630C2

西政叢鈔一卷　（清）養春堂主人編　清光緒
二十八年（1902）鉛印本　二冊

310000－0242－0000645　E18－6/7.735

**刖足集外篇一卷鶴笙仙館詩詞雜著一卷附錄
一卷**　（清）鍾天緯撰　清光緒二十七年
（1901）鉛印本　一冊

310000－0242－0000646　E18－6/7.735C2

**刖足集外篇一卷鶴笙仙館詩詞雜著一卷附錄
一卷**　（清）鍾天緯撰　清光緒二十七年
（1901）鉛印本　一冊

310000－0242－0000647　E18－9/752

癸卯叢報上編二十五卷　□□編　清光緒石
印本　八冊

310000－0242－0000648　E18－13/752
新民叢報彙編　□□編　清末石印本　六冊

310000－0242－0000649　E18.7－12/472.2
湘學報大全集不分卷　□□纂　清光緒二十三年(1897)湖南萃文堂刻本　十冊

310000－0242－0000650　E18.7－16/7.509
錄時務報不分卷　□□纂　清光緒二十三年(1897)刻本　一冊

310000－0242－0000651　E18.7－7/7.441
利濟學堂報不分卷　□□纂　清光緒二十三年(1897)刻本　十六冊

310000－0242－0000652　E20－5/752
四忠遺集四種　□□編　清光緒二十三年(1897)湖南書局刻本　五冊

310000－0242－0000653　E20－5/752B
四忠遺集四種　（清）□□編　清同治七年(1868)楚醴景萊書室刻本　十六冊　存三種三十四卷(文信國公集二十卷、首一卷,史忠正公集四卷、首一卷、末一卷,楊忠愍公集五卷、首一卷、末一卷)

310000－0242－0000654　SE20－14/6.535
漢魏叢書三十八種　（明）程榮輯　明萬曆二十年(1592)新安程榮刻本　三十四冊

310000－0242－0000655　E21－14/6.449
說郛一百二十卷續四十四卷　（明）陶宗儀撰　（清）陶珽重輯　清順治四年(1647)刻本　一百六十冊

310000－0242－0000656　E21－14/7.21C2
漢魏叢書八十六種　（清）王謨輯　清乾隆五十六年(1791)刻本　一百冊

310000－0242－0000657　E21.3－5/6.61
左氏雙忠集二種　（明）左光斗　（明）左懋第撰　清道光二十六年(1846)湘鄉詠史齋刻本　九冊

310000－0242－0000658　SE21.3－11/6.441
陳眉公家藏秘笈續函三十帙五十卷　（明）陳繼儒輯　明萬曆三十四年(1606)繡水尚白齋刻本　十二冊

310000－0242－0000659　SE21.3－9/6.52
津逮秘書十五集　（明）毛晉輯　明崇禎三年(1630)汲古閣刻本　一百三十四冊

310000－0242－0000660　SE21.3－10/6.271
格致叢書一百五十九種　（明）胡文煥輯　明萬曆錢塘胡氏刻本　十二冊　存六種三十卷(白虎通二卷,物原一卷,戴氏鼠璞二卷,歲時廣記四卷、圖說一卷,廣雅十卷,風俗通義十卷)

310000－0242－0000661　E21.3－13/6.406
稗海八十種　（明）商濬輯　清乾隆刻本　一百冊

310000－0242－0000662　E21.3－14/6.477
廣百川學海一百十八種　（明）馮可賓輯　清初刻本　四冊　存二十二種二十三卷(聖學範圍圖說一卷、戊申立春考證一卷、正朔考一卷、龍興慈記一卷、在田錄一卷、一統肇基錄一卷、翦勝野聞一卷、觚不觚錄一卷、谿山餘話一卷、清暑筆談一卷、吳中故語一卷、貧士傳二卷、長者言一卷、香案牘一卷、聖君初政記一卷、逐鹿記一卷、東朝紀一卷、墾起雜事一卷、椒宮舊事一卷、造邦賢勳錄畧一卷、掾曹名臣錄一卷、明良錄畧一卷)

310000－0242－0000663　E21.3－15/752
墨娥小錄十三種　（明）□□輯　清乾隆三十二年(1767)杏香堂刻本　八冊

310000－0242－0000664　E22－2/434
十萬卷樓叢書五十種　（清）陸心源輯　清光緒五年(1879)歸安陸氏刻本　一百十二冊

310000－0242－0000665　E22－2/752.5
八杉齋叢書六種　□□輯　清光緒刻本　十六冊

310000－0242－0000666　E22－3/441
小琅嬛館叢書十種　（清）陳壽祺　（清）陳喬樅撰　清光緒八年(1882)刻本　四十八冊

310000－0242－0000667　E22－3/7.491

士禮居黃氏叢書十七種附二種 （清）黃丕烈
輯 清光緒十三年（1887）上海蜚英館石印本
三十冊

310000－0242－0000668 SE22－3/7.491
士禮居黃氏叢書十五種附二種 （清）黃丕烈
輯 清嘉慶、道光吳縣士禮居刻本 三十六
冊

310000－0242－0000669 E22－3/7.705
小萬卷樓叢書十七種 （清）錢培名輯 清光
緒四年（1878）金山錢氏刻本 十六冊

310000－0242－0000670 E22－3/791
小石山房叢書四十一種 （清）顧湘輯 清同
治十三年（1874）虞山顧氏刻本 三冊

310000－0242－0000671 E22－4/162
文選樓叢書二十八種 （清）阮亨輯 清道光
二十二年（1842）揚州阮氏刻本 一百冊

310000－0242－0000672 E22－4/2
月河精舍叢鈔五種 （清）丁寶書輯 清光緒
六年（1880）茗溪丁氏刻本 四冊

310000－0242－0000673 E22－4/21
王氏四種 （清）王念孫 （清）王引之撰 清
嘉慶、同治間刻本 五十八冊

310000－0242－0000674 E22－4/21A
天壤閣叢書二十種 （清）王懿榮輯 清光緒
五年（1879）福山王氏刻本 五冊 存四種五
卷（麟角集一卷、莆陽黃御史集二秩、東古文
存一卷、漁洋山人秋柳詩箋一卷）

310000－0242－0000675 E22－4/21AC2
天壤閣叢書二十種 （清）王懿榮輯 清光緒
五年（1879）福山王氏刻本 十二冊 存九種
二十五卷（夏小正正義不分卷、爾雅直音二
卷、弟子職正音一卷、急就篇四卷、說文逸字
不分卷、說文聲讀表七卷、古今韵攷一卷、疑
年錄四卷、續疑年錄四卷）

310000－0242－0000676 E22－4/607
五經歲徧齋校書三種 （清）翟云升校輯 清
道光十二年（1832）東萊五經歲徧齋刻本 十

冊

310000－0242－0000677 E22－4/607C2
五經歲徧齋校書三種 （清）翟云升校輯 清
道光十二年（1832）東萊五經歲徧齋刻本 十
冊

310000－0242－0000678 E22－4/607C3
五經歲徧齋校書三種 （清）翟云升校輯 清
道光十二年（1832）東萊五經歲徧齋刻本 十
冊

310000－0242－0000679 E22－4/7.15
方氏雜著四種 （清）方濬頤撰 清光緒四年
（1878）定遠方氏刻本 二冊

310000－0242－0000680 E22－4/7.622
不遠復齋遺書六種 （清）潘世璜輯 清光緒
六年（1880）潘氏刻本 五冊

310000－0242－0000681 E22－4/7.622C2
不遠復齋遺書六種 （清）潘世璜輯 清光緒
六年（1880）潘氏刻本 六冊

310000－0242－0000682 E22－4/7.705
珠叢別錄二十八種 （清）錢熙祚編 清道光
金山錢氏刻本 十六冊

310000－0242－0000683 E22－4/752C2
五色線集三卷 （宋）□□撰 清康熙五十五
年（1716）靜遠堂刻本 二冊

310000－0242－0000684 E22－5/1
正覺樓叢刻二十九種 （清）崇文書局輯 清
光緒七年（1881）武昌崇文書局刻本 三十六
冊

310000－0242－0000685 E22－5/1C2
正覺樓叢刻二十九種 （清）崇文書局輯 清
光緒七年（1881）武昌崇文書局刻本 五冊

310000－0242－0000686 E22－5/122
台州叢書九種 （清）宋世犖輯 清道光臨海
宋氏刻本 五冊

310000－0242－0000687 E22－5/135
古愚叢書十八種 （清）汪汲編錄 清嘉慶元
年（1796）古愚山房刻本 十六冊

310000－0242－0000688　E22－5/375

平津館叢書四十三種　（清）孫星衍輯　清嘉慶十七年（1812）蘭陵孫氏刻本　四十冊

310000－0242－0000689　E22－5/375C2

平津館叢書四十三種　（清）孫星衍輯　清光緒十一年（1885）吳縣槐廬刻本　五十冊

310000－0242－0000690　E22－5/428

正誼堂全書六十八種　（清）張伯行輯　清同治五年（1866）福州正誼書院刻本　一百六十冊

310000－0242－0000691　E22－5/428C2

正誼堂全書六十八種　（清）張伯行輯　清同治五年（1866）福州正誼書院刻本　七十五冊

310000－0242－0000692　E22－5/441

左海全集十種左海續集十種　（清）陳壽祺（清）陳喬樅撰　清刻本　八十冊

310000－0242－0000693　E22－5/479

申報館叢書二百三種　（清）□□編　清同治、光緒間上海申報館鉛印本　三百四十八冊

310000－0242－0000694　E22－5/598

古墨齋叢書十一種　（清）趙紹祖輯　清道光十二年（1832）古墨齋刻本　二十二冊

310000－0242－0000695　E22－5/622

功順堂叢書十八種　（清）潘祖蔭輯　清道光刻本　十九冊

310000－0242－0000696　E22－5/622C2

功順堂叢書十八種　（清）潘祖蔭輯　清光緒吳縣潘氏刻本　二十六冊

310000－0242－0000697　E22－5/622C3

功順堂叢書十八種　（清）潘祖蔭輯　清光緒吳縣潘氏刻本　三十二冊

310000－0242－0000698　E22－5/7.790

左庵所著書四種　（清）李繼昌撰　清光緒二十七年（1901）刻本　六冊

310000－0242－0000699　E22－5/765

半厂叢書初編十一種　（清）譚獻輯　清光緒

十五年（1889）仁和譚氏刻本　十六冊

310000－0242－0000700　E22－6/164

有福讀書堂叢刻四種　（清）吳引孫輯　清光緒二十七年（1901）揚州有福讀書堂刻本　二冊

310000－0242－0000701　E22－6/164C2

有福讀書堂叢刻四種　（清）吳引孫輯　清光緒二十七年（1901）揚州有福讀書堂刻本　二冊

310000－0242－0000702　E22－6/211

竹柏山房十五種　（清）林春溥輯　清咸豐五年（1855）閩中林氏刻本　三十六冊

310000－0242－0000703　E22－6/211C2

竹柏山房十五種　（清）林春溥輯　清咸豐五年（1855）閩中林氏刻本　五冊

310000－0242－0000704　E22－6/406

式訓堂叢書十六種　（清）章壽康輯　清光緒六年（1880）會稽章氏刻本　三十二冊

310000－0242－0000705　E22－6/406C2

式訓堂叢書十六種　（清）章壽康輯　清光緒六年（1880）會稽章氏刻本　二十四冊

310000－0242－0000706　E22－6/598

仰視千七百二十九鶴齋叢書四十種　（清）趙之謙輯　清光緒六年（1880）會稽趙氏刻本　六冊

310000－0242－0000707　E22－6/705

守山閣叢書一百十種　（清）錢熙祚輯　清光緒十五年（1889）上海鴻文書局石印本　三十冊

310000－0242－0000708　E22－6/705C2

守山閣叢書一百十種　（清）錢熙祚輯　清道光二十四年（1844）金山錢氏刻本　一百二十冊

310000－0242－0000709　E22－6/752

安樂延年室叢書六種　（清）□□纂　清光緒山東書局刻本　一冊

310000－0242－0000710　E22－6/84

江南製造局譯書彙刻一百八十四種　□□編
清光緒刻本　五百十七冊

310000－0242－0000711　E22－7/128
沈余遺書三種八卷　（清）沈近思　（清）余元
遴撰　清光緒二十二年(1896)江蘇書局刻本
四冊

310000－0242－0000712　E22－7/128C2
沈余遺書三種八卷　（清）沈近思　（清）余元
遴撰　清光緒二十二年(1896)江蘇書局刻本
四冊

310000－0242－0000713　E22－7/128C3
沈余遺書三種八卷　（清）沈近思　（清）余元
遴撰　清光緒二十二年(1896)江蘇書局刻本
四冊

310000－0242－0000714　E22－7/650A
求實齋叢書十五種　蔣德鈞輯　清光緒十七
年(1891)湘鄉蔣氏刻本　十冊

310000－0242－0000715　E22－7/650AC2
求實齋叢書十五種　蔣德鈞輯　清光緒十七
年(1891)湘鄉蔣氏刻本　十冊

310000－0242－0000716　E22－7/7.4
武英殿聚珍版叢書一百三十八種　（清）紀昀
等編　清同治十三年(1874)江西局刻本　一
百二十八冊

310000－0242－0000717　E22－7/7.4C2
武英殿聚珍版叢書一百三十八種　（清）紀昀
等編　清光緒二十五年(1899)廣東刻本　二
百七十二冊

310000－0242－0000718　E22－7/7.4C3
武英殿聚珍版叢書一百三十八種　（清）紀昀
等編　清光緒二十一年(1895)福建刻本　一
千四十一冊

310000－0242－0000719　E22－7/7.4C4
武英殿聚珍版叢書一百三十八種　（清）紀昀
等編　清乾隆浙江刻本　一百二十四冊

310000－0242－0000720　E22－8/151
函海一百六十五種　（清）李調元輯　清光緒

八年(1882)樂道齋刻本　一百六十冊

310000－0242－0000721　E22－8/151A
青照堂叢書八十九種　（清）李元春輯　清道
光十五年(1835)朝邑劉氏刻本　九十六冊

310000－0242－0000722　E22－8/210
杭大宗七種叢書　（清）杭世駿撰　清刻本
一冊

310000－0242－0000723　E22－8/210B
杭氏七種　（清）杭世駿撰　清咸豐元年
(1851)長沙小嫏嬛山館刻本　四冊

310000－0242－0000724　E22－8/285
宜稼堂叢書七種　（清）郁松年輯　清道光二
十一年(1841)上海郁氏刻本　五冊　存二種
一百四十卷(續後漢書四十二卷、音義四卷、
札記四卷,續後漢書九十卷)

310000－0242－0000725　E22－8/393
邵武徐氏叢書初刻十五種　（清）徐幹輯　清
光緒七年(1881)邵武徐氏刻本　二十冊

310000－0242－0000726　E22－8/428
花雨樓叢鈔十五種續鈔十四種　（清）張壽榮
輯　清光緒蛟川張氏刻本　九冊

310000－0242－0000727　E22－8/434
奇晉齋叢書十六種　（清）陸烜輯　清乾隆三
十四年(1769)平湖陸氏刻本　八冊

310000－0242－0000728　E22－8/454
長恩書室叢書十九種　（清）莊肇麟輯　清咸
豐四年(1854)新昌過客軒刻本　十六冊

310000－0242－0000729　E22－8/7.370
屈賈文合編四種　（清）夏獻雲輯　清光緒長
沙夏氏刻本　八冊

310000－0242－0000730　E22－8/7.370C2
屈賈文合編四種　（清）夏獻雲輯　清光緒長
沙夏氏刻本　八冊

310000－0242－0000731　E22－8/710A
後知不足齋叢書二十五種　（清）鮑廷爵輯
清光緒十年(1884)常熟鮑氏刻本　三十四冊

310000－0242－0000732　E22－9/164

拜經樓叢書七種　（清）吳騫輯　清光緒十一年(1885)會稽章氏刻本　八冊

310000－0242－0000733　E22－9/164C3

拜經樓叢書十種　（清）吳騫輯　清光緒二十年(1894)校經堂補刻本　十冊

310000－0242－0000734　E22－9/21

南菁書院叢書四十一種　王先謙輯　清光緒十四年(1888)江陰南菁書院刻本　七冊

310000－0242－0000735　E22－9/316

咫進齋叢書三十五種　（清）姚覲元輯　清光緒九年(1883)姚氏刻本　二十二冊

310000－0242－0000736　E22－9/316C2

咫進齋叢書三十五種　（清）姚覲元輯　清光緒九年(1883)姚氏刻本　三十二冊

310000－0242－0000737　E22－9/393

春暉堂叢書十二種　（清）徐渭仁輯　清同治七年(1868)上海徐氏補刻本　八冊

310000－0242－0000738　E22－9/393C2

春暉堂叢書十二種　（清）徐渭仁輯　清同治七年(1868)上海徐氏補刻本　二十六冊

310000－0242－0000739　E22－9/393C3

春暉堂叢書十二種　（清）徐渭仁輯　清同治七年(1868)上海徐氏補刻本　六冊

310000－0242－0000740　E22－9/428

昭代叢書五十卷　（清）張潮輯　清道光十三年(1833)世楷堂刻本　二百冊

310000－0242－0000741　E22－9/428C2

昭代叢書五十卷　（清）張潮輯　清道光十三年(1833)世楷堂刻本　一百三十冊

310000－0242－0000742　E22－9/428C4

昭代叢書五十卷　（清）張潮輯　清道光十三年(1833)世楷堂刻本　三十七冊

310000－0242－0000743　E22－9/7.135

秘書二十一種　（清）汪士漢輯　清刻本　十二冊

310000－0242－0000744　E22－9/7.135C2

秘書二十一種　（清）汪士漢輯　清刻本　十二冊

310000－0242－0000745　SE22－9/7.225

南江邵氏遺書二種　（清）邵晉涵撰　清嘉慶八年(1803)面水層軒刻本　六冊

310000－0242－0000746　E22－9/7.486

南昀先生遺書五種　（清）彭定求撰　清光緒七年(1881)刻本　二冊　存四種五卷(文錄二卷、密證錄一卷、姚江釋毀錄一卷、不諼錄一卷)

310000－0242－0000747　E22－9/7.539

南菁札記十四種　（清）溥良輯　清光緒二十年(1894)江陰使署刻本　六冊

310000－0242－0000748　E22－9/7.539C2

南菁札記十四種　（清）溥良輯　清光緒二十年(1894)江陰使署刻本　六冊

310000－0242－0000749　E22－9/7.674

述古叢鈔二十七種　（清）劉晚榮輯　清同治、光緒間藏脩書屋刻本　四十冊

310000－0242－0000750　E22－9/7.755

香艷叢書二十集　（清）蟲天子輯　清宣統中國學扶輪社鉛印本　八十冊

310000－0242－0000751　E22－10/135

振綺堂叢書第一集十種　（清）汪康年輯　清宣統二年(1910)汪氏鉛印本　十冊

310000－0242－0000752　E22－10/393

徐氏雜著四種　（清）徐大椿編　清光緒十九年(1893)上海圖書集成印書局鉛印本　一冊

310000－0242－0000753　E22－10/407

娛園叢刻二十八種　（清）許增輯　清光緒十九年(1893)榆園刻本　六冊

310000－0242－0000754　E22－10/556

海源閣五種　（清）楊以增輯　清咸豐二年(1852)聊城楊氏刻本　九冊

310000－0242－0000755　E22－10/622

海山仙館叢書五十六種　（清）潘仕成輯　清

道光二十六年(1846)刻本 一百十八冊

310000－0242－0000756　E22－10/622C2

海山仙館叢書五十六種　(清)潘仕成輯　清
道光二十九年(1849)刻本　一百二十冊

310000－0242－0000757　E22－10/7.164

桐城吳先生羣書點勘十七種　(清)吳汝綸點
勘　清光緒三十年(1904)吳氏刻本　三十一
冊

310000－0242－0000758　E22－10/7.164A

海昌麗則四種　(清)吳騫校刊　清嘉慶十四
年(1809)刻本　二冊　存二種六卷(拙政園
詩集二卷、詩餘三卷,靜庵賸稿一卷)

310000－0242－0000759　E22－10/7.271

高郵胡氏四種　(清)胡泉輯　清咸豐八年
(1858)刻本　七冊

310000－0242－0000760　E22－10/7.441

唐代叢書十二集　(清)陳蓮塘纂　清光緒二
十二年(1896)海昌賜書堂石印本　六冊

310000－0242－0000761　E22－10/98

校經山房叢書二十六種　(清)朱記榮輯　清
光緒三十年(1904)吳縣槐廬刻本　三十二冊

310000－0242－0000762　E22－11/106

粵雅堂叢書一百八十四種續編四十九種
(清)伍崇曜輯　清咸豐三年(1853)南海伍氏
刻本　三百六十冊

310000－0242－0000763　E22－11/106C2

粵雅堂叢書一百八十四種續編四十九種
(清)伍崇曜輯　清咸豐三年(1853)南海伍氏
刻本　三百二十冊

310000－0242－0000764　E22－11/151

惜陰軒叢書三十四種續編五種　(清)李錫齡
輯　清道光二十六年(1846)宏道書院刻本
一百二十三冊

310000－0242－0000765　E22－11/375

問經堂叢書十九種三十一卷　(清)孫馮翼輯
清嘉慶承德孫氏刻本　二十冊

310000－0242－0000766　E22－11/403

國朝名人著述叢編十三種　(清)淞隱閣編
清光緒五年(1879)上海淞隱閣鉛印本　十冊

310000－0242－0000767　E22－11/556

連筠簃叢書十二種　(清)楊尚文輯　清道光
二十八年(1848)靈石楊氏刻本　三十冊

310000－0242－0000768　E22－11/556C2

連筠簃叢書十二種　(清)楊尚文輯　清道光
二十八年(1848)靈石楊氏刻本　三十冊

310000－0242－0000769　E22－11/593

得月簃叢書初刻十種次刻十種　(清)榮譽輯
清道光長白榮譽刻本　三十二冊

310000－0242－0000770　E22－11/7.407

敏果齋七種　(清)徐乃釗輯　清道光許氏刻
本　十四冊

310000－0242－0000771　E22－11/7.428

國朝詩鐸二十六卷首一卷　(清)張應昌選輯
清同治八年(1869)永康秀芝堂刻本　十冊

310000－0242－0000772　E22－11/7.556

清江楊氏所刻書二種　(清)楊鉅源校刊　清
道光二十五年(1845)清江楊氏刻本　二冊

310000－0242－0000773　E22－11/7.622

乾坤正氣集五百七十四卷首一卷　(清)潘錫
恩編　清同治五年(1866)新建吳坤修刻本
二百冊

310000－0242－0000774　E22－11/7.622C2

乾坤正氣集五百七十四卷首一卷　(清)潘錫
恩編　清道光二十八年(1848)求是齋刻本
一百六十冊

310000－0242－0000775　E22－11/791

惟惠堂五種　(清)顧曾壽輯　清同治元和顧
氏刻本　四冊

310000－0242－0000776　E22－12/151

集虛草堂叢書甲集十種　李國松輯　清光緒
合肥李氏刻本　十五冊

310000－0242－0000777　E22－12/151C2

集虛草堂叢書甲集十種　李國松輯　清光緒
合肥李氏刻本　五冊

310000－0242－0000778　E22－12/242

詒經堂藏書七種附三種　（清）金長春輯　清嘉慶十八年(1813)當塗金氏刻本　六冊

310000－0242－0000779　E22－12/242C2

詒經堂藏書七種附三種　（清）金長春輯　清嘉慶十八年(1813)當塗金氏刻本　六冊

310000－0242－0000780　E22－12/242A

粟香室叢書四十四種　金武祥輯　清光緒十五年(1889)江陰金氏刻本　五冊

310000－0242－0000781　E22－12/248

貸園叢書初集十二種　（清）周永年輯　清乾隆五十四年(1789)歷城周氏刻本　二十四冊

310000－0242－0000782　E22－12/271

琳琅祕室叢書二十二種　（清）胡珽輯　清光緒十四年(1888)會稽取斯堂木活字印本　五冊

310000－0242－0000783　E22－12/700

雅雨堂叢書二十種　（清）盧見曾輯　清乾隆二十一年(1756)德州盧氏刻本　三十二冊

310000－0242－0000784　E22－12/98

結一廬朱氏賸餘叢書四種　（清）朱澂輯　清光緒三十一年(1905)仁和朱氏刻本　十四冊

310000－0242－0000785　E22－13/2C2

當歸草堂叢書八種　（清）丁申輯　清同治二年(1863)當歸草堂刻本　六冊

310000－0242－0000786　E22－13/2

當歸草堂叢書八種　（清）丁申輯　清同治二年(1863)當歸草堂刻本　七冊　缺一種三卷（呂氏童蒙訓三卷）

310000－0242－0000787　E22－13/407

榆園叢刻二十八種　（清）許增輯　清光緒十九年(1893)仁和榆園刻本　十六冊

310000－0242－0000788　E22－13/407C2

榆園叢刻二十八種　（清）許增輯　清光緒十九年(1893)仁和榆園刻本　十五冊　缺三種五卷(微波詞一卷、松壺畫贅二卷、松壺畫憶二卷）

310000－0242－0000789　E22－13/460

經訓堂叢書二十一種　（清）畢沅輯　清光緒十三年(1887)上海大同書局石印本　五冊

310000－0242－0000790　E22－13/622

滂喜齋叢書五十四種　（清）潘祖蔭編　清同治、光緒間吳縣潘氏刻本　八冊

310000－0242－0000791　E22－13/622C2

滂喜齋叢書五十四種　（清）潘祖蔭編　清同治、光緒間吳縣潘氏刻本　三十二冊

310000－0242－0000792　E22－13/622C3

滂喜齋叢書五十四種　（清）潘祖蔭編　清同治、光緒間吳縣潘氏刻本　三十二冊

310000－0242－0000793　E22－13/7.128

經玩六種　（清）沈淑著　清雍正七年(1729)孝德堂刻本　十二冊

310000－0242－0000794　SE22－13/7.128C2

經玩六種　（清）沈淑著　清雍正七年(1729)孝德堂刻本　八冊

310000－0242－0000795　SE22－13/7.135

經學五種　（清）汪昌序輯　清嘉慶十九年(1814)藤花榭刻本　六冊

310000－0242－0000796　E22－13/7.164

傳硯齋叢書十種　（清）吳丙湘輯　清光緒十一年(1885)屏守山莊刻本　六冊　存七種十六卷(邠記六卷、紅薇翠竹詞一卷、仲軒詞一卷、里堂家訓二卷、因柳閣詞鈔二卷、古今青白眼三卷、花傭月令一卷）

310000－0242－0000797　E22－13/7.428

楊園先生全集五十四卷　（清）張履祥撰　清同治十年(1871)江蘇書局刻本　十六冊

310000－0242－0000798　E22－14/151

榕園叢書六十五種　（清）李光廷輯　清同治刻本　四十六冊

310000－0242－0000799　E22－14/271

漸學廬叢書十五種　（清）胡祥鑅輯　清光緒二十三年(1897)元和漸學廬石印本　一冊

310000－0242－0000800　E22－14/271C2

漸學廬叢書十五種　（清）胡祥鑠輯　清光緒
二十五年(1899)元和漸學廬石印本　三冊

310000－0242－0000801　E22－14/428
暢園叢書五種　（清）張邁輯　清光緒二十年
(1894)刻本　四冊

310000－0242－0000802　E22－14/428C2
暢園叢書五種　（清）張邁輯　清光緒二十年
(1894)刻本　四冊

310000－0242－0000803　E22－14/674
聚學軒叢書六十種　劉世珩輯　清光緒二十
九年(1903)貴池劉氏刻本　一百冊

310000－0242－0000804　E22－14/674C2
聚學軒叢書六十種　劉世珩輯　清光緒二十
九年(1903)貴池劉氏刻本　二十五冊

310000－0242－0000805　E22－14/7.491
遜敏堂叢書九十二種　（清）黃秩模纂　清道
光二十八年(1848)木活字印本　八冊

310000－0242－0000806　E22－14/7.674
寧州劉氏雜著五種　（清）劉大榮等著　清光
緒二十四年(1898)江陰禮延書院刻本　五冊

310000－0242　0000807　E22－15/2.5
質學叢書初集三十種　（清）質學會輯　清光
緒二十四年(1898)武昌質學會刻本　四十二
冊

310000－0242－0000808　E22－15/393
鄦齋叢書二十種　徐乃昌輯　清光緒二十六
年(1900)南陵徐氏刻本　十五冊

310000－0242－0000809　E22－15/393C2
鄦齋叢書二十種　徐乃昌輯　清光緒二十六
年(1900)南陵徐氏刻本　三冊

310000－0242－0000810　E22－15/451
影山草堂六種　（清）莫繩孫輯　清光緒獨山
莫氏刻本　五冊　存六種三十三卷(宋元舊
本書經眼錄三卷、附錄二卷,貞定先生遺集四
卷、附錄一卷,邵亭詩鈔六卷,邵亭遺詩八卷,
邵亭遺文八卷,唐寫本說文解字木部箋異一
卷)

310000－0242－0000811　E22－15/451C2
影山草堂六種　（清）莫繩孫輯　清光緒獨山
莫氏刻本　五冊

310000－0242－0000812　E22－15/665
魯氏遺著四種附二種　（清）魯一同撰　清咸
豐九年(1859)山陽魯氏刻本　六冊　存二種
十二卷(通甫類稿文四卷、續編二卷,通甫詩
存四卷、詩存之餘二卷)

310000－0242－0000813　E22－15/791
賜硯堂叢書新編四十種　（清）顧沅輯　清道
光十年(1830)長洲顧氏刻本　十二冊

310000－0242－0000814　E22－15/7.661
鄭氏叢刻五種　（清）鄭之僑編　清乾隆二十
五年(1760)三希堂刻本　六冊

310000－0242－0000815　E22－16/393
融經館叢書十種　（清）徐友蘭輯　清光緒十
三年(1887)會稽徐氏八杉齋刻本　三十六冊

310000－0242－0000816　E22－16/7.352
龍威秘書一百七十七種　（清）馬俊良輯　清
乾隆五十九年(1794)刻本　八十冊

310000－0242－0000817　E22－16/7.352C2
龍威秘書一百七十七種　（清）馬俊良輯　清
乾隆五十九年(1794)刻本　八冊

310000－0242－0000818　E22－16/7.441
獨抱廬叢刻十一種　（清）陳宗彝輯　清道光
金陵陳氏刻本　六冊　存五種十六卷(蜀石
經殘字一卷,爾雅三卷、附音釋三卷,急就章
一卷,新譯大方廣佛華嚴經音義二卷,續古纂
韻六卷)

310000－0242－0000819　E22－17/21
檀几叢書一百種　（清）王晫　（清）張潮輯
清康熙新安張氏刻本　三冊

310000－0242－0000820　E22－17/682.7
螺樹山房叢書五種　（清）龍裕光輯　清光緒
二十四年(1898)順德龍氏刻本　四冊　存三
種十三卷(錢仲文集十卷,仲漁詩草二卷、靜
香閣詩存一卷)

310000－0242－0000821　E22－19/164

藝海珠塵一百六十四種　（清）吳省蘭輯　清
嘉慶南匯吳氏刻本　六十冊

310000－0242－0000822　E22－19/402

藤花亭十種　（清）梁廷枏撰　清道光十年
(1830)順德梁氏刻本　十二冊

310000－0242－0000823　E22－19/7.428

盧陽三賢集三種　（清）張樹聲輯　清光緒元
年(1875)合肥毓秀堂刻本　四冊

310000－0242－0000824　E22－20/122

懺花盦叢書三十五種　（清）宋澤元輯　清光
緒十三年(1887)山陰宋氏刻本　六十二冊

310000－0242－0000825　E22－22/791

讀畫齋叢書四十六種　（清）顧修輯　清嘉慶
四年(1799)桐川顧氏刻本　六十四冊

310000－0242－0000826　E22－24/7.84

靈鶼閣叢書五十六種　（清）江標輯　清光緒
二十一年(1895)湖南書院刻本　二十六冊

310000－0242－0000827　E22－24/7.84C2

靈鶼閣叢書五十六種　（清）江標輯　清光緒
二十一年(1895)湖南書院刻本　四十八冊

310000－0242－0000828　E22－25/710

觀古閣叢刻八種　（清）鮑康撰　清同治十二
年(1873)鮑氏刻本　六冊

310000－0242－0000829　E23－4/151

木犀軒叢書二十七種　李盛鐸輯　清光緒德
化李氏刻本　四十冊

310000－0242－0000830　E23－4/151C2

木犀軒叢書二十七種　李盛鐸輯　清光緒德
化李氏刻本　十冊

310000－0242－0000831　E23－4/8.402

中西學門徑書七種　梁啟超輯　清光緒二十
四年(1898)石印本　三冊

310000－0242－0000832　E23－5/775

玉簡齋叢書二十二種　羅振玉輯　清宣統二
年(1910)上虞羅氏刻本　二十冊

310000－0242－0000833　E23－5/775C2

玉簡齋叢書二十二種　羅振玉輯　清宣統二
年(1910)上虞羅氏刻本　十九冊

310000－0242－0000834　E23－5/775C3

玉簡齋叢書二十二種　羅振玉輯　清宣統二
年(1910)上虞羅氏刻本　十四冊

310000－0242－0000835　E23－8/461

林琴南嚴幾道合鈔四卷　（清）國學扶輪社輯
清宣統三年(1911)上海國學扶輪社鉛印本
四冊

310000－0242－0000836　E23－8/461C2

林琴南嚴幾道合鈔四卷　（清）國學扶輪社輯
清宣統三年(1911)上海國學扶輪社鉛印本
二冊

310000－0242－0000837　E23－10/7.21

高郵王氏小言叢書　（清）王敬之撰　清道光
刻本　八冊

310000－0242－0000838　E23－11/128

晨風閣叢書二十二種　沈宗畸輯　清宣統元
年(1909)沈氏刻本　十四冊

310000－0242－0000839　E23－11/128C2

晨風閣叢書二十二種　沈宗畸輯　清宣統元
年(1909)沈氏刻本　十六冊

310000－0242－0000840　E23－11/405.6

寂園叢書十七種　陳瀏撰輯　清宣統二年
(1910)鉛印本　二十冊

310000－0242－0000841　E23－11/645

國粹叢書三集　鄧實輯　清光緒三十三年
(1907)上海國學保存會鉛印本　八冊

310000－0242－0000842　E23－12/740

雲自在龕叢書十九種　繆荃孫輯　清光緒二
十五年(1899)江陰繆氏刻本　二十五冊

310000－0242－0000843　E23－12/740C2

雲自在龕叢書十九種　繆荃孫輯　清光緒二
十五年(1899)江陰繆氏刻本　六冊

310000－0242－0000844　E23－12/740C3

雲自在龕叢書十九種　繆荃孫輯　清光緒二

十五年(1899)江陰繆氏刻本　三十二冊

310000－0242－0000845　E23－12/740C4
雲自在龕叢書十九種　繆荃孫輯　清光緒二十五年(1899)江陰繆氏刻本　二十六冊

310000－0242－0000846　E23－14/8.477
蒙香室叢書二十二卷　馮煦輯　清光緒十三年(1887)刻本　二冊　存二種十卷(宋七家詞選七卷、唐五代詞選三卷)

310000－0242－0000847　E23－15/428C4
適園叢書初集七種　張鈞衡輯　清宣統三年(1911)上海國學扶輪社鉛印本　十冊

310000－0242－0000848　E23－16/393
積學齋叢書二十種　徐乃昌輯　清光緒十九年(1893)南陵徐乃昌刻本　二十冊

310000－0242－0000849　E23－16/393C2
積學齋叢書二十種　徐乃昌輯　清光緒十九年(1893)南陵徐乃昌刻本　十六冊

310000－0242－0000850　E23－16/393C4
積學齋叢書二十種　徐乃昌輯　清光緒十九年(1893)南陵徐乃昌刻本　三冊

310000－0242－0000851　E23－18/562
雙梅景闇叢書十三種　葉德輝輯　清光緒、宣統間長沙郋園刻本　五冊

310000－0242－0000852　E23－18/562C2
雙梅景闇叢書十三種　葉德輝輯　清光緒、宣統間長沙郋園刻本　五冊

310000－0242－0000853　E23－19/393
懷豳雜俎十二種　徐乃昌輯　清宣統三年(1911)南陵徐氏刻本　八冊

310000－0242－0000854　E23－19/393C2
懷豳雜俎十二種　徐乃昌輯　清宣統三年(1911)南陵徐氏刻本　二冊

310000－0242－0000855　E23－19/740
藕香零拾三十九種　繆荃孫輯　清宣統二年(1910)江陰繆氏刻本　五冊

310000－0242－0000856　E23－25/562

310000－0242－0000857　E23.6－6/7.144
西學時務總纂大成九十一卷　(清)求志齋主人纂輯　清光緒二十三年(1897)上海鴻文書局石印本　二十四冊

310000－0242－0000858　E23.6－17/7.791
勵學譯編五種　(清)顧培基等譯　清光緒二十七年(1901)勵學譯社刻本　一冊

310000－0242－0000859　E23.7－14/12
蒙學叢書一百十一種　(清)上海蒙學圖書館輯　清光緒二十八年(1902)石印本　四十冊

310000－0242－0000860　E24－2/428
二酉堂叢書二十一種　(清)張澍輯　清道光元年(1821)武威二酉堂刻本　二冊

310000－0242－0000861　E24－2/7.305
十種古逸書三十卷　(清)茆泮林輯　清道光二十二年(1842)梅瑞軒刻本　六冊

310000－0242－0000862　E24－2/7.305C2
十種古逸書三十卷　(清)茆泮林輯　清道光二十二年(1842)梅瑞軒刻本　十冊

310000－0242－0000863　E24－5/352
玉函山房輯佚書三十三種　(清)馬國翰輯　清光緒九年(1883)長沙嫏嬛館刻本　七十二冊

310000－0242－0000864　E24－5/352C2
玉函山房輯佚書三十三種　(清)馬國翰輯　清光緒九年(1883)長沙嫏嬛館刻本　八十冊

310000－0242－0000865　E24－5/352C3
玉函山房輯佚書三十三種　(清)馬國翰輯　清光緒九年(1883)長沙嫏嬛館刻本　七十六冊

310000－0242－0000866　E24－5/352C4
玉函山房輯佚書三十三種　(清)馬國翰輯　清光緒九年(1883)長沙嫏嬛館刻本　二十冊

310000－0242－0000867　E24－5/352C5
玉函山房輯佚書三十三種　(清)馬國翰輯

清光緒九年(1883)長沙娜嬛館刻本　一百冊

310000－0242－0000868　E24－12/775
敦煌石室遺書五種附流沙訪古記　羅振玉輯
　清宣統元年(1909)誦芬室鉛印本　一冊

310000－0242－0000869　E24－12/775C2
敦煌石室遺書十三種附流沙訪古記　羅振玉
輯　清宣統元年(1909)誦芬室鉛印本　四冊

310000－0242－0000870　E24－14/7.21
漢魏遺書鈔一百八種　(清)王謨輯　清嘉慶
三年(1798)西齋刻本　十六冊

310000－0242－0000871　E24－14/7.491
漢學堂叢書二百十四種附十種　(清)黃奭輯
　清光緒甘泉黃氏刻本　十三冊

310000－0242－0000872　E25－16/393
隨盦徐氏叢書十種　徐乃昌輯　清光緒三十
四年(1908)南陵徐氏刻本　六冊

310000－0242－0000873　E25－16/393C2
隨盦徐氏叢書十種　徐乃昌輯　清光緒三十
四年(1908)南陵徐氏刻本　二冊

310000－0242－0000874　E25－19/562C2
麗廔叢書八種　葉德輝輯　清光緒三十三年
(1907)長沙葉氏刻本　七冊

310000－0242－0000875　E25－21/7.650
鐵華館叢書六種　(清)蔣鳳藻輯　清光緒十
年(1884)長洲蔣氏刻本　六冊

310000－0242－0000876　E25.12－22/7.2688
讀左補義五十卷　(清)姜炳璋輯　清末刻本
　十六冊

310000－0242－0000877　E26－5/375
永嘉叢書十二種　(清)孫衣言輯　清光緒八
年(1882)瑞安孫氏刻本　八十冊

310000－0242－0000878　E26－6/2.1
江陰叢書十九種　金武祥輯　清光緒二十年
(1894)江陰粟香室刻本　十冊

310000－0242－0000879　E26－8/2.1A
金陵叢刻十五種　(清)傅春官輯　清光緒三

十二年(1906)江寧傅氏刻本　十二冊

310000－0242－0000880　E26－10/2.2
涇川叢書四十五種續涇川叢書八種　(清)趙
紹祖　(清)趙繩祖同輯　清道光十二年
(1832)涇縣古墨齋刻本　八十冊

310000－0242－0000881　E26－10/2.2C2
涇川叢書四十五種續涇川叢書八種　(清)趙
紹祖　(清)趙繩祖同輯　清道光十二年
(1832)涇縣古墨齋刻本　六冊

310000－0242－0000882　E26－10/7.428
容城三賢文集三種　(清)張斐然等輯　清道
光十六年(1836)正義書院刻本　十二冊

310000－0242－0000883　E26－10/8.477
徐州二遺民集十卷　馮煦編　清光緒十九年
(1893)臨川桂中行刻本　五冊

310000－0242－0000884　E26－11/2.1
常州先哲遺書三十九種附三種　盛宣懷輯
清光緒武進盛氏刻本　六十四冊

310000－0242－0000885　E26－11/393
紹興先正遺書十二種　(清)徐友蘭輯　清光
緒會稽鑄學齋刻本　八冊

310000－0242－0000886　E26－11/393C2
紹興先正遺書十二種　(清)徐友蘭輯　清光
緒會稽鑄學齋刻本　三十二冊

310000－0242－0000887　E26－11/393C3
紹興先正遺書十二種　(清)徐友蘭輯　清光
緒會稽鑄學齋刻本　三十八冊

310000－0242－0000888　E26－12/2.3
湖州叢書十三種　(清)陸心源輯　清光緒十
一年(1885)歸安陸氏刻本　二十四冊

310000－0242－0000889　E26－12/2.5
湖北叢書三十種　(清)趙尚輔輯　清光緒十
七年(1891)湖北三餘草堂刻本　九十冊

310000－0242－0000890　E26－15/1.1
畿輔叢書一百七十二種　(清)王灝輯　清光
緒定州王氏刻本　四百三十八冊

310000－0242－0000891　E26－16/3.3

學海堂叢刻十二種　（清）□□輯　清光緒三年(1877)廣東學海堂刻本　十四冊

310000－0242－0000892　E26－16/7.162

學海堂集九十卷　（清）阮元輯　清道光五年(1825)廣州啟秀山房刻本　三十八冊

310000－0242－0000893　E26－16/7.162C2

學海堂集九十卷　（清）阮元輯　清道光五年(1825)廣州啟秀山房刻本　十冊

310000－0242－0000894　E26－16/7.162C3

學海堂集九十卷　（清）阮元輯　清道光五年(1825)廣州啟秀山房刻本　十五冊

310000－0242－0000895　E26－16/7.242

學海堂四集二十八卷　（清）金錫齡等編　清光緒十二年(1886)廣州啟秀山房刻本　十六冊

310000－0242－0000896　E26－17/3.3

嶺南遺書五十八種　（清）伍元薇　（清）伍崇曜輯　清道光十一年(1831)南海伍氏刻本　八十冊

310000－0242－0000897　E26－17/3.3C2

嶺南遺書五十八種　（清）伍元薇　（清）伍崇曜輯　清道光十一年(1831)南海伍氏刻本　十五冊

310000－0242－0000898　E26－17/3.3C3

嶺南遺書五十八種　（清）伍元薇　（清）伍崇曜輯　清道光十一年(1831)南海伍氏刻本　三十二冊

310000－0242－0000899　E26－19/7.151

關中道脈四種書　（清）李元春輯　清道光十年(1830)刻本　六冊

310000－0242－0000900　E26.21－8/8.449

京口掌故叢編六種　（清）陶駿保輯　清光緒三十四年(1908)丹徒陶氏刻本　四冊

310000－0242－0000901　E26.21－16/7.550

學古堂日記四十九種　（清）雷浚　（清）汪之昌選　清光緒二十二年(1896)蘇州學古堂刻本　二十六冊

310000－0242－0000902　E26.21－16/7.550C2

學古堂日記四十九種　（清）雷浚　（清）汪之昌選　清光緒二十二年(1896)蘇州學古堂刻本　二十六冊

310000－0242－0000903　E26.21－16/7.550C3

學古堂日記四十九種　（清）雷浚　（清）汪之昌選　清光緒二十二年(1896)蘇州學古堂刻本　四冊

310000－0242－0000904　E26.23－8/7.2

武林掌故叢編二十六集　（清）丁丙輯　清光緒錢塘嘉惠堂刻本　一百十冊　存十四集（一至十四）

310000－0242－0000905　E26.23－8/752

金華七賢全集八種　（清）□□輯　清雍正十年(1732)刻本　五冊

310000－0242－0000906　E28－3/5.784

三蘇全集七種　（宋）蘇洵　（宋）蘇軾（宋）蘇轍等撰　清道光十三年(1833)眉州三蘇祠刻本　六十四冊

310000－0242－0000907　E28－3/5.784C2

三蘇全集七種　（宋）蘇洵　（宋）蘇軾（宋）蘇轍等撰　清道光十三年(1833)眉州三蘇祠刻本　十六冊

310000－0242－0000908　E28－3/5.784C3

三蘇全集七種　（宋）蘇洵　（宋）蘇軾（宋）蘇轍等撰　清道光十三年(1833)眉州三蘇祠刻本　八十冊

310000－0242－0000909　E28－4/7.248

丹陽周氏家集四種　（清）周桂榮輯　清光緒二十年(1894)雅存堂刻本　五冊

310000－0242－0000910　E28－5/7.491

石菖蒲館叢書七種　（清）黃文琛編　清宣統元年(1909)鉛印本　十一冊

310000－0242－0000911　E28－6/7.21

艾道成先生希聖彔七種　（清）王錫疇纂證　清同治二年(1863)抄本　二冊

310000－0242－0000912　E28－6/8.307

如皋冒氏叢書二十五種　冒廣生輯　清光緒
二十六年(1900)如皋冒氏刻本　二十冊

310000－0242－0000913　E28－7/7.164

吳氏一家稿十種　(清)吳清鵬輯　清咸豐五
年(1855)錢塘吳氏刻本　六冊

310000－0242－0000914　E28－7/7.590

求可堂兩世遺書四種　(清)廖冀亨　(清)廖
鴻章撰　清光緒九年(1883)嘉定廖氏刻本
三冊

310000－0242－0000915　E28－8/5.535

河南二程全書四種　(宋)程顥　(宋)程頤撰
清初寶誥堂刻本　八冊

310000－0242－0000916　E28－8/5.535C2

河南二程全書四種　(宋)程顥　(宋)程頤撰
清光緒三十四年(1908)滄雅局刻本　三冊

310000－0242－0000917　E28－8/5.535C3

河南二程全書七種　(宋)程顥　(宋)程頤撰
清初寶誥堂刻本　十冊

310000－0242－0000918　SE28－8/5.535C4

河南二程全書三種　(宋)程顥　(宋)程頤撰
明嘉靖三年(1524)刻本　十冊

310000－0242－0000919　SE28－8/5.535

河南程氏遺書二十五卷附錄一卷　(宋)程顥
(宋)程頤撰　(宋)朱熹輯　明刻本　十六
冊

310000－0242－0000920　E28－8/6.21

明儒王心齋先生遺集五卷首一卷附八卷
(明)王艮撰　清宣統二年(1910)東臺袁氏鉛
印本　六冊

310000－0242－0000921　E28－8/6.21C2

明儒王心齋先生遺集五卷首一卷附八卷
(明)王艮撰　清宣統二年(1910)東臺袁氏鉛
印本　一冊

310000－0242－0000922　E28－8/7.428

金山姚氏二先生集　(清)張文虎輯　清光緒
二年(1876)松韻草堂刻本　一冊

310000－0242－0000923　E28－9/7.15

述本堂詩集十六種續集三種　(清)方觀承輯
清乾隆、嘉慶間方觀承刻本　四冊

310000－0242－0000924　E28－9/7.15C2

述本堂詩集十六種續集三種　(清)方觀承輯
清乾隆、嘉慶間方觀承刻本　八冊

310000－0242－0000925　E28－9/7.98

春雨樓叢書六種　(清)朱士端輯　清同治四
年(1865)刻本　六冊

310000－0242－0000926　E28－10/428

海鹽張氏涉園叢刻正編八種續編八種　張元
濟輯　清宣統三年(1911)上海商務印書館鉛
印本　二冊

310000－0242－0000927　E28－10/428C2

海鹽張氏涉園叢刻正編七種續編六種　張元
濟輯　清宣統三年(1911)海鹽張氏鉛印本
四冊

310000－0242－0000928　E28－10/7.415

泰州康氏叢書十二種　(清)康發祥輯　清咸
豐十年(1860)康氏刻本　十六冊

310000－0242－0000929　E28－10/7.556

海虞三陶先生集合刻三種　(清)楊沂孫輯
清光緒七年(1881)貴池縣署刻本　六冊

310000－0242－0000930　E28－11/7.420

曹氏叢書七種　(清)曹逢庚輯　清同治洛陽
曹氏刻本　八冊

310000－0242－0000931　E28－11/7.434

陸氏傳家集十六種附一種　(清)陸乃普輯
清同治十一年(1872)義經堂刻本　四冊

310000－0242－0000932　E28－11/7.434C2

陸氏傳家集十六種附一種　(清)陸乃普輯
清同治十一年(1872)義經堂刻本　二冊

310000－0242－0000933　E28－11/7.449

陶芸江先生全集七種　(清)陶必銓　(清)陶
澍撰　清道光愛吾廬刻本　六冊

310000－0242－0000934　E28－11/7.752

務滋堂集七種　(清)□□輯　清嘉慶二十二

年(1817)同川金氏刻本　四冊

310000－0242－0000935　E28－13/580

鄔氏叢書二十六種　（清）鄔慶時輯　清光緒
三十一年(1905)鄔氏刻本　五冊

310000－0242－0000936　E28－13/7.568

董氏叢書十五種　（清）董金鑑輯　清光緒三
十二年(1906)會稽取斯堂刻本　十二冊

310000－0242－0000937　E28－13/7.568C2

董氏叢書十五種　（清）董金鑑輯　清光緒三
十二年(1906)會稽取斯堂刻本　十四冊

310000－0242－0000938　E28－13/7.622

虞山潘氏叢書四種　（清）潘欲仁輯　（清）徐
元霖校勘　清光緒二十二年(1896)常熟徐元
霖刻本　六冊

310000－0242－0000939　SE28－14/752.5

廣陵朱氏二先生集四十一卷　（明）□□輯
明萬曆刻本　十六冊

310000－0242－0000940　E28－14/7.761

寧都三魏文集八十一卷　（清）魏際瑞等撰
清道光二十五年(1845)易原堂刻本　五十冊

310000－0242－0000941　E28－15/7.674

劉氏遺書八卷　（清）劉台拱撰　清光緒十五
年(1889)廣雅書局刻本　二冊

310000－0242－0000942　E28－15/7.674C2

劉氏遺書八卷　（清）劉台拱撰　清光緒十五
年(1889)廣雅書局刻本　二冊

310000－0242－0000943　E28－15/7.710

京江鮑氏課選樓合稿四種　（清）戴燮元輯
清光緒八年(1882)嘉禾丹徒戴氏刻本　二冊

310000－0242－0000944　E28－16/7.393

學壽堂叢書十二種　徐紹楨輯　清光緒二十
五年(1899)徐氏刻本　二十六冊

310000－0242－0000945　E28－20/21

繡水王氏家藏集十二種附五種　（清）王相輯
　清光緒十二年(1886)繡水王氏刻本　十二
冊

310000－0242－0000946　E28.7－4/5.661

六經奧論六卷首一卷　（宋）鄭樵撰　清康熙
通志堂刻本　二冊

310000－0242－0000947　E28.7－7/7.441

求志居經說八種　（清）陳世鎔輯　清後期刻
本　六冊

310000－0242－0000948　E29－2/7.402

二思堂叢書六種　（清）梁章鉅撰　清光緒元
年(1875)福州梁氏刻本　七冊

310000－0242－0000949　E29－2/7.402C2

二思堂叢書六種　（清）梁章鉅撰　清光緒元
年(1875)福州梁氏刻本　十六冊

310000－0242－0000950　E29－3/7.428

三影閣叢書九種　（清）張雲璈撰　清嘉慶、
道光間刻本　五冊　存三種十二卷(臘味小
稾五卷、知還草五卷、復丁老人草二卷)

310000－0242－0000951　E29－3/7.661

大鶴山房全書十一種　鄭文焯撰　清光緒三
十年(1904)蘇州周松雲刻本　二冊

310000－0242－0000952　E29－4/21C4

船山遺書五十八種　（清）王夫之撰　清同治
四年(1865)金陵節署刻本　八十冊

310000－0242－0000953　E29－4/21C5

船山遺書五十八種　（清）王夫之撰　清同治
四年(1865)金陵節署刻本　一百二十冊

310000－0242－0000954　E29－4/21C6

船山遺書五十八種　（清）王夫之撰　清同治
四年(1865)金陵節署刻本　一百二十冊

310000－0242－0000955　E29－4/21C8

王船山遺書四種　（清）王夫之撰　清光緒二
十七年(1901)湖南書局刻本　十六冊

310000－0242－0000956　SE29－4/6.21

王季重九種　（明）王思任撰　明刻本　十冊

310000－0242－0000957　E29－4/7.115

心齋十種　（清）任兆麟撰　清乾隆震澤王氏
刻本　八冊

310000－0242－0000958　E29－4/7.441
文道十書四種　（清）陳景雲撰　清乾隆十九年(1754)樸茂齋刻本　八冊

310000－0242－0000959　E29－4/7.441C2
文道十書四種　（清）陳景雲撰　清乾隆十九年(1754)樸茂齋刻本　一冊

310000－0242－0000960　SE29－8/7.128
果堂全集五種　（清）沈彤撰　清乾隆十年(1745)刻本　十二冊

310000－0242－0000961　E29－5/51.562
石林遺書十三種　（宋）葉夢得撰　清光緒三十三年(1907)長沙郎園刻本　八冊　存五種二十卷(石林燕語十卷,避暑錄話二卷,石林燕語辨一卷,巖下放言三卷、附玉澗襍書一卷,石林詩話三卷)

310000－0242－0000962　E29－5/6.170
去偽齋全集二十二種　（明）呂坤撰　明萬曆四十五年(1617)明刻清配本　三十八冊

310000－0242－0000963　E29－5/6.337
古三墳三種　（明）唐琳撰　明天啓六年(1626)刻本　二冊

310000－0242－0000964　E29－5/7.420
石屋叢書十八卷　（清）曹籀撰　清同治八年(1869)仁和曹氏刻本　五冊

310000－0242－0000965　E29－5/7.674
古桐書屋六種　（清）劉熙載撰　清同治十二年(1873)刻本　十冊

310000－0242－0000966　E29－5/7.78
皮氏叢書十三種　（清）皮錫瑞撰　清光緒三十三年(1907)思賢書局刻本　十四冊

310000－0242－0000967　SE29－5/89
白雲齋叢著六種　（明）吉棠輯　明後期稿本　八冊

310000－0242－0000968　E29－6/5.98
朱子遺書二刻七種　（宋）朱熹撰　（宋）呂祖謙輯　清康熙寶誥堂刻本　二十冊

310000－0242－0000969　E29－6/7.33

西堂全集十七種　（清）尤侗撰　清康熙二十四年(1685)雲溪閣刻本　二十冊

310000－0242－0000970　SE29－6/7.52
西河合集一百十七種　（清）毛奇齡撰　清康熙刻本　一百冊

310000－0242－0000971　E29－6/7.77
安吳四種三十六卷　（清）包世臣撰　清光緒十四年(1888)刻本　十六冊

310000－0242－0000972　E29－6/7.77C2
安吳四種三十六卷　（清）包世臣撰　清同治十一年(1872)刻本　二十冊

310000－0242－0000973　E29－6/7.98
朱近漪所著書五種附二種　（清）朱楓撰　清乾隆二十四年(1759)刻本　八冊　存三種二十四卷(秦漢瓦圖記四卷、補遺一卷,雍州金石記十卷、記餘一卷,古金待問錄四卷、錄餘一卷、補遺一卷、續錄二卷)

310000－0242－0000974　E29－6/98
朱文端公遺書十三種　（清）朱軾輯　清乾隆刻本　八十冊

310000－0242－0000975　E29－6/98C2
朱文端公遺書十三種　（清）朱軾輯　清乾隆刻本　二十一冊

310000－0242－0000976　E29－6/98C3
朱文端公遺書十三種　（清）朱軾輯　清乾隆刻本　七十七冊

310000－0242－0000977　SE29－7/6.151
李君實先生雜著十三種　（明）李日華撰　明天啓六年(1626)刻本　二十四冊

310000－0242－0000978　SE29－7/7.122
宋氏全集八種　（清）沈德潛撰　清乾隆三十二年(1767)教忠堂刻本　二十冊

310000－0242－0000979　E29－7/7.128
沈歸愚詩文全集十四種　（清）宋犖撰　清康熙五十年(1711)商丘宋氏刻本　三十二冊

310000－0242－0000980　E29－7/7.135
重訂汪子遺書六十五卷　（清）汪紱撰　清同

治十二年(1873)曲水書局木活字印本　八冊
　存四種四十卷(易經詮義十四卷、易經如話
二至十二、禮記章句十卷、禮記或問一至五)

310000－0242－0000981　E29－7/7.15
抗希堂十六種　(清)方苞撰　清康熙五十九
年(1720)桐城方氏抗希堂刻本　四十八冊

310000－0242－0000982　E29－7/7.248
求志堂存稿彙編六種附二種附錄本傳　(清)
周濟撰　清光緒十八年(1892)刻本　五冊

310000－0242－0000983　E29－7/7.248C2
求志堂存稿彙編六種附二種附錄本傳　(清)
周濟撰　清光緒十八年(1892)刻本　五冊

310000－0242－0000984　E29－7/7.622
希鄭堂叢書第一集七種　潘任撰　清光緒二
十年(1894)常熟潘氏木活字印本　二冊

310000－0242－0000985　E29－7/7.622C2
希鄭堂叢書第一集七種　潘任撰　清光緒二
十年(1894)常熟潘氏木活字印本　四冊

310000－0242－0000986　E29－7/7.791
武陵山人遺書十二種附顧氏二種　(清)顧觀
光撰　清光緒九年(1883)獨山莫祥芝刻本
十二冊

310000－0242－0000987　E29－7/7.791C2
武陵山人遺書十二種附顧氏二種　(清)顧觀
光撰　清光緒九年(1883)獨山莫祥芝刻本
十二冊

310000－0242－0000988　E29－8/5.337
金華唐氏遺書五種　(宋)唐仲友撰　清宣統
三年(1911)金華教育分會石印本　四冊

310000－0242－0000989　SE29－8/7.128
果堂全集五種　(清)沈彤撰　清乾隆十年
(1745)沈氏刻本　十二冊

310000－0242－0000990　E29－8/7.248
周孟侯先生全書五種　(清)周拱辰撰　清光
緒元年(1875)刻本　十冊

310000－0242－0000991　E29－8/7.248A
周松靄先生遺書八種　(清)周春撰　清嘉慶

七年(1802)刻本　六冊

310000－0242－0000992　E29－8/7.765
東海褰冥氏三十以前舊學四種　(清)譚嗣同
撰　清光緒二十三年(1897)金陵刻本　一冊

310000－0242－0000993　E29－8/7.98
拙盦叢書九種　(清)朱一新撰　清光緒二十
二年(1896)葆真堂刻本　十六冊

310000－0242－0000994　E29－9/7.164
香蘇山館全集　(清)吳嵩梁撰　清道光二十
三年(1843)刻本　四冊　存三種九卷(石溪
舫詩話二卷、聽香館叢錄六卷、粵游日記一
卷)

310000－0242－0000995　E29－9/7.260
洪北江先生遺集二十五種附年譜　(清)洪亮
吉撰　清光緒五年(1879)授經堂刻本　八十
四冊

310000－0242－0000996　E29－9/7.265
施愚山先生全集七種　(清)施閏章撰　清宣
統二年(1910)上海國學扶輪社石印本　二十
冊

310000－0242－0000997　E29－9/7.265C2
施愚山先生全集七種　(清)施閏章撰　清宣
統二年(1910)上海國學扶輪社石印本　二十
冊

310000－0242－0000998　E29－9/7.312
春在堂全書一百三十四種　(清)俞樾撰　清
光緒十一年(1885)刻本　七十八冊

310000－0242－0000999　E29－9/7.312A
春在堂全集二十二種　(清)俞樾撰　清同治
十年(1871)德清俞氏刻本　十冊

310000－0242－0001000　E29－9/7.471
待園雜著七種　(清)湯濂著　清同治九年
(1870)刻本　二冊

310000－0242－0001001　E29－9/7.717
春草堂集三十六卷　(清)謝堃撰　清道光二
十五年(1845)曲阜刻本　二十八冊

310000－0242－0001002　E29－9/7.717C2

春草堂集三十六卷　（清）謝墍撰　清道光二十五年(1845)曲阜刻本　五冊

310000－0242－0001003　E29－9/7.717A
春草堂三種　（清）謝墍撰　清光緒六年(1880)刻本　六冊

310000－0242－0001004　E29－9/7.791
亭林先生遺書十種補遺十三種　（清）顧炎武撰　清光緒十四年(1888)朱氏校經山房刻本　二十冊

310000－0242－0001005　SE29－9/7.791C3
亭林先生遺書十種　（清）顧炎武撰　清初蓬瀛閣刻本　十二冊

310000－0242－0001006　E29－10/148
桐華閣叢書六種　（清）杜貴墀撰　清光緒巴陵杜氏刻本　三冊

310000－0242－0001007　E29－10/6.375
孫文恭公遺書七種　（明）孫應鰲撰　清宣統二年(1910)南海官書局鉛印本　四冊

310000－0242－0001008　E29－10/6.375B
孫文恭公遺書七種　（明）孫應鰲撰　清光緒六年(1880)獨山莫氏刻本　六冊

310000－0242－0001009　E29－10/7.135
振綺堂遺書十種　（清）汪遠孫撰　清道光振綺堂刻本　八冊

310000－0242－0001010　E29－10/7.148
海嶽軒叢刻九種　（清）杜元穆撰　清光緒三十三年(1907)鉛印本　八冊

310000－0242－0001011　E29－10/7.164
桐城吳先生全書十七種　（清）吳汝綸撰　清光緒三十年(1904)吳氏刻本　十六冊

310000－0242－0001012　E29－10/7.211
修本堂叢書十種　（清）林伯桐撰　清道光二十四年(1844)林氏刻本　十六冊

310000－0242－0001013　E29－10/7.237
哭盦叢書三種　易順鼎撰　清光緒二十二年(1896)慕皐廬刻本　十一冊

310000－0242－0001014　E29－10/7.362
郝氏遺書三十三種　（清）郝懿行撰　清後期刻本　八十三冊

310000－0242－0001015　E29－10/7.393
煙嶼樓全集四種　（清）徐時棟撰　清光緒三年(1877)葛祥榮刻本　十四冊

310000－0242－0001016　E29－10/78
師伏堂叢書十八種　（清）皮錫瑞撰　清光緒三十三年(1907)思賢書局刻本　四十冊

310000－0242－0001017　E29－10/78C2
師伏堂叢書十八種　（清）皮錫瑞撰　清光緒三十三年(1907)思賢書局刻本　十冊

310000－0242－0001018　E29－11/406C7
章氏遺書七種外編十二種　（清）章學誠撰　清道光十二年(1832)開封刻本　三冊

310000－0242－0001019　E29－11/406C8
章氏遺書二種　（清）章學誠撰　清道光十三年(1833)刻本　八冊

310000－0242－0001020　E29－11/406C10
章氏遺書二種　（清）章學誠撰　清光緒四年(1878)貴州刻本　八冊

310000－0242－0001021　E29－11/5.242
率祖堂叢書十二種　（宋）金履祥撰　清雍正、乾隆間刻本　十六冊

310000－0242－0001022　SE29－11/6.522
梓溪文鈔十八卷首一卷　（明）舒芬撰　明萬曆四十八年(1620)刻本　二十冊

310000－0242－0001023　E29－11/7.207
授堂遺書八種　（清）武億撰　清道光二十三年(1843)偃師武氏刻本　十六冊

310000－0242－0001024　E29－11/7.21
紫薇花館集　（清）王廷鼎撰　清同治、光緒間刻本　九冊

310000－0242－0001025　E29－11/7.242
貫華堂才子書彙稿十種　（清）金聖歎撰　清宣統二年(1910)上海神州國光社鉛印本　四冊

310000－0242－0001026　E29－11/7.316

惜抱軒全集十四種　（清）姚鼐撰　清同治五年(1866)省心閣刻本　十六冊

310000－0242－0001027　E29－11/7.316C2

惜抱軒全集十四種　（清）姚鼐撰　清光緒三十三年(1907)上海校經山房刻本　六冊

310000－0242－0001028　E29－11/7.316C3

惜抱軒全集十四種　（清）姚鼐撰　清光緒三十三年(1907)上海校經山房刻本　三冊

310000－0242－0001029　E29－11/7.316C4

惜抱軒全集十四種　（清）姚鼐撰　清光緒三十三年(1907)上海校經山房刻本　十冊

310000－0242－0001030　E29－11/7.316A

惜抱軒遺書三種　（清）姚鼐撰　清光緒五年(1879)桐城徐氏刻本　四冊

310000－0242－0001031　E29－11/7.316AC2

惜抱軒遺書三種　（清）姚鼐撰　清光緒五年(1879)桐城徐氏刻本　四冊

310000－0242－0001032　E29－11/7.427

戚鶴泉所著書四種　（清）戚學標撰　清嘉慶涉縣署刻本　十冊

310000－0242－0001033　E29－11/7.428

張敬堂太史遺書四種　（清）張錫嶸撰　（清）吳棠輯　清同治九年(1870)刻本　二冊

310000－0242－0001034　SE29－11/7.428

張皋文箋易詮全集二十種　（清）張惠言撰　清嘉慶八年(1803)揚州阮氏琅環仙館刻本　十六冊

310000－0242－0001035　E29－11/7.428C

渠亭山人半部稾初刻一卷二刻一卷三刻一卷四刻一卷　（清）張貞撰　清康熙安丘刻本　八冊

310000－0242－0001036　E29－11/7.434

桴亭先生遺書二十二種　（清）陸世儀撰　清光緒二十五年(1899)太倉唐受祺刻本　二十八冊

310000－0242－0001037　E29－11/7.434C2

桴亭先生遺書二十二種　（清）陸世儀撰　清光緒二十五年(1899)太倉唐受祺刻本　二十八冊

310000－0242－0001038　E29－11/7.434C3

桴亭先生遺書二十二種　（清）陸世儀撰　清光緒二十五年(1899)太倉唐受祺刻本　三冊

310000－0242－0001039　E29－11/7.434C4

桴亭先生遺書二十二種　（清）陸世儀撰　清光緒二十五年(1899)太倉唐受祺刻本　二十冊

310000－0242－0001040　E29－11/7.434C5

桴亭先生遺書二十二種　（清）陸世儀撰　清光緒二十五年(1899)北京太倉唐受祺刻本　十冊

310000－0242－0001041　E29－11/7.441

陳氏叢書二十六種　（清）陳本禮撰　清嘉慶十七年(1812)江都陳氏裛露軒刻本　十冊　存四種十四卷(協律鈞元四卷、漢詩統箋三卷、急就篇一卷、離騷精義六卷)

310000－0242－0001042　E29－11/7.441A

陳處士遺書三種　（清）陳貞慧撰　清光緒二十六年(1900)弇山鐸署刻本　一冊

310000－0242－0001043　E29－11/7.441AC2

陳處士遺書三種　（清）陳貞慧撰　清光緒二十六年(1900)弇山鐸署刻本　一冊

310000－0242－0001044　E29－11/7.441B

陳司業先生集四種　（清）陳祖范撰　清乾隆二十九年(1764)刻本　五冊

310000－0242－0001045　E29－11/7.491A

黃氏六種附二種　（清）黃炳垕撰　清同治、光緒間餘姚黃氏刻本　三冊

310000－0242－0001046　E29－11/7.598

清獻堂全編八種　（清）趙佑撰　清乾隆二十九年(1764)刻本　十二冊　存五種二十一卷(尚書質疑二卷、尚書異讀考三卷、草木疏校正二卷、讀春秋存稿四卷、春秋雜案十卷)

310000－0242－0001047　E29－11/7.661A

巢經巢遺文五卷　（清）鄭珍撰　清光緒十九年(1893)高氏刻本　二冊

310000－0242－0001048　E29－11/7.731

庸盦全集十種　（清）薛福成撰　清光緒十三年(1887)刻本　十六冊

310000－0242－0001049　E29－11/7.731C2

庸盦全集十種　（清）薛福成撰　清光緒十三年(1887)刻本　九冊

310000－0242－0001050　E29－11/7.753

鹿洲全集八種　（清）藍鼎元撰　清光緒五年(1879)藍謙刻本　二十四冊

310000－0242－0001051　E29－11/7.753C2

鹿洲全集八種　（清）藍鼎元撰　清光緒五年(1879)藍謙刻本　二十四冊

310000－0242－0001052　E29－11/8.21

陶廬叢刻二十一種　王樹枏撰　清光緒十一年(1885)新城文莫室刻本　四十八冊

310000－0242－0001053　E29－11/8.415

萬木草堂叢書四種　康有為撰　清光緒二十七年(1901)刻本　二十六冊

310000－0242－0001054　E29－12/428A

舒藝室全集十一種　（清）張文虎撰　清同治、光緒間金陵冶城賓館刻本　十二冊

310000－0242－0001055　E29－12/428AC2

舒藝室全集十一種　（清）張文虎撰　清同治、光緒間金陵冶城賓館刻本　三冊

310000－0242－0001056　E29－12/525

焦氏叢書二十種　（清）焦循撰　清嘉慶、道光間雕菰樓刻本　四十冊

310000－0242－0001057　E29－12/7.441

東塾叢書四種附一種　（清）陳澧撰　清咸豐、同治間陳氏刻本　九冊

310000－0242－0001058　E29－12/7.441C2

東塾叢書四種附一種　（清）陳澧撰　清咸豐、同治間陳氏刻本　二冊

310000－0242－0001059　E29－12/7.441C3

東塾叢書四種附一種　（清）陳澧撰　清咸豐、同治間陳氏刻本　九冊

310000－0242－0001060　E29－12/7.441C4

東塾叢書四種附一種　（清）陳澧撰　清咸豐、同治間陳氏刻本　十冊

310000－0242－0001061　E29－12/7.441C5

東塾叢書四種附一種　（清）陳澧撰　清咸豐七年(1857)陳氏刻本　八冊

310000－0242－0001062　E29－12/7.471

湯文正公集五卷　（清）湯斌撰　清同治十年(1871)繡谷麗澤書屋刻本　十四冊

310000－0242－0001063　E29－12/7.525

焦氏遺書二十二種　（清）焦循撰　清光緒二年(1876)衡陽魏家刻本　四十冊

310000－0242－0001064　E29－13/575

鄒叔子遺書七種附二種　（清）鄒漢勛撰　清光緒九年(1883)鄒代鈞刻本　十六冊

310000－0242－0001065　E29－13/7.128

蛾術堂集十四種　（清）沈豫撰　清道光十八年(1838)蕭山漢讀齋刻本　八冊

310000－0242－0001066　E29－13/7.128A

萬物炊累室類稿甲編二種乙編二種外編一種　沈同芳撰　清宣統三年(1911)中國圖書公司鉛印本　四冊　存三種(中國漁業歷史一卷、公言集三集續編一卷、秘書集十集)

310000－0242－0001067　E29－13/7.128B

話山草堂遺集八種　（清）沈道寬撰　清光緒三年(1877)潤州権署刻本　四冊

310000－0242－0001068　E29－13/7.2

試帖存稿四卷　（清）丁午撰　清光緒七年(1881)錢塘丁氏刻本　四冊

310000－0242－0001069　E29－13/7.322

經韻樓叢書七種　（清）段玉裁撰　清道光元年(1821)金壇段氏刻本　四十冊

310000－0242－0001070　E29－13/7.37

微波榭遺書六種　（清）孔繼涵撰　清刻本　五冊

310000－0242－0001071　E29－13/7.550.2

雷刻八種附刻二種續刻二種　（清）雷浚撰
清光緒八年(1882)吳縣雷氏刻本　十二冊

310000－0242－0001072　E29－13/7.550.2C2

雷刻八種附刻二種續刻二種　（清）雷浚撰
清光緒八年(1882)吳縣雷氏刻本　十冊

310000－0242－0001073　E29－13/7.550.2B

雷刻說文四種　（清）雷浚撰　清光緒十年
(1884)吳縣雷氏刻本　六冊

310000－0242－0001074　E29－13/7.550.2BC2

雷刻說文四種　（清）雷浚撰　清光緒十年
(1884)吳縣雷氏刻本　一冊

310000－0242－0001075　E29－13/7.556

楊氏全書三十七卷　（清）楊名時撰　清宣統
元年(1909)江陰南菁高等學堂刻本　十冊

310000－0242－0001076　E29－13/7.556C2

楊氏全書三十七卷　（清）楊名時撰　清宣統
元年(1909)江陰南菁高等學堂刻本　五冊

310000－0242－0001077　SE29－13/7.688

絳跗閣經說三種　（清）諸錦撰　清乾隆二十
三年(1758)春暉堂刻本　一冊

310000－0242－0001078　E29－13/7.717

會稽山齋全集七種　（清）謝應芝撰　清光緒
十四年(1888)刻本　六冊

310000－0242－0001079　E29－14/7.151

榕村全集四十七種　（清）李光地撰　清道光
九年(1829)刻本　一百十八冊

310000－0242－0001080　SE29－14/7.21

漁洋山人著述三十八種　（清）王士禎撰　清
康熙八年(1669)刻本　十二冊

310000－0242－0001081　E29－14/7.407

碧聲吟館叢書八種　（清）許善長撰　清光緒
三年(1877)碧聲吟館刻本　十二冊

310000－0242－0001082　E29－14/7.407C2

碧聲吟館叢書八種　（清）許善長撰　清光緒
三年(1877)碧聲吟館刻本　六冊

310000－0242－0001083　E29－14/7.674

槐軒全書二十三種　（清）劉沅撰　清光緒十
年(1884)豫誠堂刻本　二十冊

310000－0242－0001084　E29－14/7.674C2

槐軒全書二十三種　（清）劉沅撰　清光緒三
十一年(1905)劉氏刻本　一百七冊

310000－0242－0001085　E29－14/7.674C3

槐軒全書二十三種　（清）劉沅撰　清宣統元
年(1909)刻本　一百六冊

310000－0242－0001086　E29－14/7.674C4

槐軒全書二十三種　（清）劉沅撰　清後期致
福堂刻本　十一冊

310000－0242－0001087　E29－15/6.164

樓山堂遺書五種　（明）吳應箕撰　清同治四
年(1865)刻本　十二冊

310000－0242－0001088　E29－15/7.434

潛園總集十二種　（清）陸心源撰　清光緒八
年(1882)萬卷樓刻本　一百四十五冊

310000－0242－0001089　E29－15/7.491

儆季襍箸五種附二種　（清）黃以周撰　清光
緒二十年(1894)南菁講舍刻本　十冊

310000－0242－0001090　E29－15/7.661

鄭氏四種　（清）鄭曉如撰　清同治八年
(1869)廣州華文堂刻本　三冊

310000－0242－0001091　E29－15/7.661

鄭子尹遺書五種　（清）鄭珍撰　清咸豐、同
治間刻本　十一冊

310000－0242－0001092　E29－15/7.705

潛研堂全書二十種　（清）錢大昕撰　清光緒
十年(1884)長沙龍氏家塾刻本　五十冊

310000－0242－0001093　E29－15/7.705C2

潛研堂全書二十一種　（清）錢大昕撰　清光
緒十年(1884)長沙龍氏家塾刻本　八十冊

310000－0242－0001094　E29－16/201C2

蕙風叢書十種　況周頤撰　清光緒三十三年
(1907)上海中國書店刻本　十二冊

310000－0242－0001095　E29－16/359

隨園三十六種　（清）袁枚撰　清光緒三十四年(1908)上海集成圖書公司鉛印本　七冊

310000－0242－0001096　E29－16/7.135

龍莊遺書四種　（清）汪輝祖撰　清光緒江蘇書局刻本　六冊

310000－0242－0001097　E29－16/7.527

薌嶼裘書七種　（清）曾廷枚撰　清嘉慶八年(1803)刻本　八冊

310000－0242－0001098　E29－16/7.705

錢氏四種　（清）錢坫撰　清嘉慶七年(1802)擁萬堂刻本　四冊

310000－0242－0001099　E29－17/2

頤志齋叢書二十二種　（清）丁晏撰　清同治元年(1862)山陽六藝堂刻本　二十冊

310000－0242－0001100　E29－17/2C2

頤志齋叢書二十二種　（清）丁晏撰　清同治元年(1862)山陽六藝堂刻本　二十冊

310000－0242－0001101　E29－17/2C3

頤志齋叢書二十二種　（清）丁晏撰　清同治元年(1862)山陽六藝堂刻本　十六冊

310000－0242－0001102　SE29－17/7.749

戴氏遺書十五種　（清）戴震撰　清乾隆四十三年(1778)微波榭刻本　二十四冊　缺二種二卷(策祘一卷、句股割圜記一卷)

310000－0242－0001103　E29－18/7.428

覆瓿集四種續刻九種　（清）張文虎撰　清同治十三年(1874)金陵冶城賓館刻本　九冊　存十二種三十一卷(舒藝室隨筆六卷,舒藝室雜著甲編二卷、乙編二卷、剩稿一卷,舒藝室詩存七卷,索笑詞二卷,鼠壤餘蔬一卷,舒藝室詩一卷,舒藝室尺牘偶存一卷,湖樓校書記一卷、餘記一卷,西泠續記一卷,蓮龕尋夢記一卷,夢因錄一卷,懷舊記三卷)

310000－0242－0001104　E29－18/8.758

簡氏所著書四種　簡朝亮著　清光緒三十三年(1907)刻本　五十三冊

310000－0242－0001105　E29－19/7.775

羅忠節公遺集六種附年譜　（清）羅澤南撰　清咸豐、同治間刻本　八冊

310000－0242－0001106　E29－19/7.775C2

羅忠節公遺集六種附年譜　（清）羅澤南撰　清咸豐、同治間刻本　八冊

310000－0242－0001107　E29－20/7.151

寶韋齋類稿八種一百卷　（清）李桓撰　清光緒六年(1880)武林趙寶墨齋刻本　三十五冊

310000－0242－0001108　E29－20/7.393

蘋村類稿十三種附二種　（清）徐倬撰　清康熙四十七年(1708)刻本　十六冊

310000－0242－0001109　E29－21/37

顨軒孔氏所著書七種　（清）孔廣森撰　清嘉慶十七年(1812)曲阜儀鄭堂刻本　十二冊

310000－0242－0001110　E29－21/37C2

顨軒孔氏所著書七種　（清）孔廣森撰　清嘉慶十七年(1812)曲阜儀鄭堂刻本　十冊

310000－0242－0001111　E29－21/37C3

顨軒孔氏所著書七種　（清）孔廣森撰　清嘉慶十七年(1812)曲阜儀鄭堂刻本　十六冊

310000－0242－0001112　E29－21/6.556

鐵厓三種二十六卷　（元）楊維楨撰　清宣統二年(1910)上海掃葉山房石印本　三冊

310000－0242－0001113　E29－21/6.791

顧端文公遺書十三種附年譜　（明）顧憲成撰　清光緒三年(1877)涇里宗祠刻本　十四冊

310000－0242－0001114　E29－21/6.791C2

顧端文公遺書十三種附年譜　（明）顧憲成撰　清光緒三年(1877)涇里宗祠刻本　十六冊

310000－0242－0001115　E29－21/6.791B

顧端文公遺書十二種附年譜　（明）顧憲成撰　清光緒三年(1877)涇里宗祠刻本　六冊

310000－0242－0001116　E29－21/7.791

顧亭林著述二十一種　（清）顧炎武撰　清刻本　十二冊

310000 - 0242 - 0001117　E29 - 25/8.562

觀古堂所著書第一集八種第二集八種　葉德
輝撰　清光緒二十八年(1902)湘潭葉氏刻本
三十二冊

310000 - 0242 - 0001118　E29 - 25/8.562C2

觀古堂所著書第一集八種第二集八種　葉德
輝撰　清光緒二十八年(1902)湘潭葉氏刻本
十六冊

310000 - 0242 - 0001119　E29.7 - 15/7.491

霄鵬先生遺著五種　(清)黃保康撰　清宣統
三年(1911)刻本　三冊

310000 - 0242 - 0001120　E29.7 - 12/7.535

黑龍江邊事紀要叢編五種　程德全撰　清宣
統元年(1909)鉛印本　十八冊

310000 - 0242 - 0001121　E29.7 - 18/7.135

雙池遺書八種　(清)汪紱撰　清光緒刻本
七冊　存六種十二卷(讀讀書錄二卷、參讀禮
志疑二卷、讀困知記三卷、讀問學錄一卷、讀
陰符經一卷、讀參同契三卷)

310000 - 0242 - 0001122　F10 - 10/7.162

浙士解經錄四卷附浙江詩課九卷　(清)阮元
訂　清再到亭刻本　四冊

310000 - 0242 - 0001123　F10 - 13/7.84C2

經解入門八卷　(清)江藩纂　清光緒十四年
(1888)鴻寶齋石印本　二冊

310000 - 0242 - 0001124　F10.2 - 2/7.711

欽定七經綱領不分卷附學堂章程摘錄　(清)
學部圖書局編　清宣統元年(1909)學部圖書
局鉛印本　一冊

310000 - 0242 - 0001125　F11 - 10/393

通志堂經解一百三十八種　(清)納蘭成德
(清)徐乾學輯　清同治十二年(1873)粵東書
局刻本　六百冊

310000 - 0242 - 0001126　F11 - 10/393C2

通志堂經解一百三十八種　(清)納蘭成德
(清)徐乾學輯　清同治十二年(1873)粵東書
局刻本　七十冊

310000 - 0242 - 0001127　F11 - 11/787

皇清經解一千四百卷附續刻八卷　(清)阮元
輯　清道光九年(1829)廣東學海堂刻本　三
百六十一冊

310000 - 0242 - 0001128　F11 - 11/787C2

皇清經解一千四百八卷　(清)阮元輯　(清)
嚴杰編　清道光九年(1829)廣東學海堂刻咸
豐十一年(1861)增刻本　三百六十冊

310000 - 0242 - 0001129　F11 - 11/787C3

皇清經解一千四百八卷　(清)阮元輯　(清)
嚴杰編　清道光九年(1829)廣東學海堂刻咸
豐十一年(1861)增刻本　六十冊

310000 - 0242 - 0001130　F11 - 11/787C6

皇清經解不分卷　(清)阮元輯　(清)嚴杰編
清光緒十四年(1888)刻本　八冊

310000 - 0242 - 0001131　F11 - 11/787.1

皇清經解續編一千四百三十卷　王先謙編
清光緒十四年(1888)江陰南菁書院刻本　三
百二十冊

310000 - 0242 - 0001132　F11 - 11/787.1C2

皇清經解續編一千四百三十卷　王先謙編
清光緒十四年(1888)江陰南菁書院刻本　三
百二十冊

310000 - 0242 - 0001133　F11 - 11/787.1C3

皇清經解續編一千四百三十卷　王先謙編
清光緒十四年(1888)江陰南菁書院刻本　五
十六冊

310000 - 0242 - 0001134　F11 - 11/787.1C4

皇清經解續編一千四百三十卷　王先謙編
清光緒十五年(1889)上海蜚英書店石印本
三十二冊

310000 - 0242 - 0001135　F11 - 13/7.164

經學輯要二十四卷　(清)吳潁炎輯　清光緒
十四年(1888)上海點石齋石印本　七冊　存
十九卷(一至五上、十一至二十四)

310000 - 0242 - 0001136　F11 - 2/1

袖珍十三經注　(□)□□輯　清稽古樓刻本

二十冊

310000 – 0242 – 0001137　F11 – 2/1.9C11

十三經注疏四百十六卷附校勘記 （清）阮元校　清光緒十三年(1887)上海脈望仙館石印本　三十二冊

310000 – 0242 – 0001138　F11 – 2/1.9C12

十三經注疏四百十六卷附校勘記 （清）阮元校　清光緒十三年(1887)上海脈望仙館石印本　三十二冊

310000 – 0242 – 0001139　F11 – 2/1.9C13

十三經注疏四百十六卷附校勘記 （清）阮元校　清光緒十三年(1887)上海脈望仙館石印本　三十二冊

310000 – 0242 – 0001140　F11 – 2/1.9C15

十三經注疏四百十六卷附校勘記 （清）阮元校　清袖海山房刻本　三十一冊

310000 – 0242 – 0001141　F11 – 2/1.9C17

重栞宋本十三經注疏四百十六卷附校勘記 (清)阮元校　(清)盧宣旬摘錄　清嘉慶二十年(1815)江西南昌府學刻本　四十一冊　存六種一百二十卷(周易正義一至六、九,周禮注疏一至四十二,春秋公羊傳注疏一至二十八,論語注疏一至二十,孝經注疏一至九,孟子注疏一至十四)

310000 – 0242 – 0001142　F11 – 2/1.9C18

重栞宋本十三經注疏四百十六卷附校勘記 (清)阮元校　(清)盧宣旬摘錄　清嘉慶二十年(1815)江西南昌府學刻本　一百八十四冊

310000 – 0242 – 0001143　F11 – 2/1.9C19

重栞宋本十三經注疏四百十六卷附校勘記 (清)阮元校　清光緒十八年(1892)湖南寶慶務本書局刻本　一百二十冊

310000 – 0242 – 0001144　F11 – 2/1.9C20

十三經注疏四百十六卷　清乾隆十二年(1747)武英殿刻本　八十冊

310000 – 0242 – 0001145　F11 – 2/1.9C21

十三經注疏四百十六卷附校勘記　（清）阮元校　清同治十年(1871)廣東書局刻本　四十冊　存三百七十二卷(周易正義一至十、尚書正義一至二十、毛詩正義五至三十、周禮注疏一至四十二、儀禮注疏一至五十、禮記正義一至六十三、春秋左傳正義一至六十、春秋公羊傳注疏一至二十八、春秋穀梁傳注疏一至二十、孝經注疏一至九、爾雅注疏一至十、論語注疏一至二十、孟子注疏一至十四)

310000 – 0242 – 0001146　F11 – 2/1.9C22

十三經注疏四百十六卷　（清）阮元校　清光緒十三年(1887)脈望仙館石印本　八冊

310000 – 0242 – 0001147　F11 – 2/1.9C23

十三經注疏四百十六卷　清同治十年(1871)廣東書局刻本　三十冊

310000 – 0242 – 0001148　F11 – 2/1.9C24

十三經注疏四百十六卷　（清）阮元校　清光緒二十三年(1897)上海點石齋石印本　三十二冊

310000 – 0242 – 0001149　F11 – 2/1.9C25

十三經注疏四百十六卷附校勘記　（清）阮元校　清光緒十三年(1887)上海點石齋石印本　二十五冊

310000 – 0242 – 0001150　F11 – 2/1.9C4

十三經注疏四百十六卷　（清）阮元校　清光緒十三年(1887)上海脈望仙館石印本　四十冊

310000 – 0242 – 0001151　F11 – 2/1.9C5

十三經注疏四百十六卷附校勘記　（清）阮元校　清光緒十三年(1887)上海點石齋石印本　二十五冊

310000 – 0242 – 0001152　F11 – 2/1.9C6

十三經注疏四百十六卷附校勘記　（清）阮元校　清光緒二十三年(1897)上海點石齋石印本　三十二冊

310000 – 0242 – 0001153　F11 – 2/1.9C7

十三經注疏四百十六卷附校勘記　（清）阮元校　清光緒二十四年(1898)上海點石齋石印本　三十二冊

310000－0242－0001154　F11－2/1.9C9

十三經注疏四百十六卷附校勘記　（清）阮元校　清光緒十三年(1887)上海脈望仙館石印本　三十二冊

310000－0242－0001155　F11－5/7.735

古經解彙函十六種附小學彙函十四種　（清）鍾謙鈞輯　清同治十二年(1873)粵東書局刻本　十四冊

310000－0242－0001156　F11－5/7.735C2

古經解彙函二十三卷附小學彙函十四卷續附十種　（清）鍾謙鈞輯　清光緒十四年(1888)上海蜚英館石印本　十八冊

310000－0242－0001157　F11－5/7.735C3

古經解彙函二十三卷附小學彙函十四卷續附十種　（清）鍾謙鈞輯　清光緒十四年(1888)上海蜚英館石印本　二十冊

310000－0242－0001158　F11－5/7.735C4

古經解彙函十六種附小學彙函十四種　（清）鍾謙鈞輯　清同治十二年(1873)粵東書局刻本　六十四冊

310000－0242－0001159　F11－9/7.650

省吾堂四種　（清）蔣光弼輯　清乾隆常熟蔣氏省吾堂刻本　十冊

310000－0242－0001160　F11.17－15/7.151

欽定篆文六經四書　（清）李光地等編　清光緒九年(1883)上海同文書局石印本　十冊

310000－0242－0001161　F11.17－15/7.151C2

欽定篆文六經四書　（清）李光地等編　清光緒九年(1883)上海同文書局石印本　十冊

310000－0242－0001162　F11.17－15/7.151C3

欽定篆文六經四書　（清）李光地等編　清光緒九年(1883)上海同文書局石印本　十冊

310000－0242－0001163　F11.2－2/6.242

十三經古注十三種二百九十卷　（明）金蟠輯　清同治八年(1869)浙江書局刻本　四十九冊

310000－0242－0001164　F11.2－2/6.242C2

十三經古注十三種二百九十卷　（明）金蟠輯　清同治八年(1869)浙江書局刻本　四十八冊

310000－0242－0001165　F11.2－2/6.242C3

十三經古注十三種二百九十卷　（明）金蟠輯　清嘉慶永懷堂刻本　十二冊　缺一種（孝經）

310000－0242－0001166　F11.2－6/5.255

仿宋相臺五經五種九十六卷　（宋）岳珂輯　清光緒二年(1876)江南書局刻本　八冊

310000－0242－0001167　F11.2－6/5.255C2

仿宋相臺五經五種九十六卷　（宋）岳珂輯　清光緒二年(1876)刻本　十冊

310000－0242－0001168　F11.2－6/5.255C3

仿宋相臺五經五種九十六卷　（宋）岳珂輯　清光緒二年(1876)江南書局刻本　三十二冊

310000－0242－0001169　F20－13/7.565

經學五書五種十九卷　（清）萬斯大撰　清辨志堂刻本　六冊

310000－0242－0001170　F20－5/7.78

皮氏經學八種　（清）皮錫瑞撰　清光緒二十五年(1899)湖南思賢書局刻本　十四冊

310000－0242－0001171　F20.8－4/7.21

六藝堂詩禮七編七種　（清）丁晏撰　清咸豐二年(1852)聊城楊氏海源閣刻本　十二冊

310000－0242－0001172　F20.8－5/8.590

四益館經學叢書四種附尊卑表儀注表　廖平撰　清光緒十二年(1886)成都刻本　二冊

310000－0242－0001173　F21.1－8/1.5

周易正文附周易五贊　（宋）朱熹系述　清刻本　一冊

310000－0242－0001174　F21.1－8/1.5C2

周易正文附周易五贊　（宋）朱熹系述　清刻本　一冊

310000－0242－0001175　F21.1－8/1.5C3

周易正文附周易五贊　（宋）朱熹系述　清刻本　一冊

310000－0242－0001176　F21.2－10/5.151

泰軒易傳六卷首文公朱先生感興詩一卷
（宋）李中正撰　清光緒八年(1882)滬上木活字印本　四冊

310000－0242－0001177　F21.2－11/5.412

郭氏傳家易說十一卷總論一卷　（宋）郭雍撰　清刻本　四冊

310000－0242－0001178　F21.2－13/5.556

誠齋易傳二十卷　（宋）楊萬里撰　清光緒二十一年(1895)湖北官書處刻本　八冊

310000－0242－0001179　F21.2－14/7.375

漢魏二十一家易注二十一種三十三卷　（清）孫堂輯　清嘉慶四年(1799)孫氏映雪艸堂刻本　六冊

310000－0242－0001180　F21.2－20/5.784

蘇氏易傳九卷　（宋）蘇軾撰　清虞山張氏照曠閣刻本　三冊

310000－0242－0001181　F21.2－8/24.21C5

周易十卷附考證　（三國魏）王弼注　清乾隆四十八年(1783)刻本　一冊

310000－0242－0001182　F21.2－8/24.21A

周易注疏十三卷附周易畧例　（三國魏）王弼注　（唐）陸德明音義　（唐）孔穎達注疏　清同治十年(1871)廣東書局影刻本　五冊

310000－0242－0001183　F21.2－8/24.21AC2

周易注疏十三卷附周易畧例　（三國魏）王弼注　（唐）陸德明音義　（唐）孔穎達注疏　清乾隆四年(1739)刻本　五冊

310000－0242－0001184　F21.2－8/24.21B

周易畧例一卷　（三國魏）王弼撰　**周易舉正三卷**　（唐）郭京撰　**正易心法一卷**　（宋）陳摶撰　清虞山張氏照曠閣刻本　一冊

310000－0242－0001185　F21.2－8/4.151

周易集解十七卷　（唐）李鼎祚撰　明崇禎虞山毛氏汲古閣刻本　二冊

310000－0242－0001186　F21.2－8/4.151C2

周易存十一卷　（唐）李鼎祚集解　清光緒三十二年(1906)東洲刻本　六冊

310000－0242－0001187　F21.2－8/4.73

周易口訣義六卷　（唐）史徵撰　清木活字印本　三冊

310000－0242－0001188　F21.2－8/5.271

周易口義十卷繫辭二卷說卦三卷　（宋）胡瑗撰　清康熙二十六年(1687)刻本　六冊

310000－0242－0001189　F21.2－8/5.535

周易程傳八卷　（宋）程頤撰　清光緒九年(1883)江南書局刻本　二冊

310000－0242－0001190　F21.2－8/5.535C3

周易程傳八卷　（宋）程頤撰　清同治五年(1866)金陵書局刻本　三冊

310000－0242－0001191　F21.2－8/5.535C4

周易程傳八卷　（宋）程頤撰　清光緒九年(1883)江南書局刻本　三冊

310000－0242－0001192　F21.2－8/5.535C6

周易程傳八卷　（宋）程頤撰　清光緒九年(1883)江南書局刻本　二冊

310000－0242－0001193　F21.2－8/5.535C7

周易程傳八卷　（宋）程頤撰　清同治五年(1866)金陵書局刻本　三冊

310000－0242－0001194　F21.2－8/5.535C8

周易程傳八卷　（宋）程頤撰　清光緒九年(1883)江南書局刻本　一冊

310000－0242－0001195　F21.2－8/5.535C9

周易程傳八卷　（宋）程頤撰　清同治五年(1866)金陵書局刻本　三冊

310000－0242－0001196　F21.2－8/5.535A

周易傳義音訓八卷首一卷附朱子易學啟蒙一卷　（宋）程頤傳　（宋）朱熹本義　（宋）呂祖謙音訓　清咸豐四年(1854)浦城與古齋祝氏刻本　八冊

310000－0242－0001197　F21.2－8/5.535AC2

周易傳義音訓八卷首一卷附朱子易學啟蒙一卷　（宋）程頤傳　（宋）朱熹本義　（宋）呂祖謙音訓　清同治六年(1867)望三益齋刻本

八冊

310000 - 0242 - 0001198 F21.2 - 8/5.535B
易經八卷 （宋）程頤傳 清宣統元年(1909)
學部圖書局石印本 二冊

310000 - 0242 - 0001199 F21.2 - 8/5.535BC2
易經三卷 （宋）程頤傳 清光緒四年(1878)
金陵授經堂刻本 二冊

310000 - 0242 - 0001200 F21.2 - 8/5.535BC3
易經三卷 （宋）程頤傳 清末南京李光明莊
刻本 二冊

310000 - 0242 - 0001201 F21.2 - 8/5.535BC4
易經三卷 （宋）程頤傳 清末南京李光明莊
刻本 二冊

310000 - 0242 - 0001202 F21.2 - 8/5.98
周易本義十二卷首一卷末一卷附音訓 （宋）
朱熹本義 清光緒十九年(1893)江南書局刻
本 二冊

310000 - 0242 - 0001203 F21.2 - 8/5.98C10
周易本義十二卷首一卷末一卷 （宋）朱熹本
義 清同治四年(1865)金陵書局刻本 二冊

310000 - 0242 - 0001204 F21.2 - 8/5.98C11
景宋周易本義十二卷 （宋）朱熹本義 清宣
統三年(1911)劉氏玉海堂影刻本 四冊

310000 - 0242 - 0001205 F21.2 - 8/5.98C13
景宋周易本義十二卷 （宋）朱熹本義 清宣
統三年(1911)劉氏玉海堂影刻本 一冊

310000 - 0242 - 0001206 F21.2 - 8/5.98C15
周易本義十二卷附易圖周易五贊 （宋）朱熹
本義 清刻本 四冊

310000 - 0242 - 0001207 F21.2 - 8/5.98C17
景宋周易本義十二卷 （宋）朱熹本義 清宣
統三年(1911)劉氏玉海堂影刻本 四冊

310000 - 0242 - 0001208 F21.2 - 8/5.98C2
周易本義十二卷首一卷末一卷附音訓 （宋）
朱熹本義 清光緒十九年(1893)江南書局刻
本 二冊

310000 - 0242 - 0001209 F21.2 - 8/5.98C4
周易本義四卷 （宋）朱熹本義 清光緒十九
年(1893)浙江書局刻本 二冊

310000 - 0242 - 0001210 F21.2 - 8/5.98C5
周易本義四卷 （宋）朱熹本義 清光緒七年
(1881)江蘇書局刻本 二冊

310000 - 0242 - 0001211 F21.2 - 8/5.98C6
周易本義四卷 （宋）朱熹本義 清光緒七年
(1881)江蘇書局刻本 二冊

310000 - 0242 - 0001212 F21.2 - 8/5.98C7
周易本義四卷 （宋）朱熹本義 清光緒十二
年(1886)湖北官書處刻本 二冊

310000 - 0242 - 0001213 F21.2 - 8/5.98C8
周易本義四卷 （宋）朱熹本義 清同治十一
年(1872)山東書局刻本 二冊

310000 - 0242 - 0001214 F21.2 - 8/5.98C9
周易本義十二卷附呂氏音訓周易五贊 （宋）
朱熹本義 清光緒十三年(1887)淮南書局刻
本 二冊

310000 - 0242 - 0001215 F21.2 - 8/5.98B
周易本義四卷 （宋）朱熹撰 清光緒六年
(1880)掃葉山房刻本 二冊

310000 - 0242 - 0001216 F21.2 - 8/6.115
周易義訓十卷 （明）任惟賢撰 清抄本 四
冊 存九卷(一至八、十)

310000 - 0242 - 0001217 F21.2 - 8/7.128
周易孔義集說二十卷 （清）沈起元撰 清光
緒八年(1882)江蘇書局刻本 八冊

310000 - 0242 - 0001218 F21.2 - 8/7.128C2
周易孔義集說二十卷 （清）沈起元撰 清光
緒八年(1882)江蘇書局刻本 八冊

310000 - 0242 - 0001219 F21.2 - 8/7.128C3
周易孔義集說二十卷 （清）沈起元撰 清光
緒八年(1882)江蘇書局刻本 八冊

310000 - 0242 - 0001220 F21.2 - 8/7.151
御纂周易折中二十二卷首一卷 （清）李光地
等纂 清同治六年(1867)浙江馬新貽影刻本

二冊

310000 - 0242 - 0001221　F21.2 - 8/7.151C3
御纂周易折中二十二卷首一卷　（清）李光地
等纂　清光緒十九年(1893)湖南漱芳閣刻本
六冊

310000 - 0242 - 0001222　F21.2 - 8/7.151C4
御纂周易折中二十二卷首一卷　（清）李光地
等纂　清光緒十九年(1893)湖南漱芳閣刻本
六冊

310000 - 0242 - 0001223　F21.2 - 8/7.151C6
御纂周易折中二十二卷首一卷　（清）李光地
等纂　清同治六年(1867)浙江馬新貽影刻本
十冊

310000 - 0242 - 0001224　F21.2 - 8/7.316
周易姚氏學十六卷首一卷　（清）姚配中撰
清光緒三年(1877)湖北崇文書局刻本　三冊

310000 - 0242 - 0001225　F21.2 - 8/7.375
易宗集注十二卷首一卷　（清）孫宗彞撰　清
康熙刻本　六冊

310000 - 0242 - 0001226　F21.2 - 8/7.420
御定易經通注四卷　（清）曹本榮纂　清光緒
十七年(1891)三餘艸堂刻本　三冊

310000 - 0242 - 0001227　F21.2 - 8/7.428A
周易虞氏義九卷　（清）張惠言撰　清嘉慶八
年(1803)阮氏琅環仙館刻本　一冊

310000 - 0242 - 0001228　F21.2 - 8/7.428AC2
周易虞氏義九卷附周易虞氏消息二卷　（清）
張惠言撰　清嘉慶八年(1803)阮氏琅環仙館
刻本　四冊

310000 - 0242 - 0001229　F21.2 - 8/7.489C2
周易述二十三卷　（清）惠棟撰　清乾隆二十
三年(1758)盧氏雅雨堂刻本　八冊

310000 - 0242 - 0001230　F21.2 - 8/7.489C3
周易述二十三卷　（清）惠棟撰　清刻本　六
冊

310000 - 0242 - 0001231　F21.2 - 8/7.525
周易補疏二卷　（清）焦循撰　清道光六年

(1826)半九書塾刻本　一冊

310000 - 0242 - 0001232　F21.2 - 8/7.700
周易輯義初編四卷續編四卷續編三刻四卷
（清）盧兆鰲撰　清道光七年至十二年(1827 -
1832)刻本　六冊

310000 - 0242 - 0001233　F21.2 - 8/7.731
易經精華六卷首一卷末一卷　（清）薛悟邨撰
清光緒十一年(1885)魏氏古香閣刻本　三
冊

310000 - 0242 - 0001234　F21.2 - 8/8.352
周易費氏學八卷敘錄一卷　馬其昶撰　清光
緒三十年(1904)集虛草堂刻本　一冊

310000 - 0242 - 0001235　F21.3 - 8/2.661
周易鄭康成注一卷　（漢）鄭玄撰　（宋）王應
麟輯　清末浙江書局刻本　一冊

310000 - 0242 - 0001236　F21.3 - 8/5.761C2
周易要義十卷　（宋）魏了翁撰　清光緒十二
年(1886)江蘇書局刻本　四冊

310000 - 0242 - 0001237　F21.3 - 8/5.761C3
周易要義十卷　（宋）魏了翁撰　清光緒十二
年(1886)江蘇書局刻本　四冊

310000 - 0242 - 0001238　F21.3 - 8/5.761C4
周易要義十卷　（宋）魏了翁撰　清光緒十二
年(1886)江蘇書局刻本　四冊

310000 - 0242 - 0001239　F21.3 - 8/7.406
周易人事疏證八卷　（清）章世臣輯　清宣統
二年(1910)同文書館鉛印本　八冊

310000 - 0242 - 0001240　F21.5 - 14/4.170
壽山堂易說不分卷附圖解　（唐）呂巖撰　清
嘉慶二年(1797)靜意齋刻本　五冊

310000 - 0242 - 0001241　F21.5 - 8/6.219
易經來注十五卷首一卷末一卷圖象一卷
(明)來知德撰　清嘉慶十四年(1809)寧遠堂
刻本　五冊

310000 - 0242 - 0001242　F21.5 - 8/7.271
卦本圖攷不分卷附尚書序錄　（清）胡秉虔撰
清同治十二年至十三年(1873 - 1874)吳縣

潘氏八囍齋刻本　一冊

310000－0242－0001243　F21.7－10/7.428

師白山房講易六卷　(清)張學尹撰　清道光
九年(1829)宛南書院刻本　四冊

310000－0242－0001244　F21.7－11/7.441

陳氏易說四卷附錄一卷　(清)陳壽熊撰　清
光緒二十一年(1895)木活字印本　二冊

310000－0242－0001245　F21.7－11/7.441C2

陳氏易說四卷附錄一卷　(清)陳壽熊撰　清
光緒二十一年(1895)木活字印本　二冊

310000－0242－0001246　F21.7－12/5.21

童溪王先生易傳三十卷　(宋)王宗傳撰　清
同治十二年(1873)粵東書局刻本　八冊

310000－0242－0001247　F21.7－12/5.598

復齋易說六卷　(宋)趙彥肅撰　清康熙十九
年(1680)通志堂刻本　一冊

310000－0242－0001248　F21.7－13/5.598

筮宗一卷　(宋)趙汝楳撰　清同治十二年
(1873)粵東書局刻本　一冊

310000－0242－0001249　F21.7－14/7.128

需時眇言十卷　(清)沈善登撰　清光緒二十
八年(1902)沈氏豫恕堂刻本　八冊

310000－0242－0001250　F21.7－14/7.674

槐軒約言一卷　(清)劉沅撰　清同治四年
(1865)刻本　一冊

310000－0242－0001251　F21.7－14/8.393

睿川易義合編　徐天璋著　清宣統三年
(1911)鉛印本　六冊

310000－0242－0001252　F21.7－15/7.671

黎氏學易五卷首一卷　(清)黎定攀撰　清同
治三年(1864)刻本　六冊

310000－0242－0001253　F21.7－16/57.151

學易記九卷首一卷　(元)李簡撰　清同治十
二年(1873)粵東書局刻本　五冊

310000－0242－0001254　F21.7－16/7.21

學易五種十四卷　(清)王甗撰　清道光二年

(1822)鑪雪山房刻本　十四冊

310000－0242－0001255　F21.7－22/7.491

讀易淺說代問錄十四卷　(清)黃雲鵠撰　清
光緒十四年(1888)刻本　十四冊

310000－0242－0001256　F21.7－5/5.151

丙子學易編節本一卷　(宋)李新傳撰　清同
治十二年(1873)粵東書局刻本　一冊

310000－0242－0001257　F21.7－5/7.705

田間易學五卷圖象一卷詩學五卷　(清)錢澄
之撰　清同治二年(1863)桐城斠雏堂刻本
十一冊

310000－0242－0001258　F21.7－6/7.151

周易通論四卷　(清)李光地撰　清刻本　二
冊

310000－0242－0001259　F21.7－6/7.556

西樓易說十八卷　(清)楊家洙撰　清光緒十
四年(1888)木活字印本　十八冊

310000－0242－0001260　F21.7－8/5.500

周易玩辭十六卷　(宋)項安世撰　清同治十
二年(1873)粵東書局刻本　四冊

310000－0242－0001261　F21.7－8/6.128

易憲四卷　(明)沈泓撰　清光緒十四年
(1888)卓氏刻本　二冊

310000－0242－0001262　F21.7－8/6.260

易說醒四卷　(明)洪守美撰　清同治十一年
(1872)洪氏刻本　三冊

310000－0242－0001263　F21.7－8/6.390

兒易外儀十五卷　(明)倪元璐撰　清刻本
三冊

310000－0242－0001264　F21.7－8/7.115

周易洗心十卷　(清)任啟運撰　清光緒八年
(1882)任一本堂家塾刻本　六冊

310000－0242－0001265　F21.7－8/7.115C2

周易洗心十卷　(清)任啟運撰　清道光二十
二年(1842)襲芳軒刻本　三冊

310000－0242－0001266　F21.7－8/7.115C3

周易洗心十卷　（清）任啟運撰　清光緒八年(1882)任一本堂家塾刻本　六冊

310000－0242－0001267　F21.7－8/7.115C4

周易洗心十卷　（清）任啟運撰　清光緒八年(1882)任一本堂家塾刻本　六冊

310000－0242－0001268　F21.7－8/7.122

松潭易說四卷　（清）宋昌玲撰　清嘉慶十九年(1814)得得軒刻本　二冊

310000－0242－0001269　F21.7－8/7.362

易說十二卷附便錄一卷　（清）郝懿行撰　清光緒八年(1882)東路廳署刻本　四冊

310000－0242－0001270　F21.7－8/7.441

周易廓二十四卷　（清）陳世鎔撰　清咸豐元年(1851)獨秀山莊刻本　六冊

310000－0242－0001271　F21.7－8/7.489

易漢學八卷　（清）惠棟撰　清刻本　一冊

310000－0242－0001272　F21.7－8/7.491

易學象數論六卷　（清）黃宗羲撰　清末廣雅書局刻本　二冊

310000－0242－0001273　F21.7－8/7.522

增訂周易去疑十一卷首一卷末一卷　（清）舒宏諤撰　清光緒八年(1882)江右養雲書屋刻本　六冊

310000－0242－0001274　F21.7－8/7.556

周易困勉錄四卷　（清）楊嘉撰　清宣統元年(1909)春麓堂木活字印本　四冊

310000－0242－0001275　F21.7－8/7.565B

周易變通解六卷首一卷末一卷　（清）萬裕澐注　清光緒元年(1875)四川重慶刻本　六冊

310000－0242－0001276　F21.89－12/2.525

焦氏易林四卷　（漢）焦贛撰　清愛日堂刻本　四冊

310000－0242－0001277　F21.89－12/8.21

費氏古易訂文十二卷　王樹枏撰　清光緒十五年(1889)新城王氏文莫室刻本　四冊

310000－0242－0001278　F22.1－8/1

尚書讀本四卷　清抄本　一冊

310000－0242－0001279　F22.1－8/7.164

寫定尚書二十八篇　（清）吳汝綸書　清光緒十八年(1892)桐城吳氏家塾石印本　一冊

310000－0242－0001280　F22.1－8/7.164C2

寫定尚書二十八篇　（清）吳汝綸書　清光緒十八年(1892)桐城吳氏家塾石印本　一冊

310000－0242－0001281　F22.1－8/7.164C3

寫定尚書二十八篇　（清）吳汝綸書　清光緒十八年(1892)桐城吳氏家塾石印本　二冊

310000－0242－0001282　F22.15－10/7.164

桐城吳氏尚書讀本二卷　（清）吳汝綸注　清光緒三十四年(1908)保陽書局鉛印本　一冊

310000－0242－0001283　F22.15－10/7.21

書經精華十卷首一卷　（清）王巨源選　清末魏氏古香閣刻本　二冊

310000－0242－0001284　F22.15－10/7.731

書經精華六卷　（清）薛嘉穎選　清光緒九年(1883)掃葉山房刻本　三冊

310000－0242－0001285　F22.2－10/5.654

書經集傳六卷首一卷末一卷　（宋）蔡沈集傳　清光緒七年(1881)金陵書局刻本　四冊

310000－0242－0001286　F22.2－10/5.654C10

書經集傳六卷首一卷末一卷　（宋）蔡沈集傳　清光緒七年(1881)江蘇書局刻本　三冊

310000－0242－0001287　F22.2－10/5.654C11

書經集傳六卷首一卷末一卷　（宋）蔡沈集傳　清光緒十九年(1893)浙江書局刻本　三冊

310000－0242－0001288　F22.2－10/5.654C13

書經集傳六卷附序辨一卷音釋一卷　（宋）蔡沈集傳　清光緒七年(1881)金陵書局刻本　一冊

310000－0242－0001289　F22.2－10/5.654C16

書經集傳六卷　（宋）蔡沈集傳　清光緒三十四年(1908)學部圖書局石印本　二冊

310000－0242－0001290　F22.2－10/5.654C2

書經集傳六卷首一卷末一卷　（宋）蔡沈集傳
清同治五年(1866)金陵書局刻本　四冊

310000－0242－0001291　F22.2－10/5.654C3
書經集傳六卷首一卷末一卷　（宋）蔡沈集傳
清嘉慶十六年(1811)萬卷樓刻本　四冊

310000－0242－0001292　F22.2－10/5.654C5
書經集傳六卷首一卷末一卷　（宋）蔡沈集傳
清光緒七年(1881)金陵書局刻本　三冊

310000－0242－0001293　F22.2－10/5.654C6
書經集傳六卷首一卷末一卷　（宋）蔡沈集傳
清光緒十二年(1886)湖北官書局刻本　三
冊

310000－0242－0001294　F22.2－10/5.654C7
書經集傳六卷首一卷末一卷　（宋）蔡沈集傳
清同治十一年(1872)山東書局刻本　四冊

310000－0242－0001295　F22.2－10/5.654C8
書經集傳六卷首一卷末一卷　（宋）蔡沈集傳
清光緒七年(1881)江蘇書局刻本　三冊

310000－0242－0001296　F22.2－10/5.654C9
書經集傳六卷　（宋）蔡沈集傳　清光緒七年
(1881)江蘇書局刻本　三冊

310000－0242－0001297　F22.2－10/5.654A
書集傳纂疏六卷首一卷　（宋）蔡沈集傳
（元）陳櫟纂疏　清通志堂刻本　四冊

310000－0242－0001298　F22.2－10/5.654B
書經集傳六卷首一卷末一卷　（宋）蔡沈集傳
清同治三年(1864)浙江撫署刻本　四冊

310000－0242－0001299　F22.2－10/5.654C
書經集傳六卷　（宋）蔡沈集傳　清光緒姑蘇
墨海堂刻本　六冊

310000－0242－0001300　F22.2－10/57.568B
書蔡氏傳輯錄纂注六卷　（元）董鼎注　清同
治十二年(1873)粵東書局刻本　四冊

310000－0242－0001301　F22.2－10/7.21
欽定書經傳說彙纂二十一卷首二卷書序一卷
（清）王頊齡等纂　清光緒十九年(1893)漱
芳閣刻本　八冊

310000－0242－0001302　F22.2－10/7.21C2
欽定書經傳說彙纂二十一卷首二卷書序一卷
（清）王頊齡等纂　清光緒十九年(1893)漱
芳閣刻本　八冊

310000－0242－0001303　F22.2－10/7.21C4
欽定書經傳說彙纂二十一卷首二卷書序一卷
（清）王頊齡等纂　清同治七年(1868)馬新
貽刻本　十二冊

310000－0242－0001304　F22.2－10/7.300
書經體注六卷　（清）范翔參訂　清嘉慶二十
年(1815)永安堂刻本　一冊

310000－0242－0001305　F22.2－10/7.650
書經莭解二卷　（清）蔣紹宗著　清道光六年
(1826)刻本　二冊

310000－0242－0001306　F22.2－10/752
書經增訂旁訓四卷　（□）□□撰　清末南京
李光明莊刻本　二冊

310000－0242－0001307　F22.2－10/752C2
書經增訂旁訓四卷　（□）□□撰　清末南京
李光明莊刻本　二冊

310000－0242－0001308　F22.2－60/7.135
書經詮義十二卷首二卷　（清）汪烜集　清光
緒七年(1881)婺源紫陽書院刻本　十三冊

310000－0242－0001309　F22.2－8/2.37C2
尚書十三卷　（漢）孔安國傳　清乾隆四十八
年(1783)刻本　二冊

310000－0242－0001310　F22.2－8/5.491
尚書精義五十卷　（宋）黃倫撰　清道光二十
六年(1846)刻本　三冊

310000－0242－0001311　F22.2－8/6.260
尚書纂注約解二卷　（明）洪輔聖等撰　清雍
正五年(1727)教忠堂刻本　四冊

310000－0242－0001312　F22.2－8/7.115
尚書約注四卷　（清）任啟運撰　清光緒十二
年(1886)刻本　二冊

310000－0242－0001313　F22.2－8/7.21
尚書孔傳參正三十六卷　王先謙撰　清光緒

三十年(1904)長沙王氏虛受堂刻本　六冊

310000－0242－0001314　F22.2－8/7.21C2
尚書孔傳參正三十六卷　王先謙撰　清光緒
三十年(1904)長沙王氏虛受堂刻本　六冊

310000－0242－0001315　F22.2－8/7.21A
尚書箋三十卷　王闓運箋注　清光緒二十九
年(1903)東洲刻本　六冊

310000－0242－0001316　F22.2－8/7.705
尚書離句六卷　(清)錢在培輯解　清雍正八
年(1730)南京狀元境文奎閣刻本　四冊

310000－0242－0001317　F22.2－8/7.78
尚書大傳疏證七卷　(清)皮錫瑞撰　清光緒
二十二年(1896)師伏堂刻本　四冊

310000－0242－0001318　F22.2－8/8.758
**尚書集注述疏三十二卷首一卷末二卷附讀書
堂答問**　簡朝亮撰　清光緒三十三年(1907)
廣東刻本　二十四冊

310000－0242－0001319　F22.2－8/8.758C2
**尚書集注述疏三十二卷首一卷末二卷附讀書
堂答問**　簡朝亮撰　清光緒三十三年(1907)
廣東刻本　六冊

310000－0242－0001320　F22.3－8/5.761
尚書要義二十卷　(宋)魏了翁撰　清光緒十
年(1884)江蘇書局刻本　六冊

310000－0242－0001321　F22.3－8/5.761C2
尚書要義二十卷　(宋)魏了翁撰　清光緒十
年(1884)江蘇書局刻本　六冊

310000－0242－0001322　F22.3－8/5.761C3
尚書要義二十卷　(宋)魏了翁撰　清光緒十
年(1884)江蘇書局刻本　六冊

310000－0242－0001323　F22.31－8/2.109
尚書大傳五卷　(漢)伏勝撰　(漢)鄭玄注
(清)陳壽祺輯校　清道光十年(1830)廣州刻
本　一冊

310000－0242－0001324　F22.5－10/7.8
欽定書經圖說五十卷　(清)孫家鼐等撰　清
光緒三十一年(1905)內府石印本　十六冊

310000－0242－0001325　F22.5－10/7.8C2
欽定書經圖說五十卷　(清)孫家鼐等撰　清
光緒三十一年(1905)內府石印本　十六冊

310000－0242－0001326　F22.5－10/7.8C3
欽定書經圖說五十卷　(清)孫家鼐等撰　清
光緒三十一年(1905)內府石印本　十六冊

310000－0242－0001327　F22.5－10/7.8C4
欽定書經圖說五十卷　(清)孫家鼐等撰　清
光緒三十一年(1905)內府石印本　十六冊

310000－0242－0001328　F22.5－10/7.8C5
欽定書經圖說五十卷　(清)孫家鼐等撰　清
光緒三十一年(1905)內府石印本　十六冊

310000－0242－0001329　F22.5－9/7.21C2
禹貢譜二卷　(清)王澍考定　清康熙四十六
年(1707)積書巖刻本　一冊

310000－0242－0001330　F22.7－10/7.15
書傳補義三卷　(清)方宗誠撰　清光緒二年
(1876)刻本　一冊

310000－0242－0001331　F22.7－10/7.15C2
書傳補義三卷　(清)方宗誠撰　清光緒二年
(1876)刻本　一冊

310000－0242－0001332　F22.7－10/7.761
書古微十二卷　(清)魏源撰　清光緒四年
(1878)淮南書局刻本　四冊

310000－0242－0001333　F22.7－4/7.78C2
今文尚書攷證三十卷　(清)皮錫瑞撰　清光
緒二十三年(1897)善化皮氏師伏堂刻本　六
冊

310000－0242－0001334　F22.7－5/7.164
古文尚書正辭三十三卷　(清)吳光耀撰　清
光緒十九年(1893)刻本　十八冊

310000－0242－0001335　F22.7－5/7.322
古文尚書撰異三十二卷　(清)段玉裁撰　清
嘉慶七葉衍祥堂刻本　六冊

310000－0242－0001336　F22.7－8/6.423C2
尚書考異六卷　(明)梅鷟撰　清光緒十八年
(1892)浙江書局刻本　二冊

310000－0242－0001337　F22.7－8/6.423C3

尚書考異六卷　(明)梅鷟撰　清光緒十一年
(1885)朱氏槐廬家塾刻本　三冊

310000－0242－0001338　F22.7－8/7.21

尚書後案駁正二卷　(清)王劼撰　清咸豐十
一年(1861)巴縣王氏晚晴樓刻本　一冊

310000－0242－0001339　F22.7－8/7.352

兩湖文高等學校經學課程　(清)馬貞榆撰
清末刻朱印本　三冊

310000－0242－0001340　F22.7－8/7.352C2

兩湖文高等學校經學課程　(清)馬貞榆撰
清末刻朱印本　二冊

310000－0242－0001341　F22.7－8/7.393

尚書逸湯誓考六卷　(清)徐時棟著　清同治
十一年(1872)鄞縣城西草堂刻本　一冊

310000－0242－0001342　F22.7－8/7.525

尚書伸孔篇一卷　(清)焦廷琥撰　清光緒十
四年(1888)廣雅書局刻本　一冊

310000－0242－0001343　F22.7－8/8.316

尚書誼畧二十八卷附敍錄一卷　姚永樸撰
清光緒三十一年(1905)集虛草堂刻本　三冊

310000－0242－0001344　F22.7－8/8.316C2

尚書誼畧二十八卷附敍錄一卷　姚永樸撰
清光緒三十一年(1905)集虛草堂刻本　四冊

310000－0242－0001345　F22.8－8/7.650

尚書地理今釋一卷　(清)蔣廷錫撰　清光緒
四年(1878)刻本　一冊

310000－0242－0001346　F22.8－9/51.523

禹貢說斷四卷　(宋)傅寅撰　(清)錢熙祚校
清刻本　二冊

310000－0242－0001347　F22.8－9/7.135

禹貢錐指節要一卷　(清)汪獻玗節選　清咸
豐三年(1853)恩暉堂刻本　一冊

310000－0242－0001348　F22.8－9/7.311

禹貢古今注通釋六卷　(清)侯楨撰　清光緒
六年(1880)古杼秋館木活字印本　二冊

310000－0242－0001349　F22.8－9/7.311C2

禹貢古今注通釋六卷　(清)侯楨撰　清光緒
六年(1880)古杼秋館木活字印本　一冊

310000－0242－0001350　F22.8－9/7.311C3

禹貢古今注通釋六卷　(清)侯楨撰　清光緒
六年(1880)古杼秋館木活字印本　二冊

310000－0242－0001351　F22.8－9/7.370

禹貢彙覽四卷總論一卷　(清)夏之芳撰　清
刻本　八冊

310000－0242－0001352　F22.8－9/7.556

禹貢新圖說二卷　(清)楊懋建撰　清同治六
年(1867)巴陵方氏碧玲瓏館刻本　一冊

310000－0242－0001353　F22.8－9/7.93

禹貢班義述三卷附漢糜水入尚龍谿考　(清)
成蓉鏡撰　清光緒十四年(1888)廣雅書局刻
本　一冊

310000－0242－0001354　F22.8－9/7.93C2

禹貢班義述三卷附漢糜水入尚龍谿考　(清)
成蓉鏡撰　清光緒十四年(1888)廣雅書局刻
本　一冊

310000－0242－0001355　F22.815－9/7.661

禹貢圖注彙纂不分卷　(清)鄭言紹輯　清光
緒二十一年(1895)憩園刻本　一冊

310000－0242－0001356　F22.9－10/7.393

增訂夏書禹貢注讀不分卷　(清)徐鹿苹續輯
清光緒四年(1878)集成堂刻本　一冊

310000－0242－0001357　F22.9－10/7.393C2

增訂夏書禹貢注讀不分卷　(清)徐鹿苹續輯
清光緒四年(1878)集成堂刻本　一冊

310000－0242－0001358　F23.1－13/1

詩經　清刻本　一冊

310000－0242－0001359　F23.12－13/2.52

詩經二十卷　(漢)毛亨傳　(漢)鄭玄箋
(明)金蟠訂　清永懷堂刻本　一冊

310000－0242－0001360　F23.12－13/5.21

詩總聞二十卷　(宋)王質撰　清刻本　六冊

310000－0242－0001361　F23.12－13/5.787
詩緝三十六卷　（宋）嚴粲撰　清康熙刻本
六冊

310000－0242－0001362　F23.12－13/5.787C2
詩緝三十六卷　（宋）嚴粲撰　清光緒刻本
八冊

310000－0242－0001363　F23.12－13/5.787C3
詩緝三十六卷　（宋）嚴粲撰　清嘉慶十五年
（1810）谿上聽彝堂刻本　十二冊

310000－0242－0001364　F23.12－13/5.787C4
詩緝三十六卷　（宋）嚴粲撰　清康熙刻本
十二冊

310000－0242－0001365　F23.12－13/5.787B
詩緝三十六卷　（宋）嚴粲撰　清復性書院刻
本　八冊

310000－0242－0001366　F23.12－13/5.98
詩經八卷　（宋）朱熹集傳　清光緒二十二年
（1896）金陵書局刻本　四冊

310000－0242－0001367　F23.12－13/5.98C12
詩經八卷　（宋）朱熹集傳　清光緒五年
（1879）上海紫文閣刻本　四冊

310000－0242－0001368　F23.12－13/5.98C13
詩經八卷　（宋）朱熹集傳　清光緒七年
（1881）江蘇書局刻本　五冊

310000－0242－0001369　F23.12－13/5.98C14
詩經八卷　（宋）朱熹集傳　清光緒二十二年
（1896）金陵書局刻本　五冊

310000－0242－0001370　F23.12－13/5.98C15
詩經八卷附詩序辨說一卷　（宋）朱熹集傳
清同治五年（1866）金陵書局刻本　五冊

310000－0242－0001371　F23.12－13/5.98C17
詩經八卷　（宋）朱熹集傳　清末南京李光明
坊刻本　六冊

310000－0242－0001372　F23.12－13/5.98C18
詩經八卷　（宋）朱熹集傳　清嘉慶十六年
（1811）萬卷樓刻本　五冊

310000－0242－0001373　F23.12－13/5.98C19
詩經八卷　（宋）朱熹集傳　清光緒二十二年
（1896）金陵書局刻本　四冊

310000－0242－0001374　F23.12－13/5.98C2
詩經八卷　（宋）朱熹集傳　清光緒三十一年
（1905）掃葉山房刻本　一冊

310000－0242－0001375　F23.12－13/5.98C21
詩經八卷　（宋）朱熹集傳　清同治十三年
（1874）上洋文正堂刻本　四冊

310000－0242－0001376　F23.12－13/5.98C22
詩經八卷　（宋）朱熹集傳　清末南京李光明
坊刻本　四冊

310000－0242－0001377　F23.12－13/5.98C23
詩經八卷　（宋）朱熹集傳　清末南京李光明
坊刻本　四冊

310000－0242－0001378　F23.12－13/5.98C3
詩經八卷附詩序辨說一卷　（宋）朱熹集傳
清光緒七年（1881）金陵書局刻本　四冊

310000－0242－0001379　F23.12－13/5.98C6
詩經八卷　（宋）朱熹集傳　清光緒七年
（1881）江蘇書局刻本　五冊

310000－0242－0001380　F23.12－13/5.98C7
詩經八卷　（宋）朱熹集傳　清光緒十二年
（1886）湖北官書處刻本　四冊

310000－0242－0001381　F23.12－13/5.98C8
詩經八卷　（宋）朱熹集傳　清光緒十九年
（1893）浙江書局刻本　四冊

310000－0242－0001382　F23.12－13/5.98C9
詩經八卷附詩序辨說一卷　（宋）朱熹集傳
清光緒二十二年（1896）金陵書局刻本　二冊

310000－0242－0001383　F23.12－13/6.178
詩經世本古義二十八卷首一卷　（明）何楷撰
　清文林堂刻本　十六冊

310000－0242－0001384　F23.12－13/7.151
詩所八卷　（清）李光地注　清雍正六年
（1728）刻本　四冊

310000－0242－0001385　F23.12－13/7.164
詩經申義十卷　（清）吳世模撰　清道光十五年(1835)吳氏澤古齋刻本　十冊

310000－0242－0001386　F23.12－13/7.21
欽定詩經傳說彙纂二十一卷首二卷詩序二卷　（清）王鴻緒等撰　清武英殿刻本　六冊　存六卷(五至十)

310000－0242－0001387　F23.12－13/7.21C2
欽定詩經傳說彙纂二十一卷首二卷詩序二卷　（清）王鴻緒等撰　清光緒十九年(1893)湖南漱芳閣刻本　十二冊

310000－0242－0001388　F23.12－13/7.21C3
欽定詩經傳說彙纂二十一卷首二卷詩序二卷　（清）王鴻緒撰　清同治七年(1868)浙江馬新貽刻本　八冊

310000－0242－0001389　F23.12－13/7.21C4
欽定詩經傳說彙纂二十一卷首二卷詩序二卷　（清）王鴻緒撰　清同治七年(1868)浙江馬新貽刻本　六冊

310000－0242－0001390　F23.12－13/7.21C5
欽定詩經傳說彙纂二十一卷詩序二卷　（清）王鴻緒撰　清刻本　四冊

310000－0242－0001391　F23.12－13/7.21A
詩經補箋二十卷　王闓運撰　清光緒三十二年(1906)刻本　八冊

310000－0242－0001392　F23.12－13/7.362
詩問七卷　（清）郝懿行撰　清光緒八年(1882)東路廳署刻本　十冊

310000－0242－0001393　F23.12－13/7.407
詩深二十六卷首二卷　（清）許伯政撰　清光緒刻本　八冊　存二十七卷(一至二十五、首二卷)

310000－0242－0001394　F23.12－13/7.441
詩毛氏傳疏三十卷　（清）陳奐撰　清道光二十七年(1847)吳門陳氏掃葉山莊刻本　十冊

310000－0242－0001395　F23.12－13/7.441C4
詩毛氏傳疏三十卷附釋毛詩音四卷毛詩說一

卷毛詩傳義類十九篇鄭氏箋攷徵一卷　（清）陳奐撰　清咸豐元年(1851)蘇州漱芳齋刻本　六冊

310000－0242－0001396　F23.12－13/7.523C2
御纂詩義折中二十卷　（清）傅恒等撰　清末掃葉山房刻本　四冊

310000－0242－0001397　F23.12－13/7.645
詩經繹參四卷　（清）鄧翔撰　清同治六年(1867)孔氏刻朱墨套印本　八冊

310000－0242－0001398　F23.12－13/7.645C2
詩經繹參四卷　（清）鄧翔撰　清同治六年(1867)孔氏刻朱墨套印本　四冊

310000－0242－0001399　F23.12－13/7.705
詩經白話注四卷　（清）錢榮國撰　清光緒三十四年(1908)江陰禮延學堂刻本　三冊

310000－0242－0001400　F23.12－13/7.731
詩經精華十卷首一卷　（清）薛嘉穎纂　清道光五年(1825)古香閣刻本　二冊

310000－0242－0001401　F23.12－4/2.52
毛詩二十卷附音義三卷　（漢）毛亨傳　（漢）鄭玄箋　（唐）陸德明音義　清同治十一年(1872)江南書局刻本　六冊

310000－0242－0001402　F23.12－4/2.52C6
毛詩二十卷附音義三卷　（漢）毛亨傳　（漢）鄭玄箋　（唐）陸德明音義　清刻本　八冊

310000－0242－0001403　F23.12－4/2.52AC2
毛詩傳箋二十卷鄭氏詩譜一卷附毛詩音義三卷　（漢）毛亨傳　（漢）鄭玄箋　清道光七年(1827)立本齋刻本　十冊

310000－0242－0001404　F23.12－4/2.661
毛詩注疏二十卷附校勘記　（漢）鄭玄箋　（唐）孔穎達疏　（唐）陸德明音義　清嘉慶二十年(1815)江西南昌府學刻本　二十四冊

310000－0242－0001405　F23.12－4/2.661C2
毛詩注疏二十卷附校勘記　（漢）鄭玄箋　（唐）孔穎達疏　（唐）陸德明音義　清同治十年(1871)廣州書局刻本　十四冊

310000－0242－0001406　F23.12－4/7.21

毛詩讀三十卷　（清）王劼撰　清咸豐五年(1855)成都刻本　九冊　存二十五卷(一至二十五)

310000－0242－0001407　F23.12－4/7.352

毛詩傳箋通釋三十二卷　（清）馬瑞辰撰　清光緒十四年(1888)廣雅書局刻本　十二冊

310000－0242－0001408　F23.12－4/8.21

毛詩草木今名釋一卷　王仁俊撰　清光緒三十四年(1908)存古學堂鉛印本　一冊

310000－0242－0001409　F23.12－4/8.775

毛鄭詩斠議一卷　羅振玉撰　清光緒十六年(1890)上虞羅氏鉛印本　一冊

310000－0242－0001410　F23.12－7/5.170

呂氏家塾讀詩記三十二卷　（宋）呂祖謙撰　清谿上聽彝堂刻本　十二冊

310000－0242－0001411　F23.12－7/5.170C3

呂氏家塾讀詩記三十二卷續呂氏家塾讀詩記三卷　（宋）呂祖謙　（宋）戴溪撰　清道光至咸豐間大梁書院刻本　六冊

310000－0242－0001412　F23.13－13/7.237

詩義擇從四卷　（清）易佩紳撰　清光緒十四年(1888)刻本　二冊

310000－0242－0001413　F23.13－20/7.674

嚴氏詩緝補義八卷　（清）劉燦撰　清嘉慶十六年(1811)鎮海劉氏墨莊刻本　四冊

310000－0242－0001414　F23.13－4/2.52

毛詩詁訓傳三十卷附鄭氏詩譜一卷毛詩譜一卷　（漢）毛亨傳　（漢）鄭玄箋　（唐）陸德明音義　（唐）孔穎達疏　清光緒四年(1878)淮南書局刻本　十八冊

310000－0242－0001415　F23.13－4/2.52C2

毛詩詁訓傳三十卷附鄭氏詩譜一卷毛詩譜一卷　（漢）毛亨傳　（漢）鄭玄箋　（唐）陸德明音義　（唐）孔穎達疏　清光緒四年(1878)淮南書局刻本　十冊　存十八卷(一至十八)

310000－0242－0001416　F23.13－4/7.271

毛詩後箋三十卷　（清）胡承珙撰　清光緒十六年(1890)廣雅書局刻本　十二冊

310000－0242－0001417　F23.14－4/26.434

毛詩草木鳥獸蟲魚疏二卷　（三國吳）陸璣撰　清光緒十二年(1886)刻本　一冊

310000－0242－0001418　F23.14－4/31.235

毛詩品物圖攷七卷　（日本）岡元鳳撰　清光緒十二年(1886)上海積山書局石印本　二冊

310000－0242－0001419　F23.14－4/7.77

毛詩禮徵十卷　（清）包世榮撰　清道光七年(1827)涇縣包氏小倦游閣刻本　十冊

310000－0242－0001420　F23.15－13/1

詩經古譜　清光緒三十四年(1908)學部圖書局石印本　一冊

310000－0242－0001421　F23.15－15/7.2

鄭氏詩譜攷正一卷　（清）丁晏撰　清嘉慶二十五年(1820)邵武徐氏刻本　一冊

310000－0242－0001422　F23.16－13/7.164

詩小學三十卷補一卷　（清）吳樹聲撰　清同治十年(1871)壽光官廨刻本　十四冊

310000－0242－0001423　F23.16－13/7.164C2

詩小學三十卷補一卷　（清）吳樹聲撰　清同治十年(1871)壽光官廨刻本　三十冊

310000－0242－0001424　F23.16－13/7.441

詩誦五卷　（清）陳僅撰　清光緒十一年(1885)四明文則樓陳氏木活字印本　二冊

310000－0242－0001425　F23.16－13/7.441C2

詩誦五卷　（清）陳僅撰　清光緒十一年(1885)四明文則樓陳氏木活字印本　二冊

310000－0242－0001426　F23.16－4/6.441

毛詩古音考四卷附讀詩拙言一卷　（明）陳第撰　（清）徐時作重訂　清乾隆二十七年(1762)武昌張氏刻本　四冊

310000－0242－0001427　F23.16－4/7.305

毛詩吟訂十卷　（清）苗夔撰　清咸豐元年(1851)漢專亭刻本　一冊

310000 – 0242 – 0001428　F23.16 – 4/7.441

毛詩稽古編三十卷附攷一卷　（清）陳啟源撰　清光緒九年(1883)同文書局影印本　八冊

310000 – 0242 – 0001429　F23.16 – 4/7.441C2

毛詩稽古編三十卷附攷一卷　（清）陳啟源撰　清光緒九年(1883)同文書局影印本　八冊

310000 – 0242 – 0001430　F23.16 – 4/7.441C3

毛詩稽古編三十卷附攷一卷　（清）陳啟源撰　清嘉慶二十年(1815)寫刻本　八冊

310000 – 0242 – 0001431　F23.17 – 13/5.634B

詩本義十五卷附毛詩指說一卷鄭詩譜一卷　（宋）歐陽修撰　清同治十二年(1873)粵東書局刻本　二冊

310000 – 0242 – 0001432　F23.17 – 13/7.15A

詩傳補義三卷　（清）方宗誠撰　清光緒元年(1875)刻本　一冊

310000 – 0242 – 0001433　F23.17 – 13/7.268

詩序廣義二十四卷總論一卷　（清）姜炳璋撰　清嘉慶二十年(1815)尊行堂刻本　十二冊

310000 – 0242 – 0001434　F23.17 – 13/7.268C2

詩序廣義二十四卷總論一卷　（清）姜炳璋撰　清嘉慶二十年(1815)尊行堂刻本　二冊

310000 – 0242 – 0001435　F23.17 – 13/7.489

詩說三卷　（清）惠周惕撰　清刻本　一冊

310000 – 0242 – 0001436　F23.17 – 13/7.489C2

詩說三卷　（清）惠周惕撰　清刻本　二冊

310000 – 0242 – 0001437　F23.17 – 13/7.795

詩本誼一卷　（清）龔橙撰　清光緒十五年(1889)譚氏刻本　一冊

310000 – 0242 – 0001438　F23.17 – 16/7.791

學詩詳說三十卷正詁五卷　（清）顧廣譽撰　清光緒三年(1877)平湖顧氏刻本　十冊

310000 – 0242 – 0001439　F23.17 – 4/7.260

毛詩天文考一卷　（清）洪亮吉撰　清咸豐元年(1851)刻本　一冊

310000 – 0242 – 0001440　F23.17 – 4/7.260C2

毛詩天文考一卷　（清）洪亮吉撰　**禮記天算釋一卷**　（清）孔廣牧撰　清光緒十五年(1889)廣雅書局刻本　一冊

310000 – 0242 – 0001441　F23.17 – 4/7.791

毛詩訂詁八卷附錄二卷　（清）顧棟高撰　清光緒二十二年(1896)江蘇書局刻本　四冊

310000 – 0242 – 0001442　F23.17 – 4/7.791C2

毛詩訂詁八卷附錄二卷　（清）顧棟高撰　清光緒二十二年(1896)江蘇書局刻本　四冊

310000 – 0242 – 0001443　F23.17 – 4/7.791C3

毛詩訂詁八卷附錄二卷　（清）顧棟高撰　清光緒二十二年(1896)江蘇書局刻本　四冊

310000 – 0242 – 0001444　F23.17 – 8/7.21

尚詩徵名二卷附覺華龕詩存一卷　（清）王蔭祜纂　清光緒三十四年(1908)刻本　一冊

310000 – 0242 – 0001445　F23.19 – 13/7.441

詩緯集證四卷　（清）陳喬樅撰　清道光二十六年(1846)小嫏嬛館刻本　一冊

310000 – 0242 – 0001446　F23.2 – 4/5.761

毛詩要義二十卷　（宋）魏了翁撰　清光緒十二年(1886)江蘇書局刻本　十二冊

310000 – 0242 – 0001447　F23.2 – 4/5.761C2

毛詩要義二十卷　（宋）魏了翁撰　清光緒十二年(1886)江蘇書局刻本　十二冊

310000 – 0242 – 0001448　F23.2 – 4/5.761C3

毛詩要義二十卷　（宋）魏了翁撰　清光緒十二年(1886)江蘇書局刻本　十二冊

310000 – 0242 – 0001449　F23.2 – 4/7.375

毛詩說三十卷　（清）孫燾撰　清嘉慶二十年(1815)世德堂孫氏刻本　四冊　存二十三卷(一至二十三)

310000 – 0242 – 0001450　F23.27 – 22/7.441

讀書商齋讀詩商二十八卷　（清）陳保真撰　清光緒二十三年(1897)永興捕署刻本　十二冊

310000 – 0242 – 0001451　F23.27 – 3/7.300

三家詩拾遺十卷　（清）范家相輯　清光緒十

三年(1887)會稽范氏刻本　三冊

310000－0242－0001452　F23.27－3/7.300B
三家詩拾遺十卷　（清）范家相輯　清嘉慶十五年(1810)古趣亭刻本　二冊

310000－0242－0001453　F23.5－17/2.722C3
韓詩外傳十卷補逸一卷　（漢）韓嬰撰　清光緒三年(1877)湖北崇文書局刻本　二冊

310000－0242－0001454　F23.5－17/2.722C6
韓詩外傳十卷補逸一卷　（漢）韓嬰撰　清光緒元年(1875)望三益齋刻本　四冊

310000－0242－0001455　F23.7－13/7.93
詩說攷畧十二卷　（清）成僎著　清道光十年(1830)木活字印本　六冊

310000－0242－0001456　F24.12－8/2.661
周禮六卷　（漢）鄭玄注　（唐）陸德明音義（唐）賈公彥疏　清光緒二十年(1894)金陵書局刻本　六冊

310000－0242－0001457　F24.12－8/2.661C10
周禮六卷　（漢）鄭玄注　（唐）陸德明音義清光緒二十年(1894)金陵書局刻本　二冊

310000－0242－0001458　F24.12－8/2.661C11
周禮六卷　（漢）鄭玄注　（唐）陸德明音義清同治十一年(1872)山東書局刻本　六冊

310000－0242－0001459　F24.12－8/2.661C12
周禮六卷　（漢）鄭玄注　（唐）陸德明音義清嘉慶十一年(1806)清芬閣刻本　六冊

310000－0242－0001460　F24.12－8/2.661C13
周禮十二卷　（漢）鄭玄注　（唐）陸德明音義　明刻本　十二冊

310000－0242－0001461　F24.12－8/2.661C14
周禮六卷　（漢）鄭玄注　（唐）陸德明音義清光緒二十年(1894)金陵書局刻本　六冊

310000－0242－0001462　F24.12－8/2.661C4
周禮六卷　（漢）鄭玄注　（唐）陸德明音義清宣統元年(1909)學部圖書局石印本　二冊

310000－0242－0001463　F24.12－8/2.661C7

周禮十二卷　（漢）鄭玄注　（唐）陸德明音義（唐）賈公彥疏　清光緒十二年(1886)湖北官書處刻本　六冊

310000－0242－0001464　F24.12－8/2.661B
周禮注疏四十二卷　（漢）鄭玄注　（唐）陸德明音義　（唐）賈公彥疏　清嘉慶二十年(1815)南昌府學刻本　二十冊

310000－0242－0001465　F24.12－8/5.21
周官新義十六卷附二卷　（宋）王安石撰　清刻本　六冊

310000－0242－0001466　F24.12－8/5.21B
周官新義十六卷附二卷　（宋）王安石撰　清道光至咸豐間刻本　四冊

310000－0242－0001467　F24.12－8/6.21
周禮注疏刪翼三十卷　（明）王志長撰　明崇禎十二年(1639)刻本　十二冊

310000－0242－0001468　F24.12－8/7.375
周禮正義八十六卷附周禮政要二卷　（清）孫詒讓撰　清光緒三十一年(1905)瑞安孫氏鉛印本　四冊

310000－0242－0001469　F24.12－8/7.375C2
周禮正義八十六卷附周禮政要二卷　（清）孫詒讓撰　清光緒三十一年(1905)瑞安孫氏鉛印本　二十冊

310000－0242－0001470　F24.12－8/7.4C2
欽定周官義疏四十八卷首一卷　（清）高宗弘曆纂　清刻本　二十四冊

310000－0242－0001471　F24.12－8/7.4C3
欽定周官義疏四十八卷首一卷　（清）高宗弘曆纂　清刻本　二十四冊

310000－0242－0001472　F24.12－8/7.4C4
欽定周官義疏四十八卷首一卷　（清）高宗弘曆纂　清刻本　二十四冊

310000－0242－0001473　F24.12－8/7.4C5
欽定周官義疏四十八卷首一卷　（清）高宗弘曆纂　清尊經閣刻本　八冊

310000－0242－0001474　F24.12－8/7.421

周官精義十二卷 （清）連斗山編 清同治十年(1871)粵東臬署刻本 四冊

310000－0242－0001475 F24.12－8/7.421C2

周官精義十二卷 （清）連斗山編 清乾隆四十一年(1776)刻本 四冊

310000－0242－0001476 F24.12－8/7.421C3

周官精義十二卷 （清）連斗山編 清光緒二年(1876)蘇州掃葉山房刻本 六冊

310000－0242－0001477 F24.12－8/7.441

周禮精華六卷 （清）陳龍標輯 清道光元年(1821)光趯堂刻本 六冊

310000－0242－0001478 F24.12－8/7.441C2

周禮精華六卷 （清）陳龍標輯 清嘉慶十六年(1811)簡香齋刻本 三冊

310000－0242－0001479 F24.12－8/7.441C3

周禮精華六卷 （清）陳龍標輯 清嘉慶十一年(1806)古香閣刻本 四冊

310000－0242－0001480 F24.12－8/7.491

周禮節訓六卷 （清）黃叔琳撰 （清）姚培謙重訂 清雍正九年(1731)刻本 二冊

310000－0242－0001481 F24.12－8/7.491C2

周禮節訓六卷 （清）黃叔琳撰 （清）姚培謙重訂 清雍正十年(1732)古音堂刻本 二冊

310000－0242－0001482 F24.12－8/7.491C3

周禮節訓六卷 （清）黃叔琳撰 （清）姚培謙重訂 清光緒十二年(1886)掃葉山房刻本 一冊

310000－0242－0001483 F24.16－8/7.322

周禮漢讀考六卷 （清）段玉裁撰 清嘉慶三年(1798)金壇段氏經韻樓刻本 二冊

310000－0242－0001484 F24.16－8/7.556

周禮音訓不分卷附周官奇字 （清）楊國楨撰 清刻本 二冊

310000－0242－0001485 F24.17－17/5.562

禮經會元四卷 （宋）葉時撰 清刻本 四冊

310000－0242－0001486 F24.17－17/5.562C2

禮經會元四卷 （宋）葉時撰 清刻本 四冊

310000－0242－0001487 F24.17－17/7.489

禮說十四卷附大學說一卷 （清）惠士奇撰 清嘉慶二年(1797)上海彭氏蘭陔書屋刻本 四冊

310000－0242－0001488 F24.18－6/5.148

考工記注二卷 （唐）杜牧注 清刻本 二冊

310000－0242－0001489 F24.2－15/7.565

儀禮商二卷附錄一卷附周官辨非一卷 （清）萬斯大撰 清咸豐十年(1860)刻本 一冊

310000－0242－0001490 F24.2－17/8.420

禮經校釋二十二卷附禮經纂疏序一卷 曹元弼撰 清光緒十八年(1892)吳縣曹氏刻本 十二冊

310000－0242－0001491 F24.22－15/2.661C3

儀禮十七卷 （漢）鄭玄注 （唐）陸德明音義 清光緒三年(1877)永康胡氏退補齋刻本 四冊

310000－0242－0001492 F24.22－15/2.661C4

儀禮十七卷 （漢）鄭玄注 （唐）陸德明音義 清光緒二十四年(1898)淮南書局刻本 四冊

310000－0242－0001493 F24.22－15/2.661A

儀禮注疏五十卷附校勘記 （漢）鄭玄注 （唐）賈公彥疏 清嘉慶二十年(1815)南昌府學刻本 十六冊

310000－0242－0001494 F24.22－15/2.661B

儀禮十七卷 （漢）鄭玄注 （唐）陸德明音義 清同治九年(1870)湖北崇文書局刻本 二冊

310000－0242－0001495 F24.22－15/5.491

儀禮經傳通解續二十九卷 （宋）黃幹撰 清初呂氏寶誥堂刻本 十冊

310000－0242－0001496 F24.22－15/5.98

儀禮經傳通解三十七卷 （宋）朱熹撰 儀禮經傳通解續二十九卷 （宋）黃幹撰 清初呂氏寶誥堂刻本 八冊

310000 - 0242 - 0001497　F24.22 - 15/7.4

欽定儀禮義疏四十八卷首二卷　（清）高宗弘曆纂　清光緒十九年（1893）湖南漱芳閣刻本　二十八冊

310000 - 0242 - 0001498　F24.22 - 15/7.4C3

欽定儀禮義疏四十八卷首二卷　（清）高宗弘曆纂　清刻本　二十八冊

310000 - 0242 - 0001499　F24.22 - 15/7.4C5

欽定儀禮義疏四十八卷首二卷　（清）高宗弘曆纂　清刻本　七冊

310000 - 0242 - 0001500　F24.22 - 15/7.428

儀禮鄭注句讀十七卷附監本正誤一卷石經誤字一卷　（清）張爾岐句讀　清同治七年（1868）金陵書局刻本　四冊

310000 - 0242 - 0001501　F24.22 - 15/7.428C4

儀禮鄭注句讀十七卷附監本正誤一卷石經誤字一卷　（清）張爾岐句讀　清同治七年（1868）金陵書局刻本　四冊

310000 - 0242 - 0001502　F24.22 - 15/7.428C5

儀禮鄭注句讀十七卷附監本正誤一卷石經誤字一卷　（清）張爾岐句讀　清同治七年（1868）金陵書局刻本　四冊

310000 - 0242 - 0001503　F24.22 - 15/7.428C6

儀禮鄭注句讀十七卷附監本正誤一卷石經誤字一卷　（清）張爾岐句讀　清同治七年（1868）金陵書局刻本　四冊

310000 - 0242 - 0001504　F24.22 - 15/7.661

儀禮私箋八卷　（清）鄭珍撰　清光緒十七年（1891）廣雅書局刻本　二冊

310000 - 0242 - 0001505　F24.22 - 15/7.661C2

儀禮私箋八卷　（清）鄭珍撰　清光緒十七年（1891）廣雅書局刻本　二冊

310000 - 0242 - 0001506　F24.22 - 15/7.661C3

儀禮私箋八卷　（清）鄭珍撰　清同治五年（1866）成山唐氏刻本　三冊

310000 - 0242 - 0001507　F24.22 - 15/7.725

儀禮韻言二卷　（清）檀萃纂　清光緒八年

（1882）掃葉山房刻本　一冊

310000 - 0242 - 0001508　F24.22 - 15/7.98

儀禮經注一隅二卷　（清）朱駿聲撰　清道光二十九年（1849）刻本　一冊

310000 - 0242 - 0001509　F24.23 - 15/5.761

儀禮要義五十卷　（宋）魏了翁撰　清光緒十年（1884）江蘇書局刻本　十二冊

310000 - 0242 - 0001510　F24.23 - 15/5.761C2

儀禮要義五十卷　（宋）魏了翁撰　清光緒十年（1884）江蘇書局刻本　十二冊

310000 - 0242 - 0001511　F24.23 - 15/5.761C3

儀禮要義五十卷　（宋）魏了翁撰　清光緒十年（1884）江蘇書局刻本　十二冊

310000 - 0242 - 0001512　F24.23 - 15/5.761C4

儀禮要義五十卷　（宋）魏了翁撰　清光緒十年（1884）江蘇書局刻本　十二冊

310000 - 0242 - 0001513　F24.23 - 15/7.650

儀禮述義一卷　（清）蔣時亨編輯　清嘉慶十八年（1813）刻本　一冊

310000 - 0242 - 0001514　F24.25 - 15/7.428

儀禮圖六卷　（清）張惠言撰　清同治九年（1870）楚北崇文書局刻本　二冊

310000 - 0242 - 0001515　F24.25 - 15/7.428C2

儀禮圖六卷　（清）張惠言撰　清同治九年（1870）楚北崇文書局刻本　一冊

310000 - 0242 - 0001516　F24.26 - 15/7.271

儀禮古今文疏義十七卷　（清）胡承珙撰　清光緒三年（1877）崇文書局刻本　二冊

310000 - 0242 - 0001517　F24.315 - 17/711

禮記節本六卷　（清）學部編譯圖書局編　清宣統二年（1910）學部編譯圖書局鉛印本　一冊

310000 - 0242 - 0001518　F24.32 - 15/7.362

鄭氏禮記箋四十九卷　（清）郝懿行箋注　清光緒八年（1882）東路廳署刻本　十冊

310000 - 0242 - 0001519　F24.32 - 17/1

禮記旁訓六卷 （□）□□撰 清光緒二十三年(1897)古吳掃葉山房刻本 一冊

310000－0242－0001520 F24.32－17/1C2
禮記旁訓六卷 （□）□□撰 清末南京李光明莊刻本 六冊

310000－0242－0001521 F24.32－17/2.661A
禮記注疏六十三卷 （漢）鄭玄注 （唐）孔穎達疏 （唐）陸德明音義 清嘉慶二十年(1815)江西南昌府學刻本 三十二冊

310000－0242－0001522 F24.32－17/2.661AC2
禮記注疏六十三卷 （漢）鄭玄注 （唐）孔穎達疏 （唐）陸德明音義 清同治十年(1871)廣州書局刻本 二十冊 存六十卷(一至二十五、二十九至六十三)

310000－0242－0001523 F24.32－17/2.661C
禮記鄭注二十卷 （漢）鄭玄注 撫本禮記鄭注考異二卷 （清）張敦仁撰 清嘉慶十一年(1806)影刻本 八冊

310000－0242－0001524 F24.32－17/2.661D
禮記注二十卷 （漢）鄭玄注 清嘉慶十一年(1806)陽城張氏影刻本 六冊

310000－0242－0001525 F24.32－17/57.441
禮記十卷 （元）陳澔集說 清同治七年(1868)楚北崇文書局刻本 十冊

310000－0242－0001526 F24.32－17/57.441C2
禮記十卷 （元）陳澔集說 清光緒十九年(1893)江南書局刻本 十冊

310000－0242－0001527 F24.32－17/57.441A
禮記集說十卷 （元）陳澔集說 清同治五年(1866)金陵書局刻本 十冊

310000－0242－0001528 F24.32－17/57.441AC10
禮記集說十卷 （元）陳澔集說 清嘉慶十六年(1811)刻本 十冊 缺一卷(十)

310000－0242－0001529 F24.32－17/57.441AC11
禮記集說十卷 （元）陳澔集說 清光緒二十三年(1897)淮南書局刻本 五冊

310000－0242－0001530 F24.32－17/57.441AC2

068

禮記集說十卷 （元）陳澔集說 清同治十一年(1872)山東書局刻本 十冊

310000－0242－0001531 F24.32－17/57.441AC3
禮記集說十卷 （元）陳澔集說 清光緒十九年(1893)江南書局刻本 十冊

310000－0242－0001532 F24.32－17/57.441AC5
禮記集說十卷 （元）陳澔集說 清光緒十九年(1893)浙江書局刻本 五冊

310000－0242－0001533 F24.32－17/57.441AC6
禮記集說十卷 （元）陳澔集說 清光緒八年(1882)江蘇書局刻本 五冊

310000－0242－0001534 F24.32－17/57.441AC7
禮記集說十卷 （元）陳澔集說 清光緒十二年(1886)湖北書局刻本 十冊

310000－0242－0001535 F24.32－17/57.441AC8
禮記集說十卷 （元）陳澔集說 清光緒十九年(1893)江南書局刻本 三冊

310000－0242－0001536 F24.32－17/57.441AC9
禮記集說十卷 （元）陳澔集說 清同治七年(1868)楚北崇文書局刻本 二冊

310000－0242－0001537 F24.32－17/7.151
禮記述注二十八卷 （清）李光坡撰 清光緒八年(1882)刻本 十冊

310000－0242－0001538 F24.32－17/7.21
禮記箋四十六卷 王闓運箋 清光緒二十二年(1896)東洲講舍刻本 十二冊

310000－0242－0001539 F24.32－17/7.375
禮記集解六十一卷附尚書顧命解一卷 （清）孫希旦集解 清咸豐十年(1860)瑞安孫氏盤谷艸堂刻本 十六冊

310000－0242－0001540 F24.32－17/7.4
欽定禮記義疏八十二卷首一卷 （清）高宗弘曆纂 清刻本 三十二冊

310000－0242－0001541 F24.32－17/7.4C3
欽定禮記義疏八十二卷首一卷 （清）高宗弘曆纂 清乾隆十三年(1748)尊經閣刻本 八冊

310000－0242－0001542　F24.32－17/7.4C4

欽定禮記義疏八十二卷首一卷　（清）高宗弘曆纂　清光緒十九年(1893)湖南漱芳閣刻本　三十二冊

310000－0242－0001543　F24.32－17/7.4C5

欽定禮記義疏八十二卷首一卷　（清）高宗弘曆纂　清光緒十九年(1893)湖南漱芳閣刻本　三十冊

310000－0242－0001544　F24.32－17/7.575

禮記備旨十一卷附禮記精義禮記標題夏小正　（清）鄒聖脉輯　清光緒石印本　一冊

310000－0242－0001545　F24.32－17/7.98

禮記訓纂四十九卷　（清）朱彬輯　清同治五年(1866)寶應朱宜祿堂刻本　十冊

310000－0242－0001546　F24.32－17/7.98C2

禮記訓纂四十九卷　（清）朱彬輯　清同治五年(1866)寶應朱宜祿堂刻本　八冊

310000－0242－0001547　F24.32－17/7.98C3

禮記訓纂四十九卷　（清）朱彬輯　清宣統元年(1909)學部圖書局石印本　十冊

310000－0242－0001548　F24.32－21/7.210

續禮記集說一百卷　（清）杭世駿撰　清光緒三十年(1904)浙江書局刻本　十冊

310000－0242－0001549　F24.37－17/5.761

禮記要義三十三卷　（宋）魏了翁撰　清光緒十二年(1886)江蘇書局刻本　八冊　缺二卷（一至二）

310000－0242－0001550　F24.37－17/5.761C3

禮記要義三十三卷　（宋）魏了翁撰　清光緒十二年(1886)江蘇書局刻本　八冊

310000－0242－0001551　F24.37－17/5.761C4

禮記要義三十三卷　（宋）魏了翁撰　清光緒十二年(1886)江蘇書局刻本　八冊

310000－0242－0001552　F24.37－17/7.37

禮記天算釋一卷　（清）孔廣牧撰　清光緒十五年(1889)廣雅書局刻本　一冊

310000－0242－0001553　F24.381－17/7.375

檀弓二卷　（清）孫濩孫評訂　清康熙六十年(1721)寫刻本　四冊

310000－0242－0001554　F24.381－17/7.375B

檀弓二卷　（清）孫濩孫評訂　清光緒七年(1881)常州狀元第莊刻本　二冊

310000－0242－0001555　F24.381－7/7.135

批檀弓二卷　（清）汪有光評　清光緒十三年(1887)刻本　一冊

310000－0242－0001556　F24.385－17/8.415

禮運注一卷　康有為撰　清光緒十年(1884)鉛印本　一冊

310000－0242－0001557　F24.385－17/8.415C2

禮運注一卷　康有為撰　清光緒十年(1884)鉛印本　一冊

310000－0242－0001558　F24.389－4/7.1

內則衍義十六卷　（清）世祖福臨纂　清順治十三年(1656)刻本　二冊

310000－0242－0001559　F24.42－3/7.37

大戴禮記補注十三卷　（清）孔廣森撰　清同治十三年(1874)淮南書局刻本　二冊

310000－0242－0001560　F24.42－3/7.37C2

大戴禮記補注十三卷　（清）孔廣森撰　清同治十三年(1874)淮南書局刻本　六冊

310000－0242－0001561　F24.42－3/7.37C3

大戴禮記補注十三卷　（清）孔廣森撰　清同治十三年(1874)淮南書局刻本　一冊

310000－0242－0001562　F24.42－3/7.37C5

大戴禮記補注十三卷　（清）孔廣森撰　清同治十三年(1874)淮南書局刻本　四冊

310000－0242－0001563　F24.481－10/7.402

夏小正通釋　（清）梁章鉅輯　清光緒十三年(1887)浙江書局刻本　一冊

310000－0242－0001564　F24.481－10/7.454

夏小正經傳攷釋十卷附別箋　（清）莊述祖撰　清嘉慶十九年(1814)莊氏刻本　四冊

310000－0242－0001565　F24.481－10/7.454C2

夏小正經傳攷釋十卷附別箋 （清）莊述祖撰
清嘉慶十九年(1814)莊氏刻本 四冊

310000－0242－0001566 F24.481－10/7.535
夏小正集說四卷 （清）程鴻詔撰 清同治四
年(1865)金陵刻本 二冊

310000－0242－0001567 F24.481－10/7.98
夏小正四卷 （漢）戴德傳 （清）朱駿聲補傳
清光緒八年(1882)臨嘯閣刻本 一冊

310000－0242－0001568 F24.6－17/5.441
禮書一百五十卷 （宋）陳祥道撰 清光緒二
年(1876)菊坡精舍刻本 六冊

310000－0242－0001569 F24.6－17/7.343
禮經釋例十三卷首一卷 （清）凌廷堪撰 清
嘉慶四年(1799)揚州文選樓阮氏刻本 六冊

310000－0242－0001570 F24.6－17/7.491
禮書通故五十卷 （清）黃以周撰 清光緒十
九年(1893)定海黃氏試館刻本 三十二冊

310000－0242－0001571 F24.6－17/7.491C2
禮書通故五十卷 （清）黃以周撰 清光緒十
九年(1893)定海黃氏試館刻本 三十二冊

310000－0242－0001572 F24.6－2/7.375
九旗古義述 （清）孫詒讓撰 清光緒二十八
年(1902)瑞安孫氏刻本 一冊

310000－0242－0001573 F24.6－4/7.115
天子肆獻祼饋食禮三卷 （清）任啟運撰 清
光緒十一年(1885)浙江書局刻本 一冊

310000－0242－0001574 F24.7－22/7.21
讀禮條考二十卷 （清）王曜南撰 清光緒二
十三年(1897)武林尚友齋石印本 六冊

310000－0242－0001575 F24.7－22/7.21C2
讀禮條考二十卷 （清）王曜南撰 清光緒二
十三年(1897)武林尚友齋石印本 六冊

310000－0242－0001576 F24.7－8/7.491
周禮精義六卷附儀禮精義禮記精義 （清）黃
淦撰 清嘉慶十二年(1807)尊德堂刻本 一
冊

310000－0242－0001577 F25.1－9/7.575
春秋備旨十二卷首一卷附春秋提要一卷
（清）鄒聖脉纂輯 清刻本 六冊

310000－0242－0001578 F25.11－9/7.6
欽定春秋左傳讀本三十卷 （清）英和等纂
清同治八年(1869)江蘇書局刻本 八冊

310000－0242－0001579 F25.11－9/7.6C2
欽定春秋左傳讀本三十卷 （清）英和等纂
清同治八年(1869)江蘇書局刻本 十冊

310000－0242－0001580 F25.11－9/7.6C3
欽定春秋左傳讀本三十卷 （清）英和等纂
清同治八年(1869)江蘇書局刻本 十冊

310000－0242－0001581 F25.11－9/7.6C5
欽定春秋左傳讀本三十卷 （清）英和等纂
清同治十一年(1872)山東書局刻本 十六冊

310000－0242－0001582 F25.115－5/7.151
左傳快讀十八卷首一卷 （清）李紹崧輯 清
光緒二十八年(1902)三味書室刻本 八冊

310000－0242－0001583 F25.115－5/7.151C2
左傳快讀十八卷首一卷 （清）李紹崧輯 清
光緒二十八年(1902)三味書室刻本 十六冊

310000－0242－0001584 F25.12－22/7.268
讀左補義五十卷首一卷 （清）姜炳璋輯 清
光緒三十年(1904)汲綆齋刻本 十六冊

310000－0242－0001585 F25.12－22/7.268C2
讀左補義五十卷首一卷 （清）姜炳璋輯 清
光緒三十年(1904)汲綆齋刻本 十一冊

310000－0242－0001586 F25.12－5/7.477
左繡三十卷 （清）馮李驊 （清）陸浩輯 清
康熙五十九年(1720)至清末華川書屋刻本
四冊

310000－0242－0001587 F25.12－5/7.477C4
左繡三十卷 （清）馮李驊 （清）陸浩輯 清
光緒南京李光明莊刻本 六冊

310000－0242－0001588 F25.12－5/7.477C5
左繡三十卷 （清）馮李驊 （清）陸浩輯 清
光緒南京李光明莊刻本 四冊

310000－0242－0001589　F25.12－5/7.477C6

左繡三十卷　（清）馮李驊　（清）陸浩輯　清末南京李光明莊刻本　十六冊

310000－0242－0001590　F25.12－5/7.722C3

左傳句解六卷　（清）韓葵注　清末南京李光明莊刻本　六冊

310000－0242－0001591　F25.12－9/3.148

春秋左傳五十卷　（晉）杜預集解　清刻本　十冊

310000－0242－0001592　F25.12－9/3.148C2

春秋左傳五十卷　（晉）杜預集解　（宋）林堯叟注釋　（唐）陸德明音義　（明）鍾惺　（明）孫鑛　（明）韓范評點　清光緒二十三年（1897）上海文瑞樓刻本　四冊

310000－0242－0001593　F25.12－9/3.148C3

春秋左傳五十卷　（晉）杜預集解　（宋）林堯叟注　（唐）陸德明音義　清末南京狀元閣爵記刻本　四冊

310000－0242－0001594　F25.12－9/3.148C6

春秋左傳五十卷　（晉）杜預集解　（宋）林堯叟注釋　（唐）陸德明音義　（明）鍾惺　（明）孫鑛　（明）韓范評點　清光緒二十三年（1897）上海文瑞樓刻本　三冊

310000－0242－0001595　F25.12－9/3.148C9

春秋左傳五十卷　（晉）杜預集解　清末南京李光明書莊刻本　十六冊

310000－0242－0001596　F25.12－9/3.148AC2

春秋經傳集解三十卷　（晉）杜預撰　（唐）陸德明音義　清宣統二年（1910）學部圖書局石印本　三冊

310000－0242－0001597　F25.12－9/3.148AC7

春秋經傳集解三十卷春秋名號歸一圖二卷　（晉）杜預撰　（唐）陸德明音義　清刻本　十二冊

310000－0242－0001598　F25.12－9/3.148B

春秋左傳注疏六十卷　（晉）杜預注　（唐）陸德明音義　（唐）孔穎達疏　清同治十年

（1871）刻本　五冊　存十五卷（一至十五）

310000－0242－0001599　F25.12－9/4.37

春秋左傳注疏六十卷附校勘記　（唐）孔穎達疏　（唐）陸德明釋音　清嘉慶二十年（1815）南昌府學刻本　三十六冊

310000－0242－0001600　F25.12－9/7.151C1

春秋左氏傳賈服注輯述二十卷　（清）李貽德撰　清光緒八年（1882）江蘇書局刻本　六冊

310000－0242－0001601　F25.12－9/7.151C2

春秋左氏傳賈服注輯述二十卷　（清）李貽德撰　清同治五年（1866）餘姚朱蘭刻本　六冊

310000－0242－0001602　F25.12－9/7.316

春秋左傳杜注三十卷首一卷　（清）姚培謙輯　清光緒九年（1883）江南書局刻本　八冊

310000－0242－0001603　F25.12－9/7.316C2

春秋左傳杜注三十卷首一卷　（清）姚培謙輯　清光緒九年（1883）江南書局刻本　四冊

310000－0242－0001604　F25.12－9/7.316C4

春秋左傳杜注三十卷首一卷　（清）姚培謙輯　清道光五年（1825）刻朱墨套印本　三冊

310000－0242－0001605　F25.12－9/7.316C5

春秋左傳杜注三十卷首一卷　（清）姚培謙輯　清光緒九年（1883）江南書局刻本　十冊

310000－0242－0001606　F25.12－9/7.316C6

春秋左傳杜注三十卷首一卷　（清）姚培謙輯　清光緒十九年（1893）浙江書局刻本　八冊

310000－0242－0001607　F25.12－9/7.441

春秋述義拾遺八卷首一卷附河間劉氏書目考隋書儒林傳劉炫傳　（清）陳熙晉撰　清光緒十七年（1891）廣雅書局刻本　二冊

310000－0242－0001608　F25.12－9/7.441C2

春秋述義拾遺八卷首一卷附河間劉氏書目考隋書儒林傳劉炫傳　（清）陳熙晉撰　清光緒十七年（1891）廣雅書局刻本　二冊

310000－0242－0001609　F25.13－5/7.402

左通補釋三十二卷　（清）梁履繩撰　清光緒元年（1875）刻本　十冊

310000－0242－0001610　F25.13－5/7.402C2
左通補釋三十二卷　（清）梁履繩撰　清光緒元年(1875)刻本　十冊

310000－0242－0001611　F25.17－5/5.170
左氏傳說二十卷　（宋）呂祖謙輯注　清通志堂刻本　二冊

310000－0242－0001612　F25.17－5/7.674
左傳舊疏考正八卷　（清）劉文淇撰　清光緒三年(1877)湖北崇文書局刻本　二冊

310000－0242－0001613　F25.17－5/7.674C3
左傳舊疏考正八卷　（清）劉文淇撰　清光緒三年(1877)湖北崇文書局刻本　四冊

310000－0242－0001614　F25.17－5/7.700
左傳分國纂畧十七卷　（清）盧元昌評閱　清康熙二十八年(1689)刻本　四冊　存十六卷（一至十四、十六至十七）

310000－0242－0001615　F25.17－9/5.406
春秋左氏傳事類始末五卷附錄一卷　（宋）章沖撰　清通志堂刻本　一冊

310000－0242－0001616　F25.17－9/5.406C2
春秋左氏傳事類始末五卷附錄一卷　（宋）章沖撰　清通志堂刻本　二冊

310000－0242－0001617　F25.17－9/6.598
春秋集傳十五卷附春秋類對賦一卷春秋諸國統紀六卷春秋王霸列國世紀三卷　（元）趙汸撰　清寫刻本　七冊

310000－0242－0001618　F25.17－9/6.598C2
春秋集傳十五卷附春秋類對賦一卷春秋諸國統紀六卷春秋王霸列國世紀三卷　（元）趙汸撰　清寫刻本　四冊

310000－0242－0001619　F25.17－9/7.364
春秋左傳類纂六卷首一卷末一卷　（清）桂含章輯　清光緒七年(1881)敦厚堂刻本　二冊

310000－0242－0001620　F25.17－9/7.705
春秋經傳集解疑參三十卷　（清）錢炳撰　清雍正二年(1724)靜觀巢刻本　十冊

310000－0242－0001621　F25.19－5/7.352

左傳事緯十二卷　（清）馬驌編　清光緒四年(1878)上海文瑞樓石印本　六冊

310000－0242－0001622　F25.19－5/7.352B
左傳事緯十二卷前書八卷　（清）馬驌編　清初刻本　十冊

310000－0242－0001623　F25.215－4/7.760
公羊傳選　（清）儲欣評選　清光緒九年(1883)靜遠堂刻本　一冊

310000－0242－0001624　F25.22－9/2.178C2
春秋公羊傳十一卷　（漢）何休學　（唐）陸德明音義　清同治十一年(1872)山東書局刻本　四冊

310000－0242－0001625　F25.22－9/2.178C5
春秋公羊傳十一卷　（漢）何休學　（唐）陸德明音義　清光緒十二年(1886)湖北官書處刻本　一冊

310000－0242－0001626　F25.22－9/2.178A
春秋公羊經傳解詁十二卷附校記一卷　（漢）何休學　（唐）陸德明音義　清光緒二十一年(1895)金陵書局刻本　二冊

310000－0242－0001627　F25.22－9/2.178AC2
春秋公羊經傳解詁十二卷附校記一卷　（漢）何休學　（唐）陸德明音義　清同治二年(1863)揚州汪氏問禮堂刻本　二冊

310000－0242－0001628　F25.22－9/2.178AC3
春秋公羊經傳解詁十二卷附校記一卷　（漢）何休學　（唐）陸德明音義　清同治二年(1863)揚州汪氏問禮堂刻本　二冊

310000－0242－0001629　F25.22－9/2.178AC4
春秋公羊經傳解詁十二卷附校記一卷　（漢）何休學　（唐）陸德明音義　清光緒二十一年(1895)金陵書局刻本　一冊

310000－0242－0001630　F25.22－9/2.178AC8
春秋公羊經傳解詁十二卷附校記一卷　（漢）何休學　（唐）陸德明音義　清光緒二十一年(1895)金陵書局刻本　二冊

310000－0242－0001631　F25.22－9/2.178AC9

春秋公羊經傳解詁十二卷附校記一卷　（漢）何休學　（唐）陸德明音義　清光緒二十一年(1895)金陵書局刻本　二冊

310000－0242－0001632　F25.22－9/2.178B

監本附音春秋公羊注疏二十八卷附校勘記（漢)何休解詁　（唐）徐彥疏　（唐)陸德明音義　清嘉慶二十年(1815)南昌府學刻本　十冊

310000－0242－0001633　F25.22－9/2.178C

春秋公羊傳注疏二十八卷附考證　（漢)何休學　（唐)徐彥疏　（唐)陸德明音義　清同治十年(1871)廣州書局刻本　八冊

310000－0242－0001634　F25.22－9/7.21

春秋公羊傳箋十一卷　王闓運撰　清光緒三十四年(1908)刻本　八冊

310000－0242－0001635　F25.26－4/7.403

公羊方言疏箋一卷　（清)淳于鴻恩撰　清光緒三十四年(1908)刻本　一冊

310000－0242－0001636　F25.27－9/7.178

春秋公羊注疏質疑二卷　（清)何若瑤撰　清光緒二十年(1894)廣雅書局刻本　一冊

310000－0242－0001637　F25.27－9/7.178C2

春秋公羊注疏質疑二卷　（清)何若瑤撰　清光緒廣雅書局刻本　一冊

310000－0242－0001638　F25.28－9/2.568

春秋繁露十七卷　（漢)董仲舒撰　清光緒三年(1877)湖北崇文書局刻本　一冊

310000－0242－0001639　F25.28－9/2.568C10

春秋繁露十七卷　（漢)董仲舒撰　清光緒八年(1882)淮南書局刻本　二冊

310000－0242－0001640　F25.28－9/2.568C2

春秋繁露十七卷　（漢)董仲舒撰　明末花齋刻本　二冊

310000－0242－0001641　F25.28－9/2.568C5

春秋繁露十七卷　（漢)董仲舒撰　清光緒二年(1876)浙江書局刻本　二冊

310000－0242－0001642　F25.28－9/2.568C8

春秋繁露十七卷　（漢)董仲舒撰　清光緒二年(1876)浙江書局刻本　二冊

310000－0242－0001643　F25.28－9/7.784A

春秋繁露義證十七卷首一卷攷證一卷　（清)蘇輿撰　清宣統二年(1910)刻本　四冊

310000－0242－0001644　F25.28－9/7.784AC2

春秋繁露義證十七卷首一卷攷證一卷　（清)蘇輿撰　清宣統二年(1910)刻本　一冊

310000－0242－0001645　F25.28－9/7.784AC3

春秋繁露義證十七卷首一卷攷證一卷　（清)蘇輿撰　清宣統二年(1910)刻本　四冊

310000－0242－0001646　F25.315－15/7.760

穀梁傳選　（清)儲欣評選　清光緒九年(1883)靜遠堂刻本　一冊

310000－0242－0001647　F25.315－15/7.760C2

穀梁傳選　（清)儲欣評選　清光緒九年(1883)靜遠堂刻本　一冊

310000－0242－0001648　F25.32－15/7.281

穀梁大義述七卷　（清)柳興恩撰　清光緒八年(1882)李氏木犀軒刻本　一冊

310000－0242－0001649　F25.32－9/3.300C10

春秋穀梁傳十二卷　（晉)范甯集解　（唐)陸德明音義　清同治七年(1868)金陵書局刻本　二冊

310000－0242－0001650　F25.32－9/3.300C3

春秋穀梁傳十二卷　（晉)范甯集解　（唐)陸德明音義　清同治七年(1868)金陵書局刻本　二冊

310000－0242－0001651　F25.32－9/3.300C4

春秋穀梁傳十二卷　（晉)范甯集解　（唐)陸德明音義　清光緒十二年(1886)湖北官書處刻本　一冊

310000－0242－0001652　F25.32－9/3.300C8

春秋穀梁傳十二卷　（晉)范甯集解　（唐)陸德明音義　清光緒二十一年(1895)金陵書局刻本　一冊

310000－0242－0001653　F25.32－9/3.300C9

春秋穀梁傳十二卷 （晉）范甯集解 （唐）陸
德明音義 清同治十一年(1872)山東書局刻
本 四冊

310000－0242－0001654 F25.32－9/3.300A

春秋穀梁注疏二十卷 （晉）范寧集解 （唐）
陸德明音義 （唐）楊士勛疏 清嘉慶二十年
(1815)南昌府學刻本 六冊

310000－0242－0001655 F25.32－9/3.300AC2

春秋穀梁注疏二十卷 （晉）范寧集解 （唐）
陸德明音義 （唐）楊士勛疏 清同治十年
(1871)廣州書局刻本 六冊

310000－0242－0001656 F25.329/7.735

春秋穀梁傳補注二十四卷首一卷末一卷
（清）鍾文烝注 清光緒三年(1877)鍾氏信美
室刻本 八冊

310000－0242－0001657 F25.36－9/7.556

春秋穀梁傳音訓不分卷 （清）楊國楨撰 清
道光十年(1830)刻本 二冊

310000－0242－0001658 F25.4－9/5.271

春秋三十卷總目二卷 （宋）胡安國傳 清嘉
慶十六年(1811)集古堂刻本 八冊

310000－0242－0001659 F25.5－9/7.761

春秋七國統表六卷 （清）魏翼龍編輯 清道
光十三年(1833)蕭山存問堂刻本 二冊

310000－0242－0001660 F25.5－9/7.791B

春秋大事表五十卷附春秋大事輿圖一卷
（清）顧棟高纂 清同治十二年(1873)丁氏尚
志堂刻本 二十冊

310000－0242－0001661 F25.52－9/7.52

春秋毛氏傳三十六卷 （清）毛奇齡撰 清咸
豐十年(1860)學海堂刻本 二冊

310000－0242－0001662 F25.57－9/7.441

春秋世族譜一卷 （清）陳厚耀撰 清光緒二
十五年(1899)兩湖書院正學堂刻本 一冊

310000－0242－0001663 F25.57－9/8.415

春秋董氏學八卷附傳一卷 康有為撰 清光
緒十九年(1893)萬木草堂刻本 二冊

310000－0242－0001664 F25.57－9/8.415C3

春秋董氏學八卷附傳一卷 康有為撰 清光
緒大同譯書局刻本 一冊

310000－0242－0001665 F25.57－9/8.415C4

春秋董氏學八卷附傳一卷 康有為撰 清光
緒大同譯書局刻本 一冊

310000－0242－0001666 F25.57－9/8.753

春秋公法比義發微六卷 藍光策撰 清宣統
三年(1911)南洋印刷官廠鉛印本 三冊

310000－0242－0001667 F25.6－11/7.248

紫陽春秋大義衍二十四卷 （清）周易撰 清
康熙四十九年(1710)白下周氏愛蓮堂刻本
六冊

310000－0242－0001668 F25.6－16/7.565

學春秋隨筆十卷 （清）萬斯大撰 清康熙五
十六年(1717)刻本 一冊

310000－0242－0001669 F25.6－9/5.148

春秋會義二十六卷 （宋）杜諤撰 清光緒十
八年(1892)孫氏山淵閣刻本 十二冊

310000－0242－0001670 F25.6－9/5.170

春秋或問二十卷 （宋）呂大圭述 清通志堂
刻本 五冊

310000－0242－0001671 F25.6－9/5.326

則堂先生春秋集傳詳說三十卷 （宋）家鉉翁
撰 清通志堂刻本 八冊

310000－0242－0001672 F25.6－9/5.491

春秋通說十三卷 （宋）黃仲炎撰 清通志堂
刻本 三冊

310000－0242－0001673 F25.6－9/5.491C2

春秋通說十三卷 （宋）黃仲炎撰 清通志堂
刻本 二冊

310000－0242－0001674 F25.6－9/57.151

春秋諸傳會通二十四卷 （元）李濂撰 清通
志堂刻本 七冊

310000－0242－0001675 F25.6－9/57.441

春秋提綱十卷 （元）陳則通撰 清通志堂刻
本 二冊

310000－0242－0001676　F25.6－9/57.535
春秋或問十卷　（元）程端學撰　清通志堂刻本　三冊

310000－0242－0001677　F25.6－9/7.15
春秋集義十二卷　（清）方宗誠撰　清光緒九年(1883)刻本　五冊

310000－0242－0001678　F25.6－9/7.15A
春秋傳正誼四卷　（清）方宗誠撰　清光緒四年(1878)刻本　一冊

310000－0242－0001679　F25.6－9/7.15AC2
春秋傳正誼四卷　（清）方宗誠撰　清光緒四年(1878)刻本　一冊

310000－0242－0001680　F25.6－9/7.2
欽定春秋傳說彙纂三十八卷首二卷　（清）王掞等纂　清同治九年(1870)刻本　二十冊

310000－0242－0001681　F25.6－9/7.2C2
欽定春秋傳說彙纂三十八卷首二卷　（清）王掞等纂　清同治九年(1870)刻本　四冊

310000－0242－0001682　F25.6－9/7.2C4
欽定春秋傳說彙纂三十八卷首二卷　（清）王掞等纂　清同治九年(1870)刻本　二十冊

310000－0242－0001683　F25.6－9/7.2C5
欽定春秋傳說彙纂三十八卷首二卷　（清）王掞等纂　清光緒十四年(1888)湖南漱芳閣刻本　十八冊

310000－0242－0001684　F25.6－9/7.211
春秋經傳比事二十二卷　（清）林春溥撰　清咸豐元年(1851)竹柏山房刻本　十冊

310000－0242－0001685　F25.6－9/7.21A
春秋四傳質十二卷　（清）王介之撰　清道光二十二年(1842)湘潭王氏守遺經書屋刻本　三冊

310000－0242－0001686　F25.6－9/7.260
春秋左傳詁二十卷　（清）洪亮吉撰　清光緒四年(1878)授經堂刻本　十冊

310000－0242－0001687　F25.6－9/7.389
春秋或問六卷　（清）鄙坦撰　清光緒二年(1876)淮南書局刻本　一冊

310000－0242－0001688　F25.6－9/7.389C2
春秋或問六卷　（清）鄙坦撰　清光緒二年(1876)淮南書局刻本　一冊

310000－0242－0001689　F25.6－9/7.406
春秋內外傳筮辭考證三卷　（清）章末撰　清光緒九年(1883)刻本　一冊

310000－0242－0001690　F25.6－9/7.428
春秋屬辭辨例編六十卷首二卷　（清）張應昌撰　清同治十二年(1873)江蘇書局刻本　三十二冊

310000－0242－0001691　F25.6－9/7.428C2
春秋屬辭辨例編六十卷首二卷　（清）張應昌撰　清同治十二年(1873)江蘇書局刻本　三十二冊

310000－0242－0001692　F25.6－9/7.428B
春秋屬辭辨例編六十卷首二卷　（清）張應昌撰　清同治九年(1870)刻本　二十冊

310000－0242－0001693　F25.6－9/7.454
春秋正辭十二卷附春秋舉例一卷要旨一卷　（清）莊存與撰　清道光七年(1827)莊綬甲寶研堂刻本　二冊

310000－0242－0001694　F25.62－9/5.428
清江張氏春秋集注十一卷綱領一卷　（宋）張洽集注　清通志堂刻本　二冊

310000－0242－0001695　F25.62－9/7.151
春秋三傳全錄十六卷首一卷　（清）李堢錄　清乾隆六十年(1795)李氏刻本　十二冊

310000－0242－0001696　F25.64－9/7.393
春秋釋地韻編五卷首一卷　（清）徐壽基輯　清光緒十二年(1886)武進徐氏傳經堂刻本　四冊

310000－0242－0001697　F25.7－22/650
讀左雜詠一卷　（清）蔣廷黻撰　清末刻本　一冊

310000－0242－0001698　F25.7－9/7.15
春秋通論四卷　（清）方苞撰　清乾隆九年

(1744)抗希堂刻本　二冊

310000－0242－0001699　F25.7－9/7.15A

春秋比事目錄四卷　(清)方苞撰　清乾隆九年(1744)抗希堂刻本　二冊

310000－0242－0001700　F25.7－9/7.428

春秋宗朱辨義十二卷首一卷末一卷　(清)張自超撰　清光緒七年(1881)南淳書院刻本　六冊

310000－0242－0001701　F26.2－7/2.661

孝經鄭氏注不分卷　(漢)鄭玄注　(清)嚴可均輯　清光緒二十九年(1903)大關唐氏刻本　一冊

310000－0242－0001702　F26.2－7/4.14

孝經一卷　(唐)玄宗李隆基注　清光緒二十三年(1897)金陵書局刻本　一冊

310000－0242－0001703　F26.2－7/4.14C6

孝經一卷　(唐)玄宗李隆基注　(唐)陸德明音義　清同治十一年(1872)山東書局刻本　一冊

310000－0242－0001704　F26.2－7/4.14C7

孝經一卷　(唐)玄宗李隆基注　清同治九年(1870)揚州書局刻本　一冊

310000－0242－0001705　F26.2－7/4.14C8

孝經一卷　(唐)玄宗李隆基注　清同治七年(1868)金陵書局刻本　一冊

310000－0242－0001706　F26.2－7/4.14A

孝經注疏九卷　(唐)玄宗李隆基注　(宋)邢昺疏　清嘉慶二十年(1815)南昌府學刻本　二冊

310000－0242－0001707　F26.2－7/4.14AC2

孝經注疏九卷　(唐)玄宗李隆基注　(宋)邢昺疏　清同治十年(1871)廣州書局刻本　一冊

310000－0242－0001708　F26.2－7/6.170

孝經大全二十八卷首一卷附孝經詩孝經或問三卷孝經翼　(明)呂維祺撰　清康熙七年(1668)刻本　十二冊

310000－0242－0001709　F26.2－7/6.491

孝經集傳四卷　(明)黃道周集傳　清康熙三十二年(1693)刻本　二冊

310000－0242－0001710　F26.2－7/7.598

孝經存解四卷首一卷　(清)趙長庚撰　清光緒十年(1884)刻本　六冊

310000－0242－0001711　F26.2－7/7.622

孝經講義不分卷　潘任撰　清末江南高等學堂木活字印本　一冊

310000－0242－0001712　F26.2－7/7.682

孝經酌從編串說　(清)龍炳垣編　清同治十二年(1873)三餘快讀之軒刻本　一冊

310000－0242－0001713　F26.2－7/7.683C2

孝經酌從編串說　(清)龍炳垣編　清同治十二年(1873)三餘快讀之軒刻本　一冊

310000－0242－0001714　F26.7－7/8.420

孝經學七卷　曹元弼撰　清宣統元年(1909)刻朱印本　一冊

310000－0242－0001715　F26.7－7/8.420C2

孝經學七卷　曹元弼撰　清宣統元年(1909)刻本　一冊

310000－0242－0001716　F26.7－7/8.420B

孝經學七卷　曹元弼撰　清光緒三十四年(1908)存古學堂刻本　一冊

310000－0242－0001717　F27－5/7.21

繪圖四書便蒙課本不分卷　(清)王世基等編　清宣統三年(1911)南洋官書局石印本　六冊

310000－0242－0001718　F27－6/5.98

朱子四書或問小注不分卷　(宋)朱熹撰　(清)徐方廣增注　清康熙四十一年(1702)觀乎堂刻本　二冊

310000－0242－0001719　F27－6/5.98C2

朱子四書或問小注不分卷　(宋)朱熹撰　(清)徐方廣增注　清康熙四十一年(1702)刻本　八冊

310000－0242－0001720　F27.01－5/1

四書正文不分卷　（宋）朱熹輯　清末刻本
二冊

310000－0242－0001721　F27.01－5/1C2
四書正文不分卷　（宋）朱熹輯　清末刻本
二冊

310000－0242－0001722　F27.02－5/5.98C2
四書不分卷　（宋）朱熹集注　清同治十一年
(1872)山東書局刻本　五冊

310000－0242－0001723　F27.02－5/5.98AC10
四書集注不分卷　（宋）朱熹集注　清嘉慶十
六年(1811)璜川吳氏真意堂刻本　七冊

310000－0242－0001724　F27.02－5/5.98AC11
四書集注不分卷　（宋）朱熹集注　清光緒二
十年(1894)金陵書局刻本　六冊

310000－0242－0001725　F27.02－5/5.98AC12
四書集注不分卷　（宋）朱熹集注　清同治九
年(1870)奉新周彥六堂刻本　六冊

310000－0242－0001726　F27.02－5/5.98AC13
四書集注不分卷　（宋）朱熹集注　清道光二
十六年(1846)自怡軒刻朱墨套印本　六冊

310000－0242－0001727　F27.02－5/5.98AC14
四書集注不分卷　（宋）朱熹集注　清同治四
年(1865)童氏忠恕堂刻本　六冊

310000－0242－0001728　F27.02－5/5.98AC15
四書集注不分卷　（宋）朱熹集注　清同治十
一年(1872)山東書局尚志堂刻本　六冊

310000－0242－0001729　F27.02－5/5.98AC17
四書集注不分卷　（宋）朱熹集注　清同治三
年(1864)浙江撫署刻本　六冊

310000－0242－0001730　F27.02－5/5.98AC18
四書集注不分卷　（宋）朱熹集注　清光緒三
年(1877)江蘇書局刻本　六冊

310000－0242－0001731　F27.02－5/5.98AC19
四書集注不分卷　（宋）朱熹集注　清雍正四
年(1726)三益齋刻本　三冊

310000－0242－0001732　F27.02－5/5.98AC3

四書集注不分卷　（宋）朱熹集注　清桂雲堂
刻本　六冊

310000－0242－0001733　F27.02－5/5.98AC33
四書集注不分卷　（宋）朱熹集注　清光緒十
二年(1886)湖北官書處刻本　六冊

310000－0242－0001734　F27.02－5/5.98AC34
四書集注不分卷　（宋）朱熹集注　清光緒十
八年(1892)浙江書局刻本　六冊

310000－0242－0001735　F27.02－5/5.98AC35
四書集注不分卷　（宋）朱熹集注　清光緒十
三年(1887)羅宗德堂刻本　六冊

310000－0242－0001736　F27.02－5/5.98AC37
四書集注不分卷　（宋）朱熹集注　清光緒二
十年(1894)金陵書局刻本　六冊

310000－0242－0001737　F27.02－5/5.98AC4
四書集注不分卷　（宋）朱熹集注　清道光二
十九年(1849)愷元堂刻朱墨套印本　六冊

310000－0242－0001738　F27.02－5/5.98AC5
四書集注不分卷　（宋）朱熹集注　清刻本
六冊

310000－0242－0001739　F27.02－5/5.98AC6
四書集注不分卷　（宋）朱熹集注　清光緒十
八年(1892)淮南書局刻本　六冊

310000－0242－0001740　F27.02－5/5.98AC7
四書集注不分卷　（宋）朱熹集注　清光緒二
十年(1894)金陵書局刻本　六冊

310000－0242－0001741　F27.02－5/5.98AC8
四書集注不分卷　（宋）朱熹集注　清光緒六
年(1880)南京李光明莊刻本　六冊

310000－0242－0001742　F27.02－5/5.98AC9
四書集注不分卷　（宋）朱熹集注　清同治六
年(1867)湖北崇文書局刻本　六冊

310000－0242－0001743　F27.02－5/6.428A
四書集注直解二十七卷　（明）張居正撰　清
宣統元年(1909)學部圖書館石印本　四冊

310000－0242－0001744　F27.02－5/7.164

四書經注集證十九卷附孔子弟子考一卷
（清）吳昌宗輯　清光緒四年(1878)望三益齋
刻本　六冊

310000－0242－0001745　F27.02－5/7.178
四書經注詳讀不分卷　（清）何焯訂　王庚言
編　清光緒二年(1876)漕署刻本　六冊

310000－0242－0001746　F27.02－5/7.332
四書讀本十九卷　（宋）朱熹集注　清道光七
年(1827)愷元堂刻朱墨套印本　六冊

310000－0242－0001747　F27.12－15/24.178A
論語注疏解經十卷附札記一卷　（三國魏）何
晏集解　（宋）邢昺疏　清光緒三十三年
(1907)貴池劉氏玉海堂影刻本　二冊

310000－0242－0001748　F27.12－15/24.178AC2
論語注疏解經十卷附札記一卷　（三國魏）何
晏集解　（宋）邢昺疏　清光緒三十年(1904)
刻本　二冊

310000－0242－0001749　F27.12－15/24.178AC3
論語注疏解經十卷附札記一卷　（三國魏）何
晏集解　（宋）邢昺疏　清光緒三十三年
(1907)貴池劉氏玉海堂影刻本　二冊

310000－0242－0001750　F27.12－15/24.178B
論語注疏二十卷附校勘記　（三國魏）何晏集
解　（宋）邢昺疏　清嘉慶二十年(1815)南昌
府學刻本　六冊

310000－0242－0001751　F27.12－15/24.178BC3
論語注疏二十卷附考證　（三國魏）何晏集解
　（唐）陸德明音義　（宋）邢昺疏　清同治十
年(1871)廣州書局刻本　四冊

310000－0242－0001752　F27.12－15/24.178BC4
論語注疏二十卷附考證　（三國魏）何晏集解
　（唐）陸德明音義　（宋）邢昺疏　清同治十
年(1871)廣州書局刻本　三冊

310000－0242－0001753　F27.12－15/5.368
論語集編十卷　（宋）真德秀輯　清通志堂刻
本　二冊

310000－0242－0001754　F27.12－15/5.98

論語十卷　（宋）朱熹集注　清刻本　二冊

310000－0242－0001755　F27.12－15/5.98C3
論語十卷　（宋）朱熹集注　清末李光明坊刻
本　四冊

310000－0242－0001756　F27.12－15/5.98C4
論語十卷　（宋）朱熹集注　清末李光明坊刻
本　二冊

310000－0242－0001757　F27.12－15/5.98C5
論語十卷　（宋）朱熹集注　清末宛委山莊刻
本　五冊

310000－0242－0001758　F27.12－15/5.98C6
論語十卷　（宋）朱熹集注　清一經堂刻本
二冊

310000－0242－0001759　F27.12－15/5.98C8
論語二十卷　（宋）朱熹集注　清坊刻本　二
冊

310000－0242－0001760　F27.12－15/5.98C9
論語十卷　（宋）朱熹集注　清一經堂刻本
一冊

310000－0242－0001761　F27.12－15/5.98B
論語精義十卷　（宋）朱熹撰　清寶誥堂刻本
　一冊

310000－0242－0001762　F27.12－15/7.21
論語經正錄二十卷附年譜　（清）王肇晉撰
清光緒二十年(1894)刻本　三冊

310000－0242－0001763　F27.12－15/7.21C2
論語經正錄二十卷附年譜　（清）王肇晉撰
清光緒二十年(1894)刻本　三冊

310000－0242－0001764　F27.12－15/7.21A
論語訓二卷　王闓運撰　清光緒十七年
(1891)刻本　二冊

310000－0242－0001765　F27.12－15/7.491
論語後案二十卷　（清）黃式三撰　清光緒九
年(1883)浙江書局刻本　十冊

310000－0242－0001766　F27.12－15/7.525
論語補疏三卷　（清）焦循撰　清道光六年

(1826)半九書塾刻本　一冊

310000－0242－0001767　F27.12－15/7.622

論語古注集箋十卷附論語考一卷　（清）潘維城學　清光緒七年(1881)江蘇書局刻本　六冊

310000－0242－0001768　F27.12－15/7.622C2

論語古注集箋十卷附論語考一卷　（清）潘維城學　清光緒七年(1881)江蘇書局刻本　六冊

310000－0242－0001769　F27.12－15/7.622C3

論語古注集箋十卷附論語考一卷　（清）潘維城學　清光緒七年(1881)江蘇書局刻本　六冊

310000－0242－0001770　F27.12－15/7.674

論語最豁集四卷　（清）劉珍輯　清光緒二十一年(1895)東昌書業刻本　二冊

310000－0242－0001771　F27.12－15/8.758

論語集注補正述疏十卷　簡朝亮著　清讀書堂刻本　五冊

310000－0242－0001772　F27.12－15/8.758C2

論語集注補正述疏十卷　簡朝亮著　清讀書堂刻本　二十一冊

310000－0242－0001773　F27.12－17/7.749

戴氏注論語二十卷　（清）戴望撰　清同治十年(1871)刻本　二冊

310000－0242－0001774　F27.12－2/7.674

增訂二論詳解四卷　（清）劉忠輯　清光緒五年(1879)南京狀元閣刻本　四冊

310000－0242－0001775　F27.13－15/5.98

論語或問二十卷　（宋）朱熹撰　清刻本　一冊

310000－0242－0001776　F27.13－15/7.41

論語隨筆二十卷　（清）牛運震撰　清嘉慶六年(1801)空山堂刻本　六冊

310000－0242－0001777　F27.13－15/7.674

論語補注三卷　（清）劉開撰　清同治十一年(1872)桐城劉氏刻本　一冊

310000－0242－0001778　F27.13－22/7.151

讀論語劄記二卷　（清）李光地撰　清康熙刻本　二冊

310000－0242－0001779　F27.15－12/7.84

鄉黨圖考十卷　（清）江永撰　清乾隆二十一年(1756)刻本　四冊

310000－0242－0001780　F27.16－15/7.128

論語孔注辨偽二卷　（清）沈濤撰　清道光元年(1821)刻本　一冊

310000－0242－0001781　F27.16－6/7.622

朱子論語集注訓詁攷二卷　（清）潘衍桐輯　清光緒十七年(1891)浙江書局刻本　一冊

310000－0242－0001782　F27.17－12/7.21

鄉黨圖考補證六卷　（清）王漸鴻撰　清光緒三十四年(1908)丁氏海隅山舘刻本　六冊

310000－0242－0001783　F27.17－15/7.522.6

論語點睛二卷　（明）釋智旭撰　清光緒十三年(1887)刻本　二冊

310000－0242－0001784　F27.22－20/7.598C2

增補蘇批孟子二卷附年譜　（宋）蘇洵撰（清）趙大浣增補　清同治十三年(1874)大文堂刻朱墨套印本　二冊

310000－0242－0001785　F27.22－8/2.598A

孟子注疏十四卷　（漢）趙岐注　（宋）孫奭音義并疏　清同治十年(1871)廣州書局刻本　六冊

310000－0242－0001786　F27.22－8/5.98

孟子七卷　（宋）朱熹集注　清刻本　三冊

310000－0242－0001787　F27.22－8/5.98C2

孟子七卷　（宋）朱熹集注　清刻本　三冊

310000－0242－0001788　F27.22－8/5.98C3

孟子七卷　（宋）朱熹集注　清文富堂刻本　七冊

310000－0242－0001789　F27.22－8/5.98C4

孟子七卷　（宋）朱熹集注　清刻本　三冊

310000－0242－0001790　F27.22－8/5.98C6

孟子七卷　(宋)朱熹集注　清末宛委山莊刻
本　七冊

310000－0242－0001791　F27.22－8/5.98C7

孟子七卷　(宋)朱熹集注　清末李光明莊刻
本　二冊

310000－0242－0001792　F27.22－8/5.98C8

孟子七卷　(宋)朱熹集注　清末商務印書館
鉛印本　一冊

310000－0242－0001793　F27.22－8/5.98C9

孟子七卷　(宋)朱熹集注　清刻本　一冊

310000－0242－0001794　F27.22－8/7.21

孟子集注本義匯參十四卷　(清)王步青輯
清敦復堂刻本　二冊

310000－0242－0001795　F27.22－8/7.21C2

孟子集注本義匯參十四卷　(清)王步青輯
清敦復堂刻本　八冊

310000－0242－0001796　F27.22－8/7.525

孟子正義三十卷　(清)焦循撰　清道光半九
書塾刻本　十四冊

310000－0242－0001797　F27.26－8/5.375

孟子音義二卷附札記　(宋)孫奭撰　清刻本
　一冊

310000－0242－0001798　F27.26－8/7.122

孟子趙注補正六卷　(清)宋翔鳳撰　清光緒
十七年(1891)廣雅書局刻本　二冊

310000－0242－0001799　F27.26－8/7.749

孟子字義疏證三卷附錄一卷　(清)戴震撰
清光緒三十一年(1905)上海國粹學報館鉛印
本　一冊

310000－0242－0001800　F27.26－8/7.749B

孟子字義疏證三卷附錄一卷　(清)戴震撰
清刻本　二冊

310000－0242－0001801　F27.27－8/5.98

孟子要畧五卷　(宋)朱熹撰　(清)劉傳瑩輯
(清)曾國藩編　清光緒二十八年(1902)廣
雅書局刻本　一冊

310000－0242－0001802　F27.27－8/7.268

孟子篇敘七卷　(清)姜兆翀撰　清嘉慶五年
(1800)漱芳書塾刻本　四冊

310000－0242－0001803　F27.27－8/7.441

孟子雜記四卷　(明)陳士元撰　清嘉慶蕭山
陳氏刻本　四冊

310000－0242－0001804　F27.317－3/7.674C2

大學古本質言　(清)劉沅撰　清咸豐二年
(1852)豫誠堂刻本　一冊

310000－0242－0001805　F27.37－16/6.598

學庸正說三卷　(明)趙南星撰　清光緒六年
(1880)高邑趙氏刻本　三冊

310000－0242－0001806　F27.42－4/5.62

中庸輯畧二卷　(宋)石𡼏撰　清光緒三年
(1877)沃洲餘慶堂刻本　二冊

310000－0242－0001807　F27.42－4/6.73

中庸直指　(明)釋德清述　清光緒十年
(1884)金陵刻經處刻本　一冊

310000－0242－0001808　F27.42－4/6.73C2

中庸直指　(明)釋德清述　清光緒十年
(1884)金陵刻經處刻本　一冊

310000－0242－0001809　F27.47－4/6.370

中庸衍義十七卷　(明)夏良勝撰　清同治十
年(1871)刻本　八冊

310000－0242－0001810　F27.47－4/6.370C2

中庸衍義十七卷　(明)夏良勝撰　清同治十
年(1871)刻本　十冊

310000－0242－0001811　F27.5－5/1

四書解義適今　(美國)林亨理箋釋　清宣統
二年(1910)上海廣學會鉛印本　一冊

310000－0242－0001812　F27.5－5/7.364

四書益智錄二十卷　(清)桂含章撰　清光緒
八年(1882)石埭桂氏務本堂刻本　二十冊

310000－0242－0001813　F27.5－8/7.415

孟子文說七卷附大學文說一卷中庸文說一卷
　(清)康瀠訂　清嘉慶十二年(1807)刻本
五冊

310000 - 0242 - 0001814　F27.5 - 8/7.434

松陽講義十二卷　（清）陸隴其撰　清同治十年(1871)公善堂刻本　一冊

310000 - 0242 - 0001815　F27.5 - 8/7.434C2

松陽講義十二卷　（清）陸隴其撰　清康熙二十九年(1690)三魚堂刻本　三冊

310000 - 0242 - 0001816　F27.52 - 11/7.434

陸批四書不分卷　（清）陸思誠批點　清光緒十一年(1885)上海同文書局石印本　二冊

310000 - 0242 - 0001817　F27.52 - 4/7.2

日講四書解義二十六卷　（清）陳廷敬等撰　清光緒十八年(1892)蘭州刻本　十二冊

310000 - 0242 - 0001818　F27.52 - 4/7.2C2

日講四書解義二十六卷　（清）陳廷敬等撰　清刻本　五冊

310000 - 0242 - 0001819　F27.52 - 5/52.271

四書通二十六卷　（元）胡炳文撰　清通志堂刻本　十冊

310000 - 0242 - 0001820　F27.52 - 5/7.135

四書詮義三十八卷　（清）汪烜撰　清道光六年(1826)一經堂刻本　十四冊

310000 - 0242 - 0001821　F27.52 - 5/7.21

四書朱子本義匯參　（清）王步青輯　清光緒十五年(1889)上海廣百宋齋鉛印本　六冊

310000 - 0242 - 0001822　F27.52 - 5/7.21C2

四書朱子本義匯參　（清）王步青輯　清乾隆十年(1745)大文堂刻本　六冊

310000 - 0242 - 0001823　F27.52 - 5/7.21C3

四書朱子本義匯參　（清）王步青輯　清乾隆十年(1745)敦復堂刻本　五冊

310000 - 0242 - 0001824　F27.52 - 5/7.21A

四書訓義三十六卷　（清）王夫之撰　清光緒十三年(1887)刻本　二十六冊

310000 - 0242 - 0001825　F27.52 - 5/7.21AC2

四書訓義三十六卷　（清）王夫之撰　清光緒十九年(1893)湖南宏達書局刻本(原缺四書稗疏二卷攷異一卷)　二十六冊

310000 - 0242 - 0001826　F27.52 - 5/7.575

四書隨見錄三十八卷首六卷　（清）鄒鳳池（清）陳作梅輯　清道光二十七年(1847)紅杏山房刻本　二十冊

310000 - 0242 - 0001827　F27.52 - 5/7.715

四書古注羣義彙解　（□）□□輯　清光緒十九年(1893)上海鴻寶齋石印本　十六冊

310000 - 0242 - 0001828　F27.52 - 5/7.722

四書揭要　（清）韓毓樞輯　清嘉慶十三年(1808)如登樓刻本　六冊

310000 - 0242 - 0001829　F27.53 - 3/7.98

大中講義大學一卷中庸二卷　（清）朱用純講述　清光緒二年(1876)江蘇書局刻本　二冊

310000 - 0242 - 0001830　F27.53 - 3/7.98C2

大中講義大學一卷中庸二卷　（清）朱用純講述　清光緒二年(1876)江蘇書局刻本　二冊

310000 - 0242 - 0001831　F27.53 - 5/57.428

四書通證六卷　（元）張存中編　清通志堂刻本　二冊

310000 - 0242 - 0001832　F27.53 - 5/57.428C2

四書通證六卷　（元）張存中編　清通志堂刻本　二冊

310000 - 0242 - 0001833　F27.53 - 5/7.115

四書約旨十九卷　（清）任啟運撰　清光緒二十年(1894)浙江官書局刻本　六冊

310000 - 0242 - 0001834　F27.53 - 5/7.151

四書反身錄八卷　（清）李顒撰　清道光十一年(1831)三韓劉氏刻本　一冊

310000 - 0242 - 0001835　F27.53 - 5/7.151C2

四書反身錄八卷　（清）李顒撰　清道光十一年(1831)浙江書局刻本　四冊

310000 - 0242 - 0001836　F27.53 - 5/7.151C3

四書反身錄八卷　（清）李顒撰　清牛樹梅刻本　四冊

310000 - 0242 - 0001837　F27.53 - 5/7.151C4

四書反身錄八卷　（清）李顒撰　清道光十一年(1831)浙江書局刻本　四冊

310000 - 0242 - 0001838　F27.53 - 5/7.375

四書說苑十一卷首一卷補遺一卷 （清）孫應科輯　清道光五年(1825)刻本　四冊

310000 - 0242 - 0001839　F27.53 - 5/7.375C2

四書說苑十一卷首一卷補遺一卷 （清）孫應科輯　清道光五年(1825)刻本　四冊

310000 - 0242 - 0001840　F27.53 - 5/7.375C3

四書說苑十一卷首一卷補遺一卷 （清）孫應科輯　清道光五年(1825)刻本　四冊

310000 - 0242 - 0001841　F27.53 - 5/7.420

四書摭餘說六卷 （清）曹之升撰　清嘉慶三年(1798)曹氏刻本　六冊

310000 - 0242 - 0001842　F27.53 - 5/7.491

四書異同商六卷 （清）黃鶴撰　清咸豐九年(1859)刻本　十冊

310000 - 0242 - 0001843　F27.53 - 5/7.491C2

四書異同商六卷 （清）黃鶴撰　清咸豐九年(1859)刻本　十冊

310000 - 0242 - 0001844　F27.53 - 5/7.613

四書記聞二卷 （清）管同撰　清光緒十七年(1891)江寧翁氏心清平軒刻本　一冊

310000 - 0242 - 0001845　F27.56 - 5/7.248

四書典故辨正二十卷附錄一卷 （清）周柄中撰　清刻本　六冊

310000 - 0242 - 0001846　F27.56 - 5/7.248B

四書典故辨正二十卷附錄一卷 （清）周柄中撰　清同治五年(1866)賞奇閣刻本　六冊

310000 - 0242 - 0001847　F27.57 - 14/7.98

駁呂留良四書講義不分卷 （清）朱軾等撰　清雍正九年(1731)刻本　六冊

310000 - 0242 - 0001848　F27.57 - 3/7.412

大學質疑一卷附中庸質疑二卷 （清）郭嵩燾著　清光緒十六年(1890)思賢講舍刻本　一冊

310000 - 0242 - 0001849　F27.57 - 5/6.21

四書窮鈔六補定本十六卷 （明）王國瑚撰　清順治八年(1651)王氏刻本　十六冊

310000 - 0242 - 0001850　F27.57 - 5/6.98

四書小參一卷問答一卷 （明）朱斯行撰　清光緒三年(1877)姑蘇刻經處刻本　一冊

310000 - 0242 - 0001851　F27.57 - 5/7.170

四書朱子語類摘鈔三十八卷 （清）呂留良（清）張履祥輯　清康熙四十年(1701)南陽講習堂刻本　六冊

310000 - 0242 - 0001852　F27.7 - 15/7.428

論孟書法二卷附讀四書一卷 （清）張瑛撰　清光緒十年(1884)江蘇阜署刻本　一冊

310000 - 0242 - 0001853　F27.7 - 15/7.613

徵獻堂四書小題文鈔一卷 （清）管高福撰　清光緒十七年(1891)陳涇徐氏刻本　一冊

310000 - 0242 - 0001854　F27.7 - 5/7.698

四書釋地一卷續一卷又續二卷三續二卷 （清）閻若璩撰　清刻本　三冊

310000 - 0242 - 0001855　F27.7 - 7/6.151

見羅李先生書要十六卷 （明）李材撰　清刻本　四冊

310000 - 0242 - 0001856　F27.7 - 8/5.598

易雅一卷 （宋）趙汝楳述　清刻本　一冊

310000 - 0242 - 0001857　F28 - 13/43.233

經學不厭精二卷 （德國）花之安著　清光緒二十二年至二十四年(1896 - 1898)上海美華書館鉛印本　二冊

310000 - 0242 - 0001858　F28 - 13/7.21

經義述聞三十二卷 （清）王引之撰　清光緒十三年(1887)上海鴻寶齋石印本　六冊

310000 - 0242 - 0001859　F28 - 13/7.21C3

經義述聞三十二卷 （清）王引之撰　清道光七年(1827)京師壽藤書屋刻本　十七冊

310000 - 0242 - 0001860　F28 - 13/7.21C4

經義述聞三十二卷 （清）王引之撰　清道光七年(1827)京師壽藤書屋刻本　四冊

310000 - 0242 - 0001861　F28 - 13/7.21B

煙霞萬古樓文一卷 （清）王曇撰　清光緒二十五年(1899)寒松閣刻本　一冊

310000－0242－0001862　F28－13/7.390

經籍錄要十二卷　（清）倪思寬撰　清嘉慶二十四年(1819)書三味樓刻本　二冊

310000－0242－0001863　F28－13/7.661

愚一錄十二卷　（清）鄭獻甫撰　清光緒二年(1876)黔南刻本　三冊

310000－0242－0001864　F28－13/7.749

經考五卷　（清）戴震撰　清末南陵徐氏刻本　一冊

310000－0242－0001865　F28－13/7.78C9

經學通論五卷　（清）皮錫瑞撰　清光緒三十三年(1907)思賢書局刻本　五冊

310000－0242－0001866　F28－15/24.661

鄭志三卷附錄一卷　（三國魏）鄭小同編　清嘉慶三年(1798)嘉定秦氏刻本　二冊

310000－0242－0001867　F28－2/7.491

七經精義　（清）黃淦輯　清嘉慶十二年(1807)慈溪養正堂刻本　三冊

310000－0242－0001868　F28－2/7.795

十三經客難五十三卷附四卷　（清）龔元玠撰　清道光二十六年(1846)縣學文昌祠考棚公局刻本　十二冊

310000－0242－0001869　F28－2/7.98

十三經札記二十二卷附群書札記十六卷　（清）朱亦棟撰　清光緒四年(1878)武林竹簡齋刻本　十二冊

310000－0242－0001870　F28－2/7.98C2

十三經札記二十二卷附群書札記十六卷　（清）朱亦棟撰　清光緒四年(1878)武林竹簡齋刻本　八冊

310000－0242－0001871　F28－22/7.21

讀十三經管見草不分卷　（清）王尚絜著　清宣統二年(1910)鉛印本　一冊

310000－0242－0001872　F28－4/8.590

今古學攷二卷　廖平撰　清光緒十二年(1886)四益館鉛印本　一冊

310000－0242－0001873　F28－4/8.590C2

今古學攷二卷　廖平撰　清光緒十二年(1886)刻本　二冊

310000－0242－0001874　F28－5/7.441

左海經辨二卷　（清）陳壽祺撰　清道光三年(1823)三山陳氏刻本　一冊

310000－0242－0001875　F28－8/7.454

味經齋遺書二十五卷　（清）莊存與撰　清光緒八年(1882)陽湖莊氏刻本　十冊

310000－0242－0001876　F28－8/7.454C2

味經齋遺書二十五卷　（清）莊存與撰　清光緒八年(1882)陽湖莊氏刻本　十冊

310000－0242－0001877　F28.1－11/1

皇朝五經彙解二百七十卷　（清）抉經心室原纂　清光緒十四年(1888)上海鴻文書局石印本　六冊

310000－0242－0001878　F28.1－11/1C2

皇朝五經彙解二百七十卷　（清）抉經心室原纂　清光緒十四年(1888)上海鴻文書局石印本　八冊

310000－0242－0001879　F28.1－11/7.2

御纂七經七種　（清）聖祖玄燁纂　清光緒十九年(1893)湖南漱芳閣刻本　一百四十四冊

310000－0242－0001880　F28.1－11/7.2C2

御纂七經七種　（清）聖祖玄燁纂　清光緒二十年(1894)上海書局石印本　六冊

310000－0242－0001881　F28.1－13/7.402

經學文鈔六卷　梁鼎芬撰集　清光緒三十四年(1908)江蘇存古學堂木活字印本　十二冊

310000－0242－0001882　F28.1－13/7.402C2

經學文鈔十五卷首三卷　梁鼎芬撰集　清光緒三十四年(1908)江蘇存古學堂木活字印本　三十冊

310000－0242－0001883　F28.1－14/343

蜚雲閣凌氏叢書六種　（清）凌曙撰注　清嘉慶十三年(1808)江都蜚雲閣刻本　十六冊

310000－0242－0001884　F28.1－4/7.12

五經文海不分卷　（清）久敬齋主人輯　清光

緒十四年(1888)上海大同書局石印本　二十
冊

310000－0242－0001885　F28.1－4/7.21
王氏四種　(清)王筠撰　清咸豐二年(1852)
刻本　四冊

310000－0242－0001886　F28.1－4/94
五經合纂大成五種四十四卷　(清)同文書局
輯　清光緒十一年(1885)同文書局石印本
二十冊

310000－0242－0001887　F28.2－15/2.661
鄭氏遺書五種　(漢)鄭玄撰　清嘉慶五年
(1800)刻本　二冊

310000－0242－0001888　F28.2－15/2.661C2
鄭氏遺書五種　(漢)鄭玄撰　清嘉慶五年
(1800)刻本　一冊

310000－0242－0001889　F28.2－15/7.359
鄭氏佚書二十三種附一種　(清)袁鈞輯　清
光緒十四年(1888)浙江書局刻本　二冊

310000－0242－0001890　F28.2－15/7.359C2
鄭氏佚書二十三種附一種　(清)袁鈞輯　清
光緒十四年(1888)浙江書局刻本　十冊

310000－0242－0001891　F28.2－15/7.359C3
鄭氏佚書二十三種附一種　(清)袁鈞輯　清
光緒十四年(1888)浙江書局刻本　五冊

310000－0242－0001892　F28.2－5/7.211
古書拾遺四卷　(清)林春溥撰　清咸豐三年
(1853)竹柏山房刻本　二冊

310000－0242－0001893　F28.3－12/7.211
開卷偶得十卷　(清)林春溥撰　清道光二十
九年(1849)竹柏山房刻本　四冊

310000－0242－0001894　F28.3－13/7.151
羣經綱紀攷十六卷首一卷　(清)李滋然撰
清宣統二年(1910)鉛印本　六冊

310000－0242－0001895　F28.3－5/2.350C2
白虎通四卷附闕文補遺　(漢)班固撰　清乾
隆四十九年(1784)抱經堂刻本　二冊

310000－0242－0001896　F28.3－5/7.441
白虎通疏證十二卷　(清)陳立撰　清光緒元
年(1875)淮南書局刻本　四冊

310000－0242－0001897　F28.3－5/7.441C2
白虎通疏證十二卷　(清)陳立撰　清光緒元
年(1875)淮南書局刻本　四冊

310000－0242－0001898　F28.3－5/7.441C3
白虎通疏證十二卷　(清)陳立撰　清光緒元
年(1875)淮南書局刻本　四冊

310000－0242－0001899　F28.3－5/7.441C4
白虎通疏證十二卷　(清)陳立撰　清光緒元
年(1875)淮南書局刻本　四冊

310000－0242－0001900　F28.3－5/7.441C5
白虎通疏證十二卷　(清)陳立撰　清光緒元
年(1875)淮南書局刻本　一冊

310000－0242－0001901　F28.3－5/8.21
白虎通義引書表一卷　王仁俊輯　清光緒三
十四年(1908)江蘇存古學堂木活字印本　一
冊

310000－0242－0001902　F28.5－13/7.164
經義圖說八卷　(清)吳寶謨輯　清嘉慶二十
四年(1819)裛露軒刻本　八冊

310000－0242－0001903　F28.5－13/7.460
傳經表一卷　(清)畢沅撰　清光緒五年
(1879)華陽宏達堂刻本　二冊

310000－0242－0001904　F28.5－4/7.556
五經圖十二卷　(清)楊恢基訂正　清雍正二
年(1724)刻本　六冊

310000－0242－0001905　F28.5－4/7.556C2
五經圖十二卷　(清)楊恢基訂正　清雍正二
年(1724)刻本　六冊

310000－0242－0001906　F28.51－13/7.135
傳經表補正十三卷附經傳建立博士表一卷
(清)汪大鈞撰　清光緒十九年(1893)刻本
一冊

310000－0242－0001907　F28.6－13/4.434
經典釋文三十卷　(唐)陸德明撰　清同治十

三年(1874)成都尊經書院刻本　十冊　存十三卷(一至十三)

310000－0242－0001908　F28.6－13/4.434C2

經典釋文三十卷　(唐)陸德明撰　清同治十年(1871)粵秀山文瀾閣刻本　十二冊

310000－0242－0001909　F28.6－13/4.434C4

經典釋文三十卷　(唐)陸德明撰　清末廣東刻本　三冊　存二十八卷(三至三十)

310000－0242－0001910　F28.6－13/4.434C5

經典釋文三十卷　(唐)陸德明撰　清乾隆五十六年(1791)刻本　二冊

310000－0242－0001911　F28.6－13/4.434C7

經典釋文一卷附周易集解畧例一卷元包經傳五卷　(唐)陸德明撰　明末江蘇虞山毛氏汲古閣刻本　一冊

310000－0242－0001912　F28.6－13/5.551

羣經音辨七卷　(宋)賈昌朝撰　清康熙影刻本　二冊

310000－0242－0001913　F28.6－13/7.151

經字正蒙八卷　(清)李文沂撰　清光緒十一年(1885)博文軒刻本　四冊

310000－0242－0001914　F28.6－13/7.207

經讀考異八卷補一卷四書考異句讀一卷句讀敘述一卷　(清)武億撰　清道光二十三年(1843)授堂刻本　二冊

310000－0242－0001915　F28.6－13/7.21B

經傳釋詞十卷　(清)王念孫撰　清道光二十七年(1847)錢熙祚刻本　二冊

310000－0242－0001916　F28.6－13/7.312

羣經平議三十五卷　(清)俞樾撰　清光緒五年(1879)刻本　十六冊

310000－0242－0001917　F28.6－13/7.312C2

羣經平議三十五卷　(清)俞樾撰　清光緒二十五年(1899)德清俞氏刻本　三十五冊

310000－0242－0001918　F28.6－13/7.375

經傳釋詞補一卷　(清)孫經世撰　清光緒十四年(1888)長洲蔣氏刻本　一冊

310000－0242－0001919　F28.6－13/7.375A

經傳釋詞再補一卷　(清)孫經世撰　清光緒十一年(1885)長洲蔣氏刻本　一冊

310000－0242－0001920　F28.6－2/5.556

九經補韻不分卷　(宋)楊伯嵒撰　清嘉慶四年(1799)汗筠齋刻本　一冊

310000－0242－0001921　F28.6－4/4.428

五經文字三卷附新加九經字樣一卷　(唐)張參撰　清揚州馬氏叢書樓刻本　二冊

310000－0242－0001922　F28.6－4/7.441

五經異義疏證三卷　(清)陳壽祺撰　清嘉慶十八年(1813)三山陳氏刻本　一冊

310000－0242－0001923　F28.6－4/7.454

五經小學述二卷附白虎通義攷石鼓然疑　(清)莊述祖撰　清光緒九年(1883)莊氏刻本　二冊

310000－0242－0001924　F28.6－4/7.454C2

五經小學述二卷附白虎通義攷石鼓然疑　(清)莊述祖撰　清光緒九年(1883)莊氏刻本　二冊

310000－0242－0001925　F28.6－7/7.128

沈氏經學六種二十卷　(清)沈淑撰　清光緒八年(1882)虞山後知不足齋寫刻本　二冊

310000－0242－0001926　F28.6－7/7.128C2

沈氏經學六種二十卷　(清)沈淑撰　清光緒八年(1882)虞山後知不足齋寫刻本　二冊　存七卷(陸氏經典異文輯一至四、經典異文補四至六)

310000－0242－0001927　F28.6－9/5.255

相臺書塾刊正九經三傳沿革例一卷　(宋)岳珂撰　清嘉慶十九年(1814)揚州汪氏藤華樹刻本　二冊

310000－0242－0001928　F28.6－9/5.255C2

相臺書塾刊正九經三傳沿革例一卷　(宋)岳珂撰　清光緒三年(1877)湖北崇文書局刻本　一冊

310000－0242－0001929　F28.6－9/7.9

香草校書六十卷　（清）于鬯撰　清光緒二十九年(1903)刻本　十六冊　存四十八卷(一至四十二、五十五至六十)

310000－0242－0001930　F28.67－13/7.700

經典釋文攷證三十卷　（清）盧文弨攷證　清同治八年(1869)湖北崇文書局刻本　一冊

310000－0242－0001931　F28.7－13/7.151

羣經識小五卷附錄二卷補遺一卷　（清）李惇撰　清道光六年(1826)安愚堂刻本　二冊

310000－0242－0001932　F28.7－13/7.343

群書答問二卷　（清）凌曙撰　清光緒十四年(1888)德化李氏木犀軒刻本　一冊

310000－0242－0001933　F28.7－13/7.98

經傳攷證八卷　（清）朱彬撰　清道光二年(1822)寶應朱氏刻本　二冊

310000－0242－0001934　F28.7－14/7.98

實事求是之齋經義二卷　（清）朱大韶著　清光緒九年(1883)澄華堂刻本　二冊

310000－0242－0001935　F28.7－14/7.98C2

實事求是之齋經義二卷　（清）朱大韶著　清光緒九年(1883)澄華堂刻本　二冊

310000－0242－0001936　F28.7－5/7.441

句谿雜著四卷　（清）陳立撰　清光緒十六年(1890)思賢講舍刻本　一冊

310000－0242－0001937　F28.9－5/6.375

古微書三十六卷　（明）孫㲄編　清光緒二十一年(1895)上海鴻文書局石印本　一冊

310000－0242－0001938　F28.9－5/6.375C2

古微書三十六卷　（明）孫㲄編　清嘉慶二十一年(1816)對山問月樓刻本　一冊

310000－0242－0001939　F28.9－5/6.375C3

古微書三十六卷　（明）孫㲄編　清光緒十四年(1888)對山問月樓刻本　六冊

310000－0242－0001940　F28.9－5/6.375C4

古微書三十六卷　（明）孫㲄編　清光緒十四年(1888)對山問月樓刻本　六冊

310000－0242－0001941　F29.08－5/7.21

石經彙函十種四十五卷　（清）王秉恩輯　清光緒十六年(1890)四川尊經書局刻本　十六冊

310000－0242－0001942　F29.9－14/7.674

漢魏石經考三卷　（清）劉傳瑩撰　清光緒十二年(1886)黃氏試館刻本　一冊

310000－0242－0001943　SF20.8－2/6.347

九經五十卷　（明）秦鏷訂正　清刻本　十二冊

310000－0242－0001944　SF20.8－9/6.428

春秋三書三種三十一卷　（明）張溥撰　明崇禎刻本　二十冊

310000－0242－0001945　SF21.2－8/24.21

周易十卷附考證　（三國魏）王弼　（晉）韓康伯注　清光緒二年(1876)江南書局影刻本　三冊

310000－0242－0001946　SF21.2－8/5.784

周易八卷附王輔嗣論易　（宋）蘇軾傳　明刻朱墨套印本　八冊

310000－0242－0001947　SF21.2－8/7.151C2

御纂周易折中二十二卷首一卷　（清）李光地等纂　清康熙五十四年(1715)武英殿刻本　十冊

310000－0242－0001948　SF21.2－8/7.428

周易說畧四卷　（清）張爾岐著　清乾隆二十七年(1762)三與堂刻本　四冊

310000－0242－0001949　SF21.5－8/7.556

易學圖說續聞不分卷　（清）楊方達撰　清乾隆十五年(1750)復初堂寫刻本　一冊

310000－0242－0001950　SF21.7－14/6.538

說易十二卷　（明）喬中和撰　明崇禎十五年(1642)刻本　十冊

310000－0242－0001951　SF21.7－22/7.194

讀易參解二十四卷　（清）徐淑撰　清乾隆五十五年(1790)周文鼎抄本　十二冊

310000－0242－0001952　SF21.7－8/7.489B

易漢學八卷 (清)惠棟輯 清乾隆鎮洋畢氏刻本 一冊

310000－0242－0001953 SF21.7－8/7.598

易原三卷 (清)趙振芳撰 清順治刻本 二冊

310000－0242－0001954 SF21.9－17/6.791

桂林點易丹十六卷 (明)顧懋樊編 明崇禎二年(1629)刻本 八冊

310000－0242－0001955 SF21.9－8/6.722

易占經緯四卷 (明)韓邦奇輯 明嘉靖二十七年(1548)刻本 四冊

310000－0242－0001956 SF22.1－10/5.654

重刊校正音釋書經白文六卷 (宋)蔡沈集傳 明刻本 六冊

310000－0242－0001957 SF22.2－3/5.211

三山拙齋林先生尚書全解四十卷 (宋)林之奇撰 清抄本 十冊 存三十四卷(一至二十一、二十五至二十九、三十三至四十)

310000－0242－0001958 SF22.2－8/2.37

尚書孔傳十三卷 (漢)孔安國傳 清影宋抄本 四冊

310000－0242－0001959 SF22.2－8/2.37A

尚書十三卷附考證 (漢)孔安國傳 (唐)陸德明音義 清光緒二年(1876)江南書局影刻本 三冊

310000－0242－0001960 SF22.2－8/2.37B

尚書十三卷附考證 (漢)孔安國傳 (唐)陸德明音義 清乾隆四十八年(1783)武英殿刻本 四冊

310000－0242－0001961 SF22.2－8/7.84

尚書集注音疏十二卷末一卷外編一卷 (清)江聲撰 清乾隆五十八年(1793)近是居寫刻本 六冊

310000－0242－0001962 SF22.31－8/2.109B

尚書大傳四卷補遺一卷附鄭司農集 (漢)伏勝撰 (漢)鄭玄注 清乾隆二十一年(1756)德州盧氏刻本 二冊

310000－0242－0001963 SF22.5－9/7.21

禹貢譜二卷 (清)王澍考定 清康熙四十六年(1707)刻本 二冊

310000－0242－0001964 SF22.6－8/4.434

影宋大字本尚書釋音二卷 (唐)陸德明撰 清光緒遵義黎氏刻本 一冊

310000－0242－0001965 SF22.7－10/752

書經傳注今文說考存四卷 (□)□□撰 清稿本 二冊

310000－0242－0001966 SF22.7－8/6.135

尚書宗印六卷 (明)汪漸磐撰 明天啓三年(1623)刻本 四冊

310000－0242－0001967 SF22.7－8/6.423

尚書考異六卷 (明)梅鷟撰 清抄本 四冊

310000－0242－0001968 SF22.8－9/7.271

洪範正論五卷 (清)胡渭撰 清乾隆四年(1739)胡紹芬刻本 六冊

310000－0242－0001969 SF23.1－13/6.735

詩經不分卷 (明)鍾惺批點 明末吳興凌氏刻朱墨套印本 一冊

310000－0242－0001970 SF23.12－13/5.787C

詩緝三十六卷 (宋)嚴粲撰 明趙府味經堂刻本 二十四冊

310000－0242－0001971 SF23.12－13/6.271

詩傳大全二十卷詩序一卷 (明)胡廣等輯 明內府刻本 八冊

310000－0242－0001972 SF23.12－13/7.523

御纂詩義折中二十卷 (清)傅恒等撰 清末浙江書局刻本 四冊

310000－0242－0001973 SF23.12－7/5.170C2

呂氏家塾讀詩記三十二卷 (宋)呂祖謙撰 明萬曆四十一年(1613)刻本 二十冊

310000－0242－0001974 SF23.13－4/7.115

毛詩通說二十卷首二卷補遺一卷 (清)任兆麟撰 清乾隆五十四年(1789)映雪草堂刻本 十二冊

310000－0242－0001975　SF23.14－4/7.393
毛詩名物圖說九卷　(清)徐鼎輯　清乾隆三十六年(1771)刻本　四冊

310000－0242－0001976　SF23.16－13/7.791
詩本音十卷　(清)顧炎武撰　清侯官林氏福田書海銅活字印本　三冊

310000－0242－0001977　SF23.17－13/6.343
聖門傳詩嫡冢十六卷　(明)凌濛初輯　明刻本　五冊

310000－0242－0001978　SF23.17－13/6.434
詩通四卷　(明)陸化熙撰　明萬曆四十六年(1618)刻本　八冊

310000－0242－0001979　SF23.17－13/7.21
詩經比義述八卷　(清)王千仞撰　清乾隆五十七年(1792)嘉德堂刻本　二冊

310000－0242－0001980　SF23.17－13/7.300
詩瀋二十卷　(清)范家相撰　清乾隆內府寫南三閣四庫全書本　一冊　存五卷(一至五)

310000－0242－0001981　SF23.17－13/7.674
詩益二十卷　(清)劉始興撰　清乾隆八年(1743)劉氏刻本　八冊

310000－0242－0001982　SF23.2－4/6.447
六家詩名物疏五十五卷　(明)馮復京撰　明刻本　六冊

310000－0242－0001983　SF23.5－17/2.722
韓詩外傳十卷補逸一卷　(漢)韓嬰撰　清乾隆五十五年(1790)趙氏亦有生齋刻本　六冊

310000－0242－0001984　SF23.5－17/7.248
韓詩外傳校注十卷拾遺一卷　(清)周廷寀校注　清乾隆五十六年(1791)營道堂刻本　四冊

310000－0242－0001985　SF23.7－13/7.761
詩古微二卷　(清)魏源撰　清道光修吉堂刻本　一冊

310000－0242－0001986　SF23.7－22/6.749
讀風臆評一卷　(明)戴君恩撰　明萬曆四十八年(1620)烏程閔齊伋刻朱墨套印本　一冊

310000－0242－0001987　SF24.12－5/6.342
注釋古周禮六卷　(明)郎兆玉注釋　明天啟六年(1626)郎氏堂策檻刻本　六冊

310000－0242－0001988　SF24.12－8/1
周禮二十卷　明刻朱墨套印本　五冊

310000－0242－0001989　SF24.12－8/1C2
周禮二十卷　明刻朱墨套印本　六冊

310000－0242－0001990　SF24.12－8/2.661C9
周禮五卷　(漢)鄭玄注　清抄本　二冊

310000－0242－0001991　SF24.12－8/6.441
周禮十八卷　(明)陳深注　明刻本　二冊

310000－0242－0001992　SF24.17－8/7.128
周官祿田考三卷附釋骨一卷　(清)沈彤撰　清乾隆十六年(1751)果堂影刻本　一冊

310000－0242－0001993　SF24.17－8/7.15
周官辨一卷　(清)方苞撰　清乾隆七年(1742)刻本　一冊

310000－0242－0001994　SF24.18－4/5.661
太平經國之書十一卷首一卷　(宋)鄭伯謙撰　清刻本　四冊

310000－0242－0001995　SF24.18－6/6.412
考工記二卷　(明)郭正域批點　明刻雙色套印本　二冊

310000－0242－0001996　SF24.21－15/2.661
儀禮十七卷　(漢)鄭玄注　清康熙內府刻本　七冊

310000－0242－0001997　SF24.32－17/2.661
禮記二十卷附考證　(漢)鄭玄注　(唐)陸德明音義　清光緒二年(1876)江南書局影刻本　八冊

310000－0242－0001998　SF24.32－17/7.565
禮記偶箋三卷　(清)萬斯大撰　清乾隆二十四年(1759)刻本　一冊

310000－0242－0001999　SF24.32－6/6.277
曲禮全經附傳十二卷附曲禮外集二卷　(明)柯尚遷輯釋　明萬曆七年(1579)林應訓刻本

七册

310000－0242－0002000　SF24.38－7/6.491

坊記集傳二卷附坊記春秋問葉一卷　（明）黃
道周輯　明刻本　四册

310000－0242－0002001　SF24.65－13/7.525

羣經宮室圖二卷　（清）焦循著　清乾隆五十
八年(1793)半九書塾刻本　一册

310000－0242－0002002　SF24.7－16/7.565

學禮質疑二卷　（清）萬斯大撰　清乾隆二十
四年(1759)刻本　一册

310000－0242－0002003　SF25.1－5/17.61

左氏傳五卷　（春秋）左丘明撰　明刻本　十
二册

310000－0242－0002004　SF25.11－9/6.343

春秋左傳注評測義七十卷　（明）凌稚隆輯
明萬曆十六年(1588)刻本　二十册

310000－0242－0002005　SF25.11－9/7.347

春秋十七卷　（明）秦鏌訂正　清刻本　四册

310000－0242－0002006　SF25.12－9/3.148

春秋左傳十五卷　（晉）杜預注　（明）孫鑛批
點　明萬曆四十四年(1616)吳興閔氏刻朱墨
套印本　十二册

310000－0242－0002007　SF25.12－9/3.148A

春秋經傳集解三十卷　（晉）杜預注　（唐）陸
德明音義　明刻本　十六册

310000－0242－0002008　SF25.12－9/3.148AC2

春秋經傳集解三十卷附考證　（晉）杜預集解
　（唐）陸德明音義　清光緒二年(1876)江南
書局影刻本　十二册

310000－0242－0002009　SF25.12－9/3.148B

春秋左傳杜林合注五十卷　（晉）杜預　（宋）
林堯叟注　（唐）陸德明音義　明天啓六年
(1626)問奇閣刻本　十册

310000－0242－0002010　SF25.12－9/5.98

春秋左傳詳節句解三十五卷　（宋）朱申注釋
　（明）顧梧芳校正　明萬曆十年(1582)刻本
十册

310000－0242－0002011　SF25.12－9/7.316B

春秋左傳杜注三十卷　（清）姚培謙輯　清乾
隆十一年(1746)吳郡小鬱林陸氏刻本　十册

310000－0242－0002012　SF25.12－9/7.787

春秋內傳古注輯存三卷　（清）嚴蔚輯　清二
酉齋刻本　一册

310000－0242－0002013　SF25.17－5/7.761

左傳經世鈔二十三卷　（清）魏禧評點　清乾
隆十三年(1748)夏邑彭樂君刻本　七册

310000－0242－0002014　SF25.17－9/8.590

春秋左氏古經說存五卷　廖平撰　清光緒三
十四年(1908)成都中學堂刻本　一册

310000－0242－0002015　SF25.22－4/2.178

公羊傳十二卷　（漢）何休學　明末刻本　四
册

310000－0242－0002016　SF25.32－15/3.300

穀梁傳十二卷　（晉）范甯注　明末刻本　四
册

310000－0242－0002017　SF25.32－9/3.300

景宋本春秋穀梁傳十二卷　（晉）范寧集解
清遵義黎氏刻本　二册

310000－0242－0002018　SF25.32－9/6.504

春秋穀梁傳　（明）閔齊伋裁注　明天啓元年
(1621)吳興閔氏刻三色套印本　四册

310000－0242－0002019　SF25.4－9/5.271A

春秋三十卷　（宋）胡安國傳　明內府刻本
五册

310000－0242－0002020　SF25.4－9/7.393

春秋體注大全合參四卷　（清）徐寅賓纂　清
乾隆五十年(1785)金閶書業堂刻本　四册

310000－0242－0002021　SF25.5－9/7.52

春秋條貫篇十一卷　（清）毛奇齡撰　清乾隆
三十四年(1769)刻本　六册

310000－0242－0002022　SF25.5－9/7.791

春秋大事表五十卷附春秋大事輿圖一卷
（清）顧棟高纂　清乾隆十三年(1748)刻本
八册

310000 – 0242 – 0002023　SF25.5 – 9/7.791C2

春秋大事表五十卷首一卷附錄一卷　（清）顧棟高纂　清乾隆十三年(1748)錫山顧氏萬卷樓刻本　十六冊

310000 – 0242 – 0002024　SF25.57 – 9/7.402

御纂春秋直解十二卷　（清）梁錫璵等纂　清乾隆刻本　八冊

310000 – 0242 – 0002025　SF25.6 – 9/4.434

春秋啖趙二先生集傳纂例十卷附微旨三卷辯疑十卷　（唐）陸淳撰　清抄本　六冊

310000 – 0242 – 0002026　SF27.01 – 5/1C3

古香齋鑒賞袖珍四書不分卷　（□）□□撰　清刻本　六冊

310000 – 0242 – 0002027　SF27.02 – 5/6.428

四書注疏大全合纂三十六卷　（明）張溥纂　明崇禎九年(1636)吳門寶翰樓刻本　二十四冊

310000 – 0242 – 0002028　SF27.12 – 15/24.178

論語注疏解經十卷附札記一卷　（三國魏）何晏集解　（宋）邢昺疏　清光緒三十三年(1907)貴池劉氏影刻本　二冊

310000 – 0242 – 0002029　SF27.12 – 15/5.661

論語意原四卷　（宋）鄭汝諧撰　清乾隆四十六年(1781)影刻本　一冊

310000 – 0242 – 0002030　SF27.13 – 15/6.21

論語義府二十卷　（明）王肯堂輯　明刻本　十冊

310000 – 0242 – 0002031　SF27.22 – 8/5.784

孟子二卷　（宋）蘇洵批點　明萬曆湖州閔氏刻本　二冊

310000 – 0242 – 0002032　SF27.22 – 8/7.21A

孟子讀法十五卷　（清）王又樸講授　清乾隆十五年(1750)詩禮堂刻本　十二冊

310000 – 0242 – 0002033　SF27.27 – 8/7.248

孟子四考四卷　（清）周廣業撰　清乾隆六十年(1795)省吾廬刻本　四冊

310000 – 0242 – 0002034　SF27.4 – 4/7.650

中庸或問不分卷　（清）蔣湘南批注　清抄本　四冊

310000 – 0242 – 0002035　SF27.5 – 5/7.441

四書辨解　（清）陳兆成纂　清乾隆十三年(1748)聚德堂刻本　八冊

310000 – 0242 – 0002036　SF27.52 – 5/6.194

近聖居四書翼經圖解　（明）余應虬纂輯　明近聖居刻本　二十冊

310000 – 0242 – 0002037　SF27.52 – 5/7.300

四書體注　（清）范翔輯　清乾隆四十一年(1776)金閶書業堂刻本　六冊

310000 – 0242 – 0002038　SF27.52 – 8/6.674

林子四書標摘正義六卷續六卷　（明）劉獻策　（明）陳大道等編輯　明正德刻本　十冊

310000 – 0242 – 0002039　SF27.53 – 5/6.128

四書說叢十七卷　（明）沈守正輯　明萬曆四十三年(1615)刻本　五冊

310000 – 0242 – 0002040　SF27.57 – 5/7.607

四書考異七十二卷　（清）翟灝撰　清乾隆無不宜齋刻本　十冊

310000 – 0242 – 0002041　SF27.7 – 5/6.151

四書評不分卷　（明）李贄評　明萬曆刻本　四冊

310000 – 0242 – 0002042　SF27.7 – 6/7.525

此木軒四書說九卷　（清）焦袁熹撰　清乾隆九年(1744)焦氏刻本　二冊

310000 – 0242 – 0002043　SF28 – 2/7.21

十三經策案二十二卷首一卷　（清）王謨輯　清乾隆四十二年(1777)寶田齋刻本　九冊

310000 – 0242 – 0002044　SF28 – 4/6.491

五經集注一百六卷　（宋）朱熹集注　明嘉靖四十三年(1564)金谿黃希憲刻本　四十冊

310000 – 0242 – 0002045　SF28.3 – 5/2.350

白虎通四卷附闕文補遺　（漢）班固撰　清乾隆四十九年(1784)抱經堂刻本　一冊

310000 – 0242 – 0002046　SF28.3 – 5/2.350AC2

白虎通德論四卷　（漢）班固纂　明堂策檻刻本　四冊

310000－0242－0002047　SF28.5－4/5.164

六經圖不分卷　（宋）吳翬飛編　明新都吳繼仕校刻本　六冊

310000－0242－0002048　SF28.5－4/5.556

六經圖不分卷　（宋）楊甲撰　（清）王皜校錄　清乾隆五年（1740）向山堂刻本　七冊

310000－0242－0002049　SF28.5－9/5.337

帝王經世圖譜十六卷　（宋）唐仲友撰　清刻本　六冊

310000－0242－0002050　SF29.6－2/7.135

十三經紀字一卷附字典紀字一卷　（清）汪汲撰　清乾隆五十九年（1794）古愚山房刻本　一冊

310000－0242－0002051　G10.2－10/7.151

哲學提綱不分卷　（清）李杕撰　清光緒三十三年（1907）上海土山灣印書館鉛印本　五冊

310000－0242－0002052　G10.8－13/7.119

道德經七種　（清）牟允中集刊　清嘉慶十四年（1809）漱珠岡純陽觀刻本　三冊

310000－0242－0002053　G20.7－15/8.375

諸子通攷三卷　孫德謙撰　清宣統二年（1910）江蘇存古學堂鉛印本　三冊

310000－0242－0002054　G20.8－10/7.164

桐城吳先生點勘諸子七種　（清）吳汝綸點評　清宣統元年（1909）衍星社鉛印本　十二冊

310000－0242－0002055　G20.8－10/7.164C2

桐城吳先生點勘諸子七種　（清）吳汝綸點評　清宣統元年（1909）衍星社鉛印本　十冊

310000－0242－0002056　G20.8－2/1.5

二十二子　清光緒元年至二年（1875－1876）浙江書局刻本　八十三冊

310000－0242－0002057　G20.8－2/1.5C2

二十二子　清光緒十九年（1893）上海鴻文書局石印本　十六冊

310000－0242－0002058　G20.8－2/1.5C3

二十二子　清光緒十九年（1893）上海鴻文書局石印本　八冊

310000－0242－0002059　G20.8－2/7.21

十子全書不分卷　（清）王子興輯　清嘉慶九年（1804）姑蘇聚文堂刻本　七冊

310000－0242－0002060　G20.8－3/12C2

子書百家不分卷　（清）湖北崇文書局輯　清光緒元年（1875）湖北崇文書局刻本　一百四冊

310000－0242－0002061　G20.8－3/12C5

子書百家不分卷　（清）湖北崇文書局輯　清光緒元年（1875）湖北崇文書局刻本　一百十冊

310000－0242－0002062　G20.8－6/92C2

百子全書不分卷　（清）湖北崇文書局輯　清光緒元年（1875）湖北崇文書局刻本　二十二冊

310000－0242－0002063　G20.8－6/92C3

百子全書不分卷　（清）湖北崇文書局輯　清光緒元年（1875）湖北崇文書局刻本　一百九冊

310000－0242－0002064　G20.9－11/7.375

理學宗傳二十六卷　（清）孫奇逢輯　清光緒六年（1880）浙江書局刻本　八冊

310000－0242－0002065　G20.9－11/7.375C3

理學宗傳二十六卷　（清）孫奇逢輯　清光緒六年（1880）浙江書局刻本　十二冊

310000－0242－0002066　G20.9－11/7.375C4

理學宗傳二十六卷　（清）孫奇逢輯　清光緒六年（1880）浙江書局刻本　十一冊

310000－0242－0002067　G20.9－11/7.375C5

理學宗傳二十六卷　（清）孫奇逢輯　清光緒六年（1880）浙江書局刻本　三冊

310000－0242－0002068　G20.9－11/7.375C6

理學宗傳二十六卷　（清）孫奇逢輯　清光緒六年（1880）浙江書局刻本　十二冊

310000－0242－0002069　G20.9－12/6.477

馮少墟關學編五卷首一卷　（明）馮從吾編　清道光十年（1830）刻本　二冊

310000－0242－0002070　G20.9－13/7.428

道統錄二卷附錄一卷　（清）張伯行撰　清同治五年(1866)福州正誼堂刻本　一冊

310000－0242－0002071　G20.9－13/7.491

道學淵源錄一百卷　（清）黃嗣東編　清光緒三十四年(1908)鳳山學舍鉛印本　十四冊

310000－0242－0002072　G20.9－13/7.491C2

道學淵源錄一百卷　（清）黃嗣東編　清光緒三十四年(1908)鳳山學舍鉛印本　六冊

310000－0242－0002073　G20.9－16/7.491

濂學編三卷　（清）黃嗣東撰　清光緒二十三年(1897)漢陽黃氏刻本　二冊

310000－0242－0002074　G20.9－9/7.471

洛學編五卷　（清）湯斌輯　**乾坤兩卦解**　清同治九年(1870)刻本　一冊

310000－0242－0002075　G21.07－4/8.415

孔子改制攷二十一卷　康有為著　清光緒二十三年(1897)上海大同譯書局刻本　十冊

310000－0242－0002076　G21.1－12/7.283

湘薌漫錄二卷附易經集說一卷　（清）查彬撰　清道光十九年(1839)有懷堂刻本　五冊

310000－0242－0002077　G21.17－11/2.761

參同契不分卷　（漢）魏伯陽撰　（明）朱長春箋　清前期刻本　一冊

310000－0242－0002078　G21.23－10/24.21

家語十卷　（三國魏）王肅注　**集語二卷**（宋）薛據纂　明刻本　四冊

310000－0242－0002079　G21.23－10/7.375

家語疏證六卷　（清）孫志祖撰　清光緒刻本　四冊

310000－0242－0002080　G21.23－4/24.21

孔子家語十卷　（三國魏）王肅注　清刻本　四冊

310000－0242－0002081　G21.23－4/24.21C6

孔子家語十卷　（三國魏）王肅注　清末李光明莊刻本　一冊

310000－0242－0002082　G21.23－4/24.21C7

孔子家語十卷　（三國魏）王肅注　清光緒元年(1875)湖北崇文書局刻本　一冊

310000－0242－0002083　G21.23－4/24.21C8

孔子家語十卷　（三國魏）王肅注　明汲古閣刻本　六冊

310000－0242－0002084　G21.23－4/6.178

孔子家語八卷　（明）何孟春注　（清）盧文弨校補　清同治十二年(1873)經綸堂刻本　四冊

310000－0242－0002085　G21.23－4/6.441

新刻注釋孔子家語憲四卷　（明）陳際泰釋　清刻本　二冊

310000－0242－0002086　G21.23－4/7.375

孔子集語十七卷附三輔黃圖一卷　（清）孫星衍撰　清光緒十一年(1885)朱氏槐廬家塾刻本　四冊

310000－0242－0002087　G21.23－4/7.375C2

孔子集語十七卷附三輔黃圖一卷　（清）孫星衍撰　清光緒三年(1877)浙江書局刻本　四冊

310000－0242－0002088　G21.23－4/7.375C3

孔子集語十七卷附三輔黃圖一卷　（清）孫星衍撰　清光緒三年(1877)浙江書局刻本　四冊

310000－0242－0002089　G21.24－12/7.21

曾子家語六卷　（清）王定安輯　清光緒十六年(1890)金陵刻本　二冊

310000－0242－0002090　G21.24－12/7.21C2

曾子家語六卷　（清）王定安輯　清光緒十六年(1890)金陵刻本　二冊

310000－0242－0002091　G21.24－3/2.661

子思子七卷　（漢）鄭玄注　（清）黃以周輯解　清光緒二十二年(1896)江陰南菁書院刻本　一冊

310000－0242－0002092　G21.24－3/2.661C2

子思子七卷　（漢）鄭玄注　（清）黃以周輯解

清光緒二十二年（1896）江陰南菁書院刻本
一冊

310000－0242－0002093　G21.251－3/5.368
大學衍義四十三卷　（宋）真德秀撰　清同治
十三年（1874）金陵書局刻本　八冊

310000－0242－0002094　G21.251－3/5.368C2
大學衍義四十三卷　（宋）真德秀撰　清同治
十一年（1872）浙江書局刻本　三冊

310000－0242－0002095　G21.251－3/5.368C3
大學衍義四十三卷　（宋）真德秀撰　清同治
十三年（1874）金陵書局刻本　八冊

310000－0242－0002096　G21.251－3/5.368C7
大學衍義四十三卷　（宋）真德秀撰　清同治
十一年（1872）浙江書局刻本　十冊

310000－0242－0002097　G21.27－10/15.384
荀子二十卷　（戰國）荀況撰　（唐）楊倞注
清嘉慶九年（1804）姑蘇聚文堂刻本　三冊

310000－0242－0002098　G21.27－10/15.384C2
荀子二十卷附校勘補遺　（戰國）荀況撰
（唐）楊倞注　清光緒二年（1876）浙江書局刻
本　六冊

310000－0242－0002099　G21.27－10/15.384C10
荀子二十卷附校勘補遺　（戰國）荀況撰
（唐）楊倞注　清光緒二年（1876）浙江書局刻
本　一冊

310000－0242－0002100　G21.27－10/15.384C11
荀子三卷　（戰國）荀況撰　清光緒元年
（1875）湖北崇文書局刻本　一冊

310000－0242－0002101　G21.27－10/15.384C8
荀子二十卷　（戰國）荀況撰　（唐）楊倞注
明世德堂刻本　十冊

310000－0242－0002102　G21.27－10/4.556C11
荀子集解二十卷首一卷　（唐）楊倞注　王先
謙集解　清光緒十七年（1891）長沙王氏刻本
六冊

310000－0242－0002103　G21.27－10/4.556C12
荀子集解二十卷首一卷　（唐）楊倞注　王先

謙集解　清光緒十七年（1891）長沙王氏刻本
一冊

310000－0242－0002104　G21.27－10/4.556C3
荀子集解二十卷首一卷　（唐）楊倞注　王先
謙集解　清光緒十七年（1891）湖南思賢講舍
刻本　六冊

310000－0242－0002105　G21.27－10/4.556C4
荀子集解二十卷首一卷　（唐）楊倞注　王先
謙集解　清光緒十七年（1891）長沙王氏刻本
六冊

310000－0242－0002106　G21.27－10/4.556C8
荀子集解二十卷首一卷　（唐）楊倞注　王先
謙集解　清光緒十七年（1891）長沙王氏刻本
六冊

310000－0242－0002107　G21.27－10/4.556C9
荀子集解二十卷首一卷　（唐）楊倞注　王先
謙集解　清光緒十七年（1891）長沙王氏刻本
六冊

310000－0242－0002108　G21.27－10/4.556A
桐城先生點勘荀子讀本二十卷　（唐）楊倞注
（清）吳汝綸評　清宣統二年（1910）衍星社
鉛印本　一冊

310000－0242－0002109　G21.27－10/4.556AC2
桐城先生點勘荀子讀本二十卷　（唐）楊倞注
（清）吳汝綸評　清宣統二年（1910）衍星社
鉛印本　二冊

310000－0242－0002110　G21.27－10/4.556AC3
桐城先生點勘荀子讀本二十卷　（唐）楊倞注
（清）吳汝綸評　清宣統二年（1910）衍星社
鉛印本　二冊

310000－0242－0002111　G21.31－10/7.164
桐城吳先生點勘老子讀本二卷　（清）吳汝綸
評　清宣統二年（1910）衍星社鉛印本　一冊

310000－0242－0002112　G21.31－13/57.79
道德寶章不分卷　（元）白玉蟾注　清道光十
八年（1838）廣東心簡齋刻本　二冊

310000－0242－0002113　G21.31－6/3.21C10

老子道德經二卷　（三國魏）王弼注　**道德真經注四卷**　（元）吳澄述　清光緒元年(1875)湖北崇文書局刻本　一冊

310000－0242－0002114　G21.31－6/3.21C11

老子道德經二卷附音義一卷　（三國魏）王弼注　清光緒元年(1875)浙江書局刻本　一冊

310000－0242－0002115　G21.31－6/3.21C3

老子道德經二卷附音義一卷　（三國魏）王弼注　清光緒元年(1875)浙江書局刻本　一冊

310000－0242－0002116　G21.31－6/3.21C5

老子道德經二卷附音義一卷　（三國魏）王弼注　清光緒元年(1875)浙江書局刻本　一冊

310000－0242－0002117　G21.31－6/3.21C6

老子道德經二卷附音義又附孔子集語揚子法言商君書　（三國魏）王弼注　清光緒元年(1875)浙江書局刻本　一冊

310000－0242－0002118　G21.31－6/6.525

老子翼八卷　（明）焦竑輯　清光緒二十一年(1895)漸西村舍刻本　一冊

310000－0242－0002119　G21.31－6/6.525C3

老子翼八卷　（明）焦竑輯　清光緒二十一年(1895)漸西村舍刻本　四冊

310000－0242－0002120　G21.31－6/6.790

老子道德經解二卷首一卷觀老莊影響論一卷　（明）釋德清撰　清光緒十二年(1886)金陵刻經處刻本　二冊

310000－0242－0002121　G21.31－6/7.237

老子解二卷　（清）易佩紳撰　清光緒十八年(1892)湖北臬署排印本　一冊

310000－0242－0002122　G21.31－6/7.316

老子章義二卷　（清）姚鼐撰　清同治九年(1870)桐城吳氏刻本　一冊

310000－0242－0002123　G21.31－6/7.316C2

老子章義二卷　（清）姚鼐撰　清同治九年(1870)桐城吳氏刻本　一冊

310000－0242－0002124　G21.31－6/7.316C3

老子章義二卷　（清）姚鼐撰　清嘉慶二十三年(1818)金陵刻本　一冊

310000－0242－0002125　G21.31－6/7.316A

老子章義二卷　（清）姚鼐撰　清同治九年(1870)桐城吳氏刻本　一冊

310000－0242－0002126　G21.31－6/7.332A

老子證義二卷　（清）高延第撰　清光緒十二年(1886)湧翠山房刻本　一冊

310000－0242－0002127　G21.31－6/7.428

老子說畧二卷附錄一卷　（清）張爾岐撰　清道光十九年(1839)姜氏宗祠刻本　一冊

310000－0242－0002128　G21.31－6/7.761

老子本義二卷　（清）魏源撰　清光緒桐廬漸西村舍袁氏刻本　二冊

310000－0242－0002129　G21.32－6/3.428C3

列子八卷　（晉）張湛注　清光緒二年(1876)浙江書局刻本　一冊

310000－0242－0002130　G21.32－6/4.700

列子八卷　（唐）盧重元注　清嘉慶九年(1804)江都石研齋秦氏刻本　一冊

310000－0242－0002131　G21.32－7/3.428C2

冲虛至德真經八卷　（晉）張湛注　清光緒十年(1884)刻本　一冊

310000－0242－0002132　G21.33－11/3.412

莊子十卷　（晉）郭象注　（唐）陸德明音義　清光緒二十三年(1897)上海圖書集成局鉛印本　一冊

310000－0242－0002133　G21.33－11/3.412C2

莊子十卷　（晉）郭象注　（唐）陸德明音義　清光緒二年(1876)浙江書局刻本　四冊

310000－0242－0002134　G21.33－11/3.412C7

莊子十卷　（晉）郭象注　（唐）陸德明音義　清光緒二十三年(1897)新化三味書室刻本　六冊

310000－0242－0002135　G21.33－11/3.412C8

莊子十卷　（晉）郭象注　（唐）陸德明音義　清光緒二年(1876)浙江書局刻本　一冊

310000－0242－0002136　G21.33－11/3.412C9

莊子十卷　（晉）郭象注　（唐）陸德明音義　清光緒二十三年(1897)上海圖書集成局鉛印本　六冊

310000－0242－0002137　G21.33－11/3.412B

莊子南華真經十卷　（晉）郭象注　（唐）陸德明音義　清光緒十一年(1885)傳忠書局刻本　五冊

310000－0242－0002138　G21.33－11/6.663

莊子內篇注四卷　（明）釋德清注　清光緒十四年(1888)金陵刻經處刻本　一冊

310000－0242－0002139　G21.33－11/7.164

莊子解十二卷　（清）吳世尚評注　清雍正四年(1726)刻本　六冊

310000－0242－0002140　G21.33－11/7.178

莊子未定稿四卷　（清）何如瀍注　清嘉慶十七年(1812)刻本　四冊

310000－0242－0002141　G21.33－11/7.21

莊子王氏注雜篇一卷內篇二卷　王闓運注　清同治八年(1869)長沙王氏刻本　一冊

310000－0242－0002142　G21.33－11/7.21C2

莊子王氏注雜篇一卷內篇二卷　王闓運注　清同治八年(1869)長沙王氏刻本　二冊

310000－0242－0002143　G21.33－11/7.211

莊子因六卷　（清）林雲銘評述　清光緒六年(1880)白雲精舍刻本　一冊

310000－0242－0002144　G21.33－11/7.211C2

莊子因六卷　（清）林雲銘評述　清光緒六年(1880)白雲精舍刻本　六冊

310000－0242－0002145　G21.33－11/7.211C4

莊子因六卷　（清）林雲銘評述　清光緒六年(1880)白雲精舍刻本　一冊

310000－0242－0002146　G21.33－11/7.21A

莊子集解八卷　王先謙撰　清宣統元年(1909)上海掃葉山房石印本　二冊

310000－0242－0002147　G21.33－11/7.21AC2

莊子集解八卷　王先謙撰　清宣統元年(1909)上海掃葉山房石印本　四冊

310000－0242－0002148　G21.33－11/7.21AC3

莊子集解八卷　王先謙撰　清宣統元年(1909)湖南思賢書局刻本　四冊

310000－0242－0002149　G21.33－11/7.21AC4

莊子集解八卷　王先謙撰　清宣統元年(1909)上海涵芬樓影印本　三冊

310000－0242－0002150　G21.33－11/7.21AC5

莊子集解八卷　王先謙撰　清宣統元年(1909)上海掃葉山房石印本　四冊

310000－0242－0002151　G21.33－11/7.332

莊子釋意三篇　（清）高秋月集說　清康熙二十九年(1690)文粹堂刻本　二冊

310000－0242－0002152　G21.33－11/7.412

莊子集釋十卷　（清）郭慶藩撰　清光緒二十年(1894)思賢講舍刻本　四冊

310000－0242－0002153　G21.33－11/7.412C2

莊子集釋十卷　（清）郭慶藩撰　清光緒二十年(1894)思賢講舍刻本　二冊

310000－0242－0002154　G21.33－11/7.412C3

莊子集釋十卷　（清）郭慶藩撰　清光緒二十年(1894)思賢講舍刻本　八冊

310000－0242－0002155　G21.33－11/7.434

莊子雪三卷　（清）陸樹芝輯　清嘉慶四年(1799)文選樓刻本　六冊

310000－0242－0002156　G21.33－11/7.674

莊子約解四卷　（清）劉鴻典輯注　清同治五年(1866)玉成堂刻本　四冊

310000－0242－0002157　G21.33－9/6.203

南華發覆八卷　（明）釋性通注　清乾隆十四年(1749)雲林懷德堂刻本　四冊

310000－0242－0002158　G21.33－9/6.203C2

南華發覆八卷　（明）釋性通注　清乾隆十四年(1749)雲林懷德堂刻本　六冊

310000－0242－0002159　G21.33－9/7.248

南華真經影史九卷　（清）周拱辰撰　清嘉慶

八年(1803)聖雨齋刻本　一冊

310000－0242－0002160　G21.33－9/7.259
南華經解三十三卷　(清)宣穎撰　清同治五年(1866)皖城藩署刻本　四冊

310000－0242－0002161　G21.33－9/7.259C2
南華經解三十三卷　(清)宣穎撰　清康熙六十年(1721)經綸堂刻本　三冊

310000－0242－0002162　G21.33－9/7.259C3
南華經解三十三卷　(清)宣穎撰　清康熙六十年(1721)寶旭齋刻本　八冊

310000－0242－0002163　G21.33－9/7.441
南華真經正義附識餘　(清)陳壽昌輯　清光緒十九年(1893)怡顏齋刻本　六冊

310000－0242－0002164　G21.39－4/5.148
文子纘義十二卷　(宋)杜道堅撰　清光緒三年(1877)浙江書局刻本　二冊

310000－0242－0002165　G21.39－4/5.148C2
文子纘義十二卷　(宋)杜道堅撰　清光緒三年(1877)浙江書局刻本　二冊

310000－0242－0002166　G21.39－4/5.148C4
文子纘義十二卷　(宋)杜道堅撰　清光緒三年(1877)浙江書局刻本　一冊

310000－0242－0002167　G21.39－4/5.148C5
文子纘義十二卷　(宋)杜道堅撰　清光緒三年(1877)浙江書局刻本　二冊

310000－0242－0002168　G21.41－10/7.164
桐城先生點勘墨子讀本十五卷附佚文一卷　(清)吳汝綸評　清宣統二年(1910)衍星社鉛印本　一冊

310000－0242－0002169　G21.41－10/7.164C2
桐城先生點勘墨子讀本十五卷附佚文一卷　(清)吳汝綸評　清宣統二年(1910)衍星社鉛印本　二冊

310000－0242－0002170　G21.41－10/7.164C3
桐城先生點勘墨子讀本十五卷附佚文一卷　(清)吳汝綸評　清宣統二年(1910)衍星社鉛印本　二冊

310000－0242－0002171　G21.41－15/7.21
墨子附篇目考　(戰國)墨翟撰　王闓運注　清光緒三十年(1904)江西官書局刻本　四冊

310000－0242－0002172　G21.41－15/7.21C2
墨子附篇目考　(戰國)墨翟撰　王闓運注　清光緒三十年(1904)江西官書局刻本　二冊

310000－0242－0002173　G21.41－15/7.375
墨子閒詁十五卷目錄一卷附錄一卷後語二卷　(清)孫詒讓撰　清光緒二十一年(1895)蘇州毛上珍木活字印本　八冊

310000－0242－0002174　G21.41－15/7.375C4
墨子閒詁十五卷目錄一卷附錄一卷後語二卷　(清)孫詒讓撰　清宣統二年(1910)瑞安廣明書社刻本　八冊

310000－0242－0002175　G21.41－15/7.375C6
墨子閒詁十五卷目錄一卷附錄一卷後語二卷　(清)孫詒讓撰　清宣統二年(1910)瑞安廣明書社刻本　二冊

310000－0242－0002176　G21.41－15/7.375C9
墨子閒詁十五卷目錄一卷附錄一卷後語二卷　(清)孫詒讓撰　清宣統二年(1910)瑞安廣明書社刻本　二冊

310000－0242－0002177　G21.41－15/7.428
墨子經說解二卷　(清)張惠言撰　清宣統元年(1909)國學保存會石印本　一冊

310000－0242－0002178　G21.41－15/7.428C2
墨子經說解二卷　(清)張惠言撰　清宣統元年(1909)國學保存會石印本　一冊

310000－0242－0002179　G21.41－15/7.428C3
墨子經說解二卷　(清)張惠言撰　清宣統元年(1909)國學保存會石印本　一冊

310000－0242－0002180　G21.41－15/7.460
墨子十五卷目錄一卷附墨子篇目考　(清)畢沅注　清光緒二年(1876)浙江書局刻本　四冊

310000－0242－0002181　G21.41－15/7.460C2
墨子十五卷目錄一卷附墨子篇目考　(清)畢

沆注　清光緒二年(1876)浙江書局刻本　四冊

310000－0242－0002182　G21.41－15/7.460C8

墨子十五卷目錄一卷附墨子篇目考　(清)畢沆注　清光緒二年(1876)浙江書局刻本　一冊

310000－0242－0002183　G21.41－15/8.21

墨商三卷補遺一卷　王景羲著　清宣統二年(1910)刻本　一冊

310000－0242－0002184　G21.41－15/8.21C2

墨商三卷補遺一卷　王景羲著　清宣統二年(1910)刻本　二冊

310000－0242－0002185　G21.52－4/15.35C3

尹文子附慎子公孫龍子鬼谷子　(戰國)尹文撰　清光緒元年(1875)湖北崇文書局刻本　一冊

310000－0242－0002186　G21.54－4/7.447

公孫龍子注一卷校勘記一卷篇目考一卷附錄一卷　(清)陳澧注　清同治四年(1865)番禺汪氏微尚齋刻本　一冊

310000－0242－0002187　G21.61－10/4.257

桐城先生點勘管子讀本二十四卷　(唐)房玄齡注　(清)吳汝綸評　清宣統二年(1910)衍星社鉛印本　二冊

310000－0242－0002188　G21.61－10/4.257C2

桐城先生點勘管子讀本二十四卷　(唐)房玄齡注　(清)吳汝綸評　清宣統二年(1910)衍星社鉛印本　一冊

310000－0242－0002189　G21.61－10/4.257C3

桐城先生點勘管子讀本二十四卷　(唐)房玄齡注　(清)吳汝綸評　清宣統二年(1910)衍星社鉛印本　二冊

310000－0242－0002190　G21.61－14/15.613C11

管子二十四卷　(春秋)管仲撰　(唐)房玄齡注　清光緒二年(1876)浙江書局刻本　六冊

310000－0242－0002191　G21.61－14/15.613C12

管子二十四卷　(春秋)管仲撰　(唐)房玄齡注　清光緒二年(1876)浙江書局刻本　一冊

310000－0242－0002192　G21.61－14/15.613C3

管子二十四卷　(春秋)管仲撰　(唐)房玄齡注　清光緒二年(1876)浙江書局刻本　六冊

310000－0242－0002193　G21.61－14/15.613C5

管子二十四卷　(春秋)管仲撰　(唐)房玄齡注　清刻本　四冊

310000－0242－0002194　G21.61－14/15.613C6

管子二十四卷　(春秋)管仲撰　(唐)房玄齡注　清光緒二十九年(1903)新政書局石印本　一冊

310000－0242－0002195　G21.61－14/15.613C7

管子二十四卷　(春秋)管仲撰　(唐)房玄齡注　清光緒五年(1879)影印本　四冊

310000－0242－0002196　G21.61－14/15.613B

管子評注二十四卷　(春秋)管仲撰　(唐)房玄齡注　(明)沈鼎新參評　清嘉慶九年(1804)姑蘇聚文堂刻本　七冊

310000－0242－0002197　G21.61－14/7.21

管子地員篇注四卷　(清)王紹蘭撰　清光緒十七年(1891)寄虹山館刻本　四冊

310000－0242－0002198　G21.61－14/7.260

管子義證八卷　(清)洪頤煊撰　清光緒十五年(1889)南陵徐氏刻本　二冊

310000－0242－0002199　G21.61－14/7.749

管子校正二十四卷　(清)戴望撰　清同治十一年(1872)刻本　二冊

310000－0242－0002200　G21.61－4/7.428

管子纂二卷　(明)張榜撰　清刻本　二冊

310000－0242－0002201　G21.618－7/7.454

弟子職集解一卷附句讀攷證補音　(清)莊述祖撰　清光緒十四年(1888)江蘇書局刻本　一冊

310000－0242－0002202　G21.618－7/7.454C2

弟子職集解一卷附句讀攷證補音　(清)莊述祖撰　清光緒十四年(1888)江蘇書局刻本　一冊

310000 - 0242 - 0002203　G21.618 - 7/7.454C3
弟子職集解一卷附句讀攷證補音　（清）莊述祖撰　清光緒十四年（1888）江蘇書局刻本　一冊

310000 - 0242 - 0002204　G21.62 - 11/19.406A
商君書五卷　（秦）商鞅撰　清光緒二年（1876）浙江書局刻本　一冊

310000 - 0242 - 0002205　G21.62 - 11/19.406AC2
商君書五卷　（秦）商鞅撰　清光緒二年（1876）浙江書局刻本　一冊

310000 - 0242 - 0002206　G21.62 - 11/19.406AC5
商君書五卷　（秦）商鞅撰　清光緒二年（1876）浙江書局刻本　一冊

310000 - 0242 - 0002207　G21.67 - 10/7.164
桐城先生點勘韓非子讀本二十卷　（清）吳汝綸評　清宣統二年（1910）衍星社鉛印本　一冊

310000 - 0242 - 0002208　G21.67 - 17/15.722C10
韓非子二十卷　（戰國）韓非撰　（清）顧廣圻校　附識誤三卷　清嘉慶二十三年（1818）刻本　六冊

310000 - 0242 - 0002209　G21.67 - 17/15.722C11
韓非子二十卷　（戰國）韓非撰　清光緒元年（1875）湖北崇文書局刻本　二冊

310000 - 0242 - 0002210　G21.67 - 17/15.722C3
韓非子二十卷　（戰國）韓非撰　（清）顧廣圻校　附識誤三卷　清光緒元年（1875）浙江書局刻本　二冊

310000 - 0242 - 0002211　G21.67 - 17/15.722C4
韓非子二十卷　（戰國）韓非撰　（清）顧廣圻校　附識誤三卷　清光緒元年（1875）浙江書局刻本　一冊

310000 - 0242 - 0002212　G21.67 - 17/15.722C6
韓非子二十卷　（戰國）韓非撰　（清）顧廣圻校　附識誤三卷　清光緒元年（1875）浙江書局刻本　三冊

310000 - 0242 - 0002213　G21.67 - 17/7.21

310000 - 0242 - 0002213　G21.67 - 17/7.21
韓非子集解二十卷首一卷　（清）王先慎撰　清光緒二十二年（1896）刻本　一冊

310000 - 0242 - 0002214　G21.67 - 17/7.21C2
韓非子集解二十卷首一卷　（清）王先慎撰　清光緒二十二年（1896）刻本　六冊

310000 - 0242 - 0002215　G21.67 - 17/7.21C3
韓非子集解二十卷首一卷　（清）王先慎撰　清光緒二十二年（1896）刻本　四冊

310000 - 0242 - 0002216　G21.67 - 17/7.21C4
韓非子集解二十卷首一卷　（清）王先慎撰　清光緒二十二年（1896）刻本　六冊

310000 - 0242 - 0002217　G21.7 - 10/353.449
鬼谷子三卷　（南朝梁）陶弘景注　清嘉慶十年（1805）江都秦氏石研齋刻本　一冊

310000 - 0242 - 0002218　G21.7 - 15/7.312
諸子平議三十五卷　（清）俞樾撰　清同治八年（1869）吳郡刻本　十二冊

310000 - 0242 - 0002219　G21.82 - 3/7.135
尸子二卷附存疑　（清）汪繼培輯　清光緒三年（1877）浙江書局刻本　一冊

310000 - 0242 - 0002220　G21.82 - 3/7.135C2
尸子二卷附存疑　（清）汪繼培輯　清光緒三年（1877）浙江書局刻本　一冊

310000 - 0242 - 0002221　G21.82 - 3/7.135C3
尸子二卷附存疑　（清）汪繼培輯　清光緒三年（1877）浙江書局刻本　一冊

310000 - 0242 - 0002222　G21.82 - 3/7.135C4
尸子二卷附存疑　（清）汪繼培輯　清光緒三年（1877）浙江書局刻本　一冊

310000 - 0242 - 0002223　G21.87 - 7/19.170C2
呂氏春秋二十六卷附考一卷　（秦）呂不韋撰　（漢）高誘注　清光緒元年（1875）浙江書局刻本　二冊

310000 - 0242 - 0002224　G21.87 - 7/19.170C3
呂氏春秋二十六卷附考一卷　（秦）呂不韋撰　（漢）高誘注　清光緒二十三年（1897）上海文瑞樓鉛印本　二冊

310000－0242－0002225　G21.87－7/19.170C6

呂氏春秋二十六卷附考一卷　（秦）呂不韋撰
（漢）高誘注　清光緒元年(1875)浙江書局
刻本　一冊

310000－0242－0002226　G21.89－20/5.434C3

鶡冠子三卷　（宋）陸佃注　（明）王宇評　清
刻本　一冊

310000－0242－0002227　G21.89－20/5.434C4

鶡冠子三卷　（宋）陸佃注　清光緒元年
(1875)湖北崇本書局刻本　一冊

310000－0242－0002228　G22－14/7.15

漢學商兌三卷　（清）方東樹撰　清光緒二十
六年(1900)浙江書局刻本　一冊

310000－0242－0002229　G22－14/7.15C2

漢學商兌六卷　（清）方東樹撰　清光緒二十
六年(1900)浙江書局刻本　一冊

310000－0242－0002230　G22.1－10/2.491

黃石公素書不分卷　（漢）黃石公撰　清刻本
　一冊

310000－0242－0002231　G22.1－13/2.551

新書十卷　（漢）賈誼撰　清光緒元年(1875)
浙江書局刻本　一冊

310000－0242－0002232　G22.1－13/2.551C2

新書十卷　（漢）賈誼撰　清光緒元年(1875)
浙江書局刻本　二冊

310000－0242－0002233　G22.1－13/2.551C4

新書十卷　（漢）賈誼撰　清光緒元年(1875)
浙江書局刻本　一冊

310000－0242－0002234　G22.1－13/2.551C5

新書十卷　（漢）賈誼撰　清光緒二十三年
(1897)上海文瑞樓鉛印本　一冊

310000－0242－0002235　G22.1－13/7.21

賈子次詁十六卷　（清）王耕心撰　清光緒二
十九年(1903)正定王氏刻本　二冊

310000－0242－0002236　G22.1－4/2.37C3

孔叢子三卷　（漢）孔鮒撰　明刻本　一冊
存二卷(中、下)

310000－0242－0002237　G22.2－11/2.674C3

淮南子二十一卷　（漢）劉安撰　（漢）高誘注
清光緒二年(1876)浙江書局刻本　六冊

310000－0242－0002238　G22.2－11/2.674C8

淮南子二十一卷　（漢）劉安撰　（漢）高誘注
清光緒二年(1876)浙江書局刻本　一冊

310000－0242－0002239　G22.2－11/2.674A

淮南鴻烈解十七卷　（漢）劉安撰　清刻本
四冊

310000－0242－0002240　G22.25－11/7.705

淮南天文訓補注二卷　（清）錢塘撰　清光緒
三年(1877)湖北崇文書局刻本　一冊

310000－0242－0002241　G22.25－11/7.705C2

淮南天文訓補注二卷　（清）錢塘撰　清光緒
三年(1877)湖北崇文書局刻本　二冊

310000－0242－0002242　G22.3－24/2.366

鹽鐵論十二卷　（漢）桓寬撰　清刻本　一冊

310000－0242－0002243　G22.3－24/2.366C2

鹽鐵論十卷附校勘小識　（漢）桓寬撰　清光
緒十七年(1891)思賢講舍刻本　二冊

310000－0242－0002244　G22.3－24/2.366C6

鹽鐵論十卷附校勘小識　（漢）桓寬撰　清光
緒十七年(1891)思賢講舍刻本　二冊

310000－0242－0002245　G22.3－24/2.366C7

鹽鐵論十卷附校勘小識　（漢）桓寬撰　清光
緒十七年(1891)思賢講舍刻本　二冊

310000－0242－0002246　G22.4－15/2.674B

劉向說苑旁注評林二十卷　（漢）劉向撰
（明）黃從誠評注　明刻本　八冊

310000－0242－0002247　G22.5－10/2.488

桐城先生點勘太玄讀本十卷　（漢）揚雄撰
（清）吳汝綸評點　清宣統二年(1910)衍星社
鉛印本　一冊

310000－0242－0002248　G22.5－10/2.488C2

桐城先生點勘太玄讀本十卷　（漢）揚雄撰
（清）吳汝綸評點　清宣統二年(1910)衍星社
鉛印本　一冊

310000－0242－0002249　G22.5－10/2.488C3

桐城先生點勘太玄讀本十卷　(漢)揚雄撰
(清)吳汝綸評點　清宣統二年(1910)衍星社
鉛印本　一冊

310000－0242－0002250　G22.5－12/2.488

揚子法言十三卷附音義一卷　(漢)揚雄撰
(晉)李軌注　清光緒二年(1876)浙江書局刻
本　一冊

310000－0242－0002251　G22.5－12/2.488C3

揚子法言十三卷附音義一卷　(漢)揚雄撰
(晉)李軌注　清光緒二年(1876)浙江書局刻
本　一冊

310000－0242－0002252　G22.5－12/2.488C4

揚子法言十三卷　(漢)揚雄撰　(晉)李軌注
　清光緒二年(1876)浙江書局刻本　一冊

310000－0242－0002253　G22.5－12/2.488A

揚子法言音義十三卷　(漢)揚雄撰　(晉)李
軌注　清嘉慶二十三年(1818)江都石研齋秦
氏刻本　一冊

310000－0242－0002254　G22.5－4/5.64

太玄經集注十卷　(宋)司馬光撰　清道光二
十四年(1844)五柳居陶氏刻木　四冊

310000－0242－0002255　G22.5－4/5.64C2

太玄經集注四卷　(宋)司馬光撰　清道光十
一年(1831)青棠書屋刻本　一冊

310000－0242－0002256　G22.5－8/7.135

法言疏證十三卷附校補勘誤　(清)汪榮寶著
　清宣統三年(1911)金薤琳琅齋鉛印本　一
冊

310000－0242－0002257　G22.7－15/2.21C10

論衡三十卷　(漢)王充撰　清光緒元年
(1875)湖北崇文書局刻本　二冊

310000－0242－0002258　G22.7－15/2.21C8

論衡三十卷　(漢)王充撰　(明)顧汝璉校
清刻本　三冊

310000－0242－0002259　G22.8－15/7.135

潛夫論汪氏箋十卷　(清)汪繼培撰　清嘉慶

二十三年(1818)蕭山陳氏湖海樓刻本　四冊

310000－0242－0002260　G22.8－5/2.384C3

申鑒五卷　(漢)荀悅撰　(清)吳道傳校　清
刻本　一冊

310000－0242－0002261　G22.9－4/2.393

中論二卷　(漢)徐幹撰　清刻本　一冊

310000－0242－0002262　G23.3－12/3.523

傅子二卷　(晉)傅玄撰　清光緒八年(1882)
清風室刻本　一冊

310000－0242－0002263　G23.42－8/3.566

抱朴子内篇四卷外篇四卷　(晉)葛洪撰　清
光緒元年(1875)湖北崇文書局刻本　四冊

310000－0242－0002264　G23.42－8/3.566C2

抱朴子内篇四卷外篇四卷　(晉)葛洪撰
(明)張可大評注　清刻本　八冊

310000－0242－0002265　G23.42－8/3.566B

抱朴子内篇二十卷外篇五十卷附篇十卷
(晉)葛洪撰　清光緒十一年(1885)朱氏槐廬
刻本　六冊

310000－0242－0002266　G23.91－4/37.21

文中子中說十卷　(隋)王通撰　(宋)阮逸注
　清光緒二年(1876)杭州潀江書局刻本　一
冊

310000－0242－0002267　G23.91－4/37.21C2

文中子中說十卷　(隋)王通撰　(宋)阮逸注
　清光緒二年(1876)杭州潀江書局刻本　一
冊

310000－0242－0002268　G23.91－4/37.21C6

文中子中說十卷　(隋)王通撰　(宋)阮逸注
　清光緒二年(1876)杭州潀江書局刻本　二
冊

310000－0242－0002269　G23.91－4/37.21A

文中子十卷　(隋)王通撰　(宋)阮逸注　清
光緒二年(1876)潀江書局刻本　二冊

310000－0242－0002270　G23.91－4/37.21B

中說二卷　(隋)王通撰　清刻本　二冊

310000－0242－0002271　G25－2/7.717

十家語錄摘要二卷附詠梅軒搭記　（清）謝蘭
生輯　清同治六年（1867）刻本　二冊

310000－0242－0002272　G25－7/7.491C4

宋元學案一百卷首一卷　（清）黃宗羲撰
（清）全祖望修定　清光緒五年（1879）長沙刻
本　十冊

310000－0242－0002273　G25－7/7.491C2

宋元學案一百卷首一卷　（清）黃宗羲撰
（清）全祖望修定　清光緒五年（1879）長沙刻
本　三十九冊　存九十九卷（一至九十八、首
一卷）

310000－0242－0002274　G25－7/7.491C3

宋元學案一百卷首一卷　（清）黃宗羲撰
（清）全祖望修定　清光緒五年（1879）長沙刻
本　三十二冊

310000－0242－0002275　G25－7/7.491C7

宋元學案一百卷首一卷　（清）黃宗羲撰
（清）全祖望修定　清光緒五年（1879）長沙刻
本　十冊

310000－0242－0002276　G25－7/7.491C8

宋元學案一百卷首一卷　（清）黃宗羲撰
（清）全祖望修定　清光緒五年（1879）長沙刻
本　十冊

310000－0242－0002277　G25－7/7.491C9

宋元學案一百卷首一卷　（清）黃宗羲撰
（清）全祖望修定　清光緒五年（1879）長沙刻
本　四十冊

310000－0242－0002278　G25－8/6.578

性理標題綜要二十二卷　（明）詹淮纂　明刻
本　十六冊

310000－0242－0002279　G25－8/7.151

御纂性理精義十二卷　（清）李光地等纂　清
康熙五十六年（1717）刻本　八冊

310000－0242－0002280　G25－8/7.412

性理淺說附小學淺說　（清）郭長清撰　清光
緒三年（1877）津河廣仁堂刻本　一冊

310000－0242－0002281　G25.1－4/5.674

公是弟子記四卷　（宋）劉敞撰　清刻本　二
冊

310000－0242－0002282　G25.12－16/7.428

濂洛關閩書十九卷　（清）張伯行集解　清同
治五年（1866）福州正誼堂刻本　一冊

310000－0242－0002283　G25.12－8/7.15

周子通書講義　（清）方宗誠述　清光緒十年
（1884）刻本　一冊

310000－0242－0002284　G25.12－8/7.622

周程張子合鈔一卷　（清）潘世璜輯　清光緒
六年（1880）刻本　一冊

310000－0242－0002285　G25.13－9/5.225

皇極經世書十一卷後一卷遺文一卷　（宋）邵
雍撰　清抄本　十二冊

310000－0242－0002286　G25.14－11/5.428

張子全書十五卷　（宋）張載撰　（清）朱軾校
　清光緒三年（1877）夏州李氏刻本　二冊

310000－0242－0002287　G25.14－11/5.428B

張子全書十五卷　（宋）張載撰　清嘉慶十一
年（1806）刻本　四冊

310000－0242－0002288　G25.14－11/7.151

張子釋要　（宋）張載撰　（清）李元春注釋
清刻本　一冊

310000－0242－0002289　G25.14－5/6.674

正蒙會稿四卷　（明）劉璣著　清光緒二十二
年（1896）長沙李氏刻本　二冊

310000－0242－0002290　G25.14－5/7.21

正蒙初義十七卷　（清）王植輯錄　清雍正元
年（1723）刻本　八冊

310000－0242－0002291　G25.14－5/7.21C2

正蒙初義十七卷　（清）王植輯錄　清雍正元
年（1723）刻本　六冊

310000－0242－0002292　G25.19－6/7.407

安定言行錄二卷　（清）許正綏輯　清光緒六
年（1880）苕溪丁氏刻本　一冊

310000 – 0242 – 0002293　G25.2 – 16/5.98

濂關三書附正蒙　（宋）朱熹注　清雍正元年（1723）刻本　八冊

310000 – 0242 – 0002294　G25.2 – 2/5.556

二程粹言二卷　（宋）楊時編　清同治五年（1866）正誼堂刻本　一冊

310000 – 0242 – 0002295　G25.3 – 6/5.98

伊洛淵源錄十四卷　（宋）朱熹撰　（清）張伯行訂　清同治五年（1866）福州正誼堂刻本　一冊

310000 – 0242 – 0002296　G25.5 – 14/7.428A

廣近思錄十四卷　（清）張伯行輯　清同治五年（1866）福州正誼堂刻本　一冊

310000 – 0242 – 0002297　G25.5 – 21/7.428

續近思錄十四卷　（清）張伯行輯注　清同治九年（1870）福州正誼書院刻本　一冊

310000 – 0242 – 0002298　G25.5 – 4/7.265

五子近思錄發明十四卷　（清）施璜輯纂　清光緒十五年（1889）新繁沈氏家塾刻本　八冊

310000 – 0242 – 0002299　G25.5 – 6/5.98

朱子近思錄十四卷　（宋）朱熹　（宋）呂祖謙同編　（清）朱顯祖輯　清光緒二十八年（1902）紹宅刻本　一冊

310000 – 0242 – 0002300　G25.5 – 6/5.98A

朱子語類一百四十卷　（宋）朱熹撰　清同治十一年（1872）應元書院刻本　十冊

310000 – 0242 – 0002301　G25.5 – 6/5.98AC2

朱子語類一百四十卷　（宋）朱熹撰　清同治十一年（1872）應元書院刻本　十冊

310000 – 0242 – 0002302　G25.5 – 6/5.98AC3

朱子語類一百四十卷　（宋）朱熹撰　清同治十一年（1872）應元書院刻本　四十冊

310000 – 0242 – 0002303　G25.5 – 6/6.80

朱子學的二卷　（明）丘濬輯　清同治五年（1866）福州正誼書局刻本　一冊

310000 – 0242 – 0002304　G25.5 – 6/7.2

御纂朱子全書六十六卷　（清）聖祖玄燁纂

清同治八年（1869）刻本　二十六冊

310000 – 0242 – 0002305　G25.5 – 6/7.2C2

御纂朱子全書六十六卷　（清）聖祖玄燁纂　清同治八年（1869）成都書局刻本　四十冊

310000 – 0242 – 0002306　G25.5 – 6/7.2C3

御纂朱子全書六十六卷　（清）聖祖玄燁纂　清康熙五十三年（1714）刻本　八冊　存六十四卷（一至四十八、五十一至六十六）

310000 – 0242 – 0002307　G25.5 – 6/7.428

朱子語類輯畧八卷　（清）張伯行訂　清同治五年（1866）福州正誼書院刻本　一冊

310000 – 0242 – 0002308　G25.5 – 6/7.661

朱子學歸二十三卷　（清）鄭端撰　清光緒五年（1879）定州王氏謙德堂刻本　四冊

310000 – 0242 – 0002309　G25.5 – 8/7.428C2

近思錄集解十四卷　（清）張伯行集解　清同治五年（1866）福州正誼書局刻本　一冊

310000 – 0242 – 0002310　G25.5 – 8/7.84

近思錄集注十四卷附考訂朱子世家一卷校勘記一卷　（清）江永集注　清同治八年（1869）江蘇書局刻本　四冊

310000 – 0242 – 0002311　G25.5 – 8/7.84C2

近思錄集解十四卷附考訂朱子世家一卷校勘記一卷　（清）江永集注　清同治八年（1869）江蘇書局刻本　四冊

310000 – 0242 – 0002312　G25.5 – 8/7.84C3

近思錄集解十四卷附考訂朱子世家一卷校勘記一卷　（清）江永集注　清同治八年（1869）江蘇書局刻本　二冊

310000 – 0242 – 0002313　G25.5 – 8/7.84C6

近思錄集注十四卷附考訂朱子世家一卷校勘記一卷　（清）江永集注　清光緒十五年（1889）掃葉山房刻本　二冊

310000 – 0242 – 0002314　G25.5 – 8/7.84C7

近思錄集解十四卷附考訂朱子世家一卷校勘記一卷　（清）江永集注　王鼎校次　清光緒十一年（1885）江西書局刻本　二冊

310000－0242－0002315　G25.5－8/7.84C8

近思錄集注十四卷附考訂朱子世家一卷校勘記一卷　（清）江永集注　王鼎校次　清光緒維新局刻本　四冊

310000－0242－0002316　G25.5－8/7.84C9

近思錄集注十四卷附考訂朱子世家一卷校勘記一卷　（清）江永集注　王鼎校次　清光緒二十七年(1901)上海文瑞樓刻本　一冊

310000－0242－0002317　G25.57－9/7.730

述朱質疑十六卷　（清）夏炘撰　清咸豐七年(1857)景紫山房刻本　四冊

310000－0242－0002318　G25.6－11/7.15

陸象山先生集節要六卷年譜一卷　（清）方宗誠編　清同治七年(1868)皖城撫署刻本　三冊

310000－0242－0002319　G25.7－15/5.441

潛室陳先生木鍾集十一卷　（宋）陳埴撰　清同治六年(1867)東甌郡齋刻本　四冊

310000－0242－0002320　G25.7－15/5.441C2

潛室陳先生木鍾集十一卷　（宋）陳埴撰　清同治六年(1867)東甌郡齋刻本　八冊

310000－0242－0002321　G25.7－4/5.369

心經政經合編　（宋）真德秀輯　清末江蘇書局刻本　一冊

310000－0242－0002322　G25.7－4/5.369C2

心經政經合編　（宋）真德秀輯　清末江蘇書局刻本　一冊

310000－0242－0002323　G25.7－4/5.369C3

心經政經合編　（宋）真德秀輯　清末江蘇書局刻本　一冊

310000－0242－0002324　G25.7－5/5.441

北溪先生字義二卷附補遺　（宋）陳淳撰（清）王雋集編　清康熙五十三年(1714)愛荊堂刻本　一冊

310000－0242－0002325　G25.7－5/5.441C2

北溪先生字義二卷附補遺　（宋）陳淳撰（清）王雋集編　清光緒九年(1883)學海堂刻

本　一冊

310000－0242－0002326　G25.7－6/5.368

西山先生真文忠公讀書記四十卷　（宋）真德秀撰　清咸豐七年(1857)刻本　二十冊

310000－0242－0002327　G25.7－8/5.170

東萊呂紫微雜說　（宋）呂本中撰　清光緒二年(1876)吳興陸氏十萬卷樓刻本　一冊

310000－0242－0002328　G25.7－8/5.170C2

東萊呂紫微雜說　（宋）呂本中撰　清光緒二年(1876)吳興陸氏十萬卷樓刻本　一冊

310000－0242－0002329　G25.9－17/57.674

隱居通議三十一卷　（元）劉壎撰　清嘉慶六年(1801)愛餘堂刻本　四冊

310000－0242－0002330　G26－8/7.491

明儒學案六十二卷　（清）黃宗羲撰　清光緒十四年(1888)南昌刻本　三十二冊

310000－0242－0002331　G26－8/7.491C3

明儒學案六十二卷　（清）黃宗羲撰　清光緒十四年(1888)南昌刻本　十冊

310000－0242－0002332　G26－8/7.491C7

明儒學案六十二卷　（清）黃宗羲撰　清光緒八年(1882)慈谿二老閣刻本　二十四冊

310000－0242－0002333　G26－8/7.491C8

明儒學案六十二卷　（清）黃宗羲撰　清光緒八年(1882)慈谿二老閣刻本　六冊

310000－0242－0002334　G26－8/7.491C9

明儒學案六十二卷　（清）黃宗羲撰　清光緒十四年(1888)南昌刻本　四十冊

310000－0242－0002335　G26.1－17/6.731C2

薛文清公讀書錄七卷續錄二卷　（明）薛瑄撰　清乾隆十一年(1746)刻本　四冊

310000－0242－0002336　G26.1－9/6.271

胡敬齋先生居業錄八卷　（明）胡居仁撰（清）張伯行重訂　清同治五年(1866)福州正誼堂刻本　一冊

310000－0242－0002337　G26.1－9/6.271B

胡敬齋先生居業錄八卷 （明）胡居仁撰 清
康熙四十七年(1708)福州正誼堂刻本 四冊

310000－0242－0002338 G26.1－9/6.674

郁離子二卷 （明）劉基撰 清嘉慶十年
(1805)江蘇常熟張氏照曠閣刻本 四冊

310000－0242－0002339 G26.4－4/6.393

王陽明先生傳習錄 （明）王守仁撰 （明）徐
愛編 清光緒三十二年(1906)上海國學保存
會鉛印本 一冊

310000－0242－0002340 G26.4－4/7.271

王陽明先生書疏證四卷 （清）胡泉疏證 清
咸豐八年(1858)刻本 四冊

310000－0242－0002341 G26.9－1/6.434

一菴唐先生語錄一卷 （明）陸秼輯 明嘉靖
四十四年(1565)刻本 一冊

310000－0242－0002342 G26.9－12/6.535

閑闢錄十卷 （明）程瞳輯 清光緒十八年
(1892)清麓山房刻本 二冊

310000－0242－0002343 G26.9－13/6.756

魁林漫錄 （明）瞿式耜撰 清光緒十六年
(1890)江蘇書局刻本 一冊

310000－0242－0002344 G26.9－13/6.756C2

魁林漫錄 （明）瞿式耜撰 清光緒十六年
(1890)江蘇書局刻本 一冊

310000－0242－0002345 G26.9－13/6.756C3

魁林漫錄 （明）瞿式耜撰 清光緒十六年
(1890)江蘇書局刻本 一冊

310000－0242－0002346 G26.9－19/6.477

關中四先生要語錄四卷附關中三先生要語錄
四卷 （明）馮從吾輯 清刻本 二冊 存七
卷(關中四先生要語錄四卷、關中三先生要語
錄二至四)

310000－0242－0002347 G26.9－7/6.170

呂語集粹四卷首一卷 （明）呂坤撰 （清）陳
宏謀批評 清光緒五年(1879)至清末江左書
林石印本 二冊

310000－0242－0002348 G26.9－7/6.170B

呂語集粹四卷 （明）呂坤撰 清光緒十三年
(1887)刻本 一冊 存二卷(三至四)

310000－0242－0002349 G26.9－8/6.170

呻吟語六卷 （明）呂坤撰 清道光七年
(1827)成都冬青寄廬刻本 二冊

310000－0242－0002350 G26.9－8/6.170C2

呻吟語六卷 （明）呂坤撰 清同治十三年
(1874)木犀山房刻本 一冊

310000－0242－0002351 G27－14/7.441

漢儒通義七卷 （清）陳澧撰 清咸豐六年
(1856)刻本 二冊

310000－0242－0002352 G27－14/7.441C2

漢儒通義七卷 （清）陳澧撰 清咸豐六年
(1856)刻本 二冊

310000－0242－0002353 G27－14/7.84

國朝漢學師承記八卷附經師經義目錄一卷宋
學淵源記二卷附記一卷 （清）江藩纂 清咸
豐四年(1854)南海伍氏刻本 四冊

310000－0242－0002354 G27－14/7.84C2

國朝漢學師承記八卷附經師經義目錄一卷宋
學淵源記二卷附記一卷 （清）江藩纂 清光
緒二十二年(1896)寶慶勸學社刻本 一冊

310000－0242－0002355 G27－14/7.84C3

國朝漢學師承記八卷附經師經義目錄一卷宋
學淵源記二卷附記一卷 （清）江藩纂 清光
緒二十二年(1896)長沙周大文堂刻本 四冊

310000－0242－0002356 G27－16/7.337C2

學案小識十四卷首一卷末一卷 （清）唐鑑撰
清光緒十年(1884)刻本 十二冊

310000－0242－0002357 G27－16/7.337C3

學案小識十四卷首一卷末一卷 （清）唐鑑撰
清光緒十年(1884)刻本 四冊

310000－0242－0002358 G27－16/7.337C4

學案小識十四卷首一卷末一卷 （清）唐鑑撰
清光緒十年(1884)刻本 三冊

310000－0242－0002359 G27－16/7.337C5

學案小識十四卷首一卷末一卷 （清）唐鑑撰

清光緒十年(1884)刻本　三冊

310000－0242－0002360　G27.1－11/7.434

陸桴亭先生文集五卷　（清）陸世儀撰　清光緒九年(1883)廣仁堂刻本　一冊　存二卷(一至二)

310000－0242－0002361　G27.1－14/7.151

榕村語錄三十卷　（清）李光地撰　清乾隆元年(1736)李清植刻本　十冊

310000－0242－0002362　G27.1－16/7.428

學道六書六卷道一錄五卷　（清）張沐撰　清康熙三十四年(1695)敦臨堂刻本　四冊

310000－0242－0002363　G27.1－16/7.486

儒門法語一卷　（清）彭定求原編　（清）湯金釗輯要　清光緒元年(1875)江蘇學政署刻本　一冊

310000－0242－0002364　G27.1－16/7.486C2

儒門法語一卷　（清）彭定求原編　（清）湯金釗輯要　清光緒元年(1875)江蘇學政署刻本　一冊

310000－0242－0002365　G27.1－16/7.486A

儒門法語輯要　（清）彭定求原編　（清）湯金釗輯要　清光緒十六年(1890)浙江書局刻本　一冊

310000－0242－0002366　G27.1－19/7.271

繹志十九卷　（清）胡承諾撰　清同治十一年(1872)浙江書局刻本　八冊

310000－0242－0002367　G27.1－19/7.271C2

繹志十九卷　（清）胡承諾撰　清同治十一年(1872)浙江書局刻本　二冊

310000－0242－0002368　G27.1－19/7.271C3

繹志十九卷　（清）胡承諾撰　清同治十一年(1872)浙江書局刻本　二冊

310000－0242－0002369　G27.1－19/7.271C4

繹志十九卷　（清）胡承諾撰　清同治十一年(1872)浙江書局刻本　八冊

310000－0242－0002370　G27.1－2/7.151

二曲粹言四卷　（清）李顒撰　（清）吳鳳藻輯

清同治五年(1866)刻本　一冊

310000－0242－0002371　G27.1－2/7.151B

二曲集要五卷　（清）李顒撰　清光緒三年(1877)上海刻本　一冊

310000－0242－0002372　G27.1－22/7.271

讀書說四卷附年譜一卷　（清）胡承諾撰　清光緒十七年(1891)三餘草堂刻本　三冊

310000－0242－0002373　G27.1－9/7.434

思辨錄輯要二十二卷附後集十三卷　（清）陸世儀撰　清光緒三年(1877)江蘇書局刻本　四冊

310000－0242－0002374　G27.1－9/7.434C2

思辨錄輯要二十二卷附後集十三卷　（清）陸世儀撰　清光緒三年(1877)江蘇書局刻本　四冊

310000－0242－0002375　G27.1－9/7.434C3

思辨錄輯要二十二卷附後集十三卷　（清）陸世儀撰　清光緒三年(1877)江蘇書局刻本　六冊

310000－0242－0002376　G27.2－18/7.749B

顏氏學記十卷　（清）戴望撰　清同治十年(1871)冶城山館刻本　四冊

310000－0242－0002377　G27.3－12/7.753

棉陽學準五卷　（清）藍鼎元著　清閑存堂刻本　三冊

310000－0242－0002378　G27.4－11/7.135

理學逢源十二卷　（清）汪紱編　清光緒二十三年(1897)刻本　十二冊

310000－0242－0002379　G27.4－7/7.428

困學錄集粹八卷　（清）張伯行撰　清同治五年(1866)福州正誼書局刻本　一冊

310000－0242－0002380　G27.43－10/7.749

原善三卷附音義　（清）戴震撰　清光緒三十一年(1905)國學保存會鉛印本　一冊

310000－0242－0002381　G27.5－8/7.434

松陽鈔存二卷　（清）陸隴其撰　清同治九年(1870)刻本　一冊

310000－0242－0002382　G27.6－10/7.471
浮邱子十二卷　（清）湯鵬撰　清宣統二年
(1910)上海掃葉山房石印本　六冊

310000－0242－0002383　G27.6－10/7.471C2
浮邱子十二卷　（清）湯鵬撰　清同治四年
(1865)刻本　四冊

310000－0242－0002384　G27.6－10/7.471C3
浮邱子十二卷　（清）湯鵬撰　清同治四年
(1865)刻本　四冊

310000－0242－0002385　G27.6－12/7.15
跋南雷文定一卷　（清）方東樹撰　清宣統元
年(1909)江浦陳氏刻本　一冊

310000－0242－0002386　G27.6－16/7.98
學述三卷首一卷　（清）朱滋澤撰　清光緒十
四年(1888)朱氏刻本　一冊

310000－0242－0002387　G27.6－3/7.15
大意尊聞三卷附錄一卷　（清）方東樹撰　清
同治五年(1866)方氏刻本　一冊

310000－0242－0002388　G27.6－6/7.15
向果微言二卷　（清）方東樹撰　清光緒十六
年(1890)刻本　三冊

310000－0242－0002389　G27.6－7/7.15
志學錄八卷續錄三卷　（清）方宗誠撰　清光
緒三年(1877)刻本　三冊

310000－0242－0002390　G27.7－13/7.491
經訓比義三卷　（清）黃以周撰　清光緒二十
二年(1896)江陰南菁講舍刻本　一冊

310000－0242－0002391　G27.7－13/7.491C2
經訓比義三卷　（清）黃以周撰　清光緒二十
二年(1896)江陰南菁講舍刻本　一冊

310000－0242－0002392　G27.7－13/7.491C3
經訓比義三卷　（清）黃以周撰　清光緒二十
二年(1896)江陰南菁講舍刻本　一冊

310000－0242－0002393　G27.7－20/7.486
懺摩錄一卷　（清）彭兆蓀撰　清光緒二十四
年(1898)東倉書庫刻本　一冊

310000－0242－0002394　G27.9－7/7.471
潛菴先生志學會約一卷附困學錄一卷　（清）
湯斌撰　清光緒四年(1878)江蘇督學使者林
刻本　一冊

310000－0242－0002395　G27.9－7/7.471C2
潛菴先生志學會約一卷附困學錄一卷　（清）
湯斌撰　清光緒四年(1878)江蘇督學使者林
刻本　一冊

310000－0242－0002396　G40－10/8.331
泰西是非學拾級三卷　（英國）庫全英著　李
永慶譯　清宣統三年(1911)上海廣學會鉛印
本　一冊

310000－0242－0002397　G43.65－4/604C2
天演論二卷　（英國）赫胥黎著　嚴復譯　清
光緒二十九年(1903)申江同文社鉛印本　二
冊

310000－0242－0002398　G43.65－4/604C3
天演論二卷　（英國）赫胥黎著　嚴復譯　清
光緒二十九年(1903)申江同文社鉛印本　一
冊

310000－0242－0002399　G50－16/713
穆勒名學甲集八編乙集七編丙集十三編
(英國)穆勒原著　嚴復譯　清光緒三十一年
(1905)金粟齋刻本　三冊

310000－0242－0002400　G50－16/713C2
穆勒名學八篇　（英國）穆勒原著　嚴復譯
清光緒二十八年(1902)金粟齋鉛印本　一冊

310000－0242－0002401　G50－16/713C3
穆勒名學甲集八編乙集七編丙集十三編
(英國)穆勒原著　嚴復譯　清光緒三十一年
(1905)金粟齋刻本　八冊

310000－0242－0002402　G50－16/713C4
穆勒名學甲集八編乙集七編丙集十三編
(英國)穆勒原著　嚴復譯　清光緒三十一年
(1905)金粟齋刻本　八冊

310000－0242－0002403　G75.9－4/7.741
心靈學　（美國）海文撰　（清）顏永京譯　清

光緒十五年(1889)益智書會刻本　一冊

310000 - 0242 - 0002404　G90.8 - 10/7.21
格言彙編五種　(清)王乃徵彙編　清光緒三十四年(1908)鉛印本　八冊

310000 - 0242 - 0002405　G90.8 - 4/7.441
五種遺規五種十七卷　(清)陳宏謀輯　清光緒二十一年(1895)浙江書局刻本　八冊

310000 - 0242 - 0002406　G90.8 - 4/7.441C2
五種遺規五種十七卷　(清)陳宏謀輯　清光緒二十一年(1895)浙江書局刻本　十冊

310000 - 0242 - 0002407　G90.8 - 4/7.441C3
五種遺規五種二十四卷　(清)陳宏謀輯　清道光至清末刻本　三冊

310000 - 0242 - 0002408　G92 - 4/7.402
梁瀛侯先生日省錄　(清)梁文科撰　清光緒六年(1880)刻本　一冊

310000 - 0242 - 0002409　G92 - 7/6.661
見聞日錄　(明)鄭文兆輯　明崇禎四年(1631)刻本　二冊

310000 - 0242 - 0002410　G92.1 - 10/5.326
家山圖書一卷　(宋)□□撰　清抄本　一冊

310000 - 0242 - 0002411　G92.1 - 11/7.135
國朝儒林正論四卷　(清)汪正輯　清道光二十年(1840)刻本　一冊

310000 - 0242 - 0002412　G92.1 - 11/7.223
習是編二卷　(清)屈成霖編　清同治九年(1870)刻本　四冊

310000 - 0242 - 0002413　G92.1 - 13/7.441
聖學入門書三卷　(清)陳瑚撰　清同治十二年(1873)刻本　一冊

310000 - 0242 - 0002414　G92.1 - 2/7.471
人鑑三卷　(清)湯自銘纂輯　清同治十一年(1872)泰興襟江書院刻本　一冊

310000 - 0242 - 0002415　G92.1 - 2/7.530
人範須知六卷　(清)盛隆輯　清同治二年(1863)石竹山房刻本　六冊

310000 - 0242 - 0002416　G92.1 - 2/7.650
人範六卷　(清)蔣元輯　清光緒二十七年(1901)廣雅書局刻本　一冊

310000 - 0242 - 0002417　G92.1 - 3/5.98
小學集解六卷　(宋)朱熹撰　(清)張伯行輯注　清光緒二十七年(1901)廣雅書局刻本　四冊

310000 - 0242 - 0002418　G92.1 - 3/5.98C2
小學集解六卷　(宋)朱熹撰　(清)張伯行輯注　清同治六年(1867)楚北崇文書局刻本　一冊

310000 - 0242 - 0002419　G92.1 - 3/5.98C3
小學集解六卷　(宋)朱熹撰　(明)吳訥集解　清同治八年(1869)江蘇書局刻本　二冊

310000 - 0242 - 0002420　G92.1 - 3/5.98A
小學集注六卷　(宋)朱熹撰　(明)陳選注　清同治二年(1863)吳堂刻本　四冊

310000 - 0242 - 0002421　G92.1 - 3/5.98B
小學纂注六卷　(宋)朱熹撰　(清)高愈纂注　清同治八年(1869)江蘇書局刻本　二冊

310000 - 0242 - 0002422　G92.1 - 3/5.98BC2
小學纂注六卷　(宋)朱熹撰　(清)高愈纂注　清同治八年(1869)江蘇書局刻本　二冊

310000 - 0242 - 0002423　G92.1 - 3/5.98BC3
小學纂注六卷　(宋)朱熹撰　(清)高愈纂注　清同治八年(1869)江蘇書局刻本　二冊

310000 - 0242 - 0002424　G92.1 - 3/7.151
小學弦歌八卷　(清)李元度輯　清光緒五年(1879)刻本　四冊

310000 - 0242 - 0002425　G92.1 - 3/7.151C2
小學弦歌八卷　(清)李元度輯　清光緒五年(1879)刻本　四冊

310000 - 0242 - 0002426　G92.1 - 3/7.151C3
小學弦歌八卷　(清)李元度輯　清光緒五年(1879)刻本　四冊

310000 - 0242 - 0002427　G92.1 - 6/7.135
先正遺規四卷　(清)汪正編　清光緒十九年

（1893）浙江書局刻本　一冊

310000 - 0242 - 0002428　G92.11 - 15/7.428

養正類編十三卷　（清）張伯行撰　清同治五年（1866）福州正誼堂刻本　一冊

310000 - 0242 - 0002429　G92.15 - 12/7.674

曾氏女訓附集字避複　（清）劉鑑撰　清光緒三十三年（1907）刻本　二冊

310000 - 0242 - 0002430　G92.15 - 3/7.21

女四書二卷　（清）王相箋注　清光緒十四年（1888）共賞書局刻本　二冊

310000 - 0242 - 0002431　G92.15 - 3/7.753

女學六卷　（清）藍鼎元撰　清康熙五十七年（1718）刻本　四冊

310000 - 0242 - 0002432　G92.8 - 13/7.3

聖祖仁皇帝庭訓格言一卷　（清）世宗胤禛撰　清末江蘇書局刻本　一冊

310000 - 0242 - 0002433　G92.8 - 13/7.3C2

聖祖仁皇帝庭訓格言一卷　（清）世宗胤禛撰　清末江蘇書局刻本　一冊

310000 - 0242 - 0002434　G92.8 - 19/7.674

藥言二卷冰言十卷冰言補錄十卷　（清）劉鴻業撰　清光緒二十七年（1901）上海養晦堂刻本　四冊

310000 - 0242 - 0002435　G92.8 - 6/7.151

冰言十卷補錄十卷　（清）李惺編　清光緒三十三年（1907）江蘇提學署刻本　二冊

310000 - 0242 - 0002436　G92.8 - 6/7.406

先賢格言　（清）商詩垣輯　清光緒十四年（1888）刻本　一冊

310000 - 0242 - 0002437　G92.8 - 7/7.151

身世準繩二卷楊忠愍公家訓十九條　（清）李迪光編　清同治九年（1870）揚州王彩玉齋刻本　二冊

310000 - 0242 - 0002438　G92.9 - 11/7.471

陰陽鏡　（清）湯承蒙編　清同治元年（1862）刻本　十六冊

310000 - 0242 - 0002439　G92.9 - 12/6.260B

菜根譚　（明）洪應明撰　清常州天甯寺刻本　一冊

310000 - 0242 - 0002440　G92.9 - 12/7.260

菜根譚　（明）洪應明撰　**娑羅館清言**　（明）屠隆著　清光緒元年（1875）揚州藏經禪院刻本　一冊

310000 - 0242 - 0002441　G92.9 - 16/7.692

醒迷錄　（清）醒迷子編　清咸豐七年（1857）信古堂刻本　一冊

310000 - 0242 - 0002442　G92.9 - 6/233

自西徂東五卷　（德國）花之安撰　清光緒十年（1884）中華印務局鉛印本　一冊

310000 - 0242 - 0002443　G92.9 - 9/7.625

宣講博聞錄　調元善社編　清光緒十四年（1888）西樵雲泉仙館刻本　八冊

310000 - 0242 - 0002444　G92.91 - 6/7.402

池上草堂筆記近錄六卷　（清）梁恭辰撰　清同治三年（1864）湘潭文英堂刻本　一冊　存二卷（一至二）

310000 - 0242 - 0002445　G92.91 - 7/7.523

戒淫寶訓二卷　（清）傅伯辰等撰輯　清咸豐九年（1859）刻本　一冊

310000 - 0242 - 0002446　G93 - 10/368

家庭講話三卷　（美國）格萊夫斯撰　清光緒三十年（1904）上海美華書局鉛印本　一冊

310000 - 0242 - 0002447　G93 - 12/7.21

閑家編八卷　（清）王士俊輯　清道光二十三年（1843）曙海樓刻本　六冊

310000 - 0242 - 0002448　G93 - 12/7.527

曾文正公家訓二卷　（清）曾國藩撰　清光緒刻本　一冊

310000 - 0242 - 0002449　G93 - 12/7.575

復初集一卷　（清）鄒文瀚撰　清同治十二年（1873）古虞思誠齋刻本　一冊

310000 - 0242 - 0002450　G93 - 13/7.566

葛氏語錄一卷　（清）葛鍾秀撰　清光緒三十

四年(1908)鉛印本　一冊

310000－0242－0002451　G93－13/752

楊忠愍公傳家寶訓全集　(明)楊繼盛撰　清光緒元年(1875)浙湖最樂齋刻本　一冊

310000－0242－0002452　G93－14/7.135

維則編二卷　(清)汪雪梅輯　清道光二十六年(1846)吳門汪氏刻本　一冊

310000－0242－0002453　G93－15/7.428C2

澄懷園語四卷附澄懷主人自訂年譜六卷　(清)張廷玉撰　清光緒六年(1880)龐山刻本　三冊

310000－0242－0002454　G93－15/7.428B

澄懷園語四卷　(清)張廷玉撰　清光緒二十六年(1900)乾元堂木活字印本　一冊

310000－0242－0002455　G93－16/7.428B

篤素堂集摘錄　(清)張英撰　清同治十三年(1874)內自省齋刻本　一冊

310000－0242－0002456　G93－16/7.428C

篤素堂集鈔三卷　(清)張英撰　清光緒十七年(1891)江蘇書局刻本　一冊

310000－0242－0002457　G93－18/7.135C2

雙節堂庸訓六卷　(清)汪輝祖撰　清乾隆五十九年(1794)刻本　一冊

310000－0242－0002458　G93－2/752

二十四悌圖　(□)□□編　清末石印本　一冊

310000－0242－0002459　G93－3/7.674

子問二卷又問一卷　(清)劉沅撰　清咸豐二年(1852)豫誠堂刻本　三冊

310000－0242－0002460　G93－7/7.389

孝弟圖說二卷　(清)倭仁編　清同治十三年(1874)武林有容齋刻本　一冊

310000－0242－0002461　G93.3－3/6.170C2

小兒語一卷女小兒語一卷　(明)呂得勝撰　清同治六年(1867)徐傳善刻本　一冊

310000－0242－0002462　G95－16/7.252

學界罪言　(清)知恥社撰　清光緒三十三年(1907)石印本　一冊

310000－0242－0002463　G95－16/7.252C2

學界罪言　(清)知恥社撰　清光緒三十三年(1907)石印本　一冊

310000－0242－0002464　G95－4/8.765

文昌帝君陰騭文　劉春霖書　清光緒三十一年(1905)石印本　一冊

310000－0242－0002465　G99－12/7.98

無欺錄二卷　(清)朱用純撰　清光緒二十六年(1900)玉山書院刻本　一冊

310000－0242－0002466　G99－2/6.674

人譜類記增訂六卷附人譜二編　(明)劉宗周撰　清光緒三年(1877)湖北崇文書局刻本　一冊

310000－0242－0002467　G99－2/6.674C2

人譜類記增訂六卷附人譜二編　(明)劉宗周撰　清光緒元年(1875)湖北崇文書局刻本　一冊

310000－0242－0002468　G99.91－8/7.151

青龍偃月刀四卷　(清)李國珍輯　清光緒五年(1879)上海申報館鉛印本　四冊

310000－0242－0002469　SG20.8－13/6.760

道德南華二經評注合刻　(明)歸有光輯　(明)文震孟訂　明天啓四年(1624)刻本　四冊

310000－0242－0002470　SG20.8－20/7.787

嚴鐵橋抄子書六種　(清)嚴可均校　清嘉慶七年(1802)烏程嚴可均抄本　五冊

310000－0242－0002471　SG20.8－3/5.211

三子口義三種　(宋)林希逸撰　明萬曆二年(1574)刻本　十六冊

310000－0242－0002472　SG20.8－3/6.248

子彙二十四種三十四卷　(明)周子義編　明萬曆五年(1577)刻本　十六冊

310000－0242－0002473　SG20.8－4/6.791

六子全書六種　(明)顧春輯　明嘉靖十二年

(1533)吳郡顧氏世德堂刻本　三十二冊

310000－0242－0002474　SG21.1－8/7.84

河洛精蘊九卷　（清）江永撰　清乾隆三十九年（1774）刻本　四冊

310000－0242－0002475　SG21.2－11/7.420

逸語十卷　（清）曹庭棟輯　清乾隆十二年（1747）刻本　三冊

310000－0242－0002476　SG21.23－4/24.21

孔子家語十卷　（三國魏）王肅注　明長洲章右之刻本　六冊

310000－0242－0002477　SG21.251－3/5.368

大學衍義四十三卷　（宋）真德秀撰　元坊刻本　二十四冊

310000－0242－0002478　SG21.251－3/6.375

大學衍義補摘要四卷　（明）孫應奎撰　明嘉靖十二年（1533）劉氏安正堂刻本　四冊

310000－0242－0002479　SG21.27－10/15.384C4

荀子二十卷　（戰國）荀況撰　（唐）楊倞注　明刻本　十冊

310000－0242－0002480　SG21.27－10/15.384C5

荀子二十卷　（戰國）荀況撰　（唐）楊倞注　明嘉靖十二年（1533）吳郡世德堂刻本　六冊

310000－0242－0002481　SG21.27－10/15.384C9

荀子二十卷附校勘補遺　（戰國）荀況撰（唐）楊倞注　清乾隆五十一年（1786）嘉善謝氏安雅堂刻本　四冊

310000－0242－0002482　SG21.31－13/57.164

道德真經注四卷　（元）吳澄注　清乾隆二年（1737）致和堂刻本　一冊

310000－0242－0002483　SG21.31－6/2.200

老子道德真經二卷附莊子南華真經四卷（漢）河上公章句　明刻本　五冊

310000－0242－0002484　SG21.31－6/6.126

老子通二卷莊子通八卷　（明）沈一貫撰　明萬曆二十七年（1599）刻本　五冊

310000－0242－0002485　SG21.31－6/6.525

老子翼三卷　（明）焦竑輯　明萬曆十六年（1588）刻本　三冊

310000－0242－0002486　SG21.31－6/6.525A

老子翼二卷　（明）焦竑輯　明萬曆十六年（1588）刻本　二冊

310000－0242－0002487　SG21.31－6/6.731

老子集解二卷附老子攷異一卷　（明）薛蕙撰　明嘉靖十五年（1536）刻本　二冊

310000－0242－0002488　SG21.32－6/3.428

列子八卷　（晉）張湛注　清光緒二年（1876）浙江書局刻本　一冊

310000－0242－0002489　SG21.32－6/4.700

列子八卷　（唐）盧重元注　清嘉慶八年（1803）江都秦氏石研齋刻本　二冊

310000－0242－0002490　SG21.33－11/15.454

莊子南華真經四卷　（戰國）莊周撰　明刻本　四冊

310000－0242－0002491　SG21.33－11/6.525

莊子翼八卷莊子闕誤一卷附錄一卷　（明）焦竑撰　明萬曆十六年（1588）刻本　八冊

310000－0242－0002492　SG21.33－9/15.454

南華真經十卷　（戰國）莊周撰　明萬曆九年（1581）陳楠刻本　四冊

310000－0242－0002493　SG21.33－9/3.412

南華經十六卷　（晉）郭象注　（明）王世貞評點　明刻五色套印本　八冊

310000－0242－0002494　SG21.33－9/6.15

南華真經旁注五卷　（明）方虛名輯注　明刻本　五冊

310000－0242－0002495　SG21.33－9/6.434

南華真經副墨八卷　（明）陸西星撰　明萬曆六年（1578）寫刻本　十六冊

310000－0242－0002496　SG21.33－9/6.441

南華真經本義十六卷附錄八卷　（明）陳治安撰　清道光十五年（1835）刻本　十冊

310000－0242－0002497　SG21.33－9/7.393

南華經四卷　（清）徐廷槐鈔　清乾隆元年(1736)刻本　四冊

310000－0242－0002498　SG21.41－15/6.342
墨子十五卷　（明）李贄選　（明）郎兆玉評明堂策檻刻本　二冊

310000－0242－0002499　SG21.6－14/6.556
合刻管韓二子四十四卷　（明）葛鼎等訂　明刻本　七冊　存三十卷(管子一至二十四、韓子一至六)

310000－0242－0002500　SG21.61－14/15.613
管子二十四卷　（春秋）管仲撰　明閔氏刻朱墨套印本　十冊

310000－0242－0002501　SG21.61－14/15.613
管子二十四卷　（春秋）管仲撰　（唐）房玄齡注　明萬曆十年(1582)常熟趙用賢刻本　四冊

310000－0242－0002502　SG21.67－17/15.722C5
韓非子二十卷　（戰國）韓非撰　明閔氏刻本　七冊

310000－0242－0002503　SG21.67－17/15.722B
韓非子二十卷　（戰國）韓非撰　明萬曆新安吳勉學刻本　四冊

310000－0242－0002504　SG21.67－17/15.722C
韓非子二卷　（戰國）韓非撰　（明）張榜輯（明）吳貫校勘　明萬曆刻本　二冊

310000－0242－0002505　SG21.69－5/6.37
新刊孔部元法題四六參語二卷　（明）孔貞運撰　明萬曆二十八年(1600)刻本　二冊

310000－0242－0002506　SG21.87－7/19.170
呂氏春秋二十六卷　（秦）呂不韋撰　（漢）高誘注　明刻本　十冊

310000－0242－0002507　SG21.87－7/19.170C5
呂氏春秋二十六卷　（秦）呂不韋撰　（漢）高誘注　明閔氏刻朱墨套印本　八冊

310000－0242－0002508　SG22.2－11/2.674AC2
淮南鴻烈解二十一卷　（漢）劉安撰　明閔氏刻朱墨套印本　八冊

310000－0242－0002509　SG22.2－11/2.674B
淮南鴻烈解十七卷　（漢）劉安撰　（漢）高誘注　清影刻本　十冊

310000－0242－0002510　SG22.2－11/2.674C
淮南鴻烈解二十一卷　（漢）劉安撰　（漢）許慎注　清光緒二年(1876)浙江書局刻本　六冊

310000－0242－0002511　SG22.2－11/7.454
淮南子二十一卷　（漢）劉安撰　（漢）高誘注　清乾隆五十三年(1788)刻本　六冊

310000－0242－0002512　SG22.4－14/2.674
說苑二十卷　（漢）劉向撰　明刻本　四冊

310000－0242－0002513　SG22.4－14/2.674A
劉向說苑二十卷　（漢）劉向撰　明嘉靖刻本　六冊

310000－0242－0002514　SG22.5－12/2.488
纂圖互注揚子法言十卷　（漢）揚雄撰　（晉）李軌　（唐）柳宗元　（宋）宋咸　（宋）吳祕（宋）司馬光注　元建陽刻本　二冊

310000－0242－0002515　SG22.5－8/2.488
法言十卷　（漢）揚雄　（清）潘焯校　清乾隆五十六年(1791)金谿王氏刻本　一冊

310000－0242－0002516　SG22.7－15/2.21
論衡三十卷　（漢）王充撰　明通津草堂刻本　六冊

310000－0242－0002517　SG22.7－15/2.21C2
論衡三十卷　（漢）王充撰　明通津草堂刻本　十冊

310000－0242－0002518　SG22.7－15/2.21C7
論衡三十卷　（漢）王充撰　（明）劉光斗評　明天啓六年(1626)刻本　六冊

310000－0242－0002519　SG23.91－4/37.21
中說十卷　（隋）王通撰　（宋）阮逸注　明嘉靖九年(1530)世德堂刻本　四冊

310000－0242－0002520　SG25－4/6.362
心學直指五卷　（明）郝敬輯　明萬曆二十二年(1594)刻本　五冊

310000－0242－0002521　SG25－8/6.2

新鐫性理奧十卷首圖說　（明）丁進撰　明崇禎元年(1628)刻本　六冊

310000－0242－0002522　SG25－8/6.271

性理大全書七十卷　（明）胡廣等纂　明永樂十三年(1415)刻本　三十二冊

310000－0242－0002523　SG25－8/6.271

性理大全書七十卷　（明）胡廣等纂　明弘治八年(1495)魏氏仁寶堂刻本　三十二冊

310000－0242－0002524　SG25－8/7.151C2

御纂性理精義十二卷　（清）李光地等纂　清康熙五十六年(1717)刻本　八冊

310000－0242－0002525　SG25－8/7.151C3

御纂性理精義十二卷　（清）李光地等纂　清康熙五十六年(1717)刻本　六冊

310000－0242－0002526　SG25.14－5/7.151

安溪先生注解正蒙二卷　（清）李光地撰　清刻本　一冊

310000－0242－0002527　SG25.3－6/6.717

伊洛淵源續錄六卷　（明）謝鐸撰　明嘉靖四十四年(1565)刻本　四冊

310000－0242－0002528　SG25.5－6/7.2

御纂朱子全書六十六卷　（清）聖祖玄燁纂　清康熙刻本　二十四冊

310000－0242－0002529　SG25.5－8/7.305

近思錄集注十四卷　（清）茅星來注　清道光三年(1823)刻本　一冊

310000－0242－0002530　SG25.5－8/7.428

近思錄集解十四卷　（清）張伯行集解　清乾隆元年(1736)維揚安定書院刻本　四冊

310000－0242－0002531　SG26－10/6.562

草木子四卷　（明）葉子奇撰　清乾隆二十七年(1762)莫友芝刻本　四冊

310000－0242－0002532　SG26.9－7/6.775

困知記二卷續二卷三續一卷四續一卷續補一卷附錄一卷　（明）羅欽順撰　清康熙七年(1668)刻本　三冊

310000－0242－0002533　SG26.9－7/6.98

見羅李先生南中問辨錄要十卷　（明）朱萬元輯　明萬曆二十二年(1594)愛成堂刻本　四冊

310000－0242－0002534　SG27.2－18/7.749

顏氏學記十卷　（清）戴望撰　清蛻廬朱氏鉛印本　四冊

310000－0242－0002535　SG27.4－12/7.128

勞餘山先生遺書十卷附錄一卷　（清）勞史撰　（清）沈廷芳輯　（清）桑調元編　清乾隆三十年(1765)須友堂刻本　二冊

310000－0242－0002536　SG43.65－4/604A

天演論二卷　（英國）赫胥黎著　清光緒二十二年(1896)沔陽盧氏慎始基齋刻本　一冊

310000－0242－0002537　SG90.1－4/6.30

五倫書六十二卷　（明）宣宗朱瞻基撰　明刻本　八冊

310000－0242－0002538　SG93－12/7.761

寒松堂庸言　（清）魏象樞撰　清刻本　一冊

310000－0242－0002539　SG93.3－3/6.170

小兒語一卷女小兒語一卷　（明）呂得勝撰　明萬曆四十五年(1617)刻本　一冊

310000－0242－0002540　H20－7/7.556

佛教初學課本一卷　（清）楊文會述　清光緒三十二年(1906)金陵刻經處刻本　一冊

310000－0242－0002541　H20－14/33.576

維摩詰所說經三卷　（後秦）釋鳩摩羅什譯　清同治九年(1870)金陵刻經處刻本　一冊

310000－0242－0002542　H20－14/33.576C2

維摩詰所說經三卷　（後秦）釋鳩摩羅什譯　清同治九年(1870)金陵刻經處刻本　一冊

310000－0242－0002543　H20－14/33.576C3

維摩詰所說經三卷　（後秦）釋鳩摩羅什譯　清同治九年(1870)金陵刻經處刻本　一冊

310000－0242－0002544　SH20－15/7.524

閱藏知津四十四卷總目四卷　（明）釋智旭編　清康熙四十八年(1709)刻本　十二冊

310000 – 0242 – 0002545　H20 – 15/7.524B

閱藏知津四十四卷　（明）釋智旭編　清光緒
十八年(1892)金陵刻經處刻本　十冊

310000 – 0242 – 0002546　SH20.7 – 5/353.617

弘明集十四卷附音釋一卷　（南朝梁）釋僧祐
輯　明萬曆刻本　六冊

310000 – 0242 – 0002547　H20.7 – 8/4.549C3

法苑珠林一百卷　（唐）釋道世撰　清道光七
年(1827)刻本　十三冊

310000 – 0242 – 0002548　H20.7 – 8/4.549C4

法苑珠林一百卷　（唐）釋道世撰　清宣統二
年(1910)常州天寧寺刻本　三十冊

310000 – 0242 – 0002549　H20.7 – 12/7.128

報恩論二卷首一卷附三卷　（清）沈善登撰
清光緒豫恕堂刻本　四冊

310000 – 0242 – 0002550　H20.7 – 14/508

輕世金書四卷　（葡萄牙）陽瑪諾譯　清道光
二十八年(1848)刻本　一冊

310000 – 0242 – 0002551　H21 – 4/4.632

六祖大師法寶壇經不分卷　（唐）釋慧能說
清同治十一年(1872)如皋刻經處刻本　一冊

310000 – 0242 – 0002552　SH21 – 6/4.328

三經合卷　（□）□□輯　元刻本　一冊

310000 – 0242 – 0002553　SH21 – 7/3.239

佛說寂志果經一卷　（晉）釋竺曇無蘭譯　元
刻本　一冊

310000 – 0242 – 0002554　SH21 – 7/46.83

佛說奈女耆域因緣經一卷　（後漢）釋安世高
譯　元刻本　一冊

310000 – 0242 – 0002555　H21 – 7/6.410

佛說阿彌陀經疏鈔五卷　（明）釋袾宏撰　清
光緒二十五年(1899)金陵刻經處刻本　五冊

310000 – 0242 – 0002556　SH21 – 8/33.576C2

金剛般若波羅密經一卷　（後秦）釋鳩摩羅什
譯　清康熙元年(1662)刻本　三冊

310000 – 0242 – 0002557　SH21 – 8/33.576A

金剛般若波羅密經一卷　（後秦）釋鳩摩羅什
譯　清刻本　一冊

310000 – 0242 – 0002558　SH21 – 8/6.393

金剛般若波羅密經二卷　（明）徐雲嶠注　明
萬曆十年(1582)刻本　二冊

310000 – 0242 – 0002559　H21 – 8/7.12

法華大成九卷首二卷　（清）釋大義編　清康
熙三十四年(1695)刻本　十一冊

310000 – 0242 – 0002560　H21 – 13/4.399

大佛頂首楞嚴經十卷　（唐）釋般剌密帝譯
清海鹽徐善願刻本　一冊

310000 – 0242 – 0002561　H21 – 13/4.399A

大佛頂首楞嚴經會解二十卷　（唐）釋般剌密
帝譯　清宣統元年(1909)常州天寧寺刻本
六冊

310000 – 0242 – 0002562　SH21 – 13/46.83

道地經一卷　（後漢）釋安世高譯　元刻本
一冊

310000 – 0242 – 0002563　H21 – 13/6.144

楞嚴經貫珠集十卷　（明）釋戒潤述　清常州
天寧寺刻本　五冊

310000 – 0242 – 0002564　H21 – 13/6.387

楞伽經會譯四卷　（明）釋員珂會譯　清光緒
三十四年(1908)金陵刻經處刻本　一冊

310000 – 0242 – 0002565　H21 – 13/6.609

大佛頂首楞嚴經疏解蒙鈔六十卷　（清）錢謙
益述　清刻本　二十冊

310000 – 0242 – 0002566　SH21 – 13/7.87

楞嚴正脈九卷懸示一卷　（明）釋交光真鑑述
清順治十年(1653)智旨明通刻本　十冊

310000 – 0242 – 0002567　SH21 – 17/351.55

優波離問經一卷　（南朝宋）釋求那跋摩譯
元刻本　一冊

310000 – 0242 – 0002568　SH21.08 – 2/7.3

二十八經同函一百四十七卷　（清）□□編
清雍正十三年(1735)刻本　三十二冊

310000－0242－0002569　H21.08－4/33.576

五經同函五種　(後秦)釋鳩摩羅什譯　清雍正十三年(1735)刻本　八冊

310000－0242－0002570　H21.08－7/33.576

佛經二十二種　(後秦)釋鳩摩羅什譯　清雍正十三年(1735)刻本　十六冊

310000－0242－0002571　H21.08－13/7.546

御錄經海一滴六卷　(清)□□錄　清雍正十三年(1735)刻本　六冊

310000－0242－0002572　H21.1－7/2.289.5

佛說四十二章經附六種　(漢)釋迦葉摩騰譯　清同治九年(1870)金陵刻經處刻本　一冊

310000－0242－0002573　H21.1－7/7.368

佛說阿彌陀經摘要易解　(清)釋真嵩榮譚述　清光緒五年(1879)刻本　一冊

310000－0242－0002574　H21.1－8/242

金剛經直解　(清)純陽子撰　清光緒十五年(1889)陽湖賜福堂刻本　一冊

310000－0242－0002575　SH21.1－15/752

寫經卷子一卷　(□)□□撰　清抄本　二冊

310000－0242－0002576　SH21.2－3/399

大方廣佛華嚴經普賢行願品一卷　(罽賓)釋般若譯　明萬曆三十一年(1603)刻本　一冊

310000－0242－0002577　H21.2－3/4.581C2

大方廣佛華嚴經六十卷　(唐)釋實叉難陀譯　清刻本　一冊

310000－0242－0002578　SH21.2－7/33.576

大乘妙法蓮華經七卷　(後秦)釋鳩摩羅什譯　明刻本　七冊

310000－0242－0002579　H21.5－5/31.239

正法華經十卷　(晉)釋竺法護譯　清宣統元年(1909)常州天寧寺刻本　四冊

310000－0242－0002580　H21.5－7/33.576C2

秀州惠雲院宋梮妙法蓮華經七卷　(後秦)釋鳩摩羅什譯　清同治十年(1871)金陵刻經處刻本　三冊

310000－0242－0002581　H21.5－7/33.576A

妙法蓮華經要解七卷　(後秦)釋鳩摩羅什譯　清光緒三十四年(1908)常州天寧寺刻本　六冊

310000－0242－0002582　H21.5－7/6.663

妙法蓮花經通義二十卷　(明)釋德清述　清光緒三十四年(1908)金陵刻經處刻本　五冊

310000－0242－0002583　H21.6－3/33.703

大般涅槃經四十卷後分二卷　(北涼)釋曇無讖譯　清雍正十三年(1735)刻本　八冊

310000－0242－0002584　H21.6－3/33.703C2

大般涅槃經四十卷後分二卷　(北涼)釋曇無讖譯　清雍正十三年(1735)刻本　八冊

310000－0242－0002585　H21.89－5/37.522.6

四念處四卷　(隋)釋智者撰　清光緒三年(1877)江北刻經處刻本　一冊

310000－0242－0002586　SH22－3/354.368

大乘唯識論一卷　(南朝陳)釋真諦譯　元刻本　一冊

310000－0242－0002587　H22－3/37.89

三論玄義二卷　(隋)釋吉藏撰　清光緒二十五年(1899)金陵刻經處刻本　一冊

310000－0242－0002588　SH22－4/361.703

方便心論一卷　(北魏)釋曇曜譯　元刻本　一冊

310000－0242－0002589　SH22－8/4.55

阿毗達摩藏顯宗論卷第二十一　(唐)釋玄奘譯　元刻本　一冊

310000－0242－0002590　SH22－8/5.189.5

宗鏡錄一百卷　(宋)釋延壽集　清雍正十三年(1735)北京武英殿刻本　二十冊

310000－0242－0002591　H22－11/5.55

唯心訣一卷　(宋)釋永明壽撰　清同治九年(1870)如皋刻經處刻本　一冊

310000－0242－0002592　H22－23/4.55

顯揚聖教論二十卷　(唐)釋玄奘譯　清宣統元年(1909)揚州藏經院刻本　一冊

310000－0242－0002593　SH22.1－3/7.364

大乘起信論科注一卷　（清）桂伯華注　清光緒三十年(1904)廬陵黃氏刻本　一冊

310000－0242－0002594　H22.12－12/3.790.4

菩提資糧論六卷　（隋）釋達摩笈多譯　清宣統三年(1911)常州天寧寺刻本　一冊

310000－0242－0002595　H22.12－4/33.576

中論六卷　（後秦）釋鳩摩羅什譯　清光緒三十三年(1907)揚州刻本　一冊

310000－0242－0002596　H22.93－3/6.2

大明太宗文皇帝御製序讚文一卷　（明）成祖朱棣撰　清後期刻本　一冊

310000－0242－0002597　H22.94－1/4.29

一切經音義二十五卷　（唐）釋元應等撰　清同治八年(1869)寶晉齋刻本　四冊

310000－0242－0002598　SH22.94－1/4.29

一切經音義二十五卷　（唐）釋元應等撰　清道光二十三年(1843)莫友芝抄本　八冊

310000－0242－0002599　H22.94－11/7.485

教乘法數全帙　（清）釋超海等編　清光緒四年(1878)慧空經房刻本　一冊　存五卷(一至五)

310000－0242－0002600　H22.94－18/5.200

翻譯名義集二十卷　（宋）釋法雲編　清同治十二年(1873)江北刻經處刻本　一冊

310000－0242－0002601　H22.94－18/5.200C3

翻譯名義集二十卷　（宋）釋法雲編　清光緒四年(1878)金陵刻經處刻本　二冊

310000－0242－0002602　SH22.94－18/5.200C4

翻譯名義集二十卷　（宋）釋法雲編　明萬曆刻本　十四冊

310000－0242－0002603　H22.96－6/4.592

因明入正理論疏八卷　（唐）釋窺基撰　清光緒二十二年(1896)金陵刻經處刻本　二冊

310000－0242－0002604　H22.96－6/4.592C2

因明入正理論疏八卷　（唐）釋窺基撰　清光緒二十二年(1896)金陵刻經處刻本　二冊

310000－0242－0002605　SH22.99－4/57.416

元至元辨偽錄五卷　（元）釋祥邁撰　明刻本　五冊

310000－0242－0002606　SH23.6－16/4.549

曇無德部四分律刪補隨機羯磨一卷　（唐）釋道宣撰　明滑忠寺刻本　二冊

310000－0242－0002607　H24－4/7.609

天台四教儀集注輔宏記補訂十卷　（元）釋蒙潤排定　清嘉慶二十一年(1816)武林錢氏木活字印本　八冊

310000－0242－0002608　H24.3－4/3.30.7

支遁集二卷　（晉）釋支遁撰　清嘉慶十年(1805)刻本　一冊

310000－0242－0002609　H24.3－16/752

禪門日誦不分卷　（清）比丘隱修寺輯　清同治十二年(1873)比丘隱修寺刻本　一冊

310000－0242－0002610　H25－4/7.12

天后聖母聖蹟圖志二卷　（清）上洋壽恩堂輯　清道光十二年(1832)上洋壽恩堂刻本　二冊

310000－0242－0002611　H25－8/7.525

宗鑑法林七十二卷　（清）集雲堂編　清康熙刻本　十六冊

310000－0242－0002612　SH25.4－8/5.663

林間錄二卷　（宋）釋德洪集　明萬曆十二年(1584)刻本　二冊

310000－0242－0002613　H25.4－8/7.556

金石要言一卷　（清）玉山老人講　清光緒十五年(1889)乾元堂刻本　一冊

310000－0242－0002614　H25.4－9/7.300

省庵法師語錄二卷附西方發願文注東海若解　（清）釋省庵傳　清同治七年(1868)三元堂刻本　一冊

310000－0242－0002615　H25.4－13/5.790.4

萬松老人評唱天童覺和尚頌古從容庵錄十卷　（宋）釋正覺頌古　（元）釋行秀評唱　清光緒七年(1881)姑蘇刻經處刻本　三冊

310000 - 0242 - 0002616　H26 - 11/7.485

重訂教乘法數十二卷　（清）釋超海等撰　清光緒三十四年(1908)常州天寧寺刻本　六冊

310000 - 0242 - 0002617　H26.2 - 9/6.236.5

相宗八要解八卷　（明）釋明昱解　清光緒二十八年(1902)金陵刻經處刻本　三冊

310000 - 0242 - 0002618　H26.2 - 9/6.522.6

相宗八要直解八卷　（明）釋智旭解　清同治九年(1870)金陵刻經處刻本　二冊

310000 - 0242 - 0002619　H26.6 - 8/7.705

宗範八卷　（清）錢伊庵輯　清光緒十二年(1886)金陵刻經處刻本　三冊

310000 - 0242 - 0002620　SH26.6 - 11/6.412

教外別傳十六卷　（明）郭正中彙編　清康熙四年(1665)刻本　六冊

310000 - 0242 - 0002621　SH26.6 - 16/5.489

禪林僧寶傳三十卷　（宋）釋惠洪撰　明刻本　三冊

310000 - 0242 - 0002622　H26.6 - 18/7.46.5

雙溪集四卷　（清）釋月賓撰　清宣統二年(1910)刻本　二冊

310000 - 0242 - 0002623　H26.607 - 4/57.628

天目中峰和尚廣錄三十卷　（元）釋明本撰　清光緒七年(1881)姑蘇刻經處刻本　六冊

310000 - 0242 - 0002624　H26.607 - 4/7.330

仁山和尚寶華語錄一卷　（清）釋海本輯　清香嚴居士刻本　一冊

310000 - 0242 - 0002625　H26.607 - 6/7.271

伏獅祇園禪師語錄二卷　（清）胡超深編　清光緒四年(1878)長沙刻本　一冊

310000 - 0242 - 0002626　SH26.61 - 12/5.588

雲峰悅禪師語錄一卷　（宋）釋齊曉編　宋刻本　一冊

310000 - 0242 - 0002627　H26.61 - 14/7.790.4B

夢東禪師遺集二卷　（清）釋際醒撰　清嘉慶二十二年(1817)隆福寺刻本　一冊

310000 - 0242 - 0002628　H26.61 - 18/5.489

鎮州臨濟慧照禪師語錄一卷　（唐）釋慧然集　宋刻本　一冊

310000 - 0242 - 0002629　H27.6 - 4/7.489

太上感應篇注合鈔二卷　（清）惠棟箋　清同治五年(1866)刻本　一冊

310000 - 0242 - 0002630　H28.266 - 6/7.428

西藏宗教源流考一卷　（清）張其勤撰　清宣統二年(1910)鉛印本　一冊

310000 - 0242 - 0002631　H28.9 - 16/7.285

醒世迷編二卷　（清）郁蓀撰　清同治十二年(1873)上海慈母堂刻本　一冊

310000 - 0242 - 0002632　H29 - 9/6.756

指月錄三十二卷　（明）瞿汝稷撰　清同治十一年(1872)慧空經房刻本　五冊

310000 - 0242 - 0002633　H29.1 - 20/3.52.617.4

釋迦譜十卷　（南朝梁）釋僧祐撰　清光緒三十四年(1908)武昌刻本　四冊

310000 - 0242 - 0002634　H29.3 - 4/5.549

五燈會元五十七卷　（宋）釋普濟撰　清光緒三十四年(1908)長沙刻本　五冊

310000 - 0242 - 0002635　H29.3 - 9/6.2

神僧傳九卷　（明）成祖朱棣撰　清宣統元年(1909)常州天寧寺刻本　四冊

310000 - 0242 - 0002636　H29.3 - 10/353.632AC2

高僧傳初集十五卷　（南朝梁）釋慧皎撰　清光緒十年(1884)金陵刻經處刻本　四冊

310000 - 0242 - 0002637　H29.3 - 15/3.752

蓮社高賢傳一卷　（晉）□□撰　清乾隆五十六年(1791)金谿王氏刻本　一冊

310000 - 0242 - 0002638　H29.34 - 10/4.462

唐大薦福寺故寺主翻經大德法藏和尚傳　（唐）崔致遠輯傳　清光緒二十三年(1897)金陵刻經處刻本　一冊

310000 - 0242 - 0002639　SH29.35 - 11/5.790

寂音尊者智證傳十卷附雲巖寶鏡三昧　（宋）釋覺慈編　明萬曆十三年(1585)刻本　一冊

310000－0242－0002640　H29.39－3/4.632

大慈恩寺三藏法師傳十卷　（唐）釋慧立撰　清宣統元年(1909)常州天寧寺刻本　一冊

310000－0242－0002641　H29.396－16/6.21

曇陽大師傳附事畧遺言　（明）王世貞等撰　清光緒三十四年(1908)周文梓抄本　一冊

310000－0242－0002642　H29.4－3/752

大六壬總鈐畢法衍義　（□）□□撰　清抄本　二十八冊

310000－0242－0002643　H29.8－8/7.253

居士傳一卷　（清）知歸子撰　清乾隆四十年(1775)刻本　二冊

310000－0242－0002644　H29.9－8/7.198

阿育王舍利瑞應集一卷　（清）釋妙然錄　清刻本　一冊

310000－0242－0002645　H30－6/7.645

伍柳仙宗四種　（清）鄧徽續輯　清善成堂刻本　四冊

310000－0242－0002646　H30－11/7.449

唱道真言五卷附唱道直言真詮三卷　（清）通宵子彙輯　清同治十三年(1874)中和堂刻本　一冊

310000－0242－0002647　H30－13/7.752

經濟尋源九卷後集三卷　（清）□□撰　清同治、光緒間白雲山刻本　十二冊

310000－0242－0002648　H30－16/7.393

歷代神仙通鑑二十二卷　（清）徐道纂　清康熙五十一年(1712)刻本　十二冊

310000－0242－0002649　H31－4/7.556

太上洞玄靈寶黃庭內景玉經一卷　（清）楊任芳撰　清乾隆二十一年(1756)古鹽純一觀刻本　一冊

310000－0242－0002650　H31－11/2.761

參同契闡幽七卷悟真篇闡幽三卷附錄一卷　（清）朱元育撰　清康熙六十年(1721)天德堂刻本　九冊

310000－0242－0002651　SH31－13/6.486

道言內外篇六卷　（明）彭好古等集注　明刻本　六冊

310000－0242－0002652　H31－13/752

道祖真源輯要二卷　（清）□□輯　清光緒三年(1877)常州刻本　四冊

310000－0242－0002653　H31.8－6/6.106

伍柳僊宗四種　（明）伍守陽等撰　清宣統二年(1910)善成堂刻本　四冊

310000－0242－0002654　H31.8－13/7.674

道書十二種　（清）劉一明撰　清嘉慶二十四年(1819)常德護國菴刻本　十冊

310000－0242－0002655　H31.8－13/7.790

道藏輯要二十八集二百二十卷附子目八卷　（清）覺源壇編　清光緒三十二年(1906)二仙庵刻本　二百二冊

310000－0242－0002656　H32－8/5.312

周易參同契發揮三卷釋疑一卷　（元）俞琰撰　清同治十年(1871)錢江王詒燕堂刻本　三冊

310000－0242－0002657　H34－6/5.428

如意寶珠二卷　（宋）張君寶鑒定　清空青洞天刻本　一冊

310000－0242－0002658　H34.1－8/7.407

法言會纂五十卷　（清）訥如居士撰　清道光二十四年(1844)凝善堂刻本　十冊

310000－0242－0002659　H35－8/203

性命祕訣語錄一卷　（清）了一忠泉選錄　清抄本　一冊

310000－0242－0002660　H35－10/7.622

能弘集二卷　（清）潘光炬撰　清康熙五十一年(1712)刻本　二冊

310000－0242－0002661　H35－12/5.428

無根樹詞注解　（宋）張君寶鑒定　清空青洞天刻本　一冊

310000－0242－0002662　H35－12/752

惺夢集一卷　（清）□□撰　清光緒三十四年(1908)翼化堂刻本　一冊

310000－0242－0002663　H39－4/7.489C2
太上感應篇集傳四卷　（清）惠棟箋　清光緒
二十六年(1900)刻本　二冊

310000－0242－0002664　H39－4/7.489C3
太上感應篇集傳四卷　（清）惠棟箋　清光緒
二十五年(1899)正定王氏刻本　一冊

310000－0242－0002665　H39－4/7.489A
太上感應篇引經箋注一卷　（清）惠棟箋　清
末石印本　一冊

310000－0242－0002666　H39－6/7.441
西泠仙詠三卷　（清）陳文述撰　清光緒八年
(1882)西泠翠螺仙館刻本　二冊

310000－0242－0002667　H39－8/7.504
金蓋心燈八卷附錄　（清）閔苕旉著　清光緒
二年(1876)雲巢古書隱樓刻本　二冊

310000－0242－0002668　H40.8－13/7.390
道原精萃七種　（法國）倪懷編輯　清光緒十
三年(1887)上海慈母堂鉛印本　八冊

310000－0242－0002669　H41.1－5/7.128
古史參箴四卷　（清）沈則寬撰　清光緒二十
八年(1902)上海慈母堂鉛印本　四冊

310000－0242－0002670　H42－4/7.151
天神譜一卷　（清）李杕撰　清光緒十二年
(1886)上海慈母堂鉛印本　一冊

310000－0242－0002671　H42－4/7.177
天主實義二卷　（意大利）利瑪寶撰　清光緒
三十年(1904)上海慈母堂鉛印本　一冊

310000－0242－0002672　H42－4/7.2
天道溯原三卷　（美國）丁韙良撰　清光緒二
十九年(1903)中國聖教書會鉛印本　一冊

310000－0242－0002673　H42－4/7.94
天主降生言行紀畧一卷　（意大利）艾儒畧撰
　清光緒二十九年(1903)上海慈母堂鉛印本
　一冊

310000－0242－0002674　H42－5/7.79
四終畧意四卷　（西班牙）白多瑪撰　清道光
十六年(1836)刻本　一冊

310000－0242－0002675　H42－6/7.128
地獄信證一卷　（清）沈則寬譯　清光緒二十
七年(1901)上海慈母堂鉛印本　一冊

310000－0242－0002676　H42－8/7.375
性理真詮四卷　（法國）孫璋撰　清光緒十五
年(1889)上海聖母堂鉛印本　四冊

310000－0242－0002677　H42－8/7.375A
性理真詮提綱四卷首一卷　（法國）孫璋撰
清光緒十二年(1886)上海慈母堂鉛印本　一
冊

310000－0242－0002678　H42－8/7.94
性學觕述八卷　（意大利）艾儒畧撰　清同治
十二年(1873)上海慈母堂刻本　二冊

310000－0242－0002679　H42－9/7.98
拯世畧說一卷　（清）朱宗元撰　清光緒五年
(1879)北京救世堂刻本　一冊

310000－0242－0002680　H42－10/7.138
真道自證一卷　（法國）沙守信撰　清嘉慶元
年(1796)刻本　一冊

310000－0242－0002681　H42－11/7.151
理窟九卷　（清）李杕撰　清光緒二十七年
(1901)上海慈母堂鉛印本　四冊

310000－0242－0002682　H42－11/7.211
崇修精蘊十卷　（葡萄牙）林安多編譯　清光
緒十九年(1893)上海慈母堂鉛印本　二冊

310000－0242－0002683　H42－11/7.727
崇修引二十二卷　（清）蕭若瑟譯　清光緒河
間勝世堂鉛印本　十冊

310000－0242－0002684　H42－13/7.401
聖教理證一卷　（清）黃伯祿撰　清光緒三十
年(1904)上海慈母堂鉛印本　一冊

310000－0242－0002685　H42.2－16/7.231
默想寶鑑六卷　（清）阿蒙撰　清宣統元年
(1909)北京救世堂鉛印本　六冊

310000－0242－0002686　H42.9－12/7.491
集說詮真不分卷　（清）黃伯祿輯　清光緒十
一年(1885)上海慈母堂刻本　六冊

310000－0242－0002687　H43－13/7.622

聖體規儀一卷　（意大利）潘國光撰　清光緒
七年(1881)上海慈母堂鉛印本　一冊

310000－0242－0002688　H44－13/7.151

聖體紀一卷　（清）李杕撰　清光緒十九年
(1893)上海慈母堂鉛印本　一冊

310000－0242－0002689　H44－13/8.613

聖教要理問答注解一卷　（西班牙）管宜穆注
　清宣統三年(1911)上海慈母堂鉛印本　一
　冊

310000－0242－0002690　H44.4－4/43

公讚詩一卷　（□）□□撰　清光緒二十二年
(1896)上海美華圖書館鉛印本　一冊

310000－0242－0002691　H45－4/7.177

不得已辯一卷　（意大利）利類思撰　清道光
二十七年(1847)刻本　一冊

310000－0242－0002692　H45－8/7.151

性法學要四卷　（清）李杕撰　清光緒三十年
(1904)上海徐家匯書館鉛印本　一冊

310000－0242－0002693　H45－16/689

遵主聖範四卷　（□）□□編　清後期刻本
四冊

310000－0242－0002694　H45－21/7.151

辯惑巵言一卷　（清）李杕撰　清光緒二十八
年(1902)上海慈母堂鉛印本　一冊

310000－0242－0002695　H45－25/7.370

觀光日本二卷　（清）夏顯德譯　清同治十年
(1871)上海慈母堂刻本　一冊

310000－0242－0002696　H45.2－10/7.389

真教自證一卷　（意大利）晁德蒞撰　清同治
十一年(1872)上海慈母堂刻本　一冊

310000－0242－0002697　H45.2－11/7.233

教化議五卷　（德國）花之安撰　清光緒元年
(1875)廣州真寶堂刻本　一冊

310000－0242－0002698　H45.2－11/7.477

盛世芻蕘五篇首篇一篇　（法國）馮秉正撰
清同治二年(1863)刻本　二冊

310000－0242－0002699　H45.2－15/7.151

潛德譜一卷　（清）李杕撰　清光緒三十二年
(1906)上海慈母堂鉛印本　一冊

310000－0242－0002700　H46－13/7.161

聖母聖衣會恩諭一卷　（意大利）那永福撰
清同治七年(1868)上海慈母堂刻本　一冊

310000－0242－0002701　H46.18－12/7.556

景教碑文紀事考正三卷　（清）楊榮鋕撰　清
光緒二十七年(1901)湖南思賢書局刻本　一
冊

310000－0242－0002702　H46.18－12/7.556A

景教碑文紀事考正三卷　（清）楊榮鋕撰　清
光緒二十一年(1895)楊大本堂刻本　一冊

310000－0242－0002703　H46.2－3/6.151

口鐸日抄八卷　（明）李九標筆記　清同治十
一年(1872)上海慈母堂刻本　四冊

310000－0242－0002704　H46.2－8/7.151

玫瑰經義二卷　（清）李杕撰　清光緒十四年
(1888)上海慈母堂鉛印本　一冊

310000－0242－0002705　H46.2－8/7.206

玫瑰經注解一卷　（清）□□撰　清光緒二十
五年(1899)上海慈母堂鉛印本　一冊

310000－0242－0002706　H46.2－8/7.452

忠言一卷　（清）盧白齋主人撰　清光緒十八
年(1892)上海慈母堂鉛印本　一冊

310000－0242－0002707　H47.91－8/7.389

取譬訓蒙二卷　（意大利）晁德蒞譯　清光緒
十年(1884)河間勝世堂鉛印本　一冊

310000－0242－0002708　H47.91－13/7.389

敬禮若瑟月一卷　（意大利）晁德蒞撰　清光
緒二十九年(1903)上海慈母堂鉛印本　一冊

310000－0242－0002709　H48－11/7.151

教務紀略四卷　李剛己編　清光緒刻本　四
冊

310000－0242－0002710　H48－13/7.552

聖教史畧十五卷　（□）□□撰　清光緒三十
一年(1905)河間勝世堂鉛印本　四冊

310000－0242－0002711　H48.2－5/7.491

正教奉褒不分卷　（清）黃伯祿編　清光緒三十年(1904)上海慈母堂鉛印本　二冊

310000－0242－0002712　H48.45－16/7.641

燕京開教畧三篇　（法國）樊國樑編　清光緒三十一年(1905)北京救世堂鉛印本　三冊

310000－0242－0002713　H48.45－16/7.641C2

燕京開教畧三篇　（法國）樊國樑編　清光緒三十一年(1905)北京救世堂鉛印本　三冊

310000－0242－0002714　H48.9－4/7.556

不得已輯要一卷　（清）楊光先撰　清刻本　一冊

310000－0242－0002715　H49－13/7.332

聖母行實三卷　（意大利）高一志譯　清嘉慶三年(1798)四夏齋刻本　一冊

310000－0242－0002716　H49－13/7.650

聖亞爾方騷勞特里坟傳三卷　（清）蔣升（清）龔柴譯　清光緒二十一年(1895)上海慈母堂鉛印本　一冊

310000－0242－0002717　H49.1－9/283

耶穌受難記畧一卷　（法國）蔡尚質譯　清光緒二十六年(1900)上海慈母堂鉛印本　一冊

310000－0242－0002718　H52－5/7.21

正教真詮二卷首一卷　（清）王岱輿撰　清嘉慶六年(1801)清真堂刻本　一冊

310000－0242－0002719　H70－8/7.271

明聖經三卷附古佛應驗明靈經一卷　（清）胡萬安撰　清光緒十四年(1888)寧城秀文齋刻本　一冊

310000－0242－0002720　H70.6－4/7.407

太上感應篇圖說不分卷　（清）許鶴沙圖說　清康熙四十年(1701)刻本　八冊

310000－0242－0002721　H70.6－4/7.491

太上寶筏圖說不分卷　（清）黃正元著　清光緒十八年(1892)鴻文書局石印本　八冊

310000－0242－0002722　H70.6－4/7.556

太上感應經注證類編四卷　（清）楊長年序

清同治十二年(1873)金陵刻本　一冊

310000－0242－0002723　H70.6－20/7.726

覺世經果報圖證二卷　（清）點石齋輯　清光緒二十六年(1900)點石齋鉛印本　二冊

310000－0242－0002724　H90.1－17/5.428

翼玄十二卷　（宋）張行成撰　清光緒八年(1882)樂道齋刻本　四冊

310000－0242－0002725　H91－8/7.4

欽定協紀辨方書三十六卷　（清）李廷耀纂修　清乾隆六年(1741)刻本　十五冊

310000－0242－0002726　H92－2/7.454

增刪卜易六卷　（清）野鶴老人撰　清同治九年(1870)刻本　四冊

310000－0242－0002727　H92－3/7.352B

大衍筮法直解一卷　（清）馬徵麟撰　清光緒十五年(1889)思古堂刻本　一冊

310000－0242－0002728　H92.1－8/7.420T

易準四卷　（清）曹庭棟撰　清乾隆二十四年(1759)刻本　二冊

310000－0242－0002729　H92.1－11/7.428

參兩正義四卷　（清）張受祺撰　清前期刻本　一冊

310000－0242－0002730　SH92.23－4/752

天元玉曆祥異賦　（□）□□撰　清刻本　十冊

310000－0242－0002731　H92.91－12/7.535

測字祕牒一卷　（清）程省撰　清道光四年(1824)程氏刻本　一冊

310000－0242－0002732　H93.1－8/7.428

新鐫神峰張先生通考闢謬命題正宗大全六卷　（清）張楠編　清文元堂刻本　六冊

310000－0242－0002733　H93.1－11/7.434

新編評注通玄先生張果星宗大全十卷　（清）陸位輯校　清同治十三年(1874)經文堂刻本　四冊

310000－0242－0002734　H93.1－14/204

祕授命理須知滴天髓二卷　(宋)京圖撰　清道光四年(1824)程氏刻本　一冊

310000－0242－0002735　H93.1－21/5.225

鐵板神數十四卷　(宋)邵雍撰　清光緒十年(1884)貞元書屋刻本　十三冊

310000－0242－0002736　H94.2－3/450

山法備收一卷　(清)寇宗輯　清道光刻本　一冊

310000－0242－0002737　H94.2－3/6.248

山洋指迷四卷　(明)周景一著　清乾隆五十二年(1787)亦西齋刻本　四冊

310000－0242－0002738　H94.2－6/6.393

地理琢玉斧三卷　(明)徐之鎮著　清道光八年(1828)小酉山房刻本　四冊

310000－0242－0002739　H94.2－6/7.337

地理輯要三部二十二卷　(清)唐中立撰　清光緒十一年(1885)真率堂刻本　十六冊

310000－0242－0002740　H94.2－6/7.428

地理辨正疏五卷首一卷末一卷　(清)張心言著　清道光九年(1829)培杏書屋刻本　二冊

310000－0242－0002741　H94.2－8/4.556

青囊經二卷附青囊序青囊奧語俯察提綱賦　(唐)楊益撰　清抄本　二冊

310000－0242－0002742　H94.2－13/7.586

楊曾地理元文四種附辨正圖說周易葬說　(清)端木國瑚注　清道光刻本　六冊

310000－0242－0002743　H94.2－14/4.556

秘藏疑龍經三卷　(唐)楊益著　清道光十三年(1833)刻本　一冊

310000－0242－0002744　H94.2－16/4.556

撼龍經十卷　(唐)楊益著　清道光十四年(1834)京都琉璃廠刻本　二冊

310000－0242－0002745　H94.2－16/7.428

歷代地理正義四種　(清)張受祺纂　清乾隆八年(1743)素宜堂刻本　一冊

310000－0242－0002746　J01.7－9/7.84

政治經濟言十二卷　(清)江標撰　清光緒二十八年(1902)富強齋石印本　二冊

310000－0242－0002747　J01.8－9/752

政藝通報癸卯全書十六種　(□)□□輯　清光緒二十九年(1903)鉛印本　十冊

310000－0242－0002748　J20.12－20/7.428

勸學篇二卷　(清)張之洞撰　清光緒二十四年(1898)兩湖書院石印本　二冊

310000－0242－0002749　J20.12－20/7.428C3

勸學篇二卷　(清)張之洞撰　清光緒二十四年(1898)中江書院刻本　一冊

310000－0242－0002750　J20.12－20/7.428C4

勸學篇二卷　(清)張之洞撰　清光緒二十四年(1898)中江書院刻本　一冊

310000－0242－0002751　J20.12－20/7.428C5

勸學篇二卷　(清)張之洞撰　清光緒二十四年(1898)京師同文館鉛印本　一冊

310000－0242－0002752　J20.12－20/7.428C6

勸學篇二卷　(清)張之洞撰　清光緒二十四年(1898)上海圖書集成印書局鉛印本　一冊

310000－0242－0002753　J20.12－20/7.428C7

勸學篇二卷　(清)張之洞撰　清光緒二十四年(1898)兩湖書院刻本　一冊

310000－0242－0002754　J20.12－20/7.765

勸學詩草一卷　(清)譚鴻基撰輯　清光緒三十四年(1908)刻本　一冊

310000－0242－0002755　J20.8－11/8.775

教育叢書初集　羅振玉編　清光緒教育世界社刻本　十冊

310000－0242－0002756　J20.8－11/8.775

教育叢書二集三集　羅振玉編　清光緒教育世界社石印本　二十冊

310000－0242－0002757　J20.8－11/8.775

教育叢書四集五集　羅振玉編　清光緒教育世界社鉛印本　十八冊

310000－0242－0002758　J20.8－11/8.775

教育世界　羅振玉等編　清光緒二十七年至二十八年(1901－1902)刻本　十冊

310000－0242－0002759　J29.5－11/8.775
教育世界譯文篇十八卷　羅振玉編　清光緒二十七年(1901)刻本　四冊

310000－0242－0002760　J20.8－11/8.775A
教育叢書初集　羅振玉編　清光緒二十七年(1901)教育世界社刻本　六冊

310000－0242－0002761　J20.8－11/8.775B
教育世界六十八卷　羅振玉編　清光緒二十八年(1902)石印本　四冊　存四十四卷(十九至四十二、四十九至六十八)

310000－0242－0002762　J20.92－15/7.106
實行普及教育分期辦法　(清)伍連著　清宣統元年(1909)刻本　一冊

310000－0242－0002763　J20.92－15/7.106C2
實行普及教育分期辦法　(清)伍連著　清宣統元年(1909)刻本　一冊

310000－0242－0002764　J20.92－8/7.375
長興縣學文牘　(清)孫德祖撰　清光緒十六年(1890)山陰許純模刻本　二冊

310000－0242－0002765　J20.9221－11/7.574
教育界之風潮十二卷　(清)愛國青年著　清光緒二十九年(1903)石印本　六冊

310000－0242－0002766　J20.93－4/399.6
太西教育史二篇　(日本)能勢榮著　清光緒二十七年(1901)上海金粟齋譯書社鉛印本　二冊

310000－0242－0002767　J20.931－4/712
日本學校源流不分卷　(美國)路義思撰　(美國)衛理口譯　(清)范熙庸筆述　清光緒二十五年(1899)上海江南製造局刻本　一冊

310000－0242－0002768　J21.8－4/7.791
心理學教科書　(清)顧繩祖譯　清光緒三十一年(1905)江蘇通州師範學校鉛印本　一冊

310000－0242－0002769　J21.8－9/39
便蒙叢書　中西小學堂編　清光緒二十七年(1901)蘇州中西學堂刻本　六冊

310000－0242－0002770　J21.8－9/39C2
便蒙叢書　中西小學堂編　清光緒二十七年(1901)蘇州中西學堂刻本　二冊

310000－0242－0002771　J21.9－12/57.535
程氏家塾讀書分年日程三卷綱領一卷　(元)程端禮編　清同治八年(1869)江蘇書局刻本　一冊

310000－0242－0002772　J21.9－12/57.535C2
程氏家塾讀書分年日程三卷綱領一卷　(元)程端禮編　清同治八年(1869)江蘇書局刻本　一冊

310000－0242－0002773　J21.9－12/57.535C3
程氏家塾讀書分年日程三卷綱領一卷　(元)程端禮編　清同治八年(1869)江蘇書局刻本　一冊

310000－0242－0002774　J21.9－16/7.375
學齋庸訓一卷　(清)孫德祖撰　清光緒十六年(1890)刻本　一冊

310000－0242－0002775　J21.9－22/7.148
讀書法彙一卷　(清)杜貴墀撰　清光緒二十九年(1903)巴陵杜氏刻本　一冊

310000－0242－0002776　J23.8212－17/7.454
臨清州遵設蒙學稿　(清)莊洪烈輯　清光緒二十九年(1903)刻本　一冊

310000－0242－0002777　J23.831－4/204
日本明治小學教育沿革　(清)京師學部編譯書局編譯　清光緒三十二年(1906)京師學部編譯書局鉛印本　一冊

310000－0242－0002778　J23.9－7/177.25
私塾改良會簡章　學務公所局編　清光緒三十四年(1908)刻本　一冊

310000－0242－0002779　J23.9－8/7.761
宗文義塾條規　(清)魏彭年撰　清道光八年(1828)刻本　一冊

310000－0242－0002780　J23.92－16/711
學館規約不分卷　學館編　清同治、光緒間

刻本　一冊

310000－0242－0002781　J23.98－5/7.535
幼學句解四卷　（清）程允升撰　清光緒十六
年(1890)李光明莊刻本　一冊

310000－0242－0002782　J25.6－8/204
京師大學堂章程　京師大學堂編印　清光緒
二十四年(1898)鉛印本　一冊

310000－0242－0002783　J25.99－13/7.61
經心書院集四卷　（清）左紹佐輯　經心書院
續集十二卷　（清）譚獻輯　清光緒湖北官書
處刻本　三冊

310000－0242－0002784　J25.99－16/682
龍山書院課藝貞集　龍山書院編　清末刻本
一冊

310000－0242－0002785　J25.9913－16/7.98
創建豫南書院存略不分卷　清光緒十七年
(1891)刻本　一冊

310000－0242－0002786　J25.9913－16/7.98C2
創建豫南書院存略不分卷　（清）朱壽鏞編
清光緒十七年(1891)刻本　一冊

310000－0242－0002787　J25.992－7/144
上海求志書院課藝　（清）上海求志書院編
清光緒三年(1877)求志書院刻本　一冊

310000－0242－0002788　J25.992－8/752
兩湖書院課程二卷附一卷　（清）□□編　清
光緒二十四年(1898)兩湖書院刻本　一冊

310000－0242－0002789　J25.9921－16/682
龍城書院課藝　龍城書院編　清光緒二十七
年(1901)木活字印本　十二冊

310000－0242－0002790　J25.9921－20/7.512
寶晉書院志十一卷首一卷　（清）貴中孚輯
（清）趙佑宸續修　清光緒六年(1880)刻本
二冊

310000－0242－0002791　J25.9921－8/7.332
東林書院志二十二卷　（清）高廷珍增輯　清
光緒七年(1881)刻本　八冊

310000－0242－0002792　J25.9921－9/7.491
南菁講舍文集六卷文鈔二集六卷　（清）黃以
周輯　清光緒十五年至二十年(1889－1894)
刻本　八冊

310000－0242－0002793　J25.9921－9/7.491C2
南菁講舍文集六卷　（清）黃以周輯　清光緒
十五年(1889)刻本　四冊

310000－0242－0002794　J25.9923－12/538
象山書院章程　象山書院訂　清末江西貴溪
象山書院刻本　一冊

310000－0242－0002795　J25.9923－12/7.312
詁經精舍四集十六卷　（清）俞樾編　清光緒
五年(1879)刻本　八冊

310000－0242－0002796　J25.9923－6/7.151
安瀾書院徵信錄二編　（清）李圭輯　清光緒
二十年(1894)安瀾書院刻本　一冊

310000－0242－0002797　J25.9923－9/7.316
姚江書院志略二卷　（清）姚江書院弟子編
清乾隆五十九年(1794)姚江書院刻本　二冊

310000－0242－0002798　J25.9924－5/7.248
白鹿書院志十九卷首一卷　（清）周兆蘭重修
清宣統二年(1910)刻本　八冊

310000－0242－0002799　J25.9924－5/7.248C2
白鹿書院志十九卷首一卷　（清）周兆蘭重修
清乾隆六十年(1795)刻本　八冊

310000－0242－0002800　J25.9925－11/7.21
續修問津院志六卷首一卷末一卷　（清）王會
釐纂　清光緒三十一年(1905)刻本　五冊

310000－0242－0002801　J25.9925－11/7.21C2
續修問津院志六卷首一卷末一卷　（清）王會
釐纂　清光緒三十一年(1905)刻本　五冊

310000－0242－0002802　J25.9926－18/7.151
瀏東獅山書院志八卷　（清）李芸等修　清光
緒四年(1878)刻本　三冊

310000－0242－0002803　J25.9927－16/7.151
錦江書院紀略不分卷　（清）李承熙輯　（清）
譚體迏補輯　清同治十年(1871)刻本　四冊

123

310000－0242－0002804　J25.9931－23/7.219

鼇峯書院紀略不分卷　（清）來錫蕃　（清）章燮編校　清道光十八年(1838)鼇峯書院刻本　二冊

310000－0242－0002805　J25.9931－23/7.469

鼇峯書院志十六卷首一卷　（清）游光繹總纂　清嘉慶十二年(1807)正誼堂刻本　四冊

310000－0242－0002806　J25.9931－9/7.556

重修南溪書院志四卷首一卷　（清）楊毓健修（清）劉鴻略纂　清康熙五十六年(1717)刻本　八冊

310000－0242－0002807　J26.12－16/7.711

學部奏諮輯要不分卷　（清）學部總務司編　清宣統二年(1910)總務司案牘科鉛印本　一冊

310000－0242－0002808　J26.12－9/7.428

奏定學堂章程不分卷　（清）張之洞等纂　清光緒二十九年(1903)湖北學務處刻本　四冊

310000－0242－0002809　J26.12－9/7.428C2

奏定學堂章程不分卷　（清）張之洞等纂　清光緒二十九年至宣統三年(1903－1911)鉛印本　二冊

310000－0242－0002810　J26.123－14/752

欽定蒙學堂章程不分卷　（清）□□編　清同治、光緒間刻本　一冊

310000－0242－0002811　J26.131－8/7.316

東瀛學校舉概不分卷　姚錫光撰　清光緒二十五年(1899)刻本　一冊

310000－0242－0002812　J26.22－3/406

大清教育新法令十三編續編十一編　（清）商務印書館編譯所編　清光緒三十二年(1906)上海商務印書館鉛印本　三冊

310000－0242－0002813　J26.22－3/406C2

大清教育新法令十三編續編十一編　（清）商務印書館編譯所編　清光緒三十二年(1906)上海商務印書館鉛印本　二冊

310000－0242－0002814　J26.31－16/8.535

學校制度　程家檉編譯　清光緒三十二年(1906)京師學部編譯書局鉛印本　一冊

310000－0242－0002815　J26.32－16/7.5

欽定學政全書八十六卷首一卷　（清）童璜等修　清嘉慶十七年(1812)刻本　十二冊

310000－0242－0002816　J26.32－16/7.5C2

欽定學政全書八十六卷首一卷　（清）童璜等修　清嘉慶十七年(1812)刻本　二十四冊

310000－0242－0002817　J26.32－16/7.711

學部奏定檢定小學教員及優待小學教員章程例冊不分卷　（清）學部編　清宣統二年(1910)廣東廣雅書局鉛印本　一冊

310000－0242－0002818　J26.32－9/7.711

奏定文學堂冠服章程不分卷　（清）學部編　清末廣東學務公所鉛印本　一冊

310000－0242－0002819　J26.32－9/7.711A

奏定陸軍各學堂及出洋學生畢業考試出身授官摘要章程不分卷　（清）陸軍部編　清光緒三十四年(1908)鉛印本　一冊

310000－0242－0002820　J26.33－10/7.23

浙江學務處章程不分卷　（清）浙江省學務處修　清光緒三十一年(1905)刻本　一冊

310000－0242－0002821　J26.3321－20/7.775

蘇省仕學館學案不分卷　（清）羅長裿撰　清光緒刻本　一冊

310000－0242－0002822　J26.37－8/207

武陽二縣教育會簡章不分卷　武陽教育會編　清宣統油印本　一冊

310000－0242－0002823　J26.931－7/8.775

扶桑兩月記不分卷　羅振玉撰　清光緒二十八年(1902)教育世界社石印本　一冊

310000－0242－0002824　J26.931－7/8.775C2

扶桑兩月記不分卷　羅振玉撰　清光緒二十八年(1902)教育世界社石印本　一冊

310000－0242－0002825　J26.931－8/8.170

東瀛參觀學校記不分卷　呂珮芬撰　清光緒三十四年(1908)呂氏晚節香齋鉛印本　一冊

310000 - 0242 - 0002826　J27 - 16/7.428

學規類編二十七卷　（清）張伯行彙編　清同治五年(1866)福州正誼書院刻本　二冊

310000 - 0242 - 0002827　J27.1 - 7/752

良口義學章程不分卷　（□）□□編　清光緒十七年(1891)刻本　一冊

310000 - 0242 - 0002828　J27.12 - 12/7.164

鹿蘋吟一卷　（清）吳元炳撰　清末鉛印本　一冊

310000 - 0242 - 0002829　J27.13 - 16/7.711

學部咨大學堂優級師範生畢業請獎服務原奏不分卷　（清）學部編　清光緒三十三年(1907)廣東學務公所鉛印本　一冊

310000 - 0242 - 0002830　J27.5 - 8/7.151

法國建造學堂指南不分卷　（清）李孟實譯　清末湖北洋務印譯書局刻朱印本　一冊

310000 - 0242 - 0002831　J27.91 - 12/7.35

雲南兩級師範學堂章程不分卷　雲南兩級師範學堂編　清末鉛印本　一冊

310000 - 0242 - 0002832　J27.91 - 14/7.21

廣東隨宦學堂新訂章程不分卷　（清）王勳撰　清宣統元年(1909)刻本　一冊

310000 - 0242 - 0002833　J27.91 - 24/7.428

贛邑普通小學堂章程不分卷　（清）張之銳撰　清末木活字印本　一冊

310000 - 0242 - 0002834　J27.91 - 5/7.375

北洋客籍學堂識小錄九種　孫雄撰　清光緒三十三年(1907)油印本　一冊

310000 - 0242 - 0002835　J27.91 - 6/740

江西詳定大中小蒙學堂章程不分卷　總理江西全省學堂事務編　清光緒刻本　一冊

310000 - 0242 - 0002836　J27.92 - 12/7.35

雲南兩級師範同學齒錄不分卷　雲南兩級師範編　清光緒三十四年(1908)刻本　一冊

310000 - 0242 - 0002837　J27.92 - 12/7.351

雲南優級師範選科同學錄　雲南優級師範編　清宣統元年(1909)刻本　一冊

310000 - 0242 - 0002838　J29.16 - 10/8.491

家事課本　黃端履編　清光緒三十三年(1907)上海中國圖書公司鉛印本　一冊

310000 - 0242 - 0002839　J29.16 - 3/7.271

女子修身教科書不分卷　（清）胡冰心編　清光緒三十二年(1906)上海南洋官書局石印本　一冊

310000 - 0242 - 0002840　J29.92 - 5/7.332

四明高氏靜遠齋課學簡明章程　（清）高振霄訂　清光緒三十二年(1906)鉛印本　一冊

310000 - 0242 - 0002841　J29.921 - 12/529

郵傳部高等實業學堂章程　（清）郵傳部高等實業學堂修　清宣統三年(1911)鉛印本　一冊

310000 - 0242 - 0002842　SJ20.12 - 20/7.428C2

勸學篇二卷　（清）張之洞撰　清光緒二十四年(1898)長沙余肇康刻朱印本　一冊

310000 - 0242 - 0002843　SJ21.9 - 16/6.598

學範二卷附讀書日記續學範一卷　（明）趙古則編　（明）張萬選校　清刻本　一冊

310000 - 0242 - 0002844　SJ25.9913 - 6/7.781

朱陽書院志五卷　（清）竇克勤輯　清康熙三十四年(1695)刻本　六冊

310000 - 0242 - 0002845　SJ26.12 - 9/7.428

奏定學堂章程不分卷　（清）張之洞等纂　清光緒二十九年(1903)湖北學務處刻本　十二冊

310000 - 0242 - 0002846　SJ26.3315 - 10/752

陝西全省教育統計表不分卷　（清）□□編　清宣統二年(1910)抄本　一冊

310000 - 0242 - 0002847　K12 - 3/7.6

大清通禮五十四卷　（清）來保等纂　清光緒九年(1883)江蘇書局刻本　十二冊

310000 - 0242 - 0002848　K12 - 4/7.347

五禮通考二百六十二卷首四卷　（清）秦蕙田輯　清乾隆十八年(1753)刻本　二十三冊

310000 - 0242 - 0002849　K12 - 4/7.347C2

五禮通考二百六十二卷首四卷　（清）秦蕙田輯　清光緒六年(1880)江蘇書局刻本　一百冊

310000－0242－0002850　K12.04－3/4.727
大唐開元禮一百五十卷　（唐）蕭嵩等撰　清光緒十二年(1886)公善堂刻本　十六冊

310000－0242－0002851　K12.1－3/7.39
大婚禮節　（清）內務府禮部編　清同治九年(1870)刻本　一冊

310000－0242－0002852　K12.1－5/8.462
四褅通釋三卷　崔適著　清光緒二十年(1894)刻本　一冊

310000－0242－0002853　K12.2－22/7.393
讀禮通考一百二十卷　（清）徐乾學撰　清康熙三十五年(1696)寫刻本　十冊

310000－0242－0002854　K12.2－22/7.393C2
讀禮通考一百二十卷　（清）徐乾學撰　清光緒七年(1881)江蘇書局刻本　三十二冊

310000－0242－0002855　K12.2－22/7.393C3
讀禮通考一百二十卷　（清）徐乾學撰　清光緒七年(1881)江蘇書局刻本　三十二冊

310000－0242－0002856　K12.9－10/5.64
書儀十卷　（宋）司馬光撰　清同治七年(1868)江蘇書局刻本　一冊

310000－0242－0002857　K12.9－3/7.491
三禮從今三卷　（清）黃本驥撰　清道光二十四年(1844)刻本　一冊

310000－0242－0002858　K12.9－4/7.135
六禮或問十二卷首一卷末一卷　（清）汪紱撰　清光緒二十一年(1895)刻本　四冊

310000－0242－0002859　K12.9－5/6.170
四禮翼八卷　（明）呂坤撰　清同治二年(1863)品蓮書屋刻本　一冊

310000－0242－0002860　K12.9－8/7.148
典禮質疑六卷　（清）杜貴墀撰　清光緒二十六年(1900)刻本　二冊

310000－0242－0002861　K12.91－17/7.491
避諱錄五卷　（清）黃本驥輯　清光緒四年(1878)古香書閣刻本　一冊

310000－0242－0002862　K13.1－11/7.710
皇朝諡法考五卷附續編一卷補編一卷　（清）鮑康輯　清同治三年(1864)刻本　一冊

310000－0242－0002863　K13.1－11/7.710C2
皇朝諡法考五卷附續編一卷補編一卷　（清）鮑康輯　清同治三年(1864)刻本　一冊

310000－0242－0002864　K13.1－14/7.674
漢晉迄明諡彙攷十卷附皇朝諡彙攷五卷　（清）劉長華纂輯　清光緒八年(1882)刻本　三冊

310000－0242－0002865　K13.2－16/7.260
澤宮序次舉要二卷附錄一卷　（清）洪恩波編纂　清光緒二十三年(1897)金陵官書局刻本　二冊

310000－0242－0002866　K13.24－13/7.428
聖門禮樂統二十四卷　（清）張行言纂輯　清康熙四十年(1701)萬松書院刻本　十二冊

310000－0242－0002867　K13.24－13/7.791
聖廟祀典圖攷五卷附錄一卷　（清）顧沅輯　清道光六年(1826)吳門顧氏賜硯堂刻本　六冊

310000－0242－0002868　K13.24－4/7.390
孔廟正位圖　（清）倭什琿布等撰　清同治二年(1863)刻本　一冊

310000－0242－0002869　K13.24－4/7.767
文廟祀典考五十卷首一卷　（清）龐鍾璐編輯　清光緒五年(1879)刻本　八冊

310000－0242－0002870　K13.24－4/7.84
文廟丁祭譜十卷　（清）藍鍾瑞撰　清同治七年(1868)江蘇書局刻本　一冊

310000－0242－0002871　K13.24－4/7.84C2
文廟丁祭譜十卷　（清）藍鍾瑞撰　清同治七年(1868)江蘇書局刻本　一冊

310000－0242－0002872　K13.24－4/7.84C3

文廟丁祭譜十卷　（清）藍鍾瑞撰　清同治七年(1868)江蘇書局刻本　一冊

310000－0242－0002873　K13.24－8/7.720

直省釋奠禮樂記六卷首一卷末一卷　（清）應寶時編　清同治十二年(1873)刻本　四冊

310000－0242－0002874　K13.24－8/7.720C2

直省釋奠禮樂記六卷首一卷末一卷　（清）應寶時編　清同治十二年(1873)刻本　四冊

310000－0242－0002875　K13.24－8/7.720C3

直省釋奠禮樂記六卷首一卷末一卷　（清）應寶時編　清同治十二年(1873)刻本　四冊

310000－0242－0002876　K14－5/5.64

司馬氏書儀十卷　（宋）司馬光撰　清雍正二年(1724)研香書屋刻本　二冊

310000－0242－0002877　K14－5/5.64C2

司馬氏書儀十卷　（宋）司馬光撰　清同治七年(1868)研香書屋刻本　一冊

310000－0242－0002878　K18.15－20/7.73

勸放腳圖說　（清）史子斌撰　清光緒三十二年(1906)安步齋石印本　一冊

310000－0242－0002879　K18.19－14/7.449

廣會稽風俗賦　（清）陶元藻撰　清乾隆五十二年(1787)怡雲閣刻本　一冊

310000－0242－0002880　K18.8233－15/752

調查嘉應民情風俗民事冊稿　（清）□□撰　清光緒抄本　一冊

310000－0242－0002881　K19.12－5/7.148

古謠諺一百卷　（清）杜文瀾輯　清咸豐十一年(1861)曼陀羅華閣刻本　五冊

310000－0242－0002882　K19.12－5/7.148C2

古謠諺一百卷　（清）杜文瀾輯　清咸豐十一年(1861)曼陀羅華閣刻本　十六冊

310000－0242－0002883　K19.12－5/7.148C3

古謠諺一百卷　（清）杜文瀾輯　清咸豐十一年(1861)曼陀羅華閣刻本　二十冊

310000－0242－0002884　K19.3－4/7.316

支川竹枝詞　（清）姚文起撰　清嘉慶十一年(1806)綠莎草堂刻本　一冊

310000－0242－0002885　K19.9－12/7.300

越諺三卷附論一卷越諺賸語二卷　（清）范寅輯　清光緒八年(1882)谷應山房刻本　三冊

310000－0242－0002886　K20－13/488

羣學肄言十六卷　（英國）斯賓塞爾原著　嚴復譯　清光緒二十九年(1903)上海文明編譯局鉛印本　四冊

310000－0242－0002887　K20－13/488C2

羣學肄言十六卷　（英國）斯賓塞爾原著　嚴復譯　清光緒二十九年(1903)上海文明編譯局鉛印本　六冊

310000－0242－0002888　K20－7/238

社會學二卷　（日本）岸本能武太著　章炳麟譯　清光緒二十八年(1902)廣智書局鉛印本　二冊

310000－0242－0002889　K24.76－10/7.363

海上冶遊備覽四卷　（清）指迷生輯　清光緒九年(1883)寄月軒刻本　三冊

310000－0242－0002890　K24.76－2/8.1B

十洲春語三卷　（清）二石生撰　清道光二十一年(1841)刻本　二冊

310000－0242－0002891　K26.9－11/752

清譜記錄　（□）□□撰　清末木活字印本　一冊

310000－0242－0002892　K28.12－10/7.674

烏程劉氏義莊事略　（清）劉錦藻編　清宣統元年(1909)刻本　一冊

310000－0242－0002893　K28.12－12/7.527

曾氏瑞芝義莊全案二卷　（清）曾鑄纂　清光緒二十六年(1900)曾氏瑞芝義莊刻本　二冊

310000－0242－0002894　K28.12－8/7.754

長元吳豐備義倉全案八卷首一卷末一卷　豐備義倉編　清光緒三年(1877)豐備義倉刻本　九冊

310000－0242－0002895　K28.12－8/7.754C2

長元吳豐備義倉全案八卷首一卷末一卷　豐
備義倉編　清光緒三年(1877)豐備義倉刻本
六冊

310000－0242－0002896　K28.12－8/7.754A
長元吳豐備義倉全案續編六卷首一卷末一卷
豐備義倉編　清光緒二十四年(1898)豐備
義倉刻本　八冊

310000－0242－0002897　K28.12－8/7.754B
長元吳豐備義倉全案三續編十二卷首一卷末
一卷　豐備義倉編　清宣統三年(1911)豐備
義倉刻本　八冊

310000－0242－0002898　K28.3－6/7.441
先憂集五十七卷　(清)陳芳生輯　清康熙二
十三年(1684)刻本　四冊

310000－0242－0002899　K28.31－10/7.135
荒政輯要九卷　(清)汪志伊纂　清同治八年
(1869)湖北崇文書局刻本　二冊

310000－0242－0002900　K28.32－14/12.7B
賑捐報效成案　山東勸捐工賑贛局編　清末
刻本　一冊

310000－0242－0002901　K28.32－3/12.7
山東賑捐章程　清光緒二十八年(1902)刻本
一冊

310000－0242－0002902　K28.32－3/12.7A
山東工捐章程　清光緒二十八年(1902)刻本
一冊

310000－0242－0002903　K28.82－13/7.650
禁吸鴉片煙芻議十一篇附讀署蘇撫陳中丞奏
請定販賣嗎啡治罪專條摺條議　(清)蔣履曾
撰　清光緒三十二年(1906)鉛印本　一冊

310000－0242－0002904　K29.948－9/161
俄羅斯大風潮　(英國)克喀伯撰　梁啟超譯
清光緒二十八年(1902)少年中國學會刻本
一冊

310000－0242－0002905　K30.1－10/7.495
斯密亞丹原富五卷　(英國)斯密亞丹原著
嚴復譯　清光緒二十八年(1902)上海南洋公

學譯書院鉛印本　四冊

310000－0242－0002906　K30.1－10/7.495C2
斯密亞丹原富五卷　(英國)斯密亞丹原著
嚴復譯　清光緒二十八年(1902)上海南洋公
學譯書院鉛印本　四冊

310000－0242－0002907　K30.1－10/7.495C3
斯密亞丹原富五卷　(英國)斯密亞丹原著
嚴復譯　清光緒二十八年(1902)上海南洋公
學譯書院鉛印本　六冊

310000－0242－0002908　K32－4/7.375
五洲事物采新十卷　(清)孫子慕撰　清光緒
二十八年(1902)上海書局石印本　二冊

310000－0242－0002909　K34.35－10/7.449
租覈不分卷　(清)陶煦撰　清光緒二十一年
(1895)木活字印本　一冊

310000－0242－0002910　K35－3/64
工業與國政相關論二卷　(英國)司旦離遮風
司著　(美國)衛理　王汝騮同譯　清光緒二
十六年(1900)江南製造局鉛印本　一冊　存
一卷(下)

310000－0242－0002911　K35.914－6/7.761
江南製造局記十卷首一卷附錄一卷　(清)魏
允恭編　清光緒三十一年(1905)上海文寶書
局石印本　十冊

310000－0242－0002912　K35.914－6/752
江南機器製造局全廠節畧　(□)□□編　清
抄本　一冊

310000－0242－0002913　K37.1－12/7.5299
郵傳部第二次統計表八卷　(清)郵傳部統計
處編　清光緒三十四年(1908)鉛印本　八冊

310000－0242－0002914　K37.259－16/7.530
盧漢鐵路比商借款條議　盛宣懷訂　清光緒
二十四年(1898)刻本　一冊

310000－0242－0002915　K37.2598－6/7.375
安徽全省鐵路芻言一卷　(清)孫傳栅撰　清
光緒鉛印本　一冊

310000－0242－0002916　K37.4－13/8.522

萬國密號旗公簿　舒高第口譯　清光緒三十
二年(1906)鉛印本　十二冊

310000－0242－0002917　K37.61－3/7.8
大清郵政民局章程　清郵政民局編　清光緒
二十六年(1900)鉛印本　一冊

310000－0242－0002918　K37.625－12/7.589
湖南疆域驛傳總纂十卷輿圖一卷　(清)慳磜
山館編輯　清光緒十四年(1888)刻本　六冊

310000－0242－0002919　K38.5－11/752
通商志一卷　(□)□□撰　清光緒六年
(1880)長沙刻本　一冊

310000－0242－0002920　K38.5－6/7.21
各國通商始末記二十卷　(清)王之春編　清
光緒二十一年(1895)寶善書局石印本　六冊

310000－0242－0002921　K40－10/7.674
財政條議不分卷　劉世珩撰　清光緒三十四
年(1908)上海商務印書館鉛印本　一冊

310000－0242－0002922　K40－10/7.674C2
財政條議不分卷　劉世珩撰　清光緒三十四
年(1908)上海商務印書館鉛印本　一冊

310000－0242－0002923　K40－10/7.749
理財節略　(英國)戴樂爾撰　清光緒二十六
年(1900)浙江書局刻本　一冊

310000－0242－0002924　K40.8－10/236
財政叢書二十一種三十一卷　(清)昌言報館
編輯　清光緒二十九年(1903)上海會文學社
石印本　十二冊

310000－0242－0002925　K41.11－14/8.674
銀價駁議　劉世珩著　清光緒三十年(1904)
南洋官報總局鉛印本　一冊

310000－0242－0002926　K41.11－14/8.674C2
銀價駁議　劉世珩著　清光緒三十年(1904)
南洋官報總局鉛印本　一冊

310000－0242－0002927　K41.41－12/7.3875
創辦造幣總廠全案備存目錄　(清)戶部撰
清光緒三十二年(1906)刻本　一冊

310000－0242－0002928　K44.12－4/363
中國度支考不分卷　(英國)哲美森編　(美
國)林樂知譯　清光緒二十三年(1897)上海
廣學會鉛印本　一冊

310000－0242－0002929　K44.37－9/7.543
宣統三年各省預算表　(清)資政院編印　清
宣統三年(1911)鉛印本　八冊

310000－0242－0002930　K45.41－9/89
英國財政要覽五章　(清)考察政治大臣述
清光緒三十四年(1908)政治官報局鉛印本
一冊

310000－0242－0002931　K45.45－13/8.607
義大利財政彙攷　(清)翟青松口譯　清光緒
三十一年(1905)駐義使署鉛印本　一冊

310000－0242－0002932　K47.321－6/84
江蘇省松江府青浦縣光緒拾玖年徵收地漕等
項民欠徵信冊　江蘇省青浦縣編　清光緒二
十年(1894)木活字印本　一冊

310000－0242－0002933　K47.325－12/7.752
鄂省丁漕指掌十卷　(□)□□撰　清刻本
一冊

310000－0242－0002934　K47.4－24/7.21
鹽法議略一卷　(清)王守基撰　清同治十二
年(1873)吳縣潘氏滂喜齋刻本　一冊

310000－0242－0002935　K47.421－8/7.752
兩淮運庫每年撥解墊解京協各餉數目　(□)
□□撰　清光緒二十七年(1901)刻本　一冊

310000－0242－0002936　K47.427－5/7.337
四川官運鹽案類編九十卷續編四卷　(清)唐
鄂生撰　清光緒二十四年(1898)鉛印本　二
十七冊　存八十九卷(四川官運鹽案類編一
至七十一、七十七至九十,續編四卷)

310000－0242－0002937　K47.64－15/752
歐洲各國稅則及條款　(清)□□編　清同治
八年(1869)刻本　一冊

310000－0242－0002938　K50－2/7.830
十九世紀末世界之政治五卷　(美國)靈綬撰

129

（清）羅普譯　清光緒二十八年(1902)廣智書局鉛印本　一冊

310000－0242－0002939　K50.8－2/7.565
入幕須知五種　（清）萬維翰輯　清光緒十八年(1892)杭州浙江書局刻本　六冊

310000－0242－0002940　K50.8－4/57.428
元張文忠爲政忠告三種　（元）張養浩撰　清光緒三十二年(1906)颺山顧氏石印本　二冊

310000－0242－0002941　K50.8－6/7.441
自強學齋治平十議十種　（清）陳熾等撰　清光緒二十三年(1897)文瑞樓鉛印本　十二冊

310000－0242－0002942　K50.8－6/7.441C2
自強學齋治平十議十種　（清）陳熾等撰　清光緒二十三年(1897)文瑞樓鉛印本　八冊

310000－0242－0002943　K50.8－6/7.674
劉簾舫先生吏治三書六卷　（清）劉衡輯　清同治七年(1868)江蘇書局刻本　一冊

310000－0242－0002944　K50.8－6/7.674C2
劉簾舫先生吏治三書六卷　（清）劉衡輯　清同治七年(1868)江蘇書局刻本　一冊

310000－0242－0002945　K50.8－6/7.674C3
劉簾舫先生吏治三書六卷　（清）劉衡輯　清同治十年(1871)黔陽官署刻本　一冊

310000－0242－0002946　K50.8－6/8.402
西政叢書九類三十二種　梁啟超輯　清光緒二十三年(1897)慎記書莊石印本　三十冊

310000－0242－0002947　K50.8－6/8.402C2
西政叢書九類三十二種　梁啟超輯　清光緒二十三年(1897)慎記書莊石印本　十六冊

310000－0242－0002948　K50.94－2/329
十九世紀歐洲政治史論　（日本）酒井雄三郎著　清光緒二十八年(1902)教育世界出版所鉛印本　一冊

310000－0242－0002949　K51－11/189
國家學五卷　（德國）伯倫知理原著　清光緒三十四年(1908)鉛印本　一冊

310000－0242－0002950　K51.13－13/7.178C2
新政真詮六編　何啟　胡禮垣同撰　清光緒二十七年(1901)格致新報館鉛印本　六冊

310000－0242－0002951　K52.1－13/8.575
萬國近政考略十六卷　鄒弢編　清光緒二十八年(1902)上海書局石印本　一冊

310000－0242－0002952　K52.1－4/7.775
中外大署四十八卷　（清）羅傳瑞等輯　清光緒二十三年(1897)粵東經韻樓鉛印本　二十六冊

310000－0242－0002953　K52.47－11/7.7
處分則例圖要六卷　（清）穆宗載淳修　清同治九年(1870)江蘇書局刻本　二冊

310000－0242－0002954　K52.47－11/7.7C2
處分則例圖要六卷　（清）穆宗載淳修　清同治九年(1870)江蘇書局刻本　二冊

310000－0242－0002955　K52.47－4/7.6
六部處分則例五十二卷　（清）宣宗旻寧修　清光緒十三年(1887)刻本　二十四冊

310000－0242－0002956　K53.05－13/573
農工商部統計表　農工商部統計處編　清宣統元年(1909)農工商部統計處鉛印本　二冊

310000－0242－0002957　K53.07－10/7.477
校邠廬抗議二卷　（清）馮桂芬撰　清光緒二十三年(1897)廣仁堂鉛印本　一冊

310000－0242－0002958　K53.07－15/7.164
養吉齋叢錄二十六卷餘錄一卷　（清）吳振棫撰　清光緒二十二年(1896)刻本　四冊

310000－0242－0002959　K53.07－15/7.164C2
養吉齋叢錄二十六卷餘錄一卷　（清）吳振棫撰　清光緒二十二年(1896)刻本　八冊

310000－0242－0002960　K53.07－16/7.35
劑變篇十四篇　（清）尹彥鈘撰　清光緒二十六年(1900)刻本　二冊

310000－0242－0002961　K53.07－21/7.21
闢謬篇二卷附錄一卷　王仁俊撰　清光緒三十四年(1908)存古學堂鉛印本　一冊

310000 – 0242 – 0002962　K53.07 – 23/7.151

變法平議酌　（清）李應珏著　清光緒二十七年(1901)化州李氏刻本　一冊

310000 – 0242 – 0002963　K53.07 – 4/8.402

中國魂二卷　梁啟超編　清光緒上海廣智書局刻本　一冊

310000 – 0242 – 0002964　K53.07 – 6/752

州縣提綱四卷　（□）□□撰　清刻本　一冊

310000 – 0242 – 0002965　K53.07 – 9/7.575

革命軍(光復論)　（清）鄒容撰　清光緒二十九年(1903)石印本　一冊

310000 – 0242 – 0002966　K53.1 – 11/4.148

杜氏通典二百卷　（唐）杜佑撰　清光緒二十七年(1901)上海圖書集成局鉛印本　十六冊

310000 – 0242 – 0002967　K53.1 – 11/4.148C2

杜氏通典二百卷　（唐）杜佑撰　清同治十年(1871)廣東學海堂刻本　十冊

310000 – 0242 – 0002968　K53.1 – 2/7.9

九通　（唐）杜佑等撰　清光緒二十二年(1896)浙江書局刻本　一千冊

310000 – 0242 – 0002969　K53.1 – 2/7.9C2

九通　（唐）杜佑等撰　清光緒二十七年(1901)上海圖書集成局鉛印本　七十冊

310000 – 0242 – 0002970　K53.1 – 2/7.9C3

九通　（唐）杜佑等撰　清光緒二十八年(1902)上海鴻寶書局石印本　二百四冊

310000 – 0242 – 0002971　K53.1 – 21/7.4

欽定續通典一百五十卷　（清）嵇璜等撰　清光緒元年(1875)廣東學海堂刻本　十冊

310000 – 0242 – 0002972　K53.1 – 21/7.4C2

欽定續通典一百五十卷　（清）嵇璜等撰　清光緒元年(1875)廣東學海堂刻本　五十冊

310000 – 0242 – 0002973　K53.1 – 3/7.471

三通考輯要七十六卷　湯壽潛輯　清光緒二十五年(1899)圖書集成局鉛印本　十六冊

310000 – 0242 – 0002974　K53.1 – 3/7.471C2

三通考輯要七十六卷　湯壽潛輯　清光緒二十五年(1899)圖書集成局鉛印本　六冊

310000 – 0242 – 0002975　K53.1 – 4/57.352

文獻通考三百四十八卷　（元）馬端臨撰　明刻本　十四冊　存二十一卷(九十至一百十)

310000 – 0242 – 0002976　K53.1 – 4/7.128

六通訂誤　（清）沈師齊等撰　清光緒二十七年(1901)上海圖書集成局鉛印本　一冊

310000 – 0242 – 0002977　K53.1 – 4/7.700

文獻通考正續合編三十二卷首一卷　（清）盧宣旬編　清嘉慶十年(1805)棣花軒刻本　四冊

310000 – 0242 – 0002978　K53.1 – 4/7.787

文獻通考詳節二十四卷　（元）馬端臨撰　（清）嚴虞惇錄　清乾隆二十九年(1764)繩武堂刻本　四冊

310000 – 0242 – 0002979　K53.115 – 8/7.375

周禮政要二卷　（清）孫詒讓撰　清光緒二十八年(1902)瑞安普通學堂刻本　二冊

310000 – 0242 – 0002980　K53.115 – 8/7.375C2

周禮政要二卷　（清）孫詒讓撰　清光緒二十八年(1902)瑞安普通學堂刻本　二冊

310000 – 0242 – 0002981　K53.115 – 8/7.375C3

周禮政要二卷　（清）孫詒讓撰　清光緒二十八年(1902)瑞安普通學堂刻本　二冊

310000 – 0242 – 0002982　K53.12 – 14/5.674

漢官儀三卷　（宋）劉攽撰　清道光四年(1824)揚州穆西堂刻本　一冊

310000 – 0242 – 0002983　K53.12 – 14/5.674

漢官儀三卷　（宋）劉攽撰　清道光四年(1824)揚州穆西堂刻本　一冊

310000 – 0242 – 0002984　K53.121 – 6/5.393

西漢會要七十卷　（宋）徐天麟撰　清光緒十年(1884)江蘇書局刻本　十冊

310000 – 0242 – 0002985　K53.121 – 6/5.393C2

西漢會要七十卷　（宋）徐天麟撰　清光緒十年(1884)江蘇書局刻本　十冊

131

310000 - 0242 - 0002986   K53.121 - 6/5.393C3

西漢會要七十卷　（宋）徐天麟撰　清光緒十年(1884)江蘇書局刻本　十冊

310000 - 0242 - 0002987   K53.121 - 6/5.393C4

西漢會要七十卷　（宋）徐天麟撰　清光緒二十五年(1899)廣雅書局刻本　十冊

310000 - 0242 - 0002988   K53.121 - 6/5.393C5

西漢會要七十卷　（宋）徐天麟撰　清乾隆三十九年(1774)刻本　十六冊

310000 - 0242 - 0002989   K53.122 - 8/5.393

東漢會要四十卷　（宋）徐天麟撰　清光緒十年(1884)江蘇書局刻本　八冊

310000 - 0242 - 0002990   K53.122 - 8/5.393C2

東漢會要四十卷　（宋）徐天麟撰　清光緒十年(1884)江蘇書局刻本　八冊

310000 - 0242 - 0002991   K53.122 - 8/5.393C3

東漢會要四十卷　（宋）徐天麟撰　清光緒十年(1884)江蘇書局刻本　八冊

310000 - 0242 - 0002992   K53.122 - 8/5.393C4

東漢會要四十卷　（宋）徐天麟撰　清光緒二十五年(1899)廣雅書局刻本　八冊

310000 - 0242 - 0002993   K53.123 - 3/7.556

三國會要二十二卷首一卷　楊晨撰　清光緒二十六年(1900)黃巖楊氏崇雅堂鉛印本　四冊

310000 - 0242 - 0002994   K53.123 - 3/7.556B

三國會要二十卷首一卷　楊晨撰　清光緒二十六年(1900)江蘇書局刻本　六冊

310000 - 0242 - 0002995   K53.141 - 10/5.21

唐會要一百卷　（宋）王溥撰　清光緒十年(1884)江蘇書局刻本　二十四冊

310000 - 0242 - 0002996   K53.141 - 10/5.21C2

唐會要一百卷　（宋）王溥撰　清光緒十年(1884)江蘇書局刻本　二十四冊

310000 - 0242 - 0002997   K53.141 - 10/5.21C3

唐會要一百卷　（宋）王溥撰　清光緒十年(1884)江蘇書局刻本　二十四冊

310000 - 0242 - 0002998   K53.141 - 10/5.21C4

唐會要一百卷　（宋）王溥撰　清光緒二十五年(1899)廣雅書局刻本　九冊

310000 - 0242 - 0002999   K53.141 - 3/4.14C2

大唐六典三十卷　（唐）玄宗李隆基纂　（唐）李林甫等注　清嘉慶五年(1800)常熟席氏掃葉山房刻本　三冊

310000 - 0242 - 0003000   K53.142 - 4/5.21

五代會要三十卷　（宋）王溥撰　清刻本　十二冊

310000 - 0242 - 0003001   K53.142 - 4/5.21C2

五代會要三十卷　（宋）王溥撰　清乾隆四十二年至宣統三年(1777 - 1911)刻本　六冊

310000 - 0242 - 0003002   K53.142 - 4/5.21C3

五代會要三十卷　（宋）王溥撰　清光緒十二年(1886)江蘇書局刻本　六冊

310000 - 0242 - 0003003   K53.142 - 4/5.21C4

五代會要三十卷　（宋）王溥撰　清光緒十二年(1886)江蘇書局刻本　六冊

310000 - 0242 - 0003004   K53.142 - 4/5.21C5

五代會要三十卷　（宋）王溥撰　清光緒十二年(1886)江蘇書局刻本　六冊

310000 - 0242 - 0003005   K53.151 - 23/5.535

麟臺故事五卷首一卷末一卷　（宋）程俱撰　清刻本　一冊

310000 - 0242 - 0003006   K53.151 - 7/5.151

宋朝事實二十卷　（宋）李攸撰　清刻本　八冊

310000 - 0242 - 0003007   K53.151 - 7/5.151C2

宋朝事實二十卷　（宋）李攸撰　清刻本　八冊

310000 - 0242 - 0003008   K53.157 - 3/57.752

大元聖政國朝典章前集六十卷附新集　（元）□□撰　清光緒三十四年(1908)武進董氏誦芬室刻本　二十四冊

310000 - 0242 - 0003009   K53.16 - 8/7.682

明會要八十卷　（清）龍文彬纂　清光緒廣雅

書局刻本 七冊

310000－0242－0003010 K53.17－10/7.8
欽定宮中現行則例四卷 （清）德宗載湉修
清光緒鉛印本 四冊

310000－0242－0003011 K53.17－11/7.4
皇朝通典一百卷 （清）嵇璜等纂 清光緒元
年(1875)廣東學海堂刻本 八冊

310000－0242－0003012 K53.17－11/7.5
皇朝詞林典故六十四卷 （清）朱珪等撰 清
光緒十三年(1887)刻本 十六冊

310000－0242－0003013 K53.17－11/8.428
皇朝掌故彙編內編六十卷外編四十卷首一卷
（清）張壽鏞等編 清光緒二十八年(1902)
求實書社鉛印本 六十冊

310000－0242－0003014 K53.17－11/8.428C2
皇朝掌故彙編內編六十卷外編四十卷首一卷
（清）張壽鏞等編 清光緒二十八年(1902)
求實書社鉛印本 十三冊

310000－0242－0003015 K53.17－3/7.4
欽定大清會典一百卷事例一千二百二十卷
（清）高宗弘曆纂 清宣統元年(1909)上海商
務印書館石印本(原缺大清會典圖) 一百六
十冊

310000－0242－0003016 K53.17－3/7.5
大清會典四卷 （清）仁宗顒琰修 清同治十
一年(1872)湖北崇文書局刻本 四冊

310000－0242－0003017 K53.17－3/7.8
欽定大清會典一百卷 （清）德宗載湉纂 清
光緒二十五年(1899)內府石印本 三十六冊

310000－0242－0003018 K53.17－3/7.8B
欽定大清會典事例一千二百二十卷 （清）德
宗載湉纂 清光緒十二年(1886)內府石印本
三百八十四冊

310000－0242－0003019 K53.17－3/7.8C
欽定大清會典圖一百三十二卷 （清）德宗載
湉纂 清光緒二十五年(1899)內府石印本
七十三冊

310000－0242－0003020 K53.17－8/7.491
明夷待訪錄一卷 （清）黃宗羲撰 清光緒二
十八年(1902)瀘州開智書局鉛印本 一冊

310000－0242－0003021 K53.17－8/7.491C2
明夷待訪錄一卷 （清）黃宗羲撰 清光緒二
十八年(1902)瀘州開智書局鉛印本 一冊

310000－0242－0003022 K53.17－8/7.491C3
明夷待訪錄一卷 （清）黃宗羲撰 清光緒二
十三年(1897)上海鴻文書局石印本 一冊

310000－0242－0003023 K53.17－8/7.491B
明夷待訪錄一卷 （清）黃宗羲撰 清光緒五
年(1879)黃氏五桂樓刻本 一冊

310000－0242－0003024 K53.175－8/7.21
治平通考會纂十卷 （清）王汝南纂 清康熙
三年(1664)刻本 十冊

310000－0242－0003025 K53.178－6/7.128
光緒政要三十四卷 沈桐生輯 清宣統元年
(1909)上海崇義堂石印本 三十冊

310000－0242－0003026 K53.21－6/84
江蘇仕學館章程不分卷 （清）江蘇仕學館修
清光緒三十一年(1905)刻本 一冊

310000－0242－0003027 K53.332－3/7.347
康熙己未詞科錄十二卷 （清）秦瀛輯 清光
緒十四年(1888)刻本 六冊

310000－0242－0003028 K53.332－9/7.170
科場異聞錄五種 （清）呂相燮輯 清光緒二
十四年(1898)順成書局石印本 四冊

310000－0242－0003029 K53.4－3/7.486
大清百官錄 （清）彭汝疇等編 清光緒十四
年(1888)北京槐蔭山房刻本 五冊

310000－0242－0003030 K53.41－16/7.4
欽定歷代職官表七十二卷首一卷 （清）高宗
弘曆纂 清光緒二十二年(1896)廣州廣雅書
局刻本 三十二冊

310000－0242－0003031 K53.41－16/7.4C2
欽定歷代職官表七十二卷首一卷 （清）高宗
弘曆纂 清北京武英殿刻本 十六冊 存三

十六卷(一至三十六)

310000 - 0242 - 0003032　K53.41 - 16/7.491
歷代職官表六卷　(清)黃本驥編　清光緒八年(1882)上海王氏刻本　一冊

310000 - 0242 - 0003033　K53.42 - 11/7.35
健餘先生撫豫條教四卷　(清)尹會一撰
(清)張受長輯　清光緒五年(1879)定州王氏刻本　二冊

310000 - 0242 - 0003034　K53.42 - 11/7.674
庸吏庸言二卷　(清)劉衡撰　清同治九年(1870)長沙湖南藩署刻本　一冊

310000 - 0242 - 0003035　K53.42 - 14/6.170
實政錄七卷　(明)呂坤撰　清光緒十五年(1889)刻本　五冊

310000 - 0242 - 0003036　K53.42 - 14/7.2
察吏六條　(清)丁日昌撰　清同治八年(1869)刻本　一冊

310000 - 0242 - 0003037　K53.42 - 14/7.359
圖民錄四卷　(清)袁守定撰　清光緒五年(1879)江蘇書局刻本　二冊

310000 - 0242 - 0003038　K53.42 - 14/7.359C2
圖民錄四卷　(清)袁守定撰　清光緒五年(1879)江蘇書局刻本　二冊

310000 - 0242 - 0003039　K53.42 - 14/7.748
誠子書一卷　(清)聶繼模撰　清光緒二十三年(1897)刻本　一冊

310000 - 0242 - 0003040　K53.42 - 14/7.748C2
誠子書一卷　(清)聶繼模撰　清光緒二十三年(1897)刻本　一冊

310000 - 0242 - 0003041　K53.42 - 16/7.135
學治臆說二卷續說一卷附說贅　(清)汪輝祖編　清同治九年(1870)湖南藩署刻本　二冊

310000 - 0242 - 0003042　K53.42 - 16/7.135C2
學治臆說二卷續說一卷附說贅　(清)汪輝祖編　清光緒十五年(1889)江蘇書局刻本　一冊

310000 - 0242 - 0003043　K53.42 - 16/7.135B
學治臆說二卷　(清)汪輝祖撰　清嘉慶十八年(1813)五羊節署刻本　一冊

310000 - 0242 - 0003044　K53.42 - 20/7.752
勸民俗語　(清)□□輯　清刻本　一冊

310000 - 0242 - 0003045　K53.42 - 6/7.3
欽頒州縣事宜一卷　(清)世宗胤禛纂　清同治七年(1868)江蘇書局刻本　一冊

310000 - 0242 - 0003046　K53.42 - 6/7.3C2
欽頒州縣事宜一卷　(清)世宗胤禛纂　清同治七年(1868)江蘇書局刻本　一冊

310000 - 0242 - 0003047　K53.42 - 7/7.783
求己錄三卷　(清)盧涇漁士編　清光緒二十六年(1900)杭州求是書院石印本　一冊

310000 - 0242 - 0003048　K53.42 - 8/57.428
牧民忠告二卷　(元)張養浩撰　清同治七年(1868)姑蘇書局刻本　一冊

310000 - 0242 - 0003049　K53.42 - 8/57.428C2
牧民忠告二卷　(元)張養浩撰　清同治七年(1868)姑蘇書局刻本　一冊

310000 - 0242 - 0003050　K53.42 - 8/7.389
牧令須知六卷　(清)剛毅撰　清光緒十五年(1889)江蘇書局刻本　二冊

310000 - 0242 - 0003051　K53.42 - 8/7.389C2
牧令須知六卷　(清)剛毅撰　清光緒十五年(1889)江蘇書局刻本　二冊

310000 - 0242 - 0003052　K53.42 - 8/7.393
牧令書輯要十卷　(清)徐棟編　(清)丁日昌重編　清同治七年(1868)江蘇書局刻本　十冊

310000 - 0242 - 0003053　K53.42 - 8/7.393A
牧令書二十三卷附保甲書四卷　(清)徐棟輯　清道光二十八年(1848)李煒刻本　七冊

310000 - 0242 - 0003054　K53.42 - 8/7.434
陸清獻公治嘉格言　(清)陸隴其撰　清同治七年(1868)上海道署刻本　一冊

310000－0242－0003055　K53.42－8/7.434C2

陸清獻公治嘉格言　（清）陸隴其撰　清同治
七年（1868）上海道署刻本　一冊

310000－0242－0003056　K53.44－12/7.210

詞科掌錄十七卷餘話七卷　（清）杭世駿編輯
　清仁和杭氏道古堂刻本　十六冊

310000－0242－0003057　K53.46－11/7.752

通行條例　（清）□□纂　清光緒十四年
（1888）江蘇書局刻本　四冊

310000－0242－0003058　K53.46－11/7.752C2

通行條例　（清）□□纂　清光緒十四年
（1888）江蘇書局刻本　四冊

310000－0242－0003059　K53.49－12/7.21C2

棠蔭會編四卷首一卷　（清）王謙志等纂　清
刻本　四冊

310000－0242－0003060　K53.53－13/7.21

熙朝紀政六卷　（清）王慶雲撰　清光緒二十
四年（1898）刻本　六冊

310000－0242－0003061　K53.53－13/7.21A

熙朝紀政八卷　（清）王慶雲撰　湯壽潛校
清光緒二十七年（1901）上海書局鉛印本　二
冊

310000－0242－0003062　K53.53－4/7.20.2

戶部現行常例一卷　（清）戶部編　清刻本
一冊

310000－0242－0003063　K53.535－17/752

總理各國事務衙門往來則例彙鈔　（清）□□
編　清末刻本　六冊

310000－0242－0003064　K53.5421－6/7.84

江蘇諮議局第一年度報告　江蘇諮議局編
清宣統元年（1909）鉛印本　三冊

310000－0242－0003065　K53.5421－6/7.84A

江蘇諮議局籌辦處報告書　江蘇諮議局籌辦
處編　清宣統元年（1909）鉛印本　一冊

310000－0242－0003066　K53.5424－6/84A

江西諮議局報告第一種二卷　江西諮議局編
　清宣統三年（1911）江西諮議局鉛印本　二

310000－0242－0003067　K53.5424－6/84BC1

江西諮議局報告第二種　江西諮議局編　清
宣統江西諮議局鉛印本　一冊

310000－0242－0003068　K53.5424－6/84BC2

江西諮議局報告第二種　江西諮議局編　清
宣統江西諮議局鉛印本　一冊

310000－0242－0003069　K53.5424－6/84C

江西諮議局報告第三種　江西諮議局編　清
宣統江西諮議局鉛印本　一冊

310000－0242－0003070　K53.5424－6/84D

江西諮議局第二次常年會呈報議決案　江西
諮議局編　清宣統二年（1910）江西諮議局鉛
印本　一冊　存一卷（下）

310000－0242－0003071　K53.5424－6/84E

江西諮議局宣統三年臨時會議事錄　江西諮
議局編　清宣統三年（1911）江西諮議局鉛印
本　一冊

310000－0242－0003072　K53.5424－6/84EC2

江西諮議局宣統三年臨時會議事錄　江西諮
議局編　清宣統三年（1911）江西諮議局鉛印
本　一冊

310000－0242－0003073　K53.5424－6/84F

江西諮議局補刊　江西諮議局編　清宣統二
年（1910）江西諮議局鉛印本　一冊

310000－0242－0003074　K53.5424－6/84FC2

江西諮議局補刊　江西諮議局編　清宣統二
年（1910）江西諮議局鉛印本　一冊

310000－0242－0003075　K53.5424－6/84G

江西諮議局議員表　江西諮議局編　清宣統
江西諮議局鉛印本　一冊

310000－0242－0003076　K53.7－5/7.761

四此堂稿十卷　（清）魏際瑞撰　清光緒二十
年（1894）刻本　四冊

310000－0242－0003077　K53.923－10/328

浙江諮議局議員質問書並巡撫諮詢事件
（清）浙江諮議局編　清宣統元年（1909）浙江

諮議局鉛印本　一冊

310000 - 0242 - 0003078　K53.923 - 10/328A
浙江諮議局文牘第一編　（清）浙江諮議局編
清宣統元年(1909)浙江諮議局鉛印本　一冊

310000 - 0242 - 0003079　K53.923 - 10/328B
浙江諮議局議決案　（清）浙江諮議局編　清末鉛印本　一冊

310000 - 0242 - 0003080　K53.931 - 11/7.89
清福建臺灣憲典事例　（清）吏部編　清末刻本　一百二十冊

310000 - 0242 - 0003081　K53.94 - 8/8.393
東三省政略十二卷　徐世昌編　清宣統三年(1911)鉛印本　四十冊

310000 - 0242 - 0003082　K53.942 - 6/7.596
吉林農安戊巳政治報告書四卷　壽鵬飛撰　清宣統二年(1910)鉛印本　四冊

310000 - 0242 - 0003083　K54 - 10/7.441
時事新編初集六卷　（清）陳耀卿編輯　清光緒二十一年(1895)鉛印本　六冊

310000 - 0242 - 0003084　K54.31 - 4/7.535
日本變法次第類考初集二集三集　（清）程恩培撰　清光緒二十八年(1902)政學譯社鉛印本　十二冊

310000 - 0242 - 0003085　K54.4 - 15/7.749
歐美政治要義十八章　（清）戴鴻慈　（清）端方合纂　清光緒三十二年(1906)石印本　四冊

310000 - 0242 - 0003086　K54.41 - 8/7.122
采風記五卷附紀程感事詩一卷時務論一卷　宋育仁編　清光緒二十一年(1895)袖海山房石印本　二冊

310000 - 0242 - 0003087　K54.41 - 9/41.612
英國樞政志十四卷　（英國）圖雷爾原著　清光緒二十八年(1902)南洋公學譯書院鉛印本　一冊

310000 - 0242 - 0003088　K54.421 - 8/8.674
法國政教攷畧四卷　（清）劉式訓撰輯　清光緒鉛印本　一冊

310000 - 0242 - 0003089　K54.421 - 8/89
法蘭西政治要覽三編　（清）考察政治大臣述　清光緒三十三年(1907)政治官報局鉛印本　一冊

310000 - 0242 - 0003090　K54.4711 - 4/89
比利時政治要覽九編　（清）考察政治大臣述　清光緒三十四年(1908)政治官報局鉛印本　一冊

310000 - 0242 - 0003091　K55.19 - 9/8.228
城鎮鄉地方自治宣講書　孟昭常撰　清宣統元年(1909)鉛印本　一冊

310000 - 0242 - 0003092　K55.2 - 16/7.749
敬簡堂學治雜錄四卷　（清）戴杰撰　清光緒十二年(1886)敬簡堂刻本　二冊

310000 - 0242 - 0003093　K55.21 - 9/7.364
宦遊紀略六卷　（清）桂超萬撰　清同治三年(1864)養浩齋刻本　三冊

310000 - 0242 - 0003094　K55.212 - 11/7.749
從公錄一卷續錄二卷三錄一卷　（清）戴肇辰撰　清同治元年(1862)刻本　三冊

310000 - 0242 - 0003095　K55.235 - 9/7.556
柳州文牘二卷　楊道霖撰　清宣統二年(1910)鉛印本　一冊

310000 - 0242 - 0003096　K55.8 - 9/7.393
保甲書輯要四卷　（清）徐棟編　清同治七年(1868)江蘇書局刻本　一冊

310000 - 0242 - 0003097　K55.8 - 9/7.393C2
保甲書輯要四卷　（清）徐棟編　清同治七年(1868)江蘇書局刻本　一冊

310000 - 0242 - 0003098　K55.81 - 12/752
欽頒州縣事宜一卷　（清）田文鏡纂　清同治七年(1868)江蘇書局刻本　一冊

310000 - 0242 - 0003099　K55.81 - 12/752C2
欽頒州縣事宜一卷　（清）田文鏡纂　清同治七年(1868)江蘇書局刻本　一冊

310000－0242－0003100 K55.83－12/7.407

鄉守外編輯要十卷 （清）許乃釗編輯 清咸豐元年(1851)刻本 二冊

310000－0242－0003101 K56.31－8/38

明治政黨小史 （日本）日日新聞社纂 （清）陳超譯 清光緒二十八年(1902)上海廣智書局鉛印本 一冊

310000－0242－0003102 K57.6－8/7.618

東三省移民開墾意見書 （清）熊希齡撰 清末鉛印本 一冊

310000－0242－0003103 K58.148－8/7.645

東方時局論略一卷 （清）鄧鏗撰 清光緒十五年(1889)鉛印本 一冊

310000－0242－0003104 K58.162－2/7.39

丁未和會類要四卷 （清）外務部編 清光緒三十四年(1908)中國圖書公司鉛印本 一冊

310000－0242－0003105 K58.22－6/7.441

交涉要覽類編二集二卷 （清）陳鈺選 （清）鄭貞來譯 清光緒二十九年(1903)湖北洋務譯書局鉛印本 一冊

310000－0242－0003106 K58.23－11/7.393

通商約章類纂三十五卷 （清）徐宗亮纂 清光緒十二年(1886)天津官書局刻本 二十冊

310000－0242－0003107 K58.23－4/7.265

中俄國際約注五卷 （清）施紹常撰 清光緒三十二年(1906)上海商務印書館鉛印本 二冊

310000－0242－0003108 K58.23－7/7.142

辛丑各國和約一卷附件一卷 （清）外務部編 清光緒二十六年(1900)鉛印本 一冊

310000－0242－0003109 K58.23－8/752

長江通商統共章程 （□）□□編 清同治元年(1862)刻本 一冊

310000－0242－0003110 K58.2331－3/752

大清國大日本國條規章程附稅則 （□）□□編 清同治十年(1871)刻本 一冊

310000－0242－0003111 K58.2331－3/752C2

大清國大日本國條規章程附稅則 （□）□□編 清同治十年(1871)刻本 一冊

310000－0242－0003112 K58.2331－4/752

中日通商行船條約續約 （□）□□編 清光緒二十九年(1903)刻本 一冊

310000－0242－0003113 K58.2341－13/752

奧斯馬加國際條款稅則章程 （□）□□編 清同治八年(1869)刻本 一冊

310000－0242－0003114 K58.2341－13/752C2

奧斯馬加國際條款稅則章程 （□）□□編 清同治八年(1869)刻本 一冊

310000－0242－0003115 K58.2341－9/752

英國條欵 （□）□□編 清咸豐八年(1858)刻本 一冊

310000－0242－0003116 K58.2341－9/752A

英國續議通商行船條約 呂海寰 （英國）馬凱擬定 清光緒二十八年(1902)刻本 一冊

310000－0242－0003117 K58.2342－8/752

法國條欵 （□）□□編 清咸豐八年(1858)刻本 一冊

310000－0242－0003118 K58.2343－5/752

布路斯國暨德意志通商稅務各國和約章程 （□）□□編 清咸豐十一年(1861)刻本 一冊

310000－0242－0003119 K58.2343－5/752C2

布路斯國暨德意志通商稅務各國和約章程 （□）□□編 清咸豐十一年(1861)刻本 一冊

310000－0242－0003120 K58.2345－13/752

義國條約稅則章程 （□）□□編 清同治五年(1866)刻本 一冊

310000－0242－0003121 K58.2345－13/752C2

義國條約稅則章程 （□）□□編 清同治五年(1866)刻本 一冊

310000－0242－0003122 K58.23461－4/752

日斯巴尼亞國條款和約章程附古巴華工條款換約憑單諭旨照會 （□）□□編 清光緒四

年(1878)刻本　一冊

310000－0242－0003123　K58.23461－4/752C2
日斯巴尼亞國條款和約章程附古巴華工條款
換約憑單諭旨照會　（□）□□編　清光緒四
年(1878)刻本　一冊

310000－0242－0003124　K58.23469－6/752
西洋國議定通商章程條款　（□）□□編　清
刻本　一冊

310000－0242－0003125　K58.23471－4/752
比國通商條約稅則章程　（□）□□編　清同
治四年(1865)刻本　一冊

310000－0242－0003126　K58.23471－4/752C2
比國通商條約稅則章程　（□）□□編　清同
治四年(1865)刻本　一冊

310000－0242－0003127　K58.23472－11/752
荷蘭國通商和約章程　（□）□□編　清同治
二年(1863)刻本　一冊

310000－0242－0003128　K58.23472－11/752C2
荷蘭國通商和約章程　（□）□□編　清同治
二年(1863)刻本　一冊

310000－0242－0003129　K58.23473－4/752
丹國通商條約稅則章程　（□）□□編　清同
治二年(1863)刻本　一冊

310000－0242－0003130　K58.23473－4/752C2
丹國通商條約稅則章程　（□）□□編　清同
治二年(1863)刻本　一冊

310000－0242－0003131　K58.2348－9/752
俄國條欵　（□）□□編　清同治元年(1862)
刻本　一冊

310000－0242－0003132　K58.2352－9/752
美國條欵　（□）□□編　清咸豐八年(1858)
刻本　一冊

310000－0242－0003133　K58.2352－9/752A
美國續增條約　（□）□□編　清同治七年
(1868)刻本　一冊

310000－0242－0003134　K58.23582－3/752

大清國大祕魯國條約章程　（□）□□編　清
光緒元年(1875)刻本　一冊

310000－0242－0003135　K58.248－4/740
中俄約章會要三卷續編一卷　（清）總理衙門
編　清光緒八年(1882)同文館鉛印本　四冊

310000－0242－0003136　K58.28－11/752
通商稅則善後條約附照會　（□）□□編　清
咸豐八年(1858)刻本　一冊

310000－0242－0003137　K58.285－4/752
奏准天津新議通商條約　（□）□□編　清末
刻本　一冊

310000－0242－0003138　K58.285－9/151
約章述要二卷　（美國）李佳白纂　（清）嚴善
坊編譯　清光緒三十三年(1907)上海尚賢堂
鉛印本　二冊

310000－0242－0003139　K58.285－9/7.434
新纂約章大全七十三卷附續二卷　（清）陸鳳
石編　清宣統元年(1909)南洋官書局石印本
三十二冊

310000－0242－0003140　K58.285－9/7.654
約章分類輯要三十八卷首一卷　蔡乃煌總纂
清光緒二十七年(1901)上海緯文閣石印本
三十二冊

310000－0242－0003141　K58.285－9/7.654C2
約章分類輯要三十八卷首一卷　蔡乃煌總纂
清光緒二十六年(1900)湖南商務局刻本
三十冊

310000－0242－0003142　K58.285－9/7.69
約章成案匯覽甲篇十卷乙篇四十二卷　（清）
北洋洋務局輯　清光緒三十一年(1905)上海
點石齋石印本　四十六冊

310000－0242－0003143　K58.285－9/7.69C2
約章成案匯覽甲篇十卷乙篇四十二卷　（清）
北洋洋務局輯　清光緒三十一年(1905)上海
點石齋石印本　四十六冊

310000－0242－0003144　K58.285－9/7.69C3
約章成案匯覽甲篇十卷乙篇四十二卷　（清）

北洋洋務局輯　清光緒三十一年(1905)上海
點石齋石印本　四十六冊

310000－0242－0003145　K58.285－9/7.69C4

約章成案匯覽甲篇十卷乙篇四十二卷　（清）
北洋洋務局輯　清光緒三十一年(1905)上海
點石齋石印本　四十六冊

310000－0242－0003146　K58.291－13/752

辟邪實錄　（清）第一傷心人撰　清光緒刻本
一冊

310000－0242－0003147　K58.81－9/7.693

星軺指掌三卷續一卷　（清）聯芳　慶常譯
清光緒二年(1876)北京同文館鉛印本　四冊

310000－0242－0003148　K59.431－4/93

有賀博士日清戰役中之國際法論　（日本）有
賀撰　清宣統三年(1911)鉛印本　一冊

310000－0242－0003149　K60.7－13/7.151

資治新書十四卷首一卷二集二十卷　（清）李
漁輯　清康熙二年(1663)經綸堂刻本　二十
冊

310000－0242－0003150　K61.28－14/7.752

廣東憲政籌備處報告書第一期至第六期
（清）□□纂　清宣統二年(1910)鉛印本　六
冊

310000－0242－0003151　K61.3123－4/89

日本憲法疏證四卷附皇室典範　（清）考察政
治大臣編譯　清光緒三十四年(1908)政治官
報局鉛印本　二冊

310000－0242－0003152　K62.2121－6/752

江蘇省例四編　（□）□□編　清同治八年
(1869)江蘇書局刻本　十二冊

310000－0242－0003153　K62.8－11/7.428

問心齋學治雜錄二卷附續錄四卷　（清）張聯
桂撰　清光緒十一年(1885)刻本　三冊

310000－0242－0003154　K62.8－15/7.389

審看擬式四卷首一卷末一卷　（清）剛毅撰
清光緒十八年(1892)浙江書局刻本　二冊

310000－0242－0003155　K62.8－15/7.389C2

審看擬式四卷首一卷末一卷　（清）剛毅撰
清光緒十八年(1892)浙江書局刻本　二冊

310000－0242－0003156　K63.31－4/7.705A

新譯日本法規大全解字不分卷　錢恂　董鴻
禕編纂　清光緒三十三年(1907)上海商務印
書館鉛印本　一冊

310000－0242－0003157　K63.31－4/8.674

新譯日本法規大全　劉崇傑等譯　清光緒三
十三年(1907)上海商務印書館鉛印本　八十
冊

310000－0242－0003158　K63.31－4/8.674C2

新譯日本法規大全　劉崇傑等譯　清光緒三
十三年(1907)上海商務印書館鉛印本　八十
一冊

310000－0242－0003159　K65.4－8/7.128

刺字集四卷　沈家本輯　清光緒十二年
(1886)京師刻本　一冊

310000－0242－0003160　K65.4－8/7.128C2

刺字集四卷　沈家本輯　清光緒十二年
(1886)京師刻本　一冊

310000－0242－0003161　K65.42－3/7.4

三流道里表不分卷　（清）高宗弘曆纂　清同
治十一年(1872)江蘇書局刻本　二冊

310000－0242－0003162　K65.42－6/7.128

重修名法指掌圖四卷　（清）沈辛田編　清同
治九年(1870)湖南藩署刻本　四冊

310000－0242－0003163　K65.47－21/7.200

讀律一得歌四卷　（清）宗繼增重編　清光緒
十六年(1890)江蘇書局刻本　二冊

310000－0242－0003164　K65.47－21/7.200C2

讀律一得歌四卷　（清）宗繼增重編　清光緒
十六年(1890)江蘇書局刻本　二冊

310000－0242－0003165　K65.47－3/7.128

大清現行刑律三十六卷首一卷　沈家本等編
清宣統元年(1909)鉛印本　四冊

310000－0242－0003166　K65.47－9/7.717

秋審實緩比較條款　（清）謝誠鈞編　清光緒

四年(1878)江蘇書局刻本　二冊

310000－0242－0003167　K65.6－19/8.5502

騙術奇談四卷　(清)雷君曜編　清宣統三年
(1911)上海掃葉山房石印本　一冊

310000－0242－0003168　K65.8－3/7.791

山右讞獄記　(清)顧麟趾撰　清光緒二十四
年(1898)羅山方氏木活字印本　一冊

310000－0242－0003169　K65.8－10/7.393

徐雨峰中丞勘語四卷　(清)徐士林撰　清光
緒三十二年(1906)武進李氏聖澤樓石印本
四冊

310000－0242－0003170　K65.8－11/7.271

問心一隅二卷　(清)胡秋潮撰　清光緒三十
二年(1906)刻本　二冊

310000－0242－0003171　K65.8－11/752

清代刑房案例選　(□)□□撰　清稿本　六
冊

310000－0242－0003172　K65.8－11/752B

清代參案抄　(□)□□撰　清稿本　三冊

310000－0242－0003173　K65.8－8/7.713

明刑管見錄一卷　(清)穆翰撰　清道光二十
七年(1847)刻本　一冊

310000－0242－0003174　K65.8－27/7.441

讞鵠二卷附續編　(清)陳坤輯　清光緒十七
年(1891)刻本　三冊

310000－0242－0003175　K66.5－6/7.151

江寧府六合縣刑房檔冊稿　(清)李錫官等纂
　清末稿本　十二冊

310000－0242－0003176　K66.5－9/7.752C1

秋讞輯要六卷首一卷　(清)剛毅等輯　清光
緒十五年(1889)江蘇書局刻本　八冊

310000－0242－0003177　K66.5－9/7.752C2

秋讞輯要六卷首一卷　(清)剛毅等輯　清光
緒十五年(1889)江蘇書局刻本　八冊

310000－0242－0003178　K66.5－9/7.752C3

秋讞輯要六卷首一卷　(清)剛毅等輯　清光

緒十五年(1889)江蘇書局刻本　八冊

310000－0242－0003179　K66.55－11/7.753

鹿洲公案二卷　(清)藍鼎元撰　清雍正七年
至光緒三十四年(1729－1908)刻本　二冊

310000－0242－0003180　K66.65－9/7.162

重刊補注洗冤錄集證六卷　(清)阮其新輯
(清)王又槐增輯　清光緒三年(1877)浙江書
局刻本　五冊

310000－0242－0003181　K66.65－9/7.162B

補注洗冤錄集證六卷　(清)阮其新輯　(清)
鍾淮校　清道光二十三年(1843)校經山房刻
本　二冊

310000－0242－0003182　K66.65－9/7.389

洗冤錄義證四卷附歌訣　(清)剛毅編輯　清
光緒十七年(1891)江蘇書局刻本　二冊

310000－0242－0003183　K66.65－9/7.389C2

洗冤錄義證四卷附歌訣　(清)剛毅編輯　清
光緒十七年(1891)江蘇書局刻本　二冊

310000－0242－0003184　K66.65－9/7.407

洗冤錄詳義四卷首一卷摭遺二卷　(清)許槤
編校　清光緒五年(1879)刻本　六冊

310000－0242－0003185　K66.66－8/546

法律醫學二十四卷首一卷附卷一卷　(英國)
該惠連　(英國)弗里愛同撰　清光緒二十五
年(1899)江南製造局刻本　十冊

310000－0242－0003186　K69.8－14/8.164

監獄解蔽篇　吳承仕著　清宣統二年(1910)
鉛印本　一冊

310000－0242－0003187　K69.91－14/7.148

漢律輯證六卷　(清)杜貴墀撰　清光緒二十
五年(1899)湘水校經堂刻本　一冊

310000－0242－0003188　K69.91－3/7.115

大清律例增修統纂集成四十卷附督捕則例二
卷　(清)任彭年輯　清同治七年(1868)武林
清來堂刻本　二十三冊

310000－0242－0003189　K69.91－3/7.115C2

大清律例增修統纂集成四十卷　(清)任彭年

輯　清光緒二十二年（1896）聚賢齋刻本　二十四冊

310000－0242－0003190　K69.91－3/7.115C3
大清律例增修統纂集成四十卷附督捕則例二卷　（清）任彭年輯　清光緒二十五年（1899）鉛印本　十六冊　缺十四卷（十三至二十六）

310000－0242－0003191　K69.91－3/7.7
大清律例彙輯便覽四十卷督捕則例附纂二卷五軍道里表三流道里表　（清）湖北讞局輯　清同治十一年（1872）湖北讞局刻本　三十二冊

310000－0242－0003192　K69.91－3/7.752C1
大清律例總類　（清）□□輯　清光緒十五年（1889）江蘇書局刻本　四冊

310000－0242－0003193　K69.91－3/7.752C2
大清律例總類　（清）□□輯　清光緒十五年（1889）江蘇書局刻本　四冊

310000－0242－0003194　K69.91－3/7.752C3
大清律例總類　（清）□□輯　清光緒十五年（1889）江蘇書局刻本　四冊

310000－0242－0003195　K69.91－9/7.654C1
律例便覽八卷　（清）蔡嵩年　（清）蔡逢年輯　清光緒十四年（1888）江蘇書局刻本　四冊

310000－0242－0003196　K69.91－9/7.654C2
律例便覽八卷　（清）蔡嵩年　（清）蔡逢年輯　清光緒十四年（1888）江蘇書局刻本　四冊

310000－0242－0003197　K69.91－9/7.654C3
律例便覽八卷　（清）蔡嵩年　（清）蔡逢年輯　清光緒十四年（1888）江蘇書局刻本　四冊

310000－0242－0003198　K69.91－9/7.654C4
律例便覽八卷　（清）蔡嵩年　（清）蔡逢年輯　清光緒十四年（1888）江蘇書局刻本　四冊

310000－0242－0003199　K69.914－10/4.208C2
故唐律疏議三十卷　（唐）長孫無忌纂　清光緒十六年（1890）刻本　十二冊

310000－0242－0003200　K69.914－10/4.208C3
故唐律疏議三十卷附音義一卷洗冤錄五卷

（唐）長孫無忌等纂　清光緒十七年（1891）刻本　八冊

310000－0242－0003201　K69.914－10/4.208C4
故唐律疏議三十卷附音義一卷洗冤錄五卷
（唐）長孫無忌等纂　清光緒十七年（1891）刻本　八冊

310000－0242－0003202　K69.914－10/4.208C5
故唐律疏議三十卷附音義一卷洗冤錄五卷
（唐）長孫無忌等纂　清光緒十七年（1891）刻本　八冊

310000－0242－0003203　K69.92－13/573
農商部章程二十一種　（清）農商部訂　清光緒刻本　十三冊

310000－0242－0003204　K69.92－3/406.5
大清光緒新法令　商務印書館編譯所編　清宣統元年（1909）上海商務印書館鉛印本　二十冊

310000－0242－0003205　K70.2－22/7.441
權制八卷　陳澹然撰　清光緒二十六年（1900）長沙徐氏刻本　六冊

310000－0242－0003206　K71－12/7.61/0/108993
湖南團練私議　（清）左欽敏撰　清光緒二十五年（1899）刻本　一冊

310000－0242－0003207　K71－16/5.441
歷代兵制八卷　（宋）陳傅良撰　清道光二十九年（1849）靜觀堂刻本　一冊

310000－0242－0003208　K71－16/5.441C2
歷代兵制八卷　（宋）陳傅良撰　清道光二十九年（1849）靜觀堂刻本　一冊

310000－0242－0003209　K72－10/15.375C
孫子十家注十三卷附孫子敘錄一卷孫子遺說一卷　（春秋）孫武撰　（清）孫星衍輯　清光緒三年（1877）杭州浙江書局刻本　六冊

310000－0242－0003210　K72－10/15.375CC2
孫子十家注十三卷附孫子敘錄一卷孫子遺說一卷　（春秋）孫武撰　（清）孫星衍輯　清光緒三年（1877）杭州浙江書局刻本　一冊

141

310000－0242－0003211　K72－10/15.375CC3

孫子十家注十三卷附孫子敍錄一卷孫子遺說一卷　（春秋）孫武撰　（清）孫星衍輯　清光緒三年（1877）杭州浙江書局刻本　六冊

310000－0242－0003212　K72－10/7.375

孫吳司馬法九卷　（清）孫星衍校　清同治十年（1871）淮南書局刻本　一冊

310000－0242－0003213　K72－16/7.135

衛公兵法輯本三卷附李靖傳攷證　（唐）李靖原著　（清）汪宗沂輯　清光緒十四年（1888）漸西村舍刻本　一冊

310000－0242－0003214　K72－7/7.135

武侯八陣兵法輯略一卷　（清）汪宗沂撰　清光緒五年（1879）漸西村舍刻本　一冊

310000－0242－0003215　K72－7/7.527

武備輯要六卷　（清）曾國藩編　清同治八年（1869）刻本　二冊

310000－0242－0003216　K72－9/6.427

紀效新書十八卷首一卷　（明）戚繼光撰　清道光二十一年（1841）虎林西泉氏刻本　四冊

310000－0242－0003217　K72－9/6.427C2

紀效新書十八卷首一卷　（明）戚繼光撰　清道光二十一年（1841）虎林西泉氏刻本　六冊

310000－0242－0003218　K72－9/6.427C3

紀效新書十八卷首一卷　（明）戚繼光撰　清刻本　三冊　存七卷（三至七、十八，首一卷）

310000－0242－0003219　K72.08－6/7.428

自強兵法通考七種　（清）張樹聲編　清光緒十年（1884）隴西譯學公會刻本　十六冊

310000－0242－0003220　K72.1－12/7.21

曾文正公水陸行軍練兵志四卷　（清）王定安纂　清光緒十年（1884）上海文海書局刻本　二冊

310000－0242－0003221　K72.1－6/7.649

行軍指南四章　（清）蔭昌編譯　清光緒十九年（1893）石印本　一冊

310000－0242－0003222　K72.25－12/7.428

湖北武學　（清）湖北武備學堂編　（清）張之洞鑒定　清光緒二十六年（1900）武備學堂刻本　三十一冊

310000－0242－0003223　K72.4－6/7.598

行軍指要六卷　（英國）哈密撰　（清）趙元益等譯　清光緒二十七年（1901）上海製造局刻本　一冊

310000－0242－0003224　K72.5－14/7.164

槍法準繩　（清）吳大澂撰　清光緒十年（1884）湖北撫署刻本　一冊

310000－0242－0003225　K72.92－12/7.21

湘軍記二十卷　（清）王定安撰　清光緒十五年（1889）江南書局刻本　八冊

310000－0242－0003226　K72.92－22/7.271

讀史兵畧十二卷　（清）胡林翼纂　清光緒二十五年（1899）上海紹先書局石印本　四冊

310000－0242－0003227　K72.92－22/7.271C3

讀史兵畧十二卷　（清）胡林翼纂　清咸豐十一年（1861）武昌節署刻本　二十冊

310000－0242－0003228　K72.92－22/7.271C4

讀史兵畧十二卷　（清）胡林翼纂　清咸豐十一年（1861）武昌節署刻本　十六冊

310000－0242－0003229　K72.92－22/7.271C5

讀史兵畧十二卷　（清）胡林翼纂　清咸豐十一年（1861）武昌節署刻本　十六冊

310000－0242－0003230　K72.92－4/574

中國六十年戰史十三章　（英國）愛特華斯著　進化譯書局譯　清光緒二十九年（1903）上海美華書館鉛印本　一冊

310000－0242－0003231　K72.92－4/574C2

中國六十年戰史十三章　（英國）愛特華斯著　進化譯書局譯　清光緒二十九年（1903）上海美華書館鉛印本　一冊

310000－0242－0003232　K72.92－4/7.700

中國歷史戰爭圖說附論　（清）盧彤著　清宣統二年（1910）武昌同倫學社鉛印本　一冊

310000－0242－0003233　K72.943－12/7.151

重訂普法戰紀四卷　（清）張宗良譯　（清）王韜撰　（清）李光廷纂　清光緒二十四年（1898）中華印務總局鉛印本　八冊

310000－0242－0003234　K72.943－12/7.21

普法戰紀二十卷　（清）張宗良譯　（清）王韜輯　清光緒二十一年（1895）弢園王氏鉛印本　十冊

310000－0242－0003235　K72.95－6/8.151

西美戰史十六章　（法國）勃力德原著　（清）李景鎬譯　清光緒三十年（1904）江南製造局鉛印本　一冊

310000－0242－0003236　K73.4－11/7.449.6

陸軍部奏定改訂陸軍小學堂章程　（清）陸軍部奏定　清宣統二年（1910）鉛印本　一冊

310000－0242－0003237　K74.1－9/7.264

奏定陸軍營制餉章　（清）奕劻等奏　清光緒三十年（1904）刻本　一冊

310000－0242－0003238　K75.12－12/434

測繪教科書　陸軍部陸軍速成學堂編　清光緒三十四年（1908）陸軍部陸軍速成學堂鉛印本　一冊

310000－0242－0003239　K76.1－6/7.300

西國陸軍制考暑八卷　（英國）柯里著　（清）范本禮等譯　清末江南製造局刻本　一冊

310000－0242－0003240　K76.1－6/7.756

列國陸軍制附德國陸軍考　（美國）歐潑登著　（清）瞿昂來等譯　清光緒上海江南製造局刻本　一冊

310000－0242－0003241　K76.87－8/7.428

杭州八旗駐防志暑二十五卷　（清）張大昌輯　清光緒十九年（1893）浙江書局刻本　六冊

310000－0242－0003242　K77.1－4/7.661

水師章程十四卷續編六卷　（英國）水師兵部原著　（美國）林樂知口譯　（清）鄭昌棪筆述　清光緒江南製造總局刻本　三冊

310000－0242－0003243　K77.4－4/7.535

水師保身法附海軍調度要言三卷水師操練十八卷首一卷附卷一卷　（法國）勒羅阿撰　（清）程鑾等譯　清末江南製造總局刻本　一冊

310000－0242－0003244　K77.8－5/7.264

北洋海軍章程　（清）奕譞等撰　清光緒十四年（1888）鉛印本　六冊

310000－0242－0003245　K77.8－7/7.164

李文忠公海軍函稿四卷　（清）李鴻章撰　（清）吳汝綸輯　清光緒二十八年（1902）蓮池書舍鉛印本　二冊

310000－0242－0003246　K77.941－9/36

英國水師考附美法俄國水師考　（英國）巴那比　（美國）克里同撰　（英國）傅蘭雅　（清）鍾天緯同譯　清光緒十二年（1886）上海機器製造局鉛印本　一冊

310000－0242－0003247　K79.1－8/7.727

治梟善後芻議內外編　（清）蕭文昭撰　清光緒三十四年（1908）杭州文彙書局石印本　一冊

310000－0242－0003248　K79.4－19/7.775

羅景山臺灣海防並開山日記不分卷　（清）羅大春撰　清石印本　一冊

310000－0242－0003249　K79.4－19/7.775C2

羅景山臺灣海防並開山日記不分卷　（清）羅大春撰　清石印本　一冊

310000－0242－0003250　K79.4－7/7.509

防海新論十八卷　（德國）希理哈原著　（英國）傅蘭雅口譯　（清）華蘅芳筆述　清末江南製造總局刻本　一冊

310000－0242－0003251　K79.8－10/7.2

海防要覽二卷　（清）丁日昌　（清）李鴻章撰　清光緒十年（1884）長沙敦懷書屋左錫九刻本　一冊

310000－0242－0003252　K79.8－6/6.441

全吳籌患預防錄四卷　（明）陳仁錫纂　清道光二十年（1840）繼志堂刻本　四冊

310000－0242－0003253　SK12－4/7.347C3

143

五禮通考二百六十二卷首四卷　（清）秦蕙田輯　讀禮通考一百二十卷　（清）徐乾學撰　清乾隆十八年（1753）刻本　一百二十冊

310000－0242－0003254　SK12－9/7.33
南巡盛典一百二十卷　（清）高晉等編　清乾隆刻本　五十冊

310000－0242－0003255　SK13.24－8/7.37
幸魯盛典四十卷　（清）孔毓圻等纂　清康熙二十八年（1689）刻本　十二冊

310000－0242－0003256　SK14－4/6.80
文公家禮儀節八卷　（明）丘濬輯　明萬曆三十七年（1609）錢時刻本　八冊

310000－0242－0003257　SK14－4/6.80C2
文公家禮儀節八卷　（明）丘濬輯　明正德十二年（1517）刻本　八冊

310000－0242－0003258　SK28.12－15/7.15
畿輔義倉圖志　（清）方觀承纂輯　清乾隆十八年（1753）刻本　六冊

310000－0242－0003259　SK30.1－10/7.495
原富附中西年表　（英國）斯密亞丹原著　嚴復譯　清光緒二十七年（1901）上海南洋公學譯書院鉛印本　二冊

310000－0242－0003260　SK34.28－8/752
青浦縣魚鱗冊　（□）□□編　清抄本　一冊

310000－0242－0003261　SK47.321－20/752
蘇松歷代財賦考一卷　（□）□□撰　清寫刻本　一冊

310000－0242－0003262　SK53.07－5/6.661
司寇端簡鄭公策學六卷　（明）鄭曉撰　明刻本　二冊

310000－0242－0003263　SK53.1－4/57.352C2
文獻通考三百四十八卷　（元）馬端臨撰　明刻本　四十冊　存一百六十二卷（一至一百二十二、一百七十八至一百八十二、二百十六至二百四十、二百五十至二百五十九）

310000－0242－0003264　SK53.16－21/6.21
續文獻通攷二百五十四卷　（明）王圻纂　明

萬曆三十一年（1603）刻本　六十四冊

310000－0242－0003265　SK53.16－21/6.21C2
續文獻通攷二百五十四卷　（明）王圻纂　明萬曆三十一年（1603）刻本（有抄配）　六十四冊

310000－0242－0003266　SK53.332－11/752
清代浙江科舉硃卷十份　（□）□□撰　清抄本　十冊

310000－0242－0003267　SK53.42－6/7.441
在官法戒錄四卷　（清）陳弘謀撰　清刻本　二冊

310000－0242－0003268　SK55.214－10/7.330
晉政輯要八卷　（清）海寧總輯　（清）鄭源璹纂輯　清乾隆五十四年（1789）刻本　八冊

310000－0242－0003269　SK66.1－32/7.535
顧控拆毀婺城西關石壩案卷　（清）程盛修序　清乾隆二十五年（1760）刻本　一冊

310000－0242－0003270　SK72－10/15.375A
魏武帝注孫子三卷　（春秋）孫武撰　（三國魏）武帝曹操注　清抄本　一冊

310000－0242－0003271　SK72－10/6.151
孫子參同五卷　（明）李贄輯　（明）王世貞等批注　明萬曆四十八年（1620）烏程閔氏松筠館刻本　三冊

310000－0242－0003272　SK72－7/6.128
新鑴注解武經十四卷　（明）沈應明輯注　明崇禎九年（1636）經世堂刻本　六冊

310000－0242－0003273　SK75.5－10/6.535
耕餘剩技六卷　（明）程宗猷撰　明萬曆四十二年至天啓元年（1614－1621）程禹跡等刻本　五冊

310000－0242－0003274　SK77.8－4/7.441
水師輯畧　（清）陳良弼撰　清抄本　四冊

310000－0242－0003275　SK79.84－13/7.151
靖海紀事二卷　（清）施琅撰　清刻本　二冊

310000－0242－0003276　L01－10/7.21

格致古微六卷　王仁俊述　清光緒二十二年(1896)吳縣王氏籀鄦諦刻本　五冊

310000－0242－0003277　L01.0337－10/451

格致讀本二卷　(英國)莫爾顯著　(清)李維格等譯　清光緒二十八年(1902)南洋公學譯書院鉛印本　一冊

310000－0242－0003278　L01.037－10/8.148

簡易格致課本　(清)杜亞泉編纂　清光緒三十二年(1906)上海商務印書館鉛印本　一冊

310000－0242－0003279　L01.5－10/523

格致彙編　(英國)傅蘭雅輯　清光緒十八年(1892)鉛印本　一冊

310000－0242－0003280　L01.8－12/7.359

富強齋叢書六十五種　(清)袁俊德輯　清光緒二十二年(1896)上海小倉山房石印本　五十六冊

310000－0242－0003281　L10－15/7.2

御製數理精蘊五十三卷　(清)聖祖玄燁撰　清光緒十四年(1888)上海慎記書局石印本　二十四冊

310000－0242－0003282　L10－15/7.2C2

御製數理精蘊五十三卷　(清)聖祖玄燁撰　清光緒八年(1882)江南藩署刻本　十四冊

310000－0242－0003283　L10.08－11/7.423

梅氏叢書輯要六十二卷　(清)梅文鼎撰　清光緒十四年(1888)上海龍文書局石印本　六冊

310000－0242－0003284　L10.08－11/7.423C2

梅氏叢書輯要六十二卷　(清)梅文鼎撰　清光緒十四年(1888)上海龍文書局石印本　六冊

310000－0242－0003285　L10.08－11/7.423C3

梅氏叢書輯要六十二卷　(清)梅文鼎撰　清光緒十四年(1888)上海龍文書局石印本　四冊

310000－0242－0003286　L10.08－13/8.248

福慧雙修館算稿　(清)周達著　清宣統元年(1909)維揚刻本　一冊

310000－0242－0003287　L10.08－13/8.248C2

福慧雙修館算稿　(清)周達著　清宣統元年(1909)維揚刻本　二冊

310000－0242－0003288　L10.208－14/7.551

算學對數表　(清)賈步緯著　清江南製造總局鉛印本　四冊

310000－0242－0003289　L10.281－4/7.144

尺算徵用　(清)求在我者纂　清光緒十七年(1891)上海胡傳墨齋刻本　一冊

310000－0242－0003290　L10.8－11/7.423

兼濟堂纂刻梅勿庵先生曆算全書七十三卷　(清)梅文鼎撰　(清)魏荔彤輯　清雍正元年(1723)刻本　三十二冊

310000－0242－0003291　L10.8－13/7.568

董方立遺書十種　(清)董祐誠撰　清同治八年(1869)四川成都刻本　五冊

310000－0242－0003292　L10.8－7/7.441

求一得齋算學十一卷　(清)陳志堅撰　清光緒三十年(1904)刻本　三冊

310000－0242－0003293　L11.08－14/7.37

算經十書十一種附一種　(清)孔繼涵輯　清同治五年(1866)廣州梅小巖刻本　八冊

310000－0242－0003294　L11.57－10/5.151

益古演段三卷　(元)李冶撰　清同治十二年(1873)古荷池精舍刻本　一冊

310000－0242－0003295　L11.57－14/57.98

算學啓蒙三卷　(元)朱世傑編　清道光十九年(1839)江南機器製造總局刻本　一冊

310000－0242－0003296　L11.57－14/57.98C2

算學啓蒙三卷　(元)朱世傑編　清道光十九年(1839)江南機器製造總局刻本　二冊

310000－0242－0003297　L11.57－5/57.98

四元玉鑑三卷　(元)朱世傑撰　清道光十六年(1836)刻本　八冊

310000－0242－0003298　L11.7－15/7.428

145

緝古算經細艸三卷 （清）張敦仁撰 清光緒
二年（1876）古荷池精舍刻本 一冊

310000－0242－0003299 L11.7－7/7.151

李氏遺書十一種 （清）李銳撰 清光緒十六
年（1890）上海醉六堂刻本 八冊

310000－0242－0003300 L11.7－9/7.151

則古昔齋算學 （清）李善蘭撰 清同治六年
（1867）刻本 一冊

310000－0242－0003301 L12－12/7.320

筆算便覽五卷 （清）紀大奎編 清嘉慶十九
年（1814）寧郡羣玉山房刻本 一冊

310000－0242－0003302 L12－12/7.575

筆算數學三卷 （美國）狄考文輯 （清）鄒立
文譯述 清光緒三十一年（1905）上海美華書
館鉛印本 三冊

310000－0242－0003303 L12－14/308.5

算式集要四卷 （英國）哈司韋輯 （英國）傅
蘭雅口譯 （清）江衡筆述 清末江南機器製
造總局刻本 一冊

310000－0242－0003304 L12－14/7.423

增刪算法統宗十一卷 （清）梅毂成增刪 清
光緒三年（1877）江南製造總局刻本 一冊

310000－0242－0003305 L12－15/7.15

數度衍二十三卷 （清）方中通撰 清康熙六
十一年（1722）繼聲堂刻本 四冊

310000－0242－0003306 L12－15/7.487C2

數學理九卷 （英國）棣麼甘撰 （英國）傅蘭
雅口譯 （清）趙元益筆述 清光緒二十二年
（1896）上海璣衡堂石印本 一冊

310000－0242－0003307 L12.08－14/7.428

翠薇山房數學三十八卷 （清）張作楠輯撰
清嘉慶二十五年（1820）刻本 十四冊

310000－0242－0003308 L12.08－5/7.2

白芙堂算學叢書四十八種 （清）丁取忠編
清同治至光緒長沙古荷池精舍刻本 三十冊

310000－0242－0003309 L12.08－5/7.2C2

白芙堂算學叢書二十一種 （清）丁取忠編

清光緒十七年（1891）上海鴻文書局石印本
八冊

310000－0242－0003310 L12.08－5/7.2C3

白芙堂算學叢書二十一種 （清）丁取忠編
清光緒二十二年（1896）上海肇記書局石印本
五冊

310000－0242－0003311 L12.1－13/57.98

算學啓蒙述義三卷 （元）朱世傑編 清光緒
十年（1884）刻本 三冊

310000－0242－0003312 L12.1－3/7.500

下學盦算術三種 （清）項名達撰 清光緒十
三年（1887）刻本 四冊

310000－0242－0003313 L12.5－4/7.525

天元一釋二卷 （清）焦循撰 清嘉慶五年
（1800）上海著易堂鉛印本 一冊

310000－0242－0003314 L12.8－12/135

最新珠算教科書 江南商業學堂編纂 清光
緒三十一年（1905）江南商業學堂刻本 三冊

310000－0242－0003315 L12.8－14/7.568

蒙學珠算教科書 （清）董瑞椿編 清光緒二
十九年（1903）上海文明書局鉛印本 一冊

310000－0242－0003316 L12.98－10/7.481

矩齋籌算叢刻六種附一種 勞乃宣編 清光
緒十二年（1886）刻本 四冊

310000－0242－0003317 L13－5/391

代數難題解法十六卷 （英國）倫德輯 （英
國）傅蘭雅 （清）華蘅芳譯 清江南製造局
刻本 二冊

310000－0242－0003318 L13.08－6/7.151

西算新法叢書三種附一種 （清）李慎齋輯
清光緒二十一年（1895）上海賜書堂石印本
二冊

310000－0242－0003319 L13.1－12/7.393

普通新代數教科書六卷 （清）徐虎臣選譯
清光緒三十一年（1905）石印本 六冊

310000－0242－0003320 L13.1－5/7.15

代數通藝錄十六卷 （清）方愷撰 清光緒十

六年(1890)刻本　六冊

310000－0242－0003321　L13.1－5/7.190

代數備旨十三章附總答　(美國)狄考文選譯
(清)鄒立文　(清)生福維筆述　清光緒三
十一年(1905)上海美華書館鉛印本　三冊

310000－0242－0003322　L13.1－5/7.190A

代數備旨全草十三章　(美國)狄考文選譯
(清)鄒立文　(清)生福維筆述　清光緒二十
九年(1903)浙江紹興特別書局石印本　六冊

310000－0242－0003323　L13.1－5/7.509

代數術二十五卷　(英國)華里司原輯　(英
國)傅蘭雅口譯　(清)華蘅芳譯　清同治十
二年(1873)江南製造局刻本　一冊

310000－0242－0003324　L13.1－6/7.477

西算新法直解八卷　(清)馮桂芬撰　清光緒
二年(1876)吳縣馮氏校邠廬刻本　二冊

310000－0242－0003325　L13.19－14/7.551

對數表　(清)賈步緯　(清)火榮業校述　清
江南製造局鉛印本　四冊

310000－0242－0003326　L14.1－13/509

微積溯源八卷　(英國)華里司輯　(英國)傅
蘭雅口譯　(清)華蘅芳筆述　清江南製造局
刻本　一冊

310000－0242－0003327　L16－12/6.177

幾何原本十五卷　(意大利)利瑪竇口譯
(明)徐光啟筆受　清同治四年(1865)金陵刻
本　八冊

310000－0242－0003328　L17－16/7.135

衡齋算學七卷　(清)汪萊撰　清光緒十八年
(1892)聞梅舊塾刻本　二冊

310000－0242－0003329　L17－18/7.674

簡易庵算稿四卷　(清)劉彝程撰　清光緒二
十六年(1900)江南製造局刻本　一冊

310000－0242－0003330　L17－3/330

三角數理十二卷　(英國)海麻士輯　(英國)
傅蘭雅口譯　(清)華蘅芳筆述　清江南製造
局刻本　一冊

310000－0242－0003331　L17.8－12/7.98

測量繪算合解一卷　(清)朱鎮撰　清宣統二
年(1910)存古學社刻本　一冊

310000－0242－0003332　L20－15/7.311

談天十八卷　(英國)侯失勒原著　(英國)偉
烈亞力口譯　(清)李善蘭刪述　(清)徐建寅
續譯　清同治十三年(1874)鉛印本　三冊

310000－0242－0003333　L20－15/7.311C2

談天十八卷首一卷附表一卷　(英國)侯失勒
著　(英國)偉烈亞力口譯　(清)李善蘭刪述
(清)徐建寅續譯　清咸豐九年(1859)江南
機器製造局刻本　四冊

310000－0242－0003334　L20－4/277

天文圖說四卷　(英國)柯雅各原著　(美國)
摩嘉立等譯　清光緒九年(1883)上海益智書
會刻本　一冊

310000－0242－0003335　L20.337－4/7.562

天文地理歌略　葉瀾輯　清光緒二十七年
(1901)南京李光明莊刻本　一冊

310000－0242－0003336　L20.7－12/7.717

詠梅軒仰觀錄二卷　(清)謝蘭生撰　清光緒
刻本　一冊

310000－0242－0003337　L20.7－16/7.151

圜天圖說三卷續編二卷　(清)李明徹撰　清
嘉慶、道光間松梅軒刻本　五冊

310000－0242－0003338　L21－4/604

天文揭要二卷　(美國)赫士口譯　(清)周文
源筆述　清光緒二十五年(1899)上海美華書
館鉛印本　二冊

310000－0242－0003339　L21－4/604AC2

天文揭要二卷　(美國)赫士口譯　(清)周文
源筆述　清光緒二十三年(1897)上海益智書
會鉛印本　二冊

310000－0242－0003340　L22.2－10/352

徐匯天文臺記　(清)馬承華撰　清光緒三十
二年(1906)鉛印本　一冊

310000－0242－0003341　L23－15/76

欽定儀象攷成續編三十二卷　（清）允祿等撰
清道光二十五年(1845)內府刻本　十二冊

310000 – 0242 – 0003342　L27.32 – 16/7.135
歷代長術輯要十卷　（清）汪曰楨撰　清光緒
四年(1878)刻本　六冊

310000 – 0242 – 0003343　L27.32 – 3/7.15
三統曆算式三卷　（清）方楷撰　清光緒十四
年(1888)刻本　一冊

310000 – 0242 – 0003344　L27.321 – 3/7.441
三統術詳說四卷　（清）陳澧撰　清咸豐七年
(1857)刻本　二冊

310000 – 0242 – 0003345　L27.321 – 3/7.705
三統術衍三卷　（清）錢大昕撰　清抄本　二
冊

310000 – 0242 – 0003346　L27.392 – 3/7.94
大清宣統四年時憲書　（清）欽天監編　清宣
統三年(1911)刻本　一冊

310000 – 0242 – 0003347　L27.392 – 3/78.15
大清光緒十五年時憲書　（清）欽天監編　清
光緒十五年(1889)刻本　一冊

310000 – 0242 – 0003348　L27.392 – 3/78.16
大清光緒十六年時憲書　（清）欽天監編　清
光緒十六年(1890)刻本　一冊

310000 – 0242 – 0003349　L27.392 – 3/78.21
大清光緒年時憲書(清光緒二十一年至二十
七年、三十一年至三十三年)　（清）欽天監編
清光緒二十一年至三十三年(1895 – 1907)
刻本　二冊

310000 – 0242 – 0003350　L27.392 – 3/78.26
大清光緒二十六年時憲書　（清）欽天監編
清光緒二十六年(1900)刻本　一冊

310000 – 0242 – 0003351　L27.392 – 3/78.27
大清光緒二十七年時憲書　（清）欽天監編
清光緒二十七年(1901)刻本　一冊

310000 – 0242 – 0003352　L27.392 – 3/78.28
大清光緒二十八年時憲書　（清）欽天監編
清光緒二十八年(1902)刻本　一冊

310000 – 0242 – 0003353　L27.392 – 3/78.29
大清光緒二十九年時憲書　（清）欽天監編
清光緒二十九年(1903)刻本　一冊

310000 – 0242 – 0003354　L27.392 – 3/78.31
大清光緒三十一年時憲書　（清）欽天監編
清光緒三十一年(1905)刻本　一冊

310000 – 0242 – 0003355　L27.392 – 3/78.32
大清光緒三十二年時憲書　（清）欽天監編
清光緒三十二年(1906)刻本　一冊

310000 – 0242 – 0003356　L27.392 – 3/78.34
大清光緒三十四年時憲書　（清）欽天監編
清光緒三十四年(1908)刻本　一冊

310000 – 0242 – 0003357　L27.51 – 4/7.441
天文算學纂要二十卷　（清）陳松編輯　清光
緒二十三年(1897)江左書林石印本　四冊

310000 – 0242 – 0003358　L30 – 10/7.2
格物入門七卷　（美國）丁韙良著　清同治七
年(1868)京都同文館刻本　一冊

310000 – 0242 – 0003359　L30 – 15/110
質學課本五卷　（英國）伊那楞木孫撰　清光
緒三十二年(1906)學部編譯圖書局鉛印本
一冊

310000 – 0242 – 0003360　L30 – 8/523
物理　（英國）傅蘭雅著　清光緒十一年至三
十一年(1885 – 1905)江南製造局鉛印本　一
冊

310000 – 0242 – 0003361　L30.22 – 8/8.21
物理易解演算法　（清）王藝編　清光緒三十
三年(1907)上海彪蒙書室石印本　一冊

310000 – 0242 – 0003362　L32.1 – 9/7.94
重學二十卷　（英國）艾約瑟口譯　（清）李善
蘭筆述　清同治五年(1866)刻本　一冊

310000 – 0242 – 0003363　L32.1 – 9/7.94C2
重學二十卷　（英國）艾約瑟口譯　（清）李善
蘭筆述　清光緒十三年(1887)上海大同書局
石印本　六冊

310000 – 0242 – 0003364　L32.1 – 9/7.94C3

重學二十卷　（英國）艾約瑟口譯　（清）李善蘭筆述　清光緒十三年(1887)上海大同書局石印本　二冊

310000－0242－0003365　L35－8/7.62

物體遇熱改易記　（英國）瓦斯特原著　（清）徐壽譯　清光緒二十五年(1899)江南製造局刻本　一冊

310000－0242－0003366　L36.1－6/72

光學二卷　（英國）田大理輯　（清）趙元益筆述　清同治九年(1870)江南機器製造總局刻本　一冊

310000－0242－0003367　L37－13/7.550

電學十卷　（英國）瑙挨德著　（英國）傅蘭雅口譯　（清）徐建寅筆述　清江南機器製造局刻本　二冊

310000－0242－0003368　L40－10/7.604

格致小引附格致啟蒙四卷　（英國）赫施資著　（英國）羅亨利　（清）瞿昂來同譯　清江南機器製造局刻本　一冊

310000－0242－0003369　L40－4/7.15

化學源流論四卷　（英國）方尼司原輯　（清）王汝騤譯　清光緒二十六年(1900)江南製造局刻本　一冊

310000－0242－0003370　L40－4/7.469

化學求數十五卷附表一卷　（德國）富里西尼烏司著　（英國）傅蘭雅口譯　（清）徐壽筆譯　清江南製造總局刻本　三冊

310000－0242－0003371　L40－4/7.469

化學求數十五卷附表一卷　（德國）富里西尼烏司著　（英國）傅蘭雅口譯　（清）徐壽筆譯　清光緒江南製造總局刻本　四冊

310000－0242－0003372　L45－12/768

無機化學教科書三卷　（英國）瓊司原著　（清）徐兆熊譯　清光緒三十四年(1908)江南製造總局刻本　一冊　存一卷(二)

310000－0242－0003373　L45－4/7.287

化學鑑原六卷　（英國）韋而司撰　（清）徐壽筆譯　清江南製造局刻本　四冊

310000－0242－0003374　L45－4/7.287C2

化學鑑原六卷　（英國）韋而司撰　（英國）傅蘭雅口譯　（清）徐壽筆譯　清江南製造局刻本　四冊

310000－0242－0003375　L45－4/7.287C3

化學鑑原六卷　（英國）韋而司撰　（英國）傅蘭雅口譯　（清）徐壽筆譯　清江南製造局刻本　四冊

310000－0242－0003376　L45－4/7.523

化學鑑原補編六卷　（英國）韋而司撰　（英國）傅蘭雅口譯　（清）徐壽筆譯　清光緒江南製造總局刻本　六冊

310000－0242－0003377　L45－4/7.608

化學鑑原續編二十四卷　（英國）蒲陸山著　（英國）傅蘭雅口譯　（清）徐壽筆譯　清江南製造總局刻本　六冊

310000－0242－0003378　L57.1－8/7.80

金石識別十二卷　（美國）代那撰　（清）華蘅芳譯　清同治十一年(1872)江南機器製造局刻本　一冊

310000－0242－0003379　SL12－6/6.151

同文算指前編二卷通編八卷　（明）李之藻撰　明萬曆四十一年(1613)刻本　二冊

310000－0242－0003380　SL27.08－16/6.393

曆法新書二十八種　（明）徐光啟纂　明崇禎至清初刻本　九十冊

310000－0242－0003381　SL27.08－16/7.731

曆學會通　（清）薛鳳祚輯　清康熙刻本　十六冊

310000－0242－0003382　SL27.32－8/7.565

周正彙考八卷　（清）萬斯同輯　清抄本　四冊

310000－0242－0003383　M17－6/7.287

百獸圖說不分卷　（清）韋門道著　益智書會校訂　清光緒八年(1882)益智書會刻本　一冊

310000－0242－0003384　　M30.337－14/8.509

蒙學動物教科書　（清）華循編　清光緒三十二年(1906)上海文明書局鉛印本　一冊

310000－0242－0003385　　M35.8－20/7.151

蠕範八卷　（清）李元撰　清光緒十七年(1891)湖北三餘草堂刻本　四冊

310000－0242－0003386　　M37.7－6/7.705

百廿蟲吟一卷　（清）錢步曾撰　清道光四年(1824)聞鴉樓刻本　一冊

310000－0242－0003387　　M38.75－11/7.248

蛇譜一卷　（清）張潮輯　清抄本　一冊

310000－0242－0003388　　M38.8－5/7.242

四生譜　（清）金文錦撰　清康熙五十五年(1716)文經堂刻本　四冊

310000－0242－0003389　　M48－8/649

知識五門　（英國）慕維廉著　清光緒十三年(1887)益智書局刻本　一冊

310000－0242－0003390　　N11－16/8.2C1

衛生學問答　丁福保編　清光緒二十六年(1900)鉛印本　一冊

310000－0242－0003391　　N11－16/8.2C2

衛生學問答　丁福保著　清光緒二十六年(1900)鉛印本　一冊

310000－0242－0003392　　N11－16/8.2C3

衛生學問答　丁福保著　清光緒二十六年(1900)鉛印本　一冊

310000－0242－0003393　　N11－16/8.2C4

衛生學問答　丁福保著　清光緒二十六年(1900)鉛印本　一冊

310000－0242－0003394　　N11－16/8.2C5

衛生學問答　丁福保著　清光緒二十六年(1900)鉛印本　一冊

310000－0242－0003395　　N13－18/7.535

醫述十六卷　（清）程文囿撰　清光緒十七年(1891)刻本　十一冊　存十一卷(一至十一)

310000－0242－0003396　　N13.08－10/7.393

徐氏醫書八種雜著四種附外科正宗十二卷　（清）徐大椿撰　清光緒二十二年(1896)上海珍藝書局鉛印本　八冊

310000－0242－0003397　　N13.08－10/7.393C2

徐氏醫書二種　（清）徐大椿撰　清光緒十八年(1892)湖北官書處刻本　二冊

310000－0242－0003398　　N13.08－10/7.393C3

徐氏醫書八種　（清）徐大椿撰　清光緒著易堂書局鉛印本　十冊

310000－0242－0003399　　N13.08－10/7.393A

徐靈胎醫學全書前集八種後集八種　（清）徐大椿撰　清光緒三十三年(1907)上海六藝書局石印本　六冊

310000－0242－0003400　　N13.08－11/7.491

黃氏醫書八種　（清）黃元御撰　清光緒十二年(1886)刻本　十冊

310000－0242－0003401　　N13.08－13/7.2

當歸草堂醫學叢書初編十種　（清）丁丙輯　清光緒四年(1878)錢塘丁氏刻本　十二冊

310000－0242－0003402　　N13.08－5/7.434

世補齋醫書前集六種附一種後集四種　（清）陸懋修輯著　清光緒十二年(1886)山左書局刻本　十八冊

310000－0242－0003403　　N13.08－5/7.434C2

世補齋醫書七種　（清）陸懋修輯著　清光緒九年(1883)刻本　七冊

310000－0242－0003404　　N13.08－8/7.248C2

周氏醫學叢書二十五種　（清）周學海編　清光緒十七年(1891)池陽周氏刻本　六十冊

310000－0242－0003405　　N13.1－7/8.337

吳醫彙講十一卷　（清）唐大烈纂輯　清宣統二年(1910)上海掃葉山房石印本　一冊

310000－0242－0003406　　N13.11－10/7.135

素問靈樞類纂約注三卷　（清）汪昂纂輯　清光緒七年(1881)綠蔭堂刻本　一冊

310000－0242－0003407　　N13.11－11/8.428

黃帝內經素問靈樞合編十卷　（清）張志聰

馬元臺同注　清宣統二年(1910)醫學公會石印本　三冊

310000－0242－0003408　N13.11－18/7.441

醫學實在易八卷　(清)陳念祖撰　清道光二十四年(1844)南雅堂刻本　四冊

310000－0242－0003409　N13.11－24/7.441

靈素提要淺注十二卷　(清)陳念祖集注　清同治五年(1866)南雅堂刻本　五冊

310000－0242－0003410　N13.12－11/4.21C2

補注黃帝內經素問二十四卷遺篇一卷　(唐)王冰注　清光緒三年(1877)浙江書局刻本　八冊

310000－0242－0003411　N13.12－11/4.21C4

黃帝內經素問二十四卷附靈樞十二卷　(唐)王冰注　清光緒二十二年(1896)上海圖書集成局鉛印本　四冊

310000－0242－0003412　N13.12－11/7.332

黃帝內經素問九卷　(清)高世栻注解　清光緒十三年(1887)浙江書局刻本　八冊

310000－0242－0003413　N13.12－11/7.428

黃帝內經素問集注九卷　(清)張志聰集注　清光緒十六年(1890)浙江書局刻本　六冊

310000－0242－0003414　N13.13－11/7.428

黃帝內經靈樞九卷　(清)張志聰集注　清光緒十六年(1890)浙江書局刻本　八冊

310000－0242－0003415　N13.14－14/18.347

圖注八十一難經辨真四卷　(戰國)秦越人述　(明)張世賢注　明光霽堂刻本　一冊

310000－0242－0003416　N13.15－18/7.164/B

御纂醫宗金鑑　(清)吳謙等纂輯　清乾隆內府刻本　六十四冊

310000－0242－0003417　N13.15－18/7.441

醫學實在易　(清)陳念祖著　清光緒石印本　一冊

310000－0242－0003418　N13.15－18/7.441A

醫學三字經　(清)陳念祖著　清嘉慶九年(1804)南雅堂刻本　一冊

310000－0242－0003419　N13.15－18/7.661

醫理真傳四卷　(清)鄭壽全撰　清同治十三年(1874)刻本　四冊

310000－0242－0003420　N13.15－18/7.731

醫經原旨六卷　(清)薛雪集注　清乾隆十九年(1754)刻本　六冊

310000－0242－0003421　N13.15－19/6.428

類經三十二卷圖翼十一卷附翼四卷　(明)張介賓撰　清嘉慶元年(1796)刻本　二十一冊

310000－0242－0003422　N13.15－8/7.516

尚論後編四卷　(清)喻昌編　清道光二十年(1840)上海掃葉山房石印本　一冊

310000－0242－0003423　N13.2－12/6.516

寓意草注釋四卷　(清)喻昌撰　(清)謝甘澍注釋　清光緒五年(1879)刻本　四冊

310000－0242－0003424　N13.2－18/7.661

醫法圓通四卷　(清)鄭壽全編輯　清同治十三年(1874)刻本　四冊

310000－0242－0003425　N13.24－13/7.441

經脈圖考四卷　(清)陳惠疇撰　清光緒四年(1878)刻本　四冊

310000－0242－0003426　N13.24－8/6.151

奇經八脈攷　(明)李時珍撰　明萬曆五年(1577)刻本　一冊

310000－0242－0003427　N13.3－18/7.535

醫學心悟六卷　(清)程國彭著　清光緒二十年(1894)上海圖書集成印書局鉛印本　一冊

310000－0242－0003428　N13.3－4/7.234

內科理法前編六卷後編十六卷附卷一卷　(英國)虎伯撰　舒高第口譯　(清)趙元益筆述　清江南製造局刻本　十二冊

310000－0242－0003429　N13.3－4/7.234C2

內科理法前編六卷後編十六卷附卷一卷　(英國)虎伯撰　舒高第口譯　(清)趙元益筆述　清江南製造局刻本　十二冊

310000－0242－0003430　N13.32－12/7.164

溫病條辨六卷首一卷　（清）吳瑭撰　清光緒三十一年(1905)羣玉山房刻本　六冊

310000－0242－0003431　N13.32－12/7.164C2
溫病條辨六卷首一卷　（清）吳瑭撰　清光緒十九年(1893)礦務公司刻本　四冊

310000－0242－0003432　N13.32－12/7.21
溫熱經緯五卷　（清）王士雄纂　清同治十三年(1874)湖北崇文書局刻本　四冊

310000－0242－0003433　N13.32－12/7.21C2
溫熱經緯五卷　（清）王士雄纂　清同治二年(1863)刻本　二冊

310000－0242－0003434　N13.32－12/7.248
溫熱暑疫全書四卷　（清）周揚俊輯　清光緒十五年(1889)掃葉山房刻本　二冊

310000－0242－0003435　N13.32－13/5.767
傷寒總病論六卷附劄記　（清）龐安時輯　清道光三年(1823)士禮居影刻本　二冊

310000－0242－0003436　N13.32－13/7.15
傷寒論三注十八卷　（清）方中行等注　清光緒十八年(1892)刻本　八冊

310000－0242－0003437　N13.32－13/7.393/
傷寒論類方十二卷　（清）徐大椿撰　清乾隆二十四年(1759)刻本　一冊

310000－0242－0003438　N13.32－13/7.441
傷寒論淺注補正七卷首一卷　（清）陳念祖注　清光緒二十年(1894)鉛印本　六冊

310000－0242－0003439　N13.32－13/7.441A
張仲景傷寒論原文淺注六卷　（清）陳念祖集注　清同治四年(1865)南雅堂刻本　六冊

310000－0242－0003440　N13.32－13/7.705
重編張仲景傷寒論證治發明溯源集十卷（清）錢潢撰　清康熙四十六年(1707)木活字印本　十冊

310000－0242－0003441　N13.32－13/7.77
傷寒審症表　（清）包誠纂輯　清同治十年(1871)湖北崇文書局刻本　一冊

310000－0242－0003442　N13.32－19/5.98C1
增注類證活人書二十二卷釋音一卷藥性一卷　（清）朱肱注　清光緒十年(1884)江南製造局刻本　四冊

310000－0242－0003443　N13.32－19/5.98C2
增注類證活人書二十二卷釋音一卷藥性一卷　（清）朱肱注　清光緒十年(1884)江南製造局刻本　四冊

310000－0242－0003444　N13.32－19/5.98C3
增注類證活人書二十二卷釋音一卷藥性一卷　（清）朱肱注　清光緒十年(1884)江南製造局刻本　四冊

310000－0242－0003445　N13.32－19/5.98C4
增注類證活人書二十二卷釋音一卷藥性一卷　（清）朱肱注　清光緒十年(1884)江南製造局刻本　四冊

310000－0242－0003446　N13.34－8/7.441
金匱要略淺注十卷　（清）陳念祖集注　清道光十七年(1837)南雅堂刻本　五冊

310000－0242－0003447　N13.363－14/7.170
瘟疫條辨摘要附風溫簡便方金瘡鐵扇散方（清）呂田集錄　清光緒十五年(1889)浙江書局刻本　一冊

310000－0242－0003448　N13.363－14/7.674
說疫全書附溫疫論六卷痧脹玉衡三卷　（清）劉奎撰　清道光二十六年(1846)九皇宮刻本　八冊

310000－0242－0003449　N13.39－18/6.21
雜症準繩四卷　（明）王肯堂輯　明萬曆三十年(1602)刻本　四冊

310000－0242－0003450　N13.39－6/7.337
血證論八卷　唐宗海撰　清宣統元年(1909)文倫書局鉛印本　四冊

310000－0242－0003451　N13.4－5/7.206
外科大成四卷　（清）祁坤輯著　清康熙四年(1665)善成堂刻本　四冊

310000－0242－0003452　N13.52－12/7.523

傅氏眼科審視瑤函六卷　（清）傅仁宇纂輯
清順治元年(1644)善成堂刻本　六冊

310000－0242－0003453　N13.6－3/7.441

女科要旨四卷　（清）陳念祖撰　清道光二十
一年(1841)南雅堂刻本　二冊

310000－0242－0003454　N13.63－3/7.337

增廣大生要旨五卷　（清）唐千頃輯　清光緒
十年(1884)掃葉山房刻本　一冊

310000－0242－0003455　N13.7－5/7.370

幼科鐵鏡六卷　（清）夏鼎撰　清光緒二十一
年(1895)刻本　二冊

310000－0242－0003456　N13.72－12/6.98

痘疹傳心錄十九卷　（明）朱惠明撰　明萬曆
二十三年(1595)刻本　四冊

310000－0242－0003457　N13.72－12/7.396

增補痘疹金鏡錄四卷　（清）翁仲仁輯著　清
道光二十年(1840)掃葉山房刻本　二冊

310000－0242－0003458　N13.9－4/7.661

中外衛生要旨一卷　鄭觀應編輯　清光緒十
六年(1890)鉛印本　一冊

310000－0242－0003459　N13.91－14/5.21

補注銅人腧穴針灸圖經五卷　（宋）王惟一編
修　清宣統元年(1909)貴池劉氏影印本　二
冊

310000－0242－0003460　N13.92－11/752

推拿秘書五卷　（清）駱如龍撰　清康熙三十
年(1691)刻本　一冊

310000－0242－0003461　N14.08－5/7.281

柳選四家醫案四種　（清）柳寶詒輯　清光緒
三十年(1904)江陰柳氏惜餘小舍刻本　六冊

310000－0242－0003462　N14.1－5/6.151

本草綱目五十二卷圖三卷奇經八脈考一卷瀕
湖脈學一卷　（明）李時珍撰輯　本草萬方鍼
線八卷　（清）蔡烈先輯　本草綱目拾遺十卷
（清）趙學敏輯　清光緒十一年(1885)合肥
張氏味古齋刻本　四十八冊

310000－0242－0003463　N14.1－5/7.114

本草崇原集說三卷　（清）仲學輅集說　清宣
統二年(1910)仲氏刻本　四冊

310000－0242－0003464　N14.1－5/7.135

醫方集解六卷　（清）汪昂輯　清康熙三十三
年(1694)刻本　三冊

310000－0242－0003465　N14.1－5/7.316

本草分經審治附圖　（清）姚瀾撰　清光緒十
四年(1888)鉛印本　一冊

310000－0242－0003466　N14.1－5/7.491

本草求真九卷主治二卷　（清）黃宮繡纂　清
綠圃齋刻本　七冊

310000－0242－0003467　N14.5－18/7.135

醫林纂要探源十卷　（清）汪紱輯　清光緒二
十三年(1897)江蘇書局刻本　十冊

310000－0242－0003468　N14.6－10/7.441

時方妙用四卷　（清）陳念祖撰　清嘉慶八年
(1803)刻本　四冊

310000－0242－0003469　N14.6－10/7.441A

時方歌括二卷　（清）陳念祖撰　清嘉慶六年
(1801)刻本　二冊

310000－0242－0003470　N14.6－11/7.164C1

理瀹駢文摘要　（清）吳尚先輯　清光緒元年
(1875)江蘇書局刻本　一冊

310000－0242－0003471　N14.6－11/7.164C2

理瀹駢文摘要　（清）吳尚先輯　清光緒元年
(1875)江蘇書局刻本　二冊

310000－0242－0003472　N14.6－12/2.509C1

華氏中藏經三卷附祕授清寧丸方一卷素女方
一卷　（漢）華佗撰　清光緒十一年(1885)朱
氏槐廬家塾刻本　二冊

310000－0242－0003473　N14.6－12/2.509C2

華氏中藏經三卷附祕授清寧丸方一卷素女方
一卷　（漢）華佗撰　清光緒十一年(1885)朱
氏槐廬家塾刻本　二冊

310000－0242－0003474　N14.6－12/6.428

景岳全書六十四卷　（明）張介賓撰　清同治
七年(1868)務本堂刻本　二十四冊

310000 - 0242 - 0003475　N14.6 - 13/7.441

傷寒醫訣串解六卷　（清）陳念祖撰　清咸豐六年(1856)味根齋刻本　一冊

310000 - 0242 - 0003476　N14.6 - 13/7.441A

傷寒真方歌括六卷　（清）陳念祖著　清咸豐九年(1859)味根齋刻本　一冊

310000 - 0242 - 0003477　N14.6 - 18/7.135

醫方集解三卷　（清）汪昂著輯　清康熙二十一年(1682)愛日堂刻本　三冊

310000 - 0242 - 0003478　N14.6 - 18/7.248

簡易醫訣四卷　（清）周雲章撰　清宣統元年(1909)刻本　四冊

310000 - 0242 - 0003479　N14.6 - 18/7.441

醫學從眾錄八卷　（清）陳念祖撰　清道光二十五年(1845)南雅堂刻本　四冊

310000 - 0242 - 0003480　N14.6 - 18/7.502

醫醇賸義四卷　（清）費伯雄撰　清光緒三年(1877)刻本　三冊

310000 - 0242 - 0003481　N14.6 - 18/7.502A

醫方論四卷　（清）費伯雄撰　清光緒三年(1877)刻本　二冊

310000 - 0242 - 0003482　N14.6 - 18/7.562

醫效秘傳三卷　（清）葉桂撰　（清）吳金壽彙刊　清道光十一年(1831)吳氏貯春仙館刻本　一冊

310000 - 0242 - 0003483　N14.6 - 19/6.21

類方準繩八卷　（明）王肯堂撰　明萬曆三十年(1602)刻本　四冊　存四卷(五至八)

310000 - 0242 - 0003484　N14.6 - 2/7.566

十藥神書注解　（清）葛可久編　（清）陳念祖注　清咸豐七年(1857)刻本　一冊

310000 - 0242 - 0003485　N14.6 - 23/7.710

驗方新編二十四卷　（清）鮑相璈編輯　清光緒四年(1878)浙江東壁齋刻本　十六冊

310000 - 0242 - 0003486　N14.6 - 3/4.375

千金翼方三十卷　（唐）孫思邈編　清末上海鴻寶齋書刊社刻本　六冊

310000 - 0242 - 0003487　N14.6 - 3/7.332

己任編八卷　（清）高鼓峰撰　清道光十年(1830)涵古堂刻本　八冊

310000 - 0242 - 0003488　N14.6 - 3/7.428

孫真人千金方衍義三十卷　（清）張璐撰　清嘉慶六年(1801)掃葉山房刻本　三十二冊

310000 - 0242 - 0003489　N14.6 - 4/57.98

丹溪心法五卷附錄一卷　（元）朱震亨撰　清尚德堂刻本　五冊

310000 - 0242 - 0003490　N14.6 - 4/6.332

丹溪治法心要八卷　（明）高賓校正　（清）蕭澍霖重校　清宣統元年(1909)鉛印本　一冊

310000 - 0242 - 0003491　N14.6 - 7/7.375

新刊良朋彙集四卷　（清）孫偉輯　清康熙五十年(1711)刻本　二冊

310000 - 0242 - 0003492　N14.6 - 8/7.441

長沙方歌括六卷　（清）陳念祖撰　清光緒二年(1876)南雅堂刻本　三冊

310000 - 0242 - 0003493　N14.6 - 8/7.441A

金匱方歌括六卷　（清）陳念祖撰　清道光十六年(1836)南雅堂刻本　三冊

310000 - 0242 - 0003494　N14.8 - 13/7.654

萬方針線八卷　（清）蔡烈先輯　清道光十五年(1835)務本堂刻本　四冊

310000 - 0242 - 0003495　N14.9 - 17/7.562

臨證指南醫案十卷　（清）葉桂撰　清光緒二十年(1894)刻朱墨套印本　十冊

310000 - 0242 - 0003496　N14.9 - 18/7.21

歸硯錄四卷　（清）王士雄撰　清咸豐九年(1859)歸硯草堂刻本　六冊

310000 - 0242 - 0003497　N14.9 - 18/7.535

醫案初集續錄輯錄　（清）程文囿撰　清光緒十七年(1891)刻本　二冊

310000 - 0242 - 0003498　N14.9 - 21/7.761

續名醫類案三十六卷　（清）魏之琇編集　清光緒二十二年(1896)畊餘堂鉛印本　十四冊

310000－0242－0003499　N14.9－3/7.164

三家醫案合刻三種　（清）吳金壽彙纂　清姑
蘇綠慎堂刻本　一册

310000－0242－0003500　N14.9－6/6.84

名醫類案十二卷　（清）江瓘集　清光緒二十
二年(1896)畊餘堂鉛印本　六册

310000－0242－0003501　N15－16/711

儒門醫學三卷附卷一卷　（英國）海得蘭撰
（英國）傅蘭雅口譯　（清）趙元益筆述　清同
治六年(1867)江南製造局刻本　二册

310000－0242－0003502　N15－6/117

西醫畧論三卷　（英國）合信氏　（清）管茂材
撰　清光緒二十二年(1896)皖南醫學館鉛印
本　二册

310000－0242－0003503　N15－6/117A

全體新論　（英國）合信氏　（清）陳修堂撰
清咸豐三年(1853)鉛印本　一册

310000－0242－0003504　N16.12－5/752

生理解剖圖說　（清）□□撰　清光緒三十四
年(1908)上海掃葉山房鉛印本　一册

310000－0242－0003505　N18－6/219

西藥大成十卷首一卷　（英國）來拉　（英國）
海得蘭同著　（英國）傅蘭雅口譯　（清）趙元
益筆述　清光緒元年(1875)江南製造局刻本
十六册

310000－0242－0003506　N18－6/219A

西藥大成藥品中西名目表附人名地名表
（英國）來拉著　清光緒十三年(1887)江南製
造局鉛印本　一册

310000－0242－0003507　N18－6/219AC2

西藥大成藥品中西名目表附人名地名表
（英國）來拉著　清光緒十三年(1887)江南製
造局鉛印本　一册

310000－0242－0003508　N18－6/219B

西藥表　（英國）來拉著　（清）江南製造局譯
清光緒十三年(1887)江南製造局鉛印本
一册

310000－0242－0003509　N19.8－17/245

濟急法　（英國）舍白辣撰　（英國）秀耀春口
譯　（清）趙元益筆述　清光緒二十九年
(1903)江南製造局刻本　一册

310000－0242－0003510　N27－12/7.491

粥譜一卷廣粥譜一卷　（清）黃雲鵠撰　清光
緒七年(1881)刻本　一册

310000－0242－0003511　N27.419－10/7.674

茶史二卷茶史補一卷　（清）劉源長著　（清）
劉謙吉輯　（清）余懷補　清雍正六年(1728)
刻本　四册

310000－0242－0003512　SN13.08－5/6.135

石山醫案八種　（明）汪機撰　明刻本　三十
二册

310000－0242－0003513　SN13.11－11/4.21A

黃帝素問靈樞經十二卷　（唐）王冰注　（宋）
史崧音釋　明趙氏居敬堂刻本　六册

310000－0242－0003514　SN13.12－11/4.21

補注釋文黃帝內經素問十二卷遺篇一卷
（唐）王冰注　明趙氏居敬堂刻本　十八册

310000－0242－0003515　SN13.14－2/6.618

新刊八十一難經四卷附脈訣四卷　（明）熊宗
立注解　明隆慶元年(1567)書林周氏四仁堂
刻本　八册

310000－0242－0003516　SN13.15－11/6.98

心印紺珠經二卷　（元）朱撝撰　明崇禎六年
(1633)刻本　二册

310000－0242－0003517　SN13.32－15/56.674

劉河間傷寒六書六種二十四卷附二種　（金）
劉完素撰　清刻本　十六册

310000－0242－0003518　SN14.1－9/6.740

神農本草經疏三十卷　（明）繆希雍撰　明天
啓五年(1625)海虞毛氏綠君亭刻本　二十四
册

310000－0242－0003519　SN14.6－5/6.674

玉機微義五十卷　（明）徐彥純撰　（明）劉純
續　明刻本　十册

310000－0242－0003520　P10－11/7.598

區種五種五卷附錄一卷　（清）趙夢齡輯　清光緒四年(1878)刻本　一冊

310000－0242－0003521　P10－13/7.390

農雅六卷　（清）倪倬撰　清嘉慶十八年(1813)我我書屋刻本　二冊

310000－0242－0003522　P10－13/752

農話　（清）陳啓謙撰　清光緒三十一年(1905)上海商務印書館鉛印本　一冊

310000－0242－0003523　P10－14/361.551

齊民要術十卷　（北魏）賈思勰著　清光緒二十二年(1896)中江権署刻本　四冊

310000－0242－0003524　P10－14/361.551C2

齊民要術十卷　（北魏）賈思勰著　清光緒二十二年(1896)中江権署刻本　四冊

310000－0242－0003525　P10－16/7.164

澤農要錄六卷　（清）吳邦慶撰　清道光四年(1824)刻本　一冊

310000－0242－0003526　P10－18/7.622

豐豫莊本書　（清）潘曾沂撰　清光緒三年(1877)吳縣潘氏刻本　一冊

310000－0242－0003527　P10.078－3/7.428

三農紀二十四卷　（清）張宗法撰　清道光十年(1830)成都富興堂刻本　十冊

310000－0242－0003528　P10.8－13/573

農學叢書七集二百三十七種　（清）上海農學會輯　清上海農學會石印本　八十冊

310000－0242－0003529　P10.8－13/6.393

農政全書六十卷　（明）徐光啟纂　清道光刻本　二十四冊

310000－0242－0003530　P10.8－13/6.393C2

農政全書六十卷　（明）徐光啟纂　清道光二十三年(1843)曙海樓刻本　十六冊

310000－0242－0003531　P10.8－8/7.135

佩文齋廣群芳譜　（清）汪灝等撰　清刻本　三十二冊

310000－0242－0003532　P12.4－13/237

農務化學簡法三卷　（美國）固來納著　（英國）傅蘭雅口譯　（清）王樹善筆述　清光緒二十九年(1903)江南製造局刻本　一冊

310000－0242－0003533　P13.31－10/7.441

捕蝗考一卷　（清）陳芳生撰　清刻本　一冊

310000－0242－0003534　P13.31－10/7.705

捕蝗要訣　（清）錢炘和撰　清光緒十七年(1891)江蘇書局刻本　一冊

310000－0242－0003535　P13.31－8/7.441

治蝗書　（清）陳崇砥撰　清光緒六年(1880)吳縣潘氏滂喜齋刻本　一冊

310000－0242－0003536　P14－15/7.178

撫郡農產攷略二卷　（清）何剛德撰　清光緒三十三年(1907)蘇省刷印局鉛印本　二冊

310000－0242－0003537　P14－15/7.178C2

撫郡農產攷略二卷　（清）何剛德撰　清光緒二十九年(1903)撫郡學堂木活字印本　二冊

310000－0242－0003538　P15.1－8/7.283

采芳隨筆二十四卷　（清）查彬輯　清嘉慶刻本　十六冊

310000－0242－0003539　P15.347－17/7.164

嶺南荔枝譜六卷　（清）吳應達撰　清道光三十年(1850)刻本　一冊

310000－0242－0003540　P15.4－8/7.151

華隱籠　（清）李皋述　清抄本　二冊

310000－0242－0003541　P15.4－8/7.441

祕傳花鏡六卷　（清）陳淏子訂輯　清康熙二十七年(1688)刻本　六冊

310000－0242－0003542　P15.42－17/31.449

鞠小正　（晉）陶潛撰　（明）馮京第校　清抄本　一冊

310000－0242－0003543　P15.444－21/7.359

蘭言述畧四卷　（清）袁世俊撰　清光緒二年(1876)六俊世家刻本　一冊

310000－0242－0003544　P16.254－3/7.21

山居瑣言　（清）王晉之撰　清光緒二十九年
(1903)石印本　一冊

310000－0242－0003545　P17.08－10/8.491

畜產叢書八編　（清）黃毅編　清光緒三十三
年(1907)上海新學會社石印本　四冊

310000－0242－0003546　P18.6－11/7.661

教種山薑譜一卷樗蘭譜一卷　（清）鄭珍纂
清光緒二十年(1894)刻本　一冊

310000－0242－0003547　P18.6－9/7.638

柞蠶雜誌　（清）增韞輯　清光緒三十二年
(1906)浙江官書局刻本　一冊

310000－0242－0003548　P20－6/593

考工記要十七卷附圖一卷　（英國）瑪體生著
（英國）傅蘭雅　（清）鍾天緯譯　清光緒七
年(1881)江南製造局刻本　八冊

310000－0242－0003549　P21.8－13/7.260

萬年橋志八卷　（清）洪汝濂纂　清光緒二十
年(1894)刻本　六冊

310000－0242－0003550　P22－10/7.98

浙路代表旅津紳商廢章保律公牘　（清）朱福
詵編　清宣統二年(1910)鉛印本　一冊

310000－0242－0003551　P22－5/328

代表函電錄要附外郵部摺片合同　（清）浙路
全體股東代表編　清光緒三十四年(1908)鉛
印本　一冊

310000－0242－0003552　P22.46－20/784

蘇路北線案牘摘要附圖說　（清）蘇路公司編
清光緒三十四年(1908)鉛印本　一冊

310000－0242－0003553　P22.46－20/784A

蘇路股東意見書　（清）蘇路股東常會編印
清光緒三十四年(1908)鉛印本　一冊

310000－0242－0003554　P23－15/7.211

畿輔水利議一卷　（清）林則徐撰　清光緒二
年(1876)三山林氏刻本　一冊

310000－0242－0003555　P23－15/7.393

橫橋堰水利記附柳河案牘　（清）徐用福輯
清光緒二十四年(1898)鉛印本　一冊

310000－0242－0003556　P23－15/7.393C2

橫橋堰水利記附柳河案牘　（清）徐用福輯
清光緒二十四年(1898)鉛印本　一冊

310000－0242－0003557　P23－8/7.242

金陵水利論一卷　（清）金濬撰　清同治十二
年(1873)刻本　一冊

310000－0242－0003558　P23.373－3/7.535

三江閘務全書二卷　（清）程鶴翥輯著　清康
熙二十六年(1687)木活字印本　一冊

310000－0242－0003559　P23.4821－6/7.151

江蘇水利圖說　（清）李慶雲撰　清宣統二年
(1910)刻本　二冊

310000－0242－0003560　P23.4821－6/7.449

江蘇水利全書圖說　（清）陶澍等纂　清道光
刻本　十二冊

310000－0242－0003561　P23.4823－5/5.761

四明它山水利備覽二卷　（宋）魏峴撰　清咸
豐四年(1854)徐氏煙嶼樓刻本　一冊

310000－0242－0003562　P23.4825－13/7.312

楚北水利隄防紀要二卷　（清）俞昌烈纂　清
同治四年(1865)湖北藩署刻本　二冊

310000－0242－0003563　P23.6－3/6.760

三吳水利錄四卷續錄一卷附錄一卷　（明）歸
有光撰　清道光十六年(1836)別下齋刻本
二冊

310000－0242－0003564　P23.6－6/7.393

安瀾紀要二卷迴瀾紀要二卷　（清）徐端輯
清光緒十四年(1888)河北道署刻本　四冊

310000－0242－0003565　P23.632－10/7.359

海寧念汛大口門二限三限石塘圖說　（清）袁
鎮嵩圖說　清光緒七年(1881)刻本　一冊

310000－0242－0003566　P23.632－16/7.375

築圩圖說　（清）孫峻撰　清末刻本　一冊

310000－0242－0003567　P23.632－16/7.375C2

築圩圖說　（清）孫峻撰　清末刻本　一冊

310000－0242－0003568　P23.632－16/7.375C3

築圩圖說 （清）孫峻撰 清末刻本 一冊

310000－0242－0003569 P23.632－3/7.421

上虞塘工紀畧二卷續一卷三續一卷 （清）連仲愚撰 清光緒十三年(1887)枕湖樓刻本 一冊

310000－0242－0003570 P23.686－12/7.2

復淮故道圖說 （清）丁顯撰 清同治八年(1869)集韻書屋刻本 一冊

310000－0242－0003571 P23.689－6/7.300

安東改河議錄存附佐治芻言 （清）范玉琨纂 清道光二十五年(1845)刻本 四冊

310000－0242－0003572 P23.6892－17/7.717

滬上南北馬家浜河工案牘 （清）謝源深 朱日宣編 清宣統元年(1909)鉛印本 一冊

310000－0242－0003573 P23.68921－17/752

滬河錄 （清）□□輯 清光緒十九年(1893)木活字印本 六冊

310000－0242－0003574 P23.87－6/7.506

行川必要 （清）賀緝紳輯 清光緒四年(1878)刻本 一冊

310000－0242－0003575 P24.4－7/391

兵船汽機六卷附卷一卷 （英國）息尼德撰 （英國）傅蘭雅口譯 （清）華備鈺筆述 清光緒十一年(1885)江南製造局刻本 五冊

310000－0242－0003576 P28.789－4/550

中國電報新編 （清）電報局編 清宣統電報局鉛印本 一冊

310000－0242－0003577 P30－4/84

化學材料中西名目表 （清）江南製造總局編譯 清光緒十年(1884)江南製造局鉛印本 一冊

310000－0242－0003578 P32.1－19/40

爆藥記要六卷 （美國）水雷局原書 舒高第口譯 （清）趙元益筆述 清光緒元年(1875)江南製造局刻本 一冊

310000－0242－0003579 P37.75－12/160

無線電報 （英國）克爾撰 （美國）衛理譯

清光緒二十六年(1900)江南製造局刻本 一冊

310000－0242－0003580 P40.3－9/512

相地探金石法四卷 （英國）喝爾勃特喀格司撰 （清）王汝騋譯 清光緒二十九年(1903)江南製造局刻本 一冊 存一卷(二)

310000－0242－0003581 P40.33－11/405

探礦取金 （英國）密拉著 舒高第譯 汪振聲述 清光緒三十年(1904)江南製造局刻本 一冊

310000－0242－0003582 P42.29－9/84

美國提煉煤油法一卷 （清）江南製造局編譯 清光緒三十一年(1905)江南製造局鉛印本 一冊

310000－0242－0003583 P59.92－15/6.565

墨表四卷 （清）萬壽祺輯 清光緒四年(1878)石印本 一冊

310000－0242－0003584 P59.92－15/7.717

論墨絕句詩一卷 （清）謝崧岱撰 清光緒十九年(1893)湘鄉謝氏罕經榭刻本 一冊

310000－0242－0003585 P59.93－12/7.98

硯小史四卷 （清）朱棟編 清嘉慶五年(1800)樓外樓刻本 四冊

310000－0242－0003586 P59.93－20/7.178

寶硯堂硯辨 （清）何傳瑤撰 清道光十九年(1839)寶硯堂刻本 一冊

310000－0242－0003587 P73.2－9/573

奏定度量權衡畫一制度圖說總表推行章程 (清)農工商部編 清光緒三十四年(1908)鉛印本 一冊

310000－0242－0003588 SP10－10/7.2

耕織圖 （清）聖祖玄燁纂 清康熙三十五年(1696)彩繪本 一冊

310000－0242－0003589 SP23－10/6.618

泰西水法六卷 （意大利）熊三拔著 清抄本 二冊

310000－0242－0003590 SP23.4821－7/6.428

吳中水利全書二十八卷　（明）張國維纂　明崇禎九年（1636）刻本　十五冊　缺二卷（一至二）

310000－0242－0003591　SP40.35－12/7.164

雲南礦廠工器圖畧　（清）吳其濬纂　（清）徐金生繪輯　清刻本　六冊

310000－0242－0003592　SP54.1－15/6.41

魯班經　（明）午榮編　明刻本　二冊

310000－0242－0003593　SP59.9－4/7.337

文房肆攷圖說八卷　（清）唐秉鈞纂　清乾隆四十三年（1778）寫刻本　八冊

310000－0242－0003594　Q01.17－5/7.320

史通削繁四卷　（清）紀昀刪節　清光緒元年（1875）湖北崇文書局刻本　四冊

310000－0242－0003595　Q01.17－5/7.320C2

史通削繁四卷　（清）紀昀刪節　清道光十三年（1833）兩廣節署刻朱墨套印本　四冊

310000－0242－0003596　Q01.17－5/7.320C3

史通削繁四卷　（清）紀昀刪節　清道光十三年（1833）兩廣節署刻朱墨套印本　四冊

310000－0242－0003597　Q01.17－5/7.320C5

史通削繁四卷　（清）紀昀刪節　清道光十三年（1833）兩廣節署刻朱墨套印本　一冊

310000－0242－0003598　Q01.18－5/7.329

史通通釋二十卷　（清）浦起龍釋　清光緒二十年（1894）上海積山書局石印本　八冊

310000－0242－0003599　Q01.18－5/7.329C2

史通通釋二十卷　（清）浦起龍釋　清光緒二十八年（1902）益友書局刻本　十冊

310000－0242－0003600　Q01.18－5/7.329C4

史通通釋二十卷　（清）浦起龍釋　清光緒十一年（1885）翰墨齋石印本　八冊

310000－0242－0003601　Q01.3－16/7.375

山曉閣重訂歷代史論二編十二卷　（清）孫琮評　清康熙十六年（1677）刻本　六冊

310000－0242－0003602　Q01.3－4/7.406C4

文史通義八卷　（清）章學誠撰　清光緒二十四年（1898）長沙經文書局刻本　二冊

310000－0242－0003603　Q01.3－4/7.406C5

文史通義八卷　（清）章學誠撰　清光緒十九年（1893）粵東菁華閣刻本　二冊

310000－0242－0003604　Q01.3－4/7.406C6

文史通義八卷　（清）章學誠撰　清道光十二年（1832）刻本　一冊

310000－0242－0003605　Q01.3－4/7.406C7

文史通義八卷　（清）章學誠撰　清道光十二年（1832）刻本　五冊

310000－0242－0003606　Q02－16/7.271

歷代政要表二卷　（清）胡子清編　清光緒二十九年（1903）長沙刻本　二冊

310000－0242－0003607　Q02－16/7.588

歷代帝王年表三卷　（清）齊召南撰　清光緒十二年（1886）蘇州掃葉山房刻本　一冊

310000－0242－0003608　Q02－16/7.588C2

歷代帝王年表　（清）齊召南撰　清道光四年（1824）小琅嬛僊館刻本　一冊

310000－0242－0003609　Q02－16/7.588C3

歷代帝王年表三卷　（清）齊召南撰　清光緒二十八年（1902）山東書局石印本　一冊

310000－0242－0003610　Q02－5/7.211

四裔編年表四卷　（美國）林樂知　嚴良勳譯　（清）李鳳苞輯　清江南製造局刻本　二冊

310000－0242－0003611　Q02－5/7.211C2

四裔編年表四卷　（美國）林樂知　嚴良勳譯　（清）李鳳苞輯　清江南製造局刻本　一冊

310000－0242－0003612　Q02－5/7.211C3

四裔編年表四卷　（美國）林樂知　嚴良勳譯　（清）李鳳苞輯　清江南製造局刻本　四冊

310000－0242－0003613　Q02－5/7.760

四裔製作權輿三卷　歸曾祁編　清光緒二十八年（1902）石印本　一冊

310000－0242－0003614　Q07－18/8.98

159

舊典備徵五卷　（清）朱彭壽著　清宣統三年（1911）鉛印本　一冊

310000－0242－0003615　Q08－11/7.491

得一齋雜著　（清）黄棪材撰　清光緒十二年（1886）刻本　三冊

310000－0242－0003616　Q08－11/752

陸沈叢書四種　（□）□□輯　清光緒二十九年（1903）石印本　一冊

310000－0242－0003617　Q08－2/7.135

七家後漢書七種附一種　（清）汪文臺輯　清光緒八年（1882）太平崔國榜等刻本　六冊

310000－0242－0003618　Q08－21/7.791

顧氏二種　（清）顧觀光撰　清光緒二十八年（1902）刻本　四冊

310000－0242－0003619　Q08－3/7.550

三才略三種　蔣德鈞輯　清光緒十四年（1888）湘鄉蔣氏求實齋刻本　一冊

310000－0242－0003620　Q08－3/7.550C2

三才略三種　蔣德鈞輯　清光緒十四年（1888）湘鄉蔣氏求實齋刻本　一冊

310000－0242－0003621　Q08－3/7.550C3

三才略三種　蔣德鈞輯　清光緒十四年（1888）湘鄉蔣氏求實齋刻本　一冊

310000－0242－0003622　Q08－3/7.550C4

三才略三種　蔣德鈞輯　清光緒十四年（1888）湘鄉蔣氏求實齋刻本　一冊

310000－0242－0003623　Q08－3/7.650C5

三才略三種　蔣德鈞輯　清光緒十四年（1888）湘鄉蔣氏求實齋刻本　一冊

310000－0242－0003624　Q08－5/7.194

古今史學萃珍八種　（清）余肇鈞輯　清同治八年（1869）長沙余氏明辨齋刻本　八冊

310000－0242－0003625　Q08－5/7.752

史學叢書四十三種　（清）□□輯　清光緒二十八年（1902）上海煥文書局石印本　三十二冊　缺一冊（十九）

310000－0242－0003626　Q08－5/7.752C2

史學叢書四十三種　（清）□□輯　清光緒二十八年（1902）上海煥文書局石印本　八冊

310000－0242－0003627　Q08－7/7.151

李氏五種合刊　（清）李兆洛編　清同治九年（1870）合肥李氏刻本　十二冊

310000－0242－0003628　Q08－7/7.151C2

李氏五種合刊　（清）李兆洛編　清光緒十八年（1892）金陵書局刻本　二十冊

310000－0242－0003629　Q08.1－12/7.668C3

痛史二十種附錄九種　（清）樂天居士輯　清宣統三年（1911）上海商務印書館鉛印本　五冊

310000－0242－0003630　Q08.6－17/7.562

叢書十二種　（清）葉晴峰輯　清道光二十四年（1844）品石山房刻本　十二冊

310000－0242－0003631　Q08.6－8/7.399

明季稗史彙編十六種二十七卷　（清）留雲居士編　清光緒都城琉璃廠木活字印本　十六冊

310000－0242－0003632　Q08.6－8/7.399C2

明季稗史彙編十六種二十七卷　（清）留雲居士編　清光緒掃葉山房刻本　十冊

310000－0242－0003633　Q08.64－9/7.752

紀載彙編十種　（清）□□輯　清都城琉璃廠刻本　一冊

310000－0242－0003634　Q09.0337－7/8.428

初等地理教科書三卷　（清）張相文輯　清光緒二十八年（1902）上海南洋公學院石印本　一冊

310000－0242－0003635　Q08.1－12/7.668C5

痛史二十種附錄九種　（清）樂天居士輯　清宣統三年（1911）上海商務印書館鉛印本　三十一冊

310000－0242－0003636　Q09.2－14/7.211

圖史通義　（清）林傳甲撰　清光緒二十九年（1903）長沙學署刻本　一冊

310000－0242－0003637　Q09.2－19/242

繪地法原附表一卷圖一卷　（美國）金楷理口譯　（清）王德均筆述　清江南機器製造總局刻本　一冊

310000－0242－0003638　Q10.1－5/2.64C4

欽定四史　（漢）司馬遷等撰　清光緒十年(1884)上海同文書局影印本　一百冊

310000－0242－0003639　Q10.1－5/2.64C5

欽定四史　（漢）司馬遷等撰　清光緒十年(1884)上海同文書局影印本　一百冊

310000－0242－0003640　Q10.1－5/2.64C7

欽定四史　（漢）司馬遷等撰　清光緒二十年(1894)上海同文書局影印本　一百冊

310000－0242－0003641　Q10.11－5/2.64C10

史記一百三十卷　（漢）司馬遷撰　（南朝宋）裴駰集解　（唐）司馬貞索隱　（唐）張守節正義　清光緒十四年(1888)上海圖書集成局鉛印本　十六冊

310000－0242－0003642　Q10.11－5/2.64C12

史記一百三十卷　（漢）司馬遷撰　清光緒十四年(1888)上海圖書集成局鉛印本　十六冊

310000－0242－0003643　Q10.11－5/2.64C15

史記一百三十卷　（漢）司馬遷撰　（明）歸有光　（清）方苞評點　清光緒二年(1876)武昌張氏刻本　十六冊

310000－0242－0003644　Q10.11－5/2.64C16

史記一百三十卷　（漢）司馬遷撰　明崇禎十四年(1641)琴川毛氏汲古閣刻本　十六冊

310000－0242－0003645　Q10.11－5/2.64C18

史記一百三十卷　（漢）司馬遷撰　（清）徐孚遠　（明）陳子龍測議　清道光十四年(1834)三元堂刻本　八冊

310000－0242－0003646　Q10.11－5/2.64C20

史記一百三十卷　（漢）司馬遷撰　（南朝宋）裴駰集解　（唐）司馬貞索隱　（唐）張守節正義　清同治五年至九年(1866－1870)金陵書局刻本　二十冊

310000－0242－0003647　Q10.11－5/2.64C21

史記一百三十卷　（漢）司馬遷撰　（南朝宋）裴駰集解　（唐）司馬貞索隱　（唐）張守節正義　清同治九年(1870)金陵書局刻本　二十冊

310000－0242－0003648　Q10.11－5/2.64C22

史記一百三十卷　（漢）司馬遷撰　（南朝宋）裴駰集解　（唐）司馬貞索隱　（唐）張守節正義　清同治九年(1870)金陵書局刻本　二十冊

310000－0242－0003649　Q10.11－5/2.64C23

史記一百三十卷　（漢）司馬遷撰　（南朝宋）裴駰集解　清光緒四年(1878)金陵書局刻本　十五冊　缺一冊(二)

310000－0242－0003650　Q10.11－5/2.64C24

史記一百三十卷　（漢）司馬遷撰　（清）吳汝綸點勘　清宣統元年(1909)南宮邢氏刻本　二十冊

310000－0242－0003651　Q10.11－5/2.64C27

史記一百三十卷　（漢）司馬遷撰　清同治九年(1870)金陵書局刻本　二十冊

310000－0242－0003652　Q10.11－5/2.64C28

史記一百三十卷　（漢）司馬遷撰　清光緒十年(1884)上海同文書局石印本　二十六冊

310000－0242－0003653　Q10.11－5/2.64C29

史記一百三十卷　（漢）司馬遷撰　（南朝宋）裴駰集解　（唐）司馬貞索隱　（唐）張守節正義　清光緒二十九年(1903)石印本　二十六冊

310000－0242－0003654　Q10.11－5/2.64C31

史記一百三十卷　（漢）司馬遷撰　清光緒二十九年(1903)點石齋石印本　六冊

310000－0242－0003655　Q10.11－5/2.64C32

史記一百三十卷　（漢）司馬遷撰　（南朝宋）裴駰集解　清光緒四年(1878)金陵書局刻本　四冊

310000－0242－0003656　Q10.11－5/2.64C34

王校本史記一百三十卷 （漢）司馬遷撰　金陵書局校勘　清同治九年(1870)金陵書局刻本　四冊

310000－0242－0003657　Q10.11－5/2.64C35
史記一百三十卷 （漢）司馬遷撰　（南朝宋）裴駰集解　（唐）司馬貞索隱　（唐）張守節正義　清同治十一年(1872)成都書局刻本　二十六冊

310000－0242－0003658　Q10.111－5/7.21
歸方評點史記合筆 （清）王拯輯　清光緒元年(1875)望三益齋刻本　一冊

310000－0242－0003659　Q10.111－5/7.300
史記菁華錄六卷 （清）姚祖恩輯　清光緒九年(1883)廣州翰墨園刻朱墨套印本　三冊

310000－0242－0003660　Q10.111－5/7.300C2
史記菁華錄六卷 （清）姚祖恩輯　清光緒九年(1883)廣州翰墨園刻朱墨套印本　三冊

310000－0242－0003661　Q10.111－5/7.300C3
史記菁華錄六卷 （清）姚祖恩輯　清光緒九年(1883)廣州翰墨園刻朱墨套印本　三冊

310000－0242－0003662　Q10.111－5/7.300C6
史記菁華錄六卷 （清）姚祖恩輯　清光緒九年(1883)廣州翰墨園刻朱墨套印本　三冊

310000－0242－0003663　Q10.111－5/7.760
史記選六卷 （清）儲欣評選　清光緒九年(1883)靜遠堂刻本　六冊

310000－0242－0003664　Q10.111－5/7.760C2
史記選六卷 （清）儲欣評選　清光緒九年(1883)靜遠堂刻本　一冊

310000－0242－0003665　Q10.117－5/7.164C4
史記論文 （清）吳見思評點　清康熙二十六年(1687)尺木堂刻本　十六冊

310000－0242－0003666　Q10.118－5/6.343
史記評林一百三十卷 （明）凌稚隆輯校　清同治十三年(1874)長沙養翮書屋刻本　六冊

310000－0242－0003667　Q10.118－5/6.343C3
史記評林一百三十卷 （明）凌稚隆輯校　清同治十三年(1874)長沙養翮書屋刻本　二十八冊

310000－0242－0003668　Q10.118－5/7.15
史記注補正一卷 （清）方苞撰　清光緒二十年(1894)廣雅書局刻本　一冊

310000－0242－0003669　Q10.118－5/7.2
史記毛本正誤一卷 （清）丁晏撰　清光緒十八年(1892)廣雅書局刻本　一冊

310000－0242－0003670　Q10.118－5/7.21
史記三書正譌三卷 （清）王元啟撰　清光緒十六年(1890)廣雅書局刻本　一冊

310000－0242－0003671　Q10.118－5/7.21A
史記七篇讀法二卷 （清）王又樸撰　清乾隆十九年(1754)詩禮堂刻本　二冊

310000－0242－0003672　Q10.118－5/7.21B
史記月表正譌一卷 （清）王元啟撰　清光緒二十年(1894)廣雅書局刻本　一冊

310000－0242－0003673　Q10.118－5/7.375
史記天官書補目 （清）孫星衍撰　清光緒十三年(1887)廣雅書局刻本　一冊

310000－0242－0003674　Q10.118－5/7.402
史記志疑三十六卷附錄三卷 （清）梁玉繩撰　清光緒十三年(1887)廣雅書局刻本　五冊

310000－0242－0003675　Q10.118－5/7.428
校刊史記集解索隱正義札記五卷 （清）張文虎撰　清同治十一年(1872)金陵書局刻本　二冊

310000－0242－0003676　Q10.118－5/7.428C2
校刊史記集解索隱正義札記五卷 （清）張文虎撰　清同治十一年(1872)金陵書局刻本　二冊

310000－0242－0003677　Q10.118－5/7.428C3
校刊史記集解索隱正義札記五卷 （清）張文虎撰　清同治十一年(1872)金陵書局刻本　二冊

310000－0242－0003678　Q10.118－5/7.428C4
校刊史記集解索隱正義札記五卷 （清）張文

虎撰　清同治十一年(1872)金陵書局刻本
一冊

310000－0242－0003679　Q10.118－5/7.428A
史表功比說一卷　(清)張錫瑜撰　清光緒十
四年(1888)廣雅書局刻本　一冊

310000－0242－0003680　Q10.118－5/8.462C2
史記探源八卷　崔適著　清宣統二年(1910)
觶廬刻本　四冊

310000－0242－0003681　Q10.14－21/7.225
續弘簡錄元史類編四十二卷　(清)邵遠平撰
　清康熙四十五年(1706)仁和邵氏刻本　十
四冊

310000－0242－0003682　Q10.14－5/6.225
弘簡錄二百五十四卷　(明)邵經邦撰　清康
熙二十七年(1688)仁和邵氏刻本　六十二冊

310000－0242－0003683　Q10.18－5/7.15
史記注補正一卷　(清)方苞撰　清光緒二十
年(1894)廣雅書局刻本　一冊

310000－0242－0003684　Q10.19－5/7.441
史緯三百三十卷　(清)陳允錫輯　清光緒二
十九年(1903)文來書局石印本　三十冊

310000－0242－0003685　Q10.19－5/7.98
史略八十七卷　(清)朱堃輯　清同治六年
(1867)南京刻本　二十冊

310000－0242－0003686　Q10.21－6/7.211
竹書紀年補證四卷　(清)林春溥補證　清道
光二十年(1840)竹柏山房刻本　二冊

310000－0242－0003687　Q10.21－6/7.260
竹書紀年二卷　(清)洪頤煊校　清光緒十一
年(1885)朱氏槐廬刻本　一冊

310000－0242－0003688　Q10.21－6/7.393
竹書紀年十二卷前編一卷雜述一卷　(清)徐
文靖統箋　清光緒三年(1877)浙江書局刻本
　四冊

310000－0242－0003689　Q10.21－6/7.393A
竹書紀年統箋十二卷前編一卷雜述一卷
(清)徐文靖撰　清光緒三年(1877)浙江書局

刻本　四冊

310000－0242－0003690　Q10.23－11/6.787
嚴永思先生通鑑補正畧三卷　(明)嚴衍撰
(清)張敦仁錄　清光緒十三年(1887)時報館
鉛印本　二冊

310000－0242－0003691　Q10.23－13/5.21
資治通鑑地理通釋十四卷　(宋)王應麟撰
明汲古閣刻本　十二冊

310000－0242－0003692　Q10.23－13/5.64
資治通鑑二百九十四卷附釋文辨誤十二卷
(宋)司馬光撰　(元)胡三省音注　清同治八
年(1869)江蘇書局刻本　一百冊

310000－0242－0003693　Q10.23－13/5.64C11
資治通鑑二百九十四卷附釋文辨誤十二卷
(宋)司馬光撰　(元)胡三省音注　清同治八
年(1869)江蘇書局刻本　二十七冊

310000－0242－0003694　Q10.23－13/5.64C3
資治通鑑二百九十四卷附釋文辨誤十二卷
(宋)司馬光撰　(元)胡三省音注　清湖北崇
文書局刻本　一百四冊

310000－0242－0003695　Q10.23－13/5.64C9
資治通鑑二百九十四卷　(宋)司馬光撰
(元)胡三省音注　(明)陳仁錫評　明崇禎二
年(1629)刻本　一百七冊

310000－0242－0003696　Q10.23－13/5.64A
正續資治通鑑目錄三十卷正編二百九十四卷
續編二百二十卷　(宋)司馬光　(清)畢沅撰
　清光緒二十五年(1899)上海蜚英館石印本
八十冊

310000－0242－0003697　Q10.23－13/5.64AC2
正續資治通鑑目錄三十卷正編二百九十四卷
續編二百二十卷　(宋)司馬光　(清)畢沅撰
　清光緒二十五年(1899)上海蜚英館石印本
八十冊

310000－0242－0003698　Q10.23－13/5.674C3
資治通鑑外紀十卷　(宋)劉恕編　(清)胡克
家注補　清同治十年(1871)江蘇書局刻本

十冊

310000－0242－0003699　Q10.23－13/5.674C4
資治通鑑外紀十卷　（宋）劉恕編　（清）胡克
家注補　清同治十年（1871）江蘇書局刻本
十冊

310000－0242－0003700　Q10.23－13/5.674C5
資治通鑑外紀十卷　（宋）劉恕編　（清）胡克
家注補　清同治十年（1871）江蘇書局刻本
十冊

310000－0242－0003701　Q10.23－13/6.787
資治通鑑補二百九十四卷　（明）嚴衍撰　清
光緒二年（1876）武進盛氏思補樓木活字印本
八十冊

310000－0242－0003702　Q10.23－13/6.787A
資治通鑑補正二百九十四卷　（明）嚴衍補正
清光緒二十八年（1902）上海益智書局石印
本　四十八冊

310000－0242－0003703　Q10.23－13/7.164
資治通鑑地理今釋十六卷　（清）吳熙載撰
清光緒八年（1882）江蘇書局刻本　三冊

310000－0242－0003704　Q10.23－13/7.164C2
資治通鑑地理今釋十六卷　（清）吳熙載撰
清光緒八年（1882）江蘇書局刻本　三冊

310000－0242－0003705　Q10.23－13/7.164C3
資治通鑑地理今釋十六卷　（清）吳熙載撰
清光緒八年（1882）江蘇書局刻本　三冊

310000－0242－0003706　Q10.23－21/5.151
續資治通鑑長編五百二十卷　（宋）李燾撰
清光緒七年（1881）浙江書局刻本　一百二十
冊

310000－0242－0003707　Q10.23－21/5.151C2
續資治通鑑長編五百二十卷　（宋）李燾撰
清光緒七年（1881）浙江書局刻本　一百二十
冊

310000－0242－0003708　Q10.23－21/7.347
續資治通鑑長編拾補六十卷　（清）秦緗業輯
清光緒九年（1883）浙江書局刻本　十六冊

310000－0242－0003709　Q10.23－21/7.460
續資治通鑑二百二十卷　（清）畢沅編集　清
同治八年（1869）江蘇書局刻本　六十冊

310000－0242－0003710　Q10.23－21/7.460C2
續資治通鑑二百二十卷　（清）畢沅編集　清
光緒七年（1881）番禺任氏寄螺齋刻本　二十
一冊

310000－0242－0003711　Q10.23－21/7.460C3
續資治通鑑二百二十卷　（清）畢沅編纂　清
光緒七年（1881）番禺任氏寄螺齋刻本　十七
冊

310000－0242－0003712　Q10.23－21/7.460C4
續資治通鑑二百二十卷　（清）畢沅編纂　清
光緒七年（1881）番禺任氏寄螺齋刻本　六十
冊

310000－0242－0003713　Q10.23－21/7.460C5
續資治通鑑二百二十卷　（清）畢沅編纂　清
光緒七年（1881）番禺任氏寄螺齋刻本　六十
冊

310000－0242－0003714　Q10.23－21/7.460C6
續資治通鑑二百二十卷　（清）畢沅編纂　清
光緒七年（1881）番禺任氏寄螺齋刻本　六十
冊

310000－0242－0003715　Q10.23－7/6.731
宋元通鑑一百五十七卷　（明）薛應旂撰　明
天啓六年（1626）刻本　十二冊　存八十五卷
（三十二至六十八、一百十至一百五十七）

310000－0242－0003716　Q10.231－13/5.64C2
資治通鑑目錄三十卷　（宋）司馬光撰　清同
治八年（1869）江蘇書局刻本　十冊

310000－0242－0003717　Q10.237－14/7.164C1
綱鑑易知錄九十二卷附明鑑易知錄十五卷
（清）吳乘權纂　清光緒二十七年（1901）上海
文瑞樓鉛印本　八冊

310000－0242－0003718　Q10.237－14/7.164C2
綱鑑易知錄九十二卷　（清）吳乘權纂　清光
緒二十七年（1901）上海文瑞樓鉛印本　十六

册

310000 – 0242 – 0003719　Q10.238 – 13/7.428
資治通鑑校勘記宋本五卷元本一卷　（清）張
瑛撰　清光緒八年(1882)江蘇書局刻本　一
冊

310000 – 0242 – 0003720　Q10.238 – 13/7.428C2
資治通鑑校勘記宋本五卷元本一卷　（清）張
瑛撰　清光緒八年(1882)江蘇書局刻本　一
冊

310000 – 0242 – 0003721　Q10.24 – 13/5.98C2
資治通鑑綱目五十九卷　（宋）朱熹撰　（明）
陳仁錫評閱　清嘉慶九年(1804)姑蘇聚文堂
刻本　七十八冊

310000 – 0242 – 0003722　Q10.24 – 13/5.98C3
資治通鑑綱目五十九卷　（宋）朱熹撰　清嘉
慶八年(1803)敬書堂刻本　十四冊

310000 – 0242 – 0003723　Q10.24 – 13/6.284C2
資治通鑑綱目前編二十五卷　（明）南軒撰
清乾隆十一年(1746)刻本　二冊　存二十卷
（六至二十五）

310000 – 0242 – 0003724　Q10.24 – 13/7.2
**御批資治通鑑綱目前編十八卷正編五十九卷
續編二十七卷**　（清）聖祖玄燁纂　清光緒十
三年(1887)上海同文書局石印本　三十冊

310000 – 0242 – 0003725　Q10.24 – 13/7.428
御撰資治通鑑綱目三編二十卷　（清）聖祖玄
燁纂　清乾隆十一年(1746)刻本　六冊

310000 – 0242 – 0003726　Q10.24 – 13/7.428B
御撰資治通鑑綱目四十卷　（清）張廷玉等撰
清同治十一年(1872)江西書局刻本　十二
冊

310000 – 0242 – 0003727　Q10.25 – 11/7.21
通鑑答問五卷　（宋）王應麟撰　清光緒十年
(1884)四川成都志古堂刻本　二冊

310000 – 0242 – 0003728　Q10.25 – 14/6.791
綱鑑正史約三十六卷　（明）顧錫疇原編
（清）陳宏謀增訂　清同治八年(1869)浙江書

局刻本　二十冊

310000 – 0242 – 0003729　Q10.25 – 14/6.791C2
綱鑑正史約三十六卷　（明）顧錫疇原編
（清）陳宏謀增訂　清乾隆二年(1737)培遠堂
刻本　五冊

310000 – 0242 – 0003730　Q10.25 – 14/7.248
會心堂綱鑑鈔畧十八卷　（清）周煒輯　清嘉
慶十八年(1813)書三味樓刻本　十冊

310000 – 0242 – 0003731　Q10.25 – 16/7.4
御批歷代通鑑輯覽一百二十卷　（清）高宗弘
曆纂　清光緒五年(1879)刻本　五十八冊

310000 – 0242 – 0003732　Q10.25 – 16/7.4C10
御批歷代通鑑輯覽一百二十卷　（清）高宗弘
曆纂　清光緒十三年(1887)上海同文書局石
印本　二十四冊

310000 – 0242 – 0003733　Q10.25 – 16/7.4C11
御批歷代通鑑輯覽一百二十卷　（清）高宗弘
曆纂　清宣統元年(1909)上海公識書局石印
本　二十四冊

310000 – 0242 – 0003734　Q10.25 – 16/7.4C2
御批歷代通鑑輯覽一百二十卷　（清）高宗弘
曆纂　清光緒三十年(1904)上海商務印書館
鉛印本　四十冊

310000 – 0242 – 0003735　Q10.25 – 16/7.4C3
御批歷代通鑑輯覽一百二十卷　（清）高宗弘
曆纂　清光緒三十年(1904)上海文通書局石
印本　三十二冊

310000 – 0242 – 0003736　Q10.25 – 16/7.4C5
御批歷代通鑑輯覽一百二十卷　（清）高宗弘
曆纂　清同治十年(1871)浙江書局刻本　四
十八冊

310000 – 0242 – 0003737　Q10.25 – 16/7.4C6
御批歷代通鑑輯覽一百二十卷　（清）高宗弘
曆纂　清光緒十年(1884)石印本　四十冊

310000 – 0242 – 0003738　Q10.25 – 16/7.4C7
御批歷代通鑑輯覽一百二十卷　（清）高宗弘
曆纂　清光緒十年(1884)石印本　六十四冊

310000 – 0242 – 0003739　Q10.25 – 16/7.4C8

御批歷代通鑑輯覽一百二十卷　（清）高宗弘曆纂　清光緒十年(1884)石印本　十冊

310000 – 0242 – 0003740　Q10.25 – 16/7.4C9

御批歷代通鑑輯覽一百二十卷　（清）高宗弘曆纂　清宣統元年(1909)上海公記書局石印本　六冊

310000 – 0242 – 0003741　Q10.25 – 5/5.64C3

司馬溫公稽古錄二十卷　（宋）司馬光撰　清光緒五年(1879)江蘇書局刻本　二冊

310000 – 0242 – 0003742　Q10.3 – 11/5.359

通鑑紀事本末二百三十九卷　（宋）袁樞編（明）張溥論正　清同治十二年(1873)江西書局刻本　八十冊

310000 – 0242 – 0003743　Q10.3 – 11/5.359C2

通鑑紀事本末二百三十九卷　（宋）袁樞編（明）張溥論正　清光緒十三年(1887)廣雅書局刻本　十二冊

310000 – 0242 – 0003744　Q10.3 – 11/5.359C3

通鑑紀事本末二百三十九卷　（宋）袁樞編　清同治十二年(1873)江西書局刻本　四十冊

310000 – 0242 – 0003745　Q10.3 – 19/7.352

繹史一百六十卷　（清）馬驌撰　清光緒十五年(1889)金匱浦氏刻本　八冊

310000 – 0242 – 0003746　Q10.3 – 19/7.352C3

繹史一百六十卷　（清）馬驌撰　清同治七年(1868)姑蘇亦西齋刻本　四十冊

310000 – 0242 – 0003747　Q10.3 – 19/7.352B

繹史一百六十卷　（清）馬驌撰　清康熙刻本　二十八冊

310000 – 0242 – 0003748　Q10.3 – 5/7.332

左傳紀事本末五十三卷　（清）高士奇撰　清同治十二年(1873)江西書局刻本　十二冊

310000 – 0242 – 0003749　Q10.3 – 5/7.332C2

左傳紀事本末五十三卷　（清）高士奇撰　清同治十二年(1873)江西書局刻本　十二冊

310000 – 0242 – 0003750　Q10.3 – 5/7.332C4

310000 – 0242 – 0003750（續）

左傳紀事本末五十三卷　（清）高士奇撰　清光緒二十六年(1900)廣雅書局刻本　三冊

310000 – 0242 – 0003751　Q10.3 – 8/8

明末紀事補遺十卷　（清）南沙三餘氏輯　清同治刻本　六冊

310000 – 0242 – 0003752　Q10.35 – 7/6.477

宋史紀事本末一百九卷　（明）馮琦原編（明）陳邦瞻增訂　清光緒十三年(1887)廣雅書局刻本　四冊

310000 – 0242 – 0003753　Q10.35 – 7/6.477C2

宋史紀事本末一百九卷　（明）馮琦原編（明）陳邦瞻增訂　清同治十三年(1874)江西書局刻本　二十冊

310000 – 0242 – 0003754　Q10.35 – 7/6.477C3

宋史紀事本末一百九卷　（明）馮琦原編（明）陳邦瞻增訂　清同治十三年(1874)江西書局刻本　二十冊

310000 – 0242 – 0003755　Q10.35 – 7/6.477C4

宋史紀事本末一百九卷　（明）馮琦原編（明）陳邦瞻增訂　清同治十三年(1874)江西書局刻本　十冊

310000 – 0242 – 0003756　Q10.353 – 6/7.428C1

西夏紀事本末三十六卷　（清）張鑑撰　清光緒十一年(1885)金陵刻本　三冊

310000 – 0242 – 0003757　Q10.353 – 6/7.428C2

西夏紀事本末三十六卷　（清）張鑑撰　清光緒十年(1884)江蘇書局刻本　四冊

310000 – 0242 – 0003758　Q10.353 – 6/7.428C3

西夏紀事本末三十六卷　（清）張鑑撰　清光緒十年(1884)江蘇書局刻本　四冊

310000 – 0242 – 0003759　Q10.353 – 6/7.428C4

西夏紀事本末三十六卷　（清）張鑑撰　清光緒十年(1884)江蘇書局刻本　四冊

310000 – 0242 – 0003760　Q10.353 – 6/7.428C5

西夏紀事本末三十六卷　（清）張鑑撰　清光緒十年(1884)江蘇書局刻本　四冊

310000 – 0242 – 0003761　Q10.353 – 6/7.428C6

西夏紀事本末三十六卷 (清)張鑑撰 清光緒十年(1884)江蘇書局刻本 四冊

310000－0242－0003762 Q10.355－16/7.151
遼史紀事本末四十卷 (清)李有棠撰 清光緒二十九年(1903)李氏鄂樓刻本 八冊

310000－0242－0003763 Q10.356－8/7.151C2
金史紀事本末五十二卷 (清)李有棠撰 清光緒二十九年(1903)李氏鄂樓刻本 十二冊

310000－0242－0003764 Q10.357－4/6.441
元史紀事本末二十七卷 (明)陳邦瞻撰 清同治十三年(1874)江西書局刻本 四冊

310000－0242－0003765 Q10.357－4/6.441C2
元史紀事本末二十七卷 (明)陳邦瞻撰 清同治十三年(1874)江西書局刻本 二冊

310000－0242－0003766 Q10.357－4/6.441C3
元史紀事本末二十七卷 (明)陳邦瞻撰 清同治十三年(1874)江西書局刻本 四冊

310000－0242－0003767 Q10.36－13/7.164
綏寇紀略十二卷補遺三卷 (清)吳偉業撰 清嘉慶九年(1804)照曠閣刻本 八冊

310000－0242－0003768 Q10.36－21/7.390
續明紀事本末十八卷 (清)倪在田輯 清光緒二十九年(1903)育英社鉛印本 六冊

310000－0242－0003769 Q10.36－21/7.390C2
續明紀事本末十八卷 (清)倪在田輯 清光緒二十九年(1903)育英社鉛印本 六冊

310000－0242－0003770 Q10.36－8/7.177
明史紀事本末八十卷 (清)谷應泰撰 清同治十三年(1874)江西書局刻本 二十冊

310000－0242－0003771 Q10.37－11/7.4
皇清開國方略三十二卷首一卷 (清)阿桂等纂 清光緒十三年(1887)上海廣百宋齋鉛印本 二冊

310000－0242－0003772 Q10.37－11/7.4C2
皇清開國方略三十二卷首一卷 (清)阿桂等纂 清光緒十三年(1887)上海廣百宋齋鉛印本 六冊

310000－0242－0003773 Q10.37－11/7.4C3
皇清開國方略三十二卷首一卷 (清)阿桂等纂 清抄本 十冊

310000－0242－0003774 Q10.37－13/7.761C1
聖武記十四卷 (清)魏源撰 清光緒二十八年(1902)上海書局石印本 一冊

310000－0242－0003775 Q10.37－13/7.761C2
聖武記十四卷 (清)魏源撰 清道光二十四年(1844)古微堂刻本 十二冊

310000－0242－0003776 Q10.37－13/7.761C3
聖武記十四卷 (清)魏源撰 清道光二十四年(1844)古微堂刻本 十二冊

310000－0242－0003777 Q10.37－13/7.761C7
聖武記十四卷 (清)魏源撰 清道光二十四年(1844)古微堂刻本 十二冊

310000－0242－0003778 Q10.37－13/7.761C8
聖武記十四卷 (清)魏源撰 清道光二十四年(1844)古微堂刻本 十二冊

310000－0242－0003779 Q10.37－2/8.428
十一朝聖武記二十卷 張謇編 清光緒二十九年(1903)上海鴻寶齋石印本 三冊

310000－0242－0003780 Q10.38－16/7.628
歷朝紀事本末七種 (清)廣雅書局編 清光緒十三年(1887)廣雅書局刻本 六十六冊

310000－0242－0003781 Q10.38－16/7.98C1
歷朝紀事本末九種 (清)朱記榮輯 清光緒二十五年(1899)上海慎記書莊石印本 二十一冊

310000－0242－0003782 Q10.38－16/7.98C2
歷朝紀事本末九種 (清)朱記榮輯 清光緒二十五年(1899)上海慎記書莊石印本 二十六冊

310000－0242－0003783 Q10.38－16/7.98C3
歷朝紀事本末九種 (清)朱記榮輯 清光緒十四年(1888)上海書業公所鉛印本 五十六冊

310000－0242－0003784 Q10.38－16/7.98C4

歷朝紀事本末九種 （清）朱記榮輯 清宣統
二年(1910)上海文盛書局石印本 十冊

310000 – 0242 – 0003785 Q10.38 – 16/7.98C5
歷朝紀事本末九種 （清）朱記榮輯 清光緒
十四年(1888)上海書業公所鉛印本 四十冊

310000 – 0242 – 0003786 Q10.4 – 12/5.775C3
路史四十七卷 （宋）羅泌纂 清光緒二十七
年(1901)紅杏山房鉛印本 八冊

310000 – 0242 – 0003787 Q10.4 – 16/7.98
歷代邊事彙鈔十二卷 （清）朱克敬輯 清光
緒二十八年(1902)上海捷記書局石印本 四
冊

310000 – 0242 – 0003788 Q10.4 – 4/7.370
中西紀事十五卷 （清）夏燮撰 清光緒上海
申報館鉛印本 五冊

310000 – 0242 – 0003789 Q10.4 – 4/7.370A
中西紀事二十四卷 （清）夏燮撰 清同治四
年(1865)刻本 八冊

310000 – 0242 – 0003790 Q10.4 – 6/7.73
全史宮詞二十卷 （清）史夢蘭撰 清光緒十
九年(1893)刻本 八冊

310000 – 0242 – 0003791 Q10.4 – 6/7.73C3
全史宮詞二十卷 （清）史夢蘭撰 清咸豐六
年(1856)著易堂書局鉛印本 四冊

310000 – 0242 – 0003792 Q10.4 – 7/5.393
卻掃編三卷 （宋）徐度撰 清汲古閣刻本
三冊

310000 – 0242 – 0003793 Q10.47 – 12/7.581
路史節讀十卷 （清）廖文錦節訂 清光緒二
十七年(1901)刻本 四冊

310000 – 0242 – 0003794 Q10.5 – 15/7.164
樞垣題名不分卷 （清）吳孝銘撰 清光緒九
年(1883)刻本 一冊

310000 – 0242 – 0003795 Q10.5 – 16/7.565C2
歷代史表五十九卷 （清）萬斯同撰 清廣雅
書局鉛印本 二冊

310000 – 0242 – 0003796 Q10.5 – 16/752
歷代帝王統繫考略圖 （清）□□編 清刻本
一冊

310000 – 0242 – 0003797 Q10.5 – 16/752A
歷代帝王世系圖 （清）□□編 清宣統二年
(1910)陸軍部刷印處石印本 一冊

310000 – 0242 – 0003798 Q10.5 – 16/8.164
歷代治權分合系統表 （清）吳寶忠編 清光
緒三十四年(1908)上海商務印書館石印本
一冊

310000 – 0242 – 0003799 Q10.5 – 3/7.128
廿一史四譜五十四卷 （清）沈炳震撰 清同
治十年(1871)武林吳氏清來堂刻本 十六冊

310000 – 0242 – 0003800 Q10.5 – 4/7.211
孔門師弟年表一卷後說一卷附孟子時事年表
一卷後說一卷 （清）林春溥撰 清嘉慶二十
一年(1816)竹柏山房刻本 一冊

310000 – 0242 – 0003801 Q10.5 – 4/7.588
中外紀年通表六卷 （清）齊召南編 清光緒
二十三年(1897)上海著易堂石印本 八冊

310000 – 0242 – 0003802 Q10.5 – 5/7.211
古史攷年異同表二卷後說一卷 （清）林春溥
編 清道光十八年(1838)竹柏山房刻本 二
冊

310000 – 0242 – 0003803 Q10.5 – 5/7.260
史目表二卷 （清）洪飴孫撰 清道光十三年
(1833)授經堂刻本 一冊

310000 – 0242 – 0003804 Q10.5 – 6/7.681
多識錄四卷 （清）練恕撰 清道光十八年
(1838)連平練氏刻本 四冊

310000 – 0242 – 0003805 Q10.5 – 9/7.151
紀元編三卷末一卷 （清）李兆洛撰 清光緒
十八年(1892)金陵書局刻本 一冊

310000 – 0242 – 0003806 Q10.5 – 9/7.151C2
紀元編三卷末一卷 （清）李兆洛纂 清同治
十年(1871)合肥李氏刻本 一冊

310000 – 0242 – 0003807 Q10.5 – 9/7.434

帝王廟謚年諱譜　（清）陸費墀撰　清刻本
一冊

310000－0242－0003808　Q10.7－3/7.21
廿二史策案　（清）王鋆匯輯　清道光十一年
(1831)綠蔭山房刻本　六冊

310000－0242－0003809　Q10.72－22/7.622
讀史鏡古編三十二卷　（清）潘世恩輯　清同
治十三年(1874)飛霞閣刻本　六冊

310000－0242－0003810　Q10.72－22/7.622C2
讀史鏡古編三十二卷　（清）潘世恩輯　清同
治十三年(1874)飛霞閣刻本　五冊

310000－0242－0003811　Q10.72－4/7.21
廿四史策案十二卷　（清）王鋆輯　清光緒二
十五年(1899)慎記書莊石印本　一冊

310000－0242－0003812　Q10.72－4/7.509
中西時務類考九卷　（清）華金昆輯校　清光
緒二十四年(1898)上海鴻文書局石印本　八
冊

310000－0242－0003813　Q10.72－9/7.316
軍機故事　姚文棟纂　清光緒七年(1881)謨
觴室刻本　一冊

310000－0242－0003814　Q10.72－9/7.566
洋務時事彙編　（清）葛子源輯　清光緒二十
四年(1898)上海書局石印本　十二冊

310000－0242－0003815　Q10.74－10/57.271
純正蒙求三卷　（元）胡炳文撰　清光緒六年
(1880)楚北黃氏留餘堂刻本　三冊

310000－0242－0003816　Q10.74－2/5.21
王先生十七史蒙求十六卷　（宋）王令輯　清
光緒十五年(1889)文昌書局刻本　四冊

310000－0242－0003817　Q10.74－2/5.21C2
王先生十七史蒙求十六卷　（宋）王令輯　清
道光二十八年(1848)大文堂刻本　三冊

310000－0242－0003818　Q10.74－2/7.87
十朝掌故問答　（清）充志子編　清光緒二十
八年(1902)石印本　一冊

310000－0242－0003819　Q10.74－22/7.135
讀史節要十二卷　（清）汪承鏞輯　清同治五
年(1866)汪氏刻本　六冊

310000－0242－0003820　Q10.74－22/7.21
讀古紀畧四卷　（清）王文清撰　清抄本　二
冊

310000－0242－0003821　Q10.74－22/7.271
讀史碎金注八十卷　（清）胡文炳編輯　清光
緒二年(1876)蘭石齋刻本　八十一冊

310000－0242－0003822　Q10.74－22/7.700
鑑史提綱四卷　（清）盧文錦注　清同治十一
年(1872)刻本　一冊

310000－0242－0003823　Q10.74－22/7.774
鑑撮四卷　（清）曠敏本編　清刻本　四冊

310000－0242－0003824　Q10.74－5/6.791
史學綱領四卷　（明）顧充輯　（清）蕭承煊注
　清光緒十五年(1889)刻本　四冊

310000－0242－0003825　Q10.74－5/6.791C2
史學綱領四卷　（明）顧充輯　（清）蕭承煊注
　清光緒十五年(1889)刻本　二冊

310000－0242－0003826　Q10.74－5/7.115
史要七卷　（清）任啓運輯　（清）吳兆慶纂注
　清嘉慶二十四年(1819)經綸堂刻本　三冊

310000－0242－0003827　Q10.74－5/7.190
史學提要輯注四卷　（清）狄寬輯　清嘉慶十
一年(1806)刻本　四冊

310000－0242－0003828　Q10.74－5/7.710
史鑑節要便讀六卷　（清）鮑東里輯　清同治
十三年(1874)江蘇書局刻本　一冊

310000－0242－0003829　Q10.74－5/7.710C2
史鑑節要便讀六卷　（清）鮑東里輯　清同治
十三年(1874)江蘇書局刻本　一冊

310000－0242－0003830　Q10.74－5/7.710C3
史鑑節要便讀六卷　（清）鮑東里輯　清同治
七年(1868)李光明莊刻本　二冊

310000－0242－0003831　Q10.74－7/45.151

李氏蒙求六卷 (後唐)李瀚撰 (宋)徐子光補注 清同治九年(1870)明辨齋刻本 二冊

310000－0242－0003832 Q10.74－7/45.151A

蒙求集注二卷 (後唐)李瀚撰 (宋)徐子光補注 清嘉慶九年(1804)昭文張氏照曠閣刻本 二冊

310000－0242－0003833 Q10.74－8/7.661

青墅讀史雜感八卷 (清)鄭大謨撰 清嘉慶二十三年(1818)桑苧古園刻本 四冊

310000－0242－0003834 Q10.75－18/54.674

歸潛志十四卷 (元)劉祁撰 清乾隆四十四年(1779)刻本 二冊

310000－0242－0003835 Q10.75－22/6.393

讀史稗語十一卷 (明)徐枋撰 清咸豐九年(1859)刻本 六冊

310000－0242－0003836 Q10.75－22/6.393C2

讀史稗語十一卷 (明)徐枋撰 清咸豐九年(1859)刻本 六冊

310000－0242－0003837 Q10.75－22/7.727

讀史紀略四卷 (清)蕭濬纂 清道光二十年(1840)靈石楊氏澹靜齋刻本 一冊

310000－0242－0003838 Q10.75－5/6.428

史闕十四卷 (明)張岱撰 清道光七年(1827)吳興鄭佶刻本 四冊

310000－0242－0003839 Q10.75－6/4.598

因話錄六卷 (唐)趙璘撰 明萬曆會稽商氏半埜堂刻本 二冊

310000－0242－0003840 Q10.8－22/7.428

讀史舉正八卷 (清)張熷撰 清光緒十七年(1891)廣雅書局刻本 二冊

310000－0242－0003841 Q10.8－5/7

史伯平先生所著書 (清)史致準撰 清光緒三年(1877)刻本 一冊

310000－0242－0003842 Q10.8－8/5.170

東萊博議四卷 (宋)呂祖謙撰 清光緒二十五年(1899)文瑞樓刻本 一冊

310000－0242－0003843 Q10.81－10/7.151

浙江四大家史論合編四卷 (清)李蔭鑾編 清光緒二十八年(1902)刻本 一冊

310000－0242－0003844 Q10.81－16/6.428

歷代史論二十卷附左傳史論二卷 (明)張溥論正 (清)孫琮評點 清光緒二十三年(1897)粵東文陞閣刻本 六冊

310000－0242－0003845 Q10.81－16/6.428C2

歷代史論十二卷宋史論三卷元史論一卷明史論四卷左傳史論二卷 清光緒九年(1883)都城蒼松山房刻朱墨套印本 八冊

310000－0242－0003846 Q10.81－16/6.428AC3

歷代史論一編四卷 (明)張溥撰 清光緒十八年(1892)學海堂刻本 一冊

310000－0242－0003847 Q10.81－16/6.791

歷代史論 (明)顧充撰 清光緒十八年(1892)學海堂刻本 二冊

310000－0242－0003848 Q10.81－22/7.138

讀史大畧六十卷 (清)沙張白撰 小沙子史畧一卷 (清)沙晉撰 清咸豐七年(1857)恭壽堂刻本 二冊

310000－0242－0003849 Q10.81－22/7.15

讀宋鑑論三卷 (清)方宗誠撰 清光緒三年(1877)刻本 一冊

310000－0242－0003850 Q10.81－22/7.21C2

讀通鑑論 (清)王夫之撰 清光緒三十一年(1905)上海商務印書館鉛印本 二冊

310000－0242－0003851 Q10.81－22/7.21C3

讀通鑑論 (清)王夫之撰 清光緒三十一年(1905)上海商務印書館鉛印本 四冊

310000－0242－0003852 Q10.81－22/7.21C4

讀通鑑論 (清)王夫之撰 清光緒三十一年(1905)上海商務印書館鉛印本 十冊

310000－0242－0003853 Q10.81－22/7.21C5

讀通鑑論 (清)王夫之撰 清光緒三十一年(1905)上海商務印書館鉛印本 四冊

310000－0242－0003854 Q10.81－22/7.21C6

讀通鑑論 （清）王夫之撰 清同治四年
(1865)湘鄉曾氏刻本 二十冊

310000 - 0242 - 0003855 Q10.81 - 22/7.21A

讀通鑑論 （清）王夫之撰 清光緒二十九年
(1903)石印本 六冊

310000 - 0242 - 0003856 Q10.81 - 22/7.370

讀史提要錄 （清）夏之蓉撰 清乾隆三十七
年(1772)廣陵湯鳴岐刻本 二冊

310000 - 0242 - 0003857 Q10.81 - 22/7.370C2

讀史提要錄 （清）夏之蓉撰 清乾隆三十七
年(1772)廣陵湯鳴岐刻本 四冊

310000 - 0242 - 0003858 Q10.81 - 5/6.735C3

史懷二十卷 （明）鍾惺撰 清光緒十七年
(1891)三餘艸堂刻本 六冊

310000 - 0242 - 0003859 Q10.81 - 5/7.164

史案二十卷 （清）吳裕垂撰 清光緒六年
(1880)大成堂刻本 六冊

310000 - 0242 - 0003860 Q10.81 - 5/7.441

史餘二十卷 （清）陳堯松撰 清同治三年
(1864)竹平安齋刻本 六冊

310000 - 0242 - 0003861 Q10.81 - 9/7.370

紀事約言二卷 （清）夏勤墉撰 清光緒七年
(1881)刻本 一冊

310000 - 0242 - 0003862 Q10.83 - 15/7.260

諸史考異十八卷 （清）洪頤煊撰 清道光十
五年(1835)廣雅書局刻本 三冊

310000 - 0242 - 0003863 Q10.83 - 15/7.260C2

諸史考異十八卷 （清）洪頤煊撰 清道光十
五年(1835)廣雅書局刻本 三冊

310000 - 0242 - 0003864 Q10.83 - 15/7.705

諸史拾遺五卷 （清）錢大昕撰 清道光十五
年(1835)廣雅書局刻本 一冊

310000 - 0242 - 0003865 Q10.83 - 4/7.598C4

廿二史劄記三十六卷首一卷補遺一卷 （清）
趙翼撰 清光緒二十年(1894)廣雅書局刻本
三冊

310000 - 0242 - 0003866 Q10.83 - 4/7.598C5

廿二史劄記三十六卷補遺一卷 （清）趙翼撰
清嘉慶五年(1800)湛貽堂刻本 十二冊

310000 - 0242 - 0003867 Q10.83 - 4/7.705

廿二史攷異一百卷 （清）錢大昕撰 清光緒
二十年(1894)廣雅書局刻本 五冊

310000 - 0242 - 0003868 Q10.83 - 8/57.21C1

欽定承華事略補圖六卷 （元）王惲撰 清光
緒二十四年(1898)上海掃葉山房石印本 二
冊

310000 - 0242 - 0003869 Q10.83 - 8/57.21C2

欽定承華事略補圖六卷 （元）王惲撰 清末
石印本 一冊

310000 - 0242 - 0003870 Q10.9 - 14/8.316

蒙學歷史輿地歌括 （清）姚文枏編 清光緒
二十九年(1903)上海一新書局鉛印本 一冊

310000 - 0242 - 0003871 Q10.9 - 16/8.281

歷代史畧六卷 （清）柳詒徵編 清光緒江楚
書局刻本 八冊

310000 - 0242 - 0003872 Q10.9 - 16/8.281C2

歷代史畧五卷 （清）柳詒徵編 清光緒三十
一年(1905)中新書局鉛印本 一冊

310000 - 0242 - 0003873 Q10.9 - 18/8.469

簡易歷史課本 （清）富光年編 清光緒三十
二年(1906)上海商務印書館鉛印本 一冊

310000 - 0242 - 0003874 Q10.9 - 4/7.441

中國歷史教科書六卷 （清）陳慶年著 清光
緒二十九年(1903)刻本 六冊

310000 - 0242 - 0003875 Q10.9331 - 12/480

普通新歷史 （清）普通學書室編 清光緒二
十八年(1902)上海廣益書室鉛印本 一冊

310000 - 0242 - 0003876 Q10.93331 - 12/8.760

掌故時務教科書 （清）儲丙鶼編 清光緒三
十年(1904)上海競化書局鉛印本 三冊

310000 - 0242 - 0003877 Q10.93331 - 14/461

繪圖蒙學中國歷史實在易 （清）彪蒙書室編
印 清光緒石印本 一冊

310000 - 0242 - 0003878　Q10.93334 - 4/406

中國歷史教科書七卷　（清）商務印書館輯
清光緒二十九年(1903)上海商務印書館鉛印
本　一冊

310000 - 0242 - 0003879　Q10.99 - 10/7.178

悔餘庵樂府四卷　（清）何栻撰　清同治四年
(1865)刻本　二冊

310000 - 0242 - 0003880　Q10.99 - 10/7.386

悔初廬詩稿二卷　（清）柴文傑撰　清同治八
年(1869)刻本　一冊

310000 - 0242 - 0003881　Q10.99 - 11/7.115

寄鷗館讀史六百韻一卷　（清）任道鎔撰　清
同治六年(1867)刻本　一冊

310000 - 0242 - 0003882　Q10.99 - 13/6.556

楊升菴史畧詞話二卷　（明）楊慎撰　（清）李
清　（清）宮偉鏐正誤　清乾隆刻本　四冊

310000 - 0242 - 0003883　Q10.99 - 16/7.674

靜娛樓詠史詩一卷　（清）劉咸榮撰　清光緒
三十年(1904)刻本　一冊

310000 - 0242 - 0003884　Q10.99 - 19/7.407

韻史二卷　（清）許邁翁撰　清同治五年
(1866)皖城刻本　一冊

310000 - 0242 - 0003885　Q10.99 - 2/7.441

九九樂府一卷　（清）陳菰緗撰　清宣統二年
(1910)石印本　一冊

310000 - 0242 - 0003886　Q10.99 - 8/7.164

東周宮詞五卷　（清）吳養原撰　清光緒十年
(1884)刻本　一冊

310000 - 0242 - 0003887　Q10.99 - 8/7.428

和話雲軒詠史詩二卷　（清）張學尹撰　清道
光刻本　一冊

310000 - 0242 - 0003888　Q10.99 - 8/8.535

明宮詞一卷　（清）程嗣章撰　清掃葉山房石
印本　一冊

310000 - 0242 - 0003889　Q10.99 - 9/7.556

春秋詠事詩三卷　（清）楊錞撰　清慶譽堂刻
本　一冊

310000 - 0242 - 0003890　Q21.1 - 5/7.211

古史紀年十四卷　（清）林春溥纂　清道光十
七年(1837)竹柏山房刻本　五冊

310000 - 0242 - 0003891　Q21.1 - 5/7.347

世本輯補十卷　（清）秦嘉謨輯　清嘉慶二十
一年(1816)江都秦氏刻本　四冊

310000 - 0242 - 0003892　Q21.5 - 4/7.178

王會篇箋釋三卷　（清）何秋濤箋　清光緒十
七年(1891)江蘇書局刻本　六冊

310000 - 0242 - 0003893　Q21.5 - 8/7.491

周季編畧九卷　（清）黃式三撰　清同治十二
年(1873)浙江書局刻本　四冊

310000 - 0242 - 0003894　Q21.5 - 8/7.491C2

周季編畧九卷　（清）黃式三撰　清同治十二
年(1873)浙江書局刻本　六冊

310000 - 0242 - 0003895　Q21.5 - 8/7.491C3

周季編畧九卷　（清）黃式三撰　清同治十二
年(1873)浙江書局刻本　四冊

310000 - 0242 - 0003896　Q21.5 - 8/7.491C4

周季編畧九卷　（清）黃式三撰　清同治十二
年(1873)浙江書局刻本　四冊

310000 - 0242 - 0003897　Q21.5 - 8/7.491C5

周季編畧九卷　（清）黃式三撰　清同治十二
年(1873)浙江書局刻本　四冊

310000 - 0242 - 0003898　Q21.5 - 8/7.491C6

周季編畧九卷　（清）黃式三撰　清同治十二
年(1873)浙江書局刻本　四冊

310000 - 0242 - 0003899　Q21.5 - 8/7.491C7

周季編畧九卷　（清）黃式三撰　清同治十二
年(1873)浙江書局刻本　四冊

310000 - 0242 - 0003900　Q21.51 - 12/7.98

逸周書集訓校釋十一卷　（清）朱右曾集釋
清光緒三年(1877)湖北崇文書局刻本　二冊

310000 - 0242 - 0003901　Q21.51 - 12/7.98C2

逸周書集訓校釋十一卷　（清）朱右曾集釋
清光緒三年(1877)湖北崇文書局刻本　一冊

310000 – 0242 – 0003902　Q21.51 – 8/7.375

周書斠補四卷附周禮三家佚注　(清)孫詒讓撰　清光緒二十六年(1900)刻本　一冊

310000 – 0242 – 0003903　Q21.737 – 5/7.164

左傳文法讀本十二卷　吳闓生撰　清宣統元年(1909)鉛印本　六冊

310000 – 0242 – 0003904　Q21.77 – 11/26.287

國語二十一卷　(三國吳)韋昭注　(宋)宋庠補音　(明)穆文熙編纂　(明)石星校閱　清光緒二十七年(1901)上海鴻寶齋石印本　三冊

310000 – 0242 – 0003905　Q21.77 – 11/26.287C4

國語二十一卷　(宋)宋庠補音　清刻本　六冊

310000 – 0242 – 0003906　Q21.77 – 11/26.287C5

國語二十一卷附劄記攷異　(三國吳)韋昭注　清同治八年(1869)湖北崇文書局刻本　四冊

310000 – 0242 – 0003907　Q21.77 – 11/7.164

國語韋解補正二十一卷　吳曾祺補正　清宣統元年(1909)上海商務印書館鉛印本　一冊

310000 – 0242 – 0003908　Q21.77 – 11/7.568

國語正義二十一卷　(清)董增齡撰　清光緒六年(1880)會稽章氏式訓堂刻本　六冊

310000 – 0242 – 0003909　Q21.777 – 11/7.760

國語選四卷　(清)儲欣評選　清光緒九年(1883)靜遠堂刻本　一冊

310000 – 0242 – 0003910　Q21.79 – 10/17.388

晏子春秋八卷　(春秋)晏嬰撰　清嘉慶二十一年(1816)全椒吳氏刻本　四冊

310000 – 0242 – 0003911　Q21.79 – 10/17.388C2

晏子春秋七卷附校勘記二卷音義二卷　(春秋)晏嬰撰　清光緒元年(1875)浙江書局刻本　三冊

310000 – 0242 – 0003912　Q21.79 – 10/17.388C5

晏子春秋七卷　(春秋)晏嬰撰　(清)孫星衍校勘　清光緒元年(1875)刻本　一冊

310000 – 0242 – 0003913　Q21.79 – 15/7.556

魯史権二卷　(清)楊兆鋆撰　清光緒二十四年(1898)刻本　一冊

310000 – 0242 – 0003914　Q21.79 – 9/5.151

春秋王霸列國世紀編三卷　(宋)李琪撰　清康熙十九年(1680)通志堂刻本　一冊

310000 – 0242 – 0003915　Q21.8 – 16/7.211

戰國紀年六卷附年表　(清)林春溥撰　清道光十八年(1838)竹柏山房刻本　六冊

310000 – 0242 – 0003916　Q21.81 – 11/7.428

國策評林十八卷　(清)張星徽評點　清雍正七年(1729)漁古山房刻本　八冊

310000 – 0242 – 0003917　Q21.81 – 16/2.332

戰國策三十三卷　(漢)高誘注　**劄記三卷**　(清)黃丕烈撰　清同治八年(1869)湖北崇文書局刻本　五冊

310000 – 0242 – 0003918　Q21.81 – 16/2.332C23

戰國策三十三卷　(漢)高誘注　**劄記三卷**　(清)黃丕烈撰　清同治八年(1869)湖北崇文書局刻本　五冊

310000 – 0242 – 0003919　Q21.81 – 16/5.710C3

戰國策十卷　(宋)鮑彪校注　(元)吳師道重校　清嘉慶十一年(1806)書業堂刻本　四冊

310000 – 0242 – 0003920　Q21.817 – 11/7.535

國策地名攷二十卷　(清)程恩澤纂　清粵雅堂刻本　六冊

310000 – 0242 – 0003921　Q21.817 – 16/7.760

戰國策選四卷　(清)儲欣評選　清光緒九年(1883)靜遠堂刻本　一冊

310000 – 0242 – 0003922　Q22.1 – 14/2.350

漢書一百卷　(漢)班固撰　(唐)顏師古注　清光緒十三年(1887)金陵書局刻本　十六冊

310000 – 0242 – 0003923　Q22.1 – 14/2.350C3

漢書一百卷　(漢)班固撰　(唐)顏師古注　清同治八年(1869)金陵書局刻本　十六冊

310000 – 0242 – 0003924　Q22.1 – 14/2.350C4

漢書一百卷　(漢)班固撰　(唐)顏師古注

清光緒十年(1884)上海同文書局石印本　三十二冊

310000 - 0242 - 0003925　Q22.1 - 14/2.350C5
漢書一百卷　(漢)班固撰　(唐)顏師古注　清光緒十三年(1887)金陵書局刻本　十六冊

310000 - 0242 - 0003926　Q22.1 - 9/2.350C10
前漢書一百卷　(漢)班固撰　清光緒十三年(1887)金陵書局刻本　十六冊

310000 - 0242 - 0003927　Q22.1 - 9/2.350C13
前漢書一百二十卷　(漢)班固撰　(唐)顏師古注　清光緒十三年(1887)金陵書局石印本　二十四冊

310000 - 0242 - 0003928　Q22.1 - 9/2.350C3
前漢書一百卷　(漢)班固撰　清光緒九年(1883)上海點石齋石印本　六冊

310000 - 0242 - 0003929　Q22.1 - 9/2.350C4
前漢書一百卷　(漢)班固撰　(唐)顏師古注　清同治十二年(1873)嶺東使署刻本　十六冊

310000 - 0242 - 0003930　Q22.1 - 9/2.350C5
前漢書一百卷　(漢)班固撰　(唐)顏師古注　清光緒十年(1884)上海同文書局石印本　三十二冊

310000 - 0242 - 0003931　Q22.1 - 9/2.350C8
前漢書一百二十卷　(漢)班固撰　(唐)顏師古注　清光緒十三年(1887)金陵書局石印本　四冊

310000 - 0242 - 0003932　Q22.12 - 9/2.384C3
前漢紀三十卷　(漢)荀悅撰　清康熙三十五年(1696)襄平蔣氏寫刻本　四冊

310000 - 0242 - 0003933　Q22.12 - 9/2.384A
前後漢紀前漢紀三十卷後漢紀三十卷附字句異同考一卷　(漢)荀悅　(晉)袁宏撰　清康熙三十五年(1696)襄平蔣氏寫刻本　十二冊

310000 - 0242 - 0003934　Q22.17 - 14/7.393
漢書西域傳補注二卷　(清)徐松撰　清道光九年(1829)刻本　一冊

310000 - 0242 - 0003935　Q22.17 - 14/7.393C2
漢書西域傳補注二卷　(清)徐松撰　清道光九年(1829)刻本　二冊

310000 - 0242 - 0003936　Q22.18 - 14/6.343C2
漢書評林一百卷　(明)凌稚隆輯校　清同治十三年(1874)長沙魏氏養翿書屋校刻本　六冊

310000 - 0242 - 0003937　Q22.18 - 14/6.343C3
漢書評林一百卷　(明)凌稚隆輯校　清同治十三年(1874)長沙魏氏養翿書屋校刻本　三十二冊

310000 - 0242 - 0003938　Q22.18 - 14/7.128
漢書疏證三十六卷後漢書疏證三十卷　(清)沈欽韓撰　清光緒二十六年(1900)浙江書局刻本　七冊

310000 - 0242 - 0003939　Q22.18 - 14/7.21
漢書補注一百卷　王先謙補注　清光緒二十六年(1900)長沙王氏刻本　八冊

310000 - 0242 - 0003940　Q22.18 - 14/7.21C2
漢書補注一百卷　王先謙補注　清光緒二十六年(1900)長沙王氏刻本　三十二冊

310000 - 0242 - 0003941　Q22.18 - 14/7.21C3
漢書補注一百卷　王先謙補注　清上海鴻章書局石印本　八冊

310000 - 0242 - 0003942　Q22.18 - 14/7.705
漢書辨疑二十二卷　(清)錢大昭撰　清光緒十三年(1887)廣雅書局刻本　五冊

310000 - 0242 - 0003943　Q22.18 - 9/7.316
姚氏漢書評點　(清)姚鼐評點　清光緒六年(1880)石印本　一冊

310000 - 0242 - 0003944　Q22.183 - 14/7.740
漢書引經異文錄證六卷　(清)繆祐孫撰　清光緒十一年(1885)刻本　二冊

310000 - 0242 - 0003945　Q22.183 - 14/7.740C2
漢書引經異文錄證六卷　(清)繆祐孫撰　清光緒十一年(1885)刻本　二冊

310000 - 0242 - 0003946　Q22.2 - 9/351.300

後漢書一百二十卷　（南朝宋）范曄撰　（唐）
李賢注　清光緒十三年(1887)金陵書局刻本
十六冊

310000－0242－0003947　Q22.2－9/351.300C10

後漢書一百二十卷　（南朝宋）范曄撰　（唐）
李賢注　清光緒二十九年(1903)五洲同文書
局刻本　二十八冊

310000－0242－0003948　Q22.2－9/351.300C14

後漢書一百二十卷　（南朝宋）范曄撰　（唐）
李賢注　清同治十二年(1873)嶺東使署刻本
十六冊

310000－0242－0003949　Q22.2－9/351.300C16

後漢書一百二十卷續漢志三十卷　（南朝宋）
范曄撰　（唐）李賢注　明崇禎十六年(1643)
汲古閣刻本　二十四冊

310000－0242－0003950　Q22.2－9/351.300C17

後漢書一百二十卷　（南朝宋）范曄撰　（唐）
李賢注　明崇禎十六年(1643)汲古閣刻本
二十冊

310000－0242－0003951　Q22.2－9/351.300C3

後漢書一百二十卷　（南朝宋）范曄撰　（唐）
李賢注　明崇禎十六年(1643)汲古閣刻本
十六冊

310000－0242－0003952　Q22.2－9/351.300C6

後漢書一百二十卷　（南朝宋）范曄撰　清光
緒九年(1883)上海點石齋石印本　四冊

310000－0242－0003953　Q22.2－9/351.300C9

後漢書一百二十卷　（南朝宋）范曄撰　（唐）
李賢注　清光緒十三年(1887)金陵書局刻本
十六冊

310000－0242－0003954　Q22.2－9/7.705

後漢書補表八卷　（清）錢大昭撰　清嘉慶三
年(1798)刻本　三冊

310000－0242－0003955　Q22.21－8/2.674

東觀漢記二十四卷　（漢）劉珍撰　清道光十
年(1830)刻本　四冊

310000－0242－0003956　Q22.22－9/31.359C3

後漢紀三十卷　（晉）袁宏撰　清康熙三十五
年(1696)襄平蔣氏寫刻本　六冊

310000－0242－0003957　Q22.22－9/7.316

後漢書補逸二十一卷　（清）姚之駰輯　清康
熙五十二年(1713)栢筠書屋刻本　四冊

310000－0242－0003958　Q22.28－21/7.705

續漢書辨疑九卷　（清）錢大昭補　陳漢章校
清光緒十四年(1888)廣雅書局刻本　一冊

310000－0242－0003959　Q22.28－21/7.705C2

續漢書辨疑九卷　（清）錢大昭補　陳漢章校
清光緒十四年(1888)廣雅書局刻本　一冊

310000－0242－0003960　Q22.28－9/7.311

後漢書補注續一卷　（清）侯康撰　清光緒十
七年(1891)廣雅書局刻本　一冊

310000－0242－0003961　Q22.28－9/7.705

後漢書辨疑十一卷　（清）錢大昭撰　清光緒
十四年(1888)廣雅書局刻本　二冊

310000－0242－0003962　Q22.28－9/7.705C2

後漢書辨疑十一卷　（清）錢大昭撰　清光緒
十四年(1888)廣雅書局刻本　二冊

310000－0242－0003963　Q22.3－3/31.441

三國志六十五卷　（晉）陳壽撰　（南朝宋）裴
松之注　清同治九年(1870)金陵書局刻本
八冊

310000－0242－0003964　Q22.3－3/31.441C10

三國志六十五卷　（晉）陳壽撰　（南朝宋）裴
松之注　清光緒二十九年(1903)點石齋石印
本　四冊

310000－0242－0003965　Q22.3－3/31.441C11

三國志六十五卷　（晉）陳壽撰　（南朝宋）裴
松之注　清光緒二十年(1894)上海同文書局
石印本　十四冊

310000－0242－0003966　Q22.3－3/31.441C13

三國志六十五卷　（晉）陳壽撰　（南朝宋）裴
松之注　清光緒十年(1884)上海同文書局石
印本　十三冊

310000－0242－0003967　Q22.3－3/31.441C2

三國志六十五卷　（晉）陳壽撰　（南朝宋）裴松之注　清光緒十三年（1887）江南書局刻本　八冊

310000－0242－0003968　Q22.3－3/31.441C4

三國志六十五卷　（晉）陳壽撰　（南朝宋）裴松之注　明刻本　十冊

310000－0242－0003969　Q22.3－3/31.441C6

三國志六十五卷　（晉）陳壽撰　（南朝宋）裴松之注　清光緒十年（1884）上海同文書局石印本　八冊

310000－0242－0003970　Q22.3－3/31.441C7

三國志六十五卷　（晉）陳壽撰　（南朝宋）裴松之注　清光緒十年（1884）上海同文書局石印本　八冊

310000－0242－0003971　Q22.3－3/31.441C8

三國志六十五卷　（晉）陳壽撰　（南朝宋）裴松之注　清光緒十三年（1887）江南書局刻本　二冊

310000－0242－0003972　Q22.3－3/31.441C9

三國志六十五卷　（晉）陳壽撰　（南朝宋）裴松之注　清光緒二十九年（1903）石印本　十四冊

310000－0242－0003973　Q22.35－3/7.248

三國紀年表一卷附五代紀年表一卷　（清）周嘉猷撰　清光緒六年（1880）湖北崇文書局刻本　一冊

310000－0242－0003974　Q22.37－3/7.415C1

三國志補義十三卷　（清）康發祥撰　清咸豐十年（1860）刻本　四冊

310000－0242－0003975　Q22.37－3/7.415C2

三國志補義十三卷　（清）康發祥撰　清咸豐十年（1860）刻本　四冊

310000－0242－0003976　Q22.38－3/7.402C1

三國志旁證三十卷　（清）梁章鉅撰　清道光三十年（1850）致曲山館刻本　八冊

310000－0242－0003977　Q22.38－3/7.402C2

三國志旁證三十卷　（清）梁章鉅撰　清光緒

十六年（1890）廣雅書局刻本　六冊

310000－0242－0003978　Q22.38－3/7.402C3

三國志旁證三十卷　（清）梁章鉅撰　清光緒十六年（1890）廣雅書局刻本　六冊

310000－0242－0003979　Q22.38－3/7.622

三國志攷證四卷　（清）潘眉撰　清嘉慶十五年（1810）刻本　一冊

310000－0242－0003980　Q22.38－3/7.705

三國志證聞三卷　（清）錢儀吉撰　清光緒十一年（1885）江蘇書局刻本　一冊

310000－0242－0003981　Q23.1－10/4.205

晉書一百三十卷　（唐）房玄齡等撰　明刻本　四十九冊　缺三十四卷（一至三十四）

310000－0242－0003982　Q23.1－10/4.205C2

晉書一百三十卷　（唐）房玄齡等撰　清同治十年（1871）金陵書局刻本　二十冊

310000－0242－0003983　Q23.1－10/4.205C3

晉書一百三十卷　（唐）房玄齡等撰　清光緒二十九年（1903）刻本　三十冊

310000－0242－0003984　Q23.1－10/4.205C4

晉書一百三十卷　（唐）房玄齡等撰　清同治十年（1871）金陵書局刻本　二十冊

310000－0242－0003985　Q23.1－10/4.205C5

晉書一百三十卷　（唐）房玄齡等撰　清同治十年（1871）金陵書局刻本　五冊

310000－0242－0003986　Q23.1－10/4.205C7

晉書一百三十卷　（唐）房玄齡等撰　清光緒十年（1884）同文印書館石印本　三十冊

310000－0242－0003987　Q23.12－9/4.407

建康實錄二十卷附校勘一卷　（唐）許嵩撰　清光緒二十八年（1902）金陵甘氏刻本　六冊

310000－0242－0003988　Q23.14－10/7.248C2

晉畧六十六卷　（清）周濟撰　清光緒二年（1876）味雋齋刻本　十冊

310000－0242－0003989　Q23.14－10/7.248

晉畧六十六卷　（清）周濟撰　清光緒二年

(1876)味雋齋刻本　十冊

310000－0242－0003990　Q23.4－9/7.128

南北史識小錄二十八卷　(清)沈名蓀等編
清同治十年(1871)武林吳氏清來堂刻本　十
二冊

310000－0242－0003991　Q23.4－9/7.135

南北史補志十四卷　(清)汪士鐸撰　清光緒
四年(1878)淮南書局刻本　七冊

310000－0242－0003992　Q23.4－9/7.248

南北史捃華八卷　(清)周嘉猷輯　(清)胡鳳
丹校　清光緒二年(1876)刻本　四冊

310000－0242－0003993　Q23.5－9/4.151C4

南史八十卷　(唐)李延壽撰　清同治十一年
(1872)金陵書局刻本　四冊

310000－0242－0003994　Q23.5－9/4.151C5

南史八十卷　(唐)李延壽撰　清光緒二十九
年(1903)五洲同文局刻本　二十冊

310000－0242－0003995　Q23.5－9/4.151C6

南史八十卷　(唐)李延壽撰　清光緒二十九
年(1903)五洲同文局刻本　十二冊

310000－0242－0003996　Q23.5－9/4.151C8

南史八十卷　(唐)李延壽撰　清光緒十年
(1884)五洲同文局石印本　二十冊

310000－0242－0003997　Q23.5－9/5.260

南朝史精語十卷　(宋)洪邁撰　清光緒三十
一年(1905)刻朱印本　一冊

310000－0242－0003998　Q23.51－7/353.128

宋書一百卷　(南朝梁)沈約撰　清光緒二十
九年(1903)五洲同文局石印本　二十四冊

310000－0242－0003999　Q23.51－7/353.128C2

宋書一百卷　(南朝梁)沈約撰　清光緒十年
(1884)五洲同文局石印本　二十四冊

310000－0242－0004000　Q23.51－7/353.128C4

宋書一百卷　(南朝梁)沈約撰　明崇禎七年
(1634)汲古閣刻本　十六冊

310000－0242－0004001　Q23.51－7/353.128C5

宋書一百卷　(南朝梁)沈約撰　清同治十一
年(1872)金陵書局刻本　四冊

310000－0242－0004002　Q23.52－9/353.727

南齊書五十九卷　(南朝梁)蕭子顯撰　清同
治十三年(1874)金陵書局刻本　六冊

310000－0242－0004003　Q23.52－9/353.727C4

南齊書五十九卷　(南朝梁)蕭子顯撰　明崇
禎十年(1637)汲古閣刻本　八冊

310000－0242－0004004　Q23.52－9/353.727C2

南齊書五十九卷　(南朝梁)蕭子顯撰　清同
治十三年(1874)金陵書局刻本　八冊

310000－0242－0004005　Q23.53－11/4.316

梁書五十六卷　(唐)姚思廉撰　清光緒十年
(1884)同文館石印本　八冊

310000－0242－0004006　Q23.53－11/4.316C4

梁書五十六卷　(唐)姚思廉撰　清同治十三
年(1874)金陵書局刻本　六冊

310000－0242－0004007　Q23.53－11/4.316C5

梁書五十六卷　(唐)姚思廉撰　清同治十三
年(1874)金陵書局刻本　二冊

310000－0242－0004008　Q23.53－11/4.316C6

梁書五十六卷　(唐)姚思廉撰　明崇禎六年
(1633)汲古閣刻本　六冊

310000－0242－0004009　Q23.54－11/4.316

陳書三十六卷　(唐)姚思廉撰　清同治十一
年(1872)金陵書局刻本　四冊

310000－0242－0004010　Q23.54－11/4.316C2

陳書三十六卷　(唐)姚思廉撰　清同治十一
年(1872)金陵書局刻本　四冊

310000－0242－0004011　Q23.54－11/4.316C3

陳書三十六卷　(唐)姚思廉撰　清光緒十年
(1884)同文書局石印本　六冊

310000－0242－0004012　Q23.54－11/4.316C5

陳書三十六卷　(唐)姚思廉撰　明崇禎四年
(1631)汲古閣刻本　四冊

310000－0242－0004013　Q23.54－11/4.316C6

陈书三十六卷 （唐）姚思廉撰 清同治十一年(1872)金陵书局刻本 一册

310000－0242－0004014 Q23.54－11/4.316C8

陈书三十六卷 （唐）姚思廉撰 清光绪二十九年(1903)五洲同文局石印本 六册

310000－0242－0004015 Q23.6－5/4.151

北史一百卷 （唐）李延寿撰 清乾隆四年(1739)刻本 二十四册

310000－0242－0004016 Q23.6－5/4.151C10

北史一百卷 （唐）李延寿撰 清光绪二十九年(1903)五洲同文书局石印本 八册

310000－0242－0004017 Q23.6－5/4.151C2

北史一百卷 （唐）李延寿撰 清同治十一年(1872)金陵书局刻本 二十册

310000－0242－0004018 Q23.6－5/4.151C3

北史一百卷 （唐）李延寿撰 清同治十一年(1872)金陵书局刻本 五册

310000－0242－0004019 Q23.6－5/4.151C5

北史一百卷 （唐）李延寿撰 清光绪十年(1884)同文书局石印本 二十四册

310000－0242－0004020 Q23.6－5/4.151C6

北史一百卷 （唐）李延寿撰 明崇祯十二年(1639)汲古阁刻本 八册

310000－0242－0004021 Q23.6－5/4.151C8

北史一百卷 （唐）李延寿撰 清光绪二十九年(1903)五洲同文书局石印本 二十四册

310000－0242－0004022 Q23.61－18/364.761

魏书一百十四卷 （北齐）魏收撰 清乾隆四年(1739)武英殿刻本 三十一册

310000－0242－0004023 Q23.61－18/364.761C2

魏书一百十四卷 （北齐）魏收撰 清同治十一年(1872)金陵书局刻本 二十册

310000－0242－0004024 Q23.61－18/364.761C3

魏书一百十四卷 （北齐）魏收撰 清光绪十年(1884)同文书局石印本 二十四册

310000－0242－0004025 Q23.61－18/364.761C7

魏书一百十四卷 （北齐）魏收撰 清光绪二十二年(1896)五洲同文局石印本 二十四册

310000－0242－0004026 Q23.61－18/364.761C8

魏书一百十四卷 （北齐）魏收撰 明汲古阁刻本 二十册

310000－0242－0004027 Q23.63－6/7.717

西魏书二十四卷 （清）谢启昆撰 清光绪九年(1883)树经堂刻本 三册

310000－0242－0004028 Q23.64－5/4.151

北齐书五十卷 （唐）李百药撰 清同治十三年(1874)金陵书局刻本 四册

310000－0242－0004029 Q23.64－5/4.151C3

北齐书五十卷 （唐）李百药撰 清光绪二十九年(1903)五洲同文局石印本 八册

310000－0242－0004030 Q23.64－5/4.151C4

北齐书五十卷 （唐）李百药撰 清光绪十年(1884)同文书局石印本 八册

310000－0242－0004031 Q23.64－5/4.151C5

北齐书五十卷 （唐）李百药撰 清光绪十年(1884)同文书局石印本 四册

310000－0242－0004032 Q23.64－5/4.151C7

北齐书五十卷 （唐）李百药撰 清同治十三年(1874)金陵书局刻本 一册

310000－0242－0004033 Q23.64－5/4.151C8

北齐书五十卷 （唐）李百药撰 明崇祯十年(1637)汲古阁刻本 六册

310000－0242－0004034 Q23.65－8/4.82

周书五十卷 （唐）令狐德棻撰 清同治十三年(1874)金陵书局刻本 四册

310000－0242－0004035 Q23.65－8/4.82C2

周书五十卷 （唐）令狐德棻撰 清光绪十年(1884)同文书局石印本 八册

310000－0242－0004036 Q23.65－8/4.82C5

周书五十卷 （唐）令狐德棻撰 清同治十三年(1874)金陵书局刻本 二册

310000－0242－0004037 Q23.67－5/5.170

北史詳節二十八卷　（宋）呂祖謙編　明刻本
　五冊

310000－0242－0004038　Q23.7－12/4.761

隋書八十五卷　（唐）魏徵等撰　清同治十年
(1871)淮南書局刻本　十二冊

310000－0242－0004039　Q23.7－12/4.761C2

隋書八十五卷　（唐）魏徵等撰　清同治十年
(1871)淮南書局刻本　三冊

310000－0242－0004040　Q23.7－12/4.761C3

隋書八十五卷　（唐）魏徵等撰　明崇禎八年
(1635)汲古閣刻本　十六冊

310000－0242－0004041　Q23.7－12/4.761C5

隋書八十五卷　（唐）魏徵等撰　清光緒十年
(1884)同文書局石印本　二十四冊

310000－0242－0004042　Q24.1－10/7.753

修史試筆二卷　（清）藍鼎元纂　清雍正六年
(1728)刻本　二冊

310000－0242－0004043　Q24.1－13/5.634

新唐書二百二十五卷　（宋）歐陽修撰　清同
治十二年(1873)浙江書局刻本　十冊

310000－0242－0004044　Q24.1－13/5.634C2

新唐書二百二十五卷　（宋）歐陽修撰　清同
治十二年(1873)浙江書局刻本　四十冊

310000－0242－0004045　Q24.1－13/5.634C5

新唐書二百二十五卷　（宋）歐陽修撰　明汲
古閣刻本　四十八冊

310000－0242－0004046　Q24.1－18/45.674

舊唐書二百卷　（後晉）劉昫撰　清同治十一
年(1872)浙江書局刻本　十冊

310000－0242－0004047　Q24.1－18/45.674C4

舊唐書二百卷　（後晉）劉昫等撰　清光緒十
年(1884)同文書局石印本　四十冊

310000－0242－0004048　Q24.1－18/45.674C5

舊唐書二百卷　（後晉）劉昫撰　清同治十一
年(1872)定遠方氏刻本　三十六冊

310000－0242－0004049　Q24.1－3/752

大唐傳載　（□）□□撰　明抄本　一冊

310000－0242－0004050　Q24.119－18/7.174

舊唐書逸文十二卷　（清）岑建功輯　清同治
十一年(1872)定遠方氏刻本　二冊

310000－0242－0004051　Q24.12－10/5.300C3

東萊先生音注唐鑑二十四卷　（宋）范祖禹撰
　（宋）呂祖謙音注　清光緒十八年(1892)浙
江書局刻本　四冊

310000－0242－0004052　Q24.14－8/4.661

明皇雜錄三卷　（唐）鄭處誨撰　清抄本　一
冊

310000－0242－0004053　Q24.18－18/7.174

舊唐書校勘記六十六卷　（清）岑建功輯　清
同治十一年(1872)定遠方氏刻本　二十二冊

310000－0242－0004054　Q24.2－18/5.731C2

舊五代史一百五十卷　（宋）薛居正等撰　清
嘉慶元年(1796)掃葉山房刻本　六十冊

310000－0242－0004055　Q24.2－18/5.731C3

舊五代史一百五十卷　（宋）薛居正等撰　清
嘉慶元年(1796)掃葉山房刻本　三冊

310000－0242－0004056　Q24.2－18/5.731C4

舊五代史一百五十卷　（宋）薛居正等撰　清
光緒十年(1884)同文書局石印本　二十四冊

310000－0242－0004057　Q24.2－18/5.731C5

舊五代史一百五十卷　（宋）薛居正等撰　清
同治十一年(1872)崇文書局刻本　十六冊

310000－0242－0004058　Q24.2－2/7.765

十國摭言十二卷　（清）譚錫朋輯　清道光十
二年(1832)六橋書屋刻本　四冊

310000－0242－0004059　Q24.2－2/7.794

十國雜事詩十九卷敘目二卷　（清）饒智元輯
　清光緒十七年(1891)刻本　二冊

310000－0242－0004060　Q24.2－4/5.634

五代史七十四卷　（宋）歐陽修撰　（宋）徐無
黨注　清同治十一年(1872)湖北崇文書局刻
本　二冊

310000－0242－0004061　Q24.2－4/5.634C2

五代史七十四卷　（宋）歐陽修撰　（宋）徐無黨注　明崇禎三年(1630)汲古閣刻本　八冊

310000－0242－0004062　Q24.2－4/5.634C3

五代史七十四卷　（宋）歐陽修撰　（宋）徐無黨注　清同治十一年(1872)湖北崇文書局刻本　二冊

310000－0242－0004063　Q24.2－4/5.634C5

五代史七十四卷　（宋）歐陽修撰　（宋）徐無黨注　清光緒三十四年(1908)上海集成圖書公司鉛印本　六冊

310000－0242－0004064　Q24.2－4/5.634C6

五代史七十四卷　（宋）歐陽修撰　（宋）徐無黨注　清光緒十年(1884)上海同文書局石印本　十冊

310000－0242－0004065　Q24.202－4/7.486

五代史記注七十四卷　（清）彭元瑞注　清道光八年(1828)刻本　四十冊

310000－0242－0004066　Q24.202－4/7.486C2

五代史記注七十四卷　（清）彭元瑞注　清道光八年(1828)刻本　四十冊

310000－0242－0004067　Q24.202－4/7.486C3

五代史記注七十四卷　（清）彭元瑞注　清道光八年(1828)刻本　四十冊

310000－0242－0004068　Q24.27－4/6.305

歐陽文忠公新唐書鈔二卷五代史鈔二十卷　（明）茅坤輯　明末刻本　三冊

310000－0242－0004069　Q24.4－21/7.441

續唐書七十卷　（清）陳鱣撰　清道光四年(1824)祝恂士鄉堂刻本　十六冊

310000－0242－0004070　Q24.86－9/7.402

南漢書十八卷附南漢書攷異十八卷南漢文字畧四卷南漢叢錄二卷　（清）梁廷枏撰　清光緒二十一年(1895)刻本　八冊

310000－0242－0004071　Q24.86－9/7.402C2

南漢書十八卷附南漢書攷異十八卷南漢文字畧四卷南漢叢錄二卷　（清）梁廷枏撰　清道

光九年(1829)刻本　八冊

310000－0242－0004072　Q25.1－7/57.90

宋史四百九十六卷　（元）脫脫等撰　清光緒元年(1875)浙江書局刻本　二十冊

310000－0242－0004073　Q25.1－7/57.90C2

宋史四百九十六卷　（元）脫脫等撰　清光緒元年(1875)浙江書局刻本　一百冊

310000－0242－0004074　Q25.1－7/57.90C4

宋史四百九十六卷　（元）脫脫等撰　清光緒元年(1875)浙江書局刻本　一百冊

310000－0242－0004075　Q25.1－7/57.90C5

宋史四百九十六卷　（元）脫脫等撰　清光緒十年(1884)同文書局石印本　一百冊

310000－0242－0004076　Q25.1－8/5.21C2

東都事畧一百三十卷　（宋）王偁撰　清光緒九年(1883)淮南書局刻本　八冊

310000－0242－0004077　Q25.1－8/5.21C3

東都事畧一百三十卷　（宋）王偁撰　清掃葉山房刻本　十二冊

310000－0242－0004078　Q25.16－7/7.434

宋史翼四十卷　（清）陸心源輯　清光緒三十二年(1906)刻朱印本　十冊

310000－0242－0004079　Q25.164－9/5.142

南燼紀聞一卷　（宋）辛棄疾撰　清抄本　一冊

310000－0242－0004080　Q25.17－18/57.393

燼餘錄二卷　（元）徐大焯撰　清光緒十七年(1891)刻本　一冊

310000－0242－0004081　Q25.2－9/6.705C2

南宋書六十八卷　（明）錢士升撰　清掃葉山房刻本　八冊

310000－0242－0004082　Q25.23－3/5.393

三朝北盟會編摘鈔　（宋）徐夢莘撰　（□）□□摘抄　清抄本　十六冊

310000－0242－0004083　Q25.23－9/7.128C2

南宋雜事詩七卷　（清）沈嘉轍等撰　清同治

十一年(1872)淮南書局刻本　二冊

310000－0242－0004084　Q25.23－9/7.128C3

南宋雜事詩七卷　(清)沈嘉轍等撰　清同治十一年(1872)淮南書局刻本　二冊

310000－0242－0004085　Q25.24－12/5.21

開禧德安守城錄　(宋)王致遠撰　清同治十一年(1872)孫氏詒善祠塾刻本　一冊

310000－0242－0004086　Q25.24－9/5.151

建炎以來朝野雜記甲集二十卷乙集二十卷　(宋)李心傳撰　清光緒二十五年(1899)廣雅書局刻本　十一冊

310000－0242－0004087　Q25.4－14/7.228

蒙韃備錄校注　(宋)孟珙撰　曹元忠校注　清光緒二十七年(1901)刻本　一冊

310000－0242－0004088　Q25.46－16/7.4

欽定遼金元史語解三種　(清)高宗弘曆纂　清光緒四年(1878)江蘇書局刻本　十冊

310000－0242－0004089　Q25.5－16/57.90

遼史一百十五卷　(元)脫脫等撰　清同治十二年(1873)江蘇書局刻本　二冊

310000－0242－0004090　Q25.5－16/57.90C2

遼史一百十五卷　(元)脫脫等撰　清同治十二年(1873)江蘇書局刻本　十二冊

310000－0242－0004091　Q25.5－16/57.90C3

遼史一百十五卷　(元)脫脫等撰　清同治十二年(1873)江蘇書局刻本　十二冊

310000－0242－0004092　Q25.5－16/57.90C4

遼史一百十六卷　(元)脫脫等撰　清光緒十年(1884)同文書局石印本　十二冊

310000－0242－0004093　Q25.5－16/57.90C7

遼史一百十六卷　(元)脫脫等撰　清光緒十年(1884)同文書局石印本　八冊

310000－0242－0004094　Q25.5－16/7.644

遼史拾遺二十四卷　(清)厲鶚撰　清光緒元年(1875)振綺堂刻本　八冊

310000－0242－0004095　Q25.5－16/7.644C3

遼史拾遺二十四卷　(清)厲鶚撰　清光緒元年(1875)振綺堂刻本　八冊

310000－0242－0004096　Q25.5－16/7.644C4

遼史拾遺二十四卷　(清)厲鶚撰　清光緒元年(1875)振綺堂刻本　八冊

310000－0242－0004097　Q25.5－16/7.644C5

遼史拾遺二十四卷　(清)厲鶚撰　清光緒元年(1875)振綺堂刻本　八冊

310000－0242－0004098　Q25.5－9/51.562

契丹國志二十七卷　(宋)葉隆禮撰　清嘉慶二年(1797)蘇州掃葉山房刻本　二冊

310000－0242－0004099　Q25.51－16/7.556

遼史拾遺補五卷　(清)楊復吉撰　清光緒四年(1878)江蘇書局刻本　二冊

310000－0242－0004100　Q25.51－16/7.556C2

遼史拾遺補五卷　(清)楊復吉撰　清光緒四年(1878)江蘇書局刻本　一冊

310000－0242－0004101　Q25.51－16/7.556C3

遼史拾遺補五卷　(清)楊復吉撰　清光緒四年(1878)江蘇書局刻本　二冊

310000－0242－0004102　Q25.51－16/7.556C4

遼史拾遺補五卷　(清)楊復吉撰　清光緒四年(1878)江蘇書局刻本　二冊

310000－0242－0004103　Q25.51－16/7.556C5

遼史拾遺補五卷　(清)楊復吉撰　清光緒四年(1878)江蘇書局刻本　二冊

310000－0242－0004104　Q25.56－16/7.4

遼史語解十卷　(清)高宗弘曆纂　清光緒四年(1878)江蘇書局刻本　二冊

310000－0242－0004105　Q25.56－16/7.4C2

遼史語解十卷　(清)高宗弘曆纂　清光緒四年(1878)江蘇書局刻本　二冊

310000－0242－0004106　Q25.56－16/7.4C3

遼史語解十卷　(清)高宗弘曆纂　清光緒四年(1878)江蘇書局刻本　二冊

310000－0242－0004107　Q25.6－3/5.83

181

大金國志四十卷　(宋)宇文懋昭撰　清掃葉山房刻本　四冊

310000－0242－0004108　Q25.6－8/57.90C2
金史一百三十五卷　(元)脫脫等撰　清同治十三年(1874)江蘇書局刻本　二十冊

310000－0242－0004109　Q25.6－8/57.90C3
金史一百三十五卷　(元)脫脫等撰　清同治十三年(1874)江蘇書局刻本　二十冊

310000－0242－0004110　Q25.6－8/57.90C4
金史一百三十五卷　(元)脫脫等撰　清同治十三年(1874)江蘇書局刻本　二十冊

310000－0242－0004111　Q25.6－8/57.90C5
金史一百三十五卷　(元)脫脫等撰　清同治十三年(1874)江蘇書局刻本　四冊

310000－0242－0004112　Q25.64－8/7.471
金源紀事詩八卷　(清)湯運泰撰　(清)湯顯業　湯顯幹注　清同治十二年(1873)淮南書局刻本　四冊

310000－0242－0004113　Q25.66－8/7.4
金史語解十二卷　(清)高宗弘曆纂　清光緒四年(1878)江蘇書局刻本　二冊

310000－0242－0004114　Q25.66－8/7.4C2
金史語解十二卷　(清)高宗弘曆纂　清光緒四年(1878)江蘇書局刻本　二冊

310000－0242－0004115　Q25.66－8/7.4C3
金史語解十二卷　(清)高宗弘曆纂　清光緒四年(1878)江蘇書局刻本　二冊

310000－0242－0004116　Q25.67－11/752
偽齊錄　(□)□□撰　清抄本　二冊

310000－0242－0004117　Q25.68－8/7.265
金源劄記二卷附又劄一卷史論五答一卷吉貝居暇唱一卷　(清)施國祁撰　清嘉慶十七年(1812)潯溪施氏吉貝居刻本　一冊

310000－0242－0004118　Q25.68－8/7.265A
金史詳校十卷附一卷　(清)施國祁撰　清光緒六年(1880)會稽章氏刻本　十冊

310000－0242－0004119　Q25.68－8/7.265AC2
金史詳校十卷附一卷　(清)施國祁撰　清光緒六年(1880)會稽章氏刻本　十冊

310000－0242－0004120　Q25.7－4/6.122
元史二百十卷　(明)宋濂撰　清同治十三年(1874)江蘇書局刻本　四十冊

310000－0242－0004121　Q25.7－4/6.122C2
元史二百十卷　(明)宋濂撰　清同治十三年(1874)江蘇書局刻本　四十冊

310000－0242－0004122　Q25.7－4/6.122C3
元史二百十卷　(明)宋濂撰　清同治十三年(1874)江蘇書局刻本　四十冊

310000－0242－0004123　Q25.7－4/6.122C4
元史二百十卷　(明)宋濂撰　清同治十三年(1874)江蘇書局刻本　四十冊

310000－0242－0004124　Q25.7－4/6.122C6
元史二百十卷　(明)宋濂撰　清光緒十年(1884)同文書局石印本　五十一冊

310000－0242－0004125　Q25.7－4/6.122C8
元史二百十卷　(明)宋濂撰　清同治十三年(1874)江蘇書局刻本　八冊

310000－0242－0004126　Q25.7－4/7.265
元祕史山川地名攷十二卷　(清)施世傑撰　清光緒二十三年(1897)鄪鄭學廬刻本　一冊

310000－0242－0004127　Q25.7－4/8.527
元書一百二卷首一卷　曾廉著　清宣統三年(1911)邵陽曾氏屬漪堂刻本　二十冊

310000－0242－0004128　Q25.71－4/7.761
元史新編九十五卷　(清)魏源撰　清光緒三十一年(1905)邵陽魏氏慎微堂刻本　三十二冊

310000－0242－0004129　Q25.72－4/57.752
元朝祕史十五卷　(元)□□撰　(清)李文田注　清光緒二十二年(1896)刻本　四冊

310000－0242－0004130　Q25.72－4/57.752C3
元朝祕史十五卷　(元)□□撰　(清)李文田注　清光緒二十九年(1903)石印本　四冊

310000－0242－0004131　Q25.72－4/7.128

元朝秘史補注　沈曾植補注　郭則澐校錄
清光緒十一年(1885)古學院刻本　二冊

310000－0242－0004132　Q25.75－3/7.300

三河創業記五卷　(清)范壽金編　清光緒三
十三年(1907)石印本　一冊

310000－0242－0004133　Q25.75－4/7.705

元史氏族表三卷　(清)錢大昕撰　清江蘇書
局刻本　二冊

310000－0242－0004134　Q25.75－4/7.705C2

元史氏族表三卷　(清)錢大昕撰　清江蘇書
局刻本　二冊

310000－0242－0004135　Q25.75－4/7.705C3

元史氏族表三卷　(清)錢大昕撰　清江蘇書
局刻本　二冊

310000－0242－0004136　Q25.76－4/7.4

元史語解二十四卷　(清)高宗弘曆纂　清光
緒四年(1878)江蘇書局刻本　六冊

310000－0242－0004137　Q25.76－4/7.4C2

元史語解二十四卷　(清)高宗弘曆纂　清光
緒四年(1878)江蘇書局刻本　六冊

310000－0242－0004138　Q25.76－4/7.4C3

元史語解二十四卷　(清)高宗弘曆纂　清光
緒四年(1878)江蘇書局刻本　六冊

310000－0242－0004139　Q25.78－4/7.260

元史譯文證補三十卷　(清)洪鈞撰　清光緒
二十三年(1897)元和陸氏刻本　四冊

310000－0242－0004140　Q25.783－22/7.705

讀元史日抄　(清)錢大昕撰　清抄本　一冊

310000－0242－0004141　Q26－5/6.705

甲申傳信錄十卷　(明)錢𪩘撰　清光緒三年
(1877)上海申報舘鉛印本　二冊

310000－0242－0004142　Q26－8/7.428C2

明史三百三十二卷　(清)張廷玉撰　清光緒
三年(1877)湖北崇文書局刻本　八十冊

310000－0242－0004143　Q26－8/7.428C3

明史三百三十二卷　(清)張廷玉撰　清光緒
十年(1884)同文書局石印本　一百十二冊

310000－0242－0004144　Q26.14－11/6.128

野獲編三十卷補遺四卷　(明)沈德符撰　清
道光七年(1827)錢唐姚氏扶荔山房刻本　三
十四冊

310000－0242－0004145　Q26.17－8/6.35

明史竊一百五卷　(明)尹守衡撰　清刻本
十八冊

310000－0242－0004146　Q26.2－8/6.675

明大政纂要六十三卷　(清)陳鶴撰　清光緒
二十一年(1895)湖南思賢書局刻本　二十八
冊

310000－0242－0004147　Q26.2－8/7.441

明紀六十卷　(清)陳鶴撰　清同治十年
(1871)江蘇書局刻本　二十冊

310000－0242－0004148　Q26.2－8/7.441C2

明紀六十卷　(清)陳鶴撰　清同治十年
(1871)江蘇書局刻本　二十冊

310000－0242－0004149　Q26.2－8/7.441C3

明紀六十卷　(清)陳鶴撰　清同治十年
(1871)江蘇書局刻本　二十冊

310000－0242－0004150　Q26.2－8/7.441C4

明紀六十卷　(清)陳鶴撰　清同治十年
(1871)江蘇書局刻本　十八冊

310000－0242－0004151　Q26.2－8/7.5

欽定明鑑二十四卷首一卷　(清)胡敬等纂
清同治九年(1870)湖北崇文書局刻本　十六
冊

310000－0242－0004152　Q26.2－8/7.5C2

欽定明鑑二十四卷首一卷　(清)胡敬等纂
清同治九年(1870)湖北崇文書局刻本　五冊

310000－0242－0004153　Q26.2－8/7.5C3

欽定明鑑二十四卷首一卷　(清)胡敬等纂
清同治九年(1870)湖北崇文書局刻本　二冊

310000－0242－0004154　Q26.49－8/6.674

明宮史八卷　(明)劉若愚編述　清宣統三年

（1911）上海國學扶輪社刻本　　二冊

310000－0242－0004155　Q26.49－8/6.674C2
明宮史八卷　（明）劉若愚編述　清宣統三年
（1911）上海國學扶輪社刻本　　二冊

310000－0242－0004156　Q26.6－8/7.21
明史藁三百十卷　（清）王鴻緒撰　清敬慎堂
刻本　　四十冊

310000－0242－0004157　Q26.6－8/7.21C2
明史藁三百十卷　（清）王鴻緒撰　清敬慎堂
刻本　　六十冊

310000－0242－0004158　Q26.72－8/7.263
明季北略二十四卷南略十八卷　（清）計六奇
撰　清末北京琉璃廠木活字印本　　二十四冊

310000－0242－0004159　Q26.74－10/7.477
海虞妖亂志三卷　（清）馮舒撰　清抄本　　二
冊

310000－0242－0004160　Q26.81－3/7.393
小腆紀傳六十五卷附補遺一卷　（清）徐鼐撰
　清光緒十三年（1887）金陵六合徐氏刻本
十六冊

310000－0242－0004161　Q26.81－8/7.311
明鑑擇要經世罛二卷　（清）侯紹瀛輯論　清
光緒十三年（1887）寥山草堂刻本　　二冊

310000－0242－0004162　Q26.82－3/7.393
小腆紀年附考二十卷　（清）徐鼐撰　清光緒
十二年（1886）扶桑使廨鉛印本　　十二冊

310000－0242－0004163　Q26.82－3/7.393C2
小腆紀年附考二十卷　（清）徐鼐撰　清咸豐
十一年（1861）刻本　　三冊

310000－0242－0004164　Q26.84－5/7.52
平叛記二卷　（清）毛霦編　清康熙五十五年
（1716）刻本　　四冊

310000－0242－0004165　Q26.9－6/7.225
西南紀事十二卷　（清）邵廷采撰　清光緒中
邵武徐氏刻本　　二冊

310000－0242－0004166　Q26.9－7/7.477

劫灰錄一卷　（清）馮甦撰　清光緒三十四年
（1908）國學保存會鉛印本　　一冊

310000－0242－0004167　Q26.9－8/7.225
東南紀事十二卷　（清）邵廷采撰　清光緒中
邵武徐氏刻本　　一冊

310000－0242－0004168　Q26.9－9/7.343
南天痕二十六卷附錄一卷　（清）凌雪纂　清
宣統二年（1910）復古社鉛印本　　六冊

310000－0242－0004169　Q26.9－9/7.343C2
南天痕二十六卷附錄一卷　（清）凌雪纂　清
宣統二年（1910）復古社鉛印本　　六冊

310000－0242－0004170　Q26.9－9/7.471
南疆繹史勘本三十卷首二卷摭遺十八卷
（清）溫睿臨撰　清道光十年（1830）都城琉璃
廠半松居士木活字印本　　十二冊

310000－0242－0004171　Q26.94－8/7.791
金陵野鈔十八卷　（清）顧苓撰　清抄本　　二
冊

310000－0242－0004172　Q26.97－8/7.135
明季續聞　（清）汪光復撰　清宣統三年
（1911）上海商務印書館鉛印本　　一冊

310000－0242－0004173　Q27－9/467
皇朝紀略　（清）紹興北鄉義塾編譯　清光緒
二十七年（1901）上海普通學書室刻本　　一冊

310000－0242－0004174　Q27.12－8/7.21
東華錄　王先謙編　清光緒二十年（1894）上
海積山書局石印本　　三十二冊

310000－0242－0004175　Q27.12－8/7.21C2
東華錄四十五卷附東華續錄七十五卷　王先
謙編　清光緒十年（1884）石印本　　三十二冊

310000－0242－0004176　Q27.12－8/7.21C3
東華錄附東華續錄　王先謙編　清光緒十四
年（1888）會稽籀三倉室刻本　　五十冊

310000－0242－0004177　Q27.12－8/7.21C5
東華錄　王先謙編　清光緒十三年（1887）上
海廣百宋齋鉛印本　　九十四冊

310000－0242－0004178　Q27.12－8/7.21C6

東華錄附同治朝一百卷　王先謙編　清光緒二十五年(1899)上海文瀾書局石印本　八十八冊

310000－0242－0004179　Q27.12－8/7.21C7

東華錄　王先謙編　清光緒二十五年(1899)上海文瀾書局石印本　八十八冊

310000－0242－0004180　Q27.12－8/7.21C8

東華錄　王先謙編　清光緒二十五年(1899)上海文瀾書局石印本　八十八冊

310000－0242－0004181　Q27.19－5/8.135

本朝史講義　(清)汪榮寶著　清光緒三十二年(1906)京師學務印書官局鉛印本　二冊

310000－0242－0004182　Q27.19－5/8.135A

本朝史講義第二編　(清)汪榮寶著　清光緒三十二年(1906)京師譯學館鉛印本　一冊

310000－0242－0004183　Q27.2－5/7.753

平臺紀畧　(清)藍玉霖撰　清雍正十年(1732)刻本　一冊

310000－0242－0004184　Q27.3－11/7.781

皇朝掌故讀本二卷　(清)寶士鏞撰　清光緒三十年(1904)上海文明書局鉛印本　二冊

310000－0242－0004185　Q27.35－13/8.170

滇粹　呂志伊　李根源同輯　清宣統元年(1909)鉛印本　一冊

310000－0242－0004186　Q27.4－10/752

流寇編年二卷首一卷　(□)□□撰　清抄本　一冊

310000－0242－0004187　Q27.4－11/7.211

國朝掌故輯要二十四卷　(清)林熙春編　清光緒二十八年(1902)湖南官報局鉛印本　六冊

310000－0242－0004188　Q27.4－13/7.194

熙朝新語十六卷　(清)余金輯　清道光六年(1826)經國堂刻本　二冊

310000－0242－0004189　Q27.4－9/7.21

國朝柔遠記二十卷　(清)王之春編　清光緒十七年(1891)廣雅書局刻本　六冊

310000－0242－0004190　Q27.54－6/7.568

西巡盛典二十四卷首一卷　(清)董誥編　清嘉慶十七年(1812)木活字印本　二冊　存六卷(一至六)

310000－0242－0004191　Q27.626－5/7.248

平定猺匪紀略二卷　(清)周宜亭撰　清道光十三年(1833)抄本　二冊

310000－0242－0004192　Q27.626－6/7.685

守邊輯要　(清)壁昌撰　清道光二十三年(1843)刻本　一冊

310000－0242－0004193　Q27.65－7/7.165

防海紀略二卷　(清)芍唐居士編　清光緒六年(1880)刻本　一冊

310000－0242－0004194　Q27.7－8/7.428

金陵張炳垣先生舉義文存　(清)張繼庚撰　清同治十一年(1872)金陵刻本　一冊

310000－0242－0004195　Q27.72－7/7.170

防海紀要二卷　(清)芍唐居士編　清光緒六年(1880)刻本　二冊

310000－0242－0004196　Q27.72－8/7.206

庚申北畧辛酉都城紀事　(清)青儒手錄　清同治四年(1865)抄本　二冊

310000－0242－0004197　Q27.72－8/7.21

[咸豐朝]東華續錄一百卷　王先謙編　清光緒十八年(1892)會稽籀三倉室石印本　二十四冊

310000－0242－0004198　Q27.73－13/7.71

欽定剿平粵匪方略四百二十卷首一卷　(清)奕訢等撰　清同治十一年(1872)同文館鉛印本　一百四十冊

310000－0242－0004199　Q27.731－13/7.71

欽定剿平捻匪方略三百二十卷　(清)奕訢等撰　清同治十一年(1872)同文館鉛印本　一百冊

310000－0242－0004200　Q27.735－5/7.8

欽定平定雲南回匪方略暨貴州苗匪紀略

（清）奕訢等撰　清光緒二十二年（1896）同文館鉛印本　二十二冊

310000－0242－0004201　Q27.736－5/7.8
欽定平定陝甘新疆回匪方略三百二十卷
（清）奕訢等撰　清光緒二十二年（1896）同文館鉛印本　八十冊

310000－0242－0004202　Q27.74－12/7.151
粵匪始末紀畧　（清）杏花樵子編　清光緒十一年（1885）影印本　一冊

310000－0242－0004203　Q27.74－12/7.151C2
粵匪始末紀畧　（清）杏花樵子編　清光緒十一年（1885）影印本　一冊

310000－0242－0004204　Q27.74－12/7.316
粵匪南北滋擾紀畧　（清）姚憲著　清光緒十一年（1885）刻本　一冊

310000－0242－0004205　Q27.74－15/7.407
談浙四卷　（清）許瑤光纂輯　清光緒十四年（1888）刻本　二冊

310000－0242－0004206　Q27.74－15/7.473
髮逆紀畧　（清）童斐然撰　清光緒三年（1877）童積慶堂修譜局刻本　一冊

310000－0242－0004207　Q27.74－15/7.717
篋外錄　（清）謝鑰撰　清咸豐八年（1858）刻本　一冊

310000－0242－0004208　Q27.74－15/752
鋒鏑餘生記　（□）□□撰　清同治元年（1862）寫本　一冊

310000－0242－0004209　Q27.74－16/7.35
豫軍紀畧十二卷　（清）尹耕雲纂　清光緒三年（1877）上海申報館鉛印本　六冊

310000－0242－0004210　Q27.74－6/7.405
江南鐵淚圖新編　（清）寄雲山人（余治）編　清同治十一年（1872）蘇州刻本　一冊

310000－0242－0004211　Q27.74－9/7.151
思痛記二卷　（清）李圭撰　清光緒六年（1880）師一齋鉛印本　一冊

310000－0242－0004212　Q27.74－9/7.151C2
思痛記二卷　（清）李圭撰　清光緒六年（1880）師一齋鉛印本　一冊

310000－0242－0004213　Q27.74－9/7.640
盾鼻隨聞錄八卷　（清）樗園退叟撰　清抄本　一冊

310000－0242－0004214　Q27.75－10/7.128
海昌沈又亭孝廉隨軍目覩武功紀略　（清）沈兆元撰　清同治六年（1867）刻本　一冊

310000－0242－0004215　Q27.75－10/7.135
逆黨禍蜀記一卷　（清）汪堃撰　清同治五年（1866）不懼無悶齋刻本　一冊

310000－0242－0004216　Q27.75－10/7.135C2
逆黨禍蜀記一卷　（清）汪堃撰　清同治五年（1866）不懼無悶齋刻本　一冊

310000－0242－0004217　Q27.75－10/7.135C3
逆黨禍蜀記一卷　（清）汪堃撰　清同治五年（1866）不懼無悶齋刻本　一冊

310000－0242－0004218　Q27.75－11/7.441
張忠武公事錄四卷　（清）陳慶年撰　清光緒三十一年（1905）刻本　二冊

310000－0242－0004219　Q27.75－11/7.98
從戎紀略　（清）朱洪章述　清光緒十九年（1893）紫陽堂刻本　一冊

310000－0242－0004220　Q27.75－11/7.98C2
從戎紀略　（清）朱洪章述　清光緒十九年（1893）紫陽堂刻本　一冊

310000－0242－0004221　Q27.75－12/7.164
尋親記　（清）吳藩撰　清刻本　一冊

310000－0242－0004222　Q27.75－12/7.527
湘軍水陸戰紀十六卷　（清）曾國藩撰　清光緒十二年（1886）京都同文堂鉛印本　二冊

310000－0242－0004223　Q27.75－12/7.527C2
湘軍水陸戰紀十六卷　（清）曾國藩撰　清光緒十二年（1886）京都同文堂鉛印本　二冊

310000－0242－0004224　Q27.75－14/7.122

趙忠節公湖防記　（清）宋韻初著　清光緒十三年(1887)嘉興金吳瀾刻本　一冊

310000－0242－0004225　Q27.75－15/7.441
霆軍紀畧十六卷　（清）陳昌編輯　清光緒八年(1882)刻本　六冊

310000－0242－0004226　Q27.75－21/7.375
灃山守禦志二卷外編一卷　（清）孫振銓輯　清同治四年(1865)培本堂刻本　三冊

310000－0242－0004227　Q27.75－4/7.151
中興別記六十一卷末一卷　（清）李濱撰　清光緒三十年(1904)鉛印本　十二冊

310000－0242－0004228　Q27.75－4/7.649
六合紀事四卷　（清）慕平園稿　清宣統三年(1911)鉛印本　一冊

310000－0242－0004229　Q27.75－5/7.164
平定粵匪功臣戰績圖　（清）吳嘉猷繪　清光緒二十年(1894)金谿艾氏石印本　一冊

310000－0242－0004230　Q27.75－5/7.347
平浙紀略十六卷　（清）秦緗業等纂　清同治十二年(1873)浙江書局刻本　四冊

310000－0242－0004231　Q27.75－5/7.527
吳友如繪圖平長毛書二卷　（清）曾國荃撰　清光緒十九年(1893)上海書局石印本　二冊

310000－0242－0004232　Q27.75－6/7.735
守撫紀畧一卷　（清）鍾峻撰　清同治十三年(1874)木活字印本　一冊

310000－0242－0004233　Q27.75－6/7.84
江忠烈公行狀　（清）左宗棠　（清）郭嵩燾合撰　清咸豐刻本　一冊

310000－0242－0004234　Q27.75－7/7.151C2
李秀成供狀　（清）李秀成撰　清刻本　二冊

310000－0242－0004235　Q27.75－7/7.151C3
李秀成供狀　（清）李秀成撰　清刻本　一冊

310000－0242－0004236　Q27.75－8/7.151
金陵兵事彙略四卷　（清）李圭撰　清光緒十三年(1887)刻本　二冊

310000－0242－0004237　Q27.75－8/7.2
庚辛泣杭錄十六卷　（清）丁丙輯　清光緒二十一年(1895)錢塘丁氏刻本　二冊

310000－0242－0004238　Q27.75－8/7.2C2
庚辛泣杭錄十六卷　（清）丁丙輯　清光緒二十一年(1895)錢塘丁氏刻本　六冊

310000－0242－0004239　Q27.75－8/7.428
兩淮戡亂記　（清）張瑞墀撰　清宣統元年(1909)北京國學萃編社鉛印本　一冊

310000－0242－0004240　SQ27.75－11/7.337
從征圖記　（清）唐訓方撰　清同治六年(1867)寫刻本　四冊

310000－0242－0004241　Q27.75－8/7.503
金壇見聞記二卷　（清）強汝詢著　清咸豐十一年(1861)刻本　一冊

310000－0242－0004242　Q27.77－10/7.194
秦隴回務紀畧四卷　（清）余澍疇撰　清光緒六年(1880)鎮平縣署刻本　一冊

310000－0242－0004243　Q27.77－14/7.428
鳳翔記事詩存一卷　（清）張友山撰　清抄本　一冊

310000－0242－0004244　Q27.77－5/7.271
平定關隴紀畧十三卷　（清）胡孚駿等纂輯　清光緒十三年(1887)浙江書局刻本　八冊

310000－0242－0004245　Q27.77－8/7.527
征西紀畧四卷　（清）曾毓瑜撰　清光緒二十年(1894)京師鉛印本　一冊

310000－0242－0004246　Q27.78－8/7.749
東牟守城紀畧　（清）戴燮元紀　清同治八年(1869)羊城刻本　一冊

310000－0242－0004247　Q27.78－8/7.749C2
東牟守城紀畧　（清）戴燮元紀　清同治八年(1869)羊城刻本　一冊

310000－0242－0004248　Q27.78－9/7.284
南汝光道任內稟稿　（清）李方保等編纂　清抄本　二冊

310000 - 0242 - 0004249　Q27.8 - 11/7.434

救濟日記　（清）陳樹藩撰　清光緒三十三年
(1907)蘇省刷印局鉛印本　一冊

310000 - 0242 - 0004250　Q27.8 - 15/7.674

畿南濟變紀畧　（清）劉春堂撰　清光緒二十
七年(1901)鉛印本　一冊

310000 - 0242 - 0004251　Q27.8 - 7/7.441

沈觀察燕晉弭兵記二卷　（清）陳守謙述稿
清光緒二十九年(1903)上海順成書局石印本
一冊

310000 - 0242 - 0004252　Q27.8 - 8/7.527

庚辛提牢筆記　（清）曹焯撰　清光緒二十七
年(1901)刻本　一冊

310000 - 0242 - 0004253　Q27.804 - 12/7.151

萊陽亂事徵實錄　（清）李方保等撰　清抄本
一冊

310000 - 0242 - 0004254　Q27.82 - 8/7.98

[光緒朝]東華續錄二百二十卷　（清）朱壽朋
編　清宣統元年(1909)上海集成圖書公司鉛
印本　六十四冊

310000 - 0242 - 0004255　Q27.82 - 8/7.98C2

[光緒朝]東華續錄二百二十卷　（清）朱壽朋
編　清宣統元年(1909)上海集成圖書公司鉛
印本　十六冊

310000 - 0242 - 0004256　Q27.82 - 8/7.98C3

[光緒朝]東華續錄二百二十卷　（清）朱壽朋
編　清宣統元年(1909)上海集成圖書公司鉛
印本　三十二冊

310000 - 0242 - 0004257　Q27.84 - 10/7.731

浙東籌防錄四卷　（清）薛福成輯　清光緒十
三年(1887)刻本　一冊

310000 - 0242 - 0004258　Q27.84 - 10/752.7

時事采新彙編(清光緒二十八年正月一日至
二月廿九日)　（清）□□編　清光緒二十八
年(1902)刻本　六冊

310000 - 0242 - 0004259　Q27.84 - 12/29

新編溫生才行刺始末記　（清）天恨生輯　清

末石印本　一冊

310000 - 0242 - 0004260　Q27.84 - 20/7.735

籌海蝨言　（清）鍾體志撰　清光緒十一年
(1885)刻本　一冊

310000 - 0242 - 0004261　Q27.84 - 9/7.527

津案紀畧　（清）曾國藩撰　清同治九年
(1870)刻本　一冊

310000 - 0242 - 0004262　Q27.86 - 4/7.211

中東戰紀本末八卷附文學興國策二卷續編四
卷三編四卷　（美國）林樂知著譯　蔡爾康纂
輯　清光緒二十六年(1900)鉛印本　四冊

310000 - 0242 - 0004263　Q27.86 - 8/7.237

易順鼎奏議　易順鼎撰　清光緒二十年
(1894)刻本　一冊

310000 - 0242 - 0004264　Q27.86 - 8/7.316

東方兵事紀畧五卷　姚錫光撰　清光緒二十
三年(1897)武昌刻本　五冊

310000 - 0242 - 0004265　Q27.87 - 17/7.784

翼教叢編六編　（清）蘇輿編　清光緒二十四
年(1898)武昌刻本　三冊

310000 - 0242 - 0004266　Q27.87 - 17/7.784C2

翼教叢編六編　（清）蘇輿編　清光緒二十四
年(1898)武昌刻本　三冊

310000 - 0242 - 0004267　Q27.87 - 17/7.784C3

翼教叢編六編　（清）蘇輿編　清光緒二十四
年(1898)武昌刻本　三冊

310000 - 0242 - 0004268　Q27.87 - 20/8.562

覺迷要錄四卷　（清）強學書局輯　清光緒三
十一年(1905)刻本　一冊

310000 - 0242 - 0004269　Q27.87 - 20/8.562C2

覺迷要錄四卷　葉德輝輯　清光緒三十一年
(1905)刻本　一冊

310000 - 0242 - 0004270　Q27.87 - 5/8.402

戊戌政變記九卷　梁啟超著　清末鉛印本
三冊

310000 - 0242 - 0004271　Q27.88 - 10/7.617

京津拳匪紀畧前編二卷正編八卷後編二卷
(清)僑析生輯　清光緒二十七年(1901)香港
書局石印本　二冊

310000－0242－0004272　Q27.88－10/7.617C2
京津拳匪紀畧前編二卷正編八卷後編二卷
(清)僑析生輯　清光緒二十九年(1903)刻本
二冊

310000－0242－0004273　Q27.88－10/8.481
拳案三種　勞乃宣編　清光緒二十八年
(1902)刻本　一冊

310000－0242－0004274　Q27.88－13/7.793A
靖逆記六卷　(清)蘭簃外史纂　清嘉慶二十
五年(1820)正道堂刻本　二冊

310000－0242－0004275　Q27.88－8/186.5
新譯庚子中外戰紀二卷　(法國)佛甫愛加來
(法國)施米儂合著　(清)劉翹翰　(清)
程瞻洛合譯　清光緒二十八年(1902)鉛印本
二冊

310000－0242－0004276　Q27.88－8/7.151
庚子國變記　(清)李希聖著　清光緒二十八
年(1902)刻本　一冊

310000－0242－0004277　Q27.88－8/7.332
高給諫庚子日記四卷　(清)高枏編　清光緒
三十年(1904)鉛印本　三冊

310000－0242－0004278　Q27.88－8/7.332C2
高給諫庚子日記四卷　(清)高枏編　清光緒
三十年(1904)鉛印本　三冊

310000－0242－0004279　Q27.88－8/7.416
庚子北京事變紀略　(清)鹿完天撰　清光緒
二十七年(1901)刻本　一冊

310000－0242－0004280　Q27.89－6/7.674
江楚會奏變法第一摺第二摺第三摺　(清)劉
坤一　(清)張之洞合撰　清光緒鉛印本　一
冊

310000－0242－0004281　Q27.9－3/12.7
山西文水縣聚眾滋事始末記　(清)山西督練
公所輯　清宣統二年(1910)山西濬文書局刻

本　一冊

310000－0242－0004282　Q29－11/7.206
皇朝藩部要畧十八卷附表四卷　(清)祁韻士
纂　清光緒十年(1884)浙江書局刻本　八冊

310000－0242－0004283　Q29.15－8/7.128
長武紀事　沈錫榮撰　清宣統二年(1910)學
務公所印刷局鉛印本　一冊

310000－0242－0004284　Q29.21－11/7.151
梓里待徵錄二卷　(清)李元庚輯　清宣統二
年(1910)抄本　一冊

310000－0242－0004285　Q29.21－19/6.1
瀨江紀事本末　(明)一明道人撰　清抄本
一冊

310000－0242－0004286　Q29.21－9/7.650
柘湖宦遊錄　(清)蔣清瑞撰　清宣統二年
(1910)歸安蔣氏月河草堂刻朱印本　二冊

310000－0242－0004287　Q29.217－12/7.471
揚州歷史教科書第一冊　湯寅臣編　清光緒
三十四年(1908)刻本　一冊

310000－0242－0004288　Q29.217－12/7.471C2
揚州歷史教科書第一冊　湯寅臣編　清光緒
三十四年(1908)刻本　一冊

310000－0242－0004289　Q29.22－9/7.674
秋浦雙忠錄四十卷　劉世珩輯　清光緒二十
九年(1903)刻本　六冊

310000－0242－0004290　Q29.23－7/7.128
劫火紀焚一卷　(清)何桂笙撰　清光緒十九
年(1893)刻本　一冊

310000－0242－0004291　Q29.25－8/7.441
武昌紀事二卷首一卷附錄一卷遺詩一卷
(清)陳徽言撰　清同治四年(1865)刻本　一
冊

310000－0242－0004292　Q29.27－13/7.634
蜀警錄　(清)歐陽直撰　清光緒二十四年
(1898)刻本　一冊

310000－0242－0004293　Q29.27－13/7.674

蜀龜鑑七卷首一卷 （清）劉景伯編 清咸豐
八年(1858)刻本 二冊

310000－0242－0004294 Q29.27－15/7.634
歐陽氏遺書 （清）歐陽直撰 清光緒二十六
年(1900)刻本 一冊

310000－0242－0004295 Q29.274－13/7.486
蜀碧四卷附記一卷 （清）彭遵泗編 清嘉慶
二十年(1815)天祿閣刻本 四冊

310000－0242－0004296 Q29.274－13/7.486C2
蜀碧四卷附記一卷 （清）彭遵泗編 清嘉慶
二十年(1815)天祿閣刻本 二冊

310000－0242－0004297 Q29.31－5/7.556
平閩紀十三卷 （清）楊捷等撰 清道光世澤
堂刻本 十六冊

310000－0242－0004298 Q29.32－8/7.316
東槎紀略五卷 （清）姚瑩撰 清光緒四年
(1878)上海申報館鉛印本 一冊

310000－0242－0004299 Q29.33－12/7.300
粵中見聞 （清）范瑞昂纂輯 清嘉慶六年
(1801)同安刻本 五冊

310000－0242－0004300 Q29.35－13/6.717
滇略六卷 （明）謝肇淛輯 清抄本 二冊

310000－0242－0004301 Q29.35－13/7.454
滇事總錄二卷 （清）莊士敏編 清光緒十六
年(1890)湖北崇文書局刻本 一冊

310000－0242－0004302 Q29.36－15/7.594
播變紀畧 （清）碧山野史編 清光緒二十年
(1894)刻本 一冊

310000－0242－0004303 Q29.7－14/7.135
廣陵通典十卷 （清）汪中撰 清同治八年
(1869)揚州書局刻本 一冊

310000－0242－0004304 Q29.7－14/7.135C2
廣陵通典十卷 （清）汪中撰 清同治八年
(1869)揚州書局刻本 二冊

310000－0242－0004305 Q29.7－14/7.135C3
廣陵通典十卷 （清）汪中撰 清同治八年

(1869)揚州書局刻本 一冊

310000－0242－0004306 Q29.7－14/7.135C4
廣陵通典十卷 （清）汪中撰 清同治八年
(1869)揚州書局刻本 四冊

310000－0242－0004307 Q29.7－15/7.98
瞑庵雜識四卷二識二卷 （清）朱克敬撰 清
光緒刻本 八冊

310000－0242－0004308 Q40－13/7.151A
與伊藤陸奧往來照會一卷 （清）李鴻章撰
清光緒二十一年(1895)石印本 一冊

310000－0242－0004309 Q40－4/7.151
五次問答節畧一卷 （清）李鴻章撰 清光緒
二十一年(1895)石印本 一冊

310000－0242－0004310 Q40－4/7.29
五千年中外交涉史九十七卷 （清）屯廬主人
輯 清光緒二十九年(1903)上海蜚英館鉛印
本 二十冊

310000－0242－0004311 Q41.11－16/752
歷代外交錄 （□）□□撰 清抄本 四冊

310000－0242－0004312 Q41.3－11/7.535
增訂教案彙編六卷首一卷 （清）程宗裕輯
清光緒二十八年(1902)寔學書社鉛印木 六
冊

310000－0242－0004313 Q41.3－6/7.434
各國立約始末記三十卷首二卷 （清）陸元鼎
編 清光緒三十二年(1906)上海商務印書館
鉛印本 二十二冊

310000－0242－0004314 Q41.3－6/7.434C2
各國立約始末記三十卷首二卷 （清）陸元鼎
編 清光緒三十二年(1906)上海商務印書館
鉛印本 二十二冊

310000－0242－0004315 Q41.3－6/7.735
西疆交涉志要六卷 （清）鍾鏞撰 （清）金梁
校 清宣統三年(1911)鉛印本 二冊

310000－0242－0004316 Q41.33－8/7.580
使交紀事一卷附使交吟安南世系暨南交好音
（清）鄔黑等撰 清康熙三十三年(1694)刻

本 一册

310000－0242－0004317　Q41.38－10/7.128

案事編　（清）沈祖燕撰　清光緒三十三年
(1907)鉛印本　一册

310000－0242－0004318　Q41.8－6/69.8

光緒乙巳年交涉要覽三卷　（清）北洋洋務局
纂輯　清光緒鉛印本　五册

310000－0242－0004319　Q41.8－9/7.574.5

英軺日記十二卷　載振撰　清光緒二十九年
(1903)上海文明書局刻本　四册

310000－0242－0004320　Q41.8－9/7.574.5C2

英軺日記十二卷　載振撰　清光緒二十九年
(1903)上海文明書局刻本　四册

310000－0242－0004321　Q43.14－9/7.237

盾墨拾餘十四卷　易順鼎撰　清光緒二十二
年(1896)慕皋廬刻本　二册　存六卷(一至
六)

310000－0242－0004322　Q43.26－8/7.151

使琉球記六卷　（清）李鼎元撰　清嘉慶七年
(1802)師竹齋刻本　六册

310000－0242－0004323　Q43.83－12/7.674

越事備攷卷首一卷奏議三卷芻言六卷案略二
卷　劉名譽編輯　清光緒二十一年(1895)桂
林劉氏刻本　四册

310000－0242－0004324　Q43.83－6/7.352

再送越南貢使日記　（清）馬先登撰　清同治
十一年(1872)刻本　一册

310000－0242－0004325　Q43.83－9/7.271

盾墨留芬八卷　（清）胡傳釗編輯　清光緒二
十四年(1898)刻本　四册

310000－0242－0004326　Q44.1－5/7.731

出使公牘十卷　（清）薛福成撰　清光緒二十
四年(1898)傳經樓刻本　二册

310000－0242－0004327　Q44.1－5/7.731C2

出使公牘十卷　（清）薛福成撰　清光緒二十
四年(1898)傳經樓刻本　四册

310000－0242－0004328　Q44.3－8/7.170

庚子海外紀事四卷　呂海寰編　清光緒二十
七年(1901)上海辦理商約行轅鉛印本　四册

310000－0242－0004329　Q44.38－15/7.674

劉瑞芬公使與總理衙門往來公牘　（清）劉瑞
芬撰　清抄本　五册

310000－0242－0004330　Q44.48－8/7.98

金軺籌筆四卷　（清）朱克敬輯　清光緒十三
年(1887)刻本　四册

310000－0242－0004331　Q45.78－5/7.462

出使美日秘國日記十六卷　（清）崔國因撰
清光緒二十年(1894)刻本　十二册

310000－0242－0004332　Q48.33－12/752

粵省洋務編　（□）□□編　清抄本　二册

310000－0242－0004333　Q50－14/752

臺灣倭兵記事　（□）□□撰　清抄本　一册

310000－0242－0004334　Q50－2/6.346

九朝野記四卷　（明）祝允明纂　清宣統三年
(1911)時中書局鉛印本　一册　存二卷(一
至二)

310000－0242－0004335　Q50－4/7.18

丹陽教案稟稿　（清）文清撰　清抄本　一册

310000－0242－0004336　Q50－5/71

申報一九零零年資料　（清）申報館編　清光
緒二十六年(1900)刻本　二册

310000－0242－0004337　Q50－7/7.598

辛巳泣蘄錄　（清）趙與裒編　清光緒三十二
年(1906)上海國學保存會鉛印本　一册

310000－0242－0004338　Q50.41－7/4.151

李相國論事集六卷　（唐）李絳撰　清光緒五
年至十三年(1879－1887)定州王氏謙德堂刻
本　一册

310000－0242－0004339　Q50.7－10/7.491

馬巷集　（清）黃家鼎撰　清光緒二十一年
(1895)福州刻本　一册

310000－0242－0004340　Q50.7－11/7.21

皇朝道咸同光奏議六十四卷 （清）王延熙
王樹敏輯 清光緒二十八年（1902）上海久敬
齋石印本 六冊

310000－0242－0004341 Q50.7－9/7.428
皇朝掌故彙編内編六十卷首一卷外編四十卷
（清）張壽鏞編 清光緒二十八年（1902）求
實書社鉛印本 六十冊

310000－0242－0004342 Q51.07－4/7.710
内閣撰擬文字二卷二編二卷 （清）鮑康纂
清同治七年（1868）刻本 四冊

310000－0242－0004343 Q51.1－13/7.3
聖諭廣訓自解 （清）世宗胤禛纂 清雍正二
年（1724）刻本 一冊

310000－0242－0004344 Q51.1－13/7.3C2
聖諭廣訓 （清）世宗胤禛纂 清雍正二年
（1724）刻本 一冊

310000－0242－0004345 Q51.6－3/6.1
大明令 （明）太祖朱元璋纂 清刻本 一冊

310000－0242－0004346 Q51.73－11/7.3
雍正硃批諭旨 （清）世宗胤禛撰 清光緒十
三年（1887）上海點石齋石印本 六十冊

310000－0242－0004347 Q51.78－6/752.5
光緒諭摺彙存 （□）□□編 清光緒二十九
年（1903）上海慎記書莊石印本 十二冊

310000－0242－0004348 Q52－10/7.407
唐宋明四家奏議選 （清）許家編 清抄本
八冊

310000－0242－0004349 Q52－12/8.2
項城袁氏家集六種 （清）丁振鐸輯 清宣統
三年（1911）清芬閣刻本 五十六冊

310000－0242－0004350 Q52－13/7.486
節錄奏疏 （清）彭洋中節錄 清同治十二年
（1873）長沙廣順堂刻本 一冊

310000－0242－0004351 Q52－17/7.128
蓬窗隨錄十四卷續錄二卷附錄二卷 （清）沈
兆澐輯 清咸豐七年（1857）刻本 十四冊

310000－0242－0004352 Q52－4/7.735
戶部陝西司會議奏稿四卷 （清）鍾英等纂
清光緒鉛印本 二冊

310000－0242－0004353 Q52－5/7.61
左恪靖侯奏稿初編三十八卷續編七十六卷
（清）左宗棠撰 清同治四年（1865）刻本 七
十冊

310000－0242－0004354 Q52－5/7.61C2
左恪靖侯奏稿初編三十八卷續編七十六卷
（清）左宗棠撰 清同治四年（1865）刻本 五
十冊

310000－0242－0004355 Q52－6/7.441
同治中興京外奏議約編八卷 （清）陳弢編
清光緒元年（1875）篋劍囊琴之室刻本 八冊

310000－0242－0004356 Q52－6/7.441C2
同治中興京外奏議約編八卷 （清）陳弢編
清光緒元年（1875）篋劍囊琴之室刻本 八冊

310000－0242－0004357 Q52－9/7.794
奏摺譜一卷 （清）饒句宣纂 清光緒十三年
（1887）京都松華齋刻本 一冊

310000－0242－0004358 Q52.07－22/7.674
變法奏議叢鈔 （清）劉坤一撰 清光緒二十
七年（1901）上海書局石印本 四冊

310000－0242－0004359 Q52.1－10/7.359B
袁京卿疏稿 （清）袁昶撰 清光緒刻本 一
冊

310000－0242－0004360 Q52.1－10/7.375
孫京堂時政奏議 （清）孫□□撰 清宣統二
年（1910）鉛印本 一冊

310000－0242－0004361 Q52.1－11/6.791
掖垣題稿二卷 （明）顧九思撰 清同治六年
（1867）刻本 二冊

310000－0242－0004362 Q52.1－11/7.407
許竹篔先生奏疏錄存二卷 （清）許景澄撰
清光緒鉛印本 一冊

310000－0242－0004363 Q52.1－11/7.428
張靖達公奏議八卷首一卷 （清）張樹聲撰

清光緒鉛印本　四冊

310000－0242－0004364　Q52.1－12/5.523
傅獻簡公奏議四卷首一卷末一卷　（宋）傅堯
俞撰　（清）傅以禮輯　清光緒二十三年
（1897）演愼齋刻本　三冊

310000－0242－0004365　Q52.1－12/7.248
期不負齋全集政書九卷文集五卷　（清）周家
楣撰　清光緒二十一年（1895）刻本　八冊

310000－0242－0004366　Q52.1－16/7.441
諫垣存稿　（清）陳濬撰　清刻本　一冊

310000－0242－0004367　Q52.1－16/7.705
錢敏肅公奏疏七卷　（清）錢鼎銘撰　清光緒
六年（1880）存素堂刻本　四冊

310000－0242－0004368　Q52.1－18/7.178
藏諫研齋疏稿　（清）何金壽撰　清光緒二十
四年（1898）石印本　一冊

310000－0242－0004369　Q52.1－2/7.428
入告編三卷遺編一卷　（清）張惟赤撰　清宣
統三年（1911）海鹽張氏涉園鉛印本　三冊

310000－0242－0004370　Q52.1－4/7.122
水流雲在館奏議二卷詩抄二卷　（清）宋晉撰
　清光緒十三年（1887）刻本　四冊

310000－0242－0004371　Q52.1－7/5.151
李忠定集七十七卷年譜一卷　（宋）李綱撰
清光緒二十九年（1903）湖南愛日堂刻本　二
十冊

310000－0242－0004372　Q52.1－7/7.151
李文恭公奏議十六卷　（清）李星沅撰　清刻
本　十四冊

310000－0242－0004373　Q52.1－8/7.164
孤忠錄二卷　（清）吳可讀撰　（清）袁祖志編
　清光緒六年（1880）新報館鉛印本　二冊

310000－0242－0004374　Q52.1－8/7.164C2
孤忠錄二卷　（清）吳可讀撰　（清）袁祖志編
　清光緒六年（1880）新報館鉛印本　二冊

310000－0242－0004375　Q52.1－8/7.780

長白先生奏議二卷年譜一卷　（清）寶廷撰
清宣統二年（1910）鉛印本　一冊

310000－0242－0004376　Q52.1－9/8.415C2
南海先生戊戌奏稿　康有為著　清宣統三年
（1911）鉛印本　一冊

310000－0242－0004377　Q52.14－11/4.434
陸宣公集二十二卷增輯二卷　（唐）陸贄撰
清道光二十七年（1847）刻本　八冊

310000－0242－0004378　Q52.14－11/4.434C10
陸宣公集二十二卷　（唐）陸贄撰　清光緒二
十年（1894）上海鴻寶齋石印本　二冊

310000－0242－0004379　Q52.14－11/4.434C11
陸宣公集二十二卷　（唐）陸贄撰　清光緒二
十九年（1903）揚州益智書局鉛印本　四冊

310000－0242－0004380　Q52.14－11/4.434C2
陸宣公集奏議十五卷制誥十卷附錄一卷
（唐）陸贄撰　清光緒十二年（1886）淮南書局
刻本　四冊

310000－0242－0004381　Q52.14－11/4.434C5
陸宣公集二十二卷附錄　（唐）陸贄撰　清光
緒二年（1876）江蘇書局刻本　四冊

310000－0242－0004382　Q52.14－11/4.434C6
陸宣公集　（唐）陸贄撰　清同治五年（1866）
福州正誼書院刻本　四冊

310000－0242－0004383　Q52.14－11/4.434C7
陸宣公集　（唐）陸贄撰　清光緒二年（1876）
江蘇書局刻本　四冊

310000－0242－0004384　Q52.14－11/4.434C9
陸宣公集二十二卷　（唐）陸贄撰　清乾隆五
年（1740）雲林懷德堂刻本　一冊

310000－0242－0004385　Q52.14－11/4.434C
陸宣公奏議讀本四卷首一卷　（唐）陸贄撰
（清）汪銘謙編輯　（清）馬傳庚評點　清光緒
二十六年（1900）會稽馬氏石印本　一冊

310000－0242－0004386　Q52.14－11/4.434D
陸宣公集二十二卷　（唐）陸贄撰　（清）年羹
堯重訂　清雍正元年（1723）年羹堯刻本　二

冊

310000 – 0242 – 0004387　Q52.15 – 11/5.164

許國公奏議四卷　（宋）吳潛撰　清光緒八年（1882）歸安陸氏刻本　二冊

310000 – 0242 – 0004388　Q52.15 – 5/5.562

石林奏議十五卷　（宋）葉夢得撰　清光緒十一年（1885）吳興陸氏皕宋樓刻本　二冊

310000 – 0242 – 0004389　Q52.15 – 5/5.562C2

石林奏議十五卷　（宋）葉夢得撰　清光緒十一年（1885）吳興陸氏皕宋樓刻本　四冊

310000 – 0242 – 0004390　Q52.17 – 10/7.359

時政條議一卷　（清）袁昶撰　清末懿文齋抄本　一冊

310000 – 0242 – 0004391　Q52.17 – 15/7.375

駐法孫星使時政奏稿附甲辰年立憲條議　孫寶琦撰　清光緒二十九年（1903）鉛印本　一冊

310000 – 0242 – 0004392　Q52.17 – 4/7.21

王侍郎奏議十卷　（清）王茂蔭撰　清光緒二十五年（1899）刻本　四冊

310000 – 0242 – 0004393　Q52.17 – 9/7.164

奏御稿存一卷　（清）吳省蘭撰　清刻本　一冊

310000 – 0242 – 0004394　Q52.2 – 8/5.449

兩漢策要十二卷　（宋）陶叔獻編　清光緒十三年（1887）上海同文書局石印本　八冊

310000 – 0242 – 0004395　Q52.2 – 8/5.449C2

兩漢策要十二卷　（宋）陶叔獻編　清光緒十三年（1887）上海同文書局寫刻本　八冊

310000 – 0242 – 0004396　Q52.2 – 8/5.449C3

兩漢策要十二卷　（宋）陶叔獻編　清光緒十三年（1887）上海同文書局寫刻本　八冊

310000 – 0242 – 0004397　Q52.5 – 8/7.527

征倭四宜三益說　（清）曾之撰著　清光緒二十年（1894）刻本　一冊

310000 – 0242 – 0004398　Q52.6 – 22/6.375

鑒勞錄一卷　（明）孫傳庭輯　清初刻本　一冊

310000 – 0242 – 0004399　Q52.6 – 8/7.4C2

明臣奏議十二卷　（清）高宗弘曆纂　（清）孫桐生節選　清光緒十七年（1891）四影閣刻本　六冊

310000 – 0242 – 0004400　Q52.61 – 11/6.412

郭給諫疏稿二卷　（明）郭尚賓撰　清道光二十五年（1845）粵雅堂刻本　一冊

310000 – 0242 – 0004401　Q52.61 – 9/6.271

明胡瑞敏公奏議十卷　（明）胡世寧撰　清光緒十九年（1893）刻本　四冊

310000 – 0242 – 0004402　Q52.7 – 11/7.441

聖朝名公奏議八卷　（清）陳弢輯　清光緒元年（1875）上海中西書局石印本　六冊

310000 – 0242 – 0004403　Q52.7 – 11/7.484

皇清名臣奏議彙編初集六十八卷　（清）琴川居士編輯　張爾耆校正　清光緒二十八年（1902）上海麗澤學會刻本　八冊

310000 – 0242 – 0004404　Q52.7 – 11/752

皇清奏議　（□）□□輯　清抄本　四冊

310000 – 0242 – 0004405　Q52.7 – 8/7.211

兩廣總督林奏稿　（清）林則徐撰　清抄本　一冊

310000 – 0242 – 0004406　Q52.7 – 9/7.428

南皮張宮保政書奏議初編十二卷　（清）張之洞撰　（清）仰止廬主輯　清光緒二十七年（1901）上海圖書集成印書局鉛印本　二冊

310000 – 0242 – 0004407　Q52.71 – 11/7.434

陸文慎公奏議　（清）陸寶忠撰　清宣統三年（1911）鉛印本　一冊

310000 – 0242 – 0004408　Q52.71 – 11/7.753

鹿洲奏疏　（清）藍鼎元撰　清光緒五年（1879）刻本　一冊

310000 – 0242 – 0004409　Q52.71 – 12/7.527

曾文正公奏議十卷首一卷末一卷奏議補編四卷　（清）曾國藩撰　清同治十三年（1874）上

海醉古堂刻本　十四冊

310000－0242－0004410　Q52.71－5/7.731
出使奏疏二卷　（清）薛福成撰　（清）張美翊校勘　清光緒二十年（1894）鄞縣張美翊刻本　二冊

310000－0242－0004411　Q52.71－7/7.151
李忠武公奏疏二卷附書牘褒節錄　（清）李續賓撰　清光緒十七年（1891）甌江巡署刻本　一冊

310000－0242－0004412　Q52.71－7/7.170
呂文節公奏疏　（清）呂賢基撰　清宣統元年（1909）惇福堂刻本　一冊

310000－0242－0004413　Q52.71－8/7.211
林文忠公政書三十七卷　（清）林則徐撰　清光緒二年（1876）鉛印本　八冊

310000－0242－0004414　Q52.71－8/7.211C2
林文忠公政書三十七卷　（清）林則徐撰　清光緒二十四年（1898）天津文德堂石印本　二冊

310000－0242－0004415　Q52.71－8/7.211C3
林文忠公政書三十七卷　（清）林則徐撰　清光緒三山徐氏刻本　二十冊

310000－0242－0004416　Q52.71－8/7.211C4
林文忠公政書三十七卷　（清）林則徐撰　清光緒三山徐氏刻本　十二冊

310000－0242－0004417　Q52.711－13/7.554
靳文襄公奏疏八卷　（清）靳輔撰　清光緒刻本　八冊

310000－0242－0004418　Q52.721－10/7.375
孫文定公奏疏十二卷　（清）孫嘉淦撰　清嘉慶七年（1802）敦和堂刻本　八冊

310000－0242－0004419　Q52.751－12/7.486
彭剛直公奏稿八卷附史稿八卷　（清）彭玉麟撰　清光緒十七年（1891）刻本　八冊

310000－0242－0004420　Q52.751－12/7.486C2
彭剛直公奏稿八卷附史稿八卷　（清）彭玉麟撰　清光緒十七年（1891）刻本　四冊

310000－0242－0004421　Q52.76－11/7.449
陶雲汀先生奏疏六十四卷　（清）陶澍撰　清道光九年（1829）刻本　四十冊

310000－0242－0004422　Q52.761－11/7.428
張大司馬奏稿四卷　（清）張亮基撰　清光緒十七年（1891）刻本　四冊

310000－0242－0004423　Q52.761－11/7.428A
張文毅公奏稿八卷　（清）張芾撰　清光緒二年（1876）刻本　四冊

310000－0242－0004424　Q52.761－16/7.690
駱文忠公奏議十六卷奏稿十一卷附錄一卷　（清）駱秉章撰　清光緒四年（1878）刻本　二十六冊

310000－0242－0004425　Q52.761－16/7.690C2
駱文忠公奏議十六卷奏稿十一卷附錄一卷　（清）駱秉章撰　清光緒四年（1878）刻本　十六冊

310000－0242－0004426　Q52.761－16/7.690C3
駱文忠公奏議十六卷奏稿十一卷附錄一卷　（清）駱秉章撰　清光緒四年（1878）刻本　二十四冊

310000－0242－0004427　Q52.761－16/7.690A
駱大司馬奏稿十六卷　（清）駱秉章撰　清同治刻本　十六冊

310000－0242－0004428　Q52.761－6/7.151
合肥李勤恪公政書十卷　（清）李瀚章撰　清光緒二十五年（1899）廣州石印本　一冊

310000－0242－0004429　Q52.761－6/7.151C2
合肥李勤恪公政書十卷　（清）李瀚章撰　清光緒二十五年（1899）廣州石印本　十冊

310000－0242－0004430　Q52.771－13/7.407
督河奏疏十卷　（清）許振禕撰　清光緒二十五年（1899）廣州刻本　四冊

310000－0242－0004431　Q52.771－13/8.530
愚齋存稿二十卷　盛宣懷撰　清光緒二十五年（1899）廣州刻本　十二冊

310000－0242－0004432　Q52.771－7/7.128

195

沈文肅公政書十卷　（清）沈葆楨撰　清光緒
六年(1880)刻本　七冊

310000－0242－0004433　Q52.771－7/7.174

岑襄勤公奏稿三十卷　（清）岑毓英撰　清光
緒二十三年(1897)武昌督糧署刻本　三十二
冊

310000－0242－0004434　Q52.771－7/7.174C2

岑襄勤公奏稿三十卷　（清）岑毓英撰　清光
緒二十三年(1897)武昌督糧署刻本　三十冊

310000－0242－0004435　Q52.78－11/8.441

庸盦尚書奏議十六卷　陳夔龍撰　清宣統三
年(1911)鉛印本　八冊

310000－0242－0004436　Q52.78－20/7.761

勸府州縣官紳竭力練團以保國保家啟一卷附
稟奏疏稿　（清）魏喻義撰　清光緒木活字印
本　一冊

310000－0242－0004437　Q53－5/7.56

北洋公牘類纂續編二十四卷　（清）甘厚慈輯
　清宣統二年(1910)絳雪齋鉛印本　二十冊

310000－0242－0004438　Q53－7/7.201

明況太守龍岡公治蘇集十六卷首一卷補遺一
卷　（清）況廷秀纂輯　清咸豐六年(1856)蘇
州府照磨廳刻本　八冊

310000－0242－0004439　Q53.1－11/6.428

張文忠公書牘二卷　（明）張居正撰　清抄本
　二冊

310000－0242－0004440　Q53.1－11/7.407

許竹篔先生使函稿十四卷　（清）許景澄撰
清光緒鉛印本　四冊

310000－0242－0004441　Q53.1－11/7.407C2

許竹篔先生使函稿十四卷　（清）許景澄撰
清光緒鉛印本　五冊

310000－0242－0004442　Q53.1－11/7.568

晦闇齋筆語六卷　（清）董沛撰　清光緒十年
(1884)刻本　二冊

310000－0242－0004443　Q53.1－12/7.164

湘輶叢刻十三卷　（清）吳樹梅撰　清光緒二

十六年(1900)長沙節署刻本　六冊

310000－0242－0004444　Q53.1－4/6.21

王文成公公牘二卷　（明）王守仁撰　清抄本
　二冊

310000－0242－0004445　Q53.17－20/7.791

籌辦萍鄉鐵路公牘四卷　顧家相著　清光緒
二十六年(1900)刻本　二冊

310000－0242－0004446　Q53.17－6/7.352

守拙軒政書　（清）馬毓桂著　清光緒二十八
年(1902)北京華北書局刻本　一冊

310000－0242－0004447　Q53.17－9/7.248

宦桂稟牘　（清）周紹濂著　清光緒刻本　一
冊

310000－0242－0004448　Q53.5－4/211

文學興國策二卷　（美國）林樂知譯　清光緒
二十二年(1896)廣學會鉛印本　二冊

310000－0242－0004449　Q53.761－7/7.151

李文忠公朋僚函稿二十四卷　（清）李鴻章撰
　（清）吳汝綸編　清光緒二十八年(1902)蓮
池書社鉛印本　四冊

310000－0242－0004450　Q54－4/7.705

五洲各國政治考十四卷　錢恂輯　清光緒二
十七年(1901)石印本　十二冊

310000－0242－0004451　Q54.14－11/4.434

陸宣公奏議十五卷制誥十卷　（唐）陸贄編
清光緒十一年(1885)淮南書局刻本　四冊

310000－0242－0004452　Q55.5－9/752/

風吹寮會匪全案　（□）□□撰　清光緒抄本
　一冊

310000－0242－0004453　Q55.5－11/7.527

清室賞平太平天國檔案　（清）曾國藩撰　清
刻本　一冊

310000－0242－0004454　Q55.5－13/559

預備立憲公會章程題名表附書函錄要　預備
立憲公會事務所編　清光緒三十三年(1907)
鉛印本　一冊

310000－0242－0004455　SQ10.1－18/6.151
藏書六十八卷　（明）李贄撰　明萬曆二十七年(1599)刻本　二十四冊

310000－0242－0004456　SQ10.1－18/6.151A
續藏書二十七卷　（明）李贄撰　明萬曆三十九年(1611)稽古齋刻本　二十四冊

310000－0242－0004457　SQ10.11－5/2.64C36
史記一百三十卷　（漢）司馬遷撰　（明）鍾惺評　明天啓五年(1625)大來堂刻本　十四冊

310000－0242－0004458　SQ10.118－5/5.390
史漢異同補評三十二卷　（明）凌稚隆補評　明刻本　十四冊

310000－0242－0004459　SQ10.2－2/6.791
人代紀要三十卷　（明）顧應祥編輯　明嘉靖三十七年(1558)黃炌刻本　十六冊

310000－0242－0004460　SQ10.23－13/6.674
增修附注資治通鑑節要續編大全三十卷（明）劉剡編輯　明弘治十年(1497)楊氏清江書堂刻本　十六冊

310000－0242－0004461　SQ10.23－7/6.731
宋元通鑑一百五十七卷　（明）薛應旂編集　明天啓六年(1626)刻本　三十六冊

310000－0242－0004462　SQ10.24－13/5.35
資治通鑑綱目發明五十六卷　（宋）尹起莘編　明刻本　八冊

310000－0242－0004463　SQ10.24－13/5.98
資治通鑑綱目五十九卷　（宋）朱熹撰　明刻本　三十冊

310000－0242－0004464　SQ10.24－13/5.98C4
資治通鑑綱目五十九卷　（宋）朱熹撰　明萬曆二十八年(1600)刻本　十三冊

310000－0242－0004465　SQ10.24－13/6.406
資治通鑑綱目續編二十七卷末一卷　（明）商輅編　明刻本　五冊

310000－0242－0004466　SQ10.29－3/6.21
大事記續編七十七卷　（明）王禕撰　明成化二十年(1484)刻本　二十四冊

310000－0242－0004467　SQ10.4－12/5.775C4
路史四十七卷　（宋）羅泌纂　明萬曆三十九年(1611)鉛印本　十六冊

310000－0242－0004468　SQ10.4－4/6.562
水東日記四十卷　（明）葉盛撰　清康熙十九年(1680)刻本　十二冊

310000－0242－0004469　SQ10.71－11/6.791
新鐫詳訂注釋捷錄評林十卷　（明）顧充詳訂　明萬曆二十二年(1594)明雅堂刻本　二冊

310000－0242－0004470　SQ10.71－15/6.441
諸史品節四十卷　（明）陳深編　明萬曆二十一年(1593)刻本　十冊

310000－0242－0004471　SQ10.71－16/6.791
新鐫全補標題音注歷朝捷錄四卷　（明）顧充編　明刻本　四冊

310000－0242－0004472　SQ10.71－16/6.791
歷朝捷錄大成二卷　（明）顧充編　明萬曆十四年(1586)餘姚王述甫等刻本　八冊

310000－0242－0004473　SQ10.72－2/6.128
二十一史文鈔　（明）沈國元輯　明崇禎十二年(1639)大來堂刻本　二十四冊

310000－0242－0004474　SQ10.81－12/7.674
評鑑闡要十二卷　（清）劉統勳纂　清乾隆三十九年(1774)寫刻本　十二冊

310000－0242－0004475　SQ10.81－4/6.471
新鐫全補標題音注元朝捷錄四卷　（明）湯賓尹編　明刻本　二冊

310000－0242－0004476　SQ10.99－6/7.5
御製全史詩六十四卷首三卷　（清）仁宗顒琰纂　（清）張師誠注疏　清嘉慶十六年(1811)刻本　六十四冊

310000－0242－0004477　SQ21.1－3/6.556
三五紀畧二卷附錄一卷　（明）楊時秀編　明刻本　二冊

310000－0242－0004478　SQ21.1－8/7.151
尚史七十卷目錄一卷　（清）李鍇撰　清乾隆十年(1745)悅道樓刻本　二十八冊

310000－0242－0004479　SQ21.733－5/7.375
左傳分國紀事本末二十二卷　（明）孫范輯
明崇禎十一年(1638)刻本　四冊

310000－0242－0004480　SQ21.77－11/26.287C2
國語二十卷　（三國吳）韋昭解　明萬曆四十
七年(1619)閔刻三色套印本　六冊

310000－0242－0004481　SQ21.77－11/26.287
國語二十卷　（三國吳）韋昭解　明嘉靖七年
(1528)吳郡金李澤遠堂刻本　八冊

310000－0242－0004482　SQ21.81－16/5.710
戰國策十卷　（宋）鮑彪校注　（元）吳師道重
校　明萬曆九年(1581)刻本　八冊

310000－0242－0004483　SQ22－8/2.384
兩漢紀六十卷　（宋）王銍輯　明嘉靖二十七
年(1548)刻本　二十冊

310000－0242－0004484　SQ22－8/2.384C2
兩漢紀六十卷　（宋）王銍輯　明嘉靖二十七
年(1548)刻本　九冊　缺六卷(前漢紀二十
五至三十)

310000－0242－0004485　SQ22.1－6/4.741
諸儒校正西漢詳節三十卷　（唐）顏師古注
宋刊元印本　二十冊

310000－0242－0004486　SQ22.1－9/2.350
漢書一百二十卷　（漢）班固撰　（唐）顏師古
注　明嘉靖二十八年(1549)刻本　二十冊

310000－0242－0004487　SQ22.18－10/5.390
班馬異同三十卷　（宋）倪思編　（宋）劉辰翁
評　明刻本　八冊

310000－0242－0004488　SQ22.18－14/6.343
漢書評林一百卷　（明）凌稚隆輯校　明萬曆
十一年(1583)刻本　三十六冊

310000－0242－0004489　SQ22.18－8/5.556
兩漢博聞十二卷　（宋）楊侃撰　明嘉靖三十
七年(1558)刻本　十二冊

310000－0242－0004490　SQ22.2－9/351.300A
後漢書一百二十卷　（南朝宋）范曄撰　（唐）
李賢注　明嘉靖汪文盛校刻本　二十二冊

310000－0242－0004491　SQ22.3－3/31.441
三國志六十五卷　（晉）陳壽撰　（南朝宋）裴
松之注　明刻本　十冊

310000－0242－0004492　SQ22.3－8/6.717
季漢書六十卷　（明）謝陛撰　明萬曆三十一
年(1603)刻本　八冊

310000－0242－0004493　SQ22.3－8/7.21
季漢五志十二卷　（清）王復禮撰　清康熙四
十一年(1702)刻本　十六冊

310000－0242－0004494　SQ24.13－10/5.568C1
唐書釋音二十五卷　（宋）董衝撰　明萬曆二
十三年(1595)刻本　一冊

310000－0242－0004495　SQ25.1－7/6.277
宋史新編二百卷　（明）柯維騏編　明嘉靖三
十四年(1555)刻本　一百冊

310000－0242－0004496　SQ25.7－4/6.271
元史續編十六卷　（明）胡粹中評纂　明刻本
四冊

310000－0242－0004497　SQ26.4－6/6.178
名山藏一百九卷　（明）何喬遠輯　明崇禎刻
本　四十八冊

310000－0242－0004498　SQ26.4－9/6.21
弇山堂別集一百卷　（明）王世貞撰　明萬曆
十八年(1590)刻本　十六冊

310000－0242－0004499　SQ26.7－9/6.21
弇州史料前集三十卷後集七十卷　（明）王世
貞撰　（明）董復表編　明萬曆四十二年
(1614)楊修齡寫刻本　二十四冊

310000－0242－0004500　SQ27.2－3/752
大義覺迷錄四卷　（清）世宗胤禛撰　清刻本
八冊

310000－0242－0004501　SQ51.5－5/6.390
代言選五卷　（明）倪元璐撰　明末王貽栻刻
本　二冊

310000－0242－0004502　SQ52－16/6.428
歷代名臣奏議三百十九卷　（明）黃淮　（明）
楊士奇等輯　（明）張溥刪正　明崇禎八年

(1635)正雅堂刻本　四十冊

310000－0242－0004503　SQ52－5/6.491

古奏議　(明)黃汝亨評選　明萬曆二十九年
(1601)刻本　六冊

310000－0242－0004504　SQ52.61－6/5.98

朱子奏議十五卷　(明)朱吾弼撰　明萬曆三
十二年(1604)刻本　十六冊

310000－0242－0004505　SQ52.651－19/6.556

關中奏議全集十八卷　(明)楊一清撰　明嘉
靖二十九年(1550)刻本　十冊

310000－0242－0004506　SQ52.661－8/6.428

東甌張文忠公奏對稿十二卷　(明)張孚敬撰
　明萬曆四十二年(1614)刻本　六冊

310000－0242－0004507　R10－11/7.579

皇朝輿地沿革考不分卷　(清)遁天撰　清光
緒二十八年(1902)上海廣益書局鉛印本　一
冊

310000－0242－0004508　R10－14/6.434

廣輿記二十四卷　(明)陸應陽原纂　(清)蔡
方炳增輯　清康熙二十五年(1686)刻本　八
冊

310000－0242－0004509　R10－14/7.21

廣輿便覽二卷　(清)王日藻纂輯　清抄本
三冊

310000－0242－0004510　R10－15/8.2

蓬萊軒地理學叢書十一種　丁謙考證　清光
緒二十八年(1902)石印本　二冊

310000－0242－0004511　R10－4/4.151

元和郡縣志四十卷　(唐)李吉甫撰　清光緒
六年(1880)金陵書局刻本　四冊

310000－0242－0004512　R10－4/4.151B

元和郡縣補志不分卷　(唐)李吉甫撰　清光
緒八年(1882)金陵書局刻本　一冊

310000－0242－0004513　R10－4/7.385

王會新編一百四十五卷　(清)茹鉉編纂　清
康熙三十二年(1693)刻本　二十四冊

310000－0242－0004514　R10－4/7.540

方輿類纂二十八卷首一卷　(清)溫汝能纂
清嘉慶十三年(1808)文畬堂刻本　三十冊

310000－0242－0004515　R10－4/7.791C2

天下郡國利病書一百二十卷　(清)顧炎武輯
　清光緒二十六年(1900)廣雅書局刻本　十
三冊

310000－0242－0004516　R10－4/7.791C4

天下郡國利病書一百二十卷　(清)顧炎武輯
　清光緒二十七年(1901)圖書集成局鉛印本
六冊

310000－0242－0004517　R10－4/7.791C5

天下郡國利病書一百二十卷　(清)顧炎武輯
　清光緒二十七年(1901)石印本　十四冊

310000－0242－0004518　R10－4/7.791C6

天下郡國利病書一百二十卷　(清)顧炎武輯
　清光緒二十五年(1899)上海二林齋石印本
十四冊

310000－0242－0004519　R10－4/7.791B

天下郡國利病書一百二十卷　(清)顧炎武撰
　清末抄本　六十冊

310000－0242－0004520　R10－9/752

皇朝輿地畧一卷附韻編一卷　(□)□□撰
(清)李兆洛輯　(清)六承如等編　清同治七
年(1868)惇敘堂刻本　一冊

310000－0242－0004521　R10.37－17/84

輿地學教科書五卷　(清)江南高等學堂編
清光緒刻本　五冊

310000－0242－0004522　R10.37－6/7.428

地球韻言四卷　(清)張士瀛撰　清光緒二十
四年(1898)鄂垣務急書館刻本　二冊

310000－0242－0004523　R10.37－6/7.428C2

地球韻言四卷　(清)張士瀛撰　清光緒二十
四年(1898)鄂垣務急書館刻本　一冊

310000－0242－0004524　R10.37－6/7.428C3

地球韻言四卷　(清)張士瀛撰　清光緒二十
四年(1898)鄂垣務急書館刻本　二冊

310000－0242－0004525　R10.37－6/7.562
地學歌略不分卷　葉瀚　葉瀾撰　清光緒二
十四年(1898)刻本　一冊

310000－0242－0004526　R10.8－11/8.271
問影樓輿地叢書十五種　胡思敬輯　清光緒
三十四年(1908)鉛印本　十冊

310000－0242－0004527　R10.8－11/8.271C2
問影樓輿地叢書十五種　胡思敬輯　清光緒
三十四年(1908)鉛印本　十冊

310000－0242－0004528　R10.8－3/7.21
小方壺齋輿地叢鈔十二帙一千二百種續編十
二帙五十八種　王錫祺輯　清光緒十七年
(1891)南清河王氏鉛印本　七十六冊

310000－0242－0004529　R10.8－3/7.21C2
小方壺齋輿地叢鈔十二帙一千二百種續編十
二帙五十八種　王錫祺輯　清光緒十七年
(1891)南清河王氏鉛印本　七十六冊

310000－0242－0004530　R10.8－3/7.21C3
小方壺齋輿地叢鈔十二帙一千二百種續編十
二帙五十八種　王錫祺輯　清光緒十七年
(1891)南清河王氏鉛印本　十五冊

310000－0242－0004531　R10.8－3/7.21C4
小方壺齋輿地叢鈔十二帙一千二百種續編十
二帙五十八種　王錫祺輯　清光緒十七年
(1891)南清河王氏鉛印本　六十六冊

310000－0242－0004532　R10.8－3/7.21A
小方壺齋叢鈔六卷　王錫祺輯　清光緒六年
(1880)南清河王氏刻本　四冊　存三卷(一、
三、六)

310000－0242－0004533　R10.8－7/4.434
吳乘三種　(唐)陸廣微等撰　清光緒十年
(1884)江蘇書局刻本　三冊

310000－0242－0004534　R11－3/3.412
山海經十八卷　(晉)郭璞注　明刻本　二冊

310000－0242－0004535　R11－3/3.412C2
山海經十八卷　(晉)郭璞傳　(清)畢沅校正
清光緒三年(1877)浙江書局刻本　三冊

310000－0242－0004536　R11－3/3.412C3
山海經十八卷　(晉)郭璞傳　(清)畢沅校正
清光緒三年(1877)浙江書局刻本　三冊

310000－0242－0004537　R11－3/3.412C4
山海經十八卷　(晉)郭璞傳　(清)畢沅校正
清光緒三年(1877)浙江書局刻本　三冊

310000－0242－0004538　R11－3/3.412C5
山海經十八卷　(晉)郭璞傳　(清)畢沅校正
清光緒三年(1877)浙江書局刻本　三冊

310000－0242－0004539　R11－3/3.412C7
山海經十八卷　(晉)郭璞傳　(清)畢沅校正
清光緒三年(1877)浙江書局刻本　四冊

310000－0242－0004540　R11－3/3.412A
山海經箋疏十八卷圖讚一卷訂譌一卷敘錄一
卷　(晉)郭璞傳　(清)郝懿行箋疏　清嘉慶
十四年(1809)揚州阮氏琅嬛仙館刻本　四冊

310000－0242－0004541　R11－33.412C
山海經十八卷　(晉)郭璞傳　清光緒元年
(1875)崇文書局刻本　一冊

310000－0242－0004542　R11－3/7.135
山海經存九卷　(清)汪紱釋　清光緒二十一
年(1895)石印本　四冊

310000－0242－0004543　R11－3/7.164
山海經廣注十八卷附圖五卷　(清)吳任臣注
清康熙六年(1667)刻本　四冊

310000－0242－0004544　R11－3/7.164C2
山海經廣注十八卷附圖五卷　(清)吳任臣注
清康熙六年(1667)刻本　六冊

310000－0242－0004545　R11－3/7.164C3
山海經廣注十八卷附圖五卷　(清)吳任臣注
清乾隆五十一年(1786)金閶書業堂刻本
四冊

310000－0242－0004546　R12－13/7.705
新斠注地理志集釋十六卷　(清)錢坫撰
(清)徐松集釋　清道光二十八年(1848)刻本
八冊

310000－0242－0004547　R12－14/7.441

漢書地理志水道圖說七卷附考正德清胡氏禹貢圖 （清）陳澧撰 清同治十一年(1872)廣州富文齋刻本 二冊

310000－0242－0004548 R12.27－12/3.450

華陽國志十二卷 （晉）常璩撰 清嘉慶十九年(1814)題襟館刻本 四冊

310000－0242－0004549 R13.1－10/7.15

晉書地理志校補一卷 （清）方愷撰 清光緒二十一年(1895)廣雅書局刻本 一冊

310000－0242－0004550 R13.1－10/7.460

晉書地理志新補正五卷 （清）畢沅撰 清光緒二十年(1894)廣雅書局刻本 一冊

310000－0242－0004551 R13.75－12/7.556

隋唐地理志攷證九卷 楊守敬撰 清光緒二十二年(1896)鄰蘇園刻本 六冊

310000－0242－0004552 R13.75－12/7.556C2

隋唐地理志攷證九卷附補遺一卷漢書地理志校補二卷 楊守敬撰 清光緒二十七年(1901)刻本 六冊

310000－0242－0004553 R14－4/4.151

元和郡縣圖志四十六卷元和補志九卷 （唐）李吉甫撰 清光緒六年(1880)金陵書局刻本 八冊

310000－0242－0004554 R14－4/4.151C2

元和郡縣圖志四十六卷元和補志九卷 （唐）李吉甫撰 清光緒六年(1880)金陵書局刻本 八冊

310000－0242－0004555 R14－4/4.151C3

元和郡縣圖志四十六卷元和補志九卷 （唐）李吉甫撰 清光緒六年(1880)金陵書局刻本 八冊

310000－0242－0004556 R14－4/4.151A

元和郡縣圖志四十卷 （唐）李吉甫撰 清嘉慶蘭陵孫氏刻本 八冊

310000－0242－0004557 R15－4/5.21

元豐九域志十卷 （宋）王存等撰 清光緒八年(1882)金陵書局刻本 四冊

310000－0242－0004558 R15－4/5.21C2

元豐九域志十卷 （宋）王存等撰 清光緒八年(1882)金陵書局刻本 四冊

310000－0242－0004559 R15－4/5.21C3

元豐九域志十卷 （宋）王存等撰 清光緒八年(1882)金陵書局刻本 四冊

310000－0242－0004560 R15.5－16/7.151

遼史地理志考五卷附錄一卷 （清）李慎儒撰 清光緒二十七年(1901)丹徒李氏刻本 二冊

310000－0242－0004561 R17－9/752

皇朝直省地輿全圖不分卷 （□）□□編 清光緒二十一年(1895)石印本 一冊

310000－0242－0004562 R17.8－11/7.329

皇朝藩屬輿地叢書文集二十八種 （清）文瑞樓主人輯 清光緒二十九年(1903)上海書局石印本 四十八冊

310000－0242－0004563 R19.1－14/752.5

精勤堂疆域考略不分卷 （清）□□編 清抄本 二冊

310000－0242－0004564 R19.1－16/7.151

歷代地理志韻編今釋二十卷附皇朝輿地韻編二卷 （清）李兆洛撰 清同治九年(1870)合肥李氏刻本 八冊

310000－0242－0004565 R19.1－16/7.151C2

歷代地理志韻編今釋二十卷附皇朝輿地韻編二卷 （清）李兆洛撰 清光緒二十九年(1903)上海蜚英館石印本 六冊

310000－0242－0004566 R19.1－16/7.151C3

歷代地理志韻編今釋二十卷附皇朝輿地韻編二卷 （清）李兆洛撰 清光緒十四年(1888)掃葉山房刻本 六冊

310000－0242－0004567 R19.1－16/7.151C4

歷代地理志韻編今釋二十卷附皇朝輿地韻編二卷 （清）李兆洛撰 清光緒二十九年(1903)上海蜚英館石印本 二冊

310000－0242－0004568 R19.1－16/7.441

歷代地理沿革表四十七卷 （清）陳芳績撰
清光緒二十一年(1895)廣雅書局刻本 六冊

310000－0242－0004569 R19.1－16/7.441C2
歷代地理沿革表四十七卷 （清）陳芳績撰
清光緒二十一年(1895)廣雅書局刻本 十五
冊

310000－0242－0004570 R19.1－16/7.441C3
歷代地理沿革表四十七卷 （清）陳芳績撰
清光緒二十一年(1895)廣雅書局刻本 十五
冊

310000－0242－0004571 R19.1－16/7.556
歷代輿地沿革險要圖 楊守敬等撰 清光緒
五年(1879)東湖饒氏刻本 一冊

310000－0242－0004572 R19.1－16/7.556C2
歷代輿地沿革險要圖 楊守敬等撰 熊會貞
校勘 清光緒三十二年(1906)觀海堂楊氏重
校刻本 二十四冊

310000－0242－0004573 R19.1－16/7.556A
歷代輿地沿革險要圖說不分卷 楊守敬等撰
王尚德重繪 清光緒二十四年(1898)鉛印
本 一冊

310000－0242－0004574 R19.1－16/7.556AC2
歷代輿地沿革險要圖說不分卷 楊守敬等撰
王尚德重繪 清光緒二十四年(1898)鉛印
本 一冊

310000－0242－0004575 R19.1－17/5.634
輿地廣記三十八卷 （宋）歐陽忞撰 劄記二
卷 （清）黃丕烈撰 清光緒六年(1880)金陵
書局刻本 四冊

310000－0242－0004576 R19.1－17/5.634C2
輿地廣記三十八卷 （宋）歐陽忞撰 劄記二
卷 （清）黃丕烈撰 清光緒六年(1880)金陵
書局刻本 四冊

310000－0242－0004577 R19.1－17/5.634C3
輿地廣記三十八卷 （宋）歐陽忞撰 劄記二
卷 （清）黃丕烈撰 清光緒六年(1880)金陵
書局刻本 四冊

310000－0242－0004578 R19.1－17/5.634C4
輿地廣記三十八卷 （宋）歐陽忞撰 劄記二
卷 （清）黃丕烈撰 清光緒六年(1880)金陵
書局刻本 四冊

310000－0242－0004579 R19.1－20/5.441
寶刻叢編二十卷 （宋）陳思纂 清海豐吳式
芬刻本 八冊 存十八卷(一至十五、十八至
二十)

310000－0242－0004580 R19.1－22/7.791
讀史方輿紀要一百三十卷方輿全圖總說五卷
（清）顧祖禹撰 清光緒二十七年(1901)上
海圖書集成局鉛印本 十二冊

310000－0242－0004581 R19.1－22/7.791C2
讀史方輿紀要一百三十卷方輿全圖總說五卷
（清）顧祖禹撰 清光緒二十七年(1901)上
海圖書集成局鉛印本 六冊

310000－0242－0004582 R19.1－22/7.791C3
讀史方輿紀要一百三十卷方輿全圖總說五卷
（清）顧祖禹撰 清光緒二十七年(1901)上
海圖書集成局鉛印本 十冊

310000－0242－0004583 R19.1－22/7.791C4
讀史方輿紀要一百三十卷方輿全圖總說五卷
（清）顧祖禹撰 清光緒二十五年(1899)新
化三味書室鉛印本 六十冊

310000－0242－0004584 R19.1－22/7.791C5
讀史方輿紀要一百三十卷方輿全圖總說五卷
（清）顧祖禹撰 清光緒二十五年(1899)上
海二林齋屬圖書集成局石印本 十八冊

310000－0242－0004585 R19.1－22/7.791C6
讀史方輿紀要一百三十卷方輿全圖總說五卷
（清）顧祖禹撰 清雙桂軒抄本 四十冊
存六十三卷(六十七至一百二十九)

310000－0242－0004586 R19.1－22/7.791C7
讀史方輿紀要一百三十卷方輿全圖總說五卷
（清）顧祖禹撰 清光緒二十五年(1899)上
海慎記書莊石印本 三十二冊

310000－0242－0004587 R19.1－22/7.791A

讀史方輿紀要序二卷　（清）顧祖禹撰　（清）李式揆注　清光緒二十八年（1902）養拙山房刻本　二冊

310000－0242－0004588　R19.1－22/7.791AC2

讀史方輿紀要序二卷　（清）顧祖禹撰　（清）李式揆注　清光緒二十九年（1903）上海清華書局鉛印本　一冊

310000－0242－0004589　R19.1－22/7.791AC3

讀史方輿紀要序二卷　（清）顧祖禹撰　（清）李式揆注　清光緒二十八年（1902）養拙山房刻本　一冊

310000－0242－0004590　R19.1－4/7.622

方輿紀要簡覽三十四卷　（清）潘鐸輯錄　清咸豐八年（1858）紅杏書屋刻本　十六冊

310000－0242－0004591　R19.1－4/7.791

方輿全圖總說五卷　（清）顧祖禹輯　清光緒二十七年（1901）圖書集成局石印本　一冊

310000－0242－0004592　R19.121－4/5.428

六朝事跡編類十四卷附錄一卷　（宋）張敦頤撰　清道光二十年（1840）金陵張氏刻本　四冊

310000－0242－0004593　R19.135－13/7.477

滇考二卷　（清）馮甦編　清道光十四年（1834）臨海宋氏刻本　四冊

310000－0242－0004594　R19.218－2/7.791

七國地理考七卷附國策編年一卷　（清）顧觀光撰　清光緒五年（1879）刻本　四冊

310000－0242－0004595　R19.2199－13/7.674

楚漢諸侯疆域志三卷　（清）劉文淇纂　清光緒二年（1876）金陵刻本　一冊

310000－0242－0004596　R19.22－14/7.151

漢西域圖考七卷首一卷　（清）李光廷撰　清同治九年（1870）刻本　四冊

310000－0242－0004597　R19.223－3/7.164

三國郡縣表八卷　（清）吳增僅纂　清光緒二十一年（1895）刻本　二十冊

310000－0242－0004598　R19.223－3/7.164A

三國郡縣表補正八卷　（清）吳增僅纂　清光緒三十三年（1907）鄂城刻本　二冊

310000－0242－0004599　R19.223－3/7.260

三國疆域志補注十九卷首一卷　（清）洪亮吉撰　（清）謝鍾英補注　清光緒二十四年（1898）湘刻本　八冊

310000－0242－0004600　R19.25－17/5.21

輿地紀勝二百卷　（宋）王家之撰　清道光二十九年（1849）懼盈齋刻本　四十冊

310000－0242－0004601　R19.25－4/5.668

太平寰宇記二百卷　（宋）樂史撰　清光緒八年（1882）金陵書局刻本　三十六冊　存一百九十二卷（一至三、五至一百十二、一百二十至二百）

310000－0242－0004602　R19.25－4/5.668C2

太平寰宇記二百卷　（宋）樂史撰　清光緒八年（1882）金陵書局刻本　九冊

310000－0242－0004603　R19.25－4/5.668C3

太平寰宇記二百卷　（宋）樂史撰　清光緒八年（1882）金陵書局刻本　六冊

310000－0242－0004604　R19.25－4/5.668C4

太平寰宇記二百卷　（宋）樂史撰　清光緒八年（1882）金陵書局刻本　三十六冊

310000－0242－0004605　R19.27－9/7.477

皇朝輿地略不分卷　（清）馮煥光撰　清同治二年（1863）廣州刻本　四冊

310000－0242－0004606　R19.41－8/752

奉天沿革表不分卷　（□）□□撰　清抄本　一冊

310000－0242－0004607　R19.8－3/7.486

大清州縣名急就章不分卷　（清）彭翔履撰　清嘉慶三年（1798）刻本　二冊

310000－0242－0004608　R20－1/7.260

乾隆府廳州縣圖志五十卷　（清）洪亮吉纂　清光緒二十三年（1897）新化三味書室刻本　十六冊

310000－0242－0004609　R20－1/7.260C2

乾隆府廳州縣圖志五十卷　　(清)洪亮吉纂
清光緒五年(1879)授經堂刻本　　十六冊

310000－0242－0004610　R20－1/7.260C3
乾隆府廳州縣圖志五十卷　　(清)洪亮吉纂
清光緒二十三年(1897)新化三味書室刻本
十六冊

310000－0242－0004611　R20－1/7.260C4
乾隆府廳州縣圖志五十卷　　(清)洪亮吉纂
清光緒二十三年(1897)新化三味書室刻本
三冊

310000－0242－0004612　R20－1/7.271
大清中外一統輿圖三十一卷首一卷附圖一張
　(清)胡林翼纂　(清)嚴樹森補訂　清同治
二年(1863)湖北撫署景桓樓刻本　三十一冊

310000－0242－0004613　R20－1/7.271C2
大清中外一統輿圖三十一卷首一卷　(清)胡
林翼纂　(清)嚴樹森補訂　清同治二年
(1863)湖北撫署景桓樓刻本　十二冊

310000－0242－0004614　R20－1/7.271C3
大清中外一統輿圖三十一卷首一卷　(清)胡
林翼纂　(清)嚴樹森補訂　清同治二年
(1863)湖北撫署景桓樓刻本　九冊

310000－0242－0004615　R20－1/7.271C4
大清中外一統輿圖三十一卷首一卷　(清)胡
林翼纂　(清)嚴樹森補訂　清同治二年
(1863)湖北撫署景桓樓刻本　二冊

310000－0242－0004616　R20－1/7.393
大清一統志表附紀元表　(清)徐午校　清乾
隆五十八年(1793)刻本　五冊

310000－0242－0004617　R20－1/7.393C2
大清一統志表附紀元表　(清)徐午校　清乾
隆五十八年(1793)刻本　八冊

310000－0242－0004618　R20－1/7.4
大清一統志五百卷　(清)和珅纂修　清光緒
二十三年(1897)杭州竹簡齋石印本　六十冊

310000－0242－0004619　R20－1/7.4C2
大清一統志五百卷　(清)和珅纂修　清光緒

二十三年(1897)杭州竹簡齋石印本　六十冊

310000－0242－0004620　R20－1/7.4C3
大清一統志五百卷　(清)和珅纂修　清光緒
二十三年(1897)杭州竹簡齋石印本　六十冊

310000－0242－0004621　R20－1/7.4C4
大清一統志五百卷　(清)和珅纂修　清光緒
二十八年(1902)上海寶善齋石印本　五十冊

310000－0242－0004622　R20－11/752
皇朝一統輿地全圖不分卷　(清)六承如編
(清)欹乃軒主人輯　清光緒二十年(1894)上
海鴻寶齋石印本　一冊

310000－0242－0004623　R20－14/7.21
廣志繹五卷　(明)王士性撰　清嘉慶二十二
年(1817)臨海宋氏刻本　二冊

310000－0242－0004624　R20.1－1/A7.794
[光緒]昌平州志十八卷　(清)續昌修　繆荃
孫纂　清光緒十二年(1886)刻本　八冊

310000－0242－0004625　R20.1－12/A7.330
[乾隆]通州志十卷首一卷末一卷　(清)高天
鳳修　(清)金梅纂　清道光十八年(1838)刻
本　八冊

310000－0242－0004626　R20.2－1/E8.151
上海鄉土志不分卷　(清)李維清編　清光緒
三十三年(1907)鉛印本　一冊

310000－0242－0004627　R20.2－12/A7.21
[嘉慶]上海縣志二十卷首一卷　(清)王大同
修　(清)李松林纂　清嘉慶十九年(1814)刻
本　十四冊

310000－0242－0004628　R20.2－12/A7.347
[同治]上海縣志劄記六卷　(清)秦榮光撰
清光緒二十八年(1902)鉛印本　六冊

310000－0242－0004629　R20.2－12/A7.347C2
[同治]上海縣志劄記六卷　(清)秦榮光撰
清光緒二十八年(1902)鉛印本　三冊

310000－0242－0004630　R20.2－12/A7.347C3
[同治]上海縣志劄記六卷　(清)秦榮光撰
清光緒二十八年(1902)鉛印本　六冊

310000 – 0242 – 0004631　R20.2 – 12/A7.720

[同治]上海縣志三十二卷首一卷末一卷補遺一卷　（清）應寶時修　（清）俞樾纂　清同治十一年(1872)上海南園志局刻本　十六冊

310000 – 0242 – 0004632　R20.2 – 12/A7.720C3

[同治]上海縣志三十二卷首一卷末一卷補遺一卷　（清）應寶時修　（清）俞樾纂　清同治十一年(1872)上海南園志局刻本　十六冊

310000 – 0242 – 0004633　R20.2 – 12/A7.720C5

[同治]上海縣志三十二卷首一卷末一卷補遺一卷　（清）應寶時修　（清）俞樾纂　清同治十年(1871)吳門皋署刻本　十六冊

310000 – 0242 – 0004634　R20.2 – 13/A7.535

[光緒]嘉定縣志三十二卷首一卷　（清）程其珏修　（清）楊震福纂　清光緒八年(1882)刻本　十六冊

310000 – 0242 – 0004635　R20.2 – 13/C7.428C3

[嘉慶]南翔鎮志十二卷首一卷　（清）張承先纂修　（清）程攸熙增訂　清嘉慶十二年(1807)尋樂草堂刻本　十冊

310000 – 0242 – 0004636　R20.2 – 14/A7.402

[光緒]寶山縣志十四卷首一卷　（清）梁蒲貴修　（清）朱延射纂　清光緒八年(1882)學海書院刻本　八冊

310000 – 0242 – 0004637　R20.2 – 14/A7.402C2

[光緒]寶山縣志十四卷首一卷　（清）梁蒲貴修　（清）朱延射纂　清光緒八年(1882)刻本　六冊

310000 – 0242 – 0004638　R20.2 – 14/A7.598

[乾隆]寶山縣志十卷首一卷　（清）趙酉修　(清)章鑰纂　清乾隆十一年(1746)刻本　五冊

310000 – 0242 – 0004639　R20.2 – 14/D7.21

[光緒]羅店鎮志八卷附羅溪文徵一卷　（清）王樹荣修　（清）潘履祥纂　清光緒十五年(1889)鉛印本　五冊

310000 – 0242 – 0004640　R20.921 – 10/7.390

唐市徵獻錄原編二卷　（清）倪賜輯　唐市徵獻錄續編二卷　（清）張璐編　清光緒二十五年(1899)刻本　四冊

310000 – 0242 – 0004641　R21.1 – 1/7.151

[同治]畿輔通志三百卷首一卷　（清）李鴻章修　（清）黃彭年纂　清光緒十年(1884)古蓮華池刻本　二百三冊

310000 – 0242 – 0004642　R21.1 – 1/7.151C2

[同治]畿輔通志三百卷首一卷　（清）李鴻章修　（清）黃彭年纂　清宣統二年(1910)北洋官報兼印刷局石印本　二百二十四冊

310000 – 0242 – 0004643　R21.1 – 1/7.151A

畿輔通志輿地略十卷海防略二卷　（清）李鴻章修　（清）黃彭年纂　清光緒十年(1884)古蓮華池刻本　十二冊

310000 – 0242 – 0004644　R21.1 – 1/7.337

[雍正]畿輔通志一百二十卷　（清）唐執玉修　（清）陳儀纂　清雍正十三年(1735)刻本　一百十二冊

310000 – 0242 – 0004645　R21.1 – 102/B7.491

[乾隆]口北三廳志十六卷首一卷　（清）黃可潤纂修　清乾隆二十三年(1758)刻本　二十四冊

310000 – 0242 – 0004646　R21.1 – 201/7.248

[光緒]順天府志一百三十卷附錄一卷　（清）周家楣修　繆荃孫纂　清光緒十二年(1886)刻本　六十四冊

310000 – 0242 – 0004647　R21.1 – 202/7.151

[光緒]保定府志七十九卷首一卷　（清）李培祜修　（清）張豫塏纂　清光緒十二年(1886)保定府署刻本　三十二冊

310000 – 0242 – 0004648　R21.1 – 202/7.320

[康熙]保定府志二十九卷　（清）紀弘謨修　(清)郭棻纂　清康熙十九年(1680)刻本　十二冊

310000 – 0242 – 0004649　R21.1 – 204/7.148

[乾隆]河間府新志二十卷首一卷　（清）杜甲

修 （清）胡天游 （清）黃文蓮纂 清乾隆二十五年(1760)刻本 十冊

310000－0242－0004650 R21.1－205/7.128
[光緒]天津府志五十四卷首一卷末一卷 沈家本修 （清）徐宗亮纂 清光緒二十五年(1899)刻本 二十八冊

310000－0242－0004651 R21.1－208/7.164
[光緒]廣平府志六十三卷首一卷 （清）吳中彥修 （清）胡景桂纂 清光緒二十年(1894)刻本 二十四冊

310000－0242－0004652 R21.1－3001/7.151
[同治]清苑縣志十八卷首一卷 （清）李逢源修 （清）諸崇儉纂 清同治十二年(1873)刻本 八冊

310000－0242－0004653 R21.1－3001/7.388
[康熙]清苑縣志十二卷首一卷 （清）時來敏修 （清）郭棻纂 清康熙十六年(1677)刻本 四冊

310000－0242－0004654 R21.1－3003/7.416
[光緒]定興縣志二十六卷首一卷 （清）鹿傳霖 （清）張主敬修 楊晨纂 清光緒十六年(1890)刻本 十二冊

310000－0242－0004655 R21.1－3004/A7.164
[乾隆]涿州志二十二卷首一卷 （清）吳山鳳纂修 清乾隆三十年(1765)刻本 二十冊

310000－0242－0004656 R21.1－3012/7.775
[乾隆]祁州志八卷附圖一卷 （清）張萬銓修 （清）刁錦纂 清乾隆二十一年(1756)刻本 四冊

310000－0242－0004657 R21.1－3012/A7.598
[光緒]祁州續志四卷 （清）趙秉恒修 （清）劉學海纂 清光緒八年(1882)刻本 二冊

310000－0242－0004658 R21.1－3042/A7.629
[光緒]蔚州志二十卷首一卷 （清）慶之金修 （清）楊篤纂 清光緒三年(1877)蔚州公廨刻本 八冊

310000－0242－0004659 R21.1－3043/A7.405
[同治]西寧新志十卷首一卷 （清）寅康修 （清）楊篤纂 清同治十三年(1874)刻本 六冊

310000－0242－0004660 R21.1－3044/7.649
[光緒]懷安縣志八卷首一卷末一卷 （清）蔭祿修 （清）程燮奎纂 清光緒二年(1876)刻本 四冊

310000－0242－0004661 R21.1－3077/A7.164
[嘉慶]灤州志八卷首一卷末一卷 （清）吳士鴻修 （清）孫學恒纂 清嘉慶十五年(1810)刻本 五冊

310000－0242－0004662 R21.1－3099/7.441
[咸豐]固安縣志八卷 （清）陳崇砥修 （清）陳福嘉等纂 清咸豐九年(1859)刻本 六冊

310000－0242－0004663 R21.1－3113/7.2
[光緒]寧河縣志十六卷 （清）丁符九修 （清）談松林纂 清光緒六年(1880)刻本 十二冊

310000－0242－0004664 R21.1－3113/7.770
[乾隆]寧河縣志十六卷 （清）關廷牧修 （清）徐以觀纂 清乾隆四十四年(1779)刻本 四冊

310000－0242－0004665 R21.1－3117/7.674
[乾隆]任邱縣志十二卷首一卷 （清）劉統修 （清）劉炳纂 清乾隆二十八年(1763)刻本 十冊

310000－0242－0004666 R21.1－3117/7.710
[道光]任邱縣志續編二卷 （清）鮑承燾修 （清）瞿光緒等纂輯 清道光十七年(1837)刻本 二冊

310000－0242－0004667 R21.1－3158/A7.420
[光緒]無極縣續志十卷末一卷 （清）曹鳳來纂修 清光緒十九年(1893)刻本 四冊

310000－0242－0004668 R21.1－3162/A7.164
深州風土記二十二卷 （清）吳汝綸纂修 清

光緒二十六年(1900)文瑞書院刻本　六冊

310000－0242－0004669　R21.1－3162/A7.164C2
深州風土記二十二卷　(清)吳汝綸纂修　清
光緒二十六年(1900)文瑞書院刻本　六冊

310000－0242－0004670　R21.1－3164/7.135
[光緒]藁城縣志續補十一卷　(清)朱紹穀修
　(清)張毓溫纂　清光緒七年(1881)刻本
一冊

310000－0242－0004671　R21.1－3164/7.693
[康熙]藁城縣志十二卷　(清)賴于宣修
(清)張丙宿纂　(清)閻堯熙增補　清康熙三
十七年(1698)修五十九年(1720)增補刻本
四冊

310000－0242－0004672　R21.1－3171/7.364
[道光]欒城縣志十卷首一卷末一卷　(清)桂
超萬　(清)李鈖修　(清)高繼珩纂　清道光
二十六年(1846)刻本　四冊

310000－0242－0004673　R21.1－3174/7.271
[光緒]元氏縣志十四卷首一卷末一卷　(清)
胡岳修　(清)王鈞如纂　清光緒元年(1875)
刻本　八冊

310000－0242－0004674　R21.1－3179/7.434
[康熙]靈壽縣志十卷末一卷　(清)陸隴其
(清)傅維橒纂　清康熙二十五年(1686)刻本
四冊

310000－0242－0004675　R21.1－3199/7.151
[康熙]威縣志十六卷　(清)李之棟纂修　清
康熙十二年(1673)刻本　四冊

310000－0242－0004676　R21.1－3202/7.343
[光緒]鉅鹿縣志十二卷首一卷　(清)凌燮修
(清)赫慎修纂　清光緒十二年(1886)刻本
六冊

310000－0242－0004677　R21.1－3216/7.370
[光緒]永年縣志四十卷首一卷　(清)夏詒鈺
纂修　清光緒三年(1877)刻本　八冊

310000－0242－0004678　R21.1－3218/7.93
[同治]曲周縣志二十卷　(清)存祿修

(清)劉自立纂　清同治九年(1870)刻本　六
冊

310000－0242－0004679　R21.1－3222/A7.164
[同治]元城縣志六卷首一卷　(清)吳大鏞修
　(清)王仲甡纂　清同治十一年(1872)刻本
六冊

310000－0242－0004680　R21.1－3225/7.248
[光緒]臨漳縣志十八卷首一卷　(清)周秉彝
修　(清)周壽梓纂　清光緒三十一年(1905)
刻本　十二冊

310000－0242－0004681　R21.1－3227/7.427
[嘉慶]涉縣志八卷　(清)戚學標纂修　清嘉
慶四年(1799)刻本　四冊

310000－0242－0004682　R21.1－3228/7.650
[乾隆]武安縣志二十卷　(清)蔣光祖修
(清)夏兆豐纂　清乾隆四年(1739)刻本　八
冊　存十九卷(一至十九)

310000－0242－0004683　R21.1－3239/7.598A
[光緒]臨榆縣志二十四卷首一卷　(清)趙允
祜修　(清)高錫疇纂　清光緒四年(1878)刻
本　十冊

310000－0242－0004684　R21.2－1/7.255
[雍正]山東通志三十六卷首一卷　(清)岳濬
修　(清)杜詔纂　清乾隆元年(1736)刻本
四十二冊

310000－0242－0004685　R21.2－204/7.52
[咸豐]青州府志六十四卷　(清)毛永柏修
(清)劉耀椿纂　清咸豐九年(1859)刻本　十
六冊

310000－0242－0004686　R21.2－205/7.551
[光緒]增修登州府志六十九卷　(清)賈瑚修
　(清)周悅讓纂　清光緒七年(1881)刻本
二十四冊

310000－0242－0004687　R21.2－207/7.604
[乾隆]武定府志三十八卷首一卷　(清)赫達
色修　(清)莊肇奎纂　清乾隆二十四年
(1759)武定府署刻本　二十冊

310000－0242－0004688　R21.2－3001/7.393

[道光]泰安縣志十二卷首一卷末一卷　（清）徐宗幹修　（清）蔣大慶等纂　清道光八年(1828)刻同治六年(1867)重修本　十四冊

310000－0242－0004689　R21.2－3003/7.164

[道光]章邱縣志十六卷首一卷末一卷　（清）吳璋修　（清）曹楙堅纂　清道光十三年(1833)刻本　八冊

310000－0242－0004690　R21.2－3003/E7.556

[光緒]章邱縣鄉土志二卷　（清）楊學淵纂　清光緒三十三年(1907)石印本　一冊

310000－0242－0004691　R21.2－3006/7.441

[光緒]寧陽縣續志二十四卷　（清）陳文顯修　（清）黃師誾纂　清光緒十三年(1887)刻本　十二冊

310000－0242－0004692　R21.2－3007/7.248

[道光]東平州志三十卷首二卷　（清）周雲鳳修　（清）唐鑑等輯　清道光五年(1825)刻本　十冊

310000－0242－0004693　R21.2－3009/7.522

[道光]長清縣志十六卷首四卷末二卷　（清）舒化民修　（清）徐德城纂　清道光十五年(1835)刻本　六冊

310000－0242－0004694　R21.2－3021/7.530

[光緒]利津縣志十卷文徵五卷　（清）盛贊熙修　（清）余朝菜纂　清光緒九年(1883)刻本　五冊

310000－0242－0004695　R21.2－3022/A7.151

[雍正]樂安縣志二十卷　（清）李方膺纂修　清雍正十一年(1733)刻本　四冊

310000－0242－0004696　R21.2－3023/7.248

[道光]重修博興縣志十三卷首一卷　（清）周壬福修　（清）李同纂　清道光二十年(1840)刻本　四冊

310000－0242－0004697　R21.2－3025/7.775

[道光]鄒平縣志十八卷　（清）羅宗瀛修　（清）成瓘纂　清道光十六年(1836)刻本　八

208

冊

310000－0242－0004698　R21.2－3025/A7.390

[嘉慶]長山縣志十六卷首一卷　（清）倪企望修　（清）鍾廷瑛　（清）徐果行纂　清嘉慶六年(1801)刻本　十冊

310000－0242－0004699　R21.2－3026/7.194

[康熙]新修齊東縣志八卷續志一卷　（清）郭國琦纂　（清）余為霖修　清康熙二十四年(1685)刻光緒六年(1880)惠廷魁增刻本　六冊

310000－0242－0004700　R21.2－3026/A7.428

[乾隆]高苑縣志十卷　（清）張耀璧纂修　清乾隆二十二年(1757)刻本　二冊

310000－0242－0004701　R21.2－3028/7.441

[同治]臨邑縣志十六卷首一卷末一卷　（清）陳鴻翽修　（清）翟振慶纂　清同治十三年(1874)刻本　八冊

310000－0242－0004702　R21.2－3044/7.122

[光緒]濰縣鄉土志不分卷　（清）宋朝楨修　（清）陳傳弼纂　清光緒三十三年(1907)石印本　一冊

310000－0242－0004703　R21.2－3044/7.428

[乾隆]濰縣志六卷首一卷末一卷　（清）張耀璧修　（清）王誦芬纂　清乾隆二十五年(1760)刻本　六冊

310000－0242－0004704　R21.2－3045/7.248

[乾隆]昌邑縣志八卷　（清）周來邰纂修　清乾隆七年(1742)刻本　八冊

310000－0242－0004705　R21.2－3046/7.311

[道光]平度州志二十七卷　（清）保忠修　（清）李圖纂　清道光二十九年(1849)刻本　八冊

310000－0242－0004706　R21.2－3047/7.523

[光緒]高密縣志十卷首一卷末一卷　（清）傅賡予修　（清）李勸運纂　清光緒二十二年(1896)刻本　八冊

310000－0242－0004707　R21.2－3048/7.428

[道光]重修膠州志四十卷 （清）張同聲修 （清）李圖纂 清道光二十六年(1846)刻本 八冊

310000－0242－0004708 R21.2－3048/7.428C2
[道光]重修膠州志四十卷 （清）張同聲修 （清）李圖纂 清道光二十六年(1846)刻本 八冊

310000－0242－0004709 R21.2－3050/7.674
[道光]諸城縣續志二十三卷 （清）劉光斗修 （清）朱學海纂 清道光十四年(1834)刻本 四冊

310000－0242－0004710 R21.2－3053/7.316
[光緒]臨朐縣志十六卷 （清）姚延福修 （清）鄧嘉緝纂 清光緒十一年(1885)刻本 六冊

310000－0242－0004711 R21.2－3056/7.428
[光緒]益都縣圖志五十四卷首一卷 （清）張承燮修 （清）法偉堂 （清）孫文楷纂 清光緒三十三年(1907)刻本 十六冊

310000－0242－0004712 R21.2－3057/7.674
[嘉慶]壽光縣志二十卷 （清）劉翰周修 （清）金以城纂 清嘉慶五年(1800)刻本 七冊

310000－0242－0004713 R21.2－3058/7.761
[嘉慶]昌樂縣志三十二卷 （清）魏禮焯修 （清）閻學夏纂 清嘉慶十四年(1809)刻本 六冊

310000－0242－0004714 R21.2－3065/7.565
[康熙]萊陽縣志十卷 （清）萬邦維 （清）衛元爵修 （清）張重潤等纂 清康熙十七年(1678)刻本 四冊

310000－0242－0004715 R21.2－3067/7.21
[道光]蓬萊縣志十四卷 （清）王文燾修 （清）張本纂 清道光十九年(1839)刻本 八冊

310000－0242－0004716 R21.2－3067/7.21C2
[道光]蓬萊縣志十四卷 （清）王文燾修 （清）張本纂 清道光十九年(1839)刻本 八冊

310000－0242－0004717 R21.2－3067/A7.135
[光緒]蓬萊縣續志十四卷 （清）江瑞采修 （清）王爾植纂 清光緒八年(1882)刻本 四冊

310000－0242－0004718 R21.2－3067/A7.135C2
[光緒]蓬萊縣續志十四卷 （清）江瑞采修 （清）王爾植纂 清光緒八年(1882)刻本 四冊

310000－0242－0004719 R21.2－3070/A7.522
[同治]寧海州志二十六卷 （清）舒孔安修 （清）王厚階纂 清同治三年(1864)刻本 六冊

310000－0242－0004720 R21.2－3071/7.634
[道光]文登縣志十卷 （清）歐文修 （清）林汝謨纂 清道光十九年(1839)刻本 四冊

310000－0242－0004721 R21.2－3072/7.151
[道光]榮城縣志十卷 （清）李天騭修 （清）岳濬廷纂 清道光二十年(1840)刻本 四冊

310000－0242－0004722 R21.2－3072/7.151C2
[道光]榮城縣志十卷 （清）李天騭修 （清）岳濬廷纂 清道光二十年(1840)刻本 四冊

310000－0242－0004723 R21.2－3074/7.21
[光緒]海陽縣續志十卷首一卷 （清）王敬勳修 （清）李爾梅纂 清光緒六年(1880)刻本 六冊

310000－0242－0004724 R21.2－3075/7.211
[同治]即墨縣志十二卷 （清）林溥修 （清）周翕鑌纂 清同治十二年(1873)刻本 八冊

310000－0242－0004725 R21.2－3077/7.761
[光緒]掖縣全志 （清）魏起鵬修 （清）王續藩纂 清光緒十九年(1893)刻本 十六冊

310000－0242－0004726 R21.2－3078/7.428

209

[順治]招遠縣志十二卷　（清）張作礪修
（清）張鳳羽纂　清順治十七年(1660)修道光
二十六年(1846)刻本　四冊

310000－0242－0004727　R21.2－3078/7.441
[道光]招遠縣續志四卷　（清）陳國器修
（清）李蔭纂　清道光二十六年(1846)刻本
四冊

310000－0242－0004728　R21.2－3079/7.35
[同治]黃縣志十四卷首一卷　（清）尹繼美纂
修　清同治十一年(1872)刻本　四冊

310000－0242－0004729　R21.2－3079/7.35C2
[同治]黃縣志十四卷首一卷　（清）尹繼美纂
修　清同治十一年(1872)刻本　四冊

310000－0242－0004730　R21.2－3089/A7.225
[康熙]沂州志八卷　（清）邵士修　（清）王
壎纂　清康熙十三年(1674)刻本　八冊

310000－0242－0004731　R21.2－3091/7.428
[道光]沂水縣志十卷　（清）張燮纂修　清道
光七年(1827)刻本　四冊

310000－0242－0004732　R21.2－3092/7.407
[嘉慶]莒州志十六卷首一卷　（清）許紹錦纂
修　清嘉慶元年(1796)刻本　六冊

310000－0242－0004733　R21.2－3093/7.441
[光緒]日照縣志十二卷首一卷　（清）陳懋修
（清）鄭作相纂　清光緒十二年(1886)刻本
四冊

310000－0242－0004734　R21.2－3093/7.556
[康熙]日照縣志十二卷　（清）楊士雄修
（清）丁岜纂　清康熙十二年(1673)修五十四
年(1715)增補刻本　五冊

310000－0242－0004735　R21.2－3095/7.164
[嘉慶]續修郯城縣志十卷　（清）吳堦修
（清）陸繼輅纂　清嘉慶十五年(1810)刻本
四冊

310000－0242－0004736　R21.2－3097/7.441
[光緒]費縣志十六卷首一卷　（清）陳瑗修
（清）劉寶鼎纂　清光緒二十五年(1899)刻本

十冊

310000－0242－0004737　R21.2－3097/7.441C2
[光緒]費縣志十六卷首一卷　（清）陳瑗修
（清）劉寶鼎纂　清光緒二十二年(1896)刻本
十冊

310000－0242－0004738　R21.2－3110/7.393
[道光]濟寧直隸州志十卷首一卷末一卷
（清）徐宗幹修　（清）許瀚纂　清道光二十年
(1840)修咸豐八年(1858)刻本　二十冊

310000－0242－0004739　R21.2－3110/7.700
[咸豐]濟寧直隸州續志四卷　（清）盧朝安纂
修　清咸豐九年(1859)刻本　四冊

310000－0242－0004740　R21.2－3111/7.151
[光緒]滋陽縣志十四卷　（清）李兆霖等修
（清）黃師閻等纂　清光緒十四年(1888)刻本
十冊

310000－0242－0004741　R21.2－3112/7.622
[乾隆]曲阜縣志一百卷　（清）潘相纂修　清
乾隆三十九年(1774)刻本　十二冊

310000－0242－0004742　R21.2－3113/7.598
[光緒]泗水縣志十五卷首一卷　（清）趙英祚
修　（清）黃承旟纂　清光緒十九年(1893)刻
本　八冊

310000－0242－0004743　R21.2－3114/7.456
[康熙]鄒縣志三卷　（清）婁一均修　（清）
周翼纂　清康熙五十五年(1716)刻本　四冊

310000－0242－0004744　R21.2－3114/A7.164
[光緒]鄒縣續志十二卷　（清）吳若灝修
（清）錢檉纂　清光緒十八年(1892)刻本　四
冊

310000－0242－0004745　R21.2－3115/7.21
[道光]滕縣志十四卷首一卷　（清）王政修
（清）王庸立纂　清道光二十六年(1846)刻本
八冊

310000－0242－0004746　R21.2－3115/7.491
[康熙]滕縣志十卷　（清）黃浚修　（清）王
特選纂　清康熙五十六年(1717)刻本　六冊

310000 – 0242 – 0004747　R21.2 – 3116/7.248

[光緒]嶧縣志二十五卷首一卷　（清）周鳳鳴修　（清）王寶田纂　清光緒三十年(1904)刻本　十二冊

310000 – 0242 – 0004748　R21.2 – 3118/7.200

[咸豐]金鄉縣志畧十二卷　（清）宗稷成修　（清）李璧纂　清同治元年(1862)刻本　四冊

310000 – 0242 – 0004749　R21.2 – 3118/A7.598

[光緒]魚臺縣志四卷首一卷末一卷　（清）趙英祚修　（清）丁咸亨纂　清光緒十五年(1889)刻本　四冊

310000 – 0242 – 0004750　R21.2 – 3119/7.406

[光緒]嘉祥縣志四卷首一卷附嘉祥縣現行簡明賦役全書憲綱冊　（清）章文華修　（清）官擢午纂　清宣統元年(1909)刻本　四冊

310000 – 0242 – 0004751　R21.2 – 3120/6.362

[萬曆]汶上縣志八卷　（明）栗可仕修　（明）王命新纂　清康熙五十六年(1717)刻本　二冊

310000 – 0242 – 0004752　R21.2 – 3120/7.606

[康熙]續修汶上縣志六卷　（清）聞元炅纂修　清康熙五十六年(1717)刻本　二冊

310000 – 0242 – 0004753　R21.2 – 3130/7.343

[光緒]菏澤縣志十八卷　（清）凌壽柏修　（清）葉道源纂　清光緒十一年(1885)刻本　六冊

310000 – 0242 – 0004754　R21.2 – 3131/7.332

[宣統]濮州志八卷　（清）高士英修　（清）榮相鼎纂　清宣統元年(1909)刻本　八冊

310000 – 0242 – 0004755　R21.2 – 3132/7.460

[光緒]鄆城縣志十六卷首一卷　（清）畢炳炎修　（清）趙翰鑾纂　清光緒十九年(1893)刻本　八冊

310000 – 0242 – 0004756　R21.2 – 3134/7.491

[道光]鉅野縣志二十四卷首一卷　（清）黃維翰纂修　（清）袁傳裘續纂　清道光二十年(1840)鉅野縣署刻二十六年(1846)續刻本

十六冊

310000 – 0242 – 0004757　R21.2 – 3136/7.359

[道光]城武縣志十四卷首一卷　（清）袁章華修　（清）劉士瀛纂　清道光十年(1830)刻本　八冊

310000 – 0242 – 0004758　R21.2 – 3137/7.441

[光緒]曹縣志十八卷首一卷　（清）陳嗣良修　（清）孟廣來纂　清光緒十年(1884)刻本　十二冊

310000 – 0242 – 0004759　R21.2 – 3148/7.178

[康熙]聊城縣志四卷附聊城縣賦役一卷　（清）何一傑纂修　清康熙二年(1663)刻道光十六年(1836)續刻本　四冊

310000 – 0242 – 0004760　R21.2 – 3149/7.15

[乾隆]夏津縣志十卷首一卷　（清）方學成修　（清）梁大鯤纂　清乾隆六年(1741)夏津縣署刻本　六冊

310000 – 0242 – 0004761　R21.2 – 3156/7.151

[道光]東阿縣志二十四卷首一卷　（清）李賢書修　（清）吳怡纂　清道光九年(1829)刻本　十二冊

310000 – 0242 – 0004762　R21.2 – 3157/7.21

[康熙]陽穀縣志八卷首一卷　（清）王時來修　（清）杭雲龍纂　清康熙五十五年(1716)抄本　四冊

310000 – 0242 – 0004763　R21.2 – 3158/7.674

[光緒]壽張縣志十卷首一卷　（清）劉文燨修　（清）王守謙纂　清光緒二十六年(1900)刻本　六冊

310000 – 0242 – 0004764　R21.2 – 3159/7.556

[光緒]范縣志續編不分卷　（清）楊沂修　（清）杜均平纂　清光緒三十四年(1908)國文報館石印本　一冊

310000 – 0242 – 0004765　R21.3 – 1/7.72

[雍正]河南通志八十卷　（清）田文鏡等修　[乾隆]河南通志續志八十卷首一卷　（清）孫灝纂　（清）阿思哈纂修　清乾隆刻同治八年

211

(1869)錫山秦堯曦重修本(河南通志續志爲清乾隆三十二年刻光緒二十八年重修本) 七十二冊

310000－0242－0004766　R21.3－1/7.72C4
[雍正]河南通志八十卷　（清）田文鏡（清）王士俊修　（清）孫灝纂　清雍正九年(1731)刻本　四十冊

310000－0242－0004767　R21.3－101/7.428
[乾隆]鄭州志十二卷首一卷　（清）張鉞修（清）何源洙纂　清乾隆十三年(1748)刻本六冊

310000－0242－0004768　R21.3－201/7.613
[康熙]開封府志四十卷　（清）管竭忠纂修清同治二年(1863)刻本　十冊

310000－0242－0004769　R21.3－202/7.441
[乾隆]歸德府志三十六卷首一卷　（清）陳錫輅修　（清）查岐山纂　清光緒十九年(1893)刻本　十冊

310000－0242－0004770　R21.3－203/7.700
[乾隆]彰德府志三十二卷首一卷　（清）盧崧修　（清）江大鍵纂　清乾隆五十二年(1787)刻本　二十冊

310000－0242－0004771　R21.3－204/7.663
[乾隆]衛輝府志五十三卷首一卷　（清）德昌纂修　清乾隆五十三年(1788)刻本　二十冊

310000－0242－0004772　R21.3－209/7.462
[乾隆]陳州府志三十卷首一卷　（清）崔應階修　（清）姚之琅纂　清乾隆十二年(1747)刻光緒十九年(1893)增刻本　二十冊

310000－0242－0004773　R21.3－3001/A7.128
[光緒]祥符縣志二十四卷首一卷　（清）沈傳義修　（清）黃舒昺纂　清光緒二十四年(1898)刻本　二十冊

310000－0242－0004774　R21.3－3001/A7.428
[乾隆]祥符縣志二十二卷　（清）張淑載修（清）魯曾煜纂　清乾隆四年(1739)刻本　十二冊

310000－0242－0004775　R21.3－3002/7.441
[康熙]考城縣志四卷　（清）陳㥮敏修（清）王貫三纂　清康熙三十七年(1698)刻本二冊

310000－0242－0004776　R21.3－3004/7.248
[乾隆]杞縣志二十四卷　（清）周璣修（清）朱璘纂　清乾隆五十三年(1788)刻本十二冊

310000－0242－0004777　R21.3－3004/7.428
[康熙]杞紀二十二卷　（清）張貞纂修　清康熙五十五年(1716)刻本　四冊

310000－0242－0004778　R21.3－3005/7.162
[乾隆]通許縣志十卷　（清）阮龍光修（清）邵自祐纂　清乾隆三十六年(1771)刻本六冊

310000－0242－0004779　R21.3－3006/7.674
[道光]尉氏縣志二十卷首一卷　（清）劉厚滋修　（清）王觀潮纂　清道光十一年(1831)刻本　八冊

310000－0242－0004780　R21.3－3009/7.434
[乾隆]登封縣志三十二卷　（清）陸繼萼修（清）洪亮吉纂　清乾隆五十二年(1787)刻本八冊

310000－0242－0004781　R21.3－3010/7.151
[乾隆]鞏縣志二十卷首一卷　（清）李述武修（清）張紫峴纂　清乾隆五十四年(1789)刻本　六冊

310000－0242－0004782　R21.3－3012/7.164
[同治]中牟縣志十二卷首一卷末一卷　（清）吳若烺纂修　清同治九年(1870)刻本　六冊

310000－0242－0004783　R21.3－3022/7.598
[乾隆]新鄉縣志三十四卷首一卷　（清）趙開元修　（清）暢俊纂　清乾隆十二年(1747)刻本　六冊

310000－0242－0004784　R21.3－3023/7.248
[道光]輝縣志二十卷首一卷末一卷　（清）周際華修　（清）戴銘纂　清道光十五年(1835)

刻本　八冊

310000－0242－0004785　R21.3－3024/7.393
[乾隆]汲縣志十四卷首一卷末一卷　（清）徐
汝瓚修　（清）杜崐纂　清乾隆二十年(1755)
刻本　六冊

310000－0242－0004786　R21.3－3024/7.420
[光緒]淇縣輿地圖說二卷　（清）曹廣權撰
清光緒二十七年(1901)刻本　一冊

310000－0242－0004787　R21.3－3025/7.194
[康熙]延津縣志十卷　（清）余心儒纂修　清
康熙四十一年(1702)刻本　四冊

310000－0242－0004788　R21.3－3025/A7.412
[順治]胙城縣志二卷　（清）劉純德修
（清）郭金鼎纂　清順治十六年(1659)刻本
二冊

310000－0242－0004789　R21.3－3026/7.21
[順治]封邱縣志九卷首一卷　（清）余緝修
（清）李嵩陽等纂　[康熙]封邱縣續志五卷
（清）王賜魁修　（清）李會生纂　清順治十六
年(1659)刻本(封邱縣續志爲清康熙十九年
刻本)　六冊

310000－0242－0004790　R21.3－3026/7.270
[康熙]封邱縣續志五卷　（清）耿紘祚纂
（清）孟鏐修　清康熙三十六年(1697)刻乾隆
十三年(1748)補刻本　二冊

310000－0242－0004791　R21.3－3027/A7.625
[乾隆]陽武縣志十二卷　（清）談諟曾修
（清）楊仲震纂　清乾隆九年(1744)刻本　六
冊

310000－0242－0004792　R21.3－3028/7.21
[道光]武陟縣志三十六卷　（清）王榮陛修
（清）方履籛纂　清道光九年(1829)刻本　八
冊

310000－0242－0004793　R21.3－3029/7.21
[乾隆]溫縣志十二卷首一卷　（清）王其華修
　（清）苗于京纂　清乾隆二十四年(1759)刻
本　四冊

310000－0242－0004794　R21.3－3030/7.42
[乾隆]孟縣志十卷　（清）仇汝瑚修　（清）
馮敏昌纂　清乾隆五十五年(1790)刻本　十
冊

310000－0242－0004795　R21.3－3031/7.727
[乾隆]濟源縣志十六卷首一卷末一卷　（清）
蕭應植修　（清）沈樗莊纂　清乾隆二年
(1737)刻本　六冊

310000－0242－0004796　R21.3－3031/A7.178
[嘉慶]濟源縣續志十二卷　（清）何荇芳修
（清）劉大觀纂　清嘉慶十八年(1813)刻本
四冊

310000－0242－0004797　R21.3－3032/A7.359
[道光]河內縣志三十六卷　（清）袁通修
（清）方履籛纂　清道光五年(1825)刻本　十
冊

310000－0242－0004798　R21.3－3034/7.477
[道光]修武縣志十卷首一卷附列女傳殉難冊
　（清）馮繼照修　（清）金皋纂　清道光二十
年(1840)刻本(列女傳殉難冊爲清同治七年
刻本)　十二冊

310000－0242－0004799　R21.3－3035/7.164
[乾隆]獲嘉縣志十六卷首一卷　（清）吳喬齡
修　（清）李棟纂　清乾隆二十一年(1756)刻
道光二十五年(1845)增刻本　六冊

310000－0242－0004800　R21.3－3036/7.512C2
[嘉慶]安陽縣志二十八卷首一卷　（清）貴泰
修　（清）武穆淳纂　清嘉慶二十四年(1819)
刻本　十冊

310000－0242－0004801　R21.3－3037/7.568
[光緒]內黃縣志十九卷首一卷附舊志序
（清）董慶恩修　（清）陳熙春纂　清光緒十八
年(1892)刻本　八冊

310000－0242－0004802　R21.3－3038/A7.21
[康熙]南樂縣志十五卷　（清）王培宗修
（清）丘性善纂　清康熙五十年(1711)刻本
四冊

310000 - 0242 - 0004803   R21.3 - 3039/7.556

[光緒]光州志十二卷首一卷附忠節志四卷節孝志二卷   (清)楊修田修   (清)馬佩玖纂 清光緒十三年(1887)刻本   十四冊

310000 - 0242 - 0004804   R21.3 - 3042/7.618

[嘉慶]濬縣志二十二卷附金石錄二卷   (清)熊象階修   (清)武穆淳纂   清嘉慶七年(1802)刻光緒十三年(1887)重印本   六冊

310000 - 0242 - 0004805   R21.3 - 3042/A7.491

[光緒]續濬縣志八卷   (清)黃璟修   (清)李作霖纂   清光緒十三年(1887)刻本   二冊

310000 - 0242 - 0004806   R21.3 - 3043/7.316

[同治]滑縣志十二卷   (清)姚錕修   (清)徐光第纂   清同治六年(1867)刻本   八冊

310000 - 0242 - 0004807   R21.3 - 3044/7.556

[乾隆]湯陰縣志十卷   (清)楊世達纂修   清乾隆三年(1738)刻本   四冊

310000 - 0242 - 0004808   R21.3 - 3058/7.255

[光緒]永城縣志三十八卷首一卷   (清)岳廷楷修   (清)胡贊采纂   清光緒二十七年(1901)刻本   八冊

310000 - 0242 - 0004809   R21.3 - 3059/7.29

[光緒]柘城縣志十卷首一卷   (清)元淮纂修   清光緒二十二年(1896)刻本   十冊

310000 - 0242 - 0004810   R21.3 - 3060/7.407

[乾隆]鹿邑縣志十二卷首一卷   (清)許葇纂修   清乾隆十八年(1753)刻本   四冊

310000 - 0242 - 0004811   R21.3 - 3060/7.9

[光緒]鹿邑縣志十六卷   (清)于滄瀾修   (清)蔣師轍纂   清光緒二十二年(1896)刻朱印本   六冊

310000 - 0242 - 0004812   R21.3 - 3064/7.55

[道光]淮寧縣志二十七卷   (清)永銘修   (清)趙任之纂   清道光六年(1826)刻本   十二冊

310000 - 0242 - 0004813   R21.3 - 3065/7.749

[道光]太康縣志八卷   (清)戴鳳翔修

(清)高崧纂   清道光八年(1828)刻本   八冊

310000 - 0242 - 0004814   R21.3 - 3066/7.21

[光緒]睢州志十二卷首一卷   (清)王枚纂修   清光緒十八年(1892)刻本   七冊   缺一卷(七)

310000 - 0242 - 0004815   R21.3 - 3078/7.428

[乾隆]信陽州志十二卷   (清)張鉞修   (清)萬侯纂   清乾隆十四年(1749)刻本   八冊

310000 - 0242 - 0004816   R21.3 - 3079/7.248

[乾隆]確山縣志四卷   (清)周之瑚修   (清)嚴克嶂纂   清乾隆十一年(1746)刻本   四冊

310000 - 0242 - 0004817   R21.3 - 3081/7.128

[康熙]西平縣志十卷   (清)沈菜原本   (清)李植續修   清康熙三十二年(1693)刻本   四冊

310000 - 0242 - 0004818   R21.3 - 3082/7.556

[康熙]上蔡縣志十五卷   (清)楊廷望修   (清)張沐纂   清康熙二十九年(1690)刻本   八冊

310000 - 0242 - 0004819   R21.3 - 3083/7.80

[康熙]汝陽縣志十卷   (清)邱天英修   (清)李根茂纂   清康熙二十九年(1690)刻本   四冊

310000 - 0242 - 0004820   R21.3 - 3083/7.80C2

[康熙]汝陽縣志十卷   (清)邱天英修   (清)李根茂纂   清康熙五十九年(1720)刻本   八冊

310000 - 0242 - 0004821   R21.3 - 3087/7.674

[嘉慶]息縣志八卷首一卷   (清)劉光輝修   (清)任鎮及纂   清嘉慶四年(1799)刻本   八冊

310000 - 0242 - 0004822   R21.3 - 3089/7.717

[乾隆]重修固始縣志二十六卷首一卷   (清)謝聘修   (清)洪亮吉纂   清乾隆五十一年(1786)刻本   十六冊

310000 - 0242 - 0004823   R21.3 - 3090/7.207

[嘉慶]商城縣志十四卷首一卷末一卷   (清)

武開吉纂修　清嘉慶八年(1803)刻本　十二冊

310000－0242－0004824　R21.3－3093/7.556

[光緒]光州志十二卷首一卷附忠節志四卷節孝志二卷　(清)楊修田修　(清)馬佩玖纂　清光緒十三年(1887)刻本　十四冊

310000－0242－0004825　R21.3－3104/7.727

[道光]許州志十六卷首一卷　(清)蕭元吉修　(清)李堯觀纂　清道光十八年(1838)刻本　十二冊

310000－0242－0004826　R21.3－3105/7.162

[乾隆]長葛縣志十卷　(清)阮景咸纂修　清乾隆十二年(1747)刻本　四冊

310000－0242－0004827　R21.3－3106/7.178

[道光]鄢陵縣志十八卷　(清)何鄂聯修　(清)洪符孫纂　清道光十二年(1832)刻本　七冊　存十七卷(一至十四、十六至十八)

310000－0242－0004828　R21.3－3107/7.21

[道光]扶溝縣志十三卷　(清)王德瑛纂修　清道光十三年(1833)刻本　四冊

310000－0242－0004829　R21.3－3109/7.428

[乾隆]商水縣志十卷首一卷　(清)張崇樸修　(清)郭熙纂　清乾隆十二年(1747)刻本　八冊

310000－0242－0004830　R21.3－3110/7.151

[順治]臨潁縣志八卷　(清)李馥先修　(清)吳中奇纂　清順治十七年(1660)刻本　四冊

310000－0242－0004831　R21.3－3110/7.674

[乾隆]臨潁縣續志八卷　(清)劉沆修　(清)魏運嘉纂　清乾隆十二年(1747)刻本　二冊

310000－0242－0004832　R21.3－3111/7.523

[乾隆]郾城縣志十八卷　(清)傅豫修　(清)楊若椿纂　清乾隆三十二年(1767)刻本　六冊

310000－0242－0004833　R21.3－3112/7.21

[道光]舞陽縣志十二卷　(清)王德瑛纂修　清道光十五年(1835)刻本　四冊

310000－0242－0004834　R21.3－3114/7.207

[嘉慶]魯山縣志二十六卷　(清)武億修　(清)董作棟纂　清嘉慶元年(1796)刻本　六冊

310000－0242－0004835　R21.3－3115/7.151

[道光]寶豐縣志十六卷首一卷　(清)李彷梧纂修　清道光十七年(1837)刻本　六冊

310000－0242－0004836　R21.3－3116/7.428

[同治]郟縣志十二卷　(清)張熙瑞修　(清)郭景泰纂　清同治四年(1865)刻本　六冊

310000－0242－0004837　R21.3－3118/7.98

[道光]禹州志二十六卷　(清)朱煒修　(清)姚椿纂　清道光十五年(1835)刻本　十二冊

310000－0242－0004838　R21.3－3128/7.622

[光緒]新修南陽縣志十二卷首一卷　(清)潘守廉修　(清)張嘉謀等纂　清光緒三十一年(1905)刻本　八冊

310000－0242－0004839　R21.3－3129/7.568

[乾隆]裕州志六卷　(清)董學禮纂修　(清)宋名立增修　清乾隆五年(1740)刻本　四冊

310000－0242－0004840　R21.3－3134/7.650

[乾隆]鄧州志二十四卷首一卷　(清)蔣光祖修　(清)姚之琅纂　清乾隆二十年(1755)刻本　六冊

310000－0242－0004841　R21.3－3137/7.780

[康熙]內鄉縣志十二卷　(清)竇鼎望修　(清)高佑釲纂　清康熙三十二年(1693)刻本　四冊

310000－0242－0004842　R21.3－3138/7.164

[光緒]鎮平縣志六卷　(清)吳聯元修　(清)王翊運纂　清光緒二年(1876)刻本　四冊

215

310000－0242－0004843　R21.3－3139/7.441
[乾隆]南召縣志四卷　（清）陳之陷修
（清）曹鵬翊纂　清乾隆十一年(1746)刻本
四冊

310000－0242－0004844　R21.3－3149/7.393
[康熙]孟津縣志四卷　（清）孟常裕纂修
（清）徐元燦增修　清康熙四十八年(1709)刻
本　四冊

310000－0242－0004845　R21.3－3150/7.471
[乾隆]偃師縣志三十卷首一卷　（清）湯毓倬
修　（清）孫星衍纂　清乾隆五十四年(1789)
刻本　八冊

310000－0242－0004846　R21.3－3151/7.79
[道光]汝州全志十卷首一卷　（清）白明義修
（清）趙林成纂　清道光二十年(1840)刻本
十冊

310000－0242－0004847　R21.3－3153/7.428
[道光]伊陽縣志六卷首一卷末一卷　（清）張
道超修　（清）馬九功纂　清道光十八年
(1838)刻本　六冊

310000－0242－0004848　R21.3－3154/7.415
[乾隆]嵩縣志三十卷首一卷　（清）康基淵纂
修　（清）龔文明續修　清乾隆三十二年
(1767)刻光緒三十二年(1906)補刻本　三冊
　　存十九卷(一至四、十六至三十)

310000－0242－0004849　R21.3－3157/7.248
[光緒]靈寶縣志八卷　（清）周淦修　（清）
李鏡江纂　清光緒二年(1876)刻本　八冊

310000－0242－0004850　R21.3－3158/7.795
[乾隆]陝州志二十卷附忠節二卷　（清）龔崧
林修　（清）楊建章纂　清乾隆十二年(1747)
刻同治六年(1867)增刻本　十三冊

310000－0242－0004851　R21.3－3160/7.56
[嘉慶]澠池縣志十六卷　（清）甘揚聲纂修
清嘉慶十五年(1810)刻本　八冊

310000－0242－0004852　R21.3－3171/A7.178
[嘉慶]洧川縣志八卷首一卷　（清）何文明修

（清）李紳纂　清嘉慶二十三年(1818)刻本
四冊

310000－0242－0004853　R21.3－3172/7.21
[順治]淇縣志十卷　（清）王謙吉修　（清）
白龍躍纂　清順治十七年(1660)刻本　二冊

310000－0242－0004854　R21.3－3174/A7.71
[康熙]河陰縣志四卷　（清）申奇彩修
（清）毛泰徵纂　清康熙三十年(1691)刻本
四冊

310000－0242－0004855　R21.3－3176/A7.402
[乾隆]閿鄉縣志十二卷首一卷　（清）梁溥纂
修　清乾隆十二年(1747)刻本　八冊

310000－0242－0004856　R21.4－1/7.62
[雍正]山西通志二百三十卷　（清）覺羅石麟
修　（清）儲大文纂　清雍正十二年(1734)刻
本　一百二十冊

310000－0242－0004857　R21.4－1/7.62C2
[雍正]山西通志二百三十卷　（清）覺羅石麟
修　（清）儲大文纂　清雍正十二年(1734)刻
嘉慶十六年(1811)增刻本　一百冊

310000－0242－0004858　R21.4－1/7.62C3
[雍正]山西通志二百三十卷　（清）覺羅石麟
修　（清）儲大文纂　清雍正十二年(1734)刻
本　六十四冊

310000－0242－0004859　R21.4－101/A7.309
[道光]太原縣志十八卷　（清）員佩蘭修　（清）
楊國泰纂　清道光六年(1826)刻本　六冊

310000－0242－0004860　R21.4－204/7.316
[乾隆]潞安府志四十卷首一卷　（清）張淑渠
等修　（清）姚學甲纂　清乾隆三十五年
(1770)刻本　二十四冊

310000－0242－0004861　R21.4－205/7.375
[乾隆]汾州府志三十四卷首一卷　（清）孫和
相修　（清）戴震纂　清乾隆三十六年(1771)
刻本　十六冊

310000－0242－0004862　R21.4－206/7.98
[雍正]澤州府志五十二卷　（清）朱樟修

（清）田嘉穀纂　清雍正十三年(1735)刻本
十六冊

310000－0242－0004863　R21.4－3001/7.15
[光緒]忻州直隸州志四十二卷　（清）方戊昌
修　（清）方淵如纂　清光緒六年(1880)刻本
八冊

310000－0242－0004864　R21.4－3003/7.312
[光緒]代州志十二卷首一卷　（清）俞廉三修
（清）楊篤纂　清光緒八年(1882)千山書院
刻本　六冊

310000－0242－0004865　R21.4－3004/7.164
[道光]繁峙縣志六卷　（清）吳其均纂修　清
道光十六年(1836)刻本　六冊

310000－0242－0004866　R21.4－3007/7.151
[道光]陽曲縣志十六卷　（清）李培謙修
（清）閻士驤纂　清道光二十三年(1843)刻本
十冊

310000－0242－0004867　R21.4－3012/7.21
[乾隆]保德州志十二卷首一卷　（清）王秉韜
纂修　清乾隆五十年(1785)保德州署刻本
十冊

310000－0242－0004868　R21.4－3030/7.412
[乾隆]廣靈縣志十卷首一卷末一卷　（清）郭
磊纂修　清乾隆十九年(1754)刻本　六冊

310000－0242－0004869　R21.4－3032/7.364
[乾隆]渾源州志十卷　（清）桂敬順纂修　清
乾隆二十八年(1763)刻同治九年(1870)孔廣
培增刻本　二冊

310000－0242－0004870　R21.4－3032/7.428
[順治]渾源州志二卷　（清）張崇德纂修　清
順治十八年(1661)刻本　四冊

310000－0242－0004871　R21.4－3032/7.506
[光緒]渾源州續志十卷　（清）賀澍恩修
（清）程續纂　清光緒七年(1881)刻本　六冊

310000－0242－0004872　R21.4－3048/7.312
[同治]榆次縣志十六卷首一卷末一卷　（清）
俞世銓纂　[光緒]榆次縣續志四卷　（清）吳

師祁修　（清）黃汝梅纂　清光緒十一年
(1885)刻本　十冊

310000－0242－0004873　R21.4－3051/A7.566
[光緒]平定州志補一卷　（清）葛士達纂　清
光緒十八年(1892)刻本　一冊

310000－0242－0004874　R21.4－3057/7.674
[光緒]祁縣志十六卷　（清）劉發岅修
（清）李芬纂　清光緒八年(1882)刻本　十冊

310000－0242－0004875　R21.4－3058/7.389
[光緒]平遙縣志十二卷　（清）恩端修
（清）武達才纂　清光緒九年(1883)刻本　三
冊

310000－0242－0004876　R21.4－3059/7.393
[嘉慶]介休縣志十四卷　（清）徐品山修
（清）陸元鏸纂　清嘉慶二十四年(1819)刻本
八冊

310000－0242－0004877　R21.4－3061/7.645
[乾隆]孝義縣志二十卷　（清）鄧必安纂修
清光緒六年(1880)刻本　八冊

310000－0242－0004878　R21.4－3062/7.151
[乾隆]汾陽縣志十四卷首一卷　（清）李文起
修　（清）戴震纂　清乾隆三十七年(1772)刻
本　八冊

310000－0242－0004879　R21.4－3062/7.248
[咸豐]汾陽縣志十四卷首一卷　（清）周貽纓
修　（清）霍慶姚纂　清咸豐元年(1851)刻本
八冊

310000－0242－0004880　R21.4－3066/7.300
[光緒]文水縣志十二卷首一卷末一卷　（清）
范啓塈修　（清）陰步霞纂　清光緒九年
(1883)刻本　六冊

310000－0242－0004881　R21.4－3083/7.523
[乾隆]高平縣志二十二卷末一卷　（清）傅德
宜修　（清）戴純纂　清乾隆三十九年(1774)
刻本　六冊

310000－0242－0004882　R21.4－3083/7.682
[同治]高平縣志八卷　（清）龍汝霖纂修　清

同治六年(1867)刻本　六冊

310000－0242－0004883　R21.4－3084/7.211
[光緒]鳳臺縣志二十卷　（清）林荔修
（清）姚學甲纂　清光緒十八年(1892)刻本
十二冊

310000－0242－0004884　R21.4－3084/A7.428
[光緒]鳳臺縣續志四卷首一卷　（清）張貽琯
修　（清）郭維垣纂　清光緒八年(1882)刻本
四冊

310000－0242－0004885　R21.4－3084/A7.428C2
[光緒]鳳臺縣續志四卷首一卷　（清）張貽琯
修　（清）郭維垣纂　清光緒八年(1882)刻本
四冊

310000－0242－0004886　R21.4－3089/7.568
[光緒]沁源縣續志四卷　（清）董餘三纂修
清光緒七年(1881)刻本　四冊

310000－0242－0004887　R21.4－3089/7.722
[雍正]沁源縣志十卷　（清）韓瑛纂　（清）
王廷掄續纂　清雍正八年(1730)刻光緒七年
(1881)印本　四冊

310000－0242－0004888　R21.4－3103/A7.556
[道光]趙城縣志三十七卷首一卷　（清）楊延
亮纂　清道光七年(1827)刻本　八冊

310000－0242－0004889　R21.4－3106/7.629
[同治]浮山縣志三十七卷　（清）慶鍾纂修
清同治十三年(1874)刻本　八冊

310000－0242－0004890　R21.4－3108/A7.428
[光緒]續修曲沃縣志三十二卷　（清）張鴻逵
修　（清）韓子泰纂　清光緒六年(1880)刻本
六冊

310000－0242－0004891　R21.4－3109/7.151
[道光]太平縣志十六卷首一卷　（清）李炳彥
修　（清）梁棲鸞纂　清道光五年(1825)刻本
八冊

310000－0242－0004892　R21.4－3109/7.598
[雍正]襄陵縣志二十四卷　（清）趙懋本修
（清）盧秉純纂　清雍正十年(1732)刻本　十

二冊

310000－0242－0004893　R21.4－3124/7.151
[光緒]直隸絳州志二十卷首一卷　（清）李煥
揚修　（清）張于鑄纂　清光緒五年(1879)刻
本　十冊

310000－0242－0004894　R21.4－3126/7.491
[光緒]夏縣志十卷　（清）黃緝榮修　（清）
張承熊纂　清光緒六年(1880)刻本　四冊

310000－0242－0004895　R21.4－3128/7.143
[乾隆]解州志十八卷首一卷　（清）言如泗纂
修　清乾隆二十八年(1763)刻本　六冊

310000－0242－0004896　R21.4－3128/7.143C2
[乾隆]解州志十八卷首一卷　（清）言如泗纂
修　清乾隆二十八年(1763)刻本　六冊

310000－0242－0004897　R21.5－1/6.598
[嘉靖]陝西通志四十卷　（明）趙廷瑞修
（明）馬理纂　明嘉靖二十一年(1542)刻本
十七冊

310000－0242－0004898　R21.5－1/7.674
[雍正]陝西通志一百卷首一卷　（清）劉於義
修　（清）沈青崖纂　清雍正十三年(1735)刻
本　一百冊

310000－0242－0004899　R21.5－1/7.674C2
[雍正]陝西通志一百卷首一卷　（清）劉於義
修　（清）沈青崖纂　清雍正十三年(1735)刻
本　一百冊

310000－0242－0004900　R21.5－102/7.616
[道光]咸陽縣志二十二卷首一卷　（清）臧應
桐纂修　清道光十六年(1836)刻本　十二冊

310000－0242－0004901　R21.5－203/7.550
[乾隆]鳳翔府志十二卷首一卷　（清）達靈阿
修　（清）周方炯纂　清乾隆三十一年(1766)
刻本　十三冊

310000－0242－0004902　R21.5－207/7.18
[咸豐]同州府志三十四卷首一卷附文徵錄三卷
（清）文廉修　（清）蔣湘南纂　清咸豐二年
(1852)刻光緒七年(1881)重印本　二十四冊

310000－0242－0004903　R21.5－3001/A7.332

[嘉慶]咸寧縣志二十六卷首一卷　(清)高廷法修　(清)陸耀通纂　清嘉慶二十四年(1819)刻本　八冊

310000－0242－0004904　R21.5－3002/6.170

[嘉靖]高陵縣志七卷附呂涇野先生續傳一卷　(明)呂柟纂修　清光緒十年(1884)刻本　二冊

310000－0242－0004905　R21.5－3002/6.170C2

[嘉靖]高陵縣志七卷　(明)呂柟纂修　清嘉慶三年(1798)刻本　四冊

310000－0242－0004906　R21.5－3002/7.535

[光緒]高陵縣續志八卷　(清)程維雍修　(清)白遇道纂　清光緒十四年(1888)刻本　二冊

310000－0242－0004907　R21.5－3003/7.525

[光緒]三原縣新志八卷　(清)焦雲龍修　(清)賀瑞麟纂　清光緒六年(1880)刻本　六冊

310000－0242－0004908　R21.5－3004/7.641

[光緒]富平縣志稿十卷　樊增祥修　(清)譚麐纂　清光緒十七年(1891)刻本　十冊

310000－0242－0004909　R21.5－3004/7.641C2

[光緒]富平縣志稿十卷　樊增祥修　(清)譚麐纂　清光緒十七年(1891)刻本　十冊

310000－0242－0004910　R21.5－3008/7.749

[乾隆]澄城縣志二十卷　(清)戴治修　(清)洪亮吉　(清)孫星衍纂　清乾隆四十九年(1784)刻本　四冊

310000－0242－0004911　R21.5－3009/7.335

[乾隆]郃陽縣全志四卷　(清)席奉乾修　(清)孫景烈纂　清乾隆三十四年(1769)刻本　四冊

310000－0242－0004912　R21.5－3010/7.523

[乾隆]韓城縣志十六卷　(清)傅應奎修　(清)錢坫纂　清乾隆四十九年(1784)刻本　六冊

310000－0242－0004913　R21.5－3010/7.703

[嘉慶]韓城縣續志五卷　(清)冀蘭泰修　(清)陸耀通纂　清嘉慶二十三年(1818)刻本　一冊

310000－0242－0004914　R21.5－3011/7.618

[道光]大荔縣志十六卷附足徵錄四卷　(清)熊兆麟纂修　清道光三十年(1850)刻本　六冊

310000－0242－0004915　R21.5－3011/A7.248

[光緒]大荔縣續志十二卷首一卷附足徵錄四卷　(清)周銘旂修　(清)李志復纂　清光緒十一年(1885)馮翊書院刻本　六冊

310000－0242－0004916　R21.5－3012/7.242

[乾隆]朝邑縣志十一卷首一卷　(清)金嘉琰修　(清)錢坫纂　清乾隆五十四年(1789)刻本　四冊

310000－0242－0004917　R21.5－3012/A6.21

[萬曆]續朝邑縣志八卷　(明)郭實修　(明)王學謨纂　清康熙五十一年(1712)刻本　二冊

310000－0242－0004918　R21.5－3012/B7.21

[康熙]朝邑縣後志八卷　(清)王兆鰲纂修　清康熙五十一年(1712)刻本　三冊

310000－0242－0004919　R21.5－3015/6.151

[隆慶]華州志二十四卷　(明)李可久修　(明)張光孝纂　明隆慶六年(1572)刻本　六冊

310000－0242－0004920　R21.5－3015/7.477

[康熙]華州續志四卷　(清)馮昌奕修　(清)劉遇奇纂　清康熙二十三年(1684)刻本　六冊

310000－0242－0004921　R21.5－3020/7.791

[乾隆]興平縣志二十五卷　(清)顧聲雷修　(清)張塤纂　清乾隆四十二年(1777)刻本　八冊

310000－0242－0004922　R21.5－3022/6.415

[正德]武功縣志三卷首一卷　(明)康海纂修

（清）孫景烈評注　清同治十二年（1873）湖北崇文書局刻本　一冊

310000－0242－0004923　R21.5－3022/6.415C2
[正德]武功縣志三卷首一卷　（明）康海纂修（清）孫景烈評注　清乾隆二十六年（1761）刻本　一冊

310000－0242－0004924　R21.5－3022/6.415C3
[正德]武功縣志三卷首一卷　（明）康海纂修（清）孫景烈評注　清同治十二年（1873）湖北崇文書局刻本　一冊

310000－0242－0004925　R21.5－3023/7.122
[嘉慶]扶風縣志十八卷首一卷　（清）宋世犖修　（清）吳鵬翔纂　清嘉慶二十三年（1818）刻本　四冊

310000－0242－0004926　R21.5－3024/8.128
[宣統]郿縣志十八卷首一卷　沈錫榮纂修清宣統二年（1910）陝西圖書館鉛印本　四冊

310000－0242－0004927　R21.5－3025/7.271
[光緒]岐山縣志八卷　（清）胡昇猷修（清）張殿元纂　清光緒十年（1884）刻本　四冊

310000－0242－0004928　R21.5－3028/7.775
[道光]重修汧陽縣志十二卷首一卷　（清）羅曰璧纂修　清道光二十一年（1841）刻本　四冊

310000－0242－0004929　R21.5－3029/A7.164
[乾隆]隴州續志八卷首一卷末一卷　（清）吳炳纂修　清乾隆三十一年（1766）刻本　十冊

310000－0242－0004930　R21.5－3029/A7.164C2
[乾隆]隴州續志八卷首一卷末一卷　（清）吳炳纂修　清乾隆三十一年（1766）刻本　四冊

310000－0242－0004931　R21.5－3030/7.164
[康熙]麟遊縣志五卷　（清）吳汝為修（清）劉元泰纂　（清）范光曦續纂　清康熙四十七年（1708）刻本　二冊

310000－0242－0004932　R21.5－3030/7.486
[光緒]麟遊縣新志草十卷首一卷　（清）彭洵

纂修　清光緒九年（1883）刻本　四冊

310000－0242－0004933　R21.5－3031/7.641
[嘉慶]長武縣志十二卷　（清）樊士鋒修（清）洪亮吉纂　清嘉慶二十四年（1819）刻本　四冊

310000－0242－0004934　R21.5－3036/7.248
[光緒]乾州志稿十四卷首一卷附別錄四卷乾州志稿補正一卷乾陽殉難士女錄一卷　（清）周銘旂纂修　清光緒十一年（1885）刻本　七冊

310000－0242－0004935　R21.5－3038/7.566
[乾隆]涇陽縣志十卷　（清）葛晨纂　清乾隆四十三年（1778）刻本　六冊

310000－0242－0004936　R21.5－3038/7.674
[宣統]重修涇陽縣志十六卷首一卷末一卷（清）劉懋官修　（清）周斯億纂　清宣統三年（1911）天津華新印刷局鉛印本　四冊

310000－0242－0004937　R21.5－3118/7.522
[道光]石泉縣志四卷　（清）舒鈞纂修　清道光二十九年（1849）刻本　二冊

310000－0242－0004938　R21.5－3129/7.21
[乾隆]南鄭縣志十六卷　（清）王行儉纂修清乾隆五十九年（1794）刻本　四冊

310000－0242－0004939　R21.5－3135/7.428
[道光]續修甯羌州志四卷　（清）張廷槐纂修　清道光十二年（1832）刻本　四冊

310000－0242－0004940　R21.5－3136/7.765
[道光]重修畧陽縣志四卷新續畧陽縣志備攷一卷　（清）譚瑀修　（清）黎成德纂　清光緒三十年（1904）刻本　五冊

310000－0242－0004941　R21.6－1/7.407
[乾隆]甘肅通志五十卷首一卷　（清）許容修（清）李迪纂　清乾隆元年（1736）刻本　三十六冊

310000－0242－0004942　R21.6－3009/7.491
[乾隆]皋蘭縣志二十卷　（清）吳鼎新修（清）黃建中纂　清乾隆四十三年（1778）刻本

四冊

310000－0242－0004943　R21.6－3060/7.312

[光緒]秦州直隸州新志二十四卷　（清）余澤春修　（清）王權編　清光緒十五年(1889)刻本　十六冊

310000－0242－0004944　R21.6－3064/7.491

[乾隆]成縣新志四卷　（清）黃泳修　（清）汪于雍纂　清乾隆六年(1741)刻本　四冊

310000－0242－0004945　R21.6－3067/7.271

[乾隆]寧遠縣志續畧八卷　（清）胡奠域修（清）于纘周纂　清乾隆二十七年(1762)刻本　一冊

310000－0242－0004946　R21.6－3096/7.784

[道光]敦煌縣志七卷首一卷　（清）蘇履吉修　（清）曾誠纂　清道光十一年(1831)刻本　四冊

310000－0242－0004947　R21.6－5/752.5

寫本甘肅地略六卷　（□）□□撰　清寫本　二冊

310000－0242－0004948　R21.7－201/7.556

[乾隆]西寧府新志四十卷　（清）楊應琚纂修　清乾隆十二年(1747)刻本　二十二冊

310000－0242－0004949　R22.1－1/7.164

[光緒]江蘇全省輿圖　（清）諸可寶撰（清）吳壽萱測算　（清）雷鳴夏繪製　清光緒二十一年(1895)江蘇書局刻本　二冊

310000－0242－0004950　R22.1－1/7.527

[同治]江蘇全省輿圖　（清）曾國藩編　清同治七年(1868)刻本　二十五冊

310000－0242－0004951　R22.1－1/7.527C2

[同治]江蘇全省輿圖　（清）曾國藩編　清同治七年(1868)刻本　二十四冊　缺二里半方輿圖第十四排

310000－0242－0004952　R22.1－1/7.527C3

[同治]江蘇全省輿圖　（清）曾國藩編　清同治七年(1868)刻本　二十一冊　缺二里半方輿圖第五、十二至十四排

310000－0242－0004953　R22.1－1/7.688C2

[光緒]江蘇全省輿圖　（清）諸可寶撰（清）吳壽萱測算　（清）雷鳴夏繪製　清光緒二十一年(1895)江蘇書局刻本　三冊

310000－0242－0004954　R22.1－1/7.688C3

[光緒]江蘇全省輿圖　（清）諸可寶撰（清）吳壽萱測算　（清）雷鳴夏繪製　清光緒二十一年(1895)江蘇書局刻本　三冊

310000－0242－0004955　R22.1－1/752

江寧藩司所屬四府二州一廳三十一縣二州地理全圖圖說一冊圖四十三幅　（清）□□輯　清精繪本　一冊

310000－0242－0004956　R22.1－101/5.352

[景定]建康志五十卷　（宋）馬光祖修（宋）周應合纂　清嘉慶六年(1801)刻本　二十四冊

310000－0242－0004957　R22.1－107/E7.21

[嘉慶]開沙志二卷　（清）王錫極纂　（清）丁時需增修　清宣統三年(1911)鉛印本　一冊

310000－0242－0004958　R22.1－201/7.170

[嘉慶]重刊江寧府志五十六卷　（清）呂燕昭修　（清）姚鼐纂　清光緒六年(1880)刻本　十二冊

310000－0242－0004959　R22.1－201/7.650

[光緒]續纂江寧府志十五卷首一卷　（清）蔣啟勛修　（清）汪士鐸纂　清光緒七年(1881)刻本　十二冊

310000－0242－0004960　R22.1－201/7.650C2

[光緒]續纂江寧府志十五卷首一卷　（清）蔣啟勛修　（清）汪士鐸纂　清光緒七年(1881)刻本　十二冊

310000－0242－0004961　R22.1－201/7.650C3

[光緒]續纂江寧府志十五卷首一卷　（清）蔣啟勛修　（清）汪士鐸纂　清光緒七年(1881)刻本　十二冊

310000－0242－0004962　R22.1－202/7.122

[道光]蘇州府志一百五十卷首十卷 （清）宋如林修 （清）石韞玉纂 清道光四年(1824)刻本 六十四冊

310000－0242－0004963 R22.1－202/7.151
[光緒]蘇州府志一百五十卷首三卷 （清）李銘皖修 （清）馮桂芬纂 清光緒九年(1883)刻本 八十冊

310000－0242－0004964 R22.1－202/7.151C2
[光緒]蘇州府志一百五十卷首三卷 （清）李銘皖修 （清）馮桂芬纂 清光緒九年(1883)刻本 五冊 存三十七卷(一至四、三十一至六十,首三卷)

310000－0242－0004965 R22.1－202/7.501
[乾隆]蘇州府志八十卷首一卷 （清）雅爾哈善修 （清）習寯纂 清乾隆十三年(1748)刻本 四十冊

310000－0242－0004966 R22.1－203/7.122
[嘉慶]松江府志八十四卷首二卷 （清）宋如林修 （清）莫晉 （清）孫星衍纂 清嘉慶二十四年(1819)刻本 四十冊

310000－0242－0004967 R22.1－203/7.412
[康熙]松江府志五十四卷圖經一卷 （清）郭廷弼修 （清）周建鼎纂 清康熙二年(1663)刻本 二十冊

310000－0242－0004968 R22.1－203/7.486
[光緒]松江府續志四十卷首一卷 （清）楊開第修 （清）姚光發纂 清光緒十年(1884)刻本 二十四冊

310000－0242－0004969 R22.1－204/7.9
[光緒]常州府志三十八卷首一卷 （清）于琨修 （清）陳玉璂纂 附校勘記一卷 （清）陸彥和撰 清光緒十二年(1886)木活字印本 二十一冊

310000－0242－0004970 R22.1－205/5.700
嘉定鎮江志二十二卷首一卷 （宋）盧憲纂修 附錄一卷校勘記二卷 （清）劉文淇等撰 清道光二十二年(1842)丹徒包氏刻本 七冊

310000－0242－0004971 R22.1－206/7.375
[光緒]淮安府志四十卷首一卷附淮安藝文志 （清）孫雲錦修 （清）吳昆田纂 清光緒十年(1884)刻本 二十四冊

310000－0242－0004972 R22.1－206/7.712
[乾隆]淮安府志三十二卷 （清）衛哲治修 （清）葉長揚 （清）顧棟高纂 清咸豐二年(1852)刻本 十五冊

310000－0242－0004973 R22.1－207/7.231
[嘉慶]重修揚州府志七十二卷首一卷 （清）張世浣 （清）嵩年修 （清）姚文田纂 清嘉慶十五年(1810)刻本 二十三冊 存三十七卷(一至八、二十至三十五、四十八、五十一、五十七至五十九、六十四至七十一)

310000－0242－0004974 R22.1－207/7.35
[雍正]揚州府志四十卷 （清）尹會一修 （清）程夢星纂 清雍正十一年(1733)刻本 十六冊

310000－0242－0004975 R22.1－207/A7.306
[同治]續纂揚州府志二十四卷 （清）英傑修 （清）晏端書纂 清同治十三年(1874)刻本 八冊

310000－0242－0004976 R22.1－207/Λ7.306C2
[同治]續纂揚州府志二十四卷 （清）英傑修 （清）晏端書纂 清同治十三年(1874)刻本 八冊

310000－0242－0004977 R22.1－208/7.164
[同治]徐州府志二十五卷 （清）吳世熊 （清）朱忻修 （清）劉庠纂 清同治十三年(1874)刻本 十六冊

310000－0242－0004978 R22.1－208/7.21
[乾隆]徐州府志三十卷首一卷 （清）王峻修 （清）石傑纂 清乾隆七年(1742)刻本 十二冊

310000－0242－0004979 R22.1－3001/7.178
[光緒]丹徒縣誌六十卷首四卷 （清）何紹章修 （清）呂耀斗纂 清光緒五年(1879)刻本 三十二冊

310000－0242－0004980　R22.1－3001/7.428
[嘉慶]長安縣志三十六卷　（清）張聰賢修
（清）董曾臣纂　清同治十一年(1872)刻本
四冊

310000－0242－0004981　R22.1－3001/7.512
[嘉慶]丹徒縣誌四十七卷首四卷　（清）貴中
孚修　（清）蔣宗海纂　清嘉慶十年(1805)刻
本　十八冊

310000－0242－0004982　R22.1－3001/7.556
[嘉慶]丹徒縣誌四十七卷首四卷　（清）貴中
孚修　（清）蔣宗海纂　清嘉慶十年(1805)刻
本　四冊　存十四卷(四至十七)

310000－0242－0004983　R22.1－3003/7.343
[光緒]丹陽縣誌三十六卷首一卷　（清）凌焯
修　（清）徐錫麟纂　清光緒十一年(1885)刻
本　十六冊

310000－0242－0004984　R22.1－3003/7.343C2
[光緒]丹陽縣誌三十六卷首一卷　（清）凌焯
修　（清）徐錫麟纂　**續誌二十四卷**　胡為和
修　孫國鈞纂　**補遺二十卷**　孫國鈞纂修
清光緒十一年(1885)刻本　二十二冊

310000－0242－0004985　R22.1－3004/7.370
[光緒]金壇縣誌十六卷首一卷　（清）夏宗彝
修　（清）汪國鳳纂　清光緒十一年(1885)木
活字印本　十二冊

310000－0242－0004986　R22.1－3005/7.441
[嘉慶]溧陽縣誌十六卷　（清）陳鴻壽修
（清）史炳纂　清嘉慶十八年(1813)刻本　十
冊

310000－0242－0004987　R22.1－3005/7.441A
[光緒]溧陽縣誌十六卷　（清）陳鴻壽修
（清）史炳纂　清光緒二十二年(1896)木活字
印本　十冊

310000－0242－0004988　R22.1－3005/8.98
[光緒]溧陽縣續志十六卷補遺一卷　（清）朱
畯修　馮煦纂　清光緒二十五年(1899)木活
字印本　六冊

310000－0242－0004989　R22.1－3006/7.162
[嘉慶]重刊宜興縣志四卷首一卷　（清）阮升
基修　（清）寧楷纂　清光緒八年(1882)刻本
二冊

310000－0242－0004990　R22.1－3006/7.337
[嘉慶]重刊宜興縣舊志十卷首一卷末一卷
（清）李先榮修　（清）徐嗜鳳纂　清光緒八年
(1882)刻本　十冊

310000－0242－0004991　R22.1－3006/8.98
[光緒]溧陽縣續志十六卷補遺一卷　（清）朱
畯修　馮煦纂　清光緒二十五年(1899)木活
字印本　六冊

310000－0242－0004992　R22.1－3006/A7.337
[嘉慶]重刊荊溪縣志四卷首一卷　（清）唐仲
冕修　（清）寧楷纂　清光緒八年(1882)刻本
二冊

310000－0242－0004993　R22.1－3006/B7.265
[光緒]宜興荊溪縣新志十卷首一卷末一卷
（清）施惠　（清）錢志澄修　（清）吳景牆纂
清光緒八年(1882)刻宜興荊溪舊志五種本
八冊

310000－0242－0004994　R22.1－3006/B7.265C2
[光緒]宜興荊溪縣新志十卷首一卷末一卷
（清）施惠　（清）錢志澄修　（清）吳景牆纂
清光緒八年(1882)刻宜興荊溪舊志五種本
八冊

310000－0242－0004995　R22.1－3006/B7.791
[嘉慶]重刊續纂宜荊縣誌十卷首一卷　（清）
顧名修　（清）吳德旋纂　清光緒八年(1882)
刻本　四冊

310000－0242－0004996　R22.1－3006/B7.791C2
[嘉慶]重刊續纂宜荊縣誌十卷首一卷　（清）
顧名修　（清）吳德旋纂　清道光二十年
(1840)刻本　四冊

310000－0242－0004997　R22.1－3007/7.556
[光緒]江蘇高淳縣誌二十八卷首一卷　（清）
楊福鼎修　（清）陳嘉謀纂　清光緒七年
(1881)刻本　十冊

310000－0242－0004998　R22.1－3008/7.523

[光緒]溧水縣誌二十二卷首一卷　（清）傅觀光修　（清）丁維城纂　清光緒十五年(1889)刻本　十二冊

310000－0242－0004999　R22.1－3009/7.420

[乾隆]句容縣誌十卷首一卷末一卷　（清）曹襲先纂　清光緒二十六年(1900)刻本　八冊

310000－0242－0005000　R22.1－3009/7.428

[光緒]續纂句容縣誌二十卷首一卷末一卷（清）張紹棠修　（清）蕭穆纂　清光緒三十年(1904)刻本　二十冊

310000－0242－0005001　R22.1－3010/6.151

[萬曆]上元縣誌十二卷　（明）程三省修（明）李登等纂　明萬曆二十一年(1593)抄本　五冊

310000－0242－0005002　R22.1－3010/B7.451

[同治]上元江寧合志二十九卷首一卷　（清）莫祥芝　（清）甘紹盤修　（清）汪士鐸纂　清同治十三年(1874)刻本　十二冊

310000－0242－0005003　R22.1－3010/B7.451C2

[同治]上元江寧合志二十九卷首一卷　（清）莫祥芝　（清）甘紹盤修　（清）汪士鐸纂　清同治十三年(1874)刻本　十二冊

310000－0242－0005004　R22.1－3010/E8.441

[宣統]上元江寧鄉土合志六卷　陳作霖編清宣統二年(1910)江楚編譯書局刻本　一冊

310000－0242－0005005　R22.1－3020/7.151

[康熙]江都縣誌十六卷　（清）李蘇纂修　清康熙五十六年(1717)刻本　四冊

310000－0242－0005006　R22.1－3020/7.332

[乾隆]江都縣誌三十二卷圖式一卷　（清）五格　（清）黃湘修　（清）程夢星纂　清光緒七年(1881)刻本　十冊

310000－0242－0005007　R22.1－3020/A7.21

[嘉慶]江都縣續志十二卷首一卷　（清）王逢源修　（清）李保泰纂　清光緒七年(1881)刻本　四冊

310000－0242－0005008　R22.1－3020/A7.21C2

[嘉慶]江都縣續志十二卷首一卷　（清）王逢源修　（清）李保泰纂　清光緒七年(1881)刻本　四冊

310000－0242－0005009　R22.1－3020/A7.393

[光緒]增修甘泉縣誌二十四卷首一卷　（清）徐成敊等修　（清）陳浩恩等纂　清光緒七年(1881)木活字印本　二十冊

310000－0242－0005010　R22.1－3020/A7.717

[光緒]江都縣續志三十卷首一卷　（清）謝延庚修　（清）劉壽曾纂　清光緒十年(1884)刻本　八冊

310000－0242－0005011　R22.1－3020/D7.568

甘棠小志四卷首圖一卷　（清）董醇編纂　清咸豐五年(1855)刻本　二冊

310000－0242－0005012　R22.1－3021/7.477

[嘉慶]高郵州志十二卷首一卷　（清）楊宜崙修　（清）夏之蓉　（清）沈之本纂　（清）馮馨續修　（清）王念孫續纂　清嘉慶十八年(1813)刻二十年(1815)增刻本　六冊

310000－0242－0005013　R22.1－3021/7.61

「道光]續增高郵州志六卷　（清）左輝春纂修　清道光二十三年(1843)刻本　二冊

310000－0242－0005014　R22.1－3021/A7.795

[光緒]再續高郵州志八卷首一卷　（清）龔定瀛修　（清）夏子鍚纂　清光緒九年(1883)刻本　四冊

310000－0242－0005015　R22.1－3022/7.228

[道光]寶應縣誌二十八卷　（清）孟毓蘭修（清）范士齡纂　清道光二十一年(1841)刻本　十冊

310000－0242－0005016　R22.1－3022/7.674

[光緒]江蘇寶應圖經六卷首一卷　（清）劉寶楠纂修　清光緒九年(1883)淮南書局刻本　四冊

310000－0242－0005017　R22.1－3022/7.674C2

[光緒]江蘇寶應圖經六卷首一卷　（清）劉寶

楠纂修　清光緒九年（1883）淮南書局刻本
四冊

310000－0242－0005018　R22.1－3023/7.402
[咸豐]重修興化縣誌十卷　（清）梁園棣修
（清）薛樹聲纂　清咸豐二年（1852）刻本　八
冊

310000－0242－0005019　R22.1－3023/7.402C2
[咸豐]重修興化縣誌十卷　（清）梁園棣修
（清）薛樹聲纂　清咸豐二年（1852）刻本　四
冊　存五卷（一至五）

310000－0242－0005020　R22.1－3025/6.491
[萬曆]泰州志四卷　（明）黃佑纂修　明萬曆
三十二年（1604）抄本　四冊

310000－0242－0005021　R22.1－3025/6.674
[崇禎]泰州志十卷　（明）劉萬春纂修　清抄
本　十一冊

310000－0242－0005022　R22.1－3025/7.441
[道光]泰州志三十六卷首一卷　（清）陳道坦
修　（清）劉鈖纂　泰州志刊謬二卷　（清）任
玉撰　清道光七年（1827）刻本（刊謬二卷爲
清道光十年刻本）　八冊

310000－0242－0005023　R22.1－3025/C8.352
[光緒]泰州鄉土志泰州歷史一卷泰州地理一
卷　（清）馬錫純編　清光緒三十四年（1908）
泰州教育會勸學所石印本　一冊

310000－0242－0005024　R22.1－3025/C8.352C2
[光緒]泰州鄉土志泰州歷史一卷泰州地理一
卷　（清）馬錫純編　清光緒三十四年（1908）
泰州教育會勸學所石印本　一冊

310000－0242－0005025　R22.1－3026/7.562
[光緒]靖江縣誌十六卷首一卷　（清）葉滋森
修　（清）褚翔纂　清光緒五年（1879）刻本
八冊

310000－0242－0005026　R22.1－3026/7.562C2
[光緒]靖江縣誌十六卷首一卷　（清）葉滋森
修　（清）褚翔纂　清光緒五年（1879）刻本
八冊

310000－0242－0005027　R22.1－3026/7.661
[康熙]靖江縣誌十八卷首一卷　（清）鄭重纂
修　清康熙八年（1669）刻本　六冊

310000－0242－0005028　R22.1－3027/7.556
[光緒]泰興縣誌二十六卷首一卷末一卷
（清）楊激雲修　（清）顧曾烜纂　清光緒十二
年（1886）刻本　十冊

310000－0242－0005029　R22.1－3027/7.705
泰興縣誌四卷　（清）錢見龍　（清）吳樸纂
清抄本　八冊

310000－0242－0005030　R22.1－3027/7.705C2
泰興縣誌四卷　（清）錢見龍　（清）吳樸纂
清抄本　八冊

310000－0242－0005031　R22.1－3029/7.21
[光緒]重修儀徵縣誌五十卷首一卷　（清）王
檢心修　（清）劉文淇纂　清光緒十六年
（1890）刻本　二十四冊

310000－0242－0005032　R22.1－3030/7.717
[光緒]六合縣志八卷　（清）謝延庚修
（清）賀廷壽纂　清光緒十年（1884）刻本　十
冊

310000－0242－0005033　R22.1－3041/7.164
[同治]清河縣誌二十四卷首一卷附編二卷
（清）吳棠修　（清）魯一同纂　清同治四年
（1865）尊經閣刻本　六冊

310000－0242－0005034　R22.1－3041/7.565
[光緒]清河縣誌二十六卷　（清）萬青選修
（清）吳昆田纂　清光緒五年（1879）刻本　三
冊

310000－0242－0005035　R22.1－3046/7.375
[同治]山陽縣誌二十一卷　（清）孫雲修
（清）何紹基　（清）丁晏纂　清同治十二年
（1873）刻本　八冊

310000－0242－0005036　R22.1－3048/7.21
[光緒]盱眙縣志稿十七卷　（清）王錫元纂修
清光緒二十九年（1903）刻本　八冊

310000－0242－0005037　R22.1－3050/7.151

225

[同治]宿遷縣誌十九卷　（清）李德溥修
（清）方駿謨纂　清同治十三年（1874）刻本
六冊

310000－0242－0005038　R22.1－3061/7.359
[光緒]徐州府銅山縣鄉土志一卷　（清）袁國
鈞修　（清）楊世楨纂　清光緒三十年（1904）
刻本　二冊

310000－0242－0005039　R22.1－3062/7.568
[咸豐]邳州志二十卷首一卷　（清）董用威修
（清）魯一同纂　清咸豐元年（1851）刻本
四冊

310000－0242－0005040　R22.1－3062/7.568C2
[咸豐]邳州志二十卷首一卷　（清）董用威修
（清）魯一同纂　清咸豐元年（1851）刻本
四冊

310000－0242－0005041　R22.1－3062/7.568C3
[咸豐]邳州志二十卷首一卷　（清）董用威修
（清）魯一同纂　清咸豐元年（1851）刻本
四冊

310000－0242－0005042　R22.1－3064/7.21
[光緒]贛榆縣誌十八卷　（清）王豫熙纂修
清光緒十四年（1888）刻本　四冊

310000－0242－0005043　R22.1－3065/7.337
[嘉慶]海州直隸州志三十二卷　（清）唐仲冕
修　（清）汪梅鼎纂　清嘉慶十六年（1811）刻
本　十冊

310000－0242－0005044　R22.1－3066/7.311
[光緒]睢寧縣誌槀十八卷　（清）侯紹瀛修
（清）丁顯纂　清光緒十二年（1886）刻本　六
冊

310000－0242－0005045　R22.1－3078/7.674
[光緒]江蘇鹽城縣誌十七卷首一卷　（清）劉
崇照修　（清）陳玉樹纂　清光緒二十一年
（1895）刻本　十冊

310000－0242－0005046　R22.1－3079/7.162
[光緒]阜寧縣誌二十四卷首一卷　（清）阮本
焱修　（清）殷自芳纂　清光緒十二年（1886）

刻本　十冊

310000－0242－0005047　R22.1－3081/7.248
[嘉慶]東臺縣誌四十卷　（清）周右纂　清嘉
慶二十二年（1817）刻本　五冊

310000－0242－0005048　R22.1－3081/7.248C2
[嘉慶]東臺縣誌四十卷　（清）周右纂　清嘉
慶二十二年（1817）刻本　十冊

310000－0242－0005049　R22.1－3094/7.21
[乾隆]直隸通州志二十二卷　（清）王繼祖修
（清）夏之蓉纂　清乾隆二十年（1755）刻本
十六冊

310000－0242－0005050　R22.1－3094/7.402
[光緒]通州直隸州志十六卷首一卷末一卷
（清）梁悅馨修　（清）季念詒纂　清光緒二年
（1876）刻本　十六冊

310000－0242－0005051　R22.1－3097/7.211
[光緒]江蘇崇明縣誌十八卷　（清）林達泉修
（清）李聯琇纂　清光緒七年（1881）刻本
十二冊

310000－0242－0005052　R22.1－3097/7.211C2
[光緒]江蘇崇明縣誌十八卷　（清）林達泉修
（清）李聯琇纂　清光緒七年（1881）刻本
十二冊

310000－0242－0005053　R22.1－3097/7.211C3
[光緒]江蘇崇明縣誌十八卷　（清）林達泉修
（清）李聯琇纂　清光緒七年（1881）刻本
十二冊

310000－0242－0005054　R22.1－3098/7.674
[光緒]海門廳圖志二十卷首一卷　（清）劉文
澂修　（清）周家祿纂　清光緒二十六年
（1900）刻本　六冊

310000－0242－0005055　R22.1－3100/7.556
[嘉慶]如皋縣誌二十四卷　（清）楊受廷修
（清）馬汝舟纂　清嘉慶十三年（1808）刻本
十冊

310000－0242－0005056　R22.1－3100/7.661
[乾隆]如皋縣誌三十二卷　（清）鄭見龍修

(清)周植纂　清乾隆十五年(1750)刻本　八冊

310000－0242－0005057　R22.1－3100/A7.248

[同治]如皋縣續志十六卷　(清)周際霖修 (清)周頊纂　清同治十二年(1873)刻本　四冊

310000－0242－0005058　R22.1－3100/A7.300

[道光]如皋縣續志十二卷　(清)范仕義修 (清)吳鎧纂　清道光十七年(1837)刻本　一冊

310000－0242－0005059　R22.1－3111/4.434

吳地記一卷附後集一卷　(唐)陸廣微撰　清 同治十二年(1873)江蘇書局刻本　一冊

310000－0242－0005060　R22.1－3111/4.434C2

吳地記一卷附後集一卷　(唐)陸廣微撰　清 同治十二年(1873)江蘇書局刻本　一冊

310000－0242－0005061　R22.1－3111/5.98

[元豐]吳郡圖經續記三卷　(宋)朱長文纂 清同治十二年(1873)江蘇書局刻本　一冊

310000－0242－0005062　R22.1－3111/5.98C2

[元豐]吳郡圖經續記三卷　(宋)朱長文纂 清同治十二年(1873)江蘇書局刻本　一冊

310000－0242－0005063　R22.1－3111/7.407

[乾隆]長洲縣志三十四卷　(清)許治修 (清)顧詒祿纂　清乾隆三十一年(1766)刻本　十冊

310000－0242－0005064　R22.1－3111/D6.393

橫谿錄八卷　(明)徐鳴時纂　明崇禎二年 (1629)姚希孟抄本　六冊

310000－0242－0005065　R22.1－3111/D7.449

[光緒]周莊鎮志六卷首一卷附貞豐里庚申見 聞錄二卷　(清)陶煦纂修　清光緒八年 (1882)刻本　六冊

310000－0242－0005066　R22.1－3112/5.700

[寶祐]重修琴川志十五卷　(元)盧鎮纂修 清張海鵬刻本　八冊

310000－0242－0005067　R22.1－3112/7.481

[雍正]昭文縣志十卷首一卷　(清)勞必達纂 修　清雍正九年(1731)學愛堂刻本　十冊

310000－0242－0005068　R22.1－3112/7.491

[光緒]琴川三志補記十卷補記續八卷　(清) 黃廷鑑撰　清光緒二十四年(1898)木活字印 本　四冊

310000－0242－0005069　R22.1－3112/7.491A

[道光]虞鄉續記八卷　(清)黃廷鑑撰　清道 光七年(1827)修光緒十九年(1893)曾明章抄 本　三冊

310000－0242－0005070　R22.1－3112/7.556

[康熙]重修常熟縣志二十六卷　(清)楊振藻 修　(清)錢陸燦纂　清康熙二十六年(1687) 刻本　十二冊

310000－0242－0005071　R22.1－3112/B7.21

[乾隆]常昭合志十二卷首一卷　(清)王錦修 (清)言如泗纂　清光緒二十四年(1898)木 活字印本　十四冊

310000－0242－0005072　R22.1－3112/B7.661

[光緒]重修常昭合志稿四十八卷首一卷末一 卷　(清)鄭鍾祥修　(清)龐鴻文纂　清光緒 三十年(1904)木活字印本　十四冊　存四十 二卷(一至三十、三十七至四十八)

310000－0242－0005073　R22.1－3112/B7.661C2

[光緒]重修常昭合志稿四十八卷首一卷末一 卷　(清)鄭鍾祥修　(清)龐鴻文纂　清光緒 三十年(1904)木活字印本　十六冊

310000－0242－0005074　R22.1－3112/B7.661C3

[光緒]重修常昭合志稿四十八卷首一卷末一 卷　(清)鄭鍾祥修　(清)龐鴻文纂　清光緒 三十年(1904)木活字印本　十六冊

310000－0242－0005075　R22.1－3112/D7.265

[道光]璜涇志稿八卷　(清)施若霖纂修　清 道光十年(1830)鉛印本　二冊

310000－0242－0005076　R22.1－3113/7.21

[嘉慶]直隸太倉州志六十五卷　(清)王昶纂 修　清嘉慶七年(1802)刻本　二十四冊

310000－0242－0005077　R22.1－3113/7.705

[宣統]彙刻太倉舊志五種二十六卷附校勘記三卷　（清）錢伊臣等輯　清宣統元年（1909）刻本　六冊

310000－0242－0005078　R22.1－3113/7.705C2

[宣統]彙刻太倉舊志五種二十六卷附校勘記三卷　（清）錢伊臣等輯　清宣統元年（1909）刻本　八冊

310000－0242－0005079　R22.1－3113/7.705A

[光緒]壬癸志稿二十八卷　（清）錢寶琛纂修　清光緒六年（1880）刻本　四冊

310000－0242－0005080　R22.1－3114/7.242

[光緒]崑新兩縣續修合志五十二卷首一卷末一卷　（清）金吳瀾修　（清）汪堃纂　清光緒六年（1880）刻本　二十四冊

310000－0242－0005081　R22.1－3114/7.242C2

[光緒]崑新兩縣續修合志五十二卷首一卷末一卷　（清）金吳瀾修　（清）汪堃纂　清光緒六年（1880）刻本　二十四冊

310000－0242－0005082　R22.1－3114/7.242C3

[光緒]崑新兩縣續修合志五十二卷首一卷末一卷　（清）金吳瀾修　（清）汪堃纂　清光緒六年（1880）刻本　二十四冊

310000－0242－0005083　R22.1－3115/7.441

[乾隆]吳江縣志五十八卷首一卷　（清）陳莫纏修　（清）倪師孟纂　清乾隆十二年（1747）刻本　十二冊

310000－0242－0005084　R22.1－3115/A7.242

[光緒]吳江縣續志四十卷首一卷　（清）金福增修　（清）熊其英纂　清光緒三年（1877）刻本　六冊

310000－0242－0005085　R22.1－3115/D7.248

[嘉慶]同里志二十四卷　（清）周之楨纂輯　清嘉慶十七年（1812）同川書院刻本　十二冊

310000－0242－0005086　R22.1－3115/D7.281

[道光]分湖小識六卷　（清）柳樹芳纂　清道光二十七年（1847）勝谿草堂刻本　六冊

310000－0242－0005087　R22.1－3115/D7.393

[嘉慶]黎里志十六卷首一卷　（清）徐達源纂修　清嘉慶十年（1805）禊湖書院刻本　四冊

310000－0242－0005088　R22.1－3115/D7.393C2

[嘉慶]黎里志十六卷首一卷　（清）徐達源纂修　清嘉慶十年（1805）禊湖書院刻本　四冊

310000－0242－0005089　R22.1－3115/D7.654

[光緒]黎里續志十六卷首一卷　（清）蔡丙圻纂修　清光緒二十五年（1899）禊湖書院刻本　六冊

310000－0242－0005090　R22.1－3115/D7.654C2

[光緒]黎里續志十六卷首一卷　（清）蔡丙圻纂修　清光緒二十五年（1899）禊湖書院刻本　六冊

310000－0242－0005091　R22.1－3115/DA7.491

[光緒]平望續志十二卷首一卷　（清）黃兆樫纂　清光緒十三年（1887）刻本　二冊

310000－0242－0005092　R22.1－3116/7.441

[光緒]震澤縣志三十八卷首一卷　（清）陳和志修　（清）倪師孟等纂　清光緒十九年（1893）刻本　八冊

310000－0242－0005093　R22.1－3117/7.393

[康熙]無錫縣志四十二卷　（清）徐永言修　（清）嚴繩孫纂　清康熙二十九年（1690）刻本　十冊

310000－0242－0005094　R22.1－3117/7.509

[光緒]金匱縣輿地全圖附金匱縣斗則簡明冊二卷　（清）華湛恩撰　清光緒三十四年（1908）鵝湖華存裕堂義莊石印本　六冊

310000－0242－0005095　R22.1－3117/A7.491

錫金識小錄十二卷附寶鎮續編二冊　（清）黃印輯　清光緒二十二年（1896）刻本　八冊

310000－0242－0005096　R22.1－3117/B7.151

[道光]無錫金匱續志十卷首一卷　（清）李彭齡修　（清）楊熙之纂　清道光二十年（1840）刻本　八冊

310000－0242－0005097　R22.1－3117/B7.615

[光緒]無錫金匱縣志四十卷首一卷附殉難紳
民表烈女姓氏錄　（清）裴大中修　（清）秦緗
業纂　清光緒七年(1881)刻本　十八冊

310000－0242－0005098　R22.1－3117/B7.722

[嘉慶]無錫金匱縣志四十卷首一卷　（清）韓
履寵修　（清）秦瀛纂　清嘉慶十八年(1813)
刻本　十六冊

310000－0242－0005099　R22.1－3117/D7.164

[光緒]泰伯梅里志八卷　（清）吳熙編輯　清
光緒二十三年(1897)泰伯廟東院刻本　四冊

310000－0242－0005100　R22.1－3117/D7.93

[同治]梅里志四卷首一卷附錄一卷　（清）吳
存禮編　（清）蔡永清校　清同治八年(1869)
泰伯廟西院刻本　四冊

310000－0242－0005101　R22.1－3117/E8.311

[光緒]錫金鄉土史地二卷地理二卷　侯鴻鑑
著　清光緒三十四年(1908)無錫文苑閣木活
字印本　一冊

310000－0242－0005102　R22.1－3117/E8.311A

[光緒]錫金鄉土地理二卷　侯鴻鑑著　清光
緒三十四年(1908)無錫文苑閣木活字印本
一冊

310000－0242－0005103　R22.1－3118/207

武陽城鄉全境圖一卷　（□）□□撰　清刻本
一冊

310000－0242－0005104　R22.1－3118/207B

[宣統]武陽城鄉區域始末記一卷　陳壽人修
惲莘耘纂　清宣統二年(1910)木活字印本
一冊

310000－0242－0005105　R22.1－3118/7.375

[光緒]武進陽湖合志三十六卷首一卷　（清）
孫琬修　（清）李兆洛纂　清光緒十二年
(1886)木活字印本　三十冊

310000－0242－0005106　R22.1－3118/B7.21

[光緒]武進陽湖縣志三十卷首一卷　（清）王
其淦修　（清）湯成烈纂　清光緒五年(1879)

刻本　二十冊

310000－0242－0005107　R22.1－3118/B7.21C2

[光緒]武進陽湖縣志三十卷首一卷　（清）王
其淦修　（清）湯成烈纂　清光緒五年(1879)
刻本　二十冊

310000－0242－0005108　R22.1－3118/B7.366

[光緒]武陽志餘十二卷附團練紀實二卷
（清）桐澤修　（清）莊毓鋐纂　清光緒十四年
(1888)木活字印本　十六冊

310000－0242－0005109　R22.1－3119/7.700

[光緒]江陰縣志三十卷首一卷　（清）盧思誠
修　（清）季念詒纂　清光緒四年(1878)刻本
二十冊

310000－0242－0005110　R22.1－3121/5.556

[紹熙]雲間志三卷　（宋）楊潛纂修　清嘉慶
十九年(1814)華亭沈氏古倪園刻本　三冊

310000－0242－0005111　R22.1－3121/5.556C2

[紹熙]雲間志三卷　（宋）楊潛纂修　清嘉慶
十九年(1814)華亭沈氏古倪園刻本　二冊

310000－0242－0005112　R22.1－3121/7.477

[乾隆]華亭縣志十六卷　（清）馮鼎高
（清）王顯曾纂修　清乾隆五十六年(1791)刻
本　四冊

310000－0242－0005113　R22.1－3121/7.477C2

[乾隆]華亭縣志十六卷　（清）馮鼎高
（清）王顯曾纂修　清乾隆五十六年(1791)刻
本　四冊

310000－0242－0005114　R22.1－3121/7.556

[光緒]華亭縣志二十四卷首一卷末一卷
（清）楊開第修　（清）姚光發纂　清光緒四年
(1878)刻本　十冊

310000－0242－0005115　R22.1－3121/7.556C2

[光緒]華亭縣志二十四卷首一卷末一卷
（清）楊開第修　（清）姚光發纂　清光緒四年
(1878)刻本　十冊

310000－0242－0005116　R22.1－3121/7.717

[乾隆]婁縣志三十卷首二卷　（清）謝庭薰修

229

（清）陸錫熊纂　清乾隆五十三年(1788)木活字印本　八冊

310000－0242－0005117　R22.1－3121/A7.535

[光緒]婁縣續志二十卷　(清)程其珏修（清)張雲望纂　清光緒五年(1879)刻本　六冊

310000－0242－0005118　R22.1－3121/D7.407

[光緒]重輯楓涇小志十卷首一卷　(清)許光墉纂修　清光緒十七年(1891)鉛印本　四冊

310000－0242－0005119　R22.1－3121/D7.407C2

[光緒]重輯楓涇小志十卷首一卷　(清)許光墉纂修　清光緒十七年(1891)鉛印本　四冊

310000－0242－0005120　R22.1－3122/7.441

[光緒]川沙廳志十四卷首一卷末一卷　(清)陳方瀛修　(清)俞樾纂　清光緒五年(1879)刻本　六冊

310000－0242－0005121　R22.1－3122/7.441C2

[光緒]川沙廳志十四卷首一卷末一卷　(清)陳方瀛修　(清)俞樾纂　清光緒五年(1879)刻本　六冊

310000－0242－0005122　R22.1－3123/7.242C2

[光緒]江蘇南滙縣志二十二卷首一卷末一卷　(清)金福增修　(清)張文虎纂　清光緒五年(1879)刻本　十二冊

310000－0242－0005123　R22.1－3124/7.722

[光緒]重修奉賢縣志二十卷首一卷末一卷　(清)韓佩金修　(清)張文虎纂　清光緒四年(1878)刻本　六冊

310000－0242－0005124　R22.1－3125/7.795

[光緒]金山縣志三十卷首一卷　(清)龔寶琦修　(清)黃厚本纂　清光緒四年(1878)刻本　八冊

310000－0242－0005125　R22.1－3125/7.795C2

[光緒]金山縣志三十卷首一卷　(清)龔寶琦修　(清)黃厚本纂　清光緒四年(1878)刻本　八冊

310000－0242－0005126　R22.1－3125/D7.98A

[嘉慶]干巷志六卷首一卷　(清)朱棟纂　清光緒二十九年(1903)刻本　二冊

310000－0242－0005127　R22.1－3126/7.441

[光緒]青浦縣志三十卷首一卷末一卷　(清)陳其元修　(清)熊其英纂　清光緒五年(1879)刻本　十二冊

310000－0242－0005128　R22.1－3126/D7.562

[光緒]蒸里志畧十二卷　(清)葉世熊纂　清光緒九年(1883)修宣統二年(1910)增補鉛印本　二冊

310000－0242－0005129　R22.2－1/7.128

[光緒]重修安徽通志三百五十卷補遺十卷　(清)沈葆楨修　(清)何紹基纂　清光緒四年(1878)刻本　一百二十冊

310000－0242－0005130　R22.2－1/7.128C2

[光緒]重修安徽通志三百五十卷補遺十卷　(清)沈葆楨修　(清)何紹基纂　清光緒四年(1878)刻本　一百十五冊　存三百四十一卷（五至一百十五、一百二十一至三百五十）

310000－0242－0005131　R22.2－1/7.449

[道光]安徽通志二百六十卷首六卷　(清)陶澍修　(清)李振庸纂　清道光九年(1829)刻本　一百冊

310000－0242－0005132　R22.2－1/7.98

[道光]皖省志畧四卷附錄一卷　(清)朱雲錦輯　清道光元年(1821)金閶傳書齋毛上珍刻本　二冊

310000－0242－0005133　R22.2－202/5.775

[淳熙]新安志十卷　(宋)羅願纂　清光緒十三年(1887)刻本　四冊

310000－0242－0005134　R22.2－202/5.775C2

[淳熙]新安志十卷　(宋)羅願纂　清光緒十四年(1888)黟邑李氏刻本　四冊

310000－0242－0005135　R22.2－202/6.486

[弘治]徽州府志十二卷　(明)彭澤修　(明)汪舜民纂　明弘治十五年(1502)刻本　八冊

310000－0242－0005136　R22.2－202/7.2

[康熙]徽州府志十八卷　（清）丁廷楗修
（清）趙吉士纂　清康熙三十八年(1699)萬青
閣刻本　十冊

310000－0242－0005137　R22.2－202/7.352

[道光]徽州府志十六卷首一卷　（清）馬步蟾
修　（清）夏鑾纂　清道光七年(1827)刻本
三十冊

310000－0242－0005138　R22.2－206/7.491

[光緒]續修廬州府志一百卷首一卷末一卷
（清）黃雲修　（清）林之望纂　清光緒三十四
年(1908)刻本　四十八冊

310000－0242－0005139　R22.2－206/7.491C2

[光緒]續修廬州府志一百卷首一卷末一卷
（清）黃雲修　（清）林之望纂　清光緒三十四
年(1908)刻本　四十八冊

310000－0242－0005140　R22.2－3002/7.527

[光緒]壽州志三十六卷首一卷末一卷　（清）
曾道唯修　（清）葛蔭南　（清）孫恩詒纂　清
光緒十六年(1890)刻本　十六冊

310000－0242－0005141　R22.2－3004/7.170

[光緒]續修舒城縣志五十卷首一卷末一卷
（清）呂林鍾等修　（清）趙鳳詔纂　清光緒三
十三年(1907)木活字印本　十六冊

310000－0242－0005142　R22.2－3017/7.248

[道光]阜陽縣志二十四卷首一卷　（清）周天
爵修　（清）李復慶纂　清道光九年(1829)尊
經閣刻本　十二冊

310000－0242－0005143　R22.2－3018/7.735

[光緒]亳州志二十卷首一卷　（清）鍾秦修
（清）宗能徵等纂　清光緒二十年(1894)木活
字印本　十冊

310000－0242－0005144　R22.2－3021/7.151

[光緒]鳳臺縣志二十五卷首一卷　（清）李師
沆修　（清）葛蔭南纂　清光緒十九年(1893)
木活字印本　十冊

310000－0242－0005145　R22.2－3037/B7.15

[光緒]泗虹合志十九卷　（清）方瑞蘭修
（清）江殿颺　（清）許湘甲纂　清光緒十四年
(1888)刻本　八冊

310000－0242－0005146　R22.2－3042/7.618

[光緒]滁州志十卷首一卷末一卷　（清）熊祖
詒纂修　清光緒二十三年(1897)刻本　十冊

310000－0242－0005147　R22.2－3050/7.622

[嘉慶]蕭縣志十八卷首一卷　（清）潘鎔纂修
清嘉慶二十年(1815)刻本　十冊

310000－0242－0005148　R22.2－3068/7.401

[嘉慶]續黟縣志十二卷首一卷　（清）清愷修
（清）席存泰纂　清嘉慶十五年(1810)刻本
八冊

310000－0242－0005149　R22.2－3069/7.428

[乾隆]歙縣誌二十卷首一卷　（清）張佩芳修
（清）劉大櫆纂　清乾隆三十六年(1771)刻
本　十二冊

310000－0242－0005150　R22.2－3069/7.554

[康熙]歙縣誌十二卷　（清）靳治荊修
（清）吳苑纂　清康熙二十九年(1690)刻本
十六冊

310000－0242－0005151　R22.2－3070/7.590

[康熙]休寧縣誌八卷　（清）廖騰煃修
（清）汪晉徵纂　清康熙三十二年(1693)刻本
五冊

310000－0242－0005152　R22.2－3071/7.164

[嘉慶]黟縣誌十六卷首一卷　（清）吳甸華修
（清）俞正爕纂　清嘉慶十七年(1812)刻本
十二冊

310000－0242－0005153　R22.2－3071/7.170

[道光]黟縣誌十六卷首一卷　（清）呂子珏續
修　（清）詹錫麟續纂　清同治九年(1870)刻
本　十冊

310000－0242－0005154　R22.2－3072/6.717

[萬曆]祁門縣誌四卷　（明）余士奇修
（明）謝存仁纂　清抄本　二冊

310000－0242－0005155　R22.2－3072/7.21

231

[道光]祁門縣誌三十六卷首一卷 （清）王讓修 （清）桂超萬纂 清道光七年(1827)刻本 十六冊

310000－0242－0005156 R22.2－3072/7.248

[同治]祁門縣誌三十六卷首一卷 （清）周溶修 （清）汪韻珊纂 清同治十二年(1873)刻本 十二冊

310000－0242－0005157 R22.2－3077/7.420

[道光]繁昌縣誌十八卷 （清）曹德贊纂修 （清）張星煥增修 清抄本 二冊 存十卷（一至十）

310000－0242－0005158 R22.2－3079/7.705

[光緒]廬江縣誌十六卷首一卷 （清）錢鑠修 （清）盧鈺纂 清光緒十一年(1885)木活字印本 十六冊

310000－0242－0005159 R22.2－3082/7.441

[嘉慶]歷陽典錄三十四卷附補編六卷 （清）陳廷桂纂輯 清同治六年(1867)和州官舍刻本 十二冊

310000－0242－0005160 R22.2－3097/7.434

[嘉慶]貴池縣誌四十四卷首一卷 （清）陸延齡修 （清）桂迓衡纂 清光緒九年(1883)木活字印本 二十冊

310000－0242－0005161 R22.2－3098/7.428

[宣統]建德縣誌二十卷首一卷 （清）周學銘 （清）張贊巽等纂修 清宣統二年(1910)湖北官刷印局鉛印本 十冊

310000－0242－0005162 R22.2－3098/7.441

[道光]建德縣誌二十卷首一卷 （清）陳葵修 （清）管森纂 清道光五年(1825)刻本 十冊

310000－0242－0005163 R22.2－5/7.674

[光緒]江南安徽全圖七十四圖 （清）劉籌纂 清光緒二十二年(1896)點石齋石印本 一冊

310000－0242－0005164 R22.3－1/7.265

[康熙]浙江通志五十卷首一卷 （清）施維翰

（清）王國安修 （清）張衡纂 清康熙二十三年(1684)刻本 四十冊

310000－0242－0005165 R22.3－1/7.399

[光緒]浙江通志十四卷 （清）留雲借月軒主人撰 清光緒五年(1879)八杉齋校刻本 二冊

310000－0242－0005166 R22.3－101/5.248

[乾道]臨安志三卷 （宋）周淙纂修 清光緒二十年(1894)壽松堂孫氏刻本 一冊

310000－0242－0005167 R22.3－101/5.248C2

[乾道]臨安志三卷 （宋）周淙纂修 清光緒二十年(1894)抄本 二冊

310000－0242－0005168 R22.3－101/5.248C3

[乾道]臨安志三卷 （宋）周淙纂修 清光緒十二年(1886)刻本 一冊

310000－0242－0005169 R22.3－101/5.248C5

[乾道]臨安志三卷 （宋）周淙纂修 清光緒四年(1878)竹書堂刻本 一冊

310000－0242－0005170 R22.3－101/5.265

[淳祐]臨安志五十二卷 （宋）施諤纂修 清光緒七年(1881)錢塘丁氏刻本 一冊 存六卷（五至十）

310000－0242－0005171 R22.3－101/5.620

[咸淳]臨安志一百卷劄記二卷 （宋）潛說友纂修 清道光十年(1830)錢唐振綺堂汪氏刻本 二十四冊

310000－0242－0005172 R22.3－101/5.620C2

[咸淳]臨安志一百卷劄記二卷 （宋）潛說友纂修 清道光十年(1830)錢唐振綺堂汪氏刻本 二十四冊

310000－0242－0005173 R22.3－101/5.620C3

[咸淳]臨安志一百卷劄記三卷 （宋）潛說友纂修 清道光十年(1830)錢唐振綺堂汪氏刻本 二十四冊 存九十七卷（一至九十七）

310000－0242－0005174 R22.3－101C7.428

[光緒]定鄉小識十六卷 （清）張道編 清光緒八年(1882)錢唐丁氏刻本 四冊

310000－0242－0005175　R22.3－201/7.661

[乾隆]杭州府志一百十卷首六卷　（清）鄭澐修　（清）邵齊然纂　清乾隆四十九年(1784)刻本(部分爲抄補)　三十八册　缺四卷(首一至四)

310000－0242－0005176　R22.3－201/7.795

[光緒]杭州府志一百七十八卷首八卷附校勘記十五卷　（清）龔嘉儁修　吳慶坻纂　清光緒二十四年(1898)鉛印本　八十册　存一百九十九卷(杭州府志一百七十八卷、首三至八、校勘記十五卷)

310000－0242－0005177　R22.3－202/7.110

[嘉慶]嘉興府志八十卷首三卷　（清）伊湯安修　（清）馮應榴纂　清嘉慶六年(1801)刻本　四十册

310000－0242－0005178　R22.3－202/7.164

[康熙]嘉興府志十六卷　（清）吳永芳修　（清）錢以塏纂　清康熙六十年(1721)刻本　二十册

310000－0242－0005179　R22.3－202/7.407

[光緒]嘉興府志八十八卷首二卷　（清）許瑤光修　（清）吳仰賢纂　清光緒五年(1879)鴛湖書院刻本　四十八册

310000－0242－0005180　R22.3－202/7.9

[道光]嘉興府志六十卷首三卷　（清）于尚齡等纂修　清道光二十年(1840)刻本　四十册

310000－0242－0005181　R22.3－203/7.200

[同治]湖州府志九十六卷首一卷　（清）宗源瀚修　（清）陸心源等纂　清同治十三年(1874)刻本　四十册

310000－0242－0005182　R22.3－203/7.200C2

[同治]湖州府志九十六卷首一卷　（清）宗源瀚修　（清）陸心源等纂　清同治十三年(1874)刻本　四十册

310000－0242－0005183　R22.3－203/7.271

[乾隆]湖州府志五十卷首一卷末一卷　（清）胡承謀纂修　清乾隆四年(1739)刻本　二十四册

310000－0242－0005184　R22.3－203/7.271A

[乾隆]湖州府志四十八卷首一卷　（清）胡承謀原輯　（清）李堂增纂　清乾隆二十三年(1758)刻本　二十四册

310000－0242－0005185　R22.3－204/5.428

宋元四明六志六種八十六卷附四明它山水利備覽二卷六志校勘記九卷　（清）徐時棟輯校　清咸豐四年(1854)甬上煙嶼樓徐氏刻本　四十册

310000－0242－0005186　R22.3－204/7.420

[雍正]寧波府志三十六卷首一卷　（清）曹秉仁修　（清）萬經纂　清道光二十五年(1845)刻本　十六册

310000－0242－0005187　R22.3－204/7.420C2

[雍正]寧波府志三十六卷首一卷　（清）曹秉仁修　（清）萬經纂　清道光二十六年(1846)刻本　十六册

310000－0242－0005188　R22.3－204/7.420C3

[雍正]寧波府志三十六卷首一卷　（清）曹秉仁修　（清）萬經纂　清道光二十六年(1846)刻本　十六册

310000－0242－0005189　R22.3－204/7.568

[光緒]明州繫年錄七卷　（清）董沛撰　清光緒四年(1878)刻本　三册

310000－0242－0005190　R22.3－205/7.151

[乾隆]紹興府志八十卷首一卷　（清）李亨特修　（清）平恕纂　清乾隆五十七年(1792)刻本　四十八册

310000－0242－0005191　R22.3－205/7.248

[康熙]紹興府志六十卷　（清）俞卿修　（清）周徐彩纂　清康熙五十八年(1719)刻本　二十四册

310000－0242－0005192　R22.3－206/5.491

嘉定赤城志四十卷　（宋）黃䜒修　（宋）陳耆卿纂　清嘉慶二十三年(1818)臨海宋氏刻本　六册

310000－0242－0005193　R22.3－206/5.491C2

233

嘉定赤城志四十卷　(宋)黃[b]修　(宋)陳耆卿纂　清嘉慶二十三年(1818)臨海宋氏刻本　六冊

310000-0242-0005194　R22.3-206/7.428

[康熙]台州府志十八卷首一卷　(清)張聯元修　(清)方景濂等纂　清康熙六十一年(1722)刻嘉慶十三年(1808)補刻本　十六冊

310000-0242-0005195　R22.3-207/7.428

[康熙]金華府志三十卷　(清)張薈修　(清)沈麟趾纂　清宣統元年(1909)石印本　十二冊

310000-0242-0005196　R22.3-208/7.556

[康熙]衢州府志四十卷首一卷　(清)楊廷望纂修　清光緒八年(1882)刻本　十二冊

310000-0242-0005197　R22.3-209/7.164

[光緒]嚴州府志三十八卷首一卷　(清)吳世榮修　(清)鄒柏森等纂　清光緒九年(1883)刻本　十六冊

310000-0242-0005198　R22.3-210/7.151

[乾隆]溫州府志三十卷首一卷　(清)李琬修　(清)齊召南纂　清乾隆二十五年(1760)刻本　十六冊

310000-0242-0005199　R22.3-211/7.622

[光緒]浙江處州府志三十卷首一卷末一卷(清)潘紹詒修　(清)周榮椿纂　清光緒三年(1877)刻本　二十冊

310000-0242-0005200　R22.3-211/7.622C2

[光緒]浙江處州府志三十卷首一卷末一卷(清)潘紹詒修　(清)周榮椿纂　清光緒三年(1877)刻本　二十冊

310000-0242-0005201　R22.3-3001/A6.128

[嘉靖]仁和縣誌十四卷　(明)沈朝宣纂修　清光緒十九年(1893)武林丁氏刻本　六冊

310000-0242-0005202　R22.3-3001/A6.748

[萬曆]錢塘縣誌十紀　(明)聶心湯纂修　清光緒十九年(1893)武林丁氏刻本　六冊

310000-0242-0005203　R22.3-3001/A6.748C2

[萬曆]錢塘縣誌十紀　(明)聶心湯纂修　清光緒十九年(1893)武林丁氏刻本　六冊

310000-0242-0005204　R22.3-3001/C7.128

[光緒]臨平記四卷　(清)沈謙撰　清光緒十年(1884)錢塘丁氏嘉惠堂刻本　二冊

310000-0242-0005205　R22.3-3001/D7.21

唐棲志二十卷　(清)王同纂修　清光緒十六年(1890)刻本　八冊

310000-0242-0005206　R22.3-3002/5.515

[至元]嘉禾志三十二卷附澉水志二卷　(元)單慶修　(元)徐碩纂　清道光十九年(1839)刻本　八冊

310000-0242-0005207　R22.3-3002/7.178

[康熙]嘉興縣誌九卷　(清)何鈺修　(清)王庭纂　清康熙二十四年(1685)刻本　十冊

310000-0242-0005208　R22.3-3002/7.598

[光緒]嘉興縣誌三十七卷首一卷末一卷(清)趙惟崵修　(清)石中玉纂　清光緒三十四年(1908)刻本　三十一冊

310000-0242-0005209　R22.3-3002/A6.151

[萬曆]秀水縣誌十卷　(明)李培修　(明)黃洪憲纂　清抄本　八冊

310000-0242-0005210　R22.3-3002/D7.271

[嘉慶]濮川所聞記六卷　(清)金淮　(清)濮鑌等撰　清抄本　六冊

310000-0242-0005211　R22.3-3002/D7.556

[光緒]梅里志十八卷　(清)楊謙纂　(清)李富孫補輯　(清)余林續編　清光緒二年(1876)刻本　六冊

310000-0242-0005212　R22.3-3002/D7.556C2

[光緒]梅里志十八卷　(清)楊謙纂　(清)李富孫補輯　(清)余林續編　清光緒二年(1876)刻本　六冊

310000-0242-0005213　R22.3-3003/7.565

[嘉慶]嘉善縣誌二十卷首一卷　(清)萬相賓纂修　清嘉慶五年(1800)刻本　十二冊

310000-0242-0005214　R22.3-3004/7.486

[光緒]平湖縣誌二十五卷首一卷末一卷附平湖殉難錄一卷 （清）彭潤章修 （清）葉廉鍔纂 清光緒十二年（1886）刻本 十二冊

310000－0242－0005215 R22.3－3004/D7.122

[乾隆]乍浦志六卷首一卷末一卷 （清）宋景關纂修 清乾隆二十二年（1757）刻本 二冊 存四卷（一至四）

310000－0242－0005216 R22.3－3004/D7.575

[道光]乍浦備志三十六卷首一卷 （清）鄒璟編輯 清道光八年（1828）鄒鏡古堂刻本 八冊

310000－0242－0005217 R22.3－3005/6.641

[天啓]海鹽縣圖經十六卷 （明）樊維城修 （明）胡震亨纂 明天啓四年（1624）刻本 十冊

310000－0242－0005218 R22.3－3005/7.21

[光緒]海鹽縣誌二十二卷首一卷末一卷 （清）王彬修 （清）徐用儀纂 清光緒二年（1876）刻本 十六冊

310000－0242－0005219 R22.3－3005/7.21C2

[光緒]海鹽縣誌二十二卷首一卷末一卷 （清）王彬修 （清）徐用儀纂 清光緒二年（1876）刻本 十六冊

310000－0242－0005220 R22.3－3005/A7.21

[乾隆]海鹽縣續圖經七卷 （清）王如珪修 （清）陳世倕纂 清乾隆十三年（1748）刻本 十八冊

310000－0242－0005221 R22.3－3005/D5.775

海鹽澉水志八卷 （宋）羅叔韶修 （宋）常棠纂 清抄本 一冊

310000－0242－0005222 R22.3－3006/6.654

[嘉靖]海寧縣誌九卷 （明）蔡完纂修 清光緒二十四年（1898）刻本 二冊

310000－0242－0005223 R22.3－3006/7.407

[康熙]海寧縣誌十三卷 （清）許三禮纂修 清康熙二十二年（1683）刻本 八冊

310000－0242－0005224 R22.3－3006/7.703

[乾隆]海寧州志十六卷首一卷 （清）戰效曾修 （清）高瀛洲纂 清乾隆四十一年（1776）刻本 八冊

310000－0242－0005225 R22.3－3006/7.705

[道光]海昌備志五十二卷附錄一卷 （清）錢泰吉纂修 清道光二十七年（1847）刻本 十二冊

310000－0242－0005226 R22.3－3006/7.98

[乾隆]海寧州志十六卷首一卷 （清）朱緒曾纂修 清道光二十八年（1848）刻本 二十冊

310000－0242－0005227 R22.3－3006/D7.21

[嘉慶]硤川續志二十卷 （清）王德浩纂 清嘉慶十七年（1812）刻本 十冊

310000－0242－0005228 R23.3－3007/7.312

[光緒]石門縣志十一卷首一卷 （清）余麗元纂 清光緒五年（1879）刻本 十二冊

310000－0242－0005229 R22.3－3010/7.674

[光緒]孝豐縣誌十卷首一卷 （清）劉濬修 （清）潘宅仁纂 清光緒三年（1877）刻本 十冊

310000－0242－0005230 R22.3－3011/7.135

[同治]安吉縣誌十八卷首一卷 （清）汪榮修 （清）張行孚纂 清同治十二年（1873）刻本 八冊

310000－0242－0005231 R22.3－3012/7.598

[光緒]長興縣誌三十二卷 （清）趙定邦修 （清）丁寶書纂 （清）邵同珩續修 （清）孫德祖續纂 清光緒元年（1875）刻十八年（1892）補刻本 十六冊

310000－0242－0005232 R22.3－3013/A7.151

[光緒]歸安縣誌五十二卷 （清）李昱修 （清）陸心源纂 清光緒七年（1881）刻本 十二冊

310000－0242－0005233 R22.3－3013/A7.622

[光緒]烏程縣誌三十六卷 （清）潘玉璿修 （清）周學濬纂 清光緒七年（1881）刻本 十六冊

310000－0242－0005234　R22.3－3013/D7.135

[咸豐]南潯鎮志四十卷首一卷　（清）汪曰楨
纂修　清咸豐九年(1859)刻本　十冊

310000－0242－0005235　R22.3－3014/7.787

[光緒]桐鄉縣誌二十四卷首四卷附楊園淵源
錄四卷　（清）嚴辰纂修　清光緒十三年
(1887)刻本　二十四冊

310000－0242－0005236　R22.3－3015/7.375

[光緒]菱湖鎮志四十四卷　（清）孫志熊撰
清光緒十九年(1893)刻本　六冊

310000－0242－0005237　R22.3－3024/7.248

[咸豐]鄞縣志三十二卷首一卷　（清）周玉麒
（清）張銑修　（清）周道遵纂　清咸豐六年
(1856)刻本　十八冊

310000－0242－0005238　R22.3－3024/7.428

[光緒]鄞縣志七十五卷　（清）張恕修
（清）董沛纂　清光緒三年(1877)刻本　三十
四冊

310000－0242－0005239　R22.3－3024/7.428C2

[光緒]鄞縣志七十五卷　（清）張恕修
（清）董沛纂　清光緒三年(1877)刻本　十八
冊

310000－0242－0005240　R22.3－3024/7.428C3

[光緒]鄞縣志七十五卷　（清）張恕修
（清）董沛纂　清光緒三年(1877)刻本　三十
五冊

310000－0242－0005241　R22.3－3024/7.705

[乾隆]鄞縣志三十卷首一卷　（清）錢維喬修
（清）錢大昕纂　清乾隆五十三年(1788)刻
本　十六冊

310000－0242－0005242　R22.3－3025/7.271

[乾隆]鎮海縣誌八卷　（清）胡邦祐修
（清）王夢弼纂　清乾隆十七年(1752)刻本
八冊

310000－0242－0005243　R22.3－3025/7.9

[光緒]鎮海縣誌四十卷　（清）于萬川修
（清）俞樾纂　清光緒五年(1879)刻本　十
六

236

冊

310000－0242－0005244　R22.3－3026/7.151

[光緒]奉化縣誌四十卷首一卷　（清）李前泮
修　（清）張美翊纂　清光緒三十四年(1908)
刻本　十二冊

310000－0242－0005245　R22.3－3026/7.151C2

[光緒]奉化縣誌四十卷首一卷　（清）李前泮
修　（清）張美翊纂　清光緒三十四年(1908)
刻本　十二冊

310000－0242－0005246　R22.3－3026/7.420

[乾隆]奉化縣誌十四卷首一卷　（清）曹膏修
（清）陳琦纂　清光緒三十四年(1908)刻本
六冊

310000－0242－0005247　R22.3－3027/7.674

[康熙]新昌縣誌十八卷　（清）劉作樑修
（清）呂曾枘纂　清康熙十年(1671)刻本　四
冊

310000－0242－0005248　R22.3－3028/5.332A

[嘉定]剡錄十卷　（宋）高似孫撰　清抄本
四冊

310000－0242－0005249　R22.3－3028/7.151

[道光]嵊縣志十四卷首一卷末一卷　（清）李
式圃修　（清）朱淥纂　清道光八年(1828)刻
本　八冊

310000－0242－0005250　R22.3－3028/7.441

[同治]嵊縣志二十六卷首一卷末一卷　（清）
陳仲麟修　（清）蔡以瑺纂　清同治九年
(1870)刻本　十二冊

310000－0242－0005251　R22.3－3028/A5.332

[嘉定]剡錄十卷　（宋）高似孫撰　清道光八
年(1828)刻本　一冊

310000－0242－0005252　R22.3－3029/7.441

[宣統]諸暨縣誌六十一卷　（清）陳遹聲修
（清）蔣鴻藻纂　清宣統二年(1910)刻本　十
八冊

310000－0242－0005253　R22.3－3029/7.441C2

[宣統]諸暨縣誌六十一卷　（清）陳遹聲修

（清）蔣鴻藻纂　清宣統二年(1910)刻本　十
八冊

310000－0242－0005254　R22.3－3030/7.491
[乾隆]蕭山縣志四十卷　(清)黃鈺纂修　清
乾隆十六年(1751)刻本　四冊　存六卷(選
舉二卷、田賦一至四)

310000－0242－0005255　R22.3－3031/7.393C2
[嘉慶]山陰縣誌三十卷首一卷　(清)徐元梅
修　(清)朱大翰纂　清嘉慶八年(1803)刻本
　八冊

310000－0242－0005256　R22.3－3032/7.337
[光緒]上虞縣誌四十八卷首一卷末一卷
(清)唐煦春修　(清)朱士黻纂　清光緒十七
年(1891)刻本　二十冊

310000－0242－0005257　R22.3－3032/7.337C2
[光緒]上虞縣誌四十八卷首一卷末一卷
(清)唐煦春修　(清)朱士黻纂　清光緒十七
年(1891)刻本　二十冊

310000－0242－0005258　R22.3－3032/7.661
[康熙]上虞縣誌二十卷首一卷　(清)鄭僑纂
　清康熙十年(1671)刻本　八冊　存十九卷
(一至十九)

310000－0242－0005259　R22.3－3032/A7.393
[光緒]上虞縣誌校續五十卷首一卷末一卷
(清)徐致靖纂修　清光緒二十四年(1898)刻
本　二十冊

310000－0242－0005260　R22.3－3033/7.248
[光緒]餘姚縣誌二十七卷首一卷　(清)周炳
麟修　(清)邵友濂纂　清光緒二十五年
(1899)刻本　十六冊

310000－0242－0005261　R22.3－3033/7.337
[乾隆]餘姚志四十卷　(清)唐若瀛修
(清)邵晉涵纂　清乾隆四十六年(1781)刻本
　八冊

310000－0242－0005262　R22.3－3034/7.477
[光緒]慈溪縣誌五十六卷附列傳附編　(清)
馮可鏞修　(清)楊泰亨纂　清光緒二十五年
(1899)刻本　二十四冊

310000－0242－0005263　R22.3－3034/7.556
[雍正]慈溪縣誌十六卷　(清)楊正筍修
(清)馮鴻模纂　清雍正九年(1731)刻本　八
冊

310000－0242－0005264　R22.3－3044/7.260
[康熙]臨海縣誌十五卷首一卷　(清)洪若皋
纂修　清康熙二十二年(1683)刻光緒印本
八冊

310000－0242－0005265　R22.3－3044/7.260C2
[康熙]臨海縣誌十五卷首一卷　(清)洪若皋
纂修　清康熙二十二年(1683)刻光緒印本
八冊

310000－0242－0005266　R22.3－3047/7.629
[嘉慶]太平縣誌十八卷首一卷　(清)慶霖修
　(清)戚學標纂　清光緒二十二年(1896)刻
本　十冊

310000－0242－0005267　R22.3－3047/A7.441
[光緒]太平續志十八卷首一卷　(清)陳汝霖
修　(清)王棻纂　清光緒二十二年(1896)刻
本　八冊

310000－0242－0005268　R22.3－3048/7.441
[光緒]黃巖縣誌四十卷首一卷　(清)陳鍾英
修　王詠霓纂　清光緒五年(1879)刻本　十
六冊

310000－0242－0005269　R22.3－3049/7.21
[光緒]僊居縣志二十四卷附僊居集二十四卷
　(清)王壽頤修　(清)王棻纂　清光緒二十
年(1894)木活字印本　九冊

310000－0242－0005270　R22.3－3050/7.151
[康熙]天台縣誌十五卷　(清)李德耀修
(清)黃執中纂　清康熙二十三年(1684)刻本
　六冊

310000－0242－0005271　R22.3－3060/7.248
[康熙]定海縣志八卷　(清)周聖化修
(清)繆燧重纂　清康熙五十四年(1715)刻本
　四冊

237

310000－0242－0005272　R22.3－3060/7.491

[光緒]定海廳志三十卷首一卷　（清）史致馴修　（清）陳重威　（清）黃以周纂　清光緒六年(1880)修十一年(1885)黃樹藩刻本　十冊

310000－0242－0005273　R22.3－3064/7.473

[道光]象山縣志二十二卷附象山文類二卷　(清)童立成修　（清）馮登府纂　清道光十二年(1832)刻本　八冊

310000－0242－0005274　R22.3－3064/7.73

[乾隆]象山縣志十二卷　（清）史鳴皋修　(清)姜炳璋等纂　清乾隆二十四年(1759)刻本　六冊

310000－0242－0005275　R22.3－3074/7.428

[光緒]永嘉縣志三十八卷首一卷　（清）張寶林修　（清）王棻纂　清光緒八年(1882)刻本　十六冊

310000－0242－0005276　R22.3－3076/7.148

[光緒]玉環廳志十五卷首一卷　（清）杜冠英修　（清）呂鴻燾纂　清光緒六年(1880)刻本　八冊

310000－0242－0005277　R22.3－3078/6.674

[嘉靖]瑞安縣志十卷　（明）劉畿修　（明）朱綽纂　清抄本　十二冊

310000－0242－0005278　R22.3－3078/7.428

[嘉慶]瑞安縣志十卷首十卷　（清）張德標修　（清）王殿金纂　清嘉慶十四年(1809)刻本　八冊

310000－0242－0005279　R22.3－3078/7.428C2

[嘉慶]瑞安縣志十卷首十卷　（清）張德標修　（清）王殿金纂　清嘉慶十四年(1809)刻本　八冊

310000－0242－0005280　R22.3－3079/7.393

[乾隆]平陽縣志二十卷首一卷　（清）徐恕修　（清）孫謙纂　清乾隆二十三年(1758)刻本　八冊

310000－0242－0005281　R22.3－3081/7.211

[光緒]泰順分疆錄十二卷首一卷　（清）林鶚

纂輯　（清）林用霖續編　清光緒五年(1879)東甌林氏望山堂刻本　六冊

310000－0242－0005282　R22.3－3082/7.73

[光緒]慶元縣志十二卷首一卷　（清）史恩緯修　（清）史恩緒纂　清光緒三年(1877)刻本　十冊

310000－0242－0005283　R22.3－3083/7.248

[同治]景寧縣志十四卷首一卷末一卷　（清）周傑修　（清）嚴用光纂　清同治十二年(1873)刻本　八冊

310000－0242－0005284　R22.3－3085/7.791

[光緒]龍泉縣志十二卷首一卷　（清）顧國詔纂修　清光緒四年(1878)刻本　六冊

310000－0242－0005285　R22.3－3086/7.486

[同治]麗水縣志十五卷　（清）彭潤章纂修　清同治十三年(1874)刻本　八冊

310000－0242－0005286　R22.3－3087/7.550

[光緒]青田縣志十八卷首一卷　（清）雷銑修　（清）王棻纂　清光緒二年(1876)刻本　八冊

310000－0242－0005287　R22.3－3097/7.598

[康熙]金華縣志十卷　（清）趙泰牲修　(清)張士紘纂　清康熙二十二年(1683)刻本　五冊

310000－0242－0005288　R22.3－3099/7.782

[道光]東陽縣志二十八卷首一卷　（清）党金衡修　（清）謝雲卿纂　清道光八年(1828)刻本　二十冊

310000－0242－0005289　R22.3－3101/7.151

[光緒]永康縣志十六卷首一卷　（清）李汝為修　（清）潘樹棠纂　清光緒十八年(1892)刻本　十二冊

310000－0242－0005290　R22.3－3102/7.178

[光緒]縉雲縣志十六卷首一卷末一卷　（清）何乃容修　（清）潘樹棠纂　清光緒六年(1880)刻本　十冊

310000－0242－0005291　R22.3－3102/7.471

[道光]縉雲縣志十八卷首一卷　（清）湯成烈纂修　清道光二十九年(1849)刻本　十冊

310000－0242－0005292　R22.3－3103/7.428

[宣統]武義縣志十二卷首一卷　（清）張營墀修　（清）周家駒纂　清宣統二年(1910)石印本　六冊

310000－0242－0005293　R22.3－3104/7.78

[光緒]宣平縣志二十卷首一卷　（清）皮樹棠修　（清）皮錫瑞纂　清光緒四年(1878)刻本　八冊

310000－0242－0005294　R22.3－3105/7.30

[光緒]松陽縣志十二卷　（清）支恒春纂修　清光緒元年(1875)刻本　六冊

310000－0242－0005295　R22.3－3105/7.30C2

[光緒]松陽縣志十二卷　（清）支恒春纂修　清光緒元年(1875)刻本　六冊

310000－0242－0005296　R22.3－3106/7.271

[光緒]遂昌縣志十二卷外編四卷　（清）胡壽海修　（清）諸成允纂　清光緒二十二年(1896)尊經閣刻本　五冊

310000－0242－0005297　R22.3－3107/7.21

[同治]江山縣志十二卷首一卷末一卷　（清）王彬修　（清）陳鶴翔纂　清同治十二年(1873)刻本　四冊

310000－0242－0005298　R22.3－3108/7.151

[光緒]常山縣志六十八卷首一卷末一卷　(清)李瑞鍾修　（清）徐鳴盛纂　清光緒十二年(1886)刻本　十二冊

310000－0242－0005299　R22.3－3109/7.316

[嘉慶]西安縣志四十八卷首一卷　（清）姚寶煃修　（清）范崇楷纂　清嘉慶十六年(1811)刻本　十冊

310000－0242－0005300　R22.3－3110/7.700

[康熙]龍游縣志十二卷　（清）盧燦修　(清)余恂纂　清康熙二十年(1681)刻本　十二冊

310000－0242－0005301　R22.3－3111/7.441

[乾隆]湯溪縣志十卷首一卷　（清）陳鍾炅修　（清）馮宗城纂　清乾隆四十八年(1783)刻本　六冊

310000－0242－0005302　R22.3－3112/7.347

[光緒]蘭溪縣志八卷首一卷　（清）秦簧修　(清)唐壬森纂　清光緒十四年(1888)刻本　十冊

310000－0242－0005303　R22.3－3112/7.347C2

[光緒]蘭溪縣志八卷首一卷　（清）秦簧修　(清)唐壬森纂　清光緒十四年(1888)刻本　十冊

310000－0242－0005304　R22.3－3112/7.347C3

[光緒]蘭溪縣志八卷首一卷　（清）秦簧修　(清)唐壬森纂　清光緒十四年(1888)刻本　十冊

310000－0242－0005305　R22.3－3113/7.731

[康熙]浦江縣志二十卷首一卷　（清）薛鼎銘修　（清）胡廷槐　（清）汪沆纂　李業修補刻　清道光二十三年(1843)刻本　十二冊

310000－0242－0005306　R22.3－3123/5.441

[光緒]嚴州圖經三卷　（宋）陳公亮修　(宋)劉文富纂　清光緒二十二年(1896)桐廬漸西村舍刻本　二冊

310000－0242－0005307　R22.3－3123/5.441C2

[光緒]嚴州圖經三卷　（宋）陳公亮修　(宋)劉文富纂　清光緒二十二年(1896)桐廬漸西村舍刻本　二冊

310000－0242－0005308　R22.3－3123/A5.661

[景定]嚴州續志十卷　（宋）鄭瑤　（宋）方仁榮撰　清光緒桐廬漸西村舍刻本　二冊

310000－0242－0005309　R22.3－3123/A5.661C2

[景定]嚴州續志十卷　（宋）鄭瑤　（宋）方仁榮撰　清光緒桐廬漸西村舍刻本　二冊

310000－0242－0005310　R22.3－3125/7.164

[道光]新城縣志二十四卷首一卷　（清）吳塘修　（清）張吉安纂　清道光三年(1823)深清堂刻本　六冊

239

310000－0242－0005311　R22.3－3126/7.486

[宣統]臨安縣志八卷首一卷末一卷　(清)彭循堯修　(清)董運昌纂　清宣統二年(1910)木活字印本　六冊

310000－0242－0005312　R22.3－3127/7.428C2

[嘉慶]餘杭縣志四十卷　(清)張吉安修　(清)朱文藻原纂　(清)崔應榴續纂　清嘉慶十三年(1808)刻本(卷三十至三十五配補抄)　二十八冊

310000－0242－0005313　R22.3－3127/7.592

[光緒]餘杭縣志稿不分卷　(清)褚成博纂　清光緒三十二年(1906)刻本　一冊

310000－0242－0005314　R22.3－3128/7.135

[光緒]富陽縣志二十四卷首一卷　汪文炳纂修　清光緒三十二年(1906)刻本　十冊

310000－0242－0005315　R22.3－3128/7.393

[光緒]富陽縣輿地小志圖八幅　(清)陳承澍修　(清)徐澹仙纂　清光緒三十年(1904)石印本　一冊

310000－0242－0005316　R22.3－3131/7.375

[乾隆]遂安縣志十卷首一卷　(清)孫斯盛修　(清)方引彥纂　清光緒十六年(1890)刻本　八冊

310000－0242－0005317　R22.3－3131/7.375C2

[乾隆]遂安縣志十卷首一卷　(清)孫斯盛修　(清)方引彥纂　清乾隆三十二年(1767)刻本　八冊

310000－0242－0005318　R22.3－3132/7.151

[光緒]淳安縣志十六卷首一卷　(清)李詩修　(清)陳中元纂　清光緒十年(1884)刻本　八冊

310000－0242－0005319　R22.3－3132/7.674

[乾隆]淳安縣志十六卷首一卷　(清)劉世寧纂修　清乾隆二十一年(1756)刻本　八冊

310000－0242－0005320　R22.3－3133/7.21

[道光]分水縣志十卷首一卷末一卷　(清)王承楷修　(清)王椿煜纂　清道光二十五年(1845)刻本　十冊

310000－0242－0005321　R22.3－3133/7.441

[光緒]分水縣志十卷首一卷末一卷　(清)陳常鏵　(清)馮圻修　(清)臧承宣纂　清光緒三十三年(1907)刻本　六冊

310000－0242－0005322　R22.3－3135/7.650

[嘉慶]於潛縣志十六卷首一卷末一卷　(清)蔣光弼纂修　清嘉慶十七年(1812)木活字印本　十冊

310000－0242－0005323　R22.4－1/7.527

[光緒]江西通志一百八十卷首五卷　(清)劉坤一修　(清)劉繹纂　清光緒七年(1881)刻本　一百二十冊

310000－0242－0005324　R22.4－1/7.527C2

[光緒]江西通志一百八十卷首五卷　(清)劉坤一修　(清)劉繹纂　清光緒七年(1881)刻本　一百二十冊

310000－0242－0005325　R22.4－1/7.527C3

[光緒]江西通志一百八十卷首五卷　(清)劉坤一修　(清)劉繹纂　清光緒七年(1881)刻本　一百二十冊

310000－0242－0005326　R22.4－1/7.717

[雍正]江西通志一百六十二卷首三卷　(清)謝旻修　(清)陶成纂　清雍正十年(1732)刻本　六十冊

310000－0242－0005327　R22.4－201/7.407

[同治]南昌府志六十六卷首一卷末一卷　(清)許應鑅修　(清)曾作舟纂　清同治十二年(1873)刻本　四十冊

310000－0242－0005328　R22.4－202/7.708

[同治]饒州府志三十二卷首一卷　(清)錫德修　(清)石景芬纂　清同治十一年(1872)刻本　十六冊

310000－0242－0005329　R22.4－203/7.650

[同治]廣信府志十二卷首一卷　(清)蔣繼洙修　(清)李樹藩纂　清同治十二年(1873)刻本　三十冊

240

310000－0242－0005330　R22.4－204/7.530

[同治]南康府志二十四卷首一卷　（清）盛元纂修　清同治十一年(1872)二賢祠刻本　十二冊

310000－0242－0005331　R22.4－205/7.550

[同治]九江府志五十四卷首一卷末一卷（清）達春布修　（清）黃鳳樓纂　清同治十三年(1874)刻本　二十四冊

310000－0242－0005332　R22.4－208/7.663

[同治]臨江府志三十二卷首一卷　（清）德馨修　（清）朱孫詒纂　清同治十年(1871)刻本　六冊

310000－0242－0005333　R22.4－209/7.200

[光緒]重修吉安府志五十三卷首一卷　（清）定祥修　（清）劉繹纂　清光緒二年(1876)刻本　四十冊

310000－0242－0005334　R22.4－210/7.491

[同治]瑞州府志二十四卷首一卷　（清）黃廷金修　（清）蕭浚蘭纂　清同治十二年(1873)刻本　十四冊

310000－0242－0005335　R22.4－212/7.761

[同治]贛州府志七十八卷首一卷　（清）魏瀛修　（清）魯琪光等纂　清同治十二年(1873)刻本　二十六冊

310000－0242－0005336　R22.4－213/7.556

[光緒]南安府志補正十二卷　（清）楊鏛纂修　清光緒元年(1875)刻本　六冊

310000－0242－0005337　R22.4－213/7.650

[乾隆]重修南安府志二十二卷　（清）蔣有道修　（清）史珥纂　清乾隆三十三年(1768)刻本　二十冊

310000－0242－0005338　R22.4－3003/7.21

[同治]豐城縣志二十八卷首一卷　（清）王家傑修　（清）周文鳳纂　清同治十二年(1873)刻本　十六冊

310000－0242－0005339　R22.4－3004/7.622

[同治]清江縣志十卷首一卷　（清）潘懿修

（清）朱孫詒纂　清同治九年(1870)刻本　十冊

310000－0242－0005340　R22.4－3005/7.4164

[同治]新喻縣志十六卷　（清）祥安總修（清）吳增達纂　清同治十二年(1873)新喻縣刻本　十二冊

310000－0242－0005341　R22.4－3006/7.795

[道光]分宜縣志三十二卷首一卷　（清）龔笙修　（清）王欽纂　清道光二年(1822)刻本　十二冊

310000－0242－0005342　R22.4－3012/7.477

[同治]重修上高縣志十四卷　（清）馮蘭森纂修　清同治九年(1870)上高縣刻本　十四冊

310000－0242－0005343　R22.4－3013/7.370

[同治]高安縣志二十八卷首一卷　（清）夏燮修　（清）熊松之纂　清同治十年(1871)刻本　二十冊

310000－0242－0005344　R22.4－3016/7.148

[同治]安義縣志十七卷　（清）杜林修（清）彭斗山　（清）熊寶善纂　清同治十年(1871)安義縣署木活字印本　八冊

310000－0242－0005345　R22.4－3033/7.441

[同治]建昌縣志十二卷首一卷　（清）陳惟清修　（清）閔芳言纂　清同治十年(1871)刻本　十冊

310000－0242－0005346　R22.4－3046/7.21

[同治]上饒縣志二十六卷首一卷　（清）王恩溥修　（清）李樹藩纂　清同治十二年(1873)刻本　二十冊

310000－0242－0005347　R22.4－3047/7.491

[同治]玉山縣志十卷首一卷　（清）黃壽祺修（清）吳華辰纂　清同治十二年(1873)刻本　九冊　存十卷(一至九、首一卷)

310000－0242－0005348　R22.4－3048/7.759

[同治]廣豐縣志十卷首一卷　（清）雙全修（清）顧蘭生纂　清同治十三年(1874)刻本　十冊

310000 –0242 –0005349　R22.4 –3049/7.428

[同治]鉛山縣志三十卷　（清）張廷珩修
（清）華祝三纂　清同治十年(1871)刻本　十
六冊

310000 –0242 –0005350　R22.4 –3052/7.556

[同治]貴溪縣志三十卷　（清）楊長杰修
（清）黃聯珏等纂　清同治十年(1871)刻本
十四冊

310000 –0242 –0005351　R22.4 –3053/7.151

[同治]東鄉縣志十六卷首一卷末一卷　（清）
李士棻修　（清）胡業恒纂　清同治八年
(1869)刻本　十冊

310000 –0242 –0005352　R22.4 –3054/7.98

[同治]安仁縣志三十六卷首一卷末一卷
（清）朱潼修　（清）徐彥楠纂　清同治十一年
(1872)刻本　十冊

310000 –0242 –0005353　R22.4 –3055/7.500

[同治]萬年縣志十二卷首一卷　（清）項珂修
　（清）劉馥桂纂　清同治十年(1871)刻本
十二冊

310000 –0242 –0005354　R22.4 –3056/7.477

[同治]餘干縣志二十卷首一卷末一卷　（清）
馮蘭森纂修　清同治十一年(1872)刻本　八
冊　存十九卷(一至十八、首一卷)

310000 –0242 –0005355　R22.4 –3058/7.423

[同治]樂平縣志十卷首一卷　（清）梅毓翰修
　（清）汪元祥纂　清同治九年(1870)刻本
十二冊

310000 –0242 –0005356　R22.4 –3060/7.164

[光緒]婺源縣志六十四卷首一卷　（清）吳鶚
修　（清）汪正元纂　清光緒九年(1883)刻本
　二十四冊

310000 –0242 –0005357　R22.4 –3060/E7.164

[光緒]婺源地理教科書不分卷　（清）吳國昌
編　清光緒三十四年(1908)木活字印本　一
冊

310000 –0242 –0005358　R22.4 –3061/7.228

[同治]德興縣志十卷首一卷末一卷　（清）孟
慶雲修　（清）楊重雅纂　清同治十一年
(1872)刻本　十二冊

310000 –0242 –0005359　R22.4 –3071/7.473

[同治]臨川縣志五十四卷　（清）童範儼修
（清）陳慶齡等纂　清同治九年(1870)刻本
二十四冊

310000 –0242 –0005360　R22.4 –3072/7.151

[道光]金谿縣志六十卷首一卷末一卷　（清）
李雲修　（清）楊護纂　清道光三年(1823)刻
本　十二冊

310000 –0242 –0005361　R22.4 –3072/7.535

[同治]金谿縣志三十六卷　（清）程芳修
（清）鄭浴脩纂　清同治九年(1870)金谿縣署
刻本　十六冊

310000 –0242 –0005362　R22.4 –3076/7.665

[同治]南豐縣志四十六卷　（清）柏春修
（清）魯琪光纂　清同治十年(1871)縣署刻本
　二十八冊

310000 –0242 –0005363　R22.4 –3077/7.428

[同治]宜黃縣志五十卷首一卷　（清）張興言
修　（清）謝煌纂　清同治十年(1871)刻本
二十四冊

310000 –0242 –0005364　R22.4 –3078/7.271

[同治]樂安縣志十卷附樂安縣志兵難殉節錄
二卷　（清）朱奎章修　（清）胡芳杏纂修　清
同治十年(1871)尊經閣刻本　八冊

310000 –0242 –0005365　R22.4 –3089/8.21

[宣統]盧陵縣志二十八卷首一卷末一卷
（清）王補纂修　清宣統三年(1911)刻本　二
十冊

310000 –0242 –0005366　R22.4 –3091/7.21

[同治]新淦縣志十卷首一卷　（清）王肇賜修
　（清）陳錫麟纂　清同治十二年(1873)木活
字印本　十四冊

310000 –0242 –0005367　R22.4 –3093/7.486

[光緒]重修吉水縣志六十六卷首一卷　（清）

彭際盛修 （清）胡宗元纂 清光緒元年
(1875)刻本 二十冊

310000－0242－0005368 R22.4－3094/7.122
[光緒]泰和縣志三十卷首一卷 （清）宋瑛修
（清）彭啟瑞纂 清光緒四年(1878)刻本
十六冊

310000－0242－0005369 R22.4－3095/7.634
[同治]萬安縣誌二十卷首一卷末一卷 （清）
歐陽駿修 （清）周之鏞纂 清同治十三年
(1874)刻本 十二冊

310000－0242－0005370 R22.4－3096/7.21
[同治]龍泉縣志十八卷首一卷末一卷 （清）
王肇渭修 （清）郭崇輝纂 清同治十年
(1871)刻本 十二冊

310000－0242－0005371 R22.4－3119/7.491
[道光]安遠縣志三十二卷首一卷 （清）黃文
燮修 （清）徐必藻纂 清道光三年(1823)刻
本 十二冊

310000－0242－0005372 R22.4－3119/7.491A
[同治]安遠縣志十卷首一卷 （清）黃瑞圖修
（清）歐陽鐸纂 清同治十一年(1872)刻本
八冊

310000－0242－0005373 R22.4－3121/7.21
[道光]龍南縣志八卷 （清）王所舉修
(清)徐思諫纂 清道光六年(1826)龍南縣刻
本 六冊

310000－0242－0005374 R22.4－3123/7.407
[道光]信豐縣志十六卷附續編十六卷 （清）
許燮修 （清）謝肇漣纂 清同治六年(1867)
刻本 六冊

310000－0242－0005375 R22.4－3123/A7.151
[同治]信豐縣志續編八卷 （清）李大觀纂修
清同治九年(1870)刻本 一冊

310000－0242－0005376 R22.4－3124/7.128
[同治]南康縣志十四卷 （清）沈恩華修
(清)盧鼎峋纂 清同治十一年(1872)南康縣
署刻本 十二冊

310000－0242－0005377 R22.4－3125/7.441
[同治]大庾縣志二十六卷首一卷 （清）陳蔭
昌修 （清）石景芬纂 清同治十三年(1874)
刻本 十六冊

310000－0242－0005378 R22.4－3126/7.135
[同治]崇義縣志十二卷 （清）汪寶樹修
(清)胡友梅纂 清同治六年(1867)刻本 四
冊

310000－0242－0005379 R22.4－6/7.674
[同治]江西全省輿圖十四卷首一卷 （清）劉
坤一主修 清同治七年(1868)刻本 六冊

310000－0242－0005380 R22.4－9/7.765
[光緒]建昌縣輿地圖不分卷 （清）譚鴻基修
（清）吳士仁纂 清光緒三十二年(1906)刻
本 二冊

310000－0242－0005381 R22.5－1/472
[光緒]湖北輿地記二十四卷 湖北輿地局纂
清光緒二十年(1894)湖北輿地局刻本 八
冊

310000－0242－0005382 R22.5－1/472C2
[光緒]湖北輿地記二十四卷 湖北輿地局纂
清光緒二十年(1894)湖北輿地局刻本 八
冊

310000－0242－0005383 R22.5－1/7.164
[嘉慶]湖北通志一百卷首五卷 （清）吳熊光
等修 （清）陳詩等纂 清嘉慶九年(1804)刻
本 六十四冊

310000－0242－0005384 R22.5－203/7.306
[光緒]黃州府志四十卷首一卷 （清）英啓修
（清）鄧琛纂 清光緒十年(1884)刻本 四
十冊

310000－0242－0005385 R22.5－206/7.390
[光緒]荊州府志八十卷首一卷 （清）倪文蔚
修 （清）顧佳蘅纂 清光緒六年(1880)刻本
三十二冊

310000－0242－0005386 R22.5－207/7.389
[光緒]襄陽府志二十六卷附襄郡忠義錄一卷

243

（清）恩聯修　（清）王萬芳纂　清光緒十一年(1885)刻本　十六冊

310000－0242－0005387　R22.5－207/7.441

[乾隆]襄陽府志四十卷首一卷　（清）陳鍔纂修　清乾隆二十五年(1760)刻本　十五冊存三十八卷(一至五、七至三十二、三十四至四十)

310000－0242－0005388　R22.5－208/7.164

[同治]鄖陽府志八卷首一卷　（清）吳葆儀修　（清）王嚴恭纂　清同治九年(1870)刻本　十二冊

310000－0242－0005389　R22.5－209/7.748

[同治]宜昌府志十六卷　（清）聶光鑾修　（清）王柏心纂　清同治四年(1865)刻本　十六冊

310000－0242－0005390　R22.5－210/7.248

[同治]施南府志三十卷首一卷　（清）周慶榕修　（清）何遠鑒纂　清同治十年(1871)刻本　十三冊

310000－0242－0005391　R22.5－210/A7.21

[光緒]施南府續志十卷　（清）王庭楨修　（清）尹壽衡纂　清光緒十年(1884)刻本　二冊

310000－0242－0005392　R22.5－3001/7.98

[光緒]孝感縣志二十四卷　（清）朱希白修　（清）沈用增纂　清光緒九年(1883)刻本　十二冊

310000－0242－0005393　R22.5－3005/7.735

[光緒]武昌縣志二十六卷首一卷末一卷　（清）鍾桐山修　（清）柯逢時纂　清光緒十一年(1885)刻本　十冊

310000－0242－0005394　R22.5－3007/7.775

[同治]通山縣志八卷首一卷　（清）羅登瀛等修　（清）朱美燨等纂　清同治六年(1867)心田局木活字印本　八冊

310000－0242－0005395　R22.5－3012/7.491

[同治]續輯漢陽縣志二十八卷　（清）黃式度修　（清）王柏心纂　清同治七年(1868)刻本　二十冊

310000－0242－0005396　R22.5－3016/7.441

[同治]安陸縣志補正二卷　（清）陳廷鈞纂修　清同治十一年(1872)太史第刻本　二冊

310000－0242－0005397　R22.5－3033/7.622

[同治]蘄州志二十六卷　（清）潘克溥纂修　清同治二年(1863)刻本　十二冊

310000－0242－0005398　R22.5－3036/7.441

[光緒]興國州志三十六卷首一卷附補編三卷　（清）陳光亨　（清）劉鳳倫纂修　清光緒十五年(1889)刻本　二十冊

310000－0242－0005399　R22.5－3037/7.271

[同治]大冶縣志十八卷首一卷　（清）胡復初修　（清）黃昺傑纂　清同治六年(1867)刻本　六冊

310000－0242－0005400　R22.5－3048/7.390

[光緒]江陵縣志六十五卷　（清）蒯正昌等修　（清）劉長謙等纂　清光緒二年(1876)刻本　二十四冊

310000－0242－0005401　R22.5－3050/7.375

[同治]鍾祥縣志二十卷附補編二卷　（清）孫福海修　（清）李焴纂　清同治六年(1867)刻本　十四冊

310000－0242－0005402　R22.5－3051/7.151

[光緒]京山縣志二十七卷首一卷　（清）李慶霖修　（清）曾憲德纂　清光緒八年(1882)刻本　十六冊

310000－0242－0005403　R22.5－3053/7.674

[光緒]潛江縣志二十卷首一卷　（清）劉煥修　（清）朱載震纂　清光緒五年(1879)刻本　八冊

310000－0242－0005404　R22.5－3053/7.73

[光緒]潛江縣續志二十卷首一卷　（清）史致謨修　（清）劉恭冕纂　清光緒五年(1879)刻本　八冊

310000－0242－0005405　R22.5－3057/7.98

[同治]石首縣志八卷　（清）朱榮寶修
(清)傅如筠纂　清同治五年(1866)刻本　十
二冊

310000－0242－0005406　R22.5－3059/7.151

[同治]松滋縣志十二卷首一卷　（清）李繙雲
修　（清）朱美爕纂　清同治七年(1868)刻本
　八冊

310000－0242－0005407　R22.5－3069/7.242

[同治]東湖縣志三十一卷首一卷　（清）金大
鏞修　（清）王柏心纂　清同治三年(1864)刻
本　十冊

310000－0242－0005408　R22.5－3070/7.661

[同治]遠安縣志八卷首一卷　（清）鄭燡林修
　（清）周葆恩纂　清同治五年(1866)刻本
八冊

310000－0242－0005409　R22.5－3071/7.491

[乾隆]當陽縣志九卷　（清）黃仁修　（清）
童鑾纂　清抄本　六冊

310000－0242－0005410　R22.5－3076/7.106

[同治]興山縣志十卷　　（清）伍繼勛修
(清)范昌棣纂　清同治四年(1865)刻本　六
冊

310000－0242－0005411　R22.5－3086/7.121

[同治]恩施縣志十二卷首一卷　（清）多壽修
　（清）羅淩漢纂　清同治三年(1864)刻本
六冊

310000－0242－0005412　R22.5－3087/7.618

[同治]建始縣志八卷首一卷　（清）熊啓詠纂
修　清同治五年(1866)刻本　　四冊

310000－0242－0005413　R22.5－3087/7.618C2

[同治]建始縣志八卷首一卷　（清）熊啓詠纂
修　清同治五年(1866)刻本　　四冊

310000－0242－0005414　R22.5－3090/7.428

[同治]宣恩縣志二十卷首一卷　（清）張金瀾
修　（清）蔡景星纂　清同治二年(1863)刻本
　六冊

310000－0242－0005415　R22.5－3091/7.151

[同治]來鳳縣志三十二卷首一卷末一卷
(清)李勛修　（清）何遠鑒纂　清同治五年
(1866)刻本　八冊

310000－0242－0005416　R22.5－3092/7.428

[同治]咸豐縣志二十卷首一卷　（清）張梓修
　（清）張光傑纂　清同治四年(1865)刻本
四冊

310000－0242－0005417　R22.5－3093/7.491

[光緒]利川縣志十四卷首一卷　（清）黃世崇
纂修　清光緒二十年(1894)鍾靈書院刻本
八冊

310000－0242－0005418　R22.5－3093/7.491C2

[光緒]利川縣志十四卷首一卷　（清）黃世崇
纂修　清光緒二十年(1894)鍾靈書院刻本
八冊

310000－0242－0005419　R22.5－3103/7.164

[同治]襄陽縣志七卷首一卷　（清）楊宗時修
　（清）崔淦纂　（清）吳耀斗續修　（清）李
士彬續纂　清同治十三年(1874)刻本　八冊

310000－0242－0005420　R22.5－3106/7.535

[同治]宜城縣志十卷　　（清）程啓安修
(清)張炳鐘纂　清同治六年(1867)刻本　　八
冊

310000－0242－0005421　R22.5－3106/ A7.151

[光緒]宜城縣續志二卷　　（清）李連騎修
(清)姚德華纂　清光緒八年(1882)刻三十三
年(1907)補刻本　一冊

310000－0242－0005422　R22.5－3107/7.271

[同治]湖北南漳縣志集鈔二十六卷首一卷
(清)胡正楷纂　（清）胡心悅增纂　清同治四
年(1865)刻本　八冊

310000－0242－0005423　R22.5－3108/7.211

[同治]保康縣志七卷首一卷末一卷　　（清）林
煊修　（清）楊世霖纂　清同治五年(1866)刻
十年(1871)補刻光緒五年(1879)再補刻本
二冊

310000－0242－0005424　R22.5－3109/7.556

[同治]房縣志十二卷首一卷 （清）楊延烈修
（清）劉元棟 （清）郁芳董纂 清同治五年
(1866)刻本 六冊

310000－0242－0005425 R22.5－3110/7.248

[同治]竹山縣志二十九卷首一卷 （清）周士
槙修 （清）黃子遂纂 清同治六年(1867)刻
八年(1869)補刻本 六冊

310000－0242－0005426 R22.5－3112/7.441

[同治]鄖西縣志二十卷首一卷 （清）程光第
修 （清）葉年菜纂 清同治五年(1866)刻本
十二冊

310000－0242－0005427 R22.5－3113/7.200

[同治]鄖縣志十卷首一卷 （清）定熙修
（清）崔誥纂 清同治五年(1866)刻本 八冊

310000－0242－0005428 R22.5－3114/7.352

[光緒]續輯均州志十六卷首一卷 （清）馬雲
龍修 （清）賈洪詔纂 清光緒十年(1884)刻
本 八冊

310000－0242－0005429 R22.5－3115/7.735

[光緒]光化縣志八卷首一卷 （清）鍾桐山修
（清）段映斗纂 清光緒十年(1884)刻本
八冊

310000－0242－0005430 R22.5－3116/7.227

[同治]穀城縣志八卷 （清）承印修 （清）
蔣海澄纂 清同治九年(1870)刻本 八冊

310000－0242－0005431 R22.6－1/7.151

[光緒]湖南通志二百八十八卷首八卷末十九
卷 （清）李瀚章修 （清）曾國荃纂 清光緒
十一年(1885)刻本 一百六十三冊 存三百
五卷(一至五十四、六十二至一百四十四、一
百四十八至二百八十八,首八卷,末十九卷)

310000－0242－0005432 R22.6－12/8.486

[光緒]湖南輿圖六卷 （清）彭青瑋 （清）
左學呂繪製 清光緒二十三年(1897)刻本
一冊

310000－0242－0005433 R22.6－201/7.170

[乾隆]長沙府志五十卷首一卷 （清）呂肅高

修 （清）張雄圖纂 清乾隆十二年(1747)刻
本 三十二冊

310000－0242－0005434 R22.6－202/7.491

[道光]寶慶府志一百四十三卷首二卷末三卷
（清）黃宅中修 （清）鄧顯鶴纂 清道光二
十九年(1849)刻本 四十八冊

310000－0242－0005435 R22.6－204/7.720

[嘉慶]常德府志四十八卷 （清）應先烈修
（清）陳楷禮纂 清嘉慶十八年(1813)刻本
十八冊

310000－0242－0005436 R22.6－205/7.794

[乾隆]衡州府志三十三卷首一卷 （清）饒佺
修 （清）曠敏本纂 清乾隆二十八年(1763)
刻光緒元年(1875)補刻本 二十冊

310000－0242－0005437 R22.6－206/7.170

[道光]永州府志十八卷首一卷 （清）呂恩湛
修 （清）宗績辰纂 （清）廷桂重訂 清道光
八年(1828)修同治六年(1867)補刻本 二十
四冊

310000－0242－0005438 R22.6－207/7.335

[乾隆]辰州府志五十卷首一卷 （清）席紹葆
修 （清）謝鳴謙纂 清乾隆三十年(1765)刻
本 二十四冊

310000－0242－0005439 R22.6－208/7.164

[同治]沅州府志四十卷首一卷 （清）吳嗣仲
纂修 清同治十二年(1873)刻本 二十冊

310000－0242－0005440 R22.6－3001/7.428

[嘉慶]湘潭縣志四十卷 （清）張雲璈修
（清）周系英纂 清嘉慶二十三年(1818)刻本
十八冊

310000－0242－0005441 R22.6－3001/7.441

[光緒]湘潭縣志十二卷 （清）陳嘉榆修 王
閭運纂 清光緒十五年(1889)湘潭縣署刻本
十冊

310000－0242－0005442 R22.6－3002/7.21

[嘉慶]善化縣志三十卷首一卷末一卷 （清）
王餘英纂修 清嘉慶二十三年(1818)刻本

十冊

310000－0242－0005443　R22.6－3002/7.307

[光緒]善化縣志三十四卷首一卷　（清）冒沅修　（清）張先掄纂　清光緒三年(1877)刻本　二十冊

310000－0242－0005444　R22.6－3002/7.674

[同治]長沙縣志三十六卷首一卷　（清）劉采邦修　（清）張延珂纂　清同治十年(1871)刻本　二十冊

310000－0242－0005445　R22.6－3002/7.761

[乾隆]善化縣志十二卷　（清）魏成漢修　（清）張汝潤纂　清乾隆十二年(1747)刻本　六冊

310000－0242－0005446　R22.6－3003/7.412

[光緒]湘陰縣圖志三十四卷首一卷　（清）郭嵩燾纂修　清光緒七年(1881)刻本　十四冊

310000－0242－0005447　R22.6－3004/7.316

[光緒]巴陵縣志八十一卷首一卷　（清）姚詩德修　（清）李和卿纂　清光緒二十六年(1900)刻本　十六冊

310000－0242－0005448　R22.6－3005/7.389

[同治]臨湘縣志十三卷首一卷末一卷　（清）恩榮修　（清）歐陽恩霖纂　清同治十一年(1872)刻本　六冊

310000－0242－0005449　R22.6－3006/7.428

[光緒]平江縣志五十五卷首二卷末一卷　（清）張培仁修　（清）李元度纂　清光緒元年(1875)刻本　十六冊

310000－0242－0005450　R22.6－3007/7.21

[同治]瀏陽縣志二十四卷　（清）王汝惺修　（清）鄒焌傑纂　清同治十二年(1873)刻本　十二冊

310000－0242－0005451　R22.6－3008/7.393

[同治]醴陵縣志十四卷首一卷末一卷　（清）徐淦修　（清）江普光纂　清同治十年(1871)刻本　六冊

310000－0242－0005452　R22.6－3009/7.21

[同治]攸縣志五十五卷　（清）王元凱修　（清）嚴鳴琦纂　清同治十年(1871)刻本　十二冊　存四十四卷(一至二十、二十三、二十五、二十七至二十九、三十四至四十四、四十七、四十九至五十五)

310000－0242－0005453　R22.6－3010/7.402

[同治]茶陵州志二十四卷　（清）梁葆頤修　（清）譚鍾麟纂　清同治十年(1871)尊經閣刻本　八冊

310000－0242－0005454　R22.6－3011/7.412

[同治]寧鄉縣志四十四卷首一卷　（清）郭慶颺修　（清）童秀春纂　清同治六年(1867)刻本　十八冊

310000－0242－0005455　R22.6－3022/7.428

[同治]清泉縣志十卷首一卷末一卷　（清）張士寬修　王闓運纂　清同治八年(1869)刻本　一冊

310000－0242－0005456　R22.6－3022/7.752

[道光]衡陽縣志四十卷首一卷　（清）閻肇烺修　（清）馬倚元纂　清道光元年(1821)刻本　九冊

310000－0242－0005457　R22.6－3022/7.775

[同治]衡陽縣志十二卷　（清）羅慶薌修　（清）彭玉麟等纂　清同治十三年(1874)刻本　八冊

310000－0242－0005458　R22.6－3023/7.151

[光緒]衡山縣志四十五卷首一卷　（清）李惟丙修　（清）文嶽英纂　清光緒元年(1875)刻本　二十冊

310000－0242－0005459　R22.6－3025/7.556

[嘉慶]常寧縣志三十二卷　（清）楊純道纂修　清嘉慶四年(1799)刻本　八冊

310000－0242－0005460　R22.6－3026/7.428

[光緒]寧遠縣志八卷　（清）張大煦修　（清）歐陽澤闓纂　清光緒二年(1876)崇正書院刻本　四冊

310000－0242－0005461　R22.6－3027/7.530

[光緒]道州志十二卷 （清）盛賡修 （清）許清源纂 清光緒三年(1877)刻本 八冊

310000－0242－0005462 R22.6－3028/7.533

[光緒]零陵縣志十五卷補遺一卷 （清）嵇有慶修 （清）劉沛纂 清光緒二年(1876)刻本 八冊

310000－0242－0005463 R22.6－3030/7.491

[光緒]東安縣志八卷 （清）黃心菊修 （清）鄒明馨纂 清光緒二年(1876)刻本 二冊

310000－0242－0005464 R22.6－3031/7.441

[同治]祁陽縣志二十四卷首一卷 （清）陳玉祥修 （清）劉希闓纂 清同治九年(1870)刻本 十六冊

310000－0242－0005465 R22.6－3033/7.674

[同治]江華縣志十二卷首一卷 （清）劉華邦修 （清）唐為煌纂 清同治九年(1870)刻本 六冊

310000－0242－0005466 R22.6－3046/7.337

[同治]酃縣志二十卷首一卷 （清）唐榮邦修 （清）周作翰纂 清同治十二年(1873)刻本 八冊

310000－0242－0005467 R22.6－3047/7.674

[同治]桂東縣志二十卷首一卷 （清）劉華邦修 （清）郭岐勳纂 清同治五年(1866)刻本 八冊

310000－0242－0005468 R22.6－3048/7.412

[光緒]興寧縣志十八卷首一卷末一卷 （清）郭樹馨 （清）劉錫九修 （清）黃榜元纂 清光緒元年(1875)刻本 十二冊

310000－0242－0005469 R22.6－3051/7.164

[同治]臨武縣志四十七卷首一卷 （清）吳洪恩修 （清）陳佑啟纂 清同治六年(1867)刻本 十二冊

310000－0242－0005470 R22.6－3052/7.260

[同治]藍山縣志十六卷末一卷 （清）洪錫綬修 （清）鍾範纂 清同治六年(1867)刻本

十冊

310000－0242－0005471 R22.6－3054/7.135

[同治]桂陽直隸州志二十七卷 （清）汪敦灝修 王闓運纂 清同治七年(1868)刻本 十三冊

310000－0242－0005472 R22.6－3055/7.428

[嘉慶]新田縣志十卷 （清）張厚郿修 （清）樂明紹纂 清嘉慶十八年(1813)刻本 四冊

310000－0242－0005473 R22.6－3056/7.205

[光緒]耒陽縣志八卷首一卷 （清）於學琴修 （清）宋世煦纂 清光緒十二年(1886)刻本 十冊

310000－0242－0005474 R22.6－3066/7.491

[光緒]邵陽縣志十卷 （清）黃文琛纂修 清光緒三年(1877)刻本 六冊

310000－0242－0005475 R22.6－3067/7.770

[同治]新化縣志三十五卷首二卷 （清）關培鈞修 （清）劉洪澤纂 清同治十一年(1872)刻本 十二冊

310000－0242－0005476 R22.6－3070/7.588

[同治]湘鄉縣志二十三卷首一卷末一卷 （清）齊德五修 （清）黃楷盛纂 清同治十二年(1873)刻本 二十四冊

310000－0242－0005477 R22.6－3072/7.164

[光緒]湖南靖州直隸州志十二卷首一卷末一卷 （清）唐際虞纂 （清）吳起鳳修 清光緒五年(1879)刻本 六冊

310000－0242－0005478 R22.6－3073/7.428

[光緒]新寧縣志二十六卷首一卷 （清）張葆蓮修 （清）劉坤一纂 清光緒十九年(1893)金城書院刻本 十冊

310000－0242－0005479 R22.6－3074/7.407

[嘉慶]武岡州志三十卷首一卷 （清）許紹宗修 （清）鄧顯鶴纂 清嘉慶二十二年(1817)刻本 六冊

310000－0242－0005480 R22.6－3074/7.620

248

[光緒]武岡州志五十四卷首一卷 （清）潘清修 （清）鄧繹纂 清光緒元年(1875)刻本 十六冊

310000－0242－0005481 R22.6－3077/7.530
[同治]城步縣志十卷 （清）盛鎰源修 （清）戴聯璧纂 清同治六年(1867)武攸文友堂刻本 十冊

310000－0242－0005482 R22.6－3087/7.441
[同治]黔陽縣志六十卷首一卷 （清）陳瀾修 （清）易燮堯纂 清同治十三年(1874)刻本 十四冊

310000－0242－0005483 R22.6－3088/7.393
[道光]辰溪縣志四十卷首一卷 （清）徐會雲修 （清）劉家傳纂 清道光三年(1823)刻本 十冊

310000－0242－0005484 R22.6－3089/7.83
[同治]沅陵縣志五十卷首一卷 （清）守忠修 （清）許光曙纂 清同治十二年(1873)刻本 十二冊

310000－0242－0005485 R22.6－3090/7.588
[同治]漵浦縣志二十四卷首一卷 （清）齊德五修 （清）舒其錦纂 清同治十二年(1873)刻本 八冊

310000－0242－0005486 R22.6－3092/7.242
[光緒]靖州鄉土志四卷 金蓉鏡等纂 清光緒三十四年(1908)刻本 二冊

310000－0242－0005487 R22.6－3093/7.375
[光緒]會同縣志十四卷首一卷 （清）孫炳煜修 （清）黃世昌纂 清光緒二年(1876)刻本 六冊

310000－0242－0005488 R22.6－3094/7.530
[同治]芷江縣志六十四卷首一卷 （清）盛慶紱修 （清）盛一林纂 清同治九年(1870)刻本 十六冊 存六十卷(一至四十三、四十九至六十四,首一卷)

310000－0242－0005489 R22.6－3096/7.268
[同治]麻陽縣志十四卷首一卷 （清）姜鍾琇修 （清）劉士先纂 清同治十三年(1874)刻本 十冊

310000－0242－0005490 R22.6－3098/7.312
[道光]麻陽縣志十四卷首一卷 （清）俞克振修 （清）梅嶧纂 清道光五年(1825)刻本 八冊

310000－0242－0005491 R22.6－3108/7.375
[同治]武陵縣志四十八卷 （清）孫翹澤修 （清）陳啟邁纂 清同治二年(1863)刻本 十六冊

310000－0242－0005492 R22.6－3109/7.268
[同治]安福縣志三十四卷首三卷 （清）姜大定修 （清）尹襲澍纂 清同治八年(1869)刻本 十二冊

310000－0242－0005493 R22.6－3109/7.268C2
[同治]安福縣志三十四卷首三卷 （清）姜大定修 （清）尹襲澍纂 清同治八年(1869)刻本 十二冊

310000－0242－0005494 R22.6－3110/7.622
[嘉慶]澧志舉要三卷 （清）潘相纂 （清）潘承煒續纂 清嘉慶二年(1797)經腴堂刻本 二冊

310000－0242－0005495 R22.6－3111/7.428
[乾隆]安鄉縣志八卷 （清）張綽纂修 清乾隆十三年(1748)安鄉胞與堂刻光緒六年(1880)補刻本 六冊

310000－0242－0005496 R22.6－3113/7.375
[光緒]華容縣志十五卷首一卷 （清）孫炳煜修 （清）熊紹庚纂 清光緒八年(1882)刻本 八冊

310000－0242－0005497 R22.6－3114/7.337
[嘉慶]沅江縣志三十卷 （清）唐古特修 （清）駱孔僎纂 清嘉慶十五年(1810)尊經閣刻二十二年(1817)補刻本 六冊

310000－0242－0005498 R22.6－3115/7.316
[同治]益陽縣志二十五卷首一卷 （清）姚念楊修 （清）趙裴哲纂 清同治十三年(1874)

文閣刻本　十六冊

310000 - 0242 - 0005499　R22.6 - 3117/7.428
[嘉慶]龍陽縣志八卷　（清）張在田修
（清）游鳳藻纂　清嘉慶十九年(1814)刻同治
四年(1865)補刻本　八冊

310000 - 0242 - 0005500　R22.6 - 3117/7.491
[道光]鳳凰直隸廳志二十卷首一卷　（清）黃
應培修　（清）孫均銓纂　清道光四年(1824)
刻光緒七年(1881)補刻本　十冊

310000 - 0242 - 0005501　R22.6 - 3118/7.80
[同治]安化縣志三十四卷首五卷末一卷
（清）邱育泉修　（清）何才煥纂　清同治十一
年(1872)刻本　二十冊

310000 - 0242 - 0005502　R22.6 - 3119/7.194
[光緒]桃源縣志十七卷首一卷末一卷　（清）
余良棟修　（清）劉鳳苞纂　清光緒十八年
(1892)刻本　十九冊

310000 - 0242 - 0005503　R22.6 - 3120/7.533
[同治]慈利縣志十四卷首一卷　（清）稽有慶
修　（清）魏湘纂　清同治八年(1869)尊經閣
刻本　十四冊

310000 - 0242 - 0005504　R22.6 - 3121/7.211
[同治]石門縣志十四卷首一卷　（清）林葆元
纂修　（清）申正颺纂　清同治八年(1869)文
昌閣刻本　十二冊

310000 - 0242 - 0005505　R22.6 - 3121/7.698
[光緒]石門縣志六卷　（清）閻鎮珩纂修　清
光緒十五年(1889)北嶽山房刻本　二冊

310000 - 0242 - 0005506　R22.6 - 3131/7.21
[乾隆]乾州志四卷　（清）王瑋纂修　清乾隆
四年(1739)刻本　四冊

310000 - 0242 - 0005507　R22.6 - 3132/7.337
[同治]永順縣志八卷首一卷末一卷　（清）唐
賡修　（清）李龍章纂　清同治十三年(1874)
刻本　八冊

310000 - 0242 - 0005508　R22.6 - 3133/7.248
[同治]桑植縣志八卷　（清）周來賀纂修

（清）龍起濤增補　清同治十一年(1872)刻光
緒十九年(1893)補刻光緒三十四年(1908)手
抄補葉本　四冊

310000 - 0242 - 0005509　R22.6 - 3139/7.211
[同治]保靖縣志十二卷首一卷　（清）林繼欽
修　（清）袁祖綏纂　清同治十年(1871)刻本
八冊

310000 - 0242 - 0005510　R22.6 - 3140/7.464
[光緒]龍山縣志十六卷首一卷　（清）符為霖
修　（清）劉沛纂　清光緒四年(1878)刻本
六冊

310000 - 0242 - 0005511　R22.7 - 1/7.450
[嘉慶]四川通志二百四卷首二十二卷　（清）
常明修　（清）楊芳燦纂　清嘉慶二十一年
(1816)刻本　一百冊

310000 - 0242 - 0005512　R22.7 - 1/7.491
[雍正]四川通志四十七卷首一卷　（清）黃廷
桂等修　清乾隆元年(1736)刻本　二十四冊

310000 - 0242 - 0005513　R22.7 - 101/7.523
[宣統]成都通覽不分卷　傅崇榘編　清宣統
元年(1909)成都通俗報社石印本　八冊

310000 - 0242 - 0005514　R22.7 - 202/7.93
[道光]重慶府志九卷　（清）王夢庚修
（清）寇宗纂　清道光二十三年(1843)刻本
十二冊

310000 - 0242 - 0005515　R22.7 - 206/7.389
[光緒]夔州府志三十六卷首一卷　（清）恩成
修　（清）劉德銓纂　清光緒十七年(1891)補
刻本　二十四冊

310000 - 0242 - 0005516　R22.7 - 209/7.428
[乾隆]潼川府志十二卷首一卷　（清）張松孫
修　（清）李芳穀纂　清乾隆五十一年(1786)
刻本　十二冊

310000 - 0242 - 0005517　R22.7 - 3002/E7.268
[光緒]郫縣鄉土志二卷　（清）姜士謌編　清
光緒三十四年(1908)鉛印本　一冊

310000 - 0242 - 0005518　R22.7 - 3003/7.791

［嘉慶］新繁縣志四十三卷首一卷　（清）顧德昌修　（清）張粹德纂　清嘉慶十九年(1814)刻本　四冊

310000－0242－0005519　R22.7－3003/E7.194
［光緒］新繁縣鄉土志十卷　（清）余慎纂　清光緒三十三年(1907)鉛印本　二冊　存五卷（一至五）

310000－0242－0005520　R22.7－3003/E7.194C2
［光緒］新繁縣鄉土志十卷　（清）余慎纂　清光緒三十三年(1907)鉛印本　二冊

310000－0242－0005521　R22.7－3005/7.615
［道光］樂至縣志十六卷首一卷附續志四卷（清）裴顯忠修　（清）胡書雲續修　清道光二十一年(1841)刻同治八年(1869)補刻光緒九年(1883)續刻本　八冊

310000－0242－0005522　R22.7－3006/7.674
［嘉慶］漢州志四十卷首一卷末一卷　（清）劉長庚修　（清）侯肇元纂　清嘉慶二十二年(1817)刻本　十二冊

310000－0242－0005523　R22.7－3009/7.568
［嘉慶］華陽縣志四十四卷首一卷　（清）董淳修　（清）潘時彤纂　清嘉慶二十一年(1816)刻光緒十八年(1892)補刻本　十五冊

310000－0242－0005524　R22.7－3013/7.164
［嘉慶］華陽縣志四十四卷首一卷　（清）吳鞏修　（清）王來遴纂　清嘉慶二十三年(1818)刻本　十二冊

310000－0242－0005525　R22.7－3016/7.674
［嘉慶］崇寧縣志四卷　（清）劉壇纂修　清嘉慶二十一年(1816)刻本　四冊

310000－0242－0005526　R22.7－3017/7.454
［光緒］增修灌縣志十四卷首一卷　（清）莊思恒修　（清）鄭珶山纂　清光緒十二年(1886)刻本　八冊

310000－0242－0005527　R22.7－3017/A7.393
［光緒］灌縣鄉土志二卷　（清）徐昱輯　清光緒三十三年(1907)刻本　二冊

310000－0242－0005528　R22.7－3027/7.18
［同治］直隸綿州志五十五卷　（清）文棨修（清）伍肇齡纂　清同治十二年(1873)刻本二十冊

310000－0242－0005529　R22.7－3027/7.18C2
［同治］直隸綿州志五十五卷　（清）文棨修（清）伍肇齡纂　清同治十二年(1873)刻本十六冊

310000－0242－0005530　R22.7－3036/7.151
［嘉慶］羅江縣志三十六卷　（清）李桂林修（清）鄧林纂　清同治四年(1865)刻本　四冊

310000－0242－0005531　R22.7－3036/7.151C2
［嘉慶］羅江縣志三十六卷　（清）李桂林修（清）鄧林纂　清嘉慶二十年(1815)刻本　四冊

310000－0242－0005532　R22.7－3036/7.352
［同治］續修羅江縣志二十四卷　（清）馬傳業修　（清）劉正慧纂　清同治四年(1865)刻本　二冊

310000－0242－0005533　R22.7－3036/7.352C2
［同治］續修羅江縣志二十四卷　（清）馬傳業修　（清）劉正慧纂　清同治四年(1865)刻本　二冊

310000－0242－0005534　R22.7－3037/7.615
［道光］德陽縣新志十二卷首一卷末一卷（清）裴顯忠纂修　清道光十七年(1837)刻本四冊

310000－0242－0005535　R22.7－3037/7.615C2
［道光］德陽縣新志十二卷首一卷末一卷（清）裴顯忠纂修　清道光十七年(1837)刻本五冊

310000－0242－0005536　R22.7－3037/A7.615
［光緒］德陽縣志續編十卷首一卷末一卷（清）鈕傳善修　（清）李炳靈纂　清光緒三十一年(1905)刻本　三冊

310000－0242－0005537　R22.7－3039/7.194
［同治］安縣志三十二卷首一卷　（清）余天鵬

修 （清）陳嘉繡纂 清同治三年(1864)刻本
(卷二十六至三十爲抄補) 六冊

310000－0242－0005538 R22.7－3051/7.375
[光緒]遂寧縣志六卷首一卷 （清）孫海修
（清）李星根纂 清光緒四年(1878)刻本 五
冊

310000－0242－0005539 R22.7－3054/7.716
[道光]安嶽縣志十六卷首一卷續志四卷
（清）濮瑗修 （清）周國頤纂 （清）陳其寬
（清）鄒宗垣續修 清道光二十一年(1841)
修光緒二十三年(1897)續修刻本 十二冊

310000－0242－0005540 R22.7－3059/7.491
[光緒]射洪縣志十八卷首一卷 （清）黃允欽
修 （清）楊甲秀纂 清光緒十二年(1886)刻
本 八冊

310000－0242－0005541 R22.7－3069/7.359
[咸豐]南充縣志八卷 （清）袁鳳孫修
（清）陳榕纂 清咸豐七年(1857)刻本 六冊

310000－0242－0005542 R22.7－3073/7.420
[光緒]儀隴縣志六卷 （清）曹紹樾 （清）
胡晉熙修 （清）胡輯瑞等纂 清光緒三十三
年(1907)北平余小樓補刻本 六冊

310000－0242－0005543 R22.7－3074/7.396
[光緒]營山縣志三十卷 （清）翁道均修
（清）熊毓藩纂 清光緒十年(1884)刻本 八
冊

310000－0242－0005544 R22.7－3078/7.268
[光緒]定遠縣志六卷 （清）姜由範修
（清）王鏞等纂 清光緒元年(1875)刻本 六
冊

310000－0242－0005545 R22.7－3078/7.268C2
[光緒]定遠縣志六卷 （清）姜由範修
（清）王鏞等纂 清光緒元年(1875)刻本 六
冊

310000－0242－0005546 R22.7－3079/7.332
[光緒]西充縣志十四卷 （清）高培穀修
（清）劉藻纂 清光緒二年(1876)刻本 六冊

310000－0242－0005547 R22.7－3089/7.665
[嘉慶]達縣志五十二卷 （清）魯鳳輝修
（清）王廷偉纂 清嘉慶十九年(1814)刻本
五冊

310000－0242－0005548 R22.7－3093/7.654
[道光]大竹縣志四十卷 （清）蔡以修修
（清）劉漢昭纂 清道光二年(1822)刻本 三
冊

310000－0242－0005549 R22.7－3098/7.271
[道光]南江縣志三卷 （清）胡炳修 （清）
彭暎纂 清道光七年(1827)刻本 三冊

310000－0242－0005550 R22.7－3110/7.151
[咸豐]開縣志二十七卷首一卷 （清）李肇基
修 （清）陳崑纂 清咸豐三年(1853)刻本
六冊

310000－0242－0005551 R22.7－3114/7.527
[光緒]奉節縣志三十六卷首一卷 （清）曾秀
翹修 （清）楊德坤纂 清光緒十九年(1893)
刻本 八冊

310000－0242－0005552 R22.7－3116/7.164
[道光]忠州志八卷 （清）吳友篪修 （清）
熊履青纂 清道光六年(1826)刻本 八冊

310000－0242－0005553 R22.7－3127/7.170
[同治]涪州志十六卷首一卷附義勇彙編一卷
（清）呂紹衣修 （清）王應元 （清）傅炳
墀纂 清同治九年(1870)刻本 八冊

310000－0242－0005554 R22.7－3133/7.21
[光緒]秀山縣志十四卷首一卷 （清）王壽松
纂 清光緒十七年(1891)刻本 四冊

310000－0242－0005555 R22.7－3147/7.21
[光緒]江津縣志十二卷 （清）王煌修
（清）袁方城纂 清光緒元年(1875)刻本 八
冊

310000－0242－0005556 R22.7－3151/7.21
[乾隆]巴縣志十七卷首一卷 （清）王爾鑑修
（清）周開豐纂 清嘉慶二十五年(1820)刻
本 十二冊

310000－0242－0005557　R22.7－3151/7.98

[道光]巴州志十卷首一卷　（清）朱錫穀修
（清）陳一津纂　清道光十三年(1833)刻本
四冊

310000－0242－0005558　R22.7－3166/7.21

[光緒]內江縣志要三卷　（清）王果纂輯　清
光緒十四年(1888)刻本　三冊

310000－0242－0005559　R22.7－3189/7.322

[乾隆]富順縣志五卷首一卷　（清）段玉裁纂
修　清光緒八年(1882)刻本　五冊

310000－0242－0005560　R22.7－3189/7.322C2

[乾隆]富順縣志五卷首一卷　（清）段玉裁纂
修　清光緒八年(1882)刻本　五冊

310000－0242－0005561　R22.7－3200/7.591

[同治]南溪縣志八卷　（清）福倫修　（清）
胡元翔纂　清同治十三年(1874)刻本　八冊

310000－0242－0005562　R22.7－3220/7.331

[嘉慶]眉州屬志十九卷　（清）涂長發修
（清）王昌年纂　清嘉慶四年(1799)景蘇堂刻
本　十五冊

310000－0242－0005563　R22.7－3220/7.749

[嘉慶]續眉州志略不分卷　（清）戴三錫纂修
　清嘉慶十七年(1812)刻本　一冊

310000－0242－0005564　R22.7－3226/7.21

[光緒]夾江縣志十二卷　（清）王佐修　（清）
徐崧纂　清光緒十四年(1888)刻本　四冊

310000－0242－0005565　R22.7－3226/7.21C2

[嘉慶]夾江縣志十二卷　（清）王佐修
（清）徐崧纂　清嘉慶十八年(1813)刻本　四
冊

310000－0242－0005566　R22.7－3227/7.21

[嘉慶]洪雅縣志二十五卷首一卷　（清）王好
音修　（清）張柱纂　清嘉慶十八年(1813)刻
後印本　四冊

310000－0242－0005567　R22.7－3227/7.412

[光緒]洪雅縣志十二卷首一卷　（清）郭世棻
修　（清）鄧敏修纂　清光緒十年(1884)刻本

五冊

310000－0242－0005568　R22.7－3278/7.178

[同治]松潘記略不分卷　（清）何遠慶編　清
同治十二年(1873)松潘廳署刻本　一冊

310000－0242－0005569　R22.7－3296/8.393

[宣統]昭覺縣志稿四卷　（清）徐懷璋纂　清
宣統三年(1911)抄本　二冊

310000－0242－0005570　R22.7－3308/8.352

[光緒]越雋廳志十二卷　（清）馬忠良修
（清）馬湘纂　孫鏘續修　清光緒三十二年
(1906)鉛印本　六冊

310000－0242－0005571　R22.7－8/752

長江上流四川沿江各縣圖不分卷　（□）□□
繪　清彩繪本　一冊

310000－0242－0005572　R23.1－1/7.21

[萬曆]閩都記三十三卷　（明）王應山纂輯
清道光十一年(1831)求放心齋刻本　六冊

310000－0242－0005573　R23.1－1/7.242

[康熙]福建通志六十四卷　（清）金鋐修
（清）鄭開極纂　清康熙二十三年(1684)刻本
　三十二冊

310000－0242－0005574　R23.1－1/7.362

[乾隆]福建通志七十八卷首一卷　（清）郝玉
麟修　（清）謝道承纂　清乾隆二年(1737)刻
本　五十冊

310000－0242－0005575　R23.1－1/7.362C2

[乾隆]福建通志七十八卷首一卷　（清）郝玉
麟修　（清）謝道承纂　清乾隆二年(1737)刻
本　七十二冊

310000－0242－0005576　R23.1－1/7.375

[同治]福建通志二百七十八卷首六卷列女附
志一卷　（清）孫爾準修　（清）陳壽祺纂　清
同治七年(1868)刻本　一百七十八冊　存二
百八十一卷(一至九十、九十五至二百七十
八,首六卷,列女附志一卷)

310000－0242－0005577　R23.1－1/7.556

[乾隆]福建續志九十二卷首一卷　（清）楊廷

253

璋修　（清）沈廷芳纂　　清乾隆三十四年
(1769)刻本　六十四冊

310000－0242－0005578　R23.1－102/7.248
[道光]廈門志十六卷　（清）周凱纂修　清道
光十九年(1839)刻本　十二冊

310000－0242－0005579　R23.1－13/7.98
[光緒]福建內地府州縣總圖　（清）朱寶善繪
　清光緒刻本　一冊

310000－0242－0005580　R23.1－201/5.402
[淳熙]三山志四十二卷　（宋）梁克家纂修
明崇禎十一年(1638)刻本　十冊

310000－0242－0005581　R23.1－202/7.441
[弘治]重刊興化府志五十四卷　（明）陳效修
　（明）周瑛　（明）黃仲昭纂　清同治十年
(1871)刻本　二十四冊

310000－0242－0005582　R23.1－203/7.764
[同治]泉州府志七十六卷首一卷　（清）懷蔭
布修　（清）黃任纂　清同治九年(1870)刻本
四十八冊

310000－0242－0005583　R23.1－204/7.128
[乾隆]漳州府志五十卷首一卷　（清）沈定均
修　（清）吳聯薰纂　清光緒四年(1878)刻本
三十二冊

310000－0242－0005584　R23.1－205/7.523
[乾隆]延平府志四十六卷首一卷　（清）傅爾
泰修　（清）陶元藻纂　清乾隆三十年(1765)
刻同治十二年(1873)補刻本　二十四冊

310000－0242－0005585　R23.1－207/7.21
[光緒]重纂邵武府志三十卷　（清）王琛修
張元奇纂　清光緒二十三年(1897)樵川書院
刻本　二十冊

310000－0242－0005586　R23.1－208/7.527
[乾隆]汀州府志四十五卷首一卷　（清）曾日
瑛修　（清）李紱纂　清同治六年(1867)刻本
二十冊

310000－0242－0005587　R23.1－3001/8.661
[光緒]閩縣鄉土志八卷　（清）鄭祖庚纂

（清）朱景星修　清光緒三十二年(1906)鉛印
本　四冊

310000－0242－0005588　R23.1－3001/8.661A
[光緒]侯官縣鄉土志八卷　（清）胡之禎修
（清）鄭祖庚纂　清光緒二十九年(1903)修三
十二年(1906)鉛印本　四冊

310000－0242－0005589　R23.1－3002/7.428
[光緒]福安縣志三十八卷首一卷　（清）張景
祁修　（清）黃錦燦纂　清光緒十年(1884)刻
本　十二冊

310000－0242－0005590　R23.1－3023/7.794
[乾隆]福清縣志二十卷首一卷　（清）饒安鼎
修　（清）林昂纂　清光緒二十四年(1898)福
清縣知縣劉玉璋刻本　十二冊

310000－0242－0005591　R23.1－3030/7.441
[同治]德化縣志五十四卷首一卷　（清）陳蕭
纂修　清同治十年(1871)尊經閣刻本　十六
冊

310000－0242－0005592　R23.1－3048/7.347
[康熙]詔安縣志十二卷附志餘一卷　（清）秦
炯纂修　清同治十三年(1874)刻本　六冊

310000－0242－0005593　R23.1－3067/7.674
[光緒]長汀縣志三十三卷首一卷末一卷
（清）劉國光修　（清）謝昌霖纂　清光緒五年
(1879)刻本　十四冊

310000－0242－0005594　R23.1－3069/7.346
[康熙]寧化縣志七卷　（清）祝文鬱修
（清）李世熊纂　清同治八年(1869)汀城李中
和軒刻本　八冊

310000－0242－0005595　R23.1－3069/7.346C2
[康熙]寧化縣志七卷　（清）祝文鬱修
（清）李世熊纂　清同治八年(1869)汀城李中
和軒刻本　八冊

310000－0242－0005596　R23.1－3069/7.346C3
[康熙]寧化縣志七卷　（清）祝文鬱修
（清）李世熊纂　清同治八年(1869)汀城李中
和軒刻本　八冊

310000－0242－0005597　R23.1－3083/7.396

[光緒]續修浦城縣志四十二卷首一卷　（清）翁天祐修　（清）翁昭泰纂　清光緒二十六年（1900）刻本　二十冊

310000－0242－0005598　R23.1－3088/7.316

[乾隆]閩清縣志十卷首一卷　（清）姚循義纂修　清抄本　四冊

310000－0242－0005599　R23.1－3090/7.375

[道光]沙縣志二十卷首一卷末一卷　（清）孫大焜修　（清）徐逢盛纂　清同治十年（1871）刻本　十四冊

310000－0242－0005600　R23.2－201/7.194

[乾隆]續修臺灣府志二十六卷首一卷　（清）余文儀修　（清）黃佾纂　清乾隆三十九年（1774）刻同治十一年（1872）楊承藩、魏肇基重修本　十三冊

310000－0242－0005601　R23.2－3004/7.128

[光緒]苗栗縣志十六卷　（清）沈茂蔭纂修　清抄本　四冊

310000－0242－0005602　R23.2－6/7.194

[光緒]臺灣輿圖並說二卷附金臺前後山輿圖一幅　（清）余寵繪製　清光緒六年（1880）福建臺灣道庫刻本　二冊

310000－0242－0005603　R23.2－6/7.194C2

[光緒]臺灣輿圖並說二卷附金臺前後山輿圖一幅　（清）余寵繪製　清光緒六年（1880）福建臺灣道庫刻本　二冊

310000－0242－0005604　R23.3－1/7.162

[道光]廣東通志三百三十四卷首一卷　（清）阮元修　（清）陳昌齊纂　清道光二年（1822）刻本　一百六十冊

310000－0242－0005605　R23.3－1/7.162C2

[道光]廣東通志三百三十四卷首一卷　（清）阮元修　（清）陳昌齊纂　清同治三年（1864）刻本　一百二十冊

310000－0242－0005606　R23.3－1/7.162C3

[道光]廣東通志三百三十四卷首一卷　（清）

阮元修　（清）陳昌齊纂　清同治三年（1864）刻本　一百二十冊

310000－0242－0005607　R23.3－1/7.162C7

[道光]廣東通志三百三十四卷首一卷　（清）阮元修　（清）陳昌齊纂　清同治三年（1864）刻本　一百三冊　存三百四卷（一至九、十二至六十二、八十三至一百六十四、一百七十一至一百七十五、一百七十八至三百三十四）

310000－0242－0005608　R23.3－1/7.362

[雍正]廣東通志六十四卷　（清）郝玉麟修　（清）魯曾煜纂　清雍正九年（1731）刻本　三十二冊

310000－0242－0005609　R23.3－14/7.428

廣東輿地全圖　張人駿重訂　清光緒二十三年（1897）石印本　二冊

310000－0242－0005610　R23.3－14/7.428C2

廣東輿地全圖　張人駿重訂　清光緒二十三年（1897）石印本　二冊

310000－0242－0005611　R23.3－14/7.428C3

廣東輿地全圖　張人駿重訂　清光緒二十三年（1897）石印本　二冊

310000－0242－0005612　R23.3－14/7.590

[宣統]廣東輿地圖說十四卷首一卷　（清）李瀚章修　（清）廖廷相纂　清宣統元年（1909）廣東參謀處鉛印本　一冊

310000－0242－0005613　R23.3－14/7.752

[宣統]廣東輿地全圖　廣東參謀處測繪科製圖股測繪　清宣統元年（1909）廣東參謀處測繪科製圖股石印本　一冊

310000－0242－0005614　R23.3－14/752

廣東省圖不分卷　（□）□□繪　清同治五年（1866）刻本　六冊

310000－0242－0005615　R23.3－201/7.749

[光緒]廣州府志一百六十三卷　（清）戴肇辰修　（清）史澄纂　清光緒五年（1879）刻本　六十冊

310000－0242－0005616　R23.3－204/7.170

[康熙]惠州府志二十卷首一卷 （清）呂應奎修 （清）黃挺華纂 清康熙二十七年(1688)刻本 十二冊

310000－0242－0005617 R23.3－205/7.248
[乾隆]潮州府志四十二卷首一卷 （清）周碩勳纂修 清光緒十九年(1893)珠蘭書屋刻本 二十五冊

310000－0242－0005618 R23.3－205/7.248C2
[乾隆]潮州府志四十二卷首一卷 （清）周碩勳纂修 清光緒十九年(1893)珠蘭書屋刻本 二十五冊

310000－0242－0005619 R23.3－205/7.248C3
[乾隆]潮州府志四十二卷首一卷 （清）周碩勳纂修 清光緒十九年(1893)珠蘭書屋刻本 二十五冊

310000－0242－0005620 R23.3－206/7.505
[道光]肇慶府志二十二卷首一卷 （清）屠英修 （清）胡森纂 清光緒二年(1876)刻本 二十二冊

310000－0242－0005621 R23.3－206/7.505C2
[道光]肇慶府志二十二卷首一卷 （清）屠英修 （清）胡森纂 清光緒二年(1876)刻本 二十二冊

310000－0242－0005622 R23.3－206/7.505C3
[道光]肇慶府志二十二卷首一卷 （清）屠英修 （清）胡森纂 清光緒二年(1876)刻本 二十二冊

310000－0242－0005623 R23.3－209/7.550
[嘉慶]雷州府志二十卷首一卷 （清）雷學海修 （清）陳昌齊纂 清嘉慶十六年(1811)刻本 十一冊

310000－0242－0005624 R23.3－210/7.236C2
[道光]瓊州府志四十四卷首一卷 （清）明誼修 （清）張岳崧纂 清道光二十一年(1841)刻本 十八冊

310000－0242－0005625 R23.3－3001/7.661
[同治]南海縣志二十六卷首一卷 （清）鄭夢

玉修 （清）梁紹獻纂 清同治十一年(1872)刻本 十二冊

310000－0242－0005626 R23.3－3001/7.661C2
[同治]南海縣志二十六卷首一卷 （清）鄭夢玉修 （清）梁紹獻纂 清同治十一年(1872)刻本 十一冊

310000－0242－0005627 R23.3－3001/7.661C3
[同治]南海縣志二十六卷首一卷 （清）鄭夢玉修 （清）梁紹獻纂 清同治十一年(1872)刻本 十二冊

310000－0242－0005628 R23.3－3001/7.661C4
[同治]南海縣志二十六卷首一卷 （清）鄭夢玉修 （清）梁紹獻纂 清同治十一年(1872)刻本 三冊 存二卷(一至二)

310000－0242－0005629 R23.3－3001/C7.164
[道光]佛山忠義鄉志十四卷 （清）吳榮光纂修 清道光十年(1830)刻本 六冊

310000－0242－0005630 R23.3－3002/7.21
[康熙]花縣志四卷 （清）王永名修 （清）黃士龍纂 清光緒十六年(1890)刻本 四冊

310000－0242－0005631 R23.3－3003/7.151C2
[同治]番禺縣志五十四卷首一卷 （清）李福泰修 （清）史澄纂 清同治十一年(1872)刻本 十六冊

310000－0242－0005632 R23.3－3003/7.151C3
[同治]番禺縣志五十四卷首一卷 （清）李福泰修 （清）史澄纂 清同治十一年(1872)刻本 十六冊

310000－0242－0005633 R23.3－3003/7.151C4
[同治]番禺縣志五十四卷首一卷 （清）李福泰修 （清）史澄纂 清同治十一年(1872)刻本 十六冊

310000－0242－0005634 R23.3－3003/7.151
[同治]番禺縣志五十四卷首一卷 （清）李福泰修 （清）史澄纂 清同治十一年(1872)刻本 十六冊

310000－0242－0005635 R23.3－3004/7.412

256

[咸豐]順德縣志三十二卷　（清）郭汝誠修
（清）馮奉初纂　清咸豐三年(1853)刻本　十
六冊

310000－0242－0005636　R23.3－3004/7.412C2

[咸豐]順德縣志三十二卷　（清）郭汝誠修
（清）馮奉初纂　清咸豐三年(1853)刻本　十
六冊

310000－0242－0005637　R23.3－3007/7.211

[道光]新會縣志十四卷首一卷　（清）林星章
修　（清）黃培芳纂　清道光二十一年(1841)
刻本　十二冊

310000－0242－0005638　R23.3－3007/7.211C2

[道光]新會縣志十四卷首一卷　（清）林星章
修　（清）黃培芳纂　清道光二十一年(1841)
刻本　十冊

310000－0242－0005639　R23.3－3007/7.486

[同治]新會縣續志十卷　（清）彭君穀修
（清）鍾應元纂　清同治九年(1870)刻本　四
冊

310000－0242－0005640　R23.3－3008/6.441

[嘉靖]新寧縣志十卷　（明）陳元珂纂修　明
抄本　四冊

310000－0242－0005641　R23.3－3023/7.428

[光緒]曲江縣志十六卷　（清）張希京修
（清）歐樾華纂　清光緒元年(1875)刻本　八
冊

310000－0242－0005642　R23.3－3024/7.393

[同治]樂昌縣志十二卷　（清）徐寶符等修
李穟等纂　清同治八年(1869)刻本　六冊

310000－0242－0005643　R23.3－3027/7.194

[道光]直隸南雄州志三十四卷首一卷　（清）
余保純修　（清）黃其勤纂　清道光四年
(1824)刻本　十六冊

310000－0242－0005644　R23.3－3050/7.441

[乾隆]博羅縣志十四卷　（清）陳奮虞纂修
清乾隆二十八年(1763)刻本　六冊

310000－0242－0005645　R23.3－3059/7.486

[嘉慶]東莞縣志四十六卷續志二卷　（清）彭
人傑修　（清）黃時沛纂　清嘉慶三年(1798)
刻本　十冊

310000－0242－0005646　R23.3－3071/7.248

[光緒]潮陽縣志二十二卷首一卷　（清）周恒
重修　（清）張其翻纂　清光緒十年(1884)刻
本　十冊

310000－0242－0005647　R23.3－3072/7.151

[嘉慶]澄海縣志二十六卷首一卷　（清）李書
吉　（清）王愷纂修　清嘉慶二十年(1815)修
道光九年(1829)刻本　八冊

310000－0242－0005648　R23.3－3116/7.650

[光緒]石城縣志九卷首一卷末一卷　（清）蔣
廷桂修　（清）陳蘭彬纂　清光緒十八年
(1892)刻本　六冊　存七卷(一至七)

310000－0242－0005649　R23.3－3117/7.486

[光緒]化州志十二卷　（清）彭貽蓀　（清）
彭步瀛修　清光緒十四年(1888)刻本　八冊

310000－0242－0005650　R23.3－3118/7.661

[光緒]茂名縣志八卷首一卷　（清）鄭業崇修
（清）楊頤纂　清光緒十四年(1888)刻本
七冊

310000－0242－0005651　R23.3－3179/7.471

崖州直隸州鄉土志二卷　（清）湯寶棻修　清
抄本　一冊

310000－0242－0005652　R23.4－1/7.128

[光緒]廣西通志輯要十七卷　（清）沈秉成修
（清）蘇宗經增纂　清光緒十五年(1889)刻
本　十四冊

310000－0242－0005653　R23.4－1/7.242

[雍正]廣西通志一百二十八卷　（清）金鉷修
（清）錢元昌纂　清雍正十一年(1733)刻本
三十二冊

310000－0242－0005654　R23.4－1/7.717

[嘉慶]廣西通志二百七十九卷首一卷　（清）
謝啟昆修　（清）胡虔纂　清嘉慶六年(1801)
刻本　八十冊

257

310000－0242－0005655　R23.4－1/7.717C2

[嘉慶]廣西通志二百七十九卷首一卷　（清）謝啟昆修　（清）胡虔纂　清嘉慶五年(1800)刻光緒十七年(1891)桂垣書局補刻本　八十冊

310000－0242－0005656　R23.4－1/7.717C3

[嘉慶]廣西通志二百七十九卷首一卷　（清）謝啟昆修　（清）胡虔纂　清嘉慶六年(1801)刻本　八十冊

310000－0242－0005657　R23.4－14/69

[光緒]廣西輿地全圖二卷　北洋機器總局圖算學堂重繪　清光緒二十四年(1898)香山黃樓石印本　二冊

310000－0242－0005658　R23.4－14/7.428

[光緒]廣西輿地全圖不分卷　北洋機器總局圖算學堂繪　清光緒二十一年(1895)石印本　二冊

310000－0242－0005659　R23.4－14/7.784

[同治]廣西全省地輿圖說不分卷　（清）蘇鳳文纂修　清同治六年(1867)刻本　四冊

310000－0242－0005660　R23.4－3025/7.441

[光緒]百色廳志八卷首一卷　（清）陳如金修　（清）華本松纂　清光緒十七年(1891)刻本　四冊

310000－0242－0005661　R23.4－3110/7.18

[光緒]續修鬱林州志二十卷　（清）文德馨總纂　清光緒二十年(1894)鬱林州志局刻本　十冊

310000－0242－0005662　R23.4－3113/7.21

[光緒]貴縣誌八卷　（清）王仁鍾修　（清）梁吉祥纂　清光緒二十年(1894)紫泉書院刻本　五冊

310000－0242－0005663　R23.5－1/7.162

[道光]雲南通志二百十六卷首三卷　（清）阮元修　（清）王崧纂　清道光六年(1826)刻本　一百十二冊

310000－0242－0005664　R23.5－1/7.392

[光緒]滇繫四十卷　（清）師範纂輯　清光緒

十三年(1887)刻本　四十冊

310000－0242－0005665　R23.5－1/7.513

[乾隆]雲南通志三十卷　（清）鄂爾泰等修　（清）靖道謨纂　清乾隆元年(1736)刻本　四十四冊

310000－0242－0005666　R23.5－1/A7.21

[光緒]續雲南通志稿一百九十四卷首六卷　（清）王文韶修　（清）唐炯纂　清光緒二十七年(1901)刻本　一百冊

310000－0242－0005667　R23.5－101/7.556

[雍正]安寧州志二十卷　（清）楊若椿修　（清）段昕纂　安寧州續志五卷　（清）郭時鬱修　（清）郎榮纂　清雍正九年(1731)刻本　四冊

310000－0242－0005668　R23.5－101/7.749

[道光]昆明縣誌十卷　（清）戴絅孫纂　清光緒二十七年(1901)刻本　三冊

310000－0242－0005669　R23.5－101/7.749C2

[道光]昆明縣誌十卷　（清）戴絅孫纂　清道光二十一年(1841)刻本　十冊

310000－0242－0005670　R23.5－12/752

雲南全省輿圖不分卷　（□）□□繪　清抄本　六冊

310000－0242－0005671　R23.5－203/7.84

[嘉慶]臨安府志二十卷　（清）江濬源纂修　清嘉慶四年(1799)修光緒八年(1882)補刻本　十六冊

310000－0242－0005672　R23.5－204/7.151C2

[道光]澂江府志十六卷首一卷　（清）李熙齡纂修　清道光二十七年(1847)刻本　十一冊

310000－0242－0005673　R23.5－207/7.15

[乾隆]東川府志二十卷首一卷　（清）方桂修　（清）胡蔚纂　清乾隆二十六年(1761)刻本　六冊

310000－0242－0005674　R23.5－208/7.151

[咸豐]普洱府志二十卷　（清）李熙齡續纂修　清咸豐五年(1855)刻本　八冊

310000－0242－0005675　R23.5－211/7.441

[光緒]永昌府志六十六卷　（清）劉毓珂纂修
清光緒十一年(1885)永昌府署刻本　十四
冊

310000－0242－0005676　R23.5－212/7.782

[光緒]順寧府志三十八卷　（清）党蒙修
（清）周宗洛纂　清光緒三十一年(1905)刻本
十二冊

310000－0242－0005677　R23.5－213/7.307

續修麗江府志稿十二卷　（清）冒沅修　（清）
和建勳纂　清抄本　十冊

310000－0242－0005678　R23.5－215/7.248

[乾隆]廣西府志二十六卷　（清）周埰修
（清）李綏纂　清乾隆四年(1739)刻光緒三十
一年(1905)重修刻本　三冊

310000－0242－0005679　R23.5－3002/7.98

[道光]昆陽州志十六卷　（清）朱慶椿修纂
清道光十九年(1839)刻本　八冊

310000－0242－0005680　R23.5－3003/7.98

[雍正]呈貢縣誌八卷　（清）朱若功修
（清）戴天賜纂　[光緒]呈貢縣續誌一卷
（清）李明懇續修　清光緒十一年(1885)刻本
八冊

310000－0242－0005681　R23.5－3007/7.761

[康熙]通海縣誌八卷　（清）魏薲臣修
（清）闞禎兆纂　清康熙三十年(1691)刻本
四冊

310000－0242－0005682　R23.5－3011/7.434

[康熙]嶍峨縣誌四卷　（清）陸紹閎修
（清）彭學曾纂　清康熙三十七年(1698)刻本
四冊

310000－0242－0005683　R23.5－3021/7.135

[宣統]恩安縣誌六卷　（清）汪炳謙修
（清）戴芳纂　清宣統三年(1911)抄本　六冊

310000－0242－0005684　R23.5－3026/7.505

[光緒]鎮雄州志六卷　（清）吳光漢修
（清）宋成基纂　清光緒十三年(1887)修十七

年(1891)刻本　八冊

310000－0242－0005685　R23.5－3041/7.52

[咸豐]南寧縣誌十卷首一卷　（清）毛玉成修
（清）張翊辰纂　清咸豐二年(1852)刻本
四冊

310000－0242－0005686　R23.5－3041/7.52C2

[咸豐]南寧縣誌十卷首一卷　（清）毛玉成修
（清）張翊辰纂　清咸豐二年(1852)刻本
四冊

310000－0242－0005687　R23.5－3045/7.449

[光緒]羅平州鄉土志十三卷　（清）陶大濬修
（清）張舜鏞纂　清光緒三十二年(1906)鉛
印本　四冊

310000－0242－0005688　R23.5－3049/7.151

[乾隆]宜良縣誌四卷　（清）李淳纂修　清乾
隆五十一年(1786)刻本　三冊　卷一缺：建
置、疆域、城池、公解、學校、坊表、橋樑、鄉市，
卷二缺：風俗、戶口、賦稅、倉儲、卹養、祀典

310000－0242－0005689　R23.5－3050/7.562

[光緒]嵩明州志八卷　（清）葉如桐修
（清）王沂淵纂　清光緒十三年(1887)刻本
四冊

310000－0242－0005690　R23.5－3081/7.562

[光緒]永北直隸廳志十卷首一卷　（清）葉如
桐修　（清）朱庭珍纂　清光緒三十年(1904)
刻本　十冊

310000－0242－0005691　R23.5－3116/7.170

[乾隆]石屏州志八卷　（清）呂纘先修
（清）羅元琦纂　清乾隆二十四年(1759)刻本
六冊

310000－0242－0005692　R23.5－3135/7.717

[道光]威遠廳志八卷　（清）謝體仁修
（清）李上清纂　清道光十七年(1837)刻本
四冊

310000－0242－0005693　R23.5－3154/7.441

[光緒]騰越廳志二十卷首一卷　（清）陳宗海
修　（清）趙端禮纂　清光緒十三年(1887)刻

本　十二冊

310000－0242－0005694　R23.5－3202/7.21

[光緒]鶴慶州志三十二卷首一卷　(清)王寶
儀修　(清)楊金和纂　清光緒二十年(1894)
刻本　十冊

310000－0242－0005695　R23.5－3205/7.500

[光緒]雲南縣誌十二卷　(清)項聯晉修
(清)黃炳堃纂　清光緒十六年(1890)刻本
五冊

310000－0242－0005696　R23.5－3208/7.441

[雍正]雲龍州志十二卷首一卷　(清)陳希芳
纂修　清雍正六年(1728)抄本　四冊

310000－0242－0005697　R23.5－3210/7.520

[咸豐]鄧川州志十六卷首一卷末一卷　(清)
鈕方圖　(清)侯允欽纂　清咸豐三年(1853)
楊柄鋥刻本　八冊

310000－0242－0005698　R23.5－3229/7.271

[光緒]羅次縣志四卷　(清)胡毓麒修
(清)楊鍾璧纂　清光緒十三年(1887)刻本
四冊

310000－0242－0005699　R23.5－3234/7.151

[光緒]鎮南州志十一卷　(清)李毓蘭修
(清)甘孟賢纂　清光緒十七年(1891)刻本
十冊

310000－0242－0005700　R23.6－1/7.513

[乾隆]貴州通志四十六卷首一卷　(清)鄂爾
泰修　(清)靖道謨纂　清乾隆六年(1741)刻
本　二十四冊

310000－0242－0005701　R23.6－1/7.513C2

[乾隆]貴州通志四十六卷首一卷　(清)鄂爾
泰修　(清)靖道謨纂　清乾隆六年(1741)刻
本　十四冊

310000－0242－0005702　R23.6－1/7.513C3

[乾隆]貴州通志四十六卷首一卷　(清)鄂爾
泰修　(清)靖道謨纂　清乾隆六年(1741)刻
本　五十冊

310000－0242－0005703　R23.6－1/7.574

[乾隆]黔南識略三十二卷　(清)愛必達撰
清光緒三十二年(1906)刻本　四冊

310000－0242－0005704　R23.6－1/7.712

[康熙]貴州通志三十七卷　(清)衛既齊修
(清)薛載德纂　清康熙三十六年(1697)貴州
撫署刻本　十六冊　存三十二卷(三至十、十
三至三十六)

310000－0242－0005705　R23.6－210/7.60

[道光]遵義府志四十八卷　(清)平翰修
(清)鄭珍等纂　清道光二十一年(1841)刻光
緒十八年(1892)補刻本　二十冊

310000－0242－0005706　R23.6－210/7.60C2

[道光]遵義府志四十八卷　(清)平翰修
(清)鄭珍等纂　清道光二十一年(1841)刻本
　二十冊

310000－0242－0005707　R23.6－211/7.428

[宣統]興義府志七十四卷續編二卷首一卷
(清)張瑛修　(清)鄒漢勛纂　清宣統元年
(1909)貴陽文通書局鉛印本　三十四冊

310000－0242－0005708　R23.6－3070/7.674

[道光]黔西州志八卷　(清)劉永安等修
(清)徐文璧等纂　[光緒]黔西州續志六卷
(清)白建鋆修　(清)諶煥模等纂　清道光十
五年(1835)刻光緒十年(1884)補刻本　十冊

310000－0242－0005709　R23.6－3088/7.21

[康熙]天柱縣志二卷　(清)王復宗纂修　清
康熙二十二年(1683)石印本　四冊

310000－0242－0005710　R23.6－3121/7.242

[康熙]廣順州志十二卷首一卷末一卷　(清)
金臺修　(清)但明倫纂　清道光二十七年
(1847)廣陽書院刻本　六冊

310000－0242－0005711　R24－8/752

東三省郡縣圖十套　(清)□□繪製　清刻本
　一冊

310000－0242－0005712　R24.1－1/7.122

[乾隆]盛京通志四十八卷　(清)宋筠修
(清)魏樞纂　清乾隆元年(1736)刻本　二十

冊

310000－0242－0005713　R24.1－1/7.170

[乾隆]盛京通志三十二卷　（清）呂耀曾修
（清）魏樞纂　清乾隆十二年(1747)武英殿刻
本　十二冊

310000－0242－0005714　R24.1－1/7.170C2

[雍正]盛京通志三十二卷　（清）呂耀曾修
（清）魏樞纂　清雍正十一年(1733)刻本　八
冊

310000－0242－0005715　R24.1－3007/6.477

開原圖說二卷　（明）馮瑗輯　清抄本　一冊

310000－0242－0005716　R24.1－3031/7.613

[宣統]新民府志不分卷　管鳳龢纂修　清宣
統元年(1909)鉛印本　一冊

310000－0242－0005717　R24.2－1/7.208

[光緒]吉林通志一百二十二卷　（清）長順修
（清）李桂林纂　清光緒十七年(1891)刻本
四十九冊

310000－0242－0005718　R24.2－1/7.208C2

[光緒]吉林通志一百二十二卷　（清）長順修
（清）李桂林纂　清光緒十七年(1891)刻本
四十八冊

310000－0242－0005719　R24.2－1/7.730

[光緒]吉林外記十卷　（清）薩英額撰　清光
緒二十一年(1895)漸西村舍刻本　二冊

310000－0242－0005720　R24.2－1/7.730C2

[光緒]吉林外記十卷　（清）薩英額撰　清光
緒二十一年(1895)漸西村舍刻本　四冊

310000－0242－0005721　R24.2－1/7.730C4

[光緒]吉林外記十卷　（清）薩英額撰　清光
緒二十六年(1900)廣雅書局刻本　二冊

310000－0242－0005722　R24.2－3028/7.752.5

[宣統]奉天海龍府西安縣誌略十一卷　雷飛
鵬　（清）段盛梓編　清宣統三年(1911)石印
本　二冊

310000－0242－0005723　R24.3－1/7.393

[光緒]黑龍江述略六卷　（清）徐宗亮輯　清

光緒十七年(1891)刻本　二冊

310000－0242－0005724　R24.3－1/7.393C2

[光緒]黑龍江述略六卷　（清）徐宗亮輯　清
光緒十七年(1891)刻本　二冊

310000－0242－0005725　R25.3－1/7.510

[光緒]綏遠志十卷　（清）貽穀修　高賡恩纂
清光緒三十四年(1908)刻本　六冊

310000－0242－0005726　R26.1－1/7.346

[道光]欽定新疆識畧十二卷首一卷　（清）祝
慶蕃修　（清）傅綏纂　清道光元年(1821)刻
本　十冊

310000－0242－0005727　R26.1－1/7.784

[乾隆]回疆志四卷　（清）蘇爾德纂　清乾隆
三十七年(1772)抄本　四冊

310000－0242－0005728　R26.1－1/8.21

[宣統]新疆圖志一百十六卷首一卷　王樹枏
修　郭鵬纂　清宣統三年(1911)刻本　一百
十七冊

310000－0242－0005729　R26.1－1/8.21A

新疆國界圖志八卷　王樹枏纂　清宣統元年
(1909)刻本　四冊

310000－0242－0005730　R26.6－1/7.491

[光緒]西藏圖考八卷　（清）黃沛翹輯　清光
緒十二年(1886)滇南李培榮刻本　四冊

310000－0242－0005731　R26.6－1/7.752

[嘉慶]衛藏通志十六卷首一卷附校字記一卷
（□）□□纂　清光緒二十二年(1896)漸西
村舍刻本　八冊

310000－0242－0005732　R26.6－16/7.352

衛藏圖識圖考二卷識略二卷　（清）馬揭
（清）盛繩祖撰　清乾隆五十七年(1792)刻本
四冊

310000－0242－0005733　R31.1－11/593

新增都門紀略六卷　（清）榮錄堂輯　清宣統
二年(1910)刻本　六冊

310000－0242－0005734　R31.1－11/7.556

增補都門紀略不分卷　（清）楊靜亭編　清光

緒五年(1879)刻本　十冊

310000－0242－0005735　R31.1－12/7.151

朝市叢載八卷　(清)李虹若撰　清光緒十三年(1887)京都懿文齋刻本　八冊

310000－0242－0005736　R31.1－4/7.98

日下舊聞四十二卷　(清)朱彝尊輯　清康熙二十七年(1688)刻本　二十冊

310000－0242－0005737　R31.1－4/752

日下尊聞錄五卷　朱祖謀　(清)吳慶坻等輯　清光緒十七年(1891)培花館屬同文書局石印本　一冊

310000－0242－0005738　R31.1－8/752

直省府廳州縣備考不分卷　(□)□□編　清抄本　一冊

310000－0242－0005739　R31.121－10/7.441

秣陵集六卷附表圖考一卷　(清)陳文述撰　清光緒十年(1884)淮南書局刻本　三冊

310000－0242－0005740　R31.121－10/7.441C2

秣陵集六卷附表圖考一卷　(清)陳文述撰　清光緒十年(1884)淮南書局刻本　三冊

310000－0242－0005741　R31.121－10/7.441C3

秣陵集六卷附表圖考一卷　(清)陳文述撰　清光緒十年(1884)淮南書局刻本　三冊

310000－0242－0005742　R31.121－10/7.441C4

秣陵集六卷附表圖考一卷　(清)陳文述撰　清光緒十年(1884)淮南書局刻本　三冊

310000－0242－0005743　R31.2－6/7.305

江寧府七縣地形考略一卷附圖一卷　(清)黃起鳳等撰　清末江楚書局刻本　一冊

310000－0242－0005744　R31.21－3/406

上海地名表　商務印書館編譯所編　清宣統二年(1910)上海商務印書館鉛印本　一冊

310000－0242－0005745　R31.21－3/406C2

上海地名表　商務印書館編譯所編　清宣統二年(1910)上海商務印書館鉛印本　一冊

310000－0242－0005746　R31.3－7/7.434

吳郡地理誌要一卷　(清)陸雨盦輯　清光緒二十八年(1902)刻本　一冊

310000－0242－0005747　R31.5－10/6.271

海防圖論一卷附遼東軍餉論一卷日本考略一卷　(明)胡宗憲撰　清咸豐四年(1854)新昌莊氏過客軒刻本　一冊

310000－0242－0005748　R31.5－10/7.151

朔方備乘劄記一卷附元耶律楚材西游錄注一卷和林詩一卷　(清)李文田注並撰　清光緒二十三年(1897)會稽施氏刻本　一冊

310000－0242－0005749　R31.5－10/7.178

朔方備乘六十八卷首十二卷　(清)何秋濤纂　清光緒七年(1881)石印本　四冊

310000－0242－0005750　R31.5－10/7.178C2

朔方備乘六十八卷首十二卷　(清)何秋濤纂　清光緒七年(1881)石印本　二冊

310000－0242－0005751　R31.5－10/7.178C3

朔方備乘六十八卷首十二卷　(清)何秋濤纂　清光緒七年(1881)石印本　二十四冊

310000－0242－0005752　R31.5－19/7.151

邊疆簡覽三卷　(清)李慎儒撰　清光緒二十八年(1902)退思軒石印本　一冊

310000－0242－0005753　R31.5－19/7.151C2

邊疆簡覽三卷　(清)李慎儒撰　清光緒二十八年(1902)退思軒石印本　一冊

310000－0242－0005754　R31.5－2/6.407

九邊圖論一卷　(明)許論撰　清咸豐四年(1854)新昌莊氏刻本　一冊

310000－0242－0005755　R31.5－6/7.407

西北邊界圖地名譯漢考證二卷　(清)許景澄撰　清光緒二十二年(1896)刻本　三冊

310000－0242－0005756　R31.5－6/7.407C2

西北邊界圖地名譯漢考證二卷　(清)許景澄撰　清光緒二十二年(1896)刻本　三冊

310000－0242－0005757　R31.535－12/7.316

雲南初勘緬界記不分卷　姚文棟撰　清光緒十八年(1892)雲南刻本　二冊

310000－0242－0005758　R31.535－12/7.316A

雲南勘界籌邊記二卷　姚文棟撰　清刻本
一冊

310000－0242－0005759　R31.535－12/7.316AC2

雲南勘界籌邊記二卷　姚文棟撰　清刻本
四冊

310000－0242－0005760　R31.535－13/8.151

滇西兵要界務圖注圖一百二十四幅　（清）李
根源著　清宣統三年（1911）雲南陸軍講武堂
石印本　一冊

310000－0242－0005761　R31.542－15/7.248

調查延吉邊務報告書　（清）周維楨輯　清光
緒三十四年（1908）吉林官書印刷局鉛印本
一冊

310000－0242－0005762　R31.542－15/7.248C2

調查延吉邊務報告書　（清）周維楨輯　清光
緒三十四年（1908）吉林官書印刷局鉛印本
三冊

310000－0242－0005763　R31.553－14/7.428

蒙古游牧記十六卷　（清）張穆撰　（清）何秋
濤校補　清咸豐九年（1859）刻本　四冊

310000－0242－0005764　R31.553－14/7.428C2

蒙古游牧記十六卷　（清）張穆撰　（清）何秋
濤校補　清咸豐九年（1859）刻本　四冊

310000－0242－0005765　R31.553－14/7.428C3

蒙古游牧記十六卷　（清）張穆撰　（清）何秋
濤校補　清咸豐九年（1859）刻本　四冊

310000－0242－0005766　R31.561－13/7.248

新疆撮要錄四卷　（清）周有才輯錄　清光緒
十六年（1890）弋陽愛蓮堂木活字印本　一冊

310000－0242－0005767　R31.561－6/7.477

西行日記不分卷　（清）馮焌光著　清光緒七
年（1881）上海鉛印本　一冊

310000－0242－0005768　R31.561－9/7.4

欽定皇輿西域圖志四十八卷首四卷　（清）傅
恒修　（清）褚廷璋纂　（清）英廉等續纂修
清光緒鉛印本　四冊

310000－0242－0005769　R31.561－9/7.674

欽定皇輿西域圖志四十八卷首四卷　（清）劉
統勳纂　（清）英廉增纂　清光緒鉛印本　二
十四冊

310000－0242－0005770　R31.57－10/242

海道圖說十五卷附長江圖說一卷　（英國）金
約翰輯　（英國）傅蘭雅口譯　（清）德均筆述
　清光緒二十二年（1896）上海書局石印本
八冊

310000－0242－0005771　R31.57－2/7.225

七省沿海全圖不分卷　（清）邵子顯編繪　清
同治五年（1866）刻本　一冊

310000－0242－0005772　R31.57－4/7.441

中國江海險要圖誌二十二卷補編五卷　陳壽
彭譯　清光緒三十三年（1907）廣東廣雅書局
石印本　十三冊

310000－0242－0005773　R31.5721－6/7.98

江蘇沿海圖說附海島表不分卷　（清）朱正元
撰　清光緒二十五年（1899）上海鉛印本　一
冊

310000－0242－0005774　R31.5723－10/7.98

浙江沿海圖說附海島表不分卷　（清）朱正元
撰　清光緒二十五年（1899）上海鉛印本　一
冊

310000－0242－0005775　R31.5731－13/7.98

福建沿海圖說附海島表不分卷　（清）朱正元
撰　清光緒二十八年（1902）上海鉛印本　一
冊

310000－0242－0005776　R31.5731－13/7.98C2

福建沿海圖說附海島表不分卷　（清）朱正元
撰　清光緒二十八年（1902）上海鉛印本　一
冊

310000－0242－0005777　R31.574－8/7.291

東三省海防剳記不分卷　（清）胡鐵華作　清
抄本　一冊

310000－0242－0005778　R32－21/7.671

續行水金鑑一百五十六卷圖一卷　（清）黎世

序撰　清道光十二年（1832）河庫道署刻本
十冊　存二十五卷（一百三十二至一百五十
六）

310000－0242－0005779　R32－4/3.796
水經注四十卷　（北魏）酈道元撰　清光緒十
八年（1892）思賢講舍刻本　十六冊

310000－0242－0005780　R32－4/3.796C2
水經注四十卷　（北魏）酈道元撰　清光緒十
四年（1888）寧波崇實書院刻本　十二冊

310000－0242－0005781　R32－4/3.796C3
水經注四十卷　（北魏）酈道元撰　清光緒二
十三年（1897）刻本　二十冊

310000－0242－0005782　R32－4/3.796A
水經注匯校四十卷　（北魏）酈道元撰　（清）
楊希閔校　清光緒七年（1881）福州刻本　四
冊

310000－0242－0005783　R32－4/6.98
水經注箋四十卷　（漢）桑欽撰　（北魏）酈道
元注　（明）朱謀㙔箋　明萬曆四十三年
（1615）刻本　十冊

310000－0242－0005784　R32－4/7.135
水經注圖二卷附錄一卷　（清）汪士鐸撰　清
同治元年（1862）刻本　一冊

310000－0242－0005785　R32－4/7.135C2
水經注圖二卷附錄一卷　（清）汪士鐸撰　清
同治元年（1862）刻本　四冊

310000－0242－0005786　R32－4/7.37
水經釋地八卷　（清）孔繼涵撰　清光緒六年
（1880）會稽章氏刻本　二冊

310000－0242－0005787　R32－4/7.491
今水經不分卷　（清）黃宗羲撰　清光緒六年
（1880）會稽章氏刻本　一冊

310000－0242－0005788　R32－4/7.491C3
今水經不分卷　（清）黃宗羲撰　清光緒二十
年（1894）湖南章經濟堂刻本　一冊

310000－0242－0005789　R32－4/7.556
水經注疏要刪四十卷補遺一卷　楊守敬撰

清光緒三十一年（1905）觀海堂刻本　六冊

310000－0242－0005790　R32－4/7.556C2
水經注疏要刪四十卷補遺一卷　楊守敬撰
清光緒三十一年（1905）觀海堂刻本　六冊

310000－0242－0005791　R32－4/7.556A
水經注圖四十卷補一卷　楊守敬撰　清光緒
三十一年（1905）觀海堂刻朱墨套印本　八冊

310000－0242－0005792　R32－4/7.556AC2
水經注圖四十卷補一卷　楊守敬撰　清光緒
三十一年（1905）觀海堂刻朱墨套印本　八冊

310000－0242－0005793　R32－4/7.556B
水經注疏要刪補遺四十卷　楊守敬撰　清宣
統元年（1909）刻本　四冊

310000－0242－0005794　R32－4/7.568
水經注圖說殘稿四卷　（清）董祐誠撰　清光
緒六年（1880）會稽章氏刻本　一冊

310000－0242－0005795　R32－4/7.588
水道提綱二十八卷　（清）齊召南撰　清光緒
三十四年（1908）霞城精舍刻本　八冊

310000－0242－0005796　R32－4/7.588C2
水道提綱二十八卷　（清）齊召南撰　清光緒
十七年（1891）湖南崇德書局刻本　二冊

310000－0242－0005797　R32－4/7.588C3
水道提綱二十八卷　（清）齊召南撰　清光緒
二十四年（1898）新化三味書室刻本　二冊

310000－0242－0005798　R32－4/7.598
水經注箋刊誤十二卷　（清）趙一清撰　清光
緒六年（1880）會稽章氏刻本　六冊

310000－0242－0005799　R32－4/7.598A
水經注釋四十卷首一卷附錄二卷刊誤十二卷
　（清）趙一清撰　清光緒六年（1880）蛟川張
氏花雨樓刻本　二十二冊

310000－0242－0005800　R32－6/7.523
行水金鑑一百七十五卷首一卷　（清）傅澤洪
纂　清雍正三年（1725）淮揚官舍刻本　十八
冊

310000 – 0242 – 0005801　R32 – 6/7.523C2

行水金鑑一百七十五卷首一卷　（清）傅澤洪
纂　清雍正三年(1725)淮揚官舍刻本　三十
六冊

310000 – 0242 – 0005802　R32 – 8/7.135

京省水道考六卷　（清）汪日暉撰　清乾隆四
十八年(1783)刻本　十冊

310000 – 0242 – 0005803　R32.08 – 4/7.598

水經注叢刻五種　（清）趙一清撰輯　清光緒
六年(1880)章氏刻本　二十四冊

310000 – 0242 – 0005804　R32.15 – 19/7.375

關中水道記四卷　（清）孫彤撰　清光緒三十
四年(1908)仿聚珍版京師刻本　一冊

310000 – 0242 – 0005805　R32.21 – 11/7.352

莫愁湖志六卷首一卷　（清）馬士圖纂　清光
緒八年(1882)刻本　一冊

310000 – 0242 – 0005806　R32.21 – 11/7.352C2

莫愁湖志六卷首一卷　（清）馬士圖纂　清光
緒八年(1882)刻本　一冊

310000 – 0242 – 0005807　R32.21 – 11/7.352C3

莫愁湖志六卷首一卷　（清）馬士圖纂　清光
緒八年(1882)刻本　一冊

310000 – 0242 – 0005808　R32.21 – 11/7.477

淮揚水利圖說一卷　（清）馮道立撰　清光緒
十九年(1893)西園刻本　一冊

310000 – 0242 – 0005809　R32.21 – 11/7.634

莫愁湖志八卷　（清）醉吟館主人纂　清光緒
十一年(1885)刻本　一冊

310000 – 0242 – 0005810　R32.21 – 12/7.674

揚州水道記四卷　（清）劉文淇撰　清同治十
一年(1872)淮南書局刻本　四冊

310000 – 0242 – 0005811　R32.21 – 12/7.674C2

揚州水道記四卷　（清）劉文淇撰　清同治十
一年(1872)淮南書局刻本　二冊

310000 – 0242 – 0005812　R32.21 – 12/7.674C3

揚州水道記四卷　（清）劉文淇撰　清同治十
一年(1872)淮南書局刻本　四冊

310000 – 0242 – 0005813　R32.21 – 21/752

續纂江蘇水利全案圖說不分卷　（□）□□撰
清光緒十五年(1889)石印本　一冊

310000 – 0242 – 0005814　R32.21 – 6/7.151

江蘇四府一州水道全圖附說不分卷　（清）李
慶雲編　清光緒十四年(1888)刻本　四冊

310000 – 0242 – 0005815　R32.21 – 7/6.128

吳江水攷增輯五卷附編二卷　（明）沈啓撰
（清）黃象曦輯　清光緒二十年(1894)刻本
四冊

310000 – 0242 – 0005816　R32.21 – 9/8.21

後湖誌不分卷　（清）王作楲初纂　（清）錢福
臻增輯　清宣統二年(1910)鉛印本　一冊

310000 – 0242 – 0005817　R32.23 – 10/7.21

浙西水利備考不分卷　（清）王鳳生輯　清光
緒四年(1878)浙江書局刻本　四冊

310000 – 0242 – 0005818　R32.23 – 10/7.752

浙西橫橋堰水利記不分卷　（□）□□撰　清
光緒二十四年(1898)刻本　一冊

310000 – 0242 – 0005819　R32.23 – 11/7.271

曹娥江志八卷首一卷　（清）胡鳳丹編輯　清
光緒三年(1877)永康胡氏退補齋刻本　二冊

310000 – 0242 – 0005820　R32.23 – 6/7.128

西湖志纂十五卷首一卷　（清）沈德潛　（清）
傅王露輯　清乾隆刻本　八冊

310000 – 0242 – 0005821　R32.23 – 6/7.151

西湖志四十八卷　（清）李衛撰　清光緒四年
(1878)浙江書局刻本　二十冊

310000 – 0242 – 0005822　R32.23 – 6/7.151C2

西湖志四十八卷　（清）李衛撰　清光緒四年
(1878)浙江書局刻本　二十冊

310000 – 0242 – 0005823　R32.23 – 6/7.151C3

西湖志四十八卷　（清）李衛撰　清光緒四年
(1878)浙江書局刻本　五冊

310000 – 0242 – 0005824　R32.27 – 13/7.441

蜀水攷四卷　（清）陳登龍撰　（清）朱錫穀補
注　清光緒五年(1879)清泉精舍刻本　二冊

310000 – 0242 – 0005825　R32.3 – 4/7.441

水經注西南諸水考三卷附三統術詳說四卷
(清)陳澧撰　清道光二十七年(1847)刻本
一冊

310000 – 0242 – 0005826　R32.35 – 12/7.491

雲南省城六河圖說不分卷　(清)黃士傑撰
清光緒六年(1880)糧署崔尊彝刻本　二冊

310000 – 0242 – 0005827　R32.35 – 21/7.98

鶴陽新河紀略一卷　(清)朱洪章撰　清光緒
十八年(1892)梓文閣刻本　一冊

310000 – 0242 – 0005828　R32.61 – 6/7.393

西域水道記五卷　(清)徐松撰　清道光三年
(1823)刻本　五冊

310000 – 0242 – 0005829　R32.8 – 4/7.128

五省溝洫圖說不分卷　(清)沈夢蘭撰　清光
緒六年(1880)江蘇書局刻本　一冊

310000 – 0242 – 0005830　R32.8 – 4/7.128C2

五省溝洫圖說不分卷　(清)沈夢蘭撰　清光
緒六年(1880)江蘇書局刻本　一冊

310000 – 0242 – 0005831　R32.8 – 4/7.128C3

五省溝洫圖說不分卷　(清)沈夢蘭撰　清光
緒六年(1880)江蘇書局刻本　一冊

310000 – 0242 – 0005832　R32.81 – 10/7.84

峽江圖攷不分卷　(清)江國璋編繪　清光緒
十五年(1889)石印本　二冊

310000 – 0242 – 0005833　R32.81 – 10/7.84C2

峽江圖攷不分卷　(清)江國璋編繪　清光緒
十五年(1889)石印本　二冊

310000 – 0242 – 0005834　R32.81 – 8/7.352

長江圖說十二卷首一卷　(清)馬徵麟撰　清
同治十年(1871)湖北崇文書局刻本　五冊
存十卷(三至十二)

310000 – 0242 – 0005835　R32.81 – 8/7.84

宜昌至夔府水道程途不分卷　(清)江國璋繪
　清光緒十五年(1889)石印本　一冊

310000 – 0242 – 0005836　R32.82 – 12/7.820

河口圖說不分卷　(清)麟慶撰　清道光二十

一年(1841)刻本　一冊

310000 – 0242 – 0005837　R32.82 – 16/7.674

歷代黃河變遷圖考四卷　(清)劉鶚撰　清光
緒十九年(1893)上海袖海山房石印本　一冊

310000 – 0242 – 0005838　R32.82 – 3/7.390

三省黃河全圖不分卷　(清)倪文蔚撰　清光
緒十六年(1890)上海鴻文書局石印本　一冊

310000 – 0242 – 0005839　R32.82 – 3/7.791

三省黃河圖說不分卷　(清)顧潮等測繪　清
光緒十六年(1890)上海鴻文書局石印本　五
冊

310000 – 0242 – 0005840　R32.88 – 15/6.654

震澤編八卷　(明)蔡昇撰　(明)王鏊修　明
弘治十八年(1505)三槐堂寫刻本　六冊

310000 – 0242 – 0005841　R32.88 – 3/7.454

三江水利紀略四卷　(清)莊有恭修　清乾隆
刻本　四冊

310000 – 0242 – 0005842　R32.88 – 4/7.242

太湖備考十六卷首一卷附湖程紀略一卷
(清)金友理纂　清乾隆十五年(1750)藝蘭圃
刻本　八冊

310000 – 0242 – 0005843　R32.88 – 4/7.242C2

太湖備考十六卷續編四卷　(清)金友理纂
清乾隆十五年(1750)藝蘭圃刻本　八冊

310000 – 0242 – 0005844　R32.88 – 4/7.242C3

太湖備考十六卷續編四卷　(清)金友理纂
清乾隆十五年(1750)藝蘭圃刻本　八冊

310000 – 0242 – 0005845　R32.921 – 6/7.151

江蘇海塘新志八卷　(清)李慶雲總纂　清光
緒十六年(1890)平江黃步雲刻本　四冊

310000 – 0242 – 0005846　R32.923 – 8/7.15

兩浙海塘通志二十卷首一卷　(清)方觀承纂
修　清乾隆十六年(1751)刻本　十六冊

310000 – 0242 – 0005847　R32.925 – 10/7.390

荊州萬城隄志十卷首一卷末一卷　(清)倪文
蔚纂　清光緒二年(1876)刻本　六冊

310000 –0242 –0005848　R33.11 – 15/7.790

盤山志十卷補遺四卷　（清）釋智樸纂輯　清同治十一年(1872)刻本　四冊

310000 –0242 –0005849　R33.11 – 15/7.790A

盤山志補遺四卷　（清）釋智樸纂輯　清同治十一年(1872)刻本　一冊　存三卷(一至三)

310000 –0242 –0005850　R33.12 – 10/6.727

泰山小史不分卷　（明）蕭協中著　清乾隆五十四年(1789)刻本　一冊

310000 –0242 –0005851　R33.12 – 10/6.727C2

泰山小史不分卷　（明）蕭協中著　清乾隆五十四年(1789)刻本　一冊

310000 –0242 –0005852　R33.12 – 10/7.748

泰山道里記一卷　（清）聶鈫輯　清光緒二十三年(1897)雨山堂刻本　一冊

310000 –0242 –0005853　R33.12 – 10/7.748C2

泰山道里記一卷　（清）聶鈫輯　清光緒四年(1878)刻本　一冊

310000 –0242 –0005854　R33.12 – 10/7.748B

泰山道里記一卷　（清）聶鈫撰　清乾隆三十八年(1773)聶氏雨山堂刻本　一冊

310000 –0242 –0005855　R33.12 – 24/7.352

靈巖志六卷　（清）馬大相編輯　清康熙三十五年(1696)刻本　四冊

310000 –0242 –0005856　R33.14 – 11/6.790C2

清涼山志八卷首一卷　（明）釋鎮澄撰　清光緒十三年(1887)刻本　四冊

310000 –0242 –0005857　R33.15 – 12/7.151

華嶽志八卷首一卷　（清）李榕纂輯　清光緒九年(1883)刻本　四冊

310000 –0242 –0005858　R33.15 – 12/7.151C2

華嶽志八卷首一卷　（清）李榕纂輯　清光緒九年(1883)刻本　四冊

310000 –0242 –0005859　R33.21 – 10/7.791

盉山志八卷　（清）顧雲編　清光緒九年(1883)刻本　二冊

310000 –0242 –0005860　R33.21 – 12/7.164

焦山志二十六卷首一卷　（清）吳雲輯　清同治十三年(1874)刻本　十冊

310000 –0242 –0005861　R33.21 – 12/7.164C2

焦山志二十六卷首一卷　（清）吳雲輯　清同治十三年(1874)刻本　十冊

310000 –0242 –0005862　R33.21 – 12/7.164C3

焦山志二十六卷首一卷　（清）吳雲輯　清同治十三年(1874)刻本　十冊

310000 –0242 –0005863　R33.21 – 12/7.164C4

焦山志二十六卷首一卷　（清）吳雲輯　清同治十三年(1874)刻本　十冊

310000 –0242 –0005864　R33.21 – 12/7.700

焦山志十二卷　（清）盧見曾撰　清乾隆二十七年(1762)雅雨堂刻本　六冊

310000 –0242 –0005865　R33.21 – 13/6.562

福廬靈巖志三卷　（明）葉向高輯　清刻本　二冊

310000 –0242 –0005866　R33.21 – 15/7.225

慧山記四卷　（明）邵寶撰　清同治七年(1868)刻本　三冊

310000 –0242 –0005867　R33.21 – 15/7.225C2

慧山記四卷　（明）邵寶撰　清同治七年(1868)刻本　六冊

310000 –0242 –0005868　R33.21 – 20/7.674

寶華山志十五卷首一卷　（清）劉名芳纂修　清末刻本　四冊

310000 –0242 –0005869　R33.21 – 5/7.248

北固山志十四卷首一卷　（清）周伯義編　（清）陳任暘訂　清光緒三十年(1904)刻本　四冊

310000 –0242 –0005870　R33.21 – 8/7.164

京口三山志六十卷　（清）吳雲　（清）陳任暘　（清）周伯義輯　清同治十三年(1874)刻本　二十六冊

310000 –0242 –0005871　R33.21 – 8/7.248

金山志十二卷首二卷　（清）周伯義編　（清）

陳任暘訂　清光緒三十年(1904)刻本　六冊

310000－0242－0005872　R33.21－8/7.791

虎邱山志十卷首一卷　(清)顧湄重修　清康熙四十一年(1702)刻本　二冊

310000－0242－0005873　R33.21－9/7.674

南通州五山全志二十卷　(清)劉名芳纂修　清乾隆十六年(1751)刻本　十冊

310000－0242－0005874　R33.22－11/7.393

黃山紀勝四卷　(清)徐璈輯　清刻本　二冊

310000－0242－0005875　R33.22－11/7.393C2

黃山紀勝四卷　(清)徐璈輯　清刻本　二冊

310000－0242－0005876　R33.22－11/7.504

黃山志定本七卷首一卷　(清)閔麟嗣纂　清康熙二十五年(1686)刻本　七冊

310000－0242－0005877　R33.22－11/7.504C2

黃山志定本七卷首一卷　(清)閔麟嗣纂　清積翠樓刻本　七冊

310000－0242－0005878　R33.22－11/7.504C3

黃山志定本七卷首一卷　(清)閔麟嗣纂　清康熙二十五年(1686)刻本　七冊

310000－0242－0005879　R33.22－14/7.441

齊山巖洞志二十六卷首一卷　(清)陳蔚纂輯　清嘉慶十年(1805)刻本　八冊

310000－0242－0005880　R33.22－14/7.665

齊雲山誌五卷　(清)魯點編輯　清嘉慶十六年(1811)刻本　九冊

310000－0242－0005881　R33.22－5/7.164

古歙山川圖一卷　(清)吳逸繪　清康熙三十一年(1692)刻本　一冊

310000－0242－0005882　R33.23－12/7.407

普陀山志二十卷首一卷　(清)許琰編　清乾隆四年(1739)刻本　四冊

310000－0242－0005883　R33.23－16/7.135

龍井見聞錄十卷　(清)汪孟鋗纂　清刻本　六冊

310000－0242－0005884　R33.23－21/7.661

爛柯山志十三卷　(清)鄭永禧補輯　清光緒三十二年(1906)刻本　四冊

310000－0242－0005885　R33.23－4/6.790

天台山方外志要十卷　(明)釋傳燈撰　清乾隆三十二年(1767)息園刻本　八冊

310000－0242－0005886　R33.23－8/6.271

委羽山志六卷　(明)胡昌賢輯　委羽山續志六卷　(清)王維翰續輯　清同治九年(1870)委羽石室刻本　三冊

310000－0242－0005887　R33.23－8/7.151

金蓋山志四卷首一卷　(清)李宗蓮編輯　金蓋山志略一卷　(清)閔苕旉輯　清光緒二十二年(1896)刻本　二冊

310000－0242－0005888　R33.23－8/7.164

東林山志二十四卷首一卷　(清)吳玉樹輯　清嘉慶二十三年(1818)刻本　四冊

310000－0242－0005889　R33.23－8/7.268

金井志四卷首一卷　(清)姜虬綠輯　(清)方士淦重輯　清道光三年(1823)定遠方士淦刻本　二冊

310000－0242－0005890　R33.23－8/7.717

東山志十卷　(明)謝起龍編輯　清抄本　二冊

310000－0242－0005891　R33.23－9/7.347C2

重修南海普陀山志二十卷首一卷　(清)秦耀曾編輯　清道光十二年(1832)刻本　四冊

310000－0242－0005892　R33.24－11/7.491

重刊麻姑山志十二卷首一卷　(清)黃家駒編訂　清同治五年(1866)洞天書屋刻本　六冊

310000－0242－0005893　R33.24－19/7.52

盧山志十五卷　(清)毛德琦纂　清同治十二年(1873)刻本　十六冊

310000－0242－0005894　R33.24－19/7.52C2

盧山志十五卷　(清)毛德琦纂　清康熙刻宣統二年(1910)重修本　十六冊

310000－0242－0005895　R33.24－19/7.52C3

盧山志十五卷　(清)毛德琦纂　清康熙刻宣

統二年(1910)重修本　十六冊

310000 – 0242 – 0005896　R33.24 – 5/7.151

石鐘山志十六卷首一卷　(清)李成謀　(清)丁義方輯　清光緒九年(1883)刻本　八冊

310000 – 0242 – 0005897　R33.24 – 8/7.790

青原志略十三卷首一卷末一卷　(清)釋笑峰編纂　(清)施閏章補輯　清康熙十一年(1672)刻本　四冊

310000 – 0242 – 0005898　R33.25 – 2/7.523

九宮山志十四卷首一卷　(清)傅燮鼎輯　清光緒九年(1883)木活字印本　二冊

310000 – 0242 – 0005899　R33.25 – 3/7.21

大嶽太和山紀略八卷　(清)王槩纂　清乾隆九年(1744)湖北刻本　十二冊

310000 – 0242 – 0005900　R33.26 – 2/7.164

九疑山志四卷　(清)吳繩祖編　(清)樊在廷纂　**虞陵禁採續紀一卷**　(清)王光斗撰　清光緒九年(1883)刻本　四冊

310000 – 0242 – 0005901　R33.26 – 9/7.332

南嶽志八卷　(清)高自位編　清乾隆十八年(1753)開雲樓刻本　六冊

310000 – 0242 – 0005902　R33.26 – 9/7.717

南嶽紀略一卷　(清)謝仲坑輯　清刻本　一冊

310000 – 0242 – 0005903　R33.31 – 10/7.412

烏石山志九卷首一卷　(清)郭柏蒼　(清)劉永松纂　清道光二十二年(1842)侯官郭柏蒼于麓古天開圖畫樓刻光緒九年(1883)增刻本　十二冊

310000 – 0242 – 0005904　R33.31 – 11/7.393

雪峰志十卷　(明)徐爌纂輯　清乾隆十九年(1754)刻本　六冊

310000 – 0242 – 0005905　R33.31 – 13/7.491

鼓山志十四卷首一卷　(清)黃任修輯　清乾隆三十七年(1772)刻本　六冊

310000 – 0242 – 0005906　R33.31 – 2/7.761

九峰志四卷　(清)魏傑輯　清同治十二年

(1873)刻本　二冊

310000 – 0242 – 0005907　R33.31 – 7/6.331

武夷山志十九卷　(明)衷仲孺撰　明崇禎十六年(1643)刻本　四冊

310000 – 0242 – 0005908　R33.31 – 7/7.568C2

武夷山志二十四卷首一卷　(清)董天工編　清道光二十七年(1847)籍溪羅良嵩五夫尺木軒刻本　二冊

310000 – 0242 – 0005909　R33.33 – 10/7.441

浮山志五卷　(清)陳銘珪輯著　清光緒七年(1881)順德梁裕簡校刻本　五冊

310000 – 0242 – 0005910　R33.33 – 10/7.441C2

浮山志五卷　(清)陳銘珪輯著　清光緒七年(1881)順德梁裕簡校刻本　五冊

310000 – 0242 – 0005911　R33.33 – 19/7.122

羅浮山志會編二十二卷首一卷　(清)宋廣業纂輯　清康熙五十六年(1717)刻本　十冊

310000 – 0242 – 0005912　R33.33 – 20/7.790

寶空山志二卷　(清)釋知寶　(清)釋演蜜纂修　清末石印本(卷下有鉛印本補配)　二冊

310000 – 0242 – 0005913　R33.33 – 6/7.674

西樵游覽記十四卷　(清)劉子秀撰　清乾隆五十五年(1790)南畲草堂刻本　八冊

310000 – 0242 – 0005914　R33.61 – 13/8.21

新疆山脈圖志六卷　王樹枏撰　清宣統元年(1909)刻本　四冊

310000 – 0242 – 0005915　R33.61 – 14/8.177

蒙古山脈志三卷　(清)谷思慎撰　清神池古氏鉛印本　一冊

310000 – 0242 – 0005916　R33.7 – 13/7.151

萬山綱目二十一卷　(清)李誠纂　清光緒二十六年(1900)刻本　八冊

310000 – 0242 – 0005917　R33.7 – 13/7.151C2

萬山綱目二十一卷　(清)李誠纂　清光緒二十六年(1900)刻本　八冊

310000 – 0242 – 0005918　R33.911 – 8/7.791

昌平山水記二卷附譙觚十事一卷　（清）顧炎武撰　清康熙刻本　二冊

310000－0242－0005919　R33.921－8/7.556
京口山水志十八卷首一卷末一卷　（清）楊棨輯　清光緒五年(1879)刻本　四冊

310000－0242－0005920　R33.921－8/7.556C2
京口山水志十八卷首一卷末一卷　（清）楊棨輯　清光緒五年(1879)刻本　四冊

310000－0242－0005921　R34－4/6.544
天下名山諸勝一覽記十五卷附名山巖洞泉石古蹟一卷　（明）慎蒙撰　明萬曆四年(1576)刻本　二十五冊

310000－0242－0005922　R34.021－14/7.791
廣陵覽古七卷　（清）顧鑾撰　清嘉慶十三年(1808)顧氏研經室刻本　四冊

310000－0242－0005923　R34.021－16/7.21
錫山景物略十卷　（清）王永積輯　清光緒二十四年(1898)刻本　五冊

310000－0242－0005924　R34.021－5/7.598
平山堂圖志十卷　（清）趙之璧編纂　清光緒九年(1883)歐陽利見刻本　一冊

310000－0242－0005925　R34.023－10/7.9
浙程備覽一卷　（清）于敏中編輯　清光緒十四年(1888)觀自得齋刻本　二冊

310000－0242－0005926　R34.023－15/7.407
鄲山書院不分卷　（清）許玉書輯　清光緒十七年(1891)刻本　一冊

310000－0242－0005927　R34.023－7/7.441
吳興合璧四卷　（清）陳文煜輯　清乾隆五十二年(1787)師善堂刻本　二冊

310000－0242－0005928　R34.026－10/7.122
浯溪新志十四卷首一卷　（清）宋溶輯　清乾隆三十八年(1773)刻本　四冊

310000－0242－0005929　R34.026－12/7.700
湖南考古略十二卷　（清）盧峻　（清）成業裏纂　清光緒二年(1876)刻本　四冊

310000－0242－0005930　R34.027－13/6.420
蜀中名勝記三十卷　（明）曹學佺撰　清道光元年(1821)四川官印刷局刻本　八冊

310000－0242－0005931　R34.027－13/6.420C2
蜀中名勝記三十卷　（明）曹學佺撰　清道光元年(1821)四川官印刷局刻本　十冊

310000－0242－0005932　R34.027－13/7.735
蜀景彙考十九卷　（清）鍾登甲輯　清光緒十一年(1885)樂道齋刻本　四冊

310000－0242－0005933　R34.033－12/7.242
粵東葺勝記八卷首二卷　（清）徐琪撰　清光緒二十五年(1899)刻本　五冊

310000－0242－0005934　R34.213－8/7.775
臥龍崗志二卷　（清）羅景輯　清康熙五十一年(1712)刻本　二冊

310000－0242－0005935　R34.23－14/7.21
嘉興典故纂要八卷　（清）王惟梅輯　清光緒元年(1875)麟石書屋刻本　二冊

310000－0242－0005936　R34.27－5/7.135
四川石柱直隸廳志輿圖不分卷　（清）汪之紀繪　清光緒十九年(1893)石印本　一冊

310000－0242－0005937　R34.3－10/6.549
師子林紀勝集二卷補遺一卷續集三卷　（明）釋道恂重編　清咸豐十年(1860)徐氏刻本　一冊

310000－0242－0005938　R34.321－4/7.717
五畝園小志附桃塢百詠一卷五畝園懷古一卷五畝園題詠一卷　（清）謝家福輯　清光緒十六年(1890)徐文藝齋刻本　四冊

310000－0242－0005939　R34.323－9/7.393
約園志不分卷　（清）徐樹銘輯　清光緒二十三年(1897)刻本　一冊

310000－0242－0005940　R34.4－21/7.164
蘭亭志十一卷　（清）吳高增輯　清乾隆十七年(1752)凝秀堂刻本　二冊

310000－0242－0005941　R34.421－13/7.122
滄浪小志二卷　（清）宋犖編　清光緒十年

(1884)江蘇書局刻本　一冊

310000－0242－0005942　R34.421－13/7.122C2

滄浪小志二卷　（清）宋犖編　清光緒十年
(1884)江蘇書局刻本　一冊

310000－0242－0005943　R34.421－13/7.122C3

滄浪小志二卷　（清）宋犖編　清光緒十年
(1884)江蘇書局刻本　一冊

310000－0242－0005944　R34.421－13/7.122C4

滄浪小志二卷　（清）宋犖編　清光緒十年
(1884)江蘇書局刻本　一冊

310000－0242－0005945　R34.6－13/57.21

禁扁五卷　（元）王士點編　清刻本　四冊

310000－0242－0005946　R34.68－8/6.170

東野志二卷　（明）呂兆祥撰　明崇禎刻清續
修本　二冊

310000－0242－0005947　R34.68－8/7.248

長沙縣學宮志八卷首一卷　（清）周玉麒撰
清同治七年(1868)奎文閣刻本　八冊

310000－0242－0005948　R34.69－11/7.402

梁祠輯略不分卷　（清）梁章鉅輯　清道光八
年(1828)刻本　一冊

310000－0242－0005949　R34.6921－14/7.271

漂母祠志七卷首一卷　（清）胡鳳丹編輯　清
光緒三年(1877)永康胡氏退補齋刻本　二冊

310000－0242－0005950　R34.6927－8/7.455

忠武祠墓志七卷首一卷末一卷　（清）盧白道
人輯　清同治五年(1866)四川沔署刻本　四
冊

310000－0242－0005951　R34.711－14/7.568

鳳臺祇謁筆記附永寧祇謁筆記　（清）董恂撰
清同治九年(1870)刻本　四冊

310000－0242－0005952　R34.723－8/7.162

兩浙防護陵寢祠墓錄一卷首一卷　（清）阮元
輯　清光緒十五年(1889)浙江書局刻本　二
冊

310000－0242－0005953　R34.8－12/6.530

棲霞小志一卷　（明）盛時泰撰　清嘉慶二十
四年(1819)甘福津逮樓刻本　四冊

310000－0242－0005954　R34.8－12/7.2

萬壽宮通志二十二卷　（清）金桂馨　（清）漆
逢源輯　清光緒四年(1878)刻本　十冊

310000－0242－0005955　R34.8－7/7.674

忍草庵志四卷　（清）劉繼增纂　清光緒十三
年(1887)錫山尤氏遂初堂木活字印本　一冊

310000－0242－0005956　R34.801－14/7.470

敕建弘慈廣濟寺新志三卷　（清）釋湛祐纂
（清）釋然叢編輯　清康熙四十三年(1704)刻
本　三冊

310000－0242－0005957　R34.813－9/3.556

洛陽伽藍記五卷　（北魏）楊衒之撰　（明）吳
琯校　教坊記一卷　（唐）崔令欽撰　明刻本
　三冊

310000－0242－0005958　R34.813－9/3.556C2

洛陽伽藍記五卷　（北魏）楊衒之撰　（明）吳
琯校　清光緒二十九年(1903)說劍樓刻朱印
本　一冊

310000－0242－0005959　R34.813－9/3.556C

洛陽伽藍記五卷　（北魏）楊衒之撰　集證一
卷　（清）吳若準撰　清光緒三十年(1904)義
州李氏說劍齋刻朱印本　一冊

310000－0242－0005960　R34.821－13/7.790

圓津禪院小志六卷　（清）釋覺銘輯　清光緒
二十二年(1896)刻本　二冊

310000－0242－0005961　R34.821－13/7.790C2

圓津禪院小志六卷　（清）釋覺銘輯　清嘉慶
七年(1802)刻本　一冊

310000－0242－0005962　R34.821－20/7.38

蘇州府報恩塔寺志不分卷　（清）釋日種輯
清光緒二十五年(1899)刻本　一冊

310000－0242－0005963　R34.821－21/6.790

鶴林寺志不分卷　（明）釋明賢詮次　清宣統
元年(1909)刻本　一冊

310000－0242－0005964　R34.821－21/6.790C2

271

鶴林寺志不分卷 （明）釋明賢詮次 清宣統
元年（1909）刻本 一冊

310000 - 0242 - 0005965　R34.821 - 8/6.566

金陵梵刹志五十三卷 （明）葛寅亮編 清抄
本 十八冊

310000 - 0242 - 0005966　R34.822 - 9/57.248

祠山志十卷首一卷末一卷 （宋）周秉秀輯
（明）周憲敬重輯 清光緒十二年（1886）刻本
四冊

310000 - 0242 - 0005967　R34.823 - 10/7.790

秦溪興善寺志六卷 （清）釋智樵撰 清乾隆
九年（1744）刻本 四冊

310000 - 0242 - 0005968　R34.823 - 11/7.242

曹江孝女廟志八卷首一卷末一卷 （清）金廷
棟編 清光緒八年（1882）刻本 二冊

310000 - 0242 - 0005969　R34.823 - 11/7.242C2

曹江孝女廟志八卷首一卷末一卷 （清）金廷
棟編 清嘉慶十三年（1808）木活字印本 二
冊

310000 - 0242 - 0005970　R34.823 - 11/7.242C3

曹江孝女廟志八卷首一卷末一卷 （清）金廷
棟編 清光緒八年（1882）刻本 二冊

310000 - 0242 - 0005971　R34.823 - 11/7.790

理安寺志八卷 （清）釋實月撰 清乾隆二十
七年（1762）刻本 四冊

310000 - 0242 - 0005972　R34.823 - 3/7.164

大昭慶律寺志十卷 （清）吳樹虛撰 清乾隆
二十九年（1764）刻本 四冊

310000 - 0242 - 0005973　R34.823 - 7/7.128

吳山伍公廟志六卷首一卷附溧陽縣志一卷
（清）沈永清纂 清光緒二年（1876）刻本 一
冊

310000 - 0242 - 0005974　R34.823 - 7/7.375

武林靈隱寺志八卷 （清）孫治初輯 （清）徐
增重修 清康熙十一年（1672）刻本 六冊

310000 - 0242 - 0005975　R34.823 - 7/7.700

吳山城隍廟志八卷首一卷 （清）盧崧修

（清）諸元祺等纂 清道光二年（1822）刻本
二冊

310000 - 0242 - 0005976　R34.823 - 8/6.412

明州阿育王山志十六卷 （明）郭子章撰 明
萬曆刻清乾隆補刻本 六冊

310000 - 0242 - 0005977　R34.823 - 8/7.477

岳廟志略十卷首一卷 （清）馮培編 清光緒
五年（1879）浙江書局刻 四冊

310000 - 0242 - 0005978　R34.833 - 6/7.791

光孝寺志十二卷首一卷 （清）顧光修 （清）
何淙纂 清抄本 四冊

310000 - 0242 - 0005979　R34.85 - 3/7.62

上海清真寺徵信錄不分卷 （清）石維垣
（清）金基福編 清宣統二年（1910）鉛印本
一冊

310000 - 0242 - 0005980　R35.033 - 14/7.223

廣東新語二十八卷 （清）屈大均撰 清康熙
三十九年（1700）刻啟智書局印本 十二冊

310000 - 0242 - 0005981　R35.033 - 14/7.223C2

廣東新語二十八卷 （清）屈大均撰 清康熙
水天閣刻本 二冊

310000 - 0242 - 0005982　R35.036 - 9/7.393

苗疆聞見錄不分卷 （清）徐家幹撰 清光緒
四年（1878）刻本 一冊

310000 - 0242 - 0005983　R35.13 - 16/7.98

豫乘識小錄二卷 （清）朱雲錦撰 清同治十
二年（1873）豫省王郁文齋刻本 二冊

310000 - 0242 - 0005984　R35.261 - 13/7.4

新疆輿圖風土考五卷 （清）七十一撰 清光
緒八年（1882）點石齋石印本 一冊

310000 - 0242 - 0005985　R35.261 - 13/7.4C2

新疆輿圖風土考五卷 （清）七十一撰 清光
緒八年（1882）點石齋石印本 一冊

310000 - 0242 - 0005986　R35.32 - 14/7.455

臺灣小志一卷 （清）虛白主人著 清光緒十
年（1884）管可壽齋刻本 一冊

310000－0242－0005987　R35.32－8/7.2

東瀛識略八卷　（清）丁紹儀纂　清同治十二年（1873）刻本　六冊

310000－0242－0005988　R35.8－3/7.491

山東黃河南岸十三州縣遷民圖說不分卷（清）黃璣撰　清光緒二十二年（1896）點石齋石印本　一冊

310000－0242－0005989　R36－14/752

蒙古調查表十一種　（□）□□撰　清末石印本　六冊

310000－0242－0005990　R36.2－4/8.128

中國漁業歷史一卷　沈同芳編　清宣統三年（1911）鉛印本　一冊

310000－0242－0005991　R36.525－15/7.351

調查湖北荊南道各屬礦產紀事　（清）索閬撰　清抄本　二冊

310000－0242－0005992　R36.7－8/7.207

周行備覽六卷　（清）武林翼聖堂輯　清五柳居刻本　六冊

310000－0242－0005993　R36.723－10/7.110

浙江郡邑道里圖不分卷　（清）伊君修　清乾隆二十年（1755）刻本　一冊

310000－0242－0005994　R36.766－3/8.300

三省入藏程站記不分卷　（清）范壽金編　清光緒三十三年（1907）石印本　一冊

310000－0242－0005995　R36.766－3/8.300C2

三省入藏程站記不分卷　（清）范壽金編　清光緒三十三年（1907）石印本　一冊

310000－0242－0005996　R36.766－3/8.300C3

三省入藏程站記不分卷　（清）范壽金編　清光緒三十三年（1907）石印本　一冊

310000－0242－0005997　R36.81－12/7.211

揚子江流域現勢論不分卷　（日本）林繁著（清）汪國屏譯　清光緒二十八年（1902）上海廣智書局鉛印本　一冊

310000－0242－0005998　R38－16/693

賴太素鉗記不分卷　（宋）賴太素撰　清抄本一冊

310000－0242－0005999　R38.12－18/7.122

闕里廣志二十卷　（清）宋際（清）李慶長撰清同治九年（1870）刻本　十二冊

310000－0242－0006000　R38.12－18/7.37

闕里文獻考一百卷末一卷　（清）孔繼汾撰清光緒十七年（1891）湘陰李氏刻本　二冊

310000－0242－0006001　R38.12－18/7.37C2

闕里文獻考一百卷首一卷末一卷　（清）孔繼汾撰　清乾隆二十七年（1762）刻本　二冊

310000－0242－0006002　R38.21－12/6.300

雲間據目抄五卷　（明）范濂撰　清光緒四年（1878）上海申報館鉛印申報館叢書本　一冊

310000－0242－0006003　R38.23－16/7.242

甌隱芻言二卷　（清）金衍宗輯撰　清咸豐五年（1855）刻本　一冊

310000－0242－0006004　R38.231－5/7.2

北隅綴錄二卷續錄二卷　（清）丁丙撰　清光緒二十五年（1899）錢唐丁氏嘉業堂刻本　四冊

310000－0242－0006005　R38.35－9/6.556

增訂南詔野史二卷　（明）楊慎輯　（清）胡蔚訂正　清光緒六年（1880）雲南書局刻本　二冊

310000－0242－0006006　R38.36－16/7.164

黔語二卷　（清）吳振棫撰　清咸豐四年（1854）吳士鑑校刻本　二冊

310000－0242－0006007　R38.36－16/7.164C2

黔語二卷　（清）吳振棫撰　清咸豐四年（1854）吳士鑑校刻本　二冊

310000－0242－0006008　R39－11/8.556

晦明軒稿附壬癸金石跋己庚金石跋丁戊金石跋　楊守敬著　清光緒三十三年（1907）鄰蘇園刻本　二冊

310000－0242－0006009　R39－5/7.731

北行日記一卷　（清）薛寶田撰　清光緒七年（1881）刻本　一冊

310000－0242－0006010　R39－8/4.287

兩京新記一卷　（唐）韋述撰　**李嶠雜詠一卷**
（唐）張庭芳撰　清光緒七年（1881）刻本
一冊

310000－0242－0006011　R39.02－5/7.164

申江勝景圖二卷　（清）吳猷繪　清光緒十年
（1884）上海點石齋石印本　二冊

310000－0242－0006012　R39.02－5/7.164C2

申江勝景圖二卷　（清）吳猷繪　清光緒十年
（1884）上海點石齋石印本　二冊

310000－0242－0006013　R39.11－9/7.428

津門雜記三卷　（清）張燾輯　清光緒十一年
（1885）刻本　一冊

310000－0242－0006014　R39.11－9/7.428C2

津門雜記三卷　（清）張燾輯　清光緒十一年
（1885）刻本　三冊

310000－0242－0006015　R39.12－21/7.562

續山東考古錄三十二卷首一卷　（清）葉圭綬
纂　清咸豐元年（1851）蝸角尖廬刻本　六冊

310000－0242－0006016　R39.12－3/7.791

山東考古錄一卷附續錄三十二卷首一卷
（清）顧炎武撰　（清）葉圭綬續錄　清光緒八
年（1882）山東書局刻本　六冊

310000－0242－0006017　R39.2－14/7.428

滬城歲事衢歌一卷　（清）張春華撰　清道光
二十年（1840）茅齊刻本　一冊

310000－0242－0006018　R39.2－14/7.566

滬游雜記四卷　（清）葛元煦撰　清光緒二年
（1876）石印本　四冊

310000－0242－0006019　R39.2－19/7.21

瀛壖雜志六卷　（清）王韜撰　清光緒元年
（1875）刻本　二冊

310000－0242－0006020　R39.2－19/7.21C2

瀛壖雜志六卷　（清）王韜撰　清光緒元年
（1875）刻本　二冊

310000－0242－0006021　R39.21－11/7.592

常州賦不分卷　（清）褚邦慶編注　清乾隆四

十年（1775）刻本　二冊

310000－0242－0006022　R39.21－11/7.592C2

常州賦不分卷　（清）褚邦慶編注　清光緒四
年（1878）刻本　一冊

310000－0242－0006023　R39.21－11/7.592C3

常州賦不分卷　（清）褚邦慶編注　清光緒四
年（1878）刻本　一冊

310000－0242－0006024　R39.21－11/7.592C4

常州賦不分卷　（清）褚邦慶編注　清光緒四
年（1878）刻本　一冊

310000－0242－0006025　R39.21－11/7.592C5

常州賦不分卷　（清）褚邦慶編注　清光緒四
年（1878）刻本　一冊

310000－0242－0006026　R39.21－11/7.592B

常州賦不分卷　（清）褚邦慶編注　清光緒四
年（1878）刻本　一冊

310000－0242－0006027　R39.21－12/7.151

揚州畫舫錄十八卷　（清）李斗撰　清乾隆六
十年（1795）自然盦刻本　十六冊

310000－0242－0006028　R39.21－12/7.151C2

揚州畫舫錄十八卷　（清）李斗撰　清同治十
一年（1872）刻本　十六冊

310000－0242－0006029　R39.21－13/7.535

楓谿櫂歌一卷附楓谿雜詠一卷　程兼善撰
清光緒二十三年（1897）松江顧文善齋刻本
一冊

310000－0242－0006030　R39.21－20/6.451

蘇州賦不分卷　（明）莫旦撰　清抄本　一冊

310000－0242－0006031　R39.21－5/57.332

平江紀事不分卷　（元）高德基撰　清刻本
一冊

310000－0242－0006032　R39.21－7/57.434

吳中舊事一卷　（元）陸友仁撰　清刻本　一
冊

310000－0242－0006033　R39.21－7/57.434C2

吳中舊事一卷　（元）陸友仁撰　清刻本　一

冊

310000－0242－0006034　R39.21－7/7.614
吳門畫舫續錄三卷投贈三卷　（清）箇中生編
清嘉慶十七年(1812)來青閣刻本　四冊

310000－0242－0006035　R39.21－8/7.21
金陵雜詠一卷　（清）王友亮撰　清乾隆六十
年(1795)江寧顧晴崖刻本　一冊

310000－0242－0006036　R39.21－9/7.37
拜經書屋偶鈔一卷松志拾遺一卷　（清）孔昭
辰輯　清稿本　一冊

310000－0242－0006037　R39.21－9/7.441
貞豐擬乘二卷　（清）陳鱣增輯　清嘉慶十五
年(1810)聚星堂刻本　四冊

310000－0242－0006038　R39.21－9/7.556
春草軒詩存一卷附芙蓉湖櫂歌不分卷　（清）
楊掄撰　清光緒十年(1884)萱蔭堂刻本　一
冊

310000－0242－0006039　R39.22－11/7.428
淮南詩鈔二卷　（清）張鴻烈撰　清慎德堂刻
本　一冊　存一卷(上)

310000－0242－0006040　R39.22－11/7.674
黃州大崎山即禹貢大別山說不分卷　（清）劉
寶森撰　清光緒二十二年(1896)刻本　一冊

310000－0242－0006041　R39.22－2/7.622
二十台詩一卷　（清）潘世鏞撰　清道光十二
年(1832)刻本　一冊

310000－0242－0006042　R39.23－10/7.236.5
流香一覽一卷　（清）釋明開撰　清光緒四年
(1878)眠雲室刻本　一冊

310000－0242－0006043　R39.23－11/5.289
都城紀勝一卷　（宋）耐得翁撰　錢塘西湖百
詠一卷　（宋）郭祥正撰　錢塘先賢傳贊一卷
　（宋）袁韶撰　清光緒四年(1878)錢唐丁氏
刻本　一冊

310000－0242－0006044　R39.23－11/7.390
斜塘竹枝詞不分卷　（清）倪以埴撰　清光緒
十八年(1892)刻本　一冊

310000－0242－0006045　R39.23－11/7.428
梅簃隨筆四卷　（清）張作楠撰　清嘉慶二十
四年(1819)刻本　二冊

310000－0242－0006046　R39.23－12/7.248
越詠二卷　（清）周調梅撰　清咸豐四年
(1854)刻本　二冊

310000－0242－0006047　R39.23－12/7.767
湖墅雜詩二卷　（清）魏標撰　清道光元年
(1821)刻本　二冊

310000－0242－0006048　R39.23－13/5.21
重刻會稽三賦四卷　（宋）王十朋撰　（明）南
逢吉注　（明）尹壇補注　明朱啟元刻本　六
冊

310000－0242－0006049　R39.23－13/5.21A
會稽三賦注四卷　（宋）王十朋撰　（明）南逢
吉注　（明）尹壇補注　清光緒十四年(1888)
長沙惜陰書局刻本　二冊

310000－0242－0006050　R39.23－13/5.21B
會稽三賦不分卷　（宋）王十朋撰　（宋）周世
則等注　清嘉慶十七年(1812)蕭山陳氏湖海
樓刻本　一冊

310000－0242－0006051　R39.23－13/6.72
熙朝樂事十種　（明）田汝成輯　明崇禎刻本
　四冊

310000－0242－0006052　R39.23－13/7.428
當湖百詠一卷　（清）張雲錦撰　清宣統三年
(1911)華雲閣鉛印本　一冊

310000－0242－0006053　R39.23－24/7.248
鹽溪漁唱一卷　（清）周光瑞撰　清宣統二年
(1910)華雲閣鉛印本　一冊

310000－0242－0006054　R39.23－5/7.427
台州外書三十卷　（清）戚鶴泉輯　清南墅刻
本　四冊

310000－0242－0006055　R39.23－5/7.700
乍浦紀事詩一卷　（清）盧奕春撰　清宣統二
年(1910)華雲閣鉛印本　一冊

310000－0242－0006056　R39.23－7/7.271

吳興舊聞二卷　(清)胡承謀輯　清嘉慶九年(1804)歸安章銓校刻本　二冊

310000－0242－0006057　R39.23－8/7.312

泖水鄉歌一卷　(清)俞金鼎撰　清宣統三年(1911)華雲閣鉛印本　一冊

310000－0242－0006058　R39.23－8/8.128

東畬雜記不分卷附幽湖百詠　(清)沈廷瑞撰　清光緒十三年(1887)刻本　一冊

310000－0242－0006059　R39.23－9/57.412

客杭日記不分卷附西湖八社詩帖湖山敘游　(元)郭界　(明)祝時泰等撰　清光緒七年(1881)錢塘丁氏刻本　一冊

310000－0242－0006060　R39.23－9/7.791

城南樵唱一卷　(清)顧福仁撰　清光緒十七年(1891)養心光室刻本　一冊

310000－0242－0006061　R39.26－8/5.300

岳陽風土記不分卷　(宋)范致明輯　清光緒七年(1881)方敦福堂刻本　一冊

310000－0242－0006062　R39.27－13/7.486

蜀故二十七卷　(清)彭遵泗纂　清光緒二十八年(1902)白鶴堂刻本　六冊

310000－0242－0006063　R39.32－10/7.98

海東劄記四卷　(清)朱景英撰　清抄本　一冊

310000－0242－0006064　R39.32－14/7.491

臺灣生熟番紀事不分卷　(清)黃逢昶撰　清光緒十一年(1885)刻本　一冊

310000－0242－0006065　R39.33－14/7.248

廣東攷古輯要四十六卷　(清)周廣等輯　清光緒十九年(1893)還讀書室刻本　十冊

310000－0242－0006066　R39.33－16/7.105

澳門記略二卷首一卷末一卷　(清)印光任撰　(清)張汝霖纂　清嘉慶五年(1800)江寧藩署刻本　二冊

310000－0242－0006067　R39.33－16/7.105C2

澳門記略二卷首一卷末一卷　(清)印光任撰　(清)張汝霖纂　清嘉慶五年(1800)江寧藩署刻本　一冊

310000－0242－0006068　R39.33－6/7.42

羊城古鈔八卷　(清)仇池石輯　清嘉慶十一年(1806)順德仇氏大資堂刻本　五冊

310000－0242－0006069　R39.33－6/7.42C2

羊城古鈔八卷　(清)仇池石輯　清嘉慶十一年(1806)順德仇氏大資堂刻本　五冊

310000－0242－0006070　R39.35－13/7.420

滇南雜志二十四卷附顧陸遺詩一卷　(清)曹樹翹編　清光緒上海申報館鉛印本　四冊

310000－0242－0006071　R39.35－13/7.629

滇海虞衡志十三卷　(清)檀萃撰　清嘉慶九年(1804)刻本　二冊

310000－0242－0006072　R39.36－16/7.775

黔南職方紀略九卷　(清)羅繞典輯　清道光二十七年(1847)刻本　二冊

310000－0242－0006073　R39.61－13/7.393

新疆賦不分卷　(清)徐崧輯　清道光四年(1824)刻本　一冊

310000－0242－0006074　R39.61－6/7.4

西域記八卷　(清)七十一撰　清嘉慶十九年(1814)沁芳齋刻本　二冊

310000－0242－0006075　R39.66－6/7.253

西藏賦　(清)和寧撰　清光緒九年(1883)元尚居刻本　一冊

310000－0242－0006076　R40－10/6.393

徐霞客游記十卷外編一卷　(明)徐宏祖撰　清光緒七年(1881)瘦影山房木活字印本　十冊

310000－0242－0006077　R40－10/6.393C3

徐霞客游記十卷外編一卷　(明)徐宏祖撰　清乾隆四十一年(1776)孩浦邨莊刻本　十冊

310000－0242－0006078　R40－10/7.375

孫文定公南游記一卷　(清)孫嘉淦撰　清光緒十四年(1888)景山書屋刻本　一冊

310000－0242－0006079　R40－13/6.449

276

游志續編一卷　（明）陶宗儀輯　清光緒十二年(1886)新陽趙氏刻本　一冊

310000－0242－0006080　R40－13/6.449C2
游志續編一卷　（明）陶宗儀輯　清光緒十二年(1886)新陽趙氏刻本　一冊

310000－0242－0006081　R40－13/6.449C3
游志續編一卷　（明）陶宗儀輯　清光緒十二年(1886)新陽趙氏刻本　二冊

310000－0242－0006082　R40－16/7.650
隨扈紀行詩存二卷麻鞋紀行詩存一卷　（清）蔣廷黻撰　清末刻本　一冊

310000－0242－0006083　R40－4/6.21
王士性五岳游草　（明）王士性撰　清抄本　一冊

310000－0242－0006084　R40－5/7.248
冬集紀程一卷附詩一卷　（清）周廣業撰　清道光二十年(1840)種松書塾刻本　一冊

310000－0242－0006085　R40－8/7.164
東游草一卷　（清）吳敏樹撰　清同治七年(1868)朝宗書堂木活字印本　一冊

310000－0242－0006086　R40－8/7.428
泛槎圖六集附續泛槎圖六集　（清）張寶繪　清嘉慶二十四年至道光十一年(1819－1831)刻本　十二冊　存四集(續泛槎圖三至六)

310000－0242－0006087　R40－8/7.428C2
泛槎圖六集附續泛槎圖六集　（清）張寶繪　清嘉慶二十四年至道光十一年(1819－1831)刻本　十二冊　存四集(續泛槎圖三至六)

310000－0242－0006088　R40－8/8.615
河海崑崙錄四卷　裴景福著　清宣統元年(1909)上海文明書局鉛印本　四冊

310000－0242－0006089　R40.11－2/7.671
丁亥入都紀程二卷　（清）黎庶昌撰　清光緒十四年(1888)鉛印本　一冊

310000－0242－0006090　R40.6－6/7.15
西征續錄不分卷　（清）方希孟著　清抄本　二冊

310000－0242－0006091　R41.371－3/4.55
大唐西域記十二卷　（唐）釋玄奘譯　（唐）釋辯機撰　清宣統元年(1909)常州天甯寺刻本　四冊

310000－0242－0006092　R41.371－3/4.55C2
大唐西域記十二卷　（唐）釋玄奘譯　（唐）釋辯機撰　清宣統元年(1909)常州天甯寺刻本　四冊

310000－0242－0006093　R42.1－14/660
滬吳日記不分卷　（日本）岡田篁所撰　清光緒十一年(1885)稿本　一冊

310000－0242－0006094　R42.1－17/7.352
鍾山游草二卷　（清）馬光祖　（清）孫齡撰　清嘉慶十五年(1810)臥雲樓刻本　一冊

310000－0242－0006095　R42.1－6/7.592
江行雜詠附詩餘不分卷　（清）褚集齊撰　清光緒十八年(1892)刻本　一冊

310000－0242－0006096　R42.1－6/7.674
江滬雜詠一卷　（清）劉夢音撰　清光緒十五年(1889)金陵書局刻本　一冊

310000－0242－0006097　R42.1－8/7.471
金陵百詠一卷附金陵四十八景一卷　（清）湯蠡仙撰　清同治十三年(1874)刻本　一冊

310000－0242－0006098　R42.2－12/7.248
皖游便覽不分卷　（清）周葆元撰　清道光二十七年(1847)刻本　一冊

310000－0242－0006099　R42.23－11/7.420
黃山紀游詩二卷　（清）曹來復撰　清嘉慶七年(1802)刻本　二冊

310000－0242－0006100　R42.3－10/7.128
浙東紀游草一卷　（清）沈錫爵撰　清道光二年(1822)刻本　一冊

310000－0242－0006101　R42.3－12/7.312
越中紀游詩一卷　（清）俞樾撰　（清）宋文蔚錄　清光緒十三年(1887)刻本　一冊

310000－0242－0006102　R42.3－3/7.412
三雁紀游一卷　（清）郭鍾嶽　（清）張盛藻撰

清光緒十四年(1888)和天倪齋刻本　一冊

310000－0242－0006103　R42.3－6/6.72

西湖游覽志二十四卷志餘二十六卷　（明）田汝成編　清光緒二十二年(1896)錢塘丁氏嘉惠堂刻本　八冊

310000－0242－0006104　R42.3－8/7.151

武林紀游草四卷惠山紀游草一卷鄧尉紀游草一卷　（清）李文通撰　清道光二十七年(1847)刻本　一冊

310000－0242－0006105　R42.3－15/6.654

蔡汝楠先生南山十詠一卷　（明）蔡汝楠撰　清末北京文成堂書莊石印本　一冊

310000－0242－0006106　R42.7－22/7.491

聽蕉雨樓外集不分卷　（清）黄勤業撰　清咸豐元年(1851)刻本　二冊

310000－0242－0006107　R42.7－7/5.300

吳船錄二卷　（宋）范成大撰　清乾隆、道光間鮑氏刻本　一冊

310000－0242－0006108　R43.1－14/7.178

臺灣雜詠合刊不分卷　（清）何澂撰輯　清光緒七年(1881)刻本　一冊

310000－0242－0006109　R43.2－13/7.285

裨海紀游不分卷　（清）郁永河撰　清道光十五年(1835)棗花軒刻本　二冊

310000－0242－0006110　R43.2－14/7.491

臺海使槎錄八卷　（清）黄叔璥撰　清光緒五年(1879)定州王氏謙德堂刻本　二冊

310000－0242－0006111　R43.2－8/7.21

東渡采風集一卷　（清）王凱泰撰　清光緒閩縣葉氏刻本　一冊

310000－0242－0006112　R43.3－10/7.80

倉海君庚戌羅浮游草一卷　（清）邱逢甲撰　清宣統二年(1910)鉛印本　一冊

310000－0242－0006113　R43.3－12/7.428

粵游小識七卷　（清）張心泰編　清光緒二十六年(1900)夢梅仙館刻本　一冊

310000－0242－0006114　R43.3－19/8.462

羅浮游記不分卷　（清）崔炳炎著　清宣統二年(1910)石印本　一冊

310000－0242－0006115　R43.5－10/7.765

荔村草堂詩續鈔一卷　（清）譚宗浚撰　清宣統二年(1910)刻朱印本　一冊

310000－0242－0006116　R43.5－13/7.211

滇軺紀程附荷戈紀程林文忠公政書　（清）林則徐撰　清光緒三年(1877)宣南寓齋刻本　一冊

310000－0242－0006117　R43.5－13/7.211C2

滇軺紀程附荷戈紀程林文忠公政書　（清）林則徐撰　清光緒三年(1877)宣南寓齋刻本　一冊

310000－0242－0006118　R46.1－13/7.21

葉栟紀程二卷附上陶撫憲六條　（清）王廷襄撰　清光緒二十一年(1895)刻本　二冊

310000－0242－0006119　R47.5－4/7.598

太華紀游略一卷　（清）趙嘉肇撰　清光緒十年(1884)三原趙氏刻本　一冊

310000－0242－0006120　R23.2－201/7.14

[乾隆]重修臺灣府志二十五卷　（清）六十七（清）范咸纂修　清乾隆十二年(1747)刻本　十二冊

310000－0242－0006121　SR10－14/6.434C2

廣輿記二十四卷　（明）陸應陽原纂　清康熙二十五年(1686)刻本　六冊

310000－0242－0006122　SR10－4/752

方輿要覽四卷　（□）□□編　清梁溪佐經堂抄本　四冊

310000－0242－0006123　SR10.1－9/7.2

皇輿表十六卷　（清）喇沙里纂修　（清）揆敘等增修　清康熙四十三年(1704)刻本　二十四冊

310000－0242－0006124　SR16－14/6.271

廣輿圖二卷　（明）胡松撰　明萬曆七年(1579)刻本　二冊

310000－0242－0006125　SR16－9/6.364

皇明輿圖不分卷　（明）桂萼撰　明刻本　二冊

310000－0242－0006126　SR19.1－14/7.535

廣輿古今鈔二卷　（清）程晴川撰　清乾隆三十二年(1767)有誠堂刻本　二冊

310000－0242－0006127　SR19.1－4/6.128

今古輿地圖三卷　（明）沈鳳翔纂　明崇禎刻朱墨套印本　三冊

310000－0242－0006128　SR19.8－12/7.618

隋書地理志郡縣名韻編不分卷　熊會貞纂　清吳縣潘氏寶山樓抄本　二冊

310000－0242－0006129　SR19.8－16/7.428

戰國策釋地二卷　（清）張琦撰　清光緒十一年(1885)新陽趙氏刻本　一冊

310000－0242－0006130　SR20－1/6.151

大明一統志九十卷　（明）李賢　（明）萬安等纂修　明天順五年(1461)萬壽堂刻本　五十冊

310000－0242－0006131　SR21.1－111/7.164

[同治]續天津縣志二十卷首一卷　（清）吳惠元修　（清）蔣玉虹　（清）俞樾纂　清同治九年(1870)刻本　八冊

310000－0242－0006132　SR21.1－206/7.661

[乾隆]正定府志五十卷首一卷　（清）鄭大進纂修　清乾隆二十七年(1762)刻本　三十二冊

310000－0242－0006133　SR21.1－3002/7.428

[乾隆]安肅縣志十二卷　（清）張鈍修　（清）史元善纂　清乾隆四十三年(1778)刻本　八冊

310000－0242－0006134　SR21.1－3013/7.21

[乾隆]定州志十卷　（清）王大年纂修　清乾隆元年(1736)刻本　六冊

310000－0242－0006135　SR21.1－3032/7.61

[乾隆]萬全縣志十卷首一卷　（清）左承業纂修　清乾隆七年(1742)刻本　四冊

310000－0242－0006136　SR21.1－3130/A7.393

[乾隆]滄州志十六卷　（清）徐時作修　（清）莊日榮纂　清乾隆八年(1743)刻本　一冊　存六卷(一至六)

310000－0242－0006137　SR21.1－3138/7.223

[乾隆]景州志六卷首一卷　（清）屈成霖纂修　清乾隆十年(1745)刻本　四冊

310000－0242－0006138　SR21.1－3158/7.491

[乾隆]無極縣志十一卷末一卷　（清）黃可潤纂修　清乾隆二十二年(1757)刻光緒十九年(1893)重修本　四冊

310000－0242－0006139　SR21.1－3167/7.449

[乾隆]衡水縣志十四卷　（清）陶淑纂修　清乾隆三十二年(1767)刻本　五冊

310000－0242－0006140　SR21.1－3169/7.300

[乾隆]冀州志二十卷附續編　（清）范清曠纂修　清乾隆十二年(1747)刻本　六冊

310000－0242－0006141　SR21.1－3176/7.722

[乾隆]獲鹿縣志十二卷　（清）韓國瓚纂修　清乾隆元年(1736)刻本　四冊

310000－0242－0006142　SR21.2－108/7.21

[乾隆]德州志十二卷首一卷　（清）王道亨修　（清）張慶源纂　清乾隆五十三年(1788)刻本　八冊

310000－0242－0006143　SR21.2－202/7.480

[乾隆]兗州府志三十二卷首二卷　（清）普爾泰修　（清）陳顧瀰纂　清乾隆三十二年(1767)刻本　十二冊

310000－0242－0006144　SR21.2－208/7.151

[乾隆]沂州府志三十六卷首一卷　（清）李希賢修　（清）潘遇莘纂　清乾隆二十五年(1760)刻本　十二冊

310000－0242－0006145　SR21.2－210/7.248

[乾隆]曹州府志二十二卷　（清）周尚質修　（清）劉藻　（清）李登明纂　清乾隆二十一年(1756)刻本　十二冊

310000－0242－0006146　SR21.2－3001/7.491

[乾隆]泰安縣志十二卷首一卷末一卷 （清）黃鈐修 （清）蕭儒林纂 清乾隆二十五年(1760)刻本 十冊

310000－0242－0006147 SR21.2－3002/7.271

[乾隆]歷城縣志五十卷首一卷 （清）胡德琳修 （清）李文藻纂 清乾隆三十八年(1773)刻本 二十冊

310000－0242－0006148 SR21.2－3023/A7.787

[乾隆]蒲臺縣志四卷首一卷 （清）嚴文典纂修 清乾隆二十八年(1763)刻光緒七年(1881)增補刻本 四冊

310000－0242－0006149 SR21.2－3024/7.462

[康熙]新城縣志十四卷首一卷 （清）崔懋修 （清）嚴濂曾纂 清康熙三十二年(1693)刻本 五冊

310000－0242－0006150 SR21.2－3024/7.462B

[康熙]新城縣志十四卷首一卷 （清）崔懋修 （清）嚴濂曾纂 清康熙三十二年(1693)刻本 六冊

310000－0242－0006151 SR21.2－3024/A7.375

[康熙]新城縣續志二卷 （清）孫元衡修 （清）王啟涑纂 清康熙三十二年(1693)刻本 一冊

310000－0242－0006152 SR21.2－3030/7.21

[乾隆]樂陵縣志八卷首一卷末一卷 （清）王謙益修 （清）莊肇奎纂 清乾隆二十七年(1762)刻本 八冊

310000－0242－0006153 SR21.2－3050/7.326

[乾隆]諸城縣志四十六卷 （清）宮懋讓修 （清）李文藻纂 清乾隆二十九年(1764)刻本 八冊

310000－0242－0006154 SR21.2－3066/7.712

[乾隆]棲霞縣志十卷 （清）衛萇纂修 [光緒]棲霞縣續志十卷首一卷 （清）黃麗中修 （清）于如川纂 清乾隆十九年(1754)刻光緒五年(1879)續刻合印本 八冊

310000－0242－0006155 SR21.2－3077/7.428

[乾隆]掖縣志八卷首一卷 （清）張思勉修 （清）于始瞻纂 清乾隆二十三年(1758)刻本 八冊

310000－0242－0006156 SR21.2－3135/7.480

[乾隆]單縣志十三卷 （清）普爾泰修 （清）傅爾德纂 清乾隆二十五年(1760)刻本 十三冊

310000－0242－0006157 SR21.2－3151/7.491

[乾隆]平原縣志十卷首一卷 （清）黃懷祖纂修 清乾隆十三年(1748)刻本 四冊

310000－0242－0006158 SR21.2－3154/7.12

[乾隆]齊河縣志十卷首一卷 （清）上官有儀修 （清）許琰纂 清乾隆十一年(1746)刻本 五冊

310000－0242－0006159 SR21.2－3163/7.428

[乾隆]臨清直隸州志十一卷首一卷 （清）張度纂修 清乾隆五十年(1785)刻本 十一冊

310000－0242－0006160 SR21.5－3012/6.722

[正德]朝邑縣志一卷 （明）王道修 （明）韓邦靖纂 清道光四年(1824)廣州喜聞過齋刻本 一冊

310000－0242－0006161 SR21.6－5/752.5

甘肅地略六卷 （清）□□撰 清寫本 二冊

310000－0242－0006162 SR22.1－207/7.462

[康熙]揚州府志四十卷 （清）崔華修 （清）張萬壽纂 清康熙二十四年(1685)刻本 十六冊

310000－0242－0006163 SR22.3－101/5.248

[乾道]臨安志十五卷 （宋）周淙纂修 清光緒二十年(1894)壽松堂刻本 一冊

310000－0242－0006164 SR22.3－101/5.248C2

[乾道]臨安志三卷 （宋）周淙纂修 清光緒二十年(1894)錢唐陳氏藏抄本 二冊

310000－0242－0006165 SR33.9122－11/7.135

黃山志續集六卷首二卷 （清）吳菘修 （清）汪士鋐 （清）吳瞻泰纂修 清康熙刻本 四冊

310000－0242－0006166　SR39.23－9/7.390

神州古史考一卷 （清）倪璠撰　清康熙二十七年(1688)浙江崇峋堂刻本　二冊

310000－0242－0006167　S10－10/7.761

海國圖志一百卷 （清）魏源撰　清光緒六年(1880)急當務齋刻本　二十四冊

310000－0242－0006168　S10－10/7.761

海國圖志一百卷首一卷續集二十五卷 （清）魏源撰　清光緒二年(1876)甘肅平慶涇固道署刻本　六冊

310000－0242－0006169　S10－10/7.761

海國圖志一百卷首一卷續集二十五卷 （清）魏源撰　清光緒二年(1876)甘肅平慶涇固道署刻本　六冊

310000－0242－0006170　S10－10/7.761A

海國圖志五十卷 （清）魏源撰　清道光二十二年(1842)邵陽魏氏古微堂木活字印本　十九冊

310000－0242－0006171　S10－19/7.393

瀛環志略十卷 （清）徐繼畬著　清光緒二十四年(1898)新化三味書室刻本　八冊

310000－0242－0006172　S10－19/7.393

瀛環志略十卷 （清）徐繼畬著　清光緒二十四年(1898)上海掃葉山房刻本　四冊

310000－0242－0006173　S10－19/7.393

瀛環志略十卷 （清）徐繼畬著　清道光三十年(1850)紅杏山房刻本　六冊

310000－0242－0006174　S10－3/7.575

大清中外一統輿圖三十一卷 （清）鄒世詒等制　（清）李廷簫等修　清光緒二十四年(1898)上海求自學齋石印本　二冊

310000－0242－0006175　S10－4/7.352

中外輿地彙鈔十四卷 （清）馬冠羣輯　清光緒二十年(1894)蘇州文瑞樓石印本　一冊

310000－0242－0006176　S10－4/7.795

五洲圖考 （清）龔柴　（清）許彬撰　清光緒二十四年(1898)上海徐家匯印書館鉛印本

四冊

310000－0242－0006177　S10.4－10/151

泰西新史攬要二十三卷附記一卷 （英國）李提摩太譯　蔡爾康編　清光緒二十四年(1898)鉛印本　二冊

310000－0242－0006178　S10.4－10/151

節本泰西新史攬要八卷 （英國）李提摩太譯　周慶雲節錄　清光緒二十七年(1901)吳興周氏夢坡室刻本　二冊

310000－0242－0006179　S10.4－10/151

泰西新史攬要八卷附記一卷 （英國）李提摩太譯　蔡爾康編　清光緒二十四年(1898)鉛印本　七冊

310000－0242－0006180　S11－13/7.151

萬國通史三十卷 （英國）李思倫白約翰輯　清光緒二十九年(1903)廣學會鉛印本　五冊

310000－0242－0006181　S11－13/7.151

萬國通史三十卷 （英國）李思倫白約翰輯　清光緒二十九年(1903)廣學會鉛印本　二十五冊

310000－0242－0006182　S12.1－6/7.248

西史綱目二十卷 （清）周維翰著　清光緒二十七年(1901)石印本　十冊

310000－0242－0006183　S12.4－5/219

世界近世史二卷 （日本）松平康國撰　梁啟勳譯　清光緒二十九年(1903)上海廣智書局鉛印本　二冊

310000－0242－0006184　S12.4－5/219

世界近世史二卷 （日本）松平康國撰　梁啟勳譯　清光緒二十九年(1903)上海廣智書局鉛印本　一冊

310000－0242－0006185　S14.4－2/60

十九世紀外交史 （日本）平田久撰　張相譯　清光緒二十八年(1902)史學齋刻本　四冊

310000－0242－0006186　S14.4－2/60

十九世紀外交史 （日本）平田久撰　張相譯　清光緒二十八年(1902)史學齋刻本　一冊

310000 - 0242 - 0006187　S16 - 10/7.556

海錄一卷　(清)楊炳南等撰　清道光二十二年(1842)刻本　一冊

310000 - 0242 - 0006188　S19 - 10/7.21

海客日譚六卷首一卷　(清)王芝著　清光緒二年(1876)石城刻本　六冊

310000 - 0242 - 0006189　S19 - 6/2

西學考略二卷　(美國)丁韙良撰　清光緒九年(1883)同文館鉛印本　二冊

310000 - 0242 - 0006190　S19.38 - 11/8.787

越南游歷記一卷　(清)嚴璩　(清)恩慶著　清光緒三十一年(1905)鉛印本　一冊

310000 - 0242 - 0006191　S30.14 - 2/281

二十一都懷古詩一卷　(朝鮮)柳得恭撰　清光緒三年(1877)刻本　一冊

310000 - 0242 - 0006192　S30.14 - 6/151

列國變通興盛記　(英國)李提摩太著　清光緒二十四年(1898)上海廣學會鉛印本　一冊

310000 - 0242 - 0006193　S30.27 - 2/8.164

十九世紀大勢變遷通論　(清)吳銘編譯　清光緒二十八年(1902)上海廣智書局鉛印本　一冊

310000 - 0242 - 0006194　S30.8 - 8/7.466

東亞各港口岸志　(日本)參謀本部編輯　清光緒二十八年(1902)上海廣智書局鉛印本　一冊

310000 - 0242 - 0006195　S31 - 10/793.2

日俄戰役旅順實戰紀　(日本)櫻井忠溫著　黃郛譯　清宣統元年(1909)上海新學會社鉛印本　一冊

310000 - 0242 - 0006196　S31 - 4/62

日本新史攬要七卷　(日本)石村貞一著　清光緒二十五年(1899)石印本　七冊

310000 - 0242 - 0006197　S31.1 - 4/91

日本維新慷慨史二卷　(日本)西村三郎編　趙必振譯　清光緒二十八年(1902)廣智書局鉛印本　二冊

310000 - 0242 - 0006198　S31.3 - 4/7.775

日本維新三十年史　(日本)高山林次郎等著

(清)羅孝高譯　清光緒二十八年(1902)上海廣智書局鉛印本　六冊

310000 - 0242 - 0006199　S31.3 - 4/7.775

日本維新三十年史　(日本)高山林次郎等著　(清)羅孝高譯　清光緒二十八年(1902)上海廣智書局鉛印本　一冊

310000 - 0242 - 0006200　S31.3 - 4/7.775

日本維新三十年史　(日本)高山林次郎等著　(清)羅孝高譯　清光緒二十八年(1902)上海廣智書局鉛印本　一冊

310000 - 0242 - 0006201　S31.5 - 4/7.21

日本源流攷二十二卷　王先謙著　清光緒二十八年(1902)思賢書局刻本　十冊

310000 - 0242 - 0006202　S31.6 - 13/7.151

筞倭要略　(清)李嶽蘅著　清光緒二十年(1894)刻本　一冊

310000 - 0242 - 0006203　S31.6 - 4/7.39

日本地理志　(日本)中村五六纂　王國維譯　清光緒二十七年(1901)金粟齋鉛印本　一冊

310000 - 0242 - 0006204　S31.6 - 4/7.491

日本國志四十卷首一卷　(清)黃遵憲著　清光緒二十四年(1898)浙江書局刻本　十冊

310000 - 0242 - 0006205　S31.6 - 4/7.491

日本國志四十卷首一卷　(清)黃遵憲著　清光緒二十四年(1898)浙江書局刻本　十四冊

310000 - 0242 - 0006206　S31.9 - 12/7.84

雲海東遊記二卷　(清)江慕洵撰　清光緒三十二年(1906)鉛印本　一冊

310000 - 0242 - 0006207　S31.9 - 15/7.21

談瀛錄四卷　(清)王之春著　清光緒六年(1880)刻本　二冊

310000 - 0242 - 0006208　S31.9 - 5/8.164

丙午扶桑遊記　吳蔭培著　清光緒三十二年(1906)刻本　一冊

310000 - 0242 - 0006209　S31.9 - 8/7.151

東航紀遊　(清)李茲在著　清光緒三十三年

(1907)北京京華書局鉛印本　一冊

310000－0242－0006210　S32.1－12/206

朝鮮地理小志　（朝鮮）青華山人撰　（清）江
景桂譯　清光緒十一年(1885)吳使鉛印本
一冊

310000－0242－0006211　S32.1－12/211

朝鮮近世史二卷　（日本）林泰輔編　劉世珩
譯　清光緒二十九年(1903)鴻寶書局石印本
　一冊

310000－0242－0006212　S32.1－13/7.248

奧簃朝鮮三種　（清）周家祿撰　清光緒刻本
　一冊

310000－0242－0006213　S32.1－8/7.731

東藩紀要朝鮮志十二卷補錄一卷　（清）薛培
榕編　清光緒八年(1882)鉛印本　四冊

310000－0242－0006214　S32.6－11/7.316

琉球小志并補遺附說略　姚文棟譯　清光緒
九年(1883)刻本　一冊

310000－0242－0006215　S32.685－4/7.491

中山見聞辨異二卷　（清）黃景福撰　清嘉慶
十九年(1814)刻本　一冊

310000－0242－0006216　S32.889－9/7.441

香港雜記　（清）陳鏸勳撰　清光緒二十年
(1894)刻本　一冊

310000－0242－0006217　S37.1－5/711

印度新志　（清）學部編譯圖書局編　清光緒三
十三年(1907)學部編譯圖書局鉛印本　一冊

310000－0242－0006218　S38.3－6/7.52

安南史四卷　（日本）引田利章撰　清光緒二
十九年(1903)教育世界社石印本　四冊

310000－0242－0006219　S38.3－6/7.52C2

安南史四卷　（日本）引田利章撰　毛乃庸譯
　清光緒二十九年(1903)教育世界社石印本
　四冊

310000－0242－0006220　S39.1－9/556

飛獵濱獨立戰史　（菲律賓）棒時著　東京留
學生譯　清光緒二十八年(1902)上海商務印

書館鉛印本　一冊

310000－0242－0006221　S40－10/211

埏紘外乘二十五卷補遺一卷附東方時局論略
　（美國）林樂知　嚴良勳同譯　清光緒二十
七年(1901)上海製造局刻本　二冊

310000－0242－0006222　S40－9/7.731

英法義比志譯略四卷　（清）薛福成撰　吳宗
濂譯　清光緒二十五年(1899)上海石印本
二冊

310000－0242－0006223　S40.041－3/649

大英國志八卷　（英國）慕維廉譯　清咸豐六
年(1856)上海刻本　一冊

310000－0242－0006224　S40.042－8/546

法國新志四卷附俄國新志八卷　（英國）陔勒
低輯　（英國）傅紹蘭口譯　（清）潘松筆述
清光緒二十四年(1898)製造局刻本　一冊

310000－0242－0006225　S40.1037－6/829

西洋歷史教科書五卷　贛州中學堂編　清鉛
印本　二冊

310000－0242－0006226　S40.211－7/380

希臘史二卷　（日本）桑原啟一撰　清光緒二
十九年(1903)上海商務印書館鉛印本　一冊

310000－0242－0006227　S40.212－7/281

希臘獨立史四卷　（日本）柳井絅齋著　（清）
秦嗣宗譯　清光緒二十八年(1902)廣智書局
鉛印本　一冊

310000－0242－0006228　S40.275－6/7.695C2

西國近事彙編三十六卷　（清）江南製造局編
　清光緒二十五年(1899)江南製造局刻本
一百八冊

310000－0242－0006229　S40.275－6/7.695

西國近事彙編　（清）江南製造局編　清光緒
二十五年(1899)江南製造局刻本　二十四冊

310000－0242－0006230　S40.4－15/425

歐洲東方交涉記十二卷　（英國）麥高爾輯
（美國）林樂知　（清）瞿昂來譯　清光緒六年
(1880)上海江南機器製造總局刻本　一冊

310000－0242－0006231　S40.9－3/7.2

新譯三洲遊記　（清）丁廉著　清光緒二十三年(1897)上海書局石印本　一冊

310000－0242－0006232　S40.9－6/7.575

西征紀程四卷　（清）鄒代鈞撰　清光緒十七年(1891)鉛印本　一冊

310000－0242－0006233　S40.931－9/8.428

癸卯東遊日記(清光緒二十九年)　張謇撰　清光緒二十九年(1903)江蘇通州翰墨林書局鉛印本　一冊

310000－0242－0006234　S41－9/143

英國文明史五篇　（英國）亨利多馬斯·勃克魯著　清光緒二十九年(1903)上海南洋公學譯書院鉛印本　三冊

310000－0242－0006235　S42－8/7.21

重訂法國志略二十四卷　（清）王韜撰　清光緒十六年(1890)上海淞隱廬鉛印本　十冊

310000－0242－0006236　S45－13/219

意大利獨立史六卷　（日本）松井廣吉撰（清）張仁普譯　清光緒二十八年(1902)上海廣智書局鉛印本　一冊

310000－0242－0006237　S46.78－12/711

開浦殖民地志　（清）學部編譯圖書局編　清光緒三十四年(1908)京都學部圖書局鉛印本　一冊

310000－0242－0006238　S47.2－9/628

威廉振興荷蘭紀略二卷　（清）廣學會編譯　清光緒二十七年(1901)上海廣學會鉛印本　二冊

310000－0242－0006239　S48－5/7.178

北徼彙編　（清）何秋濤編　清同治四年(1865)京都龍威閣刻本　六冊

310000－0242－0006240　S48－9/202

俄羅斯三卷　（法國）波留著　（日本）中島端重譯　清光緒三十年(1904)上海商務印書館鉛印本　一冊

310000－0242－0006241　S48.4－9/7.393

俄史輯譯四卷　（清）徐景羅譯　清光緒十四年(1888)益智書會刻本　四冊

310000－0242－0006242　S48.4－9/7.393

俄史輯譯四卷　（清）徐景羅譯　清光緒十四年(1888)益智書會刻本　四冊

310000－0242－0006243　S48.6－9/546C2

俄國新志八卷　（英國）陝勒低輯　清光緒二十四年(1898)江南製造局刻本　一冊　存二卷(七至八)

310000－0242－0006244　S48.6－9/546

俄國新志八卷　（英國）陝勒低輯　清光緒二十四年(1898)江南製造局刻本　三冊

310000－0242－0006245　S48.8－9/12

俄羅斯史二卷　（日本）山本利嘉雄著　麥昆華譯　清光緒二十九年(1903)上海廣智書局鉛印本　一冊

310000－0242－0006246　S48.9－4/793

中亞洲俄屬遊記二卷　（英國）蘭士德著（清）莫鎮藩譯　清光緒二十年(1894)上海時務報館石印本　一冊

310000－0242－0006247　S50.3－12/7.523

遊歷加拿大圖經八卷　（清）傅雲龍述　清光緒二十八年(1902)石印本　二冊

310000－0242－0006248　S50.3－12/7.523

遊歷加拿大圖經八卷　（清）傅雲龍述　清光緒二十八年(1902)石印本　二冊

310000－0242－0006249　S50.74－12/7.524

遊歷巴西圖經十卷　（清）傅雲龍撰　清光緒二十七年(1901)石印本　二冊

310000－0242－0006250　S50.82－12/7.523

遊歷秘魯圖經四卷　（清）傅雲龍撰　清光緒二十七年(1901)石印本　二冊

310000－0242－0006251　S51.3－9/268

美史紀事本末八卷首一卷末一卷　（美國）姜寧撰　（清）章宗元輯譯　清光緒二十九年(1903)求我齋刻本　二冊

310000－0242－0006252　S60－8/268

亞斐利加洲志 （清）前編書局編 清宣統元年(1909)京都學部編譯圖書局鉛印本 一冊

310000－0242－0006253 S60.9－12/7.265

斐洲遊記四卷 （英國)施登萊原著 匯報館節譯 清光緒二十六年(1900)上海中西書室鉛印本 二冊

310000－0242－0006254 S60.9－12/7.265

斐洲遊記四卷 （英國)施登萊原著 匯報館節譯 清光緒二十六年(1900)上海中西書室鉛印本 二冊

310000－0242－0006255 SS16－18/94

職方外紀五卷 （意大利)艾儒略增譯 （明）楊廷筠彙記 明天啓三年(1623)刻本 二冊

310000－0242－0006256 SS30－8/6.428

東西洋考十二卷 （明)張燮撰 明萬曆四十六年(1618)刻本 八冊

310000－0242－0006257 T12－13/31.449

群輔錄一卷 （晉)陶淵明撰 清刻本 一冊

310000－0242－0006258 T12.1－10/3.309

高士傳三卷 （晉)皇甫謐撰 清刻本 四冊

310000－0242－0006259 T12.1－10/3.309

高士傳三卷 （晉)皇甫謐撰 清刻本 一冊

310000－0242－0006260 T12.1－10/7.98

高安三傳合編五十四卷 （清)朱軾撰 清光緒二十一年(1895)江蘇書局刻本 二十四冊

310000－0242－0006261 T12.1－12/7.61

湘陰人物傳一卷 （清)左欽敏輯 清光緒五年(1879)尚志齋刻本 一冊

310000－0242－0006262 T12.1－12/752.5

雲南鄉賢事略 （□)□□撰 清刻本 一冊

310000－0242－0006263 T12.1－13/6.170

聖賢像贊四卷 （明)呂維祺撰 清康熙五十三年(1714)刻本 二冊

310000－0242－0006264 T12.1－13/6.170

聖賢像贊三卷 （明)呂維祺撰 清光緒四年(1878)曲阜會文堂刻本 四冊

310000－0242－0006265 T12.1－13/7.575

道齊正軌二十卷附錄一卷 （清)鄒鳴鶴纂 清光緒七年(1881)刻本 四冊

310000－0242－0006266 T12.1－13/8.316

羣儒考略 姚永樸編 清光緒三十一年(1905)鉛印本 一冊

310000－0242－0006267 T12.1－14/7.454

碧血錄五卷 （清)莊仲方輯 清光緒八年(1882)上海同文書局石印本 五冊

310000－0242－0006268 T12.1－14/7.454

碧血錄五卷 （清)莊仲方輯 清光緒八年(1882)上海同文書局石印本 五冊

310000－0242－0006269 T12.1－14/7.674

廣列女傳二十卷 （清)劉開輯 清光緒十年(1884)刻本 二冊

310000－0242－0006270 T12.1－16/7.151

歷代奸庸殷鑑錄三十二卷 （清)李漱蘭撰 清光緒三十年(1904)博文書館石印本 八冊

310000－0242－0006271 T12.1－16/7.568

學校人物志十二卷首一卷 （清)董其生輯 清康熙五十六年(1717)私淑齋刻本 四冊

310000－0242－0006272 T12.1－16/7.618

學統五十三卷 （清)熊賜履著 清光緒十七年(1891)三餘草堂刻本 十二冊

310000－0242－0006273 T12.1－16/7.749

歷朝忠臣義士卓行錄八卷 （清)戴作銘編 清同治二年(1863)刻本 八冊

310000－0242－0006274 T12.1－16/7.98

歷代名儒傳八卷 （清)朱軾撰 清光緒二十一年(1895)江蘇書局刻本 四冊

310000－0242－0006275 T12.1－16/7.98

歷代名儒傳八卷 （清)朱軾撰 清光緒二十一年(1895)江蘇書局刻本 四冊

310000－0242－0006276 T12.1－16/7.98

歷代名儒傳八卷 （清)朱軾撰 清光緒二十一年(1895)江蘇書局刻本 四冊

310000－0242－0006277　T12.1－16/7.98C

歷代名臣言行錄二十四卷　（清）朱桓撰　清同治四年（1865）刻本　四十冊

310000－0242－0006278　T12.1－16/7.98C

歷代名臣言行錄二十四卷　（清）朱桓撰　清光緒二十六年（1900）湖南書局刻本　四冊

310000－0242－0006279　T12.1－16/7.98C

歷代名臣言行錄二十四卷　（清）朱桓撰　清光緒二十九年（1903）京都博文齋石印本　六冊

310000－0242－0006280　T12.1－16/752

歷代詞人姓氏十卷　（□）□□撰　清長沙楊氏鉛印本　一冊

310000－0242－0006281　T12.1－18/7.556

舊史內篇八卷　（清）楊世獻撰　清光緒二十八年（1902）刻本　六冊

310000－0242－0006282　T12.1－4/7.375

中州人物考八卷　（清）孫奇逢撰　清道光二十四年（1844）刻本　六冊

310000－0242－0006283　T12.1－4/7.41

文廟通考六卷首一卷　（清）牛樹梅撰　清同治十一年（1872）杭州浙江書局刻本　一冊

310000－0242－0006284　T12.1－4/7.41

文廟通考六卷首一卷　（清）牛樹梅撰　清同治十一年（1872）杭州浙江書局刻本　二冊

310000－0242－0006285　T12.1－4/8.242

中國女史一卷　金炳麟　王以銓輯　清宣統元年（1909）杭州中合公司鉛印本　六冊

310000－0242－0006286　T12.1－5/2.674

古列女傳八卷　（漢）劉向撰　清光緒三年（1877）湖北崇文書局刻本　一冊

310000－0242－0006287　T12.1－5/6.598

古今女史十二卷　（明）趙世傑輯　明刻本　四冊

310000－0242－0006288　T12.1－5/8.21

正氣集十卷　（清）王式輯　清宣統三年（1911）不讀非道書齋鉛印本　四冊

310000－0242－0006289　T12.1－6/6.135

列女傳二卷　（明）汪氏輯　清光緒十六年（1890）上海同文書局石印本　二冊

310000－0242－0006290　T12.1－6/6.135

列女傳二卷　（明）汪氏輯　清光緒十六年（1890）上海同文書局石印本　二冊

310000－0242－0006291　T12.1－6/7.21

列女傳補注八卷校正一卷附列仙傳二卷　（清）王照圓補注　清光緒八年（1882）山東書局刻本　二冊

310000－0242－0006292　T12.1－6/7.741

百美新詠圖傳　（清）顏希源撰　清嘉慶十年（1805）刻本　一冊

310000－0242－0006293　T12.1－6/7.741

百美新詠　（清）顏希源撰　清同治九年（1870）文盛堂刻本　一冊

310000－0242－0006294　T12.1－7/7.665

宋元以來畫人姓氏錄三十六卷首一卷　（清）魯駿輯　清道光元年（1821）會稽魯氏刻本　二十冊

310000－0242－0006295　T12.1－8/7.393

芹香錄　（清）徐葆辰編　清光緒三十二年（1906）木活字印本　二冊

310000－0242－0006296　T12.1－9/6.21

厚鄉錄一卷　（清）王承裕輯　明正德十六年（1521）弘道書院刻清道光十八年（1838）補刻本　一冊

310000－0242－0006297　T12.102－14/7.705

疑年錄四卷續錄四卷　（清）錢大昕撰　清嘉慶二十三年（1818）刻本　一冊

310000－0242－0006298　T12.102－16/7.237

歷代名賢齒譜十卷　（清）易宗涒輯　清賜書堂刻本　二十冊

310000－0242－0006299　T12.104－2/7.135

九史同姓名署七十二卷補遺四卷　（清）汪輝祖編　清刻本　十六冊

310000－0242－0006300　T12.104－16/7.248

遼金元姓譜 （清）周春輯 清乾隆十三年（1748）刻本 一冊

310000－0242－0006301 T12.104－16/7.752
歷代名人姓氏全編三十二卷 （□）□□撰 清上海有正書局石印本 六冊

310000－0242－0006302 T12.104－4/4.211
元和姓纂十卷 （唐）林寶撰 清光緒六年（1880）金陵書局刻本 四冊

310000－0242－0006303 T12.104－4/4.211
元和姓纂十卷 （唐）林寶撰 清光緒六年（1880）金陵書局刻本 四冊

310000－0242－0006304 T12.104－4/7.727
氏姓譜一百五十七卷 （清）蕭智漢纂 清嘉慶二年（1797）刻本 九十六冊

310000－0242－0006305 T12.104－5/5.645
古今姓氏書辯證四十卷 （宋）鄧名世撰 清嘉慶七年（1802）陽湖刻本 八冊

310000－0242－0006306 T12.104－5/7.135
史姓韻編六十四卷 （清）汪輝祖輯 清光緒十年（1884）慈溪耕餘樓書局鉛印本 十六冊

310000－0242－0006307 T12.104－5/7.135
史姓韻編二十四卷 （清）汪輝祖輯 清光緒二十九年（1903）上海文瀾書局石印本 二冊

310000－0242－0006308 T12.104－5/7.135
史姓韻編六十四卷 （清）汪輝祖輯 清光緒十年（1884）上海中西書局石印本 四冊

310000－0242－0006309 T12.104－6/7.21
百家姓考略 （清）王相纂 清興化集文堂刻本 一冊

310000－0242－0006310 T12.104－6/7.337
亦夢軒集姓 （清）唐守誠輯 清光緒十二年（1886）雲南務本堂刻本 一冊

310000－0242－0006311 T12.104－6/752
名宦流寓姓編 （□）□□撰 清抄本 一冊

310000－0242－0006312 T12.104－6/752A
百家姓考略 （□）□□撰 清維揚聚盛堂刻本 一冊

310000－0242－0006313 T12.104－7/6.556
希姓錄五卷 （明）楊慎撰 清光緒七年（1881）刻本 一冊

310000－0242－0006314 T12.104－8/6.581
尚友錄二十二卷 （明）廖用賢編 明天啓元年（1621）刻本 二十二冊

310000－0242－0006315 T12.104－8/6.581
尚友錄二十二卷附補遺二十二卷 （明）廖用賢編 清光緒十四年（1888）上海點石齋石印本 二冊

310000－0242－0006316 T12.104－8/7.618
增補姓氏族譜箋釋八卷 （清）熊峻運編 清雍正二年（1724）同文堂刻本 四冊

310000－0242－0006317 T12.104－8/7.705
校正尚友錄統編二十四卷 （清）錢湖釣徒編 清光緒十四年（1888）上海鴻章書局石印本 二冊

310000－0242－0006318 T12.117－4/7.370
孔門弟子傳略二卷 （明）夏洪基撰 清夏氏家刻本 二冊

310000－0242－0006319 T12.15－4/7.434
元祐黨人傳十卷 （清）陸心源撰 清光緒十五年（1889）刻本 一冊

310000－0242－0006320 T12.15－4/7.434
元祐黨人傳十卷 （清）陸心源撰 清光緒十五年（1889）刻本 八冊

310000－0242－0006321 T12.15－8/5.170
東萊呂紫微師友雜誌 （宋）呂本中撰 清光緒三年（1877）吳興陸氏十萬卷樓刻本 一冊

310000－0242－0006322 T12.15－8/7.791
周列士傳一卷 （清）顧壽禎撰 清同治五年（1866）見素抱樸齋校刻本 一冊

310000－0242－0006323 T12.153－10/57.142
唐才子傳十卷 （元）辛文房撰 清同治元年（1862）木活字印本 一冊

310000－0242－0006324　T12.153－10/57.142A

唐才子傳十卷　（元）辛文房撰　清嘉慶十年(1805)三間草堂刻本　六冊

310000－0242－0006325　T12.157－4/57.784

元朝名臣事畧十五卷　（元）蘇天爵撰　清廣雅書局刻本　四冊

310000－0242－0006326　T12.157－4/6.477

元儒考略四卷　（明）馮從吾撰　清光緒十八年(1892)順德龍氏知服齋刻本　一冊

310000－0242－0006327　T12.16－11/7.420

崇禎五十宰相傳　（清）曹溶撰　清宣統三年(1911)國學扶輪社鉛印本　一冊

310000－0242－0006328　T12.16－11/7.420

崇禎五十宰相傳　（清）曹溶撰　清宣統三年(1911)國學扶輪社鉛印本　一冊

310000－0242－0006329　T12.16－19/6.98

藩獻記四卷　（明）朱謀㙔撰　清杭州抱經堂鉛印本　一冊

310000－0242－0006330　T12.16－5/7.135

史外八卷　（清）汪有典撰　清同治三年(1864)廬陵尋樂山房刻本　八冊

310000－0242－0006331　T12.16－8/6.346

東林同難錄　（明）祝廷華校刊　清祝氏陶社校刻本　一冊

310000－0242－0006332　T12.16－8/7.441

東林列傳二十四卷末二卷　（清）陳鼎撰　清康熙五十年(1711)鐵肩書屋刻本　八冊

310000－0242－0006333　T12.16－8/752

明進士題名名碑錄附進士題名碑錄（明弘治四年至崇禎十六年、清順治三年至乾隆十七年）　（□）□□撰　清刻本　八冊

310000－0242－0006334　T12.16－8/752

明進士題名名碑錄（明洪武四年至萬曆四十七年）　（□）□□撰　清刻本　四冊

310000－0242－0006335　T12.16－9/7.135

前明忠義別傳三十二卷　（清）汪有典纂　清道光二十五年(1845)墨花齋木活字印本　六

310000－0242－0006336　T12.16－13/6.590

殿閣詞林記八卷　（明）廖道南撰　清沔陽盧氏慎始基齋影印本　六冊

310000－0242－0006337　T12.167－8/7.486

明賢蒙正錄二卷　（清）彭定求撰　清光緒八年(1882)津河廣仁堂刻本　一冊

310000－0242－0006338　T12.17－10/7.674

桑梓潛德錄五卷　（清）劉芳等纂　清嘉慶五年(1800)刻本　二冊

310000－0242－0006339　T12.17－11/7.128

國朝歷科館選錄　（清）沈廷芳輯　清道光刻本　二冊

310000－0242－0006340　T12.17－11/7.151

國朝耆獻類徵七百二十卷　（清）李桓纂　清光緒十年(1884)湘陰李氏刻本　二百十五冊

310000－0242－0006341　T12.17－11/7.151Y

國朝先正事略六十卷　（清）李元度輯　清同治五年(1866)循陔草堂刻本　二十冊

310000－0242－0006342　T12.17－11/7.151Y

國朝先正事略六十卷　（清）李元度輯　清同治五年(1866)森寶齋刻本　二十冊

310000－0242－0006343　T12.17－11/7.151Y

國朝先正事略六十卷　（清）李元度輯　清光緒二十九年(1903)上海務本山房鉛印本　十冊

310000－0242－0006344　T12.17－11/7.151Y

國朝先正事略六十卷　（清）李元度輯　清光緒二十八年(1902)上海點石齋石印本　十冊

310000－0242－0006345　T12.17－11/7.151Y

國朝先正事略六十卷　（清）李元度輯　清同治五年(1866)循陔草堂刻本　二十四冊

310000－0242－0006346　T12.17－11/7.151Y

國朝先正事略六十卷　（清）李元度輯　清光緒十三年(1887)上海廣百宋齋鉛印本　五冊

310000－0242－0006347　T12.17－11/7.151Y

國朝先正事略六十卷 （清）李元度輯 清光緒二十五年(1899)石印本 十冊

310000－0242－0006348 T12.17－11/7.151Y

國朝先正事略六十卷 （清）李元度輯 清光緒二十五年(1899)上海圖書集成印書局鉛印本 三冊

310000－0242－0006349 T12.17－11/7.151Z

國朝歷科題名碑錄初集附明洪武至崇禎各科 （清）李周望輯 清光緒十八年(1892)刻本 十四冊

310000－0242－0006350 T12.17－11/7.407

國朝畫識十六卷 （清）馮金伯撰 清光緒三十二年(1906)徐桂芬抄本 一冊

310000－0242－0006351 T12.17－11/7.428

國朝詩人徵畧六十卷 （清）張維屏著 清道光十年(1830)刻本 十冊

310000－0242－0006352 T12.17－11/7.428

國朝詩人徵畧六十卷 （清）張維屏著 清道光十年(1830)刻本 十冊

310000－0242－0006353 T12.17－11/7.428

國朝詩人徵畧六十卷 （清）張維屏著 清道光十年(1830)刻本 十冊

310000－0242－0006354 T12.17－11/7.441

國朝貢舉年表三卷 （清）陳國霖 （清）顧錫中編 清申江袖海山房石印本 二冊

310000－0242－0006355 T12.17－11/7.441A

敏求軒述記十六卷 （清）陳世箴輯 清道光二十八年(1848)刻本 十冊

310000－0242－0006356 T12.17－11/7.491

黃梨洲先生思歸錄 （清）黃宗羲撰 清道光刻本 一冊

310000－0242－0006357 T12.17－11/7.568

國朝名臣言行錄三十卷 （清）董壽編 清光緒二十九年(1903)石印本 一冊

310000－0242－0006358 T12.17－11/7.749

國朝湖州府科第表 （清）戴璐撰 清光緒七年(1881)刻本 二冊

310000－0242－0006359 T12.17－11/8.775

船山師友記十七卷首一卷 羅正鈞纂 清光緒三十三年(1907)刻本 四冊

310000－0242－0006360 T12.17－11/8.781

國朝書畫家筆錄四卷 寶鎮輯 清宣統三年(1911)木活字印本 三冊

310000－0242－0006361 T12.17－11/8.781

國朝書畫家筆錄四卷 寶鎮輯 清宣統三年(1911)木活字印本 四冊

310000－0242－0006362 T12.17－12/7.15

曾胡言行記 （清）方宗誠輯 清石印本 一冊

310000－0242－0006363 T12.17－13/7.568

會試錄(清光緒丙子、丁丑科) （清）董恂等輯 清抄本 四冊

310000－0242－0006364 T12.17－13/7.622

熙朝宰輔錄 （清）潘世恩撰 清道光二十八年(1848)刻本 一冊

310000－0242－0006365 T12.17－13/7.622C2

熙朝宰輔錄 （清）潘世恩輯 清道光二十八年(1848)刻本 二冊

310000－0242－0006366 T12.17－13/7.674

感知集二卷 劉炳照撰 清光緒三十一年(1905)潯溪劉氏刻本 一冊

310000－0242－0006367 T12.17－13/7.705

碑傳集一百六十卷末二卷 （清）錢儀吉纂 清光緒十九年(1893)江蘇書局刻本 三十冊

310000－0242－0006368 T12.17－14/7.162

廣陵詩事十卷 （清）阮元輯 清嘉慶六年(1801)浙江節署刻本 一冊

310000－0242－0006369 T12.17－16/7.164

國朝館選爵里諡法考六卷 （清）吳鼎雯輯 清道光二十八年(1848)刻本 四冊

310000－0242－0006370 T12.17－21/8.740

續碑傳集八十六卷首二卷 繆荃孫撰 清宣統二年(1910)江楚編譯書局刻本 四冊

310000－0242－0006371　T12.17－4/7.705

文獻徵存錄十卷　（清）錢林輯　清咸豐八年
(1858)南通州王氏有嘉樹軒刻本　十冊

310000－0242－0006372　T12.17－4/7.705

文獻徵存錄十卷　（清）錢林撰　清咸豐八年
(1858)南通州王氏有嘉樹軒刻本　十冊

310000－0242－0006373　T12.17－4/7.705

文獻徵存錄十卷　（清）錢林撰　清咸豐八年
(1858)南通州王氏有嘉樹軒刻本　十冊

310000－0242－0006374　T12.17－4/7.705

文獻徵存錄十卷　（清）錢林撰　清咸豐八年
(1858)南通州王氏有嘉樹軒刻本　十冊

310000－0242－0006375　T12.17－4/7.98

中興將帥別傳三十卷續編六卷　朱孔彰撰
清光緒二十三年(1897)江寧刻本　十二冊

310000－0242－0006376　T12.17－4/7.98A

中興名臣事略八卷　朱孔彰編　清光緒二十
四年(1898)上海書局石印本　一冊

310000－0242－0006377　T12.17－6/7.752

光緒十八年壬辰科會試齒錄　（清）□□撰
清光緒十八年(1892)北京會文齋刻本　四冊

310000－0242－0006378　T12.17－6/752

江南鄉試題名錄（清咸豐九年己未科）　（清）
□□撰　清咸豐九年(1859)刻本　一冊

310000－0242－0006379　T12.17－7/8.234

辛亥殉難表　虎林舊史氏編　清鉛印本　一
冊

310000－0242－0006380　T12.17－7/8.234

辛亥殉難表　虎林舊史氏編　清鉛印本　一
冊

310000－0242－0006381　T12.17－8/7.441

忠義紀聞錄三十卷　（清）陳繼聰等輯　清光
緒八年(1882)刻本　八冊

310000－0242－0006382　T12.17－8/7.441

忠義紀聞錄三十卷　（清）陳繼聰等輯　清光
緒八年(1882)刻本　八冊

310000－0242－0006383　T12.17－9/7.164

昭代名人尺牘小傳二十四卷　（清）吳修撰
清道光六年(1826)刻本　二冊

310000－0242－0006384　T12.17－9/7.164B

昭代名人尺牘小傳二十四卷　（清）吳修撰
清光緒三十四年(1908)上海集古齋石印本
二冊

310000－0242－0006385　T12.17－9/7.434

政學錄初編八卷　（清）陸言撰　清道光十三
年(1833)刻本　八冊

310000－0242－0006386　T12.17－9/7.98

咸豐以來功臣列傳三十卷　朱孔彰編　清光
緒二十四年(1898)漸學廬石印本　六冊

310000－0242－0006387　T12.178－10/7.461

逆臣傳四卷　（清）國史館編　清善成堂刻本
二冊

310000－0242－0006388　T12.179－18/7.682

簡易明經通譜　（清）龍雲齋主人編　清宣統
二年(1910)北平琉璃廠刻本　五冊

310000－0242－0006389　T12.2－11/7.791

通庠題名錄四卷　（清）顧鴻等纂　清石印本
一冊

310000－0242－0006390　T12.267－6/7.2

百將圖傳二卷　（清）丁日昌輯　清同治九年
(1870)江蘇書局刻本　二冊

310000－0242－0006391　T12.269－12/7.674

勝朝殉揚錄三卷　（清）劉寶楠輯　清同治十
年(1871)淮南書局刻本　一冊

310000－0242－0006392　T12.269－9/24.21

英雄記鈔一卷　（三國魏）王粲撰　清刻本
一冊

310000－0242－0006393　T12.269－6/6.734

列仙傳四卷　（清）還初道人輯　清光緒十三
年(1887)掃葉山房刻本　四冊

310000－0242－0006394　T12.27－10/7.441A

留溪外傳十八卷　（清）陳鼎撰　清光緒二十
四年(1898)刻本　四冊

310000－0242－0006395　T12.3－16/7.593

憲政最新搢紳全書（庚戌秋季） （清）榮寶齋編　清宣統二年（1910）北京榮寶齋刻本　五冊

310000－0242－0006396　T12.3－3/752

大清搢紳全書（己酉冬季） （清）□□編　清宣統元年（1909）北京榮祿堂刻本　四冊

310000－0242－0006397　T12.3－3/752

大清搢紳全書（庚辰夏季） （清）□□編　清光緒六年（1880）北京寶善堂刻本　六冊

310000－0242－0006398　T12.3－3/752A

大清搢紳全書（甲戌秋季） （清）□□編　清同治十三年（1874）榮祿堂刻本　四冊

310000－0242－0006399　T12.3－3/752B

大清搢紳全書（甲辰春季） （清）□□編　清光緒二十一年（1895）榮祿堂刻本　二冊

310000－0242－0006400　T12.3－3/752C

大清搢紳全書（己酉冬季） （清）□□編　清宣統元年（1909）北京榮祿堂刻本　四冊

310000－0242－0006401　T12.3－3/752D

大清搢紳全書（辛卯春季） （清）□□編　清光緒十七年（1891）文寶堂刻本　四冊

310000－0242－0006402　T12.3－8/752

松江府屬歷科采芹錄初錄 （清）□□編　清宣統元年（1909）上海時中書局鉛印本　二冊

310000－0242－0006403　T12.3－8/752

松江府屬歷科采芹錄初錄 （清）□□編　清宣統元年（1909）上海時中書局鉛印本　二冊

310000－0242－0006404　T12.321－11/7.21

國朝太鎮諸生譜二卷（清順治二年至光緒十六年） （清）王鈞照編　清光緒十七年（1891）刻本　二冊

310000－0242－0006405　T12.321－20/7.705

蘇州府長元吳三邑諸生譜九卷 （清）錢國祥編　清光緒三十二年（1906）郡學灑埽所刻本　二冊

310000－0242－0006406　T12.321－20/7.705

蘇州府長元吳三邑諸生譜九卷 （清）錢國祥編　清光緒三十二年（1906）郡學灑埽所刻本　二冊

310000－0242－0006407　T12.321－20/7.705

蘇州府長元吳三邑諸生譜九卷 （清）錢國祥編　清光緒三十二年（1906）郡學灑埽所刻本　二冊

310000－0242－0006408　T12.321－20/752

蘇州府屬歲試新進同登全錄 （□）□□編　清刻本　一冊

310000－0242－0006409　T12.321－6/752

江南鄉試題名錄（清光緒八年壬午科） （□）□□編　清光緒八年（1882）刻本　一冊

310000－0242－0006410　T12.323－10/7.151

浙江鄉試錄（清光緒十五年己丑恩科） （清）李文田編　清光緒十五年（1889）刻本　一冊

310000－0242－0006411　T12.323－10/7.248

浙江鄉試錄（清光緒十九年癸巳恩科） （清）周錫恩編　清光緒十九年（1893）刻本　一冊

310000－0242－0006412　T12.323－10/7.248

浙江鄉試錄（清光緒十九年癸巳恩科） （清）周錫恩編　清光緒十九年（1893）刻本　一冊

310000－0242－0006413　T12.323－10/7.393

浙江鄉試錄（清光緒二十三年丁酉正科） （清）徐樹銘編　清光緒二十三年（1897）刻本　一冊

310000－0242－0006414　T12.323－10/7.402

浙江鄉試錄（清光緒二十年甲午正科） （清）梁仲衡編　清光緒二十年（1894）刻本　一冊

310000－0242－0006415　T12.323－10/7.462

浙江武鄉試錄（清光緒十五年己丑恩科） （清）崧駿編　清光緒十五年（1889）刻本　一冊

310000－0242－0006416　T12.323－10/7.462A

浙江武鄉試錄（清光緒十七年辛卯正科） （清）崧駿編　清光緒十七年（1891）刻本　一冊

310000 – 0242 – 0006417　T12.323 – 10/7.462B

浙江武鄉試錄(清光緒十九年癸巳恩科)
(清)崧駿編　清光緒十九年(1893)刻本　一冊

310000 – 0242 – 0006418　T12.323 – 10/7.502

浙江鄉試錄(清光緒十七年辛卯正科)　(清)費念慈編　清光緒十七年(1891)刻本　一冊

310000 – 0242 – 0006419　T12.323 – 10/7.590

浙江武鄉試錄(清光緒二十年甲午正科)
(清)廖壽豐編　清光緒二十年(1894)刻本　一冊

310000 – 0242 – 0006420　T12.323 – 10/7.590A

浙江武鄉試錄(清光緒二十三年丁酉正科)
(清)廖壽豐編　清光緒二十三年(1897)刻本　一冊

310000 – 0242 – 0006421　T12.324 – 6/7.428

江西鄉試錄(清光緒二十三年丁酉正科)
(清)張百熙編　清光緒二十三年(1897)刻本　一冊

310000 – 0242 – 0006422　T12.325 – 12/7.164

湖北文鄉試錄(清光緒十九年)　(清)吳鴻甲編　清光緒十九年(1893)刻本　一冊

310000 – 0242 – 0006423　T12.334 – 14/7.151

廣西鄉試錄(清光緒二十七年辛丑科並補行庚子恩科)　(清)李傳元編　清光緒二十七年(1901)刻本　一冊

310000 – 0242 – 0006424　T12.611 – 12/7.752

順天鄉試同年齒錄(清光緒十一年乙酉科)
(清)□□編　清光緒十一年(1885)會文齋、文米齋、龍雲齋刻本　四冊

310000 – 0242 – 0006425　T12.613 – 16/7.225

輶軒博紀四卷　邵松年編　清光緒二十年(1894)刻本　四冊

310000 – 0242 – 0006426　T12.613 – 9/7.674

南陽人物志十卷南陽人物明志八卷　(清)劉沛然編　清同治九年(1870)刻本　十二冊

310000 – 0242 – 0006427　T12.614 – 3/8.428

山西省鄉賢傳　(清)張赤幟編　清鉛印本　二冊

310000 – 0242 – 0006428　T12.615 – 10/7.21

陝西歷科進士錄　(清)王承烈編　清嘉慶元年(1796)刻本　一冊

310000 – 0242 – 0006429　T12.621 – 10/6.634

晉陵先賢小傳　(明)歐陽東鳳撰　清咸豐七年(1857)木活字印本　四冊

310000 – 0242 – 0006430　T12.621 – 11/7.21

國朝虞陽科名錄四卷　(清)王元鍾編　清道光三十年(1850)清暉書屋刻本　四冊

310000 – 0242 – 0006431　T12.621 – 11/7.359

崇川書香錄　(清)袁景星輯　清同治七年(1868)貽馨堂刻本　四冊

310000 – 0242 – 0006432　T12.621 – 11/7.393

崑新青衿錄　(清)徐家疇輯　清光緒二十七年(1901)灑掃局刻本　二冊

310000 – 0242 – 0006433　T12.621 – 13/8.369

虞山畫志四卷補編一卷續編一卷補遺一卷
(清)邨掄逵撰　清抄本　二冊

310000 – 0242 – 0006434　T12.621 – 3/7.393

旌表上海縣節孝貞烈闔幽錄三卷　(清)徐渭仁　(清)金樹濤編　清道光刻本　三冊

310000 – 0242 – 0006435　T12.621 – 6/7.441

江表忠畧二十卷　陳澹然編　清光緒二十八年(1902)長沙刻本　四冊

310000 – 0242 – 0006436　T12.621 – 6/84

江蘇教育總會章程題名表　(清)江蘇教育總會編　清光緒三十三年(1907)鉛印本　一冊

310000 – 0242 – 0006437　T12.621 – 7/7.791

吳郡名賢圖傳贊二十卷　(清)顧沅輯　清道光九年(1829)長洲顧氏刻本　六冊

310000 – 0242 – 0006438　T12.621 – 7/7.791A

吳郡五百名賢圖贊　(清)顧沅輯　清石拓本　十冊

310000 – 0242 – 0006439　T12.621 – 8/6.18

姑蘇名賢小記二卷　（明）文震孟撰　清光緒
八年（1882）心矩齋刻本　一冊

310000－0242－0006440　T12.621－8/6.18C2
姑蘇名賢小記二卷　（明）文震孟撰　清光緒
八年（1882）心矩齋刻本　一冊

310000－0242－0006441　T12.621－8/8.316
金山衛佚史　姚光撰　清宣統三年（1911）鉛
印本　一冊

310000－0242－0006442　T12.621－8/8.441
金陵通傳四十五卷補遺四卷韻編一卷　陳作
霖編　清光緒三十年（1904）瑞華館刻本　十
冊

310000－0242－0006443　T12.621－9/7.598
增續毗陵科第考八卷　（清）趙熙鴻編　清光
緒十八年（1892）楊翰雲齋刻本　一冊

310000－0242－0006444　T12.623－10/7.21
浙江忠義錄十卷　（清）王景澄等編　清光緒
元年（1875）浙江採訪忠義局刻本　三十二冊

310000－0242－0006445　T12.623－10/7.407
浙江同官錄　（清）許應鑅編　清光緒十二年
（1886）刻本　八冊

310000－0242－0006446　T12.623－10/752B
浙江同官錄　（□）□□編　清抄本　二冊

310000－0242－0006447　T12.623－12/7.135
越女表微錄五卷　（清）汪輝祖撰　清光緒十
八年（1892）浙江學院刻本　一冊

310000－0242－0006448　T12.623－12/7.375
富陽節孝全錄　（清）孫瑞鍾匯印　清光緒二
十四年（1898）映雲齋木活字印本　一冊

310000－0242－0006449　T12.623－8/6.393
兩浙名賢錄六十二卷　（明）徐象梅撰　清光
緒二十六年（1900）杭州浙江書局刻本　十二
冊

310000－0242－0006450　T12.623－8/6.393C2
兩浙名賢錄六十二卷　（明）徐象梅撰　清光
緒二十六年（1900）杭州浙江書局刻本　六十
冊

310000－0242－0006451　T12.623－8/6.393C3
兩浙名賢錄六十二卷　（明）徐象梅撰　清光
緒二十六年（1900）杭州浙江書局刻本　六十
二冊

310000－0242－0006452　T12.623－8/7.568
兩浙令長考三卷　（清）董沛撰　清光緒七年
（1881）刻本　一冊

310000－0242－0006453　T12.626－4/7.148
巴陵人物志十五卷　（清）杜貴墀撰　清光緒
二十八年（1902）長沙刻本　二冊

310000－0242－0006454　T12.627－5/752
四川鄉試同門錄（清光緒二十年甲午科）
（清）□□編　清光緒二十年（1894）刻本　一
冊

310000－0242－0006455　T12.631－10/7.402
師友集十卷　（清）梁章鉅編　清道光二十五
年（1845）福州梁氏北東園刻本　二冊

310000－0242－0006456　T12.633－14/7.370
廣東鄉試錄（清光緒二十六年庚子、二十七年
辛丑恩正兩科）　（清）夏孫桐編　清光緒二
十七年（1901）刻本　一冊

310000－0242－0006457　T12.633－14/752A
廣東鄉試題名錄（清光緒二年丙子科）附武舉
題名錄　（清）□□編　清光緒二年（1876）刻
本　二冊

310000－0242－0006458　T12.633－14/752B
廣東鄉試題名錄（清光緒五年己卯科）　（清）
□□編　清光緒五年（1879）刻本　一冊

310000－0242－0006459　T12.7－10/8.316
桐城姚氏碑傳錄七卷　姚永樸編　清光緒三
十二年（1906）刻本　一冊

310000－0242－0006460　T12.7－11/7.491
黃氏世德傳贊一卷竹橋黃氏誥敕一卷附錄一
卷　（清）黃炳垕編　清光緒十六年（1890）留
書種閣刻本　一冊

310000－0242－0006461　T12.7－12/7.535
程氏人物志　（清）程之康纂輯　清鉛印本

一册

310000－0242－0006462　T12.7－17/752

蹇氏忠勤錄一卷　（□）□□編　清光緒三十三年(1907)四川排印本　一冊

310000－0242－0006463　T12.7－19/7.352

關西馬氏世行錄七卷後錄三卷續錄一卷又續錄二卷又續錄之餘一卷　（清）馬先登纂　清同治七年(1868)馬氏敦倫堂刻本　四冊

310000－0242－0006464　T12.7－7/7.151

京江李氏宗譜二卷　（清）李士鏻撰　清光緒十四年(1888)惇睦堂木活字印本　二冊

310000－0242－0006465　T12.7－7/7.775

[貴州貴陽]狄氏家傳一卷　（清）羅繞典編　清末貴州刻本　一冊

310000－0242－0006466　T12.7－7/8.151

李氏三忠事蹟考證　（清）李慶來輯　清光緒十年(1884)李榦刻本　一冊

310000－0242－0006467　T12.7－8/7.705

牧齋[錢謙益]晚年家乘文一卷　（清）錢謙益撰　清宣統三年(1911)國學扶輪社排印本　一冊

310000－0242－0006468　T12.8－10/7.352

馬玉昆行述　（清）馬廉德撰　清石印本　一冊

310000－0242－0006469　T12.8－10/7.765

息園[胡念修]舊德錄　（清）譚獻等撰　清光緒二十六年(1900)刻鵠齋刻本　一冊

310000－0242－0006470　T12.8－11/7.491

陸清獻公[隴其]苙嘉遺蹟三卷　（清）黃維玉編輯　清同治六年(1867)上海道署刻本　三冊

310000－0242－0006471　T12.8－11/7.491

陸清獻公[隴其]苙嘉遺蹟三卷　（清）黃維玉編輯　清同治六年(1867)上海道署刻本　一冊

310000－0242－0006472　T12.8－11/7.491A

陸清獻公[隴其]苙嘉遺蹟三卷　（清）黃維玉編輯　清同治六年(1867)上海道署刻本　一冊

310000－0242－0006473　T12.8－11/7.752

國史館列傳[金福曾傳]一卷　（□）□□撰　清刻本　一冊

310000－0242－0006474　T12.8－11/752A

張文襄公[之洞]大事記　（□）□□撰　清石印本　一冊

310000－0242－0006475　T12.8－11/8.449

陶勤肅公[模]行述　（清）陶葆廉編　清刻本　一冊

310000－0242－0006476　T12.8－11/8.796

新出張文襄公[之洞]事略　（清）聽雨樓主人撰　清宣統元年(1909)上海蔣春記書莊石印本　一冊

310000－0242－0006477　T12.8－12/7.21A

曾文正公[國藩]大事記四卷　（清）王定安撰　清上海申報館鉛印本　一冊

310000－0242－0006478　T12.8－12/7.671

曾太傅毅勇侯[國藩]傳略　（清）黎庶昌撰　清刻本　一冊

310000－0242－0006479　T12.8－12/8.562

疏香閣遺錄四卷　葉德輝輯　清刻本　二冊

310000－0242－0006480　T12.8－13/7.21

道西齋日記二卷　王詠霓撰　清光緒十八年(1892)上海鴻寶齋石印本　一冊

310000－0242－0006481　T12.8－13/7.21

道西齋日記二卷　王詠霓撰　清光緒十八年(1892)上海鴻寶齋石印本　一冊

310000－0242－0006482　T12.8－3/7.428

三洲日記八卷（清光緒十一年至十五年）　（清）張蔭桓撰　清刻本　八冊

310000－0242－0006483　T12.8－7/7.151

李文清公日記（清道光十四年至同治四年）　（清）李棠階撰　清刻本　十六冊

310000－0242－0006484　T12.8－7/7.151C2

李文清公日記(清道光十四年至同治四年)
(清)李棠階撰　清刻本　十六冊

310000－0242－0006485　T12.8－7/7.174

岑襄勤公[毓英]勛德介福圖冊　(清)岑毓英
撰　清光緒十六年(1890)石印本　一冊

310000－0242－0006486　T12.8－7/7.174

岑襄勤公[毓英]勛德介福圖冊　(清)岑毓英
撰　清光緒十六年(1890)石印本　一冊

310000－0242－0006487　T12.8－7/7.21

求闕齋弟子記三十二卷　(清)王定安撰　清
光緒二年(1876)刻本　十六冊

310000－0242－0006488　T12.8－8/6.151

味水軒日記八卷(明萬曆三十七年至四十四
年)　(明)李日華撰　清光緒三十三年
(1907)吳興劉氏嘉業堂刻本　八冊

310000－0242－0006489　T12.8－9/8.347

春暉追痛錄　(清)秦權撰　清鉛印本　一冊

310000－0242－0006490　T12.802－8/7.119

周公[姬旦]年表一卷　(清)牟庭撰　清同治
十年(1871)刻本　一冊

310000－0242－0006491　T12.817－8/7.21

宗聖志二十卷　(清)王定安編　清光緒十六
年(1890)曾氏刻本　六冊

310000－0242－0006492　T12.818－8/7.375

孟志編略六卷　(清)孫葆田輯　清光緒十六
年(1890)刻本　一冊

310000－0242－0006493　T12.825－15/7.428

諸葛忠武侯[亮]故事五卷　(清)張澍纂　清
光緒三十四年(1908)刻本　三冊

310000－0242－0006494　T12.85－6/7.84

考訂朱子世家一卷　(清)江永撰　清同治十
三年(1874)涇縣黃田朱氏刻本　一冊

310000－0242－0006495　T12.85－8/7.402

東坡[蘇軾]事類二十二卷　(清)梁廷枏纂
清道光十年(1830)刻本　十二冊

310000－0242－0006496　T12.852－8/5.255

鄂國金佗粹編五十八卷　(宋)岳珂輯　清光
緒九年(1883)浙江書局刻本　三冊

310000－0242－0006497　T12.852－8/5.255

鄂國金佗粹編五十八卷　(宋)岳珂輯　清光
緒九年(1883)浙江書局刻本　八冊

310000－0242－0006498　T12.852－8/5.255

鄂國金佗粹編五十八卷　(宋)岳珂輯　清光
緒九年(1883)浙江書局刻本　十二冊

310000－0242－0006499　T12.86－11/6.428

張瀚傳記　(□)□□撰　清抄本　一冊

310000－0242－0006500　T12.86－3/6.375

于少保萃忠[謙]全傳十卷　(明)孫高亮撰
清道光十五年(1835)孫士俊刻本　六冊

310000－0242－0006501　T12.87－10/7.475C2

乘槎筆記一卷　(清)斌椿纂　清同治十年
(1871)醉六堂刻本　三冊

310000－0242－0006502　T12.87－10/7.475

乘槎筆記一卷　(清)斌椿纂　清同治十年
(1871)醉六堂刻本　一冊

310000－0242－0006503　T12.87－10/7.622

秦輶日記一卷(清咸豐八年)　(清)潘祖蔭撰
　清同治刻本　一冊

310000－0242－0006504　T12.87－10/752

徐錫麟　(□)□□撰　清石印本　一冊

310000－0242－0006505　T12.87－11/461

郭沛霖傳　(清)國史館編　清光緒刻本　一
冊

310000－0242－0006506　T12.87－11/7.151

張尚書[百熙]六十賜壽圖一卷附錄三卷
(清)李伯至編　清光緒三十三年(1907)鉛印
本　一冊

310000－0242－0006507　T12.87－11/7.434

陸清獻公日記十卷(清順治十四年至十五年，
康熙五年至六年、八年至九年、十一年、十四
年、十六年至十七年、十九年至三十一年)
(清)陸隴其撰　清道光二十一年(1841)勝溪

草堂刻本　四冊

310000－0242－0006508　T12.87－11/7.52

訟過齋日記六卷（清同治）　（清）毛輝鳳撰
清同治十一年（1872）成都求仁堂刻本　二冊

310000－0242－0006509　T12.87－12/7.527

曾文正公手書日記（清道光二十一年至同治
十一年）　（清）曾國藩撰　清宣統元年
（1909）上海中國圖書公司影印本　四十冊

310000－0242－0006510　T12.87－12/7.527

曾文正公手書日記（清道光二十一年至同治
十一年）　（清）曾國藩撰　清宣統元年
（1909）上海中國圖書公司影印本　四冊

310000－0242－0006511　T12.87－13/7.151

榆塞紀行錄四卷（清光緒十一年）　（清）李雲
生撰　清光緒十二年（1886）李氏代耘堂刻本
　一冊

310000－0242－0006512　T12.87－13/7.367

節相壯游日錄二卷（清光緒二十二年）　（清）
桃溪漁隱撰　清光緒二十三年（1897）石印本
　一冊

310000－0242－0006513　T12.87－15/7.661

鄭學錄四卷　（清）鄭珍撰　清同治四年
（1865）刻本　一冊

310000－0242－0006514　T12.87－15/7.661

鄭學錄四卷　（清）鄭珍撰　清同治四年
（1865）刻本　二冊

310000－0242－0006515　T12.87－15/7.661B

鄭學錄四卷　（清）鄭珍撰　清光緒六年
（1880）刻鄭子尹遺書本　二冊

310000－0242－0006516　T12.87－15/7.674

劉秉璋行狀　（清）劉體乾等述　清光緒三十
一年（1905）刻本　一冊

310000－0242－0006517　T12.87－16/7.820

凝香室鴻雪因緣圖記三集　（清）麟慶著　清
光緒十二年（1886）上海同文書局石印本　三
冊

310000－0242－0006518　T12.87－16/7.820

凝香室鴻雪因緣圖記三集　（清）麟慶著　清
光緒五年（1879）上海點石齋石印本　六冊

310000－0242－0006519　T12.87－18/7.98

題江南曾文正公祠百詠一卷　朱孔彰撰　清
光緒十三年（1887）金陵刻本　一冊

310000－0242－0006520　T12.87－2/7.2

丁氏節烈記　（清）丁丙編　清光緒二十六年
（1900）錢塘丁氏正修堂刻本　一冊

310000－0242－0006521　T12.87－4/8.449

方之府君[陶模]行述　（清）陶葆廉　陶葆霖
撰　清刻本　一冊

310000－0242－0006522　T12.87－6/39

西太后[慈禧]　（日本）中久喜信周撰　清鉛
印本　一冊

310000－0242－0006523　T12.87－6/7.52

任學士[蘭生]功績錄　（清）黎庶昌等撰　清
光緒二十一年（1895）刻本　一冊

310000－0242－0006524　T12.87－6/8.415

光緒聖德記　康有為撰　清光緒二十四年
（1898）鉛印本　一冊

310000－0242－0006525　T12.87－7/7.151

李文忠公[鴻章]事略一卷　（清）吳汝綸撰
清光緒二十八年（1902）北洋官報局鉛印本
一冊

310000－0242－0006526　T12.87－7/7.527

求闕齋日記類鈔十卷（清咸豐八年至同治十
一年）　（清）曾國藩撰　清光緒十三年
（1887）申報館鉛印本　二冊

310000－0242－0006527　T12.87－7/7.590

求可堂自記一卷　（清）廖冀亨撰　清刻本
一冊

310000－0242－0006528　T12.87－7/8.402

李鴻章　梁啟超撰　清鉛印本　一冊

310000－0242－0006529　T12.87－7/8.402

李鴻章　梁啟超撰　清鉛印本　一冊

310000－0242－0006530　T12.87－7/8.402

李鴻章　梁啟超撰　清鉛印本　一冊

310000－0242－0006531　T12.87－8/7.21

使俄草八卷(清光緒二十年至二十一年)
(清)王之春撰　清光緒二十一年(1895)上海
文藝齋刻本　二冊

310000－0242－0006532　T12.87－8/7.21B

使俄日記八卷(清光緒二十年至二十一年)
(清)王之春撰　清光緒二十二年(1896)石印
本　四冊

310000－0242－0006533　T12.87－8/7.228

使粵日記二卷(清乾隆三十年)　(清)孟超然
撰　清刻本　一冊

310000－0242－0006534　T12.87－8/8.2

宜堂類編二十五卷　丁立中撰　清光緒二十
六年(1900)錢塘丁氏嘉惠堂刻本　五冊

310000－0242－0006535　T12.87－9/7.9

恒齋日記二卷(清同治三年至四年)　(清)于
弻清撰　清光緒九年(1883)津河廣仁堂刻本
一冊

310000－0242－0006536　T12.87－9/8.428

建威將軍甯徐公[傳隆]小傳　(清)張駿聲撰
清宣統元年(1909)鉛印本　一冊

310000－0242－0006537　T12.87－9/8.753

思哀錄二卷　(清)藍輝編　清鉛印本　一冊

310000－0242－0006538　T12.88－19/8.434

韜厂蹈海錄二卷　(清)陸光熙輯　清宣統元
年(1909)蘇州鉛印本　一冊

310000－0242－0006539　T33.1－11/7.375

商周吉金目錄　(清)孫汝梅編　清石印本
一冊

310000－0242－0006540　T33.1－15/7.428

墨妙亭碑目攷四卷附攷一卷　(清)張鑑撰
清光緒十年(1884)江蘇書局刻本　二冊

310000－0242－0006541　T33.1－15/7.428

墨妙亭碑目攷四卷附攷一卷　(清)張鑑撰
清光緒十年(1884)江蘇書局刻本　二冊

310000－0242－0006542　T33.1－15/7.428

墨妙亭碑目攷四卷附攷一卷　(清)張鑑撰
清光緒十年(1884)江蘇書局刻本　二冊

310000－0242－0006543　T33.2－11/7.393

從古堂款識學十六卷　(清)徐同柏撰　清光
緒三十二年(1906)蒙學報館石印本　八冊

310000－0242－0006544　T33.2－11/7.393

從古堂款識學十六卷　(清)徐同柏撰　清光
緒三十二年(1906)蒙學報館石印本　八冊

310000－0242－0006545　T33.2－19/7.164

攈古錄金文九卷　(清)吳式芬撰　清光緒刻
本　九冊

310000－0242－0006546　T33.2－20/7.227

鐘鼎彝器欵識拓本　(□)□□編　清光緒三
十年(1904)拓本　一冊

310000－0242－0006547　T33.4－12/7.502

巽齋所藏錢錄十二卷　(清)費錫申藏並輯
清光緒十六年(1890)刻本　四冊

310000－0242－0006548　T33.4－16/7.151

錢神志七卷　(清)李世熊撰　清光緒六年
(1880)刻本　二冊

310000－0242－0006549　T33.4－16/7.4

欽定錢錄十六卷　(清)梁詩正等撰　清道光
二十一年(1841)刻本　二冊

310000－0242－0006550　T33.4－16/7.428

錢志新編二十卷首一卷　(清)張崇懿輯　清
影抄本　四冊

310000－0242－0006551　T33.4－18/7.654

癖談六卷　(清)蔡雲撰　清光緒十一年
(1885)刻本　一冊

310000－0242－0006552　T33.4－18/8.332

癖泉臆說六卷　(清)高煥文撰　清宣統三年
(1911)上海商務印書館石印本　一冊

310000－0242－0006553　T33.4－5/7.151

古泉匯六十卷續十四卷補遺二卷　(清)李佐
賢輯　清同治三年(1864)利津李氏石泉書屋
刻本　二十冊

310000－0242－0006554　T33.4－5/7.390

古今錢略三十二卷首一卷末一卷　（清）倪模輯　清光緒三年(1877)望江倪氏兩彊勉齋刻本　十六冊

310000－0242－0006555　T33.4－5/7.390

古今錢略三十二卷首一卷末一卷　（清）倪模輯　清光緒三年(1877)望江倪氏兩彊勉齋刻本　十六冊

310000－0242－0006556　T33.4－5/7.749

古泉叢話三卷　（清）戴熙撰　清同治十一年(1872)刻本　一冊

310000－0242－0006557　T33.4－6/8.441

列國幣考　（清）陳直撰　清石印本　一冊

310000－0242－0006558　T33.4－9/5.260

泉志十五卷　（宋）洪遵撰　清同治十三年(1874)金陵隸釋齋刻本　一冊

310000－0242－0006559　T33.4－9/5.260

泉志十五卷　（宋）洪遵撰　清同治十三年(1874)金陵隸釋齋刻本　一冊

310000－0242－0006560　T33.4－9/7.228

泉布統志九卷附一卷　（清）孟逸岡輯　清刻本　三十二冊

310000－0242－0006561　T33.5－11/7.586

陶齋吉金錄　（清）端方輯　清光緒三十四年(1908)石印本　二冊

310000－0242－0006562　T33.5－13/7.98

敬吾心室彝器欵識　（清）朱善旂輯　清光緒三十四年(1908)朱之榛石印本　二冊

310000－0242－0006563　T33.5－13/7.98

敬吾心室彝器欵識　（清）朱善旂輯　清光緒三十四年(1908)朱之榛石印本　二冊

310000－0242－0006564　T33.5－8/7.164

兩罍軒彝器圖釋十二卷　（清）吳雲撰　清同治十一年(1872)歸安吳氏刻本　六冊

310000－0242－0006565　T33.5－8/7.164

兩罍軒彝器圖釋十二卷　（清）吳雲撰　清同治十一年(1872)歸安吳氏刻本　二冊

310000－0242－0006566　T33.5－8/7.674

長安獲古編二卷附補編一卷　（清）劉喜海撰　清刻本　一冊

310000－0242－0006567　T33.5－9/7.164

恒軒所見所藏吉金錄　（清）吳大澂藏並輯　清光緒十一年(1885)吳縣吳氏刻本　四冊

310000－0242－0006568　T33.57－4/7.164

毛公鼎釋文　（清）吳大澂輯　清光緒十三年(1887)上海同文書局石印本　一冊

310000－0242－0006569　T33.67－16/7.359

選集漢印分韻附續集　（清）袁日省輯　清嘉慶二年(1797)漱藝堂刻本　四冊

310000－0242－0006570　T33.67－16/8.775

凝清室古官印存　羅振玉輯　清鈐印本　一冊

310000－0242－0006571　T33.7－11/7.428

清儀閣雜詠一卷　（清）張廷濟輯　清道光十九年(1839)刻本　一冊

310000－0242－0006572　T33.7－11/7.618

濬縣金石志　（□）□□撰　清刻本　一冊

310000－0242－0006573　T33.7－12/7.396

瘞鶴銘攷補一卷山樵書外紀一卷　（清）翁方綱撰　清光緒三十四年(1908)刻本　一冊

310000－0242－0006574　T33.7－12/7.396

瘞鶴銘攷補一卷山樵書外紀一卷　（清）翁方綱撰　清光緒三十四年(1908)刻本　一冊

310000－0242－0006575　T33.7－16/7.162

積古齋鐘鼎彝器款識十卷　（清）阮元撰　清嘉慶九年(1804)揚州阮氏刻本　四冊

310000－0242－0006576　T33.7－16/7.162

積古齋鐘鼎彝器款識十卷　（清）阮元撰　清嘉慶九年(1804)揚州阮氏刻本　二冊

310000－0242－0006577　T33.7－16/7.98

積古齋鐘鼎款識彙本四卷附卷一卷　（清）朱為弼撰　清光緒三十二年(1906)影印本　三冊

310000 - 0242 - 0006578   T33.7 - 20/7.722

寶鐵齋金石跋尾三卷 （清）韓崇撰   清光緒
四年(1878)滂喜齋刻本   一冊

310000 - 0242 - 0006579   T33.7 - 6/7.207

安陽縣金石錄十二卷 （清）武億纂   清刻本
四冊

310000 - 0242 - 0006580   T33.7 - 8/7.248

周遂鼎圖欵識 （清）葉志詵等撰   清刻本
四冊

310000 - 0242 - 0006581   T33.7 - 8/7.477

金石索金索六卷石索六卷首一卷 （清）馮雲
鵬 （清）馮雲鵷輯   清道光四年(1824)崇川
馮氏邃古齋刻本   十二冊

310000 - 0242 - 0006582   T34 - 16/7.661

獨笑齋金石叢書 （清）鄭業斅撰   清光緒二
年(1876)抄本   二冊

310000 - 0242 - 0006583   T34.08 - 6/7.98

行素草堂金石叢書二十一種一百五十二卷
（清）朱記榮輯   清光緒十四年(1888)刻本
四十冊

310000 - 0242 - 0006584   T34.1 - 15/7.428

墨妙亭碑目攷四卷附攷一卷 （清）張鑑撰
清光緒十年(1884)江蘇書局刻本   一冊

310000 - 0242 - 0006585   T34.1 - 16/7.375

寰宇訪碑錄十二卷 （清）孫星衍 （清）邢澍
撰   清光緒九年(1883)江蘇書局刻本   四冊

310000 - 0242 - 0006586   T34.1 - 18/8.393

魏石經室藏石拓本目 徐乃昌編   清抄本
四冊

310000 - 0242 - 0006587   T34.1 - 6/7.37

至聖林廟碑目六卷 （清）孔昭薰 （清）孔憲
庚編   清道光十八年(1838)刻本   一冊

310000 - 0242 - 0006588   T34.1 - 6/8.775

再續寰宇訪碑錄二卷 羅振玉撰   清石印本
一冊

310000 - 0242 - 0006589   T34.1 - 8/7.562

金石錄補二十七卷 （清）葉奕苞撰   清刻本

四冊

310000 - 0242 - 0006590   T34.1 - 9/8.775

昭陵碑錄二卷附錄一卷補一卷校記一卷 羅
振玉輯   清光緒三十四年(1908)刻本   二冊

310000 - 0242 - 0006591   T34.13 - 3/7.35

山左北朝石存目 （清）尹彭壽編   清光緒十
八年(1892)諸城校經室尹氏刻本   一冊

310000 - 0242 - 0006592   T34.2 - 5/7.248

校補石鼓文音訓一卷 （清）周庠撰   清光緒
二十三年(1897)刻本   一冊

310000 - 0242 - 0006593   T34.2 - 5/7.58

石鼓文定本十卷附地名攷 （清）沈梧撰   清
光緒十六年(1890)古華山館刻本   四冊

310000 - 0242 - 0006594   T34.2 - 5/7.598

石鼓文纂釋一卷 （清）趙烈文撰   清光緒十
一年(1885)石印本   一冊

310000 - 0242 - 0006595   T34.2 - 7/7.164

吳愙齋中丞寫定石鼓文 （清）吳大澂寫   清
石印本   一冊

310000 - 0242 - 0006596   T34.2 - 7/7.164

吳愙齋中丞寫定石鼓文 （清）吳大澂寫   清
石印本   一冊

310000 - 0242 - 0006597   T34.2 - 8/5.147

周秦刻石釋音一卷 （元）吾丘衍撰   清光緒
八年(1882)歸安陸氏刻本   一冊

310000 - 0242 - 0006598   T34.2 - 8/7.598

金石文鈔八卷續鈔二卷 （清）趙紹祖輯   清
咸豐十年(1860)涇縣趙書升刻本   十冊

310000 - 0242 - 0006599   T34.2 - 8/8.347C2

古鑑閣藏周石鼓文集聯拓本 （清）秦絅孫輯
清光緒二十九年(1903)影印本   一冊

310000 - 0242 - 0006600   T34.2 - 8/8.428

叔苴吟一卷駢語附錄 （清）張之純撰並書
清光緒三十二年(1906)刻本   一冊

310000 - 0242 - 0006601   T34.24 - 17/5.674

隸韻十卷碑目一卷 （宋）劉球纂   碑目考證

一卷　（清）秦恩復撰　**隸韻考證二卷**　（清）翁方綱撰　清嘉慶十五年(1810)刻本　六冊

310000－0242－0006602　T34.295－17/5.260

隸釋二十七卷隸續二十一卷刊誤一卷　（宋）洪适撰　清同治十年(1871)洪氏晦木齋刻本　八冊

310000－0242－0006603　T34.295－17/7.791

隸辨八卷　（清）顧藹吉撰　清乾隆八年(1743)刻本　四冊

310000－0242－0006604　T34.5－14/8.562

語石十卷　葉昌熾撰　清宣統元年(1909)刻本　四冊

310000－0242－0006605　T34.5－14/8.562

語石十卷　葉昌熾撰　清宣統元年(1909)刻本　一冊

310000－0242－0006606　T34.5－14/8.562

語石十卷　葉昌熾撰　清宣統元年(1909)刻本　四冊

310000－0242－0006607　T34.5－14/8.562

語石十卷　葉昌熾撰　清宣統元年(1909)刻本　四冊

310000－0242－0006608　T34.5－15/361.441

魏鄭義碑　（□）□□書　清拓本　一冊

310000－0242－0006609　T34.5－16/7.428

錢農部請師本末記碑文　（□）□□書　清刻本　一冊

310000－0242－0006610　T34.5－16/7.556

寰宇貞石圖五卷　楊守敬編　清石印本　五冊

310000－0242－0006611　T34.5－18/4.741A

顏勤禮碑　（唐）顏真卿書　清拓本　二冊

310000－0242－0006612　T34.5－22/8.775

讀碑小箋　羅振玉撰　清唐風樓刻本　一冊

310000－0242－0006613　T34.5－4/4.21

王洪範碑　（唐）王玄宗書　清上虞羅氏影印本　一冊

310000－0242－0006614　T34.5－4/4.352

中岳嵩高靈廟碑　（□）□□書　清拓本　一冊

310000－0242－0006615　T34.5－4/752

齊文殊般若經　（□）□□書　清拓本　一冊

310000－0242－0006616　T34.5－4/752

齊文殊般若經　（□）□□書　清石印本　一冊

310000－0242－0006617　T34.5－5/7.407

古均閣寶刻錄　（清）許槤撰　清咸豐八年(1858)海寧許氏刻本雙鈎本　一冊

310000－0242－0006618　T34.5－7/4.11

唐興福寺吳文半截碑　（唐）釋大雅書　清刻本　一冊

310000－0242－0006619　T34.5－8/4.731

唐武后游石淙詩刻石　（唐）薛曜書　清刻本　一冊

310000－0242－0006620　T34.5－9/4.98

唐昭仁寺碑　（唐）朱子奢撰　清拓本　一冊

310000－0242－0006621　T34.5－9/7.178

思古齋雙鈎漢碑篆額　（清）何瀓輯　清光緒九年(1883)山陰何氏刻本　三冊

310000－0242－0006622　T34.6－14/7.164

端溪硯史三卷　（清）吳蘭修撰　清道光十七年(1837)嘉善周氏刻本　一冊

310000－0242－0006623　T34.66－14/7.164

漢魏六朝志墓金石例三卷附唐人志墓諸例志墓例附論　（清）吳鎬撰　清嘉慶十七年(1812)蟾波閣刻本　一冊

310000－0242－0006624　T34.66－5/7.491

古誌石華三十卷　（清）黃本驥編　清道光八年(1828)三長物齋刻本　八冊

310000－0242－0006625　T34.66－7/26.177

吳谷朗碑　（□）□□書　清拓本　一冊

310000－0242－0006626　T34.66－8/7.700

金石三例金石例十卷墓銘舉例四卷金石要例

一卷　（清）盧見曾著　清光緒四年(1878)讀
有用書齋刻朱墨套印本　二冊

310000－0242－0006627　T34.66－8/8.775

兩浙冢墓遺文一卷附補遺一卷　羅振玉編
清刻本　一冊

310000－0242－0006628　T34.67－16/7.364

歷代石經略二卷　（清）桂馥撰　清光緒九年
(1883)刻本　一冊

310000－0242－0006629　T34.67－5/7.447

石經補考二卷又一卷　（清）馮登府撰　清刻
本　二冊

310000－0242－0006630　T34.67－5/7.486

石經考文提要十三卷　（清）彭元瑞撰　清嘉
慶四年(1799)刻本　六冊

310000－0242－0006631　T34.7－11/7.428

張亟齋遺集　（清）張弨撰　清同治四年
(1865)刻本　一冊

310000－0242－0006632　T34.7－17/7.607

隸篇十五卷續十五卷再續十五卷　（清）翟云
升撰　清道光十七年至十八年(1837－1838)
東萊翟氏五經歲徧齋刻本　十二冊

310000－0242－0006633　T34.7－2/7.428

二銘草堂金石聚十六卷　（清）張德容輯　清
同治十一年(1872)衢州張氏刻本　十六冊

310000－0242－0006634　T35.7－12/8.791

循園金石文字跋尾二卷古冢遺文跋尾六卷元
氏誌錄一卷附錄　（□）□□書　清刻本　一
冊

310000－0242－0006635　T36－14/7.164

端溪硯史　（清）吳蘭修撰　清刻本　二冊

310000－0242－0006636　T36－14/8.441

漢封泥考畧　（清）陳直輯　清石印本　一冊

310000－0242－0006637　T36－15/7.622

鄭庵所藏泥封　（清）潘祖蔭所藏　清光緒二
十九年(1903)上虞羅氏石印本　一冊

310000－0242－0006638　T36－9/7.164

封泥攷略十卷　（清）吳式芬輯　清刻本　十
冊

310000－0242－0006639　T36－9/7.164

封泥攷略十卷　（清）吳式芬輯　清刻本　十
冊

310000－0242－0006640　T36－9/8.164

封泥滙編　（□）□□撰　清刻本　一冊

310000－0242－0006641　T36－9/8.98

修內司官窰圖解　（□）□□撰　清刻本　一
冊

310000－0242－0006642　T36.2－10/7.535

秦漢瓦當文字一卷續一卷　（清）程敦撰　清
石印本　一冊

310000－0242－0006643　T36.7－12/8.407

飲流齋說瓷　（清）許之衡輯　清石印本　一
冊

310000－0242－0006644　T36.7－14/8.72

瓷器考　（清）田廷黻輯　清抄本　一冊

310000－0242－0006645　T36.7－17/7.428

禮塔龕考古偶編　（清）張金鑑輯　清光緒三
年(1877)長洲張氏刻本　一冊

310000－0242－0006646　T37.11－11/7.128

常山貞石志二十四卷　（清）沈濤撰　清道光
二十二年(1842)刻本　八冊

310000－0242－0006647　T37.12－10/7.322

益都金石記四卷　（清）段松苓撰　清光緒九
年(1883)李滋刻本　四冊

310000－0242－0006648　T37.14－3/7.271

山左石刻叢編四十卷　（清）胡聘之撰　清光
緒二十七年(1901)刻本　六冊

310000－0242－0006649　T37.14－3/7.370

山右金石錄　（清）夏寶晉編　清光緒八年
(1882)歸安石氏刻本　一冊

310000－0242－0006650　T37.14－3/7.428

山右金石記十卷　（清）張煦撰　清光緒十五
年(1889)刻本　六冊

310000－0242－0006651　T37.14－8/752
金石分地編目山西　（□）□□撰　清抄本
二冊

310000－0242－0006652　T37.15－19/7.52
關中金石文字存逸考十二卷首一卷附石刻法
書源流考一卷　（清）毛鳳枝撰　清光緒二十
七年(1901)江西萍鄉縣署會稽顧氏刻本　十
冊

310000－0242－0006653　T37.23－8/7.162
兩浙金石志十八卷補遺一卷　（清）阮元撰
清光緒十六年(1890)浙江書局刻本　十二冊

310000－0242－0006654　T37.23－8/7.749
東甌金石志十二卷　（清）戴咸弼撰　清光緒
二十五年(1899)石印本　四冊

310000－0242－0006655　T37.23－9/7.151
栝蒼金石志十二卷續志四卷　（清）李遇孫撰
清光緒元年(1875)浙江處州府刻本　八冊

310000－0242－0006656　T37.34－12/7.556
粵西得碑記　（清）楊翰撰　清光緒二年
(1876)浯上息園刻本　一冊

310000－0242－0006657　ST12.1－16/7.522
歷代名將圖　（清）筆花館主人編　（清）任薰
繪　清光緒十年(1884)沈氏石印本　二冊

310000－0242－0006658　ST12.1－8/6.370
法喜志四卷　（明）夏樹芳輯　明刻本　四冊

310000－0242－0006659　ST12.1－8/752
東林十八高賢傳一卷　（□）□□撰　明刻本
一冊

310000－0242－0006660　ST12.1－9/7.242
南陵無雙譜　（清）金史繪　清刻本　一冊

310000－0242－0006661　ST12.104－4/6.144
丹霞姓氏彙典二卷增補一卷　（明）邢參撰
清康熙十五年(1676)邢氏濟美堂刻本　四冊

310000－0242－0006662　ST12.104－8/6.151
姓氏譜纂七卷　（明）李日華輯　明崇禎十年
(1637)武林魯氏刻本　六冊

310000－0242－0006663　ST12.135－11/5.661
通志二百卷　（宋）鄭樵撰　清刻本　一冊
存一卷(梁列傳五十四)

310000－0242－0006664　ST12.15－6/5.148
新刊名臣碑傳琬琰之集上集二十七卷中集五
十五卷下集二十五卷　（宋）杜大珪編　明刻
本　十冊

310000－0242－0006665　ST12.15－7/5.18
宋朝登科錄　（宋）文天祥輯　清刻本　一冊

310000－0242－0006666　ST12.15－7/5.98
宋名臣言行錄前集十卷後集十四卷　（宋）朱
熹纂　明萬曆三十五年(1607)刻本　二十四
冊

310000－0242－0006667　ST12.16－11/6.337
國琛集二卷　（明）唐樞撰　明嘉靖二十六年
(1547)刻本　二冊

310000－0242－0006668　ST12.16－14/6.491
碧血錄二卷　（明）黃煜輯　清舊抄本　四冊

310000－0242－0006669　ST12.17－8/7.98
[各省選拔同年]明經通譜(清道光五年乙酉
科)　（清）朱昌頤輯　清道光六年(1826)刻
本　八冊

310000－0242－0006670　ST12.27－10/7.441
留溪外傳十八卷　（清）陳鼎撰　清光緒二十
四年(1898)刻本　十六冊

310000－0242－0006671　ST12.7－15/7.654
[新州]蔡氏家乘　（清）蔡國輔編　清順治六
年(1649)刻本　一冊

310000－0242－0006672　ST12.7－4/6.370
王謝世家瑯琊十四卷太原正派四卷支派二卷
別派二卷陽夏八卷　（明）韓昌箕纂校　明天
啓二年(1622)刻本　四冊

310000－0242－0006673　ST12.8－15/6.393
蔡端明[襄]別紀十二卷　（明）徐燉纂　清刻
本　一冊

310000－0242－0006674　ST12.8－20/6.52
蘇米志林　（明）毛晉輯　清綠君亭刻本　二

冊

310000－0242－0006675　ST12.817－9/6.170

陋巷志八卷　（明）呂兆祥重修　明萬曆二十九年(1601)刻本　二冊

310000－0242－0006676　ST12.817－9/6.170

陋巷志八卷　（明）呂兆祥重修　清刻本　二冊

310000－0242－0006677　ST12.823－8/7.428

忠武志八卷　（清）張鵬翮輯　清康熙五十一年(1712)冰雪堂刻本　八冊

310000－0242－0006678　ST12.852－8/5.255

[鄂國]金佗粹編二十八卷續編三十卷　（宋）岳珂編　元至正二十三年(1363)西湖書院刻本　十二冊

310000－0242－0006679　ST12.87－22/7.471

聽雲仙館西遊感懷吟草一卷　（清）湯成彥撰　清咸豐三年(1853)錦城浣花草堂刻本　一冊

310000－0242－0006680　ST12.88－15/8.84

劉聚卿[世珩]行狀　（清）江慕洵著　清抄本　一冊

310000－0242－0006681　ST33.4－16/7.393

圜泉考六卷　（清）徐寶楢著　清寫本　十冊

310000－0242－0006682　ST33.4－6/7.143

吉金所見錄十六卷首一卷末一卷　（清）初尚齡纂輯　清刻本　四冊

310000－0242－0006683　ST33.4－9/7.21

泉貨彙考十二卷　（清）王錫棨編纂　清寫本　六冊

310000－0242－0006684　ST33.5－20/5.21

鐘鼎款識一卷　（宋）王厚之輯　清刻本　一冊

310000－0242－0006685　ST33.5－6/5.170

考古圖十卷　（宋）呂大臨撰　（元）羅更翁考訂　清刻本　五冊

310000－0242－0006686　ST33.5－7/7.162

阮氏鐘鼎補遺不分卷　（清）阮元撰　清寫本　二冊

310000－0242－0006687　ST33.5－8/7.674

長安獲古編二卷附補編一卷　（清）劉喜海編　清寫本　二冊

310000－0242－0006688　ST33.7－16/5.731

歷代鐘鼎彝器款識法帖二十卷　（宋）薛尚功撰　清抄本　六冊

310000－0242－0006689　ST34.2－11/7.556

望堂金石文字　楊守敬編　清刻本　八冊

310000－0242－0006690　ST34.2－5/6.556

石鼓文音釋三卷附錄一卷　（明）楊慎撰　清刻本　一冊

310000－0242－0006691　ST34.5－7/4.741

宋拓多寶佛塔碑　（唐）顏真卿書　清拓本　一冊

310000－0242－0006692　ST34.66－14/6.21

墓銘舉例四卷　（明）王行編　清抄本　一冊

310000－0242－0006693　ST34.67－14/8.164A

[集拓新出]漢魏石經殘字二編　（清）吳寶煒編　清拓本　二冊

310000－0242－0006694　ST36－15/8.441

澂秋館藏古封泥　陳寶琛藏編　清拓本　五冊

310000－0242－0006695　ST36.2－10/7.441

秦瓦量　（清）陳介祺集拓　清拓本　一冊

310000－0242－0006696　ST36.2－10/7.535

秦漢瓦當文字二卷續一卷　（清）程敦撰　清乾隆五十二年至五十九年(1787－1794)橫渠書院拓本　三冊

310000－0242－0006697　ST36.2－15/7.164

遯盦秦漢瓦當存　（清）吳隱編　清拓本　二冊

310000－0242－0006698　ST36.6－5/8.21L

古陶文字拓冊　王國維題跋　清拓本　一冊

310000－0242－0006699　U02－4/7.682

文字發凡四卷 （清）龍志澤編輯 清光緒三十一年（1905）上海廣智書局鉛印本 二冊

310000－0242－0006700 U02.08－10/7.393

徐氏三種 （清）徐士業校訂 清光緒南京李光明刻本 三冊

310000－0242－0006701 U02.08－11/7.428

許學叢書 （清）張炳翔輯 清光緒三十年（1904）張氏儀許廬刻本 十六冊

310000－0242－0006702 U02.08－11/7.428/C2

許學叢書 （清）張炳翔輯 清光緒三十年（1904）張氏儀許廬刻本 五冊

310000－0242－0006703 U02.08－14/7.21

說文三種 （清）王筠撰 清同治四年（1865）刻本 三十冊

310000－0242－0006704 U02.08－16/7.428

澤存堂五種 （清）張士俊校輯 清光緒十四年（1888）上海蜚英書館石印本 五冊

310000－0242－0006705 U02.08－16/7.428C2

澤存堂五種 （清）張士俊校輯 清康熙四十九年（1710）張氏澤存堂刻本 十六冊

310000－0242－0006706 U02.08－16/7.428C3

澤存堂五種 （清）張士俊校輯 清康熙四十九年（1710）張氏澤存堂石印本 八冊

310000－0242－0006707 U02.08－18/8.481

簡字譜錄五種 勞乃宣撰 清光緒三十二年（1906）金陵刻本 四冊

310000－0242－0006708 U02.08－19/7.2

韻學叢書 （清）丁顯纂輯 清光緒刻本 八冊

310000－0242－0006709 U02.08－3/7.115C2

小學鉤沈十九卷 （清）任大椿輯 清光緒十年（1884）龍氏刻本 一冊

310000－0242－0006710 U02.08－3/8.791

小學鉤沈續編六卷 顧震福撰 清光緒十八年（1892）山陽顧氏刻本 三冊

310000－0242－0006711 U02.08－6/752

字學三書 （□）□□輯 清道光二十一年（1841）十芝堂刻本 三冊

310000－0242－0006712 U02.08－9/7.305C1

苗氏說文四種 （清）苗夔撰 清咸豐元年（1851）漢磚亭刻本 八冊

310000－0242－0006713 U02.08－9/7.305C2

苗氏說文四種 （清）苗夔撰 清咸豐元年（1851）漢磚亭刻本 一冊

310000－0242－0006714 U02.08－9/7.305C3

苗氏說文四種 （清）苗夔撰 清咸豐元年（1851）漢磚亭刻本 四冊

310000－0242－0006715 U02.08－9/7.305C4

苗氏說文四種 （清）苗夔撰 清咸豐元年（1851）漢磚亭刻本 八冊

310000－0242－0006716 U02.08－9/7.305C5

苗氏說文四種 （清）苗夔撰 清咸豐元年（1851）漢磚亭刻本 八冊

310000－0242－0006717 U02.08－9/7.791

音學五書三十八卷 （清）顧炎武撰 清光緒十年（1884）四明觀稼樓刻本 十二冊

310000－0242－0006718 U02.08－9/7.791C2

音學五書三十八卷 （清）顧炎武撰 清光緒十五年（1889）思賢講舍刻本 二冊

310000－0242－0006719 U02.112－14/3.412

爾雅三卷 （晉）郭璞注 （唐）陸德明音義 清光緒二十一年（1895）金陵書局刻本 三冊

310000－0242－0006720 U02.112－14/3.412C5

爾雅三卷 （晉）郭璞注 （唐）陸德明音義 清嘉慶二十二年（1817）上海涵芬樓刻本 三冊

310000－0242－0006721 U02.112－14/3.412C6

爾雅三卷 （晉）郭璞注 （唐）陸德明音義 清光緒二十一年（1895）金陵書局刻本 一冊

310000－0242－0006722 U02.112－14/3.412C7

爾雅三卷 （晉）郭璞注 （唐）陸德明音義 清同治十三年（1874）湖南書局刻本 三冊

310000－0242－0006723　U02.112－14/3.412C9

爾雅三卷　(晉)郭璞注　(唐)陸德明音義
清光緒十二年(1886)湖北鉛印本　三冊

310000－0242－0006724　U02.112－14/3.412A

爾雅注疏十卷附校勘記十卷　(晉)郭璞注
(唐)陸德明音義　(宋)邢昺疏　清同治十年
(1871)廣州書局刻本　六冊

310000－0242－0006725　U02.112－14/3.412AC2

爾雅注疏十卷附校勘記十卷　(晉)郭璞注
(唐)陸德明音義　(宋)邢昺疏　清同治十年
(1871)廣州書局刻本　四冊

310000－0242－0006726　U02.112－14/7.362

爾雅郭注義疏二十卷　(清)郝懿行撰　清同
治四年(1865)沛上刻本　八冊

310000－0242－0006727　U02.112－14/7.362C2

爾雅郭注義疏二十卷　(清)郝懿行撰　清同
治四年(1865)沛上刻本　八冊

310000－0242－0006728　U02.112－14/7.362C3

爾雅郭注義疏二十卷　(清)郝懿行撰　清同
治四年(1865)沛上刻本　八冊

310000－0242－0006729　U02.112－14/7.362C4

爾雅郭注義疏二十卷　(清)郝懿行撰　清光
緒十四年(1888)湖北官書處刻本　二冊

310000－0242－0006730　U02.115－14/3.412

爾雅音圖三卷　(晉)郭璞注　清道光二十九
年(1849)藝學軒刻本　一冊

310000－0242－0006731　U02.116－14/7.572

爾雅易讀　(清)路德訂　清光緒十七年
(1891)南京李光明刻本　一冊

310000－0242－0006732　U02.116－14/7.572C2

爾雅易讀　(清)路德訂　清光緒十七年
(1891)南京李光明刻本　一冊

310000－0242－0006733　U02.116－14/7.572C3

爾雅易讀　(清)路德訂　清光緒十七年
(1891)南京李光明刻本　一冊

310000－0242－0006734　U02.116－14/7.787

爾雅一切注音十卷　(清)嚴萬里輯　清光緒

十三年(1887)德化李氏木犀軒刻本　四冊

310000－0242－0006735　U02.119－14/7.248

爾雅便讀便摹二卷　(清)周家憙撰　清嘉慶
九年(1804)饒城大雅堂刻本　二冊

310000－0242－0006736　U02.119－14/7.375

爾雅直音二卷　(清)孫倜撰　清光緒十八年
(1892)上海簡玉山房刻本　一冊　存一卷
(上)

310000－0242－0006737　U02.119－14/7.622

爾雅正郭三卷　(清)潘衍桐撰　清光緒十七
年(1891)刻本　一冊

310000－0242－0006738　U02.119－14/7.787

爾雅匡名三卷　(清)嚴元照撰　清光緒十六
年(1890)廣雅書局刻本　四冊

310000－0242－0006739　U02.119－14/7.787B

爾雅補郭二卷　(清)翟灝撰　清光緒德化李
氏木犀軒刻本　一冊

310000－0242－0006740　U02.13－3/7.122

小爾雅訓纂六卷　(清)宋翔鳳撰　清刻本
一冊

310000－0242－0006741　U02.13－3/7.21

小爾雅疏八卷　(清)王煦撰　清光緒七年
(1881)邵武徐氏刻本　二冊

310000－0242－0006742　U02.13－3/7.566

小爾雅疏證五卷　(清)葛其仁撰　清光緒二
年(1876)刻本　一冊

310000－0242－0006743　U02.15－14/7.21C1

廣雅疏證十卷　(清)王念孫等撰　博雅音十
卷　(隋)曹憲撰　清光緒五年(1879)淮南書
局刻本　八冊

310000－0242－0006744　U02.15－14/7.21C2

廣雅疏證十卷　(清)王念孫等撰　博雅音十
卷　(隋)曹憲撰　清光緒五年(1879)淮南書
局刻本　八冊

310000－0242－0006745　U02.15－14/7.21C3

廣雅疏證十卷　(清)王念孫等撰　博雅音十
卷　(隋)曹憲撰　清光緒五年(1879)淮南書

局刻本　二冊

310000－0242－0006746　U02.15－14/7.21C4

廣雅疏證十卷　（清）王念孫等撰　**博雅音十卷**　（隋）曹憲撰　清光緒五年(1879)淮南書局刻本　十六冊

310000－0242－0006747　U02.15－14/7.21C5

廣雅疏證十卷　（清）王念孫等撰　**博雅音十卷**　（隋）曹憲撰　清光緒五年(1879)淮南書局刻本　十六冊

310000－0242－0006748　U02.15－14/7.428

廣釋名二卷　（清）張金吾撰　清嘉慶二十一年(1816)愛日精廬刻本　四冊

310000－0242－0006749　U02.15－20/7.21

釋名疏證補八卷附續釋名釋名補遺疏證補附　王先謙撰集　清光緒二十二年(1896)刻本　三冊

310000－0242－0006750　U02.15－20/7.21C2

釋名疏證補　王先謙撰集　清光緒二十二年(1896)刻本　三冊

310000－0242－0006751　U02.15－20/7.460

釋名疏證八卷　（清）畢沅撰　清光緒二十年(1894)廣雅書局刻本　二冊

310000－0242－0006752　U02.16－14/7.761

蒙雅　（清）魏源纂　清抄本　一冊

310000－0242－0006753　U02.16－16/7.761

駢雅訓纂十六卷序目一卷　（清）魏茂林訓纂　清光緒七年(1881)四川成都渝雅齋刻本　六冊

310000－0242－0006754　U02.16－22/7.73

疊雅十三卷附雙名錄一卷　（清）史夢蘭撰　清同治三年(1864)止園刻本　八冊

310000－0242－0006755　U02.17－8/7.210

漢書蒙拾三卷後漢書蒙拾二卷　（清）杭世駿編　清刻本　一冊

310000－0242－0006756　U02.19－10/7.441

書契原恉十四卷　（清）陳致燝撰　清咸豐五年(1855)北涇艸堂刻本　八冊

310000－0242－0006757　U02.19－12/7.135

湖雅九卷附湖蠶述四卷　（清）汪曰楨撰　清光緒六年(1880)刻本　四冊

310000－0242－0006758　U02.19－12/7.535C1

程氏性理字訓　（清）程逢源撰　清同治八年(1869)寫刻本　一冊

310000－0242－0006759　U02.19－13/7.162

經籍籑詁一百六卷　（清）阮元纂　清光緒二十年(1894)上海點石齋石印本　十二冊

310000－0242－0006760　U02.19－13/7.162C2

經籍籑詁一百六卷　（清）阮元纂　清嘉慶十七年(1812)揚州阮氏琅嬛僊館石印本　六十四冊

310000－0242－0006761　U02.19－13/7.162C3

經籍籑詁一百六卷　（清）阮元纂　清光緒十四年(1888)上海鴻寶齋石印本　十二冊

310000－0242－0006762　U02.19－13/7.162C5

經籍籑詁一百六卷　（清）阮元纂　清光緒六年(1880)淮南書局刻本　四十八冊

310000－0242－0006763　U02.19－13/7.162C6

經籍籑詁一百六卷　（清）阮元纂　清光緒六年(1880)淮南書局刻本　四十八冊

310000－0242－0006764　U02.19－13/7.162C7

經籍籑詁一百六卷　（清）阮元纂　清光緒十四年(1888)上海鴻文石印本　十六冊

310000－0242－0006765　U02.19－13/7.162C8

經籍籑詁一百六卷　（清）阮元纂　清光緒六年(1880)淮南書局刻本　八冊

310000－0242－0006766　U02.19－13/7.162C9

經籍籑詁一百六卷　（清）阮元纂　清光緒十四年(1888)上海鴻文石印本　六十四冊

310000－0242－0006767　U02.19－13/7.260

聖門名字纂詁補遺二卷　（清）洪恩波撰　清光緒二十三年(1897)刻本　一冊

310000－0242－0006768　U02.19－14/7.402

稱謂錄三十二卷　（清）梁章鉅撰　清光緒十年(1884)福州刻本　八冊

310000－0242－0006769　U02.19－14/7.402C2

稱謂錄三十二卷 （清）梁章鉅撰　清光緒十年（1884）福州刻本　八冊

310000－0242－0006770　U02.19－17/7.705

聲類四卷 （清）錢大昕撰　清道光二十九年（1849）刻本　一冊

310000－0242－0006771　U02.19－18/7.151

蕭選韻系二卷 （清）李麟閣編　清光緒十年（1884）上海同文書局石印本　二冊

310000－0242－0006772　U02.19－20/7.674

釋穀四卷 （清）劉寶楠撰　清光緒十四年（1888）廣雅書局刻本　一冊

310000－0242－0006773　U02.19－4/7.170C1

文選古字通補訓四卷拾遺一卷 （清）呂錦文撰　清光緒二十七年（1901）懷硯齋刻本　四冊

310000－0242－0006774　U02.19－4/7.170C2

文選古字通補訓四卷拾遺一卷 （清）呂錦文撰　清光緒二十七年（1901）懷硯齋刻本　四冊

310000－0242－0006775　U02.19－4/7.731

文選古字通疏證六卷 （清）薛傳均撰　清道光二十年（1840）刻本　一冊

310000－0242－0006776　U02.19－4/7.731B

文選古字通疏證六卷 （清）薛傳均撰　清光緒十二年（1886）還讀樓刻本　二冊

310000－0242－0006777　U02.19－8/7.164

兩漢韻珠 （清）吳章澧編　清光緒十八年（1892）刻本　十冊

310000－0242－0006778　U02.2－3/7.248

小學餘論二卷 （清）周春撰　清嘉慶九年（1804）刻本　一冊

310000－0242－0006779　U02.211－14/2.407C10

說文解字十五卷 （漢）許慎撰　（宋）徐鉉校正　清同治十年（1871）刻本　八冊

310000－0242－0006780　U02.211－14/2.407C3

說文解字十五卷 （漢）許慎撰　（宋）徐鉉校

清光緒十四年（1888）掃葉山房刻本　六冊

310000－0242－0006781　U02.211－14/2.407C4

說文解字十五卷 （漢）許慎撰　（宋）徐鉉校　清光緒七年（1881）淮南書局刻本　六冊

310000－0242－0006782　U02.211－14/2.407C5

說文解字十五卷 （漢）許慎撰　（宋）徐鉉校　清道光十八年（1838）陽湖孫氏平津館刻本　六冊

310000－0242－0006783　U02.211－14/2.407C6

說文解字十五卷 （漢）許慎撰　（宋）徐鉉校　清光緒七年（1881）淮南書局刻本　五冊

310000－0242－0006784　U02.211－14/2.407C8

說文解字十五卷 （漢）許慎撰　（宋）徐鉉校　清光緒七年（1881）淮南書局刻本　二冊

310000－0242－0006785　U02.211－14/2.407C9

說文解字十五卷 （漢）許慎撰　（宋）徐鉉校正　清同治十年（1871）刻本　七冊

310000－0242－0006786　U02.212－14/482.393

說文解字繫傳四十卷附校勘記三卷 （南唐）徐鍇撰　清道光十九年（1839）刻本　八冊

310000－0242－0006787　U02.212－14/482.393C2

說文解字繫傳四十卷附校勘記三卷 （南唐）徐鍇撰　清乾隆四十七年（1782）新安汪氏刻本　八冊

310000－0242－0006788　U02.212－14/482.393C3

說文解字繫傳四十卷附校勘記三卷 （南唐）徐鍇撰　清光緒九年（1883）江蘇書局刻本　六冊

310000－0242－0006789　U02.212－14/482.393C4

說文解字繫傳四十卷附校勘記三卷 （南唐）徐鍇撰　清光緒元年（1875）蘇州振新書社刻本　八冊

310000－0242－0006790　U02.22－10/7.451

唐寫本說文解字木部箋異一卷 （清）莫友芝撰　清同治二年（1863）刻本　一冊

310000－0242－0006791　U02.223－14/7.322

說文解字注三十二卷 （清）段玉裁撰　清宣

統二年(1910)上海江左書林石印本　八冊

310000－0242－0006792　U02.223－14/7.322C11
說文解字注三十二卷　（清）段玉裁撰　清同治六年(1867)蘇州保息局刻本　十八冊

310000－0242－0006793　U02.223－14/7.322C12
說文解字注三十二卷　（清）段玉裁撰　清同治六年(1867)蘇州保息局刻本　十六冊

310000－0242－0006794　U02.223－14/7.322C4
說文解字注三十二卷　（清）段玉裁撰　清同治六年(1867)蘇州保息局刻本　十六冊

310000－0242－0006795　U02.223－14/7.322C7
說文解字注三十二卷　（清）段玉裁撰　清嘉慶十三年(1808)經韻樓刻本　十五冊

310000－0242－0006796　U02.223－14/7.322C9
說文解字注三十二卷　（清）段玉裁撰　清同治六年(1867)蘇州保息局刻本　十六冊

310000－0242－0006797　U02.224－14/7.364
說文解字義證五十卷　（清）桂馥撰　清同治九年(1870)湖北崇文書局刻本　三十二冊

310000－0242－0006798　U02.224－14/7.364C2
說文解字義證五十卷　（清）桂馥撰　清同治九年(1870)湖北崇文書局刻本　三十二冊

310000－0242－0006799　U02.224－14/7.364C3
說文解字義證五十卷　（清）桂馥撰　清同治九年(1870)湖北崇文書局刻本　二十冊

310000－0242－0006800　U02.224－14/7.520
說文解校錄十五卷附說文玉篇校錄　（清）鈕樹玉撰　清光緒十一年(1885)江蘇書局刻本　十四冊

310000－0242－0006801　U02.224－14/7.520C2
說文解校錄十五卷附說文玉篇校錄　（清）鈕樹玉撰　清光緒十一年(1885)江蘇書局刻本　十四冊

310000－0242－0006802　U02.224－14/7.622
說文蟲箋十四卷　（清）潘奕雋撰　清同治十三年(1874)三松堂刻本　二冊

310000－0242－0006803　U02.224－14/7.705
說文解字斠詮十四卷　（清）錢坫撰　清光緒九年(1883)淮南書局刻本　六冊

310000－0242－0006804　U02.224－14/7.705C2
說文解字斠詮十四卷　（清）錢坫撰　清光緒九年(1883)淮南書局刻本　六冊

310000－0242－0006805　U02.224－14/7.705C3
說文解字斠詮十四卷　（清）錢坫撰　清光緒九年(1883)淮南書局刻本　六冊

310000－0242－0006806　U02.224－9/7.520
段氏說文注訂八卷　（清）鈕樹玉撰　清同治五年(1866)碧螺山館刻本　二冊

310000－0242－0006807　U02.224－9/7.520C2
段氏說文注訂八卷　（清）鈕樹玉撰　清同治五年(1866)碧螺山館刻本　二冊

310000－0242－0006808　U02.225－14/7.21C3
說文釋例　（清）王筠撰　清光緒十三年(1887)上海積山書局石印本　六冊

310000－0242－0006809　U02.225－14/7.21C4
說文釋例　（清）王筠撰　清同治四年(1865)刻本　十冊

310000－0242－0006810　U02.225－14/7.21C5
說文釋例　（清）王筠撰　清道光十七年(1837)刻本　十冊

310000－0242－0006811　U02.225－14/7.21C6
說文釋例　（清）王筠撰　清同治四年(1865)刻本　二十冊

310000－0242－0006812　U02.225－14/7.21C7
說文釋例　（清）王筠撰　清道光十七年(1837)刻本　十冊

310000－0242－0006813　U02.225－14/7.21C8
說文釋例　（清）王筠撰　清同治四年(1865)刻本　十冊

310000－0242－0006814　U02.225－14/7.21A
說文解字句讀三十卷附補正　（清）王筠撰　清同治四年(1865)王氏刻本　十六冊

310000－0242－0006815　U02.225－14/7.21AC2

說文解字句讀三十卷附補正　（清）王筠撰
清道光三十年(1850)王氏刻本　十五冊

310000－0242－0006816　U02.225－14/7.21BC2

說文段注訂補十四卷　（清）王紹蘭撰　清光
緒十四年(1888)蕭山胡氏刻本　四冊

310000－0242－0006817　U02.225－14/7.98

說文通訓定聲十八卷分部柬韻一卷說雅十九
篇古今韻準一卷行述一卷　（清）朱駿聲撰
清咸豐元年(1851)黟縣學舍刻本　十二冊

310000－0242－0006818　U02.225－14/7.98C2

說文通訓定聲十八卷分部柬韻一卷說雅十九
篇古今韻準一卷行述一卷　（清）朱駿聲撰
清同治九年(1870)臨嘯閣刻本　二十八冊

310000－0242－0006819　U02.225－14/7.98C5

說文通訓定聲十八卷分部柬韻一卷說雅十九
篇古今韻準一卷行述一卷　（清）朱駿聲撰
清光緒十三年(1887)上海積山書局石印本
八冊

310000－0242－0006820　U02.225－14/7.98C6

說文通訓定聲　（清）朱駿聲撰　清同治九年
(1870)臨嘯閣刻本　六冊

310000－0242－0006821　U02.225－14/7.98C7

說文通訓定聲　（清）朱駿聲撰　清同治九年
(1870)臨嘯閣刻本　二十四冊

310000－0242－0006822　SU02.23－4/5.749

六書故三十三卷通釋一卷　（宋）戴侗撰　清
乾隆四十九年(1784)西蜀李鼎元師竹齋刻本
十六冊

310000－0242－0006823　U02.23－4/7.164

六書類纂九卷附字學尋原三卷　（清）吳錦章
撰　清光緒二十三年(1897)崇雅精舍刻本
六冊

310000－0242－0006824　U02.23－4/7.322C

六書音均表五卷　（清）段玉裁撰　清光緒三
十四年(1908)石印本　一冊

310000－0242－0006825　U02.23－4/7.504

六書通十卷　（明）閔齊伋撰　清康熙五十九
年(1720)刻本　六冊

310000－0242－0006826　U02.23－4/7.504C2

六書通十卷　（明）閔齊伋撰　清光緒十九年
(1893)上海書局石印本　五冊

310000－0242－0006827　U02.23－4/7.504C3

六書通十卷　（明）閔齊伋撰　清光緒四年
(1878)繡谷留耕堂刻本　五冊

310000－0242－0006828　U02.23－4/7.535

引申義舉例二卷　程先甲撰　清光緒二十二
年(1896)江寧程氏千一齋刻本　一冊

310000－0242－0006829　SU02.23－4/7.556

六書辨通五卷附六書例解一卷　（清）楊錫觀
撰　清乾隆八年(1743)蘭秘齋刻本　六冊

310000－0242－0006830　U02.23－4/7.581

六書舊義　廖平撰　清光緒十三年(1887)刻
本　一冊

310000－0242－0006831　U02.23－4/7.84

六書說一卷　（清）江聲撰　清光緒十八年
(1892)匡山刻本　一冊

310000－0242－0006832　U02.23－4/7.98

六書叚借經徵四卷　（清）朱駿聲撰　清光緒
十八年(1892)金陵刻本　三冊

310000－0242－0006833　U02.23－7/7.2C1

形聲類篇五卷　（清）丁履恆撰　清光緒十五
年(1889)虎林石印本　一冊

310000－0242－0006834　U02.23－7/7.2C2

形聲類篇五卷　（清）丁履恆撰　清光緒十五
年(1889)虎林石印本　一冊

310000－0242－0006835　U02.24－11/7.645

許氏說文解字雙聲疊韻譜不分卷　（清）鄧廷
楨撰　清光緒七年(1881)後知不足齋刻本
一冊

310000－0242－0006836　U02.24－14/482.393

說文解字韻譜五卷　（南唐）徐鍇撰　清同治
三年(1864)吳縣馮桂芬刻本　四冊

309

310000－0242－0006837　U02.24－14/482.393C2

說文解字韻譜五卷　（南唐）徐鍇撰　清同治
三年(1864)吳縣馮桂芬刻本　二冊

310000－0242－0006838　U02.24－14/482.393C4

說文解字韻譜五卷　（南唐）徐鍇撰　清同治
三年(1864)吳縣馮桂芬刻本　二冊

310000－0242－0006839　U02.24－14/482.393C5

說文解字韻譜五卷　（南唐）徐鍇撰　清同治
三年(1864)吳縣馮桂芬刻本　二冊

310000－0242－0006840　U02.24－14/7.21

說文韻譜校五卷　（清）王筠撰　清光緒十六
年(1890)濰劉氏刻本　一冊

310000－0242－0006841　U02.24－14/7.271

說文字原韻表二卷　（清）胡重編　清嘉慶十
六年(1811)秀水金氏刻本　一冊

310000－0242－0006842　U02.24－14/7.271C2

說文字原韻表二卷　（清）胡重編　清嘉慶十
六年(1811)秀水金氏刻本　一冊

310000－0242－0006843　U02.24－14/7.316C2

說文聲系十四卷　（清）姚文田撰　清嘉慶九
年(1804)刻本　二冊

310000－0242－0006844　U02.24－14/7.407

**說文分韻易知錄五卷首一卷附說文重文標目
五卷**　（清）許巽行編纂　清光緒五年(1879)
許嘉德刻本　十冊

310000－0242－0006845　U02.24－14/7.407C2

**說文分韻易知錄五卷首一卷附說文重文標目
五卷**　（清）許巽行編纂　清光緒五年(1879)
許嘉德刻本　十冊

310000－0242－0006846　U02.24－14/7.428

說文審音十六卷　（清）張行孚撰　清光緒二
十四年(1898)通隱堂刻本　四冊

310000－0242－0006847　U02.24－14/7.645

說文解字雙聲疊韻譜一卷　（清）鄧廷楨撰
清光緒七年(1881)後知不足齋刻本　一冊

310000－0242－0006848　U02.24－14/7.787

說文聲類二卷　（清）嚴可均撰　清嘉慶七年

(1802)刻本　一冊

310000－0242－0006849　U02.24－14/8.271

說文舊音補注一卷補遺一卷續一卷改錯一卷
　（清）胡玉縉著　清光緒十四年(1888)江陰
南菁書院刻本　一冊

310000－0242－0006850　U02.242－14/7.3058

說文聲訂　（清）苗夔著　清道光二十一年
(1841)刻本　二冊

310000－0242－0006851　U02.25－14/7.21A

說文五翼八卷　（清）王煦撰　清光緒八年
(1882)上虞觀海樓刻本　四冊

310000－0242－0006852　U02.25－14/7.428

說文發疑六卷　（清）張行孚撰　清光緒九年
(1883)後知不足齋刻本　三冊

310000－0242－0006853　U02.25－14/7.428C2

說文發疑六卷　（清）張行孚撰　清光緒九年
(1883)後知不足齋刻本　一冊

310000－0242－0006854　U02.25－14/7.428C3

說文發疑六卷　（清）張行孚撰　清光緒九年
(1883)後知不足齋刻本　二冊

310000－0242－0006855　U02.25－14/7.550

說文外編十六卷附劉氏碎金一卷　（清）雷浚
撰　清光緒二年(1876)刻本　四冊

310000－0242－0006856　U02.25－14/7.791

說文辨疑一卷條記一卷　（清）顧廣圻撰　清
光緒九年(1883)鄮東耕雨樓刻本　一冊

310000－0242－0006857　U02.25－5/7.170

古今文字通釋十四卷　（清）呂世宜撰　清光
緒五年(1879)菽莊刻本　八冊

310000－0242－0006858　U02.251－14/7.164

說文引經考二卷　（清）吳玉搢撰　清光緒二
年(1876)雙峰書屋刻本　二冊

310000－0242－0006859　U02.251－14/7.227

廣潛研堂說文答問疏證八卷　（清）承培元撰
　清光緒十八年(1892)廣雅書局刻本　一冊

310000－0242－0006860　U02.251－14/7.281

說文引經攷異十六卷　（清）柳榮宗撰　清咸豐二年(1852)刻本　四冊

310000－0242－0006861　U02.251－14/7.441

說文引經攷證八卷　（清）陳瑑撰　清同治十三年(1874)湖北崇文書局刻本　一冊

310000－0242－0006862　U02.251－14/7.441C2

說文引經攷證八卷　（清）陳瑑撰　清同治十三年(1874)湖北崇文書局刻本　一冊

310000－0242－0006863　U02.251－14/7.550

說文引經例辨三卷　（清）雷浚撰　清光緒十年(1884)雷氏刻本　一冊

310000－0242－0006864　U02.251－14/7.550C2

說文引經例辨三卷　（清）雷浚撰　清光緒十年(1884)雷氏刻本　一冊

310000－0242－0006865　U02.251－14/7.556

說文經校十三卷補遺一卷說文正俗一卷（清）楊廷瑞撰　清光緒十七年(1891)善化楊氏澂園刻本　二冊

310000－0242－0006866　U02.251－14/7.556C2

說文經校十三卷補遺一卷說文正俗一卷（清）楊廷瑞撰　清光緒十七年(1891)善化楊氏澂園刻本　一冊

310000－0242－0006867　U02.251－14/7.731

說文答問疏證六卷　（清）薛傳均撰　清光緒九年(1883)歸安姚氏刻本　一冊

310000－0242－0006868　U02.257－14/7.164

說文古籀補十四卷附錄一卷　（清）吳大澂撰　清光緒二十四年(1898)刻本　一冊

310000－0242－0006869　U02.257－14/7.454

說文古籀疏證六卷　（清）莊述祖撰　清光緒十一年(1885)刻本　四冊

310000－0242－0006870　U02.257－14/7.454C2

說文古籀疏證六卷　（清）莊述祖撰　清光緒二十年(1894)津郡明文堂刻本　四冊

310000－0242－0006871　U02.257－14/7.454C3

說文古籀疏證六卷　（清）莊述祖撰　清光緒二十年(1894)津郡明文堂刻本　四冊

310000－0242－0006872　U02.257－14/7.454C4

說文古籀疏證六卷　（清）莊述祖撰　清光緒二十年(1894)津郡明文堂刻本　四冊

310000－0242－0006873　U02.257－14/7.454C5

說文古籀疏證六卷　（清）莊述祖撰　清光緒二十年(1894)津郡明文堂刻本　四冊

310000－0242－0006874　U02.257－5/7.375

古籀拾遺三卷附宋政和禮器文字攷　（清）孫詒讓撰　清光緒十六年(1890)瑞安孫氏刻本　一冊

310000－0242－0006875　U02.257－5/7.375C2

古籀拾遺三卷附宋政和禮器文字攷　（清）孫詒讓撰　清同治十一年(1872)刻本　一冊

310000－0242－0006876　U02.257－5/7.375C4

古籀拾遺三卷附宋政和禮器文字攷　（清）孫詒讓撰　清光緒十四年(1888)溫州周孝廉刻本　一冊

310000－0242－0006877　U02.257－5/7.375C5

古籀拾遺三卷附宋政和禮器文字攷　（清）孫詒讓撰　清光緒十四年(1888)溫州周孝廉刻本　三冊

310000－0242－0006878　U02.257－5/7.375B

古籀遺論　（清）孫詒讓撰　清光緒二十九年(1903)抄本　一冊

310000－0242－0006879　U02.257－6/7.375C2

名原二卷　（清）孫詒讓撰　清光緒三十二年(1906)瑞安孫氏刻本　一冊

310000－0242－0006880　U02.257－6/7.375C3

名原二卷　（清）孫詒讓撰　清光緒三十二年(1906)瑞安孫氏刻本　一冊

310000－0242－0006881　U02.26－14/7.428

說文佚字考四卷　（清）張鳴珂撰　清光緒十三年(1887)豫章刻本　一冊

310000－0242－0006882　U02.26－14/7.520

說文新附攷六卷續攷一卷　（清）鈕樹玉撰　清同治十三年(1874)湖北崇文書局刻本　一冊

310000－0242－0006883　　U02.26－14/7.520C3

說文新附玫六卷續玫一卷　（清）鈕樹玉撰
清同治七年（1868）碧螺山館刻本　　二冊

310000－0242－0006884　　U02.26－14/7.520B

說文新附玫六卷續玫一卷　（清）鈕樹玉撰
清嘉慶六年（1801）非石居刻本　　一冊

310000－0242－0006885　　U02.26－14/7.661

說文逸字二卷附錄一卷　（清）鄭珍撰　清咸
豐八年（1858）山東福山王氏刻本　　一冊

310000－0242－0006886　　U02.26－14/7.661A

說文逸字辨證二卷　（清）鄭珍撰　（清）李楨
辨證　清光緒十一年（1885）畹蘭室刻本　　二冊

310000－0242－0006887　　U02.27－11/7.316

偏旁舉略　（清）姚文田輯　清杭州朱氏抱經
堂刻本　　一冊

310000－0242－0006888　　U02.27－14/7.271

說文解字部目　（清）胡澍撰　清同治五年
（1866）刻本　　一冊

310000－0242－0006889　　U02.27－14/7.428

說文揭原二卷　（清）張行孚撰　清光緒十年
（1884）後知不足齋刻本　　一冊

310000－0242－0006890　　U02.27－14/7.441

說文提要　（清）陳建侯撰　清光緒元年
（1875）湖北崇文書局刻本　　一冊

310000－0242－0006891　　U02.27－14/7.52

說文檢字　（清）毛謨輯　清嘉慶二十一年
（1816）刻本　　一冊

310000－0242－0006892　　U02.27－14/7.671C3

說文通檢十四卷首一卷末一卷　（清）黎永椿
編　清光緒元年（1875）湖北崇文書局刻本
一冊

310000－0242－0006893　　U02.27－14/7.671C4

說文通檢十四卷首一卷末一卷　（清）黎永椿
編　清光緒元年（1875）湖北崇文書局刻本
二冊

310000－0242－0006894　　U02.27－14/7.671C5

說文通檢十四卷首一卷末一卷　　（清）黎永椿

編　清光緒元年（1875）湖北崇文書局刻本
二冊

310000－0242－0006895　　U02.27－19/7.52

韻字略　（清）毛謨編　清光緒元年（1875）湖
北崇文書局刻本　　一冊

310000－0242－0006896　　U02.27－4/7.21

文字蒙求四卷　（清）王筠撰　清光緒十三年
（1887）梁谿浦氏石印本　　二冊

310000－0242－0006897　　U02.27－4/7.612

文字蒙求廣義四卷　（清）蒯光典撰　清光緒
二十七年（1901）江楚書局刻本　　五冊

310000－0242－0006898　　U02.27－4/7.612C2

文字蒙求廣義四卷　（清）蒯光典撰　清光緒
二十七年（1901）江楚書局刻本　　五冊

310000－0242－0006899　　U02.278－9/7.2

重文二卷附補遺　（清）丁午撰　清光緒八年
（1882）刻本　　一冊

310000－0242－0006900　　U02.28－10/5.456

班馬字類五卷　（宋）婁機輯　清光緒十七年
（1891）刻本　　二冊

310000－0242－0006901　　U02.28－15/353.791

影舊鈔卷子原本玉篇零卷　（南朝梁）顧野王
撰　清光緒十年（1884）刻本　　二冊

310000－0242－0006902　　U02.28－3/353.791C3

大廣益會玉篇三十卷　（南朝梁）顧野王撰
清道光三十年（1850）新化鄧氏刻本　　三冊

310000－0242－0006903　　U02.28－6/6.423C2

字彙十二卷首一卷末一卷　　（明）梅膺祚音釋
清康熙二十七年（1688）致和堂刻本　　三冊

310000－0242－0006904　　U02.28－6/7.115

字林考逸八卷附錄一卷補一卷補附錄一卷
（清）任大椿撰　清光緒十六年（1890）江蘇書
局刻本　　二冊

310000－0242－0006905　　U02.28－6/7.115C2

字林考逸八卷附錄一卷補一卷補附錄一卷
（清）任大椿撰　清光緒十六年（1890）江蘇書
局刻本　　二冊

310000－0242－0006906　U02.28－6/7.115C3

字林考逸八卷附錄一卷補一卷補附錄一卷
(清)任大椿撰　清光緒十六年(1890)江蘇書局刻本　二冊

310000－0242－0006907　U02.281－10/7.375

倉頡篇三卷續一卷補二卷　(清)孫星衍撰
清光緒十六年(1890)江蘇書局刻本　一冊

310000－0242－0006908　U02.281－10/7.402

倉頡篇校證二卷補遺一卷　(清)梁章鉅撰
清光緒五年(1879)刻本　二冊

310000－0242－0006909　U02.292－20/7.135

鐘鼎字源五卷　(清)汪立名書　清光緒五年
(1879)洞庭秦氏麟慶堂刻本　二冊

310000－0242－0006910　U02.292－5/7.674

古文審八卷首一卷　(清)劉心源撰　清光緒
十七年(1891)嘉魚劉氏龍江樓刻本　六冊

310000－0242－0006911　U02.292－5/7.674C2

古文審八卷首一卷　(清)劉心源撰　清光緒
十七年(1891)嘉魚劉氏龍江樓刻本　二冊

310000－0242－0006912　U02.292－8/7.674

奇觚室吉金文述二十卷　(清)劉心源撰　清
光緒二十八年(1902)石印本　十冊

310000－0242－0006913　U02.292－8/7.674C2

奇觚室吉金文述二十卷　(清)劉心源撰　清
光緒二十八年(1902)石印本　十冊

310000－0242－0006914　U02.292－8/7.674C3

奇觚室吉金文述二十卷　(清)劉心源撰　清
光緒二十八年(1902)石印本　十冊

310000－0242－0006915　U02.294－12/5.428

復古編二卷附校正一卷附錄一卷　(宋)張有
撰　清光緒八年(1882)淮南書局刻本　三冊

310000－0242－0006916　U02.294－12/5.428C2

復古編二卷附校正一卷附錄一卷　(宋)張有
撰　清光緒十八年(1892)香山劉氏小蘇齋刻
本　四冊

310000－0242－0006917　U02.294－12/5.428B

復古編二卷附校正一卷　(宋)張有撰　清乾
隆四十五年(1780)安邑葛鳴陽刻本　二冊

310000－0242－0006918　U02.294－21/57.420

續復古編四卷　(元)曹本撰　清光緒十二年
(1886)歸安姚氏咫進齋刻本　四冊

310000－0242－0006919　U02.294－6/5.412

汗簡六卷　(宋)郭忠恕撰　清光緒九年
(1883)上海點石齋石印本　一冊

310000－0242－0006920　U02.294－6/5.412C2

汗簡六卷　(宋)郭忠恕撰　清光緒十一年
(1885)寧波刻本　三冊

310000－0242－0006921　U02.294－6/5.412B

汗簡七卷　(宋)郭忠恕撰　清康熙四十二年
(1703)一隅草堂刻本　二冊

310000－0242－0006922　U02.294－6/7.661

汗簡箋正八卷　(清)鄭珍撰　清光緒十五年
(1889)廣雅書局刻本　四冊

310000－0242－0006923　U02.295－9/2.73

急就章　(漢)史游撰　(清)鈕樹玉校定　清
光緒十二年(1886)刻本　一冊

310000－0242－0006924　U02.295－9/7.441

急就篇　(清)陳本禮箋注　清嘉慶十七年
(1812)裛露軒刻本　一冊

310000－0242－0006925　U02.297－3/4.741

干祿字書　(唐)顏元孫撰　清光緒八年
(1882)常熟鮑氏後知不足齋刻本　一冊

310000－0242－0006926　U02.298－13/7.80

經字辨體八卷首一卷　(清)邱家煒編　清光
緒十一年(1885)蒲圻但氏刻本　四冊

310000－0242－0006927　U02.298－14/7.151

說文辨字正俗八卷　(清)李富孫撰　清嘉慶
二十三年(1818)刻本　四冊

310000－0242－0006928　U02.298－14/7.151C2

說文辨字正俗八卷　(清)李富孫撰　清嘉慶
二十三年(1818)刻本　四冊

310000－0242－0006929　U02.298－14/7.211

說文字辨十四卷　(清)林慶炳撰　清同治四
年(1865)刻本　四冊

313

310000 - 0242 - 0006930　U02.298 - 2/20

十三經集字音釋　（清）黃蕙田撰　清光緒三年(1877)抄本　四冊

310000 - 0242 - 0006931　U02.298 - 2/7.486C1

十三經集字摹本　（清）彭玉雯輯　清道光二十九年(1849)江右彭氏刻本　二冊

310000 - 0242 - 0006932　U02.298 - 2/7.486C2

十三經集字摹本　（清）彭玉雯輯　清道光二十九年(1849)江右彭氏刻本　二冊

310000 - 0242 - 0006933　U02.298 - 2/7.486C3

十三經集字摹本　（清）彭玉雯輯　清道光二十九年(1849)江右彭氏刻本　八冊

310000 - 0242 - 0006934　U02.298 - 20/7.441

釋字百韻　（清）陳勘撰　清光緒二年(1876)北京天華館石印本　一冊

310000 - 0242 - 0006935　U02.298 - 6/7.674

同音字辨四卷　（清）劉維坊輯　清咸豐元年(1851)文石閣刻本　四冊

310000 - 0242 - 0006936　U02.298 - 6/7.682C1

字學舉隅二卷　（清）龍啟瑞輯　清道光二十三年(1843)上海曙海樓刻本　一冊

310000 - 0242 - 0006937　U02.298 - 6/7.682C2

字學舉隅二卷　（清）龍啟瑞輯　清道光二十三年(1843)上海曙海樓刻本　一冊

310000 - 0242 - 0006938　U02.298 - 6/7.682C3

字學舉隅二卷　（清）龍啟瑞輯　清道光二十三年(1843)上海曙海樓刻本　一冊

310000 - 0242 - 0006939　U02.298 - 6/7.682C4

字學舉隅二卷　（清）龍啟瑞輯　清道光二十三年(1843)上海曙海樓刻本　一冊

310000 - 0242 - 0006940　U02.298 - 6/7.682C5

字學舉隅二卷　（清）龍啟瑞輯　清道光二十三年(1843)上海曙海樓刻本　一冊

310000 - 0242 - 0006941　U02.298 - 6/7.794

增廣字學舉隅四卷　（清）鐵珊撰　清同治十三年(1874)蘭州署郡刻本　二冊

310000 - 0242 - 0006942　U02.298 - 9/204

軍語字解　（清）京旗陸軍教練處編印　清末鉛印本　一冊

310000 - 0242 - 0006943　U02.3 - 11/7.2C11

康熙字典十二集附補遺備考　（清）聖祖玄燁纂　清光緒三十二年(1906)上海商務印書館石印本　六冊

310000 - 0242 - 0006944　U02.3 - 11/7.2C15

康熙字典十二集附補遺備考　（清）聖祖玄燁纂　清光緒十三年(1887)上海積山書屋刻本　二冊

310000 - 0242 - 0006945　U02.3 - 11/7.2C2

康熙字典十二集附補遺備考　（清）聖祖玄燁纂　清光緒十三年(1887)上海點石齋石印本　六冊

310000 - 0242 - 0006946　U02.3 - 11/7.2C4

康熙字典十二集附補遺備考　（清）聖祖玄燁纂　清光緒十一年(1885)上海同文書局刻本　六冊

310000 - 0242 - 0006947　U02.3 - 11/7.2C9

康熙字典十二集附補遺備考　（清）聖祖玄燁纂　清光緒七年(1881)刻本　八冊

310000 - 0242 - 0006948　U02.3 - 11/7.628

康熙字典撮要　（清）廣東倫敦教會編　清光緒四年(1878)刻本　三冊

310000 - 0242 - 0006949　U02.3 - 13/7.223

萬言肆雅　（清）屈曾發撰　清同治九年(1870)亦園刻本　六冊

310000 - 0242 - 0006950　U02.39 - 12/7.491

普通百科新大詞典　（清）黃摩西編　清宣統三年(1911)上海中國詞典公司鉛印本　五冊

310000 - 0242 - 0006951　U02.39 - 4/461

文科大辭典十二卷　（清）國學扶輪社編輯　清宣統三年(1911)作新社鉛印本　十二冊

310000 - 0242 - 0006952　U02.39 - 4/461C2

文科大辭典十二卷　（清）國學扶輪社編輯　清宣統三年(1911)作新社鉛印本　四冊

310000－0242－0006953　U02.41－16/7.705

錢氏詩音表一卷　（清）錢坫撰　清嘉慶十六年(1811)刻本　一冊

310000－0242－0006954　U02.41－5/7.682

古韻通說　（清）龍啟瑞撰　清光緒九年(1883)四川尊經書局刻本　四冊

310000－0242－0006955　U02.41－5/7.84

古韻標準四卷首一卷　（清）江永撰　清乾隆刻本　三冊

310000－0242－0006956　U02.42－10/7.767

唐韻輯署五卷附唐韻備考　（清）龐大堃撰　清同治十三年(1874)常熟龐氏刻本　一冊

310000－0242－0006957　U02.42－12/5.2

集韻十卷　（宋）丁度等撰　清嘉慶十九年(1814)刻本　十冊

310000－0242－0006958　U02.42－12/5.2C2

集韻十卷　（宋）丁度等撰　清光緒二年(1876)川東官舍刻本　十冊

310000－0242－0006959　U02.42－12/7.15

集韻考正十卷　（清）方成珪撰　清光緒五年(1879)瑞安孫氏刻本　二冊

310000－0242－0006960　U02.42－12/7.15C2

集韻考正十卷　（清）方成珪撰　清光緒五年(1879)瑞安孫氏刻本　十冊

310000－0242－0006961　U02.42－14/5.441C4

廣韻五卷附校記一卷　（宋）陳彭年等編　清道光三十年(1850)新化鄧氏刻本　三冊

310000－0242－0006962　U02.42－14/5.441C5

廣韻五卷附校記一卷　（宋）陳彭年等編　清道光三十年(1850)新化鄧氏刻本　三冊

310000－0242－0006963　U02.42－14/5.441C6

廣韻五卷附校記一卷　（宋）陳彭年等編　清康熙四十三年(1704)澤存堂張氏刻本　六冊

310000－0242－0006964　U02.42－17/5.752

附釋文互注禮部韻略五卷　（宋）歐陽德隆撰　清光緒二年(1876)歸安姚氏刻本　五冊

310000－0242－0006965　U02.42－19/5.164

韻補五卷附補正一卷　（宋）吳棫撰　清光緒九年(1883)邵武徐氏刻本　二冊

310000－0242－0006966　U02.42－4/5.64C2

切韻指掌圖一卷　（宋）司馬光撰　清光緒九年(1883)上海同文書局刻本　一冊

310000－0242－0006967　U02.42－4/5.64C3

切韻指掌圖一卷　（宋）司馬光撰　清光緒九年(1883)上海同文書局刻本　一冊

310000－0242－0006968　U02.42－4/5.64C4

切韻指掌圖一卷　（宋）司馬光撰　清光緒二十六年(1900)渭南嚴氏刻本　一冊

310000－0242－0006969　U02.43－5/57.491

古今韻會舉要三十卷　（元）黃公紹輯　清光緒九年(1883)淮南書局刻本　十冊

310000－0242－0006970　U02.43－8/5.2

附釋文互注禮部韻略五卷附韻略條式一卷　（宋）丁度撰　清光緒二年(1876)川東官舍刻本　五冊

310000－0242－0006971　U02.44－10/7.791

唐韻正二十卷古音表二卷　（清）顧炎武撰　清光緒十六年(1890)思賢講舍刻本　十二冊

310000－0242－0006972　U02.44－12/7.481C1

等韻一得內篇一卷外篇一卷補篇一卷　勞乃宣撰　清光緒二十四年(1898)吳橋官廨刻本　一冊

310000－0242－0006973　U02.44－12/7.481C2

等韻一得內篇一卷外篇一卷補篇一卷　勞乃宣撰　清光緒二十四年(1898)吳橋官廨刻本　二冊

310000－0242－0006974　U02.44－12/7.481C3

等韻一得內篇一卷外篇一卷補篇一卷　勞乃宣撰　清光緒二十四年(1898)吳橋官廨刻本　一冊

310000－0242－0006975　U02.44－13/7.491

新鐫彙音妙悟全集　（清）黃謙輯　清光緒三十一年(1905)石印本　一冊

310000－0242－0006976　U02.44－14/7.164

歌麻古韻考四卷　（清）吳樹聲撰　清同治八年（1869）刻本　四冊

310000－0242－0006977　U02.44－18/7.428

翻切簡可篇二卷　（清）張燮承撰　清同治十一年（1872）姑胥刻本　二冊

310000－0242－0006978　U02.44－18/7.428B

翻切入門簡易篇二卷　（清）張燮承撰　清咸豐六年（1856）四宜草堂刻本　一冊

310000－0242－0006979　U02.44－19/7.128

韻辨附文　（清）沈兆霖撰　清道光二十三年（1843）宏道書院刻本　四冊

310000－0242－0006980　U02.44－19/7.128C2

韻辨附文　（清）沈兆霖撰　清道光二十三年（1843）宏道書院刻本　一冊

310000－0242－0006981　U02.44－19/7.128A

韻學驪珠二卷　（清）沈乘麟輯　清光緒十八年（1892）華亭顧文善齋刻本　二冊

310000－0242－0006982　U02.44－19/7.15

韻詁　（清）方濬頤輯　清光緒四年（1878）淮南書局刻本　六冊

310000－0242－0006983　U02.44－19/7.441

韻綜附集字　（清）陳詒厚輯　清嘉慶十七年（1812）琴心書屋刻本　六冊

310000－0242－0006984　U02.44－19/7.550

韻府鉤沈五卷　（清）雷浚撰　清光緒十三年（1887）蘇城謝文翰刻本　三冊

310000－0242－0006985　U02.44－19/7.682

韻府萃音　（清）龍柏撰　清嘉慶九年（1804）六觀樓刻朱墨套印本　十二冊

310000－0242－0006986　U02.44－19/7.83

韻徵十六卷　（清）安吉撰　清道光十七年（1837）刻本　四冊

310000－0242－0006987　U02.44－19/7.84

韻歧五卷　（清）江昱撰　清光緒七年（1881）刻本　二冊

310000－0242－0006988　U02.44－19/7.84C2

韻歧五卷　（清）江昱撰　清光緒七年（1881）刻本　二冊

310000－0242－0006989　U02.44－4/7.151

六書系韻二十四卷附卷一卷檢字二卷　（清）李貞輯　清光緒十六年（1890）刻本　二十六冊

310000－0242－0006990　U02.44－4/7.151C2

六書系韻二十四卷附卷一卷檢字二卷　（清）李貞輯　清光緒十六年（1890）刻本　二十六冊

310000－0242－0006991　U02.44－4/7.151A

切韻攷四卷　（清）李鄴撰　清沈灝刻本　一冊

310000－0242－0006992　U02.44－4/7.375

今韻三辨三卷　（清）孫同元輯　清道光二十三年（1843）刻本　一冊

310000－0242－0006993　U02.44－4/7.441

切韻考六卷　（清）陳澧撰　清光緒八年（1882）番禺陳氏刻本　二冊

310000－0242－0006994　U02.44－4/7.441C3

切韻考六卷　（清）陳澧撰　清光緒十年（1884）成都書局刻本　三冊

310000－0242－0006995　U02.44－4/7.475

切音蒙引　（清）補勤先生編　清光緒九年（1883）八杉齋刻本　一冊

310000－0242－0006996　U02.44－4/7.73

分韻指南二卷　（清）史佩瑢輯　清道光二十九年（1849）永平府署刻本　二冊

310000－0242－0006997　U02.44－4/7.796

切音捷訣　（清）酈珩輯　清光緒六年（1880）諸暨摭古堂刻本　一冊

310000－0242－0006998　U02.44－5/7.225C1

古今韻略五卷　（清）邵長蘅纂　清康熙三十五年（1696）刻本　五冊

310000－0242－0006999　U02.44－5/7.225C2

古今韻略五卷　（清）邵長蘅纂　清康熙三十

五年(1696)刻本　　二冊

310000－0242－0007000　U02.44－5/7.271

古今中外音均通例　（清）胡垣撰　清光緒十四年(1888)刻本　　四冊

310000－0242－0007001　U02.44－5/7.316

古音諧八卷首一卷　（清）姚文田輯　清道光二十五年(1845)刻本　　六冊

310000－0242－0007002　U02.44－5/7.316C2

古音諧八卷首一卷　（清）姚文田輯　清道光二十五年(1845)刻本　　一冊

310000－0242－0007003　U02.44－5/7.316C3

古音諧八卷首一卷　（清）姚文田輯　清道光二十五年(1845)刻本　　六冊

310000－0242－0007004　U02.44－5/7.316A

四聲易知錄四卷　（清）姚文田輯　清嘉慶十七年(1812)刻本　　一冊

310000－0242－0007005　U02.44－5/7.674

四音定切四卷　（清）劉熙載撰　清光緒四年(1878)刻本　　四冊

310000－0242－0007006　U02.44－5/7.83

古韻溯源八卷　（清）安念祖等輯　清道光十九年(1839)親仁堂刻本　　二冊

310000－0242－0007007　U02.44－6/7.481

重訂合聲簡字譜　勞乃宣編　清光緒三十二年(1906)江寧刻本　　一冊

310000－0242－0007008　U02.44－6/7.556

字義聲韻辨異五卷首一卷　（清）楊維增撰　清光緒二十一年(1895)壽州刻本　　二冊

310000－0242－0007009　U02.44－8/7.151

佩文廣韻匯編五卷　（清）李元祺輯　清同治十一年(1872)金陵書局刻本　　二冊

310000－0242－0007010　U02.44－8/7.151C2

佩文廣韻匯編五卷　（清）李元祺輯　清同治十一年(1872)金陵書局刻本　　一冊

310000－0242－0007011　U02.44－9/7.2

音韻闡微十八卷　（清）聖祖玄燁纂　清光緒

七年(1881)淮南書局刻本　　五冊

310000－0242－0007012　U02.44－9/7.21

拼音字譜　（清）王炳耀撰　清光緒二十三年(1897)刻本　　二冊

310000－0242－0007013　U02.44－9/7.370B

述均十卷　（清）夏燮撰　清咸豐五年(1855)鄱陽官廨刻本　　二冊

310000－0242－0007014　U02.44－9/7.749

音分古義二卷附一卷　（清）戴煦撰　清光緒十二年(1886)新陽趙氏刻本　　二冊

310000－0242－0007015　U02.5－21/7.128

續方言疏證二卷　（清）沈齡撰　清光緒十二年(1886)刻本　　四冊

310000－0242－0007016　U02.5－4/2.488

方言十三卷續二卷續補一卷　（漢）揚雄撰（晉）郭璞注　清光緒十七年(1891)思賢講舍刻本　　三冊

310000－0242－0007017　U02.5－4/2.488C2

方言十三卷續二卷續補一卷　（漢）揚雄撰（晉）郭璞注　清光緒十七年(1891)思賢講舍刻本　　三冊

310000－0242－0007018　U02.5－4/7.705

方言箋疏十三卷　（清）錢繹撰　（清）王文韶校　清光緒十六年(1890)紅蝠山房刻本　　五冊

310000－0242－0007019　U02.51－18/7.705

邇言六卷　（清）錢大昭撰　清咸豐仁和韓氏刻本　　二冊

310000－0242－0007020　U02.51－21/7.393

續方言又補二卷附續後漢儒林傳補逸附南陵縣建置沿革表　徐乃昌編　清光緒二十一年(1895)南陵徐氏刻本　　一冊

310000－0242－0007021　U02.51－7/7.337

里語徵實三卷　（清）唐訓方輯　清光緒十七年(1891)刻本　　二冊

310000－0242－0007022　U02.52－14/7.420

滬語指南二卷　（清）曹鍾橙譯　清光緒三十四年(1908)上海美華鉛印本　　一冊

310000 - 0242 - 0007023　U02.52 - 14/7.420C1

滬語指南二卷　（清）曹鍾橙譯　清光緒三十四年(1908)上海美華鉛印本　一冊

310000 - 0242 - 0007024　U02.52 - 14/7.420C2

滬語指南二卷　（清）曹鍾橙譯　清光緒三十四年(1908)上海美華鉛印本　一冊

310000 - 0242 - 0007025　U02.52 - 14/7.420C4

滬語指南二卷　（清）曹鍾橙譯　清光緒三十四年(1908)上海美華鉛印本　一冊

310000 - 0242 - 0007026　U02.522 - 12/752C1

貳百字　（清）□□輯　清光緒二十九年(1903)鉛印本　一冊

310000 - 0242 - 0007027　U02.522 - 12/752C2

貳百字　（清）□□輯　清光緒二十九年(1903)鉛印本　一冊

310000 - 0242 - 0007028　U02.528 - 5/752

正粵謳　（清）招子庸撰　清光緒二十六年(1900)以文堂刻本　一冊

310000 - 0242 - 0007029　U02.58 - 18/7.481

簡字全譜　勞乃宣撰　清光緒三十三年(1907)金陵刻本　一冊

310000 - 0242 - 0007030　U02.58 - 18/7.481A

簡字五種　勞乃宣撰　清光緒三十二年至三十三年(1906 - 1907)桐鄉勞氏刻本　一冊

310000 - 0242 - 0007031　U02.61 - 13/393

匯學讀本二集四卷　（清）徐匯公塾編輯　清光緒十四年(1888)上海土山灣慈母堂鉛印本　四冊

310000 - 0242 - 0007032　U02.61 - 7/7.674

助字辨略五卷　（清）劉淇撰　清咸豐五年(1855)聊城海源閣刻本　五冊

310000 - 0242 - 0007033　U02.63 - 4/7.352

文通十卷　（清）馬建忠撰　清光緒二十四年(1898)上海商務印書館鉛印本　二冊

310000 - 0242 - 0007034　U02.797 - 13/7.654

傳音快字　（清）蔡錫勇撰　清光緒二十二年(1896)武昌刻本　一冊

310000 - 0242 - 0007035　U02.797 - 13/7.654C2

傳音快字　（清）蔡錫勇撰　清光緒二十二年(1896)武昌刻本　一冊

310000 - 0242 - 0007036　U02.81 - 12/7.248

童蒙記誦編二卷　（清）周保璋編　清光緒二十三年(1897)嘉定高漱芳齋刻本　二冊

310000 - 0242 - 0007037　U02.81 - 14/7.151

爾雅蒙求二卷　（清）李拔式編　清嘉慶三年(1798)刻本　四冊

310000 - 0242 - 0007038　U02.81 - 14/7.735

蒙學鏡六卷　（清）鍾天緯編　清光緒二十九年(1903)鉛印本　三冊

310000 - 0242 - 0007039　U02.81 - 15/7.148

課蒙舉隅二卷　（清）杜成章編　清光緒二十六年(1900)渝南輔仁講舍刻本　二冊

310000 - 0242 - 0007040　U02.81 - 15/7.622

養蒙針度五卷　（清）潘子聲編　清光緒十三年(1887)漁古山房刻本　二冊

310000 - 0242 - 0007041　U02.81 - 15/7.622C2

養蒙針度　（清）潘子聲編　清光緒十三年(1887)漁古山房刻本　二冊

310000 - 0242 - 0007042　U02.81 - 15/7.674

澄衷蒙學堂字課圖說四卷　（清）劉樹屏撰　清光緒二十七年(1901)澄衷蒙學堂石印本　八冊

310000 - 0242 - 0007043　U02.81 - 15/7.674C2

澄衷蒙學堂字課圖說四卷　（清）劉樹屏撰　清光緒二十七年(1901)澄衷蒙學堂石印本　八冊

310000 - 0242 - 0007044　U02.81 - 15/7.674C3

澄衷蒙學堂字課圖說四卷　（清）劉樹屏撰　清光緒二十七年(1901)澄衷蒙學堂石印本　四冊

310000 - 0242 - 0007045　U02.81 - 16/6.727A

龍文鞭影　（明）蕭良有纂輯　（明）楊臣諍增訂　（清）李恩綬校補　清光緒三十四年(1908)三讓堂刻本　二冊

310000 - 0242 - 0007046　U02.81 - 16/6.727B

龍文鞭影　（明）蕭良有纂輯　（明）楊臣諍增

訂　（清）李恩綬校補　清光緒二十年（1894）刻本　二冊

310000－0242－0007047　U02.81－3/5.21A

三字經訓詁　（宋）王應麟撰　（清）王相注
清光緒二十一年（1895）薇林草堂刻本　一冊

310000－0242－0007048　U02.81－3/5.21AC2

三字經訓詁　（宋）王應麟撰　（清）王相注
清光緒二十一年（1895）薇林草堂刻本　一冊

310000－0242－0007049　U02.81－3/5.21B

三字經注圖　（宋）王應麟撰　清末李光明莊
刻本　一冊

310000－0242－0007050　U02.81－3/5.21BC2

三字經注圖　（宋）王應麟撰　清末李光明莊
刻本　一冊

310000－0242－0007051　U02.81－3/5.566

三續千字文注一卷　（宋）葛剛正撰注　清咸
豐東郡楊氏海源閣影宋刻本　一冊

310000－0242－0007052　U02.81－3/6.98

朱楓林先生注釋小四書五卷　（明）朱升注
明崇禎十年（1637）刻本　一冊

310000－0242－0007053　U02.81－3/7.475C2

繪圖三千字文　（清）補拙居士編輯　（清）姜
嶽注釋　清光緒二十九年（1903）上海觀瀾閣
石印本　一冊

310000－0242－0007054　U02.81－3/8.506

三字經注解備要　（宋）王應麟撰　（清）賀興
思注解　清末李光明莊刻本　一冊

310000－0242－0007055　U02.81－3/8.506C2

三字經注解備要　（宋）王應麟撰　（清）賀興
思注　清末李光明莊刻本　一冊

310000－0242－0007056　U02.81－5/7.21

幼學歌五卷續一卷　（清）王用臣編次　清光
緒十一年（1885）深澤王氏刻本　二冊

310000－0242－0007057　U02.81－5/7.428

幼學歌五卷　（清）張壽鎬校　清光緒二十八
年（1902）四明張氏石印本　一冊

310000－0242－0007058　U02.81－9/7.61

崑陵左氏識字書　（清）左鎮撰　清光緒十年
（1884）刻本　一冊

310000－0242－0007059　U02.82－10/7.128

唐宋八家文讀本三十卷　（清）沈德潛輯　清
光緒十四年（1888）刻本　三冊

310000－0242－0007060　U02.82－3/7.775

小學韻語　（清）羅澤南撰　清咸豐六年
（1856）刻本　一冊

310000－0242－0007061　U02.82－3/7.775C2

小學韻語　（清）羅澤南撰　清咸豐六年
（1856）刻本　一冊

310000－0242－0007062　U02.82－5/7.21

古文資鏡　（清）王壽康輯　清咸豐五年
（1855）王氏刻本　二冊

310000－0242－0007063　U02.82－5/7.248

古文舉例　（清）鄒壽祺輯　清光緒三十一年
（1905）杭州史學齋刻本　六冊

310000－0242－0007064　U02.82－5/7.491

古文筆法百篇二十卷　（清）黃仁黼纂　清光
緒八年（1882）滇南書局刻本　六冊

310000－0242－0007065　U02.82－5/752

古今文繪　（清）陸次雲撰　清抄本　一冊

310000－0242－0007066　U02.82－6/7.248

朱子古文讀本六卷　（清）周大璋輯　清道光
二十八年（1848）長沙小瑯嬛山館刻本　三冊

310000－0242－0007067　U02.82－7/7.164

桐城吳氏古文讀本　（清）吳汝綸評選　清光
緒三十年（1904）上海文明書局鉛印本　一冊

310000－0242－0007068　U02.82－7/7.164C2

桐城吳氏古文讀本　（清）吳汝綸評選　清光
緒三十年（1904）上海文明書局鉛印本　二冊

310000－0242－0007069　U02.82－7/7.164C4

桐城吳氏古文讀本　（清）吳汝綸評選　清光
緒三十年（1904）上海文明書局鉛印本　四冊

310000－0242－0007070　U02.82－7/7.164C5

桐城吳氏古文讀本 （清）吳汝綸評選 清光緒三十年(1904)上海文明書局鉛印本 一冊

310000－0242－0007071 U02.82－8/7.491

明文授讀六十二卷 （清）黃宗羲纂 清康熙三十八年(1699)味芹堂刻本 三十二冊

310000－0242－0007072 U02.833－11/8.428

最新國文教科書 張元濟等編 清光緒三十三年(1907)上海商務印書館鉛印本 四冊

310000－0242－0007073 U02.833－11/8.98

高等小學國文新讀本 （清）朱樹人編 清光緒三十二年(1906)上海文明書局鉛印本 二冊

310000－0242－0007074 U02.84－4/8.407

中學文粹初編二卷二編二卷三編二卷四編二卷 （清）許貴編輯 清宣統元年(1909)上海文明書局鉛印本 五冊

310000－0242－0007075 U05.2－15/7.650

德字初桄二卷 （清）蔣煦撰 清光緒二十七年(1901)鉛印本 一冊

310000－0242－0007076 U25.9924－18/7.661

鵝湖講學會編 （清）鄭之僑編 清乾隆九年(1744)鄭氏述堂刻本 三冊

310000－0242－0007077 SU02.08－4/6.342

五雅全書五種四十一卷 （明）郎奎金輯 明天啓六年(1626)郎氏堂策檻刻本 六冊

310000－0242－0007078 SU02.08－5/6.460

四雅 （明）畢效欽校刊 明嘉靖四十二年(1563)刻本 二十冊

310000－0242－0007079 SU02.19－5/6.791

古雋考略四卷 （明）顧充輯 明萬曆十五年(1587)刻本 四冊

310000－0242－0007080 SU02.19－5/6.791C2

古雋考略四卷 （明）顧充輯 清康熙四十三年(1704)興麟堂刻本 十冊

310000－0242－0007081 SU02.19－5/6.791C3

古雋考略四卷 （明）顧充輯 明萬曆三年(1575)刻本 五冊

310000－0242－0007082 SU02.25－14/7.705

說文分類榷失六卷 （清）錢大昭撰 清乾隆五十五年(1790)得自怡齋稿本 一冊

310000－0242－0007083 SU02.28－19/6.501

類纂古文字考五卷 （明）都俞編 明萬曆二十四年(1596)刻本 五冊

310000－0242－0007084 SU02.28－3/353.791

大廣益會玉篇 （南朝梁）顧野王撰 清康熙四十三年(1704)澤存堂張氏刻本 三冊

310000－0242－0007085 SU02.28－6/57.151

字鑑五卷 （元）李文仲撰 清道光五年(1825)海昌許氏罩經書塾刻本 四冊

310000－0242－0007086 SU02.28－6/57.151C2

字鑑五卷 （元）李文仲撰 清康熙刻本 三冊

310000－0242－0007087 SU02.28－6/6.423

字彙十二卷首一卷末一卷 （明）梅膺祚撰 明萬曆四十三年(1615)刻本 十四冊

310000－0242－0007088 SU02.295－14/5.456

漢隸字源五卷碑目一卷 （宋）婁機撰 明虞山毛氏汲古閣刻本 六冊

310000－0242－0007089 SU02.298－6/6.135

同文千字文二卷 （明）汪以成撰 明萬曆十年(1582)刻本 四冊

310000－0242－0007090 SU02.3－11/7.2

康熙字典十二集附補遺備考 （清）聖祖玄燁纂 清光緒七年(1881)刻本 四十冊

310000－0242－0007091 SU02.3－11/7.2C2

康熙字典十二集附補遺備考 （清）聖祖玄燁纂 清光緒九年(1883)上海同文書局影印本 六冊

310000－0242－0007092 SU02.42－4/56.722

五音類聚四聲篇十五卷 （金）韓道昭撰 明成化三年(1467)釋文儒刻本 十冊

310000－0242－0007093 SU02.43－19/57.449.6

新增說文韻府羣玉二十卷 （元）陰時夫輯 (元)陰中夫編 （明）王元貞校正 明萬曆十八年(1590)刻本 四冊

310000－0242－0007094　SU02.43－19/6.716

元聲韻學大成四卷　（明）濮陽淶撰　明萬曆八年(1580)刻本　八冊

310000－0242－0007095　SU02.43－9/6.668

洪武正韻十六卷　（明）樂韶鳳等撰　明刻本五冊

310000－0242－0007096　SU02.44－19/7.622

類音八卷　（清）潘耒撰　清雍正刻本　八冊

310000－0242－0007097　SU02.911－14/752

滿文音注　（清）□□編　清抄本　一冊

310000－0242－0007098　V17.1－9/7.705

衍石齋記事續稿十卷續良吏述一卷旅逸小稿二卷刻楮集四卷　（清）錢儀吉撰　清道光十二年至光緒六年(1832－1880)刻本　七冊存八卷(衍石齋記事續稿三至十)

310000－0242－0007099　V20.15－16/7.428

歷代宮閨詠事詩四卷　（清）張芝田撰　清光緒二十二年(1896)榕蔭山房刻本　四冊

310000－0242－0007100　V20.18－13/7.428B

楚天樵話二卷　（清）張清標撰　清光緒十八年(1892)漢州甑山書院刻本　一冊

310000－0242－0007101　V21－10/5.247

烏臺詩案一卷　（宋）朋九萬撰　清元和江氏刻本　一冊

310000－0242－0007102　V21－4/353.674

文心雕龍十卷　（南朝梁）劉勰撰　（清）黃叔琳注　清道光十三年(1833)兩廣節署刻本一冊

310000－0242－0007103　V21－4/353.674C10

文心雕龍十卷　（南朝梁）劉勰撰　（清）黃叔琳注　清道光十三年(1833)兩廣節署刻本四冊

310000－0242－0007104　V21－4/353.674C11

文心雕龍十卷　（南朝梁）劉勰撰　（清）黃叔琳注　清光緒三年(1877)武漢崇文書局刻本一冊

310000－0242－0007105　V21－4/353.674C12

文心雕龍十卷　（南朝梁）劉勰撰　清刻本一冊

310000－0242－0007106　V21－4/353.674C13

文心雕龍十卷　（南朝梁）劉勰撰　（清）黃叔琳注　清乾隆三年(1738)刻本　一冊

310000－0242－0007107　V21－4/353.674C14

文心雕龍十卷　（南朝梁）劉勰撰　（清）黃叔琳注　清乾隆三年(1738)刻本　二冊

310000－0242－0007108　V21－4/353.674C16

文心雕龍十卷　（南朝梁）劉勰撰　（清）黃叔琳注　清光緒二十一年(1895)學庫山房刻本四冊

310000－0242－0007109　V21－4/353.674C17

文心雕龍十卷　（南朝梁）劉勰撰　（清）張松孫輯注　清乾隆五十六年(1791)刻本　四冊

310000－0242－0007110　V21－4/353.674C18

文心雕龍十卷　（南朝梁）劉勰撰　清道光十三年(1833)兩廣節署刻本　一冊

310000－0242－0007111　V21－4/353.674C19

文心雕龍十卷　（南朝梁）劉勰撰　（清）黃叔琳注　清乾隆三年(1738)刻本　一冊

310000－0242－0007112　V21－8/5.170

東萊先生古文關鍵二卷　（宋）呂祖謙評　清光緒末年江蘇書局刻本　二冊

310000－0242－0007113　V21.11－13/7.464

詩法舉要三卷　（清）符葆森等輯並評　清咸豐四年(1854)嶺海樓刻本　一冊

310000－0242－0007114　V21.11－17/7.21

聲調三譜五種　（清）王祖源輯　清光緒八年(1882)福山王氏刻本　二冊

310000－0242－0007115　V21.11－4/7.151

分類詩腋八卷　（清）李槓編　清光緒五年(1879)掃葉山房刻本　四冊

310000－0242－0007116　V21.13－13/7.316

詩詞韻輯二種　（清）姚詩雅輯　清同治四年(1865)景石齋刻本　四冊

310000-0242-0007117　V21.13-8/7.248

佩文詩韻釋要五卷　（清）周蓮塘撰　清光緒十八年(1892)浙江書局刻本　一冊

310000-0242-0007118　V21.13-8/7.248C2

佩文詩韻釋要五卷　（清）周蓮塘撰　清光緒十八年(1892)浙江書局刻本　一冊

310000-0242-0007119　V21.13-8/7.248C3

佩文詩韻釋要五卷　（清）周蓮塘撰　陸潤庠校　清宣統三年(1911)上海商務印書館影印本　二冊

310000-0242-0007120　V21.137-13/7.471A

詩韻合璧五卷　（清）湯文潞原輯　清咸豐七年(1857)刻本　五冊

310000-0242-0007121　V21.18-10/7.265

峴傭說詩一卷　（清）施補華撰　清光緒十三年(1887)濟南刻本　一冊

310000-0242-0007122　V21.18-11/5.170

紫薇詩話一卷　（宋）呂本中撰　明末毛氏汲古閣刻本　一冊

310000-0242-0007123　V21.18-11/7.15

陶詩坿玫一卷跋南雷文定一卷　（清）方東樹撰　清光緒十六年(1890)刻本　一冊

310000-0242-0007124　V21.18-11/7.21C2

帶經堂詩話三十卷首一卷　（清）王士禛撰　清同治十二年(1873)廣州藏修堂刻本　十二冊

310000-0242-0007125　V21.18-11/7.21C3

帶經堂詩話三十卷首一卷　（清）王士禛撰　清同治十二年(1873)廣州藏修堂刻本　二冊

310000-0242-0007126　V21.18-12/7.562

煮藥漫抄二卷　（清）葉煒撰　清光緒十七年(1891)金陵刻本　一冊

310000-0242-0007127　V21.18-13/7.300

歲寒堂讀杜二十卷　（清）范鏏雲撰　清道光二十四年(1844)蘇州范氏家祠刻本　六冊

310000-0242-0007128　V21.18-14/7.402

閩川閨秀詩話四卷　（清）梁章鉅撰　清光緒

元年(1875)福州梁氏刻本　二冊

310000-0242-0007129　V21.18-15/4.164

樂府古題要解二卷　（唐）吳兢撰　清刻本　二冊

310000-0242-0007130　V21.18-15/7.622A

緝雅堂詩話二卷　（清）潘衍桐撰　清光緒十七年(1891)杭州刻本　一冊

310000-0242-0007131　V21.18-2/5.248

二老堂詩話一卷　（宋）周必大撰　明汲古閣刻本　一冊

310000-0242-0007132　V21.18-7/7.320B

我法集二卷　（清）紀昀撰　（清）紀樹馨編　清嘉慶五年(1800)河間紀氏閱微草堂刻本　二冊

310000-0242-0007133　V21.18-7/7.674

杜工部詩話不分卷　（清）劉鳳誥撰　清宣統三年(1911)上海掃葉山房石印本　一冊

310000-0242-0007134　V21.18-7/7.73

杜詩瑣證二卷　（清）史炳撰　清道光五年(1825)句儉山房刻本　四冊

310000-0242-0007135　V21.18-8/7.271

東目館詩見四卷　（清）胡壽芝撰　清嘉慶十一年(1806)有倏然處刻本　四冊

310000-0242-0007136　V21.18-9/5.407

彥周詩話一卷　（宋）許顗撰　明末毛氏汲古閣刻本　一冊

310000-0242-0007137　V21.18-9/7.15

昭昧詹言十卷續八卷續錄二卷　（清）方東樹撰　清光緒十七年(1891)刻本　六冊

310000-0242-0007138　V21.18-9/7.375

眉韻樓詩話八卷　孫雄撰　清光緒三十四年(1908)益森公司鉛印本　二冊

310000-0242-0007139　V21.18-9/7.375C2

眉韻樓詩話八卷　孫雄撰　清光緒三十四年(1908)益森公司鉛印本　二冊

310000-0242-0007140　V21.183-11/7.540

陶詩彙評四卷東坡和陶合箋四卷　（清）溫汝能纂評　清嘉慶十二年（1807）聽松閣刻本　四冊

310000－0242－0007141　V21.184－6/5.33

全唐詩話六卷　（宋）尤袤撰　明崇禎虞山毛氏汲古閣刻本　六冊

310000－0242－0007142　V21.184－6/5.33C

重訂全唐詩話六卷　（宋）尤袤輯　（清）孫濤訂　清宣統三年（1911）上海三樂堂石印本　一冊

310000－0242－0007143　V21.185－14/5.271

漁隱叢話前集六十卷　（宋）胡仔纂集　清乾隆五年（1740）耘經樓刻本　一冊　存八卷（一至八）

310000－0242－0007144　V21.187－14/7.21

漁洋山人秋柳詩箋注一卷　（清）王士禎撰　清同治十一年（1872）刻本　一冊

310000－0242－0007145　V21.187－15/7.622

養一齋詩話十卷附養一齋李杜詩話三卷　（清）潘德輿撰　清道光十六年（1836）刻本　六冊

310000－0242－0007146　V21.187－15/7.622C2

養一齋詩話十卷附養一齋李杜詩話三卷　（清）潘德輿撰　清上海掃葉山房石印本　一冊

310000－0242－0007147　V21.187－15/7.622C3

養一齋詩話十卷附養一齋李杜詩話三卷　（清）潘德輿撰　清道光十六年（1836）刻本　八冊

310000－0242－0007148　V21.187－16/7.211

樵隱詩話十三卷　（清）林鈞著　清光緒二年（1876）刻本　六冊

310000－0242－0007149　V21.187－9/7.122

柳亭詩話三十卷　（清）宋俊撰　清康熙四十六年（1707）天茁園刻本　十二冊

310000－0242－0007150　V21.187－9/7.122C2

柳亭詩話三十卷　（清）宋俊撰　清康熙四十六年（1707）天茁園刻本　十六冊

310000－0242－0007151　V21.85－7/7.434

宋詩紀事補遺一百卷補正四卷　（清）陸心源編　清光緒十九年（1893）刻本　五冊

310000－0242－0007152　V21.86－8/7.441

明詩紀事甲籤至辛籤一百八十七卷　（明）陳田輯　清光緒二十五年（1899）貴陽陳氏聽詩齋刻本　三十四冊

310000－0242－0007153　V23.111－12/7.565

詞律二十卷拾遺八卷補遺一卷　（清）萬樹輯　（清）恩錫　（清）杜文瀾同校　清光緒二年（1876）吳下刻本　十六冊

310000－0242－0007154　V23.111－4/7.562

天籟軒詞譜五卷附天籟軒詞韻一卷　（清）葉申薌編　清道光九年（1829）刻本　六冊

310000－0242－0007155　V23.111－6/7.705

有真意齋詞譜三卷　（清）錢裕撰　清道光二十一年（1841）吳門敦本堂刻本　二冊

310000－0242－0007156　V23.111－9/37

紅荳軒詞牌不分卷　（清）孔傳鐸輯　清康熙寫刻本　一冊

310000－0242－0007157　V23.118－12/5.428

詞源二卷附詞旨一卷　（宋）張炎編　清道光八年（1828）刻本　一冊

310000－0242－0007158　V23.118－12/5.428C2

詞源二卷附詞旨一卷　（宋）張炎編　清道光八年（1828）刻本　一冊

310000－0242－0007159　V23.118－12/7.393A

詞苑叢談十二卷　（清）徐釚編　清康熙二十七年（1688）蛾術齋刻本　六冊

310000－0242－0007160　V23.118－12/7.661

詞原斠律二卷　鄭文焯撰　清書帶草堂刻本　一冊

310000－0242－0007161　V23.118－5/7.441B

白雨齋詞話三卷附詩鈔一卷詞存一卷　（清）陳廷焯撰　清光緒二十年（1894）刻本　二冊

310000 – 0242 – 0007162　V23.118 – 5/7.441BC2

白雨齋詞話三卷附詩鈔一卷詞存一卷　（清）陳廷焯撰　清光緒二十年(1894)刻本　三冊

310000 – 0242 – 0007163　V23.118 – 9/7.15

香研居詞麈五卷　（清）方成培撰　清嘉慶四年(1799)桐川顧氏刻本　二冊

310000 – 0242 – 0007164　V23.18 – 12/7.84

詞學集成八卷　（清）江順詒輯　（清）宗山參訂　清光緒七年(1881)刻本　一冊

310000 – 0242 – 0007165　V23.18 – 15/7.164C2

蓮子居詞話四卷　（清）吳衡照輯　清同治六年(1867)汪氏振綺堂刻本　一冊

310000 – 0242 – 0007166　V24.9 – 8/57.491

青樓集一卷附雜纂三卷　（元）黃雪簑輯　明嘉靖青藜館刻本　一冊

310000 – 0242 – 0007167　V25 – 4/5.717C2

疊山先生文章軌範七卷　（宋）謝枋得評選　清同治五年(1866)望三益齋刻本　一冊

310000 – 0242 – 0007168　V25 – 4/5.717/C3

疊山先生文章軌範七卷　（宋）謝枋得評選　清光緒二十一年(1895)湖北書局刻朱墨套印本　二冊

310000 – 0242 – 0007169　V25.18 – 13/7.562

葉氏睿吾樓文話十六卷　（清）葉元墀撰　清道光十三年(1833)葉氏刻本　四冊

310000 – 0242 – 0007170　V25.18 – 14/7.491

夢陔堂文說十一篇　（清）黃承吉撰　清道光二十一年(1841)刻本　二十四冊

310000 – 0242 – 0007171　V25.18 – 14/7.565

摘錄文法一揆一卷　（清）萬立鈞輯　清光緒十六年(1890)陽羨書院刻本　一冊

310000 – 0242 – 0007172　V25.18 – 16/7.375

繪山書院文話四卷　（清）孫萬春著　清光緒十一年(1885)孫氏家塾刻本　四冊

310000 – 0242 – 0007173　V25.18 – 4/7.352

文頌二卷　（清）馬榮祖撰　清雍正十二年(1734)刻本　一冊

310000 – 0242 – 0007174　V25.18 – 4/8.575

文鑰二卷　鄒福保輯　清宣統二年(1910)江蘇存古學堂鉛印本　二冊

310000 – 0242 – 0007175　V25.18 – 5/8.337

古人論文大義二卷　（清）唐文治述　清宣統元年(1909)鉛印本　二冊

310000 – 0242 – 0007176　V25.18 – 7/7.170

呂晚村先生論文彙鈔不分卷　（清）呂留良撰　（清）曹鑬輯　清康熙五十三年(1714)刻本　一冊

310000 – 0242 – 0007177　V25.87 – 8/7.402

制義叢話二十四卷　（清）梁章鉅撰　清道光二十三年(1843)刻本　八冊

310000 – 0242 – 0007178　V25.87 – 8/7.402C2

制義叢話二十四卷　（清）梁章鉅撰　清道光二十三年(1843)刻本　八冊

310000 – 0242 – 0007179　V25.918 – 13/7.61

瑞芝堂四六注釋八卷　（清）左潢撰　清嘉慶七年(1802)藤花書舫刻本　四冊

310000 – 0242 – 0007180　V25.918 – 5/7.375

四六叢話三十三卷選詩叢話一卷　（清）孫梅輯　清光緒七年(1881)吳下刻本　二冊

310000 – 0242 – 0007181　V25.918 – 7/7.486

宋四六話十二卷　（清）彭元瑞撰　清道光二十六年(1846)潘氏刻本　四冊

310000 – 0242 – 0007182　V27 – 16/7.428

儒林外史評二卷　（清）張文虎撰　清光緒十一年(1885)上海寶文閣刻本　二冊

310000 – 0242 – 0007183　V27 – 5/7.21

石頭記評贊五種　（清）王希廉撰　清同治十三年(1874)金陵刻本　四冊

310000 – 0242 – 0007184　V27 – 9/7.21

紅樓夢評贊附九種　（清）王雪香撰　清光緒二年(1876)滬上刻本　三冊

310000 – 0242 – 0007185　V27 – 9/758

紅樓夢偶說二卷　簣覆山房編　清光緒二年(1876)簣覆山房刻本　一冊

310000－0242－0007186　V30－11/8.164

涵芬樓古今文鈔一百卷　吳曾祺纂　清宣統
二年(1910)上海商務印書館鉛印本　一百冊

310000－0242－0007187　V30－11/8.164C2

涵芬樓古今文鈔一百卷　吳曾祺纂　清宣統
二年(1910)上海商務印書館鉛印本　一百冊

310000－0242－0007188　V30－11/8.164C4

涵芬樓古今文鈔一百卷　吳曾祺纂　清宣統
二年(1910)上海商務印書館鉛印本　二十五
冊

310000－0242－0007189　V30－11/8.164C5

涵芬樓古今文鈔一百卷　吳曾祺纂　清宣統
二年(1910)上海商務印書館鉛印本　一百冊

310000－0242－0007190　V30－13/7.527C2

經史百家雜鈔二十六卷　(清)曾國藩纂　清
光緒三十二年(1906)上海商務印書館鉛印本
三冊

310000－0242－0007191　V30－13/7.527C3

經史百家雜鈔二十六卷　(清)曾國藩纂　清
光緒三十二年(1906)上海商務印書館鉛印本
十二冊

310000－0242－0007192　V30－13/7.527C6

經史百家雜鈔二十六卷　(清)曾國藩纂　清
光緒三十一年(1905)上海商務印書館鉛印本
三冊

310000－0242－0007193　V30－13/7.527C7

經史百家雜鈔二十六卷　(清)曾國藩纂　清
光緒三十二年(1906)上海商務印書館鉛印本
二冊

310000－0242－0007194　V30－13/7.527C9

經史百家雜鈔二十六卷　(清)曾國藩纂　清
光緒三十二年(1906)上海商務印書館鉛印本
十二冊

310000－0242－0007195　V30－15/7.674

諸葛宗岳史四公文集四種　(清)劉質慧輯
清同治十二年(1873)三原劉氏述荊堂刻本
十四冊

310000－0242－0007196　V30－16/7.434C2

歷朝名媛詩詞十二卷　(清)陸昶評選　清乾
隆三十八年(1773)紅樹樓刻本　八冊

310000－0242－0007197　V30－16/7.735

駢體文略二十九卷　(清)楊鍾廣輯　清光緒
十四年(1888)刻本　二冊

310000－0242－0007198　V30－2/7.758

八代文粹二百二十卷　(清)簡燊　(清)陳崇
哲編　清光緒十一年(1885)富順考雋堂刻本
十六冊

310000－0242－0007199　V30－21/7.21C2

續古文辭類纂三十四卷　王先謙輯　清光緒
十一年(1885)行素草堂刻本　四冊

310000－0242－0007200　V30－21/7.21C7

續古文辭類纂三十四卷　王先謙輯　清光緒
三十三年(1907)上海商務印書館鉛印本　一
冊

310000－0242－0007201　V30－21/7.21C8

續古文辭類纂三十四卷　王先謙輯　清光緒
八年(1882)虛受堂刻本　四冊

310000－0242－0007202　V30－21/7.21C9

續古文辭類纂三十四卷　王先謙輯　清光緒
八年(1882)虛受堂刻本　八冊

310000－0242－0007203　V30－21/7.21B

續古文辭類纂　王先謙輯　清抄本　三冊

310000－0242－0007204　V30－21/7.375

續古文苑二十卷　(清)孫星衍纂　清光緒九
年(1883)江蘇書局刻本　六冊

310000－0242－0007205　V30－21/7.375C2

續古文苑二十卷　(清)孫星衍纂　清光緒九
年(1883)江蘇書局刻本　四冊

310000－0242－0007206　V30－21/7.375C3

續古文苑二十卷　(清)孫星衍纂　清光緒九
年(1883)江蘇書局刻本　四冊

310000－0242－0007207　V30－21/7.375C4

續古文苑二十卷　(清)孫星衍纂　清光緒九
年(1883)江蘇書局刻本　四冊

310000 - 0242 - 0007208　V30 - 21/7.375C5

續古文苑二十卷　（清）孫星衍纂　清光緒九年(1883)江蘇書局刻本　六冊

310000 - 0242 - 0007209　V30 - 21/7.375C6

續古文苑二十卷　（清）孫星衍纂　清冶城山館刻本　十冊

310000 - 0242 - 0007210　V30 - 21/7.375C7

續古文苑二十卷　（清）孫星衍纂　清冶城山館刻本　十冊

310000 - 0242 - 0007211　V30 - 21/7.375C8

續古文苑二十卷　（清）孫星衍纂　清光緒十一年(1885)朱氏槐廬家塾刻本　六冊

310000 - 0242 - 0007212　V30 - 21/7.375C9

續古文苑二十卷　（清）孫星衍纂　清光緒十一年(1885)朱氏槐廬家塾刻本　二冊

310000 - 0242 - 0007213　V30 - 21/7.671C4

續古文辭類纂二十八卷　（清）黎庶昌纂　清光緒二十一年(1895)金陵狀元閣刻本　四冊

310000 - 0242 - 0007214　V30 - 21/7.671C5

續古文辭類纂二十八卷　（清）黎庶昌纂　清光緒十五年(1889)刻本　十二冊

310000 - 0242 - 0007215　V30 - 4/353.727

文選六十卷　（南朝梁）蕭統撰　（唐）李善注　清宣統三年(1911)上海會文堂石印本　十六冊

310000 - 0242 - 0007216　V30 - 4/353.727C12

文選六十卷　（南朝梁）蕭統撰　（唐）李善注　清同治八年(1869)金陵書局刻本　二冊

310000 - 0242 - 0007217　V30 - 4/353.727C14

文選六十卷附文選考異十卷　（南朝梁）蕭統撰　（唐）李善注　清光緒六年(1880)四明林植梅刻本　八冊

310000 - 0242 - 0007218　V30 - 4/353.727C15

文選六十卷附文選考異十卷　（南朝梁）蕭統撰　（唐）李善注　清宣統三年(1911)上海會文堂石印本　十六冊

310000 - 0242 - 0007219　V30 - 4/353.727C18

文選六十卷　（南朝梁）蕭統撰　（唐）李善注　清同治八年(1869)金陵書局刻本　十冊

310000 - 0242 - 0007220　V30 - 4/353.727C19

文選六十卷　（南朝梁）蕭統撰　（唐）李善注　清同治八年(1869)金陵書局刻本　六冊

310000 - 0242 - 0007221　V30 - 4/353.727C20

文選六十卷　（南朝梁）蕭統撰　（唐）李善注　清同治八年(1869)金陵書局刻本　八冊

310000 - 0242 - 0007222　V30 - 4/353.727C26

文選六十卷　（南朝梁）蕭統纂　（唐）李善注　（清）葉樹藩參訂　清乾隆三十七年(1772)長洲葉氏海錄軒刻本　十二冊

310000 - 0242 - 0007223　V30 - 4/353.727C3

文選六十卷附文選考異十卷　（南朝梁）蕭統撰　（唐）李善注　清同治八年(1869)湖北崇文書局刻本　二十四冊

310000 - 0242 - 0007224　V30 - 4/353.727C4

文選六十卷附文選考異十卷　（南朝梁）蕭統撰　（唐）李善注　清光緒十八年(1892)上海古香閣石印本　四冊

310000 - 0242 - 0007225　V30 - 4/353.727C7

文選六十卷　（南朝梁）蕭統撰　（唐）李善注　清同治八年(1869)金陵書局刻本　十冊

310000 - 0242 - 0007226　V30 - 4/5.368

西山先生真文忠公文章正宗二十四卷續文章正宗二十卷　（宋）真德秀纂　明末刻本　二十冊

310000 - 0242 - 0007227　V30 - 4/5.368C2

西山先生真文忠公文章正宗二十四卷續文章正宗二十卷　（宋）真德秀纂　清金閶文樞堂刻本　十六冊

310000 - 0242 - 0007228　V30 - 4/6.21

文選刪注十二卷　（明）王象乾撰　明刻本　十二冊

310000 - 0242 - 0007229　V30 - 4/6.428

文選纂注二十四卷附音釋二十四卷　（明）張鳳翼撰　清刻本　十二冊

310000 – 0242 – 0007230　V30 – 4/7.98

文選集釋二十四卷　（清）朱珔撰　清光緒元年(1875)涇川朱氏梅村家塾刻本　十二冊

310000 – 0242 – 0007231　V30 – 5/5.406

古文苑二十一卷　（宋）章樵注　清光緒十二年(1886)江蘇書局刻本　一冊

310000 – 0242 – 0007232　V30 – 5/5.406C2

古文苑二十一卷　（宋）章樵注　清光緒十二年(1886)江蘇書局刻本　四冊

310000 – 0242 – 0007233　V30 – 5/5.406C3

古文苑二十一卷　（宋）章樵注　清光緒十二年(1886)江蘇書局刻本　四冊

310000 – 0242 – 0007234　V30 – 5/6.622

古逸書三十卷　（明）潘基慶輯　清抄本　三十二冊

310000 – 0242 – 0007235　V30 – 5/7.164C5

古文觀止十二卷　（清）吳乘權　（清）吳大職編　（清）吳留村鑒定　清狀元閣刻本　六冊

310000 – 0242 – 0007236　V30 – 5/7.2C2

古文淵鑑六十四卷　（清）聖祖玄燁撰　（清）徐乾學注　清康熙二十四年(1685)刻五色套印本　三十二冊

310000 – 0242 – 0007237　V30 – 5/7.2C3

古文淵鑑六十四卷　（清）聖祖玄燁撰　（清）徐乾學注　清同治十二年(1873)浙江書局刻本　三十冊

310000 – 0242 – 0007238　V30 – 5/7.211

古文析義十六卷　（清）林雲銘評注　清康熙五十五年(1716)刻本　十六冊

310000 – 0242 – 0007239　V30 – 5/7.316C14

古文辭類纂七十四卷　（清）姚鼐纂　清同治八年(1869)江蘇書局刻本　四冊

310000 – 0242 – 0007240　V30 – 5/7.316C15

古文辭類纂七十四卷　（清）姚鼐纂　清光緒十年(1884)行素草堂刻本　十二冊

310000 – 0242 – 0007241　V30 – 5/7.316C17

古文辭類纂七十四卷　（清）姚鼐纂　清光緒

十八年(1892)席氏掃葉山房刻本　七冊

310000 – 0242 – 0007242　V30 – 5/7.316C19

正續古文辭類纂正七十四卷續三十四卷　（清）姚鼐　王先謙纂　清光緒三十三年(1907)上海商務印書館鉛印本　十二冊

310000 – 0242 – 0007243　V30 – 5/7.316C22

古文辭類纂七十五卷　（清）姚鼐纂　清光緒二十七年(1901)滁州李氏求要堂刻本　十二冊

310000 – 0242 – 0007244　V30 – 5/7.316C24

古文辭類纂七十四卷　（清）姚鼐纂　清光緒二十七年(1901)滁州李氏求要堂刻本　六冊

310000 – 0242 – 0007245　V30 – 5/7.316C7

古文辭類纂七十四卷　（清）姚鼐纂　清光緒三十三年(1907)上海商務印書館鉛印本　二冊

310000 – 0242 – 0007246　V30 – 5/7.316C9

古文辭類纂七十五卷附續編三十四卷　（清）姚鼐纂　清乾隆三年(1738)上海會文堂書局刻本　二十冊

310000 – 0242 – 0007247　V30 – 5/7.329

古文眉詮七十九卷首一卷　（清）浦起龍評論　清乾隆九年(1744)靜寄東軒刻本　二十冊

310000 – 0242 – 0007248　V30 – 5/7.337

古文翼八卷　（清）唐德宜纂　清光緒十九年(1893)穀經國莊刻本　八冊

310000 – 0242 – 0007249　V30 – 5/7.423

古文詞略二十四卷　（清）梅曾亮纂　清同治六年(1867)合肥李氏刻本　五冊

310000 – 0242 – 0007250　V30 – 5/7.423C2

古文詞略二十四卷　（清）梅曾亮纂　清同治六年(1867)合肥李氏刻本　五冊

310000 – 0242 – 0007251　V30 – 5/7.423C3

古文詞略二十四卷　（清）梅曾亮纂　清同治六年(1867)合肥李氏刻本　一冊

310000 – 0242 – 0007252　V30 – 5/7.423C4

古文詞略二十四卷　（清）梅曾亮輯　清光緒

三十四年(1908)學部圖書局鉛印本　二冊

310000－0242－0007253　V30－5/7.423C5
古文詞略二十四卷　(清)梅曾亮纂　清同治
六年(1867)合肥李氏刻本　五冊

310000－0242－0007254　V30－5/7.52
古文學餘三十四卷　(清)毛慶蕃評選　清光
緒三十四年(1908)刻本　五冊

310000－0242－0007255　V30－5/7.63
古文約選不分卷　(清)弘曕纂　清同治八年
(1869)望三益齋刻本　十四冊

310000－0242－0007256　V30－5/7.654
古文雅正十四卷　(清)蔡世遠纂　清光緒三
十一年(1905)宏道堂刻本　四冊

310000－0242－0007257　V30－5/7.654C2
古文雅正十四卷　(清)蔡世遠纂　清雍正三
年(1725)宏道堂刻本　四冊

310000－0242－0007258　V30－5/7.84
古文經訓不分卷　(清)江皋輯　清道光二十
七年(1847)刻本　一冊

310000－0242－0007259　V30－5/7.98
古文評注便覽十二卷　(清)朱鑒選　清乾隆
三十四年(1769)刻本　六冊

310000－0242－0007260　V30－6/7.787C2
全上古三代秦漢三國六朝文七百四十六卷
(清)嚴可均輯　清光緒二十年(1894)王氏義
莊刻本　二十冊

310000－0242－0007261　V30－6/7.787C3
全上古三代秦漢三國六朝文七百四十六卷
(清)嚴可均輯　清光緒十九年(1893)廣雅書
局刻本　一百冊

310000－0242－0007262　V30－6/7.787C4
全上古三代秦漢三國六朝文七百四十六卷
(清)嚴可均輯　清光緒二十年(1894)黃岡王
氏鉛印本　二十四冊

310000－0242－0007263　V30.16－4/7.194
文選音義八卷　(清)余蕭客撰　清乾隆二十
三年(1758)靜勝堂刻本　四冊

310000－0242－0007264　V30.2－14/6.428
漢魏六朝一百三家集一百十八卷　(明)張溥
輯　清同治三年(1864)湖南古書流通處刻本
一百冊

310000－0242－0007265　V30.2－14/6.428C2
漢魏六朝一百三家集一百十八卷　(明)張溥
輯　清光緒五年(1879)信述堂刻本　一百冊

310000－0242－0007266　V30.2－14/6.428C3
漢魏六朝一百三家集一百十八卷　(明)張溥
輯　清光緒長沙謝氏翰墨山房刻本　二十二
冊

310000－0242－0007267　V30.2－14/6.428C4
漢魏六朝一百三家集一百十八卷　(明)張溥
輯　清光緒五年(1879)信述堂刻本　一百二
十冊

310000－0242－0007268　V30.2－14/6.428C5
漢魏六朝一百三家集一百十八卷　(明)張溥
輯　清光緒五年(1879)信述堂刻本　一百冊

310000－0242－0007269　V30.2－14/8.2
漢魏六朝名家集四十種　丁福保輯　清宣統
三年(1911)無錫丁氏鉛印本　三十冊

310000－0242－0007270　V30.2－14/8.2C2
漢魏六朝名家集四十種　丁福保輯　清宣統
三年(1911)上海文明書局鉛印本　六冊

310000－0242－0007271　V30.24－9/7.556
建安七子集七種　(清)楊逢辰輯　清光緒十
六年(1890)長沙楊氏坦園刻本　四冊

310000－0242－0007272　V30.5－13/752
聖宋文選全集三十二卷　□□輯　清光緒八
年(1882)郯城于氏刻本　四冊

310000－0242－0007273　V30.5－19/5.717
懷古錄三卷　(元)謝應芳編　清光緒六年
(1880)毘陵謝氏刻本　一冊

310000－0242－0007274　V30.56－8/7.454
金文雅十六卷　(清)莊仲方編　清光緒十七
年(1891)江蘇書局刻本　四冊

310000－0242－0007275　V30.56－8/7.454C2

金文雅十六卷 （清）莊仲方編 清光緒十七年(1891)江蘇書局刻本 四冊

310000－0242－0007276 V30.56－8/7.454C3

金文雅十六卷 （清）莊仲方編 清光緒十七年(1891)江蘇書局刻本 四冊

310000－0242－0007277 V30.56－8/7.454C4

金文雅十六卷 （清）莊仲方編 清光緒十七年(1891)江蘇書局刻本 四冊

310000－0242－0007278 V30.7－10/7.574.5

悅心集四卷 （清）世宗胤禛輯 清末鉛印本 二冊

310000－0242－0007279 V30.7－11/7.144

皇朝經濟文編一百二十八卷 （清）求自強齋主人輯 清光緒二十七年(1901)慎記書莊石印本 四十八冊

310000－0242－0007280 V30.7－11/7.21

清灌留稿不分卷 （清）王運撰 清光緒二十九年(1903)刻本 一冊

310000－0242－0007281 V30.7－11/7.425

皇朝經世文新編二十一卷 麥仲華輯 清光緒石印本 三冊 存二十卷(一至二十)

310000－0242－0007282 V30.7－11/7.441

皇朝經世文三編八十卷 （清）陳忠倚輯 清光緒二十四年(1898)浙江書局石印本 八冊

310000－0242－0007283 V30.7－11/7.491

國朝中州名賢集詩三卷文十卷附語錄三卷末二卷學一卷講義一卷 （清）黃舒昺輯 清光緒十八年(1892)刻本 十六冊

310000－0242－0007284 V30.7－11/7.506

皇朝經世文編一百二十卷 （清）賀長齡等編 清道光七年(1827)刻本 八十冊

310000－0242－0007285 V30.7－11/7.506C10

皇朝經世文編一百二十卷 （清）賀長齡等編 清道光六年(1826)刻本 七十九冊 存一百十八卷(三至一百二十)

310000－0242－0007286 V30.7－11/7.506C11

皇朝經世文編一百二十卷 （清）賀長齡等編

清光緒十三年(1887)上海點石齋石印本 六冊

310000－0242－0007287 V30.7－11/7.506C12

皇朝經世文編一百二十卷 （清）賀長齡等編 清光緒十五年(1889)上海廣百宋齋鉛印本 二十四冊

310000－0242－0007288 V30.7－11/7.506C2

皇朝經世文編初編一百二十卷續編一百二十卷三編四十八卷四編五十二卷 （清）賀長齡等編 清光緒二十二年至二十八年(1896－1902)掃葉山房鉛印本 三十二冊

310000－0242－0007289 V30.7－11/7.506C3

皇朝經世文編一百二十卷姓名總目二卷生存姓名一卷總目一卷 （清）賀長齡等編 清道光六年(1826)刻本 六十四冊

310000－0242－0007290 V30.7－11/7.506C4

皇朝經世文編一百二十卷 （清）賀長齡等編 清道光六年(1826)刻本 四十冊

310000－0242－0007291 V30.7－11/7.506C5

皇朝經世文編一百二十卷 （清）賀長齡等編 清光緒十三年(1887)上海廣百宋齋鉛印本 二十四冊

310000－0242－0007292 V30.7－11/7.506C6

皇朝經世文編一百二十卷 （清）賀長齡等編 清光緒二十三年(1897)鉛印本 六冊

310000－0242－0007293 V30.7－11/7.506C7

皇朝經世文編一百二十卷 （清）賀長齡等編 清光緒、宣統間石印本 四冊 存九十四卷(二十七至一百二十)

310000－0242－0007294 V30.7－11/7.506C8

皇朝經世文編一百二十卷 （清）賀長齡等編 清光緒十三年(1887)上海廣百宋齋鉛印本 二十四冊

310000－0242－0007295 V30.7－11/7.506C9

皇朝經世文編一百二十卷 （清）賀長齡等編 清後期刻本 七十九冊

310000－0242－0007296 V30.7－11/7.530

329

皇朝經世文續編一百二十卷 （清）盛康輯
清光緒二十三年(1897)武進盛氏思補樓刻本
八十冊

310000－0242－0007297　V30.7－11/7.530C2
皇朝經世文續編一百二十卷 （清）盛康輯
清光緒二十三年(1897)武進盛氏思補樓刻本
八十冊

310000－0242－0007298　V30.7－11/7.530C3
皇朝經世文續編一百二十卷 （清）盛康輯
清光緒二十三年(1897)武進盛氏思補樓刻本
八十冊

310000－0242－0007299　V30.7－11/7.530C4
皇朝經世文續編一百二十卷 （清）盛康輯
清光緒二十三年(1897)武進盛氏思補樓刻本
八十冊

310000－0242－0007300　V30.7－11/7.530C5
皇朝經世文續編一百二十卷 （清）盛康輯
清光緒二十三年(1897)武進盛氏思補樓刻本
八十冊

310000－0242－0007301　V30.7－11/7.530C6
皇朝經世文續編一百二十卷 （清）盛康輯
清光緒二十三年(1897)武進盛氏思補樓刻本
五十冊

310000－0242－0007302　V30.7－11/7.530C7
皇朝經世文續編一百二十卷 （清）盛康輯
清光緒二十三年(1897)武進盛氏思補樓刻本
五十冊

310000－0242－0007303　V30.7－11/7.562
陸陳二先生詩文鈔二十九卷 （清）葉裕仁輯
清光緒二年(1876)安道書院刻本　八冊

310000－0242－0007304　V30.7－11/7.562C2
陸陳二先生詩文鈔二十九卷 （清）葉裕仁輯
清光緒二年(1876)安道書院刻本　八冊

310000－0242－0007305　V30.7－11/7.562C3
陸陳二先生詩文鈔二十九卷 （清）葉裕仁輯
清光緒二年(1876)安道書院刻本　六冊

310000－0242－0007306　V30.7－11/7.562C4

陸陳二先生詩文鈔二十九卷 （清）葉裕仁輯
清光緒二年(1876)安道書院刻本　二冊

310000－0242－0007307　V30.7－11/7.566
皇朝經世文續編一百二十卷附時務續編二十六卷 （清）葛士濬輯　清光緒二十三年(1897)上海圖書集成局代埽葉山房鉛印本
六冊

310000－0242－0007308　V30.7－11/7.566C2
皇朝經世文續編一百二十卷 （清）葛士濬輯
清光緒十四年(1888)上海圖書集成局鉛印本　三十二冊

310000－0242－0007309　V30.7－11/7.566C3
皇朝經世文續編一百二十卷 （清）葛士濬輯
清光緒十七年(1891)上海廣百宋齋鉛印本
十二冊

310000－0242－0007310　V30.7－11/7.583
皇朝經世文統編一百七卷 （清）□□輯　清光緒二十七年(1901)上海寶善齋石印本　二十冊

310000－0242－0007311　V30.7－12/7.225
萃林散館大考詩賦合璧一卷 （清）邵松平等撰　清光緒十五年(1889)北京懿文齋刻本
一冊

310000－0242－0007312　V30.7－14/7.406
銅官感舊集四卷 （清）章華輯　清宣統二年(1910)長沙章氏盍山舊館影印本　二冊

310000－0242－0007313　V30.7－14/7.674
暨陽輿頌一卷 （清）劉謙山輯　清光緒二十四年(1898)刻本　一冊

310000－0242－0007314　V30.7－20/7.242
蟂山聯唱集十二集 （清）金鐸等撰　清同治、光緒間刻本　二冊

310000－0242－0007315　V30.7－20/7.661
白田鄭氏一家言吟松稿五卷寶應鄭氏贈言錄五卷 （清）鄭乾清輯　清刻本　二冊

310000－0242－0007316　V30.7－4/7.402
文選旁證四十六卷 （清）梁章鉅撰　清光緒

八年(1882)吳下刻本　十二冊

310000－0242－0007317　V30.7－4/7.402C2
文選旁證四十六卷　（清）梁章鉅撰　清道光
十四年(1834)刻本　十六冊

310000－0242－0007318　V30.7－4/7.428
天南同人集三卷　（清）張鐸等撰　清刻本
一冊

310000－0242－0007319　V30.7－4/7.9
重訂文選集評十五卷末一卷　（清）于光華編
　清同治十一年(1872)江蘇書局刻本　十六
冊

310000－0242－0007320　V30.7－5/7.795
仙緣留詠集一卷別集一卷　（清）龔鎮湘輯
清光緒三十四年(1908)武昌鉛印本　二冊

310000－0242－0007321　V30.7－6/7.178
光孝集二卷　（清）何其超等撰　清道光二十
六年(1846)歸硯齋刻本　一冊

310000－0242－0007322　V30.8－5/8.332
白門悲秋集一卷補錄一卷　高燮等撰　清宣
統二年(1910)鉛印本　一冊

310000－0242－0007323　V31－11/7.316
惜抱軒今體詩選五言九卷七言九卷　（清）姚
鼐輯　清同治五年(1866)金陵書局刻本　二
冊

310000－0242－0007324　V31－11/7.316C2
惜抱軒今體詩選五言九卷七言九卷　（清）姚
鼐輯　清同治五年(1866)金陵書局刻本　二
冊

310000－0242－0007325　V31－13/7.300
詩苑天聲應制集四卷應試集三卷朝堂集七卷
館課集六卷歷代樂章二卷　（清）范與良評選
　清光緒二十六年(1900)旋采堂刻本　四冊

310000－0242－0007326　V31－13/7.441
詩比興箋四卷　（清）陳沆撰　清光緒四年
(1878)刻本　二冊

310000－0242－0007327　V31－13/7.441B
詩比興箋四卷附簡學齋詩存一卷　（清）陳沆

撰　清咸豐五年(1855)蘄水陳氏刻本　三冊

310000－0242－0007328　V31－14/7.21
漁洋山人古詩選五言十七卷七言十五卷
（清）王士禛選　清同治五年(1866)金陵書局
刻本　八冊

310000－0242－0007329　V31－14/7.21C2
漁洋山人古詩選五言十七卷七言十五卷
（清）王士禛選　清同治五年(1866)金陵書局
刻本　二冊

310000－0242－0007330　V31－14/7.300
奩渢續補三卷　（清）范端昂輯　清雍正十年
(1732)刻本　一冊

310000－0242－0007331　V31－15/5.412C11
樂府詩集一百卷　（宋）郭茂倩編　清同治十
三年(1874)湖北崇文書局刻本　十三冊

310000－0242－0007332　V31－15/7.375
養良集一卷　（清）孫仝庶輯　清道光九年
(1829)刻本　一冊

310000－0242－0007333　V31－15/7.375B
養良正集一卷續集一卷　（清）孫仝庶輯
（清）孫應嘉續　清光緒十八年(1892)董氏刻
本　二冊

310000－0242－0007334　V31－15/7.441
潭西精舍紀年　（清）陳秉灼　（清）沈默編
清咸豐十年(1860)鉛印本　一冊

310000－0242－0007335　V31－15/7.674
慕盦治心詩鈔一卷附韻略一卷　劉名譽輯
清光緒二十二年(1896)桂林排印本　一冊

310000－0242－0007336　V31－16/7.674
歷朝詩約選九十二卷　（清）劉大櫆輯　清光
緒二十一年至二十三年(1895－1897)文徵閣
刻本　二十二冊　存八十四卷(九至九十二)

310000－0242－0007337　V31－19/5.15C2
瀛奎律髓刊誤四十九卷　（元）方回選　（清）
紀昀刊誤　清嘉慶五年(1800)刻本　十二冊

310000－0242－0007338　V31－2/7.21C2
八代詩選二十卷　王闓運輯　清光緒十六年

（1890）蘇州江蘇書局刻本　二册

310000－0242－0007339　V31－2/7.21C4

八代詩選二十卷　王闓運選　清光緒十六年（1890）蘇州江蘇書局刻本　八册

310000－0242－0007340　V31－2/7.21C5

八代詩選二十卷　王闓運選　清光緒十六年（1890）蘇州江蘇書局刻本　八册

310000－0242－0007341　V31－2/7.21C6

八代詩選二十卷　王闓運選　清光緒十六年（1890）蘇州江蘇書局刻本　八册

310000－0242－0007342　V31－2/7.434

八代詩揆五卷補遺一卷　（清）陸奎勳輯　清小瀛山閣刻本　四册

310000－0242－0007343　V31－2/7.527C4

十八家詩鈔二十八卷　（清）曾國藩輯　（清）王定安校　清同治十三年（1874）傳忠書局刻本　十册

310000－0242－0007344　V31－22/7.428

讀詩類編十八卷　（清）張映漢編　清嘉慶二十年（1815）刻本　八册

310000－0242－0007345　V31－3/6.52C2

三二家宮詞不分卷　（明）毛晉編　清同治十二年（1873）淮南書局刻本　一册

310000－0242－0007346　V31－3/6.52C3

三二家宮詞不分卷　（明）毛晉編　清同治十二年（1873）淮南書局刻本　一册

310000－0242－0007347　V31－3/7.460

續刻小學千家詩全集　（清）晦齋學人纂　清同治七年（1868）嘉定漱芳齋刻本　一册

310000－0242－0007348　V31－3/7.527

三十家詩鈔六卷末一卷　（清）曾國藩纂（清）王定安增輯　清同治十三年（1874）傳忠書局刻本　六册

310000－0242－0007349　V31－3/7.527C2

三十家詩鈔六卷末一卷　（清）曾國藩纂（清）王定安增輯　清同治十三年（1874）傳忠書局刻本　六册

310000－0242－0007350　V31－3/7.527C3

三十家詩鈔六卷末一卷　（清）曾國藩纂（清）王定安增輯　清同治十三年（1874）傳忠書局刻本　六册

310000－0242－0007351　V31－4/7.794

月午樓古詩十九首詳解二卷　（清）饒學斌撰　清光緒元年（1875）饒氏刻本　二册

310000－0242－0007352　V31－4/7.794C2

月午樓古詩十九首詳解二卷　（清）饒學斌撰　清光緒元年（1875）饒氏刻本　二册

310000－0242－0007353　V31－5/7.128C11

評選古詩源十四卷　（清）沈德潛輯　清光緒十七年（1891）湖南思賢書局刻本　四册

310000－0242－0007354　V31－5/7.128C12

評選古詩源十四卷　（清）沈德潛輯　清康熙五十八年（1719）善成堂刻本　四册

310000－0242－0007355　V31－5/7.128C13

評選古詩源十四卷　（清）沈德潛輯　清康熙五十八年（1719）湖南經濟書局刻本　四册

310000－0242－0007356　V31－5/7.128C14

評選古詩源十四卷　（清）沈德潛輯　清光緒十七年（1891）湖南思賢書局刻本　四册

310000－0242－0007357　V31－5/7.128C17

評選古詩源十四卷　（清）沈德潛輯　清光緒十七年（1891）湖南思賢書局刻本　二册

310000－0242－0007358　V31－5/7.21A

古唐詩合解十二卷附古詩四卷　（清）王堯衢注　清末南京李光明莊刻本　六册

310000－0242－0007359　V31－5/7.84

古今勸世詩鈔一卷　（清）江皋居士輯　清道光二十七年（1847）刻本　一册

310000－0242－0007360　V31－7/7.21

阮亭選古詩三十二卷　（清）王士禎輯　清同治五年（1866）金陵書局刻本　八册

310000－0242－0007361　V31－7/7.21C2

阮亭選古詩三十二卷　（清）王士禎輯　清同治五年（1866）金陵書局刻本　十册

310000－0242－0007362　V31－7/7.21C3

阮亭選古詩三十二卷　（清）王士禎輯　清同治五年（1866）金陵書局刻本　十冊

310000－0242－0007363　V31－7/7.21C4

阮亭選古詩三十二卷　（清）王士禎輯　清同治五年（1866）金陵書局刻本　二冊

310000－0242－0007364　V31－7/7.434

宋金明詩善鳴集五卷　（清）陸次雲輯　清康熙二十六年（1687）蓉江懷古堂刻本　十二冊

310000－0242－0007365　V31－7/7.98

宋元明詩約鈔三百首二卷　（清）朱梓　（清）冷昌言編輯　清道光二十一年（1841）狀元閣刻本　二冊

310000－0242－0007366　V31－8/7.135

近光集二十八卷　（清）汪士鋐纂　清康熙五十八年（1719）刻本　六冊

310000－0242－0007367　V31－8/7.441C2

采菽堂古詩選三十八卷補遺四卷　（清）陳祚明評選　清乾隆十三年（1748）刻本　八冊

310000－0242－0007368　V31－9/7.300

香奩詩泐附奩制續泐五卷奩泐續補三卷奩詩泐補四卷　（清）范端昂輯　清康熙五十年（1711）鳳鳴軒刻本　四冊

310000－0242－0007369　V31－9/752

昭君雜詠　（□）□□輯　清抄本　四冊

310000－0242－0007370　V31.08－11/7.598

梁園風雅九種二十七卷　（清）趙彥復輯　清雍正十三年（1735）刻本　十冊

310000－0242－0007371　V31.2－14/7.21

漢鐃歌釋文箋正一卷　王先謙撰　清同治十一年（1872）虛受堂王氏刻本　一冊

310000－0242－0007372　V31.2－14/7.441

漢詩統箋不分卷　（清）陳本禮箋注　清嘉慶十五年（1810）裒露軒刻本　一冊

310000－0242－0007373　V31.2－14/7.441C2

漢詩統箋不分卷　（清）陳本禮箋注　清嘉慶十五年（1810）裒露軒刻本　一冊

310000－0242－0007374　V31.2－14/7.765

漢鐃歌十八曲集解一卷　（清）譚儀集解　清同治十二年（1873）刻本　一冊

310000－0242－0007375　V31.3－5/8.359C2

圭塘倡和詩　袁克文編　清宣統二年（1910）石印本　一冊

310000－0242－0007376　V31.4－10/4.332

景宋本唐中興閒氣集二卷　（唐）高仲武編　清光緒十九年（1893）武進費氏影刻本　二冊

310000－0242－0007377　V31.4－10/57.29

唐詩鼓吹十卷　（金）元好問選　（金）郝天挺注　清順治十六年（1659）三樂齋刻本　二冊

310000－0242－0007378　V31.4－10/6.271

唐音戊籤二百一卷閏餘六十四卷　（明）胡震亨編　清康熙二十六年（1687）刻本　六十四冊

310000－0242－0007379　V31.4－10/7.119

唐詩排律七卷　（清）牟欽元選輯　清康熙五十四年（1715）刻本　六冊

310000－0242－0007380　V31.4－10/7.128C2

重訂唐詩別裁集二十卷　（清）沈德潛編　清乾隆二十八年（1763）教忠堂刻本　二冊

310000－0242－0007381　V31.4－10/7.128P

唐詩諧律二卷　（清）沈寶青撰　清光緒十六年（1890）溧陽沈氏意如室刻本　二冊

310000－0242－0007382　V31.4－10/7.135

唐四家詩王右丞集二卷孟襄陽集一卷韋蘇州集二卷柳河東集二卷　（清）汪立名輯　清康熙三十四年（1695）天都汪氏刻本　六冊

310000－0242－0007383　V31.4－10/7.21

唐詩選十三卷　王闓運輯　清宣統三年（1911）東洲刻本　十冊

310000－0242－0007384　V31.4－10/7.21C2

唐詩選十三卷　王闓運輯　清宣統三年（1911）東洲刻本　七冊

310000－0242－0007385　V31.4－10/7.21A

唐賢三昧集箋注三卷　（清）王士禎編　清光

緒九年(1883)翰墨園刻本 三冊

310000－0242－0007386 V31.4－10/7.21D
唐人萬首絕句選七卷 (清)王士禛選 清同治九年(1870)金陵書局刻本 一冊

310000－0242－0007387 V31.4－10/7.242
貫華堂選批唐才子詩甲集八卷 (清)金人瑞批 清宣統三年(1911)國學扶輪社石印本 八冊

310000－0242－0007388 V31.4－10/7.265
唐詩韻匯不分卷 (清)施端教輯 清刻本 四十八冊

310000－0242－0007389 V31.4－10/7.335C2
唐詩百名家全集 (清)席啟寓輯 清光緒八年(1882)琴川書屋刻本 六十四冊

310000－0242－0007390 V31.4－10/7.4
唐宋詩醇四十七卷 (清)高宗弘曆纂 清光緒七年(1881)江蘇書局刻本 二十冊

310000－0242－0007391 V31.4－10/7.4C2
唐宋詩醇四十七卷 (清)高宗弘曆纂 清光緒七年(1881)江蘇書局刻本 二十冊

310000－0242－0007392 V31.4－10/7.4C3
唐宋詩醇四十七卷 (清)高宗弘曆纂 清光緒七年(1881)江蘇書局刻本 二十冊

310000－0242－0007393 V31.4－10/7.4C4
唐宋詩醇四十七卷 (清)高宗弘曆纂 清光緒七年(1881)浙江書局刻本 十冊

310000－0242－0007394 V31.4－10/7.406
唐詩三百首注釋六卷附續選一卷 (清)章燮注 清光緒二十年(1894)寶慶澹雅書局刻本 三冊

310000－0242－0007395 V31.4－10/7.406B
唐詩三百首注疏六卷 (清)章燮撰 清光緒十八年(1892)江陰寶文堂刻本 二冊

310000－0242－0007396 V31.4－10/7.406C
唐詩三百首注釋六卷 (清)章燮注 清光緒十七年(1891)湖南寶慶務本書局刻本 三冊

310000－0242－0007397 V31.4－10/7.491
唐詩快十六卷 (清)黃周星選評 清刻本 六冊

310000－0242－0007398 V31.4－10/7.491A
唐詩摘鈔四卷 (清)黃生選評 (清)程志淳訂正 清康熙六十一年(1722)是亦山房刻本 一冊

310000－0242－0007399 V31.4－10/7.785
唐詩三百首注釋六卷附續選 (清)蘅塘退士編 清光緒十六年(1890)石渠山房刻本 四冊

310000－0242－0007400 V31.4－10/7.785C2
唐詩三百首注釋六卷附續選 (清)蘅塘退士編 清乾隆二十八年(1763)溧陽文富齋刻本 二冊

310000－0242－0007401 V31.4－10/7.785C4
注釋唐詩三百首六卷 (清)蘅塘退士編 清光緒十八年(1892)江陰寶文堂坊刻本 一冊

310000－0242－0007402 V31.4－10/7.84
唐人五十家小集 (清)江標輯 清光緒二十一年(1895)元和江氏刻本 二十四冊

310000－0242－0007403 V31.4－10/7.84C2
唐人五十家小集 (清)江標輯 清光緒二十一年(1895)蘇州振新書社刻本 四冊

310000－0242－0007404 V31.4－10/7.84C3
唐人五十家小集 (清)江標輯 清光緒二十一年(1895)元和江氏刻本 十六冊

310000－0242－0007405 V31.4－10/7.9
唐詩三百首續選不分卷 (清)于慶元編 清道光十七年(1837)刻本 一冊

310000－0242－0007406 V31.4－10/7.9C2
唐詩三百首續選不分卷 (清)于慶元編 清光緒十二年(1886)善成堂刻本 一冊

310000－0242－0007407 V31.4－12/5.598
眾妙集一卷 (宋)趙師秀編 明毛氏汲古閣刻本 二冊

310000－0242－0007408 V31.4－21/7.332

續唐三體詩八卷　（清）高士奇選　清康熙三十二年（1693）朗潤堂刻本　四冊

310000－0242－0007409　V31.4－3/485.287C2

才調集補注十卷　（三國蜀）韋縠輯　（清）殷元勳箋注　（清）宋邦綏補注　清光緒二十年（1894）江蘇書局刻本　四冊

310000－0242－0007410　V31.4－3/485.287C3

才調集補注十卷　（三國蜀）韋縠輯　（清）殷元勳箋注　（清）宋邦綏補注　清光緒二十年（1894）江蘇書局刻本　四冊

310000－0242－0007411　V31.4－3/485.287C4

才調集補注十卷　（三國蜀）韋縠輯　（清）殷元勳箋注　（清）宋邦綏補注　清光緒二十年（1894）江蘇書局刻本　四冊

310000－0242－0007412　V31.4－3/485.287C5

才調集補注十卷　（三國蜀）韋縠輯　（清）殷元勳箋注　（清）宋邦綏補注　清光緒二十年（1894）江蘇書局刻本　二冊

310000－0242－0007413　V31.4－3/485.287C6

才調集補注十卷　（三國蜀）韋縠輯　（清）殷元勳箋注　（清）宋邦綏補注　清光緒二十年（1894）諸可寶刻本　四冊

310000－0242－0007414　V31.4－3/485.287B

才調集選十卷　（三國蜀）韋縠輯　清龍山海昌竹氏抄本　四冊

310000－0242－0007415　V31.4－5/7.148

中晚唐詩叩彈集十卷續集三卷　（清）杜詔（清）杜庭珠輯　清采山亭刻本　四冊

310000－0242－0007416　V31.4－6/7.128

全唐近體詩鈔五卷　（清）沈裳錦輯　清道光二年（1822）刻本　三冊

310000－0242－0007417　V31.4－6/7.2

欽定全唐詩三十二卷　（清）聖祖玄燁纂　清光緒十三年（1887）上海同文書局影印本　三十二冊

310000－0242－0007418　V31.4－6/7.2C2

欽定全唐詩三十二卷　（清）聖祖玄燁纂　清

康熙四十六年（1707）上海同文書局影印本　十一冊

310000－0242－0007419　V31.4－6/7.2C3

欽定全唐詩三十二卷　（清）聖祖玄燁纂　清光緒元年（1875）上海雙峰書屋刻本　一百二十冊

310000－0242－0007420　V31.4－6/7.2C4

欽定全唐詩三十二卷　（清）聖祖玄燁纂　清光緒元年（1875）上海雙峰書屋刻本　一百十九冊

310000－0242－0007421　V31.4－6/7.2C5

欽定全唐詩三十二卷　（清）聖祖玄燁纂　清光緒十三年（1887）上海同文書局影印本　三十一冊

310000－0242－0007422　V31.4－6/7.2C6

欽定全唐詩九百卷　（清）聖祖玄燁纂　清光緒十三年（1887）上海同文書局影印本　八冊

310000－0242－0007423　V31.4－8/4.399

河嶽英靈集三卷　（唐）殷璠輯　明崇禎元年（1628）海虞毛氏汲古閣刻本　二冊

310000－0242－0007424　V31.4－8/4.399B

河嶽英靈集二卷　（唐）殷璠輯　清光緒四年（1878）揚州高行篤刻本　二冊

310000－0242－0007425　V31.42－10/7.52

唐詩課本不分卷　（清）馮㻫庵編　清抄本　二冊

310000－0242－0007426　V31.48－2/7.164

十國宮詞一百首　（清）吳省蘭撰　清同治十二年（1873）淮南書局刻本　一冊

310000－0242－0007427　V31.48－2/7.164C2

十國宮詞一百首　（清）吳省蘭撰　清同治十二年（1873）淮南書局刻本　一冊

310000－0242－0007428　V31.48－2/7.164C3

十國宮詞一百首　（清）吳省蘭撰　清同治十二年（1873）淮南書局刻本　一冊

310000－0242－0007429　V31.48－2/7.164C4

十國宮詞一百首　（清）吳省蘭撰　清同治十

二年(1873)淮南書局刻本　一冊

310000 - 0242 - 0007430　V31.482 - 9/7.375

南唐雜事詩一卷　（清）孫榕撰　清光緒二十二年(1896)鉛印本　一冊

310000 - 0242 - 0007431　V31.5 - 16/7.393

樵川二家詩六卷　（清）徐幹輯　清光緒七年(1881)邵武徐氏刻本　二冊

310000 - 0242 - 0007432　V31.5 - 6/5.556

西崑酬唱集二卷　（宋）楊億編　清咸豐四年(1854)邵武徐氏刻本　二冊

310000 - 0242 - 0007433　V31.5 - 6/8.128

西江詩派韓饒二集　沈曾植輯　清宣統二年(1910)姚埭沈氏刻本　二冊

310000 - 0242 - 0007434　V31.5 - 7/7.164A

宋金元詩選五卷　（清）吳翌鳳輯　清乾隆五十八年(1793)斯雅堂刻本　六冊

310000 - 0242 - 0007435　V31.5 - 7/7.386

宋四名家詩六卷　（清）柴升輯　清光緒元年(1875)湘西章氏刻本　六冊

310000 - 0242 - 0007436　V31.5 - 7/7.72

宋逸民詩選不分卷　（清）田夫撰輯　清抄本　一冊

310000 - 0242 - 0007437　V31.6 - 11/7.756

啟禎宮詞二卷　（清）瞿紹基編　清嘉慶十六年(1811)瞿氏鐵琴銅劍樓刻本　一冊

310000 - 0242 - 0007438　V31.6 - 5/7.428

弘正四傑詩集四種　（清）張百熙輯　清光緒二十一年(1895)長沙張氏湘雨樓刻本　十六冊

310000 - 0242 - 0007439　V31.6 - 5/7.428C2

弘正四傑詩集六十九卷　（清）張百熙輯　清光緒二十一年(1895)長沙張氏湘雨樓刻本　十六冊

310000 - 0242 - 0007440　V31.6 - 6/7.705

列朝詩集七集八十一卷　（清）錢謙益輯　清宣統二年(1910)神州國光社鉛印本　五十六冊

310000 - 0242 - 0007441　V31.6 - 6/7.705C2

列朝詩集乾集二卷甲集前編十一卷甲集二十二卷乙集八卷丙集十六卷丁集十六卷閏集六卷　（清）錢謙益輯　清順治九年(1652)虞山毛氏刻本　九冊

310000 - 0242 - 0007442　V31.6 - 7/6.428

武林怡老會詩一卷　（明）張瀚輯　清光緒八年(1882)錢塘丁氏竹書堂刻本　一冊

310000 - 0242 - 0007443　V31.6 - 8/7.128C2

明詩別裁集十二卷　（清）沈德潛輯　清乾隆四年(1739)刻本　六冊

310000 - 0242 - 0007444　V31.6 - 8/7.135

明三十家詩選初集八卷二集八卷　（清）汪端輯　清同治十二年(1873)蘊蘭吟館刻本　八冊

310000 - 0242 - 0007445　V31.6 - 8/7.135C2

明三十家詩選初集八卷二集八卷　（清）汪端輯　清同治十二年(1873)蘊蘭吟館刻本　八冊

310000 - 0242 - 0007446　V31.6 - 8/7.135C3

明三十家詩選初集八卷二集八卷　（清）汪端輯　清同治十二年(1873)蘊蘭吟館刻本　八冊

310000 - 0242 - 0007447　V31.6 - 8/7.135C4

明三十家詩選初集八卷二集八卷　（清）汪端輯　清同治十二年(1873)蘊蘭吟館刻本　八冊

310000 - 0242 - 0007448　V31.6 - 8/7.135C5

明三十家詩選初集八卷二集八卷　（清）汪端輯　清同治十二年(1873)蘊蘭吟館刻本　十二冊

310000 - 0242 - 0007449　V31.6 - 8/7.794

明宮雜詠二十卷　（清）饒智元輯　清光緒刻湘漵館叢書本　六冊

310000 - 0242 - 0007450　V31.6 - 9/6.566

南園前五先生詩五卷首一卷　（明）葛徵奇輯錄　清同治九年(1870)南海陳氏樵山草堂刻

本 七冊

310000－0242－0007451 V31.7－16/7.162

橘中人語一卷 （清）阮元等撰 清光緒十五年(1889)賴家園刻本 一冊

310000－0242－0007452 V31.7－17/7.454

勵學室詩存一卷 （清）莊元植撰輯 清光緒八年(1882)皖江刻本 一冊

310000－0242－0007453 V31.7－17/7.654

戲簡江子平十疊韻一卷 （清）蔡璠等撰 清同治十年(1871)刻本 一冊

310000－0242－0007454 V31.7－18/7.15

題襟館倡和集四卷 （清）方濬頤撰輯 清同治十一年(1872)兩淮運署刻本 二冊

310000－0242－0007455 V31.7－18/7.84B

魏塘南浦吟一卷 江峯青輯 清光緒二十六年(1900)刻本 一冊

310000－0242－0007456 V31.7－19/7.360

廬山詩錄四卷 （清）范鍾等撰 清光緒十九年(1893)武昌刻本 二冊

310000－0242－0007457 V31.7－19/7.716

爐餘詩鈔一卷 （清）濮文彬撰輯 清光緒十一年(1885)醒心軒刻本 一冊

310000－0242－0007458 V31.7－20/7.527

夔門送行詩二卷續編一卷 （清）曾福謙撰輯 清光緒二十八年(1902)刻本 一冊

310000－0242－0007459 V31.7－1/7.178

一微塵集五卷 （清）何震彝輯 清宣統元年(1909)江陰何氏鞿芬室排印本 一冊

310000－0242－0007460 V31.7－10/7.271

浮雲集一卷 （清）胡琳章輯 清末刻本 一冊

310000－0242－0007461 V31.7－10/7.347

娛園詩存四卷 （清）秦樹敏撰 清光緒十二年(1886)刻本 二冊

310000－0242－0007462 V31.7－10/7.393

留雲集一卷 （清）徐琪輯 清光緒十三年(1887)刻本 一冊

310000－0242－0007463 V31.7－10/7.428

涉園題詠不分卷 （清）張鶴徵輯 清宣統三年(1911)上海商務印書館鉛印本 一冊

310000－0242－0007464 V31.7－10/7.4288

珠江遺愛吟一卷 （清）張人瑞輯 清同治三年(1864)錦城刻本 一冊

310000－0242－0007465 V31.7－10/7.428C

消寒唱和集二卷 （清）張振卿輯 清宣統三年(1911)德興堂印字局刻本 一冊

310000－0242－0007466 V31.7－10/7.449

徑北草堂印須集初刻三卷 （清）陶春圃（清）黎獻臣撰 清徑北草堂刻本 一冊

310000－0242－0007467 V31.7－10/7.535

真州兩生詩存二卷 （清）程畹輯 清光緒七年(1881)倪文林齋刻本 一冊

310000－0242－0007468 V31.7－10/7.675

峰泖去思集不分卷 （清）劉至喜輯 清光緒二十六年(1900)刻本 一冊

310000－0242－0007469 V31.7－10/7.717

郢中酬唱集四卷 （清）謝朝徵輯 清光緒元年(1875)雲海樓刻本 一冊

310000－0242－0007470 V31.7－10/7.775

除夕吟蘇詩一卷金縷酬春詞一卷續一卷 （清）羅汝懷撰輯 清咸豐十一年(1861)刻本 一冊

310000－0242－0007471 V31.7－10/7.84

桃花村盍簪錄一卷 江峯青輯 清光緒三十四年(1908)石印本 一冊

310000－0242－0007472 V31.7－10/7.98

皋虞贈別詩一卷附怡園吟草一卷 （清）朱成華輯 清光緒十八年(1892)刻本 一冊

310000－0242－0007473 V31.7－11/7.164

國朝詩十卷外編一卷補六卷 （清）吳翌鳳輯 清嘉慶元年(1796)新陽趙氏刻本 十冊

310000－0242－0007474 V31.7－11/7.21

國初十大家詩鈔七十五卷　（清）王相輯　清道光十年(1830)信芳閣木活字印本　十六冊

310000－0242－0007475　V31.7－11/7.21B

清芬精舍小集三卷　（清）王嶽蓮輯　清嘉慶二十三年(1818)刻本　一冊

310000－0242－0007476　V31.7－11/7.248

淮海倡和詩鈔三卷續刻一卷　（清）周燾撰輯　清道光七年(1827)刻本　一冊

310000－0242－0007477　V31.7－11/7.390

雪鴻偶鈔詩四卷詞一卷　（清）倪世珍輯　清光緒四年(1878)吳縣倪氏刻本　二冊

310000－0242－0007478　V31.7－11/7.396

曼陀羅館消寒集九集　（清）翁同書等撰　清同治十三年(1874)刻本　一冊

310000－0242－0007479　V31.7－11/7.434

淞陽幽簹二卷　（清）陸豫等校刊　清道光十七年(1837)務滋堂刻本　二冊

310000－0242－0007480　V31.7－11/7.449

陶氏五宴詩集二卷　（清）陶燾撰輯　清光緒二十一年(1895)木活字印本　一冊

310000－0242－0007481　V31.7－11/7.464

國朝正雅集一百卷首一卷　（清）符葆森輯　清咸豐七年(1857)刻本　八冊

310000－0242－0007482　V31.7－11/7.491

船司空雅集錄一卷　（清）黃嘉爾輯　清光緒十一年(1885)豫章刻本　一冊

310000－0242－0007483　V31.7－11/7.491B

寄榆盦詩鈔續集不分卷　（清）黃建笇撰　清光緒二十九年(1903)湘南刻本　一冊

310000－0242－0007484　V31.7－11/7.674B

國朝六家詩鈔八卷　（清）劉執玉輯　清乾隆三十二年(1767)刻本　十冊

310000－0242－0007485　V31.7－11/7.782

清華唱和集一卷附詞一卷　（清）闕鳳樓撰輯　清光緒九年(1883)刻本　一冊

310000－0242－0007486　V31.7－12/7.128B

圍鑪小集一卷　（清）沈述祖等撰　清道光三年(1823)刻本　一冊

310000－0242－0007487　V31.7－12/7.128BC2

圍鑪小集一卷　（清）沈述祖等撰　清道光三年(1823)刻本　一冊

310000－0242－0007488　V31.7－12/7.15

琴簧應和集一卷　（清）方濬等撰　清光緒二年(1876)羊城富文齋刻本　一冊

310000－0242－0007489　V31.7－12/7.21

湖海詩傳四十六卷　（清）王昶輯　清嘉慶八年(1803)青浦王氏刻本　三冊

310000－0242－0007490　V31.7－12/7.21C2

湖海詩傳四十六卷　（清）王昶輯　清嘉慶八年(1803)青浦王氏刻本　十二冊

310000－0242－0007491　V31.7－12/7.242

雲霞合唱一卷　（清）金咸輯　清咸豐九年(1859)刻本　一冊

310000－0242－0007492　V31.7－12/7.29.3

絮庭酬唱集一卷　（清）朱家駒等撰　清光緒十三年(1887)松江杜文魁齋刻本　一冊

310000－0242－0007493　V31.7－12/7.332

雲樣集八卷　（清）高陳謨編　清嘉慶八年(1803)刻本　二冊

310000－0242－0007494　V31.7－12/7.352

雲谷圖詩一卷　（清）馬致遠輯　清道光十三年(1833)刻本　一冊

310000－0242－0007495　V31.7－12/7.359

疏勒望雲圖題詠五卷　（清）袁緒欽輯　清光緒十九年(1893)望雲山館刻本　一冊

310000－0242－0007496　V31.7－12/7.407

琴鐸唱和集二卷　（清）許時中　（清）李寶元撰　清光緒二十四年(1898)納谿刻本　一冊

310000－0242－0007497　V31.7－12/7.412

詀紅館殘稿一卷　（清）郭寶善撰　清光緒二十九年(1903)刻本　一冊

310000－0242－0007498　V31.7－12/7.428

萃林詩賦一卷 （清）張端卿等撰 清光緒二十二年(1896)慎記書莊石印本 一冊

310000－0242－0007499 V31.7－12/7.428B

焦桐集四卷附集一卷 （清）張元吉 （清）李日曦輯 清光緒十九年(1893)無錫文苑閣排印本 一冊

310000－0242－0007500 V31.7－12/7.441

焦山四上人詩四卷 （清）陳任暘選 清光緒三十三年(1907)石肯堂刻本 一冊

310000－0242－0007501 V31.7－12/7.441B

皖江三家詩鈔四卷 （清）陳世鎔輯 清同治十二年(1873)安徽官紙印刷局抄本 一冊

310000－0242－0007502 V31.7－12/7.535

湖山策馬圖題詠一卷 （清）程龍光輯 清同治六年(1867)刻本 一冊

310000－0242－0007503 V31.7－12/7.565

陽羨唱和集二卷附二卷 （清）萬立鈞 （清）蔣尊撰 清光緒十七年(1891)刻本 二冊

310000－0242－0007504 V31.7－12/7.590.7

寒江詩錄一卷 （清）廓道人等撰 清道光刻本 一冊

310000－0242－0007505 V31.7.12/7.375

粵闈餘事一卷 （清）孫福清輯 清同治九年(1870)寶翰樓刻本 一冊

310000－0242－0007506 V31.7－13/7.128

詩鐘鳴盛集初編十卷 （清）沈熙安輯 清光緒三十四年(1908)著涒吟社鉛印本 一冊

310000－0242－0007507 V31.7－13/7.151

詩夢鐘聲錄二卷 （清）李嘉樂輯 清光緒十九年(1893)刻本 二冊

310000－0242－0007508 V31.7－13/7.21A

載生吟合鈔三卷 （清）王望霖輯 清道光十一年(1831)天香樓刻本 四冊

310000－0242－0007509 V31.7－13/7.375

道咸同光四朝詩史一斑錄不分卷 孫雄輯 清光緒三十四年(1908)油印本 一冊

310000－0242－0007510 V31.7－13/7.441

郎鄉徵實詩一卷 （清）陳子飭輯 清咸豐二年(1852)郎山書院刻本 一冊

310000－0242－0007511 V31.7－13/7.562

感逝集四卷 （清）葉調生撰 清刻本 三冊 存三卷(二至四)

310000－0242－0007512 V31.7－13/7.674

詩畸八卷 （清）劉荃等撰 清光緒十九年(1893)抄本 四冊

310000－0242－0007513 V31.7－13/7.84

新安賓館八詠一卷 江峯青撰輯 清光緒二十二年(1896)刻本 一冊

310000－0242－0007514 V31.7－14/7.21

槐隱盦賸稿一卷 （清）王世耀等撰 清光緒三十二年(1906)龍樹精舍排印本 一冊

310000－0242－0007515 V31.7－14/7.21C

閨秀詩選六卷 （清）王謹輯 清光緒二十年(1894)排印本 二冊

310000－0242－0007516 V31.7－14/7.21D

廣樊山和李元膺十億詩不分卷 王詠霓撰 清宣統二年(1910)鉛印本 一冊

310000－0242－0007517 V31.7－14/7.269

碧桐花館吟稿一卷綠麼韻語一卷 （清）春江過客輯 清刻本 一冊

310000－0242－0007518 V31.7－14/7.352

碧蘿吟館唱和詩詞初刻一卷二刻一卷 （清）馬錦輯 清道光四年(1824)刻本 二冊

310000－0242－0007519 V31.7－14/7.491

臺江驪唱集一卷天南鴻爪集一卷附錄一卷 （清）黃鼎瑞輯 清光緒三十四年(1908)永嘉刻本 一冊

310000－0242－0007520 V31.7－14/7.556

夢綠亭會合詩一卷續編一卷 （清）楊翰撰輯 清光緒三年(1877)潭州刻本 一冊

310000－0242－0007521 V31.7－14/7.559

對影閒吟草六卷 （清）裴寶善輯 清咸豐六年(1856)刻本 二冊

310000－0242－0007522　V31.7－14/8.194

塵思一卷　（清）佘樂輯　清宣統三年(1911)鉛印本　一冊

310000－0242－0007523　V31.7－14/8.412

榕蔭堂律集一卷　郭曾炘輯　清末刻本　一冊

310000－0242－0007524　V31.7－15/7.164

德禮堂酬唱集八卷　（清）吳鴻恩輯　清光緒三年(1877)銅梁吳氏刻本　一冊

310000－0242－0007525　V31.7－15/7.21B

練浦攀轅圖詩一卷　（清）王國佑輯　清道光十九年(1839)南河節署刻本　一冊

310000－0242－0007526　V31.7－15/7.343

鄧蔚探梅詩四卷　（清）凌泗等撰　清光緒二十年(1894)吳中丁氏謫存廬刻本　一冊

310000－0242－0007527　V31.7－15/7.441

篋衍集十二卷　（清）陳維崧輯　清康熙三十一年(1692)寫刻本　十冊

310000－0242－0007528　V31.7－15/7.441C2

篋衍集十二卷　（清）陳維崧輯　清康熙三十一年(1692)寫刻本　六冊

310000－0242－0007529　V31.7－15/7.441B

鄧林唱和詩詞全刻不分卷　（清）陳潛輯　清宣統元年(1909)江浦陳氏刻本　一冊

310000－0242－0007530　V31.7－15/7.556B

蓮湖吟社稿二卷　（清）楊高德等輯　清光緒十四年(1888)集翠軒刻本　二冊

310000－0242－0007531　V31.7－16/7.255

鴛水聯吟五集　（清）岳鴻慶集訂　清道光二十一年(1841)刻本　一冊

310000－0242－0007532　V31.7－16/7.674

篤舊集十八卷　（清）劉存仁輯　清咸豐十一年(1861)蘭州刻本　八冊

310000－0242－0007533　V31.7－17/7.211

鴻雪聯吟一卷　（清）林昌彝　（清）方濬頤撰　清同治七年(1868)廣州刻本　一冊

310000－0242－0007534　V31.7－17/7.242

鴻雪吟緣一卷　（清）金沛田撰輯　清光緒三十三年(1907)木活字印本　一冊

310000－0242－0007535　V31.7－17/7.598

濠州去思集一卷　（清）趙贊元輯　清光緒三十一年(1905)鉛印本　一冊

310000－0242－0007536　V31.7－17/7.84B

謙山鴻印集一卷　江峯青輯　清光緒二十二年(1896)刻本　一冊

310000－0242－0007537　V31.7－17/8.428

濟上鴻泥圖題冊錄存一卷附錄一卷　張士珩輯　清宣統二年(1910)淞雲精舍排印本　一冊

310000－0242－0007538　V31.7－18/7.84

豐樂園八詠一卷　江峯青等撰　清光緒二十三年(1897)刻本　一冊

310000－0242－0007539　V31.7－19/7.21

繪水集二卷　（清）王之佐輯　清道光十六年(1836)刻本　一冊

310000－0242－0007540　V31.7－2/7.151

二家律選一卷　（清）李豐綸選　清同治五年(1866)刻本　一冊

310000－0242－0007541　V31.7－2/7.21

十農驪唱集一卷　（清）王瓊澤撰輯　清同治八年(1869)排印本　一冊

310000－0242－0007542　V31.7－2/7.428A

七家詩選七卷　（清）張鳴珂選編　清道光十二年(1832)李光明莊刻本　四冊

310000－0242－0007543　V31.7－2/7.428

二家詠古詩一卷附二家試帖二卷　（清）張之洞　樊增祥撰　清光緒二十七年(1901)東溪草堂刻本　一冊

310000－0242－0007544　V31.7－2/7.428B

七家詩選箋注七卷　（清）張鳴珂選　清同治七年(1868)大興堂刻朱墨套印本　一冊

310000－0242－0007545　V31.7－20/7.21

寶印集六卷附一卷　（清）王之佐輯　清道光

十七年(1837)刻本　一冊

310000－0242－0007546　V31.7－21/7.21

顧祠聽雨圖詩錄一卷　（清）王鵠輯　清同治
元年(1862)刻本　一冊

310000－0242－0007547　V31.7－24/7.441

鹽官唱和集一卷　（清）陳焯撰輯　清刻本
一冊

310000－0242－0007548　V31.7－3/7.148

山城倡和集一卷附扁舟集二卷　（清）杜求煊
輯　清同治十三年(1874)排印本　一冊

310000－0242－0007549　V31.7－3/7.194

大雷餘音一卷　（清）余窐撰輯　清宣統元年
(1909)鉛印本　一冊

310000－0242－0007550　V31.7－3/7.200

三橋春遊曲唱和集一卷　（清）宋廷輔編　清
刻本　一冊

310000－0242－0007551　V31.7－3/7.21

三山同聲集四卷續編一卷　（清）王凱泰輯
清同治十二年(1873)儉明簡齋刻本　二冊

310000－0242－0007552　V31.7－3/7.21B

勺湖草堂圖詠一卷　（清）王太岳等撰　清刻
本　一冊

310000－0242－0007553　V31.7－3/7.329

三君遺稿四卷　（清）浦君錫等撰　清光緒二
十六年(1900)桂林賀廣文堂刻本　一冊

310000－0242－0007554　V31.7－3/7.634

三廉贈別錄一卷　（清）歐陽琦輯　清同治六
年(1867)海門書院刻本　一冊

310000－0242－0007555　V31.7－3/7.654

三子詩選三卷　（清）蔡壽祺輯　清咸豐七年
(1857)京師刻本　一冊

310000－0242－0007556　V31.7－3/7.717

三君遺稿四卷　（清）謝光綺輯　清光緒二十
六年(1900)桂林賀廣文堂刻本　一冊

310000－0242－0007557　V31.7－3/7.84

三家絕句選五卷　（清）江昱錄　清嘉慶刻本

一冊

310000－0242－0007558　V31.7－30/7.128

鶯簫集一卷補編一卷　沈同芳輯　清光緒二
十二年(1896)鉛印本　一冊

310000－0242－0007559　V31.7－4/7.60

天香閣寫蘭圖題詠一卷　（清）平原生等撰
清光緒二十五年(1899)排印本　一冊

310000－0242－0007560　V31.7－4/7.674

文江留愛集一卷　（清）劉作霖輯　清光緒三
十四年(1908)吉水刻本　一冊

310000－0242－0007561　V31.7－4/7.781

心壺雅集菁華錄二卷　（清）竇鎮山等撰
（清）俞樾鑒定　（清）周炳琦選鈔　清光緒十
七年(1891)刻本　一冊

310000－0242－0007562　V31.7－4/7.441

今詩篋衍集十二卷　（清）陳維崧輯　清乾隆
二十六年(1761)華綺刻本　四冊

310000－0242－0007563　V31.7－5/7.15

且園賡唱集三卷　（清）方鼎銳撰輯　清同治
十三年(1874)東甌刻本　一冊

310000－0242－0007564　V31.5－7/7.164

宋詩鈔初集九十五卷　（清）吳之振　（清）吳
自牧輯　清康熙十年(1671)三餘堂刻本　二
十四冊

310000－0242－0007565　V31.7－5/7.21

可作集八卷　（清）王慶勳輯　清道光二十八
年(1848)上海王氏刻本　二冊

310000－0242－0007566　V31.7－5/7.21B

四家詩詞四卷　（清）王叔釗等撰　清光緒九
年至十年(1883－1884)吳郡潘氏刻本　二冊

310000－0242－0007567　V31.7－5/7.441

白茅輿頌二卷　（清）陳柱等撰　清同治十三
年(1874)刻本　一冊

310000－0242－0007568　V31.7－5/7.491

四明酬唱集二卷　（清）黃大華輯　清光緒二
十九年(1903)句東譯書局排印本　二冊

310000－0242－0007569　V31.7－5/7.613

玉峯寄隱圖詩文錄三卷　(清)管柏輯　清光緒四年(1878)白雲居刻本　一冊

310000－0242－0007570　V31.7－5/7.705

古稀唱和錄一卷附一卷　(清)錢國祥撰輯　清光緒三十年(1904)排印本　一冊

310000－0242－0007571　V31.7－5/7.752

四家詩鈔八卷　(清)□□輯　清心遠齋刻本　二冊

310000－0242－0007572　V31.7－5/7.98

白田風雅二十四卷　(清)朱彬撰　清光緒十二年(1886)金陵刻本　四冊

310000－0242－0007573　V31.7－6/7.21

池陽唱和集二卷　(清)王六潭撰　清末民初鉛印本　一冊

310000－0242－0007574　V31.7－6/7.277

同音集三卷　(清)柯振嶽撰輯　清嘉慶十七年(1812)藏修齋木活字印本　二冊

310000－0242－0007575　V31.7－6/7.393

名山福壽編一卷　(清)徐琪輯　清光緒七年(1881)刻本　一冊

310000－0242－0007576　V31.7－6/7.479.6

考閒唱和集一卷續一卷　(清)善佺撰輯　清宣統二年(1910)石印本　一冊

310000－0242－0007577　V31.7－6/7.705

共賞集初編一卷附一卷二編一卷續一卷附一卷　(清)錢辰輯　清光緒三十四年(1908)躍龍雲窟刻本　二冊

310000－0242－0007578　V31.7－6/7.79

西泠消寒集二卷　(清)白驥良輯　清同治十二年(1873)刻本　一冊

310000－0242－0007579　V31.7－6/7.83

自怡吟草二卷　(清)安起東輯　清道光二十四年(1844)梅里小洞天刻本　二冊

310000－0242－0007580　V31.7－7/7.428

岐嶺贈言集一卷　(清)張鳴珂輯　清光緒刻寒松閣叢書本　一冊

310000－0242－0007581　V31.7－7/7.562

延秋小集一卷　(清)葉樹枚撰輯　清道光四年(1824)刻本　一冊

310000－0242－0007582　V31.7－7/7.705

吾炙集一卷　(清)錢謙益輯　清光緒三十三年(1907)刻本　一冊

310000－0242－0007583　V31.7－8/7.151

近人詩錄一卷　(清)李慈銘等撰　清光緒二十九年(1903)上海商務印書館排印本　一冊

310000－0242－0007584　V31.7－8/7.21

兩髯提倡集一卷　(清)王廷鼎輯　清光緒七年(1881)刻本　一冊

310000－0242－0007585　V31.7－8/7.21B

東甌留別唱和鑄鈔一卷附一卷　(清)王琛撰輯　清光緒三十年(1904)刻本　一冊

310000－0242－0007586　V31.7－8/7.375

庚寅讌集三編附疊韻彙錄一卷　(清)孫點輯　清光緒鉛活字印本　二冊

310000－0242－0007587　V31.7－8/7.434

松陵詩徵續編十四卷　(清)陸日愛輯　清咸豐七年(1857)夢通草堂刻本　二冊

310000－0242－0007588　V31.7－8/7.477

芸香草堂雅集唱和詩一卷　(清)馮樹勛撰輯　清咸豐九年(1859)南海馮氏芸香草堂刻本　一冊

310000－0242－0007589　V31.7－8/7.562

花團錦簇樓詩輯一卷　(清)葉少南等撰輯　清光緒上海字林滬報館排印本　一冊

310000－0242－0007590　V31.7－8/7.566

東皋倡隨集二卷　(清)葛其龍輯　清光緒八年(1882)刻本　一冊

310000－0242－0007591　V31.7－8/7.566C2

東皋倡隨集二卷　(清)葛其龍輯　清光緒八年(1882)刻本　一冊

310000－0242－0007592　V31.7－8/7.622

長谿社詩存五卷　(清)潘逵吉輯　清光緒十二年(1886)春暉堂刻本　一冊

310000－0242－0007593　V31.7－8/7.791

松篁間合刻詩鈔不分卷　（清）顧初昱等撰
清道光四年(1824)刻本　二冊

310000－0242－0007594　V31.7－9/7.151

柳堂師友詩錄初編二百六十二家　（清）李長
榮輯　清同治十二年(1873)刻本　三十二冊

310000－0242－0007595　V31.7－9/7.151

春雪集六卷詩餘一卷　（清）李筠嘉輯　清嘉
慶十六年(1811)刻本　二冊

310000－0242－0007596　V31.7－9/7.21

俞塘老友聯吟集四卷　（清）王式金輯　清道
光三十年(1850)刻本　二冊

310000－0242－0007597　V31.7－9/7.248

紅梨社詩鈔一卷　（清）周夢臺等撰　清光緒
十六年(1890)刻本　一冊

310000－0242－0007598　V31.7－9/7.347

春燕唱和詩一卷附詞一卷　（清）秦國璋輯
清光緒二十八年(1902)刻本　一冊

310000－0242－0007599　V31.7－9/7.370

春柳唱和詩鈔一卷　（清）夏蘭等撰　清嘉慶
十六年(1811)泰州香草山房刻本　一冊

310000－0242－0007600　V31.7－9/7.389.1

秋蘭詩鈔一卷　（清）恩錫等撰　清同治十三
年(1874)刻本　一冊

310000－0242－0007601　V31.7－9/7.393

茆桂題襟集二卷　（清）徐兆瑋撰輯　清光緒
二十九年(1903)刻本　一冊

310000－0242－0007602　V31.7－9/7.420

柳州種柳歌二卷　（清）曹庭棟等撰　清乾隆
刻本　二冊

310000－0242－0007603　V31.7－9/7.441

紅葉館話別圖題詞一卷附紅葉館留別詩一卷
（清）陳明遠輯　清光緒十八年(1892)刻本
一冊

310000－0242－0007604　V31.7－9/7.598

神交集三卷　（清）趙潤等撰　清光緒三十三
年(1907)金陵湯明林印書局排印本　一冊

310000－0242－0007605　V31.7－9/7.622

癸酉消夏詩一卷　（清）潘祖蔭輯　清同治十
二年(1873)滂喜齋刻本　一冊

310000－0242－0007606　V31.7－9/7.705

南園廣社詩存一卷　錢溯耆撰　清宣統元年
(1909)聽邠館刻本　一冊

310000－0242－0007607　V31.7－9/7.84

重行行唱酬集一卷　江峯青輯　清光緒二十
二年(1896)刻本　一冊

310000－0242－0007608　V31.711－11/7.449

國朝畿輔詩傳六十卷　（清）陶樑輯　清道光
十八年(1838)刻本　十六冊

310000－0242－0007609　V31.711－11/7.449C2

國朝畿輔詩傳六十卷　（清）陶樑輯　清道光
十八年(1838)刻本　十六冊

310000－0242－0007610　V31.8－6/8.359

圭塘倡和詩　袁克文編　清宣統二年(1910)
石印本　一冊

310000－0242－0007611　V31.8－6/8.359C2

圭塘倡和詩　袁克文編　清宣統二年(1910)
石印本　一冊

310000－0242－0007612　V31.711－11/7.449C3

國朝畿輔詩傳六十卷　（清）陶樑輯　清道光
十九年(1839)紅豆樹館刻本　二十冊

310000－0242－0007613　V31.8－11/8.562

崑崙集一卷附一卷續一卷釋文一卷　葉德輝
輯　清光緒二十五年(1899)長沙葉氏刻本
一冊

310000－0242－0007614　V31.8－12/8.143.2

喁于館詩草二卷　言敦源　丁毓瑛撰　清光
緒三十四年(1908)許氏家集排印本　一冊

310000－0242－0007615　V31.8－13/8.128

落花酬唱集不分卷　（清）沈宗畸編　清光緒
二十四年(1898)刻本　二冊

310000－0242－0007616　V31.8－18/7.316

歸省贈言錄一卷　（清）姚子梁輯　清光緒十
五年(1889)刻本　一冊

310000－0242－0007617　V31.8－18/8.441

藏海園酬唱集一卷　陳夔龍撰輯　清宣統二年(1910)鉛印本　一冊

310000－0242－0007618　V31.8－19/8.237

廬餘集一卷仿擊鉢吟一卷集韓一卷　易順鼎輯　清光緒三十三年(1907)鉛印本　一冊

310000－0242－0007619　V31.8－9/7.556

香草堂叢集二卷　(清)楊馥輯　清光緒二十一年(1895)刻本　一冊

310000－0242－0007620　V32－15/7.390

賦海測蠡四卷附雲在堂賦草　(清)倪珙輯　清咸豐十年(1860)鋤經堂刻本　六冊

310000－0242－0007621　V32－2/7.428

七十家賦鈔六卷　(清)張惠言輯　清道光元年(1821)合河康氏刻本　四冊

310000－0242－0007622　V32－2/7.428C2

七十家賦鈔六卷　(清)張惠言輯　清道光元年(1821)合河康氏刻本　一冊

310000－0242－0007623　V32－2/7.428C3

七十家賦鈔六卷附劄記六卷　(清)張惠言輯　清光緒二十三年(1897)江蘇書局刻本　五冊

310000－0242－0007624　V32－4/7.352C2

選注六朝唐賦一卷　(清)馬傳庚注　清同治十三年(1874)京都玉燕書巢馬氏刻本　二冊

310000－0242－0007625　V32.11－8/18.223

屈原賦二十五篇　(戰國)屈原撰　(清)王仁堪等錄　清光緒十六年(1890)上海同文書局石印本　二冊

310000－0242－0007626　V32.12－13/2.21C10

楚辭十七卷　(漢)王逸章句　(明)陳深批點　明萬曆二十八年(1600)刻朱墨套印本　一冊

310000－0242－0007627　V32.12－13/2.21C11

楚辭十七卷　(漢)王逸章句　(明)陳深批點　明萬曆二十八年(1600)刻朱墨套印本　一冊

310000－0242－0007628　V32.12－13/2.21C12

楚辭十七卷　(漢)王逸章句　(明)陳深批點　明萬曆二十八年(1600)刻朱墨套印本　一冊

310000－0242－0007629　V32.12－13/2.21C3

楚辭十七卷　(漢)王逸章句　(宋)洪興祖補注　清同治十一年(1872)金陵書局刻本　四冊

310000－0242－0007630　V32.12－13/2.21C5

楚辭十七卷　(漢)王逸章句　(宋)洪興祖補注　清同治十一年(1872)金陵書局刻本　四冊

310000－0242－0007631　V32.12－13/5.98C10

楚辭集注八卷後語四卷　(宋)朱熹注　清同治十年(1871)江蘇書局刻本　一冊

310000－0242－0007632　V32.12－13/5.98C12

楚辭集注八卷後語六卷辯證二卷　(宋)朱熹注　明刻本　四冊

310000－0242－0007633　V32.12－13/5.98C3

楚辭集注八卷　(宋)朱熹集注　清光緒元年(1875)湖北崇文書局刻本　二冊

310000－0242－0007634　V32.12－13/5.98C4

楚辭集注八卷　(宋)朱熹集注　清光緒元年(1875)湖北崇文書局刻本　二冊

310000－0242－0007635　V32.12－13/5.98C5

楚辭八卷　(宋)朱熹集注　清光緒元年(1875)湖北崇文書局刻本　二冊

310000－0242－0007636　V32.12－13/5.98C7

楚辭集注八卷辯證二卷後語六卷　(宋)朱熹集注　清光緒八年(1882)江蘇書局刻本　四冊

310000－0242－0007637　V32.12－13/5.98C8

楚辭集注八卷辯證二卷後語六卷　(宋)朱熹集注　清光緒八年(1882)江蘇書局刻本　四冊

310000－0242－0007638　V32.12－13/6.434

楚辭十九卷附讀楚辭語一卷附錄一卷　(明)

陸時雍疏　明刻本　三冊

310000－0242－0007639　V32.12－13/7.21

楚詞釋十一卷　王闓運注　清光緒二十七年
(1901)衡陽刻本　一冊

310000－0242－0007640　V32.12－13/7.211B

楚辭燈四卷　(清)林雲銘論述　清康熙三十
六年(1697)杭州林氏挹奎樓刻本　二冊

310000－0242－0007641　V32.12－13/7.21A

楚辭通釋十四卷末一卷　(清)王夫之撰　清
同治四年(1865)金陵節署湘鄉曾氏刻本　六
冊

310000－0242－0007642　V32.12－8/7.21

屈子雜文不分卷　(清)王邦采撰　清光緒廣
雅書局刻本　一冊

310000－0242－0007643　V32.12－8/7.352

屈賦微二卷　馬其昶著　清光緒三十一年
(1905)刻本　一冊

310000－0242－0007644　V32.12－8/7.749

屈原賦戴氏注七卷通釋二卷　(清)戴震注
音義三卷　(清)汪梧鳳撰　清乾隆二十五年
(1760)刻本　一冊

310000－0242－0007645　V32.12－8/7.749C3

屈原賦戴氏注七卷通釋二卷　(清)戴震注
音義三卷　(清)汪梧鳳撰　清光緒十七年
(1891)廣雅書局刻本　一冊

310000－0242－0007646　V32.14－19/5.164

離騷草木疏四卷　(宋)吳仁傑撰　清光緒三
年(1877)湖北崇文書局刻本　一冊

310000－0242－0007647　V32.14－19/5.164C2

離騷草木疏四卷　(宋)吳仁傑撰　清光緒三
年(1877)湖北崇文書局刻本　一冊

310000－0242－0007648　V32.14－19/5.164C3

離騷草木疏四卷　(宋)吳仁傑撰　清光緒三
年(1877)湖北崇文書局刻本　一冊

310000－0242－0007649　V32.14－19/7.248

離騷草木史十卷離騷拾細一卷　(清)周拱辰
注　清周氏刻本　八冊

310000－0242－0007650　V32.17－6/574.5

竹西春社七卷　(清)愛素生編　清刻本　二
冊

310000－0242－0007651　V32.181－19/2.21

離騷賦一卷　(漢)王逸注　(清)朱駿聲補注
清朱氏刻本　一冊

310000－0242－0007652　V32.181－19/7.151

離騷一卷附九歌一卷參同契一卷陰符經一卷
(清)李光地注　清末抄本　一冊

310000－0242－0007653　V32.181－19/7.21

離騷彙訂不分卷　(清)王邦采撰　清光緒二
十六年(1900)廣雅書局刻廣雅書局叢書本
二冊

310000－0242－0007654　V32.181－19/7.795

離騷箋二卷　(清)龔景瀚撰　清光緒三年
(1877)湖北崇文書局刻本　一冊

310000－0242－0007655　V32.183－13/7.2

楚辭天問箋一卷　(清)丁晏撰　清咸豐四年
(1854)廣雅書局刻本　一冊

310000－0242－0007656　V32.27－8/7.428

東皋四傑賦集四卷　(清)張金誥輯　清道光
二十二年(1842)刻本　二冊

310000－0242－0007657　V33.08－12/7.283

詞學全書五種　(清)查培繼輯　清康熙十八
年(1679)洪寶堂刻本　十六冊

310000－0242－0007658　V33.08－12/7.283C3

詞學全書五種　(清)查培繼輯　清康熙十八
年(1679)致和堂刻本　二冊

310000－0242－0007659　V33.08－12/7.347

詞學叢書六種　(清)秦敦甫輯　清嘉慶十五
年(1810)享帚精舍刻本　十二冊

310000－0242－0007660　V33.08－12/7.347C2

詞學叢書六種　(清)秦敦甫輯　清嘉慶十五
年(1810)享帚精舍刻本　八冊

310000－0242－0007661　V33.08－6/7.2C2

西泠詞萃六種　(清)丁丙輯　清光緒十二年
(1886)刻本　四冊

310000 - 0242 - 0007662　V33.08 - 7/7.84C2

宋元名家詞十五種十七卷　（清）江標輯　清光緒二十一年(1895)湖南思賢書局刻本　一冊

310000 - 0242 - 0007663　V33.08 - 7/7.84C3

宋元名家詞十五種十七卷　（清）江標輯　清光緒二十一年(1895)湖南思賢書局刻本　二冊

310000 - 0242 - 0007664　V33.1 - 12/6.556

詩林萬選四卷　（明）楊慎輯　明嘉靖二十二年(1543)汲古閣刻本　一冊

310000 - 0242 - 0007665　V33.1 - 12/7.428

詞選二卷附錄一卷　（清）張惠言輯　清同治十一年(1872)會稽張氏刻本　一冊

310000 - 0242 - 0007666　V33.1 - 12/7.428C3

詞選二卷附錄一卷　（清）張惠言輯　清同治十一年(1872)會稽張氏刻本　一冊

310000 - 0242 - 0007667　V33.1 - 12/7.428B

詞選二卷附錄一卷　（清）張忠言　（清）董毅輯　清道光十年(1830)張琦刻本　一冊

310000 - 0242 - 0007668　V33.1 - 12/7.98

詞綜三十八卷明詞綜十二卷國朝詞綜四十八卷　（清）朱彝尊等輯　清光緒二十八年(1902)綠蔭堂金匱浦氏刻本　二十四冊

310000 - 0242 - 0007669　V33.1 - 14/7.393

閨秀詞鈔十六卷　徐乃昌輯錄　清宣統元年(1909)南陵小檀欒室刻本　八冊

310000 - 0242 - 0007670　V33.1 - 16/7.98

歷朝詞綜一百六卷　（清）朱彝尊等輯　清光緒二十八年(1902)金匱浦氏刻本　四冊

310000 - 0242 - 0007671　V33.1 - 4/56.29

中州樂府閒集　（金）元好問原選　（日本）近藤元粹評訂　清光緒九年(1883)鉛印本　一冊

310000 - 0242 - 0007672　V33.1 - 4/56.29B

中州樂府一卷　（金）元好問輯　清光緒二十年(1894)嘉州鍾氏刻本　一冊

310000 - 0242 - 0007673　V33.108 - 10/7.93

唐五代詞選三卷　（清）成肇麐輯　清光緒中刻本　一冊

310000 - 0242 - 0007674　V33.108 - 10/8.477

唐五代詞選二卷宋七家詞選七卷　（清）馮煦輯　清光緒中刻本　二冊

310000 - 0242 - 0007675　V33.108 - 12/8.164

仁和吳氏雙照樓景栞宋元本詞十七種　吳昌綬輯　清宣統三年至民國六年(1911 - 1917)刻本　二十冊

310000 - 0242 - 0007676　V33.108 - 13/8.641

微雲樹詞選五卷校勘補注一卷　樊增祥輯　清光緒三十四年(1908)望江誦清閣鉛印本　五冊

310000 - 0242 - 0007677　V33.108 - 5/7.21

四印齋所刻詞十七種　（清）王鵬運輯　清光緒十四年(1888)臨桂王氏刻本　十八冊

310000 - 0242 - 0007678　V33.108 - 5/7.21C2

四印齋所刻詞十七種　（清）王鵬運輯　清光緒十四年(1888)臨桂王氏刻本　九冊

310000 - 0242 - 0007679　V33.108 - 5/7.21C3

四印齋所刻詞十七種　（清）王鵬運輯　清光緒十四年(1888)臨桂王氏刻本　六冊

310000 - 0242 - 0007680　V33.15 - 11/5.21

梅苑十卷　（宋）黃大輿輯　清光緒十二年(1886)刻本　四冊

310000 - 0242 - 0007681　V33.15 - 11/5.21C3

梅苑十卷　（宋）黃大輿輯　清光緒十二年(1886)刻本　三冊

310000 - 0242 - 0007682　V33.15 - 13/5.170

聖求詞一卷壽域詞一卷審齋詞一卷　（宋）呂濱老等撰　清光緒十四年(1888)錢塘汪氏刻本　一冊

310000 - 0242 - 0007683　V33.15 - 16/5.441

龍洲詞一卷補一卷姑溪詞一卷　（宋）陳亮（宋）李之儀撰　清光緒十四年(1888)錢塘汪氏刻本　一冊

310000 – 0242 – 0007684　V33.15 – 18/7.21

雙白詞八卷附山中白雲詞續補一卷詞旨一卷
（清）王鵬運輯　清光緒四印齋刻本　一冊

310000 – 0242 – 0007685　V33.15 – 18/7.21C2

雙白詞八卷附山中白雲詞續補一卷詞旨一卷
（清）王鵬運輯　清光緒四印齋刻本　一冊

310000 – 0242 – 0007686　V33.15 – 4/5.654

友古詞一卷海野詞一卷　（宋）蔡伸　（宋）曾
覿撰　清光緒十四年(1888)錢塘汪氏刻本
一冊

310000 – 0242 – 0007687　V33.15 – 7/7.248

宋四家詞選一卷　（清）周濟輯　清同治十二
年(1873)吳縣潘氏滂喜齋刻本　一冊

310000 – 0242 – 0007688　V33.15 – 7/7.34

宋七家詞選七卷　（清）戈載輯　（清）杜文瀾
校注　清光緒十一年(1885)曼陀羅華閣刻本
四冊

310000 – 0242 – 0007689　V33.15 – 8/5.21

花外集一卷漱玉詞一卷補遺一卷附錄一卷
（宋）王沂孫　（宋）李清照撰　清光緒七年
(1881)四印齋刻本　一冊

310000 – 0242 – 0007690　V33.15 – 9/5.674

後村別調一卷蘆川詞一卷　（宋）劉克莊
（宋）張元幹撰　清光緒十四年(1888)錢塘汪
氏刻本　一冊

310000 – 0242 – 0007691　V33.152 – 12/7.283A

絕妙好詞箋七卷續抄一卷　（清）查為仁
（清）厲鶚箋注　（清）余集輯　清道光八年
(1828)錢塘徐氏刻本　二冊

310000 – 0242 – 0007692　V33.152 – 12/7.283C4

絕妙好詞箋七卷續鈔一卷　（清）查為仁
（清）厲鶚箋注　清同治十一年(1872)會稽章
氏刻本　六冊

310000 – 0242 – 0007693　V33.152 – 12/7.283C5

絕妙好詞箋七卷續鈔一卷　（清）查為仁
（清）厲鶚箋注　清同治十一年(1872)會稽章
氏刻本　一冊

310000 – 0242 – 0007694　V33.157 – 4/57.752

天下同文一卷附錄一卷　（元）□□輯　清宣
統元年(1909)雙照樓鉛印本　一冊

310000 – 0242 – 0007695　V33.16 – 8/7.21

明詞綜十二卷　（清）王昶纂　清光緒二十八
年(1902)金匱浦氏刻本　一冊

310000 – 0242 – 0007696　V33.17 – 10/7.393

徐氏一家詞三卷　（清）徐琪輯　清光緒三十
四年(1908)徐氏刻本　三冊

310000 – 0242 – 0007697　V33.17 – 10/7.556

海濱酬唱詞一卷　（清）楊雅虹撰輯　清光緒
二十四年(1898)香海閣刻本　一冊

310000 – 0242 – 0007698　V33.17 – 11/7.21

國朝詞綜四十八卷二集八卷　（清）王昶纂
清嘉慶七年(1802)三泖漁莊刻本　十冊

310000 – 0242 – 0007699　V33.17 – 11/7.21C4

國朝詞綜四十八卷二集八卷　（清）王昶纂
清嘉慶七年(1802)三泖漁莊刻本　十二冊

310000 – 0242 – 0007700　V33.17 – 11/7.441

國朝金陵詞鈔八卷附閨秀詞一卷　（清）陳伯
雨輯　清光緒二十八年(1902)刻本　四冊

310000 – 0242 – 0007701　V33.17 – 11/7.740

國朝常州詞錄三十卷　繆荃孫輯　清光緒二
十二年(1896)刻本　八冊

310000 – 0242 – 0007702　V33.17 – 11/7.740C2

國朝常州詞錄三十卷　繆荃孫輯　清光緒二
十二年(1896)刻本　十六冊

310000 – 0242 – 0007703　V33.17 – 11/7.740C3

國朝常州詞錄三十卷　繆荃孫輯　清光緒二
十二年(1896)刻本　十冊

310000 – 0242 – 0007704　V33.17 – 12/7.207.6

粵西詞見二卷　況周儀輯　清光緒二十三年
(1897)揚州蘇唱街聚文齋刻本　一冊

310000 – 0242 – 0007705　V33.17 – 13/7.21

詩餘偶鈔六卷　王先謙輯　清光緒十六年
(1890)長沙王氏刻本　一冊

310000－0242－0007706　V33.17－14/7.248

靜一齋詩餘一卷冷香齋詩餘一卷　（清）周詒
繁　（清）周翼枟撰　清光緒二十一年至二十
二年（1895－1896）徐乃昌刻本　一冊

310000－0242－0007707　V33.17－14/7.682.7

漢南春柳詞鈔一卷海神吟館詩草一卷　（清）
龍啟瑞　（清）何慧生撰　清光緒五年（1879）
龍繼棟刻本　一冊

310000－0242－0007708　V33.17－15/7.765

篋中詞六卷續三卷　（清）譚獻輯　清光緒八
年（1882）譚氏刻本　四冊

310000－0242－0007709　V33.17－16/7.500

憶雲詞甲稿一卷乙稿一卷丙稿一卷丁稿一卷
刪存一卷補遺五卷續一卷　（清）項廷紀
（清）蔣春霖撰　清光緒二十五年（1899）思賢
書局刻本　一冊

310000－0242－0007710　V33.17－17/7.128

鴻雪廎詞一卷玉雨詞一卷古春軒詞一卷洞簫
樓詞一卷聽雪詞一卷古雪詩餘一卷　（清）沈
善寶　（清）曹慎儀等撰　清光緒二十一年至
二十二年（1895－1896）徐乃昌刻本　一冊

310000－0242－0007711　V33.17－17/7.201.6

薇省詞鈔十卷附錄一卷　況周儀輯　清光緒
二十四年（1898）刻本　四冊

310000－0242－0007712　V33.17－17/7.486

薇省同聲集五卷　（清）彭鑾輯　清光緒十六
年（1890）邕州郡齋刻本　一冊

310000－0242－0007713　V33.17－29/7.412

鬘餘詞一卷拜石山房詞鈔四卷憶雲詞甲稟一
卷乙稟一卷　（清）郭麐等撰　清光緒許增刻
本　二冊

310000－0242－0007714　V33.17－3/7.393

小檀欒室彙刻閨秀詞十集一百十卷附閨秀詞鈔
十六卷補遺一卷續補遺四卷　徐乃昌輯　清光
緒二十一年（1895）南陵徐乃昌刻本　三十冊

310000－0242－0007715　V33.17－3/7.393C2

小檀欒室彙刻閨秀詞十集一百十卷附閨秀詞

鈔十六卷補遺一卷續補遺四卷　徐乃昌輯
清光緒二十一年（1895）南陵徐乃昌刻本　四
冊

310000－0242－0007716　V33.17－3/7.393C3

小檀欒室彙刻閨秀詞十集一百十卷　徐乃昌
輯　清光緒二十一年（1895）南陵徐乃昌刻本
十六冊　存八集八十四卷

310000－0242－0007717　V33.17－3/7.393C4

小檀欒室彙刻閨秀詞十集一百十卷　徐乃昌
輯　清光緒二十一年（1895）南陵徐乃昌刻本
十四冊　存八集八十四卷

310000－0242－0007718　V33.17－9/7.128

紅心詞一卷蘭葉詞一卷曼香詞一卷　（清）沈
起鳳等撰　清光緒刻本　一冊

310000－0242－0007719　V33.17－9/7.164

侯鯖詞五種　（清）吳唐林輯　清光緒十一年
（1885）杭州刻本　一冊　存三種（窺生鐵齋
詞、橫山草堂詞、劍虹庵詞）

310000－0242－0007720　V33.17－9/7.21

春蟄吟一卷　（清）王鵬運撰輯　清光緒二十
七年（1901）刻本　一冊

310000－0242－0007721　V33.17－9/7.248

柳下詞一卷萬善花室詞一卷洞簫詞一卷樂府
餘論一卷　（清）周青等撰　清光緒繆荃孫刻
本　一冊

310000－0242－0007722　V33.18－2/8.641

二家詞鈔二種　樊增祥編　清光緒二十八年
（1902）身雲閣刻本　一冊

310000－0242－0007723　V33.45－7/7.428B

宋四家詞選一卷宋四家詞選目錄序論一卷
（清）周濟輯　清光緒刻本　一冊

310000－0242－0007724　V33.7－7/7.473C2

穀水口碑錄二卷　（清）童寶善輯　清光緒二
十一年（1895）刻本　一冊

310000－0242－0007725　V35－15/7.654

論海四種一百七十二卷　（清）蔡和鏘輯　清
光緒二十八年（1902）石印本　三十二冊

310000－0242－0007726　V35－6/7.749

名雋初集八卷　（清）戴咸弼輯　清光緒五年(1879)嘉善愛暉書屋刻本　二冊

310000－0242－0007727　V35－8/7.151

金元明八大家文選五十三卷　（清）李祖陶評點　清道光二十五年(1845)泰和孫明刻本　二十六冊

310000－0242－0007728　V35－8/7.375

宛南書院課讀精義策論三種　（清）孫葆田輯　清光緒二十七年(1901)刻本　四冊

310000－0242－0007729　V35.2－14/8.428

漢魏六朝女子文選二卷　張維輯　清宣統三年(1911)海鹽朱氏刻本　一冊

310000－0242－0007730　V35.2－14/8.428C2

漢魏六朝女子文選二卷　張維輯　清宣統三年(1911)海鹽朱氏刻本　二冊

310000－0242－0007731　V35.2－14/8.428C3

漢魏六朝女子文選二卷　張維輯　清宣統三年(1911)海鹽朱氏刻本　二冊

310000－0242－0007732　V35.2－6/7.760

西漢文選四卷　（清）儲欣選　清光緒九年(1883)靜遠堂刻本　四冊

310000－0242－0007733　V35.2－6/7.760C2

西漢文選四卷　（清）儲欣選　清光緒九年(1883)靜遠堂刻本　一冊

310000－0242－0007734　V35.3－4/7.271

六朝四家全集十七卷　（清）胡鳳丹輯　清同治九年(1870)永康胡氏退補齋刻本　六冊

310000－0242－0007735　V35.3－4/7.407A

六朝文絜四卷　（清）許槤評選　清道光五年(1825)享金寶石齋刻朱墨套印本　二冊

310000－0242－0007736　V35.3－4/7.407B

六朝文絜四卷　（清）許槤輯　清光緒三年(1877)讀有用書齋刻本　二冊

310000－0242－0007737　V35.3－4/7.407C

六朝文絜箋注十二卷　（清）許槤評選　（清）黎經誥箋注　清光緒十五年(1889)枕溢書屋刻本　四冊

310000－0242－0007738　V35.4－10/5.316

唐文粹一百卷　（宋）姚鉉纂　清光緒九年(1883)江蘇書局刻本　二十冊

310000－0242－0007739　V35.4－10/5.316C2

唐文粹一百卷　（宋）姚鉉纂　清光緒九年(1883)江蘇書局刻本　二十冊

310000－0242－0007740　V35.4－10/5.316C3

唐文粹一百卷　（宋）姚鉉纂　清光緒九年(1883)江蘇書局刻本　二十冊

310000－0242－0007741　V35.4－10/5.316C4

唐文粹一百卷　（宋）姚鉉纂　清光緒九年(1883)江蘇書局刻本　二十冊

310000－0242－0007742　V35.4－10/5.316C5

唐文粹一百卷　（宋）姚鉉纂　清光緒九年(1883)江蘇書局刻本　十六冊

310000－0242－0007743　V35.4－10/5.316C6

唐文粹一百卷　（宋）姚鉉纂　清光緒九年(1883)江蘇書局刻本　六冊

310000－0242－0007744　V35.4－10/5.316C7

唐文粹一百卷　（宋）姚鉉纂　清光緒九年(1883)江蘇書局刻本　十六冊

310000－0242－0007745　V35.4－10/5.316C8

唐文粹一百卷　（宋）姚鉉纂　清光緒九年(1883)江蘇書局刻本　四冊

310000－0242－0007746　V35.4－10/6.305

唐宋八大家文鈔一百四十四卷　（明）茅坤輯　清皖省聚文堂刻本　四十冊

310000－0242－0007747　V35.4－10/7.4

唐宋文醇五十八卷　（清）高宗弘曆纂　清光緒三年(1877)浙江書局刻本　十冊

310000－0242－0007748　V35.4－10/7.4C2

唐宋文醇五十八卷　（清）高宗弘曆纂　清光緒三年(1877)浙江書局刻本　四冊

310000－0242－0007749　V35.4－10/7.412

唐文粹補遺二十六卷　（清）郭麐纂　清嘉慶

二十四年(1819)刻本　四冊

310000－0242－0007750　V35.4－10/7.412C2
唐文粹補遺二十六卷　(清)郭麐纂　清嘉慶
二十四年(1819)刻本　四冊

310000－0242－0007751　V35.4－10/7.412C3
唐文粹補遺二十六卷　(清)郭麐纂　清光緒
十一年(1885)江蘇書局刻本　四冊

310000－0242－0007752　V35.4－10/7.412C4
唐文粹補遺二十六卷　(清)郭麐纂　清光緒
十一年(1885)江蘇書局刻本　一冊

310000－0242－0007753　V35.4－10/7.428
唐宋八大家文鈔十九卷　(清)張伯行輯　清
同治八年(1869)福州正誼堂刻本　二冊

310000－0242－0007754　V35.4－10/7.434
唐文續拾十六卷　(清)陸心源輯　清光緒十
年(1884)歸安陸氏刻本　六冊

310000－0242－0007755　V35.4－10/7.760
唐宋十大家全集錄五十二卷　(清)儲欣輯
清光緒八年(1882)江蘇書局刻本　三十一冊

310000－0242－0007756　V35.4－10/7.760C2
唐宋十大家全集錄五十二卷　(清)儲欣輯
清光緒八年(1882)江蘇書局刻本　三十二冊

310000－0242－0007757　V35.4－10/7.760C3
唐宋十大家全集錄五十二卷　(清)儲欣輯
清光緒八年(1882)江蘇書局刻本　三十二冊

310000－0242－0007758　V35.4－10/7.760A
唐宋八大家類選十四卷　(清)儲欣評選　清
光緒九年(1883)靜遠堂刻本　六冊

310000－0242－0007759　V35.4－10/7.760AC2
唐宋八大家類選十四卷　(清)儲欣評選　清
光緒十八年(1892)湖北官書處刻本　六冊

310000－0242－0007760　V35.4－6/7.5
欽定全唐文一千卷　(清)仁宗顒琰纂　清光
緒二十七年(1901)廣雅書局刻本　二百冊

310000－0242－0007761　V35.4－6/7.5C2
欽定全唐文一千卷　(清)仁宗顒琰纂　清光

緒二十七年(1901)廣雅書局刻本　二百二冊

310000－0242－0007762　V35.4－6/7.5C3
欽定全唐文一千卷　(清)仁宗顒琰纂　清嘉
慶二十三年(1818)內府刻本　三百二十冊

310000－0242－0007763　V35.4－7/7.500
初唐四傑文集二十一卷　(清)項家達輯　清
光緒五年(1879)淮南書局刻本　四冊

310000－0242－0007764　V35.4－7/7.500C2
初唐四傑文集二十一卷　(清)項家達輯　清
光緒五年(1879)淮南書局刻本　三冊

310000－0242－0007765　V35.4－7/7.500C3
初唐四傑文集二十一卷　(清)項家達輯　清
咸豐六年(1856)叢雅居鄒氏刻本　三冊

310000－0242－0007766　V35.5－7/5.170
宋文鑑一百五十卷　(宋)呂祖謙編　清光緒
十二年(1886)江蘇書局刻本　二十四冊

310000－0242－0007767　V35.5－7/5.170C2
宋文鑑一百五十卷　(宋)呂祖謙編　清光緒
十二年(1886)江蘇書局刻本　二十四冊

310000－0242－0007768　V35.5－7/5.170C3
宋文鑑一百五十卷　(宋)呂祖謙編　清光緒
十二年(1886)江蘇書局刻本　二十四冊

310000－0242－0007769　V35.5－7/5.170C4
宋文鑑一百五十卷　(宋)呂祖謙編　清光緒
十二年(1886)江蘇書局刻本　六冊　缺二冊
(一至二)

310000－0242－0007770　V35.5－7/5.170C5
宋文鑑一百五十卷　(宋)呂祖謙編　清光緒
十二年(1886)江蘇書局刻本　二十四冊

310000－0242－0007771　V35.5－7/7.791
辟疆園宋文選二十卷　(清)顧宸輯　清順治
十八年(1661)梁溪顧氏辟疆園刻本　三十冊

310000－0242－0007772　V35.52－9/7.454
南宋文範七十卷外編四卷作者考二卷　(清)
莊仲方編　清光緒十四年(1888)江蘇書局刻
本　十六冊

310000－0242－0007773　V35.52－9/7.454A

南宋文範外編四卷　（清）莊仲方編　清光緒
十四年(1888)刻本　一冊

310000－0242－0007774　V35.52－9/7.454C2

南宋文範七十卷外編四卷作者考二卷　（清）
莊仲方編　清光緒十四年(1888)江蘇書局刻
本　十六冊

310000－0242－0007775　V35.52－9/7.454C3

南宋文範七十卷外編四卷作者考二卷　（清）
莊仲方編　清光緒十四年(1888)江蘇書局刻
本　十六冊

310000－0242－0007776　V35.52－9/7.454C4

南宋文範七十卷外編四卷作者考二卷　（清）
莊仲方編　清光緒十四年(1888)江蘇書局刻
本　十五冊

310000－0242－0007777　V35.52－9/7.454C5

南宋文範七十卷外編四卷作者考二卷　（清）
莊仲方編　清光緒十四年(1888)江蘇書局刻
本　十六冊

310000－0242－0007778　V35.52－9/7.454C6

南宋文範七十卷外編四卷作者考二卷　（清）
莊仲方編　清光緒十四年(1888)江蘇書局刻
本　三冊

310000－0242－0007779　V35.52－9/7.568

南宋文錄錄二十四卷　（清）董兆熊輯　清光
緒十七年(1891)蘇州書局刻本　六冊

310000－0242－0007780　V35.52－9/7.568C2

南宋文錄錄二十四卷　（清）董兆熊輯　清光
緒十七年(1891)蘇州書局刻本　六冊

310000－0242－0007781　V35.52－9/7.568C3

南宋文錄錄二十四卷　（清）董兆熊輯　清光
緒十七年(1891)蘇州書局刻本　六冊

310000－0242－0007782　V35.55－16/7.21

**遼文萃七卷附遼史藝文志補證一卷西夏文綴
二卷西夏藝文志一卷**　王仁俊編輯　清光緒
三十年(1904)刻本　一冊

310000－0242－0007783　V35.55－16/7.21C2

**遼文萃七卷附遼史藝文志補證一卷西夏文綴
二卷西夏藝文志一卷**　王仁俊編輯　清光緒
三十年(1904)刻本　一冊

310000－0242－0007784　V35.55－16/7.21C3

**遼文萃七卷附遼史藝文志補證一卷西夏文綴
二卷西夏藝文志一卷**　王仁俊編輯　清光緒
三十年(1904)刻本　一冊

310000－0242－0007785　V35.55－16/8.740

遼文存六卷　繆荃孫輯　清光緒二十二年
(1896)雲自在龕刻本　二冊

310000－0242－0007786　V35.56－8/7.428

金文最六十卷　（清）張金吾輯　清光緒二十
一年(1895)江蘇書局刻本　四冊

310000－0242－0007787　V35.56－8/7.428C2

金文最六十卷　（清）張金吾輯　清光緒二十
一年(1895)江蘇書局刻本　十六冊

310000－0242－0007788　V35.56－8/7.428C3

金文最六十卷　（清）張金吾輯　清光緒二十
一年(1895)江蘇書局刻本　十六冊

310000－0242－0007789　V35.56－8/7.428C4

金文最六十卷　（清）張金吾輯　清光緒二十
一年(1895)江蘇書局刻本　十六冊

310000－0242－0007790　V35.56－8/7.428C5

金文最六十卷　（清）張金吾輯　清光緒二十
一年(1895)江蘇書局刻本　十六冊

310000－0242－0007791　V35.56－8/7.428C6

金文最六十卷　（清）張金吾輯　清光緒二十
一年(1895)江蘇書局刻本　十六冊

310000－0242－0007792　V35.56－8/7.428C7

金文最六十卷　（清）張金吾輯　清光緒二十
一年(1895)江蘇書局刻本　十六冊

310000－0242－0007793　V35.57－4/57.784

元文類七十卷　（元）蘇天爵編　清光緒十五
年(1889)江蘇書局刻本　十冊

310000－0242－0007794　V35.57－4/57.784C2

元文類七十卷　（元）蘇天爵編　清光緒十五
年(1889)江蘇書局刻本　三冊

310000－0242－0007795　V35.57－4/57.784C4
元文類七十卷　（元）蘇天爵編　清光緒十五年(1889)江蘇書局刻本　十冊

310000－0242－0007796　V35.57－4/57.784C5
元文類七十卷　（元）蘇天爵編　清光緒十五年(1889)江蘇書局刻本　十冊

310000－0242－0007797　V35.57－4/57.784C6
元文類七十卷　（元）蘇天爵編　清光緒十五年(1889)江蘇書局刻本　十冊

310000－0242－0007798　V35.6－6/7.307
同人集十二卷　（清）冒襄輯　清咸豐九年(1859)水繪庵木活字印本　十二冊

310000－0242－0007799　V35.6－8/7.731
明文在一百卷　（清）薛熙纂　清光緒十五年(1889)江蘇書局刻本　十冊

310000－0242－0007800　V35.6－8/7.731C2
明文在一百卷　（清）薛熙纂　清光緒十五年(1889)江蘇書局刻本　十冊

310000－0242－0007801　V35.6－8/7.731C3
明文在一百卷　（清）薛熙纂　清光緒十五年(1889)江蘇書局刻本　十冊

310000－0242－0007802　V35.6－8/7.731C4
明文在一百卷　（清）薛熙纂　清光緒十五年(1889)江蘇書局刻本　十冊

310000－0242－0007803　V35.6－8/7.731C5
明文在一百卷　（清）薛熙纂　清光緒十五年(1889)江蘇書局刻本　十冊

310000－0242－0007804　V35.6－8/7.731C6
明文在一百卷　（清）薛熙纂　清光緒十五年(1889)江蘇書局刻本　三冊

310000－0242－0007805　V35.6－8/7.791
明文英華十卷　（清）顧有孝纂　清康熙二十六年(1687)傳萬堂刻本　八冊

310000－0242－0007806　V35.7－10/7.359B
桐溪耆隱集一卷補錄一卷榆園雜興詩一卷　(清)袁炯輯　（清）袁振業撰　清光緒桐廬袁氏刻漸西村舍刻本　一冊

310000－0242－0007807　V35.7－11/7.128
國朝文匯甲前集二十卷甲集六十卷乙集七十卷丙集三十卷丁集二十卷　（清）沈粹芬(清)王文濡纂輯　清宣統二年(1910)上海國學扶輪社石印本　一百冊

310000－0242－0007808　V35.7－11/7.128C2
國朝文匯甲前集二十卷甲集六十卷乙集七十卷丙集三十卷丁集二十卷　（清）沈粹芬(清)王文濡纂輯　清宣統二年(1910)上海國學扶輪社石印本　一百二冊

310000－0242－0007809　V35.7－11/7.128C3
國朝文匯甲前集二十卷甲集六十卷乙集七十卷丙集三十卷丁集二十卷　（清）沈粹芬(清)王文濡纂輯　清宣統二年(1910)上海國學扶輪社石印本　二十八冊

310000－0242－0007810　V35.7－11/7.128C4
國朝文匯甲前集二十卷甲集六十卷乙集七十卷丙集三十卷丁集二十卷　（清）沈粹芬(清)王文濡纂輯　清宣統二年(1910)上海國學扶輪社石印本　二十二冊

310000－0242－0007811　V35.7－11/7.135
皇朝貞孝節烈文編六卷　（清）汪正輯　清嘉慶香溪節烈祠刻本　六冊

310000－0242－0007812　V35.7－11/7.316C2
國朝文錄八十二卷　（清）姚椿輯　清咸豐元年(1851)終南山館刻本　七冊　存六十九卷(一至五十四、六十八至八十二)

310000－0242－0007813　V35.7－11/7.316C3
國朝文錄八十二卷　（清）姚椿輯　清光緒二十六年(1900)上海掃葉山房石印本　二冊

310000－0242－0007814　V35.7－11/7.316C4
國朝文錄八十二卷　（清）姚椿輯　清光緒二十六年(1900)上海掃葉山房石印本　十六冊

310000－0242－0007815　V35.7－11/7.316C5
國朝文錄八十二卷　（清）姚椿輯　清光緒二十六年(1900)上海掃葉山房石印本　十六冊

310000－0242－0007816　V35.7－11/7.316C6

國朝文錄八十二卷　（清）姚椿輯　清光緒二十六年（1900）上海掃葉山房石印本　十六冊

310000－0242－0007817　V35.7－11/7.316C7

國朝文錄八十二卷　（清）姚椿輯　清光緒二十六年（1900）上海掃葉山房石印本　十六冊

310000－0242－0007818　V35.7－11/7.434

名家文粹三卷　（清）陸燿輯　清光緒十一年（1885）上海福瀛書局刻本　一冊

310000－0242－0007819　V35.7－11/7.9

皇朝蓄艾文編八十卷　（清）于寶軒纂　清光緒二十九年（1903）上海官書局鉛印本　四十冊

310000－0242－0007820　V35.7－11/A7.151C2

國朝文錄續編六十三卷附邁堂文略四卷（清）李祖陶編　清同治七年（1868）敖陽李氏刻本　三十二冊　存六十三卷（國朝文錄續編六十三卷）

310000－0242－0007821　V35.7－12/405

最近四大家文鈔四卷　寄古齋編　清光緒三十四年（1908）上海寄古齋鉛印本　四冊

310000－0242－0007822　V35.7－12/7.21

湖海文傳七十五卷　（清）王昶輯　清道光十七年（1837）王氏經訓堂刻本　三冊

310000－0242－0007823　V35.7－12/7.21C2

湖海文傳七十五卷　（清）王昶輯　清道光十七年（1837）王氏經訓堂刻本　十六冊

310000－0242－0007824　V35.7－14/7.523

實學文導二卷　（清）傅雲龍輯　清光緒二十一年（1895）石印本　二冊

310000－0242－0007825　V35.7－15/7.135

蓮漪文鈔八卷　（清）汪曰楨輯　清咸豐九年（1859）刻本　二冊

310000－0242－0007826　V35.7－16/7.491

歷科殿試策不分卷　（清）黃思永撰　清光緒刻套印本　四冊

310000－0242－0007827　V35.7－16/3.393

錢清書院課藝不分卷　徐彭齡選　清光緒三十年（1904）刻本　一冊

310000－0242－0007828　V35.7－3/7.359

于湖題襟集十卷　（清）袁昶撰　清光緒二十一年（1895）桐廬袁氏刻本　四冊

310000－0242－0007829　V35.7－5/7.271

四家纂文敘錄彙編三卷　（清）胡念修輯　清光緒二十五年（1899）鵠齋刻本　一冊

310000－0242－0007830　V35.7－6/752

江南鄉試硃卷光緒壬午科　（□）□□編　清光緒衡鑑堂刻本　七冊

310000－0242－0007831　V35.7－7/7.473

穀水口碑錄二卷　（清）童寶善輯　清光緒二十一年（1895）刻本　一冊

310000－0242－0007832　V35.7－9/7.312

南沙贈言一卷　（清）俞樾輯　清光緒十六年（1890）金粟山房刻本　一冊

310000－0242－0007833　V35.9－11/7.527

國朝駢體正宗評本十二卷　（清）曾燠選（清）姚燮評　清光緒十一年（1885）張壽榮花雨樓刻朱墨套印本　六冊

310000－0242－0007834　V35.9－16/7.151

駢體文鈔三十一卷　（清）李兆洛輯　清光緒八年（1882）刻本　八冊

310000－0242－0007835　V35.9－16/7.151C10

駢體文鈔三十一卷　（清）李兆洛輯　清同治六年（1867）婁江徐氏刻本　八冊

310000－0242－0007836　V35.9－16/7.151C11

駢體文鈔三十一卷　（清）李兆洛輯　清同治六年（1867）婁江徐氏刻本　八冊

310000－0242－0007837　V35.9－16/7.151C3

駢體文鈔三十一卷　（清）李兆洛輯　清同治六年（1867）婁江徐氏刻本　八冊

310000－0242－0007838　V35.9－16/7.151C4

駢體文鈔三十一卷　（清）李兆洛輯　清同治六年（1867）婁江徐氏刻本　四冊

310000－0242－0007839　V35.9－16/7.151C5

駢體文鈔三十一卷　（清）李兆洛輯　清光緒
八年（1882）合河康氏刻本　八冊

310000－0242－0007840　V35.9－16/7.151C6

駢體文鈔三十一卷　（清）李兆洛輯　清光緒
八年（1882）合河康氏刻本　八冊

310000－0242－0007841　V35.9－16/7.151C7

駢體文鈔三十一卷　（清）李兆洛輯　清光緒
三十四年（1908）蘇州振新書社刻本　八冊

310000－0242－0007842　V35.9－16/7.151C8

駢體文鈔三十一卷　（清）李兆洛輯　清光緒
三十四年（1908）蘇州振新書社刻本　六冊
存二十六卷（一至二十六）

310000－0242－0007843　V35.9－16/7.151C9

駢體文鈔三十一卷　（清）李兆洛輯　清光緒
三十四年（1908）蘇州振新書社刻本　二冊

310000－0242－0007844　V35.9－16/7.21

駢文類纂十五類四十六卷　王先謙纂　清光
緒二十八年（1902）湖南思賢書局刻本　二十
四冊

310000－0242－0007845　V35.9－16/7.21C2

駢文類纂十五類四十六卷　王先謙纂　清光
緒二十八年（1902）湖南思賢書局刻本　五冊

310000－0242－0007846　V35.9－2/7.164

八家四六文鈔八卷　（清）吳鼒撰　清嘉慶較
經堂刻本　四冊

310000－0242－0007847　V35.9－2/7.407

八家四六文鈔八卷首一卷　（清）許貞幹纂注
清光緒十七年（1891）味青齋刻本　四冊

310000－0242－0007848　V35.9－2/7.407C2

八家四六文鈔八卷首一卷　（清）許貞幹纂注
清光緒十八年（1892）上海圖書集成書局鉛
印本　八冊

310000－0242－0007849　V35.9－2/7.407C3

八家四六文注八卷　（清）許貞幹撰　清光緒
五年（1879）侯官許氏刻本　四冊

310000－0242－0007850　V35.9－2/7.407C4

八家四六文鈔八卷　（清）許貞幹纂注　清光

緒十七年（1891）鉛印本　十六冊

310000－0242－0007851　V35.9－5/6.151

四六類編十六卷　（明）李日華選輯　明刻本
十六冊

310000－0242－0007852　V35.9－5/7.151

四六初徵六卷　（清）李漁輯　清光緒十年
（1884）刻本　六冊

310000－0242－0007853　V35.9－5/7.650

忠雅堂評選四六法海八卷　（清）蔣士銓評選
清同治九年（1870）金陵節署刻本　二冊

310000－0242－0007854　V35.9－5/7.650C2

忠雅堂評選四六法海八卷　（清）蔣士銓評選
清同治八年（1869）藏園刻本　八冊

310000－0242－0007855　V35.94－10/7.441

唐駢體文鈔十七卷　（清）陳均輯　清光緒二
十一年（1895）刻本　四冊

310000－0242－0007856　V35.94－10/7.441C2

唐駢體文鈔十七卷　（清）陳均輯　清光緒二
十一年（1895）刻本　六冊

310000－0242－0007857　V35.97－11/7.21

國朝十家四六文鈔十一卷　王先謙輯　清光
緒十五年（1889）長沙王氏刻本　一冊

310000－0242－0007858　V35.97－11/7.428

國朝駢體正宗續編八卷　（清）張鳴珂輯　清
光緒十四年（1888）寒松閣斠刻本　四冊

310000－0242－0007859　V35.97－11/7.505

國朝常州駢體文錄三十一卷附結一宦駢體文
一卷　屠寄輯　清光緒十六年（1890）武進屠
氏刻本　六冊

310000－0242－0007860　V35.97－11/7.505C2

國朝常州駢體文錄三十一卷附結一宦駢體文
一卷　屠寄輯　清光緒十六年（1890）武進屠
氏刻本　八冊

310000－0242－0007861　V35.97－11/7.505C3

國朝常州駢體文錄三十一卷附結一宦駢體文
一卷　屠寄輯　清光緒十六年（1890）武進屠
氏刻本　七冊　存二十九卷（四至三十一、結

一宦駢體文一卷)

310000－0242－0007862　V35.97－11/7.527
國朝駢體正宗十二卷　（清）曾燠輯　清乾
隆、嘉慶間刻本　六冊

310000－0242－0007863　V35.97－11/7.527C2
國朝駢體正宗十二卷　（清）曾燠輯　清光緒
十三年(1887)上海蜚英館石印本　二冊

310000－0242－0007864　V35.97－11/7.527A
國朝駢體正宗評本十二卷　（清）曾燠輯　清
光緒十一年(1885)花雨樓刻朱墨套印本　二
冊

310000－0242－0007865　V35.97－11/7.527B
國朝駢體正宗十二卷　（清）曾燠輯　清嘉慶
十一年(1806)賞雨茅房刻本　四冊

310000－0242－0007866　V35.97－16/7.316
皇朝駢文類苑十四卷　（清）姚燮輯　清光緒
七年(1881)林鍾刻本　六冊

310000－0242－0007867　V35.97－16/7.316C2
皇朝駢文類苑十四卷　（清）姚燮輯　清光緒
七年(1881)林鍾刻本　十七冊

310000－0242－0007868　V36.2－16/7.248
**重刻賴古堂尺牘新鈔二選藏弃集十六卷三選
結鄰集十六卷**　（清）周亮工撰　清道光六年
(1826)雷學淦刻本　十冊

310000－0242－0007869　V39.11－16/7.375
遵化詩存十卷補遺一卷　（清）孫贊元輯　清
光緒十三年(1887)刻本　四冊

310000－0242－0007870　V39.11－9/7.509
津門徵獻詩八卷　（清）華鼎元輯　清光緒十
二年(1886)刻本　四冊

310000－0242－0007871　V39.12－7/7.151
武定詩續鈔二十四卷　（清）李佐賢輯　清同
治六年(1867)利津李氏刻本　八冊

310000－0242－0007872　V39.12－8/7.21
東武詩存十卷　（清）王賡言輯　清嘉慶二十
五年(1820)墨春園刻本　三冊

310000－0242－0007873　V39.13－21/7.225
續中州名賢文表六十八卷　邵松年編　清光
緒三十一年(1905)上海鴻文書局刻本　二十
二冊

310000－0242－0007874　V39.13－21/7.225C2
續中州名賢文表六十八卷　邵松年編　清光
緒三十一年(1905)上海鴻文書局刻本　二十
二冊

310000－0242－0007875　V39.13－4/6.674
中州名賢文表内集三十卷　（明）劉昌編　清
光緒三十年(1904)上海鴻文書局石印本　六
冊

310000－0242－0007876　V39.13－4/6.674C2
中州名賢文表内集三十卷　（明）劉昌編　清
光緒三十年(1904)上海鴻文書局石印本　六
冊

310000－0242－0007877　V39.15－19/7.151
關中兩朝文鈔二十二卷附人物考畧一卷
（清）李元春輯　清道光十二年(1832)守樸堂
刻本　五冊　存五卷(一至四、附人物考畧一
卷)

310000－0242－0007878　V39.2－15/7.347
養賢堂彙鈔一卷　（清）秦幹臣輯　清光緒二
十二年(1896)養賢堂刻本　一冊

310000－0242－0007879　V39.21－10/7.225
海虞文徵三十卷　邵松年編　清光緒三十一
年(1905)上海鴻文書局石印本　十六冊

310000－0242－0007880　V39.21－10/7.305
師山詩存十卷首一卷末一卷　（清）茅炳文輯
清咸豐十年(1860)茅齋刻本　二冊

310000－0242－0007881　V39.21－10/7.364
徐州詩徵八卷　（清）桂中行輯　清光緒十七
年(1891)刻本　四冊

310000－0242－0007882　V39.21－10/7.364C2
徐州詩徵八卷　（清）桂中行輯　清光緒十七
年(1891)刻本　四冊

310000－0242－0007883　V39.21－10/7.370

海陵文徵二十卷 （清）夏荃輯 清光緒九年
(1883)刻本 十二冊

310000－0242－0007884 V39.21－11/7.21
崇川詩鈔彙存五十二卷補遺六十一卷 （清）
王藻輯 清咸豐七年(1857)有嘉樹軒刻本
二十冊

310000－0242－0007885 V39.21－11/7.406
張澤詩鈔三卷續編二卷 （清）章耒輯 清光
緒八年(1882)封氏簣進齋刻本 二冊

310000－0242－0007886 V39.21－11/7.700
常郡八邑藝文志十二卷 （清）盧文弨輯 清
光緒十六年(1890)刻本 三冊

310000－0242－0007887 V39.21－11/752
淮安藝文志十卷 （清）□□撰 清同治十二
年(1873)刻本 八冊

310000－0242－0007888 V39.21－11/8.441A
國朝金陵詞鈔八卷 陳作霖編 清光緒二十
八年(1902)刻本 四冊

310000－0242－0007889 V39.21－11/8.441AC2
國朝金陵詞鈔八卷 陳作霖編 清光緒二十
八年(1902)刻本 一冊

310000－0242－0007890 V39.21－12/7.407
硤川詩續鈔十六卷附詞一卷 （清）許仁沐
（清）蔣學堅輯 清光緒二十一年(1895)雙山
講舍刻本 六冊

310000－0242－0007891 V39.21－14/7.151
聞湖詩續鈔七卷 （清）李王猷輯 清咸豐四
年(1854)刻本 二冊

310000－0242－0007892 V39.21－14/7.454
嘉定詩鈔二集十八卷 （清）莊爾保輯 清道
光二十三年(1843)嘐城黃氏西谿草廬刻本
六冊

310000－0242－0007893 V39.21－20/7.761
蟂山詩鈔十二卷首一卷 （清）魏珊年輯 清
嘉慶十一年(1806)刻本 六冊

310000－0242－0007894 V39.21－21/7.98
續金陵詩徵六卷 （清）朱紹亭輯 清光緒二

十年(1894)刻本 六冊

310000－0242－0007895 V39.21－3/7.2
山陽詩徵二十六卷 （清）丁晏原輯 （清）王
錫祺重編 清道光十年(1830)排印本 七冊
存十八卷(一至十、十九至二十六)

310000－0242－0007896 V39.21－3/7.2A
山陽詩徵二十六卷續編四十四卷 （清）丁晏
原輯 王錫祺重編 清光緒二十四年(1898)
鉛印本 十六冊

310000－0242－0007897 V39.21－3/7.21
山陽詩徵續編四十四卷 王錫祺輯 清光緒
二十二年(1896)排印本 八冊

310000－0242－0007898 V39.21－3/752
山陽藝文志八卷 （清）□□撰 清同治十二
年(1873)刻本 八冊

310000－0242－0007899 V39.21－6/7.21
江蘇詩徵一百八十三卷 （清）王豫輯 清道
光元年(1821)焦山海西庵詩徵閣刻本 四十
冊

310000－0242－0007900 V39.21－6/7.211
邗江三百吟十卷 （清）林蘇門撰 清嘉慶十
三年(1808)刻本 四冊

310000－0242－0007901 V39.21－6/7.211C2
邗江三百吟十卷 （清）林蘇門撰 清嘉慶十
三年(1808)刻本 四冊

310000－0242－0007902 V39.21－6/7.598
同岑五家詩鈔五種十四卷 （清）趙函輯 清
道光九年(1829)刻本 一冊

310000－0242－0007903 V39.21－7/7.460
吳會英才集二十四卷 （清）畢沅編 清刻本
十冊

310000－0242－0007904 V39.21－7/7.460C2
吳會英才集二十四卷 （清）畢沅編 清刻本
六冊

310000－0242－0007905 V39.21－8/7.477
泖溪詩存二卷 （清）馮景元編 清光緒二十
五年(1899)刻本 二冊

310000 – 0242 – 0007906   V39.21 – 8/7.674

金山鴻泥偶存五卷　（清）劉元誠輯　清光緒
二十八年(1902)陶庵刻本　一冊

310000 – 0242 – 0007907   V39.21 – 8/7.98

金陵詩徵四十四卷國朝金陵詩徵四十八卷續
六卷　（清）朱緒曾編　清光緒十八年(1892)
刻本　四十冊

310000 – 0242 – 0007908   V39.21 – 8/7.98C2

金陵詩徵四十四卷國朝金陵詩徵四十八卷續
六卷　（清）朱緒曾編　清光緒十八年(1892)
刻本　三十八冊

310000 – 0242 – 0007909   V39.21 – 9/7.449

貞豐詩萃五卷　（清）陶煦輯　清同治元年
(1862)刻本　二冊

310000 – 0242 – 0007910   V39.217 – 11/8.441

國朝金陵文鈔十六卷首一卷末一卷　陳作霖
輯　清光緒二十三年(1897)刻本　十六冊

310000 – 0242 – 0007911   V39.217 – 11/8.441C2

國朝金陵文鈔十六卷首一卷末一卷　陳作霖
輯　清光緒二十三年(1897)刻本　十六冊

310000 – 0242 – 0007912   V39.22 – 12/7.370

皖江同聲集十卷鄂渚同聲集初編七卷正編二
十卷　（清）夏月樵輯　清同治八年(1869)退
補齋刻本　四冊

310000 – 0242 – 0007913   V39.22 – 6/7.765

合肥三家詩錄二卷　（清）譚獻選　清光緒十
二年(1886)安康刻本　一冊

310000 – 0242 – 0007914   V39.22 – 6/7.765C2

合肥三家詩錄二卷　（清）譚獻選　清光緒十
二年(1886)安康刻本　一冊

310000 – 0242 – 0007915   V39.22 – 8/6.423

宛雅初編八卷二編八卷三編二十四卷　（明）
梅鼎初等編　清光緒元年(1875)宛村劉氏樹
本堂刻本　十二冊

310000 – 0242 – 0007916   V39.23 – 10/7.151

浙江闈墨一卷　（清）李鵬飛撰　清光緒五年
(1879)聚奎堂刻本　一冊

310000 – 0242 – 0007917   V39.23 – 10/7.164

浙西六家詩鈔六卷　（清）吳應和　（清）馬洵
選　清道光七年(1827)紫微山館刻本　十冊

310000 – 0242 – 0007918   V39.23 – 10/7.359

桐溪耆隱集一卷補錄一卷榆園雜興詩一卷
（清）袁炯輯　清光緒十六年(1890)春藻堂刻
本　一冊

310000 – 0242 – 0007919   V39.23 – 10/7.359C2

桐溪耆隱集一卷補錄一卷榆園雜興詩一卷
（清）袁炯輯　清光緒十六年(1890)春藻堂刻
本　一冊

310000 – 0242 – 0007920   V39.23 – 10/7.359C3

桐溪耆隱集一卷補錄一卷榆園雜興詩一卷
（清）袁炯輯　清光緒十六年(1890)春藻堂刻
本　一冊

310000 – 0242 – 0007921   V39.23 – 10/7.720

修竹軒詩鈔二卷師竹軒詩鈔二卷　（清）應瑩
（清）程鴻達撰　清光緒十年(1884)退補齋
刻本　一冊

310000 – 0242 – 0007922   V39.23 – 10/7.795

浙西六家詞七種十九卷　（清）龔翔麟輯著
清康熙刻本　十二冊

310000 – 0242 – 0007923   V39.23 – 11/7.164

國朝杭郡詩輯三十二卷　（清）吳顥原本
（清）吳振棫重編　清同治十三年(1874)杭州
丁氏刻本　十六冊

310000 – 0242 – 0007924   V39.23 – 11/7.164A

國朝杭郡詩續輯四十六卷　（清）吳振棫輯
清光緒二年(1876)杭州丁氏刻本　十六冊

310000 – 0242 – 0007925   V39.23 – 11/7.2

國朝杭郡詩三輯一百卷　（清）丁申　（清）丁
丙編　清光緒十九年(1893)杭州丁氏刻本
四十冊

310000 – 0242 – 0007926   V39.23 – 11/7.200

國朝嚴州詩錄八卷　（清）宗源瀚輯　清光緒
二年(1876)刻本　二冊

310000 – 0242 – 0007927   V39.23 – 11/7.359

國朝四明詩不分卷 （清）袁鈞輯 清嘉慶元年(1796)抄本 十二冊

310000－0242－0007928 V39.23－11/7.407
梅里詩輯二十八卷續輯十二卷補遺一卷 （清）許燦編 （清）沈愛蓮續編 清道光三十年(1850)嘉興縣齋刻本 十二冊

310000－0242－0007929 V39.23－12/473.1
詁經精舍文集十四卷 （清）詁經精舍編 清嘉慶六年(1801)揚州阮氏琅嬛仙館刻本 八冊

310000－0242－0007930 V39.23－12/473.2
詁經精舍文續集八卷 （清）詁經精舍編 清同治十二年(1873)刻本 四冊

310000－0242－0007931 V39.23－12/473.3
詁經精舍三集不分卷 （清）詁經精舍編 清同治七年(1868)刻本 四冊

310000－0242－0007932 V39.23－12/473.4
詁經精舍四集十六卷 （清）詁經精舍編 清光緒五年(1879)刻本 八冊

310000－0242－0007933 V39.23－12/473.6
詁經精舍六集十二卷 （清）詁經精舍編 清光緒十一年(1885)刻本 六冊

310000－0242－0007934 V39.23－12/473.7
詁經精舍七集十二卷 （清）詁經精舍編 清光緒二十一年(1895)刻本 四冊

310000－0242－0007935 V39.23－12/7.471
婺學治事文編五卷 湯壽潛編 清光緒二十四年(1898)石印本 四冊

310000－0242－0007936 V39.23－13/7.428
當湖詩文逸二十二卷 （清）張憲和輯 清光緒二十年(1894)刻本 八冊

310000－0242－0007937 V39.23－13/7.491
瑞安百詠不分卷 （清）黃紹第撰 清末刻本 一冊

310000－0242－0007938 V39.23－13/7.556
慈谿文徵二種 （清）楊泰亨校 清光緒十八年(1892)楊氏經畬塾刻本 一冊

310000－0242－0007939 V39.23－13/7.98
當湖文繫初編二十八卷 （清）朱壬林輯 清光緒十五年(1889)刻本 十二冊

310000－0242－0007940 V39.23－15/7.441
諸暨二家詩集丹棘園詩集一卷寓庸室詩稿一卷 （清）陳法乾 （清）余坤撰 清宣統元年(1909)畸園老人校刻本 一冊

310000－0242－0007941 V39.23－16/7.471
縉雲文徵二十卷續編一卷 （清）湯成烈編 清道光三十年(1850)清苑湯氏刻本 七冊 存十七卷(五至二十、續編一卷)

310000－0242－0007942 V39.23－17/7.35
谿上詩輯十四卷 （清）尹元煒 （清）馮本懷輯 清道光二十八年(1848)抱珠樓刻本 六冊

310000－0242－0007943 V39.23－18/7.393
雙溪倡和詩六卷 （清）徐倬輯 清光緒二十四年(1898)刻本 二冊

310000－0242－0007944 V39.23－19/7.441
韻簹山館詩集一卷竹堂集一卷碧山草堂遺稿一卷 （清）陳德輝等撰 清刻本 一冊

310000－0242－0007945 V39.23－21/7.271
續橋李詩繫四十卷 （清）胡昌荃輯 清宣統三年(1911)金陵平湖葛氏刻本 二十冊

310000－0242－0007946 V39.23－21/7.271C2
續橋李詩繫四十卷 （清）胡昌荃輯 清宣統三年(1911)金陵平湖葛氏刻本 二十冊

310000－0242－0007947 V39.23－21/7.271C3
續橋李詩繫四十卷 （清）胡昌荃輯 清宣統三年(1911)金陵平湖葛氏刻本 三冊

310000－0242－0007948 V39.23－3/7.491
三台名媛詩輯五卷續一卷附詞輯一卷 （清）黃瑞編 清光緒元年(1875)臨海周氏刻本 四冊

310000－0242－0007949 V39.23－4/7.562
文溪頌言十一卷附廣頌二卷 （清）葉元堦輯 清道光二十五年(1845)刻本 一冊

310000－0242－0007950　V39.23－5/7.359

四明近體樂府十四卷　（清）袁鈞輯　清嘉慶二十三年（1818）慈谿鄭氏藏密廬刻本　二冊

310000－0242－0007951　V39.23－5/7.661

四明四友詩四卷　（清）鄭梁選　清康熙四十八年（1709）刻本　一冊

310000－0242－0007952　V39.23－6/7.151

竹里詩萃十六卷　（清）李道悠編　清光緒二十一年（1895）蔣十詠廬刻本　四冊

310000－0242－0007953　V39.23－6/7.2

西泠五布衣遺著十種　（清）丁丙輯　清同治十二年（1873）錢塘丁氏當歸草堂刻本　八冊

310000－0242－0007954　V39.23－6/7.347

西泠酬唱集二集五卷　（清）秦緗業編　清光緒五年（1879）刻本　一冊

310000－0242－0007955　V39.23－6/7.347B

西泠酬唱集三集五卷　（清）秦緗業編　清光緒九年（1883）刻本　二冊

310000－0242－0007956　V39.23－7/5.211

赤城集十八卷　（宋）林表民輯　清嘉慶二十三年（1818）臨海宋氏開雕刻本　四冊

310000－0242－0007957　V39.23－7/5.211C2

赤城集十八卷　（宋）林表民輯　清嘉慶二十三年（1818）臨海宋氏開雕刻本　三冊

310000－0242－0007958　V39.23－7/7.271

甬上耆舊詩三十卷　（清）胡文學輯選　清康熙十三年（1674）敬義堂刻本　十冊

310000－0242－0007959　V39.23－7/7.434

吳興詩存初集八卷二集十四卷三集六卷四集二十卷　（清）陸心源輯　清光緒十六年（1890）刻本　十六冊

310000－0242－0007960　V39.23－7/7.568

甬東正氣集四卷　（清）董琅輯　清同治十一年（1872）汝東孫沛刻本　一冊

310000－0242－0007961　V39.23－8/7.162

兩浙輶軒錄四十卷補遺十卷　（清）阮元輯　清嘉慶六年（1801）朱氏碧溪草堂陳氏種榆仙館刻本　二十八冊

310000－0242－0007962　V39.23－8/7.162C2

兩浙輶軒錄四十卷附補遺十卷　（清）阮元輯　清光緒十六年（1890）浙江書局刻本　三十二冊

310000－0242－0007963　V39.23－8/7.622

兩浙輶軒續錄五十四卷補遺六卷　（清）潘衍桐輯　清光緒十七年（1891）浙江書局刻本　三十八冊

310000－0242－0007964　V39.23－8/7.622C2

兩浙輶軒續錄五十四卷補遺六卷　（清）潘衍桐輯　清光緒十七年（1891）浙江書局刻本　四十冊

310000－0242－0007965　V39.23－8/7.622C3

兩浙輶軒續錄五十四卷補遺六卷　（清）潘衍桐輯　清光緒十七年（1891）浙江書局刻本　三十八冊

310000－0242－0007966　V39.24－5/7.35

永新詩徵三十二卷　（清）尹繼隆輯　清咸豐十年（1860）刻本　八冊

310000－0242－0007967　V39.24－5/7.449

四子詩錄四卷　（清）陶福祖輯　清光緒七年（1881）刻本　一冊

310000－0242－0007968　V39.24－6/7.527

江西詩徵九十四卷補遺一卷　（清）曾燠編　清嘉慶九年（1804）南城曾氏賞雨茅屋刻本　四十二冊

310000－0242－0007969　V39.24－8/7.486

易堂九子文鈔十九卷　（清）彭士望編　清道光十七年（1837）彭氏刻本　十冊

310000－0242－0007970　V39.25－17/7.674

襄城文獻錄十二卷　（清）劉宗泗輯　清康熙四十六年（1707）刻本　六冊

310000－0242－0007971　V39.26－10/7.645

浮湘訪學集五卷　（清）鄧輔綸撰　清光緒三年（1877）長沙刻本　一冊

310000－0242－0007972　V39.26－12/8.237

湘社集四卷　易順鼎　程頌萬編　清光緒十七年(1891)長沙刻本　二冊

310000－0242－0007973　V39.26－7/7.84

沅湘通藝錄八卷二集二卷　(清)江標編　清光緒二十三年(1897)長沙江標刻本　十冊

310000－0242－0007974　V39.27－13/7.375

蜀古文詞舉隅一卷　孫鏘輯　清光緒二十九年(1903)七千卷樓刻本　一冊

310000－0242－0007975　V39.27－6/6.556C2

全蜀藝文志六十四卷首一卷　(明)楊慎原本　(清)朱遲唐校正　(清)譚言藹重校　清嘉慶二十二年(1817)犍為張氏小書樓刻本　二十冊

310000－0242－0007976　V39.31－11/7.661

國朝全閩詩錄初集二十一卷續十一卷　(清)鄭杰輯　清光緒八年(1882)注韓居刻本　六冊

310000－0242－0007977　V39.31－11/7.661C2

國朝全閩詩錄初集二十一卷　(清)鄭杰輯　清嘉慶六年(1801)注韓居刻本　八冊

310000－0242－0007978　V39.31－14/7.562

閩詞鈔四卷　(清)葉申薌輯　清道光十四年(1834)三山葉氏刻本　四冊

310000－0242－0007979　V39.31－14/7.661

閩詩錄甲集六卷乙集四卷丙集二十三卷丁集一卷戊集七卷　(清)鄭杰輯　陳衍補訂　清宣統三年(1911)刻本　十冊

310000－0242－0007980　V39.31－14/7.661C2

閩詩錄甲集六卷乙集四卷丙集二十三卷丁集一卷戊集七卷　(清)鄭杰輯　陳衍補訂　清宣統三年(1911)刻本　十冊

310000－0242－0007981　V39.31－6/7.412

全閩明詩傳五十五卷　(清)郭柏蒼輯　清光緒十六年(1890)郭氏閩山沁泉山館刻本　二十八冊

310000－0242－0007982　V39.31－8/7.441

東越文苑六卷首一卷　(明)陳鳴鶴輯　清道

光十九年(1839)刻本　二冊

310000－0242－0007983　V39.31－8/7.441B

東越文苑六卷　(明)陳鳴鶴輯　清同治十二年(1873)郭元昌刻本　二冊

310000－0242－0007984　V39.33－10/7.540

茶陽三家文鈔六卷　(清)溫廷敬輯　清宣統二年(1910)補讀書廬排印本　二冊

310000－0242－0007985　V39.33－12/7.106

粵十三家集一百八十二卷　(清)伍元薇纂　清道光二十年(1840)南海伍氏詩雪軒刻本　十冊

310000－0242－0007986　V39.33－12/7.106C2

粵十三家集一百八十二卷　(清)伍元薇纂　清道光二十年(1840)南海伍氏詩雪軒刻本　三十冊

310000－0242－0007987　V39.33－12/7.441

菊坡精舍集二十卷　(清)陳澧輯　清光緒二十三年(1897)刻本　七冊

310000－0242－0007988　V39.33－12/7.441C2

菊坡精舍集二十卷　(清)陳澧輯　清光緒二十三年(1897)刻本　二冊

310000－0242－0007989　V39.33－17/7.21

嶺南三大家詩選二十四卷　(清)王隼輯　清康熙三十一年(1692)聯興堂刻本　八冊

310000－0242－0007990　V39.33－17/7.21C2

嶺南三大家詩選二十四卷　(清)王隼輯　清同治七年(1868)南海陳氏刻本　三冊

310000－0242－0007991　V39.33－17/7.441

嶺南雜事詩鈔八卷　(清)陳坤撰　清光緒三年(1877)刻本　六冊

310000－0242－0007992　V39.33－17/7.674

嶺南羣雅初集三卷二集三卷初補二卷　(清)劉彬華輯　清嘉慶十八年(1813)玉壺山房刻本　七冊

310000－0242－0007993　V39.33－9/5.15

南海百詠一卷　(宋)方信孺撰　清光緒八年(1882)廣東學海堂刻本　一冊

310000－0242－0007994　V39.35－13/7.359

滇南詩略續刻四卷　（清）袁文典　（清）袁文揆纂　清嘉慶八年(1803)刻本　二冊

310000－0242－0007995　V39.36－16/7.451

黔詩紀略三十三卷　（清）黎兆勳編　（清）莫友芝傳證　清同治十二年(1873)遵義唐氏夢研齋刻本　八冊

310000－0242－0007996　V39.36－16/7.451C2

黔詩紀略三十三卷　（清）黎兆勳編　（清）莫友芝傳證　清同治十二年(1873)遵義唐氏夢研齋刻本　八冊

310000－0242－0007997　V39.8－1/7.669

一家詩詞鈔三卷　（清）滕元鑑輯撰　清光緒二十六年(1900)刻本　一冊

310000－0242－0007998　V39.8－10/7.393

海鹽徐氏詩十卷　（□）□□撰　清刻本　一冊

310000－0242－0007999　V39.8－11/7.428

張氏詒穀遺集四卷　（清）張行簡輯　清光緒二十六年(1900)刻本　一冊

310000－0242－0008000　V39.8－11/7.434

陸氏傳家集十六種附一種　（清）陸乃普輯　清同治十一年(1872)義經堂刻本　四冊

310000－0242－0008001　V39.8－11/7.491

黃氏三世詩三卷　（清）黃炳垕輯　清光緒十七年(1891)留書種閣刻本　一冊

310000－0242－0008002　V39.8－11/7.98

清河五先生詩選八卷　（清）朱為弼選錄　清道光九年(1829)刻本　二冊

310000－0242－0008003　V39.8－12/7.200

湘繭合稿五卷　（清）宗婉等撰　清光緒六年(1880)常熟宗氏刻本　一冊

310000－0242－0008004　V39.8－12/7.462

雁序詩草一卷　（清）崔光第等撰　清同治十二年(1873)刻本　一冊

310000－0242－0008005　V39.8－12/7.535

程氏所見詩鈔二十四卷　（清）程鴻緒纂輯　清嘉慶十二年(1807)浣月齋刻本　八冊

310000－0242－0008006　V39.8－13/7.749

瑞芝山房詩鈔八卷文鈔八卷　（清）戴燮元輯　清光緒元年(1875)廣陵刻本　十冊

310000－0242－0008007　V39.8－13/7.98

新安先集二十卷　（清）朱之榛輯　清同治十三年(1874)蘇州刻本　六冊

310000－0242－0008008　V39.8－13/7.98C2

新安先集二十卷　（清）朱之榛輯　清同治十三年(1874)蘇州刻本　八冊

310000－0242－0008009　V39.8－13/7.98C3

新安先集二十卷　（清）朱之榛輯　清同治十三年(1874)蘇州刻本　八冊

310000－0242－0008010　V39.8－14/7.194

滎陽詩鈔合選五卷　（清）余燮輯　清光緒三十年(1904)龍山鄭氏譜局木活字印本　一冊

310000－0242－0008011　V39.8－14/7.491

誦芬詩略三卷　（清）黃炳垕輯　清同治八年(1869)黃氏刻本　一冊

310000－0242－0008012　V39.8－14/7.598

趙氏淵源集十卷　（清）趙紹祖輯　清道光古墨齋刻本　四冊

310000－0242－0008013　V39.8－14/7.598B

趙氏三集三卷　（清）趙宗建輯　清咸豐五年(1855)常熟趙氏刻本　一冊

310000－0242－0008014　V39.8－14/7.598C

趙氏三集三卷　（清）趙宗建輯　清咸豐五年(1855)常熟趙氏木活字印本　一冊

310000－0242－0008015　V39.8－14/7.674

夢草集四卷　（清）劉樞輯　清道光元年(1821)王氏刻本　一冊

310000－0242－0008016　V39.8－14/8.581.6

廖氏三葉蟬吟集三卷　（清）廖宇春撰　清宣統元年(1909)石印本　一冊

310000－0242－0008017　V39.8－15/7.135

餘園叢稿三卷　（清）汪述祖輯　清宣統二年(1910)刻本　一冊

310000－0242－0008018　V39.8－15/7.312

緗芸館詩鈔一卷　（清）許之雯撰　清光緒二十五年（1899）排印本　一冊

310000－0242－0008019　V39.8－15/7.312

繡墨軒詞二卷　（清）俞慶曾撰　清光緒二十五年（1899）排印本　一冊

310000－0242－0008020　V39.8－15/7.312

慧福樓詩草一卷　（清）俞繡孫撰　清光緒二十五年（1899）排印本　一冊

310000－0242－0008021　V39.8－15/7.441

養志居僅存稿十八卷首一卷　（清）陳宗起撰　清光緒十一年（1885）刻本　十六冊

310000－0242－0008022　V39.8－15/7.441/B

蓮山家言七種七卷　（清）陳玨等撰　清道光十九年（1839）鳳城世馨堂刻本　一冊

310000－0242－0008023　V39.8－16/7.347

錫山秦氏詩鈔前集八卷今集十卷首一卷（清）秦彬輯　清道光十九年（1839）刻本　八冊

310000－0242－0008024　V39.8－16/7.347C2

錫山秦氏詩鈔前集八卷今集十卷首一卷（清）秦彬輯　清道光十九年（1839）刻本　四冊

310000－0242－0008025　V39.8－16/7.705

頤和室合稿四卷　（清）錢泰吉輯　清道光二十三年（1843）刻本　一冊

310000－0242－0008026　V39.8－17/7.428

講筵四世詩鈔十卷　（清）張紹棠編　清光緒十八年（1892）刻本　四冊

310000－0242－0008027　V39.8－17/7.749

戴氏家稿輯略文略五卷　（清）戴仁宇輯　清光緒二十三年（1897）望麓山館刻本　二冊

310000－0242－0008028　V39.8－18/7.37

闕里孔氏詩鈔十四卷　（清）張憲彝輯　清道光十八年（1838）曲阜孔氏刻本　四冊

310000－0242－0008029　V39.8－2/7.477

二馮詩集九卷　（清）馮廷櫆　（清）馮班撰

清光緒三十四年（1908）北京鉛印本　二冊

310000－0242－0008030　V39.8－2/7.491

二黃合稿二卷　（清）黃崇惺　（清）黃家鼎撰　清光緒八年（1882）刻本　一冊

310000－0242－0008031　V39.8－2/7.618

二熊君詩賸三卷　（清）熊其光　（清）熊其英撰　清光緒十七年（1891）刻本　一冊

310000－0242－0008032　V39.8－3/7.98

三朱遺編三卷　（清）朱光熾輯　清光緒十五年（1889）刻本　一冊

310000－0242－0008033　V39.8－4/7.248

五周先生集八卷　（清）周沐潤等撰　清光緒、民國間如皋冒氏刻本　二冊

310000－0242－0008034　V39.8－5/7.705

四水子遺著一卷邠農偶吟稿一卷　（清）錢友泗　（清）錢炳森撰　清同治十一年（1872）刻本　一冊

310000－0242－0008035　V39.8－5/7.730

白華樓詩鈔五卷　（清）薩玉衡撰　清光緒二十九年（1903）刻本　五冊

310000－0242－0008036　V39.8－6/7.223

同根草四卷　（清）屈苢纕　屈蕙纕撰　清光緒二十九年（1903）刻本　二冊

310000－0242－0008037　V39.8－6/7.312

同懷詩稿翠微軒詩稿三卷省非軒詩稿一卷（清）俞嗣勳撰　（清）俞長垣輯　清同治十一年（1872）刻本　一冊

310000－0242－0008038　V39.8－7/7.164

吳氏千文樓彙存詩鈔一卷　（清）吳殿鍾輯　清同治十二年（1873）敬義堂木活字印本　一冊

310000－0242－0008039　V39.8－7/7.265

吳興家粹輯存一卷　施贊唐輯　清宣統二年（1910）木活字印本　一冊

310000－0242－0008040　V39.8－8/7.428

兩世心聲三卷　（清）張慶祖等撰　清刻本　一冊

310000 - 0242 - 0008041　V39.8 - 8/7.527

怡園同懷吟草二卷　（清）曾佩雲　（清）曾喬雲撰　清同治十二年(1873)繫虹舫刻本　一冊

310000 - 0242 - 0008042　V39.8 - 8/7.80

邱氏家集一卷　（清）邱憲輯　清光緒刻本　一冊

310000 - 0242 - 0008043　V39.8 - 8/7.80C2

邱氏家集一卷　（清）邱憲輯　清光緒刻本　一冊

310000 - 0242 - 0008044　V39.8 - 8/7.98

苦筍齋詩鈔一卷　（清）朱則璟撰　清道光四年(1824)慎修堂刻本　一冊

310000 - 0242 - 0008045　V39.8 - 8/7.98

拙莽詩鈔一卷　（清）朱則瑛撰　清道光四年(1824)慎修堂刻本　一冊

310000 - 0242 - 0008046　V39.8 - 9/5.300

范文正公集四十八卷　（宋）范仲淹撰　清康熙四十四年至四十六年(1705 - 1707)范氏歲寒堂刻本　十六冊

310000 - 0242 - 0008047　V39.8 - 9/5.300

范忠宣公集二十三卷　（宋）范純仁撰　清康熙四十四年至四十六年(1705 - 1707)范氏歲寒堂刻本　十六冊

310000 - 0242 - 0008048　V39.8 - 9/7.151

敘樂園全集三卷　（清）李藩等撰　清道光二十六年(1846)壽柏山房刻本　一冊

310000 - 0242 - 0008049　V39.8 - 9/7.248

後邨周氏淵源錄十三卷　（清）周源編輯　清道光十一年(1831)刻本　十二冊

310000 - 0242 - 0008050　V39.8 - 9/7.393

虹玉樓詩賦一卷　（清）徐起霖等撰　清道光六年(1826)刻本　一冊

310000 - 0242 - 0008051　V39.8 - 9/7.428

南塘張氏詩略二卷　（清）張家鼎輯　清光緒四年(1878)鐵花館鉛印本　一冊

310000 - 0242 - 0008052　V39.8 - 9/7.765

南豐譚氏詩集不分卷　（清）譚尚志等撰　清同治十三年(1874)刻本　二冊

310000 - 0242 - 0008053　V39.8 - 9/7.791

祖孫合稿浙游草詩一卷一室吟稿二卷超然堂稿一卷　（清）顧鴻　（清）顧書紳撰　清咸豐四年(1854)超然堂刻本　一冊

310000 - 0242 - 0008054　V42 - 15/2.674

劉中壘集一卷　（漢）劉向撰　（明）張溥閱　清刻本　一冊

310000 - 0242 - 0008055　V42 - 5/2.64

司馬文園集一卷　（漢）司馬相如撰　明壽考堂刻本　一冊

310000 - 0242 - 0008056　V42.2 - 5/2.64

司馬太史公集一卷附年譜一卷　（漢）司馬遷撰　張鵬一輯　清同治二年(1863)陝西文獻徵輯處刻本　一冊

310000 - 0242 - 0008057　V42.26 - 15/2.654B

蔡中郎集十卷外傳一卷　（漢）蔡邕撰　清光緒七年(1881)刻本　一冊

310000 - 0242 - 0008058　V42.46 - 11/7.2

曹集銓評十卷附年譜　（清）丁晏撰　清同治十一年(1872)金陵書局刻本　一冊

310000 - 0242 - 0008059　V42.46 - 11/7.2C2

曹集銓評十卷附年譜　（清）丁晏撰　清同治十一年(1872)金陵書局刻本　二冊

310000 - 0242 - 0008060　V42.46 - 11/7.2C3

曹集銓評十卷附年譜　（清）丁晏撰　清同治十一年(1872)金陵書局刻本　二冊

310000 - 0242 - 0008061　V42.46 - 11/7.2C4

曹集銓評十卷附年譜　（清）丁晏撰　清同治十一年(1872)金陵書局刻本　二冊

310000 - 0242 - 0008062　V43.23 - 11/3.449

陶淵明集十卷　（晉）陶潛撰　清咸豐十一年(1861)刻本　二冊

310000 - 0242 - 0008063　V43.23 - 11/3.449C3

陶淵明集十卷　（晉）陶潛撰　清宣統元年(1909)上海著易堂石印本　四冊

310000－0242－0008064　V43.23－11/3.449B

陶靖節詩集四卷　（晉）陶潛撰　清康熙二十九年(1690)刻本　二冊

310000－0242－0008065　V43.23－11/3.449C

陶淵明集十卷　（晉）陶潛撰　清光緒五年(1879)刻本　二冊

310000－0242－0008066　V43.23－11/3.449D

陶淵明集十卷　（晉）陶潛撰　清光緒五年(1879)俞秀山刻本　二冊

310000－0242－0008067　V43.23－11/3.449E

陶靖節先生詩四卷　（晉）陶潛撰　清刻本　一冊

310000－0242－0008068　V43.23－11/3.449G

陶靖節詩集四卷附東坡和陶詩一卷　（晉）陶潛撰　清乾隆二年(1737)最樂堂刻本　四冊

310000－0242－0008069　V43.23－11/3.449K

陶靖節先生詩四卷附錄一卷　（晉）陶潛撰　清嘉慶元年(1796)刻本　一冊

310000－0242－0008070　V43.23－11/3.449N

陶淵明文集十卷　（晉）陶潛撰　清光緒二十三年(1897)石印本　二冊

310000－0242－0008071　V43.23－13/3.449C3

靖節先生集十卷首一卷末一卷　（晉）陶潛撰　（清）陶澍集注　清光緒九年(1883)刻本　四冊

310000－0242－0008072　V43.23－13/3.449C4

靖節先生集十卷首一卷末一卷　（晉）陶潛撰　（清）陶澍集注　清光緒九年(1883)刻本　二冊

310000－0242－0008073　V43.23－13/3.449C5

靖節先生集十卷首一卷末一卷　（晉）陶潛撰　（清）陶澍集注　清光緒九年(1883)刻本　二冊

310000－0242－0008074　V43.23－13/3.449A

靖節先生集十卷首一卷末一卷　（晉）陶潛撰　（清）陶澍集注　清道光二十年(1840)刻本　八冊

310000－0242－0008075　V43.23－13/3.449C6

靖節先生集十卷首一卷末一卷　（晉）陶潛撰　（清）陶澍集注　清光緒九年(1883)刻本　四冊

310000－0242－0008076　V43.3－15/36.784

璇璣圖詩一卷　（前秦）蘇蕙撰　清嘉慶十八年(1813)刻本　一冊

310000－0242－0008077　V43.51－17/351.717

謝法曹集一卷　（南朝宋）謝惠連撰　明刻本　一冊

310000－0242－0008078　V43.536－11/353.84

梁江文通文集五卷　（南朝梁）江淹撰　明刻本　二冊

310000－0242－0008079　V43.541－10/354.393C2

徐孝穆集六卷　（南朝陳）徐陵撰　（清）吳兆宜注　清光緒二年(1876)廣東翰墨園刻本　四冊

310000－0242－0008080　V43.541－10/354.393C4

徐孝穆集六卷　（南朝陳）徐陵撰　清光緒二年(1876)廣東翰墨園刻本　三冊

310000－0242－0008081　V43.541－10/354.393C5

徐孝穆集六卷　（南朝陳）徐陵撰　清揚州藝古堂刻本　三冊

310000－0242－0008082　V43.651－12/365.475C3

庾子山集十六卷總釋一卷年譜一卷　（北周）庾信撰　（清）倪璠注釋　清光緒十六年(1890)成都試院刻本　十二冊

310000－0242－0008083　V43.651－12/365.475C4

庾子山集十六卷總釋一卷年譜一卷　（北周）庾信撰　（清）倪璠注釋　清光緒二十年(1894)錢塘倪氏儒雅堂刻本　十二冊

310000－0242－0008084　V43.651－12/365.475C5

庾子山集十六卷總釋一卷年譜一卷　（北周）庾信撰　（清）倪璠注釋　清光緒二十年(1894)錢塘倪氏儒雅堂刻本　三冊

310000－0242－0008085　V43.651－12/365.475C6

庾子山集十六卷總釋一卷年譜一卷　（北周）

庾信撰 （清）倪璠注釋 清光緒二十年
（1894）錢塘倪氏儒雅堂刻本 十二冊

310000－0242－0008086 V43.651－12/365.475C7
庾子山集十卷 （北周）庾信撰 （清）吳兆宜
箋注 清貴文堂刻本 四冊

310000－0242－0008087 V44.1－10/4.211
唐林邵州遺集一卷附錄一卷 （唐）林藴撰
（清）陳壽祺編 清嘉慶十八年（1813）麟後山
房刻本 一冊

310000－0242－0008088 V44.1－4/4.21
王子安集注二十卷首一卷末一卷 （唐）王勃
撰 （清）蔣清翊注 清光緒九年（1883）蔣氏
雙唐碑舘刻本 六冊

310000－0242－0008089 V44.1－4/4.21C2
王子安集注二十卷首一卷末一卷 （唐）王勃
撰 （清）蔣清翊注 清光緒九年（1883）蔣氏
雙唐碑舘刻本 八冊

310000－0242－0008090 V44.1－4/4.21A
王無功集三卷補遺二卷校勘記一卷 （唐）王
勣撰 清光緒三十二年（1906）羅氏唐風樓刻
本 一冊

310000－0242－0008091 V44.1－7/4.151
李太白全集三十卷 （唐）李白撰 清康熙五
十六年（1717）吳門繆曰芑雙泉草堂刻本 四
冊

310000－0242－0008092 V44.1－7/4.151C2
李太白全集三十卷 （唐）李白撰 清康熙五
十六年（1717）吳門繆曰芑雙泉草堂刻本 六
冊

310000－0242－0008093 V44.1－7/4.151C3
李太白全集三十卷 （唐）李白撰 清光緒十
四年（1888）湖北官書處刻本 四冊

310000－0242－0008094 V44.1－7/4.151C5
李太白全集三十卷 （唐）李白撰 清光緒黃
岡陶子麟刻本 四冊

310000－0242－0008095 V44.1－7/4.170
呂衡州集十卷附攷證一卷 （唐）呂溫撰 清

道光七年（1827）江都秦氏石研齋刻本 二冊

310000－0242－0008096 V44.1－9/4.281
**柳文惠公全集四十三卷別集二卷外集二卷附
錄一卷** （唐）柳宗元撰 清同治七年（1868）
刻本 八冊

310000－0242－0008097 V44.136－11/4.428
張燕公集二十五卷 （唐）張說撰 清刻本
五冊

310000－0242－0008098 V44.142－7/7.428
杜詩百篇二卷 （唐）杜甫撰 （清）張燮承集
解 清咸豐九年（1859）刻本 一冊

310000－0242－0008099 V44.143－7/4.148AC10
杜工部集二十卷首一卷附年譜一卷 （唐）杜
甫撰 （清）錢謙益箋注 清宣統三年（1911）
時中書局石印本 八冊

310000－0242－0008100 V44.143－7/4.148AC11
杜工部集二十卷附年譜一卷 （唐）杜甫撰
清康熙六年（1667）刻本 四冊

310000－0242－0008101 V44.143－7/4.148AC5
杜工部集二十卷首一卷 （唐）杜甫撰 清乾
隆五十年（1785）玉勾草堂刻本 八冊

310000－0242－0008102 V44.143－7/4.148AC3
杜工部集二十卷 （唐）杜甫撰 清乾隆五十
年（1785）真州鄭澐玉勾草堂刻本 十冊 存
十七卷（一至七、十一至二十）

310000－0242－0008103 V44.143－7/4.148AC6
杜工部集二十卷 （唐）杜甫撰 （清）錢謙益
箋注 清宣統二年（1910）寄青霞館鉛印本
四冊

310000－0242－0008104 V44.143－7/4.148AC7
杜工部集二十卷 （唐）杜甫撰 （清）錢謙益
箋注 清宣統二年（1910）靜思堂刻本 八冊

310000－0242－0008105 V44.143－7/4.148AC9
杜工部集二十卷 （唐）杜甫撰 清宣統二年
（1910）寄青霞館鉛印本 一冊

310000－0242－0008106 V44.143－7/5.665A
杜工部草堂詩箋二十二卷 （宋）魯訔編

（宋）蔡夢弼會箋　清光緒元年(1875)巴陵方氏碧琳琅館刻本　五冊

310000－0242－0008107　V44.143－7/7.128C3

杜詩偶評四卷　（清）沈德潛纂　清乾隆十二年(1747)賦閒草堂刻本　一冊

310000－0242－0008108　V44.143－7/7.407

杜詩注釋二十四卷首一卷　（清）許寶善編輯　清光緒三年(1877)吳縣朱氏刻本　十二冊

310000－0242－0008109　V44.143－7/7.42

杜詩詳注三十一卷　（清）仇兆鰲輯注　清康熙三十二年(1693)刻本　八冊

310000－0242－0008110　V44.143－7/7.42C2

杜詩詳注二十五卷附錄二卷　（清）仇兆鰲輯注　清大文堂刻本　十四冊

310000－0242－0008111　V44.143－7/7.42C3

杜詩詳注二十五卷附錄二卷　（清）仇兆鰲輯注　清康熙三十二年(1693)刻本　二十八冊

310000－0242－0008112　V44.143－7/7.42C4

杜詩詳注二十五卷附錄二卷　（清）仇兆鰲輯注　清康熙三十二年(1693)刻本　二十八冊

310000－0242－0008113　V44.143－7/7.42C5

杜詩詳注二十五卷附錄二卷　（清）仇兆鰲輯注　清康熙三十二年(1693)刻本　十一冊

310000－0242－0008114　V44.143－7/7.428

讀書堂杜工部詩集注解二十卷　（清）張溍評注　清道光二十一年(1841)讀書堂刻本　十二冊

310000－0242－0008115　V44.143－7/7.428C2

讀書堂杜工部詩集注解二十卷　（清）張溍評注　清道光二十一年(1841)讀書堂刻本　十二冊

310000－0242－0008116　V44.143－7/7.556

杜詩鏡銓二十卷附杜文注解二卷附錄一卷附年譜　（清）楊倫編輯　（清）張溍評注　清同治十一年(1872)望三益齋刻本　十二冊

310000－0242－0008117　V44.143－7/7.556C4

杜詩鏡銓二十卷附年譜附錄　（清）楊倫編輯

（清）張溍評注　清乾隆五十六年(1791)九柏山房刻本　八冊

310000－0242－0008118　V44.143－7/7.556C5

杜詩鏡銓二十卷附杜文注解二卷附錄一卷附年譜　（清）楊倫編輯　（清）張溍評注　清同治十一年(1872)望三益齋刻本　四冊

310000－0242－0008119　V44.143－7/7.556C7

杜詩鏡銓二十卷附杜文注解二卷附錄一卷附年譜　（清）楊倫編輯　（清）張溍評注　清同治十一年(1872)望三益齋刻本　二冊

310000－0242－0008120　V44.146－18/4.741B

顏魯公文集十五卷附補遺一卷年譜一卷行狀一卷　（唐）顏真卿撰　清嘉慶七年(1802)曲阜顏氏刻本　六冊

310000－0242－0008121　V44.146－7/7.428

讀書堂杜工部文集注解二卷附錄　（清）張溍注　（清）張榕端校　清讀書堂刻本　一冊

310000－0242－0008122　V44.156－18/4.761

魏鄭公文集三卷詩集一卷　（唐）魏徵撰　清光緒十三年(1887)刻本　一冊

310000－0242－0008123　V44.163－8/4.722C3

昌黎先生詩集注十一卷　（唐）韓愈撰　（清）顧嗣立刪補　清光緒九年(1883)廣州翰墨園刻本　四冊

310000－0242－0008124　V44.166－17/4.722C4

韓昌黎全集四十卷遺文一卷外集十卷　（唐）韓愈撰　（唐）李漢編　清東山蹩舟園刻本　二十四冊

310000－0242－0008125　V44.166－17/4.722B

韓昌黎全集四十卷傳一卷遺文一卷外集十卷點勘四卷　（唐）韓愈撰　清宣統二年(1910)掃葉山房石印本　十二冊

310000－0242－0008126　V44.166－8/4.722

昌黎先生集十四卷外集十卷遺文一卷點勘四卷　（唐）韓愈撰　清同治八年(1869)江蘇書局刻本　十一冊

310000－0242－0008127　V44.166－8/4.722C15

重刊五百家注音辨昌黎先生文集　（唐）韓愈
撰　清同治八年(1869)江蘇書局刻本　十冊

310000－0242－0008128　V44.166－8/4.722C2

新刊五百家注音辨昌黎先生文集四十卷外集
十卷年譜十卷攷異十卷　（唐）韓愈撰　清光
緒二十二年(1896)上海涵芬樓影印本　八冊

310000－0242－0008129　V44.166－8/4.722C3

重刊五百家注音辨昌黎先生文集四十卷
（唐）韓愈撰　清乾隆四十九年(1784)刻本
十六冊

310000－0242－0008130　V44.166－8/4.722C11

新刊五百家注音辨昌黎先生文集四十卷外集
十卷年譜十卷攷異十卷　（唐）韓愈撰　清光
緒二十二年(1896)上海涵芬樓影印本　四十
冊

310000－0242－0008131　V44.166－8/4.722C14

昌黎先生集四十卷遺文一卷　（唐）韓愈撰
（唐）李漢編　清光緒十五年(1889)玉山文瀾
閣刻本　二冊

310000－0242－0008132　V44.166－8/4.722C23

昌黎先生集四十卷外集十卷遺文一卷點勘四
卷　（唐）韓愈撰　清同治八年(1869)江蘇書
局刻本　十冊

310000－0242－0008133　V44.166－8/4.722C5

昌黎先生集四十卷外集十卷遺文一卷點勘四
卷　（唐）韓愈撰　清同治八年(1869)江蘇書
局刻本　十一冊

310000－0242－0008134　V44.2－17/7.674

韓文百篇編年三卷　（清）劉成忠選　清光緒
二十六年(1900)食舊堂石印本　三冊

310000－0242－0008135　V44.2－7/7.164C2

杜詩提要十四卷　（清）吳瞻泰評選　清乾隆
二十六年(1761)隨月讀書樓刻本　八冊

310000－0242－0008136　V44.2－9/7.420

香山詩選六卷　（清）曹文埴選　清光緒十七
年(1891)金陵書局刻本　二冊

310000－0242－0008137　V44.3－10/4.15

唐處士方元英先生詩集十二卷　（唐）方雄飛
撰　清道光十五年(1835)積慶堂木活字印本
二冊

310000－0242－0008138　V44.3－12/4.468

寒山子詩集不分卷　（唐）釋寒山撰　清宣統
二年(1910)刻本　一冊

310000－0242－0008139　V44.3－12/4.468C2

寒山子詩集不分卷　（唐）釋寒山撰　清宣統
二年(1910)刻本　一冊

310000－0242－0008140　V44.3－12/4.540C2

溫飛卿詩集九卷　（唐）溫庭筠撰　（明）曾益
原注　（清）顧予咸補注　清光緒八年(1882)
萬軸山房刻本　一冊

310000－0242－0008141　V44.3－12/4.540B

溫飛卿詩集箋注九卷　（唐）溫庭筠撰　（明）
曾益原注　（清）顧予咸補注　清光緒八年
(1882)萬軸山房刻本　二冊

310000－0242－0008142　V44.3－15/4.148

樊川詩集四卷　（唐）杜牧撰　（清）馮集梧注
清嘉慶三年(1798)德裕堂刻本　八冊

310000－0242－0008143　V44.3－17/7.491

韓詩增注證訛十一卷年譜一卷　（清）黃鉞撰
清咸豐七年(1857)四明鮑氏刻本　四冊

310000－0242－0008144　V44.3－22/7.705

讀杜小箋三卷讀杜二箋二卷　（清）錢謙益撰
清宣統三年(1911)上海國學扶輪社石印本
一冊

310000－0242－0008145　V44.3－4/4.21A

王摩詰詩集七卷　（唐）王維撰　（宋）劉辰翁
評　明碧琳琅館刻本　二冊

310000－0242－0008146　V44.3－4/4.21B

王建詩集四卷　（唐）王建撰　清刻本　一冊

310000－0242－0008147　V44.3－5/4.79C7

白氏長慶集七十一卷　（唐）白居易撰　清康
熙四十一年(1702)汪立名一隅草堂刻本　八
冊

310000－0242－0008148　V44.3－5/4.79A

新雕校證大字白氏諷諫一卷　（唐）白居易撰
清光緒十九年（1893）刻本　一冊

310000－0242－0008149　V44.3－5/7.477

玉谿生詩詳注三卷年譜一卷　（清）馮浩注
清乾隆四十五年（1780）德聚堂刻本　四冊

310000－0242－0008150　V44.3－7/4.151

李長吉詩集箋注四卷　（唐）李賀撰　（清）姚
佺箋　清梅邨書屋刻本　二冊

310000－0242－0008151　V44.3－7/4.151A

李長吉集四卷外卷一卷　（唐）李賀撰　（明）
黃淳耀評點　清宣統元年（1909）上海掃葉山
房石印本　二冊

310000－0242－0008152　V44.3－7/4.151AC2

李長吉歌詩四卷首一卷附李長吉歌詩外集一
卷　（唐）李賀撰　（清）王琦彙解　清乾隆二
十五年（1760）刻本　六冊

310000－0242－0008153　V44.3－7/4.151AC3

李長吉歌詩四卷首一卷附李長吉歌詩外集一
卷　（唐）李賀撰　（清）王琦彙解　清光緒四
年（1878）宏達堂刻本　四冊

310000－0242－0008154　V44.3－7/4.151B

李義山詩集三卷　（唐）李商隱撰　（清）朱鶴
齡箋注　（清）沈厚塽輯評　清光緒二十四年
（1898）廣州倅署刻三色套印本　四冊

310000－0242－0008155　V44.3－7/4.151BC6

李長吉集四卷外卷一卷　（唐）李賀撰　（明）
黃淳耀評點　清光緒十八年（1892）羊城寫刻
朱墨套印本　三冊

310000－0242－0008156　V44.3－7/4.151C

李翰林集三十卷　（唐）李白撰　清光緒三十
二年（1906）杭州西泠印社影刻本　六冊

310000－0242－0008157　V44.3－7/4.151AC4

李長吉詩集四卷外詩集一卷　（唐）李賀撰
（清）吳汝綸評注　清同治元年（1862）武強賀
氏刻本　二冊

310000－0242－0008158　V44.3－7/4.151AC7

李長吉歌詩四卷外詩集一卷　（唐）李賀撰

清宣統元年（1909）上海文瑞樓石印本　一冊

310000－0242－0008159　V44.3－7/4.151BA

東澗寫校李商隱詩集三卷　（唐）李商隱撰
（清）錢謙益寫校　清宣統元年（1909）羅振玉
影印本　二冊

310000－0242－0008160　V44.3－7/7.674

杜詩集評十五卷　（清）劉濬撰　清嘉慶九年
（1804）刻本　八冊

310000－0242－0008161　V44.3－8/4.151

協律鈎元四卷附外集一卷　（唐）李賀撰
（清）陳本禮箋　清嘉慶十三年（1808）裛露軒
刻本　一冊

310000－0242－0008162　V44.3－8/4.151A

昌谷集四卷　（唐）李賀撰　明末刻本　四冊

310000－0242－0008163　V44.3－8/4.228A

孟浩然詩集二卷　（唐）孟浩然撰　清光緒六
年（1880）碧琳瑯館刻本　二冊

310000－0242－0008164　V44.3－8/4.228B

孟襄陽集二卷　（唐）孟浩然撰　清刻本　二
冊

310000－0242－0008165　V44.3－8/6.225

邵二泉先生分類集注杜詩二十三卷目錄一卷
　（明）邵寶集注　（明）過棟箋　清康熙五十
八年（1719）真州敬義堂刻本　二十三冊

310000－0242－0008166　V44.3－8/7.791

昌黎先生詩增注證訛十一卷　（清）顧嗣立刪
補　（清）黃鉞增注證訛　清道光二十八年
（1848）廣陵二酉堂刻本　四冊

310000－0242－0008167　V44.3－9/4.281

柳河東詩集二卷　（唐）柳宗元撰　清刻本
一冊

310000－0242－0008168　V44.3－9/4.287A

韋蘇州詩集二卷　（唐）韋應物撰　（清）汪立
名輯　清刻本　二冊

310000－0242－0008169　V44.3－9/7.316

姚姬傳先生唐人五言絕句詩鈔一卷　（清）姚
姬傳選　清光緒十七年（1891）石印本　一冊

310000－0242－0008170　　V44.38－22/7.329

讀杜心解六卷首二卷　（清）浦起龍解　清雍正二年(1724)靜寄東軒刻本　十冊

310000－0242－0008171　　V44.38－22/7.329C2

讀杜心解六卷首二卷　（清）浦起龍解　清雍正二年(1724)靜寄東軒刻本　六冊

310000－0242－0008172　　V44.38－22/7.329C3

讀杜心解六卷首二卷　（清）浦起龍解　清雍正二年(1724)靜寄東軒刻本　十冊

310000－0242－0008173　　V44.38－7/7.248

杜詩雙聲疊韻譜括畧八卷　（清）周春撰　清嘉慶元年(1796)刻本　四冊

310000－0242－0008174　　V44.6－10/4.375

孫可之先生文集二卷　（唐）孫樵撰　清宣統二年(1910)上海會文堂書局石印本　一冊

310000－0242－0008175　　V44.6－15/4.151

樊南文集補編十二卷附錄一卷　（唐）李商隱撰　（清）錢振倫　（清）錢振常箋注　清同治五年(1866)吳棠望三益齋刻本　四冊

310000－0242－0008176　　V44.6－17/7.211

韓文起十二卷年譜一卷　（清）林雲銘撰　清康熙三十二年(1693)建陽刻本　十二冊

310000－0242－0008177　　V44.6－7/4.151A

李習之先生文集二卷　（唐）李翱撰　清宣統三年(1911)上海會文堂書局石印本　一冊

310000－0242－0008178　　V44.6－7/4.151B

李元賓文集六卷　（唐）李觀撰　清嘉慶二十三年(1818)石研齋刻本　一冊

310000－0242－0008179　　V44.6－7/4.151BC2

李元賓文集六卷　（唐）李觀撰　清嘉慶二十三年(1818)石研齋刻本　一冊

310000－0242－0008180　　V44.6－7/4.151BC3

李元賓文集六卷　（唐）李觀撰　清嘉慶二十三年(1818)石研齋刻本　一冊

310000－0242－0008181　　V44.6－7/4.151BC4

李元賓文集六卷　（唐）李觀撰　清嘉慶二十三年(1818)石研齋刻本　三冊

310000－0242－0008182　　V44.6－7/4.151C

李文公集十八卷補遺一卷附錄一卷　（唐）李翱撰　清光緒元年(1875)馮焌光刻本　六冊

310000－0242－0008183　　V44.6－7/7.332

李習之先生文讀十卷　（清）高澍然評　清同治十年(1871)光澤抑快軒刻本　四冊

310000－0242－0008184　　V44.6－9/4.281C4

柳河東文集六卷　（唐）柳宗元撰　清宣統二年(1910)上海會文堂書局石印本　六冊

310000－0242－0008185　　V44.6－9/4.281C5

柳河東文集六卷　（唐）柳宗元撰　清宣統二年(1910)上海會文堂書局石印本　六冊

310000－0242－0008186　　V44.6－9/4.281C6

柳河東文集六卷　（唐）柳宗元撰　清宣統二年(1910)上海會文堂書局石印本　六冊

310000－0242－0008187　　V44.8－17/7.164

羣書點勘韓集點勘四卷　（清）吳汝綸點勘　清同治九年(1870)蓮池書社鉛印本　一冊

310000－0242－0008188　　V44.8－17/7.441

韓集點勘四卷　（清）陳景雲點勘　清同治九年(1870)江蘇書局刻本　一冊

310000－0242－0008189　　V44.8－17/7.441C2

韓集點勘四卷　（清）陳景雲點勘　清同治九年(1870)江蘇書局刻本　一冊

310000－0242－0008190　　V44.8－17/7.441C3

韓集點勘四卷　（清）陳景雲點勘　清同治九年(1870)江蘇書局刻本　一冊

310000－0242－0008191　　V44.8－17/7.700

韓筆酌蠡三十卷附年譜　（清）盧軒纂　清雍正十三年(1735)刻本　六冊

310000－0242－0008192　　V44.8－22/7.21

讀韓記疑十卷首一卷　（清）王元啟撰　清嘉慶五年(1800)刻本　四冊

310000－0242－0008193　　V44.8－22/7.21C2

讀韓記疑十卷　（清）王元啟撰　清嘉慶五年(1800)刻本　五冊　存八卷(一至六、九至十)

310000 – 0242 – 0008194　V45 – 13/5.761

鉅鹿東觀集十卷附錄一卷　（宋）魏野撰　清宣統三年(1911)新陽趙氏峭帆樓刻本　一冊

310000 – 0242 – 0008195　V45 – 13/5.761C2

鉅鹿東觀集十卷附錄一卷　（宋）魏野撰　清宣統三年(1911)新陽趙氏峭帆樓刻本　一冊

310000 – 0242 – 0008196　V45 – 13/5.761C3

鉅鹿東觀集十卷　（宋）魏野撰　清乾隆五十一年(1786)抄本　一冊

310000 – 0242 – 0008197　V45.1 – 10/5.393

徐騎省集三十卷附校記　（宋）徐鉉撰　清光緒十七年(1891)黔南李氏刻本　六冊

310000 – 0242 – 0008198　V45.1 – 10/5.393C2

徐騎省集三十卷附校記　（宋）徐鉉撰　清光緒十七年(1891)黔南李氏刻本　八冊

310000 – 0242 – 0008199　V45.1 – 11/5.347

淮海集十七卷後集二卷淮海詞一卷補遺一卷附年譜節要一卷　（宋）秦觀撰　清道光十七年(1837)高郵王敬之刻本　六冊

310000 – 0242 – 0008200　V45.1 – 11/5.347C2

淮海集十七卷後集二卷淮海詞一卷補遺一卷附年譜節要一卷　（宋）秦觀撰　清道光十七年(1837)高郵王敬之刻本　十六冊

310000 – 0242 – 0008201　V45.1 – 11/5.347C3

淮海集十七卷後集二卷淮海詞一卷補遺一卷附年譜節要一卷　（宋）秦觀撰　清道光十七年(1837)高郵王敬之刻本　八冊

310000 – 0242 – 0008202　V45.1 – 11/5.347C4

淮海集十七卷後集二卷淮海詞一卷補遺一卷附年譜節要一卷　（宋）秦觀撰　清道光十七年(1837)高郵王敬之刻本　六冊

310000 – 0242 – 0008203　V45.1 – 11/5.434

陸象山先生全集三十六卷　（宋）陸九淵撰　清道光三年(1823)金谿陸邦瑞槐堂書齋刻本　六冊

310000 – 0242 – 0008204　V45.1 – 11/5.434C2

陸象山先生全集三十六卷　（宋）陸九淵撰

清同治十年(1871)大儒家廟刻本　十二冊

310000 – 0242 – 0008205　V45.1 – 11/5.434C3

陸象山先生全集三十六卷　（宋）陸九淵撰　清宣統二年(1910)江左書林石印本　一冊

310000 – 0242 – 0008206　V45.1 – 11/5.717A

重刊晞髮集十卷　（宋）謝翱撰　清康熙四十一年(1702)平湖陸大業刻本　六冊

310000 – 0242 – 0008207　V45.1 – 11/5.98B

晦庵先生朱文公文集一百卷續集十一卷別集十卷目錄二卷　（宋）朱熹撰　清同治十二年(1873)六安涂氏求我齋刻本　六十四冊

310000 – 0242 – 0008208　V45.1 – 11/57.359

清容居士集五十卷目錄二卷　（元）袁桷撰　清道光二十年(1840)上海郁氏刻宜稼堂叢書本　十四冊

310000 – 0242 – 0008209　V45.1 – 12/5.434C7

象山全集三十六卷　（宋）陸九淵撰　清同治十年(1871)大儒家廟刻本　八冊

310000 – 0242 – 0008210　V45.1 – 12/5.469

游定夫先生集六卷首一卷末一卷　（宋）游酢撰　清同治六年(1867)和州官舍刻本　二冊

310000 – 0242 – 0008211　V45.1 – 12/57.535

程雪樓集三十卷附錄一卷　（元）程鉅夫撰　清宣統二年(1910)陽湖陶氏涉園刻本　十冊

310000 – 0242 – 0008212　V45.1 – 13/5.556B

楊龜山先生集四十二卷首一卷　（宋）楊時撰　清光緒五年(1879)夏子鎔、張國正刻本　十冊

310000 – 0242 – 0008213　V45.1 – 13/5.575

道鄉全集四十卷補遺一卷附錄一卷　（宋）鄒浩撰　清道光十一年(1831)刻本　二十冊

310000 – 0242 – 0008214　V45.1 – 13/5.575C2

道鄉全集四十卷　（宋）鄒浩撰　清光緒六年(1880)蘇州寶華山房刻本　十二冊

310000 – 0242 – 0008215　V45.1 – 13/5.575C3

道鄉全集四十卷　（宋）鄒浩撰　清光緒六年(1880)蘇州寶華山房刻本　十二冊

310000－0242－0008216　V45.1－14/57.598

趙文敏公松雪齋全集十卷附外集一卷　（元）
趙孟頫撰　清康熙五十二年(1713)城書室刻
本　十二冊

310000－0242－0008217　V45.1－15/5.407

橫塘集二十卷　（宋）許景衡撰　清光緒二年
(1876)刻本　四冊

310000－0242－0008218　V45.1－15/5.634

**歐陽文忠公全集一百五十三卷首一卷附錄五
卷**　（宋）歐陽修撰　清嘉慶二十四年(1819)
梅龕書屋刻本　二十四冊

310000－0242－0008219　V45.1－15/5.634B

**歐陽文忠公全集一百五十三卷年譜一卷附錄
五卷**　（宋）歐陽修撰　清嘉慶二十四年
(1819)友善書屋刻本　二十四冊

310000－0242－0008220　V45.1－15/5.634C2

歐陽文忠公全集一百五十三卷附錄五卷
（宋）歐陽修撰　清光緒十九年(1893)澹雅書
局刻本　四十冊

310000－0242－0008221　V45.1－15/5.634C3

**盧陵歐陽文忠公全集一百五十三卷首一卷附
錄五卷**　（宋）歐陽修撰　清光緒二十八年
(1902)周氏慕濂山房刻本　三十二冊

310000－0242－0008222　V45.1－15/57.674

劉靜修先生集十二卷　（元）劉因撰　清光緒
五年(1879)定州王氏謙德堂刻畿輔叢書本
四冊

310000－0242－0008223　V45.1－16/5.441

龍川文集三十卷附錄一卷辨譌考異二卷
（宋）陳亮撰　清同治七年(1868)永康胡氏退
補齋刻本　五冊

310000－0242－0008224　V45.1－16/5.441B

龍川文集三十卷補遺一卷附錄二卷劄記一卷
　（宋）陳亮撰　清同治八年(1869)永康應寶
時刻本　十冊

310000－0242－0008225　V45.1－16/5.441C2

龍川文集三十卷附錄一卷辨譌考異二卷

（宋）陳亮撰　清光緒元年(1875)湖北崇文書
局刻本　十冊

310000－0242－0008226　V45.1－16/5.441C3

龍川文集三十卷附錄一卷辨譌考異二卷
（宋）陳亮撰　清光緒元年(1875)湖北崇文書
局刻本　十冊

310000－0242－0008227　V45.1－16/5.441C5

龍川文集三十卷附錄一卷辨譌考異二卷
（宋）陳亮撰　清光緒元年(1875)湖北崇文書
局刻本　十冊

310000－0242－0008228　V45.1－16/5.491

豫章先生遺文十二卷　（宋）黃庭堅撰　清乾
隆嶁崌山房刻本　四冊

310000－0242－0008229　V45.1－18/5.21

雙溪集十二卷　（宋）王炎撰　清康熙五十七
年(1718)刻本　六冊

310000－0242－0008230　V45.1－20/5.784A

蘇文忠公海外集二十二卷　（宋）蘇軾撰
（清）樊庶編注　清康熙四十五年(1706)得樹
軒刻本　八冊

310000－0242－0008231　V45.1－23/5.784

**欒城集四十八卷後集二十四卷三集十卷應詔
集十二卷**　（宋）蘇轍撰　清道光十二年
(1832)眉州三蘇祠刻本　十八冊

310000－0242－0008232　V45.1－3/5.491B

山谷集注內集二十卷外集十七卷別集二卷
（宋）黃庭堅撰　清光緒二十六年(1900)義寧
陳氏四覺草堂刻本　二十冊

310000－0242－0008233　V45.1－4/5.18B

重刊文信國公全集十七卷目錄一卷　（宋）文
天祥撰　清道光二十五年(1845)文柱刻本
十六冊

310000－0242－0008234　V45.1－4/5.21

王臨川全集一百卷　（宋）王安石撰　清光緒
九年(1883)繆氏小涼山館刻本　十六冊

310000－0242－0008235　V45.1－4/5.21C4

王臨川全集一百卷　（宋）王安石撰　清光緒

九年(1883)聽香館刻本　十二冊

310000－0242－0008236　V45.1－4/5.21C5

王臨川全集一百卷　(宋)王安石撰　清光緒
九年(1883)聽香館刻本　十二冊

310000－0242－0008237　V45.1－4/5.35

尹河南先生文集二十七卷附錄一卷　(宋)尹
洙撰　清宣統二年(1910)守政書局刻本　四
冊

310000－0242－0008238　V45.1－4/5.527

南豐先生元豐類稿五十三卷　(宋)曾鞏撰
清康熙五十六年(1717)影印本　十二冊

310000－0242－0008239　V45.1－4/5.527C4

南豐先生元豐類稿五十卷　(宋)曾鞏撰　清
康熙五十六年(1717)長洲顧氏刻本　八冊

310000－0242－0008240　V45.1－4/5.527C5

南豐先生元豐類稿五十卷　(宋)曾鞏撰　清
光緒十七年(1891)慈利漁浦書院刻本　十二
冊

310000－0242－0008241　V45.1－4/5.527C8

南豐先生元豐類稿五十卷　(宋)曾鞏撰　清
康熙五十六年(1717)長洲顧氏刻本　八冊

310000－0242－0008242　V45.1－4/5.674C2

公是集五十四卷　(宋)劉敞撰　清光緒三年
(1877)刻本　十冊

310000－0242－0008243　V45.1－4/57.21

木訥齋文集五卷附卷一卷　(元)王毅撰　清
光緒二年(1876)刻本　一冊

310000－0242－0008244　V45.1－4/57.277

丹邱生集五卷附錄一卷　(元)柯九恩撰　清
光緒三十四年(1908)息園刻本　一冊

310000－0242－0008245　V45.1－4/57.29

元遺山先生集四十卷附錄一卷附錄增一卷補
載一卷年譜三種新樂府四卷續夷堅志四卷
(金)元好問撰　清光緒八年(1882)京都翰文
齋書坊刻本　八冊

310000－0242－0008246　V45.1－5/5.441

北溪先生全集講義四卷書問四卷答八卷各體

文三十卷各體詩三卷外集詩十六首　(宋)陳
淳撰　清光緒七年(1881)種香別業刻本　八
冊

310000－0242－0008247　V45.1－5/57.407

白雲先生許文懿公傳集四卷　(元)許謙撰
清雍正十年(1732)刻本　二冊

310000－0242－0008248　V45.1－6/5.441

後山集二十四卷　(宋)陳師道撰　清光緒十
一年(1885)廣州文萃堂刻本　四冊

310000－0242－0008249　V45.1－6/5.731

艮齋先生薛常州浪語集三十五卷　(宋)薛季
宣撰　清同治十一年(1872)瑞安孫氏詒善祠
塾刻本　十六冊

310000－0242－0008250　V45.1－6/5.731C2

艮齋先生薛常州浪語集三十五卷　(宋)薛季
宣撰　清同治十一年(1872)瑞安孫氏詒善祠
塾刻本　八冊

310000－0242－0008251　V45.1－6/5.98

朱子大全文集一百卷續集五卷別集七卷
(宋)朱熹撰　清刻本　三十冊

310000－0242－0008252　V45.1－6/57.407

至正集詩三十三卷文四十八卷　(元)許有壬
撰　清宣統三年(1911)石印本　十冊

310000－0242－0008253　V45.1－7/5.200

宋宗忠簡公全集五卷首一卷附編四卷　(宋)
宗澤撰　清咸豐四年(1854)天香閣木活字印
本　四冊

310000－0242－0008254　V45.1－7/5.393

宋徐節孝先生文集三十卷事實一卷語錄一卷
(宋)徐積撰　清宣統三年(1911)徐氏刻本
四冊

310000－0242－0008255　V45.1－7/5.491

宋黃文節公全集正集三十二卷外集二十四卷
別集十九卷續集十卷　(宋)黃庭堅撰　清光
緒二十年(1894)義甯州署刻本　二十八冊

310000－0242－0008256　V45.1－7/5.491C2

宋黃文節公全集正集三十二卷外集二十四卷

别集十九卷续集十卷　（宋）黄庭坚撰　清光绪二十年（1894）义甯州署刻本　二十八册

310000－0242－0008257　V45.1－8/5.423C5

宛陵集六十卷　（宋）梅尧臣撰　清宣统二年（1910）石印本　十册

310000－0242－0008258　V45.1－8/5.428

乖崖集六卷　（宋）张咏撰　清宣统二年（1910）铅印本　一册

310000－0242－0008259　V45.1－8/5.428A

宛丘先生文集七十六卷补六卷　（宋）张耒撰　清抄本　十四册

310000－0242－0008260　V45.1－8/5.784C2

东坡全集八十四卷　（宋）苏轼撰　清道光十二年（1832）眉州三苏祠刻本　四十七册

310000－0242－0008261　V45.1－8/5.784C3

东坡全集八十四卷　（宋）苏轼撰　清道光十二年（1832）眉州三苏祠刻本　三十六册

310000－0242－0008262　V45.1－8/5.784A

东坡集四十卷　（宋）苏轼撰　缪荃孙校勘　清光绪三十四年至宣统元年（1908－1909）浭阳端方宝华盦刻本　四十八册

310000－0242－0008263　V45.1－8/57.193

青阳山房集五卷　（元）余阙撰　清嘉庆八年（1803）鉴湖亭刻本　一册

310000－0242－0008264　V45.1－8/57.193B

青阳山房集五卷　（元）余阙撰　清道光元年（1821）刻本　二册

310000－0242－0008265　V45.1－8/57.193C

青阳山房集五卷附录一卷　（元）余阙撰　清光绪元年（1875）刻本　一册

310000－0242－0008266　V45.1－9/5.300

范文正公集二十卷　（宋）范仲淹撰　清宣统二年（1910）岁寒堂刻朱印本　十册

310000－0242－0008267　V45.1－9/5.300C2

范文正公集二十卷　（宋）范仲淹撰　清宣统二年（1910）岁寒堂刻朱印本　十册

310000－0242－0008268　V45.1－9/5.300C3

范文正公集四十八卷　（宋）范仲淹撰　清宣统二年（1910）岁寒堂刻朱印本　二册

310000－0242－0008269　V45.1－9/5.300A

范忠宣公集文集二十卷奏议二卷遗文一卷附录一卷补编一卷　（宋）范纯仁撰　清宣统二年（1910）岁寒堂刻本　六册

310000－0242－0008270　V45.1－9/5.300AC2

范忠宣公集文集二十卷　（宋）范纯仁撰　清宣统二年（1910）岁寒堂刻朱印本　六册

310000－0242－0008271　V45.1－9/5.300AC3

范忠宣公集二十五卷　（宋）范纯仁撰　清宣统二年（1910）岁寒堂刻朱印本　二册

310000－0242－0008272　V45.1－9/5.300AC4

范忠宣公集二十集遗文一卷附录一卷补编一卷　（宋）范纯仁撰　清宣统二年（1910）岁寒堂刻本　五册

310000－0242－0008273　V45.1－9/5.428

南轩文集四十四卷　（宋）张栻撰　清咸丰四年（1854）绵邑南轩祠刻本　六册

310000－0242－0008274　V45.1－9/5.527

南丰先生元丰类稿五十卷集外文二卷附录一卷　（宋）曾巩撰　清康熙五十六年（1717）长洲顾氏刻本　八册

310000－0242－0008275　V45.1－9/5.674

屏山全集二十卷　（宋）刘子翚撰　清道光十八年（1838）秋柯草堂刻本　六册

310000－0242－0008276　V45.1－9/5.722

南涧甲乙稿二十二卷拾遗一卷　（宋）韩元吉撰　清光绪二十五年（1899）广雅书局刻本　八册

310000－0242－0008277　V45.2－6/7.98

朱子分类文选九卷　（清）朱泽沄编　清咸丰三年（1853）刻本　四册

310000－0242－0008278　V45.2－7/5.151

宋忠定公梁溪先生文集十一卷　（宋）李纲撰　清康熙三十三年（1694）刻本　六册

310000－0242－0008279　V45.2－8/57.441

所安遺集一卷附錄一卷　（元）陳泰撰　清光緒六年(1880)武林刻本　一冊

310000－0242－0008280　V45.3－10/5.527

茶山集八卷　（宋）曾幾撰　清乾隆四十一年(1776)武英殿木活字印本　四冊

310000－0242－0008281　V45.3－10/5.794

倚松老人詩集二卷　（宋）饒節撰　清宣統二年(1910)刻本　一冊

310000－0242－0008282　V45.3－11/5.151

剪綃集二卷　（宋）李龏集　明末毛氏汲古閣刻本　二冊

310000－0242－0008283　V45.3－11/5.260

清非集二卷補遺一卷　（宋）洪朋撰　清光緒二年(1876)涇縣黃田朱氏刻本　一冊

310000－0242－0008284　V45.3－11/5.722

陵陽先生詩四卷　（宋）韓駒撰　清宣統二年(1910)姚埭沈氏刻本　一冊

310000－0242－0008285　V45.3－12/57.390

雲林先生詩集十卷　（元）倪瓚撰　清康熙二十二年(1683)倪氏刻本　二冊

310000－0242－0008286　V45.3－12/57.730

雁門集十四卷　（元）薩都剌撰　清光緒三年(1877)刻本　八冊

310000－0242－0008287　V45.3－13/5.556

誠齋詩集十六卷　（宋）楊萬里撰　清嘉慶七年(1802)刻本　八冊

310000－0242－0008288　V45.3－15/5.434C3

劍南詩鈔不分卷　（宋）陸遊撰　清光緒五年(1879)善成堂刻本　八冊

310000－0242－0008289　V45.3－15/5.434C4

劍南詩鈔不分卷　（宋）陸遊撰　清光緒五年(1879)善成堂刻本　八冊

310000－0242－0008290　V45.3－15/5.434C5

劍南詩鈔不分卷　（宋）陸遊撰　清康熙二十四年(1685)刻本　二冊

310000－0242－0008291　V45.3－15/5.486

鄱陽詩集十二卷補遺一卷　（宋）彭汝礪撰　清同治十年(1871)刻本　八冊

310000－0242－0008292　V45.3－18/5.441

簡齋集十六卷　（宋）陳與義撰　清光緒二十五年(1899)廣雅書局刻本　四冊

310000－0242－0008293　V45.3－20/5.170B

蘇東坡詩集三十二卷年譜一卷目錄一卷　（宋）呂祖謙分編　（宋）王十朋輯注　清康熙三十七年(1698)新安朱氏文蔚堂刻本　十二冊

310000－0242－0008294　V45.3－20/5.784

蘇文忠公詩集五十卷　（宋）蘇軾撰　（清）紀昀評　清道光十四年(1834)兩廣節署刻本　十二冊

310000－0242－0008295　V45.3－20/5.784C2

蘇文忠公詩集四十八卷　（宋）蘇軾撰　（清）紀昀評　清同治八年(1869)韞玉山房刻朱墨套印本　六冊

310000－0242－0008296　V45.3－20/5.784C3

蘇文忠公詩集四十八卷　（宋）蘇軾撰　（清）紀昀評　清同治八年(1869)韞玉山房刻朱墨套印本　八冊

310000－0242－0008297　V45.3－20/7.128

蘇詩查注補正四卷　（清）沈欽韓輯撰　清光緒二十年(1894)廣雅書局刻本　二冊

310000－0242－0008298　V45.3－20/7.21

蘇文忠公詩編注集成四十六卷集成總案四十五卷雜綴一卷識餘四卷　（清）王文誥撰　清嘉慶二十四年(1819)武林王氏韻山堂刻本　二十四冊

310000－0242－0008299　V45.3－20/7.21C2

蘇文忠公詩編注集成四十六卷附雜綴一卷識餘四卷　（清）王文誥撰　清道光三年(1823)刻本　二十四冊

310000－0242－0008300　V45.3－20/7.21C3

蘇文忠公詩編注集成四十六卷附識餘四卷

（清）王文誥撰　清光緒十四年（1888）浙江書局刻本　二十四冊

310000－0242－0008301　V45.3－20/7.21C4

蘇文忠公詩編注集成四十六卷附識餘四卷
（清）王文誥撰　清光緒十四年（1888）浙江書局刻本　二十四冊

310000－0242－0008302　V45.3－20/7.21C5

蘇文忠公詩編注集成四十六卷附識餘四卷
（清）王文誥撰　清光緒十四年（1888）浙江書局刻本　五冊

310000－0242－0008303　V45.3－20/7.477

蘇文忠詩合注五十卷首一卷　（清）馮應榴輯　清同治九年（1870）桐鄉馮氏踵息齋刻本　二十四冊

310000－0242－0008304　V45.3－20/7.477C2

蘇文忠詩合注五十卷首一卷　（清）馮應榴輯　清同治九年（1870）桐鄉馮氏踵息齋刻本　二十二冊

310000－0242－0008305　V45.3－20/7.477C3

蘇文忠詩合注五十卷首一卷　（清）馮應榴輯　清同治九年（1870）桐鄉馮氏踵息齋刻本　十六冊

310000－0242－0008306　V45.3－20/7.568

角山樓蘇詩評注彙鈔二十卷附錄三卷　（清）趙克宜輯訂　清咸豐二年（1852）刻本　三冊

310000－0242－0008307　V45.3－20/7.568C2

角山樓蘇詩評注彙鈔二十卷附錄三卷　（清）趙克宜輯訂　清咸豐二年（1852）刻本　十二冊

310000－0242－0008308　V45.3－3/5.491

山谷詩集注二十卷外集詩注十七卷別集詩注二卷　（宋）黃庭堅撰　（宋）任淵等注　清光緒二十一年至二十五年（1895－1899）義寧陳三立刻本　二十冊

310000－0242－0008309　V45.3－3/5.491AC2

山谷詩內集注二十卷外集注十七卷別集注二卷外集補四卷別集補一卷　（宋）黃庭堅撰

（宋）任淵等注　清光緒二年（1876）敘郡刻本　十二冊

310000－0242－0008310　V45.3－3/5.491B

山谷集詩注內集二十卷外集十七卷外集補四卷別集補二卷　（宋）黃庭堅撰　（宋）任淵等注　清光緒二十五年（1899）廣雅書局刻本　十四冊

310000－0242－0008311　V45.3－3/5.491C2

山谷詩集注二十卷外集詩注十七卷別集詩注二卷　（宋）黃庭堅撰　（宋）任淵等注　清光緒二十一年至二十五年（1895－1899）義寧陳三立刻本　二十冊

310000－0242－0008312　V45.3－4/5.164

月泉吟社一卷　（宋）吳渭輯　明末毛氏汲古閣刻本　三冊

310000－0242－0008313　V45.3－4/5.248

方泉先生詩集三卷　（宋）周文璞撰　清宣統元年（1909）國光社影印本　一冊

310000－0242－0008314　V45.3－4/57.29

元遺山詩集箋注十四卷首一卷附錄一卷補載一卷附年譜　（金）元好問撰　（清）施國祁箋注　清刻本　六冊

310000－0242－0008315　V45.3－4/57.29C2

元遺山詩集箋注十四卷首一卷附錄一卷補載一卷附年譜　（金）元好問撰　（清）施國祁箋注　清道光七年（1827）蘇州交通益記圖書館刻本　六冊

310000－0242－0008316　V45.3－4/57.29C3

元遺山詩集箋注十四卷首一卷附錄一卷補載一卷　（金）元好問撰　（清）施國祁箋注　清道光二年（1822）南潯蔣氏瑞松堂刻本　六冊

310000－0242－0008317　V45.3－4/57.29C4

元遺山詩集箋注十四卷首一卷附錄一卷補載一卷　（金）元好問撰　（清）施國祁箋注　清道光七年（1827）若溪吳氏醉六堂刻本　八冊

310000－0242－0008318　V45.3－4/57.29C6

元遺山詩集箋注十四卷首一卷附錄一卷補載

一卷　（金）元好問撰　（清）施國祁箋注　清
道光七年(1827)苕溪吳氏醉六堂刻本　一冊

310000－0242－0008319　V45.3－4/57.29C7

元遺山詩集箋注十四卷首一卷附錄一卷補載
一卷　（金）元好問撰　（清）施國祁箋注　清
道光二年(1822)南潯蔣氏瑞松堂刻本　四冊

310000－0242－0008320　V45.3－5/5.268

白石道人四種　（宋）姜夔撰　清同治十年
(1871)刻本　二冊

310000－0242－0008321　V45.3－6/5.441

後山詩注十二卷　（宋）陳師道撰　（宋）任淵
注　清末木活字印本　四冊

310000－0242－0008322　V45.3－6/5.441C2

後山詩注十二卷　（宋）陳師道撰　（宋）任淵
注　清末木活字印本　一冊

310000－0242－0008323　V45.3－6/5.441C3

後山詩注十二卷　（宋）陳師道撰　（宋）任淵
注　清末木活字印本　一冊

310000－0242－0008324　V45.3－6/57.21

竹齋詩集四卷　（元）王冕撰　清嘉慶四年
(1799)陳氏刻本　二冊

310000－0242－0008325　V45.3－7/5.148

谷音二卷　（宋）杜本撰　明汲古閣刻本　二
冊

310000－0242－0008326　V45.3－7/5.62

宋石學士詩集一卷　（宋）石延年撰　（清）李
振綱校輯　清道光二十年(1840)刻本　一冊

310000－0242－0008327　V45.3－8/5.170B

東萊先生詩集二十卷　（宋）呂本中撰　清咸
豐九年(1859)呂儁孫刻本　二冊

310000－0242－0008328　V45.3－8/5.211B

林和靖集四卷拾遺一卷　（宋）林逋撰　清同
治十一年(1872)長洲朱氏刻本　二冊

310000－0242－0008329　V45.3－8/5.211C2

林和靖先生詩集四卷林集詩話一卷林集酬唱
題詠一卷省心錄一卷　（宋）林逋撰　清光緒
二十一年(1895)婺源俞氏清蔭堂刻本　一冊

310000－0242－0008330　V45.3－8/5.211C3

林和靖先生詩集四卷林集詩話一卷林集酬唱
題詠一卷省心錄一卷　（宋）林逋撰　清光緒
二十一年(1895)婺源俞氏清蔭堂刻本　一冊

310000－0242－0008331　V45.3－8/5.412

青山集一卷　（宋）郭祥正撰　（清）曹庭棟選
清乾隆五年(1740)嘉善曹氏二六書堂刻本
一冊

310000－0242－0008332　V45.3－8/5.784C7

東坡樂府三卷　（宋）蘇軾撰　朱祖謀編　清
宣統三年(1911)吳興朱氏刻本　一冊

310000－0242－0008333　V45.3－8/57.556

東維子詩集不分卷　（元）楊維楨撰　清誦芬
堂抄本　一冊

310000－0242－0008334　V45.3－9/5.300

范石湖詩集二十卷　（宋）范成大撰　清康熙
二十七年(1688)藜照樓刻本　四冊

310000－0242－0008335　V45.3－9/5.300C2

范石湖詩集三十四卷　（宋）范成大撰　清抄
本　十二冊

310000－0242－0008336　V45.3－9/7.128

范石湖詩集注三卷　（清）沈欽韓撰　清光緒
十九年(1893)廣雅書局刻本　一冊

310000－0242－0008337　SV21.18－11/5.491

碧溪詩話十卷　（宋）黃徹撰　清乾隆四十一
年(1776)刻本　一冊

310000－0242－0008338　SV21.18－13/5.162

增修詩話總龜甲集四十八卷後集五十卷
（宋）阮閱撰　明嘉靖二十四年(1545)越窗
道人刻本　十冊

310000－0242－0008339　SV21.18－13/5.654

精選古今名賢叢話詩林廣記前集十卷後集十
卷　（宋）蔡正孫編　明弘治十年(1497)刻本
十冊

310000－0242－0008340　SV21.18－13/5.761

詩人玉屑二十卷　（宋）魏慶之編　清古松堂
刻本　十二冊

310000－0242－0008341　SV21.18－14/7.21

漁洋詩話三卷　（清）王士禎撰　清雍正三年(1725)刻本　三冊

310000－0242－0008342　SV21.18－15/6.393

談藝錄一卷　（明）徐禎卿撰　明刻本　一冊

310000－0242－0008343　SV21.18－17/7.164

聲調譜說二卷蠡說一卷　（清）吳紹澯撰　清道光二年(1822)刻本　二冊

310000－0242－0008344　SV21.18－19/6.21

增補藝苑卮言十六卷　（明）王世貞撰　明萬曆十七年(1589)樵雲書舍刻本　八冊

310000－0242－0008345　SV21.187－9/7.21

秋柳詩釋一卷　（清）高丙謀撰　清光緒十四年(1888)王氏刻本　一冊

310000－0242－0008346　SV23.111－12/7.2

詞譜四十卷　（清）聖祖玄燁纂　清康熙五十四年(1715)刻朱墨套印本　四十冊

310000－0242－0008347　SV23.113－12/5.752

詞林韻釋一卷　（宋）□□撰　清光緒二十九年(1903)南陵徐氏刻朱印本　一冊

310000－0242－0008348　SV23.118－12/7.393A

詞苑叢談十二卷　（清）徐釚編　清康熙二十七年(1688)蛾術齋刻本　六冊

310000－0242－0008349　SV23.118－12/7.393

詞苑叢談十二卷　（清）徐釚編　清康熙二十七年(1688)蛾術齋刻本　八冊

310000－0242－0008350　SV23.12－13/7.717

碎金詞譜十四卷附碎金詞韻四卷養默山房詩餘不分卷　（清）謝元淮輯著　清道光二十八年(1848)刻朱墨套印本　二十冊

310000－0242－0008351　SV23.218－5/7.128

古今詞話二卷詞品二卷詞辨二卷詞評二卷　（清）沈雄纂　清康熙二十七年(1688)澄暉堂刻本　十冊

310000－0242－0008352　SV23.218－9/6.128

度曲須知二卷　（明）沈寵綏撰　明崇禎刻本　四冊

310000－0242－0008353　SV23.26－17/6.535

嘯餘譜十二卷　（明）程明善輯　（清）張漢重校　清康熙元年(1662)瑞凝堂刻本　二十四冊

310000－0242－0008354　SV25.18－4/5.441

文則一卷　（宋）陳騤撰　（明）廖魁校正　明嘉靖二十七年(1548)刻本　一冊

310000－0242－0008355　SV25.98－12/6.650

堯山堂偶雋七卷　（明）蔣一葵撰　明刻本　四冊

310000－0242－0008356　SV30－15/57.178

標音古文句解精粹大全不分卷　（元）何如愚解　元刻本　二冊

310000－0242－0008357　SV30－16/7.434

歷朝名媛詩詞十二卷　（清）陸昶評選　清乾隆三十八年(1773)紅樹樓刻本　二冊

310000－0242－0008358　SV30－4/353.727

文選六十卷　（南朝梁）蕭統纂　（唐）李善注　（清）葉樹藩參訂　清乾隆三十七年(1772)長洲葉氏海錄軒刻本　二十冊

310000－0242－0008359　SV30－4/353.727C13

文選六十卷　（南朝梁）蕭統纂　（唐）李善注　明刻本　六十冊

310000－0242－0008360　SV30－4/353.727C16

文選六十卷　（南朝梁）蕭統纂　（唐）李善注　明刻本　六冊

310000－0242－0008361　SV30－4/353.727C17

文選六十卷　（南朝梁）蕭統纂　（唐）李善注　明刻本　三十冊

310000－0242－0008362　SV30－4/353.727A

文選六十卷　（南朝梁）蕭統纂　（唐）李善注　清同治八年(1869)湖北崇文書局刻本　二十冊

310000－0242－0008363　SV30－4/353.727BC2

文選六十卷　（南朝梁）蕭統纂　（唐）李善注　（清）葉樹藩參訂　清乾隆三十七年(1772)長洲葉氏海錄軒刻朱墨套印本　十二冊

310000－0242－0008364　SV30－4/5.151

文苑英華一千卷　（宋）李昉輯　明隆慶元年(1567)刻本　二百四十冊

310000－0242－0008365　SV30－4/6.337

文編六十四卷　（明）唐順之輯　明嘉靖三十五年(1556)刻本　二十七冊

310000－0242－0008366　SV30－4/6.428C2

文選纂注二十四卷附音釋二十四卷　（明）張鳳翼撰　明萬曆八年(1580)刻本　六冊　存六卷(一至六)

310000－0242－0008367　SV30－4/6.441

文選章句二十八卷　（明）陳與郊編　明萬曆二十五年(1597)刻本　十冊

310000－0242－0008368　SV30－4/6.575

文府滑稽六卷　（明）鄒迪光選　明萬曆三十七年(1609)梁溪刻本　六冊

310000－0242－0008369　SV30－4/752

文選增定二十三卷　（□）□□纂　明大梁書院刻本　八冊

310000－0242－0008370　SV30－5/5.406

古文苑二十一卷　（宋）章樵注　明成化十八年(1482)建陽刻本　四冊

310000－0242－0008371　SV30－5/6.248

新鍥增補古文大全旁訓便讀七卷　（明）周召臣撰　明萬曆二十八年(1600)刻本　二冊　存二卷(一至二)

310000－0242－0008372　SV30－5/6.622

古逸書十五卷首卷一卷後卷一卷　（明）潘基慶選注　明萬曆四十年(1612)刻本　八冊

310000－0242－0008373　SV30－5/7.2

古文淵鑑六十四卷　（清）聖祖玄燁纂　（清）徐乾學注　清康熙二十四年(1685)刻五色套印本　四十冊

310000－0242－0008374　SV30－5/7.2C4

古文淵鑑六十四卷　（清）聖祖玄燁纂　（清）徐乾學注　清康熙二十四年(1685)刻五色套印本　三十二冊

310000－0242－0008375　SV30－5/7.316C3

古文辭類纂七十四卷　（清）姚鼐纂　清乾隆四十四年(1779)合河康氏刻本　六冊

310000－0242－0008376　SV30－5/7.761

古文集宜四卷　（清）魏起泰纂　清乾隆五十一年(1786)刻本　二冊

310000－0242－0008377　SV30－6/6.525

新鐫重訂增補名文珠璣不分卷　（明）焦竑編輯　明刻本　二十冊

310000－0242－0008378　SV30－9/7.9A

昭明文選集評十五卷首一卷末一卷　（清）于光華重訂　清乾隆四十三年(1778)刻本　四冊

310000－0242－0008379　SV30.2－14/6.428C8

漢魏六朝一百三家集一百十八卷　（明）張溥編　明婁東張氏刻本　三十九冊

310000－0242－0008380　SV30.4－10/7.347

唐人三家集二十六卷　（清）秦恩復輯　清道光十年(1830)江都秦氏石研齋刻本　八冊

310000－0242－0008381　SV30.6－12/6.148

幾社壬申合稿二十卷　（明）杜騏徵等輯　清初刻本　六冊

310000－0242－0008382　SV30.7－4/7.9C2

重訂文選集評十五卷末一卷　（清）于光華編　清乾隆四十三年(1778)刻本　六冊

310000－0242－0008383　SV30.7－4/7.9C3

重訂文選集評十五卷末一卷　（清）于光華編　清乾隆四十五年(1780)刻本　八冊

310000－0242－0008384　SV30.7－4/7.9C4

重訂文選集評十五卷末一卷　（清）于光華編　清乾隆三十七年(1772)刻本　八冊

310000－0242－0008385　SV31－13/6.73

詩類十八卷　（明）史直臣編　明後期刻本　十二冊　存十二卷(七至十八)

310000－0242－0008386　SV31－13/7.135

詩倫二卷　（清）汪薇輯　清康熙五十六年(1717)寒木堂刻本　二冊

310000 – 0242 – 0008387　SV31 – 13/7.791

詩林韶濩二十卷　（清）顧嗣立編纂　清康熙四十四年(1705)秀野草堂刻本　八冊　存十卷(一至十)

310000 – 0242 – 0008388　SV31 – 13/7.791C2

詩林韶濩二十卷　（清）顧嗣立編纂　清康熙四十四年(1705)秀野草堂刻本　二十冊

310000 – 0242 – 0008389　SV31 – 14/6.423

漢魏詩乘二十卷吳詩一卷總錄一卷　（明）梅鼎祚編　明萬曆十一年(1583)刻本　八冊

310000 – 0242 – 0008390　SV31 – 14/6.423C2

漢魏詩乘二十卷吳詩一卷總錄一卷　（明）梅鼎祚編　明萬曆十一年(1583)刻本　八冊

310000 – 0242 – 0008391　SV31 – 14/6.477

漢魏詩紀漢詩紀十卷魏詩紀九卷吳詩紀一卷附談藝錄一卷　（明）馮惟訥編　明嘉靖三十八年(1559)刻本　十冊

310000 – 0242 – 0008392　SV31 – 14/7.98

漢魏樂府詩集廣序樂府廣序十八卷詩集廣序十卷　（清）朱嘉徵撰　清康熙十五年(1676)清遠堂刻本　二冊

310000 – 0242 – 0008393　SV31 – 15/5.412B

樂府詩集一百卷目錄二卷　（宋）郭茂倩輯　元至正元年(1341)集慶路儒學刻本　四冊

310000 – 0242 – 0008394　SV31 – 16/57.674

選詩補注八卷　（元）劉履補注　元至正二十五年(1365)刻本　八冊

310000 – 0242 – 0008395　SV31 – 16/57.674C2

選詩補注八卷續編四卷補遺二卷　（元）劉履補注　明宣德九年(1434)刻本　四冊

310000 – 0242 – 0008396　SV31 – 16/57.674C3

選詩補注八卷續編四卷補遺二卷　（元）劉履補注　明天順四年(1460)刻本　十冊

310000 – 0242 – 0008397　SV31 – 16/6.674

選詩三集　（明）劉大文選校　明萬曆二十八年(1600)刻本　三冊

310000 – 0242 – 0008398　SV31 – 16/7.749

歷代詩家五十六卷三集八十六卷　（清）范士楫　（清）戴明說選輯　清順治十三年(1656)汲古閣刻本　二十四冊

310000 – 0242 – 0008399　SV31 – 5/57.61

古樂府十卷　（元）左克明編　明刻本　六冊

310000 – 0242 – 0008400　SV31 – 5/6.151

古今詩刪三十四卷　（明）李攀龍撰　明萬曆新都汪時元刻本　二十四冊

310000 – 0242 – 0008401　SV31 – 5/6.151

古今詩刪三十四卷　（明）李攀龍撰　明萬曆新都汪時元刻本　十冊　存二十七卷(一至二十七)

310000 – 0242 – 0008402　SV31 – 5/6.428

古詩類苑一百三十卷　（明）張之象輯　明刻本　四十冊

310000 – 0242 – 0008403　SV31 – 5/6.522

新刊古今名賢品彙注釋玉堂詩選八卷　（明）舒芬選　（明）舒琛增補　（明）楊宗注編　明萬曆七年(1579)金陵富春堂刻本　四冊

310000 – 0242 – 0008404　SV31 – 5/7.128A

古詩源十四卷　（清）沈德潛選　清康熙五十八年(1719)竹嘯軒刻本　六冊

310000 – 0242 – 0008405　SV31 – 8/7.2

佩文齋詠物詩選四百八十六卷　（清）張玉書　（清）汪霦纂　清康熙四十六年(1707)刻本　三十二冊

310000 – 0242 – 0008406　SV31 – 8/7.441

采菽堂古詩選三十八卷補遺四卷　（清）陳祚明評選　清乾隆十三年(1748)刻本　十六冊

310000 – 0242 – 0008407　SV31 – 8/7.441C3

采菽堂古詩選三十八卷補遺四卷　（清）陳祚明評選　清乾隆十三年(1748)刻本　二十四冊

310000 – 0242 – 0008408　SV31.15 – 5/7.393

本事詩十二卷　（清）徐釚輯　清乾隆二十二年(1757)半松書屋刻本　四冊

310000 – 0242 – 0008409　SV31.4 – 10/6.332

唐詩品彙九十卷拾遺十卷 （明）高棅編　明嘉靖刻本　二十册

310000－0242－0008410　SV31.4－10/7.128

重訂唐詩別裁集二十卷 （清）沈德潛編　清乾隆二十八年(1763)教忠堂刻本　六册

310000－0242－0008411　SV31.4－10/7.128B

唐詩金粉十卷 （清）沈炳震輯　清雍正二年(1724)冬讀書齋刻本　六册

310000－0242－0008412　SV31.4－10/7.21AC2

唐賢三昧集箋注三卷 （清）王士禛編　清乾隆五十二年(1787)南城吳氏聽雨齋刻本　六册

310000－0242－0008413　SV31.4－10/7.242C2

貫華堂選批唐才子詩甲集七言律八卷 （清）金人瑞批　清刻本　二十四册

310000－0242－0008414　SV31.4－10/752

唐人詩集十七種 （清）□□編　清刻本　二十册

310000－0242－0008415　SV31.4－10/752A

唐四家詩三十二卷 （□）□□輯　明嘉靖刻本　十二册

310000－0242－0008416　SV31.4－10/8.661

唐詩集韻 鄭國棟輯　清抄本　四十四册

310000－0242－0008417　SV31.4－3/485.287A

才調集十卷 （三國蜀）韋縠輯　清康熙四十三年(1704)刻本　三册

310000－0242－0008418　SV31.4－6/7.164

全唐詩鈔八十卷附補遺十六卷 （清）吳成儀編　清乾隆吳氏璜川書屋刻本　三十二册

310000－0242－0008419　SV31.4－6/7.2A

全唐詩九百卷 （清）聖祖玄燁纂　清道光十年(1830)揚州詩局刻本　一百二十册

310000－0242－0008420　SV31.5－7/7.420

宋百家詩存二十卷 （清）曹庭棟輯　清乾隆六年(1741)嘉善曹氏二六書堂刻本　二十册

310000－0242－0008421　SV31.5－7/7.441

宋十五家詩選十六卷 （清）陳訏輯　清康熙三十二年(1693)刻本　四册

310000－0242－0008422　SV31.5－8/5.225

坡門酬唱二十三卷 （宋）邵浩輯　清宣統二年至三年(1910－1911)貴池劉氏玉海堂刻本　八册

310000－0242－0008423　SV31.5－8/5.674

忠義集七卷附宋遺民錄一卷 （元）趙景亮編集 （明）何喬新訂正　明弘治五年(1492)汲古閣刻本　二册

310000－0242－0008424　SV31.54－4/56.29

中州集十卷中州樂府一卷 （金）元好問輯　明末毛氏汲古閣刻本　十册

310000－0242－0008425　SV31.56－6/7.2

御定全金詩七十二卷首二卷 （清）聖祖玄燁纂　清乾隆五十四年(1789)刻本　二十四册

310000－0242－0008426　SV31.56－8/7.791

金詩選四卷 （清）顧奎光選輯　清乾隆十六年(1751)刻本　四册

310000－0242－0008427　SV31.57－4/7.791

元詩選六卷補遺一卷 （清）顧嗣立選輯　清康熙三十二年(1693)秀野草堂刻本　十六册

310000－0242－0008428　SV31.57－4/7.791C3

元詩選初集甲集至癸集二集甲集至壬集三集甲集至壬集 （清）顧嗣立輯　清康熙三十三年(1694)長洲顧氏秀野草堂刻本　六十八册

310000－0242－0008429　SV31.57－4/7.791A

元詩選癸集 （清）顧嗣立輯　清光緒十四年(1888)刻本　十六册

310000－0242－0008430　SV31.57－5/57.791A

玉山名勝集六卷 （元）顧瑛輯　清抄本　六册

310000－0242－0008431　SV31.6－13/6.128

落花詩倡和集不分卷 （明）沈周等撰 （清）顧嘉譽等輯　清康熙四十一年(1702)刻本　一册

310000－0242－0008432　SV31.6－13/6.477

詩紀一百四十四卷　（明）馮惟訥編　明萬曆
刻本　二十四冊

310000－0242－0008433　SV31.6－8/6.441
皇明詩選十三卷　（明）陳子龍等選　明崇禎
十六年(1643)刻本　十二冊

310000－0242－0008434　SV31.6－8/6.441
明朝名公詩選十二卷　（明）陳繼儒纂輯　明
天啟元年(1621)蘇州刻本　四冊　存八卷
（一至八）

310000－0242－0008435　SV31.6－8/7.128
明詩別裁集十二卷　（清）沈德潛輯　清乾隆
四年(1739)刻本　二冊

310000－0242－0008436　SV31.7－11/7.128B
國朝詩別裁集三十二卷　（清）沈德潛纂評
清乾隆二十五年(1760)教忠堂刻本　十六冊

310000－0242－0008437　SV31.7－11/7.162
本朝館閣詩二十卷附錄一卷　（清）阮學浩
（清）阮學濬編　清乾隆二十三年(1758)刻本
　十二冊

310000－0242－0008438　SV31.7－13/7.21
感舊集十六卷　（清）王士禛選　（清）盧見曾
補傳　清康熙十三年(1674)刻本　八冊

310000－0242－0008439　SV31.7－13/7.568
詩窟一卷　（清）董楷輯　清乾隆二十四年
(1759)刻本　一冊

310000－0242－0008440　SV31.7－2/7.128
七子詩選十四卷　（清）沈德潛選　清乾隆十
八年(1753)刻本　三冊

310000－0242－0008441　SV31.7－2/7.225
二家詩鈔二十卷　（清）邵長蘅編　清康熙三
十四年(1695)刻本　四冊

310000－0242－0008442　SV31.7－2/7.283
卜硯集二卷　（清）查禮等撰輯　清乾隆四十
九年(1784)經訓堂刻本　一冊

310000－0242－0008443　SV31.7－22/7.791
讀畫齋題畫詩十九卷　（清）顧修輯　清嘉慶
刻本　八冊

310000－0242－0008444　SV31.7－3/7.4
千叟宴詩三十四卷首二卷　（清）高宗弘曆纂
　清嘉慶元年(1796)武英殿木活字印本　三
十六冊

310000－0242－0008445　SV31.7－5/7.80
古樹詩續集五卷附一卷　（清）邱劼輯　清乾
隆五十二年(1787)刻本　一冊

310000－0242－0008446　SV31.7－8/7.364
青山詩選六卷　（清）桂超萬編　清抄本　四
冊

310000－0242－0008447　SV32－16/353.727
選賦六卷　（南朝梁）蕭統選　明閔氏刻本
六冊

310000－0242－0008448　SV32－16/7.2
御定歷代賦彙正集一百四十卷外集二十卷逸
句二卷補遺二十二卷目錄二卷　（清）陳元龍
輯　清康熙四十五年(1706)刻本　十五冊

310000－0242－0008449　SV32－16/7.2C2
御定歷代賦彙正集一百四十卷外集二十卷逸
句二卷補遺二十二卷目錄二卷　（清）陳元
龍輯　清康熙四十五年(1706)刻本　七十二
冊

310000－0242－0008450　SV32.11－13/7.504
楚辭二卷　（明）閔齊伋校　明萬曆閔氏刻四
色套印本　四冊

310000－0242－0008451　SV32.12－13/2.21
楚辭十七卷　（漢）王逸章句　（明）陳深批點
　明萬曆二十八年(1600)刻朱墨套印本　六
冊

310000－0242－0008452　SV32.12－13/2.21C2
楚辭十七卷　（漢）王逸章句　（明）陳深批點
　明萬曆二十八年(1600)刻朱墨套印本　四
冊

310000－0242－0008453　SV32.12－13/2.21C9
楚辭十七卷　（漢）王逸章句　（明）陳深批點
　明萬曆二十八年(1600)刻朱墨套印本　四
冊

310000－0242－0008454　SV32.12－13/2.21A

陳章侯繡像楚辭五卷　（漢）王逸章句　（宋）朱熹集注　（明）陳洪綬繪　明崇禎十一年（1638）刻本　二冊

310000－0242－0008455　SV32.12－13/2.674

楚辭十卷　（漢）劉向輯　（漢）王逸注　（明）俞初校　明萬曆十四年（1586）刻本　四冊

310000－0242－0008456　SV32.12－13/5.98

七十二家批評楚辭集注八卷後語八卷附覽二卷辯證二卷　（宋）朱熹集注　（明）蔣之翹評校　明天啓六年（1626）忠雅堂刻本　八冊

310000－0242－0008457　SV32.12－13/5.98

楚辭集注八卷後語六卷辯證二卷　（宋）朱熹注　明刻本　六冊

310000－0242－0008458　SV32.12－13/6.434C2

楚辭十九卷附錄一卷　（明）陸時雍疏　明緝柳齋刻本　四冊

310000－0242－0008459　SV32.12－13/7.316

楚辭六卷　（清）姚培謙節注　清乾隆六年（1741）刻本　二冊

310000－0242－0008460　SV32.12－13/7.665

楚辭達不分卷　（清）魯筆撰　清乾隆三十一年（1766）杭州刻本　一冊

310000－0242－0008461　SV32.12－19/6.674

離騷經篹注不分卷　（明）劉永澄撰　清乾隆興讓堂刻本　一冊

310000－0242－0008462　SV32.12－3/7.650

山帶閣注楚辭六卷首一卷楚辭餘論二卷楚辭說韻一卷　（清）蔣驥注　清雍正五年（1727）武進蔣氏山帶閣刻本　六冊

310000－0242－0008463　SV32.12－8/7.441

屈辭精義六卷　（清）陳本禮箋　清嘉慶十六年（1811）裛露軒刻本　四冊

310000－0242－0008464　SV32.14－13/6.428

楚騷綺語六卷　（明）張之象輯　明萬曆四年（1576）吳興凌氏桂芝館刻本　六冊

310000－0242－0008465　SV32.16－8/6.441

屈宋古音義三卷　（明）陳第撰　清乾隆三十二年（1767）武昌張氏刻本　一冊

310000－0242－0008466　SV32.181－20/7.2

騷賦雜文一卷　（清）丁履恒抄　清寫本　一冊

310000－0242－0008467　SV32.181－8/7.370

屈騷心印五卷　（清）夏大霖注　清乾隆三十九年（1774）刻本　二冊

310000－0242－0008468　SV33.1－16/7.2

御選歷代詩餘一百二十卷　（清）沈辰垣等輯　清康熙四十六年（1707）內府刻本　四十冊

310000－0242－0008469　SV33.1－4/5.428

山中白雲詞八卷　（宋）張炎撰　清康熙錢塘龔翔麟玉玲瓏閣刻本　四冊

310000－0242－0008470　SV33.1－6/7.674

曲阿詞綜四卷　（清）劉會恩輯　清道光五年（1825）劉九思堂刻本　一冊

310000－0242－0008471　SV33.1－8/485.598

花間集四卷　（後蜀）趙崇祚集　（明）湯顯祖評　明萬曆四十三年（1615）閔氏刻朱墨套印本　四冊

310000－0242－0008472　SV33.1－8/485.598C2

花間集四卷　（後蜀）趙崇祚編　明汲古閣刻本　二冊

310000－0242－0008473　SV33.15－10/6.791

新刻分類評釋草堂詩餘六卷附詩餘二卷　（明）顧從敬　（明）沈際飛編　明萬曆四十二年（1614）東璧軒刻本　十冊

310000－0242－0008474　SV33.15－11/5.21C2

梅苑十卷　（宋）黃大興輯　清抄本　二冊

310000－0242－0008475　SV33.15－12/5.248

絕妙好詞七卷　（宋）周密輯　清雍正三年（1725）項絪刻本　二冊

310000－0242－0008476　SV33.17－11/7.359

捧月樓詞二卷飲水詞鈔二卷　（清）袁通　（清）納蘭性德撰　清乾隆、嘉慶間刻隨園三十種叢書本　一冊

310000－0242－0008477　SV33.17－9/7.650

昭代詞選三十八卷　（清）蔣重光輯　清乾隆三十二年(1767)刻本　十二冊

310000－0242－0008478　SV35－10/6.337

文編六十四卷　（明）唐順之輯　明天啓刻本　二十冊

310000－0242－0008479　SV35－10/6.556

秦漢文鈔六卷　（明）楊融博批點　明萬曆四十八年(1620)閔氏刻朱墨套印本　六冊

310000－0242－0008480　SV35－4/6.98

文字會寶不分卷　（明）朱文治編　明萬曆三十六年(1608)錢塘朱氏小西庫刻本　十冊

310000－0242－0008481　SV35－5/6.428

音訓句解古今文鑑續集十卷　（明）張肇輯　明刻本　二冊

310000－0242－0008482　SV35－6/7.712

古文小品冰雪攜不分卷　（清）衛泳輯　明崇禎十六年(1643)刻本　十二冊

310000－0242－0008483　SV35－7/5.471

妙絕古今四卷　（宋）湯漢編　明嘉靖刻本　四冊

310000－0242－0008484　SV35.1－10/6.441

鐫陳眉公評選秦漢文雋四卷　（明）陳繼儒評選　明天啓七年(1627)蕭少衢師儉堂刻本　十二冊

310000－0242－0008485　SV35.2－8/5.441

東漢文鑑二十卷　（宋）陳鑑編　明刻本　十冊

310000－0242－0008486　SV35.4－10/6.449

陶石簣先生批選唐宋六家表啓八卷　（明）陶望齡選　明天啓二年(1622)刻本　八冊

310000－0242－0008487　SV35.57－4/7.674

元明八大家古文十三卷　（清）劉肇虞選　清乾隆二十九年(1764)步月樓刻本　八冊

310000－0242－0008488　SV35.6－8/6.434

翠娛閣評選明文歸初集三十四卷　（明）陸雲龍輯　明刻本　二十冊

310000－0242－0008489　SV35.6－8/7.731

明文在一百卷　（清）薛熙纂　清康熙三十二年(1693)古淥水園刻本　十六冊

310000－0242－0008490　SV35.7－11/7.122

國朝三家文鈔三十二卷　（清）宋犖　（清）許汝霖輯　清康熙三十三年(1694)刻本　十冊

310000－0242－0008491　SV35.9－16/7.242

駢體分類選睟四卷　（清）金紹曾纂　清康熙十八年(1679)抄本　四冊

310000－0242－0008492　SV35.9－5/6.407

四六爭奇八卷　（明）許以忠編輯　明萬曆四十八年(1620)刻本　八冊

310000－0242－0008493　SV35.9－5/6.407

車書樓彙輯各名公爭奇八卷　（明）許以忠編輯　明萬曆四十八年(1620)刻本　八冊

310000－0242－0008494　SV35.93－4/7.407

六朝文絜四卷　（清）許槤評選　清道光五年(1825)享金寶石齋刻朱墨套印本　二冊

310000－0242－0008495　SV35.95－7/7.420

宋四六選二十四卷　（清）曹振鏞編　清乾隆四十二年(1777)刻本　十二冊

310000－0242－0008496　SV39.126－3/7.122

山左明詩鈔三十五卷　（清）宋弼輯　清乾隆三十六年(1771)恩平縣衙刻本　八冊

310000－0242－0008497　SV39.127－11/7.700C3

國朝山左詩鈔六十卷　（清）盧見曾纂　清乾隆二十三年(1758)雅雨堂刻本　十六冊

310000－0242－0008498　SV39.14－8/57.257

河汾諸老詩八卷　（元）房祺輯　明弘治十一年(1498)汲古閣刻本　三冊

310000－0242－0008499　SV39.21－10/7.21

海虞詩苑十八卷　（清）王應奎輯　清乾隆二十四年(1759)古處堂刻本　六冊

310000－0242－0008500　SV39.21－11/7.359

國朝松陵詩徵二十卷　（清）袁景輅編　清乾隆三十二年(1767)刻本　四冊

310000－0242－0008501　SV39.21－12/7.538

敦素園七子詩鈔七卷　（清）喬方立撰　清乾隆三十四年（1769）刻本　一冊

310000－0242－0008502　SV39.21－2/7.164

七十二峯足徵集八十八卷文集十六卷　（清）吳定璋輯　清乾隆十年（1745）依綠園刻本二十四冊

310000－0242－0008503　SV39.21－6/7.122

江左十五子詩選十五卷　（清）宋犖輯　清康熙四十二年（1703）商丘宋氏刻本　四冊

310000－0242－0008504　SV39.21－7/7.122

吳風二卷　（清）宋犖選評　清康熙三十三年（1694）刻本　二冊

310000－0242－0008505　SV39.21－9/7.513

南邦黎獻集十六卷　（清）鄂爾泰輯　清乾隆三年（1738）刻本　六冊

310000－0242－0008506　SV39.22－13/6.535

新安文獻志一百卷　（明）程敏政纂　明刻本六十冊

310000－0242－0008507　SV39.23－12/7.412

越中三子詩三卷　（清）郭毓選　清乾隆十八年（1753）刻本　三冊

310000－0242－0008508　SV39.23－8/7.21

金華文畧二十卷　（清）王崇炳輯　清乾隆七年（1742）刻本　十四冊

310000－0242－0008509　SV39.8－3/5.784A

三蘇先生文粹七十卷　（宋）蘇洵等撰　明刻本　十冊

310000－0242－0008510　SV42.26－15/2.654

蔡中郎集十卷外紀一卷外集四卷傳表一卷（漢）蔡邕撰　清咸豐二年（1852）聊城楊氏海源閣刻本　十二冊

310000－0242－0008511　SV42.26－15/2.654C2

蔡中郎集十一卷　（漢）蔡邕撰　明萬曆元年（1573）刻本　二冊

310000－0242－0008512　SV42.46－12/24.533A

嵇中散集十卷　（三國魏）嵇康撰　明刻本

四冊

310000－0242－0008513　SV42.51－16/25.688B

諸葛丞相集四卷附錄一卷　（三國蜀）諸葛亮撰　（清）朱璘彙訂　清康熙三十七年（1698）萬卷堂刻本　二冊

310000－0242－0008514　SV42.51－16/25.688B2

諸葛丞相集四卷　（三國蜀）諸葛亮撰　（清）朱璘彙訂　清康熙三十七年（1698）萬卷堂刻本　四冊

310000－0242－0008515　SV43.1－11/3.449

陶靖節全集五卷　（晉）陶潛撰　明萬曆三十一年（1603）刻本　四冊

310000－0242－0008516　SV43.1－11/3.449A

陶靖節集十卷　（晉）陶潛撰　（宋）湯漢等箋注　明萬曆四年（1576）周敬松刻本　二冊

310000－0242－0008517　SV43.23－11/3.449A

陶靖節集十卷　（晉）陶潛撰　明嘉靖刻本四冊

310000－0242－0008518　SV43.23－11/3.449AC2

陶靖節集十卷　（晉）陶潛撰　明嘉靖刻本四冊

310000－0242－0008519　SV43.23－11/7.164

陶詩彙注四卷首一卷末一卷　（清）吳瞻泰輯　清康熙四十四年（1705）刻本　四冊

310000－0242－0008520　SV43.23－11/7.164

陶詩彙注四卷首一卷末一卷　（清）吳瞻泰輯　清康熙五十三年（1714）刻本　四冊

310000－0242－0008521　SV43.511－17/351.717C3

謝康樂集四卷　（南朝宋）謝靈運撰　明萬曆刻本　四冊

310000－0242－0008522　SV43.6－11/353.402

梁江文通文集十卷　（南朝梁）江淹撰　明刻本　二冊

310000－0242－0008523　SV44.1－10/4.281

增廣注釋音辨唐柳先生集四十三卷別集二卷外集二卷附錄一卷　（唐）柳宗元撰　（宋）童宗說注釋　（宋）張敦頤音辯　（宋）潘緯音義

明正統十三年(1448)善敬堂刻本　十二冊

310000－0242－0008524　SV44.1－4/4.21A
類箋唐王右丞詩集十卷文集四卷外編一卷年譜一卷　(唐)王維撰　(宋)劉辰翁評(明)顧起經注　明嘉靖三十四年(1555)錫山顧氏奇字齋刻本　八冊

310000－0242－0008525　SV44.1－7/4.151C6
李太白詩二十五卷　(唐)李白撰　(宋)楊齊賢集注　(元)蕭士贇補注　**唐翰林李太白年譜一卷**　(宋)薛仲邕撰　明刻李杜全集本十四冊

310000－0242－0008526　SV44.142－7/7.375
杜工部詩選初學讀本八卷　(清)孫人龍輯清乾隆十二年(1747)端溪試院刻本　八冊

310000－0242－0008527　SV44.143－7/4.148
集千家注分類杜工部詩二十五卷　(唐)杜甫撰　(宋)徐居仁編次　(宋)黃鶴補注　元廣勤堂刻本　二十冊

310000－0242－0008528　SV44.143－7/4.148AC8
杜工部集二十卷　(唐)杜甫撰　清乾隆四十八年(1783)玉勾草堂刻本　十冊

310000－0242－0008529　SV44.143－7/4.148B
杜工部五言律詩二卷　(唐)杜甫撰　(元)趙汸注　明正德九年(1514)刻本　二冊

310000－0242－0008530　SV44.143－7/4.148C
杜工部七言律詩二卷　(唐)杜甫撰　(元)虞集注　明正德九年(1514)刻本　二冊

310000－0242－0008531　SV44.143－7/7.128
杜詩偶評四卷　(清)沈德潛纂　清乾隆十二年(1747)賦閒草堂刻本　四冊

310000－0242－0008532　SV44.143－7/7.128C2
杜詩偶評四卷　(清)沈德潛纂　清乾隆十二年(1747)賦閒草堂刻本　四冊

310000－0242－0008533　SV44.143－7/7.164
杜詩論文五十六卷　(清)吳見思注　清康熙十一年(1672)刻本　十八冊　存四十三卷(一至四十三)

310000－0242－0008534　SV44.143－7/7.164C2
杜詩論文五十六卷　(清)吳見思注　(清)潘眉評　清康熙十一年(1672)刻本　十六冊

310000－0242－0008535　SV44.166－17/4.722
韓文四十卷外集十卷集傳一卷遺文一卷(唐)韓愈撰　明嘉靖十六年(1537)遊居敬刻本　十二冊

310000－0242－0008536　SV44.2－17/6.412
韓昌黎文二卷　(唐)韓愈撰　(明)郭正域編明萬曆四十五年(1617)閔氏刻朱墨套印本二冊

310000－0242－0008537　SV44.2－7/7.164
杜詩提要十四卷　(清)吳瞻泰評選　清乾隆二十六年(1761)隨月讀書樓刻本　四冊

310000－0242－0008538　SV44.3－12/4.540
溫飛卿詩集箋注九卷　(唐)溫庭筠撰　(明)曾益原注　(清)顧予咸補注　清康熙三十六年(1697)秀野草堂刻本　四冊

310000－0242－0008539　SV44.3－15/4.506
慶湖集三卷　(宋)賀鑄撰　清抄本　三冊

310000－0242－0008540　SV44.3－16/4.461
禪月集二十五卷　(唐)釋貫休撰　清揚州阮氏文選樓抄本　四冊

310000－0242－0008541　SV44.3－17/7.15
韓昌黎詩集編年箋注十二卷　(清)方世舉攷訂　清乾隆二十三年(1758)雅雨堂刻本　六冊

310000－0242－0008542　SV44.3－4/4.21
王摩詰詩集七卷　(唐)王維撰　(宋)劉辰翁(明)顧璘評　明吳興凌濛初刻本　三冊

310000－0242－0008543　SV44.3－4/4.21C2
王摩詰詩集七卷　(唐)王維撰　(宋)劉辰翁(明)顧璘評　明吳興凌濛初刻本　四冊

310000－0242－0008544　SV44.3－5/4.79
白香山詩長慶集二十卷後集十七卷別集一卷補遺二卷　(唐)白居易撰　清康熙四十二年(1703)古歙汪氏一隅草堂刻本　十冊

310000－0242－0008545　SV44.3－5/7.223

玉溪生詩意八卷　（清）屈復撰　清順治十六年(1659)刻本　十冊

310000－0242－0008546　SV44.3－7/4.128

沈佺期集二卷　（唐）沈佺期撰　明東壁圖書府刻本　一冊

310000－0242－0008547　SV44.3－7/4.151

分類補注李太白詩集二十五卷　（唐）李白撰（宋）楊齊賢集注　明嘉靖二十六年(1547)刻本　十二冊

310000－0242－0008548　SV44.3－7/4.151A

李長吉歌詩四卷外詩集一卷　（唐）李賀撰（宋）劉辰翁評　明萬曆、崇禎間吳興凌濛初刻朱墨套印盛唐四名家集本　二冊

310000－0242－0008549　SV44.3－7/4.151AC6

李長吉歌詩四卷外詩集一卷　（唐）李賀撰（宋）劉辰翁評　明萬曆、崇禎間吳興凌濛初刻朱墨套印盛唐四名家集本　二冊

310000－0242－0008550　SV44.3－7/4.151D

李長吉集四卷外詩集一卷　（唐）李賀撰（明）黃淳耀評點　清雍正九年(1731)金惟駿漁書樓刻本　一冊

310000－0242－0008551　SV44.3－7/4.151B

唐李長吉詩集四卷外集一卷　（唐）李賀撰（明）徐渭　（明）董懋策批注　明萬曆四十一年(1613)刻本　四冊

310000－0242－0008552　SV44.3－7/4.174

岑嘉州集八卷　（唐）岑參撰　明刻本　二冊

310000－0242－0008553　SV44.3－7/6.21

李翰林詩選五卷　（明）王寅選　明嘉靖二十四年(1545)閔朝山刻本　四冊

310000－0242－0008554　SV44.3－8/4.228BC2

孟襄陽集三卷　（唐）孟浩然撰　明末汲古閣刻本　二冊

310000－0242－0008555　SV44.3－9/4.287C3

韋蘇州集十卷　（唐）韋應物撰　清刻本　二冊

310000－0242－0008556　SV44.3－9/4.287C4

韋蘇州集十卷　（唐）韋應物撰　清乾隆刻本　四冊

310000－0242－0008557　SV44.32－7/7.779

杜律啓蒙十二卷附年譜　（清）邊連寶集注　清乾隆四十二年(1777)刻本　六冊

310000－0242－0008558　SV44.6－11/4.393

釣磯文集十卷　（唐）徐寅撰　清舊抄本　四冊

310000－0242－0008559　SV44.6－15/7.477

樊南文集詳注八卷　（清）馮浩編　清乾隆三十年(1765)德聚堂刻本　四冊

310000－0242－0008560　SV44.6－5/4.78

皮子文藪十卷　（唐）皮日休撰　明刻本　一冊

310000－0242－0008561　SV44.6－7/4.151

李義山文集十卷　（唐）李商隱撰　（清）徐樹穀箋　（清）徐炯注　清康熙四十七年(1708)刻本　二冊

310000－0242－0008562　SV44.6－7/4.151

李義山文集十卷　（唐）李商隱撰　（清）徐樹穀箋　（清）徐炯注　清康熙四十七年(1708)崑山徐氏花谿草堂刻本　六冊

310000－0242－0008563　SV44.6－9/4.281

柳文四十三卷別集二卷外集二卷附錄一卷　（唐）柳宗元撰　（唐）劉禹錫編　明嘉靖十六年(1537)游居敬刻本　八冊

310000－0242－0008564　SV45－11/5.151

箋釋梅亭先生四六標準四十卷　（宋）李劉撰（明）孫雲翼箋　明萬曆二十五年(1597)古吳聚錦堂刻本　十六冊

310000－0242－0008565　SV45－11/5.151B

箋釋梅亭先生四六標準四十卷　（宋）李劉撰（明）孫雲翼箋　明萬曆四十四年(1616)金陵唐鯉飛刻本　十四冊

310000－0242－0008566　SV45－3/5.21

宋王黃州小畜集三十卷　（宋）王禹偁撰　清

乾隆二十五年(1760)愛日堂刻本　十二冊

310000－0242－0008567　SV45.1－11/5.21

梅溪先生廷試策一卷奏議四卷前集二十卷後集二十九卷　(宋)王十朋撰　明正統五年(1440)刻本　十六冊

310000－0242－0008568　SV45.1－11/5.407

許文正公遺書十二卷首一卷末一卷　(元)許衡撰　清乾隆五十五年(1790)許氏刻本　八冊

310000－0242－0008569　SV45.1－11/5.434C4

象山先生全集三十六卷　(宋)陸九淵撰　明嘉靖十三年(1534)刻本　十冊

310000－0242－0008570　SV45.1－11/5.435

陸放翁全集一百五十七卷　(宋)陸遊撰　明末汲古閣刻本　二十四冊

310000－0242－0008571　SV45.1－11/5.441

陳同甫集三十卷　(宋)陳亮撰　清木活字印本　八冊

310000－0242－0008572　SV45.1－11/5.717

晞髮集六卷　(宋)謝翱撰　明嘉靖三十四年(1555)歙程煦刻本　二冊

310000－0242－0008573　SV45.1－12/57.535

程雪樓集三十卷　(元)程鉅夫撰　清宣統二年(1910)武進陶氏涉園刻本　十冊

310000－0242－0008574　SV45.1－13/5.556

楊大年先生武夷新集二十卷　(宋)楊億撰　明刻本　八冊

310000－0242－0008575　SV45.1－19/5.18

廬陵文丞相全集十六卷　(宋)文天祥撰　清乾隆二年(1737)刻本　十冊

310000－0242－0008576　SV45.1－2/5.749

九靈山房集三十卷首一卷末一卷　(元)戴良撰　清乾隆三十六年(1771)刻本　十二冊

310000－0242－0008577　SV45.1－4/5.271

文恭集四十卷　(宋)胡宿撰　清乾隆浙江刻本　十二冊

310000－0242－0008578　SV45.1－4/5.527

元豐類稿五十卷　(宋)曾鞏撰　清康熙四十九年(1710)長嶺西爽堂刻本　十二冊

310000－0242－0008579　SV45.1－4/5.674

公是集五十四卷　(宋)劉敞撰　清乾隆三十九年(1774)　十二冊

310000－0242－0008580　SV45.1－6/5.722

安陽集五十卷附家傳　(宋)韓琦撰　明正德九年(1514)刻本　十八冊

310000－0242－0008581　SV45.1－8/5.491

青社黃先生伐檀集二卷　(宋)黃庶撰　明刻本　二冊

310000－0242－0008582　SV45.1－8/5.62

徂徠石先生全集二十卷　(宋)石介撰　清康熙五十五年(1716)錫慶堂刻本　三冊

310000－0242－0008583　SV45.1－8/5.784

東坡全集一百十五卷目錄七卷　(宋)蘇軾撰　明刻本　二十四冊

310000－0242－0008584　SV45.1－8/5.784

東坡集四十卷後集二十卷內制集十卷樂語一卷外制集三卷應詔集十卷續集十二卷校記二卷　(宋)蘇軾撰　繆荃孫校　清光緒三十四年至宣統元年(1908－1909)刻本　四十八冊

310000－0242－0008585　SV45.2－20/5.784

宋大家蘇文忠公文選十六卷　(宋)蘇軾撰　(明)歸有光選　明末刻本　十六冊

310000－0242－0008586　SV45.2－20/5.784A

蘇文忠公策論選十卷　(宋)蘇軾撰　(明)茅坤等評　明天啓刻三色套印本　六冊

310000－0242－0008587　SV45.3－11/5.491

莆陽知稼翁集二卷　(宋)黃公度撰　明天啓五年(1625)刻本　二冊

310000－0242－0008588　SV45.3－16/57.570

新編翰林珠玉六卷　(元)虞集撰　清潘氏刻本　一冊

310000－0242－0008589　SV45.3－3/5.49/A

山谷詩內集注二十卷外集注十七卷別集注二

卷外集補四卷別集補一卷　（宋）黃庭堅撰
（宋）任淵等注　清乾隆五十四年(1789)樹經
堂刻本　十冊

310000－0242－0008590　SV45.3－4/5.21A

王荊公詩箋注五十卷　（宋）王安石撰　清刻
本　四冊

310000－0242－0008591　SV45.3－5/5.300

石湖居士詩集三十四卷　（宋）范成大撰
（清）顧嗣立校　清康熙二十七年(1688)依園
刻本　六冊

310000－0242－0008592　SV45.3－5/5.300C2

石湖居士詩集三十四卷　（宋）范成大撰
（清）顧嗣立校　清康熙二十七年(1688)依園
刻本　十冊

310000－0242－0008593　SV45.3－6/5.225

伊川擊壤集二十卷　（宋）邵雍撰　明萬曆刻
本　八冊

310000－0242－0008594　SV45.3－8/5.170

東萊先生詩集二十卷　（宋）呂本中撰　清抄
本　三冊

310000－0242－0008595　SV45.3－8/5.21

增刊校正王狀元集注分類東坡先生詩二十五
卷　（宋）蘇軾撰　（宋）王十朋注　宋刻本
四冊　存八卷（三至四、七至十二）

310000－0242－0008596　SV45.3－8/57.568

青棠集八卷　（元）董嗣成撰　明刻本　四冊

310000－0242－0008597　SV45.3－8/8.248

東坡詩鈔二卷　（清）周雲輯　清抄本　二冊

310000－0242－0008598　SV45.3－9/5.265C3

施注蘇詩四十二卷總目二卷　（宋）蘇軾撰
（宋）施元之等注　（清）邵長蘅等刪補　清康
熙三十八年(1699)商邱宋氏宛委堂刻本　十
冊

310000－0242－0008599　V45.4－10/5.388C2

珠玉詞一卷　（宋）晏殊撰　清光緒十一年
(1885)揚州刻本　一冊

310000－0242－0008600　V45.4－10/5.389B

晁氏琴趣外篇六卷　（宋）晁補之撰　清刻本
一冊

310000－0242－0008601　V45.4－11/5.248

清真集二卷補遺一卷　（宋）周邦彥撰　清光
緒臨桂王氏刻本　一冊

310000－0242－0008602　V45.4－11/5.347A

淮海詞一卷　（宋）秦觀撰　明汲古閣刻本
一冊

310000－0242－0008603　V45.4－14/5.151

漱玉詞一卷　（宋）李清照撰　斷腸詞一卷
（宋）朱淑真撰　明末常熟毛氏汲古閣刻本
一冊

310000－0242－0008604　V45.4－14/5.164C2

夢窗詞四卷補遺一卷　（宋）吳文英撰　清咸
豐十一年(1861)刻曼陀羅華閣叢書本　一冊

310000－0242－0008605　V45.4－14/5.164C3

夢窗詞四卷補遺一卷　（宋）吳文英撰　清光
緒三十四年(1908)歸安朱氏刻本　一冊

310000－0242－0008606　V45.4－15/5.142C2

稼軒詞十二卷　（宋）辛棄疾撰　清光緒十四
年(1888)臨桂王氏四印齋刻本　一冊

310000－0242－0008607　V45.4－16/5.98A

樵歌三卷　（宋）朱敦儒撰　清光緒二十六年
(1900)臨桂王氏四印齋刻本　一冊

310000－0242－0008608　V45.4－3/5.428

山中白雲詞八卷　（宋）張炎撰　清光緒八年
(1882)娛園刻本　一冊

310000－0242－0008609　V45.4－3/5.428C2

山中白雲詞八卷　（宋）張炎撰　清光緒八年
(1882)娛園刻本　一冊

310000－0242－0008610　V45.4－3/5.428C3

山中白雲詞八卷附白石道人歌曲四卷別集一
卷詩集二卷　（宋）張炎撰　清光緒八年
(1882)娛園刻本　二冊

310000－0242－0008611　V45.4－5/5.248

片玉詞二卷補遺一卷　（宋）周邦彥撰　清光
緒十一年(1885)刻本　一冊

310000－0242－0008612　V45.4－5/5.248B

片玉詞二卷補遺一卷　（宋）周邦彥撰　明崇禎虞山毛氏汲古閣刻本　一冊

310000－0242－0008613　V45.4－6/5.428

安陸集一卷　（宋）張先著　（清）汪潮生錄　清光緒八年(1882)淮南書局刻本　一冊

310000－0242－0008614　V45.4－8/5.52

東堂詞一卷　（宋）毛滂撰　明汲古閣刻本　一冊

310000－0242－0008615　V45.4－9/57.428C2

貞居詞一卷　（元）張天雨撰　柘軒詞一卷（明）凌雲翰撰　清光緒十二年(1886)刻本　一冊

310000－0242－0008616　V45.6－10/5.332

恥堂存稿八卷　（宋）高斯得撰　清光緒廣雅書局刻本　二冊

310000－0242－0008617　V45.6－10/5.368

真西山先生集八卷　（宋）真德秀撰　清同治五年(1866)福州正誼書院刻本　一冊

310000－0242－0008618　V45.6－10/57.749

剡源文鈔四卷附錄佚文一卷　（元）戴表元撰　（清）黃宗羲選　（清）何焯評點　清光緒十五年(1889)大鄸山館刻本　二冊

310000－0242－0008619　V45.6－11/5.491

黃勉齋先生文集八卷　（宋）黃榦撰　清康熙四十八年(1709)刻本　二冊

310000－0242－0008620　V45.6－11/57.21

梧溪集七卷補遺一卷附困學齋雜錄一卷（元）王逢撰　清同治十三年(1874)思補樓刻本　八冊

310000－0242－0008621　V45.6－11/57.407

許魯齋先生集六卷　（元）許衡撰　清同治五年(1866)福州正誼書局刻本　一冊

310000－0242－0008622　V45.6－11/57.441

陳定宇先生文集十七卷附定宇先生年表一卷（元）陳櫟撰　清康熙三十五年(1696)陳氏刻本　十二冊

310000－0242－0008623　V45.6－12/5.522

舒文靖集二卷校勘記三卷附錄三卷　（宋）舒璘撰　清光緒二十二年(1896)刻本　四冊

310000－0242－0008624　V45.6－12/5.522B

舒文靖公類稿四卷附錄二卷　（宋）舒璘撰　清同治十一年(1872)舒氏刻本　二冊

310000－0242－0008625　V45.6－12/5.522C2

舒文靖集二卷　（宋）舒璘撰　清光緒二年(1876)李慈銘抄本　二冊

310000－0242－0008626　V45.6－12/5.527

曾南豐先生文集四卷　（宋）曾鞏撰　清宣統二年(1910)上海會文堂書局石印本　二冊

310000－0242－0008627　V45.6－12/5.527C2

曾南豐先生文集四卷　（宋）曾鞏撰　清宣統二年(1910)上海會文堂書局石印本　二冊

310000－0242－0008628　V45.6－12/57.283

湛然居士文集十四卷　（元）耶律楚材撰　清光緒二十一年(1895)漸西村舍刻本　四冊

310000－0242－0008629　V45.6－13/5.393

節孝先生文集三十卷節孝集語錄一卷　（宋）徐積撰　清宣統三年(1911)刻本　四冊

310000－0242－0008630　V45.6－14/5.784

嘉祐集二十卷　（宋）蘇洵撰　清道光十二年(1832)眉州三蘇祠刻本　四冊

310000－0242－0008631　V45.6－15/5.674

劉給諫文集五卷　（宋）劉安上撰　清同治十二年(1873)瑞安孫氏刻永嘉叢書本　一冊

310000－0242－0008632　V45.6－15/5.674A

劉左史文集四卷　（宋）劉安節撰　清刻二劉文集本　一冊

310000－0242－0008633　V45.6－15/5.674B

劉給事集五卷　（宋）劉安上撰　清咸豐、光緒間歸安陸心源抄本　二冊

310000－0242－0008634　V45.6－16/57.674

靜修先生遺文五卷　（元）劉因撰　（明）崔嵒校正　清抄本　一冊

310000－0242－0008635　V45.6－16/57.698

靜軒集五卷附錄一卷　（元）閻復撰　清光緒
二十一年(1895)刻本　一冊

310000－0242－0008636　V45.6－17/5.717

謝疊山先生集九卷首一卷　（宋）謝枋得撰
清道光二十九年(1849)刻本　五冊

310000－0242－0008637　V45.6－17/5.722

韓魏公集二十卷　（宋）韓琦撰　清同治五年
(1866)正誼堂刻本　二冊

310000－0242－0008638　V45.6－17/5.722C2

韓魏公集二十卷　（宋）韓琦撰　清同治五年
(1866)正誼堂刻本　十冊

310000－0242－0008639　V45.6－17/5.722C3

韓魏公集二十卷　（宋）韓琦撰　清同治五年
(1866)正誼堂刻本　八冊

310000－0242－0008640　V45.6－17/57.556

還山遺稿二卷附錄一卷　（元）楊奐撰　清抄
本　一冊

310000－0242－0008641　V45.6－19/5.775

羅豫章先生集十二卷首一卷末一卷　（宋）羅
從彥撰　清光緒九年(1883)古燕張國正刻本
四冊

310000－0242－0008642　V45.6－19/5.775A

羅鄂州小集六卷　（宋）羅願撰　**羅郢州遺文
一卷**　（宋）羅頌撰　清末上海製造局影印本
二冊

310000－0242－0008643　V45.6－19/5.775AC2

羅鄂州小集六卷　（宋）羅願撰　**羅郢州遺文
一卷**　（宋）羅頌撰　清抄本　二冊

310000－0242－0008644　V45.6－19/5.775AC3

羅鄂州小集六卷附錄一卷　（宋）羅願撰　清
光緒十九年(1893)黟縣李氏刻本　二冊

310000－0242－0008645　V45.6－19/5.775AC4

羅鄂州小集六卷附錄一卷　（宋）羅願撰　清
光緒十九年(1893)黟縣李氏刻本　一冊

310000－0242－0008646　V45.6－19/5.775C2

羅豫章先生集十卷　（宋）羅從彥撰　清同治

五年(1866)福州正誼書局刻本　一冊

310000－0242－0008647　V45.6－20/5.268

鐔津文集十九卷　（宋）釋契嵩撰　清光緒二
十八年(1902)揚州藏經院刻本　一冊

310000－0242－0008648　V45.6－20/6.305

蘇東坡文集二十八卷　（明）茅坤評　清宣統
三年(1911)刻本　一冊

310000－0242－0008649　V45.6－21/5.761

鶴山文鈔三十二卷　（宋）魏了翁撰　清同治
十三年(1874)望三益齋刻本　十冊

310000－0242－0008650　V45.6－21/5.761C2

鶴山文鈔三十二卷　（宋）魏了翁撰　清同治
十三年(1874)望三益齋刻本　十二冊

310000－0242－0008651　V45.6－4/5.441C2

止齋先生文集五十卷附錄一卷　（宋）陳傅良
撰　清光緒五年(1879)瑞安孫氏詒善祠塾刻
本　八冊

310000－0242－0008652　V45.6－4/5.562C2

水心先生文集二十九卷補遺一卷　（宋）葉適
撰　清光緒八年(1882)瑞安孫氏刻本　八冊

310000－0242－0008653　V45.6－4/5.562C3

水心先生文集二十九卷補遺一卷別集十六卷
　（宋）葉適撰　清光緒八年(1882)瑞安孫氏
刻本　十二冊

310000－0242－0008654　V45.6－4/5.562C4

水心先生文集二十九卷　（宋）葉適撰　清乾
隆二十年(1755)刻本　十五冊

310000－0242－0008655　V45.6－4/5.562C5

水心先生文集二十九卷補遺一卷　（宋）葉適
撰　清光緒八年(1882)瑞安孫氏刻本　十二
冊

310000－0242－0008656　V45.6－4/57.645

巴西文集不分卷　（元）鄧文原撰　清鮑氏知
不足齋抄本　六冊

310000－0242－0008657　V45.6－5/5.64

司馬溫公文集八十二卷首一卷　（宋）司馬光
撰　明崇禎元年(1628)吳時亮刻清康熙四十

七年(1708)蔣起龍補刻本　二十四冊　存八十卷(一至七十九、首一卷)

310000－0242－0008658　V45.6－5/5.64C2
司馬溫公文集十四卷　(宋)司馬光撰　清同治五年(1866)福州正誼書院刻本　八冊

310000－0242－0008659　V45.6－5/5.64C3
司馬溫公文集八十二卷　(宋)司馬光撰　清康熙四十七年(1708)刻本　二十四冊

310000－0242－0008660　V45.6－6/5.98
朱子文集十八卷　(宋)朱熹撰　清同治五年(1866)福州正誼書院刻本　十八冊

310000－0242－0008661　V45.6－6/5.98A
朱子文集大全類編一百十卷首一卷　(宋)朱熹撰　清雍正八年(1730)攷亭書院刻本　二十六冊

310000－0242－0008662　V45.6－7/5.170
呂東萊先生遺集二十卷首一卷　(宋)呂祖謙撰　清雍正元年(1723)古婺敬勝堂刻本　六冊

310000－0242－0008663　V45.6－7/5.170B
呂東萊先生文集二十卷首一卷　(宋)呂祖謙撰　清同治七年(1868)胡鳳丹退補齋刻本　十冊

310000－0242－0008664　V45.6－7/5.170C
呂東萊先生文集四卷　(宋)呂祖謙撰　(清)張伯行訂　清康熙五十年(1711)正誼堂刻本　一冊

310000－0242－0008665　V45.6－7/57.21
吾汶藁十卷　(元)王炎午撰　清光緒三十四年(1908)國學保存會鉛印本　一冊

310000－0242－0008666　V45.6－8/5.151A
姑溪居士文集五十卷附錄一卷校勘記一卷後集二十卷　(宋)李之儀撰　清宣統三年(1911)金陵督糧道署刻本　八冊

310000－0242－0008667　V45.6－8/5.255
岳忠武王文集八卷首一卷末一卷　(宋)岳飛撰　清乾隆三十五年(1770)刻本　二冊

310000－0242－0008668　V45.6－8/5.255C2
岳忠武王文集八卷首一卷末一卷　(宋)岳飛撰　清光緒十二年(1886)上海簡玉山房刻本　二冊

310000－0242－0008669　V45.6－8/5.423
宛陵先生文集六十卷　(宋)梅堯臣撰　清宣統二年(1910)石印本　十冊

310000－0242－0008670　V45.6－8/5.423C4
宛陵先生文集六十卷　(宋)梅堯臣撰　清宣統二年(1910)石印本　二冊

310000－0242－0008671　V45.6－9/5.271
胡澹庵先生文集三十二卷　(宋)胡銓撰　清道光十三年(1833)讀書堂刻本　八冊

310000－0242－0008672　V45.6－9/5.300
范文正公文集九卷　(宋)范仲淹撰　清同治八年(1869)福州正誼書院刻本　四冊

310000－0242－0008673　V45.6－9/5.428
南軒文集四十四卷南軒論語解十卷南軒孟子說七卷　(宋)張栻撰　清道光二十五年(1845)綿邑洗墨池刻本　十六冊

310000－0242－0008674　V45.6－9/5.441B
後山先生集二十四卷　(宋)陳師道撰　清光緒十一年(1885)刻本　六冊

310000－0242－0008675　V45.6－9/5.674
屏山先生文集二十卷　(宋)劉子翬撰　(宋)朱熹校正　清光緒十二年(1886)毘陵新安佩三堂刻本　一冊

310000－0242－0008676　V45.7－8/7.674
東坡先生居儋錄六卷首一卷附蘇東坡年譜一卷　(清)劉鳳輝輯　清光緒二十二年(1896)刻本　四冊

310000－0242－0008677　V46.1－1/6.393
一枝堂稿二卷　(明)徐渭撰　清抄本　二冊

310000－0242－0008678　V46.1－10/6.332
高子遺書十二卷附錄一卷年譜一卷　(明)高攀龍撰　清光緒二年(1876)無錫東林書院刻本　八冊

310000－0242－0008679　V46.1－10/6.370

夏節愍全集十卷首一卷末一卷補遺一卷續補
遺一卷　（明）夏允彝撰　清光緒二十九年
（1903）刻本　二冊

310000－0242－0008680　V46.1－10/6.370C2

夏節愍全集十卷首一卷末一卷補遺一卷續補
遺一卷　（明）夏允彝撰　清光緒二十九年
（1903）刻本　二冊

310000－0242－0008681　V46.1－10/6.390

倪文僖公集三十二卷補遺一卷　（明）倪謙撰
　清光緒二十六年（1900）錢塘丁氏嘉惠堂刻
本　六冊

310000－0242－0008682　V46.1－10/6.393

徐迪功集六卷附談藝錄一卷　（明）徐禎卿撰
　清乾隆二十五年（1760）鞠履厚刻本　一冊

310000－0242－0008683　V46.1－10/6.98B

淩谿先生集十八卷　（明）朱應登撰　清道光
十五年（1835）朱氏宜祿堂刻本　二冊

310000－0242－0008684　V46.1－11/6.428B

張文忠公全集四十八卷　（明）張居正撰　清
光緒二十七年（1901）紅藤碧樹山館刻本　六
冊

310000－0242－0008685　V46.1－11/6.428BC2

張文忠公全集四十八卷　（明）張居正撰　清
光緒二十七年（1901）紅藤碧樹山館刻本　八
冊

310000－0242－0008686　V46.1－11/6.428C

張忠敏公集十卷首一卷附錄六卷　（明）張國
維撰　清光緒五年（1879）江蘇書局刻本　三
冊

310000－0242－0008687　V46.1－11/6.428CC2

張忠敏公集十卷首一卷附錄六卷　（明）張國
維撰　清光緒五年（1879）江蘇書局刻本　三
冊

310000－0242－0008688　V46.1－11/6.428CC3

張忠敏公集十卷首一卷附錄六卷　（明）張國
維撰　清光緒五年（1879）江蘇書局刻本　三

冊

310000－0242－0008689　V46.1－11/6.441

陳忠裕公集三十卷首一卷末一卷年譜三卷兵
垣奏議一卷　（明）陳子龍撰　清嘉慶八年
（1803）簳山草堂刻本　八冊

310000－0242－0008690　V46.1－11/6.491B

黃漳浦集五十卷首一卷年譜二卷目錄二卷
（明）黃道周撰　清道光十四年（1834）福州陳
氏刻本　二十四冊

310000－0242－0008691　V46.1－11/6.790

紫柏老人集二十九卷首一卷　（明）釋德清撰
　清刻本　十冊

310000－0242－0008692　V46.1－12/6.21C2

陽明先生集要三編十五卷附年譜一卷　（明）
王守仁撰　（明）施邦曜編　清光緒三十二年
（1906）江南製造局鉛印本　十二冊

310000－0242－0008693　V46.1－12/6.477

馮恭定公全書二十二卷　（明）馮從吾撰　清
康熙十二年（1673）洪琮刻本　十四冊

310000－0242－0008694　V46.1－12/6.787

鈐山堂集四十卷　（明）嚴嵩撰　清嘉慶十一
年（1806）刻本　十冊

310000－0242－0008695　V46.1－12/6.787C2

鈐山堂集四十卷　（明）嚴嵩撰　清嘉慶十一
年（1806）刻本　十冊

310000－0242－0008696　V46.1－12/7.674

貴池二妙集樓山堂集二十七卷嶧桐文集十卷
嶧桐詩集十卷附錄四卷　劉世珩輯　清光緒
二十九年（1903）刻本　十二冊

310000－0242－0008697　V46.1－13/6.556

楊忠愍公全集四卷附年譜一卷　（明）楊繼盛
撰　章鈺輯　清雙蓮堂刻本　二冊

310000－0242－0008698　V46.1－13/6.556C2

楊忠愍公全集四卷首一卷末一卷　（明）楊繼
盛撰　清光緒十九年（1893）味菜廬刻本　二
冊

310000－0242－0008699　V46.1－13/6.556C3

楊忠愍公全集四卷首一卷末一卷 （明）楊繼
盛撰　清光緒十九年(1893)味菜廬刻本　一
冊

310000－0242－0008700　V46.1－13/6.556A

楊椒山先生全集四卷附年譜 （明）楊繼盛撰
　清康熙三十七年(1698)刻本　一冊

310000－0242－0008701　V46.1－13/6.556AC2

楊椒山先生全集四卷附年譜 （明）楊繼盛撰
　清光緒十九年(1893)刻本　二冊

310000－0242－0008702　V46.1－14/6.15

方正學先生遜志齋集七卷首一卷 （明）方孝
孺撰　清同治三年(1864)刻本　七冊

310000－0242－0008703　V46.1－14/6.618

熊襄愍公集十卷首一卷末一卷 （明）熊廷弼
撰　清同治三年(1864)熊氏宗祠刻本　十冊

310000－0242－0008704　V46.1－15/6.654

蔡忠烈公遺集四卷 （明）蔡道憲撰 （清）夏
獻雲重輯　清光緒四年(1878)閩館蓬萊山房
刻本　四冊

310000－0242－0008705　V46.1－15/6.654B

蔡忠烈公遺集一卷首一卷 （明）蔡道憲撰
清道光十一年(1831)長沙刻本　二冊

310000－0242－0008706　V46.1－15/6.661C2

鄭少谷先生全集二十四卷首一卷 （明）鄭善
夫著　清道光四年(1824)桑苧古園刻本　二
冊

310000－0242－0008707　V46.1－15/6.674

劉蕺山先生遺集二十四卷首一卷 （明）劉宗
周撰　清光緒十八年(1892)證人堂刻本　八
冊

310000－0242－0008708　V46.1－15/6.760

震川先生全集三十卷別集十卷補編十二卷附
錄一卷 （明）歸有光撰　清道光二十三年
(1843)廬陵王氏刻本　十六冊

310000－0242－0008709　V46.1－16/6.700

盧忠肅公集十二卷首一卷 （明）盧象昇撰
清光緒元年(1875)盧氏家祠刻本　八冊

310000－0242－0008710　V46.1－16/6.700C2

盧忠肅公集十二卷首一卷 （明）盧象昇撰
清光緒元年(1875)盧氏家祠刻本　三冊

310000－0242－0008711　V46.1－16/6.700C3

盧忠肅公集十二卷 （明）盧象昇撰　清光緒
十三年(1887)盧祠刻本　六冊

310000－0242－0008712　V46.1－16/6.700C4

盧忠肅公集十二卷首一卷 （明）盧象昇撰
清光緒元年(1875)盧氏家祠刻本　八冊

310000－0242－0008713　V46.1－19/6.151

懷麓堂全集一百卷 （明）李東陽撰　清康熙
二十年(1681)刻本　二十冊

310000－0242－0008714　V46.1－19/6.151C2

懷麓堂全集一百卷 （明）李東陽撰　清嘉慶
八年(1803)仰斗齋刻本　二十冊

310000－0242－0008715　V46.1－4/6.135

太函集一百二十卷目錄六卷 （明）汪道昆撰
　明萬曆十九年(1591)刻本　二十四冊　存
六十二卷(三十四至五十四、八十至一百二
十)

310000－0242－0008716　V46.1－4/6.15

方正學集七卷 （明）方孝孺撰　清同治五年
(1866)福州正誼書院刻本　四冊

310000－0242－0008717　V46.1－4/6.21

王文成公全書三十八卷 （明）王守仁撰　清
刻本　二十四冊

310000－0242－0008718　V46.1－4/6.21C2

王文成公全書三十八卷 （明）王守仁撰　清
湘潭王文德刻本　二十四冊

310000－0242－0008719　V46.1－4/6.21C3

王文成公全書三十八卷 （明）王守仁撰　清
刻本　十六冊

310000－0242－0008720　V46.1－4/6.21C4

王文成公全書三十八卷 （明）王守仁撰　清
刻本　十六冊

310000－0242－0008721　V46.1－4/6.21C5

王文成公全書三十八卷 （明）王守仁撰　清

393

刻本　五冊

310000－0242－0008722　V46.1－4/6.21C6

王文成公全書三十八卷　（明）王守仁撰　清
刻本　二十四冊

310000－0242－0008723　V46.1－4/6.21C7

王文成公全書三十八卷　（明）王守仁撰　清
刻本　二十四冊

310000－0242－0008724　V46.1－4/6.21B

王陽明先生全集十五卷　（明）王守仁撰　清
道光六年（1826）麗順宗氏刻本　十五冊

310000－0242－0008725　V46.1－4/6.654

文莊公集八卷　（明）蔡清撰　清乾隆七年
（1742）蔡廷魁刻本　八冊

310000－0242－0008726　V46.1－5/6.170

去僞齋集十卷首一卷　（明）呂坤撰　清道光
七年（1827）開封府署刻本　十二冊

310000－0242－0008727　V46.1－5/6.80

玉書庭全集三十一卷　（明）丘兆麟撰　清雍
正元年（1723）刻本　十二冊

310000－0242－0008728　V46.1－5/6.80A

丘文莊公集十卷　（明）丘濬撰　清康熙四十
七年（1708）刻本　五冊

310000－0242－0008729　V46.1－8/6.248B

周忠介公遺集三卷附年譜一卷遺事一卷
（明）周順昌撰　清光緒二十九年（1903）刻本
三冊

310000－0242－0008730　V46.1－8/6.248BC2

周忠介公遺集三卷附年譜一卷遺事一卷
（明）周順昌撰　清光緒二十九年（1903）刻本
三冊

310000－0242－0008731　V46.1－8/6.412

青螺公遺書二十五卷首一卷　（明）郭子章撰
清光緒七年（1881）刻本　十二冊

310000－0242－0008732　V46.1－8/6.598

松石齋全集文集三十六卷附遼事疏　（明）趙
用賢撰　清光緒二十八年（1902）常熟趙氏承
啓堂刻本　十冊

310000－0242－0008733　V46.2－11/6.428

梅花詩一卷切法指南一卷附一卷　（明）張吳
曼撰輯　清刻本　二冊

310000－0242－0008734　V46.2－11/6.441

陳定生先生遺書三種　（清）陳貞慧撰　清光
緒二十一年（1895）武進盛氏思補齋刻常州先
哲遺書本　一冊

310000－0242－0008735　V46.2－4/6.271

文敬胡先生集三卷　（明）胡居仁撰　清乾隆
二十二年（1757）刻本　二冊

310000－0242－0008736　V46.2－7/6.128

即山詩文鈔三卷　（明）沈承撰　**嫠泣集一卷**
（明）薄少君撰　清同治刻本　一冊

310000－0242－0008737　V46.3－10/6.332

高季迪先生大全集十八卷　（明）高啟撰　清
康熙三十四年（1695）長洲許廷鑅竹素園刻本
四冊

310000－0242－0008738　V46.3－10/6.359A

海叟詩集四卷集外詩一卷附錄一卷　（明）袁
凱撰　清宣統三年（1911）江西印刷局石印本
一冊

310000－0242－0008739　V46.3－10/6.396

素蘭集二卷補遺一卷附詞一卷　（明）翁孺安
撰　清光緒三十三年（1907）鉛活字印本　一
冊

310000－0242－0008740　V46.3－11/6.784

雪溪漁唱集鈔三卷附錄一卷　（明）蘇平撰
清道光十八年（1838）刻本　一冊

310000－0242－0008741　V46.3－12/6.416

無慾齋詩鈔一卷　（明）鹿善繼撰　清刻本
一冊

310000－0242－0008742　V46.3－14/6.211

鳴盛集四卷　（明）林鴻撰　清刻本　二冊

310000－0242－0008743　V46.3－16/6.756

學古齋集三卷　（明）瞿俊撰　清嘉慶七年
（1802）瞿氏家刻本　一冊

310000－0242－0008744　V46.3－18/6.210

雙溪先生詩集一卷 （明）杭淮撰 清宜興敦本堂木活字印本 一冊

310000－0242－0008745 V46.3－18/6.753R
藍山詩集六卷 （明）藍仁撰 清刻本 一冊

310000－0242－0008746 V46.3－18/6.753Z
藍澗詩集六卷 （明）藍智撰 清刻本 一冊

310000－0242－0008747 V46.3－20/6.128
蘆槎詩稿二卷 （明）沈潛撰 清光緒三年(1877)師齋刻本 二冊

310000－0242－0008748 V46.3－20/6.128C2
蘆槎詩稿二卷 （明）沈潛撰 清光緒三年(1877)師齋刻本 二冊

310000－0242－0008749 V46.3－21/6.556
鐵崖詩集三種 （元）楊維楨撰 清光緒十四年(1888)諸暨樓藜然校刻本 四冊

310000－0242－0008750 V46.3－21/6.556C2
鐵崖詩集三種 （元）楊維楨撰 清光緒十四年(1888)諸暨樓藜然校刻本 十冊

310000－0242－0008751 V46.3－21/7.393
顧亭林先生詩箋注十七卷附集外詩 （清）徐嘉輯 清光緒三年(1877)山陽徐氏味靜齋刻本 六冊

310000－0242－0008752 V46.3－4/6.347
天啓宮詞不分卷 （明）秦蘭徵撰 明崇禎十六年(1643)刻本 一冊

310000－0242－0008753 V46.3－5/6.144
石臼集前集九卷後集七卷 （明）邢昉撰 清光緒四年(1878)薛城邢氏木活字印本 六冊

310000－0242－0008754 V46.3－5/6.144C2
石臼集前集九卷後集七卷 （明）邢昉撰 清光緒四年(1878)薛城邢氏木活字印本 六冊

310000－0242－0008755 V46.3－5/6.717
四溟山人詩集十卷 （明）謝榛撰 清宣統元年(1909)問影樓鉛印本 三冊

310000－0242－0008756 V46.3－5/6.717C2
四溟山人詩集十卷 （明）謝榛撰 清宣統元

年(1909)問影樓鉛印本 六冊

310000－0242－0008757 V46.3－5/6.795
白谷山人遺槀不分卷 （明）龔誠撰 清顧氏小石山房抄本 二冊

310000－0242－0008758 V46.3－6/6.98
西齋淨土詩三卷附錄一卷 （明）釋梵琦撰 清光緒九年(1883)海鹽天寧寺刻本 一冊

310000－0242－0008759 V46.3－7/6.178
何大復先生集三十八卷附錄一卷 （明）何景明撰 清康熙刻本 二十冊

310000－0242－0008760 V46.3－7/6.178C2
何大復先生集三十八卷附錄一卷 （明）何景明撰 清康熙刻本 八冊

310000－0242－0008761 V46.3－7/6.178C3
何大復先生集三十八卷附錄一卷 （明）何景明撰 清咸豐二年(1852)刻本 八冊

310000－0242－0008762 V46.3－8/6.151
空同詩集三十四卷 （明）李夢陽撰 清光緒十五年(1889)渭南嚴氏刻本 十六冊

310000－0242－0008763 V46.3－8/6.170
芳潤齋集選二十卷 （明）呂元撰 清抄本 四冊 存十三卷(四至六、十一至二十)

310000－0242－0008764 V46.3－8/6.320
花王閣賸稿一卷 （明）紀坤撰 清嘉慶四年(1799)閱微草堂刻本 一冊

310000－0242－0008765 V46.3－8/6.320B
花王閣賸稿一卷 （明）紀坤撰 清刻本 一冊

310000－0242－0008766 V46.3－8/6.320C
花王閣賸稿一卷 （明）紀坤撰 清嘉慶九年(1804)樂敘堂刻本 一冊

310000－0242－0008767 V46.3－8/6.451B
采隱草一卷 （明）莫秉清撰 清刻本 一冊

310000－0242－0008768 V46.3－8/6.598
松石齋詩集六卷 （明）趙用賢撰 清光緒二十二年(1896)常熟趙氏承啟堂刻本 一冊

310000 - 0242 - 0008769　V46.3 - 8/6.9

忠肅公和梅花百詠一卷附一卷　（明）于謙撰
　清康熙葵丘刻本　一冊

310000 - 0242 - 0008770　V46.3 - 9/6.300

胡繩集詩鈔三卷附賦一卷　（明）范壼貞撰
清光緒五年(1879)刻本　一冊

310000 - 0242 - 0008771　V46.3 - 9/6.611

南來堂詩集四卷附錄一卷　（清）釋讀徹撰
（清）釋行敏等輯　清雍正元年(1723)刻本
一冊

310000 - 0242 - 0008772　V46.3 - 9/6.611C2

南來堂詩集四卷附錄一卷　（清）釋讀徹撰
（清）釋行敏等輯　清雍正元年(1723)刻本
三冊

310000 - 0242 - 0008773　V46.6 - 10/6.330

海忠介公集六卷　（明）海瑞撰　明嘉靖四十
一年(1562)刻本　三冊

310000 - 0242 - 0008774　V46.6 - 10/6.330C2

海忠介公集六卷　（明）海瑞撰　明嘉靖四十
一年(1562)刻本　七冊

310000 - 0242 - 0008775　V46.6 - 10/6.337

重刊校正唐荊川先生文集十八卷補遺一卷附
錄一卷　（明）唐順之撰　清光緒二十一年
(1895)武進盛氏刻本　八冊

310000 - 0242 - 0008776　V46.6 - 10/6.337C2

重刊校正唐荊川先生文集十二卷附外集三卷
補遺五卷　（明）唐順之撰　清光緒三十年
(1904)金陵書局刻本　十冊

310000 - 0242 - 0008777　V46.6 - 10/6.337C3

重刊校正唐荊川先生文集十二卷外集三卷附
錄一卷文集補遺五卷　（明）唐順之撰　清刻
本　二十四冊

310000 - 0242 - 0008778　V46.6 - 10/6.337C4

重刊校正唐荊川先生文集十二卷附外集三卷
補遺五卷　（明）唐順之撰　清江南書局刻本
十冊

310000 - 0242 - 0008779　V46.6 - 10/6.337C5

重刊校正唐荊川先生文集十二卷附外集三卷
補遺五卷　（明）唐順之撰　清江南書局刻本
十冊

310000 - 0242 - 0008780　V46.6 - 10/6.370

夏桂洲先生文集十八卷首一卷　（明）夏言撰
明崇禎十一年(1638)斤桂草堂刻本　十四
冊

310000 - 0242 - 0008781　V46.6 - 10/6.375B

孫文恭公督學文集四卷　（明）孫應鰲撰　清
光緒十九年(1893)川東巡署刻本　三冊

310000 - 0242 - 0008782　V46.6 - 10/6.390

倪文貞公文集二十卷首一卷　（明）倪元璐撰
　清刻本　六冊

310000 - 0242 - 0008783　V46.6 - 10/6.393C4

徐文長文集三十卷　（明）徐渭撰　（明）袁宏
道評點　清宣統三年(1911)石印本　二冊

310000 - 0242 - 0008784　V46.6 - 10/6.393B

徐文定公集四卷附年譜　（明）徐光啟撰　清
光緒二十二年(1896)上海慈母堂鉛印本　二
冊

310000 - 0242 - 0008785　V46.6 - 10/6.393BC2

徐文定公集六卷首二卷　（明）徐光啟撰　清
宣統元年(1909)上海慈母堂鉛印本　四冊

310000 - 0242 - 0008786　V46.6 - 10/6.661C2

桐菴文稿一卷　（明）鄭敷教撰　趙詒琛重編
　清光緒十三年(1887)刻本　一冊

310000 - 0242 - 0008787　V46.6 - 10/6.661C3

桐菴文稿一卷　（明）鄭敷教撰　趙詒琛重編
　清光緒十三年(1887)刻本　一冊

310000 - 0242 - 0008788　V46.6 - 10/6.791

涇皋藏稿二十二卷　（明）顧憲成撰　清光緒
三年(1877)涇里宗祠刻顧端文公遺書本　六
冊

310000 - 0242 - 0008789　V46.6 - 11/6.441

陳臥子先生安雅堂稿十五卷附兵垣奏議二卷
　（明）陳子龍撰　清宣統二年(1910)上海時
中書局鉛印本　四冊

310000－0242－0008790　V46.6－11/6.441C2

陳臥子先生安雅堂稿十五卷附兵垣奏議二卷
（明）陳子龍撰　清宣統二年（1910）上海時中書局鉛印本　四冊

310000－0242－0008791　V46.6－11/6.491

陶菴集二十卷首一卷末一卷　（明）黃淳耀撰　清光緒八年（1882）刻本　二冊

310000－0242－0008792　V46.6－11/6.491A

餘姚黃忠端公集六卷　（明）黃尊素撰　清光緒十三年（1887）姚江黃氏刻本　一冊

310000－0242－0008793　V46.6－11/6.491AC2

餘姚黃忠端公集六卷　（明）黃尊素撰　清光緒十三年（1887）姚江黃氏刻本　二冊

310000－0242－0008794　V46.6－12/6.470

湛甘泉先生文集三十二卷　（明）湛若水撰　清康熙二十年（1681）刻本　十冊

310000－0242－0008795　V46.6－13/6.566

葛瞿菴公遺集四卷　（明）葛麟撰　清刻本　一冊

310000－0242－0008796　V46.6－13/6.674

太師誠意伯劉文成公集二十卷首一卷　（明）劉基撰　清光緒二十六年（1900）浙江書局刻本　十冊

310000－0242－0008797　V46.6－14/6.476

遜菴先生文稿一卷　（明）惲日初撰　清咸豐二年（1852）惲氏宗祠刻本　一冊

310000－0242－0008798　V46.6－15/6.760

震川先生集三十卷別集十卷　（明）歸有光撰　清光緒六年（1880）常熟歸氏刻本　八冊

310000－0242－0008799　V46.6－15/6.760C2

震川先生集三十卷別集十卷附錄一卷　（明）歸有光撰　清乾隆四十八年（1783）刻本　三冊

310000－0242－0008800　V46.6－15/6.760C3

震川先生集三十卷別集十卷　（明）歸有光撰　清光緒六年（1880）常熟歸氏刻本　八冊

310000－0242－0008801　V46.6－16/6.456

學古緒言二十五卷　（明）婁堅撰　明刻本　十二冊

310000－0242－0008802　V46.6－17/6.731

薛敬軒先生文集十卷　（明）薛瑄撰　清同治五年（1866）福州正誼書院刻本　一冊

310000－0242－0008803　V46.6－18/6.756

瞿忠宣公集十卷　（明）瞿式耜撰　清道光十五年（1835）常熟許氏刻本　十冊

310000－0242－0008804　V46.6－18/6.756C2

瞿忠宣公集十卷　（明）瞿式耜撰　清道光十五年（1835）常熟許氏刻本　四冊

310000－0242－0008805　V46.6－18/6.761

魏莊渠先生集二卷　（明）魏校撰　清同治五年（1866）福州正誼書局刻本　一冊

310000－0242－0008806　V46.6－19/6.775

羅念菴先生文錄十八卷　（明）羅洪先撰（清）喻震孟纂　清光緒十二年（1886）安齋刻本　十冊

310000－0242－0008807　V46.6－25/6.98

觀復堂稿略一卷　（明）朱集璜撰（清）諸可寶輯　清光緒二十六年（1900）玉山書院刻玉山朱氏遺書本　一冊

310000－0242－0008808　V46.6－3/6.791

小辨齋偶存八卷　（明）顧允成撰　清光緒十二年（1886）涇里顧宗祠刻本　二冊

310000－0242－0008809　V46.6－4/6.21C

王孚齋文集六卷　（明）王升撰　清同治二年（1863）一枝窠木活字印本　四冊

310000－0242－0008810　V46.6－4/6.428

月鹿堂文集八卷　（明）張師繹撰　清道光六年（1826）蝶花樓刻本　四冊

310000－0242－0008811　V46.6－4/6.94

天傭子集十卷首一卷末一卷　（明）艾南英撰　清道光十六年（1836）艾氏家塾刻本　十冊

310000－0242－0008812　V46.6－5/6.705

田間文集三十卷附年譜一卷　（清）錢澄之撰　清宣統二年（1910）錢氏振風學社刻本　十

册

310000－0242－0008813　V46.6－5/6.73

史忠正公集四卷首一卷末一卷　（明）史可法撰　清同治七年(1868)楚醴景萊書室刻本二冊

310000－0242－0008814　V46.6－5/6.73C2

史忠正公集四卷首一卷末一卷　（明）史可法撰　清同治七年(1868)楚醴景萊書室刻本二冊

310000－0242－0008815　V46.6－5/6.73C3

史忠正公集四卷首一卷末一卷　（明）史可法撰　清咸豐六年(1856)史兆霖刻本　二冊

310000－0242－0008816　V46.6－5/6.73C4

史忠正公集四卷首一卷末一卷　（明）史可法撰　清同治十年(1871)繡谷麗澤書屋刻本二冊

310000－0242－0008817　V46.6－5/6.73C5

史忠正公集四卷首一卷末一卷　（明）史可法撰　清咸豐六年(1856)史氏追遠堂刻本　二冊

310000－0242－0008818　V46.6－5/6.98

玉山朱氏遺書二種　（明）朱集璜撰　清光緒二十六年(1900)玉山書院刻本　三冊

310000－0242－0008819　V46.6－5/6.98C2

玉山朱氏遺書二種　（明）朱集璜撰　清光緒二十六年(1900)玉山書院刻本　三冊

310000－0242－0008820　V46.6－5/6.98C3

玉山朱氏遺書二種　（明）朱集璜撰　清光緒二十六年(1900)玉山書院刻本　三冊

310000－0242－0008821　V46.6－7/6.178

何椒丘先生集三卷　（明）何喬新撰　清雍正九年(1731)刻本　十二冊

310000－0242－0008822　V46.6－8/6.135

青湖文集補編一卷附錄一卷　（明）汪應軫撰　清光緒二年(1876)廣州刻本　一冊

310000－0242－0008823　V46.6－8/6.144

來禽館集二十九卷　（明）邢侗撰　清道光九

年(1829)刻本　一冊　存二卷(二十八至二十九)

310000－0242－0008824　V46.6－8/6.164

祇欠庵集八卷　（明）吳蕃昌撰　清刻本　四冊

310000－0242－0008825　V46.6－8/6.170

明德先生文集二十六卷附錄二卷　（明）呂維祺撰　清康熙七年(1668)解梁呂氏清畏堂刻本　十二冊

310000－0242－0008826　V46.6－8/6.242

金忠節公文集八卷　（明）金聲撰　清光緒十四年(1888)黟縣李宗熠刻本　四冊

310000－0242－0008827　V46.6－8/6.242B

金忠節公文集八卷首一卷　（明）金聲撰　清光緒三年(1877)孔國玉刻本　四冊

310000－0242－0008828　V46.6－8/6.242C2

金忠節公文集八卷　（明）金聲撰　清道光七年(1827)嘉魚官署刻本　四冊

310000－0242－0008829　V46.6－8/6.242C3

金忠節公文集八卷　（明）金聲撰　清光緒十四年(1888)黟縣李氏刻本　四冊

310000－0242－0008830　V46.6－8/6.346

枝山文集四卷　（明）祝允明撰　清同治十三年(1874)元和祝氏刻本　一冊

310000－0242－0008831　V46.6－9/6.271

胡文敬公集十二卷　（明）胡居仁撰　清光緒六年(1880)六安求我齋刻本　三冊

310000－0242－0008832　V46.6－9/6.305

茅鹿門集八卷　（明）茅坤撰　（清）張汝瑚選　清康熙二十一年(1682)刻本　八冊

310000－0242－0008833　V46.6－9/6.412

垂楊館集十一卷附經傳正誤一卷　（明）郭孔建撰　清光緒七年(1881)刻本　二冊

310000－0242－0008834　V46.6－9/6.727

春浮園文集二卷　（明）蕭士瑋撰　清光緒十八年(1892)蕭作梅閑餘軒刻本　二冊

310000－0242－0008835　V47－11/7.164

望三益齋詩文鈔九卷　（清）吳棠著　清同治十三年(1874)成都使署刻本　四冊

310000－0242－0008836　V47－11/7.164C2

望三益齋詩文鈔九卷　（清）吳棠著　清同治十三年(1874)成都使署刻本　一冊

310000－0242－0008837　V47－12/7.151

越縵堂駢體文四卷附散體文一卷　（清）李慈銘撰　清光緒二十三年(1897)刻本　四冊

310000－0242－0008838　V47－12/7.151C2

越縵堂駢體文四卷附散體文一卷　（清）李慈銘撰　清光緒二十三年(1897)刻本　一冊

310000－0242－0008839　V47－12/7.434

善卷堂四六十卷　（清）陸繁弨撰　清道光二年(1822)金閶步月樓刻本　六冊

310000－0242－0008840　V47－12/7.434C2

善卷堂四六十卷　（清）陸繁弨撰　清道光二年(1822)金閶步月樓刻本　六冊

310000－0242－0008841　V47－12/7.434C3

善卷堂四六十卷　（清）陸繁弨撰　清道光二年(1822)金閶步月樓刻本　二冊

310000－0242－0008842　V47－16/7.352

磨盾餘墨一卷　（清）馬福祥撰　清同治三年(1864)鉛印本　一冊

310000－0242－0008843　V47－16/7.523

築巖子集一卷　（清）傅旭元撰　清抄本　一冊

310000－0242－0008844　V47－17/7.21

縵雅堂駢體文八卷　（清）王詒壽撰　清光緒六年(1880)刻本　二冊

310000－0242－0008845　V47－23/7.346

體微齋遺稿三種　（清）祝塏撰　清光緒十七年(1891)刻本　五冊

310000－0242－0008846　V47－4/7.37

孔顨軒洪北江兩先生駢體文合刻本七卷　（清）孔廣森等撰　清光緒二十一年(1895)善化章氏經濟堂刻本　二冊

310000－0242－0008847　V47.1－1/7.178

一鐙精舍甲部稿五卷　（清）何秋濤撰　清光緒五年(1879)淮南書局刻本　一冊

310000－0242－0008848　V47.1－1/7.178C2

一鐙精舍甲部稿五卷　（清）何秋濤撰　清光緒五年(1879)淮南書局刻本　一冊

310000－0242－0008849　V47.1－10/7.135

借閒生詩三卷詞一卷　（清）汪遠孫撰　清道光二十年(1840)錢塘汪氏振綺堂刻本　一冊

310000－0242－0008850　V47.1－10/7.15

退一步齋文集四卷詩集十六卷　（清）方濬師撰　清光緒三十年(1904)定遠方氏刻本　十冊

310000－0242－0008851　V47.1－10/7.178

悔餘菴文稿九卷詩稿十三卷樂府四卷尺牘三卷楹聯二卷　（清）何栻撰　清同治四年(1865)半畝園刻本　十二冊

310000－0242－0008852　V47.1－10/7.178C2

悔餘菴文稿九卷詩稿十三卷樂府四卷尺牘三卷楹聯二卷附焦桐集一卷真氣集一卷　（清）何栻撰　清同治四年(1865)半畝園刻本　九冊

310000－0242－0008853　V47.1－10/7.332

高陶堂遺集八卷　（清）高心夔撰　清光緒八年(1882)平湖朱氏經注經齋刻本　二冊

310000－0242－0008854　V47.1－10/7.342

桃花山館吟稿十四卷　（清）郎葆辰撰　清道光十一年(1831)刻本　四冊

310000－0242－0008855　V47.1－10/7.375

孫淵如先生全集文集五種詩集五種　（清）孫星衍撰　清光緒十一年(1885)朱氏槐廬刻本　八冊

310000－0242－0008856　V47.1－10/7.375C3

孫淵如先生全集二十一卷附二卷　（清）孫星衍撰　清光緒十一年(1885)長沙王氏刻本　五冊　存十八卷(文集一至十三、詩集一至五)

310000－0242－0008857　V47.1－10/7.375B

夏峯集十六卷　（清）孫奇逢撰　清道光二十五年（1845）大梁書院刻本　六冊

310000－0242－0008858　V47.1－10/7.428

悔廬全集四種　（清）張崇蘭撰　清光緒二十三年（1897）刻本　三冊　存三種（悔廬詩鈔、悔廬文補、夢溪樵謳）

310000－0242－0008859　V47.1－10/7.428A

躬厚堂全集二十五卷　（清）張金鏞撰　清同治三年至光緒四年（1864－1878）刻本　六冊

310000－0242－0008860　V47.1－10/7.428AC2

躬厚堂全集二十五卷　（清）張金鏞撰　清同治三年至光緒四年（1864－1878）刻本　六冊

310000－0242－0008861　V47.1－10/7.486

恥躬堂詩文合鈔二十六卷　（清）彭士望撰　清咸豐二年（1852）刻本　八冊

310000－0242－0008862　V47.1－10/7.566

留耕堂集不分卷　（清）葛泰臨輯　清宣統元年（1909）葛氏鉛印本　一冊

310000－0242－0008863　V47.1－10/7.674

海峰先生文集十卷詩集八卷附制藝　（清）劉大櫆撰　清光緒十四年（1888）桐城吳人有堂木活字印本　十一冊

310000－0242－0008864　V47.1－11/7.15

望溪先生文集十八卷集外文十卷補遺二卷年譜二卷　（清）方苞撰　清咸豐元年（1851）刻本　四冊

310000－0242－0008865　V47.1－11/7.15C4

望溪先生文集十八卷集外文十卷補遺二卷年譜二卷　（清）方苞撰　清咸豐元年（1851）刻本　十二冊

310000－0242－0008866　V47.1－11/7.15C7

望溪先生文集十八卷集外文十卷補遺二卷年譜二卷　（清）方苞撰　清咸豐元年（1851）刻本　四冊

310000－0242－0008867　V47.1－11/7.15C8

望溪先生文集十八卷集外文十卷補遺二卷年

譜二卷　（清）方苞撰　清咸豐元年（1851）刻本　十四冊

310000－0242－0008868　V47.1－11/7.15C9

望溪先生文集十八卷集外文十卷補遺二卷年譜二卷　（清）方苞撰　清咸豐元年（1851）刻本　十冊

310000－0242－0008869　V47.1－11/7.15C2

望溪先生文集十八卷集外文十卷補遺二卷年譜二卷　（清）方苞撰　清乾隆刻本　十六冊

310000－0242－0008870　V47.1－11/7.15C3

望溪先生文集十八卷集外文十卷補遺二卷年譜二卷　（清）方苞撰　清乾隆刻本　十二冊

310000－0242－0008871　V47.1－11/7.151

笠翁一家言全集十二卷二集十二卷別集四卷　（清）李漁撰　清康熙十七年（1678）刻本　十冊

310000－0242－0008872　V47.1－11/7.162

脩凝齋集六卷　（清）阮鍾瑗撰　清光緒木活字印本　六冊　存三卷（四至六）

310000－0242－0008873　V47.1－11/7.162C2

脩凝齋集六卷　（清）阮鍾瑗撰　清道光十年（1830）木活字印本　六冊

310000－0242－0008874　V47.1－11/7.164

紫石泉山房文集十二卷詩鈔三卷　（清）吳定撰　清光緒十三年（1887）黟縣李氏刻本　二冊

310000－0242－0008875　V47.1－11/7.312

笠東草堂文稿一卷補遺一卷遺稿一卷　（清）俞岳撰　清光緒十七年（1891）刻本　二冊

310000－0242－0008876　V47.1－11/7.312C2

笠東草堂文稿一卷補遺一卷遺稿一卷　（清）俞岳撰　清光緒十七年（1891）刻本　二冊

310000－0242－0008877　V47.1－11/7.325

莘齋詩鈔七卷詩餘一卷文鈔四卷　（清）宦懋庸撰　清光緒二十年（1894）川東道署刻本　一冊

310000－0242－0008878　V47.1－11/7.332

清吟堂全集七十八卷　（清）高士奇撰　清康

熙三十九年(1700)朗潤堂刻本　八冊

310000－0242－0008879　V47.1－11/7.337
陶山詩錄十二卷前錄二卷附露蟬吟詞鈔一卷
　(清)唐仲冕撰　清嘉慶十六年(1811)崇川
酌民言堂刻本　八冊

310000－0242－0008880　V47.1－11/7.393
寄青齋詩稿一卷附詞稿一卷　(清)徐虔復撰
　清光緒三十一年(1905)刻本　二冊

310000－0242－0008881　V47.1－11/7.393C2
寄青齋詩稿一卷附詞稿一卷　(清)徐虔復撰
　清光緒三十一年(1905)刻本　一冊

310000－0242－0008882　V47.1－11/7.423
柏梘山房文集不分卷　(清)梅曾亮撰　清刻
本　八冊

310000－0242－0008883　V47.1－11/7.423B
梅氏遺書三種四卷附錄三卷　(清)梅鍾澍撰
　清宣統三年(1911)莓田古屋鉛印本　三冊

310000－0242－0008884　V47.1－11/7.428C2
張亨甫全集文集六卷詩集二十七卷首一卷
(清)張際亮撰　清同治六年(1867)福建刻本
　十冊

310000－0242－0008885　V47.1－11/7.428B
捫腹齋詩鈔四卷附捫腹齋詩餘二卷　(清)張
宗松撰　清宣統三年(1911)上海商務印書館
鉛印本　一冊

310000－0242－0008886　V47.1－11/7.428C
張文端公全集七卷首一卷　(清)張鵬翮撰
清光緒八年(1882)刻本　八冊

310000－0242－0008887　V47.1－11/7.428D
陶園全集文八卷詩二十四卷詩餘二卷六如亭
傳奇二卷　(清)張九鉞撰　清道光七年
(1827)張家栻賜錦樓刻本　十二冊

310000－0242－0008888　V47.1－11/7.441
陳比部遺集三種　(清)陳壽祺撰　清同治八
年(1869)刻本　一冊

310000－0242－0008889　V47.1－11/7.441C
袌碧齋集七卷　(清)陳銳撰　清光緒三十一

年(1905)揚州刻本　二冊

310000－0242－0008890　V47.1－11/7.449
陶文毅公全集六十四卷首一卷末一卷　(清)
陶澍撰　清道光二十年(1840)淮北士民公刻
本　二十四冊

310000－0242－0008891　V47.1－11/7.491
雪竹樓詩稿十四卷文稿一卷　(清)黃道讓撰
　清同治六年(1867)刻本　六冊

310000－0242－0008892　V47.1－11/7.523
梧生詩鈔十卷文鈔十卷　(清)傅桐撰　清光
緒七年(1881)刻本　六冊

310000－0242－0008893　V47.1－11/7.556
移芝室文集三卷詩集三卷　(清)楊彝珍撰
清同治七年(1868)刻本　四冊

310000－0242－0008894　V47.1－11/7.665
通甫類稿四卷詩存四卷　(清)魯一同撰　清
咸豐九年(1859)刻本　二冊

310000－0242－0008895　V47.1－11/7.665C2
通甫類稿續編二卷詩存四卷詩存之餘二卷
(清)魯一同撰　清咸豐九年(1859)刻本　八
冊

310000－0242－0008896　V47.1－11/7.682
堅白齋集詩三卷駢文一卷雜稿四卷　(清)龍
汝霖撰　清光緒七年(1881)刻本　四冊

310000－0242－0008897　V47.1－12/7.151
寒支集初集十卷二集四卷　(清)李世熊撰
(清)李向旻編次　清同治十三年(1874)李氏
家刻本　十四冊

310000－0242－0008898　V47.1－12/7.203B
飲水詩集二卷詞集三卷　(清)納蘭性德撰
清道光二十五年(1845)張祥河刻本　一冊

310000－0242－0008899　V47.1－12/7.21
湘綺樓全集文集八卷詩集十四卷箋啟八卷
王闓運撰　清宣統三年(1911)上海國學扶輪
社石印本　十二冊

310000－0242－0008900　V47.1－12/7.21C2
湘綺樓全集文集八卷詩集十四卷箋啟八卷

王闓運撰　清宣統三年（1911）上海國學扶輪社石印本　十二冊

310000－0242－0008901　V47.1－12/7.21A
椒園居士集六卷　（清）王定柱撰　清光緒三十二年（1906）泰州龍樹精舍刻本　二冊

310000－0242－0008902　V47.1－12/7.21B
淵雅堂編年詩薹二十卷惕甫未定薹十六卷文外集四卷讀賦卮言一卷詩續薹一卷詩外集二卷瑤想詞一卷文續薹一卷波餘遺薹四卷（清）王芑孫撰　清嘉慶九年（1804）刻本　十八冊

310000－0242－0008903　V47.1－12/7.311
詒桂堂遺集一卷　（清）侯錫恩撰　清光緒鉛印本　一冊

310000－0242－0008904　V47.1－12/7.316A
景詹闇遺文一卷附遺詩一卷　（清）姚諶撰　清宣統三年（1911）歸安陸氏刻本　一冊

310000－0242－0008905　V47.1－12/7.316C
景詹闇遺文一卷　（清）姚諶撰　清同治十二年（1873）刻本　一冊

310000－0242－0008906　V47.1－12/7.393
象洞山房文稿一卷附詩稿一卷　（清）徐迪惠撰　清宣統元年（1909）留餘堂刻本　三冊

310000－0242－0008907　V47.1－12/7.393A
敦艮齋遺書十七卷　（清）徐潤第撰　清道光十一年（1831）刻本　五冊

310000－0242－0008908　V47.1－12/7.441
湖海樓全集文集六卷儷體文十二卷詩集十二卷附補遺一卷詞二十卷　（清）陳維崧撰　清光緒十七年（1891）弇山鐸署刻本　十六冊

310000－0242－0008909　V47.1－12/7.441C2
湖海樓全集文集六卷儷體文十二卷詩集十二卷附補遺一卷詞二十卷　（清）陳維崧撰　清光緒十七年（1891）弇山鐸署刻本　十六冊

310000－0242－0008910　V47.1－12/7.471
湯文正公全集疏稿一卷遺稿五卷家書一卷洛學編五卷困學錄一卷　（清）湯斌撰　清康熙二十九年（1690）刻本　十四冊

310000－0242－0008911　V47.1－12/7.527
曾文正公全集十二種一百五十六卷附年譜（清）曾國藩撰　清光緒二年（1876）傳忠書局刻本　一百二十八冊

310000－0242－0008912　V47.1－12/7.527C2
曾文正公全集十二種一百五十六卷附年譜（清）曾國藩撰　清光緒二年（1876）傳忠書局刻本　一百二十八冊

310000－0242－0008913　V47.1－12/7.527B
曾惠敏公全集奏議六卷文集五卷詩集四卷日記二卷　（清）曾紀澤撰　清光緒二十年（1894）上海鉛印本　一冊

310000－0242－0008914　V47.1－12/7.527BC2
曾惠敏公全集奏議六卷文集五卷詩集四卷日記二卷　（清）曾紀澤撰　清光緒二十年（1894）上海鉛印本　八冊

310000－0242－0008915　V47.1－12/7.761
寒松堂全集十二卷附寒松老人年譜一卷（清）魏象樞撰　清嘉慶十六年（1811）刻本　十冊

310000－0242－0008916　V47.1－12/7.761C2
寒松堂全集十二卷附寒松老人年譜一卷（清）魏象樞撰　清嘉慶十六年（1811）刻本　十冊

310000－0242－0008917　V47.1－12/7.765
復堂類集文四卷詩十一卷詞三卷日記八卷（清）譚獻撰　清光緒十一年（1885）刻本　六冊

310000－0242－0008918　V47.1－12/7.765C2
復堂類集文四卷詩十一卷詞三卷日記八卷（清）譚獻撰　清光緒十一年（1885）刻本　四冊

310000－0242－0008919　V47.1－12/7.765C3
復堂類集文四卷詩十一卷詞三卷日記八卷（清）譚獻撰　清光緒十一年（1885）刻本　六冊

310000－0242－0008920　V47.1－13/7.151A

滋樹室遺集六卷　（清）李經達撰　清光緒三
十年(1904)刻本　四冊

310000－0242－0008921　V47.1－13/7.162

揅經室集一集十四卷二集八卷三集五卷四集
二卷詩十一卷續集十一卷外集五卷　（清）阮
元撰　清道光三年(1823)揚州阮氏文選樓刻
本　二十四冊

310000－0242－0008922　V47.1－13/7.162C2

揅經室集一集十四卷二集八卷三集五卷四集
二卷詩十一卷續集十一卷外集五卷　（清）阮
元撰　清道光三年(1823)揚州阮氏文選樓刻
本　二十四冊

310000－0242－0008923　V47.1－13/7.162C3

揅經室集一集十四卷二集八卷三集五卷四集
二卷詩十一卷續集十一卷外集五卷　（清）阮
元撰　清道光三年(1823)揚州阮氏文選樓刻
本　六冊

310000－0242－0008924　V47.1－13/7.162C4

揅經室集一集十四卷二集八卷三集五卷四集
二卷詩十一卷續集十一卷外集五卷　（清）阮
元撰　清道光三年(1823)揚州阮氏文選樓刻
本　八冊

310000－0242－0008925　V47.1－13/7.188

與梅堂遺集十二卷附耳書一卷鮓話一卷
(清)佟世思撰　清康熙四十年(1701)刻本
八冊

310000－0242－0008926　V47.1－13/7.21

煙霞萬古樓文集六卷詩二卷　（清）王曇撰
清光緒二十一年(1895)鴻文書局石印本　一
冊

310000－0242－0008927　V47.1－13/7.393

遁齋文集二十卷拾遺詩草二十八卷　（清）徐
世佐撰　清同治七年(1868)誦芬堂木活字印
本　十八冊

310000－0242－0008928　V47.1－13/7.407

瑞芍軒詩鈔四卷詞稿一卷　（清）徐乃穀撰
清同治七年(1868)刻本　一冊

310000－0242－0008929　V47.1－13/7.407C2

瑞芍軒詩鈔四卷詞稿一卷　（清）徐乃穀撰
清同治七年(1868)刻本　二冊

310000－0242－0008930　V47.1－13/7.428

楊園先生全集五十四卷　（清）張履祥撰　清
同治十年(1871)江蘇書局刻本　十六冊

310000－0242－0008931　V47.1－13/7.428C2

楊園先生全集五十四卷　（清）張履祥撰　清
同治十年(1871)江蘇書局刻本　十六冊

310000－0242－0008932　V47.1－13/7.428C3

楊園先生全集五十四卷　（清）張履祥撰　清
同治十年(1871)江蘇書局刻本　十六冊

310000－0242－0008933　V47.1－13/7.428B

楊園先生全集六卷　（清）張履祥撰　（清）李
文耕輯　清同治元年(1862)昆明楊勳刻本
六冊

310000－0242－0008934　V47.1－13/7.556

損齋文鈔十五卷外集一卷語錄三卷　（清）楊
樹椿撰　清光緒十九年(1893)涇陽柏經正堂
刻本　六冊　存二卷(語錄一至二)

310000－0242－0008935　V47.1－13/7.566

傳樸堂詩稿四卷補遺一卷竹樊山莊詞一卷詩
稿附錄一卷　（清）葛金烺撰　清光緒二十一
年(1895)刻本　一冊

310000－0242－0008936　V47.1－13/7.598

萬青閣自訂詩八卷詩餘一卷寄園集詩一卷萬
青閣記事詩一卷萬青閣歸隱詩一卷　（清）趙
吉士撰　清康熙二十五年(1686)刻本　二冊

310000－0242－0008937　V47.1－13/7.622

遂初堂集詩集十六卷文集二十卷別集四卷
(清)潘耒撰　清康熙四十九年(1710)刻本
十冊

310000－0242－0008938　V47.1－14/7.115

鳴鶴堂文集十卷詩集十一卷　（清）任源祥撰
清光緒十五年(1889)刻本　五冊

310000－0242－0008939　V47.1－14/7.115C2

鳴鶴堂文集十卷詩集十一卷　（清）任源祥撰

清光緒十五年(1889)刻本　六冊

310000－0242－0008940　V47.1－14/7.164
榴實山莊遺稿八卷　（清）吳存義撰　清同治十年(1871)刻本　二冊

310000－0242－0008941　V47.1－14/7.343
翠螺閣詩詞稿五卷　（清）凌祉媛撰　清咸豐四年(1854)錢唐丁氏刻本　二冊

310000－0242－0008942　V47.1－14/7.477A
蒿盦續稿三卷　馮煦撰　清宣統三年(1911)刻本　一冊

310000－0242－0008943　V47.1－14/7.598A
趙忠節公遺墨一卷　（清）趙景賢撰　溫次言先生詩錄一卷　（清）溫汝超撰　清光緒八年(1882)刻本　一冊

310000－0242－0008944　V47.1－14/7.775
綠漪艸堂文集三十卷別集二卷詩集二十卷研華館詞三卷外集二卷　（清）羅汝懷撰　清光緒九年(1883)湖南羅氏家塾刻本　四冊

310000－0242－0008945　V47.1－15/7.164A
墨井集五卷　（清）吳歷撰　清宣統元年(1909)徐家匯印書館鉛印本　一冊

310000－0242－0008946　V47.1－15/7.178
潛穎詩十卷潛穎文四卷　（清）何維棣撰　清光緒二十七年(1901)刻本　四冊

310000－0242－0008947　V47.1－15/7.412
養知書屋集奏疏十二卷文集二十卷詩集十五卷　（清）郭嵩燾撰　清光緒十八年(1892)刻本　二十八冊

310000－0242－0008948　V47.1－15/7.428
嘯蔗全集文八卷詩八卷　（清）張義年撰　清光緒十九年(1893)上海著易堂鉛印本　四冊

310000－0242－0008949　V47.1－15/7.428C2
嘯蔗全集文八卷詩八卷　（清）張義年撰　清光緒十九年(1893)上海著易堂鉛印本　六冊

310000－0242－0008950　V47.1－15/7.622
養一齋集七種　（清）潘德輿撰　清道光二十九年(1849)刻本　二十冊

310000－0242－0008951　V47.1－15/7.644C2
樊榭山房集十卷集外詞四卷集外曲二卷集外詩三卷　（清）厲鶚撰　清光緒十年(1884)汪氏振綺堂刻本　六冊

310000－0242－0008952　V47.1－15/7.644C3
樊榭山房集十卷附文集八卷續集八卷　（清）厲鶚撰　清光緒七年(1881)嶺南述軒刻本　六冊

310000－0242－0008953　V47.1－15/7.644C4
樊榭山房集十卷附文集八卷續集八卷　（清）厲鶚撰　清光緒七年(1881)嶺南述軒刻本　六冊

310000－0242－0008954　V47.1－15/7.674A
劉文烈公全集十二卷　（清）劉理順撰　清順治十五年(1658)刻本　五冊

310000－0242－0008955　V47.1－15/7.674C2
劉孟塗全集前集十卷後集二十二卷附諸家評語一卷文集十卷駢文二卷　（清）劉開撰　清道光六年(1826)桐城姚氏檗山草堂刻本　八冊

310000－0242－0008956　V47.1－15/7.674C3
劉孟塗全集前集十卷後集二十二卷附諸家評語一卷文集十卷駢文二卷　（清）劉開撰　清道光六年(1826)桐城姚氏檗山草堂刻本　八冊

310000－0242－0008957　V47.1－15/7.674B
養晦堂文集十卷詩集二卷　（清）劉蓉撰　清光緒三年(1877)湖南思賢講舍刻本　三冊

310000－0242－0008958　V47.1－15/7.674BC2
養晦堂文集十卷詩集二卷　（清）劉蓉撰　清光緒三年(1877)湖南思賢講舍刻本　六冊

310000－0242－0008959　V47.1－16/7.21
曉庵先生文集三卷詩集二卷　（清）王錫闡撰　清光緒九年(1883)刻本　三冊

310000－0242－0008960　V47.1－16/7.393
憺園集三十六卷　（清）徐乾學撰　清光緒九年(1883)鉏月唫館刻本　十二冊

310000 –0242 –0008961   V47.1 – 16/7.402

頻羅庵遺集十六卷　(清)梁同書撰　清嘉慶
二十二年(1817)仁和陸貞一刻本　十四冊

310000 –0242 –0008962   V47.1 – 16/7.428A

積石詩文集詩存四卷南池唱和詩存一卷繪餘
編一卷文稿十八卷　(清)張履撰　清光緒二
十年(1894)刻本　八冊

310000 –0242 –0008963   V47.1 – 16/7.428C

篤素堂文集十六卷詩集七卷易經衷論一卷
(清)張英撰　清光緒二十三年(1897)桐城張
氏刻本　十冊

310000 –0242 –0008964   V47.1 – 16/7.509

澹園文集二卷詩鈔一卷　(清)華玉淳撰　清
同治五年(1866)木活字印本　一冊

310000 –0242 –0008965   V47.1 – 16/7.525

雕菰集二十四卷附蜜梅花館詩錄一卷文錄一
卷　(清)焦循撰　清道光四年(1824)刻本
八冊

310000 –0242 –0008966   V47.1 – 16/7.535

嘯雲軒詩集五卷文集六卷附錄一卷　(清)程
畹撰　清同治十一年(1872)刻本　二冊

310000 –0242 –0008967   V47.1 – 16/7.674

嶧桐文集十卷詩集十卷　(清)劉城撰　清光
緒十九年(1893)養雲山莊刻本　八冊

310000 –0242 –0008968   V47.1 – 16/7.688

璞齋集五卷　(清)諸可寶撰　清光緒十四年
(1888)長洲黃氏流芳閣木活字印本　二冊

310000 –0242 –0008969   V47.1 – 16/7.705

錢南園先生遺集五卷　(清)錢澧撰　清光緒
二十一年(1895)滇南劉崐刻本　四冊

310000 –0242 –0008970   V47.1 – 17/7.117B

鮚埼亭集三十八卷年譜一卷世譜一卷　(清)
全祖望撰　清嘉慶九年(1804)姚江借樹山房
刻本　十二冊

310000 –0242 –0008971   V47.1 – 17/7.225

謙受堂集十五卷　(清)邵大業撰　清同治二
年(1863)恭壽堂刻本　二冊

310000 –0242 –0008972   V47.1 – 17/7.441

黛韻樓遺集詩集四卷詞集二卷文集二卷
(清)薛紹徽撰　清宣統三年(1911)刻本　六
冊

310000 –0242 –0008973   V47.1 – 17/7.523

霜紅龕集四十卷附錄三卷年譜一卷　(清)傅
山撰　清宣統三年(1911)山陽丁氏刻本　十
二冊

310000 –0242 –0008974   V47.1 – 17/7.523C2

霜紅龕集四十卷附錄三卷年譜一卷　(清)傅
山撰　清宣統三年(1911)山陽丁氏刻本　十
二冊

310000 –0242 –0008975   V47.1 – 17/7.71

聰山文集三卷詩選八卷　(清)申涵光撰　清
光緒五年(1879)定州王氏謙德堂刻畿輔叢書
本　四冊

310000 –0242 –0008976   V47.1 – 17/7.740

繆武烈公遺集六卷首一卷　(清)繆梓撰　清
光緒七年(1881)溧陽繆德棻小岯山館刻本
四冊

310000 –0242 –0008977   V47.1 – 17/7.740C2

繆武烈公遺集六卷首一卷　(清)繆梓撰　清
光緒七年(1881)溧陽繆德棻小岯山館刻本
四冊

310000 –0242 –0008978   V47.1 – 17/7.740C3

繆武烈公遺集六卷首一卷　(清)繆梓撰　清
光緒七年(1881)溧陽繆德棻小岯山館刻本
四冊

310000 –0242 –0008979   V47.1 – 18/7.206

餐釳亭集三十二卷後集十卷　(清)祁寯藻撰
　清咸豐六年(1856)刻本　六冊

310000 –0242 –0008980   V47.1 – 18/7.359

邃懷堂全集文集四卷詩集前編六卷後編六卷
詞鈔二卷駢文箋注十六卷補箋一卷哀思集三
編　(清)袁翼撰　清光緒十三年至十四年
(1887 – 1888)寶山袁氏刻本　二十冊

310000 –0242 –0008981   V47.1 – 18/7.9

舊雨軒賸稿一卷 （清）于昌進撰 清光緒四年(1878)刻本 一冊

310000－0242－0008982 V47.1－19/7.412

羅洋文集不分卷 （清）郭焌撰 清嘉慶十八年(1813)思貽草堂刻本 四冊

310000－0242－0008983 V47.1－19/7.98

曝書亭集八十卷附錄一卷 （清）朱彝尊纂 清光緒十五年(1889)會稽陶闓刻本 十六冊

310000－0242－0008984 V47.1－19/7.98C3

曝書亭集八十卷附錄一卷 （清）朱彝尊纂 清光緒十五年(1889)會稽陶闓刻本 十二冊

310000－0242－0008985 V47.1－19/7.98C4

曝書亭集八十卷附錄一卷 （清）朱彝尊纂 清光緒十五年(1889)會稽陶闓刻本 三冊

310000－0242－0008986 V47.1－2/7.151

二曲全集二十六卷 （清）李顒撰 清光緒二十六年(1900)湘陰奎樓蔣氏小嫏嬛山舘刻本 二冊

310000－0242－0008987 V47.1－2/7.151C2

二曲全集二十六卷 （清）李顒撰 清光緒二十六年(1900)湘陰奎樓蔣氏小嫏嬛山舘刻本 四冊

310000－0242－0008988 V47.1－2/7.151C3

二曲全集二十六卷 （清）李顒撰 清嘉慶十五年(1810)蘭山書院刻本 十二冊

310000－0242－0008989 V47.1－2/7.21

二波軒詩選四卷附二波軒詞選四卷 （清）王嘉福撰 清道光十七年(1837)刻本 八冊

310000－0242－0008990 V47.1－20/7.441

寶綸堂集十卷拾遺一卷 （明）陳洪綬撰 清光緒十四年(1888)會稽董氏取斯堂木活字印本 四冊

310000－0242－0008991 V47.1－20/7.705

蘀石齋詩集四十九卷文集二十六卷十國詞箋略一卷 （清）錢載撰 清光緒四年(1878)蘇州刻本 十冊

310000－0242－0008992 V47.1－20/7.705C2

蘀石齋詩集四十九卷文集二十六卷十國詞箋略一卷 （清）錢載撰 清光緒四年(1878)蘇州刻本 八冊

310000－0242－0008993 V47.1－21/7.332

續東軒遺集文一卷詩一卷策問一卷 （清）高均儒撰 清光緒七年(1881)刻本 三冊

310000－0242－0008994 V47.1－21/7.434

鐵莊文集八卷疏快軒詩二卷詩餘一卷 （清）陸楣撰 清光緒二十一年(1895)曹氏樂善堂木活字印本 四冊

310000－0242－0008995 V47.1－21/7.787

鐵橋漫稿八卷 （清）嚴可均撰 清光緒十一年(1885)長洲蔣氏心矩齋刻本 四冊

310000－0242－0008996 V47.1－21/7.787C2

鐵橋漫稿八卷 （清）嚴可均撰 清光緒十一年(1885)長洲蔣氏心矩齋刻本 四冊

310000－0242－0008997 V47.1－21/7.787C3

鐵橋漫稿八卷 （清）嚴可均撰 清光緒十一年(1885)長洲蔣氏心矩齋刻本 四冊

310000－0242－0008998 V47.1－21/7.791

顧雲美先生遺集六卷 （清）顧苓撰 清海虞顧氏小石山房抄本 四冊

310000－0242－0008999 V47.1－22/7.598

讀書堂綵衣全集四十六卷 （清）趙士麟撰 清光緒十九年(1893)浙江書局刻本 八冊

310000－0242－0009000 V47.1－22/7.795

龔定盦全集文集三卷續集四卷文集補四卷拾遺一卷文集補五卷 （清）龔自珍撰 清宣統二年(1910)上海國學扶輪社鉛印本 七冊

310000－0242－0009001 V47.1－22/7.795C2

龔定盦全集文集三卷續集四卷文集補四卷拾遺一卷文集補五卷附年譜一卷 （清）龔自珍撰 清宣統二年(1910)上海國學扶輪社鉛印本 五冊

310000－0242－0009002 V47.1－22/7.795C3

龔定盦全集文集三卷續集四卷文集補四卷拾遺一卷文集補五卷附年譜一卷 （清）龔自珍

撰　清宣統元年(1909)鉛印本　七冊

310000－0242－0009003　V47.1－22/7.795C4
龔定盦全集文集三卷續集四卷文集補續錄一卷文集補三卷文集補編四卷　（清）龔自珍撰　清宣統二年(1910)上海掃葉山房石印本　六冊

310000－0242－0009004　V47.1－22/7.795C6
龔定盦全集文集三卷續集四卷文集補五卷文集補編四卷　（清）龔自珍撰　清光緒二十三年(1897)萬本書堂刻本　一冊

310000－0242－0009005　V47.1－22/7.795C7
龔定盦全集文集三卷續集四卷文集補五卷文集補編四卷　（清）龔自珍撰　清光緒二十三年(1897)萬本書堂刻本　四冊

310000－0242－0009006　V47.1－22/7.795A
龔定庵別集不分卷　（清）龔自珍著　清宣統二年(1910)刻本　一冊

310000－0242－0009007　V47.1－23/7.148
變雅堂遺集文集八卷詩集十卷附錄二卷　(清)杜濬撰　清光緒二十年(1894)黃岡沈氏刻本　六冊

310000－0242－0009008　V47.1－23/7.362
曝書堂全集十一種　(清)郝懿行撰　清光緒十年(1884)郝聯薇東路廳署刻本　十六冊

310000－0242－0009009　V47.1－25/7.420
觀瀾堂文集八卷詩集九卷　（清）曹章撰　清光緒二十二年(1896)曹氏觀瀾堂木活字印本　八冊

310000－0242－0009010　V47.1－27/7.527
鼉菴集十八卷　曾廉撰　清宣統三年(1911)曾氏會輔堂刻本　十二冊

310000－0242－0009011　V47.1－3/7.271
三餘堂存稿二卷附經進稿一卷館課偶存一卷　（清）胡長齡撰　清嘉慶十五年(1810)刻本　四冊

310000－0242－0009012　V47.1－3/7.359
小倉山房詩集三十六卷文集三十五卷外集八

卷　（清）袁枚撰　清嘉慶刻本　二十冊

310000－0242－0009013　V47.1－3/7.486
小謨觴館詩文集注十七卷　（清）彭兆蓀撰　清光緒二十年(1894)泉塘汪氏刻本　六冊

310000－0242－0009014　V47.1－3/7.486C
小謨觴館詩集八卷續集二卷附錄詞一卷文集四卷　（清）彭兆蓀撰　清同治十三年(1874)刻本　三冊

310000－0242－0009015　V47.1－3/7.486D
小謨觴館詩集八卷詩餘一卷文集四卷　（清）彭兆蓀撰　清嘉慶十一年(1806)韓江寓舍刻本　二冊

310000－0242－0009016　V47.1－3/7.622
三松堂集三十卷附年譜　（清）潘奕雋撰　清同治十一年(1872)刻本　十冊

310000－0242－0009017　V47.1－3/7.622C2
三松堂集三十卷附年譜　（清）潘奕雋撰　清同治十一年(1872)刻本　七冊

310000－0242－0009018　V47.1－3/7.98
小萬卷齋全集七十三卷　（清）朱琦撰　清光緒十一年(1885)嘉樹山房刻本　二十四冊

310000－0242－0009019　V47.1－3/7.98C2
小萬卷齋全集二十八卷　（清）朱琦撰　清光緒十一年(1885)嘉樹山房刻本　十二冊

310000－0242－0009020　V47.1－3/7.98C3
小萬卷齋全集四十五卷　（清）朱琦撰　清光緒十一年(1885)嘉樹山房刻本　十二冊

310000－0242－0009021　V47.1－4/7.151
太白山人槲葉集五卷附南遊草一卷　（清）李柏撰　清宣統三年(1911)刻本　五冊

310000－0242－0009022　V47.1－4/7.21
王壯武公遺集二十四卷首一卷年譜一卷　(清)王鑫撰　清光緒十八年(1892)刻本　十二冊

310000－0242－0009023　V47.1－4/7.21A
王文端公集三卷續集一卷補遺一卷　（清）王傑撰輯　清粵東正文堂刻本　二冊

310000－0242－0009024　V47.1－4/7.21B

五公山人集十六卷　（清）王餘佑撰　清康熙
三十四年（1695）枕釣齋刻本　四冊

310000－0242－0009025　V47.1－4/7.35

心白日齋集六卷　（清）尹耕雲撰　清光緒十
年（1884）刻本　四冊

310000－0242－0009026　V47.1－4/7.35C2

心白日齋集六卷　（清）尹耕雲撰　清光緒十
年（1884）刻本　二冊

310000－0242－0009027　V47.1－4/7.35C3

心白日齋集六卷　（清）尹耕雲撰　清光緒十
年（1884）刻本　四冊

310000－0242－0009028　V47.1－4/7.434

切問齋集十二卷首一卷　（清）陸燿撰　清光
緒十八年（1892）江蘇書局刻本　四冊

310000－0242－0009029　V47.1－4/7.434C2

切問齋集十二卷首一卷　（清）陸燿撰　清光
緒十八年（1892）江蘇書局刻本　四冊

310000－0242－0009030　V47.1－4/7.434C3

切問齋集十二卷首一卷　（清）陸燿撰　清光
緒十八年（1892）江蘇書局刻本　四冊

310000－0242－0009031　V47.1－4/7.650

月河草堂籨鈔一卷附月河草堂賦草一卷
（清）蔣清瑞撰　清同治七年（1868）刻本　二
冊

310000－0242－0009032　V47.1－4/7.717

天愚山人詩集十二卷文集十六卷附錄一卷
（清）謝泰宗撰　清光緒六年（1880）靈㻌館刻
本　八冊

310000－0242－0009033　V47.1－4/7.84

介亭全集二十八卷　（清）江濬源撰　清同治
十三年（1874）刻本　三冊　存十七卷（臨安
府志序言一卷、文集六卷、外集六卷、于役迤
南記三卷、詩鈔一卷）

310000－0242－0009034　V47.1－5/7.135

玉樹山房遺集四卷　（清）王寶崧撰　清咸豐
十年（1860）刻本　二冊

310000－0242－0009035　V47.1－5/7.151

石園全集三十卷　（清）李元鼎撰　清康熙四
十一年（1702）木活字印本　六冊

310000－0242－0009036　V47.1－5/7.21

北溪詩文集二十卷文集二卷　（清）王元文撰
　清嘉慶十七年（1812）隨善齋刻本　六冊

310000－0242－0009037　V47.1－5/7.271

石笥山房集文集六卷年譜一卷附補遺一卷詩
集十一卷詩餘一卷詩集補遺二卷詩集續補遺
二卷　（清）胡天游撰　清咸豐二年（1852）刻
本　六冊

310000－0242－0009038　V47.1－5/7.271B

石笥山房集十卷　（清）胡天游撰　清嘉慶三
年（1798）浦陽戴殿淪刻本　四冊

310000－0242－0009039　V47.1－5/7.271C2

石笥山房集文集六卷年譜一卷附補遺一卷詩
集十一卷詩餘一卷詩集補遺二卷詩集續補遺
二卷　（清）胡天游撰　清咸豐二年（1852）刻
本　十冊

310000－0242－0009040　V47.1－5/7.271C3

石笥山房集文集六卷年譜一卷附補遺一卷詩
集十一卷詩餘一卷詩集補遺二卷詩集續補遺
二卷　（清）胡天游撰　清宣統二年（1910）上
海國學扶輪社石印本　十冊

310000－0242－0009041　V47.1－5/7.271C4

石笥山房集文集六卷年譜一卷附補遺一卷詩
集十一卷詩餘一卷詩集補遺二卷詩集續補遺
二卷　（清）胡天游撰　清宣統二年（1910）上
海國學扶輪社石印本　六冊

310000－0242－0009042　V47.1－5/7.271A

白下愚園集八卷首一卷　（清）胡恩燮撰
（清）胡光國輯　清光緒二十年（1894）刻本
六冊

310000－0242－0009043　V47.1－5/7.407

玉井山館集詩十五卷詩餘一卷文略五卷文續
三卷　（清）許宗衡撰　清同治九年（1870）刻
本　五冊

408

310000－0242－0009044　V47.1－5/7.420

四焉齋文集八卷詩集六卷　（清）曹一士撰
梯仙閣餘課一卷　（清）陸鳳池著　清宣統二
年(1910)曹氏刻本　六冊

310000－0242－0009045　V47.1－5/7.665C2

仲實類稿一卷　（清）魯蕡撰　清光緒刻本
一冊

310000－0242－0009046　V47.1－5/7.674C

古紅梅閣遺集八卷附一卷　（清）劉履芬撰
紫藤華館詩餘一卷　（清）劉觀藻撰　清光緒
六年(1880)刻本　二冊

310000－0242－0009047　V47.1－5/7.72

古歡堂詩集十四卷文集十四卷長河志籍考十
卷年譜一卷附有懷堂詩集一卷文集一卷
（清）田雯撰　清康熙五十二年(1713)德州田
氏刻本　二十八冊

310000－0242－0009048　V47.1－5/7.791

白茅堂集四十六卷附耳提錄一卷　（清）顧景
星撰　清光緒二十八年(1902)刻本　二十冊

310000－0242－0009049　V47.1－6/7.21

伊蒿室文集六卷詩集二卷詩餘一卷　（清）王
效成撰　清咸豐五年(1855)望三益齋刻本
三冊

310000－0242－0009050　V47.1－6/7.21.1

百柱堂全集五十三卷附信甫詩一卷文一卷
（清）王柏心撰　清光緒二十四年(1898)貴陽
唐氏刻本　十六冊

310000－0242－0009051　V47.1－6/7.21A

百柱堂全集五十二卷首一卷　（清）王柏心撰
清光緒十九年(1893)刻本　二十冊

310000－0242－0009052　V47.1－6/7.225

艾廬遺稿文一卷詩三卷詞二卷集句詞一卷
（清）邵曾鑑撰　清光緒二十二年(1896)刻本
一冊

310000－0242－0009053　V47.1－6/7.225C2

艾廬遺稿文一卷詩三卷詞二卷集句詞一卷
（清）邵曾鑑撰　清光緒二十二年(1896)刻本

二冊

310000－0242－0009054　V47.1－6/7.225C3

艾廬遺稿文一卷詩三卷詞二卷集句詞一卷
（清）邵曾鑑撰　清光緒二十二年(1896)刻本
一冊

310000－0242－0009055　V47.1－6/7.535

有恒心齋集十三種五十卷　（清）程鴻詔編撰
清刻本　十二冊

310000－0242－0009056　V47.1－6/7.586

有不為齋集六卷　（清）端木埰撰　清宣統三
年(1911)刻本　二冊

310000－0242－0009057　V47.1－6/7.613

因寄軒文集初集十卷二集六卷補遺一卷
（清）管同撰　清光緒五年(1879)刻本　四冊

310000－0242－0009058　V47.1－6/7.622

西圃集九種二十四卷　（清）潘遵祁撰　清光
緒二十三年(1897)刻本　六冊

310000－0242－0009059　V47.1－6/7.665

仲實類稿一卷仲實詩存二卷　（清）魯蕡撰
清光緒刻本　二冊

310000－0242－0009060　V47.1－6/7.760

存研樓文集十六卷　（清）儲大文撰　清乾隆
九年(1744)存研樓刻本　八冊

310000－0242－0009061　V47.1－6/7.84

江忠烈公遺集四卷首一卷附錄一卷　（清）江
忠源撰　清光緒十二年(1886)吳縣朱記榮槐
廬刻本　六冊

310000－0242－0009062　V47.1－6/7.84C2

江忠烈公遺集四卷首一卷附錄一卷　（清）江
忠源撰　清光緒十二年(1886)吳縣朱記榮槐
廬刻本　六冊

310000－0242－0009063　V47.1－6/7.93

有不為齋隨筆十卷　（清）光聰諧撰　清光緒
十四年(1888)蘇州藩署刻本　一冊

310000－0242－0009064　V47.1－6/7.93C2

有不為齋隨筆十卷　（清）光聰諧撰　清光緒
十四年(1888)蘇州藩署刻本　一冊

310000 - 0242 - 0009065　V47.1 - 6/7.98A

朱九江先生集十卷　（清）朱次琦撰　清光緒
二十三年（1897）刻本　四冊

310000 - 0242 - 0009066　V47.1 - 6/7.98AC2

朱九江先生集十卷　（清）朱次琦撰　清光緒
二十三年（1897）刻本　四冊

310000 - 0242 - 0009067　V47.1 - 7/7.128

沈文忠公集十卷附年譜　（清）沈兆霖撰　清
同治八年（1869）刻本　四冊

310000 - 0242 - 0009068　V47.1 - 7/7.128B

沈蓮溪全集三種三十二卷　（清）沈濂撰　清
咸豐四年（1854）秀水沈氏始言堂刻本　十冊

310000 - 0242 - 0009069　V47.1 - 7/7.151

劫餘廬存三卷　（清）李承霖撰　清光緒十年
（1884）刻本　二冊

310000 - 0242 - 0009070　V47.1 - 7/7.151A

李舍人遺集不分卷　（清）李結撰　清光緒二
十二年（1896）宗鄴堂刻本　一冊

310000 - 0242 - 0009071　V47.1 - 7/7.311

壯悔堂文集十卷四憶堂詩集六卷　（清）侯方
域撰　清乾隆十四年（1749）彊善堂刻本　六
冊

310000 - 0242 - 0009072　V47.1 - 7/7.428

求慊齋詩集二卷詩餘一卷文集二卷雜著一卷
　（清）張琳撰　清光緒木活字印本　一冊

310000 - 0242 - 0009073　V47.1 - 7/7.61

冷吟仙舘詩稿八卷詩餘一卷文存一卷附錄一
卷詩稿一卷　（清）左錫嘉撰　清光緒十七年
（1891）刻本　一冊

310000 - 0242 - 0009074　V47.1 - 8/7.128

受恒受漸齋集十二卷　（清）沈日富撰　清光
緒十三年（1887）刻本　四冊

310000 - 0242 - 0009075　V47.1 - 8/7.151

易園集七卷　（清）李松林撰　清光緒二十九
年（1903）刻本　六冊

310000 - 0242 - 0009076　V47.1 - 8/7.225

邵子湘全集三十卷　（清）邵長蘅撰　清光緒

二十二年（1896）青門草堂刻本　十二冊

310000 - 0242 - 0009077　V47.1 - 8/7.35

抱勬山房詩文稿詩稿七卷駢體文二卷酬酢文
三卷散體文二卷　（清）尹恭保撰　清光緒刻
本　二冊

310000 - 0242 - 0009078　V47.1 - 8/7.533

抱犢山房集詩六卷附填詞三種　（清）嵇永仁
撰　清同治元年（1862）刻本　二冊

310000 - 0242 - 0009079　V47.1 - 8/7.556

芙蓉山舘全集詩八卷詞二卷文八卷　（清）楊
芳燦撰　清光緒十七年（1891）木活字印本
八冊

310000 - 0242 - 0009080　V47.1 - 8/7.556A

尚志居集八卷補遺一卷讀書記四卷　（清）楊
德亨撰　清光緒九年（1883）刻本　四冊

310000 - 0242 - 0009081　V47.1 - 8/7.661B

板橋集詩鈔二卷詞鈔一卷家書一卷題畫一卷
　（清）鄭燮撰　清刻本　四冊

310000 - 0242 - 0009082　V47.1 - 8/7.705

牧齋全集一百六十三卷　（清）錢謙益撰　清
宣統二年（1910）邃漢齋鉛印本　四十冊

310000 - 0242 - 0009083　V47.1 - 8/7.705C2

牧齋全集一百六十三卷　（清）錢謙益撰　清
宣統二年（1910）邃漢齋鉛印本　四十冊

310000 - 0242 - 0009084　V47.1 - 8/7.795

校訂定盦全集十卷　（清）龔自珍撰　清宣統
元年（1909）上海時中書局鉛印本　八冊

310000 - 0242 - 0009085　V47.1 - 8/7.795C2

定盦全集文集三卷續集四卷補編四卷補續錄
一卷文集補一卷拾遺一卷年譜一卷　（清）龔
自珍撰　清宣統元年（1909）上海國學扶輪社
鉛印本　三冊

310000 - 0242 - 0009086　V47.1 - 8/7.795C3

校訂定盦全集十卷　（清）龔自珍撰　清宣統
元年（1909）上海時中書局鉛印本　四冊

310000 - 0242 - 0009087　V47.1 - 8/7.795C4

龔定盦全集十四卷附年譜　（清）龔自珍撰

清宣統二年(1910)上海國學扶輪社鉛印本
七冊

310000－0242－0009088　V47.1－8/7.795A
定山堂詩集四十三卷詩餘四卷　(清)龔鼎孳
撰　清光緒九年(1883)聽彝書屋刻本　十六
冊

310000－0242－0009089　V47.1－9/7.15
**柏堂集前編十四卷次編十三卷續編十八卷後
編二十二卷餘編八卷補存三卷外編十二卷附
毅齋遺集五卷**　(清)方宗誠撰　清光緒六年
至十年(1880－1884)刻本　二十四冊

310000－0242－0009090　V47.1－9/7.164
秋笳集八卷　(清)吳兆騫撰　清宣統三年
(1911)順德鄧氏鉛印本　三冊

310000－0242－0009091　V47.1－9/7.21
洞庭集文集十二卷詩集十六卷　(清)王慶麟
撰　清嘉慶二十一年(1816)刻本　三冊

310000－0242－0009092　V47.1－9/7.248
思益堂集二十卷　(清)周壽昌撰　清光緒十
四年(1888)刻本　六冊

310000－0242－0009093　V47.1－9/7.281
食古齋詩錄四卷文錄一卷　(清)柳以蕃撰
清光緒十八年(1892)刻本　一冊

310000－0242－0009094　V47.1－9/7.423
**柏梘山房文集十六卷續集一卷詩集十卷續集
二卷駢體文二卷**　(清)梅曾亮撰　清咸豐六
年(1856)蔣氏慎修書屋刻本　二冊

310000－0242－0009095　V47.1－9/7.423C2
**柏梘山房文集十六卷續集一卷詩集十卷續集
二卷駢體文二卷**　(清)梅曾亮撰　清咸豐六
年(1856)蔣氏慎修書屋刻本　三冊

310000－0242－0009096　V47.1－9/7.423C3
柏梘山房集三十一卷　(清)梅曾亮撰　清咸
豐六年(1856)刻本　八冊

310000－0242－0009097　V47.1－9/7.454
秋水軒集二卷　(清)莊盤珠撰　清光緒二年
(1876)思補樓刻本　一冊

310000－0242－0009098　V47.1－9/7.454C2
秋水軒集二卷　(清)莊盤珠撰　清光緒二年
(1876)思補樓刻本　一冊

310000－0242－0009099　V47.1－9/7.454C3
秋水軒集二卷　(清)莊盤珠撰　清光緒二年
(1876)思補樓刻本　一冊

310000－0242－0009100　V47.1－9/7.486
秋士先生遺集六卷　(清)彭績撰　清光緒七
年(1881)刻本　二冊

310000－0242－0009101　V47.1－9/7.486C2
秋士先生遺集六卷　(清)彭績撰　清光緒七
年(1881)刻本　二冊

310000－0242－0009102　V47.1－9/7.486C3
秋士先生遺集六卷　(清)彭績撰　清光緒七
年(1881)刻本　一冊

310000－0242－0009103　V47.1－9/7.486C4
秋士先生遺集六卷　(清)彭績撰　清光緒七
年(1881)刻本　二冊

310000－0242－0009104　V47.1－9/7.535
勉行堂集三十卷　(清)程晉芳撰　清嘉慶二
十五年(1820)勉行堂刻本　十二冊

310000－0242－0009105　V47.1－9/7.622
**香禪精舍集奉思錄年譜一卷詞二卷遊記三卷
金石文字跋尾一卷**　(清)潘鍾瑞撰　清光緒
四年(1878)刻本　五冊

310000－0242－0009106　V47.1－9/7.622C2
香禪精舍集八卷　(清)潘鍾瑞撰　清光緒九
年(1883)刻本　二冊　存四卷(五至八)

310000－0242－0009107　V47.1－9/7.634
秋聲館遺集八卷　(清)歐陽勳撰　清咸豐八
年(1858)刻本　一冊

310000－0242－0009108　V47.1－9/7.645
扁善齋文存二卷詩存一卷　(清)鄧嘉緝撰
清光緒二十七年(1901)刻本　三冊

310000－0242－0009109　V47.1－9/7.705
**衍石齋記事稿十卷續稿十卷刻楮集四卷旅逸
小稿二卷續良吏述一卷**　(清)錢儀吉撰　清

411

光緒六年(1880)錢彝甫刻本　十三冊

310000－0242－0009110　V47.1－9/7.705C2

衍石齋記事稿十卷續稿十卷刻楮集四卷旅逸
小稿二卷續良吏述一卷　（清）錢儀吉撰　清
光緒六年(1880)錢彝甫刻本　十冊

310000－0242－0009111　V47.1－9/7.73

秋樹讀書樓遺集十六卷　（清）史善長撰　清
道光十五年(1835)舜湖史家濱宗祠抄本　四
冊

310000－0242－0009112　V47.1－9/7.73A

秋樹讀書樓遺集十六卷　（清）史善長撰　清
道光十五年(1835)勝溪草堂刻本　四冊

310000－0242－0009113　V47.1－9/7.782

紅韻閣遺稿一卷　（清）闞壽坤撰　清光緒五
年(1879)金閶刻本　一冊

310000－0242－0009114　V47.1－9/7.782C2

紅韻閣遺稿一卷　（清）闞壽坤撰　清光緒五
年(1879)金閶刻本　一冊

310000－0242－0009115　V47.1－9/7.791

城北草堂存橐詩鈔四卷詩餘二卷詞餘一卷
（清）顧燮撰　小娜嬛室詩餘殘橐一卷　（清）
王清霞撰　清光緒十四年(1888)刻本　一冊

310000－0242－0009116　V47.1－9/7.791C2

城北草堂存橐詩鈔四卷詩餘二卷詞餘一卷
（清）顧燮撰　小娜嬛室詩餘殘橐一卷　（清）
王清霞撰　清光緒十四年(1888)刻本　二冊

310000－0242－0009117　V47.1－9/7.791C3

城北草堂存橐詩鈔四卷詩餘二卷詞餘一卷
（清）顧燮撰　小娜嬛室詩餘殘橐一卷　（清）
王清霞撰　清光緒十四年(1888)刻本　二冊

310000－0242－0009118　V47.2－1/7.393

一規八棱硯齋詩鈔六卷詞鈔一卷文鈔一卷
（清）徐廷華撰　清光緒九年(1883)武昌徐氏
刻本　三冊

310000－0242－0009119　V47.2－10/7.115

借舫居僅存集首一卷詩鈔一卷詞鈔一卷文鈔
一卷　（清）任安上撰　清光緒十五年(1889)

澹和堂刻本　一冊

310000－0242－0009120　V47.2－10/7.135

悔翁詩鈔十五卷補遺一卷附筆記六卷　（清）
汪士鐸撰　清光緒十年(1884)合肥張氏味古
齋刻本　四冊

310000－0242－0009121　V47.2－10/7.164

荃石居類鈔九卷　（清）吳頡鴻撰　清光緒十
六年(1890)浙江小米山莊刻本　二冊

310000－0242－0009122　V47.2－10/7.412

浮槎山房詩稿五卷賦稿一卷試帖一卷　（清）
郭道清撰　清光緒十七年(1891)刻本　四冊

310000－0242－0009123　V47.2－10/7.434

退思齋文稿二卷　（清）陸元鼎撰　清光緒三
十二年(1906)刻本　一冊

310000－0242－0009124　V47.2－10/7.451

邵亭遺文八卷詩鈔六卷　（清）莫友芝撰　清
咸豐二年(1852)刻同治五年(1866)補刻本
二冊

310000－0242－0009125　V47.2－10/7.592

訒齋遺稿文鈔二卷詩鈔一卷手札四卷附家約
家訓二卷　（清）褚維垕撰　清光緒二十七年
(1901)刻本　二冊

310000－0242－0009126　V47.2－10/7.674

悅雲山房詩存六卷風泉館詞存一卷　（清）劉
敦元撰　清光緒二十八年(1902)天津徐世昌
刻本　二冊

310000－0242－0009127　V47.2－11/7.128

匏隱廬詩文稿二卷　（清）沈毓桂撰　清光緒
二十二年(1896)上海鉛印本　三冊

310000－0242－0009128　V47.2－11/7.21

寄影廬賸稿不分卷　（清）王惟和撰　清光緒
二十七年(1901)秣陵鉛印本　一冊

310000－0242－0009129　V47.2－11/7.248

清遠閣遺稿詩一卷書札一卷　（清）周寶嫻撰
清光緒二十七年(1901)刻本　一冊

310000－0242－0009130　V47.2－11/7.316

惜道味齋集文編一卷詩編一卷　（清）姚大榮

撰　清宣統三年(1911)刻本　一冊

310000－0242－0009131　V47.2－11/7.393

魚通集二卷　(清)徐長發撰　清末刻本　一冊

310000－0242－0009132　V47.2－11/7.428B

曼陀羅館詩鈔一卷詞鈔一卷　(清)張家驤撰　清咸豐元年至七年(1851－1857)刻本　二冊

310000－0242－0009133　V47.2－11/7.441

晚晴軒詩存五卷儷體文存二卷　(清)陳文田撰　清光緒七年(1881)刻本　二冊

310000－0242－0009134　V47.2－11/7.441C

梅窩詩鈔三卷詞鈔一卷梅窩遺稿詩一卷詞一卷　(清)陳良玉撰　清光緒二十四年(1898)刻本　二冊

310000－0242－0009135　V47.2－11/7.491

黃氏文鈔四卷　(清)黃良輝撰　清光緒六年(1880)四川刻本　一冊

310000－0242－0009136　V47.2－11/7.568

寄廬詩詞合稿四卷　(清)董葆身撰　清咸豐三年(1853)金氏刻本　一冊

310000－0242－0009137　V47.2－11/7.650

荻華堂存稿二卷試帖詩存二卷　(清)蔡琳撰　清光緒十八年(1892)蔡保如刻本　一冊

310000－0242－0009138　V47.2－11/7.661

野雲居詩稿二卷文稿一卷附錄一卷　(清)鄭竺撰　雪橋遺稿一卷　(清)鄭甲撰　清嘉慶十二年(1807)刻本　一冊

310000－0242－0009139　V47.2－11/7.674

寄靜詩詞刊遺二卷畫膚吟一卷繅煙詞一卷　(清)劉詒恂撰　清光緒二十六年(1900)刻本　一冊

310000－0242－0009140　V47.2－11/7.674B

釣魚蓬山館集六卷附錄一卷　(清)劉佳撰　清同治十三年(1874)蘇州刻本　一冊

310000－0242－0009141　V47.2－11/7.674B(517659)

寄春吟一卷　(清)劉汝蓍撰　清光緒三年(1877)刻本　一冊

310000－0242－0009142　V47.2－11/7.674B(518083)

寄春吟一卷　(清)劉汝蓍撰　清光緒三年(1877)刻本　一冊

310000－0242－0009143　V47.1－11/7.722C2

理堂文集十卷詩集四卷日記八卷　(清)韓夢周撰　清道光三年(1823)靜恒書屋刻本　八冊

310000－0242－0009144　V47.2－12/7.121.9

逸園二集二卷詩一卷詞一卷　(清)完顏守典撰　清光緒刻本　一冊

310000－0242－0009145　V47.2－12/7.15

景椿山房詩文集略二卷　(清)方鋮撰　清光緒十年(1884)刻本　一冊

310000－0242－0009146　V47.2－12/7.194B

尊小學齋文集六卷詩集一卷詩餘一卷家訓一卷附年譜一卷　(清)余治撰　清光緒九年(1883)刻本　二冊　存四卷(詩集一卷、詩餘一卷、家訓一卷、年譜一卷)

310000－0242－0009147　V47.2－12/7.200.2

飯珠軒遺集四卷末一卷　(清)法嘉蓀撰　清道光二十三年(1843)刻本　一冊

310000－0242－0009148　V47.2－12/7.393

善思齋文鈔九卷詩鈔七卷　(清)徐宗亮撰　清光緒桐城徐氏刻善思齋集本　二冊

310000－0242－0009149　V47.2－12/7.407B

集其清英集一卷　(清)許懋和撰　清光緒二年(1876)蘂照堂刻本　一冊

310000－0242－0009150　V47.2－12/7.449

湘麋閣遺集詩四卷蘭當詞二卷　(清)陶方琦撰　清光緒十九年(1893)湖北書局刻本　一冊

310000－0242－0009151　V47.2－12/7.449B

蓳江古文存四卷詩存三卷附錄二卷　(清)陶必銓撰　清嘉慶二十一年(1816)刻本　二冊

310000－0242－0009152　V47.2－12/7.491

貽穀堂稿四卷　(清)黃守謙等撰　清光緒二

十八年(1902)刻本　一冊

310000-0242-0009153　V47.2-12/7.556
雲逗樓集三卷　(清)楊度汪撰　清光緒六年
(1880)刻本　二冊

310000-0242-0009154　V47.2-12/7.568
飲香閣詩鈔一卷補一卷　(清)董寶鴻撰　清
光緒十四年(1888)刻本　一冊

310000-0242-0009155　V47.2-12/7.787
富春山館遺集二卷詩鈔一卷賦鈔一卷　(清)
嚴京治撰　清光緒二十四年(1898)龍川刻本
　一冊

310000-0242-0009156　V47.2-12/7.98
棣垞集四卷外集三卷　(清)朱啟連撰　清光
緒二十六年(1900)番禺刻本　二冊

310000-0242-0009157　V47.2-13/7.162
慈暉館詩詞草二卷　(清)阮思灤撰　清咸豐
四年(1854)武林范氏刻本　一冊

310000-0242-0009158　V47.2-13/7.162C2
慈暉館詩詞草二卷　(清)阮思灤撰　清咸豐
四年(1854)武林范氏刻本　一冊

310000-0242-0009159　V47.2-13/7.162B
楚中文筆二卷附錄一卷　(清)阮元撰　清同
治四年(1865)刻本　一冊

310000-0242-0009160　V47.2-13/7.211B
感秋集一卷詞一卷　(清)林黻楨撰　清宣統
元年(1909)鴻文恒記局鉛印本　一冊

310000-0242-0009161　V47.2-13/7.674
會心外集二卷　(清)劉一明撰　清光緒三年
(1877)上海翼化堂刻本　一冊

310000-0242-0009162　V47.2-13/7.674B
憷齋詩文鈔三卷　(清)劉廷枚撰　清光緒十
八年(1892)京師刻本　一冊

310000-0242-0009163　V47.2-14/7.200
夢湘樓梓餘草詩二卷詞一卷文一卷　(清)宗
婉撰　清光緒九年(1883)并省太軍廳刻本
　一冊

310000-0242-0009164　V47.2-14/7.343
翠螺閣詩詞稿五卷　(清)凌祉媛撰　舞鏡集
一卷　(清)丁丙撰　清咸豐四年(1854)延慶
堂丁氏刻本　二冊

310000-0242-0009165　V47.2-14/7.343C2
翠螺閣詩詞稿五卷　(清)凌祉媛撰　舞鏡集
一卷　(清)丁丙撰　清咸豐四年(1854)延慶
堂丁氏刻本　二冊

310000-0242-0009166　V47.2-14/7.428
暢園遺稿詩八卷詞二卷　(清)張邁撰　清光
緒三十年(1904)刻本　一冊

310000-0242-0009167　V47.2-14/7.523
翠巖詩文集一卷　(清)傅鈺撰　清光緒二十
二年(1896)嘉定高漱芳齋刻本　一冊

310000-0242-0009168　V47.2-14/7.556
蒔古齋吟稿二卷遺言一卷　(清)楊城書撰
清道光十三年(1833)刻本　一冊

310000-0242-0009169　V47.2-14/7.761
夢香草四卷　(清)魏蘭汀撰　清咸豐十年
(1860)魏氏得英書屋刻本　二冊

310000-0242-0009170　V47.2-14/7.791B
綠梅影樓詩詞存二卷　(清)顧翎撰　清光緒
十四年(1888)刻本　一冊

310000-0242-0009171　V47.2-14/7.80
綠窗庭課吟卷一卷詩餘一卷　(清)邱掌珠撰
　清光緒二十二年(1896)龍山邱園刻本　一
冊

310000-0242-0009172　V47.2-15/7.128
樂志簃集文四卷詩二卷詞一卷味經堂詩錄二
卷　(清)沈祥龍撰　清光緒二十六年(1900)
文墨齋刻本　二冊

310000-0242-0009173　V47.2-15/7.316
賜墨齋詩詞集詩二卷詞一卷　(清)姚念曾撰
　清光緒十六年(1890)金山程氏補讀書齋刻
本　一冊

310000-0242-0009174　V47.2-15/7.434
餘園詩詞稿八卷　(清)陸文鍵撰　清光緒十

六年(1890)樂志堂刻本　二冊

310000－0242－0009175　V47.2－15/7.509
趣園存稿四卷　（清）華廷傑撰　清後期刻本
二冊

310000－0242－0009176　V47.2－15/7.661
蓮因室遺集詩二卷詞一卷　（清）鄭蘭孫撰
清光緒元年(1875)刻本　一冊

310000－0242－0009177　V47.2－15/7.682.7
賜硯齋集四卷　（清）龔汝言撰　清道光十八
年(1838)刻本　二冊

310000－0242－0009178　V47.2－15/7.765
樂志堂詩略二卷文略四卷附錄一卷　（清）譚
瑩撰　清光緒六年(1880)南海譚宗浚刻本
三冊

310000－0242－0009179　V47.2－16/7.248
頤壽堂遺稿二卷　（清）周清鑒撰　清同治元
年(1862)蘇州刻本　一冊

310000－0242－0009180　V47.2－16/7.556
遲鴻軒偶存二卷　（清）楊峴撰　清光緒二年
(1876)吳門刻本　一冊

310000－0242－0009181　V47.2－16/7.615.5
禪餘集四卷　（清）釋毓金撰　清道光六年
(1826)刻本　一冊

310000－0242－0009182　V47.2－16/7.618
滄仙詩鈔四卷詞鈔四卷賦鈔一卷文鈔一卷
（清）熊璉撰　清嘉慶二年(1797)刻本　二冊

310000－0242－0009183　V47.2－16/7.674
灃蘭初稿二卷　（清）劉嗣富撰　清光緒三年
(1877)刻本　一冊

310000－0242－0009184　V47.2－16/7.705B
錢南園先生遺集五卷　（清）錢灃撰　清光緒
十九年(1893)浙江書局刻本　二冊

310000－0242－0009185　V47.2－16/7.77
錦霞閣詩詞集六卷　（清）包蘭瑛撰　清宣統
二年(1910)杭州刻本　二冊

310000－0242－0009186　V47.2－16/7.84

獨清閣詩詞鈔五卷　（清）江淑則撰　清咸豐
三年(1853)江氏刻本　一冊

310000－0242－0009187　V47.2－17/7.21
檗隖詩存二卷詞存一卷　王以敏撰　清光緒
刻本　一冊

310000－0242－0009188　V47.2－17/7.393
蒼葍花館詩詞集五卷　（清）徐鴻謨撰　清光
緒仁和徐氏刻香海盦叢書本　一冊

310000－0242－0009189　V47.2－17/7.428
環山樓詩文鈔二卷恥庵詩鈔一卷文鈔一卷
（清）張水容撰　清末刻本　一冊

310000－0242－0009190　V47.2－18/7.21
肇茝書屋詩詞遺稿二卷　（清）王謙撰　清光
緒三十三年(1907)刻本　一冊

310000－0242－0009191　V47.2－18/7.441
簡莊文鈔六卷續編二卷河莊詩鈔一卷新坂土
風一卷　（清）陳鱣撰　清光緒十四年(1888)
刻海昌叢載本　二冊

310000－0242－0009192　V47.2－18/7.613
韞山堂詩文集二十四卷　（清）管世銘撰　清
光緒二十年(1894)讀雪山房刻本　五冊

310000－0242－0009193　V47.2－19/7.420
籍書詩詞集五卷　（清）曹金籍撰　清同治十
二年(1873)名山堂刻本　一冊

310000－0242－0009194　V47.2－19/7.434
懷白軒初稿十五卷　（清）陸初望撰　清同治
五年(1866)皖城刻本　二冊

310000－0242－0009195　V47.2－19/7.650
懷亭集詩錄六卷詞錄二卷　（清）蔣學堅撰
清光緒二十一年(1895)刻本　二冊

310000－0242－0009196　V47.2－2/7.2B
十五弗齋詩存一卷文存一卷　（清）丁寶楨撰
清光緒二十年(1894)北京刻本　一冊

310000－0242－0009197　V47.2－2/7.33
二娛小廬詩鈔五卷詞鈔二卷　（清）尤維熊撰
清嘉慶十七年(1812)刻本　二冊

310000－0242－0009198　V47.2－20/7.312

繡墨軒詩詞稿二卷　(清)俞慶曾撰　清光緒二十三年(1897)刻本　一冊

310000－0242－0009199　V47.2－20/7.588

寶綸堂外集十二卷　(清)齊召南撰　清宣統三年(1911)掃葉山房石印本　一冊

310000－0242－0009200　V47.2－20/7.645

藻香館詩詞合鈔七卷　(清)鄧承宗撰　清宣統元年(1909)刻本　一冊

310000－0242－0009201　V47.2－20/7.787B

嚴太僕文集十二卷　(清)嚴虞惇撰　清光緒九年(1883)常熟西涇草堂嚴氏刻本　二冊

310000－0242－0009202　V47.2－21/7.62

鶴舫詩詞二卷　(清)石芝撰　清道光二十四年(1844)掃花山房刻本　一冊

310000－0242－0009203　V47.2－22/7.420

聽雲仙館詩賦鈔二卷　(清)曹樹原撰　清道光四年(1824)刻本　一冊

310000－0242－0009204　V47.2－22/7.622B

聽香室遺稿詩一卷簫紅詞一卷賦鈔一卷　(清)潘誠貴撰　清光緒五年(1879)刻本　一冊

310000－0242－0009205　V47.2－24/7.271

靈芝僊館詩鈔十二卷捲秋亭詞鈔二卷　(清)胡念修撰　清光緒二十七年(1901)刻鵠齋刻本　四冊

310000－0242－0009206　V47.2－24/7.393

靈素堂駢體文一卷詩鈔四卷　(清)徐錦撰　清光緒十二年(1886)徐氏刻本　一冊

310000－0242－0009207　V47.2－24/7.441

靈峯草堂集四種四卷　陳矩撰　清光緒貴陽陳氏刻本　一冊

310000－0242－0009208　V47.2－29/7.530

鬱華閣遺集四卷　(清)盛昱撰　清光緒二十八年(1902)刻朱印本　一冊

310000－0242－0009209　V47.2－29/7.530B

鬱華閣遺集詩三卷詞一卷　(清)盛昱撰　清光緒三十一年(1905)刻本　一冊

310000－0242－0009210　V47.2－29/7.530C

鬱華閣遺集詩三卷詞一卷　(清)盛昱撰　清光緒三十四年(1908)武昌留垞刻朱印本　一冊

310000－0242－0009211　V47.2－3/7.135

小海自定詩一卷黟山紀游一卷　(清)汪淮撰　清嘉慶九年(1804)刻本　一冊

310000－0242－0009212　V47.2－3/7.428

三省樓賸稿一卷　(清)張婉撰　清光緒三十三年(1907)鉛印本　一冊

310000－0242－0009213　V47.2－3/7.598

小松石齋詩文集五卷　(清)趙允懷撰　清光緒十五年(1889)刻本　四冊

310000－0242－0009214　V47.2－3/7.645

小雅樓詩文集十卷　(清)鄧方撰　清光緒二十六年(1900)鄧氏廣州刻本　五冊

310000－0242－0009215　V47.2－4/7.128

文咏樓詩鈔五卷虛白堂詞鈔一卷　(清)沈璧璭撰　環翠閣詩鈔一卷詞鈔一卷　(清)張介撰　清嘉慶十六年(1811)刻本　二冊

310000－0242－0009216　V47.2－4/7.128B

天鑒堂一集二卷首一卷　(清)沈近思撰　清光緒二十五年(1899)刻本　一冊

310000－0242－0009217　V47.2－4/7.393

日損齋文稿一卷詩稿一卷　(清)徐敦仁撰　清光緒十五年(1889)江西書局刻本　一冊

310000－0242－0009218　V47.2－4/7.499

比玉樓遺稿四卷　(清)黃振均撰　清光緒二十年(1894)甬江刻本　一冊

310000－0242－0009219　V47.2－4/7.705

丹魁書屋賸稿一卷　(清)錢福煒撰　清宣統元年(1909)木活字印本　一冊

310000－0242－0009220　V47.2－4/7.791

六是堂詩選一卷文稿略編一卷附錄一卷　(清)顧如華撰　清光緒十八年(1892)甄山書院刻本　一冊

310000－0242－0009221　V47.2－5/7.211

北征集一卷詞一卷　（清）林黻楨撰　清光緒
三十四年(1908)廣益印字館鉛印本　一冊

310000－0242－0009222　V47.2－5/7.300

世守拙齋詩存四卷　（清）范濂撰　清光緒二
十一年(1895)范濂洪都寓廬刻本　二冊

310000－0242－0009223　V47.2－5/7.441

白雲山人詩草不分卷　（清）陳桂撰　清同治
十年(1871)刻本　一冊

310000－0242－0009224　V47.2－5/7.527

古歡室詩詞集四卷　（清）曾懿撰　清光緒三
十年(1904)刻本　一冊

310000－0242－0009225　V47.2－5/7.61

左文襄公詩文別集五卷附聯語一卷　（清）左
宗棠撰　清宣統元年(1909)鉛印本　二冊

310000－0242－0009226　V47.2－6/7.151

西雲詩鈔四卷文鈔二卷　（清）李枝青撰　清
咸豐元年(1851)刻本　一冊

310000－0242－0009227　V47.2－6/7.21

竹韻樓詩鈔二卷琴趣一卷　（清）王淑撰　清
道光二十五年(1845)刻本　一冊

310000－0242－0009228　V47.2－6/7.428

月齋詩文集文集八卷詩集四卷　（清）張穆撰
清咸豐八年(1858)刻　四冊

310000－0242－0009229　V47.2－6/7.473

亦耕軒遺稿三卷　（清）童謙孟撰　清光緒十
三年(1887)慈東童氏刻本　一冊

310000－0242－0009230　V47.2－6/7.598

吉光片羽集一卷　（清）趙景賢撰　（清）陸用
儀編訂　溫次言詩一卷　（清）溫汝超撰　清
同治三年(1864)古堇梓香齋刻本　一冊

310000－0242－0009231　V47.2－6/7.654

西磧山房詩文錄二卷　（清）蔡復午撰　清道
光十二年(1832)成都刻本　一冊

310000－0242－0009232　V47.2－6/7.705

存雅堂詩存二卷雜著二卷　（清）錢祝祺撰
清光緒二十二年(1896)刻本　一冊

310000－0242－0009233　V47.2－6/7.801

如何是可齋外集二卷　（清）聾丞撰　清光緒
二十二年(1896)刻本　二冊

310000－0242－0009234　V47.2－6/7.98C

吉金樂石山房文集一卷續編一卷詩集二卷
（清）朱士端撰　棗花書屋詩集一卷　（清）朱
之璣撰　清同治三年(1864)刻春雨樓叢書本
二冊

310000－0242－0009235　V47.2－7/7.122

宋浣花詩詞合刊二卷　（清）宋志沂著　清同
治十二年(1873)李煒等刻本　一冊

310000－0242－0009236　V47.2－7/7.151B

李舍人遺集不分卷　（清）李結撰　清光緒二
十年(1894)刻本　一冊

310000－0242－0009237　V47.2－7/7.151C

李舍人遺集不分卷　（清）李結撰　清光緒二
十二年(1896)宗郪堂刻本　一冊

310000－0242－0009238　V47.2－7/7.164

吳徵君遺集二卷　（清）吳廷香撰　清同治二
年(1863)刻本　一冊

310000－0242－0009239　V47.2－7/7.332

我盦遺稿二卷　（清）高炳麟撰　清同治刻本
一冊

310000－0242－0009240　V47.2－7/7.428

穀盦燹賸二卷續集一卷補遺一卷　（清）張鴻
猷撰　清光緒二十年(1894)刻本　一冊

310000－0242－0009241　V47.2－7/7.428C2

穀盦燹賸二卷續集一卷補遺一卷　（清）張鴻
猷撰　清光緒二十年(1894)刻本　一冊

310000－0242－0009242　V47.2－7/7.765

希古堂駢文甲集二卷乙集六卷　（清）譚宗浚
撰　清光緒十六年(1890)羊城萃古堂刻本
四冊

310000－0242－0009243　V47.2－8/7.151

定性齋集一卷附蓮塘遺集一卷　（清）李憲嵩
撰　清光緒十二年(1886)西安刻李氏三先生
詩抄本　一冊

310000－0242－0009244　V47.2－8/7.164

佩秋閣遺稿四卷　（清）吳苣撰　清光緒十四年(1888)鍾氏刻本　一冊

310000－0242－0009245　V47.2－8/7.164C2

佩秋閣遺稿四卷　（清）吳苣撰　清光緒十四年(1888)鍾氏刻本　一冊

310000－0242－0009246　V47.2－8/7.211

味雪堂遺草二卷　（清）林賀峒撰　清光緒三十三年(1907)鉛印本　一冊

310000－0242－0009247　V47.2－8/7.225

青門賸稿八卷　（清）邵長蘅撰　清康熙刻本　二冊

310000－0242－0009248　V47.2－8/7.491

怡善堂賸稿二卷附錄一卷　（清）黃維煊撰　清光緒十九年(1893)補不足齋刻本　一冊

310000－0242－0009249　V47.2－8/7.556B

抱山草堂文存一卷詩存一卷　（清）楊寶彝撰　清光緒二年(1876)蘇州刻本　一冊

310000－0242－0009250　V47.2－8/7.622

花隱盦遺稿詩一卷詞一卷鴛湖日記一卷　（清）潘希甫撰　清光緒九年(1883)刻本　一冊

310000－0242－0009251　V47.2－8/7.650B

來青閣遺稿二卷　（清）蔣楷撰　清刻本　一冊

310000－0242－0009252　V47.2－8/7.731

青萍軒文錄二卷詩錄一卷　（清）薛福保撰　清光緒八年(1882)刻本　二冊

310000－0242－0009253　V47.2－9/7.115

風雨對吟齋詩詞鈔五卷　（清）任端良撰　清光緒十八年(1892)刻本　二冊

310000－0242－0009254　V47.2－9/7.128B

紅梅山館存稿一卷　（清）沈士編撰　清光緒二十九年(1903)刻本　一冊

310000－0242－0009255　V47.2－9/7.151

述舊三卷　（清）李福祚撰　清咸豐七年(1857)刻本　三冊

310000－0242－0009256　V47.2－9/7.248

范湖草堂遺稿六卷　（清）周閑撰　清光緒十九年(1893)木活字印本　二冊

310000－0242－0009257　V47.2－9/7.451

貞定先生遺集四卷附錄一篇　（清）莫與儔撰　清咸豐、光緒間刻影山草堂六種本　一冊

310000－0242－0009258　V47.2－9/7.486

南畇先生詩錄二卷文錄二卷　（清）彭定求撰　清同治十二年(1873)衣言堂刻本　二冊

310000－0242－0009259　V47.2－9/7.674

研秋齋詩略一卷文略二卷筆記二卷　（清）劉彥矩撰　清道光十七年(1837)五之堂刻本　二冊

310000－0242－0009260　V47.2－9/7.731

香聞遺集四卷　（清）薛起鳳撰　清光緒十一年(1885)湖北撫署刻本　一冊

310000－0242－0009261　V47.2－9/7.731B

香聞遺集四卷附錄一卷　（清）薛起鳳撰　清乾隆三十九年(1774)刻本　二冊

310000－0242－0009262　V47.2－9/7.787

柯家山館遺詩六卷詞三卷　（清）嚴元照撰　清嘉慶二十二年(1817)刻本　三冊

310000－0242－0009263　V47.3－1/7.21

一桂軒詩鈔二卷　（清）王李氏撰　清道光四年(1824)濟上東署不負齋刻本　一冊

310000－0242－0009264　V47.3－1/7.21B

一覽集三卷　（清）王揆撰　清康熙二十六年(1687)刻本　一冊

310000－0242－0009265　V47.3－1/7.393

一經軒詩存一卷　（清）徐鳳鳴撰　清光緒二十四年(1898)雲間木活字印本　一冊

310000－0242－0009266　V47.3－1/7.441

一漚吟館選集二卷　（清）陳崇光撰　清宣統二年(1910)懷荃室刻本　一冊

310000－0242－0009267　V47.3－1/7.9

一粟廬詩二稿四卷　（清）于源撰　清咸豐二年(1852)刻本　一冊

310000－0242－0009268　V47.3－10/7.128

桐響閣詩集六卷　（清）沈燮撰　清光緒十二年(1886)吳興侯氏刻本　一冊

310000－0242－0009269　V47.3－10/7.128B

桐響閣詩集六卷　（清）沈燮撰　清光緒二年(1876)夢溪懷清堂刻本　二冊

310000－0242－0009270　V47.3－10/7.128C

悅庵詩賸二卷　（清）沈敬學撰　清光緒三十二年(1906)刻本　一冊

310000－0242－0009271　V47.3－10/7.13

退思齋詩存二卷　（清）卞士雲撰　清咸豐九年(1859)刻本　一冊

310000－0242－0009272　SV47.3－10/7.135

容安齋詩集八卷　（清）汪應銓撰　清乾隆二十年(1755)瞿氏鐵琴銅劍樓刻本　二冊

310000－0242－0009273　V47.3－10/7.135A

借秋山居詩鈔八卷　（清）汪大經撰　清嘉慶九年(1804)刻本　一冊

310000－0242－0009274　V47.3－10/7.135C

容甫先生遺詩五卷附錄一卷　（清）汪中撰　清宣統二年(1910)鉛印本　一冊

310000－0242－0009275　V47.3－10/7.135F

容甫先生遺詩五卷附錄一卷　（清）汪中撰　清光緒十一年(1885)揚州述古齋木活字印本　二冊

310000－0242－0009276　V47.3－10/7.135B

茶磨山人詩集八卷　（清）汪芑撰　清光緒十年(1884)刻本　四冊

310000－0242－0009277　V47.3－10/7.135D

桐香館詩存二卷　（清）汪震撰　清光緒五年(1879)刻本　一冊

310000－0242－0009278　V47.3－10/7.135G

桃花潭館詩存一卷　（清）汪鎮撰　清光緒三十三年(1907)刻本　一冊

310000－0242－0009279　V47.3－10/7.135H

振綺堂詩存一卷附詩餘三首　（清）汪憲撰　清光緒十五年(1889)刻本　一冊

310000－0242－0009280　V47.3－10/7.15

退齋詩稿五卷　（清）方鼎銳撰　清宣統元年(1909)從吾書屋刻本　一冊

310000－0242－0009281　V47.3－10/7.151B

留春館吟草偶錄一卷　（清）李士林撰　清光緒三年(1877)刻本　一冊

310000－0242－0009282　V47.3－10/7.151C

韋廬詩外集四卷首一卷末一卷　（清）李秉禮撰　清嘉慶二十四年(1819)知稼堂刻本　二冊

310000－0242－0009283　V47.3－10/7.164

桐城吳先生詩集一卷　（清）吳汝綸撰　清光緒三十年(1904)吳氏刻本　一冊

310000－0242－0009284　V47.3－10/7.164A

退思齋詩集六卷附雜著一卷　（清）吳中彥撰　清光緒二十一年(1895)退思齋刻本　一冊

310000－0242－0009285　V47.3－10/7.164F

徐烈婦詩集一卷　（清）吳宗愛撰　清咸豐二年(1852)刻本　一冊

310000－0242－0009286　V47.3－10/7.164G

修月山房詩鈔四卷　（清）吳麗生撰　清光緒二十二年(1896)刻本　一冊

310000－0242－0009287　V47.3－10/7.178

草草草堂詩草二卷　（清）何仁山撰　清光緒十一年(1885)刻本　二冊

310000－0242－0009288　V47.3－10/7.223

翁山詩外十九卷　（清）屈大均撰　清宣統二年(1910)上海國學扶輪社鉛印本　十二冊

310000－0242－0009289　V47.3－10/7.223C2

翁山詩外十九卷　（清）屈大均撰　清宣統二年(1910)上海國學扶輪社鉛印本　十二冊　存十五卷(一至十五)

310000－0242－0009290　V47.3－10/7.237.36

晉齋詩存二卷　（清）昇寅撰　清咸豐四年(1854)刻本　二冊

310000－0242－0009291　V47.3－10/7.248

桐墊詩集四卷　（清）周起渭撰　清咸豐二年

(1852)貴陽文通書局石印本　一冊

310000－0242－0009292　V47.3－10/7.248C2
桐埜詩集四卷　（清）周起渭撰　清咸豐二年
(1852)貴陽文通書局石印本　二冊

310000－0242－0009293　V47.3－10/7.248D
留香室詩草四卷　（清）周志源撰　清光緒四
年(1878)上海刻本　一冊

310000－0242－0009294　V47.3－10/7.248C
恥白集一卷　（清）周光祖撰　清光緒五年
(1879)古虞連氏刻本　一冊

310000－0242－0009295　V47.3－10/7.266
偶仙詩鈔四卷　（清）祝懷真撰　清同治十一
年(1872)祝氏刻本　二冊

310000－0242－0009296　V47.3－10/7.271
峨嵋詩卷一卷附行記一卷　胡薇元撰　清光
緒刻本　一冊

310000－0242－0009297　V47.3－10/7.271B
乘槎小草一卷　（清）胡效騫撰　清光緒三十
二年(1906)木活字印本　一冊

310000－0242－0009298　V47.3－10/7.312
屑瓊集四卷　（清）俞廷瑛撰　清咸豐十一年
(1861)刻本　一冊

310000－0242－0009299　V47.3－10/7.332
茶夢盦劫後詩稿十二卷　（清）高望曾撰　清
同治九年(1870)福州刻本　四冊

310000－0242－0009300　V47.3－10/7.332C
笑方室初稿一卷　（清）高溥撰　清咸豐刻本
　一冊

310000－0242－0009301　V47.3－10/7.346
悅親樓詩集二十七卷　（清）祝德麟撰　清嘉
慶二年(1797)祝氏刻本　十二冊

310000－0242－0009302　V47.3－10/7.352
馬太史匡庵詩前集六卷　（清）馬世俊撰　清
光緒二十一年(1895)鉛印本　一冊

310000－0242－0009303　V47.3－10/7.359
袁忠節公遺詩補刻三卷水明樓集一卷朝隱卮

衍二卷　（清）袁昶撰　清宣統元年(1909)湛
然精舍鉛印本　一冊

310000－0242－0009304　V47.3－10/7.375
孫思奮遺詩一卷　（清）孫思奮撰　清光緒二
十六年(1900)章門刻本　一冊

310000－0242－0009305　V47.3－10/7.375B
孫秋士詩存一卷　（清）孫憲儀撰　清道光二
十八年(1848)敦夙好齋刻本　一冊

310000－0242－0009306　V47.3－10/7.393
茹芝山館詩鈔一卷　（清）徐鼎勳撰　長春花
館試帖一卷　（清）徐元璋撰　清光緒十四年
(1888)刻本　一冊

310000－0242－0009307　V47.3－10/7.393B
海天萍寄賸草一卷　（清）徐彬撰　三秀齋詩
鈔二卷詞鈔一卷　（清）鮑之芬撰　清光緒四
年(1878)刻本　一冊

310000－0242－0009308　V47.3－10/7.393D
淩秀軒詩鈔三卷　（清）徐夔撰　清咸豐七年
(1857)刻本　一冊

310000－0242－0009309　V47.3－10/7.393C
茶聲寄興一卷　（清）徐琪撰　清光緒二十年
(1894)廣東刻本　一冊

310000－0242－0009310　V47.3－10/7.407
真意齋詩存一卷　（清）許楣撰　清同治六年
(1867)揚州刻本　一冊

310000－0242－0009311　V47.3－10/7.428
退思軒詩集一卷附二卷　（清）張惟赤撰　清
宣統三年(1911)上海商務印書館鉛印本　一
冊

310000－0242－0009312　V47.3－10/7.428D
留松堂詩存三卷詩餘一卷　（清）張恩霨撰
清光緒刻本　一冊

310000－0242－0009313　V47.3－10/7.428A
桂馨堂集六種十三卷　（清）張廷濟撰　清道
光三十年(1850)清儀閣刻本　四冊

310000－0242－0009314　V47.3－10/7.428B
退思軒詩集六卷補遺一卷　（清）張百熙撰

清宣統三年(1911)武昌刻本　二冊

310000－0242－0009315　V47.3－10/7.428C

海鷗廬詩鈔九卷首一卷　(清)張應雲撰　清咸豐二年(1852)刻本　四冊

310000－0242－0009316　V47.3－10/7.428E

悔廬詩鈔四卷　(清)張崇蘭撰　清光緒二十三年(1897)刻悔廬全集本　二冊

310000－0242－0009317　V47.3－10/7.434

倩影樓遺稿詩一卷詞一卷　(清)陸舊撰　清同治二年(1863)皖南洪氏刻本　一冊

310000－0242－0009318　V47.3－10/7.434B

真息齋詩鈔四卷續鈔一卷　(清)陸費瑔撰　清光緒二十七年(1901)刻本　二冊

310000－0242－0009319　V47.3－10/7.441A

息盦騰稿詩二卷文二卷　(清)陳觀圻撰　清宣統三年(1911)公益印局鉛印本　四冊

310000－0242－0009320　V47.3－10/7.451

郘亭遺詩八卷　(清)莫友芝撰　清光緒元年(1875)刻影山草堂六種本　一冊

310000－0242－0009321　V47.3－10/7.454

桂一齋僅存稿一卷　(清)莊錦撰　清光緒二十三年(1897)刻本　一冊

310000－0242－0009322　V47.3－10/7.471

海秋詩集二十六卷　(清)湯鵬撰　清道光刻本　八冊

310000－0242－0009323　V47.3－10/7.491

訓真書屋詩存二卷　(清)黃國瑾撰　清光緒三十二年(1906)貴筑黃氏家塾刻本　二冊

310000－0242－0009324　V47.3－10/7.491B

煙霞閣詩一卷　(清)黃素撰　清乾隆元年(1736)刻本　一冊

310000－0242－0009325　V47.3－10/7.509

荔雨軒詩集三卷　(清)華翼綸撰　清光緒三年(1877)刻本　一冊

310000－0242－0009326　V47.3－10/7.527

桐鳳集一卷　(清)曾彥撰　清光緒十五年

(1889)蘇州書局刻本　一冊

310000－0242－0009327　V47.3－10/7.535B

益神智室詩集二卷　(清)程秉格撰　清光緒七年(1881)金山程氏補讀書齋刻本　一冊

310000－0242－0009328　V47.3－10/7.556

息笠庵詩集六卷　(清)楊韻撰　清光緒八年(1882)上海刻本　一冊

310000－0242－0009329　V47.3－10/7.575

狷齋遺稿五卷　(清)鄒志路撰　清同治八年(1869)刻本　一冊

310000－0242－0009330　V47.3－10/7.575C2

狷齋遺稿五卷　(清)鄒志路撰　清同治八年(1869)刻本　一冊

310000－0242－0009331　V47.3－10/7.606

退庵詩稿三卷　(清)聞福增撰　清光緒三十二年(1906)刻本　二冊

310000－0242－0009332　V47.3－10/7.622

倚紅樓詩草一卷　(清)潘淑正撰　清光緒二十六年(1900)枕湖樓刻本　一冊

310000－0242－0009333　V47.3－10/7.629.5

茗香書屋詩草二卷　(清)慶錫綸撰　翦紅閣詩草初集一卷二集一卷詩餘一卷　(清)張蓮馨撰　清宣統二年(1910)鉛印本　一冊

310000－0242－0009334　V47.3－10/7.647.6

悟禪詩鈔二卷　(清)閆邱慶鑾撰　清嘉慶二十五年(1820)惇敘堂刻本　一冊

310000－0242－0009335　V47.3－10/7.650

息影庵集外詩五卷　(清)蔣坦撰　清道光二十七年(1847)刻本　四冊

310000－0242－0009336　V47.3－10/7.650B

退結廬詩存稿三卷遺稿三卷　(清)蔣清瑞撰　清光緒三十四年(1908)刻本　一冊

310000－0242－0009337　V47.3－10/7.661

素心閣詩草二卷　(清)鄭蕙撰　清光緒九年(1883)刻本　一冊

310000－0242－0009338　V47.3－10/7.671B

息影山房詩鈔二卷　（清）黎兆琪撰　清光緒
九年（1883）遵義黎氏日本刻本　一冊

310000－0242－0009339　V47.3－10/7.671C
息影山房詩鈔四卷　（清）黎兆琪撰　清同治
二年（1863）寶珍樓刻本　一冊

310000－0242－0009340　V47.3－10/7.674
海峯先生詩集十卷　（清）劉大櫆撰　清光緒
二十五年（1899）刻本　二冊

310000－0242－0009341　V47.3－10/7.674B
師竹軒詩集四卷　（清）劉樹堂撰　清光緒十
五年（1889）天津書局石印本　二冊

310000－0242－0009342　V47.3－10/7.674C
眠琴山房詩鈔一卷　（清）劉從雅撰　清光緒
九年（1883）滇南刻本　一冊

310000－0242－0009343　V47.3－10/7.700
栖素山房詩鈔二卷　（清）盧廷棟撰　清嘉慶
十三年（1808）刻本　一冊

310000－0242－0009344　V47.3－10/7.705B
峰青館詩鈔七卷續鈔四卷　（清）錢國珍撰
清同治六年至光緒二年（1867－1876）刻本
三冊

310000－0242－0009345　V47.3－10/7.710
海門詩鈔八卷外集四卷附錄一卷　（清）鮑皋
輯　清宣統三年（1911）刻本　四冊

310000－0242－0009346　V47.3－10/7.710C2
海門詩鈔八卷外集四卷附錄一卷　（清）鮑皋
輯　清宣統三年（1911）刻本　二冊

310000－0242－0009347　V47.3－10/7.73
眠琴閣詩七卷詞一卷　（清）史悠咸撰　清光
緒二十年（1894）廣雅書局刻本　二冊

310000－0242－0009348　V47.3－10/7.730
珠光集四卷　（清）薩察倫撰　清宣統二年
（1910）福州一硯齋刻本　一冊

310000－0242－0009349　V47.3－10/7.795
留春山房集古詩鈔初集二卷二集二卷三集二
卷四集一卷　（清）龔璁撰　清道光二十九年
（1849）刻本　六冊

310000－0242－0009350　V47.3－10/7.84
浪游浪墨一卷　江峯青撰　清光緒三十三年
（1907）石印本　一冊

310000－0242－0009351　V47.3－10/7.98E
時敏室詩鈔一卷　（清）朱儀訓撰　清光緒刻
本　一冊

310000－0242－0009352　V47.3－10/7.98B
浣霞軒詩集三卷附過庭集一卷　（清）朱驤成
撰　清刻本　一冊

310000－0242－0009353　V47.3－10/7.98C
倚劍橫經室詩鈔一卷　（清）朱應江撰　清光
緒七年（1881）刻本　一冊

310000－0242－0009354　V47.3－10/7.98D
盈川小草三卷　（清）朱邕撰　清嘉慶十四年
（1809）刻本　一冊

310000－0242－0009355　V47.3－10/7.98F
桂之華軒詩集四卷　（清）朱銘盤撰　清光緒
三十四年（1908）翰墨林書局鉛印本　一冊

310000－0242－0009356　V47.3－11/7.128B
聊復爾齋詩存二卷　（清）沈杞撰　清光緒二
十六年（1900）種紙山房刻本　二冊

310000－0242－0009357　V47.3－11/7.144
寄影軒詩鈔四卷終一卷　（清）志潤撰　清光
緒三十年（1904）上海新昌書局鉛印本　四冊

310000－0242－0009358　V47.3－11/7.145
梅隱詩鈔三卷詠史詩鈔二卷　（清）車林撰
清咸豐元年（1851）宋氏湖東山房刻本　一冊

310000－0242－0009359　V47.3－11/7.151
船山詩注釋二十卷　（清）李岑注　清同治九
年（1870）席珍山館刻本　十六冊

310000－0242－0009360　V47.3－11/7.151B
梅花百詠一卷　（清）李碻撰　清宣統二年
（1910）華雲閣鉛印本　一冊

310000－0242－0009361　V47.3－11/7.164
黃葉邨莊詩集八卷續集一卷後集一卷　（清）
吳之振撰　清光緒四年（1878）吳壽康刻本
十冊

310000－0242－0009362　V47.3－11/7.164A

梅村集二十卷　（清）吳偉業撰　清光緒二十五年(1899)弇山鐸署刻本　四冊

310000－0242－0009363　V47.3－11/7.164B

梅村詩集箋注十八卷　（清）吳偉業撰　（清）吳翌鳳注　清嘉慶十九年(1814)滄浪吟榭刻本　八冊

310000－0242－0009364　V47.3－11/7.164BC2

梅村詩集箋注十八卷　（清）吳偉業撰　（清）吳翌鳳注　清嘉慶十九年(1814)滄浪吟榭刻本　八冊

310000－0242－0009365　V47.3－11/7.164C

梅村家藏藁五十八卷補遺一卷年譜四卷　（清）吳偉業撰　清宣統三年(1911)武進董氏誦芬室刻本　八冊

310000－0242－0009366　V47.3－11/7.164C2

黃葉邨莊詩集八卷續集一卷後集一卷　（清）吳之振撰　清光緒四年(1878)吳壽康刻本　四冊

310000－0242－0009367　V47.3－11/7.164C3

黃葉邨莊詩集八卷續集一卷後集一卷　（清）吳之振撰　清光緒四年(1878)吳壽康刻本　四冊

310000－0242－0009368　V47.3－11/7.164F

涵翠閣吟稿四卷　（清）吳均撰　清宣統二年(1910)鉛印本　二冊

310000－0242－0009369　V47.3－11/7.21F

菫廬遺稿二卷　（清）王賓基撰　清宣統二年(1910)鉛印本　一冊

310000－0242－0009370　V47.3－11/7.21A

虛受堂詩存十五卷　王先謙撰　清光緒二十八年(1902)平江蘇氏刻本　三冊

310000－0242－0009371　V47.3－11/7.21B

崇禎宮詞不分卷　（清）王譽昌撰　清康熙三十一年(1692)刻本　一冊

310000－0242－0009372　V47.3－11/7.21C

紫蘋館續詩鈔一卷　（清）王永年撰　清光緒

三十三年(1907)鉛印本　二冊

310000－0242－0009373　V47.3－11/7.248

清籟館詩稿一卷　（清）周綵撰　清紅豆山房抄本　一冊

310000－0242－0009374　V47.3－11/7.248B

紫垣詩稿一卷　（清）周慶奎撰　清刻本　一冊

310000－0242－0009375　V47.3－11/7.260

清虛詩集二卷　（清）洪中和撰　清光緒二十四年(1898)刻本　二冊

310000－0242－0009376　V47.3－11/7.265

通雅堂詩鈔十卷續集二卷　（清）施山撰　清光緒元年(1875)荊州刻本　二冊

310000－0242－0009377　V47.3－11/7.265B

聊復軒詩存一卷詩餘附存一卷　施贊唐撰　清宣統元年(1909)刻本　一冊

310000－0242－0009378　V47.3－11/7.265C

聊復軒詩存一卷附詩餘一卷　施贊唐撰　清宣統三年(1911)鉛印本　二冊

310000－0242－0009379　V47.3－11/7.265D

寄廬梅花詩一卷　（清）施洪烈撰　清宣統二年(1910)華雲閣鉛印本　一冊

310000－0242－0009380　V47.3－11/7.271

巢雲山館遺稿一卷　（清）胡嗣曾撰　清光緒八年(1882)刻本　一冊

310000－0242－0009381　V47.3－11/7.300

訥齋詩稿八卷　（清）范廷諤撰　清光緒十七年(1891)甬上范氏刻本　二冊

310000－0242－0009382　V47.3－11/7.300B

問園遺集一卷　（清）范元亨撰　清咸豐七年(1857)南昌刻本　一冊

310000－0242－0009383　V47.3－11/7.300C

帳墨居詩鈔一卷　（清）范其駿撰　清光緒十六年(1890)刻本　一冊

310000－0242－0009384　V47.3－11/7.316

絃詩塾詩六卷　（清）姚清華撰　清光緒七年

(1881)刻本　二冊

310000－0242－0009385　V47.3－11/7.316A
通藝閣詩錄八卷續錄八卷三錄八卷和陶集三卷遺編一卷　（清）姚椿撰　清道光、咸豐間刻本　四冊

310000－0242－0009386　V47.3－11/7.316AC2
通藝閣詩錄八卷續錄八卷三錄八卷　（清）姚椿撰　清道光、咸豐間刻本　七冊

310000－0242－0009387　V47.3－11/7.316B
惜抱軒詩集十卷後集一卷外集一卷　（清）姚鼐撰　清嘉慶三年(1798)刻本　二冊

310000－0242－0009388　V47.3－11/7.316C
通藝閣和陶集三卷樗寮詩話三卷　（清）姚椿撰　清道光二十九年(1849)姚氏刻本　二冊

310000－0242－0009389　V47.3－11/7.316D
通藝閣詩錄八卷　（清）姚椿撰　清道光十三年(1833)刻本　一冊

310000－0242－0009390　V47.3－11/7.316D(519362)
通藝閣詩錄八卷　（清）姚椿撰　清道光十三年(1833)刻本　二冊

310000－0242－0009391　V47.3－11/7.316E
陶然詩勤一卷　（清）姚潛撰　清宣統元年(1909)鉛印本　一冊

310000－0242－0009392　V47.3－11/7.322
紫滄遺稿一卷　（清）段廣瀛撰　清宣統二年(1910)鉛印本　一冊

310000－0242－0009393　V47.3－11/7.346B
堅香小隱遺詩選本一卷　（清）祝有琳撰　清同治三年(1864)刻本　一冊

310000－0242－0009394　V47.3－11/7.370
培風閣詩鈔四卷　（清）夏疇撰　清光緒十一年(1885)萬載官舍刻本　一冊

310000－0242－0009395　V47.3－11/7.393E
梅花山館詩鈔一卷首一卷　（清）徐光發撰　清光緒三十二年(1906)鐵沙徐氏怡安堂石印本　二冊

310000－0242－0009396　V47.3－11/7.393B
晚香閣詩集四卷詩餘一卷　（清）徐文炳撰　清光緒十三年(1887)刻本　二冊

310000－0242－0009397　V47.3－11/7.393F
寄生山館詩賸一卷附瘦玉詞鈔一卷　（清）徐士怡撰　清光緒十二年(1886)刻本　一冊

310000－0242－0009398　V47.3－11/7.406
紫藤蘿吟館遺集一卷　（清）章婉儀撰　悼亡詩一卷　（清）華文匯撰　清光緒二十二年(1896)吉陽刻本　一冊

310000－0242－0009399　V47.3－11/7.407
雪門詩草十四卷　（清）許瑤光撰　清同治十三年(1874)刻本　六冊

310000－0242－0009400　V47.3－11/7.412
聊復集三卷　（清）郭綏之撰　清同治六年(1867)刻本　一冊

310000－0242－0009401　V47.3－11/7.420
琅軒詩稿二卷　（清）曹耀燦撰　清同治十二年(1873)刻本　一冊

310000－0242－0009402　V47.3－11/7.420B
曼志堂遺稿二卷　（清）曹壽銘撰　清同治九年(1870)甬上鐵耕齋刻本　一冊

310000－0242－0009403　V47.3－11/7.428
船山詩草二十卷　（清）張問陶撰　清嘉慶二十年(1815)刻本　十二冊

310000－0242－0009404　V47.3－11/7.428C3
船山詩草二十卷　（清）張問陶撰　清嘉慶二十年(1815)刻本　十六冊

310000－0242－0009405　V47.3－11/7.428A
張南山全集十二種　（清）張維屏撰　清刻本　一冊　存四集(松心詩己至壬)

310000－0242－0009406　V47.3－11/7.428B
張文襄公詩集四卷　（清）張之洞撰　清宣統二年(1910)刻本　一冊

310000－0242－0009407　V47.3－11/7.428C
通隱堂詩存四卷　（清）張京度撰　清同治六年(1867)五百梅花艸堂刻本　一冊

310000－0242－0009408　V47.3－11/7.428E

崇蘭堂詩初存十卷　（清）張預撰　清光緒二十年(1894)刻本　二冊

310000－0242－0009409　V47.3－11/7.428EC2

崇蘭堂詩初存十卷　（清）張預撰　清光緒二十年(1894)刻本　二冊

310000－0242－0009410　V47.3－11/7.428F

得真趣齋詩鈔二卷　（清）張聲駿撰　清光緒十年(1884)刻本　一冊

310000－0242－0009411　V47.3－11/7.428H

張文節公遺集二卷　（清）張洵撰　清同治十一年(1872)滂喜齋刻本　一冊

310000－0242－0009412　V47.3－11/7.428I

習靜樓詩草四卷　（清）張鯤撰　清同治六年(1867)刻本　一冊

310000－0242－0009413　V47.3－11/7.428J

紫硯山房詩稿續稿一卷　（清）張瀷撰　清末刻本　一冊

310000－0242－0009414　V47.3－11/7.428M

得天居士集六卷　（清）張照撰　清刻本　一冊

310000－0242－0009415　V47.3－11/7.434

清燕堂詩存一卷　（清）陸潢撰　清宣統三年(1911)刻本　一冊

310000－0242－0009416　V47.3－11/7.441

清味齋存稿二卷　（清）陳晉元撰　清道光十五年(1835)刻本　二冊

310000－0242－0009417　V47.3－11/7.441A

晚晴軒詩存五卷　（清）陳文田撰　清光緒七年(1881)京都梓文齋刻本　一冊

310000－0242－0009418　V47.3－11/7.441B

晚晴書屋詩鈔二卷　（清）陳春曉撰　清道光十九年(1839)刻本　二冊

310000－0242－0009419　V47.3－11/7.441C

裛碧齋詩集一卷附詞一卷　（清）陳銳撰　清光緒十二年(1886)北京刻本　一冊

310000－0242－0009420　V47.3－11/7.441F

陳一齋先生詩集六卷　（清）陳梓撰　清宣統三年(1911)上海國學扶輪社鉛印張氏適園叢書初集本　一冊

310000－0242－0009421　V47.3－11/7.441H

晚香館遺詩一卷　（清）陳菊貞撰　（清）蔣宗城輯　清光緒吳縣蔣氏刻本　一冊

310000－0242－0009422　V47.3－11/7.449

清綺軒詩剩一卷　（清）陶安生撰　清同治八年(1869)刻本　一冊

310000－0242－0009423　V47.3－11/7.454

虛一齋集五卷　（清）莊培因撰　清光緒九年(1883)刻本　二冊

310000－0242－0009424　V47.3－11/7.454B

清吟齋遺詩一卷　（清）莊其坤撰　清光緒二十四年(1898)壽愷堂刻本　一冊

310000－0242－0009425　V47.3－11/7.454C2

虛一齋集五卷　（清）莊培因撰　清光緒九年(1883)刻本　二冊

310000－0242－0009426　V47.3－11/7.462

崔翰林遺集二卷附錄　（清）崔舜球撰　清光緒十四年(1888)刻本　一冊

310000－0242－0009427　V47.3－11/7.462(517102)

崔翰林遺集二卷附錄　（清）崔舜球撰　清光緒十四年(1888)刻本　一冊

310000－0242－0009428　V47.3－11/7.466

清抱居詩稿一卷附一卷　（清）畢庭傑撰　清光緒二十四年(1898)刻本　一冊

310000－0242－0009429　V47.3－11/7.471

紫筠軒詩略五卷　（清）湯清玉撰　清咸豐六年(1856)仁山堂刻本　一冊

310000－0242－0009430　V47.3－11/7.483

健飛閣詩集一卷　（清）雲韶撰　清刻本　一冊

310000－0242－0009431　V47.3－11/7.491B

莫宦草一卷　黃壽袞撰　清光緒二十五年(1899)刻本　一冊

310000 – 0242 – 0009432   V47.3 – 11/7.491A

逢吉堂焚餘稿一卷　（清）黃錫深撰　清光緒
三十年(1904)刻本　一冊

310000 – 0242 – 0009433   V47.3 – 11/7.491AC2

逢吉堂焚餘稿一卷　（清）黃錫深撰　清光緒
三十年(1904)刻本　一冊

310000 – 0242 – 0009434   V47.3 – 11/7.522

瓶水齋詩集十七卷附別集二卷詩話一卷
（清）舒位撰　清光緒十三年(1887)刻本　十
八冊

310000 – 0242 – 0009435   V47.3 – 11/7.522C2

瓶水齋詩集十七卷附別集二卷詩話一卷
（清）舒位撰　清光緒十三年(1887)刻本　八
冊

310000 – 0242 – 0009436   V47.3 – 11/7.522C3

瓶水齋詩集十七卷附別集二卷詩話一卷
（清）舒位撰　清光緒十三年(1887)刻本　八
冊

310000 – 0242 – 0009437   V47.3 – 11/7.527B

啞然絕句詩一卷　（清）曾衍東撰　清刻本
一冊

310000 – 0242 – 0009438   V47.3 – 11/7.556C

晚香齋詩存五卷　（清）楊嘉撰　清光緒二十
二年(1896)茸城刻本　二冊

310000 – 0242 – 0009439   V47.3 – 11/7.566

寄菴詩鈔二卷　（清）葛其龍撰　清光緒四年
(1878)刻本　一冊

310000 – 0242 – 0009440   V47.3 – 11/7.568

偶存集一卷　（清）董貽清撰　清同治十一年
(1872)刻本　一冊

310000 – 0242 – 0009441   V47.3 – 11/7.622

惜陰軒詩草一卷　（清）潘煊撰　清光緒十二
年(1886)刻本　一冊

310000 – 0242 – 0009442   V47.3 – 11/7.645

清足居集一卷附蕉窗詞一卷　（清）鄧瑜撰
清光緒二十三年(1897)諸氏刻本　一冊

310000 – 0242 – 0009443   V47.3 – 11/7.650

望益軒詩存三卷附詞一卷　（清）蔣國楨撰
清光緒二十六年(1900)章江刻本　一冊

310000 – 0242 – 0009444   V47.3 – 11/7.650B

荻華堂詩存二卷附錄一卷　（清）蔡琳撰　清
光緒二十一年(1895)丹陽束氏刻本　一冊

310000 – 0242 – 0009445   V47.3 – 11/7.654

晚香書屋詩存二卷　（清）蔡九齡撰　清道光
二年(1822)刻本　一冊

310000 – 0242 – 0009446   V47.3 – 11/7.661

巢經巢詩鈔九卷附後集　（清）鄭珍撰　清咸
豐四年(1854)刻本　二冊

310000 – 0242 – 0009447   V47.3 – 11/7.661C2

巢經巢詩鈔九卷附後集　（清）鄭珍撰　清咸
豐四年(1854)刻本　二冊

310000 – 0242 – 0009448   V47.3 – 11/7.663

雪淋遺詩一卷續刻一卷　（清）釋德亮撰　清
道光元年(1821)柳樹芳養餘齋刻本　一冊

310000 – 0242 – 0009449   V47.3 – 11/7.665

通父詩存四卷詩存之餘二卷　（清）魯一同撰
清咸豐九年(1859)刻本　二冊

310000 – 0242 – 0009450   V47.3 – 11/7.705B

研雲堂詩六卷　（清）錢以塏撰　清康熙四十
年(1701)刻本　一冊

310000 – 0242 – 0009451   V47.3 – 11/7.717

荻灘詩稿十二卷　（清）謝鴻撰　清嘉慶五年
(1800)春草堂刻本　二冊

310000 – 0242 – 0009452   V47.3 – 11/7.717A

麻園遺集一卷附覡廬初稿一卷　（清）謝烺樞
撰　清宣統元年(1909)圖書集成公司鉛印本
一冊

310000 – 0242 – 0009453   V47.3 – 11/7.722

寄紅生詩存二卷　（清）韓逢源撰　清道光二
十一年(1841)刻本　一冊

310000 – 0242 – 0009454   V47.3 – 11/7.741

望眉草堂詩集八卷　（清）顏嗣徽撰　清光緒
十九年(1893)古築顏氏刻本　一冊

310000－0242－0009455　V47.3－11/7.765

莽蒼蒼齋詩二卷　（清）譚嗣同撰　清光緒二十三年（1897）金陵石印本　一冊

310000－0242－0009456　V47.3－11/7.790.4

掃葉詩存二卷　（清）釋悟恟撰　清光緒元年（1875）刻本　一冊

310000－0242－0009457　V47.3－11/7.794.3

梅庵詩鈔五卷　（清）鐵保撰　清嘉慶十年（1805）刻本　二冊

310000－0242－0009458　V47.3－11/7.84

巢溪詩草一卷　（清）江紹華撰　清同治七年（1868）刻本　一冊

310000－0242－0009459　V47.3－11/7.9

都梁草二卷首一卷補遺一卷和竹如意齋唱和集一卷　（清）于養源撰　清光緒十九年至三十二年（1893－1906）于氏家刻本　一冊

310000－0242－0009460　V47.3－11/7.98E

清明百詠一卷　（清）朱葆儒撰　清光緒三十一年（1905）刻本　一冊

310000－0242－0009461　V47.3－11/7.98F

匏葉山莊稿一卷　（清）朱宸撰　清康熙刻本　一冊

310000－0242－0009462　V47.3－11/7.98B

健初詩鈔四卷附文鈔一卷　（清）朱光暄撰　清光緒二十三年（1897）朱氏十三古印齋刻本　二冊

310000－0242－0009463　V47.3－11/7.98C

虛白山房詩集四卷　（清）朱鳳毛撰　清光緒二十五年（1899）番禺端溪書院刻本　一冊

310000－0242－0009464　V47.3－11/7.98D

晚香閣詩鈔二卷附錄餘一卷　（清）朱清遠撰　清光緒四年（1878）刻本　一冊

310000－0242－0009465　V47.3－11/7.98G

愓庵詩存一卷附朱銘傳一卷　（清）朱元理撰　清光緒二十年（1894）刻本　一冊

310000－0242－0009466　V47.3－12/7.121.9

逸園初集三卷　（清）完顏守典撰　清光緒十九年（1893）刻本　一冊

310000－0242－0009467　V47.3－12/7.122

湖東第一山詩鈔五卷　（清）宋棠撰　清同治八年（1869）刻本　一冊

310000－0242－0009468　V47.3－12/7.128

集古梅花詩二卷附遺詩二卷　（明）沈行撰　清光緒二十三年（1897）刻武林往哲遺著本　一冊

310000－0242－0009469　V47.3－12/7.178B

疏景軒遺草二卷　（清）何玉瑛撰　清嘉慶十九年（1814）福州睫巢書屋刻本　一冊

310000－0242－0009470　V47.3－12/7.15

琴言閣詩錄一卷　（清）方掌珍撰　清光緒二十年（1894）潘靜儉堂刻本　一冊

310000－0242－0009471　V47.3－12/7.151C

舒嘯樓詩彙四卷試帖二卷　（清）李曾裕撰　清光緒六年（1880）刻本　三冊

310000－0242－0009472　V47.3－12/7.151CC2

舒嘯樓詩彙四卷試帖二卷　（清）李曾裕撰　清光緒六年（1880）刻本　二冊

310000－0242－0009473　V47.3－12/7.151E

菁江詩鈔一卷　（清）李聖就撰　清光緒三十四年（1908）鉛印本　一冊

310000－0242－0009474　V47.3－12/7.151D

貳友山房賸稿一卷　（清）李璪華撰　留春閣遺草一卷　（清）黃婉琳撰　清光緒十七年（1891）長沙會垣刻本　一冊

310000－0242－0009475　V47.3－12/7.164B

硯壽堂詩鈔八卷附詩餘一卷續鈔二卷附詩餘一卷　（清）吳存楷撰　清光緒十二年（1886）鄂垣刻本　二冊

310000－0242－0009476　V47.3－12/7.164C

硯山堂集八卷　（清）吳泰來撰　清嘉慶刻本　二冊

310000－0242－0009477　V47.3－12/7.170

勞生草二卷　（清）呂傳愷撰　清光緒三十一年（1905）刻抱經堂集本　一冊

310000－0242－0009478　V47.3－12/7.178

詞苑珠塵一卷　（清）何震彝撰　清光緒三十三年(1907)鉛印本　一冊

310000－0242－0009479　V47.3－12/7.178C2

詞苑珠塵一卷　（清）何震彝撰　清光緒三十三年(1907)鉛印本　一冊

310000－0242－0009480　V47.3－12/7.18

雲起軒詩錄一卷　（清）文廷式撰　清光緒三十四年(1908)鉛印本　一冊

310000－0242－0009481　V47.3－12/7.21

湘綺樓詩集十四卷　王闓運撰　清光緒三十三年(1907)東洲講舍刻本　四冊

310000－0242－0009482　V47.3－12/7.21C2

湘綺樓詩集十四卷　王闓運撰　清光緒三十三年(1907)東洲講舍刻本　一冊

310000－0242－0009483　V47.3－12/7.21D

棲碧山莊詩草四卷　（清）王震階撰　清光緒三十三年(1907)上海商務印書館鉛印本　一冊

310000－0242－0009484　V47.3－12/7.21E

缾室詩卷一卷　（清）王景曾撰　清宣統三年(1911)鉛印本　一冊

310000－0242－0009485　V47.3－12/7.211

雲左山房詩鈔八卷附一卷　（清）林則徐撰　清光緒十二年(1886)福州林氏刻本　一冊

310000－0242－0009486　V47.3－12/7.211C2

雲左山房詩鈔八卷附一卷　（清）林則徐撰　清光緒十二年(1886)福州林氏刻本　二冊

310000－0242－0009487　V47.3－12/7.211C4

雲左山房詩鈔八卷附一卷　（清）林則徐撰　清刻本　二冊

310000－0242－0009488　V47.3－12/7.211B

集材詩集一卷　（清）林翹楚撰　江南草一卷　勸吟雜詠一卷　（清）林莊撰　清宣統三年(1911)林氏太平可園鉛印本　一冊

310000－0242－0009489　V47.3－12/7.211D

雲臥樓詩一卷　（清）林嵩堯撰　清光緒二十

六年(1900)刻本　一冊

310000－0242－0009490　V47.3－12/7.21A

淵雅堂編年詩藁十八卷外集二卷　（清）王芑孫撰　清嘉慶八年(1803)刻本　十五冊

310000－0242－0009491　V47.3－12/7.21B

詒安堂初稿八卷二稿八卷　（清）王慶勳撰　清咸豐三年(1853)刻本　四冊

310000－0242－0009492　V47.3－12/7.21C

無止境初存稿六卷集外詩一卷　（清）王相撰　清咸豐四年(1854)刻本　一冊

310000－0242－0009493　V47.3－12/7.21F

棟萼山房試帖四卷首一卷　（清）王葆修撰　清同治十二年(1873)刻本　二冊

310000－0242－0009494　V47.3－12/7.255

絳雪絃詞一卷　（清）岳障東撰　清光緒三十三年(1907)鉛印本　一冊

310000－0242－0009495　V47.3－12/7.255B

菊照山房近稿三卷　（清）岳鴻振撰　清嘉慶十年(1805)刻本　一冊

310000－0242－0009496　V47.3－12/7.265

雲樵詩賸一卷　（清）施峻撰　清光緒十二年(1886)刻本　一冊

310000－0242－0009497　V47.3－12/7.265C2

通雅堂詩鈔十卷續集二卷　（清）施山撰　清光緒元年(1875)荊州刻本　二冊

310000－0242－0009498　V47.3－12/7.300

焚餘草存二卷　（清）范薇撰　清光緒二十四年(1898)刻本　一冊

310000－0242－0009499　V47.3－12/7.300C2

焚餘草存二卷　（清）范薇撰　清光緒二十四年(1898)刻本　一冊

310000－0242－0009500　V47.3－12/7.300C3

焚餘草存二卷　（清）范薇撰　清光緒二十四年(1898)刻本　一冊

310000－0242－0009501　V47.3－12/7.332

復齋詩鈔一卷　（清）高登奎撰　清光緒二十

九年(1903)華雲閣鉛印本　一冊

310000－0242－0009502　V47.3－12/7.332B

貽硯堂詩集二卷　(清)高光煦撰　清光緒十五年(1889)刻本　一冊

310000－0242－0009503　V47.3－12/7.337

逸子詩集八卷　(清)唐員撰　清同治二年(1863)刻本　二冊

310000－0242－0009504　V47.3－12/7.347

敦艮齋詩存三卷　(清)秦茂林撰　清光緒十三年(1887)刻本　一冊

310000－0242－0009505　V47.3－12/7.349

皖碧吟一卷　(清)耕石老農撰　清咸豐三年(1853)刻本　一冊

310000－0242－0009506　V47.3－12/7.363

蒬菴退叟詩賸一卷　(清)耿蒼齡撰　清光緒三十年(1904)石印本　一冊

310000－0242－0009507　V47.3－12/7.375

復見心齋詩草六卷　(清)孫人鳳撰　清光緒四年(1878)刻本　一冊

310000－0242－0009508　V47.3－12/7.375C

湘雪軒詩四卷　(清)孫克依撰　清光緒十六年(1890)淮南孫氏刻本　二冊

310000－0242－0009509　V47.3－12/7.389.1

敝帚集二卷　(清)恩孚撰　清同治五年(1866)刻本　二冊

310000－0242－0009510　V47.3－12/7.393

敦艮吉齋詩存二卷　(清)徐子苓撰　清同治五年(1866)刻本　二冊

310000－0242－0009511　V47.3－12/7.393C

疎影山莊吟稿一卷　(清)徐人傑撰　清咸豐九年(1859)刻本　一冊

310000－0242－0009512　V47.3－12/7.393D

壺園詩鈔選十卷五代新樂府一卷　(清)徐寶善撰　清道光十一年(1831)刻本　一冊

310000－0242－0009513　V47.3－12/7.428

飲水詩詞集二卷附粵西筆述一卷會典簡明錄

一卷　(清)張祥河輯　清刻本　三冊

310000－0242－0009514　V47.3－12/7.428A

寒松閣詩四卷　(清)張鳴珂撰　清光緒十九年(1893)刻本　一冊

310000－0242－0009515　V47.3－12/7.428C

晴嵐詩存七卷　(清)張若靄撰　清光緒刻本　二冊

310000－0242－0009516　V47.3－12/7.428B

敦風堂集二卷　(清)張承頤撰　清同治十二年(1873)刻本　一冊

310000－0242－0009517　V47.3－12/7.428E

寒松晚翠堂外集四卷　(清)張元度撰　清光緒十七年(1891)陽湖刻本　一冊

310000－0242－0009518　V47.3－12/7.428F

寒松老人懷人感舊詩一卷附駢體文一卷續一卷　(清)張鳴珂撰　清光緒三十年(1904)刻本　一冊

310000－0242－0009519　V47.3－12/7.428G

等閒集詩鈔一卷　(清)張敬謂撰　清光緒十九年(1893)長沙學院刻本　一冊

310000－0242－0009520　V47.3－12/7.434B

菜香書屋詩草一卷　(清)陸以耕撰　清光緒二十二年(1896)刻本　一冊

310000－0242－0009521　V47.3－12/7.441A

琴海集二卷　(清)陳玉鄰撰　清光緒二十一年(1895)刻本　一冊

310000－0242－0009522　V47.3－12/7.441C

量齋詩鈔二卷　(清)陳昌綸撰　清光緒二十一年(1895)皖江刻本　一冊

310000－0242－0009523　V47.3－12/7.441D

勝蓮花室詩鈔六卷　(清)陳翰芬撰　清光緒十八年(1892)刻本　一冊

310000－0242－0009524　V47.3－12/7.441E

補愚詩存不分卷　(清)陳慶甲撰　清宣統三年(1911)石印本　一冊

310000－0242－0009525　V47.3－12/7.471

琴隱園詩集三十六卷詞集四卷　(清)湯貽汾撰　清同治十三年(1874)刻本　二十冊

310000－0242－0009526　V47.3－12/7.471C2

琴隱園詩集三十六卷詞集四卷　(清)湯貽汾撰　清同治十三年(1874)刻本　八冊

310000－0242－0009527　V47.3－12/7.471B

琴舫詩草一卷　(清)湯籥撰　清同治八年(1869)刻本　一冊

310000－0242－0009528　V47.3－12/7.477

鈍吟集三卷　(清)馮班撰　清光緒三十四年(1908)問影樓鉛印本　一冊

310000－0242－0009529　V47.3－12/7.477A

馮舍人遺詩六卷　(清)馮廷櫆撰　清光緒三十四年(1908)問影樓鉛印本　一冊

310000－0242－0009530　V47.3－12/7.486

測海集六卷　(清)彭紹升撰　清同治四年(1865)刻本　二冊

310000－0242－0009531　V47.3－12/7.486C2

測海集六卷　(清)彭紹升撰　清同治四年(1865)刻本　二冊

310000－0242－0009532　V47.3－12/7.491B

湘中吟草一卷　(清)黃士元撰　清道光刻本　一冊

310000－0242－0009533　V47.3－12/7.491C

菽蘭山館詩存一卷詩餘一卷附錄一卷　(清)黃家鼐撰　清光緒二十二年(1896)刻黃氏家集本　一冊

310000－0242－0009534　V47.3－12/7.527B

曾文正公詩文集六卷　(清)曾國藩撰　清光緒二年(1876)傳忠書局刻本　四冊

310000－0242－0009535　V47.3－12/7.527C

曾文正公詩稿四卷　(清)曾國藩撰　清同治十二年(1873)凌雲書屋刻本　二冊

310000－0242－0009536　V47.3－12/7.533

筆花書屋詩鈔二卷　(清)嵇文駿撰　清同治九年(1870)刻本　二冊

310000－0242－0009537　V47.3－12/7.551

粵西集一卷　(清)賈敦臨撰　清宣統二年(1910)華雲閣鉛印本　一冊

310000－0242－0009538　V47.3－12/7.556B

詒硯齋詩存一卷　(清)楊景仁撰　清刻本　一冊

310000－0242－0009539　V47.3－12/7.556C

雲悅山房偶存稿六卷　(清)楊維屏撰　清宣統二年(1910)福州陳良輔刻坊刻本　二冊

310000－0242－0009540　V47.3－12/7.556E

菜香小圃館課詩注一卷　(清)楊殿邦撰　(清)鮑桂生注　清道光二十九年(1849)刻本　一冊

310000－0242－0009541　V47.3－12/7.556F

飲雪軒詩集四卷　(清)楊泰亨撰　清宣統二年(1910)經畬家塾刻本　一冊

310000－0242－0009542　V47.3－12/7.562

敦鳳好齋詩初稿十二卷　(清)葉名澧撰　清咸豐三年(1853)刻本　二冊

310000－0242－0009543　V47.3－12/7.598

婧雅堂詩集八卷　(清)趙文喆撰　清宣統三年(1911)江浦陳氏房山山房刻本　一冊

310000－0242－0009544　V47.3－12/7.598B

悲盦居士詩賸一卷　(清)趙之謙撰　清光緒十一年(1885)刻本　一冊

310000－0242－0009545　V47.3－12/7.618

硯雨齋詩集一卷　(清)熊學驥撰　清同治、光緒間刻本　一冊

310000－0242－0009546　V47.3－12/7.622

萃堂詩錄一卷附詞綜一卷　(清)潘鴻撰　清光緒三十三年(1907)刻本　一冊

310000－0242－0009547　V47.3－12/7.622B

惠盦詩稿一卷　(清)潘敬撰　清宣統三年(1911)鉛印本　一冊

310000－0242－0009548　V47.3－12/7.671

椒園詩鈔六卷　(清)黎庶蕃撰　清光緒七年(1881)獨山莫氏刻本　二冊

310000 – 0242 – 0009549　V47.3 – 12/7.674

復丁老人詩記一卷續一卷　劉炳照撰　清宣統二年(1910)刻本　一冊

310000 – 0242 – 0009550　V47.3 – 12/7.705

勞勞語一卷　(清)錢燁撰　清光緒二十四年(1898)聽邠館刻本　一冊

310000 – 0242 – 0009551　V47.3 – 12/7.705C2

勞勞語一卷　(清)錢燁撰　清光緒二十四年(1898)聽邠館刻本　一冊

310000 – 0242 – 0009552　V47.3 – 12/7.705B

雲在軒詩集三卷筆談一卷附錄一卷　(清)錢希撰　錢振鍠輯　清光緒三十三年(1907)福州陳良輔刻坊木活字印本　一冊

310000 – 0242 – 0009553　V47.3 – 12/7.710

補竹軒詩集三卷　(清)鮑源深撰　清光緒十年(1884)刻本　一冊

310000 – 0242 – 0009554　SV47.3 – 12/7.72

硯思集六卷　(清)田同之撰　清乾隆七年(1742)抄本　二冊

310000 – 0242 – 0009555　V47.3 – 12/7.73

集陶百首一卷附四言集陶一卷　(清)史德本撰　清光緒二十九年(1903)刻本　一冊

310000 – 0242 – 0009556　V47.3 – 12/7.79

華潭居士詩稿二卷　(清)白英撰　清光緒十年(1884)刻本　一冊

310000 – 0242 – 0009557　V47.3 – 12/7.790

萃錦唫八卷　(清)奕訢撰　清光緒十一年(1885)刻本　五冊

310000 – 0242 – 0009558　V47.3 – 12/7.790C2

萃錦唫八卷　(清)奕訢撰　清光緒十一年(1885)刻本　五冊

310000 – 0242 – 0009559　V47.3 – 12/7.790C3

萃錦唫八卷　(清)奕訢撰　清光緒十一年(1885)刻本　五冊

310000 – 0242 – 0009560　V47.3 – 12/7.795

然松閣詩鈔三卷然松閣存稿三卷　(清)顧櫰三撰　清光緒二十二年(1896)鉛印本　一冊

310000 – 0242 – 0009561　SV47.3 – 12/7.98

閒青堂詩集十卷附錄一卷　(清)朱倫瀚撰　清乾隆四十三年(1778)刻本　六冊

310000 – 0242 – 0009562　V47.3 – 12/7.98E

疏蘭仙館詩集四卷　(清)朱錫綬撰　清同治、光緒間刻本　一冊

310000 – 0242 – 0009563　V47.3 – 13/7.128B

聖禾鄉農詩鈔四卷　(清)沈玨撰　清光緒十年(1884)廣西刻本　一冊

310000 – 0242 – 0009564　V47.3 – 13/7.135

煙村集一卷附詩餘一卷　(清)汪元浩撰　清光緒二十七年(1901)刻本　一冊

310000 – 0242 – 0009565　V47.3 – 13/7.143.2

話雨樓詩三卷　(清)言忠貞撰　清光緒十年(1884)刻本　一冊

310000 – 0242 – 0009566　V47.3 – 13/7.15B

塞上吟四卷　(清)方聯甲撰　清同治十二年(1873)武昌郡廨刻本　二冊

310000 – 0242 – 0009567　V47.3 – 13/7.15D

蜀遊詩鈔一卷　(清)方鵬翼撰　清道光六年(1826)刻本　一冊

310000 – 0242 – 0009568　V47.3 – 13/7.15E

暖春書屋詩刪三卷　(清)方俊撰　清咸豐十一年(1861)刻本　一冊

310000 – 0242 – 0009569　V47.3 – 13/7.151C

萬山草堂詩集六卷　(清)李登雲撰　清光緒三十三年(1907)武林刻本　二冊

310000 – 0242 – 0009570　V47.3 – 13/7.15C

萬善花室詩集四卷詞稿一卷　(清)方履籛撰　清道光十二年(1832)刻本　一冊

310000 – 0242 – 0009571　V47.3 – 13/7.162

揅經室詩錄五卷　(清)阮元撰　(清)汪瑩選輯　清道光十三年(1833)儀徵阮氏琅嬛僊館刻本　一冊

310000 – 0242 – 0009572　V47.3 – 13/7.162C2

揅經室詩錄五卷　(清)阮元撰　(清)汪瑩選輯　清道光十三年(1833)儀徵阮氏琅嬛僊館

刻本　一冊

310000－0242－0009573　V47.3－13/7.164K
憩齋先生詩鈔不分卷　（清）吳大澂撰　清光
緒十三年(1887)二則堂刻本　一冊

310000－0242－0009574　V47.3－13/7.164B
愛荊堂詩草二卷　（清）吳自強撰　清道光刻
本　一冊

310000－0242－0009575　V47.3－13/7.2
落葉詩一卷　（清）丁愷曾撰　清刻本　一冊

310000－0242－0009576　V47.3－13/7.21B
慎其餘齋詩集六卷　（清）王贈芳撰　清同治
刻本　一冊

310000－0242－0009577　V47.3－13/7.21E
煙霞萬古樓詩選二卷　（清）王曇撰　清道
光、咸豐間刻春暉堂叢書本　二冊

310000－0242－0009578　V47.3－13/7.21G
塞垣集六卷　（清）王定安撰　清宣統三年
(1911)京華印書局鉛印本　一冊

310000－0242－0009579　V47.3－13/7.21F
煙霞萬古樓詩殘稿一卷　（清）王曇撰　清光
緒二十六年(1900)張鳴珂寒松閣刻本　一冊

310000－0242－0009580　V47.3－13/7.210
道古堂詩集二十六卷　（清）杭世駿撰　清刻
本　六冊

310000－0242－0009581　V47.3－13/7.223
道援堂詩集十三卷　（清）屈大均撰　清刻本
十二冊

310000－0242－0009582　V47.3－13/7.242
詩存四卷　（清）金德瑛撰　清同治五年
(1866)金氏如心堂刻本　二冊

310000－0242－0009583　V47.3－13/7.271
裘杆居遺集五卷　（清）胡澂撰　清道光十八
年(1838)刻本　二冊

310000－0242－0009584　V47.3－13/7.271C
經畲堂存稿六卷　（清）胡暉吉撰　清道光十
三年(1833)胡氏刻本　一冊

310000－0242－0009585　V47.3－13/7.271B
愛月軒女史遺稿一卷雜體一卷續集一卷詞一
卷　（清）胡凱姒撰　清光緒十四年(1888)石
印本　一冊

310000－0242－0009586　V47.3－13/7.277
慈恩集三卷　（清）柯煜撰　清雍正十年
(1732)刻本　一冊

310000－0242－0009587　V47.3－13/7.316
詩民漫詠不分卷　（清）姚承燕撰　清光緒八
年(1882)刻本　一冊

310000－0242－0009588　V47.3－13/7.316B
經畬堂詩集一卷　（清）姚鎮撰　清光緒十六
年(1890)刻本　一冊

310000－0242－0009589　V47.3－13/7.337
鉏梅山館詩鈔一卷　（清）唐履旋撰　清道光
二十八年(1848)刻本　一冊

310000－0242－0009590　V47.3－13/7.343B
損窩詩鈔二卷補遺一卷　（清）凌煥撰　清光
緒三十三年(1907)清馨榭刻本　一冊

310000－0242－0009591　V47.3－13/7.347
微雲樓詩集五卷　（清）秦昌焯撰　清光緒十
四年(1888)刻本　一冊

310000－0242－0009592　V47.3－13/7.359
榆園雜興詩一卷　（清）袁振業撰　清光緒十
八年(1892)春藻堂刻本　一冊

310000－0242－0009593　V47.3－13/7.375
經雅堂遺稿三卷　（清）孫慧良撰　清光緒十
年(1884)梁豁華氏刻本　一冊

310000－0242－0009594　V47.3－13/7.393
煙嶼樓詩集十八卷附遊杭合集一卷　（清）徐
時棟撰　清同治六年(1867)虎胛山房葉鴻年
刻本　四冊

310000－0242－0009595　V47.3－13/7.402B
畹香樓詩稿二卷　（清）梁蘭漪撰　清光緒二
十一年(1895)上洋飛鴻閣書林刻本　一冊

310000－0242－0009596　V47.3－13/7.406
瑟廬遺詩一卷　（清）章永康撰　清光緒十四

年(1888)黎庶昌日本使署刻黎氏家集本　一冊

310000－0242－0009597　V47.3－13/7.428

詩龕詩外四卷　(清)張祥河撰　清道光十八年(1838)松風草堂刻本　二冊

310000－0242－0009598　V47.3－13/7.428B

摯雅堂詩十一卷　(清)張景祁撰　清光緒二十三年(1897)杭城百億梅花館刻本　二冊

310000－0242－0009599　V47.3－13/7.434

意苕山館詩稿十六卷　(清)陸嵩撰　清光緒十八年(1892)京師刻本　六冊

310000－0242－0009600　V47.3－13/7.434B

愛閒堂詩鈔二卷　(清)陸文謨撰　清嘉慶九年(1804)家刻本　一冊

310000－0242－0009601　V47.3－13/7.449

滄江紅雨樓詩集一卷　(清)陶宗亮撰　清光緒十二年(1886)刻本　一冊

310000－0242－0009602　V47.3－13/7.471

筠綠山房詩草四卷附詞草一卷　(清)湯建中撰　清光緒十九年(1893)皖刻本　二冊

310000－0242－0009603　V47.3－13/7.477

微尚齋詩集初編四卷續集一卷　(清)馮志沂撰　清同治三年(1864)廬州郡齋刻本　一冊

310000－0242－0009604　V47.3－13/7.477B

道華堂詩略四卷　(清)馮焯撰　清咸豐十年(1860)笠尉亭刻本　一冊

310000－0242－0009605　V47.3－13/7.551

新堂存一草二卷　(清)賈振元撰　清咸豐九年(1859)刻本　一冊

310000－0242－0009606　V47.3－13/7.562

楙花盦詩二卷　(清)葉廷琯撰　清同治元年(1862)刻本　一冊

310000－0242－0009607　V47.3－13/7.572

筠心書屋詩鈔十二卷　(清)褚廷璋撰　清嘉慶十一年(1806)鑑湖亭刻本　十冊

310000－0242－0009608　V47.3－13/7.574.5

愛日齋集二卷附文一卷　(清)綿愉撰　清同治十年(1871)寶文齋刻本　二冊

310000－0242－0009609　V47.3－13/7.598C2

飴山詩集二十卷　(清)趙執信撰　清乾隆十九年(1754)因園刻本　十二冊

310000－0242－0009610　V47.3－13/7.62

葵青居詩錄一卷附夢蜓草一卷　(清)石渠撰　清同治、光緒間吳縣潘氏刻滂喜齋叢書本　一冊

310000－0242－0009611　V47.3－13/7.62B

葵園集一卷　(清)石綸撰　清刻本　一冊

310000－0242－0009612　V47.3－13/7.661

僅存詩鈔三卷　(清)鄭兆龍撰　清光緒龍山鄭氏譜局木活字印本　一冊

310000－0242－0009613　V47.3－13/7.705

勤有書堂賸稿一卷　(清)錢熙輔撰　蕉鹿居遺稿一卷　(清)錢銘圭撰　清光緒二年(1876)復園刻本　一冊

310000－0242－0009614　V47.3－13/7.749

新安游草二卷　(清)戴啓文撰　清光緒二十一年(1895)刻本　二冊

310000－0242－0009615　V47.3－13/7.790.4

募梅精舍詩存三卷　(清)釋徹凡撰　清咸豐九年(1859)南湖興教禪院刻本　一冊

310000－0242－0009616　V47.3－13/7.84B

感秋吟一卷　江峯青撰　清光緒三十一年(1905)石印本　一冊

310000－0242－0009617　V47.3－13/8.375B

敬賸堂詩鈔一卷　(清)孫鳴盛撰　清道光二十九年(1849)刻本　一冊

310000－0242－0009618　V47.3－14/7.128

蒙廬詩存四卷外集一卷　(清)沈景修撰　清光緒二十一年(1895)杭州刻本　一冊

310000－0242－0009619　V47.3－14/7.135

漱潤齋詩存二卷　(清)汪榮撰　清光緒二年(1876)汪氏刻本　一冊

310000－0242－0009620　V47.3－14/7.135C

夢衲盦偶存一卷　（清）汪昉撰　清光緒十年(1884)鄂城刻本　一冊

310000－0242－0009621　V47.3－14/7.135C2

漱潤齋詩存二卷　（清）汪棨撰　清光緒二年(1876)汪氏刻本　一冊

310000－0242－0009622　V47.3－14/7.135B

蝸隱廬詩鈔二卷　（清）汪貢撰　清宣統三年(1911)鉛印本　一冊

310000－0242－0009623　V47.3－14/7.143

樘叟詩存一卷　（清）言家駒撰　清光緒三十四年(1908)鉛印本　一冊

310000－0242－0009624　V47.3－14/7.144

廓軒竹枝詞一卷　（清）志銳撰　清宣統二年(1910)石印本　一冊

310000－0242－0009625　V47.3－14/7.148

縮秀園詩選一卷　（清）杜首昌撰　清康熙三十七年(1698)刻本　一冊

310000－0242－0009626　V47.3－14/7.151

鳴秋閣古樂府二卷　（清）李天垣撰　清末刻本　一冊

310000－0242－0009627　V47.3－14/7.151B

綠鄉簃詩初稿一卷續稿一卷　（清）李京釐撰　清光緒二十六年(1900)刻本　一冊

310000－0242－0009628　V47.3－14/7.2

夢松草堂詩稿二卷　（清）丁恩誥撰　清光緒二十年(1894)鉛印本　一冊

310000－0242－0009629　V47.3－14/7.21

漁洋山人詩集一百二十卷　（清）王士禛撰　清康熙八年(1669)吳郡沂詠堂刻本　四十一冊

310000－0242－0009630　V47.3－14/7.21C

綠雪堂遺集二十卷　（清）王衍梅撰　清道光二十九年(1849)刻本　六冊

310000－0242－0009631　V47.3－14/7.21D

夢樓詩集二十四卷　（清）王文治撰　清道光二十九年(1849)食舊堂刻本　六冊

310000－0242－0009632　V47.3－14/7.21DC2

夢樓詩集二十四卷　（清）王文治撰　清乾隆六十年(1795)刻本　四冊

310000－0242－0009633　V47.3－14/7.21E

漆室吟八卷附壬癸篇甲乙編四卷百柱堂詩稿一卷　（清）王柏心撰　清咸豐刻本　四冊

310000－0242－0009634　V47.3－14/7.21H

閩嶠遊草二卷　（清）王成瑞撰　清光緒三十年(1904)華雲閣鉛印本　一冊

310000－0242－0009635　V47.3－14/7.21K

僑隱集二卷　（清）王貞春撰　清宣統元年(1909)刻本　一冊

310000－0242－0009636　V47.3－14/7.21A

漁洋山人精華錄箋注十二卷補注一卷附年譜一卷　（清）王士禛撰　（清）金榮注　清金氏鳳翾堂刻本　十冊

310000－0242－0009637　V47.3－14/7.21AC5

漁洋山人精華錄箋注十二卷補注一卷附年譜一卷　（清）王士禛撰　（清）金榮注　清金氏鳳翾堂刻本　六冊

310000－0242－0009638　V47.3－14/7.21B

漁洋山人精華錄訓纂十卷附漁洋山人年譜二卷　（清）王士禛撰　（清）惠棟訓纂　清紅豆齋刻本　十二冊

310000－0242－0009639　V47.3－14/7.21BC3

漁洋山人精華錄訓纂十卷訓纂補十卷年譜一卷附錄一卷　（清）王士禛撰　（清）惠棟訓纂　清光緒十七年(1891)徐氏述史樓刻本　十四冊

310000－0242－0009640　V47.3－14/7.21CC2

綠雪堂遺集二十卷　（清）王衍梅撰　清道光二十九年(1849)刻本　八冊

310000－0242－0009641　V47.3－14/7.21F

對山樓詩稿十六卷　（清）王燾撰　清刻本　二冊　存六卷(一至六)

310000－0242－0009642　V47.3－14/7.21J

慵儂詩集一卷　（清）王錫田撰　清光緒十一

年(1885)昭義書院刻本　一冊

310000－0242－0009643　V47.3－14/7.242B
壽寧堂遺稿四卷　(清)金孝柟撰　清光緒抄本　一冊

310000－0242－0009644　V47.3－14/7.245
綠天蘭若詩稿六卷　(清)釋含澈撰　清咸豐六年(1856)十笏禪房刻本　一冊

310000－0242－0009645　V47.3－14/7.248
漁盦詩集二卷　(清)周延俊撰　清光緒二十六年(1900)刻本　一冊

310000－0242－0009646　V47.3－14/7.268
鳴秋集一卷　(清)姜大鏞撰　近山草堂詩存一卷　(清)姜大銓撰　清光緒二十一年(1895)懷此山房木活字印本　一冊

310000－0242－0009647　V47.3－14/7.283
銅鼓書堂遺槀十六卷　(清)查禮撰　清乾隆五十七年(1792)宛平查氏刻本　六冊

310000－0242－0009648　V47.3－14/7.283C2
銅鼓書堂遺槀十六卷　(清)查禮撰　清乾隆五十七年(1792)宛平查氏刻本　四冊

310000－0242－0009649　V47.3－14/7.300
閩南遊草一卷　(清)范鴻書撰　焦桐集一卷　(清)鄭靜蘭撰　清光緒二十七年(1901)虎林范氏刻本　一冊

310000－0242－0009650　V47.3－14/7.316
攀香吟館遺稿二卷　(清)姚倜撰　清嘉慶二十五年(1820)刻本　一冊

310000－0242－0009651　V47.3－14/7.332
瑤華山館詩鈔二卷　(清)高瀛撰　清道光二十年(1840)刻本　二冊

310000－0242－0009652　V47.3－14/7.352
碧山草堂遺稿一卷　(清)馬自熙撰　清光緒刻本　一冊

310000－0242－0009653　V47.3－14/7.359
漸西邨人初集詩集十三卷附錄一卷　(清)袁昶撰　清光緒二十年(1894)避舍蓋公堂刻本　三冊

310000－0242－0009654　V47.3－14/7.359C2
漸西邨人初集詩集十三卷附錄一卷　(清)袁昶撰　清光緒二十年(1894)避舍蓋公堂刻本　三冊

310000－0242－0009655　V47.3－14/7.359B
閣學公集詩稿拾遺一卷雪鴻吟社詩鐘二卷聯語錄存一卷　(清)袁保齡撰輯　清宣統三年(1911)清芬閣鉛印本　一冊

310000－0242－0009656　V47.3－14/7.359C
漸西村人詩八卷　(清)袁昶撰　清光緒十六年(1890)刻本　二冊

310000－0242－0009657　V47.3－14/7.37
對嶽樓詩續錄四卷　(清)孔憲彝撰　清咸豐七年(1857)刻本　一冊

310000－0242－0009658　V47.3－14/7.370
綺秋閣詩選四卷　(清)夏紹笙撰　清宣統三年(1911)金陵刻朱印本　一冊

310000－0242－0009659　V47.3－14/7.389.1
槐雲館試帖一卷　(清)恩錫撰　清同治十年(1871)蘊蘭吟館刻本　一冊

310000－0242－0009660　V47.3－14/7.406B
墦印樓詩存一卷　(清)章士珠撰　清光緒十年(1884)刻本　一冊

310000－0242－0009661　V47.3－14/7.407C
夢鷗閣詩鈔一卷　(清)許銓撰　清道光二十六年(1846)刻本　一冊

310000－0242－0009662　V47.3－14/7.407B
夢巢詩草一卷　(清)許秉辰撰　清光緒四年(1878)許氏家刻本　一冊

310000－0242－0009663　V47.3－14/7.422.6
夢餘草一卷　(清)勒元俠撰　清光緒三十一年(1905)復古齋刻本　一冊

310000－0242－0009664　V47.3－14/7.428
漁邨詩槀六卷　(清)張鳳翥撰　清嘉慶二年(1797)刻本　三冊

310000－0242－0009665　V47.3－14/7.428D
綠野草堂詩鈔一卷　(清)張文鷟撰　清光緒

五年(1879)刻本　一冊

310000－0242－0009666　V47.3－14/7.428E
綠雪館詩鈔一卷　(清)張鴻卓撰　清同治八年(1869)刻本　一冊

310000－0242－0009667　V47.3－14/7.428F
綠槐書屋詩三卷附錄一卷　(清)張綸英撰　清同治七年(1868)刻本　一冊

310000－0242－0009668　V47.3－14/7.428G
夢痕仙館詩鈔四卷　(清)張其淦撰　清光緒三十二年(1906)刻本　二冊

310000－0242－0009669　V47.3－14/7.428H
綠秋書屋詩鈔一卷遺稿一卷首一卷　(清)張因撰　清嘉慶十三年(1808)家刻本　一冊

310000－0242－0009670　V47.3－14/7.428B
廣雅碎金四卷附錄一卷　(清)張之洞撰　清光緒二十三年(1897)水明樓刻本　二冊

310000－0242－0009671　V47.3－14/7.428C
種玉堂詩稿四卷　(清)張爾旦撰　清道光二十二年(1842)刻本　二冊

310000－0242－0009672　V47.3－14/7.434
蜩翼盦遺詩二卷　(清)陸法言撰　清咸豐九年(1859)硯石山房刻本　一冊

310000－0242－0009673　V47.3－14/7.441E
蓉湖草堂存稿一卷　(清)陳滋撰　清光緒三年(1877)刻本　一冊

310000－0242－0009674　V47.3－14/7.441B
碧城仙館詩鈔十卷文鈔一卷　(清)陳文述撰　清同治十一年(1872)刻本　四冊

310000－0242－0009675　V47.3－14/7.441D
遠邨吟稿一卷　(清)陳鑑撰　清同治十三年(1874)刻本　一冊

310000－0242－0009676　V47.3－14/7.477
夢奈詩稿一卷　(清)馮桂芬撰　清光緒二年(1876)馮氏校邠廬刻本　一冊

310000－0242－0009677　V47.3－14/7.481
綠雲山房詩草二卷首一卷末一卷　(清)勞蓉君撰

君撰　清光緒四年(1878)橘蔭軒刻本　一冊

310000－0242－0009678　SV47.3－14/7.481
綠雲山房詩草二卷首一卷末一卷　(清)勞蓉君撰　清光緒四年(1878)橘蔭軒刻本　一冊

310000－0242－0009679　V47.3－14/7.491B
遠寄齋詩存一卷　(清)黃教鎔撰　藝華詩草一卷望雲集一卷　(清)吳淑卿等撰　清末刻本　一冊

310000－0242－0009680　V47.3－14/7.538
綠陰山館吟稿二卷　(清)喬守敬撰　清同治十一年(1872)刻本　一冊

310000－0242－0009681　V47.3－14/7.556
榕風樓詩存二卷　(清)楊浤皋撰　清光緒十年(1884)刻本　一冊

310000－0242－0009682　V47.3－14/7.556B
說經堂詩草一卷　(清)楊銳撰　清刻本　一冊

310000－0242－0009683　V47.3－14/7.556C
碧琅玕館詩鈔四卷　(清)楊光儀撰　清光緒元年(1875)刻本　二冊

310000－0242－0009684　V47.3－14/7.556D
蜨庵詩鈔八卷　(清)楊棨撰　清同治二年(1863)楊氏刻本　二冊

310000－0242－0009685　V47.3－14/7.598
獄鐙小草三卷　(清)趙光祖撰　清光緒十四年(1888)刻本　一冊

310000－0242－0009686　V47.3－14/7.705
聞妙香室詩稿五卷　(清)錢錫寀撰　清宣統二年(1910)天津醒華報館石印本　一冊

310000－0242－0009687　V47.3－14/7.705B
閩遊集二卷　(清)錢儀吉撰　清咸豐十一年(1861)刻本　一冊

310000－0242－0009688　V47.3－14/7.705C2
聞妙香室詩稿五卷　(清)錢錫寀撰　清宣統二年(1910)天津醒華報館石印本　一冊

310000－0242－0009689　V47.3－14/7.727

綠杉野屋詩集四卷　(清)蕭元吉撰　清光緒十八年(1892)石印本　二冊

310000－0242－0009690　V47.3－14/7.787

夢影盦遺集四卷補一卷附詞一卷　(清)嚴以盛撰　清宣統元年(1909)鉛印本　一冊

310000－0242－0009691　V47.3－14/7.791B

滬上小草一卷　(清)顧江撰　清同治四年(1865)刻本　一冊

310000－0242－0009692　V47.3－14/7.98

嘉萊館詩集不分卷　(清)朱國淳著　清抄本　一冊

310000－0242－0009693　V47.3－14/7.98C

碧琅玕館詩鈔三卷　(清)朱炳清撰　清光緒十六年(1890)刻本　一冊

310000－0242－0009694　V47.3－15/7.121.9

適齋詩集四卷　(清)完顏崇實撰　清光緒刻本　一冊

310000－0242－0009695　V47.3－15/7.122

劍懷堂詩草內編一卷外編一卷　(清)宋謙撰　清宣統二年(1910)鉛印本　二冊

310000－0242－0009696　V47.3－15/7.135

墨壽閣詩集四卷　(清)汪承慶撰　清光緒二十七年(1901)刻本　二冊

310000－0242－0009697　V47.3－15/7.135B

賢奕亭稿二卷　(清)汪先烺撰　清同治元年(1862)刻本　一冊

310000－0242－0009698　V47.3－15/7.15

儀衛軒詩集五卷　(清)方東樹撰　清同治七年(1868)刻本　二冊

310000－0242－0009699　V47.3－15/7.151

髯仙詩舫遺稿二卷　(清)李鴻裔撰　清光緒十四年(1888)遵義黎氏日本刻本　一冊

310000－0242－0009700　V47.3－15/7.151C(518098)

潛園詩存一卷　(清)李鎁撰　清光緒二十四年(1898)刻本　一冊

310000－0242－0009701　V47.3－15/7.151D

賞音軒詩稿一卷　(清)李康撰　清光緒稿本　一冊

310000－0242－0009702　V47.3－15/7.151B

醉芸館詩集一卷附詩餘一卷　(清)李經世撰　清光緒三十四年(1908)皖城刻本　一冊

310000－0242－0009703　V47.3－15/7.151C(518199)

遯園草一卷　(清)李贊元撰　清康熙二十二年(1683)金陵刻本　一冊

310000－0242－0009704　V47.3－15/7.162

誰園詩鈔六卷　(清)阮焱撰　清光緒十九年(1893)刻本　二冊

310000－0242－0009705　SV47.3－15/7.164B

橡村詩鈔四卷　(清)吳尊萊撰　清乾隆四十二年(1777)刻本　一冊

310000－0242－0009706　V47.3－15/7.178

劍光集四卷　(清)何栻撰　(清)陳崑評　清咸豐、同治間刻本　一冊

310000－0242－0009707　V47.3－15/7.178C

儀孝堂詩集一卷　(清)何承徽撰　清光緒五年(1879)刻本　一冊

310000－0242－0009708　V47.3－15/7.207

瀲霞閣詩略一卷　(清)武謙撰　清光緒五年(1879)彊學簃刻本　一冊

310000－0242－0009709　V47.3－15/7.207C2

瀲霞閣詩略一卷　(清)武謙撰　清光緒五年(1879)彊學簃刻本　一冊

310000－0242－0009710　V47.3－15/7.21D

鄱陽湖櫂歌一卷　(清)王其淦撰　清咸豐刻本　一冊

310000－0242－0009711　V47.3－15/7.21E

墨磨軒刼餘賸草一卷　(清)王學修撰　清光緒二十一年(1895)鉛印本　一冊

310000－0242－0009712　V47.3－15/7.21F

慕陔堂乙稿二卷　(清)王麟書撰　清光緒十二年(1886)豫章刻本　一冊

310000－0242－0009713　V47.3－15/7.21G

樓山詩集六卷 （清）王恕撰 清光緒二十年
(1894)京師刻本 二冊

310000－0242－0009714 V47.3－15/7.21C

醉墨詩錄一卷 （清）王汝金撰 清同治十一
年(1872)刻詠樓盍哉集本 一冊

310000－0242－0009715 V47.3－15/7.21H

蔗餘軒詩二卷 （清）王金洛撰 清同治十三
年(1874)兩淮運署刻本 一冊

310000－0242－0009716 V47.3－15/7.21I

樗園詩選四卷 （清）王度撰 清刻本 一冊

310000－0242－0009717 V47.3－15/7.248

駕雲螭室詩錄六卷 （清）周文禾撰 清光緒
十三年(1887)上海刻本 一冊

310000－0242－0009718 V47.3－15/7.248B

賓雲仙館詩集六卷 （清）周兆魚撰 清同治
七年(1868)刻本 一冊

310000－0242－0009719 V47.3－15/7.271

賜斛閣外集另編集玉谿生詩二卷 （清）胡欽
撰 清光緒刻本 一冊

310000－0242－0009720 V47.3－15/7.271B

賜斛閣外集集李太白句二卷 （清）胡欽撰
清光緒三十年(1904)鉛印本 一冊

310000－0242－0009721 V47.3－15/7.271C

賜斛閣外集另編集杜工部詩三卷 （清）胡欽
撰 清光緒三十三年(1907)鉛印本 一冊

310000－0242－0009722 V47.3－15/7.281

養餘齋詩初刻八卷 （清）柳樹芳撰 清道光
十二年(1832)勝谿草堂刻本 四冊

310000－0242－0009723 V47.3－15/7.281B

鋤月居稿二卷 （清）柳瀛選撰 清光緒二十
七年(1901)鉛印本 一冊

310000－0242－0009724 V47.3－15/7.300

澄清堂詩存四卷 （清）范祝崧撰 清咸豐十
年(1860)刻本 一冊

310000－0242－0009725 V47.3－15/7.312

慧福樓幸草一卷 （清）俞繡孫撰 清光緒九

年(1883)刻春在堂全書本 一冊

310000－0242－0009726 V47.3－15/7.332

潛子詩鈔二卷草廬韻言鈔存一卷東遊草一卷
（清）高毓浵撰 清光緒三十四年(1908)京
華印書局鉛印本 一冊

310000－0242－0009727 V47.3－15/7.347

劍霜龕吟稿四卷附詩餘一卷附錄一卷補遺一
卷 （清）秦寶鑑撰 清宣統元年(1909)鉛印
本 一冊

310000－0242－0009728 V47.3－15/7.364.5

養浩齋詩稿九卷詩評一卷 （清）桂超萬撰
清道光二十四年(1844)本齋刻本 二冊

310000－0242－0009729 V47.3－15/7.393

養源山房詩鈔六卷又一卷附錄一卷 （清）徐
士霖撰 清光緒三十四年(1908)武林刻本
二冊

310000－0242－0009730 V47.3－15/7.393C2

養源山房詩鈔六卷又一卷附錄一卷 （清）徐
士霖撰 清光緒三十四年(1908)武林刻本
二冊

310000－0242－0009731 V47.3－15/7.393C3

養源山房詩鈔六卷又一卷附錄一卷 （清）徐
士霖撰 清光緒三十四年(1908)武林刻本
二冊

310000－0242－0009732 V47.3－15/7.393B

憧橋詩稿十卷 （清）徐時樑撰 清光緒十三
年(1887)月湖徐氏刻本 一冊

310000－0242－0009733 V47.3－15/7.393C

養花軒詩集一卷 （清）徐官海撰 清宣統元
年(1909)鉛印本 一冊

310000－0242－0009734 V47.3－15/7.399

樊桐詩選不分卷 （清）殷崿撰 清嘉慶十三
年(1808)半舫齋夏氏刻本 一冊

310000－0242－0009735 V47.3－15/7.407

養雲山館試帖四卷 （清）許球撰 （清）王榮
緩注釋 清道光二十七年(1847)刻本 二冊

310000－0242－0009736 V47.3－15/7.415

撫松軒詩稿一卷詩餘一卷　（清）康秀書撰
清同治十年(1871)刻本　一冊

310000－0242－0009737　V47.3－15/7.420

遜庵詩稿三卷　（清）曹希璨撰　清宣統三年
(1911)刻本　一冊

310000－0242－0009738　V47.3－15/7.428

潛園詩存四卷　（清）張天翔撰　清同治二年
(1863)刻本　一冊

310000－0242－0009739　V47.3－15/7.428B

橫經堂詩餘二卷　（清）張泰初撰　清光緒二
年(1876)金安清刻本　一冊

310000－0242－0009740　V47.3－15/7.428C

餓餘集一卷　（清）張宏撰　（清）李墀輯　清
嘉慶十六年(1811)刻本　一冊

310000－0242－0009741　V47.3－15/7.428D

鋤茅遺稿一卷　（清）張錫祚撰　清乾隆四十
年(1775)采蘭書屋刻靈巖三家詩選本　一冊

310000－0242－0009742　V47.3－15/7.441

蓬萊閣詩錄四卷　（清）陳克家撰　清同治八
年(1869)江蘇書局刻本　一冊

310000－0242－0009743　V47.3－15/7.454

澂觀齋詩一卷　（清）莊元植撰　清光緒元年
(1875)刻本　一冊

310000－0242－0009744　V47.3－15/7.460

慧文閣詩集二卷　（清）畢熙曾撰　清宣統三
年(1911)木活字印本　一冊

310000－0242－0009745　V47.3－15/7.486

適龕詩集四卷　（清）彭湘撰　清同治刻本
一冊

310000－0242－0009746　V47.3－15/7.491

墨舫賸稿一卷附錄一卷　（清）黃繩先撰　清
光緒十七年(1891)補不足齋刻本　一冊

310000－0242－0009747　V47.3－15/7.527

賞雨茅屋詩集二十二卷外集一卷　（清）曾燠
撰　清道光三年(1823)刻本　十二冊

310000－0242－0009748　V47.3－15/7.527C

賞雨茅屋詩集八卷　（清）曾燠撰　清嘉慶八
年(1803)刻本　二冊

310000－0242－0009749　V47.3－15/7.527C2

賞雨茅屋詩集二十二卷外集一卷　（清）曾燠
撰　清道光三年(1823)刻本　七冊

310000－0242－0009750　V47.3－15/7.556

練香詩草二卷　（清）楊鍾寶撰　清道光十年
(1830)刻本　一冊

310000－0242－0009751　V47.3－15/7.562

醉月居詩詞鈔三卷　（清）葉世熊撰　清光緒
三十一年(1905)刻本　一冊

310000－0242－0009752　V47.3－15/7.562B

寫經齋初稿五卷　（清）葉大莊撰　清光緒二
十一年(1895)刻本　一冊

310000－0242－0009753　V47.3－15/7.568

養素居詩初編一卷　（清）董燿撰　清光緒十
四年(1888)刻本　一冊

310000－0242－0009754　V47.3－15/7.568C2

養素居詩初編一卷　（清）董燿撰　清光緒十
四年(1888)刻本　一冊

310000－0242－0009755　V47.3－15/7.568A

養素居詩集續編一卷　（清）董燿撰　清光緒
十八年(1892)刻本　一冊

310000－0242－0009756　V47.3－15/7.570

緘石齋詩存四卷　（清）虞廷宣撰　清同治九
年(1870)刻本　二冊

310000－0242－0009757　V47.3－15/7.598

蔚子詩集二卷　（清）趙森撰　清光緒九年
(1883)木活字印本　一冊

310000－0242－0009758　V47.3－15/7.622

微息齋遺詩二卷補遺一卷　（清）潘慎生撰
清光緒十三年(1887)杭州刻本　一冊

310000－0242－0009759　V47.3－15/7.622B

微息齋遺詩三卷補遺一卷詞錄一卷遺詩補錄
一卷　（清）潘慎生撰　清宣統二年(1910)石
印本　一冊

310000－0242－0009760　V47.3－15/7.667

劍光樓集詩鈔一卷詞一卷附文鈔　（清）儀克中撰　清光緒八年(1882)刻本　一冊

310000－0242－0009761　V47.3－15/7.667C2

劍光樓集詩鈔一卷詞一卷附文鈔　（清）儀克中撰　清光緒八年(1882)刻本　一冊

310000－0242－0009762　V47.3－15/7.674

論泉絕句一卷　（清）劉喜海撰　清同治十二年(1873)歙鮑氏觀古閣刻本　一冊

310000－0242－0009763　V47.3－15/7.674B

醉吟草六卷　（清）劉大容撰　清咸豐刻本　一冊

310000－0242－0009764　V47.3－15/7.674C

餘樂園詩鈔一卷　劉名譽撰　清宣統淮郡廨刻本　一冊

310000－0242－0009765　V47.3－15/7.674D

養雲山莊詩草刪存一卷　（清）劉瑞芬撰　清抄本　二冊

310000－0242－0009766　V47.3－15/7.674E

養雲山莊詩集二卷　（清）劉瑞芬撰　清光緒十九年(1893)刻本　一冊

310000－0242－0009767　V47.3－15/7.674F

養晦堂詩集二卷　（清）劉蓉撰　清光緒三年(1877)湖南思賢講舍刻本　一冊

310000－0242－0009768　V47.3－15/7.717B

蓮絜詩存一卷續集二卷　（清）謝綸撰　清同治、光緒間刻本　二冊

310000－0242－0009769　V47.3－15/7.765

寫趣軒舊稿三卷陸別編一卷　（清）譚國恩撰　清光緒十九年(1893)鉛印本　一冊

310000－0242－0009770　V47.3－15/7.775

蓼花齋詩存四卷詩餘一卷試帖二卷末一卷　（清）羅萱撰　清光緒三年(1877)荷花精舍刻本　二冊

310000－0242－0009771　V47.3－15/7.787

墨花吟館詩鈔十六卷　（清）嚴辰撰　清光緒八年(1882)刻本　四冊

310000－0242－0009772　V47.3－15/7.787C2

墨花吟館詩鈔十六卷　（清）嚴辰撰　清光緒八年(1882)刻本　四冊

310000－0242－0009773　V47.3－15/7.790.4

潛西精舍詩稿一卷　（清）釋含澈撰　清光緒刻本　一冊

310000－0242－0009774　V47.3－15/7.791

樂餘靜廉齋詩稿續集二卷　（清）顧復初撰　清光緒二十一年(1895)刻本　一冊

310000－0242－0009775　V47.3－15/7.791B

養心堂詩鈔三卷附錄一卷　（清）顧濟乾撰　清光緒十五年(1889)顧氏刻本　一冊

310000－0242－0009776　V47.3－15/7.791C

篁韻盦詩鈔六卷　（清）顧森書撰　清光緒三十二年(1906)刻本　二冊

310000－0242－0009777　V47.3－15/7.791D

養心光室詩稿八卷　（清）顧福仁撰　清光緒十四年(1888)刻本　二冊

310000－0242－0009778　V47.3－16/7.106

餐鞠軒詩草一卷　（清）伍淡如撰　清光緒十四年(1888)刻本　一冊

310000－0242－0009779　V47.3－16/7.106B

餐鞠軒詩草一卷　（清）伍淡如撰　清光緒四年(1878)刻本　一冊

310000－0242－0009780　V47.3－16/7.128

隨吟小草一卷　（清）沈鋐撰　清光緒二十年(1894)刻本　一冊

310000－0242－0009781　V47.3－16/7.135B

雕青館詩草一卷　（清）汪白杼撰　清咸豐十一年(1861)汪氏刻本　一冊

310000－0242－0009782　V47.3－16/7.135C

滄餘詩略三卷　（清）汪楝撰　清咸豐八年(1858)葉氏敦夙好齋刻本　一冊

310000－0242－0009783　V47.3－16/7.151A

穆堂詩文鈔十一卷　（清）李紱撰　清嘉慶二十三年(1818)刻本　四冊

310000－0242－0009784　V47.3－16/7.151CC2

龍川先生詩鈔一卷　（清）李光炘撰　清光緒三十三年(1907)鉛印本　一冊

310000－0242－0009785　V47.3－16/7.151C2

穆堂初稿五十卷　（清）李紱撰　清乾隆五年(1740)無怒軒刻本　十六冊

310000－0242－0009786　V47.3－16/7.164C

翰春軒吟草二卷詩餘一卷　（清）吳式賢撰　清道光二十八年(1848)刻本　一冊

310000－0242－0009787　V47.3－16/7.20

隨安廬詩集四卷隨安廬詩集畫意百絕二卷　（清）亢樹滋撰　清光緒十五年(1889)刻本　二冊

310000－0242－0009788　V47.3－16/7.20B

隨安廬詩集畫意百絕二卷　（清）亢樹滋撰　清光緒十三年(1887)刻本　一冊

310000－0242－0009789　V47.3－16/7.21

曉庵先生詩集二卷　（清）王錫闡撰　（清）張生洲輯　清道光刻本　一冊

310000－0242－0009790　V47.3－16/7.248

餐苀華館詩集八卷蕉心詞一卷　（清）周騰虎撰　清光緒十九年(1893)木活字印本　二冊

310000－0242－0009791　V47.3－16/7.265

澤雅堂詩集六卷　（清）施補華撰　清光緒十九年(1893)刻本　二冊

310000－0242－0009792　V47.3－16/7.271

蕉軒詩鈔一卷　（清）胡成孚撰　清宣統三年(1911)胡氏刻本　一冊

310000－0242－0009793　V47.3－16/7.300

憶秋軒詩鈔一卷續鈔一卷補遺一卷附詞一卷尺牘一卷　（清）范淑撰　清光緒十七年(1891)孫澄清刻本　一冊

310000－0242－0009794　V47.3－16/7.307(509254)

樸巢詩選二卷附一卷　（清）冒襄撰　冒廣生校勘　清光緒二十年(1894)刻本　一冊

310000－0242－0009795　V47.3－16/7.307(518479)

樸巢詩選二卷附一卷　（清）冒襄撰　冒廣生校勘　清光緒二十年(1894)刻本　一冊

310000－0242－0009796　V47.3－16/7.393

頤園詩存二卷　（清）徐煥藻撰　清光緒二十五年(1899)刻本　一冊

310000－0242－0009797　V47.3－16/7.406

靜觀書屋詩集七卷　（清）章鶴齡撰　清同治十三年(1874)刻本　四冊

310000－0242－0009798　V47.3－16/7.412

餐霞集四卷　（清）郭綏之撰　清同治四年(1865)刻本　一冊

310000－0242－0009799　V47.3－16/7.420

靜惕堂詩集四十四卷　（清）曹溶撰　清雍正三年(1725)檇李曹氏刻本　十冊

310000－0242－0009800　V47.3－16/7.422.6

蕉鹿吟一卷　（清）勒深之撰　清光緒二十八年(1902)萬松山館刻本　一冊

310000－0242－0009801　V47.3－16/7.428

擁書堂詩集四卷　（清）張濬華撰　傳硯堂詩存一卷　（清）張允垂撰　清光緒二十四年(1898)刻本　一冊

310000－0242－0009802　V47.3－16/7.428C

獨笑集一卷　（清）張士衡撰　清光緒三十年(1904)鉛印本　一冊

310000－0242－0009803　V47.3－16/7.441

學稼草堂詩集十卷　（清）陳嗣良撰　清光緒八年(1882)刻本　六冊

310000－0242－0009804　V47.3－16/7.441C

凝瑞軒遺草二卷　（清）陳瑞芝撰　清光緒三年(1877)刻本　一冊

310000－0242－0009805　V47.3－16/7.441B

鴛嬋媛舫詩二卷花雨樓詞二卷　（清）陳祖善撰　清光緒三十三年(1907)刻本　一冊

310000－0242－0009806　V47.3－16/7.441D

館課偶存一卷　（清）陳希曾撰　清嘉慶刻本　一冊

310000－0242－0009807　V47.3－16/7.449

頤巢類稿三卷附錄一卷 （清）陶邵學撰 清宣統三年（1911）廣東刻本 一冊

310000－0242－0009808 V47.3－16/7.476

甌香館集十二卷補遺詩一卷畫跋一卷附錄一卷 （清）惲格撰 （清）蔣光煦輯 清道光十八年（1838）刻本 八冊

310000－0242－0009809 V47.3－16/7.491

燕游草一卷附燕游續草一卷 （清）黃秀實撰 清康熙三十八年至五十四年（1699－1715）刻本 二冊

310000－0242－0009810 V47.3－16/7.530

璞完詩草一卷 （清）盛鈺撰 清同治十年（1871）盛朝彥刻本 一冊

310000－0242－0009811 V47.3－16/7.535C2

嘯雲軒詩集五卷文集三卷 （清）程畹撰 清同治十一年（1872）刻本 三冊

310000－0242－0009812 V47.3－16/7.535B

灃香遺稿二卷 （清）程蘭泉撰 清刻本 一冊

310000－0242－0009813 V47.3－16/7.538

學齋詩集四卷附棗花莊集一卷芥舟集一卷蒹葭詩集一卷 （清）喬崇烈撰 清刻本 七冊

310000－0242－0009814 V47.3－16/7.538C2

學齋詩集四卷附棗花莊集一卷芥舟集一卷蒹葭詩集一卷 （清）喬崇烈撰 清刻本 一冊

310000－0242－0009815 V47.3－16/7.556B

曇花一現草一卷 （清）楊文蘭撰 清宣統三年（1911）三條塵書屋鉛印本 一冊

310000－0242－0009816 V47.3－16/7.562

燕香居詩稿七卷 （清）葉恕撰 清道光二十七年（1847）崇敬堂鉛印本 一冊

310000－0242－0009817 V47.3－16/7.570

燕石詩鈔四卷續刻一卷附錄一卷 （清）虞書撰 清光緒十九年（1893）木活字印本 二冊

310000－0242－0009818 V47.3－16/7.574.5

選夢樓詩鈔八卷 （清）豫本撰 清同治十三年（1874）刻本 二冊

310000－0242－0009819 V47.3－16/7.598B

甌北集五十三卷 （清）趙翼撰 清嘉慶十七年（1812）刻本 十二冊

310000－0242－0009820 V47.3－16/7.598C2

甌北詩鈔不分卷 （清）趙翼撰 清同治十三年（1874）紅杏山房刻本 五冊

310000－0242－0009821 V47.3－16/7.598C3

甌北詩鈔不分卷 （清）趙翼撰 清乾隆五十六年（1791）刻本 十六冊

310000－0242－0009822 V47.3－16/7.61

默齋詩草二卷 （清）左賡虞撰 清光緒十一年（1885）刻本 二冊

310000－0242－0009823 V47.3－16/7.622

雙桐圃詩鈔二卷 （清）潘恕撰 清咸豐四年（1854）雙桐圃刻本 一冊

310000－0242－0009824 V47.3－16/7.661B

樹蕙背遺詩一卷 （清）鄭淑昭撰 清光緒二十年（1894）刻本 一冊

310000－0242－0009825 V47.3－16/7.661C

學圃詩稿一卷詞賸一卷 （清）鄭德璜撰 清光緒二十六年（1900）遺經堂刻本 一冊

310000－0242－0009826 V47.3－16/7.674C

靜娛樓詩草一卷 （清）劉咸榮撰 清宣統元年（1909）刻本 一冊

310000－0242－0009827 V47.3－16/7.674B

錫穀堂詩五卷補遺一卷 （清）劉師恕撰 清同治元年（1862）刻本 二冊

310000－0242－0009828 V47.3－16/7.705

甌香書屋詩鈔四卷 （清）錢宗穎撰 清咸豐五年（1855）聽邠館刻本 一冊

310000－0242－0009829 V47.3－16/7.705B

靜妙山房遺集三卷補遺一卷 （清）錢鈞伯撰 清光緒十六年（1890）刻本 一冊

310000－0242－0009830 V47.3－16/7.717

蕉影齋詩集四卷補遺一卷 （清）謝照撰 （清）謝福恒編 清同治十一年（1872）山陰謝氏刻本 四冊

310000－0242－0009831　V47.3－16/7.717B

樹經堂詠史詩八卷　（清）謝啓昆撰　清道光五年(1825)刻本　二冊

310000－0242－0009832　V47.3－16/7.717BC2

樹經堂詠史詩八卷　（清）謝啓昆撰　清道光五年(1825)刻本　二冊

310000－0242－0009833　V47.3－16/7.93.4

滄堪詩草一卷　（清）成多祿撰　清宣統元年(1909)刻本　一冊

310000－0242－0009834　V47.3－16/7.98A

蕉聲館詩集二十卷補遺四卷　（清）朱為弼撰　清咸豐六年(1856)刻本　二冊

310000－0242－0009835　V47.3－16/7.98C

積風閣詩鈔一卷味無味齋詩鈔一卷　（清）朱騰撰　清光緒六年(1880)刻本　一冊

310000－0242－0009836　V47.3－17/7.128B

環碧主人賸稿一卷　（清）沈亨惠撰　清光緒二十三年(1897)刻本　一冊

310000－0242－0009837　SV47.3－17/7.15

嶺南吟稿二卷　（清）方澍撰　清光緒二十一年(1895)木活字印本　一冊

310000－0242－0009838　V47.3－17/7.151

優盋羅室詩一卷　（清）李尚暲撰　月來軒詩稿一卷　（清）錢韞素撰　清宣統元年(1909)鉛印本　一冊

310000－0242－0009839　V47.3－17/7.164

鞠隱山莊遺詩一卷　（清）吳寶三撰　清光緒三十一年(1905)鉛印本　一冊

310000－0242－0009840　V47.3－17/7.164C2

鞠隱山莊遺詩一卷　（清）吳寶三撰　清光緒三十一年(1905)鉛印本　一冊

310000－0242－0009841　V47.3－17/7.164(519102)

鞠隱山莊遺詩一卷　（清）吳寶三撰　清光緒三十一年(1905)鉛印本　一冊

310000－0242－0009842　V47.3－17/7.164B

嘯雪菴詩集一卷題詠一卷　（清）吳綃撰　清光緒十六年(1890)歸安孫氏刻本　二冊

310000－0242－0009843　V47.3－17/7.178

還如閣詩存二卷　（清）何長治撰　清光緒十九年(1893)刻本　一冊

310000－0242－0009844　V47.3－17/7.21

檗隖詩存別集集李商隱詩二卷　王以敏撰　清光緒二十九年(1903)江西官書局石印本　一冊

310000－0242－0009845　V47.3－17/7.210

嶺南集八卷　（清）杭世駿撰　清光緒七年(1881)廣東學海堂刻本　二冊

310000－0242－0009846　V47.3－17/7.210C2

嶺南集八卷　（清）杭世駿撰　清光緒七年(1881)廣東學海堂刻本　二冊

310000－0242－0009847　V47.3－17/7.312

蟄廬遺集一卷　（清）俞文詔撰　清光緒二十一年(1895)婺源俞氏清蔭堂刻本　一冊

310000－0242－0009848　V47.3－17/7.347

霜傑齋詩存三卷補遺一卷　（清）秦寶璣撰　清光緒十二年(1886)刻本　二冊

310000－0242－0009849　V47.3－17/7.399

隱梅廬遺詩一卷玉簫詞鈔一卷　（清）殷秉璣撰　清光緒七年(1881)青田官署刻本　一冊

310000－0242－0009850　V47.3－17/7.412

擊鉢吟存稿四卷　（清）郭柏蔭撰　清刻本　一冊

310000－0242－0009851　V47.3－17/7.434

嶺上白雲集十二卷窳翁文鈔四卷　（清）陸懋修撰　清光緒二十三年(1897)刻本　四冊

310000－0242－0009852　V47.3－17/7.434B

鞠花百詠一卷　（清）陸日壽撰　清同治二年(1863)刻本　一冊

310000－0242－0009853　V47.3－17/7.52

麋園詩鈔八卷　（清）毛國翰撰　清道光二十六年(1846)刻本　二冊

310000－0242－0009854　V47.3－17/7.527

環天室詩集五卷後集一卷　（清）曾廣鈞撰　清宣統二年(1910)石印本　一冊

310000－0242－0009855　V47.3－17/7.535

鴻雪村居又續草一卷　（清）程曰壽撰　清咸豐五年(1855)承裕堂刻本　一冊

310000－0242－0009856　V47.3－17/7.705B

侖翁詩鈔四卷　（清）錢辰撰　寄生吟草一卷　（清）錢家吉撰　清光緒八年(1882)南錢草堂刻本　一冊

310000－0242－0009857　V47.3－17/7.717

謝亭集四種　（清）謝綸撰　清光緒八年(1882)毓芝堂刻本　二冊

310000－0242－0009858　V47.3－17/7.722

還讀齋詩稿二十卷續稿六卷　（清）韓尌撰　清道光七年(1827)刻本　八冊

310000－0242－0009859　V47.3－17/7.778

穢花吟不分卷　（清）穢花逸士著　清抄本　一冊

310000－0242－0009860　V47.3－18/7.105.1

蟬雪吟三卷　（清）自修居士撰　清光緒二十四年(1898)刻本　一冊

310000－0242－0009861　V47.3－18/7.164

職思居姑存草一卷　（清）吳蘭澤撰　清光緒二十五年(1899)洪都致知書局鉛印本　一冊

310000－0242－0009862　V47.3－18/7.178(508524)

鞾芬室近詩一卷　（清）何震彝撰　清宣統元年(1909)天津行館鉛印本　一冊

310000－0242－0009863　V47.3－18/7.178(518610)

鞾芬室近詩一卷　（清）何震彝撰　清宣統元年(1909)天津行館鉛印本　一冊

310000－0242－0009864　V47.3－18/7.178B

藏齋詩鈔六卷　（清）何其超撰　清同治七年(1868)刻本　二冊

310000－0242－0009865　V47.3－18/7.21

舊梅花庵詩存一卷　（清）王兆禎撰　清光緒十四年(1888)續秋館刻本　一冊

310000－0242－0009866　V47.3－18/7.300

雙雲堂傳集二種　（清）范永澄撰　清光緒十年(1884)甬上范氏刻本　二冊

310000－0242－0009867　V47.3－18/7.434

雙白燕堂詩八卷集唐詩二卷　（清）陸耀遹撰　清同治六年(1867)刻本　三冊

310000－0242－0009868　V47.3－18/7.434C2

雙白燕堂詩八卷集唐詩二卷　（清）陸耀遹撰　清同治六年(1867)刻本　四冊

310000－0242－0009869　V47.3－18/7.441

雙楓一小樓詩鈔八卷　（清）陳偉撰　清同治十年(1871)刻本　四冊

310000－0242－0009870　V47.3－18/7.469

藏園詩鈔一卷　（清）游智開撰　清光緒十二年(1886)刻本　一冊

310000－0242－0009871　V47.3－18/7.469B

藏園詩鈔一卷　（清）游智開撰　清光緒二十六年(1900)刻本　一冊

310000－0242－0009872　V47.3－18/7.486

簡緣詩草一卷　（清）彭希洛撰　瓊樓吟稿一卷　（清）陶善撰　清光緒九年(1883)刻本　一冊

310000－0242－0009873　V47.3－18/7.486C2

簡緣詩草一卷　（清）彭希洛撰　瓊樓吟稿一卷　（清）陶善撰　清光緒九年(1883)刻本　一冊

310000－0242－0009874　V47.3－18/7.486C3

簡緣詩草一卷　（清）彭希洛撰　瓊樓吟稿一卷　（清）陶善撰　清光緒九年(1883)刻本　一冊

310000－0242－0009875　V47.3－18/7.598

濾月軒集五卷　（清）趙棻撰　清趙氏刻本　二冊

310000－0242－0009876　V47.3－18/7.598B

濾月軒集八卷　（清）趙棻撰　清同治十二年(1873)刻本　二冊

310000－0242－0009877　V47.3－18/7.613

韞山堂詩集十六卷　（清）管世銘撰　清嘉慶六年(1801)讀雪山房刻本　二冊

310000－0242－0009878　V47.3－18/7.650

藏園詩選一卷　（清）蔣士銓撰　清抄本　一冊

310000－0242－0009879　V47.3－18/7.717

轉蕙軒詩存八卷詞一卷　（清）謝質卿撰　清光緒元年(1875)刻本　三冊

310000－0242－0009880　V47.3－18/7.727

擷紅詞館吟鈔四卷　（清）蕭承萼撰　清同治、光緒間刻本　一冊

310000－0242－0009881　V47.3－18/7.98C

曠觀樓詩存八卷　（清）朱霖撰　清光緒十六年(1890)如皋朱氏刻本　四冊

310000－0242－0009882　V47.3－18/747.1

邃懷堂哀忠集初編不分卷　（清）袁翼撰　清光緒十三年(1887)刻本　一冊

310000－0242－0009883　V47.3－19/7.151

攬青閣詩鈔二卷　（清）李貽德撰　清同治六年(1867)金陵朱蘭刻本　一冊

310000－0242－0009884　V47.3－19/7.21

韻山堂詩集七卷補遺一卷　（清）王文誥撰　清光緒十四年(1888)浙江書局刻本　一冊

310000－0242－0009885　V47.3－19/7.21C

廬嶽集三卷　王以敏撰　清光緒三十三年(1907)刻本　一冊

310000－0242－0009886　V47.3－19/7.21B

韻篁樓吟稿二卷詩餘一卷　（清）王文瑞撰　清同治十二年(1873)刻本　二冊

310000－0242－0009887　V47.3－19/7.225

願學堂詩存二十二卷　（清）邵亨豫撰　清光緒十年(1884)琴川刻本　四冊

310000－0242－0009888　V47.3－19/7.225B

鏡西閣詩選四卷　（清）邵颿撰　清道光十年(1830)碧城仙館刻本　二冊

310000－0242－0009889　V47.3－19/7.237

廬山詩錄一卷　易順鼎撰　清光緒三十四年(1908)岑志樓石印本　一冊

310000－0242－0009890　V47.3－19/7.248

韻雪廬詩草三卷　（清）周靜儀撰　清光緒三十二年(1906)刻本　一冊

310000－0242－0009891　V47.3－19/7.316

懷芬館詩鈔四卷　（清）姚仁瑛撰　清光緒元年(1875)刻本　一冊

310000－0242－0009892　V47.3－19/7.393

廬山先生試帖詩六卷　（清）徐守真撰　清咸豐二年(1852)刻本　二冊

310000－0242－0009893　V47.3－19/7.393C

鏡心堂詩鈔二卷　（清）徐文藻撰　清光緒二十年(1894)刻本　一冊

310000－0242－0009894　V47.3－19/7.393B

蘊玉齋吟草一卷　（清）徐學衛撰　清光緒三十年(1904)刻本　一冊

310000－0242－0009895　V47.3－19/7.402

藤花吟館詩鈔十卷　（清）梁章鉅撰　清道光五年(1825)蘇州刻本　二冊

310000－0242－0009896　V47.3－19/7.412

藝芳館詩集一卷附一卷　（清）郭筠撰　清宣統元年(1909)中國圖書公司鉛印本　一冊

310000－0242－0009897　V47.3－19/7.412C2

藝芳館詩集一卷附一卷　（清）郭筠撰　清宣統元年(1909)中國圖書公司鉛印本　一冊

310000－0242－0009898　V47.3－19/7.428C

爐餘詩草四卷　（清）張景渠撰　清光緒十七年(1891)金陵刻本　二冊

310000－0242－0009899　V47.3－19/7.428B

藤華館詩稿四卷　（清）張大枬撰　清同治八年(1869)歐齋林氏刻本　二冊

310000－0242－0009900　V47.3－19/7.441

藤花館詩二卷詩餘一卷　（清）陳克常撰　清光緒十三年(1887)陳氏刻本　一冊

310000－0242－0009901　V47.3－19/7.441C

鏡漪軒詩草不分卷　（清）陳淇撰　清光緒十七年(1891)家刻本　一冊

310000－0242－0009902　V47.3－19/7.441B

韻篁山館詩集一卷　（清）陳德輝撰　清末刻本　一冊

310000－0242－0009903　V47.3－19/7.449

瓊樓吟稿一卷　（清）陶善撰　璞完詩草一卷（清）盛鈺撰　清同治十年（1871）武林刻本　一冊

310000－0242－0009904　V47.3－19/7.462

譜華吟館詩鈔一卷　（清）崔廷琛撰　清光緒七年（1881）刻本　一冊

310000－0242－0009905　V47.3－19/7.509

新羅山人離垢集五卷　（清）華嵒撰　清光緒十五年（1889）鉛印本　二冊

310000－0242－0009906　V47.3－19/7.530

鏡中樓吟草一卷　（清）盛問渠撰　清光緒三十二年（1906）金華舊府前金震東石印局石印本　一冊

310000－0242－0009907　V47.3－19/7.535

瓊州雜事詩一卷附二卷　（清）程秉釗撰　清光緒元和江氏刻本　一冊

310000－0242－0009908　V47.3－19/7.535B

瓊州雜事詩一卷　（清）程秉釗撰　清光緒十四年（1888）刻本　一冊

310000－0242－0009909　V47.3－19/7.661

懷雅堂詩存四卷　（清）鄭鴻撰　清光緒三十一年（1905）刻本　一冊

310000－0242－0009910　V47.3－19/7.731

藤香館詩刪存四卷　（清）薛時雨撰　清光緒五年（1879）刻本　四冊

310000－0242－0009911　V47.3－19/7.731B

藤香草堂詩稿二卷　（清）薛時雨撰　清咸豐十一年（1861）刻本　一冊

310000－0242－0009912　V47.3－19/7.787

嬾雲樓詩鈔四卷　（清）嚴錦撰　清光緒二十五年（1899）桐谿嚴氏梧州刻本　二冊

310000－0242－0009913　V47.3－19/7.790.4B

懶雲樓詩草四卷　（清）釋與宏撰　清道光七年（1827）小雲樓刻本　二冊

310000－0242－0009914　V47.3－19/7.794

藕香館遺詩一卷　（清）饒運璵撰　清光緒二十一年（1895）刻湘漉館叢書本　一冊

310000－0242－0009915　V47.3－19/7.98

曝書亭集外稿八卷　（清）朱彝尊撰　（清）馮登府編輯　清嘉慶二十二年（1817）刻本　四冊

310000－0242－0009916　V47.3－19/7.98A

曝書亭集詩注二十二卷附補遺一卷詞注七卷朱竹垞先生年譜一卷　（清）朱彝尊撰　清乾隆木山閣刻本　十冊

310000－0242－0009917　V47.3－2/7.128

二如草堂詩鈔六卷　（清）沈向榮撰　清嘉慶二十三年（1818）刻本　一冊

310000－0242－0009918　V47.3－2/7.151

八松庵詩集七卷續集二卷　（清）李御撰　清光緒二十五年（1899）刻本　二冊

310000－0242－0009919　V47.3－2/7.194

十華小築詩鈔四卷　（清）余本愚撰　清光緒十二年（1886）刻本　一冊

310000－0242－0009920　V47.3－2/7.194C2

十華小築詩鈔四卷　（清）余本愚撰　清光緒十二年（1886）刻本　一冊

310000－0242－0009921　V47.3－2/7.407（2）

九秋新咏一卷　（清）許少珊等輯　清道光二十七年（1847）刻本　一冊

310000－0242－0009922　V47.3－2/7.502

八指詩存二卷外集一卷　（清）閔萃祥撰　清光緒三十四年（1908）上海刻本　三冊

310000－0242－0009923　V47.3－2/7.569

八指頭陀詩集十卷雜文一卷補遺一卷　（清）釋敬安撰　清光緒二十四年（1898）刻本　二冊

310000－0242－0009924　V47.3－2/7.598

入雲編四卷附詞銘贊一卷　（清）趙世鈸撰　清光緒二十三年（1897）常熟趙氏承啓堂刻本　一冊

310000－0242－0009925　V47.3－2/7.674

十友草堂詩集四卷　（清）劉永滇撰　清光緒
三十四年(1908)刻本　二冊

310000－0242－0009926　V47.3－2/7.674C2

十友草堂詩集四卷　（清）劉永滇撰　清光緒
三十四年(1908)刻本　三冊

310000－0242－0009927　V47.3－2/7.80

十一聲山房詩鈔一卷　（清）邱彤撰　清光緒
十五年(1889)鉛印本　一冊

310000－0242－0009928　V47.3－2/7.98

二宅詩稿四卷詞稿一卷　（清）朱棟撰　清嘉
慶十一年(1806)躍息山莊刻重印本　二冊

310000－0242－0009929　V47.3－3/7.15B

山靜居遺稿四卷　（清）方薰撰　清嘉慶石門
方氏刻本　二冊

310000－0242－0009930　V47.3－20/7.151B

蘇鄰遺詩二卷　（清）李鴻裔撰　清光緒十四
年(1888)黎庶昌刻本　一冊

310000－0242－0009931　V47.3－20/7.151BC2

蘇鄰遺詩二卷　（清）李鴻裔撰　清光緒十四
年(1888)黎庶昌刻本　一冊

310000－0242－0009932　V47.3－20/7.151C

蘇鄰遺詩續集一卷　（清）李鴻裔撰　清光緒
十七年(1891)上海石印本　一冊

310000－0242－0009933　V47.3－20/7.21B

覺華龕詩存一卷　（清）王蔭祜撰　清光緒二
十年(1894)刻本　一冊

310000－0242－0009934　V47.3－20/7.21BC2

覺華龕詩存一卷　（清）王蔭祜撰　清光緒二
十年(1894)刻本　一冊

310000－0242－0009935　V47.3－20/7.21C

蟫廬詩鈔十卷　（清）王蔭槐撰　清光緒七年
(1881)盱眙王氏紫藤花館刻本　二冊

310000－0242－0009936　V47.3－20/7.233

寶研齋詩鈔四卷　（清）花傑撰　清咸豐二年
(1852)刻本　二冊

310000－0242－0009937　V47.3－20/7.248

寶帚詩略二卷　（清）周惺然撰　清光緒十一
年(1885)上黨刻本　二冊

310000－0242－0009938　V47.3－20/7.393B

寶笏樓詩集二卷　（清）徐敦穆撰　清宣統三
年(1911)刻本　一冊

310000－0242－0009939　V47.3－20/7.405

嚼梅吟二卷補遺一卷　（清）釋寄禪撰　清光
緒七年(1881)刻本　一冊

310000－0242－0009940　V47.3－20/7.428B

蘋花水閣詩草一卷　（清）張家焱撰　清同治
十三年(1874)刻本　一冊

310000－0242－0009941　V47.3－20/7.441

覺菴續詠二卷附刻一卷　（清）陳春曉撰　清
道光二十年(1840)刻本　二冊

310000－0242－0009942　V47.3－20/7.441B

繡餘詩草一卷附詞草一卷　（清）陳若芬撰
清道光十六年(1836)刻本　一冊

310000－0242－0009943　V47.3－20/7.491

繡餘小草一卷　（清）黃蕙臣撰　清光緒二十
一年(1895)刻本　一冊

310000－0242－0009944　V47.3－20/7.546

蘇州竹枝詞不分卷　（清）瓶園子撰　清康熙
六十一年(1722)稿本　二冊

310000－0242－0009945　V47.3－20/7.592

寶書堂詩鈔八卷　（清）褚華撰　清嘉慶十六
年(1811)刻本　八冊

310000－0242－0009946　V47.3－20/7.62

繡餘閣詩鈔二卷　（清）石錦繡撰　清同治五
年(1866)刻本　一冊

310000－0242－0009947　V47.3－20/7.722

寶鐵齋詩錄一卷續錄一卷　（清）韓崇撰　清
道光二十九年(1849)潯江郡舍刻本　一冊

310000－0242－0009948　V47.3－20/7.735

籬雲書屋詩鈔六卷　（清）鍾景撰　清咸豐八
年(1858)刻本　二冊

310000 – 0242 – 0009949　V47.3 – 20/7.760.5

繡餘續草一卷附聽雪詞一卷　（清）歸懋儀撰
清道光三年（1823）歸氏刻本　一冊

310000 – 0242 – 0009950　V47.3 – 20/7.760.5B

繡餘續草五卷　（清）歸懋儀撰　清道光十二年（1832）刻本　二冊

310000 – 0242 – 0009951　V47.3 – 20/7.787

鰈硯廬詩鈔二卷聯吟集一卷　（清）嚴永華撰
清光緒二十二年（1896）耦園刻本　一冊

310000 – 0242 – 0009952　V47.3 – 21/7.151

鶴壽山房詩集四卷　（清）李子榮撰　清光緒二十五年（1899）成都刻本　二冊

310000 – 0242 – 0009953　V47.3 – 21/7.164

灌香草堂初稿一卷　（清）吳蘭畹撰　清同治五年（1866）刻本　一冊

310000 – 0242 – 0009954　V47.3 – 21/7.21

鶴汀詩草一卷　（清）王佩鍾撰　**和鶴詩草一卷**　（清）王鴻撰　清道光五年（1825）刻本
一冊

310000 – 0242 – 0009955　V47.3 – 21/7.248

蘭伯遺稿二卷　（清）周祖薰撰　清光緒十八年（1892）刻本　一冊

310000 – 0242 – 0009956　V47.3 – 21/7.428

鐵花仙館吟草二卷　（清）張家鼎撰　清同治三年（1864）刻本　一冊

310000 – 0242 – 0009957　V47.3 – 21/7.428B

鐵畫樓詩續鈔二卷　（清）張蔭桓撰　清光緒二十八年（1902）觀復齋刻本　一冊

310000 – 0242 – 0009958　V47.3 – 21/7.441

蘭墅詩存二卷　（清）陳允頤撰　清光緒三十二年（1906）杭州刻本　一冊

310000 – 0242 – 0009959　V47.3 – 21/7.441B

響琴齋詩集六卷附詩餘二卷　（清）陳聲和撰
清嘉慶三年（1798）聰訓堂刻本　一冊

310000 – 0242 – 0009960　V47.3 – 21/7.502

鐵珊小草一卷　（清）費文彪撰　清光緒六年（1880）刻本　一冊

310000 – 0242 – 0009961　V47.3 – 21/7.523

蠡城吟草四卷　（清）傅崇黻撰　清宣統元年（1909）鉛印本　一冊

310000 – 0242 – 0009962　V47.3 – 21/7.556

蘭馨堂詩存二卷　（清）楊希鈺撰　清同治、光緒間刻本　一冊

310000 – 0242 – 0009963　V47.3 – 21/7.565

續騷堂集一卷　（清）萬泰撰　清光緒十年（1884）翰香居刻本　一冊

310000 – 0242 – 0009964　V47.3 – 21/7.565B

鶴碉詩龕集八卷蕢波詞一卷　（清）萬釗撰
清光緒十九年（1893）刻本　二冊

310000 – 0242 – 0009965　V47.3 – 21/7.791

顧雙溪集詩八卷詞一卷　（清）顧奎光撰　清光緒二十一年（1895）木活字印本　一冊

310000 – 0242 – 0009966　V47.3 – 21/7.791C

顧鳳翔遺集一卷　（清）顧騄撰　清光緒三十二年（1906）南京刻本　一冊

310000 – 0242 – 0009967　V47.3 – 21/7.791D

鶴巢詩存一卷　（清）顧淳慶撰　**介卿遺草一卷**　（清）顧家樹撰　清光緒十二年（1886）刻本　一冊

310000 – 0242 – 0009968　V47.3 – 22/7.115

軀館閑吟一卷　（清）任道鎔撰　清光緒刻本　一冊

310000 – 0242 – 0009969　V47.3 – 22/7.164

聽雨齋詩集十二卷　（清）吳照撰　清刻本　二冊

310000 – 0242 – 0009970　V47.3 – 22/7.164B

聽雨草堂詩存一卷　（清）吳安謙撰　清光緒刻本　一冊

310000 – 0242 – 0009971　V47.3 – 22/7.21B

聽桐廬殘草一卷　（清）王繼穀撰　清光緒六年（1880）刻本　一冊

310000 – 0242 – 0009972　V47.3 – 22/7.300

蠡園詩存二卷　（清）范啟璋撰　清光緒金陵刻本　一冊　存一卷（二）

310000－0242－0009973　V47.3－22/7.322
聽香館詩賸一卷　(清)段玉振撰　清光緒二十五年(1899)木活字印本　一冊

310000－0242－0009974　V47.3－22/7.375
讀雪齋詩集九卷　(清)孫文川撰　清光緒八年(1882)刻本　二冊

310000－0242－0009975　V47.3－22/7.407
鑑止水齋集二十卷　(清)許宗彥撰　清咸豐八年(1858)刻本　六冊

310000－0242－0009976　V47.3－22/7.407C2
鑑止水齋集二十卷　(清)許宗彥撰　清刻本　六冊

310000－0242－0009977　V47.3－22/7.407C3
鑑止水齋集二十卷　(清)許宗彥撰　清嘉慶二十四年(1819)刻本　六冊

310000－0242－0009978　V47.3－22/7.407A
聽香仙館詩鈔一卷詞鈔一卷　(清)許巨楫撰　清光緒二十年(1894)刻本　一冊

310000－0242－0009979　V47.3－22/7.407AC2
聽香仙館詩鈔一卷詞鈔一卷　(清)許巨楫撰　清光緒二十年(1894)刻本　一冊

310000－0242－0009980　V47.3－22/7.420
飌字齋詩略四卷　曹允源撰　清光緒二十二年(1896)刻本　一冊

310000－0242－0009981　V47.3－22/7.428
聽松廬詩鈔十六卷　(清)張維屏撰　清嘉慶十八年(1813)刻本　四冊

310000－0242－0009982　V47.3－22/7.428C
鷗榭詩鈔四卷　(清)張敔辰撰　清光緒二十三年(1897)知足知不足齋刻本　一冊

310000－0242－0009983　V47.3－22/7.428B
聽鶯館詩鈔四卷　(清)張烒撰　清道光二十九年(1849)刻本　一冊

310000－0242－0009984　V47.3－22/7.441
囊翠樓詩稿二卷　(清)陳鴻逵撰　清光緒二十一年(1895)刻本　一冊

310000－0242－0009985　V47.3－22/7.491
讀白華草堂詩集初集九卷二集十二卷苜蓿集八卷　(清)黃釗撰　清道光刻本　二冊

310000－0242－0009986　V47.3－22/7.491C2
讀白華草堂詩集初集九卷二集十二卷苜蓿集八卷　(清)黃釗撰　清道光刻本　三冊

310000－0242－0009987　V47.3－22/7.787
聽月樓詩鈔二卷　(清)嚴恒撰　清光緒二十八年(1902)小長蘆館石印本　一冊

310000－0242－0009988　V47.3－2/7.791
纑塘集一卷　(清)顧貞觀撰　清光緒七年(1881)錫山顧氏枕經葄史齋刻本　一冊

310000－0242－0009989　V47.3－22/7.795
龔葦江詩鈔二卷補遺一卷附葦江公輓詩一卷鏡塀軒誦芬錄二卷　(清)龔灝撰　清道光二十年(1840)刻本　一冊

310000－0242－0009990　V47.3－22/7.795A
龔定盦集外未刻詩不分卷　(清)龔自珍撰　清宣統三年(1911)上海秋星社石印本　一冊

310000－0242－0009991　V47.3－22/7.795AC2
龔定盦集外未刻詩不分卷　(清)龔自珍撰　清宣統三年(1911)上海秋星社石印本　一冊

310000－0242－0009992　V47.3－22/7.98
聽秋館吟稿六卷　(清)朱承鉽撰　清光緒十五年(1889)刻本　二冊

310000－0242－0009993　V47.3－23/7.148
變雅堂遺集十卷附錄一卷　(清)杜濬撰　清光緒二十年(1894)黃岡沈氏刻本　三冊

310000－0242－0009994　V47.3－24/7.21
蠶尾集十卷　(清)王士禛撰　清刻本　六冊

310000－0242－0009995　V47.3－24/7.359
鱠殘雜鈔一卷　(清)袁秉亮撰　清同治三年(1864)秋蓮軒刻本　一冊

310000－0242－0009996　V47.3－24/7.512
靈石山房詩草一卷續吟草一卷　(清)貴成撰　清同治七年(1868)刻本　一冊

310000－0242－0009997　V47.3－25/7.151

觀香室遺稿四卷　（清）李星漁撰　清同治十三年(1874)刻本　二冊

310000－0242－0009998　V47.3－25/7.200.2

觀仙汩餘集八卷首一卷　（清）法重正撰　清道光二十三年(1843)刻本　二冊

310000－0242－0009999　V47.3－25/7.486

觀河集四卷　（清）彭紹升撰　清同治元年(1862)刻本　一冊

310000－0242－0010000　V47.3－25/7.486B

觀河集四卷　（清）彭紹升撰　清道光三年(1823)刻本　一冊

310000－0242－0010001　V47.3－25/7.710

觀古閣詩鈔四卷　（清）鮑康撰　清光緒二十一年(1895)刻本　二冊

310000－0242－0010002　V47.3－28/7.320

戀叟詩鈔四卷　（清）紀映鍾撰　清光緒三十一年(1905)江西刻朱印本　二冊

310000－0242－0010003　V47.3－29/7.505

矕餘吟二卷　（清）屠鏡心撰　清同治九年(1870)家刻本　一冊

310000－0242－0010004　V47.3－29/7.661

矕餘集一卷　（清）郭麐撰　清嘉慶、道光間刻本　一冊

310000－0242－0010005　SV45.6－10/5.566

海瓊玉蟾先生文集六卷續集二卷　（宋）葛長庚撰　明刻本　九冊

310000－0242－0010006　SV45.6－10/57.362

郝文忠公陵川文集三十九卷附錄一卷　（元）郝經撰　清乾隆三年(1738)刻本　十冊

310000－0242－0010007　SV45.6－11/5.151

梁谿先生文集五十卷附年譜一卷　（宋）李綱撰　明萬曆三十九年(1611)趙琦美抄本　五冊

310000－0242－0010008　SV45.6－11/5.21

梅溪先生集二十五卷　（宋）王十朋撰　明正統五年(1440)刻本　四冊

310000－0242－0010009　SV45.6－11/5.428

張乖崖先生行文錄三卷附遺文錄三卷　（宋）張詠撰　清山陰祁氏澹生堂抄本　三冊

310000－0242－0010010　SV45.6－11/57.447

陳定宇先生文集十七卷　（元）陳櫟撰　清康熙三十五年(1696)珠谿德馨堂刻本　十冊

310000－0242－0010011　SV45.6－14/5.598

趙清獻公文集十卷附錄一卷　（宋）趙抃撰　明嘉靖四十一年(1562)刻本　四冊

310000－0242－0010012　SV45.6－14/5.598C2

趙清獻公文集十卷附錄一卷　（宋）趙抃撰　元至治元年(1321)刻本　八冊

310000－0242－0010013　SV45.6－15/5.634(108270)

歐陽先生文粹二十卷遺粹十卷　（宋）歐陽修撰　明嘉靖二十六年(1547)郭雲鵬刻本　六冊　存二十五卷(歐陽先生文粹二十卷、遺粹一至五)

310000－0242－0010014　SV45.6－15/5.634(504634)

宋大家歐陽文忠公文選十卷　（宋）歐陽修撰　（明）歸有光編　明末刻本　十冊

310000－0242－0010015　SV45.6－15/5.634A

歐陽文忠公文抄十卷　（宋）歐陽修撰　（明）茅坤評　明閔刻朱墨套印本　五冊

310000－0242－0010016　SV45.6－16/5.674

龍雲先生文集三十二卷附錄一卷　（宋）劉弇撰　清乾隆十三年(1748)劉氏龍雲讀書室刻本　十二冊

310000－0242－0010017　SV45.6－16/5.674A

龍洲道人文集十五卷附錄一卷　（宋）劉過撰　清抄本　四冊

310000－0242－0010018　SV45.6－17/5.21

臨川先生文集一百卷　（宋）王安石撰　明嘉靖二十五年(1546)刻本　二十四冊

310000－0242－0010019　SV45.6－17/5.389

濟北先生文粹二十一卷　（宋）晁補之撰　明汲古閣刻本　六冊

310000－0242－0010020　SV45.6－19/5.775A

羅鄂州小集五卷　（宋）羅願撰　**羅鄂州遺文
一卷**　（宋）羅頌撰　明天啓六年（1626）羅朗
刻本　二冊

310000－0242－0010021　SV45.6－20/5.784

蘇學士文集十六卷　（宋）蘇舜欽撰　清康熙
三十八年（1699）徐惇復刻本　八冊

310000－0242－0010022　SV45.6－20/5.784A(108347)

蘇長公小品四卷　（宋）蘇軾撰　（明）王聖俞
評選　明萬曆三十九年（1611）刻朱墨套印本
四冊

310000－0242－0010023　SV45.6－20/5.784A(514251)

蘇學士文集十六卷　（宋）蘇舜欽撰　清康熙
三十七年（1698）震澤徐氏白華書屋刻本　二
冊

310000－0242－0010024　SV45.6－4/6.242

仁山金先生文集四卷　（宋）金履祥撰　（清）
金弘勳編輯　清雍正三年（1725）春暉堂刻本
二冊

310000－0242－0010025　SV45.6－6/5.441

江湖長翁文集四十卷　（宋）陳造撰　明萬曆
四十六年（1618）仁和李之藻刻本　十冊

310000－0242－0010026　SV45.6－7/5.21

吾汶藁十卷　（元）王炎午撰　清抄本　二冊

310000－0242－0010027　SV45.6－7/5.441

宋陳龍川先生文集三十卷　（宋）陳亮撰　明
崇禎七年（1634）刻本　一冊　存二卷

310000－0242－0010028　SV46－10/6.568

容臺文集九卷詩集四卷別集四卷　（明）董其
昌著　明崇禎三年（1630）董庭刻本　四冊

310000－0242－0010029　SV46.1－10/6.359

袁中郎全集四十卷　（明）袁宏道撰　明崇禎
二年（1629）刻本　十冊

310000－0242－0010030　SV46.1－10/6.359C2

袁中郎全集四十卷　（明）袁宏道撰　明崇禎
二年（1629）刻本　十冊

310000－0242－0010031　SV46.1－10/6.359C

袁中郎十集十六卷　（明）袁宏道撰　（明）周

應麐校　明刻本　四冊

310000－0242－0010032　SV46.1－10/6.98

凌谿集十八卷　（明）朱應登撰　明嘉靖三十
三年（1554）補刻本　八冊

310000－0242－0010033　SV46.1－11/6.271

鳥鼠山人全集十六卷後集二卷擬漢樂府八卷
附一卷擬古樂府二卷願學編二卷雍音四卷唐
雅八卷榮哀錄二卷　（明）胡纘宗撰　明刻清
修本　二十二冊

310000－0242－0010034　SV46.1－11/6.415

康對山先生集四十六卷　（明）康海撰　明萬
曆十年（1582）刻本　十冊

310000－0242－0010035　SV46.1－11/6.428(108711)

梅花草堂集十六卷　（明）張大復撰　明崇禎
十一年（1638）刻本　八冊

310000－0242－0010036　SV46.1－11/6.428(505831)

張太岳文集四十七卷　（明）張居正撰　明萬
曆四十年（1612）繡谷唐氏廣慶堂刻本　十六
冊

310000－0242－0010037　SV46.1－11/6.471

湯海若問棘郵艸二卷　（明）湯顯祖撰　（明）
徐渭批釋　清抄本　一冊

310000－0242－0010038　SV46.1－11/6.491

黃漳浦集五十卷首一卷年譜二卷　（明）黃道
周撰　清乾隆四十一年（1776）刻本　二十四
冊

310000－0242－0010039　SV46.1－11/6.598

嵋山集十二卷　（明）趙秉忠撰　清光緒九年
（1883）刻本　十六冊

310000－0242－0010040　SV46.1－11/6.84

雪濤閣集十四卷　（明）江盈科撰　明萬曆二
十八年（1600）刻本　十四冊

310000－0242－0010041　SV46.1－12/6.21

陽明先生集要三編十五卷附年譜一卷　（明）
王守仁撰　（明）施邦曜編　清乾隆五十二年
（1787）濟美堂刻本　十四冊

310000－0242－0010042　SV46.1－13/6.151

451

滄溟先生集三十卷附錄一卷 （明）李攀龍撰
明萬曆三年(1575)刻本 八冊 存十六卷
（一至十六）

310000 – 0242 – 0010043 SV46.1 – 13/6.20
慎修堂集二十卷 （明）亢思謙撰 明萬曆三
十二年(1604)刻本 十冊

310000 – 0242 – 0010044 SV46.1 – 13/6.579
解文毅公集十六卷內閣學士春雨解先生行狀
一卷解文毅公後集六卷 （明）解縉撰 清乾
隆三十二年(1767)敦仁堂刻本 十冊

310000 – 0242 – 0010045 SV46.1 – 13/6.579(61820)
解學士文集十卷 （明）解縉撰 明嘉靖四十
一年(1562)刻本 十冊

310000 – 0242 – 0010046 SV46.1 – 13/6.756
虞山集十二卷 （明）瞿式耜撰 （清）瞿昌文
輯 清抄本 二十冊

310000 – 0242 – 0010047 SV46.1 – 14/6.62
翠筠亭集十卷附刊一卷 （明）石文器撰 清
順治三年(1646)石氏刻本 十冊

310000 – 0242 – 0010048 SV46.1 – 15/6.21
震澤先生集三十六卷 （明）王鏊撰 明嘉靖
十五年(1536)刻本 八冊

310000 – 0242 – 0010049 SV46.1 – 15/6.661
鄭少谷先生全集二十五卷 （明）鄭善夫著
清康熙元年(1662)刻本 十冊

310000 – 0242 – 0010050 SV46.1 – 16/6.21
龍谿王先生全集二十二卷 （明）王畿撰 明
萬曆四十三年(1615)刻本 二十冊

310000 – 0242 – 0010051 SV46.1 – 16/6.674
禪悅七種 （明）劉日杲撰 明刻本 一冊

310000 – 0242 – 0010052 SV46.1 – 17/6.151
檀園集十二卷 （明）李流芳撰 明崇禎二年
(1629)刻本 六冊

310000 – 0242 – 0010053 SV46.1 – 19/6.412
鯤溟先生詩集四卷奏疏一卷 （明）郭諫臣撰
清康熙五十二年(1713)蠹溪草堂刻本 四
冊

310000 – 0242 – 0010054 SV46.1 – 19/6.80
瓊臺詩文會稿重編二十四卷 （明）丘濬撰
明天啓元年(1621)刻本 十二冊

310000 – 0242 – 0010055 SV46.1 – 21/6.359(110026)
瀟碧堂集二十卷 （明）袁宏道撰 明萬曆三
十六年(1608)勾吳袁氏書種堂刻本 八冊

310000 – 0242 – 0010056 SV46.1 – 21/6.359(506102)
瀟碧堂集二十卷 （明）袁宏道撰 明萬曆三
十六年(1608)勾吳袁氏書種堂刻本 八冊

310000 – 0242 – 0010057 SV46.1 – 21/6.700
蠛蠓集五卷 （明）盧枏撰 明萬曆三十年
(1602)刻本 五冊

310000 – 0242 – 0010058 SV46.1 – 3/6.556
山水移三卷贈言一卷 （明）楊文驄撰 明刻
清印本 二冊

310000 – 0242 – 0010059 SV46.1 – 3/6.9
于肅愍公集八卷附錄一卷 （明）于謙撰 明
嘉靖六年(1527)大梁書院刻本 四冊

310000 – 0242 – 0010060 SV46.1 – 4/6.556
太史升庵全集八十一卷外集一百卷遺集二十
六卷 （明）楊慎撰 清乾隆六十年(1795)養
拙山房刻本 六十冊

310000 – 0242 – 0010061 SV46.1 – 5/6.393
可經堂集十二卷 （明）徐石麒撰 清順治可
經堂刻本 六冊

310000 – 0242 – 0010062 SV46.1 – 5/6.441(108714)
白沙先生全集二十六卷 （明）陳獻章撰 明
嘉靖五年(1526)刻本 八冊

310000 – 0242 – 0010063 SV46.1 – 5/6.441(100178)
白沙先生全集二十一卷 （明）陳獻章撰 明
天啓元年(1621)刻本 六冊 存五卷(一至
五)

310000 – 0242 – 0010064 SV46.1 – 5/6.471
玉茗堂全集四十六卷 （明）湯顯祖撰 清康
熙三十二年(1693)刻本 三十二冊

310000 – 0242 – 0010065 SV46.1 – 5/6.661
平橋稿十八卷附錄一卷 （明）鄭文康撰 清

452

康熙三十三年(1694)鄭氏刻本　六冊

310000－0242－0010066　SV46.1－7/6.172
貝清江先生全集詩集十卷文集三十卷　（明）
貝瓊撰　清乾隆二十四年(1759)屨硯齋刻本
六冊

310000－0242－0010067　SV46.1－7/6.178
何大復先生集三十八卷　（明）何景明撰　明
嘉靖刻本　十二冊

310000－0242－0010068　SV46.1－8/6.151
空同集六十三卷　（明）李夢陽撰　明嘉靖刻
本　十六冊

310000－0242－0010069　SV46.1－8/6.211
同安林次崖文集十八卷　（明）林希元撰　清
乾隆十八年(1753)刻本　八冊

310000－0242－0010070　SV46.1－8/6.248
周恭肅公集十六卷　（明）周用撰　明嘉靖二
十八年(1549)刻本　八冊

310000－0242－0010071　SV46.2－12/6.767
弼唐龐先生存稿三卷語錄一卷外集一卷
（明）龐嵩撰　（明）梁元槙輯　清初龐氏駕啓
堂刻本　四冊

310000－0242－0010072　SV46.2－5/6.471
玉茗堂集選文集七卷賦集四卷詩集十三卷
（明）湯顯祖撰　明崇禎九年(1636)刻本　十
四冊

310000－0242－0010073　SV46.2－7/6.151
補注李滄溟先生文選四卷　（明）李攀龍撰
（明）宋光廷補注　明刻本　八冊

310000－0242－0010074　SV46.3－10/6.359
袁魯望集十二卷　（明）袁尊尼撰　明萬曆十
二年(1584)刻本　四冊

310000－0242－0010075　SV46.3－10/6.359B
海叟詩集四卷集外詩一卷附錄一卷　（明）袁
凱著　（清）曹炳曾重輯　清康熙六十一年
(1722)城書室刻本　四冊

310000－0242－0010076　SV46.3－11/6.151(108323)
崆峒集二十一卷　（明）李夢陽撰　明萬曆吳

郡繁露堂刻本　四冊

310000－0242－0010077　SV46.3－11/6.151(505992)
崆峒集二十一卷　（明）李夢陽撰　明萬曆吳
郡繁露堂刻本　十冊

310000－0242－0010078　SV46.3－1/6.741
淮漢爐餘稿四卷　（明）顏木撰　明萬曆十五
年(1587)刻本　四冊

310000－0242－0010079　SV46.3－13/6.556
楊鐵厓先生文集古樂府八卷古賦三卷　（元）
楊維楨撰　明萬曆四十三年(1615)陳善學刻
本　四冊

310000－0242－0010080　SV46.3－15/6.21
緱山先生集二十七卷　（明）王衡撰　明萬曆
四十五年(1617)家刻本　八冊

310000－0242－0010081　SV46.3－18/6.164
顧頷集二卷補遺一卷　（明）吳騏撰　清抄本
八冊

310000－0242－0010082　SV46.3－19/6.151
懷麓堂詩續稿八卷　（明）李東陽撰　明正德
十二年(1517)張汝立刻本　二冊　存四卷
(一至四)

310000－0242－0010083　SV46.3－1/6.765
卯菴訂定譚子詩歸十卷　（明）譚元春撰　明
崇禎嶽歸堂刻本　八冊

310000－0242－0010084　SV46.3－5/6.151
白雪樓詩集四卷　（明）李攀龍撰　明嘉靖四
十二年(1563)刻本　二冊

310000－0242－0010085　SV46.3－8/6.717
居東集六卷　（明）謝肇淛撰　明萬曆刻本
六冊

310000－0242－0010086　SV46.3－9/6.21
南遊草一卷　（明）王琨撰　明崇禎元年
(1628)刻本　一冊

310000－0242－0010087　SV46.3－9/6.311
侯中子亦詠草四卷又草二卷又又草二卷
（明）侯正鵠撰　明萬曆三十八年(1610)刻本
六冊

310000－0242－0010088　SV46.3－9/6.441

眉公先生晚香堂小品二十四卷　(明)陳繼儒
撰　明刻本　十二冊

310000－0242－0010089　SV46.3－9/6.471

臨川湯顯祖紅泉逸草不分卷　(明)湯顯祖撰
清抄本　一冊

310000－0242－0010090　SV46.4－9/6.265

秋水菴花影集五卷　(明)施紹莘撰　明後期
刻本　八冊

310000－0242－0010091　SV46.6－10/6.1

高皇帝御製文集二十卷　(明)太祖朱元璋撰
明萬曆十年(1582)刻本　十冊

310000－0242－0010092　SV46.6－10/6.337

唐荊川先生文集十八卷　(明)唐順之撰　清
康熙五十一年(1712)二南堂刻本　八冊

310000－0242－0010093　SV46.6－10/6.393

徐文長文集三十卷　(明)徐渭撰　(明)袁宏
道評點　明萬曆四十二年(1614)刻本　十二
冊

310000－0242－0010094　SV46.6－10/6.393C2

徐文長文集三十卷　(明)徐渭撰　(明)袁宏
道評點　明萬曆四十二年(1614)刻本　十二
冊

310000－0242－0010095　SV46.6－10/6.393C3

徐文長文集三十卷　(明)徐渭撰　(明)袁宏
道評點　明萬曆四十二年(1614)刻本　七冊

310000－0242－0010096　SV46.6－11/6.416

鹿忠節公集二十一卷　(明)鹿善繼撰　清刻
本　六冊

310000－0242－0010097　SV46.6－11/6.428

張龍湖先生文集十五卷　(明)張治撰　清雍
正四年(1726)墨香閣刻本　四冊

310000－0242－0010098　SV46.6－11/6.434

陸子餘集八卷附錄一卷　(明)陸粲撰　明嘉
靖四十三年(1564)刻本　八冊

310000－0242－0010099　SV46.6－11/6.434C2

陸子餘集八卷拾遺一卷附錄一卷　(明)陸粲

撰　明隆慶三年(1569)刻本　六冊

310000－0242－0010100　SV46.6－11/6.568

崇相集不分卷　(明)董應舉撰　明天啓刻本
十二冊

310000－0242－0010101　SV46.6－12/6.441

陳太史無夢園集三十四卷　(明)陳仁錫撰
明金陵刻本　四冊

310000－0242－0010102　SV46.6－12/6.471

湯若士先生小品二卷　(明)湯顯祖著　(明)
陸雲龍評　明崇禎五年(1632)崢霄館刻本
一冊

310000－0242－0010103　SV46.6－13/6.556

楊忠節公遺集五卷　(明)楊廷麟撰　清乾隆
四十一年(1776)木活字印本　四冊

310000－0242－0010104　SV46.6－13/6.566A

楊文懿公晉菴稿一卷附鏡川稿二卷　(明)楊
守誠撰　明天順元年(1457)刻本　二冊

310000－0242－0010105　SV46.6－13/6.84

瑞陽阿集十卷　(明)江東之撰　清乾隆八年
(1743)刻本　六冊

310000－0242－0010106　SV46.6－14/6.562

蒼霞草十二卷　(明)葉向高撰　明萬曆三十
四年(1606)刻本　十六冊

310000－0242－0010107　SV46.6－17/6.390

鴻寶應本十七卷　(明)倪元璐撰　(清)唐九
經補正　清順治十四年(1657)刻本　十二冊

310000－0242－0010108　SV46.6－4/6.21(108382)

王文肅公牘草十八卷　(明)王錫爵撰　明萬
曆四十三年(1615)刻本　十冊

310000－0242－0010109　SV46.6－4/6.21(508396)

王徵士集四卷附錄一卷　(明)王彝撰　(清)
陸廷燦輯　清康熙三十九年(1700)刻本　四
冊

310000－0242－0010110　SV46.6－4/6.21C2

王徵士集四卷附錄一卷　(明)王彝撰　(清)
陸廷燦輯　清康熙三十九年(1700)刻本　四
冊

310000－0242－0010111　SV46.6－4/6.21A

王元美先生文選二十六卷　（明）王世貞撰
明萬曆四十三年(1615)西爽堂刻本　二十冊

310000－0242－0010112　SV46.6－4/6.556

太史升菴文集八十一卷目錄四卷　（明）楊慎
撰　明萬曆十年(1582)蜀刻本　十冊　存三
十三卷(四十九至八十一)

310000－0242－0010113　SV46.6－4/6.731

文清公薛先生文集二十四卷　（明）薛瑄撰
明刻本　六冊

310000－0242－0010114　SV46.6－5/6.491

未軒公文集十二卷附錄一卷補遺一卷　（明）
黃仲昭撰　明嘉靖三十四年(1555)刻本　六
冊

310000－0242－0010115　SV46.6－6/6.622

竹澗先生文集十二卷附錄　（明）潘希曾撰
明嘉靖刻本　六冊

310000－0242－0010116　SV46.6－7/6.135

汪仁峰先生文集二十九卷外集四卷　（明）汪
循撰　清康熙三十五年(1696)弘毅堂刻本
十冊

310000－0242－0010117　SV46.6－9/6.462

洹詞十二卷　（明）齊銑撰　清乾隆三十六年
(1771)刻本　六冊

310000－0242－0010118　SV47－9/7.312

俞曲園手稿四種　（清）俞樾著　稿本　五冊

310000－0242－0010119　SV47.1－11/7.151C2

笠翁一家言全集十六卷　（清）李漁撰　清雍
正八年(1730)刻本　十五冊

310000－0242－0010120　SV47.1－11/7.151C3

笠翁一家言全集十六卷　（清）李漁撰　清康
熙十七年(1678)芥子園刻本　二十冊

310000－0242－0010121　SV47.1－11/7.164

**梅村家藏藁五十八卷詩補遺一卷文補遺一卷
年譜四卷**　（清）吳偉業撰　清宣統三年
(1911)武進董氏誦芬室刻本　八冊

310000－0242－0010122　SV47.1－11/7.21B

崇德堂稿八卷　（清）王植撰　清乾隆二十四
年(1759)刻本　八冊

310000－0242－0010123　SV47.1－11/7.363

**雪村詩草六卷附雪村集杜詩一卷雪村集杜詞
一卷**　（清）耿湋撰　清嘉慶八年(1803)成志
堂刻本　四冊

310000－0242－0010124　SV47.1－11/7.420

曹江集十卷　（清）曹恒吉撰　清康熙三十五
年(1696)願學堂刻本　八冊

310000－0242－0010125　SV47.1－11/7.722

理堂文集十卷詩集四卷日記八卷　（清）韓夢
周撰　清道光三年(1823)靜恒書屋刻本　八
冊

310000－0242－0010126　SV47.1－11/7.722C2

理堂文集十卷詩集四卷日記八卷　（清）韓夢
周撰　清道光三年(1823)靜恒書屋刻本　八
冊

310000－0242－0010127　SV47.1－13/7.598A

**飴山文集十二卷附錄一卷詩集二十卷談龍錄
一卷禮俗權衡二卷**　（清）趙執信輯　清乾隆
三十九年(1774)因園刻本　十冊

310000－0242－0010128　SV47.1－15/7.283

蔗塘未定稿不分卷　（清）查為仁撰　清乾隆
八年(1743)刻本　八冊

310000－0242－0010129　SV47.1－15/7.4

樂善堂全集四十卷　（清）高宗弘曆撰　清乾
隆二年(1737)刻本　十二冊

310000－0242－0010130　SV47.1－15/7.650

**蔣氏四種詩集二十七卷補遺二卷銅絃詞二卷
文集十二卷評選四六法海八卷**　（清）蔣士銓
撰　清乾隆二十七年(1762)醬園刻本　二十
八冊

310000－0242－0010131　SV47.1－16/7.151A

裹岷精舍詩集二卷文集二卷金石跋四卷
（清）李宗蓮撰　清光緒二十五年(1899)抄本
八冊

310000－0242－0010132　SV47.1－16/7.393C2

憺園文集三十六卷 （清）徐乾學撰 清康熙三十六年(1697)崑山徐氏冠山堂刻本 二十四冊

310000－0242－0010133 SV47.1－18/7.128

沈確士歸愚詩文集十一種七十三卷 （清）沈德潛撰 清乾隆二十三年(1758)刻本 二十冊

310000－0242－0010134 SV47.1－19/7.268

韻石齋初稿四卷 （清）姜藻撰 清乾隆九年(1744)刻本 四冊

310000－0242－0010135 SV47.1－5/7.151D

白雲村文集四卷臥象山房詩正集七卷 （清）李澄中撰 清康熙三十八年(1699)刻本 四冊

310000－0242－0010136 SV47.1－5/7.441A

生香書屋詩集七卷文集四卷恩光集一卷 （清）陳浩撰 清乾隆刻本 六冊

310000－0242－0010137 SV47.1－5/7.674

古紅梅閣集六卷 （清）劉履芬撰 清光緒六年(1880)刻本 一冊

310000－0242－0010138 SV47.1－7/7.486

芝庭先生集十八卷 （清）彭啟豐撰 清乾隆五十年(1785)刻本 六冊

310000－0242－0010139 SV47.1－8/7.486

松桂堂全集三十七卷南泩集三卷延露詞三卷 （清）彭孫遹撰 清乾隆八年(1743)刻本 七冊

310000－0242－0010140 SV47.1－8/7.650

忠雅堂詩文集文集十二卷詩集二十九卷詞二卷 （清）蔣士銓撰 清乾隆二十七年(1762)刻本 十四冊

310000－0242－0010141 SV47.1－8/7.661

板橋集六編 （清）鄭燮撰 清乾隆清暉書屋刻本 四冊

310000－0242－0010142 SV47.1－9/7.128

春雨樓集十四卷首一卷末一卷 （清）沈彩撰 清乾隆四十四年(1779)刻本 二冊

310000－0242－0010143 SV47.2－9/7.242

思詒堂詩稿二卷文稿一卷 （清）金衍宗撰 清咸豐九年(1859)吳門刻本 二冊

310000－0242－0010144 SV47.2－9/7.242C

思詒堂詩稿二卷 （清）金衍宗撰 清咸豐刻本 一冊

310000－0242－0010145 SV47.3－10/7.151

容齋千首詩不分卷 （清）李天馥撰 清初刻本 二冊

310000－0242－0010146 SV47.3－10/7.248A

海山存稿二十卷 （清）周煌撰 清乾隆五十八年(1793)涪陵周氏葆素家塾刻本 四冊

310000－0242－0010147 SV47.3－10/7.556B

桐華吟館詩稿八卷詞稿二卷 （清）楊揆撰 清乾隆五十七年(1792)刻嘉慶八年(1803)續刻本 一冊

310000－0242－0010148 SV47.3－10/7.671

託素齋詩集四卷 （清）黎士弘撰 清順治十五年(1658)刻本 六冊

310000－0242－0010149 SV47.3－11/7.128

御覽集六集附蘭韻堂詩集十二卷文集五卷 （清）沈初撰 清乾隆五十九年(1794)刻本 八冊

310000－0242－0010150 SV47.3－11/7.135

巢林集七卷 （清）汪士慎撰 清乾隆刻道光十三年(1833)印本 二冊

310000－0242－0010151 SV47.3－11/7.164G

匏居小稿一卷 （清）吳錫麒撰 清乾隆刻本 一冊

310000－0242－0010152 SV47.3－11/7.164E

渚陸鴻飛集一卷 （清）吳焯撰 清雍正刻本 一冊

310000－0242－0010153 SV47.3－11/7.316B

惜抱軒詩集十卷後集一卷外集一卷 （清）姚鼐撰 清嘉慶三年(1798)刻本 二冊

310000－0242－0010154 SV47.3－11/7.48

紫瓊巖詩鈔二卷 （清）允禧撰 清乾隆二十

三年(1758)刻本　一册

310000－0242－0010155　SV47.3－11/7.556

晞髮堂詩五卷　(清)楊賓撰　清抄本　四册

310000－0242－0010156　SV47.3－11/7.556B

崇雅堂詩鈔五卷　(清)楊汝諧撰　清乾隆二十六年(1761)刻本　一册

310000－0242－0010157　SV47.3－11/7.598

姬隅集十卷　(清)趙文哲撰　清乾隆五十四年(1789)刻本　二册

310000－0242－0010158　SV47.3－12/7.148

雲川閣集十四卷詞七卷　(清)杜詔撰　清雍正九年(1731)刻本　六册

310000－0242－0010159　SV47.3－12/7.794.3

閑吟草一卷　(清)饒萬鑑撰　清乾隆六年(1741)刻本　一册

310000－0242－0010160　SV47.3－12/7.98C

雁橋詩鈔一卷　(清)朱宗光撰　清乾隆二十四年(1759)刻本　一册

310000－0242－0010161　SV47.3－13/7.283

敬業堂詩集五十卷　(清)查慎行撰　清康熙五十八年(1719)刻本　六册

310000－0242－0010162　SV47.3－13/7.283A

敬業堂續集六卷　(清)查慎行撰　清康熙刻本　六册

310000－0242－0010163　SV47.3－13/7.598

飴山詩集二十卷　(清)趙執信輯　清乾隆十九年(1754)因園刻本　四册

310000－0242－0010164　SV47.3－14/7.122

綿津山人詩集二十六卷　(清)宋犖撰　清康熙二十七年(1688)刻本　四册

310000－0242－0010165　SV47.3－14/7.21BC2

漁洋山人精華錄訓纂十卷附漁洋山人年譜二卷　(清)王士禎撰　(清)惠棟注　清紅豆齋刻本　十二册

310000－0242－0010166　SV47.3－14/7.335

綠窗小詠一卷　(清)席仲田撰　清乾隆三十

八年(1773)刻本　一册

310000－0242－0010167　SV47.3－14/7.710

壽藤齋詩集三十五卷　(清)鮑倚雲撰　清乾隆三十三年(1768)鮑倚雲刻本　八册

310000－0242－0010168　SV47.3－14/7.717

夢喜堂詩六卷　(清)謝麟撰　清乾隆十九年(1754)吳門刻本　二册

310000－0242－0010169　SV47.3－15/7.135C

養竹齋詩鈔一卷　(清)汪轂詒撰　清乾隆五年(1740)刻本　一册

310000－0242－0010170　SV47.3－15/7.21

樓邨詩集二十五卷　(清)王式丹撰　清雍正四年(1726)刻本　四册

310000－0242－0010171　SV47.3－15/7.32

餘生詩鈔　(清)陶福清撰　清咸豐三年(1853)抄本　一册

310000－0242－0010172　SV47.3－16/7.151

穆堂初稿五十卷　(清)李紱撰　清乾隆五年(1740)無怒軒刻本　二十二册

310000－0242－0010173　SV47.3－16/7.225

橋東集不分卷　(清)邵葆祺撰　清嘉慶抄本　十册

310000－0242－0010174　SV47.3－16/7.441A

憶園詩鈔六卷　(清)陳燮撰　清乾隆五十六年(1791)刻本　四册

310000－0242－0010175　SV47.3－16/7.62

獨學廬初稿詩集八卷文集三卷讀左卮言一卷漢書刊誤一卷附外集　(清)石韞玉撰　清乾隆六十年(1795)長沙官舍刻本　十六册

310000－0242－0010176　SV47.3－16/7.674D

錫穀堂詩五卷　(清)劉師恕撰　清乾隆十一年(1746)刻本　一册

310000－0242－0010177　SV47.3－16/7.784

操縵集四卷附一卷　(清)蘇汝礪撰　清乾隆二十九年(1764)刻本　一册

310000－0242－0010178　SV47.3－16/7.98B

鴛鴦湖櫂歌三卷　（清）朱彝尊撰　清乾隆四十年（1775）刻本　四冊

310000－0242－0010179　SV47.3－17/7.2

御製避暑山莊詩二卷　（清）聖祖玄燁撰　清康熙五十年（1711）刻朱墨套印本　二冊

310000－0242－0010180　SV47.3－18/7.335

攄懷薰一卷　（清）席玕撰　清乾隆二十三年（1758）席芬湖南武岡州署刻本　一冊

310000－0242－0010181　SV47.3－18/7.568

舊雨草堂詩稿五卷　（清）董元度撰　清乾隆三十五年（1770）刻本　一冊

310000－0242－0010182　SV47.3－18/7.98A

韞山詩稿八卷　（清）朱鳳森撰　清抄本　二冊

310000－0242－0010183　SV47.3－19/7.527

瓣香山房詩集十二卷　（清）曾廷枚撰　清乾隆六十年（1795）刻本　六冊

310000－0242－0010184　SV47.3－19/7.84

曝書亭詩錄箋注十二卷　（清）江浩然箋注　清乾隆三十年（1765）惇裕堂刻本　六冊

310000－0242－0010185　SV47.3－2/7.407

九秋新詠一卷　（清）許少珊等輯　清道光二十七年（1847）刻本　一冊

310000－0242－0010186　SV47.3－20/7.477

繡餘吟一卷附詞一卷　（清）馮思慧撰　清乾隆四十九年（1784）冰香館刻本　二冊

310000－0242－0010187　SV47.3－20/7.674

蘆渡詩鈔三卷　（清）劉必暉撰　清乾隆刻本　一冊

310000－0242－0010188　SV47.3－25/7.13

觀感錄一卷　（清）卞盟輯　清抄本　二冊

310000－0242－0010189　V47.3－3/7.151

小芋香館遺集十二卷附家傳　（清）李杭撰　清咸豐元年（1851）刻本　五冊

310000－0242－0010190　V47.3－3/7.151B

寸心草堂集外詩二卷補遺一卷　（清）李欣榮

撰　清光緒刻本　一冊

310000－0242－0010191　V47.3－3/7.15B

山靜居遺稿四卷　（清）方薰撰　清嘉慶石門方氏刻本　二冊

310000－0242－0010192　V47.3－3/7.164

三恥齋初稿八卷　（清）吳坤修撰　清同治四年（1865）吳氏刻本　二冊

310000－0242－0010193　V47.3－3/7.164B

小酉腴山館詩鈔三編二卷　（清）吳大廷撰　清同治三年（1864）刻本　一冊

310000－0242－0010194　V47.3－3/7.20.3

小綠天餘草一卷　（清）釋心印撰　清光緒二年（1876）刻本　一冊

310000－0242－0010195　V47.3－3/7.21

小蘭雪堂唫槀十一卷　（清）王步蟾撰　清光緒二十七年（1901）石印本　一冊

310000－0242－0010196　V47.3－3/7.21B

小方壺齋詩存二卷　王錫祺撰　清光緒二十七年（1901）鉛印本　一冊

310000－0242－0010197　V47.3－3/7.227

大小雅堂詩集四卷附冰蠶詞一卷　（清）承齡撰　清光緒十八年（1892）刻本　二冊

310000－0242－0010198　V47.3－3/7.301

于湖小集六集附漚簃擬墨一卷　（清）袁昶撰　清光緒二十年（1894）刻本　三冊

310000－0242－0010199　V47.3－3/7.347

小睡足寮詩錄四卷續錄二卷補錄二卷附二友詩錄一卷　（清）秦敏樹撰　清光緒十三年至二十八年（1887－1902）刻本　二冊

310000－0242－0010200　V47.3－3/7.347B

小睡足寮詩錄四卷補錄二卷續錄四卷散叟倦槀一卷附小睡足寮二友詩錄一卷　（清）秦敏樹撰　清光緒二十三年至宣統二年（1897－1910）武林有容齋刻本　二冊

310000－0242－0010201　V47.3－3/7.359

小倉山房詩集三十一卷補遺一卷附錄一卷　（清）袁枚撰　清刻本　五冊

310000 - 0242 - 0010202　V47.3 - 3/7.359B

小桐廬詩草十卷　（清）袁景輅撰　清乾隆三十二年(1767)愛吟齋刻本　二册

310000 - 0242 - 0010203　V47.3 - 3/7.37

于南詩錄二卷　（清）孔繼鑅撰　清咸豐六年(1856)刻本　二册

310000 - 0242 - 0010204　V47.3 - 3/7.375

小謨觴居詩存一卷　（清）孫成彥撰　清光緒六年(1880)刻本　一册

310000 - 0242 - 0010205　V47.3 - 3/7.428

小重山房詩續錄十二卷　（清）張祥河撰　清光緒元年(1875)刻本　四册

310000 - 0242 - 0010206　V47.3 - 3/7.428B

小琅環園詩錄七卷坿集顧亭林先生詩一卷小琅環園詞錄一卷　（清）張修府撰　清光緒七年(1881)刻本　二册

310000 - 0242 - 0010207　V47.3 - 3/7.428BC2

小琅環園詩錄七卷坿集顧亭林先生詩一卷小琅環園詞錄一卷　（清）張修府撰　清光緒七年(1881)刻本　二册

310000 - 0242 - 0010208　V47.3 - 3/7.428C

小寄園詩鈔二卷　（清）張開先撰　清同治十二年(1873)刻本　一册

310000 - 0242 - 0010209　V47.3 - 3/7.428D

大吉羊室遺稿一卷附詞一卷　（清）張振凡撰　清光緒五年(1879)刻本　一册

310000 - 0242 - 0010210　V47.3 - 3/7.441

山舟紉蘭集一卷附詩餘一卷　（清）陳敬撰　清乾隆十八年(1753)刻本　一册

310000 - 0242 - 0010211　V47.3 - 3/7.477

子良詩錄二卷附摘句一卷　（清）馮詢撰　清同治二年(1863)廣州寶華坊刻本　二册

310000 - 0242 - 0010212　V47.3 - 3/7.491

大潙山房遺藁九卷　（清）黃湘南撰　清道光二十二年(1842)刻本　三册

310000 - 0242 - 0010213　V47.3 - 3/7.491A

三十六灣草廬稿十卷　（清）黃本騏撰　清道光十六年(1836)刻本　三册

310000 - 0242 - 0010214　V47.3 - 3/7.505

小草庵詩鈔一卷附日本金石年表一卷　（清）屠蘇撰　清光緒刻本　一册

310000 - 0242 - 0010215　V47.3 - 3/7.527

小石詩鈔六卷補編一卷詩餘一卷鍼鸝山館詩草一卷　（清）曾諧撰　清同治十年(1871)刻本　二册

310000 - 0242 - 0010216　V47.3 - 3/7.562

大瓠山房詩集二卷　（清）葉道源撰　清宣統三年(1911)鉛印本　一册

310000 - 0242 - 0010217　V47.3 - 3/7.598

三硯齋詩剩一卷　（清）趙彥修撰　清光緒八年(1882)刻本　一册

310000 - 0242 - 0010218　V47.3 - 3/7.613

才叔遺詩二卷　（清）管樂撰　清光緒木活字印本　一册

310000 - 0242 - 0010219　V47.3 - 3/7.622

小鷗波館詩鈔十卷　（清）潘曾瑩撰　清道光二十五年(1845)刻本　一册

310000 - 0242 - 0010220　V47.3 - 3/7.622B

小浮山人閉門集六卷　（清）潘曾沂撰　清光緒五年(1879)北京八囍齋潘氏刻本　二册

310000 - 0242 - 0010221　V47.3 - 3/7.622C

小鷗波館詩鈔十卷詞鈔一卷　（清）潘曾瑩撰　清道光二十五年(1845)刻本　二册

310000 - 0242 - 0010222　V47.3 - 3/7.622D

小鷗波館詩鈔十二卷補錄二卷詞鈔一卷　（清）潘曾瑩撰　清同治、光緒間刻本　二册

310000 - 0242 - 0010223　V47.3 - 3/7.650

三徑草堂詩鈔四卷　（清）蔣師軾撰　清光緒十六年(1890)刻本　一册

310000 - 0242 - 0010224　V47.3 - 3/7.674

三十二蘭亭室詩存八卷　（清）劉澔年撰　清光緒元年(1875)羊城刻本　二册

310000 - 0242 - 0010225　V47.3 - 3/7.674B

大山詩集七卷　（清）劉巖撰　清宣統二年
(1910)鉛印本　二冊

310000－0242－0010226　V47.3－3/7.674C

大潛山房詩鈔一卷附家傳一卷　（清）劉銘傳
撰　清末石印本　一冊

310000－0242－0010227　V47.3－3/7.674D

大潛山房詩鈔一卷　（清）劉銘傳撰　清同治
七年(1868)刻本　一冊

310000－0242－0010228　V47.3－3/7.705B

小泉來山館詩鈔四卷　（清）錢侗撰　清咸豐
十一年(1861)錢師璟刻本　一冊

310000－0242－0010229　V47.3－3/7.790.4

口頭吟二卷　（清）釋嘯溪撰　（清）張吉安選
清道光四年(1824)刻本　二冊

310000－0242－0010230　V47.3－4/7.128

友蘭齋詩鈔二卷　（清）沈文淵撰　清道光二
十年(1840)郎照山堂刻本　一冊

310000－0242－0010231　V47.3－4/7.135

心知堂詩稿十八卷　（清）汪仲洋撰　清道光
六年(1826)刻本　六冊

310000－0242－0010232　V47.3－4/7.135A

日長山靜草堂詩存二卷補遺一卷　（清）汪達
鈞撰　清光緒三十一年(1905)鉛印本　二冊

310000－0242－0010233　V47.3－4/7.135B

五橋詩腋一卷　（清）汪潚撰　（清）劉紹曾輯
清嘉慶二十五年(1820)刻本　一冊

310000－0242－0010234　V47.3－4/7.135C

天馬山房詩初錄一卷二錄一卷　（清）汪巽東
撰　清道光、咸豐間刻本　一冊

310000－0242－0010235　V47.3－4/7.151

天瘦閣詩卷二卷　（清）李士棻撰　清光緒刻
本　一冊

310000－0242－0010236　V47.3－4/7.151B

少山詩鈔六卷附詩餘一卷　（清）李琪撰　清
道光三年(1823)五華山館刻本　二冊

310000－0242－0010237　V47.3－4/7.162

文選樓詩存五卷　（清）阮元撰　清嘉慶二十
四年(1819)琅嬛仙館刻本　一冊

310000－0242－0010238　V47.3－4/7.164

五代宮詞一卷　（清）吳省蘭撰　（清）范重榮
注　清刻本　一冊

310000－0242－0010239　V47.3－4/7.21

王氏漁洋詩鈔十二卷　（清）王士禛撰　（清）
邵長蘅選　清宣統二年(1910)上海時中書局
石印本　八冊

310000－0242－0010240　V47.3－4/7.21B

王孟調明經西鳧草一卷附詞一卷　（清）王星
誠撰　清咸豐、同治間刻本　一冊

310000－0242－0010241　V47.3－4/7.248C

天啓宮詞一卷　（清）周絜撰　清咸豐三年
(1853)刻本　一冊

310000－0242－0010242　V47.3－4/7.316

五瑞齋詩續鈔八卷　（清）姚濬昌撰　清刻本
二冊

310000－0242－0010243　V47.3－4/7.33

天游閣集五卷　（清）顧太清撰　清宣統二年
(1910)上海鉛印本　一冊

310000－0242－0010244　V47.3－4/7.33C2

天游閣集五卷　（清）顧太清撰　清宣統二年
(1910)鉛印本　一冊

310000－0242－0010245　V47.3－4/7.37B

壬癸詩錄一卷　（清）孔繼鏒撰　清咸豐四年
(1854)刻本　一冊

310000－0242－0010246　V47.3－4/7.375

太倉孫子福先生遺草二卷雜文附存一卷
(清)孫壽祺撰　清光緒十九年(1893)海陽孫
氏刻本　二冊

310000－0242－0010247　V47.3－4/7.37C

心嚮往齋用陶韻詩二卷　（清）孔繼鏒撰　清
道光二十九年(1849)吳熙載刻本　一冊

310000－0242－0010248　V47.3－4/7.393B

天生吾廬存稿三卷　（清）徐元琛撰　清光緒
二十九年(1903)華雲閣鉛印本　一冊

310000－0242－0010249　V47.3－4/7.428

止止山房詩鈔五卷　（清）張克儉撰　清抄本
　　二冊

310000－0242－0010250　V47.3－4/7.428B

卅六芙蓉館詩存六卷　（清）張曾望撰　清光
緒二十四年(1898)刻本　一冊

310000－0242－0010251　V47.3－4/7.441

心潛書屋遺稿詩存一卷詞賸一卷　（清）陳亮
疇撰　清光緒三十二年(1906)杭州刻本　一
冊

310000－0242－0010252　V47.3－4/7.441B

匹夫詩五卷　（清）陳星涵撰　清光緒三十三
年(1907)西安刻本　一冊

310000－0242－0010253　V47.3－4/7.441C

木庵居士詩四卷補遺一卷　（清）陳書撰　清
光緒三十二年(1906)武昌刻本　一冊

310000－0242－0010254　V47.3－4/7.473

今白華堂詩集八卷　（清）童槐撰　清同治八
年(1869)刻本　二冊

310000－0242－0010255　V47.3－4/7.491B

日本雜事詩二卷　（清）黃遵憲撰　清光緒二
十四年(1898)長沙富文堂刻本　一冊

310000－0242－0010256　V47.3－4/7.491C

日本雜事詩二卷　（清）黃遵憲撰　清光緒五
年(1879)同文館鉛印本　二冊

310000－0242－0010257　V47.3－4/7.491D

天韻閣詩存一卷　黃箴撰　清光緒三十一年
(1905)鉛印本　一冊

310000－0242－0010258　V47.3－4/7.562

太湖竹枝詞二卷　（清）葉承桂撰　清咸豐三
年(1853)石林園刻本　二冊

310000－0242－0010259　V47.3－4/7.568

六一山房詩續集五卷　（清）董沛撰　清光緒
五年(1879)刻本　一冊

310000－0242－0010260　V47.3－4/7.586

太鶴山人集十三卷　（清）端木國瑚撰　清道
光二十四年(1844)刻本　一冊

310000－0242－0010261　V47.3－4/7.613

止泊齋詩存三卷　（清）管蘭滋撰　清光緒十
二年(1886)冬榮書屋刻本　一冊

310000－0242－0010262　V47.3－4/7.622

五楳一研齋詩鈔六卷　（清）潘宗耀撰　清道
光七年(1827)刻本　一冊

310000－0242－0010263　V47.3－4/7.654

六半樓詩鈔四卷附文杏堂詩賸一卷　（清）蔡
鵬飛撰　清光緒十年(1884)刻本　一冊

310000－0242－0010264　V47.3－4/7.671

五百四峯堂詩鈔二十五卷　（清）黎簡撰　清
嘉慶元年(1796)廣州儒雅堂刻本　二冊

310000－0242－0010265　V47.3－4/7.674

介白堂詩集二卷　（清）劉光第撰　清光緒二
十九年(1903)宜賓儷峯書屋刻本　二冊

310000－0242－0010266　V47.3－4/7.760

天香樓殘稿四卷　（清）儲炳煥撰　（清）萬立
鈞輯　清光緒十七年(1891)愛吾廬刻本　一
冊

310000－0242－0010267　V47.3－4/7.787

介翁詩集八卷　（清）嚴寅撰　清同治十三年
(1874)嚴氏小延綠館刻本　二冊

310000－0242－0010268　V47.3－4/7.79

天游閣詩集二卷　（清）顧太清撰　清宣統元
年(1909)南陵徐乃昌刻本　一冊

310000－0242－0010269　V47.3－4/7.791

不秋草堂詩稿一卷　（清）顧燮綸撰　清咸豐
五年(1855)刻本　一冊

310000－0242－0010270　V47.3－4/7.791B

五是堂詩集八卷　（清）顧王霖撰　清光緒八
年(1882)刻本　二冊

310000－0242－0010271　V47.3－4/7.98

天求遺稿一卷附桐花閣詩存一卷　（清）朱球
撰　清刻本　一冊

310000－0242－0010272　V47.3－4/7.98B

尺雲軒詩集四卷　（清）朱實發撰　清光緒十
三年(1887)刻本　一冊　存二卷(一至二)

310000－0242－0010273　V47.3－5/7.117

句餘土音三卷附遺詩一卷　（清）全祖望撰
清宣統三年(1911)上海國學扶輪社鉛印本
一冊

310000－0242－0010274　V47.3－5/7.128

玉笙樓詩錄十二卷續錄一卷　（清）沈壽榕撰
　清光緒九年(1883)刻本　　二冊

310000－0242－0010275　V47.3－5/7.135B

冬巢詩詞集八卷　（清）汪潮生撰　清道光十
七年(1837)揚州龍文齋刻本　　二冊

310000－0242－0010276　V47.3－5/7.151B

石船居古今體詩賸稿三卷附詞一卷　（清）李
超瓊撰　清光緒二十年(1894)刻本　　一冊

310000－0242－0010277　V47.3－5/7.151C

石泉書屋詩鈔八卷　（清）李佐賢撰　清同治
四年(1865)利津李氏刻本　　二冊

310000－0242－0010278　V47.3－5/7.164B

可久長室詩存六卷　（清）吳宗麟撰　清咸豐
十年(1860)上海刻本　　二冊

310000－0242－0010279　V47.3－5/7.164C

古藤書屋詩存一卷　（清）吳以誠撰　清咸豐
九年(1859)刻本　　一冊

310000－0242－0010280　V47.3－5/7.172

半行庵詩存稾八卷　（清）貝青喬撰　清同治
五年(1866)刻本　　二冊

310000－0242－0010281　V47.3－5/7.172C2

半行庵詩存稾八卷　（清）貝青喬撰　清同治
五年(1866)刻本　　二冊

310000－0242－0010282　V47.3－5/7.21

冬榮室詩鈔一卷　（清）王煥崧撰　清光緒三
十二年(1906)鉛印本　　一冊

310000－0242－0010283　V47.3－5/7.225B

半巖廬遺詩二卷　（清）邵懿辰撰　清同治十
年(1871)刻本　　一冊

310000－0242－0010284　V47.3－5/7.242

冬心先生集四卷　（清）金農撰　清宣統二年
(1910)上海石印本　　四冊

310000－0242－0010285　V47.3－5/7.242C

冬心先生集四卷　（清）金農撰　清同治當歸
草堂刻本　　一冊

310000－0242－0010286　V47.3－5/7.248

且巢詩存四卷　（清）周葆濂撰　清光緒十六
年(1890)刻本　　一冊

310000－0242－0010287　V47.3－5/7.265

正聲集四卷詞一卷　（清）施朝幹撰　清嘉慶
五年(1800)嘉興刻本　　一冊

310000－0242－0010288　V47.3－5/7.271

石瀨山房詩鈔九卷　（清）胡昌基撰　清嘉慶
刻本　　二冊

310000－0242－0010289　V47.3－5/7.311

四憶堂詩集六卷　（清）侯方域撰　清刻本
二冊

310000－0242－0010290　V47.3－5/7.311B

四憶堂詩集六卷壯悔堂文集一卷　（清）侯方
域撰　（清）賈開宗等選注　清順治十三年
(1656)刻本　　二冊

310000－0242－0010291　V47.3－5/7.311C2

四憶堂詩集六卷　（清）侯方域撰　清刻本
二冊

310000－0242－0010292　V47.3－5/7.311C3

四憶堂詩集六卷　（清）侯方域撰　清刻本
四冊

310000－0242－0010293　V47.3－5/7.312

玉壺軒詩稿一卷　（清）俞麟年撰　清光緒三
年(1877)刻本　　一冊

310000－0242－0010294　V47.3－5/7.316

北窗初稿四卷　（清）姚尚桂撰　清嘉慶二十
一年(1816)緼雲書屋刻本　　二冊

310000－0242－0010295　V47.3－5/7.326.6

北遊草一卷　（清）宮國苞撰　清乾隆四十年
(1775)春雨草堂刻本　　一冊

310000－0242－0010296　V47.3－5/7.33

半灣偶吟一卷　（清）尤蔭撰　清嘉慶刻本
一冊

310000－0242－0010297　V47.3－5/7.364.5

未谷詩集四卷　（清）桂馥撰　清歙縣朱文瀚刻本　一冊

310000－0242－0010298　V47.3－5/7.370

冬生草堂詩錄八卷　（清）夏寶晉撰　清咸豐元年(1851)刻本　二冊

310000－0242－0010299　V47.3－5/7.393

冬日百詠一卷　（清）徐琪撰　清光緒元年(1875)刻本　一冊

310000－0242－0010300　V47.3－5/7.393C

且樸齋詩稿六卷　（清）徐懋曙撰　清光緒二十五年(1899)杭州刻本　一冊

310000－0242－0010301　V47.3－5/7.393B

甲六集初刻一卷補遺一卷　（清）徐文心撰　清光緒三年(1877)廣州刻本　一冊

310000－0242－0010302　V47.3－5/7.396

正始堂詩鈔一卷　（清）翁時農撰　清光緒三十三年(1907)南洋官報局鉛印本　一冊

310000－0242－0010303　V47.3－5/7.402

古春軒詩鈔二卷　（清）梁德繩撰　清咸豐二年(1852)鳳城刻本　一冊

310000－0242－0010304　V47.3－5/7.402C2

古春軒詩鈔二卷　（清）梁德繩撰　清咸豐二年(1852)鳳城刻本　一冊

310000－0242－0010305　V47.3－5/7.402C3

古春軒詩鈔二卷　（清）梁德繩撰　清咸豐二年(1852)鳳城刻本　一冊

310000－0242－0010306　V47.3－5/7.412

立齋遺詩六卷附錄一卷　（清）郭家駒撰　清舫廔木活字印本　一冊

310000－0242－0010307　V47.3－5/7.420

甘白齋詩二卷　（清）曹鑣撰　清嘉慶十一年(1806)刻本　一冊

310000－0242－0010308　V47.3－5/7.428C

石帆詩集八卷補遺一卷　（清）張曾撰　清咸豐九年(1859)刻本　一冊

310000－0242－0010309　V47.3－5/7.428D

冬蕙軒存稿一卷　（清）張湘筠撰　清同治二年(1863)刻本　一冊

310000－0242－0010310　V47.3－5/7.434

北廬詩鈔二卷　（清）陸毅撰　清石印本　二冊

310000－0242－0010311　V47.3－5/7.441

可園詩集二卷附集一卷　（清）陳得森撰　清光緒二十七年(1901)油印本　一冊

310000－0242－0010312　V47.3－5/7.441B

冬暄草堂遺詩二卷　（清）陳豪撰　清宣統三年(1911)鉛印本　二冊

310000－0242－0010313　V47.3－5/7.454

古椿軒詩鈔二卷　（清）莊善孫撰　清光緒二十七年(1901)木活字印本　一冊

310000－0242－0010314　V47.3－5/7.477

石溪詩存二卷　（清）馮銍撰　清光緒二十九年(1903)刻本　一冊

310000－0242－0010315　V47.3－5/7.486

玉屏山館詩草四卷　（清）彭祖潤撰　清光緒十四年(1888)刻本　二冊

310000－0242－0010316　V47.3－5/7.486B

仙心閣詩鈔四卷　（清）彭慰高撰　清光緒三年(1877)羊城刻本　二冊

310000－0242－0010317　V47.3－5/7.491C

古干亭詩集六卷嶺外雜言一卷　（清）黃桐孫撰　清光緒十七年(1891)四明黃氏補不足齋刻本　一冊

310000－0242－0010318　V47.3－5/7.500

且甌集九卷　（清）項霽撰　清咸豐、同治間湘陰左宗棠刻本　二冊

310000－0242－0010319　V47.3－5/7.563

半閒居吟草一卷附試藝一卷試帖一卷　（清）萬紹汾撰　清道光二十三年(1843)刻本　一冊

310000－0242－0010320　V47.3－5/7.569

白梅小集一卷　（清）釋敬安撰　清光緒三十

年（1904）鉛印本　一冊

310000－0242－0010321　V47.3－5/7.645D

北行草二卷　（清）鄧珏撰　清道光二十九年
（1849）擁城書屋刻本　一冊

310000－0242－0010322　V47.3－5/7.654C3

白香亭詩三卷　（清）鄧輔綸撰　清光緒十九
年（1893）東河督署刻本　二冊

310000－0242－0010323　V47.3－5/7.645B

白香亭和陶詩一卷　（清）鄧輔綸撰　清光緒
刻本　一冊

310000－0242－0010324　V47.3－5/7.661

玉句草堂集四卷　（清）鄭澐撰　清嘉慶刻本
　二冊

310000－0242－0010325　V47.3－5/7.674

玉通生詩鈔一卷　（清）劉心珬撰　清光緒十
八年（1892）刻本　一冊

310000－0242－0010326　V47.3－5/7.674B

玉通詩選二卷拾遺一卷　（清）劉心珬撰　清
光緒二十七年（1901）木活字印本　一冊

310000－0242－0010327　V47.3－5/7.705B

古松樓賸稿一卷附詞一卷雜著一卷　（清）錢
熙泰撰　清光緒六年（1880）刻本　一冊

310000－0242－0010328　V47.3－5/7.765

四照堂詩集十五卷　（清）譚溥撰　清同治三
年（1864）越中刻本　四冊

310000－0242－0010329　V47.3－5/7.787

石樵詩稿十二卷　（清）嚴允肇撰　清光緒三
十四年（1908）鉛印本　一冊　存五卷（一至
五）

310000－0242－0010330　V47.3－5/7.791

玉笥山房要集四卷附文一卷　（清）顧廷綸撰
　清光緒十二年（1886）刻本　一冊

310000－0242－0010331　V47.3－5/7.791B

且飲樓詩選四卷續集一卷　（清）顧晛元撰
清光緒六年（1880）刻本　一冊

310000－0242－0010332　V47.3－5/7.794

平蠻草不分卷　（清）饒敦秩撰　清光緒二十
六年（1900）東湖饒氏古灌齋刻本　一冊

310000－0242－0010333　V47.3－5/7.8.3

可園詩鈔三卷　（清）三多撰　清光緒十三年
（1887）刻本　一冊

310000－0242－0010334　V47.3－5/7.8.3B

可園詩鈔四卷　（清）三多撰　清光緒十八年
（1892）石印本　二冊

310000－0242－0010335　V47.3－5/7.84

北遊草一卷　江瀚撰　清光緒二十九年
（1903）刻本　一冊

310000－0242－0010336　V47.3－5/7.84B

白圭堂詩鈔八卷　（清）江之紀撰　清嘉慶十
七年（1812）刻本　二冊

310000－0242－0010337　V47.3－5/7.84C

白圭堂詩鈔八卷　（清）江之紀撰　清同治三
年（1864）刻本　二冊

310000－0242－0010338　V47.3－5/7.98

玉蘭山房詩集四卷　（清）朱臨撰　清光緒三
年（1877）刻本　一冊

310000－0242－0010339　V47.3－5/7.98B

四白齋詩稿三卷　（清）朱銘撰　清光緒二年
（1876）刻本　一冊

310000－0242－0010340　V47.3－5/7.98C

四白齋蜀遊草一卷　（清）朱銘撰　清光緒八
年（1882）刻本　一冊

310000－0242－0010341　V47.3－5/7.98E

史山樵唱三卷　（清）朱英撰　清道光十年
（1830）鋤經堂刻本　一冊

310000－0242－0010342　V47.3－5/7.98D

古月軒詩存二卷　（清）朱伸林撰　清光緒十
年（1884）琴川書屋刻本　一冊

310000－0242－0010343　V47.3－6/7.164

字香亭梅花百詠一卷　（清）吳立撰　清抄本
　二冊

310000－0242－0010344　V47.3－6/7.164C5

陋軒詩續二卷　（清）吳嘉紀撰　清道光泰州
夏氏刻本　一冊

310000－0242－0010345　V47.3－6/7.164B

圭盦詩錄一卷　（清）吳觀禮撰　清刻本　二
冊

310000－0242－0010346　V47.3－6/7.21

自鳴稿二卷　（清）王壽康撰　清咸豐五年
(1855)刻本　一冊

310000－0242－0010347　V47.3－6/7.21C

西麀山居殘草一卷附補編一卷　（清）王星誠
撰　清同治十年(1871)河陽官舍刻本　一冊

310000－0242－0010348　V47.3－6/7.21E

西齋詩集五卷　（清）王仲儒撰　清康熙夢華
山房刻本　一冊　存四卷(乙丑至戊辰)

310000－0242－0010349　V47.3－6/7.300

亦汾詩鈔一卷　（清）范邦楨撰　清光緒十一
年(1885)刻本　一冊

310000－0242－0010350　V47.3－6/7.312C2

曲園自述詩一卷　（清）俞樾撰　清光緒十五
年(1889)刻本　一冊

310000－0242－0010351　V47.3－6/7.316

亦園全集六卷　（清）姚孫棐撰　清抄本　四
冊

310000－0242－0010352　V47.3－6/7.316B

竹雨吟鈔二卷　（清）姚吉祥撰　清同治八年
(1869)滬城刻本　一冊

310000－0242－0010353　V47.3－6/7.33

西堂詩集十二種三十卷　（清）尤侗撰　清康
熙二十三年(1684)刻本　十六冊

310000－0242－0010354　V47.3－6/7.347

伏鸞堂詩賸四卷　（清）秦雲撰　清光緒六年
(1880)刻本　一冊

310000－0242－0010355　V47.3－6/7.359

安般簃詩續鈔十卷附春闈雜詠一卷　（清）袁
昶撰　清光緒十六年(1890)刻本　三冊

310000－0242－0010356　V47.3－6/7.359

安般簃詩續鈔十卷附春闈雜詠一卷　（清）袁
昶撰　清光緒十六年(1890)漸西村舍刻本
四冊

310000－0242－0010357　V47.3－6/7.359C2

安般簃詩續鈔十卷　（清）袁昶撰　清光緒十
六年(1890)刻本　四冊

310000－0242－0010358　V47.3－6/7.375

竹懶山房吟草四卷　（清）孫清載撰　清光緒
十五年(1889)刻本　一冊

310000－0242－0010359　V47.3－6/7.393

自得齋吟草一卷　（清）徐槐庭撰　清光緒六
年(1880)刻本　一冊

310000－0242－0010360　V47.3－6/7.393B

安雅堂詩存二卷　（清）徐本璿撰　清光緒十
五年(1889)刻本　一冊

310000－0242－0010361　V47.3－6/7.428

伊蔚草廬詩存一卷　（清）張顯周撰　清光緒
刻本　一冊

310000－0242－0010362　V47.3－6/7.441A

西湖櫂歌一卷附鑑湖櫂歌一卷　（清）陳祖昭
撰　清光緒十三年(1887)刻本　一冊

310000－0242－0010363　V47.3－6/7.441B

西泠閨詠十六卷　（清）陳文述撰　清光緒十
四年(1888)西泠翠螺閣刻本　四冊

310000－0242－0010364　V47.3－6/7.491

百藥山房詩初集十卷　（清）黃若濟撰　清道
光十年(1830)刻本　二冊

310000－0242－0010365　V47.3－6/7.491B

江南黃烈女遺詩一卷附一卷　（清）黃淑華撰
清同治十三年(1874)刻本　一冊

310000－0242－0010366　V47.3－6/7.556B

守志彌敦齋詩鈔一卷　（清）楊瑜良撰　清光
緒十九年(1893)刻本　一冊

310000－0242－0010367　V47.3－6/7.622

自鏡齋詩鈔一卷　（清）潘曾瑋撰　清光緒十
三年(1887)刻本　一冊

310000 - 0242 - 0010368　V47.3 - 6/7.634

有方遊草二卷　（清）歐陽厚均撰　清同治四年（1865）刻本　一冊

310000 - 0242 - 0010369　V47.3 - 6/7.650

次園詩存六卷　（清）蔣彬若撰　清光緒十一年（1885）刻本　一冊

310000 - 0242 - 0010370　V47.3 - 6/7.674

自怡山房詩存一卷　（清）劉輯瑞撰　清光緒二十九年（1903）刻本　一冊

310000 - 0242 - 0010371　V47.3 - 6/7.674B

西澗舊廬詩稿四卷詩三卷詞一卷　（清）劉樞撰　清同治十年（1871）刻本　一冊

310000 - 0242 - 0010372　V47.3 - 6/7.717

亦園詩賸三卷　（清）謝學崇撰　清咸豐十年（1860）刻本　一冊

310000 - 0242 - 0010373　V47.3 - 6/7.727

西疆雜述詩四卷　（清）蕭雄皋撰　清光緒二十三年（1897）藹樊徐氏刻本　四冊

310000 - 0242 - 0010374　V47.3 - 6/7.740

存希閣詩錄一卷　（清）繆徵甲撰　清光緒九年（1883）刻本　一冊

310000 - 0242 - 0010375　V47.3 - 6/7.761

有所思軒詩集一卷　（清）魏用之撰　清光緒二十二年（1896）刻本　一冊

310000 - 0242 - 0010376　V47.3 - 6/7.784

守柔齋詩鈔續集四卷　（清）蘇廷魁撰　清同治二年（1863）刻本　一冊

310000 - 0242 - 0010377　V47.3 - 6/7.84

自然好學齋詩鈔十卷　（清）汪端撰　清同治十三年（1874）刻本　三冊

310000 - 0242 - 0010378　V47.3 - 6/7.84C2

自然好學齋詩鈔十卷　（清）汪端撰　清同治十三年（1874）刻本　三冊

310000 - 0242 - 0010379　V47.3 - 6/7.84A

伏敔堂詩錄十五卷續錄　（清）江湜撰　清同治元年（1862）刻本　一冊

310000 - 0242 - 0010380　V47.3 - 6/7.98A

自怡軒遺稿一卷知止軒吟草一卷片玉山莊詩存一卷片玉山莊詞存一卷片玉山莊詞略一卷　（清）朱清等撰　清光緒刻本　一冊

310000 - 0242 - 0010381　V47.3 - 6/7.98B

朱文定公集十卷　（清）朱士彥撰　清刻本　二冊

310000 - 0242 - 0010382　V47.3 - 6/7.98C

朱秋厓詩集四卷　（清）朱克生著　清同治四年（1865）刻本　十冊

310000 - 0242 - 0010383　V47.3 - 6/7.98CC2

朱秋厓詩集四卷　（清）朱克生著　清同治四年（1865）刻本　十冊

310000 - 0242 - 0010384　V47.3 - 6/7.98D

西江泛宅集三卷附古月軒試帖偶存一卷　（清）朱伸林撰　清光緒刻本　一冊

310000 - 0242 - 0010385　V47.3 - 6/7.98E

朱竹垞先生駕鴦湖櫂歌一百首一卷　（清）朱彝尊撰　（清）江浩然注　清刻本　一冊

310000 - 0242 - 0010386　V47.3 - 6/7.98F

西行紀游詩一卷　（清）朱鯤撰　清宣統石印本　一冊

310000 - 0242 - 0010387　V47.3 - 6/8.717B

自怡吟初稿四卷　（清）謝元壽撰　清宣統三年（1911）石印本　二冊

310000 - 0242 - 0010388　V47.3 - 7/7.122

宋誦梅堂詩鈔不分卷　（清）宋梅生著　清道光文成堂刻本　十六冊

310000 - 0242 - 0010389　V47.3 - 7/7.128

吾美堂集八卷附陸沉漫稿六卷溪山堂草四卷　（明）沈思孝撰　清快雪堂刻本　八冊

310000 - 0242 - 0010390　V47.3 - 7/7.128C

沈落花詩甄一卷　（清）沈落花撰　清光緒二十一年（1895）拜鴛樓刻本　一冊

310000 - 0242 - 0010391　V47.3 - 7/7.135

汪容甫先生詩集五卷補遺一卷　（清）汪中撰　清光緒十一年（1885）維揚述古齋刻本　二

冊

310000 – 0242 – 0010392　V47.3 – 7/7.148

秀野草堂遺詩一卷　（清）杜壽朋撰　清同治
十年（1871）刻本　一冊

310000 – 0242 – 0010393　V47.3 – 7/7.15

吟梅仙館詩一卷　（清）方韻仙撰　清光緒三
年（1877）刻本　一冊

310000 – 0242 – 0010394　V47.3 – 7/7.151A

李養一先生詩集四卷附錄一卷　（清）李兆洛
撰　清光緒八年（1882）江陰曹佳刻本　二冊

310000 – 0242 – 0010395　V47.3 – 7/7.151AC2

李養一先生詩集四卷附錄一卷　（清）李兆洛
撰　清光緒八年（1882）江陰曹佳刻本　一冊

310000 – 0242 – 0010396　V47.3 – 7/7.151D

冷香樓詩稿一卷　（清）李源撰　清光緒二十
二年（1896）姑蘇梓文閣刻本　一冊

310000 – 0242 – 0010397　V47.3 – 7/7.151K

李石桐先生詩集一卷　（清）李憲噩撰　清刻
本　一冊

310000 – 0242 – 0010398　V47.3 – 7/7.151C

吟梅吟草一卷附吟秋小草一卷　李國模等撰
　清光緒三十三年（1907）木活字印本　一冊

310000 – 0242 – 0010399　V47.3 – 7/7.151F

忘憂續草一卷　（清）李鶴生撰　清光緒十二
年（1886）月初書屋刻本　一冊

310000 – 0242 – 0010400　V47.3 – 7/7.151F

碧琅玕館遺詩一卷　（清）成玉撰　清光緒十
二年（1886）月初書屋刻本　一冊

310000 – 0242 – 0010401　V47.3 – 7/7.151G

忘憂草一卷　（清）李鶴生撰　清光緒八年
（1882）月初書屋刻本　一冊

310000 – 0242 – 0010402　V47.3 – 7/7.164

吳詩集覽二十卷　（清）吳偉業撰　（清）靳榮
藩輯　清乾隆四十九年（1784）凌雲亭刻本
二十冊

310000 – 0242 – 0010403　V47.3 – 7/7.164C2

吳詩集覽二十卷　（清）吳偉業撰　（清）靳榮
藩輯　清乾隆四十九年（1784）凌雲亭刻本
二十冊

310000 – 0242 – 0010404　V47.3 – 7/7.164C3

吳詩集覽二十卷　（清）吳偉業撰　（清）靳榮
藩輯　清乾隆四十九年（1784）凌雲亭刻本
二十冊

310000 – 0242 – 0010405　V47.3 – 7/7.164A

吳學士詩集五卷　（清）吳焘撰　清光緒八年
（1882）江寧藩署刻本　二冊

310000 – 0242 – 0010406　V47.3 – 7/7.164C

吳梅村詩集箋注十八卷　（清）吳偉業撰
（清）吳翌鳳箋注　清嘉慶十九年（1814）滄浪
吟榭刻本　八冊

310000 – 0242 – 0010407　V47.3 – 7/7.164D

吳天殘唱一卷　（清）吳蔚元撰　清刻本　一
冊

310000 – 0242 – 0010408　V47.3 – 7/7.164E

吳摯甫詩集一卷附錄聯語一卷　（清）吳摯甫
撰　清宣統二年（1910）國學扶輪社石印本
一冊

310000 – 0242 – 0010409　V47.3 – 7/7.164F

岑華居士蘭鯨錄八卷　（清）吳慈鶴撰　清嘉
慶十五年（1810）刻本　二冊

310000 – 0242 – 0010410　V47.3 – 7/7.164G

抑庵遺詩八卷　（清）吳焘撰　清同治八年
（1869）歙縣鮑氏刻本　一冊

310000 – 0242 – 0010411　V47.3 – 7/7.170B

呂半隱詩集三卷　（清）呂潛撰　清光緒十五
年（1889）成都沈氏梧盦刻本　二冊

310000 – 0242 – 0010412　V47.3 – 7/7.21

妙蓮花室詩草三卷　（清）王增年撰　清同治
二年（1863）刻本　二冊

310000 – 0242 – 0010413　V47.3 – 7/7.21D

冷香室遺稿一卷　（清）王佩珩撰　清光緒二
十六年（1900）刻本　一冊

310000 – 0242 – 0010414　V47.3 – 7/7.21B

赤霞吟草二卷 （清）王鉅撰 清同治六年
(1867)刻本 一冊

310000－0242－0010415 V47.3－7/7.223
含清閣詩草三卷詩餘一卷 屈蕙纕撰 清刻
本 二冊

310000－0242－0010416 V47.3－7/7.248B
沈觀齋詩不分卷 周樹模撰 清宣統二年
(1910)龍江節署石印本 二冊

310000－0242－0010417 V47.3－7/7.263
改亭詩集六卷文集十六卷 （清）計東撰 清
康熙四十七年(1708)讀書樂園刻本 八冊

310000－0242－0010418 V47.3－7/7.347
冷紅館謄稿四卷補鈔二卷偶存一卷詞一卷
（清）秦臻撰 清光緒十一年(1885)刻本 三
冊

310000－0242－0010419 V47.3－7/7.375B
杕左堂自娛集二卷 （清）孫寶仁撰 清刻本
一冊

310000－0242－0010420 V47.3－7/7.375C
吟翠樓詩稿一卷附刻一卷 （清）孫佩蘭撰
清光緒十五年(1889)刻本 一冊

310000－0242－0010421 V47.3－7/7.393
尾聲集偶存一卷 （清）徐壽基撰 清末刻本
一冊

310000－0242－0010422 V47.3－7/7.393B
吟香草堂遺詩一卷 （清）徐志源撰 清光緒
三十年(1904)徐氏刻本 一冊

310000－0242－0010423 V47.3－7/7.396
杉蔭橋邊舊草堂詩鈔二卷 （清）翁壽麐撰
清咸豐三年(1853)刻本 二冊

310000－0242－0010424 V47.3－7/7.407B
延暉堂詩草一卷 （清）許樹榴撰 清道光十
年(1830)延暉堂刻本 一冊

310000－0242－0010425 V47.3－7/7.428
延秋吟館詩鈔四卷續鈔四卷 （清）張聯桂撰
清光緒十一年(1885)刻本 一冊

310000－0242－0010426 V47.3－7/7.428B
冷香閣詩草一卷 （清）張慧撰 清同治七年
(1868)刻本 一冊

310000－0242－0010427 V47.3－7/7.428C2
延秋吟館詩鈔四卷續鈔四卷 （清）張聯桂撰
清光緒十一年(1885)刻本 一冊

310000－0242－0010428 V47.3－7/7.556
扶雅堂詩集十四卷 （清）楊炳春撰 清刻本
四冊

310000－0242－0010429 V47.3－7/7.556B
吟香室詩草二卷續刻一卷附刻一卷 （清）楊
蘊輝撰 清光緒二十三年(1897)南海縣署刻
本 二冊

310000－0242－0010430 V47.3－7/7.556BC2
吟香室詩草二卷續刻一卷附刻一卷 （清）楊
蘊輝撰 清光緒二十三年(1897)南海縣署刻
本 二冊

310000－0242－0010431 V47.3－7/7.556C
吹簫集一卷 （清）楊象濟撰 清同治十三年
(1874)刻本 一冊

310000－0242－0010432 V47.3－7/7.562
赤堇遺稿六卷附文二篇 （清）葉元堦撰 清
道光二十五年(1845)退一居刻本 二冊

310000－0242－0010433 V47.3－7/7.598
妙香齋詩集四卷附錄一卷 （清）趙德懋撰
清光緒十一年(1885)三原縣署刻本 二冊

310000－0242－0010434 V47.3－7/7.622
吟古鏡齋詩選一卷 （清）潘世鏞撰 清光緒
二十年(1894)潘靜儉堂刻本 一冊

310000－0242－0010435 V47.3－7/7.650
牡丹百詠一卷 （清）蔣廷錫撰 清同治十三
年(1874)刻本 一冊

310000－0242－0010436 V47.3－7/7.654
吳歈百絕一卷 （清）蔡雲撰 清同治十一年
(1872)刻本 一冊

310000－0242－0010437 V47.3－7/7.661
吞松閣集四十卷 （清）鄭虎文撰 清嘉慶十

四年(1809)刻本　八冊

310000－0242－0010438　V47.3－7/7.688

坐花書屋詩錄二卷附行狀一卷　（清）諸鎮撰
清光緒十六年(1890)刻本　一冊

310000－0242－0010439　V47.3－7/7.705

初學集一百十卷　（清）錢謙益撰　清宣統二
年(1910)遂漢齋鉛印本　六冊

310000－0242－0010440　V47.3－7/7.705C2

初學集二十卷　（清）錢謙益撰　清宣統三年
(1911)國學扶輪社石印本　十一冊

310000－0242－0010441　V47.3－7/7.705C3

初學集二十卷　（清）錢謙益撰　清宣統三年
(1911)國學扶輪社石印本　四冊

310000－0242－0010442　V47.3－7/7.705A

投筆集一卷　（清）錢謙益撰　清抄本　一冊

310000－0242－0010443　V47.3－7/7.705B

投筆集箋注二卷　（清）錢謙益撰　清宣統二
年(1910)順德鄧氏風雨樓鉛印本　一冊

310000－0242－0010444　V47.3－7/7.735B

求福居詩鈔一卷附詩餘一卷　（清）汪清撰
清光緒二十九年(1903)刻本　一冊

310000－0242－0010445　V47.3－7/7.740

杏香廬詩稿二卷　（清）繆兆禧撰　清光緒六
年(1880)刻本　一冊

310000－0242－0010446　V47.3－7/7.740

吟秋閣詩草一卷續編一卷　（清）繆寶娟撰
清光緒三十四年(1908)鉛印本　一冊

310000－0242－0010447　V47.3－7/7.84

吟秋館詩存四卷　（清）江澄撰　清光緒七年
(1881)刻本　二冊

310000－0242－0010448　V47.3－8/7.114

泖濱草堂詩存一卷　（清）仲咸熙撰　清光緒
二十年(1894)刻本　一冊

310000－0242－0010449　V47.3－8/7.128

欣遇齋詩鈔十六卷　（清）沈峻撰　清道光十
一年(1831)刻本　六冊

310000－0242－0010450　V47.3－8/7.128A

味經堂詩錄二卷　（清）沈祥龍撰　清光緒十
八年(1892)朱琴堂刻本　一冊

310000－0242－0010451　V47.3－8/7.135

松聲池館詩存四卷　（清）汪璐撰　清光緒十
五年(1889)泉唐振綺堂刻後印本　一冊

310000－0242－0010452　V47.3－8/7.15

**抱山詩集初集一卷二集一卷三集一卷四集二
卷五集二卷續集一卷**　（清）方竹撰　清道光
十七年(1837)刻本　十四冊

310000－0242－0010453　V47.3－8/7.151D

金石山房遺稿一卷附輓詞一卷　（清）李華撰
清光緒六年(1880)刻本　一冊

310000－0242－0010454　V47.3－8/7.151B

怡秋軒初稿一卷　（清）李掌珠撰　清光緒三
十年(1904)淮陰耕蘭室刻本　一冊

310000－0242－0010455　V47.3－8/7.151B2

怡秋軒初稿一卷　（清）李掌珠撰　清光緒三
十年(1904)淮陰耕蘭室刻本　一冊

310000－0242－0010456　V47.3－8/7.151C

放鷴亭稿二卷首一卷　（清）李延昰撰　清宣
統三年(1911)上海華雲閣鉛印本　一冊

310000－0242－0010457　V47.3－8/7.164C

居易居小草三卷　（清）吳修撰　清嘉慶刻本
一冊

310000－0242－0010458　V47.3－8/7.164D

尚絅廬詩存二卷　（清）吳嘉賓撰　清同治五
年(1866)廣東富文齋刻本　二冊

310000－0242－0010459　V47.3－8/7.170

東莊詩存七卷　（清）呂留良撰　清宣統三年
(1911)風雨樓鉛印本　一冊

310000－0242－0010460　V47.3－8/7.170C2

東莊詩存七卷　（清）呂留良撰　清宣統三年
(1911)風雨樓鉛印本　一冊

310000－0242－0010461　V47.3－8/7.172

咄咄吟二卷　（清）貝青喬撰　清光緒元年
(1875)不懼無悶齋刻本　二冊

310000－0242－0010462　V47.3－8/7.178
東洲草堂詩鈔二十七卷附詞一卷　（清）何紹基撰　清同治六年(1867)道州何氏長沙無園刻本　十六冊

310000－0242－0010463　V47.3－8/7.178C
使黔草三卷　（清）何紹基撰　清道光二十五年(1845)刻本　一冊

310000－0242－0010464　V47.3－8/7.178C2
東洲草堂詩鈔三十卷詩餘一卷　（清）何紹基撰　清同治六年(1867)長沙無園刻本　八冊

310000－0242－0010465　V47.3－8/7.178C3
東洲草堂詩鈔三卷使黔草三卷　（清）何紹基撰　清同治六年(1867)長沙無園刻本　四冊

310000－0242－0010466　V47.3－8/7.178D
泥雪錄一卷老學後盦憶語一卷　（清）何兆瀛撰　清光緒十四年(1888)刻本　一冊

310000－0242－0010467　V47.3－8/7.178E
青琅玕館詩鈔一卷　（清）何之鼎撰　清宣統三年(1911)華雲閣鉛印本　一冊

310000－0242－0010468　V47.3－8/7.2B
松夢寮詩稿六卷　（清）丁丙撰　清光緒二十六年(1900)刻本　二冊

310000－0242－0010469　V47.3－8/7.21
味諫果齋集六卷外集一卷　（清）王汝金撰　清光緒八年(1882)刻本　一冊

310000－0242－0010470　V47.3－8/7.21B
孟亭詩集四卷　（清）王箴輿撰　清同治十二年(1873)福建撫署刻本　一冊

310000－0242－0010471　V47.3－8/7.21E
佩珊珊室詩存一卷附錄一卷　（清）王紉佩撰　清光緒十九年(1893)刻本　一冊

310000－0242－0010472　V47.3－8/7.211
林先生述菴遺詩一卷　（清）林崧祁撰　清宣統元年(1909)鉛印本　一冊

310000－0242－0010473　V47.3－8/7.21C
長離閣詩集一卷　（清）王采薇撰　清光緒十一年(1885)長沙王氏刻本　一冊

310000－0242－0010474　V47.3－8/7.21D
長離閣詩集一卷附錄一卷　（清）王采薇撰　清光緒十三年(1887)如不及齋刻本　一冊

310000－0242－0010475　V47.3－8/7.21F
夜雪集一卷　王闓運撰　清光緒九年(1883)成都石室刻本　一冊

310000－0242－0010476　V47.3－8/7.21G
易畫軒詩錄八卷附一卷　（清）王學浩撰　清道光十五年(1835)刻本　二冊

310000－0242－0010477　V47.3－8/7.21H
亞棠巢詩鈔六卷　（清）王慶謀撰　清光緒二十二年(1896)刻本　一冊

310000－0242－0010478　V47.3－8/7.21J
松齋憶存草一卷　（清）王誠撰　清光緒十二年(1886)刻本　一冊

310000－0242－0010479　V47.3－8/7.21K
芬響閣初稿五卷　（清）王襞之撰　清光緒二十七年(1901)繡水王氏刻本　一冊

310000－0242－0010480　V47.3－8/7.221
雨十詩鈔四卷附先考立齋公先叔約齋公遺稿　（清）居瑾撰　清光緒七年(1881)刻本　二冊

310000－0242－0010481　V47.3－8/7.225
青門詩十卷　（清）邵長蘅撰　清康熙三十四年(1695)信芳閣木活字印本　六冊

310000－0242－0010482　V47.3－8/7.235
易雨田詩鈔一卷松筠仙館詩鈔一卷　（清）易泰禧等撰　清光緒十一年(1885)刻本　一冊

310000－0242－0010483　V47.3－8/7.248
東岡詩賸十四卷末一卷　（清）周有聲撰　清嘉慶二十年(1815)夷白齋刻本　二冊

310000－0242－0010484　V47.3－8/7.248B
臥雲軒詩稿二卷　（清）周煊撰　清道光二十年(1840)刻本　二冊

310000－0242－0010485　V47.3－8/7.248C
周莘仲廣文遺詩一卷　（清）周長庚撰　清光緒二十一年(1895)鉛印本　一冊

310000－0242－0010486　V47.3－8/7.260

青埵山人詩十卷附一卷　（清）洪飴孫撰　清光緒十年(1884)閩縣陳氏西江使廨刻本　二冊

310000－0242－0010487　V47.3－8/7.281

孤唱集二卷　（清）柳樹芳撰　清嘉慶二十四年(1819)刻本　一冊

310000－0242－0010488　V47.3－8/7.335

長真閣集七卷附詩餘一卷　（清）席佩蘭撰　清嘉慶十七年(1812)刻本　一冊

310000－0242－0010489　V47.3－8/7.337B

青珊瑚館剩稿一卷附輓詩一卷　（清）唐備鈺撰　清嘉慶二十二年(1817)刻本　一冊

310000－0242－0010490　V47.3－8/7.35

抱膝山房古近體詩稿一卷　（清）尹恭保撰　清光緒五年(1879)刻本　一冊

310000－0242－0010491　V47.3－8/7.352

東齋就正草二卷　（清）馬毓華撰　清光緒二年(1876)刻本　一冊

310000－0242－0010492　V47.3－8/7.375

始有廬詩稿四卷　（清）孫灝撰　清道光二十四年(1844)刻本　一冊

310000－0242－0010493　V47.3－8/7.380A

弢甫集十四卷　（清）桑調元撰　清刻本　八冊

310000－0242－0010494　V47.3－8/7.388.5

味琴室詩鈔一卷　（清）時元熙撰　清宣統三年(1911)華雲閣鉛印本　一冊

310000－0242－0010495　V47.3－8/7.393

長生籙詞一卷　（清）徐琪撰　清光緒三十一年(1905)徐氏刻本　一冊

310000－0242－0010496　V47.3－8/7.393C

東山詩草二卷　（清）徐鏐撰　清同治六年(1867)貞豐賜書堂徐氏刻本　一冊

310000－0242－0010497　V47.3－8/7.393D

芝雲堂詩稿四卷　（清）徐賓撰　清光緒十七年(1891)羊城刻本　一冊

310000－0242－0010498　V47.3－8/7.401

庚子都門紀事詩六卷首一卷　延清撰　清光緒二十八年(1902)京江刻本　二冊

310000－0242－0010499　V47.3－8/7.402

兩般秋雨盦詩選十六集　（清）梁紹壬撰　清道光二十年(1840)錢唐汪适孫刻本　一冊

310000－0242－0010500　V47.3－8/7.406.5

味靈華館詩六卷　（清）商廷煥撰　清宣統二年(1910)刻本　一冊

310000－0242－0010501　V47.3－8/7.407

東野軒詩三卷續薊絹集一卷附西橋小集一卷　（清）許廷錄等撰　清雍正八年(1730)高陽家塾刻本　一冊

310000－0242－0010502　V47.3－8/7.412

果園詩鈔十卷內編五卷續編一卷餘編一卷外編三卷　（清）郭恩孚撰　清光緒三十三年(1907)北京松華齋刻本　二冊

310000－0242－0010503　V47.3－8/7.420C

宜雅堂遺集四卷　（清）曹洪梁撰　清道光二十七年(1847)刻同治四年(1865)印本　二冊

310000－0242－0010504　V47.3－8/7.420D

抱玉堂詩集一卷　（清）曹孔昭撰　清宣統二年(1910)木活字印本　一冊

310000－0242－0010505　V47.3－8/7.428A

花甲閒談十六卷附圖三十二幅　（清）張維屏撰　清道光十九年(1839)刻本　四冊

310000－0242－0010506　V47.3－8/7.428D

知悔齋詩稿八卷續稿一卷　（清）張士寬撰　清同治三年(1864)刻本　一冊

310000－0242－0010507　V47.3－8/7.434C

泖香詩鈔二卷　（清）陸南鍔撰　清嘉慶七年(1802)筎齋刻本　一冊

310000－0242－0010508　V47.3－8/7.434B

果齋詩鈔二卷　（清）陸芳槐撰　清道光十八年(1838)刻本　一冊

310000－0242－0010509　V47.3－8/7.441B

簡學齋詩存四卷詩刪四卷　（清）陳沆撰　清

咸豐刻本　一冊

310000 - 0242 - 0010510　V47.3 - 8/7.441C
岱遊集一卷　（清）陳文述撰　清宣統元年(1909)刻本　一冊

310000 - 0242 - 0010511　V47.3 - 8/7.441D
抱簫山道人遺稿二卷　（清）陳鴻墀撰　清同治十三年(1874)刻本　二冊

310000 - 0242 - 0010512　V47.3 - 8/7.454
東山老人詩賸一卷冬榮室詩鈔一卷冬榮室詩詞一卷吟秋館詩草一卷澂觀齋詩一卷　（清）莊兆洙等撰　清光緒刻本　三冊

310000 - 0242 - 0010513　V47.3 - 8/7.462
念堂詩草四卷　（清）崔旭撰　清道光九年(1829)刻本　一冊

310000 - 0242 - 0010514　V47.3 - 8/7.477
拙園詩選一卷　（清）馮廎颺撰　（清）馮詢輯　清同治元年(1862)刻本　一冊

310000 - 0242 - 0010515　V47.3 - 8/7.477B
松韻樓詩稿三卷附醉月詞一卷　（清）馮保清撰　清光緒二十五年(1899)刻本　一冊

310000 - 0242 - 0010516　V47.3 - 8/7.486
松風閣詩鈔二十六卷　（清）彭蘊章撰　清同治三年(1864)刻本　八冊

310000 - 0242 - 0010517　V47.3 - 8/7.491
兩當軒集二十二卷附攷異二卷附錄四卷　(清)黃景仁撰　清光緒二年(1876)刻本　二冊

310000 - 0242 - 0010518　V47.3 - 8/7.491
兩當軒集二十二卷附攷異二卷附錄四卷　(清)黃景仁撰　清宣統二年(1910)掃葉山房石印本　一冊

310000 - 0242 - 0010519　V47.3 - 8/7.491C2
兩當軒集二十二卷附攷異二卷附錄四卷　(清)黃景仁撰　清光緒二年(1876)陽湖宏文堂刻本　四冊　存十八卷(一至八、十三至二十二)

310000 - 0242 - 0010520　V47.3 - 8/7.491A

310000 - 0242 - 0010520　V47.3 - 8/7.491A
知止盦詩錄六卷附補遺一卷詩餘一卷聯語一卷退齋詩存一卷　（清）黃宗起等撰　清宣統二年(1910)試金石室刻本　一冊

310000 - 0242 - 0010521　V47.3 - 8/7.491AC2
知止盦詩錄六卷附補遺一卷詩餘一卷聯語一卷退齋詩存一卷　（清）黃宗起等撰　清宣統二年(1910)試金石室刻本　二冊

310000 - 0242 - 0010522　V47.3 - 8/7.491AC3
知止盦詩錄六卷附詩餘一卷聯語一卷退齋詩存一卷　（清）黃宗起等撰　清宣統二年(1910)試金石室刻本　二冊

310000 - 0242 - 0010523　V47.3 - 8/7.502
依舊草堂遺稿一卷　（清）費丹旭撰　清同治七年(1868)錢塘汪氏振綺堂刻本　一冊

310000 - 0242 - 0010524　V47.3 - 8/7.502B
依舊草堂遺稿一卷　（清）費丹旭撰　清同治十三年(1874)退補齋刻本　一冊

310000 - 0242 - 0010525　V47.3 - 8/7.522
固菴自定草四卷人天清籟集一卷　（清）舒紹基撰　清宣統元年(1909)金陵鉛印本　二冊

310000 - 0242 - 0010526　V47.3 - 8/7.522C2
固菴自定草四卷人天清籟集一卷　（清）舒紹基撰　清宣統元年(1909)金陵鉛印本　二冊

310000 - 0242 - 0010527　V47.3 - 8/7.535
和朱竹垞太史鴛鴦湖櫂歌一百首用原韻一卷　（清）程龍光撰　清同治十二年(1873)紫薇館刻本　一冊

310000 - 0242 - 0010528　V47.3 - 8/7.551
知止齋詩二卷　（清）賈洪撰　清道光五年(1825)刻本　一冊

310000 - 0242 - 0010529　V47.3 - 8/7.588
和陶百詠二卷　（清）齊召南撰　清光緒十九年(1893)雲石軒刻本　一冊

310000 - 0242 - 0010530　V47.3 - 8/7.590
佳想軒詩鈔二卷　（清）廖文錦撰　清光緒十二年(1886)杭州刻本　一冊

310000 - 0242 - 0010531　V47.3 - 8/7.598

怡雲閣詩草六卷　（清）趙齡撰　清光緒二十
四年(1898)刻本　一册

310000－0242－0010532　V47.3－8/7.629.5
味雪樓詩集一卷詩餘一卷　（清）慶鳳亭撰
清宣統三年(1911)鉛印本　一册

310000－0242－0010533　V47.3－8/7.634
來諗堂詩草二卷粵東遊草一卷　（清）歐陽厚
均撰　清光緒二年(1876)木活字印本　一册

310000－0242－0010534　V47.3－8/7.650
忠雅堂詩集三十卷文集十二卷　（清）蔣士銓
撰　清嘉慶二十二年(1817)藏園刻本　十二
册

310000－0242－0010535　V47.3－8/7.650C
金粟山房古今體詩初集十二卷　（清）蔣一桂
撰　清光緒二十二年(1896)金粟山房刻本
一册

310000－0242－0010536　V47.3－8/7.661B
拙翁遺詩一卷　（清）鄭濂撰　清同治七年
(1868)刻本　一册

310000－0242－0010537　V47.3－8/7.705A
牧齋初學集詩注二十卷　（清）錢謙益撰
（清）錢曾箋注　清玉詔堂刻本　十二册

310000－0242－0010538　V47.3－8/7.705B
牧齋有學集詩注十四卷　（清）錢謙益撰
（清）錢曾箋注　清玉詔堂刻本　十二册

310000－0242－0010539　V47.3－8/7.705C
牧齋集外詩一卷坿詩補一卷　（清）錢謙益撰
　清光緒三十三年(1907)鉛印本　一册

310000－0242－0010540　V47.3－8/7.705AC2
牧齋初學集詩注二十卷　（清）錢謙益撰
（清）錢曾箋注　清春暉堂刻本　十册

310000－0242－0010541　V47.3－8/7.717
庚寅草一卷　（清）謝澧蘭撰　清道光十一年
(1831)刻本　一册

310000－0242－0010542　V47.3－8/7.722
尚簡堂詩稿十卷　（清）韓印撰　清同治十三
年(1874)刻本　二册

310000－0242－0010543　V47.3－8/7.749
招隱山房詩鈔八卷末一卷　（清）戴啓文撰
清宣統元年(1909)鉛印本　二册

310000－0242－0010544　V47.3－8/7.780
味經書屋詩存六卷　（清）寶珣撰　清光緒二
十七年(1901)刻本　一册

310000－0242－0010545　V47.3－8/7.787
宜琴樓遺稿一卷　（清）嚴鍼撰　清光緒二十
三年(1897)刻本　一册

310000－0242－0010546　V47.3－8/7.787C2
宜琴樓遺稿一卷　（清）嚴鍼撰　清光緒二十
三年(1897)刻本　一册

310000－0242－0010547　V47.3－8/7.791
宜雅堂詩錄六卷　（清）顧翰撰　清光緒二十
八年(1902)刻本　一册

310000－0242－0010548　V47.3－8/7.795
芝麓詩鈔三卷　（清）龔鼎孳撰　清康熙六年
(1667)刻本　二册

310000－0242－0010549　V47.3－8/7.80
易安齋詩集六卷　（清）邱孫梧撰　清嘉慶十
四年(1809)德芬後圃刻本　二册

310000－0242－0010550　V47.3－8/7.84
知白齋詩鈔四卷雙橋小築詞存五卷集餘一卷
　（清）江人鏡撰　清光緒二十三年(1897)江
氏刻本　四册

310000－0242－0010551　V47.3－8/7.98C
金粟山房詩續鈔三卷　（清）朱寯瀛撰　清光
緒三十一年(1905)刻本　一册

310000－0242－0010552　V47.3－8/7.98B
味無味齋詩鈔二卷　（清）朱膡撰　清咸豐五
年(1855)刻本　一册

310000－0242－0010553　V47.3－9/7.122
南樓吟草二卷詩餘一卷　（清）宋璇撰　清道
光二十八年(1848)刻本　一册

310000－0242－0010554　V47.3－9/7.135A
秋影樓詩集九卷　（清）汪繹撰　清光緒二十
三年(1897)瞿氏鐵琴銅劍樓刻本　二册

310000－0242－0010555　V47.3－9/7.151D

苕華閣詩稿一卷附書苕華閣遺稿後一卷
（清）李淑等撰　清光緒二十二年(1896)粹文
閣刻本　一冊

310000－0242－0010556　V47.3－9/7.151E

春闈雜吟一卷附錄一卷　（清）李德炳撰　清
光緒十八年(1892)鉛印本　一冊

310000－0242－0010557　V47.3－9/7.164

陋軒詩十二卷續二卷　（清）吳嘉紀撰　清道
光二十年(1840)泰州夏氏刻本　四冊

310000－0242－0010558　V47.3－9/7.164C2

陋軒詩十二卷續二卷　（清）吳嘉紀撰　清道
光二十年(1840)泰州夏氏刻本　八冊

310000－0242－0010559　V47.3－9/7.164C3

陋軒詩十二卷續二卷　（清）吳嘉紀撰　清道
光二十年(1840)泰州夏氏刻本　十冊

310000－0242－0010560　V47.3－9/7.164C4

陋軒詩十二卷　（清）吳嘉紀撰　清道光二十
年(1840)泰州夏氏刻本　五冊

310000－0242－0010561　V47.3－9/7.164C5

陋軒詩十二卷　（清）吳嘉紀撰　清道光二十
年(1840)泰州夏氏刻本　六冊

310000－0242－0010562　V47.3－9/7.18

香月廊詩存二卷　（清）文汝梅撰　清道光二
十八年(1848)揚州刻本　一冊

310000－0242－0010563　V47.3－9/7.18B

敘州集一卷附文一卷楹聯一卷悼亡草一卷
（清）文煥撰　（清）爨心鏡輯　清光緒二十九
年(1903)敘州刻本　一冊

310000－0242－0010564　V47.3－9/7.2

貞園詩鈔一卷附王貞女士詩鈔殘稿一卷
（清）丁錫彭撰　清宣統二年(1910)鉛印本
一冊

310000－0242－0010565　V47.3－9/7.21

建陵山房詩鈔十卷　（清）王翊撰　清光緒十
三年(1887)刻本　一冊

310000－0242－0010566　V47.3－9/7.21B

映紅樓詩稿四卷　（清）王定祥撰　清光緒二
十二年(1896)慈溪童氏刻本　一冊

310000－0242－0010567　V47.3－9/7.21C

紀遊詩集三卷　（清）王續康撰　清刻本　一
冊

310000－0242－0010568　V47.3－9/7.21D

扁舟集一卷附映紅樓詩餘一卷　（清）王定祥
撰　清光緒二十年(1894)大鄎山館童氏刻本
一冊

310000－0242－0010569　V47.3－9/7.242

思詒堂詩稿十二卷　（清）金衍宗撰　清同治
五年(1866)刻本　一冊

310000－0242－0010570　V47.3－9/7.242C2

思詒堂詩稿二卷　（清）金衍宗撰　清刻本
四冊

310000－0242－0010571　V47.3－9/7.248

拜梅書屋詩鈔十卷　（清）周煥圻撰　清光緒
十九年(1893)刻本　一冊

310000－0242－0010572　V47.3－9/7.248C

星輝樓詩鈔一卷　（清）周善登撰　清咸豐六
年(1856)周氏研華堂刻本　一冊

310000－0242－0010573　V47.3－9/7.265B

施愚山先生別集二卷施愚山先生年譜四卷
（清）施閏章等撰　清光緒木活字印本　二冊

310000－0242－0010574　V47.3－9/7.271B

省心齋詩鈔百首一卷　（清）胡璋撰　清光緒
五年(1879)蘇州刻本　一冊

310000－0242－0010575　V47.3－9/7.285

春日雜題一卷　（清）郁離撰　清光緒三十三
年(1907)鉛印本　一冊

310000－0242－0010576　V47.3－9/7.287

恬齋存稿一卷　（清）韋坦撰　清同治十三年
(1874)刻本　一冊

310000－0242－0010577　V47.3－9/7.300A

范伯子詩集十九卷　（清）范當世撰　清光緒
三十四年(1908)刻本　四冊

310000－0242－0010578　V47.3－9/7.312

春水船詩鈔一卷補遺一卷文鈔一卷附哀辭一卷　（清）俞思源撰　清光緒十二年(1886)刻宣統元年(1909)印本　一冊

310000－0242－0010579　V47.3－9/7.316

姚吉仙女史詩稿三種　（清）姚其慶撰　清光緒二十九年(1903)刻本　一冊

310000－0242－0010580　V47.3－9/7.320

風雨吟草一卷附文一卷　（清）紀遠撰　清道光、嘉慶間得閑處刻本　一冊

310000－0242－0010581　V47.3－9/7.332C

泉壽山房詩草一卷　（清）高煥文撰　清光緒十八年(1892)泉壽山房刻本　一冊

310000－0242－0010582　V47.3－9/7.332A

城北集八卷　（清）高士奇撰　清康熙十二年(1673)刻本　四冊

310000－0242－0010583　V47.3－9/7.332B

苑西集十二卷　（清）高士奇撰　清康熙二十九年(1690)朗潤堂刻本　一冊

310000－0242－0010584　V47.3－9/7.335

風雨吟草一卷　（清）席夔撰　清光緒二十九年(1903)四川省垣文倫書局鉛印本　一冊

310000－0242－0010585　V47.3－9/7.337

春星草堂詩集二卷　（清）唐際虞撰　清光緒二十一年(1895)刻本　一冊

310000－0242－0010586　V47.3－9/7.359

春臥庵詩稿二卷　（清）袁河撰　清光緒二十年(1894)刻本　二冊

310000－0242－0010587　V47.3－9/7.375D

郊亭詩集四卷　（清）孫楫撰　清光緒十七年(1891)羊城刻本　一冊

310000－0242－0010588　V47.3－9/7.375B

映雪軒詩草一卷附雜著一卷　（清）孫鼎吉撰　清光緒三十二年(1906)孫氏刻本　一冊

310000－0242－0010589　V47.3－9/7.393

香雪巢詩鈔十二卷續鈔一卷集句詩一卷　（清）徐兆豐撰　清光緒三十年(1904)刻本

四冊

310000－0242－0010590　V47.3－9/7.393D

神明竟詩二卷　（清）徐康撰　清光緒十九年(1893)刻本　二冊

310000－0242－0010591　V47.3－9/7.406

思誤齋詩鈔二卷詩餘一卷　（清）章簡撰　清光緒二十六年(1900)刻本　一冊

310000－0242－0010592　V47.3－9/7.407

重桂堂集十一卷　（清）許正綬撰　清光緒十年(1884)刻本　二冊

310000－0242－0010593　V47.3－9/7.412

思永堂遺稿一卷　（清）郭永周撰　清光緒二十一年(1895)郭氏東埭草堂刻本　一冊

310000－0242－0010594　V47.3－9/7.428

柏溪詩鈔二卷　（清）張同準撰　清光緒十八年(1892)刻本　一冊

310000－0242－0010595　V47.3－9/7.441

春影樓詩稿一卷問圍詩集一卷　（清）陳景雍等纂著　清刻本　一冊

310000－0242－0010596　V47.3－9/7.441B

春暉草堂詩存一卷　（清）陳本欽撰　清光緒七年(1881)刻本　一冊

310000－0242－0010597　V47.3－9/7.449

紅豆樹館詩稿十四卷詞補遺一卷　（清）陶樑撰　清咸豐七年(1857)刻本　二冊

310000－0242－0010598　V47.3－9/7.454

珍埶宦詩鈔二卷　（清）莊述祖撰　清光緒十八年(1892)鄂州鉛印本　一冊

310000－0242－0010599　V47.3－9/7.477

秋君遺稿六卷　（清）馮如璋撰　清道光二十五年(1845)刻本　一冊

310000－0242－0010600　V47.3－9/7.485.5

香品禪室詩集(未篩集)一卷附枯木禪七十唱和詩一卷　（清）釋超源撰　（清）釋楚粵輯　清宣統元年(1909)海上存古學社刻本　一冊

310000－0242－0010601　V47.3－9/7.486

南昀詩彙十卷十一集附年譜一卷 （清）彭定求撰 清康熙四十八年(1709)刻本 六冊

310000－0242－0010602 V47.3－9/7.491
紅樓二百詠二卷 （清）黃昌麟著 （清）丁日昌等評 清道光二十一年(1841)刻本 二冊

310000－0242－0010603 V47.3－9/7.491B
秋江集注六卷 （清）黃任撰 （清）王元麟注 清道光十三年(1833)東山家塾刻本 六冊

310000－0242－0010604 V47.3－9/7.491G
秋颸雜詠一卷 （清）黃堂撰 清道光二十年(1840)刻本 一冊

310000－0242－0010605 V47.3－9/7.491A
春雨詩鈔四卷 （清）黃大齡撰 清乾隆三十年(1765)日升堂刻本 二冊

310000－0242－0010606 V47.3－9/7.491C
香屑集十八卷首一卷 （清）黃之雋輯著 清康熙四十六年(1707)刻本 四冊

310000－0242－0010607 V47.3－9/7.491CC2
香屑集十八卷首一卷 （清）黃之雋輯著 清同治十年(1871)近文堂刻本 四冊

310000－0242－0010608 V47.3－9/7.491D
香草箋偶注二卷 （清）黃任撰 （清）寄聞軒主人注 清嘉慶十三年(1808)寄聞軒刻本 一冊

310000－0242－0010609 V47.3－9/7.491E
香屑集十八卷末一卷 （清）黃之雋撰 清雍正十二年(1734)海鹽陳氏刻本 四冊

310000－0242－0010610 V47.3－9/7.491F
垂老讀書廬詩鈔二卷附文章一卷 （清）黃定齊撰 清光緒三年(1877)四明黃氏補不足齋刻本 二冊

310000－0242－0010611 V47.3－9/7.491H
香草箋一卷 （清）黃任撰 清宣統二年(1910)鉛印本 一冊

310000－0242－0010612 V47.3－9/7.502
紅蕉山館集十四卷 （清）費融撰 清嘉慶二年(1797)刻本 一冊 存四卷(一至四)

310000－0242－0010613 V47.3－9/7.502B
春暉草堂詩存二卷 （清）費履堅撰 清同治三年(1864)刻本 一冊

310000－0242－0010614 V47.3－9/7.502BC2
春暉草堂詩存四卷 （清）費履堅撰 清同治三年(1864)刻本 二冊

310000－0242－0010615 V47.3－9/7.508.4
罘罳草堂詩集四卷 （清）隆觀易撰 清光緒五年(1879)長沙刻本 二冊

310000－0242－0010616 V47.3－9/7.516
後村詩集四卷附錄一卷 （清）喻指撰 清咸豐元年(1851)清溪書堂刻本 一冊

310000－0242－0010617 V47.3－9/7.52
俟盦賸稿二卷續編二卷 （清）毛琛撰 清道光十八年至十九年(1838－1839)刻本 一冊

310000－0242－0010618 V47.3－9/7.535
苔園詩錄四卷 （清）程霨撰 清宣統元年(1909)京師集成圖書公司鉛印本 一冊

310000－0242－0010619 V47.3－9/7.539
紅豆村人詩稿十四卷 （清）袁樹撰 清光緒十八年(1892)鉛印本 一冊

310000－0242－0010620 V47.3－9/7.556
南湖草堂詩集六卷 （清）楊伯潤撰 清光緒八年(1882)滬上語石齋刻本 二冊

310000－0242－0010621 V47.3－9/7.565
柘坡居士集十二卷 （清）萬光泰撰 清乾隆二十一年(1756)刻本 二冊

310000－0242－0010622 V47.3－9/7.565
計樹園賸稿一卷 （清）萬廷蘭撰 清刻本 一冊

310000－0242－0010623 V47.3－9/7.575
紉餘小草一卷 （清）鄒佩蘭撰 清光緒元年(1875)刻本 一冊

310000－0242－0010624 V47.3－9/7.588
陔南吟館詩草一卷 （清）齊德鏈撰 清光緒二十年(1894)金陵木活字印本 一冊

310000－0242－0010625　V47.3－9/7.598

紉佩儼館唫鈔一卷附文鈔一卷　（清）趙瀛撰
清光緒十三年(1887)木活字印本　二冊

310000－0242－0010626　V47.3－9/7.613

祇可軒刪餘稿二卷首一卷　（清）管學洛撰
清同治十一年(1872)刻本　一冊

310000－0242－0010627　V47.3－9/7.62

待輶集二卷前桃塢百絕一卷後桃塢百絕一卷
　（清）石方洛撰　（清）謝家福編　清光緒三
十年(1904)吳門石氏刻本　一冊

310000－0242－0010628　V47.3－9/7.62C2

待輶集二卷前桃塢百絕一卷後桃塢百絕一卷
　（清）石方洛撰　（清）謝家福編　清光緒三
十年(1904)吳門石氏刻本　一冊

310000－0242－0010629　V47.3－9/7.62B

待輶集一卷　（清）石方洛撰　清光緒刻本
一冊

310000－0242－0010630　V47.3－9/7.674

香雪詩存六卷　（清）劉侃撰　清光緒四年
(1878)蘇州刻本　一冊

310000－0242－0010631　V47.3－9/7.674B

紅樹山莊詩草四卷黔遊草一卷　（清）劉家遂
撰　清光緒刻本　二冊

310000－0242－0010632　V47.3－9/7.703

洗齋病學草二卷　（清）踽息道人撰　清光緒
十年(1884)刻本　二冊

310000－0242－0010633　V47.3－9/7.705

香樹齋續集三十六卷　（清）錢陳群撰　清乾
隆十九年(1754)刻本　十二冊

310000－0242－0010634　V47.3－9/7.705D

秋涇集一卷附錄一卷　（清）錢汝恭撰　清道
光九年(1829)刻本　一冊

310000－0242－0010635　V47.3－9/7.705E

南園詩存二卷　（清）錢灃撰　清嘉慶八年
(1803)小停雲館刻本　一冊

310000－0242－0010636　V47.3－9/7.705C

拜經閣詩錄二卷　（清）錢鈞撰　清光緒三十

四年(1908)錢氏傳經堂刻本　一冊

310000－0242－0010637　V47.3－9/7.705F

心白齋賸稿一卷　（清）錢學銘撰　清宣統三
年(1911)慎守堂刻本　一冊

310000－0242－0010638　V47.3－9/7.705F

春風草廬遺稿一卷錢警齋公世銘年譜一卷
（清）錢世銘撰　清宣統三年(1911)慎守堂刻
本　一冊

310000－0242－0010639　V47.3－9/7.717

春草堂詩集六卷　（清）謝堃撰　清道光六年
(1826)刻本　四冊

310000－0242－0010640　V47.3－9/7.73

俞俞齋詩稿二卷　（清）史念祖撰　清光緒十
六年(1890)黔南藩署木活字印本　二冊

310000－0242－0010641　V47.3－9/7.741

衍慶堂詩稿十一卷　（清）顏檢撰　清顏氏閩
浙督署刻本　八冊

310000－0242－0010642　V47.3－9/7.763.5

紅薔吟館詩稿一卷　（清）鎖瑞芝撰　清光緒
六年(1880)刻本　一冊

310000－0242－0010643　V47.3－9/7.775

香葉草堂詩存一卷　（清）羅聘撰　清道光十
四年(1834)刻本　一冊

310000－0242－0010644　V47.3－9/7.787D

**紉蘭室詩鈔三卷鰈硯廬詩鈔二卷鰈硯廬聯吟
集一卷**　（清）嚴永華撰　清光緒十七年
(1891)刻朱印本　二冊

310000－0242－0010645　V47.3－9/7.787B

香雪齋詩鈔四卷　（清）嚴鈁撰　清光緒十九
年(1893)桐谿嚴氏刻本　二冊

310000－0242－0010646　V47.3－9/7.787C

待菘軒詩存一卷　（清）嚴守田撰　清光緒四
年(1878)刻本　一冊

310000－0242－0010647　V47.3－9/7.791

柿影樓詩稿不分卷　（清）顧錫汾撰　清光緒
三十年(1904)鉛印本　一冊

310000－0242－0010648　V47.3－9/7.791B

亭林詩集五卷　（清）顧炎武撰　清光緒二年(1876)湖南書局刻本　一冊

310000－0242－0010649　V47.3－9/7.791BC2

亭林詩集五卷　（清）顧炎武撰　清光緒二年(1876)湖南書局刻本　二冊

310000－0242－0010650　V47.3－9/7.794

苕璃館遺集三卷　（清）饒運儀撰　清刻本　一冊

310000－0242－0010651　V47.3－9/7.84

待園詩鈔七卷　（清）江有蘭撰　清同治五年(1866)金陵刻本　二冊

310000－0242－0010652　V47.3－9/7.841

飛鴻延年紀事詩一卷　觀海對潮樓主人撰　清宣統二年(1910)鉛印本　一冊

310000－0242－0010653　V47.3－9/7.98B

秋濤閣吟草三卷　（清）朱詒泰撰　清光緒三十一年(1905)刻本　一冊

310000－0242－0010654　V47.3－9/7.98F

南車草一卷　（清）朱彝尊撰　清嘉慶二十三年(1818)海寧蔣氏刻本　一冊

310000－0242－0010655　V47.3－9/7.98C

珍木軒詩一卷　（清）朱毓賢撰　清刻本　一冊

310000－0242－0010656　V47.3－9/7.98D

紅粟山莊詩六卷　（清）朱寶善撰　清刻本　一冊

310000－0242－0010657　V47.4－10/7.148

桐華閣詞鈔二卷　（清）杜貴墀撰　清光緒二十六年(1900)刻本　一冊

310000－0242－0010658　V47.4－10/7.164

桐花閣詞一卷　（清）吳蘭修撰　清嘉慶二十一年(1816)吳氏刻本　一冊

310000－0242－0010659　V47.4－10/7.164B

桐花閣詞一卷附守經堂集一卷　（清）吳蘭修撰　清道光八年(1828)刻本　一冊

310000－0242－0010660　V47.4－10/7.203.3B

納蘭詞五卷補遺一卷　（清）納蘭性德撰　清光緒六年(1880)仁和許氏娛園刻本　一冊

310000－0242－0010661　V47.4－10/7.203.3BC2

納蘭詞五卷補遺一卷　（清）納蘭性德撰　清光緒六年(1880)仁和許氏娛園刻本　一冊

310000－0242－0010662　V47.4－10/7.428

時晴齋詞鈔一卷　（清）張集馨撰　清光緒二十一年(1895)鉛印本　一冊

310000－0242－0010663　V47.4－10/7.491

眠鷗集遺詞一卷　（清）黃永勳撰　清光緒十一年(1885)黃景洛廣陵郡齋刻本　一冊

310000－0242－0010664　V47.4－10/7.618

浣花閣續詞草一卷　（清）熊裕裳撰　清同治十一年(1872)熊氏刻本　一冊

310000－0242－0010665　V47.4－10/7.650

消愁集二卷　（清）蔣英撰　清光緒三十四年(1908)刻本　一冊

310000－0242－0010666　V47.4－10/7.674

留雲借月盦詞六卷　劉炳照撰　清光緒十九年(1893)刻本　一冊

310000－0242－0010667　V47.4－10/7.674C2

留雲借月盦詞六卷　劉炳照撰　清光緒十九年(1893)刻本　一冊

310000－0242－0010668　V47.4－10/7.87.93

娛老詞一卷　（清）孫衣言撰　清光緒二十年(1894)冶山竹居石印本　一冊

310000－0242－0010669　V47.4－11/7.21

笙月詞五卷花影詞一卷　（清）王詒壽撰　清同治十一年(1872)杭州刻本　一冊

310000－0242－0010670　V47.4－11/7.21C2

笙月詞五卷花影詞一卷　（清）王詒壽撰　清同治十一年(1872)杭州刻本　一冊

310000－0242－0010671　V47.4－11/7.21B

痕夢詞一卷　（清）王頤正撰　清光緒十四年(1888)刻本　一冊

310000－0242－0010672　V47.4－11/7.242

雪堂詞鈔一卷　（清）金榜撰　清同治九年
(1870)木活字印本　一冊

310000－0242－0010673　V47.4－11/7.393

寄青齋詞稿一卷附綠雲館遺集一卷　（清）徐
虔復撰　清道光二十六年(1846)瀟湘吟館刻
本　一冊

310000－0242－0010674　V47.4－11/7.407

偕園吟草五卷偕園雜詠一卷附錄一卷　（清）
許禧身撰　清宣統元年(1909)鉛印本　一冊

310000－0242－0010675　V47.4－11/7.441

梅窩詞鈔一卷梅窩遺稿一卷梅窩詩補遺一卷
　（清）陳良玉撰　潘飛聲編　清光緒十九年
(1893)刻本　一冊

310000－0242－0010676　V47.4－11/7.471

清淮詞二卷　（清）湯成烈撰　清同治元年
(1862)刻本　一冊

310000－0242－0010677　V47.4－11/7.608

聊齋詞一卷　（清）蒲松齡撰　清宣統二年
(1910)上海國學扶輪社鉛印本　一冊

310000－0242－0010678　V47.4－11/7.705

寄廬詞存二卷　（清）錢國珍撰　清咸豐十年
(1860)古章安署刻本　一冊

310000－0242－0010679　V47.4－11/7.722

雪鴻吟館詞一卷　（清）韓聞南撰　清刻本
一冊

310000－0242－0010680　V47.4－11/7.784

雪波詞一卷　（清）蘇汝謙撰　清鉛印本　一
冊

310000－0242－0010681　V47.4－12/7.18

雲起軒詞鈔一卷　（清）文廷式撰　清光緒三
十三年(1907)南陵徐乃昌刻本　一冊

310000－0242－0010682　V47.4－12/7.316

疏影樓詞五卷　（清）姚燮撰　清道光十三年
(1833)上湖草堂刻本　四冊

310000－0242－0010683　V47.4－12/7.316C2

疏影樓詞五卷　（清）姚燮撰　清道光十三年
(1833)上湖草堂刻本　二冊

310000－0242－0010684　V47.4－12/7.428B

湘絃離恨譜一卷　（清）張祖同撰　清光緒七
年(1881)刻本　一冊

310000－0242－0010685　V47.4－12/7.471

琴隱園詞集四卷　（清）湯貽汾撰　清同治十
三年(1874)刻本　一冊

310000－0242－0010686　V47.4－12/7.588

雲起樓詞三卷　（清）齊學裘撰　清同治十年
(1871)天空海闊之居刻本　一冊

310000－0242－0010687　V47.4－12/7.650

替竹盦詞五卷　（清）蔣彬若撰　清光緒三十
一年(1905)鉛印本　一冊

310000－0242－0010688　V47.4－13/7.128

楞華室詞鈔二卷　（清）沈世良撰　清咸豐四
年(1854)刻本　一冊

310000－0242－0010689　V47.4－13/7.135

滄江虹月詞三卷　（清）汪初撰　清光緒十五
年(1889)汪氏振綺堂刻本　一冊

310000－0242－0010690　V47.4－13/7.2

萍綠詞續編一卷　（清）丁至和撰　清同治七
年(1868)慍夢館刻本　一冊

310000－0242－0010691　V47.4－13/7.21

鼓棹初集一卷二集一卷　（清）王夫之撰　清
同治四年(1865)湘鄉曾氏刻本　一冊

310000－0242－0010692　V47.4－13/7.393

瑞雲詞一卷　（清）徐其志撰　清咸豐四年
(1854)刻本　一冊

310000－0242－0010693　V47.4－13/7.428

新蘅詞六卷外集一卷　（清）張景祁撰　清光
緒九年(1883)百億梅花仙館刻本　四冊

310000－0242－0010694　V47.4－13/7.428C2

新蘅詞十卷外集一卷　（清）張景祁撰　清光
緒九年(1883)百億梅花仙館刻本　四冊　存
五卷(六至十)

310000－0242－0010695　V47.4－13/7.705

微波詞一卷附松壺畫贅二卷松壺畫憶二卷
(清)錢枚等撰　清光緒十五年(1889)榆園刻本　一冊

310000－0242－0010696　V47.4－13/7.717
碎金詞一卷　(清)謝元淮撰　清道光二十四年(1844)刻朱墨套印本　一冊

310000－0242－0010697　V47.4－14/7.122
碧雲盒詞二卷　(清)宋翔鳳撰　清光緒江陰繆氏刻本　一冊

310000－0242－0010698　V47.4－14/7.21
夢影詞六卷　(清)王錫元撰　清光緒二十七年(1901)刻本　一冊

310000－0242－0010699　V47.4－14/7.613
鳳孫樓詞二卷　(清)管繩萊撰　清光緒元年(1875)管氏家刻本　一冊

310000－0242－0010700　V47.4－14/7.661
瘦碧詞二卷　鄭文焯撰　清光緒十四年(1888)大鶴山房刻本　一冊

310000－0242－0010701　V47.4－14/7.661
碧琳腴館詞鈔一卷　(清)鄭權撰　清光緒二十六年(1900)刻本　一冊

310000－0242－0010702　V47.4－14/7.661B
瘦碧詞二卷　鄭文焯撰　清光緒十四年(1888)大鶴山房刻本　一冊

310000－0242－0010703　V47.4－14/7.705
聞妙香室詞鈔四卷　(清)錢錫寀撰　清宣統二年(1910)天津醒華報館石印本　一冊

310000－0242－0010704　V47.4－15/7.370
權邨樵唱四卷　(清)夏崑林撰　清道光十七年(1837)刻本　一冊

310000－0242－0010705　V47.4－15/7.491
棲雲山館詞存一卷　(清)黃錫禧撰　清同治六年(1867)刻本　一冊

310000－0242－0010706　V47.4－15/8.791
彈指詞三卷補遺一卷　(清)顧貞觀撰　清光緒四年(1878)枕經葄史齋刻本　二冊

310000－0242－0010707　V47.4－16/7.359
燕市聯吟集一卷　(清)袁通等撰　清嘉慶九年(1804)刻本　一冊

310000－0242－0010708　V47.4－16/7.441
憶江南館詞一卷　(清)陳澧撰　清光緒三十年(1904)番禺微尚齋刻本　一冊

310000－0242－0010709　V47.4－16/7.441B
鴛鴦宜福館吹月詞一卷　(清)陳元鼎撰　清同治元年(1862)刻光緒十六年(1890)小羽琌山館修補本　一冊

310000－0242－0010710　V47.4－16/7.441C
鴛鴦宜福館遺詞一卷　(清)陳元鼎撰　清光緒二十年(1894)雙照樓刻本　一冊

310000－0242－0010711　V47.4－16/7.500
憶雲詞甲稿一卷乙稿一卷丙稿一卷丁稿一卷憶雲詞刪存一卷　(清)項廷紀撰　(清)許增輯　清光緒十九年(1893)仁和許氏刻本　一冊

310000－0242－0010712　V47.4－17/7.151A
霞川花隱詞二卷　(清)李慈銘撰　清光緒二十八年(1902)刻本　二冊

310000－0242－0010713　V47.4－17/7.248
鴻雪詞二卷　(清)周之琦撰　清刻本　一冊

310000－0242－0010714　V47.4－17/7.248C2
鴻雪詞二卷　(清)周之琦撰　清刻本　一冊

310000－0242－0010715　V47.4－17/7.393
蒼葍花館詞一卷　(清)徐鴻謨撰　清光緒三十四年(1908)徐氏刻本　一冊

310000－0242－0010716　V47.4－17/7.578
心安隱室詞集四卷　(清)詹肇堂撰　清道光二十三年(1843)刻本　一冊

310000－0242－0010717　V47.4－17/7.674
濯絳宦存稿一卷　(清)劉毓盤撰　清宣統元年(1909)刻本　一冊

310000－0242－0010718　V47.4－17/7.178
韠芬室詞甲稿　(清)何震彝撰　清光緒三十二年(1906)刻本　一冊

310000－0242－0010719　V47.4－19/7.151

曝書亭集詞注七卷　（清）李富孫撰　清嘉慶十九年(1814)校經廎刻本　四冊

310000－0242－0010720　V47.4－19/7.151C2

曝書亭集詞注七卷　（清）李富孫撰　清嘉慶十九年(1814)校經廎刻本　四冊

310000－0242－0010721　V47.4－19/7.396

曝書亭詞拾遺三卷附志異一卷　翁之潤輯錄　清光緒二十二年(1896)常熟翁氏刻本　一冊

310000－0242－0010722　V47.4－19/7.428

藕村詞存一卷　（清）張宗橚撰　清宣統三年(1911)上海商務印書館鉛印本　一冊

310000－0242－0010723　V47.4－19/7.731

藤香館詞刪存二卷　（清）薛時雨撰　清光緒五年(1879)刻本　一冊

310000－0242－0010724　V47.4－19/7.98

曝書亭詞拾遺三卷附志異一卷　（清）朱彝尊撰　翁之潤輯　清光緒二十二年(1896)常熟翁氏刻本　一冊

310000－0242－0010725　V47.4－20/7.135

繡蜨盦詞鈔五卷附錄一卷　（清）汪藻撰　清光緒四年(1878)汪銅士刻本　一冊

310000－0242－0010726　V47.4－20/7.393

懺慧詞一卷附度鍼樓遺稿一卷　徐自華等撰　清光緒三十四年(1908)鉛印本　一冊

310000－0242－0010727　V47.4－21/7.170

鶴緣詞一卷　（清）呂耀斗撰　清光緒二十六年(1900)敬止堂刻本　一冊

310000－0242－0010728　V47.4－21/7.170C2

鶴緣詞一卷　（清）呂耀斗撰　清光緒二十六年(1900)敬止堂刻本　一冊

310000－0242－0010729　V47.4－24/7.412B

靈芬館詞七卷　（清）郭麐撰　清光緒五年(1879)仁和許增輯榆園叢刻本　一冊

310000－0242－0010730　V47.4－25/7.393

籬角閒吟二卷　（清）徐睿周撰　清光緒五年

(1879)滄英館刻本　一冊

310000－0242－0010731　V47.4－3/7.164

小梅花館詞集二卷　（清）吳廷燮撰　清道光二十一年(1841)刻本　一冊

310000－0242－0010732　V47.4－3/7.562

小庚詞存四卷　（清）葉申薌撰　清道光十四年(1834)天籟軒刻本　二冊

310000－0242－0010733　V47.4－3/7.562C2

小庚詞存一卷　（清）葉申薌撰　清道光六年(1826)刻本　一冊

310000－0242－0010734　V47.4－3/7.622

小鷗波館詞鈔二卷　（清）潘曾瑩撰　清道光二十三年(1843)刻本　一冊

310000－0242－0010735　V47.4－4/7.178

心盦詞存四卷　（清）何兆瀛撰　清同治十二年(1873)刻本　二冊

310000－0242－0010736　V47.4－4/7.248

心日齋詞集六卷　（清）周之琦撰　清道光刻本　二冊

310000－0242－0010737　V47.4－4/7.271

天雲樓詞一卷　胡薇元撰　清光緒二十八年(1902)刻本　一冊

310000－0242－0010738　V47.4－4/7.422.6

太素齋詞鈔二卷　（清）勒方錡撰　清光緒十年(1884)刻本　一冊

310000－0242－0010739　V47.4－4/7.441

尺雲樓詞鈔不分卷　（清）陳如升撰　清光緒二十三年(1897)刻本　一冊

310000－0242－0010740　V47.4－4/7.500

水仙亭詞集二卷　（清）項璜撰　清光緒十二年(1886)瑞安項氏刻本　一冊

310000－0242－0010741　V47.4－4/7.661

比竹餘音四卷　鄭文焯撰　清光緒二十八年(1902)吳興沈氏刻本　一冊

310000－0242－0010742　V47.4－4/7.661C2

比竹餘音四卷　鄭文焯撰　清光緒二十八年

(1902)吳興沈氏刻本　一冊

310000－0242－0010743　V47.4－5/7.161B

玉壺山房詞選二卷　（清）改琦撰　清道光八年(1828)上海沈文偉刻本　一冊

310000－0242－0010744　V47.4－5/7.21

半塘定稿二卷賸稿一卷　（清）王鵬運撰　清光緒三十二年(1906)小放下庵刻本　一冊

310000－0242－0010745　V47.4－5/7.21C2

半塘定稿二卷賸稿一卷　（清）王鵬運撰　清光緒三十二年(1906)小放下庵刻本　一冊

310000－0242－0010746　V47.4－5/7.21C3

半塘定稿二卷賸稿一卷　（清）王鵬運撰　清光緒三十二年(1906)小放下庵刻本　一冊

310000－0242－0010747　V47.4－5/7.662

玉泫詞一卷　（清）潘曾瑋撰　清咸豐四年(1854)潘氏刻本　二冊

310000－0242－0010748　V47.4－5/7.662C2

玉泫詞一卷　（清）潘曾瑋撰　清咸豐四年(1854)潘氏刻本　一冊

310000－0242－0010749　V47.4－6/7.164

百萼紅詞二卷　（清）吳嵩撰　清光緒五年(1879)直隸張氏刻本　一冊

310000－0242－0010750　V47.4－6/7.164C2

百萼紅詞二卷　（清）吳嵩撰　清光緒五年(1879)直隸張氏刻本　一冊

310000－0242－0010751　V47.4－6/7.164C3

百萼紅詞二卷　（清）吳嵩撰　清光緒五年(1879)直隸張氏刻本　一冊

310000－0242－0010752　V47.4－6/7.21

竹簾館詞一卷　（清）王樹藩撰　清宣統元年(1909)朱氏刻本　一冊

310000－0242－0010753　V47.4－6/7.488

西湖秋柳詞一卷　（清）楊鳳苞撰　清武林丁氏刻本　一冊

310000－0242－0010754　V47.4－7/7.148

采香詞二卷　（清）杜文瀾撰　清咸豐十一年

(1861)曼陀羅華閣刻本　二冊

310000－0242－0010755　V47.4－7/7.164

吳梅村詞一卷　（清）吳偉業撰　清光緒十六年(1890)湖北官書處刻本　一冊

310000－0242－0010756　V47.4－7/7.201

弟一生修梅花館詞六卷附錄一卷詞話一卷　況周儀撰　清光緒刻本　一冊

310000－0242－0010757　V47.4－7/7.21

阮亭詩餘一卷　（清）王士禛撰　（清）邱石常　（清）徐夜評　清光緒會稽趙氏刻本　一冊

310000－0242－0010758　V47.4－7/7.260

更生齋詩餘二卷　（清）洪亮吉撰　清光緒三年(1877)湖北刻本　一冊

310000－0242－0010759　V47.4－7/7.661

冷紅詞四卷　鄭文焯撰　清光緒二十年(1894)耦園刻本　一冊

310000－0242－0010760　V47.4－7/7.661C2

冷紅詞四卷　鄭文焯撰　清光緒二十年(1894)耦園刻本　一冊

310000－0242－0010761　V47.4－8/7.138

定峰樂府十卷定峰軼詩一卷　（清）沙張白撰　清光緒二十四年(1898)嚴廷刻本　二冊

310000－0242－0010762　V47.4－8/7.164

花簾詞一卷香南雪北詞一卷　（清）吳藻撰　清道光九年(1829)刻本　一冊

310000－0242－0010763　V47.4－8/7.21B

味梨集一卷　（清）王鵬運撰　清光緒二十一年(1895)刻本　一冊

310000－0242－0010764　V47.4－8/7.248

金梁夢月詞二卷懷夢詞一卷　（清）周之琦撰　清道光杭州陸貞一愛日軒刻本　一冊

310000－0242－0010765　V47.4－8/7.390

花陰寫夢詞一卷　（清）倪鴻撰　清光緒九年(1883)濟南刻本　一冊

310000－0242－0010766　V47.4－8/7.488

芙蓉山館詞稿四卷　（清）楊芳燦撰　清刻本

一冊

310000－0242－0010767　V47.4－8/7.562
花影吹笙詞鈔二卷附一卷　（清）葉英華撰
清光緒三年(1877)羊城刻本　一冊

310000－0242－0010768　V47.4－8/7.562C2
花影吹笙詞鈔二卷附一卷　（清）葉英華撰
清光緒三年(1877)羊城刻本　一冊

310000－0242－0010769　V47.4－8/7.562C3
花影吹笙詞鈔二卷附一卷　（清）葉英華撰
清光緒三年(1877)羊城刻本　一冊

310000－0242－0010770　V47.4－8/7.727
松石齋詞一卷　（清）蕭文輝撰　清道光二十
四年(1844)刻本　一冊

310000－0242－0010771　V47.4－8/7.98
知止堂詞錄三卷　（清）朱綬撰　清光緒二十
年(1894)湖南思賢書局刻本　一冊

310000－0242－0010772　V47.4－9/7.164B
香南雪北詞一卷　（清）吳藻撰　清道光二十
四年(1844)吳氏刻本　一冊

310000－0242－0010773　V47.4－9/7.164BC2
香南雪北詞一卷花簾詞一卷　（清）吳藻撰
清道光二十四年(1844)吳氏刻本　二冊

310000－0242－0010774　V47.4－9/7.271
苾芻館詞集六卷　（清）胡延撰　清光緒二十
九年(1903)金陵糧儲道廨校刻本　四冊

310000－0242－0010775　V47.4－9/7.375
衍波詞一卷　（清）孫蓀意撰　清光緒二十二
年(1896)江標刻本　一冊

310000－0242－0010776　V47.4－9/7.441
紅豆簾琴意一卷　（清）陳克劬撰　清光緒十
三年(1887)陳氏刻本　一冊

310000－0242－0010777　V47.4－9/7.535
美人長壽盦詞集六卷　程頌萬撰　清光緒二
十六年(1900)刻本　二冊

310000－0242－0010778　V47.4－9/7.562
秋夢盦詞鈔二卷　（清）葉衍蘭撰　清光緒十

六年(1890)羊城刻本　一冊

310000－0242－0010779　V47.4－9/7.598
香銷酒醒詞一卷附曲一卷　（清）趙慶熺撰
清同治七年(1868)王氏刻本　二冊

310000－0242－0010780　V47.4－9/7.598C2
香銷酒醒詞一卷附曲一卷　（清）趙慶熺撰
清同治七年(1868)王氏刻本　二冊

310000－0242－0010781　V47.4－9/7.598C3
香銷酒醒詞一卷附曲一卷　（清）趙慶熺撰
清同治七年(1868)王氏刻本　二冊

310000－0242－0010782　V47.4－9/7.61
迦厂詞四卷　（清）左運奎撰　清宣統二年
(1910)鉛印本　一冊

310000－0242－0010783　V47.4－9/7.644
秋林琴雅四卷　（清）厲鶚撰　清刻本　一冊

310000－0242－0010784　V47.4－9/7.674
約園詞二卷　（清）劉滃年撰　清光緒九年
(1883)刻本　一冊

310000－0242－0010785　V47.4－9/7.735
紅薇詞鈔二卷　（清）鍾景撰　清咸豐四年
(1854)刻本　一冊

310000－0242－0010786　V47.4－9/7.791
眉綠樓詞二卷　（清）顧文彬撰　清光緒十年
(1884)吳下刻本　一冊

310000－0242－0010787　V47.4－9/7.791C2
眉綠樓詞一卷　（清）顧文彬撰　清光緒六年
(1880)刻本　一冊

310000－0242－0010788　V47.4－9/7.791C3
眉綠樓詞八卷　（清）顧文彬撰　清光緒十年
(1884)吳下刻本　四冊

310000－0242－0010789　V47.4－9/7.791A
城北草堂詩餘二卷附詞餘　（清）顧夔撰　清
光緒十三年(1887)刻本　一冊

310000－0242－0010790　V47.6－1/7.486
一行居集八卷附儒門公案拈題一卷　（清）彭
紹升撰　清道光五年(1825)葆素堂彭氏刻本

二冊

310000－0242－0010791　V47.6－1/7.568
一漚集文鈔三卷　（清）董威撰　清刻本　一
冊

310000－0242－0010792　V47.6－10/7.128
留香閣遺稿一卷　（清）沈際昌撰　清光緒十
二年(1886)東都刻本　一冊

310000－0242－0010793　V47.6－10/7.148
桐華閣文集十二卷附一卷　（清）杜貴墀撰
清光緒三十一年(1905)巴陵杜氏刻本　三冊

310000－0242－0010794　V47.6－10/7.151
恕谷後集十三卷　（清）李塨撰　清雍正四年
(1726)刻本　二冊

310000－0242－0010795　V47.6－10/7.164
桐城吳先生文集四卷附詩集一卷附傳狀
（清）吳汝綸撰　清光緒三十年(1904)刻本
八冊

310000－0242－0010796　V47.6－10/7.164C2
桐城吳先生文集四卷附詩集一卷附傳狀
（清）吳汝綸撰　清光緒三十年(1904)刻本
五冊

310000－0242－0010797　V47.6－10/7.164C3
桐城吳先生文集四卷　（清）吳汝綸撰　清光
緒三十年(1904)刻本　四冊

310000－0242－0010798　V47.6－10/7.164C4
桐城吳先生文集四卷　（清）吳汝綸撰　清光
緒三十年(1904)刻本　四冊

310000－0242－0010799　V47.6－10/7.164C5
桐城吳先生文集四卷附詩集一卷附傳狀
（清）吳汝綸撰　清光緒三十年(1904)刻本
四冊

310000－0242－0010800　V47.6－10/7.164C6
桐城吳先生文集四卷尺牘五卷尺牘補遺一卷
諭兒書一卷　（清）吳汝綸撰　清光緒三十年
(1904)刻本　七冊

310000－0242－0010801　V47.6－10/7.223C3
翁山文外十六卷　（清）屈大均撰　清宣統二

年(1910)上海國學扶輪社鉛印本　五冊

310000－0242－0010802　V47.6－10/7.223C4
翁山文外十六卷　（清）屈大均撰　清宣統二
年(1910)上海國學扶輪社鉛印本　五冊

310000－0242－0010803　V47.6－10/7.300
浙江鄉試硃卷一卷(清同治十二年癸酉科)
（清）范寅撰　清同治十二年(1873)刻本　一
冊

310000－0242－0010804　V47.6－10/7.359
袁文箋正十六卷補注一卷　（清）袁枚撰
（清）石韞玉箋　清道光七年(1827)松壽山房
刻本　四冊

310000－0242－0010805　V47.6－10/7.359A
袁文合箋十六卷　（清）袁枚撰　（清）王廣業
箋　清光緒八年(1882)青箱塾刻本　二冊

310000－0242－0010806　V47.6－10/7.359B
袁文箋正十六卷補注一卷　（清）袁枚撰
（清）石韞玉箋　清嘉慶十七年(1812)鶴壽山
堂刻本　六冊

310000－0242－0010807　V47.6－10/7.370
夏仲子集六卷　（清）夏炯撰　清咸豐四年
(1854)刻本　四冊

310000－0242－0010808　V47.6－10/7.370B
浣玉軒集四卷　（清）夏敬渠撰　清光緒十六
年(1890)刻本　二冊

310000－0242－0010809　V47.6－10/7.375A
師鄭堂集六卷　孫同康撰　清光緒十七年
(1891)木活字印本　二冊

310000－0242－0010810　V47.6－10/7.389
倭文端公遺書八卷首一卷末一卷　（清）倭仁
撰　清光緒元年(1875)六安求我齋刻本　一
冊

310000－0242－0010811　V47.6－10/7.389C2
倭文端公遺書十卷首二卷　（清）倭仁撰　清
光緒三年(1877)粵東翰元樓刻本　一冊

310000－0242－0010812　V47.6－10/7.389C3
倭文端公遺書八卷首二卷末一卷附續刊三卷

（清）倭仁撰　清光緒元年(1875)六安求我齋刻本　四冊

310000－0242－0010813　V47.6－10/7.389C4

倭文端公遺書十一卷首二卷　（清）倭仁撰　清光緒二十年(1894)山東書局刻本　八冊

310000－0242－0010814　V47.6－10/7.389C5

倭文端公遺書十卷首二卷　（清）倭仁撰　清光緒三年(1877)粵東翰元樓刻本　八冊

310000－0242－0010815　V47.6－10/7.389C6

倭文端公遺書八卷首二卷末一卷附續刊三卷　（清）倭仁撰　清光緒元年(1875)六安求我齋刻本　四冊

310000－0242－0010816　V47.6－10/7.393

煙嶼樓文集四十卷　（清）徐時棟撰　（清）葛祥熊校刊　清光緒三年(1877)刻本　二冊

310000－0242－0010817　V47.6－10/7.393C

酌雅堂駢體文集二卷　（清）徐壽基撰　清光緒十一年(1885)桓臺官舍刻本　二冊

310000－0242－0010818　V47.6－10/7.428

茗柯文編初編一卷二編二卷三編一卷四編一卷　（清）張惠言撰　清光緒七年(1881)刻本　二冊

310000－0242－0010819　V47.6－10/7.428B

茗柯文初編一卷二編二卷三編一卷四編一卷　（清）張惠言撰　清光緒八年(1882)蛟川張氏花雨樓刻本　一冊

310000－0242－0010820　V47.6－10/7.428C

留硯堂集二卷　（清）張漢撰　清刻本　二冊

310000－0242－0010821　V47.6－10/7.428C2

茗柯文編初編一卷二編二卷三編一卷四編一卷　（清）張惠言撰　清光緒七年(1881)刻本　二冊

310000－0242－0010822　V47.6－10/7.428C3

茗柯文編初編一卷二編二卷三編一卷四編一卷　（清）張惠言撰　清光緒七年(1881)刻本　二冊

310000－0242－0010823　V47.6－10/7.428C4

茗柯文編初編一卷二編二卷三編一卷四編一卷　（清）張惠言撰　清光緒七年(1881)刻本　二冊

310000－0242－0010824　V47.6－10/7.449

退菴文集一卷　（清）陶貞一撰　清刻本　一冊

310000－0242－0010825　V47.6－10/7.451

邸亭遺文八卷　（清）莫友芝撰　清刻本　一冊

310000－0242－0010826　V47.6－10/7.491

真有益齋文編十四卷　（清）黃安濤撰　清道光二十年(1840)刻本　四冊

310000－0242－0010827　V47.6－10/7.509

荔雨軒文集六卷　（清）華翼綸撰　清光緒九年(1883)梁溪華氏刻本　二冊

310000－0242－0010828　V47.6－10/7.568

栘華館駢體文四卷　（清）董基誠撰　清光緒十四年(1888)陽湖蘇訓心木活字印本　二冊

310000－0242－0010829　V47.6－10/7.674

海峰集文集八卷詩集十一卷制藝一卷附精選八家文鈔一卷　（清）劉大櫆撰　清同治十三年至光緒二年(1874－1876)邢邱刻本　五冊

310000－0242－0010830　V47.6－10/7.674C2

海峰集文十卷詩六卷　（清）劉大櫆撰　清同治十三年(1874)刻本　八冊

310000－0242－0010831　V47.6－10/7.674B

匪莪堂文集五卷　（清）劉巖撰　清光緒二年(1876)復廬刻本　一冊

310000－0242－0010832　V47.6－10/7.761C

悔過齋未定稿七卷　（清）顧廣譽撰　清咸豐七年(1857)刻本　二冊

310000－0242－0010833　V47.6－10/7.791

蓋山文錄八卷詩錄二卷　（清）顧雲撰　清光緒十五年(1889)刻本　四冊

310000－0242－0010834　V47.6－10/7.791B

悔過齋文集七卷雜記一卷續記七卷補遺一卷　（清）顧廣譽撰　清光緒三年(1877)顧鴻昇

刻本　四冊

310000－0242－0010835　V47.6－10/7.98

退思粗訂稿二卷　（清）朱文翰撰　清刻本
一冊

310000－0242－0010836　V47.6－10/7.98B

桂之華軒文集九卷　（清）朱銘盤撰　清光緒
三十二年(1906)南通州翰墨林書局鉛印本
二冊

310000－0242－0010837　V47.6－11/7.115

清芬樓遺藁四卷　（清）任啟運撰　清光緒十
四年(1888)刻本　二冊

310000－0242－0010838　V47.6－11/7.128

寄簃文存八卷　沈家本撰　清宣統元年
(1909)鉛印本　二冊

310000－0242－0010839　V47.6－11/7.15

望溪集不分卷　（清）方苞撰　（清）王兆符輯
清乾隆刻本　四冊

310000－0242－0010840　V47.6－11/7.164

梅村文集二十卷　（清）吳偉業撰　清宣統二
年(1910)上海國學昌明社石印本　六冊

310000－0242－0010841　V47.6－11/7.164C2

梅村文集二十卷　（清）吳偉業撰　清宣統二
年(1910)神州國光社鉛印本　一冊

310000－0242－0010842　V47.6－11/7.207

授堂文鈔八卷　（清）武億撰　清嘉慶六年
(1801)刻本　二冊

310000－0242－0010843　V47.6－11/7.207C2

授堂文鈔八卷　（清）武億撰　清嘉慶六年
(1801)刻本　四冊

310000－0242－0010844　V47.6－11/7.21A

愓甫未定稿十六卷附讀賦卮言一卷　（清）王
芑孫撰　清嘉慶九年(1804)刻本　四冊

310000－0242－0010845　V47.6－11/7.21C

虛受堂文集十五卷　王先謙撰　清光緒二十
六年(1900)刻本　四冊

310000－0242－0010846　V47.6－11/7.260

務時敏齋存稿十卷　（清）洪昌燕撰　清光緒
二十年(1894)刻本　四冊

310000－0242－0010847　V47.6－11/7.260B

淳則齋駢體文一卷　（清）洪惠方撰　清光緒
五年(1879)授經堂刻本　一冊

310000－0242－0010848　V47.6－11/7.271

問湘樓駢文初稿六卷　（清）胡念修撰　清光
緒二十四年(1898)刻鵠齋刻本　四冊

310000－0242－0010849　V47.6－11/7.271C2

問湘樓駢文初稿六卷　（清）胡念修撰　清光
緒二十四年(1898)刻鵠齋刻本　四冊

310000－0242－0010850　V47.6－11/7.271C3

問湘樓駢文初稿四卷　（清）胡念修撰　清光
緒二十四年(1898)刻鵠齋刻朱印本　二冊

310000－0242－0010851　V47.6－11/7.271B

崇雅堂駢體文鈔四卷　（清）胡敬撰　清光緒
二十五年(1899)刻鵠齋刻本　二冊

310000－0242－0010852　V47.6－11/7.316C2

惜抱軒文集十六卷文後集十卷　（清）姚鼐撰
清同治五年(1866)省心閣刻本　四冊

310000－0242－0010853　V47.6－11/7.316B

惜抱軒文集十六卷文後集十卷詩集十卷詩後
集一卷外集一卷春秋三傳補注一卷法帖題跋
三卷筆記八卷　（清）姚鼐撰　清嘉慶二年至
二十五年(1797－1820)刻本　八冊

310000－0242－0010854　V47.6－11/7.316C

晚學齋文集十二卷　（清）姚椿撰　清咸豐二
年(1852)刻本　三冊

310000－0242－0010855　V47.6－11/7.316D

惜抱軒文集十六卷　（清）姚鼐撰　清刻本
二冊

310000－0242－0010856　V47.6－11/7.332

陶堂遺文一卷　（清）高心夔撰　清光緒八年
(1882)刻本　一冊

310000－0242－0010857　V47.6－11/7.352

淡園文集不分卷附錄外編　（清）馬徵麐撰
清光緒思古堂刻本　一冊

310000 – 0242 – 0010858　V47.6 – 11/7.364.5

晦木軒稿一卷　（清）桂壇撰　清光緒二十三年(1897)刻本　一冊

310000 – 0242 – 0010859　V47.6 – 11/7.375

麻山遺集二卷附一卷補編一卷　（清）孫學顏撰　清同治十三年(1874)刻本　一冊

310000 – 0242 – 0010860　V47.6 – 11/7.375B

問字堂集六卷　（清）孫星衍撰　清光緒十年(1884)是六軒刻本　二冊

310000 – 0242 – 0010861　V47.6 – 11/7.428B

崇蘭堂駢體文初存二卷　（清）張預撰　清光緒三十四年(1908)湖北官印刷局鉛印本　一冊

310000 – 0242 – 0010862　V47.6 – 11/7.428BC2

崇蘭堂駢體文初存二卷　（清）張預撰　清光緒三十四年(1908)湖北官印刷局鉛印本　一冊

310000 – 0242 – 0010863　V47.6 – 11/7.434

陸密菴文集四卷錄餘二卷　（清）陸求可撰　清康熙十九年(1680)刻本　二冊

310000 – 0242 – 0010864　V47.6 – 11/7.441A

陳檢討集二十卷　（清）陳維崧撰　（清）程師恭注　清康熙三十三年(1694)有美堂刻本　四冊

310000 – 0242 – 0010865　V47.6 – 11/7.441AC2

陳檢討集二十卷　（清）陳維崧撰　（清）程師恭注　清康熙三十二年(1693)索位堂刻本　二冊

310000 – 0242 – 0010866　V47.6 – 11/7.441B

惕園初稿十六卷外稿一卷　（清）陳庚煥撰　清道光元年(1821)木活字印本　六冊

310000 – 0242 – 0010867　V47.6 – 11/7.441C

陳一齋先生文集六卷附詩集　（清）陳梓撰　清宣統三年(1911)上海國學扶輪社鉛印本　二冊

310000 – 0242 – 0010868　V47.6 – 11/7.491

莫宧草一卷　黃壽袠撰　清光緒二十五年(1899)刻本　一冊

310000 – 0242 – 0010869　V47.6 – 11/7.491B

莫宧文草一卷　黃壽袠撰　清光緒三十一年(1905)石印本　一冊

310000 – 0242 – 0010870　V47.6 – 11/7.491C2

莫宧草一卷　黃壽袠撰　清光緒二十五年(1899)刻本　一冊

310000 – 0242 – 0010871　V47.6 – 11/7.527

習是堂文集二卷自序年譜一卷　（清）曾倬撰　清光緒二十年(1894)常熟曾氏義莊刻本　一冊

310000 – 0242 – 0010872　V47.6 – 11/7.608

聊齋先生文集二卷　（清）蒲松齡撰　清宣統二年(1910)上海國學扶輪社鉛印本　一冊

310000 – 0242 – 0010873　V47.6 – 11/7.608C2

聊齋先生文集二卷　（清）蒲松齡撰　清宣統元年(1909)上海國學扶輪社鉛印本　二冊

310000 – 0242 – 0010874　V47.6 – 11/7.650

清溪草堂文二卷續補一卷首一卷　（清）蔣錫震撰　清光緒九年(1883)刻本　一冊

310000 – 0242 – 0010875　V47.6 – 11/7.727

寄生館文集四卷附錄一卷　（清）蕭令裕撰　清道光八年(1828)刻本　二冊

310000 – 0242 – 0010876　V47.6 – 11/7.731

庸庵文編四卷續編二卷　（清）薛福成撰　清光緒二十三年(1897)上海醉六堂石印本　一冊

310000 – 0242 – 0010877　V47.6 – 11/7.731A

庸盦海外文編四卷　（清）薛福成撰　清光緒二十二年(1896)石印本　一冊

310000 – 0242 – 0010878　V47.6 – 11/7.731C

庸盦文別集六卷　（清）薛福成撰　清光緒二十九年(1903)石印本　六冊

310000 – 0242 – 0010879　V47.6 – 11/7.731D

庸盦文編正編四卷續編二卷外編三卷海外編四卷　（清）薛福成撰　清光緒十三年至二十一年(1887 – 1895)無錫薛氏刻本　十四冊

310000－0242－0010880　V47.6－11/7.749

習苦齋古文四卷　（清）戴熙撰　清同治六年（1867）刻本　二冊

310000－0242－0010881　V47.6－11/7.753

鹿洲初集二十卷　（清）藍鼎元撰　清光緒刻本　八冊

310000－0242－0010882　V47.6－11/7.98

虛白山房駢體文二卷　（清）朱鳳毛撰　清光緒十五年（1889）廣州刻本　一冊

310000－0242－0010883　V47.6－12/7.122

确山駢體文四卷　（清）宋世犖撰　清光緒陳樹桐刻本　一冊

310000－0242－0010884　V47.6－12/7.135

堯峰文鈔四十卷　（清）汪琬撰　清康熙刻本　十六冊

310000－0242－0010885　V47.6－12/7.135A

鈍翁文集十六卷　（清）汪琬撰　清宣統二年（1910）國學扶輪社鉛印本　八冊

310000－0242－0010886　V47.6－12/7.135AC2

鈍翁文集十六卷　（清）汪琬撰　清光緒十三年（1887）鋤月種梅室木活字印本　六冊

310000－0242－0010887　V47.6－12/7.135AC3

鈍翁文集十六卷　（清）汪琬撰　清光緒十三年（1887）鋤月種梅室木活字印本　六冊

310000－0242－0010888　V47.6－12/7.135B

犀禪山館集一卷　（清）汪和撰　清光緒元年（1875）金陵刻本　一冊

310000－0242－0010889　V47.6－12/7.15

集虛齋學古文十二卷　（清）方籥如撰　清光緒十年（1884）淳安縣署刻本　四冊

310000－0242－0010890　V47.6－12/7.151B

琴語堂雜體文續一卷　（清）李肇增撰　清同治三年（1864）刻本　一冊

310000－0242－0010891　V47.6－12/7.151BC2

琴語堂雜體文續一卷　（清）李肇增撰　清同治三年（1864）刻本　一冊

310000－0242－0010892　V47.6－12/7.21

湘綺樓文集八卷　王闓運撰　清光緒二十六年（1900）烝陽刻本　四冊

310000－0242－0010893　V47.6－12/7.21C2

湘綺樓文集八卷　王闓運撰　清光緒三十三年（1907）長沙刻本　四冊

310000－0242－0010894　V47.6－12/7.21C3

湘綺樓文集八卷　王闓運撰　清宣統二年（1910）上海國學扶輪社石印本　一冊

310000－0242－0010895　V47.6－12/7.21B

淵雅堂文外集四卷詩外集二卷瑤想詞一卷讀賦卮言一卷　（清）王芑孫撰　清嘉慶九年（1804）刻本　六冊

310000－0242－0010896　V47.6－12/7.254

崧耘文鈔一卷　（清）季錫疇撰　清光緒五年（1879）懷弇閣刻本　一冊

310000－0242－0010897　V47.6－12/7.268

湛園未定稿六卷　（清）姜宸英撰　清慈溪鄭性二老閣刻本　八冊

310000－0242－0010898　V47.6－12/7.316

復莊駢儷文榷八卷　（清）姚燮撰　清咸豐四年（1854）大梅山館刻本　二冊

310000－0242－0010899　V47.6－12/7.347

㙂實齋文稿二卷　（清）秦寶璣撰　清光緒十四年（1888）刻本　一冊

310000－0242－0010900　V47.6－12/7.396

復初齋文集三十五卷　（清）翁方綱撰　清光緒三年（1877）刻本　六冊

310000－0242－0010901　V47.6－12/7.428

寒松晚翠堂初集不分卷　（清）張元度撰　清光緒十七年（1891）陽湖千秋里刻本　二冊

310000－0242－0010902　V47.6－12/7.428B

寒松閣駢體文一卷續一卷　（清）張鳴珂撰　清光緒二十年（1894）刻本　一冊

310000－0242－0010903　V47.6－12/7.46

徧行堂集十六卷　（清）釋澹歸撰　清宣統三年（1911）國學扶輪社鉛印本　八冊

310000－0242－0010904　V47.6－12/7.468

寒村雜錄二卷　（清）寒村子撰　清光緒五年
(1879)刻本　二冊

310000－0242－0010905　V47.6－12/7.471

湯潛庵先生集二卷　（清）湯斌撰　清同治五
年(1866)福州正誼書局刻本　一冊

310000－0242－0010906　V47.6－12/7.477

馮仲廉文鈔二卷　（清）馮偉撰　清道光十一
年(1831)壽萱堂刻本　二冊

310000－0242－0010907　V47.6－12/7.486

無近名齋文鈔四卷文鈔二編二卷文鈔外編一
卷雜著二卷雜著二編一卷　（清）彭翊撰　清
光緒十年(1884)刻本　一冊

310000－0242－0010908　V47.6－12/7.491

壺舟文存二卷　（清）黃濬撰　清宣統三年
(1911)浙江太平陳氏木活字印本　一冊

310000－0242－0010909　V47.6－12/7.491B

敝帚文存二卷　（清）黃來麟撰　清同治中刻
本　二冊

310000－0242－0010910　V47.6－12/7.505

結一宧駢體文二卷詩略三卷　屠寄撰　清光
緒十六年(1890)廣州刻本　一冊

310000－0242－0010911　V47.6－12/7.527

曾文正公文鈔四卷　（清）曾國藩撰　清刻本
　三冊

310000－0242－0010912　V47.6－12/7.527C

曾文正公文鈔四卷詩鈔四卷附雜著壽言
(清)曾國藩撰　（清）黎庶昌編　清同治十一
年至光緒二年(1872－1876)刻本　五冊

310000－0242－0010913　V47.6－12/7.527C

復齋文集二十一卷詩集三卷末一卷　（清）曾
鏞撰　清嘉慶二十五年(1820)刻本　十二冊

310000－0242－0010914　V47.6－12/7.535

程侍郎遺集初編十卷　（清）程恩澤撰　清道
光二十六年(1846)�喜齋刻本　二冊

310000－0242－0010915　V47.6－12/7.535A

程一夔文乙集四卷　程先甲撰　清宣統二年

(1910)刻本　一冊

310000－0242－0010916　V47.6－12/7.752

曾國藩李鴻章左宗棠三公壽序　（清）□□撰
　清光緒刻本　一冊

310000－0242－0010917　V47.6－12/7.77

補園賸藁二卷　（清）包履吉撰　清光緒三十
一年(1905)刻本　一冊

310000－0242－0010918　V47.6－12/7.775

尊聞居士集八卷　（清）羅有高撰　清光緒八
年(1882)刻本　四冊

310000－0242－0010919　V47.6－12/7.775B

尊聞居士集八卷附錄一卷　（清）羅有高撰
清光緒七年(1881)洪鈞刻本　四冊

310000－0242－0010920　V47.6－12/7.98

結一廬遺文二卷　（清）朱學勤撰　清光緒三
十四年(1908)刻本　一冊

310000－0242－0010921　V47.6－12/7.98C2

結一廬遺文二卷　（清）朱學勤撰　清光緒三
十四年(1908)刻本　一冊

310000－0242－0010922　V47.6－13/7.164

愚谷文存十四卷　（清）吳騫撰　清刻本　二
冊

310000－0242－0010923　V47.6－13/7.178

義門先生集十二卷附錄一卷義門弟子姓氏錄
一卷　（清）何焯撰　（清）韓崇等輯　清宣統
元年(1909)吳縣吳蔭培刻本　四冊

310000－0242－0010924　V47.6－13/7.21

慎其餘齋文集二十卷　（清）王贈芳撰　清咸
豐四年(1854)留香書屋刻本　一冊

310000－0242－0010925　V47.6－13/7.21C2

慎其餘齋文集二十卷　（清）王贈芳撰　清咸
豐四年(1854)留香書屋刻本　六冊

310000－0242－0010926　V47.6－13/7.21B

葆淳閣續集一卷補遺一卷附王文端公列傳行
誼一卷　（清）王杰撰　清刻本　一冊

310000－0242－0010927　V47.6－13/7.21C

煨芋巖居文集一卷　（清）王善寶撰　清光緒
十三年（1887）刻本　一冊

310000－0242－0010928　V47.6－13/7.322

經韻樓集十二卷　（清）段玉裁撰　清嘉慶、
咸豐間刻本　十六冊

310000－0242－0010929　V47.6－13/7.347C2

劍虹居文集二卷　（清）秦煥撰　清光緒三十
一年（1905）刻本　二冊

310000－0242－0010930　V47.6－13/7.428

鼠壤餘蔬一卷附舒爇室詩續存一卷　（清）張
文虎撰　清光緒十三年（1887）刻本　一冊

310000－0242－0010931　V47.6－13/7.477

微尚齋文集一卷　（清）馮志沂撰　清同治十
三年（1874）李氏刻本　一冊

310000－0242－0010932　V47.6－13/7.556

意園文略二卷　楊鍾羲撰　清宣統二年
（1910）刻朱印本　一冊

310000－0242－0010933　V47.6－13/7.556B

楊徵君文集一卷　（清）楊陳復撰　清光緒二
十一年（1895）通奉第刻本　一冊

310000－0242－0010934　V47.6－13/7.598

萬青閣自訂文集不分卷　（清）趙吉士撰　清
康熙十四年（1675）刻本　四冊

310000－0242－0010935　V47.6－13/7.61

慎盦文鈔二卷　（清）左宗植撰　清光緒元年
（1875）湘陰左氏刻本　二冊

310000－0242－0010936　V47.6－13/7.61B

慎盦文鈔二卷　（清）左宗植撰　清光緒元年
（1875）湘陰左氏刻本　二冊

310000－0242－0010937　V47.6－13/7.61C2

慎盦文鈔二卷　（清）左宗植撰　清光緒元年
（1875）湘陰左氏刻本　二冊

310000－0242－0010938　V47.6－13/7.682.7

經德堂集內集四卷外集二卷　（清）龍啟瑞撰
　清光緒四年（1878）京師龍繼棟刻本　三冊

310000－0242－0010939　V47.6－13/7.727

敬孚類藁十六卷　（清）蕭穆撰　清光緒三十
二年至三十三年（1906－1907）刻本　六冊

310000－0242－0010940　V47.6－13/7.72C2

敬孚類藁十六卷　（清）蕭穆撰　清光緒三十
二年至三十三年（1906－1907）刻本　四冊

310000－0242－0010941　V47.6－13/7.98C

遊道堂集四卷　（清）朱彬撰　清同治七年
（1868）袁浦刻本　二冊

310000－0242－0010942　V47.6－13/8.454

楓南山館遺集七卷末一卷　（清）莊受祺撰
清同治十三年（1874）刻本　二冊

310000－0242－0010943　V47.6－14/7.21

漁洋山人文略十四卷　（清）王士禎撰　清康
熙三十四年（1695）刻本　四冊

310000－0242－0010944　V47.6－14/7.271

綠蘿山莊駢體文集十二卷　（清）胡浚撰　清
光緒二十五年（1899）刻鵠齋刻本　六冊

310000－0242－0010945　V47.6－14/7.428

蒿庵文集三卷拾遺一卷附錄一卷　（清）張爾
岐撰　清光緒十五年（1889）山東書局刻本
三冊

310000－0242－0010946　V47.6－14/7.428B

嘉樹山房續集二卷　（清）張士元撰　清道光
六年（1826）刻本　一冊

310000－0242－0010947　V47.6－14/7.598

趙恭毅公賸藁八卷　（清）趙申喬撰　清光緒
十八年（1892）浙江書局刻本　四冊

310000－0242－0010948　V47.6－14/7.674

綠野齋前後合集六卷　（清）劉鴻翱撰　清道
光二十四年（1844）刻本　六冊

310000－0242－0010949　V47.6－14/7.674A

廣經室文鈔一卷　（清）劉恭冕撰　清光緒十
五年（1889）廣雅書局刻本　一冊

310000－0242－0010950　V47.6－14/7.675B

遠遺堂集外文初編一卷續編一卷　（清）譚嗣
同撰　清光緒三十三年（1907）石印本　一冊

310000－0242－0010951　V47.6－15/7.151

養一齋文集二十卷　（清）李兆洛撰　清光緒
四年(1878)刻本　二冊

310000－0242－0010952　V47.6－15/7.151C2

養一齋文集二十卷詩四卷附賦二篇詩餘三十
二首　（清）李兆洛撰　清光緒四年至八年
(1878－1882)刻本　十冊

310000－0242－0010953　V47.6－15/7.151C3

養一齋文集二十卷　（清）李兆洛撰　清光緒
四年(1878)刻本　四冊

310000－0242－0010954　V47.6－15/7.178

餘辛集三卷　（清）何栻撰　清同治元年
(1862)刻本　一冊

310000－0242－0010955　V47.6－15/7.347

劍虹居文集二卷　（清）秦煥撰　清光緒三十
一年(1905)刻本　一冊

310000－0242－0010956　V47.6－15/7.352

適可齋記言記行十卷　（清）馬建忠撰　清光
緒二十二年(1896)刻本　四冊

310000－0242－0010957　V47.6－15/7.352C2

適可齋記言記行十卷　（清）馬建忠撰　清光
緒二十二年(1896)刻本　四冊

310000－0242－0010958　V47.6－15/7.352B

駐帆閣駢體文二卷　（清）馬沅撰　清光緒七
年(1881)合肥刻本　一冊

310000－0242－0010959　V47.6－15/7.375

誰與庵文鈔二卷附孫氏先德傳一卷　（清）孫
世均撰　清光緒十五年(1889)歸安孫氏守恆
堂刻本　一冊

310000－0242－0010960　V47.6－15/7.428

澄懷園文存十五卷　（清）張廷玉撰　清光緒
十七年(1891)刻本　八冊

310000－0242－0010961　V47.6－15/7.428A

養素堂文集三十五卷首一卷　（清）張澍撰
清道光十七年(1837)武威張氏棗華書屋刻本
　十六冊

310000－0242－0010962　V47.6－15/7.428B

養餘外集不分卷　（清）張大昌撰　清光緒惟
琨刻本　一冊

310000－0242－0010963　V47.6－15/7.434

儀顧堂集十六卷　（清）陸心源撰　清同治十
三年(1874)福州刻本　四冊

310000－0242－0010964　V47.6－15/7.441B

稽瑞樓文草一卷　（清）陳揆撰　清光緒十三
年(1887)刻本　一冊

310000－0242－0010965　V47.6－15/7.665

魯山木先生文集十二卷首一卷外集二卷
（清）魯九皋撰　清道光十一年(1831)刻本
二冊　存二卷(一至二)

310000－0242－0010966　V47.6－15/7.665B

魯通甫先生集外文二卷　（清）魯一同撰　清
淮陰徐氏刻本　二冊

310000－0242－0010967　V47.6－15/7.674

劉端臨先生遺書八卷　（清）劉台拱撰　清道
光十四年(1834)刻本　四冊

310000－0242－0010968　V47.6－15/7.674A

劉葆真太史遺稿二卷　（清）劉可毅撰　清宣
統二年(1910)刻本　一冊

310000－0242－0010969　V47.6－15/7.674AC2

劉葆真太史遺稿二卷　（清）劉可毅撰　清宣
統二年(1910)刻本　一冊

310000－0242－0010970　V47.6－15/7.674AC3

劉葆真太史遺稿二卷　（清）劉可毅撰　清宣
統二年(1910)刻本　二冊

310000－0242－0010971　V47.6－15/7.674C3

劉端臨先生遺書八卷　（清）劉台拱撰　清道
光十四年(1834)刻本　二冊

310000－0242－0010972　V47.6－15/7.674D

劉孟塗文集十卷駢體文二卷　（清）劉開撰
清光緒十二年(1886)慈谿大鄖山館刻本　四
冊

310000－0242－0010973　V47.6－15/7.674C

儉德堂讀書隨筆二卷　（清）劉庠撰　清宣統
二年(1910)鉛印本　二冊

310000 – 0242 – 0010974　　V47.6 – 15/7.7

潛莊文鈔六卷　（清）卜起元撰　清光緒五年(1879)甬江刻本　一冊

310000 – 0242 – 0010975　　V47.6 – 15/7.705B

潛研堂文集五十卷　（清）錢大昕撰　清嘉慶十一年(1806)刻本　八冊

310000 – 0242 – 0010976　　V47.6 – 15/7.717

醉白堂文集四卷續集一卷　（清）謝良琦撰　清光緒十九年(1893)王鵬運刻本　二冊

310000 – 0242 – 0010977　　V47.6 – 15/7.749

潛虛先生文集十四卷補遺一卷附年譜一卷（清）戴名世撰　（清）尤雲鶚編　清光緒十八年(1892)木活字印本　八冊

310000 – 0242 – 0010978　　V47.6 – 16/7.135

衡齋文集三卷　（清）汪萊撰　清光緒十八年(1892)汪廷棟刻本　一冊

310000 – 0242 – 0010979　　V47.6 – 16/7.164

澹成居文鈔四卷附喪禮經傳約一卷　（清）吳卓信撰　清道光三年(1823)刻本　一冊

310000 – 0242 – 0010980　　V47.6 – 16/7.164A

澤古齋文鈔三卷補遺一卷　（清）吳士模撰　清光緒十九年(1893)武進吳氏刻本　一冊

310000 – 0242 – 0010981　　V47.6 – 16/7.21

獨善堂文集八卷　（清）王大經撰　清嘉慶二十二年(1817)春暉堂刻本　四冊

310000 – 0242 – 0010982　　V47.6 – 16/7.21A

龍壁山房文集五卷　（清）王拯撰　清光緒九年(1883)善化向氏刻本　四冊

310000 – 0242 – 0010983　　V47.6 – 16/7.225

輶軒博紀四卷　邵松年撰　清光緒二十年(1894)刻本　四冊

310000 – 0242 – 0010984　　V47.6 – 16/7.248B

餐芳華館遺文三卷附隨筆二卷　（清）周騰虎撰　清光緒二十五年(1899)江蘇書局刻本　一冊

310000 – 0242 – 0010985　　V47.6 – 16/7.265

澤雅堂文集八卷　（清）施補華撰　清光緒十九年(1893)刻本　二冊

310000 – 0242 – 0010986　　V47.6 – 16/7.265C2

澤雅堂文集八卷　（清）施補華撰　清光緒十九年(1893)刻本　四冊

310000 – 0242 – 0010987　　V47.6 – 16/7.271

尋古堂文集二卷　胡薇元撰　清光緒二十九年(1903)成都鉛印本　二冊

310000 – 0242 – 0010988　　V47.6 – 16/7.428

篤素堂文集十六卷　（清）張英撰　清康熙四十年(1701)刻本　二冊

310000 – 0242 – 0010989　　V47.6 – 16/7.428B

濂亭文集八卷遺詩二卷遺文五卷　（清）張裕釗撰　清光緒八年(1882)查氏木漸齋刻本　四冊

310000 – 0242 – 0010990　　V47.6 – 16/7.428BC2

濂亭文集八卷　（清）張裕釗撰　清光緒八年(1882)查氏木漸齋刻本　二冊

310000 – 0242 – 0010991　　V47.6 – 16/7.428BC3

濂亭文集八卷遺詩二卷遺文五卷　（清）張裕釗撰　清光緒八年(1882)查氏木漸齋刻本　四冊

310000 – 0242 – 0010992　　V47.6 – 16/7.471

賴古齋文集八卷　（清）湯修業撰　清道光九年(1829)宛鄰書屋刻本　六冊

310000 – 0242 – 0010993　　V47.6 – 16/7.674

駢文一稿一卷　（清）劉履芬撰　清同治五年(1866)淮陰刻本　一冊

310000 – 0242 – 0010994　　V47.6 – 16/7.705C2

錢牧齋文鈔不分卷　（清）錢謙益撰　清宣統元年(1909)上海國學扶輪社鉛印本　三冊

310000 – 0242 – 0010995　　V47.6 – 16/7.781

澹遠軒文集二卷　（清）竇士鏞撰　清宣統二年(1910)鉛印本　一冊

310000 – 0242 – 0010996　　V47.6 – 16/7.795

澹靜齋文鈔八卷　（清）龔景瀚撰　清同治八年(1869)恩錫堂刻本　三冊

310000－0242－0010997　V47.6－17/7.117

鮚埼亭集三十八卷經史問答十卷外編五十卷首一卷　（清）全祖望撰　清同治十一年（1872）姚江借樹山房刻本　六冊

310000－0242－0010998　V47.6－17/7.117B

鮚埼亭集外編五十卷　（清）全祖望撰　清嘉慶十六年（1811）刻本　十二冊

310000－0242－0010999　V47.6－17/7.117C2

鮚埼亭集三十八卷經史問答十卷首一卷（清）全祖望撰　清同治十一年（1872）姚江借樹山房刻本　十二冊

310000－0242－0011000　V47.6－17/7.572

樨華館駢體文一卷　（清）路德撰　清光緒刻本　一冊

310000－0242－0011001　V47.6－17/7.749

戴褐夫集六種　（清）戴名世撰　清宣統元年（1909）國學保存會鉛印本　一冊

310000－0242－0011002　V47.6－17/7.749BC2

戴東原集十二卷　（清）戴震撰　清乾隆五十七年（1792）經韻樓刻本　四冊

310000－0242－0011003　V47.6－17/7.749C

戴東原集十二卷附年譜一卷札記一卷　（清）戴震撰　（清）段玉裁編　清光緒二年（1876）成都渭南嚴氏刻本　六冊

310000－0242－0011004　V47.6－18/7.316

邃雅堂集十卷文集續編一卷　（清）姚文田撰　清道光元年（1821）江陰學使者署刻本　八冊

310000－0242－0011005　V47.6－18/7.434

雙白燕堂文集二卷　（清）陸耀遹撰　清光緒四年（1878）刻本　一冊

310000－0242－0011006　V47.6－18/7.441

簡莊文鈔六卷　（清）陳鱣撰　清光緒十二年（1886）海昌羊氏刻本　一冊

310000－0242－0011007　V47.6－18/7.556

覆瓿齋初稿一卷　（清）楊書霖撰　清光緒中刻本　一冊

310000－0242－0011008　V47.6－18/7.613C2

韞山堂文集八卷　（清）管世銘撰　清光緒十七年（1891）存厚堂刻本　二冊

310000－0242－0011009　V47.6－18/7.613B

韞山堂文集八卷　（清）管世銘撰　清光緒二十年（1894）讀雪山房刻本　二冊

310000－0242－0011010　V47.6－18/7.717

轉蕙軒駢文稿一卷　（清）謝質卿撰　清同治十一年（1872）洪洞王軒刻本　一冊

310000－0242－0011011　V47.6－18/7.717C2

轉蕙軒駢文稿一卷　（清）謝質卿撰　清同治十一年（1872）洪洞王軒刻本　一冊

310000－0242－0011012　V47.6－18/7.749

謫麐堂遺集文二卷詩二卷　（清）戴望撰　清宣統三年（1911）鉛印本　一冊

310000－0242－0011013　V47.6－18/7.749

謫麐堂遺集文二卷詩二卷　（清）戴望撰　清宣統三年（1911）刻本　二冊

310000－0242－0011014　V47.6－18/7.760A

歸元恭文續鈔七卷附錄一卷　（清）歸莊撰　清光緒三十四年（1908）鉛印本　一冊

310000－0242－0011015　V47.6－19/7.248

犢山文稿不分卷　（清）周鎬撰　清光緒十八年（1892）學庫山房刻本　四冊

310000－0242－0011016　V47.6－19/7.300

蘭屋文存二卷　（清）范從律撰　清光緒十二年（1886）甬上范氏刻本　一冊

310000－0242－0011017　V47.6－19/7.72

謨異遺文一卷　（清）田曾撰　清光緒十五年（1889）合肥張氏刻本　一冊

310000－0242－0011018　V47.6－2/7.441

七十二峰堂文勺四卷　（清）陳在謙撰　清同治十三年（1874）刻本　二冊

310000－0242－0011019　V47.6－2/7.486

二林居集二十四卷　（清）彭紹升撰　清光緒七年（1881）刻本　二冊

310000－0242－0011020　V47.6－2/7.486C2

二林居集二十四卷　（清）彭紹升撰　清光緒
七年(1881)刻本　六冊

310000－0242－0011021　V47.6－2/7.486C3
二林居集二十四卷　（清）彭紹升撰　清光緒
七年(1881)刻本　六冊

310000－0242－0011022　V47.6－20/7.265
釋耒集四卷補遺一卷　（清）施元孚撰　清光
緒四年(1878)樂成施氏刻本　一冊

310000－0242－0011023　V47.6－20/7.441
繡鐙問字圖一卷　（清）陳方瀛輯　清同治十
三年(1874)刻本　一冊

310000－0242－0011024　V47.6－20/7.575
蘋香書屋文鈔三卷　（清）鄒文柏撰　清光緒
三十四年(1908)文苑閣木活字印本　一冊

310000－0242－0011025　V47.6－20/7.588
寶綸堂文鈔八卷　（清）齊召南撰　清嘉慶二
年(1797)刻本　二冊

310000－0242－0011026　V47.6－21/7.164
攜雪堂文集四卷　（清）吳可讀撰　清光緒二
十六年(1900)浙江書局刻本　四冊

310000－0242－0011027　V47.6－21/7.300
鶴影山人文稿一卷　（清）范春林撰　清末鉛
印本　一冊

310000－0242－0011028　V47.6－21/7.427
鶴泉文鈔二卷　（清）戚學標撰　清嘉慶九年
(1804)木活字印本　二冊

310000－0242－0011029　V47.6－21/7.491
藘廬草不分卷　（清）黃鍾撰　清嘉慶二十二
年(1817)據康熙十七年(1678)刻版重印本
二冊

310000－0242－0011030　V47.6－21/7.568
蘭石齋駢體文鈔一卷　（清）董祐斌撰　清光
緒十五年(1889)刻本　一冊

310000－0242－0011031　V47.6－22/7.428
聽松廬駢體文鈔四卷詩話一卷　（清）張維屏
撰　清咸豐二年(1852)刻本　一冊

310000－0242－0011032　V47.6－22/7.428B
聽松廬駢體文鈔四卷　（清）張維屏撰　清道
光二十三年(1843)刻本　一冊

310000－0242－0011033　V47.6－22/7.434
讀秋水齋文六卷　（清）陸黻恩撰　清光緒十
六年(1890)木活字印本　一冊

310000－0242－0011034　V47.6－22/7.434C2
讀秋水齋文六卷　（清）陸黻恩撰　清光緒十
六年(1890)木活字印本　一冊

310000－0242－0011035　V47.6－23/7.148
變雅堂文集四卷詩集十卷附錄一卷　（清）杜
濬撰　清同治九年(1870)劉維楨校刻本　八
冊

310000－0242－0011036　V47.6－23/7.148C2
變雅堂文集四卷詩集十卷附錄一卷　（清）杜
濬撰　清同治九年(1870)劉維楨校刻本　八
冊

310000－0242－0011037　V47.6－23/7.477
顯志堂集十二卷夢奈詩稿一卷　（清）馮桂芬
撰　清光緒二年(1876)校邠廬刻本　八冊

310000－0242－0011038　V47.6－23/7.477C2
顯志堂集十二卷夢奈詩稿一卷　（清）馮桂芬
撰　清光緒二年(1876)校邠廬刻本　四冊

310000－0242－0011039　V47.6－23/7.538
蘿藦亭文鈔一卷　（清）喬松年撰　清光緒十
一年(1885)大梁刻本　一冊

310000－0242－0011040　V47.6－3/7.21
小隱山樵文存二卷　（清）王義祖撰　清光緒
二十七年(1901)刻本　二冊

310000－0242－0011041　V47.6－3/7.359
小倉山房外集六卷　（清）袁枚撰　清刻本
二冊

310000－0242－0011042　V47.6－3/7.393
小不其山房集二卷　（清）徐有珂撰　清刻本
一冊

310000－0242－0011043　V47.6－3/7.428
小安樂窩文集四卷附詩存一卷　（清）張海珊

撰 清道光十一年(1831)刻本 二冊

310000－0242－0011044 V47.6－3/7.434

**三魚堂文集十二卷附錄一卷外集六卷全集附
錄一卷** （清）陸隴其撰 清康熙三十二年
(1693)老掃葉山房刻本 四冊

310000－0242－0011045 V47.6－3/7.441

小迦陵館文集一卷 （清）陳寶撰 清宣統二
年(1910)鉛印本 一冊

310000－0242－0011046 V47.6－3/7.441C2

小迦陵館文集一卷 （清）陳寶撰 清宣統二
年(1910)鉛印本 一冊

310000－0242－0011047 V47.6－3/7.441C3

小迦陵館文集一卷 （清）陳寶撰 清宣統二
年(1910)鉛印本 一冊

310000－0242－0011048 V47.6－3/7.476C2

大雲山房文稿初集二卷二集四卷 （清）惲敬
撰 清光緒十四年(1888)官書處刻本 二冊

310000－0242－0011049 V47.6－3/7.476C3

大雲山房文稿初集四卷二集四卷言事二卷
（清）惲敬撰 清嘉慶二十年(1815)官書處刻
本 五冊

310000－0242－0011050 V47.6－3/7.476C4

大雲山房文稿初集四卷二集四卷言事二卷
（清）惲敬撰 清嘉慶二十年(1815)官書處刻
本 八冊

310000－0242－0011051 V47.6－3/7.476C5

大雲山房文稿初集二卷二集四卷 （清）惲敬
撰 清光緒十四年(1888)官書處刻本 八冊

310000－0242－0011052 V47.6－3/7.476C6

大雲山房文稿初集四卷二集四卷言事二卷
（清）惲敬撰 清嘉慶二十年(1815)官書處刻
本 十冊

310000－0242－0011053 V47.6－3/7.476C7

大雲山房文稿初集二卷二集四卷 （清）惲敬
撰 清光緒十四年(1888)官書處刻本 八冊

310000－0242－0011054 V47.6－3/7.476B

大雲山房文稿補編一卷 （清）惲敬撰 清光

緒十年(1884)刻本 一冊

310000－0242－0011055 V47.6－3/7.486A

小謨觴館文注四卷續文注二卷 （清）彭兆蓀
撰 清光緒二十年(1894)刻本 三冊

310000－0242－0011056 V47.6－3/7.486AC2

小謨觴館文注四卷續文注二卷 （清）彭兆蓀
撰 清光緒二十年(1894)刻本 三冊

310000－0242－0011057 V47.6－3/7.486AC3

小謨觴館文注四卷續文注二卷 （清）彭兆蓀
撰 清光緒二十年(1894)刻本 三冊

310000－0242－0011058 V47.6－3/7.674

小雅樓遺文二卷 （清）鄧方撰 清光緒二十
六年(1900)順德刻本 一冊

310000－0242－0011059 V47.6－4/7.148

元穆文鈔二卷 杜俞撰 清光緒三十三年
(1907)刻本 一冊

310000－0242－0011060 V47.6－4/7.151B

天海樓古文鈔四卷四六文鈔四卷 （清）李懿
曾撰 清道光二年(1822)天海樓刻本 二冊

310000－0242－0011061 V47.6－4/7.21E

王光祿遺文集六卷 （清）王念孫撰 清咸豐
七年(1857)刻本 一冊

310000－0242－0011062 V47.6－4/7.393

不慊齋漫存十二卷 （清）徐賡陛撰 清光緒
刻本 十二冊

310000－0242－0011063 V47.6－4/7.428

文貞公集十二卷 （清）張玉書撰 清乾隆五
十五年(1790)木活字印本 十二冊

310000－0242－0011064 V47.6－4/7.441

太乙舟文集八卷 （清）陳用光撰 清道光十
七年(1837)刻本 十冊

310000－0242－0011065 V47.6－4/7.441C2

太乙舟文集八卷 （清）陳用光撰 清道光十
七年(1837)刻本 十四冊

310000－0242－0011066 V47.6－4/7.491

木雞書屋文四集六卷 （清）黃金臺撰 清咸

豐元年（1851）心腔樓刻本　　六冊

310000－0242－0011067　V47.6－4/7.98
介石山房遺文二卷遺詩一卷　（清）朱培源撰
清宣統二年（1910）朱氏刻本　　二冊

310000－0242－0011068　V47.6－4/7.98C2
介石山房遺文二卷遺詩一卷　（清）朱培源撰
清宣統二年（1910）朱氏刻本　　二冊

310000－0242－0011069　V47.6－4/7.98B
尺雲軒文集二卷續編一卷　（清）朱實發撰
清道光六年（1826）朱氏刻本　　二冊

310000－0242－0011070　V47.6－5/7.200.1
石谿文集三卷　（清）官獻瑤撰　清道光二十
年（1840）刻本　　二冊

310000－0242－0011071　V47.6－5/7.21
平養堂文編十卷　王龍文撰　清宣統三年
（1911）思賢書局刻本　　四冊

310000－0242－0011072　V47.6－5/7.225
半巖廬遺集遺文一卷遺詩一卷　（清）邵懿辰
撰　清光緒三十四年（1908）仁和邵章刻本
二冊

310000－0242－0011073　V47.6－5/7.225C2
半巖廬遺集遺文一卷遺詩一卷　（清）邵懿辰
撰　清光緒三十四年（1908）仁和邵章刻本
二冊

310000－0242－0011074　V47.6－5/7.225C3
半巖廬遺集遺文一卷遺詩一卷　（清）邵懿辰
撰　清光緒三十四年（1908）仁和邵章刻本
一冊

310000－0242－0011075　V47.6－5/7.225C4
半巖廬遺集遺文一卷遺詩一卷　（清）邵懿辰
撰　清光緒三十四年（1908）仁和邵章刻本
二冊

310000－0242－0011076　V47.6－5/7.271
石笥山房文集五卷補遺一卷　（清）胡天游撰
清宣統元年（1909）國學扶輪社鉛印本　　一
冊

310000－0242－0011077　V47.6－5/7.311

古杼秋館遺棄文二卷詩一卷　（清）侯楨撰
清光緒二十三年（1897）無錫吳氏禮讓堂刻本
一冊

310000－0242－0011078　V47.6－5/7.311C3
古杼秋館遺棄文二卷詩一卷　（清）侯楨撰
清光緒二十三年（1897）無錫吳氏禮讓堂刻本
二冊

310000－0242－0011079　V47.6－5/7.393
白鵠山房駢體鈔二卷續鈔二卷　（清）徐熊飛
撰　清嘉慶二十五年（1820）白鵠山房刻本
二冊

310000－0242－0011080　V47.6－5/7.407
玉井山館文略五卷　（清）許宗衡撰　清同治
四年（1865）許氏刻本　　二冊

310000－0242－0011081　V47.6－5/7.428B
白圭榭古文遺稿一卷　（清）張璐撰　清光緒
二十五年（1899）弇山學舍刻本　　一冊

310000－0242－0011082　V47.6－5/7.449B
印心石屋文鈔三十五卷　（清）陶澍撰　清道
光刻本　　四冊

310000－0242－0011083　V47.6－5/7.471
出山草譜八卷　（清）湯肇熙撰　清光緒十一
年（1885）刻本　　六冊

310000－0242－0011084　V47.6－5/7.568
正誼堂文集二十四卷　（清）董沛撰　清光緒
二十七年（1901）刻本　　六冊

310000－0242－0011085　V47.6－5/7.592
田硯齋文集二卷　（清）褚榮槐撰　清光緒七
年（1881）刻本　　一冊

310000－0242－0011086　V47.6－5/7.592C2
田硯齋文集二卷　（清）褚榮槐撰　清光緒七
年（1881）刻本　　一冊

310000－0242－0011087　V47.6－5/7.705
**甘泉鄉人稿二十四卷年譜一卷邠農偶吟稿一
卷**　（清）錢泰吉等撰　清同治十一年（1872）
刻本　　六冊

310000－0242－0011088　V47.6－5/7.705B

示樸齋駢體文六卷　（清）錢振倫撰　清同治六年(1867)袁浦崇實書院刻本　二冊

310000－0242－0011089　V47.6－5/7.705C
示樸齋駢體文六卷　（清）錢振倫撰　清同治六年(1867)袁浦崇實書院刻本　一冊

310000－0242－0011090　V47.6－5/7.705C2
甘泉鄉人稿二十四卷餘稿二卷年譜一卷　（清）錢泰吉撰　清同治十一年(1872)刻本　六冊

310000－0242－0011091　V47.6－5/7.705C3
甘泉鄉人稿二十四卷餘稿二卷年譜一卷附四水子遺著一卷邠農偶吟稿一卷　（清）錢泰吉等撰　清同治十一年(1872)刻本　六冊

310000－0242－0011092　V47.6－5/7.761
古微堂內集三卷外集七卷　（清）魏源撰　清光緒四年(1878)淮南書局刻本　四冊

310000－0242－0011093　V47.6－5/7.761C2
古微堂內集三卷外集七卷　（清）魏源撰　清光緒四年(1878)淮南書局刻本　四冊

310000－0242－0011094　V47.6－5/7.761C3
古微堂內集三卷外集七卷　（清）魏源撰　清光緒四年(1878)淮南書局刻本　四冊

310000－0242－0011095　V47.6－5/7.761A
古微堂外集七卷　（清）魏源撰　清光緒四年(1878)淮南書局刻本　三冊

310000－0242－0011096　V47.6－6/7.115
任午橋存稿三卷　（清）任朝槙撰　清光緒九年(1883)弇山鐸署刻本　一冊

310000－0242－0011097　V47.6－6/7.117
全謝山文鈔十六卷　（清）全祖望撰　清宣統二年(1910)上海國學扶輪社鉛印本　四冊

310000－0242－0011098　V47.6－6/7.15
考槃集文錄十二卷詩三卷　（清）方東樹撰　清光緒二十年(1894)刻本　九冊

310000－0242－0011099　V47.6－6/7.151
自怡軒隨筆偶存二卷　（清）李承衘撰　清光緒十年(1884)刻本　一冊

310000－0242－0011100　V47.6－6/7.164
有正味齋駢體文二十四卷　（清）吳錫麒撰　清刻本　四冊

310000－0242－0011101　V47.6－6/7.164A
有正味齋駢文箋二十四卷　（清）吳錫麒撰（清）王廣業箋　清咸豐九年(1859)青箱塾刻本　八冊

310000－0242－0011102　V47.6－6/7.164AC2
有正味齋駢文箋二十四卷　（清）吳錫麒撰（清）王廣業箋　清咸豐九年(1859)青箱塾刻本　八冊

310000－0242－0011103　V47.6－6/7.164AC3
有正味齋駢文箋二十四卷　（清）吳錫麒撰（清）王廣業箋　清咸豐九年(1859)青箱塾刻本　六冊

310000－0242－0011104　V47.6－6/7.164B
有正味齋駢文箋注十六卷　（清）吳錫麒撰（清）葉聯芬箋注　清同治七年(1868)慈北葉氏刻本　六冊

310000－0242－0011105　V47.6－6/7.164BC2
有正味齋駢文箋注十六卷　（清）吳錫麒撰（清）葉聯芬箋注　清同治七年(1868)慈北葉氏刻本　四冊

310000－0242－0011106　V47.6－6/7.164BC3
有正味齋駢文箋注十六卷　（清）吳錫麒撰（清）葉聯芬箋注　清同治七年(1868)慈北葉氏刻本　八冊

310000－0242－0011107　V47.6－6/7.178
存悔齋文稿四卷附入蜀紀程一卷　（清）何嗣焜撰　清光緒十九年(1893)刻本　二冊

310000－0242－0011108　V47.6－6/7.178C2
存悔齋文稿四卷附入蜀紀程一卷　（清）何嗣焜撰　清光緒十九年(1893)刻本　二冊

310000－0242－0011109　V47.6－6/7.178C3
存悔齋文稿四卷附入蜀紀程一卷　（清）何嗣焜撰　清光緒十九年(1893)刻本　二冊

310000－0242－0011110　V47.6－6/7.21

西江文稿三十二卷附編一卷西江詩稿二十八卷續編一卷　（清）王家振撰　清光緒三十四年（1908）木活字印本　十二冊

310000－0242－0011111　V47.6－6/7.225

西樵文鈔一卷　（清）邵玘撰　清刻本　二冊

310000－0242－0011112　V47.6－6/7.428

式訓集十六卷　（清）張柏恒撰　清道光七年（1827）刻本　十冊

310000－0242－0011113　V47.6－6/7.428A

月齋詩文集文集八卷詩集四卷　（清）張穆撰　清咸豐八年（1858）刻本　四冊

310000－0242－0011114　V47.6－6/7.428B

仰蕭樓文集一卷　（清）張星鑑撰　清光緒六年（1880）刻本　一冊

310000－0242－0011115　V47.6－6/7.428BC2

仰蕭樓文集一卷國朝經學名儒記一卷　（清）張星鑑撰　清光緒九年（1883）刻本　一冊

310000－0242－0011116　V47.6－6/7.428C

西廬文集四卷補錄一卷　（清）張雋撰　清宣統二年（1910）上海國學扶輪社石印本　二冊

310000－0242－0011117　V47.6－6/7.504

式古訓齋文集二卷外集一卷　（清）閔萃祥撰　清光緒三十四年（1908）上海刻本　二冊

310000－0242－0011118　V47.6－6/7.52

安序堂文鈔三十卷　（清）毛際可撰　清康熙二十八年（1689）刻本　二十冊

310000－0242－0011119　V47.6－6/7.674

屺雲樓文鈔十二卷　（清）劉存仁撰　清光緒四年（1878）福州刻本　四冊

310000－0242－0011120　V47.6－6/7.705

存素堂文稿四卷補遺一卷　（清）錢寶琛撰　清同治九年（1870）刻本　二冊

310000－0242－0011121　V47.6－6/7.98C

朱見菴先生文集二卷　（清）朱文翰撰　（清）潘紹曾重編　清刻本　二冊

310000－0242－0011122　V47.6－7/7.135

汪穰卿先生遺文三種　（清）汪康年撰　汪詒年纂輯　清光緒二十八年（1902）杭州汪氏鉛印本　一冊

310000－0242－0011123　V47.6－7/7.135C2

汪穰卿先生遺文三種　（清）汪康年撰　汪詒年纂輯　清光緒二十八年（1902）杭州汪氏鉛印本　一冊

310000－0242－0011124　V47.6－7/7.135C3

汪穰卿先生遺文三種　（清）汪康年撰　汪詒年纂輯　清光緒二十八年（1902）杭州汪氏鉛印本　一冊

310000－0242－0011125　V47.6－7/7.135B

汪子文錄十卷　（清）汪縉撰　清光緒七年（1881）刻本　四冊

310000－0242－0011126　V47.6－7/7.135D

汪梅村先生文集十二卷外集一卷　（清）汪士鐸撰　清光緒七年（1881）刻本　四冊

310000－0242－0011127　V47.6－7/7.164

吳學士文集四卷　（清）吳鼐撰　清光緒八年（1882）江寧藩署刻本　三冊

310000－0242－0011128　V47.6－7/7.164A

吳摯甫文集四卷附深州風土記　（清）吳汝綸撰　清宣統元年（1909）國學扶輪社石印本　三冊

310000－0242－0011129　V47.6－7/7.164AC2

吳摯甫文集四卷附深州風土記　（清）吳汝綸撰　清宣統元年（1909）國學扶輪社石印本　一冊

310000－0242－0011130　V47.6－7/7.164C

初月樓文鈔十卷詩鈔四卷　（清）吳德旋撰　清光緒十年（1884）吳兆秦刻本　四冊

310000－0242－0011131　V47.6－7/7.164CC2

初月樓文鈔十卷文續鈔八卷詩鈔四卷續詩鈔三卷聞見錄十卷續聞見錄十卷　（清）吳德旋撰　程子香文鈔二卷　（清）程德賚撰　清道光三年（1823）康兆晉校刻本　八冊

310000－0242－0011132　V47.6－7/7.178

何文貞公遺書六卷附錄 （清）何桂珍撰 清光緒十年(1884)求我齋刻本 二冊

310000－0242－0011133 V47.6－7/7.178A

何子清先生遺文二卷附錄一卷 （清）何忠萬撰 清光緒八年(1882)金陵翁氏茹古閣刻本 一冊

310000－0242－0011134 V47.6－7/7.178AC2

何子清先生遺文二卷附錄一卷 （清）何忠萬撰 清光緒八年(1882)金陵翁氏茹古閣刻本 一冊

310000－0242－0011135 V47.6－7/7.2

見堂文鈔五卷 （清）丁子復撰 清道光五年(1825)刻本 二冊

310000－0242－0011136 V47.6－7/7.242

劬書室遺集十六卷 （清）金錫齡撰 清光緒二十一年(1895)刻本 五冊

310000－0242－0011137 V47.6－7/7.260

更生齋文乙集四卷 （清）洪亮吉撰 清善化章氏經濟堂刻本 二冊

310000－0242－0011138 V47.6－7/7.311B

壯悔堂文集十卷侯朝宗古文逸稿一卷 （清）侯方域撰 （清）侯作素選 清康熙五十一年(1712)侯氏刻本 八冊

310000－0242－0011139 V47.6－7/7.428

吟桂軒遺稿合編一卷附樸堂遺稿一卷 （清）張慶鶴等撰 清道光二十三年(1843)刻本 一冊

310000－0242－0011140 V47.6－7/7.527

求闕齋文鈔一卷 （清）曾國藩撰 清同治十一年(1872)刻本 二冊

310000－0242－0011141 V47.6－7/7.527B

求闕齋文鈔八卷 （清）曾國藩撰 清同治十二年(1873)李鴻章刻本 二冊

310000－0242－0011142 V47.6－7/7.650

求實齋遺稿一卷 （清）蔣夢蘭撰 清光緒二十七年(1901)夢花書屋石印本 一冊

310000－0242－0011143 V47.6－8/7.128

知非齋駢文錄一卷古文錄一卷 （清）沈湛鈞撰 清光緒三十二年(1906)木活字印本 二冊

310000－0242－0011144 V47.6－8/7.135C

東里生爐餘集三卷 （清）汪家禧撰 清光緒二年(1876)許庚身刻本 一冊

310000－0242－0011145 V47.6－8/7.135D

東里生爐餘集三卷 （清）汪家禧撰 清道光元年(1821)刻本 一冊

310000－0242－0011146 V47.6－8/7.138

定峯文選二卷 （清）沙張白撰 清光緒二十四年(1898)江陰王氏刻本 二冊

310000－0242－0011147 V47.6－8/7.151

受祺堂文集四卷續四卷 （清）李因篤撰 清道光九年(1829)刻本 四冊

310000－0242－0011148 V47.6－8/7.164

拙修集續編四卷 （清）吳廷棟撰 清光緒九年(1883)求我齋刻本 二冊

310000－0242－0011149 V47.6－8/7.178

東洲草堂文鈔二十卷附眠琴閣遺文一卷遺詩二卷浣月樓遺詩二卷 （清）何紹基等撰 清光緒刻本 二冊

310000－0242－0011150 V47.6－8/7.21

弢園文錄外編十二卷 （清）王韜撰 清光緒二十三年(1897)長洲王氏鉛印本 六冊

310000－0242－0011151 V47.6－8/7.21B

居業堂文集二十卷 （清）王源撰 清光緒五年(1879)定州王氏刻本 六冊

310000－0242－0011152 V47.6－8/7.223

享帚集鈔一卷外集鈔一卷誉老答客問一卷 （清）屈軼撰 清光緒十八年(1892)屈氏刻本 二冊

310000－0242－0011153 V47.6－8/7.225

邵位西遺文一卷 （清）邵懿辰撰 清同治四年(1865)望三益齋刻本 一冊

310000－0242－0011154 V47.6－8/7.233

花宜館文略一卷 （清）吳振棫撰 清光緒二

十六年(1900)錢塘吳氏刻本　一冊

310000－0242－0011155　V47.6－8/7.242
金峨山館文集不分卷　(清)郭傳璞撰　清光
緒郭氏刻本　四冊

310000－0242－0011156　V47.6－8/7.242
怡雲廬駢體文一卷詩鈔一卷　(清)金安瀾撰
清同治九年(1870)上海刻本　一冊

310000－0242－0011157　V47.6－8/7.248B
享帚齋文賦合鈔三卷　(清)周恩綬撰　清光
緒十八年(1892)石印本　一冊

310000－0242－0011158　V47.6－8/7.347
乖庵文錄二卷　秦樹聲撰　清光緒三十四年
(1908)固始秦氏刻本　一冊

310000－0242－0011159　V47.6－8/7.390
兩疆勉齋文存二卷　(清)倪文蔚撰　清光緒
十一年(1885)刻本　一冊

310000－0242－0011160　V47.6－8/7.420
花萼交輝閣集八卷　(清)曹福元撰　清光緒
三十四年(1908)刻本　一冊

310000－0242－0011161　V47.6－8/7.428A
知退齋稿七卷　(清)張瑛撰　清光緒二十四
年(1898)刻本　四冊

310000－0242－0011162　V47.6－8/7.441
東塾集六卷附申范一卷　(清)陳澧撰　清光
緒十八年(1892)菊坡精舍刻本　三冊

310000－0242－0011163　V47.6－8/7.441C2
東塾集六卷附申范一卷　(清)陳澧撰　清光
緒十八年(1892)菊坡精舍刻本　三冊

310000－0242－0011164　V47.6－8/7.568
味無味齋駢體文二卷　(清)董兆熊撰　清同
治十三年(1874)刻本　一冊

310000－0242－0011165　V47.6－8/7.581
居易初集二卷　(清)經元善撰　清光緒二十
七年(1901)鉛印本　二冊

310000－0242－0011166　V47.6－8/7.598B
東潛文稿二卷　(清)趙一清撰　清乾隆五十

九年(1794)刻本　二冊

310000－0242－0011167　V47.6－8/7.622
長溪草堂集二卷　(清)潘永喆撰　清道光二
十五年(1845)春暉堂刻本　一冊

310000－0242－0011168　V47.6－8/7.668
青芝山館駢體文二卷　(清)樂鈞撰　清光緒
十六年(1890)金義山館刻本　二冊

310000－0242－0011169　V47.6－8/7.668C2
青芝山館駢體文二卷　(清)樂鈞撰　清光緒
十六年(1890)金義山館刻本　一冊

310000－0242－0011170　V47.6－8/7.674
青溪舊屋文集十卷詩一卷　(清)劉文淇撰
清光緒九年(1883)刻本　二冊

310000－0242－0011171　V47.6－8/7.688B
青芝山館駢體文二卷　(清)樂鈞撰　清嘉慶
刻本　一冊

310000－0242－0011172　V47.6－8/7.705
牧齋晚年家乘文一卷　(清)錢謙益撰　清宣
統三年(1911)上海國學扶輪社鉛印本　一冊

310000－0242－0011173　V47.6－8/7.753
東征集六卷　(清)藍鼎元撰　清雍正十年
(1732)刻本　三冊

310000－0242－0011174　V47.6－8/7.795
定盦文集三卷續集四卷文集補四卷　(清)龔
自珍撰　清同治七年(1868)仁和曹籀刻本
四冊

310000－0242－0011175　V47.6－8/7.98
知止軒文草二卷附辛壬雜筆　(清)朱鎮撰
清宣統二年(1910)存古學社刻本　一冊

310000－0242－0011176　V47.6－8/7.98C2
知止軒文草二卷附辛壬雜筆　(清)朱鎮撰
清宣統二年(1910)存古學社刻本　一冊

310000－0242－0011177　V47.6－8/7.98A
怡志堂文初編六卷　(清)朱琦撰　清同治四
年(1865)京師刻本　二冊

310000－0242－0011178　V47.6－8/7.98B

怡志堂文初編六卷　（清）朱琦撰　清同治七年（1868）北京刻本　二冊

310000－0242－0011179　V47.6－9/7.15

柏堂文集前編十四卷次編十三卷續編二十二卷後編二十二卷　（清）方宗誠撰　清光緒六年至七年（1880－1881）刻本　十六冊

310000－0242－0011180　V47.6－9/7.164

柈湖文集十二卷　（清）吳敏樹撰　清光緒十九年（1893）思賢講舍刻本　四冊

310000－0242－0011181　V47.6－9/7.164B

柈湖文錄八卷　（清）吳敏樹撰　清同治八年（1869）刻本　四冊

310000－0242－0011182　V47.6－9/7.164C2

柈湖文集十二卷　（清）吳敏樹撰　清光緒十九年（1893）思賢講舍刻本　一冊

310000－0242－0011183　V47.6－9/7.265

施愚山先生學餘文集二十八卷詩集五十卷（清）施閏章撰　清康熙四十七年（1708）曹棟亭刻本　十冊

310000－0242－0011184　V47.6－9/7.271

胡天游文鈔五卷補遺一卷　（清）胡天游撰　清宣統元年（1909）上海國學扶輪社鉛印本　一冊

310000－0242－0011185　V47.6－9/7.320

紀文達公遺集不分卷　（清）紀昀撰　清抄本　一冊

310000－0242－0011186　V47.6－9/7.320B

紀文達公遺集十六卷　（清）紀昀撰　清宣統二年（1910）上海保粹樓石印本　八冊

310000－0242－0011187　V47.6－9/7.347

南岡草堂文存二卷　（清）秦際唐撰　清光緒二十七年（1901）刻本　二冊

310000－0242－0011188　V47.6－9/7.347B

虹橋老屋遺稿四卷　（清）秦緗業撰　清光緒十五年（1889）刻本　二冊

310000－0242－0011189　V47.6－9/7.406

思綺堂文集十卷　（清）章藻功撰　清康熙元年（1662）聚錦堂刻本　十冊

310000－0242－0011190　V47.6－9/7.420

香雪文鈔六卷　（清）曹學詩撰　清刻本　十冊

310000－0242－0011191　V47.6－9/7.423

柏硯山房駢體文二卷　（清）梅曾亮撰　清刻本　一冊

310000－0242－0011192　V47.6－9/7.486

南昀文稿十二卷附南昀小題文稿一卷　（清）彭定求撰　清光緒七年（1881）刻本　七冊

310000－0242－0011193　V47.6－9/7.486C2

南昀文稿十二卷附南昀小題文稿一卷密證錄一卷姚江釋毀錄一卷不謏錄一卷　（清）彭定求撰　清光緒七年（1881）刻本　八冊

310000－0242－0011194　V47.6－9/7.491A

南雷餘集不分卷　（清）黃宗羲撰　清宣統三年（1911）上海神州國光社鉛印本　一冊

310000－0242－0011195　V47.6－9/7.491AC2

南雷餘集不分卷　（清）黃宗羲撰　清宣統三年（1911）順德鄧氏鉛印本　一冊

310000－0242－0011196　V47.6－9/7.598

敘異齋文草三卷　（清）趙衡撰　清光緒三十四年（1908）北新書局鉛印本　二冊

310000－0242－0011197　V47.6－9/7.61

恪靖侯盾鼻餘瀋一卷　（清）左宗棠撰　清光緒七年（1881）刻本　一冊

310000－0242－0011198　V47.6－9/7.61B

恪靖侯盾鼻餘瀋一卷　（清）左宗棠撰　清光緒八年（1882）刻本　一冊

310000－0242－0011199　V47.6－9/7.61C2

恪靖侯盾鼻餘瀋一卷　（清）左宗棠撰　清光緒八年（1882）刻本　一冊

310000－0242－0011200　V47.6－9/7.61C3

恪靖侯盾鼻餘瀋一卷　（清）左宗棠撰　清光緒七年（1881）刻本　一冊

310000－0242－0011201　V47.6－9/7.61C4

恪靖侯盾鼻餘瀋一卷　（清）左宗棠撰　清光緒七年(1881)刻本　一冊

310000－0242－0011202　V47.6－9/7.674
思補齋文集四卷　（清）劉星煒撰　清光緒二十年(1894)刻本　四冊

310000－0242－0011203　V47.6－9/7.674C2
思補齋文集四卷　（清）劉星煒撰　清光緒二十年(1894)刻本　四冊

310000－0242－0011204　V47.6－9/7.73
俞俞齋文稿四卷附詩稿初集二卷　（清）史念祖撰　清光緒二十二年(1896)桂林刻本　六冊

310000－0242－0011205　V47.6－9/7.749
南山全集十六卷　（清）戴名世撰　清光緒十六年(1890)木活字印本　八冊

310000－0242－0011206　V47.6－9/7.787
哀鳴集二卷　（清）嚴釗撰　清宣統二年(1910)鉛印本　一冊

310000－0242－0011207　V47.6－9/7.791
亭林餘集一卷　（清）顧炎武撰　清光緒二年(1876)誦芬樓刻本　一冊

310000－0242－0011208　V47.6－9/7.791B
炳燭齋文集一卷續一卷　（清）顧大韶撰　清宣統元年(1909)國學扶輪社石印本　二冊

310000－0242－0011209　V47.6－9/7.9
香草文鈔一卷　（清）于邠撰　清宣統元年(1909)上海鉛印本　一冊

310000－0242－0011210　V47.61－7/7.151
李文忠公全集一百六十五卷　（清）李鴻章撰　清光緒三十一年(1905)金陵刻本　三十冊

310000－0242－0011211　V47.61－7/7.151C2
李文忠公全集一百六十五卷　（清）李鴻章撰　清光緒三十一年(1905)金陵刻本　一百冊

310000－0242－0011212　V47.61－7/7.151C3
李文忠公全集一百六十五卷　（清）李鴻章撰　清光緒三十一年(1905)金陵刻本　一百冊

310000－0242－0011213　V47.61－7/7.151C4
李文忠公全集一百六十五卷　（清）李鴻章撰　清光緒三十一年(1905)金陵刻本　一百冊

310000－0242－0011214　V47.7－10/7.248
珠巢存稿二卷　（清）周之琦撰　清刻本　一冊

310000－0242－0011215　V47.7－10/7.332C2
高陶堂遺集詩五卷遺文一卷恤誦一卷形景菴三漢碑趺一卷　（清）高心夔撰　清光緒八年(1882)平湖朱氏經注經齋刻本　四冊

310000－0242－0011216　V47.7－11/7.434
陸稼書先生真稿不分卷　（清）陸隴其撰　（清）張廷璇編　清初刻本　二冊

310000－0242－0011217　V47.7－12/7.151
越中名勝賦一卷　（清）李壽朋撰　清乾隆二十七年(1762)刻本　一冊

310000－0242－0011218　V47.7－14/7.477C
蒿盦隨筆四卷　馮煦撰　清光緒二十八年(1902)鉛印本　二冊

310000－0242－0011219　V47.7－14/7.556
蜨庵賦鈔二卷　（清）楊棨撰　清同治三年(1864)藝林堂刻本　一冊

310000－0242－0011220　V47.7－14/7.791
塵遠齋賦賸一卷　（清）顧瓚撰　清光緒二十一年(1895)木活字印本　一冊

310000－0242－0011221　V47.7－15/7.37
儀鄭堂駢儷文一卷　（清）孔廣森撰　清光緒二十二年(1896)善化章氏經濟堂刻本　一冊

310000－0242－0011222　V47.7－17/7.598
還硯齋賦稿十卷　（清）趙新撰　清光緒八年(1882)黃樓刻本　二冊

310000－0242－0011223　V47.7－22/7.18
疊字雙名賦一卷　（清）文燨撰　清道光十五年(1835)刻本　二冊

310000－0242－0011224　V47.7－4/7.393
天韻堂賦鈔一卷　（清）徐維誠撰　清光緒四年(1878)刻本　一冊

310000 - 0242 - 0011225　V47.7 - 4/7.782

六友山房外集一卷附試草二首　（清）闞鳳樓
撰　清光緒五年(1879)吳門刻本　一冊

310000 - 0242 - 0011226　V47.7 - 6/7.386

西湖賦一卷　（清）柴紹炳撰　（清）柴杰箋
清乾隆三十八年(1773)洽禮堂刻本　二冊

310000 - 0242 - 0011227　V47.7 - 8/7.535

金陵賦一卷　程先甲撰　清光緒二十三年
(1897)江寧傅春官刻本　一冊

310000 - 0242 - 0011228　V47.71 - 9/7.271

胡文忠公遺集八十六卷　（清）胡林翼撰　清
光緒十四年(1888)上海著易堂鉛印本　八冊

310000 - 0242 - 0011229　V47.71 - 9/7.271C2

胡文忠公遺集八十六卷　（清）胡林翼撰　清
光緒十四年(1888)上海著易堂鉛印本　四冊

310000 - 0242 - 0011230　V47.71 - 9/7.271C3

胡文忠公遺集十卷　（清）胡林翼撰　清同治
七年(1868)醉六堂刻本　二冊

310000 - 0242 - 0011231　V47.71 - 9/7.271C4

胡文忠公遺集八十六卷　（清）胡林翼撰　清
同治六年(1867)刻本　十六冊

310000 - 0242 - 0011232　V47.71 - 9/7.271C5

胡文忠公遺集八十六卷　（清）胡林翼撰　清
同治六年(1867)刻本　三十二冊

310000 - 0242 - 0011233　V47.8 - 13/7.312

經濟備攷一卷　（清）俞樾撰　清光緒二十三
年(1897)蘇州刻本　一冊

310000 - 0242 - 0011234　V48.1 - 10/8.21

容膝軒文集八卷詩草四卷　王榮商著　清光
緒二十一年(1895)刻本　三冊

310000 - 0242 - 0011235　V48.1 - 10/8.87

栩窗詩文詞三卷　池漢功著　清抄本　一冊

310000 - 0242 - 0011236　V48.1 - 12/8.271

補學齋詩鈔四卷文鈔一卷　（清）胡調元著
清光緒三十三年(1907)鉛印本　一冊

310000 - 0242 - 0011237　V48.1 - 13/6.566

葛中翰遺集十二卷首一卷　（明）葛麟撰　清
光緒十六年(1890)敦本堂刻本　四冊

310000 - 0242 - 0011238　V48.1 - 15/8.641

樊山全集二十四卷續集二十八卷公牘三卷批
判十四卷　樊增祥著　清光緒十九年至二十
八年(1893 - 1902)渭南縣署等處刻本　五冊

310000 - 0242 - 0011239　V48.1 - 2/8.21

七十二芙蓉仙館詩詞選三卷優鉢羅花室詩詞
選二卷　王熙泰等選輯　清抄本　五冊

310000 - 0242 - 0011240　V48.2 - 15/8.375

鄭齋類稿一卷　孫雄撰　清末石印本　一冊

310000 - 0242 - 0011241　V48.2 - 20/8.128

懺盦詩鈔二卷詞鈔一卷　沈澤棠撰　清光緒
二十九年(1903)刻本　二冊

310000 - 0242 - 0011242　V48.3 - 10/8.122

海棠仙館詩草一卷　宋伯魯撰　清末刻本
一冊

310000 - 0242 - 0011243　V48.3 - 10/8.122C

海棠仙館詩鈔四卷　宋伯魯撰　清光緒二十
二年(1896)京師刻本　二冊

310000 - 0242 - 0011244　V48.3 - 10/8.21B

容膝軒詩草四卷　王榮商撰　清宣統三年
(1911)鎮海王氏刻本　一冊

310000 - 0242 - 0011245　V48.3 - 10/8.237

哭庵丁戊詩集四卷　易順鼎撰　清宣統鉛印
本　一冊

310000 - 0242 - 0011246　V48.3 - 10/8.407

猖獀詩錄一卷　（清）許湹祥撰　清光緒三十
二年(1906)刻朱印本　一冊

310000 - 0242 - 0011247　V48.3 - 10/8.441D

浦雅二卷　陳瀏撰　清宣統二年(1910)鉛印
本　一冊

310000 - 0242 - 0011248　V48.3 - 10/8.661C2

海藏樓詩八卷　鄭孝胥著　清光緒三十二年
(1906)鉛印本　一冊

310000 - 0242 - 0011249　V48.3 - 10/8.752

503

海棠軒詩稿不分卷　（□）□□撰　清刻本
一冊

310000－0242－0011250　V48.3－11/8.242

陶廬雜憶一卷續詠一卷補詠一卷後憶一卷五
憶一卷　金武祥撰　清光緒二十四年至宣統
三年（1898－1911）刻本　四冊

310000－0242－0011251　V48.3－11/8.428B

張都護詩存一卷　張錫鑾撰　清宣統二年
（1910）鉛印本　一冊

310000－0242－0011252　V48.3－11/8.441D

庸菴詩鈔四卷　陳夔龍撰　清宣統二年
（1910）鉛印本　三冊

310000－0242－0011253　V48.3－12/8.164C

補松廬詩錄六卷　吳慶坻撰　清宣統三年
（1911）湖南學務公所鉛印本　二冊

310000－0242－0011254　V48.3－12/8.441

散原精舍詩二卷　陳三立著　清宣統二年
（1910）鉛印本　一冊

310000－0242－0011255　V48.3－12/8.441C3

散原精舍詩二卷續集三卷　陳三立著　清宣
統元年（1909）鉛印本　一冊

310000－0242－0011256　V48.3－12/8.441F

尊瓠室詩一卷　陳詩撰　清光緒三十四年
（1908）鉛印本　一冊

310000－0242－0011257　V48.3－12/8.80

菽園外集一卷　邱煒菱撰　清光緒二十六年
（1900）石印本　一冊

310000－0242－0011258　V48.3－16/8.441C

據梧集一卷　陳詩撰　清光緒二十九年
（1903）上海商務印書館鉛印本　一冊

310000－0242－0011259　V48.3－18/8.151

雙清精舍詩一卷　李大防撰　清宣統二年
（1910）保定李氏鉛印本　一冊

310000－0242－0011260　V48.3－4/8.682

五山草堂初編二卷　（清）龍令憲撰　清光緒
三十四年（1908）龍氏五山草堂刻本　一冊

310000－0242－0011261　V48.3－5/8.441

石遺室詩集十卷補遺一卷附朱絲詞二卷　陳
衍著　清光緒三十一年（1905）武昌刻本　一
冊

310000－0242－0011262　V48.3－5/8.441C2

石遺室詩集十卷補遺一卷附朱絲詞二卷　陳
衍著　清光緒三十一年（1905）武昌刻本　一
冊

310000－0242－0011263　V48.3－5/8.441C3

石遺室詩集三卷補遺一卷　陳衍著　清光緒
三十一年（1905）武昌刻本　一冊

310000－0242－0011264　V48.3－5/8.441C

戊丁詩存一卷　陳霞章著　清宣統元年
（1909）京師鉛印本　一冊

310000－0242－0011265　V48.3－6/8.164B

缶廬詩八卷別存三卷　吳俊卿撰　清光緒十
九年（1893）安吉吳氏刻本　三冊

310000－0242－0011266　V48.3－6/8.271D

伊藤嘆一卷　胡禮垣撰　清宣統二年（1910）
天津大公報館鉛印本　一冊

310000－0242－0011267　V48.3－6/8.393

竹隖詞續稿一卷　（清）章樹福撰　清光緒八
年（1882）刻本　一冊

310000－0242－0011268　V48.3－7/8.164

吳子述稿一卷　（清）吳恩慶著　清抄本　一
冊

310000－0242－0011269　V48.3－8/8.151D

宜春館詩選一卷別集一卷　李靖國撰　清光
緒三十一年（1905）木活字印本　二冊

310000－0242－0011270　V48.3－8/8.359

臥雪堂詩草三卷　袁嘉穀撰　清光緒三十四
年（1908）北京刻本　一冊

310000－0242－0011271　V48.3－8/8.428C

知稼軒詩稿一卷　張元奇撰　清末鉛印本
一冊

310000－0242－0011272　V48.3－8/8.428D

知稼軒詩稿一卷　張元奇撰　清末鉛印本

一册

310000－0242－0011273　V48.3－8/8.441

松壽堂詩鈔十卷　陳夔龍撰　清宣統三年(1911)京師刻本　四册

310000－0242－0011274　V48.3－8/8.650

居東集二卷　蔣智由著　清宣統二年(1910)鉛印本　一册

310000－0242－0011275　V48.3－8/8.650C2

居東集二卷　蔣智由著　清宣統二年(1910)鉛印本　一册

310000－0242－0011276　V48.3－9/8.2

秋華堂詩一卷　丁傳靖撰　清末鉛印本　一册

310000－0242－0011277　V48.3－9/8.21A

南洋勸業會紀事絕句一卷　王葆楨著　清宣統三年(1911)上海龍文閣石印本　二册

310000－0242－0011278　V48.3－9/8.407

亭秋館詩鈔一卷　(清)許禧身撰　清宣統二年(1910)鉛印本　一册

310000－0242－0011279　V48.3－9/8.415

南海先生詩集四卷　康有為著　清光緒三十四年(1908)新會梁啟超寫刻本　一册

310000－0242－0011280　V48.3－9/8.415C2

南海先生詩集四卷　康有為著　清光緒三十四年(1908)新會梁啟超寫刻本　一册

310000－0242－0011281　V48.3－9/8.415C3

南海先生詩集四卷　康有為著　清宣統三年(1911)影印本　一册

310000－0242－0011282　V48.4－16/8.98

彊邨詞四卷　朱祖謀著　清光緒三十一年(1905)刻本　一册

310000－0242－0011283　V48.4－16/8.98C2

彊邨詞三卷　朱祖謀著　清光緒三十一年(1905)刻本　一册

310000－0242－0011284　V48.4－16/8.98C3

彊邨詞二卷　朱祖謀著　清光緒三十一年

310000－0242－0011285　V48.4－16/8.98C4

彊邨詞二卷　朱祖謀著　清光緒三十一年(1905)刻本　一册

310000－0242－0011286　V48.4－16/8.98C5

彊邨詞四卷　朱祖謀著　清光緒三十一年(1905)刻本　一册

310000－0242－0011287　V48.4－16/8.98C6

彊邨詞四卷　朱祖謀著　清光緒三十一年(1905)刻本　一册

310000－0242－0011288　V48.4－2/8.178

八十一寒詞一卷　(清)何震彞撰　清宣統元年(1909)鉛印本　一册

310000－0242－0011289　V48.4－7/8.370

映盦詞不分卷　夏敬觀著　清光緒三十三年(1907)刻本　一册

310000－0242－0011290　V48.4－7/8.370C2

映盦詞不分卷　夏敬觀著　清光緒三十三年(1907)刻本　一册

310000－0242－0011291　V48.4－7/8.370C3

映盦詞不分卷　夏敬觀著　清光緒三十三年(1907)刻本　一册

310000－0242－0011292　V48.4－7/8.370C4

映盦詞不分卷　夏敬觀著　清光緒三十三年(1907)刻本　一册

310000－0242－0011293　V48.4－7/8.370C5

映盦詞不分卷　夏敬觀著　清光緒三十三年(1907)刻本　二册

310000－0242－0011294　V48.4－8/8.135C2

雨屋深鐙詞一卷附續稿一卷三編一卷　汪兆鏞著　清宣統三年(1911)鉛印本　一册

310000－0242－0011295　V48.4－8/8.135A

雨屋深鐙詞一卷附續稿一卷　汪兆鏞著　清宣統三年(1911)鉛印本　一册

310000－0242－0011296　V48.6－1/8.406

一山文存經說二卷雜文一卷　章梫撰　清宣

統元年(1909)鉛印本　一冊

310000－0242－0011297　V48.6－10/8.375
師鄭堂駢體文存二卷　孫雄撰　清光緒刻本
　一冊

310000－0242－0011298　V48.6－12/8.242
粟香室文鈔一卷　金武祥撰　清光緒二十六
年(1900)木活字印本　一冊

310000－0242－0011299　V48.6－12/8.402
飲冰室癸卯文集二卷　梁啓超撰　清光緒三
十年(1904)上海廣智書局鉛印本　二冊

310000－0242－0011300　V48.6－12/8.516
悑諟齋初稿十卷　喻長霖著　清宣統三年
(1911)鉛印本　一冊

310000－0242－0011301　V48.6－14/8.164C2
漪香山館文集一卷　吳曾祺著　清宣統二年
(1910)商務印書館鉛印本　一冊

310000－0242－0011302　V48.6－14/8.441
綴學堂初槀四卷　陳漢章著　清刻本　二冊

310000－0242－0011303　V48.6－15/8.375
鄭齋漢學文編六卷　孫雄撰　清光緒三十四
年(1908)鉛印本　二冊

310000－0242－0011304　V48.6－16/8.21B
靜庵文集一卷附靜庵詩稿一卷　王國維撰
清光緒三十一年(1905)鉛印本　一冊

310000－0242－0011305　V48.6－19/8.740
藝風堂文集七卷附外篇　繆荃孫著　清光緒
二十七年(1901)刻本　四冊

310000－0242－0011306　V48.6－19/8.740C2
藝風堂文集七卷附外篇　繆荃孫著　清光緒
二十七年(1901)刻本　四冊

310000－0242－0011307　V48.6－21/8.164
蘦蒔山莊駢散芰存一卷　(清)吳修祐撰　清
吳氏木活字印本　一冊

310000－0242－0011308　V48.6－3/8.306
也是集一卷附詩存一卷　英華撰　清光緒三
十三年(1907)大公報社鉛印本　一冊

310000－0242－0011309　V48.6－4/8.128
公言集三卷續編一卷附秘書集十卷　沈同芳
著　清宣統三年(1911)武進沈氏鉛印本　三
冊

310000－0242－0011310　V48.6－8/8.352C2
抱潤軒文集十卷　馬其昶著　清宣統元年
(1909)安徽官紙印刷局石印本　一冊

310000－0242－0011311　V48.6－9/8.775
面城精舍雜文甲編一卷乙編一卷　羅振玉著
　清光緒十八年(1892)刻本　一冊

310000－0242－0011312　V48.6－9/8.775C2
面城精舍雜文甲編一卷乙編一卷　羅振玉著
　清光緒十八年(1892)刻本　一冊

310000－0242－0011313　V53.08－11/8.164C3
奢摩他室曲叢第一集三種　吳梅輯　清宣統
二年(1910)長洲吳氏靈鶼刻本　二冊

310000－0242－0011314　V53.2－10/7.562A
納書楹曲譜全集正集四卷續集四卷外集二卷
補遺四卷牡丹亭二卷紫釵記二卷邯鄲記二卷
南柯記二卷　(清)葉堂訂譜　清道光二十八
年(1848)刻本　三冊

310000－0242－0011315　V53.2－13/7.21
遏雲閣曲譜不分卷　(清)王錫純輯　清同治
九年(1870)上海著易堂鉛印本　十二冊

310000－0242－0011316　V53.2－13/7.21AC2
遏雲閣曲譜初集不分卷　(清)王錫純輯　清
光緒十九年(1893)鉛印本　六冊

310000－0242－0011317　V53.2－13/7.21A
遏雲閣曲譜初集不分卷　(清)王錫純輯　清
光緒十九年(1893)鉛印本　八冊

310000－0242－0011318　V53.2－13/7.717
碎金詞譜六卷　(清)謝元淮輯　清道光二十
三年(1843)刻本　四冊

310000－0242－0011319　V53.2－15/752
審音鑑古錄前集九種　(□)□□編　(清)王
繼善補讐　清道光十四年(1834)東鄉王繼善
刻本　十二冊

310000－0242－0011320　V53.2－4/8.428

六也曲譜初集不分卷　（清）張芬編　清光緒
三十四年(1908)枕經山房石印本　一冊

310000－0242－0011321　V53.39－12/7.370

惺齋新曲六種　（清）夏綸撰　清乾隆十七年
(1752)世光堂刻本　十二冊

310000－0242－0011322　V53.39－12/7.370C2

惺齋新曲六種　（清）夏綸撰　清乾隆十七年
(1752)世光堂刻本　二十冊　缺一種二卷
(廣寒梯傳奇二卷)

310000－0242－0011323　V53.43－10/7.420

桃花吟三折　（清）曹錫黼填詞　清乾隆二十
三年(1758)刻本　一冊

310000－0242－0011324　V53.43－11/7.178

悔餘菴樂府四卷　（清）何栻撰　清同治四年
(1865)刻本　一冊

310000－0242－0011325　V53.43－6/7.598

亦有生齋集樂府二卷　（清）趙懷玉撰　清光
緒十三年(1887)木活字印本　一冊

310000－0242－0011326　V53.43－7/7.556

吟風閣四卷　（清）楊潮觀撰　清嘉慶二十五
年(1820)屋外山房主人刻本　四冊

310000－0242－0011327　V53.43－9/7.406

南宋樂府不分卷　（清）章鼎彝撰　（清）趙葆
燨纂注　清光緒二年(1876)成都趙氏刻本
一冊

310000－0242－0011328　V53.51－15/7.206

醉怡情八卷　（清）青溪菰蘆釣叟編　清古吳
致和堂刻本　八冊

310000－0242－0011329　V53.53－2/7.352

繡像十五貫八集十六卷　（清）馬永清編　清
同治六年(1867)蓮溪書屋刻本　四冊

310000－0242－0011330　V53.53－2/7.352C2

繡像十五貫八集十六卷　（清）馬永清編　清
同治六年(1867)蓮溪書屋刻本　二冊

310000－0242－0011331　V53.53－9/491

陌花軒雜劇十齣　（明）黃方胤著　清刻本

一冊

310000－0242－0011332　V53.6－10/7.491

桃谿雪二卷二十齣　（清）黃憲清撰　清道光
二十七年(1847)海鹽黃氏刻本　二冊

310000－0242－0011333　V53.61－14/7.270

繪圖綴白裘十二集四十八卷　（清）玩花主人
輯　（清）錢德蒼續　清光緒二十一年(1895)
上海書局石印本　十二冊

310000－0242－0011334　V53.61－14/7.270C2

繪圖綴白裘十二集四十八卷　（清）玩花主人
輯　清末上海廣雅書局石印本　六冊

310000－0242－0011335　V53.61－3/7.674

小蓬萊閣傳奇十種　（清）劉清韻填詞　清光
緒二十六年(1900)上海藻文書店石印本　一
冊

310000－0242－0011336　V53.61－3/7.674C2

小蓬萊閣傳奇十種　（清）劉清韻填詞　清光
緒二十六年(1900)上海藻文書店石印本　六
冊

310000－0242－0011337　V53.63－10/7.233

桃花扇傳奇後序詳注四卷　（清）花庭閒客編
輯　清嘉慶二十一年(1816)刻本　四冊

310000－0242－0011338　V53.63－10/7.37

桃花扇傳奇四卷首一卷四十二齣　（清）孔尚
任撰　清光緒二十一年(1895)蘭雪堂刻本
五冊

310000－0242－0011339　V53.63－10/7.37C2

桃花扇傳奇二卷首一卷四十二齣　（清）孔尚
任撰　清康熙四十七年(1708)刻本　八冊

310000－0242－0011340　V53.63－10/7.37C3

桃花扇二卷首一卷四十二齣　（清）孔尚任撰
　清康熙四十七年(1708)刻本　六冊

310000－0242－0011341　V53.63－10/7.491B

倚晴樓七種曲七種　（清）黃燮清撰　清光緒
七年(1881)海鹽黃氏拙宜園刻本　六冊

310000－0242－0011342　V53.63－11/7.393

梨花雪十二折首折尾折　（清）徐鄂填詞　清

光緒十二年(1886)大同石印本　六冊

310000－0242－0011343　V53.63－11/7.428
梅花夢二卷三十四折　(清)張道填詞　清光緒二十年(1894)刻本　六冊

310000－0242－0011344　V53.63－11/7.650
清容外集九種十三卷　(清)蔣士銓撰　清光緒十七年(1891)紅雪樓刻本　九冊

310000－0242－0011345　V53.63－12/57.332
繪風亭評第七才子書琵琶記六卷　(元)高明撰　清映秀堂刻本　六冊

310000－0242－0011346　V53.63－12/57.332C2
成裕堂繪像第七才子書琵琶記六卷　(元)高明撰　(清)毛奇齡評點　清嘉慶十二年(1807)成裕堂刻本　六冊

310000－0242－0011347　V53.63－12/57.332C7
陳眉公批評琵琶記二卷　(元)高明撰　(明)陳繼儒評　清末刻本　二冊

310000－0242－0011348　V53.63－12/7.248
補天石傳奇八卷　(清)周文泉撰　清道光十七年(1837)靜遠草堂刻本　八冊

310000－0242－0011349　V53.63－13/7.2
滄桑豔二卷二十齣　丁傳靖填詞　清光緒三十四年(1908)刻本　二冊

310000－0242－0011350　V53.63－13/7.841
極樂世界傳奇八卷八十折　(清)觀劇道人原稿　(清)試香女士參評　清道光二十年(1840)聚珍堂木活字印本　八冊

310000－0242－0011351　V53.63－14/6.316
精忠記二卷　(明)姚茂良撰　明末汲古閣刻本　一冊

310000－0242－0011352　V53.63－15/7.486
影梅菴傳奇二卷　(清)彭劍南撰　清道光十七年(1837)茗雪山房刻本　二冊

310000－0242－0011353　V53.63－15/7.428
醉高歌傳奇　(清)張簡菴撰　清乾隆三年(1738)靈雀軒刻本　二冊

310000－0242－0011354　V53.63－16/6.162
批點燕子箋二卷　(明)阮大鋮撰　清宣統二年(1910)刻本　二冊

310000－0242－0011355　V53.63－16/7.761
儒酸福傳奇二卷　(清)魏熙元填詞　清光緒十年(1884)玉玲瓏館刻本　一冊

310000－0242－0011356　V53.63－18/427.45
翻西廂二卷　(明)研雪子著　清康熙四十二年(1703)刻本　四冊

310000－0242－0011357　V53.63－18/7.491
新刻真本唱口雙珠球全傳十二集四十九回　(清)黃子貞編　清光緒三年(1877)刻本　八冊

310000－0242－0011358　V53.63－18/7.529A
異方便淨土傳燈歸元鏡三祖實錄二卷　(清)釋智達撰　清師林寺刻本　一冊

310000－0242－0011359　V53.63－21/7.756
鶴歸來傳奇二卷　(清)瞿頡填詞　(清)周昂評點　清湖北官書處刻本　二冊

310000－0242－0011360　V53.63－3/7.21
三星圓四集八卷　(清)王懋昭撰　清嘉慶十三年(1808)尺木堂刻本　八冊

310000－0242－0011361　V53.63－5/7.441C2
玉獅堂傳奇十種　(清)陳烺撰　清光緒十七年(1891)刻本　七冊　存七種(傳奇第四至五種、後五種傳奇第一至五種)

310000－0242－0011362　V53.63－5/7.441B
玉獅堂傳奇五種十卷　(清)陳烺撰　(清)宗山校訂　清光緒十一年(1885)武林刻本　五冊

310000－0242－0011363　V53.63－6/56.568
董解元西廂記四卷　(金)董解元撰　清道光二年(1822)桐華閣刻本　四冊

310000－0242－0011364　V53.63－6/56.568C7
董解元西廂記四卷　(金)董解元撰　清暖紅室刻本　一冊

310000－0242－0011365　V53.63－6/56.568C8

董解元西廂記四卷　(金)董解元撰　清道光二年(1822)桐華館刻本　二冊

310000－0242－0011366　V53.63－6/57.21

西廂記(第六才子書)五卷首一卷　(元)王實甫撰　(清)金人瑞評　清光緒二十年(1894)鉛印本　六冊

310000－0242－0011367　V53.63－6/57.21C2

西廂記(第六才子書)八卷附六才子西廂文一卷　(元)王實甫撰　(清)金人瑞評　清刻本　六冊

310000－0242－0011368　V53.63－6/57.21C3

貫華堂第六才子書西廂記傳奇八卷附才子西廂醉心篇一卷　(元)王實甫撰　(清)毛奇齡評點　清光緒十年(1884)廣州刻朱墨套印本　六冊

310000－0242－0011369　V53.63－6/57.21C6

金批西廂記四卷　(元)王實甫撰　清刻朱墨套印本　四冊

310000－0242－0011370　V53.63－6/57.21C7

西廂記(第六才子書)五卷首一卷　(元)王實甫撰　(清)金人瑞評　清光緒二十年(1894)石印本　六冊

310000－0242－0011371　V53.63－6/57.21A

第六才子西廂釋解八卷　(元)王實甫撰　(清)金人瑞批注　清光緒十三年(1887)鉛印本　四冊

310000－0242－0011372　V53.63－6/57.21AC2

吳吳山三婦評箋注釋聖歎第六才子書西廂釋解八卷　(元)王實甫撰　清康熙八年(1669)善美堂刻本　六冊

310000－0242－0011373　V53.63－7/6.471C3

牡丹亭還魂記二卷　(明)湯顯祖撰　清光緒十二年(1886)上海同文書局石印本　四冊

310000－0242－0011374　V53.63－8/7.260

增圖長生殿傳奇二卷　(清)洪昇填詞　清康熙十八年(1679)刻本　四冊

310000－0242－0011375　V53.63－8/7.260A

長生殿二卷　(清)洪昇撰　清末刻本　二冊

310000－0242－0011376　V53.63－8/7.370

花萼吟傳奇二卷　(清)夏綸撰　清乾隆世光堂刻本　四冊

310000－0242－0011377　V53.63－9/7.319

紅樓夢傳奇二卷五十六齣　(清)紅豆邨樵填詞　清同治十二年(1873)抱芳閣刻本　八冊

310000－0242－0011378　V53.63－9/7.433

洞庭緣傳奇不分卷　(清)陸繼輅填詞　清光緒六年(1880)鴛湖刻本　一冊

310000－0242－0011379　V53.63－9/7.441

紅樓夢傳奇八卷　(清)陳鍾麟填詞　清道光十五年(1835)廣東漢青齋刻本　八冊

310000－0242－0011380　V53.63－9/7.486

香畹樓二卷　(清)彭劍南撰　清道光六年(1826)茗雪山房刻本　二冊

310000－0242－0011381　V53.63－9/7.491

茂陵絃二卷　(清)黃憲清撰　清道光十六年(1836)海鹽黃氏刻本　二冊

310000－0242－0011382　V53.63－9/7.565

風流棒傳奇二卷二十六齣　(清)萬樹編　清康熙二十五年(1686)粲花別墅刻本　一冊

310000－0242－0011383　SV54.4926－4/752

王三姐拋打彩毬一卷　(□)□□撰　清末中湘十六捴新街口信友堂鉛印本　一冊

310000－0242－0011384　V56－10/7.477

重編留青新集二十四卷　(清)馮善長撰　清光緒十六年(1890)上海鉛印本　十六冊

310000－0242－0011385　V56－9/7.674

食舊惠齋雜著二卷　劉嶽雲撰　清光緒二十二年(1896)刻本　二冊

310000－0242－0011386　V56.08－11/18

國朝名人書劄十六種　文明書局編　清宣統三年(1911)上海文明書局鉛印本　十冊

310000－0242－0011387　V56.1－10/7.359

袁氏家書六卷附母德錄一卷　(清)袁世傳輯

509

清宣統三年(1911)袁氏清芬閣鉛印本　四
冊

310000－0242－0011388　V56.1－13/7.406.5

新撰女子尺牘二卷　商務印書館編譯所編纂
　清宣統三年(1911)商務印書館石印本　二
冊

310000－0242－0011389　V56.1－15/7.434

潛園友朋書問十二卷　(清)陸心源編　清末
石印本　二冊

310000－0242－0011390　V56.1－15/7.434C2

潛園友朋書問十二卷　(清)陸心源編　清末
石印本　四冊

310000－0242－0011391　V56.1－15/7.434C3

潛園友朋書問十二卷　(清)陸心源編　清末
石印本　二冊

310000－0242－0011392　V56.1－15/7.434C4

潛園友朋書問十二卷　(清)陸心源編　清末
石印本　一冊　存六卷(一至六)

310000－0242－0011393　V56.1－4/7.441

憑山閣新輯尺牘寫心二集六卷　(清)陳枚選
輯　清康熙三十五年(1696)杭州憑山閣刻本
六冊

310000－0242－0011394　V56.1－4/8.260

尺牘叢刻十種　上海文明書局編輯　清宣統
三年(1911)上海文明書局鉛印本　一冊

310000－0242－0011395　V56.1－8/7.791

近世名人尺牘教本五卷　(清)顧新亞編輯
清宣統元年(1909)上海文明書局石印本　一
冊

310000－0242－0011396　V56.1－9/7.164

昭代名人尺牘二十四卷　(清)吳修輯　清末
石印本　三冊

310000－0242－0011397　V56.1－9/8.449

昭代名人尺牘續集二十四卷　陶湘輯　清宣
統三年(1911)影印本　三冊

310000－0242－0011398　V56.17－11/8.164

國朝名人小簡二卷　吳曾祺輯　清宣統二年

(1910)上海商務印書館鉛印本　二冊

310000－0242－0011399　V56.17－16/7.359

隨園同人尺牘四卷　(清)袁枚輯　清嘉慶十
六年(1811)廣州府署刻本　四冊

310000－0242－0011400　V56.2－10/7.164

**桐城吳先生尺牘五卷補遺一卷諭兒書一卷傳
狀一卷**　(清)吳汝綸撰　清光緒二十九年
(1903)吳氏刻本　八冊

310000－0242－0011401　V56.2－10/7.164C2

桐城吳先生尺牘五卷補遺一卷諭兒書一卷
(清)吳汝綸撰　清光緒二十九年(1903)吳氏
刻本　三冊

310000－0242－0011402　V56.2－10/7.420

倦圃曹先生尺牘二卷　(清)曹溶撰　(清)胡
泰選　清刻本　二冊

310000－0242－0011403　V56.2－11/7.21

清暉閣贈貽尺牘二卷　(清)王翬撰　清光
緒、宣統間上海國光印刷精良部鉛印本　一
冊

310000－0242－0011404　V56.2－11/7.316

惜抱先生尺牘八卷　(清)姚鼐撰　清咸豐五
年(1855)海源閣刻本　一冊

310000－0242－0011405　V56.2－11/7.316C2

惜抱先生尺牘八卷　(清)姚鼐撰　清宣統元
年(1909)小萬柳堂刻本　四冊

310000－0242－0011406　V56.2－11/7.316B

惜抱先生尺牘八卷　(清)姚鼐撰　清同治二
年(1863)刻本　一冊

310000－0242－0011407　V56.2－11/7.441

培遠堂手劄節存三卷　(清)陳宏謀撰　清同
治十一年(1872)江蘇書局刻本　一冊

310000－0242－0011408　V56.2－11/7.441C2

培遠堂手劄節存三卷　(清)陳宏謀撰　清同
治十一年(1872)江蘇書局刻本　一冊

310000－0242－0011409　V56.2－11/7.441C3

培遠堂手劄節存三卷　(清)陳宏謀撰　清同
治十一年(1872)江蘇書局刻本　一冊

310000－0242－0011410　V56.2－12/7.428

舒藝室尺牘偶存一卷　（清）張文虎撰　清宣統三年(1911)上海文明書局鉛印本　一冊

310000－0242－0011411　V56.2－12/7.622

粵西鴻泥錄一卷　（清）潘江撰　清光緒三十四年(1908)刻本　一冊

310000－0242－0011412　V56.2－15/7.98

適園箋啟四卷　（清）朱振鏞撰　清光緒十五年(1889)長沙陳氏挹秀山房刻本　一冊

310000－0242－0011413　V56.2－16/7.705C3

錢牧齋先生尺牘三卷補遺一卷　（清）錢謙益撰　清宣統二年(1910)順德鄧氏鉛印本　一冊

310000－0242－0011414　V56.2－20/7.420

繡虎軒尺牘初集八卷二集八卷　（清）曹煜撰　清康熙十七年(1678)金壇傳萬堂刻本　十二冊

310000－0242－0011415　V56.2－3/7.359

音注小倉山房尺牘八卷　（清）袁枚撰　清光緒鉛印本　四冊

310000－0242－0011416　V56.2－5/7.454

玉餘尺牘附編八卷　（清）莊士敏撰　清光緒六年(1880)大亭山館刻本　三冊　存六卷（一至六）

310000－0242－0011417　V56.2－5/7.61B

左文襄公書牘節要二十六卷　（清）左宗棠撰　楊道霖選　清光緒二十八年(1902)刻本　十二冊

310000－0242－0011418　V56.2－7/7.170A

呂晚邨家訓真蹟四卷　（清）呂留良撰　清光緒三十四年(1908)漢口裕記石印本　二冊

310000－0242－0011419　V56.2－8/7.21

弢園尺牘八卷續鈔六卷　（清）王韜撰　清光緒二年(1876)天南遯窟鉛印本　四冊

310000－0242－0011420　V56.2－8/7.21C2

弢園尺牘十二卷續鈔六卷　（清）王韜撰　清光緒十九年(1893)滬北淞隱廬鉛印本　五冊

310000－0242－0011421　V56.2－8/7.248

周文忠公尺牘二卷附雜文一卷　（清）周天爵撰　清同治七年(1868)蘇松太道署刻本　一冊

310000－0242－0011422　V56.2－8/7.248C2

周文忠公尺牘二卷附雜文一卷　（清）周天爵撰　清同治七年(1868)蘇松太道署刻本　一冊

310000－0242－0011423　V56.2－8/7.248C3

周文忠公尺牘二卷附雜文一卷　（清）周天爵撰　清同治七年(1868)蘇松太道署刻本　一冊

310000－0242－0011424　V56.2－9/7.260

洪稚存先生尺牘一卷芙蓉山館尺牘一卷　（清）洪亮吉　（清）楊芳燦撰　清宣統三年(1911)上海文明書局鉛印本　一冊

310000－0242－0011425　V56.2－9/7.407C2

管注秋水軒尺牘四卷續刻一卷　（清）許思湄撰　（清）婁世瑞注釋　（清）管斯駿補注　清光緒十四年(1888)上海簡玉山房刻本　一冊

310000－0242－0011426　V56.25－3/5.491

山谷老人刀筆二十卷題跋四卷　（宋）黃庭堅撰　清道光浦江周氏紛欣閣刻本　十四冊

310000－0242－0011427　V56.26－14/6.618

熊襄愍公尺牘四卷　（明）熊廷弼撰　清光緒二十二年(1896)京師洪氏刻本　四冊

310000－0242－0011428　V56.27－13/7.491

與婿遺言一卷　（清）黃保康撰　清光緒三十三年(1907)刻本　一冊

310000－0242－0011429　V56.3－8/7.491

函牘舉隅十卷　（清）黃伯祿撰　清光緒七年(1881)鉛印本　十冊

310000－0242－0011430　V56.5－10/7.428

奚囊寸錦一百種　（清）張潮編　清嘉慶二十五年(1820)刻本　二冊

310000－0242－0011431　V56.5－15/7.565

璇璣碎錦一卷　（清）萬樹撰　清乾隆十九年

(1754)邃經堂刻本　一冊

310000－0242－0011432　V56.5－15/7.565B
璇璣碎錦二卷　(清)萬樹撰　清光緒十三年(1887)漱霞仙館刻本　二冊

310000－0242－0011433　V56.6－10/7.644
家慶集一卷續編一卷　(清)厲雲官等撰　清光緒石印本　一冊

310000－0242－0011434　V56.6－11/7.135
旌表烈婦錄四卷　(清)汪士珍輯　清同治七年(1868)兩江採訪忠義局刻本　一冊

310000－0242－0011435　V56.6－12/7.407
詒煒集五卷侍香集一卷　(清)許振褘輯　清光緒二十三年(1897)廣州節署刻本　三冊

310000－0242－0011436　V56.6－12/7.412
雲臥山莊別集六卷　(清)郭崑燾撰　清光緒十年(1884)岵瞻堂刻本　二冊

310000－0242－0011437　V56.6－12/7.441
圍爐集七卷　(清)陳宗濂撰輯　清宣統二年(1910)金陵刻本　一冊

310000－0242－0011438　V56.6－12/7.491
耋齡酬唱集一卷　(清)黃炳垕撰輯　清光緒二十年(1894)王繼香刻本　一冊

310000－0242－0011439　V56.6－12/7.52
集古楹聯不分卷　(□)□□編　清刻本　二冊

310000－0242－0011440　V56.6－12/8.654
絜園詩鐘一卷　蔡乃煌輯　清宣統二年(1910)鉛印本　一冊

310000－0242－0011441　V56.6－13/7.164
運甓編一卷餘編一卷　吳受福撰　清光緒二十六年(1900)小穜字林刻本　一冊

310000－0242－0011442　V56.6－13/7.402
楹聯叢話十二卷續話四卷　(清)梁章鉅撰　清道光二十年(1840)環碧軒刻本　六冊

310000－0242－0011443　V56.6－14/7.128
頖藻重馨集一卷　(清)沈惟賢等撰　清光緒三十二年(1906)排印本　一冊

310000－0242－0011444　V56.6－14/7.164
綺霞江館聯語偶存一卷續存一卷　(清)吳熙撰　清宣統二年(1910)長沙刻本　一冊

310000－0242－0011445　V56.6－14/7.428
漢碑集聯二卷　(清)張清藻撰　清光緒十八年(1892)錢唐張氏刻本　一冊

310000－0242－0011446　V56.6－14/8.428
漢碑範八卷　張祖翼編　清宣統三年(1911)上海文明書局石印本　二冊

310000－0242－0011447　V56.6－15/7.530
潛廬壽觴酬唱集一卷　(清)盛慶蕃撰輯　清光緒三十三年(1907)刻本　一冊

310000－0242－0011448　V56.6－15/7.598
賓筵倡和詩鈔八卷　(清)趙履瀛撰　清光緒十六年(1890)小古墨齋刻本　二冊

310000－0242－0011449　V56.6－16/7.393
錦瑟集一卷　徐乃昌撰　清光緒十七年(1891)刻本　一冊

310000－0242－0011450　V56.6－17/7.486
螳江唁集二卷　(清)彭秀山撰輯　清同治十一年(1872)刻本　一冊

310000－0242－0011451　V56.6－19/7.731
藤香館小品二卷續二卷　(清)薛時雨撰　清同治十二年(1873)刻本　一冊

310000－0242－0011452　V56.6－3/7.375
小螺盦病榻憶語一卷　(清)孫道乾輯撰　清光緒元年(1875)刻本　一冊

310000－0242－0011453　V56.6－3/7.562
三壽百詠一卷　(清)葉存養輯　清咸豐八年(1858)刻本　一冊

310000－0242－0011454　V56.6－3/7.588
小游仙館聯存一卷　(清)齊彥槐撰　清道光二十年(1840)刻本　一冊

310000－0242－0011455　V56.6－4/7.441C
六十壽言一卷　(清)陳觀圻等輯　清光緒十

三年(1887)刻本　一冊

310000－0242－0011456　V56.6－5/7.402

巧對錄八卷補錄一卷　(清)梁章鉅輯　清道光二十二年(1842)刻本　一冊

310000－0242－0011457　V56.6－6/7.211

同人介壽集一卷續編一卷附錄一卷　(清)林佳鈺輯　清道光十七年(1837)刻本　一冊

310000－0242－0011458　V56.6－7/7.164

吳柳堂先生誄文一卷　(清)傅巖霖輯　清光緒六年(1880)刻本　二冊

310000－0242－0011459　V56.6－7/7.164C2

吳柳堂先生誄文一卷　(清)傅巖霖輯　清光緒六年(1880)刻本　一冊

310000－0242－0011460　V56.6－7/7.178

我媿之集一卷　(清)何栻撰　清咸豐七年(1857)木活字印本　一冊

310000－0242－0011461　V56.6－9/7.622

貞烈編一卷　(清)潘祖蔭撰　清光緒十年(1884)刻本　一冊

310000－0242－0011462　V56.62－15/7.674

劉忠誠公榮哀錄二卷補編一卷　(清)劉能紀編　清光緒二十八年(1902)刻本　一冊

310000－0242－0011463　V56.7－1/7.312

一百二十名家全稿　(清)俞長城輯　清光緒十九年(1893)上海鴻寶齋石印本　十二冊

310000－0242－0011464　V56.7－10/6.337

唐荊川傳稿六卷　(明)唐順之撰　清光緒十八年(1892)無錫唐氏刻本　四冊

310000－0242－0011465　V56.7－10/7.21

格致書院課藝(清光緒丙戌至癸巳年)　(清)王韜輯　清光緒二十三年(1897)上海書局石印本　十二冊

310000－0242－0011466　V56.7－10/7.21C2

格致書院課藝(清光緒丙戌至癸巳年)　(清)王韜輯　清光緒二十三年(1897)上海書局石印本　九冊

310000－0242－0011467　V56.7－11/7.441

國朝舉業正軌不分卷　(清)陳耀庚輯　清光緒十一年(1885)刻本　四冊

310000－0242－0011468　V56.7－12/598

順天鄉試硃卷不分卷(清光緒甲午、乙未科)　(清)趙增琦撰　清末刻本　一冊

310000－0242－0011469　V56.7－12/7.115

順天鄉試硃卷一卷(清光緒丁酉科)　(清)任承弼撰　清末刻本　一冊

310000－0242－0011470　V56.7－12/7.151

鄉會聯捷硃卷不分卷(清光緒甲午、乙未科)　(清)李翰芬撰　清光緒刻本　一冊

310000－0242－0011471　V56.7－12/7.35

朝考卷一卷　(清)尹昌齡撰　清刻本　一冊

310000－0242－0011472　V56.7－12/7.428

瑤華集一卷　(清)張邁輯　清光緒二十八年(1902)始豐傳是樓刻本　一冊

310000－0242－0011473　V56.7－13/7.271

會試硃卷二卷(清光緒庚寅科)　(清)胡安銓撰　清光緒刻本　一冊

310000－0242－0011474　V56.7－13/7.35

會試硃卷二卷(清光緒壬辰科)　(清)尹昌齡撰　清光緒刻本　一冊

310000－0242－0011475　V56.7－13/7.417

會試硃卷二卷(清光緒壬辰科)　(清)裘鴻勳撰　清光緒刻本　一冊

310000－0242－0011476　V56.7－13/7.516

會試硃卷二卷(清光緒己丑科)　(清)喻兆蕃撰　清光緒刻本　一冊

310000－0242－0011477　V56.7－13/7.556

會試硃卷二卷(清光緒壬辰科)　(清)楊介康撰　清光緒刻本　一冊

310000－0242－0011478　V56.7－13/7.598

會試硃卷二卷(清光緒壬辰科)　(清)趙國泰撰　清光緒刻本　一冊

310000－0242－0011479　V56.7－13/7.776

會試硃卷二卷（清光緒甲午科）　（清）饒芝祥撰　清光緒刻本　一冊

310000－0242－0011480　V56.7－13/752

經藝陸離不分卷　（□）□□輯　清抄本　一冊

310000－0242－0011481　V56.7－16/7.331

歷科朝考卷一卷　（清）涂福田撰　清光緒石印本　一冊

310000－0242－0011482　V56.7－16/7.598

歷科朝考卷一卷　（清）趙國泰撰　清光緒石印本　一冊

310000－0242－0011483　V56.7－16/752

歷科朝元卷不分卷　（□）□□輯　清末刻本　二冊

310000－0242－0011484　V56.7－17/7.21

鐘山課藝小課二卷　（清）王恩元等撰　清抄本　一冊

310000－0242－0011485　V56.7－18/7.441

邃雅書屋試藝一卷　（清）陳思謙撰　清末石印本　一冊

310000－0242－0011486　V56.7－18/7.441C2

邃雅書屋試藝一卷　（清）陳思謙撰　清末石印本　一冊

310000－0242－0011487　V56.7－18/7.441C3

邃雅書屋試藝一卷　（清）陳思謙撰　清末石印本　一冊

310000－0242－0011488　V56.7－18/752

雜文不分卷　（□）□□輯　清刻本　一冊

310000－0242－0011489　V56.7－19/7.352

懷青山館時文不分卷　（清）馬壽齡撰　清咸豐七年（1857）傳經堂馬氏刻本　一冊

310000－0242－0011490　V56.7－2/752

八銘塾鈔不分卷　（□）□□輯　清刻本　四冊

310000－0242－0011491　V56.7－4/7.15B

欽定化治四書文不分卷　（清）方苞輯　清光

緒二年（1876）崇文書局刻本　十六冊

310000－0242－0011492　V56.7－4/7.271

中西書院課藝　（清）胡宗銓著　手稿本　一冊

310000－0242－0011493　V56.7－4/7.346

天崇合鈔不分卷　（清）祝松雲輯　清光緒十七年（1891）湖南船山書局刻本　六冊

310000－0242－0011494　V56.7－5/7.674

四川鄉試兄弟同榜硃卷二卷（清光緒癸巳恩科）　（清）劉彥藻　（清）劉彥彬撰　清末刻本　一冊

310000－0242－0011495　V56.7－5/7.688

古薇花館廩卷一卷（清光緒乙未歲試）　（清）諸炳星撰　清光緒石印本　一冊

310000－0242－0011496　V56.7－5/7.753

四川鄉試硃卷一卷（清光緒辛卯科）　（清）藍光第撰　清末刻本　一冊

310000－0242－0011497　V56.7－6/7.21

江南鄉試硃卷二卷（清光緒乙酉科）　（清）王光第撰　清光緒上海同文書局石印本　一冊

310000－0242－0011498　V56.7－6/7.428

江南鄉試硃卷不分卷（清光緒乙酉、戊子、庚寅、辛卯科）　（清）張澍霖等撰　清光緒刻本　一冊

310000－0242－0011499　V56.7－6/7.618

江西闈墨不分卷（清光緒癸卯恩科）　（清）熊元鍔等撰　清末圖書集成局鉛印本　一冊

310000－0242－0011500　V56.7－6/7.727

江西秋闈卷一卷（清光緒辛丑、壬寅科）　（清）蕭鳳韶撰　清末刻本　一冊

310000－0242－0011501　V56.7－6/8.359

江南鄉試硃卷二卷（清光緒丁酉科）　袁希濤著　清光緒刻本　一冊

310000－0242－0011502　V56.7－7/7.128

刪潤能與集文不分卷　（清）沈業富輯　清嘉慶二年（1797）繡谷近賢堂刻本　一冊

310000－0242－0011503　V56.7－8/752
明文明不分卷　（□）□□輯　清末刻本　一
冊

310000－0242－0011504　V56.7－9/7.407
南菁書院課藝不分卷　（清）許梿撰　清光緒
二十年(1894)寫本　一冊

310000－0242－0011505　V56.7－9/7.407A
南菁書院課藝不分卷　（清）許梿撰　清光緒
寫本　一冊

310000－0242－0011506　V56.8－10/7.428
泰西寓言一卷　（清）張學海編　清光緒二十
七年(1901)申浦秝陵張學海刻本　一冊

310000－0242－0011507　V56.8－14/7.151
精選文虎大觀六卷補遺一卷　（清）李夔颺輯
　清光緒十六年(1890)平湖味三書屋刻本
六冊

310000－0242－0011508　V56.9－11/164
新刻京臺公餘勝覽國色天香十卷　（清）吳敬
所編　清刻本　六冊

310000－0242－0011509　V56.9－14/7.312
碧城雜著三卷　（清）俞功懋撰　清道光七年
(1827)刻本　二冊

310000－0242－0011510　V56.9－14/7.52
對山書屋墨餘錄十六卷　（清）毛祥麟撰　清
同治九年(1870)湖州醉六堂吳氏刻本　四冊

310000－0242－0011511　V56.9－14/7.610
夢癡說夢後編一卷　（清）夢癡學人撰　清光
緒十三年(1887)刻本　一冊

310000－0242－0011512　V56.9－14/7.610C2
夢癡說夢前編一卷後編一卷　（清）夢癡學人
撰　清光緒五年(1879)刻本　二冊

310000－0242－0011513　V56.9－3/7.21
山居瑣言一卷　（清）王晉之撰　清光緒七年
(1881)滬江石埭陳強鉛印本　一冊

310000－0242－0011514　V56.9－8/7.162
定香亭筆談四卷　（清）阮元輯　清嘉慶五年
(1800)揚州阮氏琅嬛僊館刻本　二冊

310000－0242－0011515　V56.9－8/7.162C2
定香亭筆談四卷　（清）阮元輯　清光緒二十
五年(1899)浙江書局刻本　一冊

310000－0242－0011516　V56.9－8/7.162C3
定香亭筆談四卷　（清）阮元輯　清嘉慶五年
(1800)揚州阮氏琅嬛僊館刻本　四冊

310000－0242－0011517　V56.9－8/7.162C4
定香亭筆談四卷　（清）阮元輯　清刻本　四
冊

310000－0242－0011518　SV47.3－3/7.21A
小山詩近藁二卷　（清）王時翔撰　清康熙五
十二年(1713)刻本　一冊

310000－0242－0011519　SV47.3－3/7.347
小睡足寮詩錄四卷續錄二卷補錄二卷附二友
詩錄一卷　（清）秦敏樹撰　清光緒十三年至
二十八年(1887－1902)刻　二冊

310000－0242－0011520　SV47.3－4/7.412
介石堂詩集十卷　（清）郭起元撰　清乾隆十
一年(1746)刻本　四冊

310000－0242－0011521　SV47.3－4/7.661
勾漏集詩五卷詠史詩一卷　（清）鄭學醇撰
清乾隆三十九年(1774)刻本　二冊

310000－0242－0011522　SV47.3－4/7.674C
公餘隨錄詩草一卷　（清）劉漢章撰　清光緒
十六年(1890)茸城顧文善齋刻本　一冊

310000－0242－0011523　SV47.3－5/7.164A
古香堂詩集七卷附詞集一卷　（清）吳泰來撰
　清康熙刻本　四冊

310000－0242－0011524　SV47.3－5/7.566
玉窗遺稿　（清）葛宜撰　清抄本　一冊

310000－0242－0011525　SV47.3－5/7.598
四百三十二峰草堂詩鈔二十六卷研栔齋文集
三卷　（清）趙希璜撰　清乾隆五十八年
(1793)安陽縣署刻本　六冊

310000－0242－0011526　SV47.3－5/7.9
白居易新樂府一卷　（清）于敏中纂　清乾隆
刻本　四冊

310000 - 0242 - 0011527　SV47.3 - 6/7.128B

竹嘯軒詩鈔十八卷　（清）沈德潛撰　清乾隆
十六年（1751）刻本　二冊

310000 - 0242 - 0011528　SV47.3 - 6/7.242

全韻詩二卷　（清）金門詔撰　清乾隆九年
（1744）刻本　二冊

310000 - 0242 - 0011529　SV47.3 - 6/7.407

竹素園詩鈔八卷　（清）許廷鑅撰　清乾隆二
十七年（1762）南里錫玉堂刻本　八冊

310000 - 0242 - 0011530　SV47.3 - 6/7.98

竹垞文類二十五卷　（清）朱彝尊撰　清康熙
二十一年（1682）刻本　四冊

310000 - 0242 - 0011531　SV47.3 - 7/7.428A

吾友于齋詩鈔八卷　（清）張錫爵撰　清乾隆
六年（1741）刻本　二冊

310000 - 0242 - 0011532　SV47.3 - 8/7.380

彊甫五嶽集二十卷　（清）桑調元撰　清乾隆
二十一年（1756）修汲堂刻本　四冊　存十一
卷（嵩山集二卷、華山集三卷、泰山集三卷、衡
山集一至三）

310000 - 0242 - 0011533　SV47.3 - 8/7.420

放言居詩集六卷　（清）曹炳曾撰　清上海曹
氏刻本　一冊

310000 - 0242 - 0011534　SV47.3 - 8/7.420B

長嘯軒詩集六卷　（清）曹煐曾撰　清上海曹
氏刻本　一冊

310000 - 0242 - 0011535　SV47.3 - 8/7.441

孟晉齋詩集二十四卷　（清）陳章撰　清乾隆
七年（1742）刻本　六冊

310000 - 0242 - 0011536　SV47.3 - 8/7.530

青嶁遺稿二卷　（清）盛錦撰　清乾隆二十六
年（1761）刻本　一冊

310000 - 0242 - 0011537　SV47.3 - 8/7.705

牧齋初學集一百十卷　（清）錢謙益撰　明崇
禎十六年（1643）海虞瞿稼軒刻本　十六冊

310000 - 0242 - 0011538　SV47.3 - 8/7.705A

牧齋有學集五十卷　（清）錢謙益撰　清康熙

刻本　十冊

310000 - 0242 - 0011539　SV47.3 - 8/7.775

芙蓉池館詩草二卷　（清）羅辰撰　清道光十
一年（1831）刻本　六冊

310000 - 0242 - 0011540　SV47.3 - 9/7.135

柯庭餘習十二卷　（清）汪文柏撰　清康熙四
十四年（1705）古香樓刻本　六冊

310000 - 0242 - 0011541　SV47.3 - 9/7.151

後圃編年稿十四卷　（清）李嵣瑞撰　清康熙
三十三年（1694）刻本　六冊

310000 - 0242 - 0011542　SV47.3 - 9/7.164B

洞庭吳不官詩集三卷附錄二卷　（清）吳時德
撰　（清）吳定璋輯　清乾隆三年（1738）吳氏
半園刻本　一冊

310000 - 0242 - 0011543　SV47.3 - 9/7.332

南阜山人詩類稿七卷　（清）高鳳翰撰　清
乾隆二十八年（1763）高元質刻本　二冊

310000 - 0242 - 0011544　SV47.3 - 9/7.489

研谿先生詩集七卷　（清）惠周惕撰　清康熙
東吳惠氏紅豆齋刻本　一冊

310000 - 0242 - 0011545　SV47.4 - 5/7.194

玉琴齋詞一卷　（清）余懷撰　清抄本　四冊

310000 - 0242 - 0011546　SV47.4 - 9/7.477

紅雪詞甲集二卷乙集二卷詞餘一卷　（清）馮
雲鵬填詞　清嘉慶十二年（1807）掃紅亭刻本
四冊

310000 - 0242 - 0011547　SV47.6 - 10/7.332

棲雲閣文集十五卷　（清）高珩撰　清乾隆三
十年（1765）刻本　八冊

310000 - 0242 - 0011548　SV47.6 - 11/7.428

張文貞公集十二卷　（清）張玉書撰　清乾隆
五十七年（1792）松蔭堂刻本　二冊

310000 - 0242 - 0011549　SV47.6 - 11/7.5

御製文二卷　（清）仁宗顒琰撰　清刻本　二
冊

310000 - 0242 - 0011550　SV47.6 - 13/7.441

道榮堂文集六卷首一卷 （清）陳鵬年撰 清乾隆二十七年(1762)刻本 八冊

310000 – 0242 – 0011551　SV47.6 – 13/7.98A

愧訥集十二卷 （清）朱用純撰 清抄本 四冊

310000 – 0242 – 0011552　SV47.6 – 15/7.128

頤綵堂文集十六卷 （清）沈叔埏撰 清乾隆六十年(1795)刻本 七冊

310000 – 0242 – 0011553　SV47.6 – 16/7.393

憺園文集三十六卷 （清）徐乾學撰 清康熙三十六年(1697)崑山徐氏冠山堂刻本 十六冊

310000 – 0242 – 0011554　SV47.6 – 16/7.428A

樸村文集二十四卷詩集十一卷 （清）張雲章撰 清康熙五十三年(1714)刻本 四冊

310000 – 0242 – 0011555　SV47.6 – 17/7.21

墾舟園初稿一卷次稿一卷 （清）王鎏撰 清光緒三年(1877)縹緗樓刻本 一冊

310000 – 0242 – 0011556　SV47.6 – 17/7.760

楚中文筆二卷附錄一卷 （清）儲方慶撰 清康熙五十二年(1713)刻本 六冊

310000 – 0242 – 0011557　SV47.6 – 2/7.352

力本文集十三卷時文二卷 （清）馬榮祖撰 清乾隆十七年(1752)石蓮堂刻本 六冊

310000 – 0242 – 0011558　SV47.6 – 3/7.562

已畦集十四卷 （清）葉燮撰 清康熙二棄草堂刻本 八冊

310000 – 0242 – 0011559　SV47.6 – 3/7.665

山木居士外集四集 （清）魯九皋撰 清乾隆四十七年(1782)刻本 二冊

310000 – 0242 – 0011560　SV47.6 – 4/7.21D

王艮齋詩集十卷文集四卷 （清）王峻撰 清乾隆十八年(1753)長洲蔣氏刻本 一冊 存四卷(文集四卷)

310000 – 0242 – 0011561　SV47.6 – 5/7.21A

白田草堂存稿二十四卷 （清）王懋竑撰 清乾隆二十六年(1761)刻本 四冊

310000 – 0242 – 0011562　SV47.6 – 5/7.370

半舫齋古文八卷 （清）夏之蓉撰 清乾隆三十六年(1771)刻本 四冊

310000 – 0242 – 0011563　SV47.6 – 6/7.460

西北文集四卷 （清）畢振姬撰 （清）牛兆捷評次 清康熙刻本 二冊

310000 – 0242 – 0011564　SV47.6 – 6/7.760

在陸草堂文集六卷 （清）儲欣撰 清雍正元年(1723)淑慎堂刻本 四冊

310000 – 0242 – 0011565　SV47.6 – 9/7.311

侯朝宗文鈔八卷 （清）侯方域撰 清康熙三十三年(1694)刻本 四冊

310000 – 0242 – 0011566　SV47.6 – 9/7.449

南崖集四卷 （清）陶元淳撰 清康熙、乾隆間貽清堂刻本 四冊

310000 – 0242 – 0011567　SV47.6 – 9/7.491

南雷文定集前集十一卷後集四卷三集三卷四集四卷 （清）黃宗羲撰 清康熙二十年(1681)耕餘樓刻本 四冊

310000 – 0242 – 0011568　SV53.08 – 4/6.52

六十種曲十二集六十種 （明）毛晉輯 明崇禎汲古閣刻本 六十冊

310000 – 0242 – 0011569　SV53.1 – 9/6.441

新鐫古今大雅南宮詞紀六卷 （明）陳所聞選 明萬曆三十三年(1605)刻本 六冊

310000 – 0242 – 0011570　SV53.2 – 10/7.562

納書楹曲譜四卷續集四卷外集二卷補遺四卷玉茗堂四夢全譜八卷 （清）葉堂訂譜 清乾隆五十九年(1794)長洲葉氏納書楹刻本 十冊 存十二卷(補遺四卷、玉茗堂四夢全譜八卷)

310000 – 0242 – 0011571　SV53.2 – 5/7.393

一笠菴北詞廣正譜十八卷附南戲北詞正謬 （明）徐于室原稿 （清）李玄玉更定 清康熙青蓮書屋刻本 十二冊

310000 – 0242 – 0011572　SV53.2 – 6/7.2

曲譜十二卷首一卷末一卷 （清）聖祖玄燁纂

清康熙五十四年(1715)武英殿刻朱墨套印本　十二冊

310000－0242－0011573　SV53.2－6/7.562
西廂記譜五卷　(清)葉堂撰　清乾隆四十九年(1784)東吳葉氏納書楹刻本　二冊

310000－0242－0011574　SV53.27－2/7.248
新定九宮大成南北詞宮譜八十一卷閏一卷總目三卷　(清)周祥鈺　(清)鄒金生等編　清內府刻朱墨套印本　二十四冊　存四十一卷(十二至五十二)

310000－0242－0011575　SV53.29－19/7.128
韻學驪珠二卷　(清)沈乘麐輯　清嘉慶元年(1796)枕流居刻本　六冊

310000－0242－0011576　SV53.43－14/6.21
碧山樂府四卷　(明)王九思撰　明嘉靖三十年(1551)宋廷琦刻本　八冊

310000－0242－0011577　SV53.63－11/6.471
湯義仍先生紫釵記二卷　(明)湯顯祖撰　明末刻本　二冊

310000－0242－0011578　SV53.63－11/7.151
凰求鳳傳奇二卷　(清)李漁撰　清初刻本　二冊

310000－0242－0011579　SV53.63－12/57.332
陳眉公批評琵琶記二卷　(元)高明撰　明金陵刻本　二冊

310000－0242－0011580　SV53.63－13/7.15
雷峰塔傳奇四卷　(清)方成培撰　清乾隆三十七年(1772)水竹居刻本　八冊

310000－0242－0011581　SV53.63－14/6.661
旗亭記二卷　(明)鄭之文撰　清乾隆二十四年(1759)刻本(上卷爲抄配)　二冊

310000－0242－0011582　SV53.63－14/7.198
漁邨記二卷十三折　(清)妙有山人撰　(清)韓錫胙評點　清乾隆三十二年(1767)妙有山房刻本　四冊

310000－0242－0011583　SV53.63－16/6.162
雪韻堂批點燕子箋二卷　(明)阮大鋮撰　明

崇禎刻本　二冊

310000－0242－0011584　SV53.63－17/6.471
玉茗堂還魂記二卷　(明)湯顯祖撰　清乾隆五十年(1785)冰絲館刻本　四冊

310000－0242－0011585　SV53.63－17/6.471
湯義仍先生還魂記二卷　(明)湯顯祖撰　明萬曆臨川玉茗堂刻本　四冊

310000－0242－0011586　SV53.63－17/6.471C2
還魂記二卷　(明)湯顯祖撰　明萬曆刻本　四冊

310000－0242－0011587　SV53.63－19/7.428
懷沙記二卷三十二齣　(清)張漱石填詞　清乾隆二十三年(1758)玉燕堂刻本　三冊

310000－0242－0011588　SV53.63－2/6.151
一笠庵新編人獸關傳奇不分卷　(明)李玉撰　明刻本　二冊

310000－0242－0011589　SV53.63－20/6.393
陳眉公批評繡襦記二卷　(明)徐霖撰　明金陵刻本　二冊

310000－0242－0011590　SV53.63－3/7.21
三星圓四集八卷　(清)王懋昭撰　清嘉慶十五年(1810)尺木堂刻本　十六冊

310000－0242－0011591　SV53.63－3/7.791
小忽雷二卷附大忽雷一卷　(清)顧彩　(清)孔尚任撰　清宣統二年(1910)刻本　二冊

310000－0242－0011592　SV53.63－5/57.21
新訂徐文長批點音釋北西廂二卷　(元)王實甫撰　(元)關漢卿續　明刻本　三冊

310000－0242－0011593　SV53.63－5/6.332
陳眉公批評玉簪記二卷　(明)高濂撰　明金陵刻本　二冊

310000－0242－0011594　SV53.63－5/7.491
石榴記傳奇四卷三十二齣　(清)黃振填詞　清乾隆三十七年(1772)柴灣村舍刻本　四冊

310000－0242－0011595　SV53.63－5/752
四喜記二卷四十二齣　(明)謝讜撰　明末松

韻堂刻本　二冊

310000－0242－0011596　SV53.63－6/57.21
陳眉公批評西廂記二卷　（元）王實甫撰
（元）關漢卿續　明金陵刻本　二冊

310000－0242－0011597　SV53.63－6/57.21
貫華堂第六才子書西廂記八卷附才子西廂醉心篇一卷　（元）王實甫撰　（清）金聖嘆批點
清三亦齋刻本　十冊　存七卷(一至七)

310000－0242－0011598　SV53.63－6/57.21C3
貫華堂第六才子書西廂記八卷附才子西廂醉心篇一卷　（元）王實甫撰　（清）金聖嘆批注
清刻本　四冊

310000－0242－0011599　SV53.63－6/57.21C9
西廂記(第六才子書)八卷　（元）王實甫撰
（元）關漢卿續　（清）金人瑞評　清康熙五十九年(1720)書業堂刻本　十二冊

310000－0242－0011600　SV53.63－6/57.21C
詳校元本西廂記二卷　（元）王實甫撰　（元）關漢卿續　明刻本　二冊

310000－0242－0011601　SV53.63－7/6.471
牡丹亭還魂記二卷　（明）湯顯祖撰　明萬曆二十六年(1598)朱元鎮刻本　二冊

310000－0242－0011602　SV53.63－7/6.471
吳吳山三婦合評牡丹亭還魂記二卷五十五折附或問一卷附錄一卷　（明）湯顯祖撰　（清）陳同等評點　清康熙夢園刻本　六冊

310000－0242－0011603　SV53.63－7/6.471A
吳吳山三婦合評牡丹亭還魂記二卷附圖十葉
（明）湯顯祖撰　清康熙夢園刻本　六冊

310000－0242－0011604　SV53.63－7/7.737
芝龕記六卷六十一齣　（清）繁露樓居士填詞
清乾隆十六年(1751)刻本　八冊

310000－0242－0011605　SV53.63－8/6.471
邯鄲記二卷　（明）湯顯祖撰　明汲古閣刻本　二冊

310000－0242－0011606　SV53.63－8/7.428

310000－0242－0011606　SV53.63－8/7.428

賢賢堂芙蓉樓傳奇二卷　（清）張衢撰　清乾隆五十六年(1791)刻本　二冊

310000－0242－0011607　SV53.63－9/57.265
陳眉公批評幽閨記二卷　（元）施惠撰　明金陵刻本　二冊

310000－0242－0011608　SV53.63－9/6.471
南柯記二卷　（明）湯顯祖撰　明崇禎汲古閣刻本　二冊

310000－0242－0011609　SV53.63－9/6.471C2
南柯記二卷　（明）湯顯祖撰　明萬曆二十八年(1600)刻本　四冊

310000－0242－0011610　SV54.4921－3/752
新刻小寡婦耀米前本一卷後本一卷附打窗樓前本一卷後本一卷蓮花落一卷十里亭一卷摔鏡架一卷收花鞋一卷文鮮花調一卷武鮮花調一卷繡荷包一卷　（□）□□輯　清青雲居書坊刻本　一冊

310000－0242－0011611　SV54.4921－4/752
王大娘補缸一卷附男哭沈香一卷女哭沈香一卷放風箏一卷小西廂一卷七十二心一卷寡婦二十四愛一卷媽媽二十四想一卷媽媽二十四明白一卷　（□）□□撰　清三元堂書坊刻本　一冊

310000－0242－0011612　SV54.4921－4/752B
新刻時調文必正送花樓會二卷附快治周瑜一卷俞伯牙撫琴一卷滑稽新休妻一卷　（□）□□撰　清上洋三元堂刻本　一冊

310000－0242－0011613　SV54.4921－8/752
時調拔蘭花二卷附菴堂相會前後二卷新式春歌篆堂百家姓一卷　（□）□□輯　清蘇州恒志書社刻本　一冊

310000－0242－0011614　SV54.4926－12/752
買雜貨二卷送金娘二卷附陳姑趕潘一卷誇誇調照花苔一卷下河調紅繡鞋小曲一卷俏尼僧私凡一卷四季相思一卷　（□）□□輯　清星沙城內煥文堂書坊刻本　一冊

310000－0242－0011615　SV54.4933－14/459

碧玉離生六卷附士林祭塔一卷送嫁新聞一卷
　蛇仔秋撰　清末廣州正興大街成文堂書坊
鉛印本　一冊　存四卷(碧玉離生一、四至
六)

310000－0242－0011616　SV54.4933－14/752B

滿堂春班本隔帳紗二卷發瘋仔中狀元四卷崇
禎觀鑑一卷　(□)□□輯　清末羊城太平街
以文堂鉛印本　一冊　存五卷(滿堂春班本
隔帳紗上,發瘋仔中狀元一、三至四,崇禎觀
鑑一卷)

310000－0242－0011617　SV54.4933－17/752

轅門斬子二卷附小生作遊花園一卷新戲橋一
卷陳姑追舟一卷老舉目本相御校場比武一卷
琵琶行一卷和尚淘古井一卷　(□)□□撰
清末廣州第七甫五桂堂書坊鉛印本　一冊
存上卷

310000－0242－0011618　SV54.4933－22/152

龜山起禍六卷　杏花氏撰　清末廣州太平街
以文堂書坊鉛印本　一冊　存五卷(二至六)

310000－0242－0011619　SV54.4933－3/752

大鬧南溪二卷　(□)□□撰　清末廣州太平
新街以文堂書坊鉛印本　一冊

310000－0242－0011620　SV54.4933－3/752C

千里駒蕩舟五卷打雀遇鬼二卷　(□)□□輯
　清末廣州第五甫五桂堂書坊鉛印本　三冊

310000－0242－0011621　SV54.4933－3/752B

大鬧能仁寺五卷　(□)□□撰　清末廣州第
七甫五桂堂書坊鉛印本　一冊

310000－0242－0011622　SV54.4933－5/752

平貴別窰五卷鴻雁寄書一卷　(□)□□撰
清末廣州第七甫五桂堂書坊鉛印本　一冊

310000－0242－0011623　SV54.4933－5/752B

平貴回窰四卷附客途秋恨一卷百里奚會妻二
卷夜吊秋喜二卷　(□)□□撰　清末廣州第
七甫五桂堂書坊鉛印本　一冊　存三卷(二
至四)

310000－0242－0011624　SV54.4933－6/752

西秦碎錦一卷六月飛霜六卷　(□)□□撰
清末廣州粵東省正興街成文堂書坊鉛印本
一冊　存五卷(六月飛霜一至三、五至六)

310000－0242－0011625　SV56.1－4/6.21

尺牘清裁六十卷補遺一卷　(明)王世貞編
明隆慶五年(1571)刻本　十六冊

310000－0242－0011626　SV56.1－4/6.21/C2

尺牘清裁六十卷　(明)王世貞編　明隆慶五
年(1571)刻本　十冊

310000－0242－0011627　SV56.1－4/7.135

分類尺牘新語廣編二十四卷補編一卷　(清)
汪淇箋評　清康熙七年(1668)刻本　十二冊

310000－0242－0011628　SV56.1－5/6.393

古今尺牘振雅雲箋七卷　(明)徐渭編　明末
天祿閣刻本　八冊

310000－0242－0011629　SV56.1－8/7.21

明人尺牘選四卷　(清)王元勳　(清)程化騄
輯　清康熙四十四年(1705)刻本　四冊

310000－0242－0011630　SV56.2－16/7.705

錢牧齋先生尺牘三卷　(清)錢謙益撰　清康
熙十四年(1675)虞山如月樓刻本　二冊

310000－0242－0011631　SV56.2－2/6.441

二酉園尺牘選二十卷　(明)陳文燭撰　(明)
吳勉學校　明萬曆十九年(1591)吳勉學刻本
　十二冊

310000－0242－0011632　SV56.2－4/5.300

文正公尺牘三卷　(宋)范仲淹撰　元刻本
二冊

310000－0242－0011633　SV56.2－4/5.375

宋孫仲益內簡尺牘十卷首一卷　(宋)孫覿著
　清乾隆十二年(1747)無錫蔡氏刻本　二冊

310000－0242－0011634　SV56.2－8/7.211

林文忠公手稿不分卷　(清)林則徐撰　清道
光二十二年至二十七年(1842－1847)稿本
一冊

310000－0242－0011635　SV56.27－18/7.98

雙魚偶存尺牘二卷　(清)朱穎撰　清乾隆三

十九年(1774)刻本　二冊

310000－0242－0011636　SV56.7－13/7.428

楊園張先生制藝真蹟　(清)張履祥撰　稿本
二冊

310000－0242－0011637　SV56.7－14/7.731

滌非齋制藝僅存不分卷　(清)薛湘撰　清光
緒五年(1879)刻朱墨套印本　一冊

310000－0242－0011638　SV56.7－4/7.15

欽定化治四書文不分卷　(清)方苞輯　清乾
隆五年(1740)文元坊刻本　二十四冊

310000－0242－0011639　X10－8/5.752

京本通俗小說　(□)□□撰　清刻本　一冊
存七卷(十至十六)

310000－0242－0011640　X10.08－10/7.441

唐人說薈二十二卷　(清)陳蓮塘輯　清乾隆
五十七年(1792)挹秀軒刻本　二十

310000－0242－0011641　X10.08－10/8.562

唐開元小說六種　葉德輝輯　清宣統三年
(1911)長沙葉氏觀古堂刻本　二冊

310000－0242－0011642　X10.08－14/7.164

說鈴前集三十七種後集十六種　(清)吳震方
撰　清同治七年(1868)大文堂刻本　六冊

310000－0242－0011643　X10.08－14/7.312

夢厂雜著七種十卷　(清)俞蛟撰　清嘉慶十
六年(1811)刻本　十冊

310000－0242－0011644　X10.08－5/8.21

古今說部叢書十集二百四十五種　(清)王文
濡等輯　清宣統三年(1911)國學扶輪社鉛印
本　二十四冊

310000－0242－0011645　X10.1－10/7.390B

桐陰清話八卷　(清)倪鴻撰　清同治十三年
(1874)刻本　四冊

310000－0242－0011646　X10.1－11/4.540

乾饌子　(唐)溫庭筠撰　清刻本　一冊

310000－0242－0011647　X10.1－11/7.98

寄閒齋雜志八卷附三槎浦櫂歌一卷　(清)朱
淞撰　清刻本　二冊

310000－0242－0011648　X10.1－12/6.625

棗林雜俎　(明)談遷撰　清石印本　六冊

310000－0242－0011649　X10.1－12/6.625

棗林雜俎　(明)談遷撰　清石印本　二冊

310000－0242－0011650　X10.1－14/8.441

塵海妙品　(清)陳琰撰　清宣統三年(1911)
上海六藝書局石印本　四冊

310000－0242－0011651　X10.1－16/7.200

蕩平髮逆圖記二十二卷首一卷　(清)官文等
撰　清光緒十九年(1893)上海寶文書局石印
本　四冊

310000－0242－0011652　X10.1－16/7.200

蕩平髮逆圖記二十二卷首一卷　(清)官文等
撰　清光緒十九年(1893)上海寶文書局石印
本　四冊

310000－0242－0011653　X10.1－17/364.741

還冤志　(北齊)顏之推撰　清刻本　一冊

310000－0242－0011654　X10.1－17/7.233

嶺南逸史二十八回　(清)花溪逸士編次　清
樓外樓刻本　十冊

310000－0242－0011655　X10.1－8/6.423

青泥蓮花記十三卷　(明)梅鼎祚撰　清宣統
二年(1910)北京自強書局石印本　二冊

310000－0242－0011656　X10.1－8/752

青石山　(□)□□撰　清抄本　四冊

310000－0242－0011657　X10.1－9/7.89

胡寶玉七章　(清)老上海撰　清光緒三十二
年(1906)鉛印本　一冊

310000－0242－0011658　X10.1－9/8.128

拜鴛樓校刻小品四種　(清)沈宗畸輯　清光
緒二十六年(1900)番禺沈氏刻本　二冊

310000－0242－0011659　X10.1－9/8.128

拜鴛樓校刻小品四種　(清)沈宗畸輯　清光
緒二十六年(1900)番禺沈氏刻本　四冊

310000－0242－0011660　X10.12－9/2.187.2

飛燕外傳一卷漢雜事秘辛一卷 （漢）伶玄撰
清刻本 一冊

310000－0242－0011661 X10.1351－5/3.674C2
世說新語八卷 （南朝宋）劉義慶撰 （南朝梁）劉孝標注 （明）王世懋批點 清刻本
八冊

310000－0242－0011662 X10.1351－5/3.674
世說新語六卷 （南朝宋）劉義慶撰 清光緒三年(1877)湖北崇文書局刻本 四冊

310000－0242－0011663 X10.14－10/5.21
唐語林八卷校勘記一卷 （宋）王讜撰 清光緒十九年(1893)湖北守山閣刻本 四冊

310000－0242－0011664 X10.14－12/41.300
雲溪友議三卷附校勘記三卷 （唐）范攄撰
清吳興劉氏嘉業堂刻本 一冊

310000－0242－0011665 X10.14－7/4.322
酉陽雜俎二十卷 （唐）段成式撰 清光緒三年(1877)湖北崇文書局刻本 四冊

310000－0242－0011666 X10.14－7/4.322C2
酉陽雜俎二十卷 （唐）段成式撰 清光緒三年(1877)湖北崇文書局刻本 三冊

310000－0242－0011667 X10.14－7/4.322C3
酉陽雜俎二十卷 （唐）段成式撰 明汲古閣刻本 三冊

310000－0242－0011668 X10.15－10/5.64
涑水紀聞十六卷 （宋）司馬光撰 清乾隆四十二年(1777)武英殿刻本 八冊

310000－0242－0011669 X10.15－11/51.255
桯史十五卷 （宋）岳珂撰 清光緒四年(1878)上海申報館鉛印本 四冊

310000－0242－0011670 X10.15－15/5.164
夢粱錄二十卷 （宋）吳自牧撰 清光緒十六年(1890)丁氏嘉惠堂刻本 三冊

310000－0242－0011671 X10.15－4/5.151C2
太平廣記五百卷 （宋）李昉編纂 清道光二十六年(1846)文光裕記刻本 六十一冊

310000－0242－0011672 X10.15－4/5.151C3
太平廣記五百卷 （宋）李昉編纂 清道光二十六年(1846)文光裕記刻本 四十八冊

310000－0242－0011673 X10.168－11/6.151
剪燈叢話三種七卷 （明）李昌祺輯 清咸豐元年(1851)刻本 二冊

310000－0242－0011674 X10.17－10/7.550
桂林田海記 （清）雷亮功撰 清海寧陳氏共讀樓抄本 一冊

310000－0242－0011675 X10.17－11/7.21
淞隱漫錄十二卷 （清）王韜撰 清光緒二十九年(1903)上海點石齋石印本 二冊

310000－0242－0011676 X10.17－11/7.21A
淞濱瑣話十二卷 （清）王韜撰 清光緒十九年(1893)王氏淞隱廬鉛印本 二冊

310000－0242－0011677 X10.17－11/7.21AC2
淞濱瑣話十二卷 （清）王韜撰 清光緒十九年(1893)王氏淞隱廬鉛印本 四冊

310000－0242－0011678 X10.17－11/7.731C2
庸盦筆記六卷 （清）薛福成撰 清光緒二十四年(1898)鉛印本 一冊

310000－0242－0011679 X10.17－12/7.556
菰蘆筆記 （清）楊象濟撰 清同治六年(1867)刻本 一冊

310000－0242－0011680 X10.17－12/7.654
閒漁閒閒錄九卷 （清）蔡顯撰 清光緒十一年(1885)吳興劉氏嘉業堂刻本 一冊

310000－0242－0011681 X10.17－12/7.98
閒談消夏錄十二卷 （清）朱翊清撰 清同治十三年(1874)翠筠山房刻本 十二冊

310000－0242－0011682 X10.17－13/7.170
試場異聞錄五種附四種 （清）呂相燮著 清光緒十一年(1885)湖南萃文堂刻本 十冊

310000－0242－0011683 X10.17－14/7.491
廣虞初新志四十卷 （清）黃承增輯 清寄鷗閒舫刻本 十五冊

310000－0242－0011684　X10.17－15/7.320
閱微草堂筆記二十四卷　（清）紀昀撰　清嘉慶二十一年(1816)北平盛氏刻本　十冊

310000－0242－0011685　X10.17－15/7.320C5
閱微草堂筆記二十四卷　（清）紀昀撰　清嘉慶二十一年(1816)北平盛氏刻本　十冊

310000－0242－0011686　X10.17－15/7.320C7
閱微草堂筆記二十四卷　（清）紀昀撰　清光緒十七年(1891)上海廣百宋齋刻本　二冊

310000－0242－0011687　X10.17－15/7.320A
閱微草堂筆記二十四卷　（清）紀昀撰　清道光二十七年(1847)小蓬萊山館刻本　十冊

310000－0242－0011688　X10.17－15/7.320B
閱微草堂筆記二十四卷　（清）紀昀撰　清光緒二十七年(1901)上海廣百宋齋石印本　一冊

310000－0242－0011689　X10.17－15/7.320D
閱微草堂筆記摘要二卷　（清）紀昀撰　清光緒十五年(1889)泉唐沈氏刻本　二冊

310000－0242－0011690　X10.17－16/7.312
蕉軒摭錄十二卷　（清）俞夢蕉撰　清咸豐二年(1852)雙桂樓刻本　六冊

310000－0242－0011691　X10.17－16/7.312C2
蕉軒摭錄十二卷　（清）俞夢蕉撰　清咸豐二年(1852)雙桂樓刻本　四冊

310000－0242－0011692　X10.17－19/7.162
疇人傳四十六卷續傳六卷　（清）阮元　（清）羅士琳撰　清光緒八年(1882)海鹽常惺齋張氏刻本　四冊

310000－0242－0011693　X10.17－19/7.598
簷曝雜記四卷　（清）趙翼撰　清鉛印本　一冊

310000－0242－0011694　X10.17－28/7.55
豔史叢鈔十二種　（清）淞北玉魷生輯　清光緒四年(1878)羖園主人鉛印本　八冊

310000－0242－0011695　X10.17－5/7.312
右台仙館筆記十六卷　（清）俞樾撰　清宣統二年(1910)上海朝記書莊石印本　八冊

310000－0242－0011696　X10.17－5/7.370
半舫齋偶輯四卷　（清）夏之蓉輯　清刻本　一冊

310000－0242－0011697　X10.17－7/7.393
見聞錄二卷　（清）徐岳撰　清刻本　四冊

310000－0242－0011698　X10.17－7/7.407
里㘝十卷　（清）許奉恩撰　清光緒五年(1879)常熟抱芳閣刻本　五冊

310000－0242－0011699　X10.17－7/7.434
芝菴雜記四卷　（清）陸雲錦撰　清嘉慶八年(1803)刻本　四冊

310000－0242－0011700　X10.17－7/7.434C2
芝菴雜記四卷　（清）陸雲錦撰　清嘉慶八年(1803)刻本　八冊

310000－0242－0011701　X10.17－7/7.434C3
芝菴雜記四卷　（清）陸雲錦撰　清嘉慶八年(1803)刻本　四冊

310000－0242－0011702　X10.17－8/7.393
牧菴雜記六卷　（清）徐一麟撰　清道光三十年(1850)刻本　六冊

310000－0242－0011703　X10.17－8/7.41
雨窗消意錄四卷　（清）牛應之撰　清刻本　四冊

310000－0242－0011704　X10.17－8/7.41
雨窗消意錄四卷　（清）牛應之撰　清刻本　四冊

310000－0242－0011705　X10.17－8/7.477
昔柳摭談八卷　（清）馮起鳳編　清嘉慶二十年(1815)馮氏刻本　四冊

310000－0242－0011706　X10.17－8/7.717
雨牕寄所記四卷　（清）謝塏撰　清刻本　四冊

310000－0242－0011707　X10.17－9/7.151
新刻紅杏樓雜記四卷　（清）李仲子撰　清道光二十年(1840)廣東丹柱堂刻本　四冊

310000－0242－0011708　X10.17－9/7.428

幽夢影二卷　（清）張潮撰　清同治十三年（1874）絳雲樓吳德煦刻本　二冊

310000－0242－0011709　X10.17－9/7.441

郎潛紀聞十四卷二筆燕下鄉脞錄十六卷三筆壬癸藏札記十卷　（清）陳康祺撰　清光緒八年（1882）琴川刻本　十二冊

310000－0242－0011710　X10.18－10/8.71B

桂堂餘錄四卷　（□）□□撰　清刻本　二冊

310000－0242－0011711　X10.2－11/7.300

新刻鹿蕉嘯錄四卷　（清）范穀貽撰　清光緒二十二年（1896）有益堂刻本　四冊

310000－0242－0011712　X10.2－11/7.608A

聊齋志異注十六卷　（清）呂湛恩輯注　清道光五年（1825）刻本　八冊

310000－0242－0011713　X10.2－11/7.608B

聊齋志異新評十六卷　（清）蒲松齡撰　清道光二十二年（1842）廣順但氏刻本　十六冊

310000－0242－0011714　X10.2－11/7.608C2

聊齋志異新評十六卷　（清）蒲松齡撰　清光緒十二年（1886）上海江左書林鉛印本　八冊

310000－0242－0011715　X10.2－11/7.608C

詳注聊齋志異圖詠十六卷　（清）蒲松齡撰　清光緒十四年（1888）上海鴻寶齋石印本　八冊

310000－0242－0011716　X10.2－11/7.608C2

詳注聊齋志異圖詠十六卷　（清）蒲松齡撰　清光緒十三年（1887）刻本　八冊

310000－0242－0011717　X10.2－11/7.608C4

詳注聊齋志異圖詠十六卷　（清）蒲松齡撰　清光緒十三年（1887）刻本　八冊

310000－0242－0011718　X10.2－11/7.608C5

詳注聊齋志異圖詠十六卷　（清）蒲松齡撰　清光緒十二年（1886）上海同文書局石印本　四冊

310000－0242－0011719　X10.2－11/7.608C4

詳注聊齋志異圖詠十六卷　（清）蒲松齡撰

清光緒十二年（1886）上海同文書局石印本　四冊

310000－0242－0011720　X10.2－11/7.608C3

詳注聊齋志異圖詠十六卷　（清）蒲松齡撰　清光緒十二年（1886）上海同文書局石印本　四冊

310000－0242－0011721　X10.2－11/7.608D

聊齋志異拾遺　（清）蒲松齡撰　清鉛印本　一冊

310000－0242－0011722　X10.2－16/7.128

繪圖諧鐸十二卷　（清）沈起鳳撰　清光緒二十一年（1895）海上書局石印本　四冊

310000－0242－0011723　X10.2－17/7.471

翼駉稗編八卷　（清）湯用中撰　清道光二十八年（1848）刻本　八冊

310000－0242－0011724　X10.2－3/7.511

山齋客譚附蓮坡詩話　（清）景星杓撰　清世楷堂刻本　一冊

310000－0242－0011725　X10.2－5/7.402

北東園筆錄初編六卷續編六卷三編六卷四編六卷　（清）梁恭辰撰　清同治五年（1866）汴城敦厚堂刻本　八冊

310000－0242－0011726　X10.2－6/5.260

夷堅志十集　（宋）洪邁撰　清乾隆四十三年（1778）耕煙草堂刻本　十冊

310000－0242－0011727　X10.2－7/7.151

尾蔗叢談四卷　（清）李調元撰　清刻本　二冊

310000－0242－0011728　X10.2－7/7.588

見聞隨筆二十六卷　（清）齊學裘撰　清同治十年（1871）天空海闊之居刻本　十冊

310000－0242－0011729　X10.2－7/7.622

宋稗類鈔八卷　（清）潘永因輯　清宣統元年（1909）上海有正書局鉛印本　八冊

310000－0242－0011730　X10.2－8/7.550

夜譚隨錄十二卷　（清）和邦額撰　清光緒十三年（1887）上海鴻寶齋石印本　四冊

310000－0242－0011731　X10.2－9/7.21

繪圖後聊齋志異十二卷　（清）王韜撰　清光緒十七年(1891)上海鴻文書局石印本　六冊

310000－0242－0011732　X10.2－9/7.589

咫聞錄十二卷　（清）慵訥居士撰　清道光二十三年(1843)刻本　十二冊

310000－0242－0011733　X10.27－16/7.329

螢窗異草三編十二卷　（清）浩歌子著　清光緒三十一年(1905)上海進步書局石印本　三冊

310000－0242－0011734　X10.3－11/752

繪圖情天寶鑑二十四卷　（□）□□撰　清末石印本　四冊

310000－0242－0011735　X10.3－12/7.705C2

雅趣藏書不分卷　（清）錢書撰　清刻本　二冊

310000－0242－0011736　X10.4－3/752

小喬自歎　（□）□□撰　清同治十三年(1874)抄本　一冊

310000－0242－0011737　X10.41－16/6.752

龍圖公案十卷　（□）□□撰　清嘉慶十三年(1808)刻本　十冊

310000－0242－0011738　X10.41－16/6.752C3

龍圖公案十卷　（□）□□撰　清嘉慶十三年(1808)兩餘堂刻本　八冊

310000－0242－0011739　X10.41－16/6.752C2

龍圖公案十卷　（□）□□撰　清同治六年(1867)翰寶樓刻本　五冊

310000－0242－0011740　X10.41－16/6.752B

繪圖龍圖公案四卷　（□）□□撰　清光緒二十六年(1900)上海書局石印本　四冊

310000－0242－0011741　X10.41－4/7.209

新選今古奇聞二十二卷　（清）東壁山房主人撰　清光緒十三年(1887)上海東壁山房刻本　六冊

310000－0242－0011742　X10.41－8/6.556

東西晉志傳西晉志傳四卷東晉志傳八卷

（明）楊爾曾編　清秣陵尺蠖齋刻本　十二冊

310000－0242－0011743　X10.42－16/7.441

燕山外史二卷　（清）陳球撰　清嘉慶十六年(1811)醇雅堂刻本　四冊

310000－0242－0011744　X10.42－16/7.441A

燕山外史注釋八卷　（清）陳球撰　清光緒五年(1879)上海袖海山房石印本　二冊

310000－0242－0011745　X10.42－16/7.441AC2

燕山外史注釋八卷　（清）陳球撰　清光緒五年(1879)上海袖海山房石印本　四冊

310000－0242－0011746　X10.42－8/7.330

果報錄十二卷一百回　（清）海芝濤撰　清刻本　十二冊

310000－0242－0011747　X10.42－8/752

金臺全傳十二卷六十回　（□）□□撰　清刻本　十二冊

310000－0242－0011748　X10.44－11/8.598

通商原委演義二十五回　（清）趙協卿著　清木活字印本　一冊

310000－0242－0011749　X10.44－22/583

歡喜冤家六卷二十四回　（清）漁隱主人輯　清二美堂刻本　十冊

310000－0242－0011750　X10.44－4/7.405

新刊五美緣全傳八十回　（清）寄生氏撰　清道光刻本　十六冊

310000－0242－0011751　X10.44－7/752

歷史小說吳三桂演義四卷四十回　（□）□□撰　清上海海左書局石印本　一冊

310000－0242－0011752　X10.457－4/57.265

評論出像水滸傳二十卷七十回　（明）施耐庵撰　清順治十四年(1657)刻本　二十冊

310000－0242－0011753　X10.457－4/57.265C2

評論出像水滸傳二十卷七十回　（明）施耐庵撰　清順治十四年(1657)刻本　四十冊

310000－0242－0011754　X10.457－4/57.265C3

評論出像水滸傳二十卷七十回　（明）施耐庵

撫　清順治十四年(1657)刻本　三十二冊

310000－0242－0011755　X10.457－4/57.265C5

第五才子書水滸全傳七十回　(明)施耐庵撰
清光緒十四年(1888)上海大同書局石印本
八冊

310000－0242－0011756　X10.457－4/57.265C7

第五才子書水滸全傳七十回　(明)施耐庵撰
清光緒十四年(1888)上海大同書局石印本
十冊

310000－0242－0011757　X10.457－4/57.265C9

第五才子書水滸全傳七十回　(明)施耐庵撰
清光緒十四年(1888)上海華堂影印本　二
十四冊

310000－0242－0011758　X10.46－12/6.248

新刻按鑑編纂開關衍繹通俗志傳六卷八十回
(明)周游纂　清刻本　十二冊

310000－0242－0011759　X10.46－12/6.393B

繡像京本雲合奇蹤玉茗英烈全傳十卷八十回
(明)徐渭編　清醉六堂坊刻本　五冊

310000－0242－0011760　X10.46－14/6.775

漢宋奇書(忠義水滸傳三國演義)　(明)施耐
庵　(明)羅貫中撰　清刻本　十九冊

310000－0242－0011761　X10.46－16/6.401

禪真逸史　(明)清心道人編次　清刻本　八
冊

310000－0242－0011762　X10.46－16/6.401A

禪真後史　(明)清溪道人編次　清文魁堂刻
本　十二冊

310000－0242－0011763　X10.46－21/6.752

新編續西遊記一百回　(□)□□撰　清同治
七年(1868)漁古山房刻本　八冊

310000－0242－0011764　X10.46－3/6.441

繡像三國演義續編西晉四卷東晉八卷　(明)
陳氏尺蠖齋評釋　清光緒十九年(1893)廣百
宋齋鉛印本　八冊

310000－0242－0011765　X10.46－3/6.775

繡像三國志演義六十卷　(明)羅貫中撰　清

光緒三十年(1904)上海商務印書館鉛印本
八冊

310000－0242－0011766　X10.46－3/6.775

繡像三國演義六十卷　(明)羅貫中撰　清順
治元年(1644)刻本　四冊

310000－0242－0011767　X10.46－3/6.775

繡像三國演義六十卷　(明)羅貫中撰　清刻
本　二十冊

310000－0242－0011768　X10.46－3/6.775C2

繡像三國志演義六十卷　(明)羅貫中撰　清
光緒十一年(1885)上海同文書局石印本　十
二冊

310000－0242－0011769　X10.46－3/6.775

繡像三國志演義六十卷　(明)羅貫中撰　清
光緒三十年(1904)上海商務印書館鉛印本
八冊

310000－0242－0011770　X10.46－3/6.775C7

繡像三國志演義六十卷　(明)羅貫中撰　清
光緒三十年(1904)上海商務印書館鉛印本
四冊

310000－0242－0011771　X10.46－3/6.775C3

繡像三國志演義六十卷　(明)羅貫中撰　清
光緒十四年(1888)上海鴻文書局石印本　二
十冊

310000－0242－0011772　X10.46－3/6.775C4

繡像三國志演義六十卷　(明)羅貫中撰　清
光緒十四年(1888)上海鴻文書局石印本　六
冊

310000－0242－0011773　X10.46－3/6.775C10

**增像全圖三國志演義六十卷一百二十回首一
卷**　(明)羅貫中撰　清光緒十四年(1888)上
海鴻文書局刻本　十二冊

310000－0242－0011774　X10.46－5/6.449

**新鐫玉茗堂批點按鑑參補北宋志傳十卷五十
回**　(明)研石山樵訂正　清刻本　五冊

310000－0242－0011775　X10.46－5/6.752

新刻北宋三遂平妖全傳六卷四十回　(□)

□□撰　清道光十年(1830)刻本　六冊

310000－0242－0011776　X10.46－6/6.164

繪圖增像西遊記一百回　(明)吳承恩撰　清光緒十五年(1889)上海廣百宋齋鉛印本　十冊

310000－0242－0011777　X10.46－6/6.164C2

繪圖增像西遊記一百回　(明)吳承恩撰　清光緒十七年(1891)鉛印本　十冊

310000－0242－0011778　X10.46－8/6.389

金瓶梅五十卷一百回　(明)笑笑生撰　清康熙三十四年(1695)刻本　二十三冊

310000－0242－0011779　X10.46－8/6.605

東西漢演義西漢演義傳八卷東漢演義傳十卷　(明)謝詔撰　清金閶書業堂刻本　十四冊

310000－0242－0011780　X10.46－8/6.605

東西漢演義西漢演義傳八卷東漢演義傳十卷　(明)謝詔撰　清漁古山房刻本　十二冊

310000－0242－0011781　X10.46－8/6.605

東西漢演義西漢演義傳八卷東漢演義傳十卷　(明)謝詔撰　清道光二十七年(1847)刻本　十四冊

310000－0242－0011782　X10.46－9/6.393

繡像英烈全傳十卷八十回　(明)徐渭編　清嘉慶十三年(1808)一也軒刻本　十冊

310000－0242－0011783　X10.46－9/6.393

繡像英烈全傳十卷八十回　(明)徐渭編　清嘉慶十三年(1808)右文堂刻本　十冊

310000－0242－0011784　X10.46－9/6.407

繡像封神演義一百回　(明)許仲琳撰　清光緒十七年(1891)上海廣百宋齋鉛印本　十冊

310000－0242－0011785　X10.46－9/6.407C2

繡像封神演義一百回　(明)許仲琳撰　清光緒十五年(1889)鉛印本　十冊

310000－0242－0011786　X10.46－9/6.407C3

繡像封神演義一百回　(明)許仲琳撰　清光緒十六年(1890)珍藝書局鉛印本　十冊

310000－0242－0011787　X10.46－9/6.407C4

繡像封神演義一百回　(明)許仲琳撰　清光緒十六年(1890)珍藝書局鉛印本　十冊

310000－0242－0011788　X10.46－9/6.407C5

繡像封神演義一百回　(明)許仲琳撰　清光緒二十三年(1897)圖書集成局鉛印本　十冊

310000－0242－0011789　X10.46－9/6.449C2

南北宋志傳北宋志傳十卷五十回南宋志傳十卷五十回　(明)研石山樵訂正　清鄭五雲堂刻本　十二冊

310000－0242－0011790　X10.46－9/6.449C3

南北宋志傳北宋志傳十卷五十回南宋志傳十卷五十回　(明)研石山樵訂正　清鄭五雲堂刻本　十冊

310000－0242－0011791　X10.46－9/6.449

南北宋志傳北宋志傳十卷五十回南宋志傳十卷五十回　(明)研石山樵訂正　清鄭五雲堂刻本　二十冊

310000－0242－0011792　X10.46－9/6.449A

南宋志傳十卷　(明)研石山樵訂正　清武林鴻文堂刻本　五冊

310000－0242－0011793　X10.47－10/7.105

新刻粉粧樓傳記十卷八十回　(清)竹溪山人撰　清同文堂刻本　五冊

310000－0242－0011794　X10.47－10/7.233

海上花列傳六十四回　(清)花也憐儂撰　清光緒二十年(1894)石印本　八冊

310000－0242－0011795　X10.47－10/7.575

海上塵天影六十章　鄒弢撰　清光緒三十年(1904)石印本　七冊

310000－0242－0011796　X10.47－10/7.727

時髦現形記八卷　(清)嘯儂撰　清上海掃葉山房石印本　一冊

310000－0242－0011797　X10.47－10/7.752

原本海公大紅袍傳六十回　(□)□□撰　清道光十年(1830)金陵萬卷樓刻本　十冊

310000－0242－0011798　X10.47－10/7.752C2

527

原本海公大紅袍傳六十回　（□）□□撰　清
道光二十年（1840）經國堂刻本　十冊

310000－0242－0011799　X10.47－10/7.752C3

原本海公大紅袍傳六十回　（□）□□撰　清
光緒十九年（1893）文淵山房鉛印本　一冊

310000－0242－0011800　X10.47－10/7.84

草木春秋演義五卷三十二回　（清）江洪撰
清經元堂刻本　五冊

310000－0242－0011801　X10.47－11/39

乾隆抄本百廿回紅樓夢稿　（□）□□撰　清
刻本　十二冊

310000－0242－0011802　X10.47－11/7.240

繡像第一俠義奇女傳四卷五十三回　（清）知
非子撰　清光緒二十六年（1900）上海廣益書
局石印本　一冊

310000－0242－0011803　X10.47－11/7.370

野叟曝言二十卷一百五十四回　（清）夏敬渠
撰　清光緒八年（1882）上海申報館鉛印本
十七冊

310000－0242－0011804　X10.47－11/752

情界四二編二十章　（□）□□撰　清光緒三
十二年（1906）改良小說社鉛印本　一冊

310000－0242－0011805　X10.47－11/752A

繡像康梁演義四十回　（□）□□撰　清書坊
石印本　一冊

310000－0242－0011806　X10.47－12/7.312

結水滸全傳七十一至一百四十回卷末結子一
回　（清）俞萬春撰　清咸豐七年（1857）大文
堂刻本　二十四冊

310000－0242－0011807　X10.47－12/7.312

結水滸全傳七十一至一百四十回卷末結子一
回　（清）俞萬春撰　清同治十年（1871）玉屏
山館刻本　二十冊

310000－0242－0011808　X10.47－12/7.561

富翁醒世傳四卷十六回　（清）落魄道人編
清光緒十九年（1893）石印本　二冊

310000－0242－0011809　X10.47－12/7.592

四雪草堂重訂通俗隋唐演義二十卷一百回
（清）褚人穫編　清康熙三十四年（1695）四雪
草堂刻本　四十冊

310000－0242－0011810　X10.47－12/7.659

順治皇過江全傳四卷二十二回　（清）蓬蒿子
編　清刻本　四冊

310000－0242－0011811　X10.47－12/7.80

繡像全圖筆生花八卷三十二回　（清）邱心如
撰　清光緒二十年（1894）申江袖海山房石印
本　八冊

310000－0242－0011812　X10.47－13/7.164

萬花樓全傳十四卷六十八回　（清）吳西瑞原
本　清羊城長慶堂刻本　十四冊

310000－0242－0011813　X10.47－13/7.428

新說西遊記一百回　（清）張書紳撰　清光緒
十四年（1888）邗江味潛齋石印本　八冊

310000－0242－0011814　XU02.298－6/7.164

字學九辨　（清）吳翌鳳撰　清稿本　二冊
存四卷（字學辨通二卷、字學辨異二卷）

310000－0242－0011815　X10.47－13/7.659

繪圖新史奇觀八卷二十二回　（清）蓬蒿子編
清光緒十八年（1892）上海珍藝局鉛印本
四冊

310000－0242－0011816　X10.47－13/7.659A

新史奇觀演義全傳二十二回　（清）蓬蒿子編
清嘉慶八年（1803）集古居刻本　一冊

310000－0242－0011817　X10.47－13/7.659AC2

新史奇觀演義全傳二十二回　（清）蓬蒿子編
清同治三年（1864）書房刻本　四冊

310000－0242－0011818　X10.47－13/7.75

新鐫古本批評繡像三世報隔簾花影四十八回
（清）四橋居士撰　清書坊刻本　八冊

310000－0242－0011819　X10.47－13/7.752

繡像慈雲走國全傳八卷三十五回　（□）□□
撰　清道光二十年（1840）刻本　十冊

310000－0242－0011820　X10.47－14/7.119

說唐三傳十卷八十八回　（清）如蓮居士撰

清經文堂刻本　十冊

310000－0242－0011821　X10.47－14/7.119A
說唐前後傳　（清）如蓮居士撰　清乾隆元年
(1736)刻本　十八冊

310000－0242－0011822　X10.47－14/7.151A
夢中緣四卷十五回　（清）李修行撰　清光緒
十一年(1885)崇德堂刻本　四冊

310000－0242－0011823　X10.47－14/7.151AC2
夢中緣四卷十五回　（清）李修行撰　清光緒
十一年(1885)崇德堂刻本　八冊

310000－0242－0011824　X10.47－14/7.151A
夢中緣四卷十五回　（清）李修行撰　清光緒
十一年(1885)崇德堂刻本　四冊

310000－0242－0011825　X10.47－14/7.151B
綠野仙踪八十回　（清）李百川撰　清道光十
年(1830)刻本　二十九冊

310000－0242－0011826　X10.47－14/7.151B
綠野仙踪八十回　（清）李百川撰　清道光十
年(1830)刻本　二冊

310000－0242－0011827　X10.47－14/7.178
閩都別記二十卷四百回　（清）何求纂　清宣
統三年(1911)藕耕齋石印本　二十冊

310000－0242－0011828　X10.47－14/7.535
新編鳳雙飛前後全傳四十二回　（清）程蕙英
撰　清光緒二十四年(1898)怡怡軒主人石印
本　二十冊

310000－0242－0011829　X10.47－14/7.709
重刻繡像說唐演義全傳五十五回　（清）鴛湖
漁叟訂　清嘉慶六年(1801)會文堂刻本　十
四冊

310000－0242－0011830　X10.47－14/7.709A
重刻繡像說唐演義後傳五十五回　（清）鴛湖
漁叟訂　清暢心堂刻本　十六冊

310000－0242－0011831　X10.47－14/7.752
繡像綠牡丹全傳六卷六十四回　（□）□□撰
清刻本　六冊

310000－0242－0011832　X10.47－14/7.752
新刻異說綠牡丹六十四回　（□）□□撰　清
道光十一年(1831)刻本　六冊

310000－0242－0011833　X10.47－15/752
劍鋒春秋十卷六十回　（□）□□撰　清同治
四年(1865)四和堂刻本　十冊

310000－0242－0011834　X10.47－16/7.164
增補齊省堂全圖儒林外史六卷六十回　（清）
吳敬梓撰　清同治十三年(1874)齊省堂刻本
十六冊

310000－0242－0011835　X10.47－16/7.91
醒世姻緣傳　（清）西周生撰　清刻本　十六
冊

310000－0242－0011836　X10.47－17/7.29
新刻濟顛大師醉菩提全傳四卷二十回　（清）
天花藏主人編　清道光二十七年(1847)大文
堂刻本　四冊

310000－0242－0011837　X10.47－17/7.412
新刊繡像評講濟公傳八卷一百二十回　（清）
郭小亭撰　清光緒三十二年(1906)簡青齋書
局石印本　八冊

310000－0242－0011838　X10.47－18/7.416
雙鳳奇緣傳八十回　（清）雪樵主人撰　清嘉
慶十八年(1813)刻本　二十冊

310000－0242－0011839　X10.47－18/7.416
雙鳳奇緣傳八十回　（清）雪樵主人撰　清道
光二十六年(1846)一也軒刻本　六冊

310000－0242－0011840　X10.47－18/7.416
雙鳳奇緣傳八十回　（清）雪樵主人撰　清道
光二十六年(1846)一也軒刻本　十冊

310000－0242－0011841　X10.47－18/7.455
全圖三才子雙美奇緣四卷二十四回　（清）荻
岸散人編　清光緒十九年(1893)深柳堂石印
本　四冊

310000－0242－0011842　X10.47－18/752
雙飛鳳全傳四卷十八回　（清）天花藏主人撰
清光緒十四年(1888)姑蘇紅葉山房刻本

四冊

310000－0242－0011843　X10.47－19/7.151

鏡花緣二十卷一百回　（清）李汝珍撰　清道光元年（1821）刻本　二十冊

310000－0242－0011844　X10.47－2/7.312

重編七俠五義傳二十四卷一百二十回　（清）俞樾編　清光緒十六年（1890）廣百宋齋鉛印本　六冊

310000－0242－0011845　X10.47－2/7.337

七劍十三俠初二三集　（清）唐芸生著　清石印本　五冊

310000－0242－0011846　X10.47－2/7.420

繡像九美圖全傳十二卷七十五回　（清）曹春江撰　清道光二十三年（1843）四友軒刻本　十二冊

310000－0242－0011847　X10.47－20/7.83

警富新書四十回　（清）安和撰　清嘉慶十四年（1809）石印本　四冊

310000－0242－0011848　X10.47－21/7.422

繡像鐵冠圖八卷五十回　（清）松滋山人編　清光緒十年（1884）刻本　六冊

310000－0242－0011849　X10.47－21/7.422C2

繡像鐵冠圖八卷五十回　（清）松滋山人編　清光緒十年（1884）刻本　六冊

310000－0242－0011850　X10.47－21/7.483

鐵花仙史二十六回　（清）雲封山人撰　清刻本　七冊

310000－0242－0011851　X10.47－21/7.483

鐵花仙史二十六回　（清）雲封山人編　清光緒十七年（1891）鉛印本　四冊

310000－0242－0011852　X10.47－21/7.752

續小五義一百二十四回　（□）□□撰　清光緒十七年（1891）聚盛堂刻本　三十二冊

310000－0242－0011853　X10.47－21/7.752A

續俠義傳十六回　（□）□□撰　清刻本　四冊

310000－0242－0011854　X10.47－23/7.752

麟兒報十六回　（□）□□撰　清羊城丹柱堂刻本　四冊

310000－0242－0011855　X10.47－3/7.119

女舉人十七回　（清）如如女史撰　清光緒石印本　一冊

310000－0242－0011856　X10.47－3/7.170

繪圖評點女僊外史八卷一百回　（清）呂熊撰　清宣統元年（1909）上海章福記石印本　八冊

310000－0242－0011857　X10.47－3/7.178

大明正德遊江南傳七卷四十五回　（清）何夢梅撰　清道光十二年（1832）江左書林刻本　一冊

310000－0242－0011858　X10.47－3/7.428

三分夢全傳十六卷十六回　（清）張士登撰　清道光二十八年（1848）刻本　二冊

310000－0242－0011859　X10.47－3/7.62

小五義一百二十四回　（清）石玉崑原本　清光緒十六年（1890）東郡寶興堂刻本　三十二冊

310000－0242－0011860　X10.47－3/7.62C2

小五義一百二十四回　（清）石玉崑原本　清光緒十六年（1890）東郡寶興堂刻本　一冊

310000－0242－0011861　X10.47－3/7.752B

繪圖大明奇俠傳十四卷五十四回　（□）□□撰　清光緒二十二年（1896）上海理文軒石印本　六冊

310000－0242－0011862　X10.47－4/7.170C2

精訂綱鑑廿四史通俗衍義二十二卷四十四回　（清）呂撫輯　清光緒十三年（1887）上海廣百宋齋鉛印本　六冊

310000－0242－0011863　X10.47－4/7.170C3

精訂綱鑑廿四史通俗衍義二十二卷四十四回　（清）呂撫輯　清光緒十三年（1887）上海廣百宋齋鉛印本　六冊

310000－0242－0011864　X10.47－4/7.170

精訂綱鑑廿四史通俗衍義二十二卷四十四回　（清）呂撫輯　清光緒十四年(1888)上海廣百宋齋鉛印本　六冊

310000－0242－0011865　X10.47－4/7.260

中東大戰演義四卷三十三回　（清）洪興全撰　清光緒二十六年(1900)石印本　二冊

310000－0242－0011866　X10.47－4/7.260

中東大戰演義四卷三十三回　（清）洪興全撰　清光緒二十六年(1900)石印本　二冊

310000－0242－0011867　X10.47－4/7.691

中國之女銅像三卷二十回　（清）靜觀自得齋主人撰　清宣統元年(1909)改良小說社鉛印本　一冊

310000－0242－0011868　X10.47－4/752

五虎平西前傳十四卷一百十二回附五虎平南後傳六卷四十二回　（□）□□撰　清經世堂刻本　二十冊

310000－0242－0011869　X10.47－5/7.268

繡像永慶昇平前傳二十七卷九十四回後傳二十五卷一百回　（清）郭廣瑞輯編　清光緒二十一年(1895)上海書局石印本　十二冊

310000－0242－0011870　X10.47－5/7.420

增評補圖石頭記一百二十回　（清）曹雪芹撰　清悼紅軒鉛印本　十六冊

310000－0242－0011871　X10.47－5/7.455

新刻天花藏批評玉嬌梨四卷二十回　（清）荻岸散人編　清刻本　四冊

310000－0242－0011872　X10.47－5/7.455A

新刻天花藏批評平山冷燕　（清）荻岸散人編　清廣裕堂刻本　四冊

310000－0242－0011873　X10.47－5/7.462

白圭志四卷十六回　（清）崔象川撰　清刻本　一冊

310000－0242－0011874　X10.47－5/7.462C2

白圭志四卷十六回　（清）崔象川撰　清光緒二十一年(1895)上海書局石印本　二冊

310000－0242－0011875　X10.47－5/7.629

繡像北宋金鎗全傳十卷五十回　（清）廢閑主人校閱　清道光三年(1823)博古堂刻本　十冊

310000－0242－0011876　X10.47－6/7.121

好逑傳十八回　（清）名教中人編　清宣統三年(1911)鉛印本　一冊

310000－0242－0011877　X10.47－6/7.121C2

好逑傳十八回　（清）名教中人編　清宣統三年(1911)鉛印本　一冊

310000－0242－0011878　X10.47－6/7.441

西湖拾遺四十八卷　（清）陳樹基撰　清乾隆五十六年(1791)刻本　二十冊

310000－0242－0011879　X10.47－6/7.674

西遊原旨二十四卷一百回　（清）劉一明撰　清嘉慶二十四年(1819)護國菴刻本　二十四冊

310000－0242－0011880　X10.47－7/7.135

希夷夢四十卷　（清）汪寄撰　清光緒四年(1878)翠竹山房刻本　二十冊

310000－0242－0011881　X10.47－8/7.18

兒女英雄傳評話四十回　（清）文康撰　清光緒十四年(1888)上海蜚英館石印本　六冊

310000－0242－0011882　X10.47－8/7.312

青樓夢六十四回　（清）俞達撰　清光緒四年(1878)上海申報館鉛印本　六冊

310000－0242－0011883　X10.47－8/7.312C2

青樓夢六十四回　（清）俞達撰　清光緒二十一年(1895)上海書局石印本　十冊

310000－0242－0011884　X10.47－8/7.420

增評補像全圖金玉緣十六卷一百二十回首一卷　（清）曹雪芹撰　清光緒三十四年(1908)錦章書局石印本　十六冊

310000－0242－0011885　X10.47－8/7.420C3

增評補像全圖金玉緣十六卷一百二十回首一卷　（清）曹雪芹撰　清光緒三十四年(1908)錦章書局石印本　十六冊

310000－0242－0011886　X10.47－8/7.420C2

增評補像全圖金玉緣十六卷一百二十回首一卷　（清）曹雪芹撰　清光緒十五年（1889）上海同文書局石印本　十六冊

310000－0242－0011887　X10.47－8/7.522
異說征西演義全傳四十回　（清）逸叟撰　清乾隆十八年（1753）刻本　八冊

310000－0242－0011888　X10.47－8/7.522C2
異說征西演義全傳四十回　（清）逸叟撰　清乾隆五十年（1785）積秀堂刻本　六冊

310000－0242－0011889　X10.47－8/7.55
金鐘傳八卷六十四回　（清）正一子撰　清光緒二十二年（1896）樂善堂刻本　八冊

310000－0242－0011890　X10.47－8/7.62
忠烈俠義傳一百二十回　（清）石玉崑撰　清光緒五年（1879）刻本　三十二冊

310000－0242－0011891　X10.47－8/7.639
繡像狐狸緣全傳六卷二十二回　（清）醉月山人撰　清光緒十四年（1888）敦厚堂刻本　一冊

310000－0242－0011892　X10.47－8/7.654
東周列國志二十七卷一百八回　（清）蔡奡評點　清光緒十六年（1890）上海點石齋石印本　八冊

310000－0242－0011893　X10.47－8/7.654C2
繡像東周列國志二十七卷一百八回首一卷　（清）蔡奡評點　清乾隆十七年（1752）刻本　二十冊

310000－0242－0011894　X10.47－8/7.654
東周列國全志二十三卷一百八回　（清）蔡奡評點　清星聚堂刻本　二十四冊

310000－0242－0011895　X10.47－8/7.654
東周列國全志二十三卷一百八回　（清）蔡奡評點　清咸豐四年（1854）書成山房刻朱墨套印本　二十四冊

310000－0242－0011896　X10.47－8/7.654C4
繡像東周列國志二十七卷一百八回首一卷　（清）蔡奡評點　清光緒十七年（1891）上海書局鉛印本　八冊

310000－0242－0011897　X10.47－8/7.691
金石緣全傳八卷二十四回　（清）靜怡主人撰　清同治四年（1865）羊城古經閣刻本　一冊

310000－0242－0011898　X10.47－8/7.752
繡像爭春園全傳四十八回　（□）□□□撰　清道光二十九年（1849）一也軒刻本　八冊

310000－0242－0011899　X10.47－8/7.761
花月痕全書十六卷五十二回　（清）魏秀仁撰　清光緒十四年（1888）刻本　十六冊

310000－0242－0011900　X10.47－8/7.761C2
花月痕全書十六卷五十二回　（清）魏秀仁撰　清光緒十八年（1892）上海圖書集成局鉛印本　四冊

310000－0242－0011901　X10.47－8/7.761A
繪圖批評花月姻緣十六卷五十二回　（清）魏秀仁撰　清光緒二十二年（1896）文運書局石印本　六冊

310000－0242－0011902　X10.47－9/7.105
風月夢三十二回　（清）邗上蒙人撰　清光緒九年（1883）申報館鉛印本　四冊

310000－0242－0011903　X10.47－9/7.119
新刻異說南唐演義全傳十卷一百回　（清）如蓮居士編　清似菊別墅刻本　五冊

310000－0242－0011904　X10.47－9/7.119C2
新刻異說南唐演義全傳十卷一百回　（清）如蓮居士編　清似菊別墅刻本　十冊

310000－0242－0011905　X10.47－9/7.12
紅樓復夢一百卷　（清）小和山樵南陽氏編　清嘉慶十年（1805）刻本　二十四冊

310000－0242－0011906　X10.47－9/7.12
紅樓復夢一百卷　（清）小和山樵南陽氏編　清上海申報館鉛印本　五冊

310000－0242－0011907　X10.47－9/7.164
飛龍全傳十二卷六十回　（清）吳璿刪定　清同治十三年（1874）經綸堂刻本　八冊

310000 - 0242 - 0011908　X10.47 - 9/7.164C2

飛龍全傳十二卷六十回　（清）吳璿刪定　清
乾隆三十三年(1768)文德堂刻本　六冊

310000 - 0242 - 0011909　X10.47 - 9/7.18

俠女奇緣傳評話八卷四十回緣起一回　（清）
文康撰　清光緒二十四年(1898)上海蘇報館
鉛印本　八冊

310000 - 0242 - 0011910　X10.47 - 9/7.219

英雲夢傳八卷十六回　（清）松雲撰　清文光
堂刻本　八冊

310000 - 0242 - 0011911　X10.47 - 9/7.219C2

英雲夢傳八卷十六回　（清）松雲撰　清文光
堂刻本　八冊

310000 - 0242 - 0011912　X10.47 - 9/7.29

新刻批評繡像後西遊記八卷四十回　（清）天
花才子評點　清光緒二十年(1894)石印本
八冊

310000 - 0242 - 0011913　X10.47 - 9/7.29C2

新刻批評繡像後西遊記八卷四十回　（清）天
花才子評點　清光緒二十年(1894)石印本
六冊

310000 - 0242 - 0011914　X10.47 - 9/7.393

後七國樂田演義四卷十八回　（清）徐震撰
清光緒二十年(1894)上海積山書局石印本
二冊

310000 - 0242 - 0011915　X10.47 - 9/7.420C2

紅樓夢一百二十回　（清）曹雪芹　（清）高鶚
撰　清嘉慶十九年(1814)金閶經義堂刻本
二十四冊

310000 - 0242 - 0011916　X10.47 - 9/7.420C3

紅樓夢一百二十回　（清）曹雪芹　（清）高鶚
撰　清道光十二年(1832)刻本　十六冊

310000 - 0242 - 0011917　X10.47 - 9/7.420C4

紅樓夢一百二十回　（清）曹雪芹　（清）高鶚
撰　清刻本　二十九冊

310000 - 0242 - 0011918　X10.47 - 9/7.441

品花寶鑒六十回　（清）陳森撰　清光緒三十

四年(1908)幻中了幻齋刻本　二十冊

310000 - 0242 - 0011919　X10.47 - 9/7.752

施案奇聞八卷九十七回　（□）□□撰　清嘉
慶刻本　八冊

310000 - 0242 - 0011920　X10.47 - 9/7.752A

**繪圖施公案前傳八卷九十八回後傳二十五卷
一百回**　（□）□□撰　清光緒二十一年至二
十四年(1895 - 1898)上海書局石印本　六冊

310000 - 0242 - 0011921　X10.47 - 9/7.760

紅樓夢補四十八回　（清）歸鋤子撰　清光緒
二十九年(1903)藤花樹刻本　三十冊

310000 - 0242 - 0011922　X10.47 - 9/7.760

紅樓夢補四卷四十回　（清）歸鋤子撰　清申
報館鉛印本　二冊

310000 - 0242 - 0011923　X10.47 - 9/7.794

新輯查潘鬥勝香國綺談四卷三十回　（清）鉄
盦隱士撰　清光緒二十七年(1901)石印本
一冊

310000 - 0242 - 0011924　X10.47 - 9/752A

紅樓圓夢四卷三十回　（□）□□撰　清光緒
二十三年(1897)上海書局石印本　二冊

310000 - 0242 - 0011925　X10.47 - 9/752B

繪圖紅梅閣六卷五十六回　（□）□□撰　清
光緒二十二年(1896)上海書局石印本　二冊

310000 - 0242 - 0011926　X10.471 - 9/7.206

紅樓夢紀畧紅樓夢廣義附紅樓夢論贊　（清）
青山山農輯著　清石印本　一冊

310000 - 0242 - 0011927　X10.471 - 9/7.206A

紅樓夢廣益二卷附戲詠一卷　（清）青山山農
輯著　清光緒八年(1882)藜青閣刻本　一冊

310000 - 0242 - 0011928　X10.471 - 9/7.206K

紅樓夢廣益二卷附戲詠一卷　（清）青山山農
輯著　清光緒二十八年(1902)味青齋刻本
二冊

310000 - 0242 - 0011929　X10.48 - 10/752

繡像真正鬼話連篇二卷十回　（□）□□撰
清石印本　二冊

310000－0242－0011930　X10.48－10/8.375

繡像海上繁華夢新書二集六卷三十回　（清）孫家振著　清光緒二十九年(1903)上海笑林報館鉛印本　三冊

310000－0242－0011931　X10.48－10/8.375C2

繡像海上繁華夢新書二集六卷三十回　（清）孫家振著　清光緒二十九年(1903)上海笑林報館鉛印本　十二冊

310000－0242－0011932　X10.48－10/8.375A

海上繁華夢新書後集八卷四十回　（清）孫家振著　清光緒三十二年(1906)上海笑林報館鉛印本　四冊

310000－0242－0011933　X10.48－10/8.401

馬浪蕩六回　（清）淚痕著　清蘇州觀瀾閣書莊石印本　一冊

310000－0242－0011934　X10.48－3/8.752

新編三百六十行現形記初集八回　（□）□□撰　清石印本　一冊

310000－0242－0011935　X10.48－4/8.242

日露戰爭未來記　（清）金開華　（清）薛鳳昌譯　清光緒二十九年(1903)上海祥記書莊鉛印本　二冊

310000－0242－0011936　X10.48－8/8.7

芙蓉緣四十回　（清）卜琴齋著　清抄本　一冊

310000－0242－0011937　X10.51－2/752

繡像八美圖五卷二十二回　（□）□□撰　清同治元年(1862)松茂堂刻本　八冊

310000－0242－0011938　X10.7－10/7.306

恩福堂筆記二卷　（清）英和撰　清道光十七年(1837)刻本　四冊

310000－0242－0011939　X11.4－10/7.83

新選全本荊釵記四卷　（清）守拙主人訂　清羊城丹桂堂刻本　四冊

310000－0242－0011940　X11.4－11/752A

第八才子花箋記二卷　（□）□□撰　清刻本　一冊

310000－0242－0011941　X11.4－12/752

湘江郎十種　（□）□□撰　清刻本　一冊

310000－0242－0011942　X11.4－12/752A

新刻琥珀鳳釵柳希雲六卷附續集六卷　（□）□□撰　清刻本　二冊

310000－0242－0011943　X11.4－12/752B

新校換親記二卷　（□）□□撰　清舊抄本　四冊

310000－0242－0011944　X11.4－16/7.311

錦上花四十八回　（清）修月閣主人撰　清嘉慶善成堂刻本　八冊

310000－0242－0011945　X11.4－19/7.629

繡像說唱麒麟豹傳十卷六十回　（清）廢閑主人撰　清道光四年(1824)飛春閣刻本　十六冊

310000－0242－0011946　X11.4－4/7.449

天雨花三十回　（清）陶貞懷撰　清道光二十一年(1841)宏盛堂刻本　二十冊

310000－0242－0011947　X11.4－4/752

新刻六姑回門三卷　（□）□□撰　清丹桂堂刻本　一冊

310000－0242－0011948　X11.4－5/7.752

玉鴛鴦初集四卷四回二集四卷四回三集四卷四回四集四卷四回五集四卷四回　（□）□□撰　清同治七年(1868)星沙刻本　二冊

310000－0242－0011949　X11.4－5/7.752A

新刻瓦車篷血書牙痕記三十卷　（□）□□撰　清樊川文成堂刻本　六冊

310000－0242－0011950　X11.4－6/7.21

西陂牧唱詞　（清）王芑孫撰　清乾隆五十三年(1788)刻本　一冊

310000－0242－0011951　X11.4－6/7.504

新選全本西瓜記六卷附續集五卷　（清）閒情居士校訂　清右經堂刻本　二冊

310000－0242－0011952　X11.4－6/7.712

繡像百花臺四卷　（清）鴛水主人撰　清光緒元年(1875)刻本　四冊

310000－0242－0011953　X11.4－7/752

新刻說唱義夫節婦何文秀報冤傳　（□）□□
撰　清刻本　一冊

310000－0242－0011954　X11.4－8/752

拔蘭花　（□）□□撰　清刻本　一冊

310000－0242－0011955　X11.4－9/7.248

繡像珍珠塔二十四回　（清）周殊士撰　清方
來堂刻本　六冊

310000－0242－0011956　X11.4－9/7.434

拱璧緣傳奇二十四回　（清）陸怡安編　清道
光八年(1828)雲秀書屋刻本　六冊

310000－0242－0011957　X11.4－9/752

秋胡戲妻附一捧雪　（□）□□撰　清北京文
翰齋刻本　一冊

310000－0242－0011958　X11.419－10/752

真修寶卷　（□）□□撰　清末刻本　一冊

310000－0242－0011959　X11.419－11/752

惜穀寶卷　（□）□□撰　清宣統元年(1909)
刻本　一冊

310000－0242－0011960　X11.419－13/752

慈雲寶卷　（□）□□撰　清宣統三年(1911)
木活字印本　一冊

310000－0242－0011961　X11.49－11/7.561

常言道四卷十六回　（清）落魄道人編　清光
緒元年(1875)得威堂刻本　一冊

310000－0242－0011962　X11.51－10/7.281

新刻珠玉圓四卷十二回　（清）柳浦散人編輯
　清同治十一年(1872)刻本　四冊

310000－0242－0011963　X11.51－10/7.697

娛萱草彈詞三十二卷　（清）橘道人撰　清光
緒二十年(1894)刻本　六冊

310000－0242－0011964　X11.51－10/7.752

倭袍全傳二十卷一百回　（□）□□撰　清光
緒元年(1875)抄本　十冊

310000－0242－0011965　X11.51－10/752

繡像新刻時調彈詞海瑞大紅袍全傳十集一百

卷　（□）□□撰　清道光三年(1823)秋爽閣
刻本　二十冊

310000－0242－0011966　X11.51－11/7.194

庶幾堂今樂　（清）余治撰　清咸豐十年
(1860)蘇州得見齋刻本　八冊

310000－0242－0011967　X11.51－11/7.752

繡像梅花韻全傳十卷四十二回　（□）□□撰
　清道光元年(1821)鴛湖刻本　十冊

310000－0242－0011968　X11.51－12/752

無憾編一百回　（□）□□撰　清石印本　六
冊

310000－0242－0011969　X11.51－13/7.172

繡像落金扇全傳八卷　（清）吹笋先生編　清
同治十二年(1873)刻本　八冊

310000－0242－0011970　X11.51－13/7.441

繡像義妖全傳二十八卷五十四回　（清）陳遇
乾編　清同治八年(1869)刻本　十二冊

310000－0242－0011971　X11.51－13/7.629

繡像福壽大紅袍十四卷一百回　（清）廢閑主
人撰　清道光元年(1821)刻本　十四冊

310000－0242－0011972　X11.51－13/752

繡像萬花樓全傳六卷三十六回　（□）□□撰
　清光緒二年(1876)玉蘭軒刻本　六冊

310000－0242－0011973　X11.51－14/7.661

夢影緣四十八卷　（清）鄭澹若夫人撰　清光
緒二十一年(1895)竹簡齋石印本　十六冊

310000－0242－0011974　X11.51－14/7.661

夢影緣四十八卷　（清）鄭澹若夫人撰　清光
緒二十一年(1895)竹簡齋石印本　十六冊

310000－0242－0011975　X11.51－14/752

鳳凰山七十二卷七十二回　（□）□□撰　清
同治十二年(1873)大文堂刻本　三十二冊

310000－0242－0011976　X11.51－15/752

繡像鬧蘆莊十六卷十六回　（□）□□撰　清
刻本　六冊

310000－0242－0011977　X11.51－16/7.393

535

繡像錦香亭全傳八集三十二卷 （清）徐品南
撰 清嘉慶七年(1802)刻本 八冊

310000－0242－0011978 X11.51－19/7.483

繡像蘊香丸十卷二十回 （清）雲坡撰 清嘉
慶二十二年(1817)雅賢堂刻本 八冊

310000－0242－0011979 X11.51－2/7.219

繡像十美圖傳四十卷四十回 （清）松筠編
清同治九年(1870)寶文堂刻本 十冊

310000－0242－0011980 X11.51－3/7.164

三笑新編十二集四十八回 （清）吳信天編
清刻本 十二冊

310000－0242－0011981 X11.51－4/7.691

新刻天寶圖十卷五十七回 （清）隨安散人撰
清道光十年(1830)刻本 十冊

310000－0242－0011982 X11.51－4/7.71

繡像文武香球十二卷七十二回 （清）申江逸
史著 清同治二年(1863)刻本 十二冊

310000－0242－0011983 X11.51－5/7.91.1

新刻玉釧緣全傳三十二卷二百三十回 （清）
西湖居士撰 清刻本 六十四冊

310000－0242－0011984 X11.51－5/7.98

繡像四香緣三十二卷三十二回 （清）朱鏡江
編 清道光五年(1825)刻本 十六冊

310000－0242－0011985 X11.51－5/7.98A

繡像玉連環八卷七十六回 （清）朱素仙撰
清嘉慶十年(1805)環春閣刻本 八冊

310000－0242－0011986 X11.51－6/7.311

再造天 （清）侯香葉夫人撰 清同治八年
(1869)香葉閣刻本 八冊

310000－0242－0011987 X11.51－6/7.441

再生緣全傳二卷八十回 （清）陳端生撰 清
同治十一年(1872)右經堂刻本 二十冊

310000－0242－0011988 X11.51－6/752

安邦志二十卷 （□）□□撰 清宣統元年
(1909)盛德堂刻本 二十冊

310000－0242－0011989 X11.51－7/752

繪圖安邦志全傳 （□）□□撰 清刻本 八
冊

310000－0242－0011990 X11.51－8/56.3

庚子國變彈詞 世界繁華報館編 清光緒二
十九年(1903)世界繁華報館刻本 六冊

310000－0242－0011991 X11.51－8/7.330

校補果報錄圖詠八卷一百回 （清）海芝濤撰
清光緒二十年(1894)香港書局石印本 四
冊

310000－0242－0011992 X11.51－8/7.441

繡像芙蓉洞全傳十卷四十回 （清）陳遇乾撰
清道光十六年(1836)刻本 十冊

310000－0242－0011993 X11.51－8/7.441C2

繡像芙蓉洞全傳十卷四十回 （清）陳遇乾撰
清道光十六年(1836)刻本 十冊

310000－0242－0011994 X11.51－8/752

定國志安邦中集二十卷 （□）□□撰 清刻
本 二十冊

310000－0242－0011995 X11.58－10/752

新造粉粧樓全歌五十三卷 （□）□□撰 清
潮州義安路李萬利書坊刻本 五冊

310000－0242－0011996 X11.58－10/752B

新造挽面案全歌六卷 （□）□□撰 清潮州
義安路李萬利書坊刻本 一冊

310000－0242－0011997 X11.58－10/752C

新造海門案全歌五卷 （□）□□撰 清潮州
義安路李萬利書坊刻本 一冊

310000－0242－0011998 X11.58－10/752D

新造秦世義全歌六卷 （□）□□撰 清潮州
義安路李萬利書坊刻本 一冊

310000－0242－0011999 X11.58－10/752E

新造秦雪梅全歌八卷 （□）□□撰 清潮安
府前街王生記刻本 一冊

310000－0242－0012000 X11.58－10/752F

新造秦鳳蘭忠義亭全歌十卷 （□）□□撰
清潮州義安路李萬利書坊刻本 二冊

310000－0242－0012001　X11.58－10/752G
新造紙容記全歌九卷　(□)□□撰　清潮州義安路李萬利書坊刻本　二册

310000－0242－0012002　X11.58－10/752H
最新翁萬達全歌十一卷　(□)□□撰　清潮州李春記書坊刻本　二册

310000－0242－0012003　X11.58－11/752
新造陰陽雙寶扇十卷　(□)□□撰　清潮州李春記書坊刻本　二册

310000－0242－0012004　X11.58－11/752B
新造陰陽會鐵扇記全歌六卷　(□)□□撰　清潮州義安路李萬利書坊刻本　二册

310000－0242－0012005　X11.58－11/752C
新造梅良玉下棚兩度星全歌十四卷　(□)□□撰　清潮州義安路李萬利書坊刻本　二册

310000－0242－0012006　X11.58－11/752D
新造崔鳴鳳子全歌十五卷　(□)□□撰　清潮州義安路李萬利書坊刻本　二册

310000－0242－0012007　X11.58－11/752E
新造黄雙孝瓊花記全歌六卷　(□)□□撰　清潮州義安路李萬利書坊刻本　一册

310000－0242－0012008　X11.58－11/752F
新造乾隆君游江南全歌十卷　(□)□□撰　清潮州李春記書坊刻本　一册

310000－0242－0012009　X11.58－11/752G
張翼鵬王秀珍男貞女烈香毬記全歌二卷　(□)□□撰　清潮州義安路李萬利書坊刻本　一册

310000－0242－0012010　X11.58－11/752H
新編移花接木竹箭悮全歌五卷　(□)□□撰　清潮州李春記書坊刻本　一册

310000－0242－0012011　X11.58－11/752K
新造梨花征西全歌上集十四卷下集十四卷　(□)□□撰　清潮州義安路李萬利書坊刻本　二册

310000－0242－0012012　X11.58－12/752
新造溫涼寶盞全歌五卷　(□)□□撰　清潮州義安路李萬利書坊刻本　一册

310000－0242－0012013　X11.58－12/752B
新造隋唐演義右調彈詞全歌七十四卷　(□)□□撰　清潮州義安路李萬利書坊刻本　六册

310000－0242－0012014　X11.58－12/752C
新造馮長春全歌四卷　(□)□□撰　清潮州義安路李萬利書坊刻本　一册

310000－0242－0012015　X11.58－13/752
新造萬花樓全歌十二卷　(□)□□撰　清潮州義安路李萬利書坊刻本　四册

310000－0242－0012016　X11.58－13/752B
新造楊文廣平南蠻十八洞全歌三十八卷　(□)□□撰　清潮州義安路李萬利書坊刻本　四册

310000－0242－0012017　X11.58－14/752
新造雌雄寶盞全歌十九卷　(□)□□撰　清潮州義安路李萬利書坊刻本　二册

310000－0242－0012018　X11.58－14/752B
新造廣東警富新書全歌十六卷　(□)□□撰　清潮州李春記書坊刻本　四册

310000－0242－0012019　X11.58－14/752C
新造碧玉魚仔全歌十六卷　(□)□□撰　清潮州義安路李萬利書坊刻本　二册

310000－0242－0012020　X11.58－14/752D
新造綠牡丹全歌二十八卷　(□)□□撰　清潮州義安路李萬利書坊刻本　三册

310000－0242－0012021　X11.58－14/752E
新造蜘蛛記全歌二卷　(□)□□撰　清潮州義安路李萬利書坊刻本　一册

310000－0242－0012022　X11.58－15/752
新造劉元普雙生貴子全歌三卷　(□)□□撰　清潮州義安路李萬利書坊刻本　一册

310000－0242－0012023　X11.58－15/752B
新造劉成美忠節全歌上集二十卷下集十六卷　(□)□□撰　清潮州義安路李萬利書坊刻

本　四冊

310000－0242－0012024　X11.58－15/752C
新造劉明珠全歌二十一卷　（□）□□撰　清
潮州義安路李萬利書坊刻本　二冊

310000－0242－0012025　X11.58－15/752D
新造蔣興歌重會珍珠衫全歌四卷　（□）□□
撰　清潮州義安路李萬利書坊刻本　一冊

310000－0242－0012026　X11.58－15/752E
新造潘葛子全歌六卷　（□）□□撰　清潮州
義安路李萬利書坊刻本　一冊

310000－0242－0012027　X11.58－15/752F
最新潮州柳知府全歌五卷　（□）□□撰　清
潮州李春記書坊刻本　一冊

310000－0242－0012028　X11.58－15/752G
新造賜綠袍全歌八卷　（□）□□撰　清潮州
李春記書坊刻本　二冊

310000－0242－0012029　X11.58－16/752
新造龍圖公陰陽判全歌六卷　（□）□□撰
清潮州義安路李萬利書坊刻本　一冊

310000－0242－0012030　X11.58－16/752B
新造錦鴛鴦全歌三卷　（□）□□撰　清潮州
義安路李萬利書坊刻本　一冊

310000－0242－0012031　X11.58－16/752C
錦香亭綾帕記全歌四卷　（□）□□撰　清潮
州義安路李萬利書坊刻本　一冊

310000－0242－0012032　X11.58－16/752D
新造龍井渡頭殘瓦記全歌四卷　（□）□□撰
清潮州義安路李萬利書坊刻本　一冊

310000－0242－0012033　X11.58－17/752
新造薛仁貴征東全歌十二卷　（□）□□撰
清潮州義安路李萬利書坊刻本　二冊

310000－0242－0012034　X11.58－17/752B
新造臨江樓全歌四卷　（□）□□撰　清潮州
義安路李萬利書坊刻本　一冊

310000－0242－0012035　X11.58－18/752
新造雙太子紅羅衣全歌二十卷　（□）□□撰

清潮州義安路李萬利書坊刻本　二冊

310000－0242－0012036　X11.58－18/752B
新造雙太子下棚禹龍山全歌八卷　（□）□□
撰　清潮州義安路李萬利書坊刻本　一冊

310000－0242－0012037　X11.58－18/752C
新造雙玉魚珮全歌六卷　（□）□□撰　清潮
州義安路李萬利書坊刻本　一冊

310000－0242－0012038　X11.58－18/752D
新造雙玉鳳全歌五卷　（□）□□撰　清潮州
義安路李萬利書坊刻本　五冊

310000－0242－0012039　X11.58－18/752E
新造雙玉鐲全歌二十六卷　（□）□□撰　清
潮州義安路李萬利書坊刻本　三冊

310000－0242－0012040　X11.58－18/752F
新造雙白燕全歌二十二卷　（□）□□撰　清
潮州義安路李萬利書坊刻本　四冊

310000－0242－0012041　X11.58－18/752G
新造雙金龍全歌六卷　（□）□□撰　清潮州
義安路李萬利書坊刻本　二冊

310000－0242－0012042　X11.58－18/752H
新造雙奇緣全歌三卷　（□）□□撰　清潮州
義安路李萬利刻本　一冊

310000－0242－0012043　X11.58－18/752K
新造雙退婚鸞鳳圖全歌二十二卷　（□）□□
撰　清潮州義安路李萬利書坊刻本　二冊

310000－0242－0012044　X11.58－18/752L
新造雙退婚下紫荊亭全歌八卷　（□）□□撰
清潮州義安路李萬利書坊刻本　一冊

310000－0242－0012045　X11.58－18/752M
新造雙鳳釵全歌四卷　（□）□□撰　清潮州
義安路李萬利書坊刻本　一冊

310000－0242－0012046　X11.58－18/752N
新造雙錯誤奇中奇全歌五卷　（□）□□撰
清潮州義安路李萬利書坊刻本　一冊

310000－0242－0012047　X11.58－18/752P
新造雙駙馬全歌六卷　（□）□□撰　清潮州

義安路李萬利書坊刻本　一冊

310000－0242－0012048　X11.58－18/752Q

新造雙鸚鵡全歌五十卷　（□）□□撰　清潮
州義安路李萬利書坊刻本　十冊

310000－0242－0012049　X11.58－18/752R

新造蕭光祖下棚寶魚蘭全歌十二卷　（□）
□□撰　清潮州義安路李萬利書坊刻本　一
冊

310000－0242－0012050　X11.58－19/752

新造龐卓花全歌十一卷　（□）□□撰　清潮
州義安路李萬利書坊刻本　一冊

310000－0242－0012051　X11.58－19/752B

新造麒麟圖全歌上棚十卷　（□）□□撰　清
潮州義安路李萬利書坊刻本　一冊

310000－0242－0012052　X11.58－19/752C

新造麒麟圖全歌下集七卷　（□）□□撰　清
潮州義安路李萬利書坊刻本　二冊

310000－0242－0012053　X11.58－2/752

新造二歲夫全歌九卷　（□）□□撰　清刻本
　一冊

310000－0242－0012054　X11.58－2/752B

新造十二寡婦征西四卷　（□）□□撰　清潮
州李春記書坊刻本　一冊

310000－0242－0012055　X11.58－2/752C

新造八仙圖全歌十卷　（□）□□撰　清潮州
義安路李萬利書坊刻本　一冊

310000－0242－0012056　X11.58－2/752D

新造八寶金鐘全歌八卷　（□）□□撰　清潮
州城五福堂李春記書坊刻本　一冊

310000－0242－0012057　X11.58－2/752E

新造八寶金鐘全歌下集十卷　（□）□□撰
清潮州義安路李萬利書坊刻本　一冊

310000－0242－0012058　X11.58－20/752

新造輞龍鏡韓廷美全歌三十三卷　（□）□□
撰　清潮州義安路李萬利書坊刻本　五冊

310000－0242－0012059　X11.58－20/752B

新造輞龍鏡下棚紅書劍全歌十卷　（□）□□
撰　清潮州義安路李萬利書坊刻本　一冊

310000－0242－0012060　X11.58－20/752C

最新饒安案全歌八卷　（□）□□撰　清潮州
李春記書坊刻本　一冊

310000－0242－0012061　X11.58－21/752

新造鐵扇記下棚全歌五卷　（□）□□撰　清
潮州義安路李萬利書坊刻本　一冊

310000－0242－0012062　X11.58－24/752

新造靈芝記蝴蝶引七卷　（□）□□撰　清潮
州義安路李萬利書坊刻本　一冊

310000－0242－0012063　X11.58－3/752

新造上海殺子報三卷　（□）□□撰　清潮州
義安路李萬利書坊刻本　一冊

310000－0242－0012064　X11.58－3/752B

新造三合奇全歌三卷　（□）□□撰　清潮州
義安路李萬利書坊刻本　一冊

310000－0242－0012065　X11.58－3/752C

新造三國劉皇叔招親下全歌十三卷　（□）
□□撰　清潮州義安路李萬利書坊刻本　二
冊

310000－0242－0012066　X11.58－3/752D

新造三國劉皇叔取東川全歌八卷　（□）□□
撰　清潮州義安路李萬利書坊刻本　一冊

310000－0242－0012067　X11.58－3/752E

新造三國劉皇叔招親全歌四卷　（□）□□撰
清潮州義安路李萬利書坊刻本　一冊

310000－0242－0012068　X11.58－4/752

新造六奇陣全歌十二卷　（□）□□撰　清潮
州義安路李萬利書坊刻本　一冊

310000－0242－0012069　X11.58－4/752B

新造六奇陣全歌下集六卷　（□）□□撰　清
潮州義安路李萬利書坊刻本　一冊

310000－0242－0012070　X11.58－4/752C

新造方大人德政歌十八卷　（□）□□撰　清
潮州書坊刻本　二冊

539

310000 - 0242 - 0012071   X11.58 -4/752E

新造五虎平西珍珠旗全歌二十卷　（□）□□撰　清潮州義安路李萬利書坊刻本　四冊

310000 - 0242 - 0012072   X11.58 -4/752F

新造五虎平南全歌十六卷　（□）□□撰　清潮州義安路李萬利書坊刻本　四冊

310000 - 0242 - 0012073   X11.58 -4/752G

新造五虎征北全歌六卷　（□）□□撰　清潮州義安路李萬利書坊刻本　二冊

310000 - 0242 - 0012074   X11.58 -4/752H

新造五美緣全歌十四卷　（□）□□撰　清潮州義安路李萬利書坊刻本　四冊

310000 - 0242 - 0012075   X11.58 -4/752K

新造五鳳朝陽全歌十卷　（□）□□撰　清潮州義安路李萬利書坊刻本　一冊

310000 - 0242 - 0012076   X11.58 -4/752L

新造反唐開墳全歌十九卷　（□）□□撰　清潮州義安路李萬利書坊刻本　六冊

310000 - 0242 - 0012077   X11.58 -4/752M

新造水蛙記全歌二卷　（□）□□撰　清潮州義安路李萬利書坊刻本　一冊

310000 - 0242 - 0012078   X11.58 -4/752N

新造木延仙雙玉魚全歌初集五卷二集五卷三集五卷四集五卷五集五卷六集五卷七集五卷八集五卷九集五卷十集四卷　（□）□□撰　清潮城府前街瑞文堂刻本　十冊

310000 - 0242 - 0012079   X11.58 -5/752

新造玉鴛鴦全歌十二卷　（□）□□撰　清潮州義安路李萬利書坊刻本　一冊

310000 - 0242 - 0012080   X11.58 -5/752B

新造玉鴛鴦珠衫記六卷　（□）□□撰　清潮州義安路李萬利書坊刻本　一冊

310000 - 0242 - 0012081   X11.58 -5/752C

新造玉花瓶全歌二卷　（□）□□撰　清潮州義安路李萬利書坊刻本　一冊

310000 - 0242 - 0012082   X11.58 -5/752D

310000 - 0242 - 0012083   X11.58 -5/752E

新造玉環記全歌六卷　（□）□□撰　清潮州義安路李萬利書坊刻本　一冊

新造玉如意下棚全歌六卷　（□）□□撰　清潮州義安路李萬利書坊刻本　一冊

310000 - 0242 - 0012084   X11.58 -5/752F

新造玉沙蚨全歌　（□）□□撰　清潮州義安路李萬利書坊刻本　一冊

310000 - 0242 - 0012085   X11.58 -5/752G

新造玉盒仙琴金寶扇全歌八卷　（□）□□撰　清潮州義安路李萬利書坊刻本　一冊

310000 - 0242 - 0012086   X11.58 -5/752H

新造玉針記全歌六卷　（□）□□撰　清潮州義安路李萬利書坊刻本　一冊

310000 - 0242 - 0012087   X11.58 -5/752L

玉釧緣謝玉輝平金番全歌三十三卷　（□）□□撰　清潮州義安路李萬利書坊刻本　三冊

310000 - 0242 - 0012088   X11.58 -5/752M

新撰玉釧環二續再生緣全歌　（□）□□撰　清潮州義安路李萬利書坊刻本　一冊

310000 - 0242 - 0012089   X11.58 -5/752N

新造紹十洲玉樓春全歌十四卷　（□）□□撰　清潮州義安路李萬利書坊刻本　二冊

310000 - 0242 - 0012090   X11.58 -5/752P

新造玉麒麟雙狀元全歌五卷　（□）□□撰　清潮州義安路李萬利書坊刻本　一冊

310000 - 0242 - 0012091   X11.58 -5/752Q

新造四美圖全歌九卷　（□）□□撰　清潮州義安路李萬利書坊刻本　二冊

310000 - 0242 - 0012092   X11.58 -5/752R

新造尼姑案全歌五卷　（□）□□撰　清潮州義安路李萬利書坊刻本　一冊

310000 - 0242 - 0012093   X11.58 -5/752S

新造白扇記全歌二卷　（□）□□撰　清潮州義安路李萬利書坊刻本　一冊

310000－0242－0012094　X11.58－5/752T

新造白綾像全歌四卷　（□）□□撰　清潮州
義安路李萬利書坊刻本　一冊

310000－0242－0012095　X11.58－5/752U

新造白蓮花全歌八卷　（□）□□撰　清刻本
一冊

310000－0242－0012096　X11.58－6/752B

新造竹釵記全歌十二卷　（□）□□撰　清刻
本　四冊

310000－0242－0012097　X11.58－6/752C

新造行樂圖全歌二卷　（□）□□撰　清刻本
一冊

310000－0242－0012098　X11.58－6/752D

新造再合鴛鴦全歌二卷　（□）□□撰　清刻
本　一冊

310000－0242－0012099　X11.58－7/752

新造宋帝昺全歌十卷　（□）□□撰　清刻本
一冊

310000－0242－0012100　X11.58－7/752B

新造李旦仔全歌八卷　（□）□□撰　清刻本
一冊

310000－0242－0012101　X11.58－7/752C

新造李春鳳全歌十八卷　（□）□□撰　清潮
州義安路李萬利書坊刻本　二冊

310000－0242－0012102　X11.58－7/752D

新造孝順孟日紅割股救姑全歌四卷　（□）
□□撰　清潮州義安路李萬利書坊刻本　一
冊

310000－0242－0012103　X11.58－7/752E

新造伯皆子香羅帕記全歌四卷　（□）□□撰
清潮州義安路李萬利書坊刻本　一冊

310000－0242－0012104　X11.58－7/752F

新造狄清上棚包公出世十二卷　（□）□□撰
清潮州李春記書坊刻本　二冊

310000－0242－0012105　X11.58－7/752G

新造宋朝明珠記全歌五卷　（□）□□撰　清
刻本　一冊

310000－0242－0012106　X11.58－7/752H

新造李九我相爺全歌三卷　（□）□□撰　清
潮州義安路李萬利書坊刻本　一冊

310000－0242－0012107　X11.58－7/752K

新造宋朝賣油郎全歌五卷　（□）□□撰　清
潮州義安路李萬利書坊刻本　一冊

310000－0242－0012108　X11.58－8/752

新造忠義節七卷　（□）□□撰　清潮州府前
街吳家瑞文堂書坊刻本　一冊

310000－0242－0012109　X11.58－8/752B

新造東漢劉秀全歌十二卷　（□）□□撰　清
潮州義安路李萬利書坊刻本　四冊

310000－0242－0012110　X11.58－8/752C

新造昇仙圖全歌五卷　（□）□□撰　清潮州
義安路李萬利書坊刻本　一冊

310000－0242－0012111　X11.58－8/752D

新抄兩度梅蟹針記全歌九卷　（□）□□撰
清潮州李春記書坊刻本　三冊

310000－0242－0012112　X11.58－8/752E

新刻金狗精全歌八卷　（□）□□撰　清潮州
李春記書坊刻本　二冊

310000－0242－0012113　X11.58－8/752F

新造金釵羅帕記全歌二卷　（□）□□撰　清
潮州義安路李萬利書坊刻本　一冊

310000－0242－0012114　X11.58－8/752G

新造金燕媒全歌十卷　（□）□□撰　清潮州
義安路李萬利書坊刻本　二冊

310000－0242－0012115　X11.58－9/752

新造度三娘全歌三卷　（□）□□撰　清潮州
義安路李萬利書坊刻本　一冊

310000－0242－0012116　X11.58－9/752B

新造柳世清雙璽魚全歌十卷　（□）□□撰
清潮州李春記書坊刻本　一冊

310000－0242－0012117　X11.58－9/752C

新造背解紅羅全歌二十八卷　（□）□□撰
清刻本　三冊

310000－0242－0012118　X11.58－9/752D

新造珊瑚寶楊大貴全歌十卷　（□）□□撰
清潮州義安路李萬利書坊刻本　二冊

310000－0242－0012119　X11.58－9/752G

新造柳樹春八美圖全歌十八卷　（□）□□撰
　清潮州義安路李萬利書坊刻本　二冊

310000－0242－0012120　X11.58－9/752H

新造省城滴水記全歌四卷　（□）□□撰　清
潮州義安路李萬利書坊刻本　一冊

310000－0242－0012121　X11.7－16/7.194A

學堂日記故事圖說　（清）余蓮村輯　清刻本
　一冊

310000－0242－0012122　X11.7－4/7.21

增訂廣日記故事詳注二卷　（清）王相增注
清光緒三十三年(1907)經元書室刻本　二冊

310000－0242－0012123　X11.7－4/7.405

日記故事續集二卷　（清）寄雲齋學人輯　清
道光二十四年(1844)刻本　一冊

310000－0242－0012124　X11.821－4/7.661

天籟集一卷　（清）鄭旭旦輯　清同治八年
(1869)芝秀軒刻本　一冊

310000－0242－0012125　X11.89－13/8.590

新粵謳解心　（□）□□撰　清刻本　一冊

310000－0242－0012126　X11.89－6/7.726

再粵謳　（清）戲月山房香迷子輯　清光緒二
十七年(1901)以文堂刻本　一冊

310000－0242－0012127　X11.9－8/7.225

杭諺詩　（清）邵蕙西輯　清光緒三十四年
(1908)刻本　一冊

310000－0242－0012128　X12.7－11/752/0

啓蒙圖說　（□）□□撰　清蘇州蒙學堂刻本
　一冊

310000－0242－0012129　X21.3－10/200.5

海外同人集　（□）□□撰　清刻本　一冊

310000－0242－0012130　X21.4－13/487.8

滄浪集　（□）□□撰　清刻本　一冊

310000－0242－0012131　X22.1－11/242

涵弘集二卷附錄　（朝鮮）金致能撰　清刻本
　一冊

310000－0242－0012132　X22.1－8/236

明齋先生遺稿四十六卷　（朝鮮）尹拯著　清
刻本　二十六冊

310000－0242－0012133　X22.4－13/242

滄江稿　（□）□□撰　清刻本　一冊

310000－0242－0012134　X22.43－15/242

賡進詩　（清）金道喜等撰　清咸豐六年
(1856)刻本　一冊

310000－0242－0012135　X31.3－6/8.211

希臘名士伊索寓言　林紓譯　清光緒二十八
年(1902)上海商務印書館鉛印本　一冊

310000－0242－0012136　X36.4－4/8.211

巴黎茶花女遺事　（法國）小仲馬撰　林紓譯
　清光緒二十七年(1901)玉情瑤怨館校刊石
印本　一冊

310000－0242－0012137　K/X11.58－1/752

新造本朝一世報全歌五卷　（□）□□撰　清
潮州李春記書坊刻本　一冊

310000－0242－0012138　K/X11.58－5/752C

新造玉花瓶全歌二卷　（□）□□撰　清潮州
李春記書坊刻本　一冊

310000－0242－0012139　K/X11.58－5/752K

新造玉釧緣全歌十卷　（□）□□撰　清潮州
李春記書坊刻本　三冊

310000－0242－0012140　SX10.08－14/7.164

說鈴前集三十七種後集十六種　（清）吳震方
輯　清刻本　十六冊

310000－0242－0012141　SX10.08－5/6.434

古今說海一百四十二卷　（明）陸楫編　清刻
本　二十四冊

310000－0242－0012142　SX10.08－7/6.367

宋人百家小說一百九十五種　（明）桃源溪父
編　清刻本　三十二冊

310000－0242－0012143　SX10.1－11/6.661

蘭畹居清言十卷　（明）鄭仲夔撰　明萬曆四十五年(1617)刻本　三冊

310000－0242－0012144　SX10.1－11/7.21

淞隱漫錄十二卷　（清）王韜撰　清石印本　四冊

310000－0242－0012145　SX10.1－13/6.661A

雋區十卷　（明）鄭仲夔撰　明崇禎三年(1630)刻本　二冊

310000－0242－0012146　SX10.1－14/7.21

漁洋說部精華十二卷　（清）王士禎撰　清刻本　六冊

310000－0242－0012147　SX10.1－28/752

豔異編三卷　（□）□□輯　清刻本　三冊

310000－0242－0012148　SX10.12－4/22.491

秘傳天祿閣寓言外史八卷　（後漢）黃憲撰　明萬曆二十三年(1595)葆光樓刻本　四冊

310000－0242－0012149　SX10.12－4/22.491

秘傳天祿閣寓言外史八卷　（後漢）黃憲撰　清刻本　二冊

310000－0242－0012150　SX10.1351－5/3.674

世說新語三卷　（南朝宋）劉義慶撰　明嘉靖十四年(1535)吳郡袁氏刻本　六冊

310000－0242－0012151　SX10.1351－5/3.674

世說新語八卷　（南朝宋）劉義慶撰　（南朝梁）劉孝標注　（明）王世貞批點　明萬曆八年(1580)刻本　四冊

310000－0242－0012152　SX10.1351－5/3.674

世說新語三卷　（南朝宋）劉義慶撰　（南朝梁）劉孝標注　（宋）劉辰翁評　（明）王世懋批點　明崇禎刻本　六冊

310000－0242－0012153　SX10.1351－5/3.674B

世說新語三卷　（南朝宋）劉義慶撰　（南朝梁）劉孝標注　（宋）劉辰翁評　清刻本　三冊

310000－0242－0012154　SX10.15－14/5.248

齊東野語二十卷　（宋）周密撰　清刻本　十

二冊

310000－0242－0012155　SX10.15－8/5.225

河南邵氏聞見後錄三十卷　（宋）邵博撰　明汲古閣刻本　十六冊

310000－0242－0012156　SX10.15－8/5.225A

邵氏聞見後錄三十卷　（宋）邵博撰　清抄本　十冊

310000－0242－0012157　SX10.16－10/6.21

烏衣佳話六卷　（明）王兆雲輯　清抄本　六冊

310000－0242－0012158　SX10.16－9/6.255

後驂鸞錄　（明）岳和聲著　清抄本　一冊

310000－0242－0012159　SX10.17－15/7.752

劍俠傳四卷　（唐）段成式撰　（清）汪士漢校　清康熙二十七年(1688)刻本　一冊

310000－0242－0012160　SX10.2－11/7.608

聊齋志異十六卷　（清）蒲松齡撰　（清）王士正評　清乾隆三十年(1765)青柯亭刻本　十六冊

310000－0242－0012161　SX10.2－11/7.608A

詳注聊齋志異圖詠十六卷　（清）蒲松齡撰　(清)呂湛恩注　清光緒十二年(1886)刻本　八冊

310000－0242－0012162　SX10.2－6/5.260

夷堅志十集　（宋）洪邁撰　清乾隆四十三年(1778)耕煙草堂刻本　二十冊

310000－0242－0012163　SX10.2－7/6.423

豆香說鬼十種　（明）梅鼎祚輯　清刻本　四冊

310000－0242－0012164　SX10.3－12/7.705

雅趣藏書　（清）錢書撰　清刻本　四冊

310000－0242－0012165　SX10.4－20/7.151

覺世名言三十八回　（清）李漁撰　（清）杜濬評　清順治十五年(1658)刻本　十二冊

310000－0242－0012166　SX10.41－12/6.775

繡像殘唐五代史傳八卷六十回　（明）羅貫中

撰　（明）李卓吾評　清初刻本　四冊

310000－0242－0012167　SX10.41－2/7.231

刪訂二奇合傳十六卷四十回　（清）芝香館居
士撰　清刻本　十六冊

310000－0242－0012168　SX10.41－4/6.219

今古奇觀四十卷　（明）抱甕老人輯　清乾隆
五十二年(1787)刻本　二十冊

310000－0242－0012169　SX10.457－4/57.265

第五才子書施耐庵水滸傳七十五卷七十回
(明)施耐庵撰　（清）金人瑞評　清刻本　三
十二冊

310000－0242－0012170　SX10.457－8/57.265

忠義水滸全書一百二十回　（明）施耐庵撰
明刻本　二十冊

310000－0242－0012171　SX10.457－8/57.265C3

忠義水滸全書一百二十回　（明）施耐庵撰
清刻本　三十二冊

310000－0242－0012172　SX10.46－12/6.588

新鐫全像通俗演義隋煬帝豔史八卷四十回
(明)齊東野人編　明崇禎四年(1631)刻本
十六冊

310000－0242－0012173　SX10.46－4/6.441

水滸後傳八卷四十回　（明）陳忱撰　清刻本
十六冊

310000－0242－0012174　SX10.46－8/6.389

金瓶梅五十卷一百回　（明）笑笑生撰　（清）
張竹坡評　清乾隆十二年(1747)刻本　三十
六冊

310000－0242－0012175　SX10.46－8/6.389C2

金瓶梅五十卷一百回　（明）笑笑生撰　清刻
本　三冊

310000－0242－0012176　X10.46－8/6.389C3

金瓶梅五十卷一百回　（明）笑笑生撰　清康
熙三十四年(1695)刻本　二十四冊

310000－0242－0012177　SX10.47－10/7.456

繡像桃李爭春全傳八卷三十二回　（清）野園
居士編　清刻本　八冊

310000－0242－0012178　SX10.47－11/7.370

第一奇書野叟曝言二十卷一百五十二回首一
卷　（清）夏敬渠撰　清光緒七年(1881)掃珍
樓木活字印本　二十冊

310000－0242－0012179　SX10.47－16/7.164

儒林外史五十六回　（清）吳敬梓撰　清木活
字印本　二十四冊

310000－0242－0012180　SX10.47－16/7.91

醒世姻緣傳一百回　（清）西周生輯　清刻本
二十四冊

310000－0242－0012181　SX10.47－3/7.170

新刻逸田叟女仙外史大奇書一百回　（清）呂
熊撰　清刻本　二十四冊

310000－0242－0012182　SX10.47－8/7.654

東周列國全志二十三卷一百八回　（清）蔡奡
評點　清咸豐四年(1854)書成山房刻朱墨套
印本　二十四冊

310000－0242－0012183　SX11.4－11/752

曹梅緣二十卷　（□）□□撰　清抄本　二十
冊

310000－0242－0012184　SX11.51－11/752

新刻時調彈詞崑崙關八卷蓮花帕八卷　（□）
□□撰　清存素堂刻本　四冊

310000－0242－0012185　SX11.51－16/7.682

燕子箋彈詞四卷十八回　（清）澹園氏撰　清
刻本　八冊

310000－0242－0012186　SX11.51－4/6.556

廿一史彈詞注十卷　（明）楊慎撰　（清）張三
異增定　清乾隆五十一年(1786)刻本　八冊

310000－0242－0012187　SX11.51－5/752

四種彈詞六美圖三十回雙帥印十四回鬧蘆莊
十六回九龍陣十六回　（□）□□編　清武林
務本堂刻本　二十四冊

310000－0242－0012188　X58.51－13/7.349

睢陽忠義錄四卷　（清）素庵主人編　清光緒
十九年(1893)滬江石印本　四冊

310000－0242－0012189　Y10－13/7.486

萬壽衢歌樂章六卷　（清）彭元瑞撰　清刻本
　三冊

310000－0242－0012190　Y10－17/7.441

聲律通考十卷　（清）陳澧撰　清咸豐八年
(1858)刻本　二冊

310000－0242－0012191　Y11.1－15/7.393

樂府傳聲二卷　（清）徐大椿撰　清光緒七年
(1881)湖北崇文書局刻本　一冊

310000－0242－0012192　Y11.1－15/752

樂書要錄存三卷　（□）□□撰　清光緒七年
(1881)湖北崇文書局刻本　一冊

310000－0242－0012193　Y11.1－9/7.393

律呂臆說　（清）徐養原撰　清光緒七年
(1881)湖北崇文書局刻本　一冊

310000－0242－0012194　Y11.1－9/7.84

律呂新義四卷附錄　（清）江永撰　清光緒七
年(1881)湖北崇文書局刻本　二冊

310000－0242－0012195　Y11.2－17/7.225

擬瑟譜　（清）邵嗣堯撰　清光緒七年(1881)
湖北崇文書局刻本　一冊

310000－0242－0012196　Y11.6－10/7.393

荀勖笛律圖注　（清）徐養原撰　清光緒七年
(1881)湖北崇文書局刻本　一冊

310000－0242－0012197　Y11.6－14/7.393

管色考　（清）徐養原撰　清光緒七年(1881)
湖北崇文書局刻本　一冊

310000－0242－0012198　Y16.15－18/7.674

雙忽雷本事　劉世珩輯　清宣統三年(1911)
貴池劉氏雙忽雷閣石印本　一冊

310000－0242－0012199　Y30－15/7.791

篆學瑣著三十種　（清）顧湘輯　清道光二十
年(1840)海虞顧氏刻本　十二冊

310000－0242－0012200　Y31.1－15/7.441

篆刻鍼度八卷　（清）陳克恕著　清金石花館
刻本　一冊

310000－0242－0012201　Y31.1－15/7.441B

篆刻鍼度八卷　（清）陳克恕撰　清光緒三年
(1877)仁和葛元熙刻本　二冊

310000－0242－0012202　Y31.1－16/6.98

篆法探源附習篆要訣摹印要訣　（明）朱之蕃
撰　清宣統三年(1911)石印本　二冊

310000－0242－0012203　Y31.7－10/7.164

師存軒印存　（清）吳熙載篆刻　清鈐印本
八冊

310000－0242－0012204　Y31.7－11/7.441

紺雪齋印譜　（清）陳懋淦輯　清嘉慶二十三
年(1818)陳氏紺雪齋鈐印本　四冊

310000－0242－0012205　Y31.7－12/7.756

集古印譜　（清）瞿鏞藏編　清咸豐八年
(1858)常熟瞿氏鐵琴銅劍樓刻本　八冊

310000－0242－0012206　Y31.7－13/8.396

詩品印譜　（清）翁壽虞鐫　清宣統元年
(1909)友石軒石印本　四冊

310000－0242－0012207　Y31.7－16/7.787

錢胡印譜　（清）嚴荄輯　清同治三年(1864)
鈐印本　十冊

310000－0242－0012208　Y31.7－2/7.164

二百蘭亭齋古銅印存十卷　（清）吳雲輯　清
歸安吳氏鈐印本　十二冊

310000－0242－0012209　Y31.7－2/7.164A

二百蘭亭齋古印攷藏六卷　（清）吳雲藏　清
同治三年(1864)歸安吳氏鈐印本　二冊

310000－0242－0012210　Y31.7－2/7.598

二金蝶堂印譜　（清）趙之謙鐫　清鈐印本
八冊

310000－0242－0012211　Y31.7－21/7.674

鐵雲藏印初集　（清）劉鶚輯　清鈐印本　十
冊

310000－0242－0012212　Y31.7－3/7.791

小石山房印譜四卷　（清）顧湘編　清道光八
年(1828)海虞顧氏鈐印本　六冊

310000－0242－0012213　Y31.7－4/6.18

文三橋先生印譜 (明)文彭鐫 清得月簃刻
本 一冊

310000－0242－0012214 Y31.7－6/7.575
有竹山房印癖 (清)鄒端鐫 清道光二十二
年(1842)鈐印本 三冊

310000－0242－0012215 Y31.7－9/7.135
飛鴻堂印譜初集八卷二集八卷三集八卷四集
八卷五集八卷 (清)汪啓淑輯 清石印本
二十冊

310000－0242－0012216 Y32.1－4/7.770
水滸畫譜二卷 (清)顛道人作 清光緒十四
年(1888)寶貞堂刻本 二冊

310000－0242－0012217 Y32.1－6/7.115B
任渭長人物畫木刻二種 (清)任熊繪 清咸
豐四年至六年(1854－1856)刻本 四冊

310000－0242－0012218 SY10－15/5.441
樂書二百卷 (宋)陳暘撰 清刻本 十二冊

310000－0242－0012219 SY10－16/6.98
操縵古樂譜一卷附旋宮合樂譜一卷鄉飲詩樂
譜六卷 (明)朱載堉編述 明刻本 四冊

310000－0242－0012220 SY31.7－10/7.135
訒葊集古印存三十二卷 (清)汪啓淑編 清
乾隆二十五年(1760)新安汪氏鈐印本 三十
二冊

310000－0242－0012221 SY31.7－12/7.434
皕宋樓藏印 (清)陸心源藏編 清鈐印本
四冊

310000－0242－0012222 SY31.7－14/7.488
對山印稿八卷 (清)楊燮鐫 清道光六年
(1826)成都楊氏嗜抄書齋鈐印本 八冊

310000－0242－0012223 SY31.7－6/7.2
西泠八家印譜 (清)丁丙輯 清光緒十一年
(1885)鈐印本 十冊

310000－0242－0012224 Z10.8－6/7.115
任渭長先生畫傳四種 (清)任熊繪 清光緒
十二年(1886)上海同文書局石印本 四冊

310000－0242－0012225 Z11－13/6.135C2
詩餘畫譜 (明)汪氏編 清影印本 二冊

310000－0242－0012226 Z11.08－9/7.271
胡氏書畫考三種 (清)胡敬撰 清嘉慶二十
一年(1816)刻本 四冊

310000－0242－0012227 Z11.2－15/7.332
銷夏録六卷 (清)高士奇撰 清乾隆四年
(1739)修潔齋刻本 三冊

310000－0242－0012228 Z11.2－17/7.37
嶽雪樓書畫録五卷 (清)孔廣陶撰 清光緒
七年(1881)湖北崇文書局刻本 五冊

310000－0242－0012229 Z11.2－17/7.37C2
嶽雪樓書畫録五卷 (清)孔廣陶撰 清光緒
七年(1881)湖北崇文書局刻本 五冊

310000－0242－0012230 Z11.2－5/7.225
古緣萃録十八卷 邵松年撰 清光緒三十年
(1904)上海鴻文書局石印本 六冊

310000－0242－0012231 Z11.2－5/7.375
平津館鑒藏書畫記一卷 (清)孫星衍撰 清
道光二十一年(1841)鉛印本 一冊

310000－0242－0012232 Z11.3－10/7.347
桐陰論畫二卷 (清)秦祖永撰 清同治三年
(1864)刻本 二冊

310000－0242－0012233 Z11.3－10/8.562B
消夏百一詩 葉德輝撰 清刻本 一冊

310000－0242－0012234 Z11.3－11/6.428
清河書畫舫十二卷 (明)張丑撰 清乾隆二
十八年(1763)刻本 十二冊

310000－0242－0012235 Z11.3－11/7.749
習苦齋畫絮十卷 (清)戴熙撰 清光緒十九
年(1893)刻本 四冊

310000－0242－0012236 Z11.3－11/7.749C2
習苦齋畫絮十卷 (清)戴熙撰 清末刻本
四冊

310000－0242－0012237 Z11.3－11/7.749C3
習苦齋畫絮十卷 (清)戴熙撰 清末刻本

四冊

310000－0242－0012238　Z11.3－12/7.242

萍因蕉夢十二圖題辭二卷附松陰詩逸題辭一
卷　（清）金鱸廷輯　清光緒五年(1879)刻本
　一冊

310000－0242－0012239　Z11.3－12/7.347

畫學心印八卷　（清）秦祖永撰　清光緒四年
(1878)刻本　八冊

310000－0242－0012240　Z11.3－12/7.347C2

畫學心印八卷　（清）秦祖永撰　清光緒四年
(1878)刻本　八冊

310000－0242－0012241　Z11.3－12/7.352

椒邨寫梅三百詠二卷附詩餘一卷　（清）馬士
圖撰　清道光十三年(1833)刻本　二冊

310000－0242－0012242　Z11.3－12/7.710

煮石齋稿一卷　（清）鮑家瑞撰　清光緒十八
年(1892)刻本　一冊

310000－0242－0012243　Z11.3－13/7.779

葦間老人題畫集一卷　（明）邊壽民撰　清光
緒元年(1875)邱氏容書樓刻本　一冊

310000－0242－0012244　Z11.3－13/7.779

葦間老人題畫集一卷　（明）邊壽民撰　清光
緒元年(1875)邱氏容書樓刻本　一冊

310000－0242－0012245　Z11.3－14/7.312

圖詠遺芬六卷　（清）俞旦撰　清光緒二十三
年(1897)婺源俞氏清蔭堂刻本　一冊

310000－0242－0012246　Z11.3－14/7.406

銅官創舊圖題錄　（□）□□撰　清刻本　一
冊

310000－0242－0012247　Z11.3－14/7.491

端綺集二十八卷　（清）黃奭輯　清道光二十
三年(1843)刻本　四冊

310000－0242－0012248　Z11.3－15/7.242

瞎牛庵題畫詩一卷　（清）金彩撰　清光緒二
十五年(1899)刻本　一冊

310000－0242－0012249　Z11.3－15/7.242B

養疴題贈彙鈔三卷　（清）金玉寶編　清道光
十九年(1839)刻本　一冊

310000－0242－0012250　Z11.3－6/7.248

竹生吟館墨竹詩草二卷　（清）周師濂著　清
光緒十一年(1885)刻本　一冊

310000－0242－0012251　Z11.3－8/7.375

佩文齋書畫譜一百卷　（清）孫岳頒等纂　清
光緒九年(1883)上海同文書局石印本　十六
冊

310000－0242－0012252　Z11.3－8/7.375C3

佩文齋書畫譜一百卷　（清）孫岳頒等纂　清
康熙四十八年(1709)靜永堂刻本　六十四冊

310000－0242－0012253　Z11.3－9/8.740

重編紅雨樓題跋二卷　繆荃孫撰　清宣統三
年(1911)峭帆樓刻本　一冊

310000－0242－0012254　Z11.31－16/8.454

澤畔行吟圖酬唱集　（□）□□撰　清刻本
一冊

310000－0242－0012255　Z11.31－4/6.21

王氏書畫苑三十六卷　（明）王世貞撰　明刻
本　二十四冊

310000－0242－0012256　Z11.31－4/6.21C2

王氏書畫苑三十六卷　（明）王世貞撰　明刻
本　二十四冊

310000－0242－0012257　Z11.31－4/7.562

五湖漁莊圖題詞四卷　（清）葉承桂撰　清咸
豐三年(1853)刻本　四冊

310000－0242－0012258　Z11.31－4/7.562

五湖漁莊圖題詞四卷　（清）葉承桂撰　清咸
豐三年(1853)刻本　二冊

310000－0242－0012259　Z11.32－10/5.248

益公題跋十二卷　（宋）周必大撰　清汲古閣
刻本　二冊

310000－0242－0012260　Z11.32－12/6.568

畫禪室隨筆四卷　（明）董其昌撰　清康熙刻
本　二冊

310000－0242－0012261　Z11.32－7/7.164

辛丑消夏記五卷　（清）吳榮光撰　清光緒三十一年(1905)長沙郎園刻本　五冊

310000－0242－0012262　Z11.32－8/7.375

庚子銷夏記八卷　（清）孫承澤撰　清宣統三年(1911)順德鄧氏風雨樓鉛印本　一冊

310000－0242－0012263　Z11.32－8/7.375B

庚子銷夏記八卷　（清）孫承澤撰　清宣統三年(1911)掃葉山房石印本　一冊

310000－0242－0012264　Z11.32－9/7.491

秋盦遺稿　（清）黃易著　清宣統二年(1910)石印本　一冊

310000－0242－0012265　Z11.6－21/7.407

蘭蕙同心錄　（清）許鼎龢撰　清光緒十七年(1891)石印本　二冊

310000－0242－0012266　Z12.1－10/5.441

御覽書苑菁華二十卷　（宋）陳思撰　清同治十三年(1874)藏修書屋刻本　六冊

310000－0242－0012267　Z12.1－10/5.441C2

御覽書苑菁華二十卷　（宋）陳思撰　清同治十三年(1874)藏修書屋鉛印本　一冊

310000－0242－0012268　Z12.1－10/5.441C3

御覽書苑菁華二十卷　（宋）陳思撰　清同治十三年(1874)藏修書屋鉛印本　六冊

310000－0242－0012269　Z12.1－10/7.300

書法彙鈔七卷　（清）范承宣輯　清道光二十八年(1848)學海堂刻本　一冊

310000－0242－0012270　Z12.1－10/7.705

書學南鍼六卷　（清）錢湘編　清道光元年(1821)刻本　二冊

310000－0242－0012271　Z12.1－12/5.268

絳帖平六卷　（宋）姜夔撰　清常熟周輔抄本　二冊

310000－0242－0012272　Z12.1－15/5.98

墨池編二十卷附印典八卷　（宋）朱長文纂　清雍正十一年(1733)就閒堂刻本　八冊

310000－0242－0012273　Z12.1－15/5.98C2

墨池編二十卷附印典八卷　（宋）朱長文纂　清雍正十一年(1733)就閒堂刻本　八冊

310000－0242－0012274　Z12.1－15/7.271

論書絕句　（清）胡元常編　清鉛印本　一冊

310000－0242－0012275　Z12.1－15/7.271

論書絕句　（清）胡元常編　清鉛印本　一冊

310000－0242－0012276　Z12.1－17/7.98

臨池心解　（清）朱和羹撰　清咸豐二年(1852)刻本　一冊

310000－0242－0012277　Z12.1－4/4.375

宋搨太清樓書譜　（□）□□輯　清刻本　一冊

310000－0242－0012278　Z12.2－9/7.434

飛白錄二卷　（清）陸紹曾　（清）張燕昌輯　清嘉慶九年(1804)擘荔軒刻本　二冊

310000－0242－0012279　Z12.4－10/7.62B

草字彙　（清）石梁編　清同治五年(1866)刻本　六冊

310000－0242－0012280　Z12.9－15/7.83

墨緣彙觀　（清）安岐撰　清光緒二十六年(1900)刻本　三冊

310000－0242－0012281　Z13.2－3/7.4

御刻三希堂法帖釋文十六卷　（清）高宗弘曆纂　清光緒二十三年(1897)上海鴻寶齋石印本　六冊

310000－0242－0012282　Z13.4－10/6.393

徐文定公墨蹟　（明）徐光啟書　清光緒二十九年(1903)上海鴻寶齋石印本　二冊

310000－0242－0012283　Z13.4－11/7.359

笠山詩鈔　（清）袁乾撰　清刻本　一冊

310000－0242－0012284　Z13.4－11/7.428

張之洞尺牘手跡　（清）張之洞書　清石印本　一冊

310000－0242－0012285　Z13.4－11/8.337

陸文慎公墨蹟　（清）唐文治書　清宣統元年

(1909)刻本 一冊

310000－0242－0012286 Z13.4－11/8.337C2
陸文慎公墨蹟 （清）唐文治書 清宣統元年
(1909)刻本 一冊

310000－0242－0012287 Z13.4－12/7.527
曾文正公墨蹟手札 （清）曾國藩書 清刻本
一冊

310000－0242－0012288 Z13.4－7/7.164
吳中丞書說文部首墨蹟 （清）吳大澂書 清
光緒四年(1878)劉傳福石印本 一冊

310000－0242－0012289 Z13.5－11/5.21
乾隆摹刻淳化閣帖附釋文 （宋）王著編次
清乾隆三十四年(1769)刻本 九冊

310000－0242－0012290 Z13.5－6/4.592
名人法帖 （唐）褚遂良書 清石印本 一冊

310000－0242－0012291 Z13.6－10/31.21
唐拓十七帖 （晉）王羲之書 清影印本 一
冊

310000－0242－0012292 Z13.6－10/8.791
草書習字帖 （清）顧新亞編 清光緒三十二
年(1906)上海文明書局石印本 一冊

310000－0242－0012293 Z13.6－12/8.705
費太公家傳 （清）錢基博書 清影印本 一
冊

310000－0242－0012294 Z13.6－14/57.598A
趙子昂書趙充國頌 （元）趙孟頫書 清刻本
一冊

310000－0242－0012295 Z13.6－14/57.598B
趙子昂書急就篇 （元）趙孟頫書 清石印本
一冊

310000－0242－0012296 Z13.6－14/57.598BC2
趙子昂書急就篇 （元）趙孟頫書 清石印本
一冊

310000－0242－0012297 Z13.6－15/7.178
劉公神道碑 （清）何紹基書 清同治六年
(1867)刻本 一冊

310000－0242－0012298 Z13.6－18/4.741
顏魯公爭坐位帖 （唐）顏真卿書 清拓本
一冊

310000－0242－0012299 Z13.6－18/7.21
魏王暎墓誌 （清）王文韶藏 清石印本 一
冊

310000－0242－0012300 Z13.6－20/5.784AB
蘇東坡書醉翁亭記精華 （宋）蘇軾書 清石
印本 一冊

310000－0242－0012301 Z13.6－22/8.164
鑑湖女俠秋君墓表 （清）吳芝瑛撰 清悲秋
閣刻本 一冊

310000－0242－0012302 Z13.6－6/4.741
多寶佛塔碑 （唐）顏真卿書 清蒲圻賀氏石
印本 一冊

310000－0242－0012303 Z13.6－6/5.98
朱熹春雲詩帖附手札 （宋）朱熹書 明拓本
一冊

310000－0242－0012304 Z13.6－7/5.393
宋徐鼎臣臨秦碣石頌 （宋）徐鉉臨 （清）孔
昭孔雙鉤 清同治六年(1867)刻本 一冊

310000－0242－0012305 Z13.6－7/8.164
吳芝瑛書吳烈士遺詩 （清）吳芝瑛書 清刻
本 一冊

310000－0242－0012306 Z13.7－13/7.622
楷法溯源十四卷目錄一卷 （清）潘存原輯
清光緒三年(1877)刻本 二冊

310000－0242－0012307 Z13.7－13/7.622C2
楷法溯源十四卷目錄一卷 （清）潘存原輯
清光緒三年(1877)刻本 八冊

310000－0242－0012308 Z13.7－16/7.375
歷朝聖賢篆書百體千文 （清）孫枝秀篆 清
康熙二十八年(1689)刻本 一冊

310000－0242－0012309 Z13.8－10/7.491
書學統要 （清）黃魯山錄 清抄本 一冊

310000－0242－0012310 Z13.8－3/4.741

干祿字書 （唐）顏元孫撰 清刻本 一冊

310000－0242－0012311 Z20.1－10/7.347

桐陰論畫三編 （清）秦祖永撰 清同治三年(1864)刻朱墨套印本 八冊

310000－0242－0012312 Z20.1－10/7.347B

桐陰論畫二編二卷三編二卷 （清）秦祖永撰 清光緒八年(1882)秦氏刻朱墨套印本 一冊

310000－0242－0012313 Z20.1－10/7.397

桐陰論畫三編 （清）秦祖永撰 清刻本 六冊

310000－0242－0012314 Z20.1－7/7.248

折肱錄一卷附本傳一卷 （清）周濟撰 清光緒十八年(1892)刻本 一冊

310000－0242－0012315 Z20.2－11/8.767

虛齋名畫錄十六卷 龐元濟撰 清宣統元年(1909)龐氏刻本 十六冊

310000－0242－0012316 Z20.2－15/7.477

墨香居畫識十卷 （清）馮金伯撰 清江左書林刻本 四冊

310000－0242－0012317 Z20.3－5/7.162

石畫記五卷 （清）阮元撰 清道光十五年(1835)刻本 二冊

310000－0242－0012318 Z20.9－11/7.477C2

國朝畫識十七卷 （清）馮金伯撰 清道光十一年(1831)刻本 八冊

310000－0242－0012319 Z20.9－12/7.268

無聲詩史 （清）姜紹書撰 清刻本 三冊

310000－0242－0012320 Z20.9－12/7.486

畫史彙傳七十二卷附錄二卷 （清）彭蘊璨撰 清光緒八年(1882)掃葉山房刻本 二十四冊

310000－0242－0012321 Z20.9－15/7.650A

墨林今話十八卷 （清）蔣寶齡撰 清咸豐二年(1852)昭文蔣氏刻本 六冊

310000－0242－0012322 Z20.9－5/7.471

玉臺畫史五卷 （清）湯漱玉撰 清道光十一年(1831)振綺堂刻本 三冊

310000－0242－0012323 Z21.1－14/7.34

漢谿書法通解 （□）□□撰 清刻本 四冊

310000－0242－0012324 Z21.31－10/752

海上名家畫稿 （□）□□撰 清光緒十一年(1885)茂苑萃珍書屋刻本 一冊

310000－0242－0012325 Z21.31－10/752C2

海上名家畫稿 （□）□□撰 清上海同文書局石印本 二冊

310000－0242－0012326 Z21.31－17/7.527

點石齋畫報 （清）尊聞閣主人編 清光緒十五年至十六年(1889－1890)上海點石齋石印本 二冊

310000－0242－0012327 Z21.6－8/7.21

芥子園畫譜大全三集二集初集四集 （清）王概等編 清刻本 十六冊

310000－0242－0012328 Z21.8－10/7.396A

翁松禪人物山水冊 （清）翁同龢繪 清上海有正書局影印本 一冊

310000－0242－0012329 Z21.8－10/8.388

時事報館戊申全年畫報 （清）時事報館編 清宣統元年(1909)上海時事報館石印本 三十六冊

310000－0242－0012330 Z21.8－11/7.12

晚笑堂畫傳 （清）上官周繪 清石印本 二冊

310000－0242－0012331 Z21.8－12/18

畫冊大觀 （清）文明書局編 清上海文明書局影印本 二十四冊

310000－0242－0012332 Z21.8－13/752

聖蹟圖 （□）□□撰 清康熙二十五年(1686)刻本 三冊

310000－0242－0012333 Z21.8－13/752

聖蹟圖 （□）□□撰 清同治十三年(1874)石印本 二冊

310000 – 0242 – 0012334　Z21.8 – 15/7.535

練川名人畫象四卷續編三卷　（清）程祖慶編
清道光二十八年（1848）刻本　一冊

310000 – 0242 – 0012335　Z21.8 – 2/6.271

十竹齋書畫譜　（明）胡正言纂　清光緒九年
（1883）刻套印本　八冊

310000 – 0242 – 0012336　Z21.8 – 5/7.622

古先君臣圖鑑　（清）潘鑾述編　清刻本　一
百四十幅

310000 – 0242 – 0012337　Z21.8 – 6/7.115A

列仙酒牌一卷　（清）任熊繪　清咸豐四年
（1854）刻本　一冊

310000 – 0242 – 0012338　Z21.8 – 6/8.388

各省圖畫新聞　（清）時事報編　清宣統元年
至二年（1909 – 1910）石印本　四冊

310000 – 0242 – 0012339　Z21.8 – 7/7.164

吳漁山石谷小像補圖冊　（清）吳歷繪　清文
明書局影印本　一冊

310000 – 0242 – 0012340　Z21.8 – 9/7.441

紉齋畫賸不分卷　（清）陳允升繪　清光緒七
年（1881）陳氏得古歡室刻本　四冊

310000 – 0242 – 0012341　Z21.9 – 14/7.64

圖畫大參考書五編　（清）司馬海繪　清光緒
三十三年（1907）上海廣學會石印本　四冊

310000 – 0242 – 0012342　Z21.9 – 2/7.752

人物山水花卉畫　（□）□□繪　清刻本　一
冊

310000 – 0242 – 0012343　Z21.9 – 3/8.781

小綠天盦簡明竹譜　寶鎮編　清宣統三年
（1911）刻本　一冊

310000 – 0242 – 0012344　Z21.9 – 5/752

戊申全年畫報鋼筆畫　（□）□□撰　清宣統
元年（1909）時事報館石印本　一冊

310000 – 0242 – 0012345　Z21.9 – 5/752A

戊申全年畫報毛筆畫　（□）□□撰　清宣統
元年（1909）時事報館石印本　一冊

310000 – 0242 – 0012346　Z21.9 – 8/7.21

芥子園畫傳初集六卷二集九卷三集六卷
（清）王概等編　清上海千頃堂石印本　十二
冊

310000 – 0242 – 0012347　Z21.9 – 8/7.21

芥子園畫傳初集六卷二集九卷三集六卷
（清）王概等編　清上海鴻文書局石印本　三
冊

310000 – 0242 – 0012348　Z21.9 – 8/7.21C

芥子園畫傳三四集　（清）王概等編　清石印
本　八冊

310000 – 0242 – 0012349　Z21.9 – 8/7.21D

芥子園畫傳別集　（清）王概等編　清刻本
三冊

310000 – 0242 – 0012350　Z21.9 – 8/7.21D

芥子園畫傳別集　（清）王概等編　清刻本
三冊

310000 – 0242 – 0012351　Z23.9 – 19/7.12

繪事淺說二卷　（清）上海土山灣畫館編　清
光緒三十三年（1907）上海土山灣鉛印本　二
冊

310000 – 0242 – 0012352　Z77.11 – 8/7.128

居易堂圍棋新譜六卷首一卷　（清）沈賦選編
清康熙五十五年（1716）刻本　二冊

310000 – 0242 – 0012353　Z77.11 – 9/7.616

弈理析疑　（清）臧念宣輯　清上海文瑞樓石
印本　一冊

310000 – 0242 – 0012354　Z77.12 – 16/6.98

橘中秘四卷　（明）朱晉禎輯　清嘉慶十六年
（1811）刻本　三冊

310000 – 0242 – 0012355　Z77.12 – 6/7.428

竹香齋象戲譜　（清）張喬棟撰　清嘉慶二十
二年（1817）刻本　一冊

310000 – 0242 – 0012356　Z77.2 – 10/7.473C4

益智圖六種七卷　（清）童叶庚著　清光緒四
年（1878）石印本　一冊

310000 – 0242 – 0012357　Z77.2 – 2/7.705

七巧八分圖　（清）錢芸吉撰輯　清光緒元年(1875)秋芬室藍印本　四冊

310000－0242－0012358　SZ10－21/6.98

鐵網珊瑚書品十卷畫品六卷　（明）朱存理輯　清抄本　十六冊

310000－0242－0012359　SZ11.2－12/7.441

湘管齋寓賞編六卷　（清）陳焯編　清乾隆四十七年(1782)刻本　六冊

310000－0242－0012360　SZ11.31－9/6.98

珊瑚木難八卷　（明）朱存理輯　清舊抄本　八冊

310000－0242－0012361　SZ11.32－8/5.784

東坡題跋四卷　（宋）蘇軾撰　明刻本　四冊

310000－0242－0012362　SZ11.32－9/7.167

紅樓夢圖詠　（清）改琦編繪　清光緒五年(1879)刻本　四冊

310000－0242－0012363　SZ11.5－2/7.271

十竹齋書畫譜　（明）胡正言編繪　清校經山房刻彩色套印本　八冊

310000－0242－0012364　SZ12.1－15/6.556

墨池璅録四卷　（明）楊慎撰　清康熙五十四年(1715)刻本　一冊

310000－0242－0012365　SZ12.2－9/57.661

衍極五卷考釋一卷　（元）鄭杓述　（元）劉有定釋　清刻本　五冊

310000－0242－0012366　SZ13－10/6.420

新刻格古要論五卷　（明）曹昭撰　明萬曆二十四年(1596)刻本　二冊

310000－0242－0012367　SZ13.2－11/7.21

淳化秘閣法帖考正十卷　（清）王澍編　清詩鼎齋刻本　六冊

310000－0242－0012368　SZ13.2－11/7.21

淳化秘閣法帖考正十二卷附二卷　（清）王澍編　清雍正八年(1730)刻本　四冊

310000－0242－0012369　SZ13.2－16/6.791

歷代帝王法帖釋文考異十卷　（明）顧從義編　清刻本　四冊

310000－0242－0012370　SZ13.4－11/7.170

晚村先生家訓真蹟五卷　（清）呂留良撰　清康熙四十二年(1703)刻本　二冊

310000－0242－0012371　SZ20.9－15/752

墨林小識一卷　（□）□□撰　清抄本　一冊

310000－0242－0012372　SZ21.3－4/6.337

六如唐先生畫譜三卷　（明）唐寅輯　（明）何大成校　清刻本　一冊

310000－0242－0012373　SZ21.31－17/7.527

點石齋畫報十集　（清）尊聞閣主人編　清光緒十五年至十六年(1889－1890)上海點石齋石印本　十冊　存二集(辰集、申集)

310000－0242－0012374　SZ21.8－10/7.705

御製耕織圖　（清）聖祖玄燁纂　清石印本　一冊

310000－0242－0012375　SZ21.8－10/7.705C2

御製耕織圖　（清）聖祖玄燁纂　清石印本　二冊

310000－0242－0012376　SZ21.8－10/7.705C3

御製耕織圖　（清）錢琦編　清石印本　二冊

310000－0242－0012377　SZ21.8－15/6.674

劉雲湖梅譜　（明）劉世儒撰　明萬曆六年(1578)徐時行刻本　二冊

310000－0242－0012378　SZ21.8－8/7.21

芥子園畫冊梅蘭竹菊集　（清）王概等編　清康熙四十年(1701)刻本　四冊

310000－0242－0012379　SZ77.11－9/7.265

弈理指歸圖三卷　（清）錢長澤繪圖　清乾隆三十六年(1771)刻本　三冊